旅游学术研究丛书

旅坛忧思录

（下卷）

王兴斌 著

北京·旅游教育出版社

责任编辑：孙延旭

图书在版编目(CIP)数据

旅坛忧思录 / 王兴斌著. -- 北京：旅游教育出版社，2013.12
（旅游学术研究丛书）
ISBN 978 - 7 - 5637 - 2601 - 1

Ⅰ. ①旅… Ⅱ. ①王… Ⅲ. ①旅游业—文集 Ⅳ. ①F59 - 53

中国版本图书馆 CIP 数据核字(2013)第 066551 号

旅游学术研究丛书

旅坛忧思录（下卷）

王兴斌　著

出版单位	旅游教育出版社
地　址	北京市朝阳区定福庄南里1号
邮　编	100024
发行电话	(010)65778403 65728372 65767462(传真)
本社网址	www.tepcb.com
E - mail	tepfx@163.com
印刷单位	北京中科印刷有限公司
经销单位	新华书店
开　本	787 毫米×1092 毫米　1/16
印　张	29.5
字　数	511 千字
版　次	2013 年 12 月第 1 版
印　次	2013 年 12 月第 1 次印刷
定　价	128.00 元(全二册)

（图书如有装订差错请与发行部联系）

目 录 CONTENTS

市场篇

中国旅游对外宣传推广：历史回顾与创新建议 ………………………………… 3
关于调整三大旅游市场统计框架的探讨 …………………………………… 12
对旅游贸易逆差要作结构分析 ………………………………………………… 24
三大旅游市场与消费、投资、出口的关系
　　——与马晓龙先生商讨 ……………………………………………………… 27
慎言旅游"黄金发展期"
　　——与马海鹰先生商榷 ……………………………………………………… 29
入境旅游市场开拓进入攻坚期 ………………………………………………… 33
重新审视入境旅游的战略性功能 ……………………………………………… 35
"两增一平"还是"两增一降"
　　——兼谈大陆入境旅游滑坡原因 …………………………………………… 38
就地办理出境证件给力出境旅游 ……………………………………………… 41
中国旅游企业走出去的第一站在东盟 ………………………………………… 43
超前谋划金砖国家的旅游合作
　　——金砖国家领导人第三次会晤的旅游思考 ……………………………… 46
关于《中国旅游业"十二五"发展规划纲要》出入境旅游指标的评析 ……… 49
习主席的旅游观与中俄旅游合作 ……………………………………………… 61
重新审视出境旅游的战略地位 ………………………………………………… 64
打好入境旅游攻坚战
　　——2012 大陆入境旅游负增长的思考 ……………………………………… 67
国内为主、国际为辅结构下的大陆出入境旅游 ……………………………… 72
旅交会要打开两扇门 …………………………………………………………… 77
办一个惠民、节俭、务实的旅交会 …………………………………………… 80
旅游消费券的利与弊 …………………………………………………………… 82
迈向新领域，开创新阶段
　　——热烈祝贺第 10 届世界旅游旅行大会在北京举行 ……………………… 85

WTTC给我们什么启示 ………………………………………………… 88

港台篇

用中华市场表述两岸四地旅游市场 …………………………………… 93
呼之欲出的"中华旅游共同体" ………………………………………… 97
双向旅游:内地与香港社会人文交流的桥梁 ………………………… 99
推进内地与香港旅游一体化 …………………………………………… 102
一国两制体验游:香港旅游的新名片 ………………………………… 108
香港旅游业:如何走出超常规增长中的烦恼 ………………………… 111
海峡两岸旅游高等教育发展与合作之我见 …………………………… 116
构建闽台旅游合作区 …………………………………………………… 122
明天,海峡两岸旅游历史将谱写新的篇章 …………………………… 127
大陆居民赴台旅游将使台湾入岛游客翻番 …………………………… 129
海峡两岸关系史上的拓荒之举 ………………………………………… 131
台湾归来话门票 ………………………………………………………… 133
从台北士林官邸免费开放想到的 ……………………………………… 135
两岸业界携手共护台湾游的品质 ……………………………………… 136
"一个中国"框架下的两岸旅游 ………………………………………… 139

区域篇

三亚市旅游业发展战略 ………………………………………………… 143
关于三亚市旅游产业管理体制的几点建议 …………………………… 151
三亚建设国际旅游特区实验区的若干思考 …………………………… 156
以天涯文化为魂铸就三亚城市品牌 …………………………………… 164
规范管理,建成世界顶级海洋观光休闲潜水胜地
　　——对三亚潜水旅游开发管理的建议 …………………………… 168
关注三亚市旅游协会"断奶"一年的探索 ……………………………… 172
二元结构下三亚旅游发展的难题 ……………………………………… 174
海南旅游发展战略四题 ………………………………………………… 178
海南发展的新起点、新征程 …………………………………………… 183
海南要率先创新旅游体制机制 ………………………………………… 186

目 录

海南需要"国际自由旅游岛"的顶层设计 ………………………………… 188
铸就海南国际旅游岛建设的智力支柱
　　——写在首届博鳌国际旅游论坛开幕之际 ……………………… 190
倾力打造世界旅游的"达沃斯论坛"
　　——首届博鳌国际旅游论坛观感 ………………………………… 192
社会人文环境建设是国际旅游岛成败的关键 …………………………… 193
海南房价飙涨对海南国际旅游岛建设后患无穷 ………………………… 196
关于西沙群岛旅游规划设计前期工作的几点建议 ……………………… 199
三沙旅游：海洋生态为体，海疆文化为魂 ………………………………… 204
西藏特色的旅游跨越式发展之路 ………………………………………… 211
青藏铁路通车后的西藏旅游 ……………………………………………… 214
拉萨如何应对游客快速增长 ……………………………………………… 222
打造"天路之旅"国际知名铁路旅游品牌 ………………………………… 226
西藏发展乡村旅游的特点与对策 ………………………………………… 229
雅鲁藏布大峡谷可试建国家公园 ………………………………………… 234
广西壮族自治区建设旅游先进省区的战略蓝图 ………………………… 237
构建通道经济，开创北海辉煌 …………………………………………… 242
试论"首都旅游" …………………………………………………………… 246
统筹协调，写好"首都旅游"大文章
　　——写在北京市旅游委员会成立之际 …………………………… 250
旅游总部基地是北京世界城市题中应有之义 …………………………… 253
旅游引领皇城文化的传承与创新 ………………………………………… 255
从旅游演艺谈天坛祭天文化的传承与创新 ……………………………… 258
京西南五区共铸永定河文化旅游新品 …………………………………… 261
永定河旅游：北京旅游新名片 …………………………………………… 264
"72游客"：是机遇，更是考验 …………………………………………… 269
"72游客"：不宜由政府指定的旅游公司独家经营 ……………………… 272
北京市要在旅游行业组织革新方面开题破局 …………………………… 274
发展浙港合作　建设旅游大省 …………………………………………… 278
杭州市区和钱江两岸应退"二"进"三" …………………………………… 281
宁夏旅游的五个定位 ……………………………………………………… 283
吉林旅游发展的五大战略 ………………………………………………… 289
培育冰雪旅游产业，建设冰雪旅游名省 ………………………………… 292
把黄山建成以世界文化与自然遗产为特色的全球旅游目的地 ………… 298
旅游业与十堰市的第二次飞跃 …………………………………………… 306

· 3 ·

中国第一个旅游展览馆
　　——参观北戴河旅游展览馆有感 …………………………………… 310
中国第一个"国家"旅游度假区 ………………………………………… 313
我看南京 …………………………………………………………………… 316
汶川灾区旅游振兴的快与慢 …………………………………………… 318
西安能建 7 个"城"吗 …………………………………………………… 321
海洋不再是"天尽头" …………………………………………………… 323
连云港市:黄海国际旅游大港 ………………………………………… 327
从石油之城到湿地家园 ………………………………………………… 331
新世纪呼唤长江三峡旅游新模式 …………………………………… 333
新世纪再创丝路之旅新辉煌 …………………………………………… 337
关于"丝绸之路"旅游区域合作的两个层面、三个层次 ………… 342
开发中国运河文化旅游正当时 ………………………………………… 343
论西部区域旅游合作 …………………………………………………… 346
加强边境合作,推进边境旅游 ………………………………………… 358
东北亚区域旅游合作的零突破 ………………………………………… 360
环渤海旅游为何"合"而不"作" ……………………………………… 362
互送客源是区域旅游合作题中之义
　　——与高舜礼、薛兴国先生商榷 …………………………………… 365

景区篇

中国旅游度假区开发警钟长鸣 ………………………………………… 371
调整旅游度假区开发定位的四点意见 ………………………………… 373
深圳三景区成功奥秘
　　——"锦绣中华"、"中国民俗村"、"世界之窗"的考察报告 …… 377
主题公园游客群体特征探讨 …………………………………………… 383
上海迪斯尼能否让孙悟空与米老鼠同舞 …………………………… 392
是"世界魔鬼城"还是雅丹地质公园
　　——与陈放先生商榷 ………………………………………………… 393
中国著名景区门票为何全球最贵 ……………………………………… 396
破解文化遗产景区难题之道在何方 …………………………………… 400
为武夷山自然保护区停止大众旅游叫好 …………………………… 402
黄丝桥古城殴打勒索游客事件的背后 ………………………………… 404

原住居民应是古城古镇旅游开发的主人 …… 407
跳出"凤凰"看"凤凰"
　　——凤凰古城门票风波引发的几点思考 …… 410
凤凰古城控制游客流量势所必然 …… 413
何以规范发展高尔夫球场和主题公园 …… 415
从国家6部委局"规范燃香"说起 …… 418
奥运场馆:走市场之路,谋发展之道 …… 422
北京奥林匹克公园:从奥运场馆到旅游景区 …… 425
奥园创建5A:只有起点,没有终点 …… 428
故宫何不学一学布达拉宫 …… 431
故宫如何应对今年国庆大考 …… 433
故宫周一闭馆半天何不常态化 …… 435
故宫应下决心实行限量参观 …… 437
景区应实行流量控制一票否决制 …… 439
关于景区定义与流量控制的意见 …… 441
文物守护神,旅游热心人
　　——悼念罗哲文先生 …… 444
反差产生魅力 …… 447
也谈慢城与旅游 …… 449

我在二外四十年 …… 453

后记 …… 463

市场篇

中国旅游对外宣传推广：历史回顾与创新建议[①]

一、中国旅游对外宣传推广工作的历史回顾

中国旅游的对外宣传推广始于20世纪70年代末、80年代初。在此之前，对来华人士的接待属于政治活动范畴。其中20世纪五六十年代，主要接待"以苏联为首的社会主义阵营"的"同志"；六七十年代，主要接待"亚非拉第三世界"的"战友"；70年代，主要是接待"欧美日等资本主义国家"的"朋友"。对海外华侨、港澳同胞的接待属于"统一战线"的工作范畴。那个时期中国对外宣传以政治宣传为主，没有商业性的旅游招徕促销。那个时期，也有"国旅"、"中旅"和"青旅"等"旅行社"，实际上是政府外事接待的机构，不是自主经营的旅游企业。1971年4月全国旅游工作会议上，周恩来总理提出要"宣传自己、了解别人"。[②]

从1978年至1992年的10余年间，紧闭的大门被打开，境外客人蜂拥而来，入境旅游由此发端，开始从外事接待转向经济产业，从政府的外事活动转为企业的经营活动。80年代，来华旅游处于卖方市场，入境旅游基本处在"等客上门"的阶段，旅游宣传资料基本上是导游图、明信片与招贴画，人称"老三样"。直到1988年，北京市开展"龙年旅游年"，首开有意识的国际促销活动之先河。

1989年的"六四"风波，使我国入境旅游遭到重创。为了尽快恢复入境旅游市场，从1990年起，中国旅游界开始重视旅游宣传推广工作。'92中国旅游年是第一次有组织的全国性和国际性宣传推广活动，国家旅游局制定了1993～1997年"五年促销计划"，开始了旅游宣传促销的新阶段。从此，入境旅游由"等客上门"转向"出门揽客"，宣传手段发展到专题影视、出国参加旅游交易会、邀请境外记者、旅行商来访以及向主要客源国和地区派驻旅游办事处等。

进入21世纪，中国入境旅游宣传推广以更加积极、主动的姿态步入新阶段。从2000年开始，每年举办"中国国际旅游交易会"。2001年12月，中国加入世界贸易组织。2003年8月，东盟、中日韩"10+3"旅游合作论坛在北京举行，发表《振兴亚洲旅游北京宣言》。从2004年开始启动"奥运促旅游"宣传活动，从2005年推出"2008奥运旅游"宣传推广计划。2006年举办中日旅游交流年、中日韩旅游部长会议、中澳旅游高峰论坛、韩国/澳

[①] 《2011年旅游绿皮书》，社会科学文献出版社2011年版，第101～111页。
[②] 沈受君：《建国以来我国旅游宣传工作和国际旅游市场开发概况》，1990年《中国旅游年鉴》，中国旅游出版社1990年版，第235页。

新/美国"中国旅游之夜"等大型双边、多边宣传推广活动。2007年,举办中印友好旅游年、俄罗斯"中国年",在韩国举行"中国旅游周"。从2008年起,围绕"世博旅游"主题,开展全球性的旅游宣传推广活动。目前国家旅游局驻外办事处扩展到亚、欧、美洲18处。

30余年间,中国入境旅游宣传推广从无到有、从自发到自觉、从被动到主动、从"请进来"到"走出去",从国家旅游主管部门组织到各省区市主动举办,入境旅游从"外需"推动型增长到"内功"拉动型增长。中国入境过夜旅游从1978年的71.6万人次,增长到2009年的5087万人次;入境旅游收入从1978年的2.63亿美元,增长到2009年的396.75亿美元;我国入境过夜旅游人次与入境旅游收入在世界上的排名由1980年的第18位、34位上升为2007年的第4、5位。这些成就根本上说是改革开放使中国飞跃发展、和平兴起的结果,但从入境旅游的层面,也与卓有成效的宣传促销工作密不可分。20世纪90年代,国家旅游局相关机构总结了旅游宣传的四条原则,即"唯我独有、有的放矢、实事求是、常变常新"。中宣部对外宣传局肯定"旅游宣传工作是整个对外宣传工作中最活跃、最有生气和最有成效的一部分"。[①]

二、主题旅游年、旅游形象与标识

1. 主题旅游年

从1992年起,国家旅游局开展年度旅游宣传推广,每年确定一个旅游主题,推出一个或几个宣传口号,并向国内外推荐一批旅游线路、景点与节庆活动。纵观近20年的旅游主题年安排,大致可分为两大类:一类是围绕世界或国家重大活动展开,如2000神州世纪游、2008中国奥运旅游年、2010中国世博旅游年;另一类是以自然风景、名胜古迹、民俗风情、城乡风光、生态环境、体育健身、烹饪美食等为推广主题。

表1 1992~2010年中国旅游主题年[②]

年份	主题	宣传口号
1992	中国友好观光年	游中国,交朋友
1993	中国山水风光游	锦绣山河遍中华,名山胜水任君游
1994	中国文物古迹游	游东方文物的圣殿——中国 忆华史五千载,游古迹遍神州 华夏遗迹咏往事,访古交友任君游 保护文物古迹,促进旅游发展

---

① 李海瑞:《开市场意识之先》,2008年《旅游绿皮书》,社会科学文献出版社2008年版,第86页。
② 《1992~2009年中国旅游年鉴》,中国旅游出版社。

续表

年 份	主 题	宣 传 口 号
1995	中国民俗风情游	中国——56个民族的国家 众多的民族,各异的风情 探访中华民俗风情,难忘神奇经历
1996	中国度假休闲游	'96中国,崭新的度假天地
1997	中国旅游年	中国的友好召唤 中华文物古迹,奉给世人共享 东方的风采,伴你中国之旅 游中国——全新的感受 名山大川——任君游 太阳、沙滩、海水——向你拥抱
1998	华夏城乡游	古城新貌、乡村旅游
1999	生态环境游	走向自然、认识自然、保护自然
2000	神州世纪游	迎接新世纪,欢庆千禧年
2001	中国体育健身游	体育健身游,新世纪的选择 遍游山川,强健体魄 踏遍青山人未老,风景这边独好
2002	中国民间艺术游	悠久的古国文明,神奇的民间艺术 展现民间艺术风采,促进旅游事业发展 民间艺术,华夏瑰宝 旅游——民间艺术走向世界
2003	中国烹饪王国游	品中华美食,赏华夏胜景
2004	百姓生活游	纵览锦绣山河,体验百姓生活
2005	(未定)	(未定)
2006	中国乡村游	新农村、新旅游、新体验、新风尚
2007	中国和谐城乡游	魅力乡村,活力城市,和谐中国
2008	中国奥运旅游年	北京奥运,相约中国 2008北京——中国欢迎您
2009	中国生态旅游年	走进绿色旅游,感受生态文明

续表

年 份	主 题	宣 传 口 号
2010	中国世博旅游年	发现更多,体验更多 游世博,知世界
2011	中华文化游	游中华,品文化;中华文化,魅力之旅
2012	中国欢乐健康游	旅游、欢乐、健康;欢乐旅游,尽享健康;欢乐中国游,健康伴你行

这些年度旅游主题推广活动的积极意义是,结合重大国家活动,开展旅游宣传,既服务了国家大局又促进了旅游发展;促进了全国自然、文化和社会旅游资源的开发,推动了各类旅游产品的普及与推广,并有助于国民旅游意识的培育。

2010中国世博旅游年是其中最为成功的一项事件旅游推广工程。其特点有五:一是动手早、准备充足、部署周详。2007年8月成立了上海世界博览会旅游推广工作领导小组,制定全球世博旅游宣传计划。二是规格高、力度大、上下结合、部门合作。党和国家领导人、中央政府相关部委和上海市党政领导直接抓,明确了世博旅游推广工作的总体要求、预期目标、工作计划和任务分工。三是范围广、规模大、全国总动员。全国31个省区市和新疆生产建设兵团旅游局(委)设立世博旅游推广站,在全球27个国家、237座城市,借助文化、教育、旅游等国际交流平台,全方位、多层次开展世博旅游推广工作。80多个国家与地区、2000多家媒体参与宣传推广,受众超过10亿人次。四是结合紧、举措实。世博推广与旅游促销合二为一,使旅行社直接参与世博门票的代理销售,充分发挥了旅行社的中介功能、宾馆饭店的住宿功能、航空交通部门的客运功能。五是对接紧、辐射广、区域合作。世博会与长三角55条"世博之旅"专线、96个"世博主题体验之旅"示范点快捷对接,并向华东、华北、华中、华南等地区扩散,带动了全国旅游业的发展。参观世博会的观众达到中外7300万人次,425万境外人士,创造了世博会历史之最,也创造了中国旅游史上之最。与2008年奥运会举办前一年还没有旅游营销方案与行动计划、不允许旅行社参与招徕接待相比,世博会的经验说明,重大国事活动的旅游宣传推广必须未雨绸缪、精心组织,并让旅游部门主动参与,让旅行社直接参与重大国事活动的组织接待,是一种更安全、更可靠、更有效的途径。

从整体看,自1992年开始的年度主题促销活动有待反思之处。一是一年一变,缺乏连续性、稳定性,给境外受众提供零乱的旅游产品信息,不利于形成鲜明、完整的旅游形象。二是推出时间短促,往往是上一年年底才确定来年的旅游主题,无论是国内产品整合、境外宣传推广都缺乏充分的准备。三是多数年份的宣传口号平淡、死板,缺乏冲击力与感召力,有些年(如1997、2001、2002年)的宣传口号多而杂,不符合境外,特别是西方民众的欣赏习惯。四是缺乏部门合作、产业联动。例如,生态旅游年没有与林业部门、环保部门合办,文化旅游年没有与文化、文物部门合办,民俗风情旅游年没有与民委部门合办,城乡旅游年没有与城乡建设部门合办,体育健身旅游年没有与体育部门合办,烹饪旅游年没有与商贸部门合办等。五是"年"前缺乏充足调研、策划,"年"后不做评估、总结,"旅游主题年"成为例行公事,对入境旅游的实际促进作用无从估量。

2. 国家旅游形象

与十分看重"旅游主题年"相比,对国家旅游形象与对外旅游宣传推广的战略规划、滚动推进与形象策划的研究显得十分薄弱,始终没有提到应有的位置。1990年,国务院发展研究中心旅游经济发展战略课题组在《中国旅游经济发展战略研究报告纲要》中曾经提出,要"在世界上塑造良好的国家形象,形成一套完整的独具特色的立体形象"。该《研究报告纲要》曾建议以"中国:巨变中的东方文明古国"为对外旅游宣传口号,①但之后并没有下文。2001年"9·11"事件后,2002年曾提出"中国是最理想的投资沃土和最安全的旅游胜地"形象宣传口号。2003年8月"非典"期间,推出"中国,魅力永存"(CHINA,FOREVER),试图重塑中国是健康、安全的旅游目的地形象。2004年又提出"中国:一个充满活力与魅力的旅游目的地"的形象宣传口号。这些提法,一是用语空泛、乏力,未能体现中国特色;二是没有经过业内外的充分论证,权威性不高;三是没有广泛宣传、普遍使用,影响力不大;四是应时之举、偶尔用之,缺少持续性。

3. 国家旅游标识与吉祥物

1983年10月,国家旅游局选定"铜奔马"(又称"马踏飞燕"、"马超龙雀")为中国旅游图形标识。该青铜文物1969年出土于甘肃省武威雷台墓,1985年被武威市定为城标,1986年被定为国宝级文物。"马"是奔腾、奋进的象征,天马行空、无所不往,象征蓬勃兴旺、前程似锦的中国与中国旅游。该图形一直在我国的旅游宣传品上使用。据《中国旅游报》与清华大学媒介调查实验室对1089位国内受访者进行调查,有73%的受访者知道它是中国旅游标识。同时对"你认为哪个形象更适合作为中国旅游形象标识"所做的调查显示,"长城"的认同率最高,达到42%,"铜奔马"为17%,"龙"为16%,"熊猫"为13%,"兵马俑"为9%。②

本国多数民众的认同是国家旅游标识的民意基础。国家旅游标识的作用主要是面向境外特别是国外受众,要让他们一看到该标识就会联想是中国。从这一点上,"铜奔马"的缺陷十分明显,不仅在国际上的知晓度较低,而且在国内的民众知晓与认可度较低。其文物价值诚然很高,但作为国家旅游形象标识缺乏视觉标识性与国际影响力。世界旅游组织亚太部主任徐京认为,"作为中国整体形象的'马踏飞燕',主题偏模糊,是否抓准了唯中国独有的特点,值得商榷"。③ 旅游吉祥物的设计与使用也有类似情况。'92中国旅游年的吉祥物是阿福(无锡惠山泥塑,象征福禄寿禧),'97中国旅游年的吉祥物

---

① 《中国旅游业:产业政策与协调发展》,旅游教育出版社1993年版。
② 《旅游标识作用重要》,2010年10月15日《中国旅游报》。
③ 徐京:《世界旅游业发展趋势与中国旅游业发展的思考》,2008年《旅游绿皮书》,社会科学文献出版社2008年版,第532页。

是熊猫,其他年份与场合很少使用吉祥物。直到 2008 北京奥运会、2010 年上海世博会才重视使用。

实际上,研究、确定国家旅游形象用语、形象标识与吉祥物的工作,应该在党的外宣部门与国家旅游主管部门的指导下进行,采取民众广泛参与和专家技术策划相结合、国际征集与国内海选相结合的方法,使策划、筛选、确定旅游形象用语与标识的过程成为宣传推广中国旅游的过程。而旅游形象用语与标识,应反映中国旅游特色,集中体现中国的自然生态与社会人文、历史传承与时代风尚,图形明快、文句简洁,既传神出奇又在情理之中,便于识别、易于传播。旅游形象用语应中外有别,符合中外不同的传播习惯,外语表述应符合国际习惯,请教懂旅游宣传特点的外语专家。国家旅游形象用语、形象标识与吉祥物一旦确定,应相对稳定、大力推介、反复使用,不要经常变换。特定事件营销的宣传口号、形象标识与吉祥物可个案设计。

三、对外旅游推广体制机制改革建议

1. 对外旅游推广机构的变迁

1978 年,国务院明确中国旅行游览事业管理局为直属国务院的旅游管理总局,内设宣传司。1982 年中国旅行游览事业管理局与国旅总社分开,更名为国家旅游局,仍设宣传司。"宣传"的英文为 Propaganda,含"传道"之意,外国人常理解为"鼓吹、吹嘘、煽动"之意,因而"旅游宣传司"英文翻译为"Department of Marketing"(市场司)。1988 年"宣传司"改名为"国际市场开发司",到 20 世纪 90 年代分改为"旅游促进司"与"国际联络司",后又合并为"旅游促进与国际联络司",2008 年再改名为"旅游促进与国际合作司"。国家旅游局对外旅游宣传促进机构名称的演变,反映了从"政治宣传"、"外事宣传"到旅游市场推广的转变,折射出旅游接待从外事活动向服务经济的转型,从计划经济向市场经济的转型。

2. 对外旅游推广体制机制的现状

我国入境旅游发展的历史条件决定了对外旅游宣传促进由旅游行政主管部门统揽与执行,形成了集行政管理与市场促销于一身的政府主导型的体制机制。这种体制的优势十分显著:一是保证了旅游促销服从并服务于国家大局,特别是执行国家外交方针与对港澳台侨政策,并有效依托国家全局开展旅游促销工作;二是把对外旅游促销工作纳入政府旅游管理工作的全局,把产品开发、设施建设、市场管理与对外推广紧密结合起来,有利于产销互动、统筹三大市场协调发展;三是在市场促销经费十分有限的情况下,可以集中有限资金开展最为紧迫的促销活动;四是从上到下形成国家旅游局、省区市旅游局、市县旅游局的旅游推广体系,上下协调、共同行动,形成全国旅游推广一盘棋的格局;五是在国家举办重大活动时,由更高层面统筹、指挥、开展国际旅游宣传工作,形成旅游推广的举国体制。"中国发展入境旅游采用的国家营销体制在对内整合资源、对外整

体推介方面都有很强的优势,这是中国建成旅游强国的重要武器。"①

在充分肯定政府主导型的旅游促进体制机制积极作用的同时,不要回避不足与局限,主要是它的行政化倾向带来的诸多弊端。一是忽视旅游推广的特点,把市场促销完全当作行政管理事务,甚至把旅游推广当作政治宣传活动,至今不少旅游促进场合主讲人仍然官话、套话、空话连篇。二是旅游促进工作泛众化、一般化、程式化,缺乏分区域、分国家、分群体、分时令的推广计划与行动安排,缺乏应对世界旅游业巨大发展与瞬息多变的新思路、新举措、新手段。中英文版中国旅游网(www.cnta.gov.cn)的内容与版面属于政务网性质,而不是面向入境旅游者需要的旅游目的地推广促销网站。三是政府旅游宣传推广与行业企业的市场营销分工不明,政府主管部门往往包揽企业旅游产品营销、行业旅游市场促销的工作,企业主动性、参与性不足,企业往往成为政府推广的附属。四是旅游促进工作既缺少长远规划,也缺失应变机制,对入境客源缺乏系统的、持续的、总体与特定地区、群体的调研,对近期与中远期的促进工作缺乏周密的、滚动的筹划,对以往的促销活动缺乏监察、评估与总结。五是旅游促进人员属于公务员身份,促进人员的选拔、任用、调动往往不问其促销专业能力与知识,等同于一般的行政工作人员,影响了对外旅游专业队伍的稳定、传承与建设,专业旅游宣传推广队伍建设一直未摆到应有的位置。

3. 对外旅游推广体制机制创新的必要性

目前,我国入境旅游客源遍及全世界,中国公民出游目的地国家和地区达到141个,接待入境过夜旅游游客和输出出境旅游人次均达5000万人次,出入境旅游的规模居世界前列。面对与时俱变的世界旅游市场,对外旅游推广的环境日趋复杂、任务日趋繁重、活动日趋繁忙,一个纯行政型的市场主管机构难以胜任纷繁复杂、具体细致的调查研究与组织实施工作。

国家旅游局旅游促进与国际合作司"承担国内和国际旅游市场开发工作;组织开展重点旅游区域目的地和路线的宣传推广工作,承担对外合作交流事务,推进中国公民出境旅游目的地的有序开发;承担外国在我国境内设立旅游机构的审批事宜;指导驻外旅游办事机构的业务工作"②。上述职责中,一部分是出入境旅游的涉外行政管理工作,另一部分是出入境旅游市场的宣传推广与开发促销工作,甚至组织参加境内外旅交会、"'游中国'中外旅行商买卖双方预约洽谈活动"之类的纯事务性工作也由国家旅游局"主办"。③

旅游研究机构早就提出,"无论中央还是地方,在中国旅游业发生如此巨大变化的过程中,旅游海外营销体制几乎没有变化,没有一个专门从事旅游海外促销的专业机构,也

---

① 曾博伟:《2003~2005年中国入境旅游分析、预测与展望》,《旅游绿皮书(2003~2005年)》,社会科学文献出版社2005年版,第58页。
② 《2009年中国旅游年鉴》,中国旅游出版社2009年版,第534页。
③ 2010年10月8日《中国旅游报》(第4版)。

没有培育出与之密切配合的社会专业服务机构"。① 从今后世界旅游市场的发展态势、我国出入境旅游的发展趋势出发,借鉴外国成功经验,改革与创新我国对外旅游宣传推广体制机制是"十二五"期间的不容回避、不宜延迟的任务。"要以科学发展观为指导,以市场调研为基础,以整体旅游形象宣传为核心,以营销渠道建设为途径,全面提高旅游宣传推广工作的针对性、专业性和有效性"。②

4. 对外旅游推广体制机制创新的建议

笔者认为,应以三大市场全面、协调、持续发展为目标,建立"政府主导、行业主体、专业运行"的旅游宣传推广体制机制,形成政府与行业企业分工协作、中央与地方层级分明、旅游与其他部门协作配合、既合中国国情又与国际接轨的旅游宣传推广体系。

国家旅游主管部门要从市场调研、制定工作计划、组织宣传促销活动等事务性工作中解脱出来,集中精力研究旅游推广战略、制定旅游推广方针,指导与监督专业机构执行旅游推广规划与促销计划,开展与外国政府和各世界旅游机构的合作交流工作,审批外国在我国境内设立旅游机构,指导驻外旅游办事机构,协调区域旅游宣传推广,指导地方旅游宣传促销与旅游宣传促销人才培训,从政府层面加强与外交、经贸、文化、文物、农业、园林、林业、国土、海洋、宗教、媒体与影视等部门的宣传合作。驻外旅游办事机构行政上由国家旅游主管部门领导,业务上受专业促销机构指导。

旅游宣传推广要从由政府主管机构包揽向行政主管机构与行业协会、企业结合转型,从行政化向专业化、市场化转型,建立政府、行业、企业与学界相结合的专业旅游推广机构,承担目前"旅游促进司"的部分业务职能,如开展持续的市场调研与预测,制定三、五年旅游推广规划、年度促销计划与促销滚动方案,策划与推广总体主题形象口号与标识,筹划与组织行业与企业参与国内外重大促销活动,主办多语种的中国旅游推广营销专业网站,并对不同地区、国家与群体实行差异化、动态性的宣传促销等。

旅游专业促销机构成立董事会,由政府主管部门代表、旅游行业组织与企业代表和市场营销专家组成,聘用市场促销专业人员。宣传推广资金主要由政府财政拨款,同时由行业、企业和其他社会团体等资助。重大国家、国际旅游节事活动通过政府补贴、企业赞助、广告筹资等多种渠道,实行准市场化运作。在这方面,可以有选择地借鉴日本观光振兴会、韩国观光公社、法兰西之家、德国旅游中心、美国国家旅游组织、希腊国家旅游组织、加拿大旅游委员会、澳大利亚旅游委员会和新加坡旅游促进局等的经验。

入境旅游曾经是我国旅游发展的先导。在国内旅游成为我国旅游的基础的今天,入境旅游仍然具有先导作用,具有展示国家形象、经济活力、文化魅力的功能,是独具优势、易于见效的对外宣传的战略资源。尽管我国的入境旅游人数与收入位居世界前列,但其

---

① 中国社会科学院旅游研究中心:《2006~2007年中国旅游发展的形势分析与未来预测》,2007年《旅游绿皮书》,社会科学文献出版社2007年版,第12页。

② 祝善忠:《关于新形势下旅游市场工作的思考》,在2009年全国旅游局长研讨班上的讲话(http://www.cnta.gov.cn),2009年12月1日。

中 2/3 以上属于"一国两制"下的两岸四地之间的国内旅游,外国游客的入境旅游人数与收入实际上排在世界第十位左右。在全球旅游界的一片赞扬声中,我们应该保持清醒的头脑,改善并加强入境旅游宣传推广,提升外国游客比重,提升经济和社会效益,提升我国旅游业的国际地位。

关于调整三大旅游市场统计框架的探讨①

今年全国旅游工作会议把加强旅游统计工作列为2011年十大重点工作之一,把旅游统计工作提高到"建设战略性支柱产业中的重要的基础性工作"的地位,这在30多年中是第一次,显示了国家旅游局对旅游统计工作的高度重视。本文就国内、出境和入境三大旅游市场的统计框架,提出如下意见供研讨。

一、规范与改进国内旅游统计口径

国内旅游统计工作起步较晚,1990年《中国旅游统计公报》首次公布国内旅游人数与收入,这是一个估测数。从1993年开始,国家旅游局与国家统计局合作每年开展国内旅游抽样调查,通过人均花费调查测算国内旅游收入,改变了以往"回笼货币"的含糊提法。从此以后,各省区市也陆续公布国内旅游统计数字。

目前,国内旅游统计工作的突出问题是,"纵向不能加、横向不可比"。《2009年中国旅游统计公报》显示,全国国内旅游19.02亿人次,国内旅游收入1.02万亿元。笔者根据刚出版的《中国旅游统计年鉴》中31个省区市公布的数字核算,同年国内旅游合计为39.1亿人次,国内旅游收入合计为3.47万亿元,分别为全国的1.1倍、2.4倍。以省际比较而言,贵州省接待国内游客1.09亿人次、国内旅游收入797.9亿元,云南省接待国内游客1.20亿人次、国内旅游收入730.7亿元。贵州省接待国内游客比云南省少1000万人次,但国内旅游收入却高出云南省67亿元;到贵州的国内游客人均花费732元,到云南的国内游客人均花费609元,似不可信。各地公布的国内旅游统计口径也不统一,如31个省区市中只有安徽、福建、云南、宁夏4省区有"过夜游客"与"不过夜游客"的统计数字。

国内旅游统计中存在的这些问题,是多方面的因素导致的。体制上的因素是根本性的,在数字与政绩、晋升挂钩,统计机构隶属于同级行政官员管辖,统计数据公布前最终由第一把手"把关"或由局领导"讨论"后"审定"的体制下,统计数据的真实性、可靠性难以保证,是必然的。但是,统计体系与技术的因素也是不可小视的重要因素,其中值得探讨的问题如下:

1.关于"一日游游客"问题

确定"国内游客"的确切范围,是规范国内旅游统计的基础。国内游客是否包括一日游游客,各国做法不尽一样,如英国的调查对象是在外逗留一夜以上的游客,按外出目

---

① 刊载于中国社科院旅游研究中心2008年第3期与2011年第2期《旅游研究与信息》,全文发表于山东省旅游局2011年第2期《旅游发展研究》,摘要刊载于2011年12月2日《中国旅游报》。

分为度假、探亲和商务会议及其他目的三类,按外出时间分为1~3夜短期和4夜以上长期两种。1979年澳大利亚规定,"旅游者是离开自己的惯常居住地,至少40公里以外、在该地至少停留24小时,但最多不超过12个月",并明确规定,"当地居民对该地旅游景点的访问不应该包括在内"。① 西欧和大洋洲国家大多也是如此,不把"一日游"国内游客作为统计对象。

美国和加拿大则包括一日游游客。1973年美国的定义是:"旅游者是除了上下班通勤之外,出于商务、休闲、个人事务或任何其目的,外出旅行至少50公里(单程),无论其在外过夜还是当日返回。"对于"一日游游客"的外出距离,1973年美国和1978年加拿大的规定是50公里。即使在一个国家内,不同地区的规定也不一样。加拿大多伦多市为50公里,安大略省则为25公里,其距离长短似与城市区域的大小有关。即使在同一国家,不同时期对外出距离的规定也不同。美国1973年的规定是50公里,1998年的规定是160公里;1978年加拿大的多伦多市和安大略省则改为80公里与40公里。外出距离长短的规定似与交通发展有关,交通越便捷,规定的外出距离就越长。②《中国旅游统计年鉴》规定,"国内游客包括国内(过夜)旅游者和国内一日游游客"。"国内一日游游客:指国内居民离开惯常居住地10公里以上,出游时间超过6小时,不足24小时,并未在境内其他地方的旅游住宿设施过夜的国内游客"。③ 该规定中对外出时间、距离的规定和美国、加拿大和澳大利亚等国的规定相比差别很大。按该规定,城市居民在市域范围内的游憩、娱乐、医疗、购物和会议活动大多可算作"国内一日游",显然过于宽泛。按历年、历次全国"黄金周"期间的统计数据,过夜游客与一日游游客之比约为1∶5。

笔者认为,城乡居民在惯常居住地的不过夜的休闲、医疗、健身、探亲访友、购物和会议活动,实际上依然是在惯常环境下的休闲性或事务性活动,不属于去异地的旅游活动,因此建议取消在国内旅游统计中的"一日游游客"项目。在"五一"、"十一"和春节等集中休假时期内,"一日游"占3/4~4/5左右,大多是在居住地区或近邻地区的休闲活动,没有在异地发生过夜消费,也不应列入旅游统计之内。这几个集中休假时段内可分设"过夜旅游者"与"一日休闲者"统计。

2. 关于国内旅游统计标准与渠道

目前,各地国内游客的统计渠道不尽统一,主要有三个:一是各类旅游住宿设施的住客人数,二是各类旅游景区景点的游客人数,三是当地旅行社的接待人数,往往是三者的合计;有些地方还把在本地各区、县、镇接待的游客合起来统计,由此必然发生一个接待游客计算为多个游客的重复统计。虽然国家旅游统计标准规定:"国内游客每出游一次

---

① [美]查尔斯·格德纳等:《旅游学》第8版,大连理工大学出版社,第16页;该书第10版,中国人民大学出版社,第9页。
② [美]查尔斯·格德纳等:《旅游学》第8版,大连理工大学出版社,第16页;该书第10版,中国人民大学出版社,第7页。
③《中国旅游统计年鉴》,中国旅游出版社2010年版,第115页。

统计1人次",但实际上跨地区的旅游团队与散客往往被不同地区(省、市、县)多次反复统计。

笔者查阅世界旅游组织发布的《世界旅游统计概览》,其中对"国内旅游"的统计框架中,只计算在旅游住宿设施中过夜的游客,因而能有效地解决重复统计的问题,因为1个游客不管1天内到过几个地方、几个景点、被几个旅行社接待,他只会住宿1次。《世界旅游统计概览》"国内旅游"的统计中,只计算在旅游住宿设施中过夜的游客,没有一日游游客的统计,是相当科学的。①

据《中国旅游统计公报》,2002年全国国内旅游8.78亿人次;据《世界游统计概览》,该年中国"酒店和类似住宿设施接待国内游客2.46亿人天"。如照此推测,该年国内过夜游客在2亿人次左右。

笔者建议,取消国内旅游中"一日游游客"统计之后,不再以景点和旅行社的接待人次为国内游客的统计基数,而一律以"所有住宿设施接待国内游客"的人次数、人天数和平均停留夜数为统计基数,这样也就与国际标准接轨了。在这个基础上,再通过现行的国内旅游抽样调查,得出国内游客的人均花费,就可以较为准确地推算出国内旅游的总消费,即国内旅游的总收入。如在国内旅游抽样调查中,分别得到各省、自治区和直辖市的接待游客的人均花费数,就可以得出它们的国内旅游总收入;如在国内旅游抽样调查中,分别得到各省、自治区和直辖市的国内出游的人均花费数,就可以得出它们的国内旅游总支出,由此即可得出各省、自治区和直辖市的国内旅游收支的盈余与亏损。这种统计体系,不仅可以基本上解决"纵向不能加、横向不可比"的问题,而且可以为各省、自治区和直辖市提供国内旅游的收支状况,从而为测算国内旅游在各地区GDP中的比重提供较为合理的基数,也为研究各地区国内旅游的目的地与产出地的比较研究提供较为准确的信息。

3. 关于常住港澳台同胞和外国人士的境内旅游统计问题

目前,我国国内旅游只统计"本国居民"的境内旅游,不包括常住我国的港澳台同胞和外国人士。按国际旅游学界的观点,"境内旅游"(Internal Tourism),"指该国居民及非该国居民在该国境内开展的访问活动"。② "在一个国家居住的外国公民被看作是该国的常住居民","判断一个旅行者是国家旅游者还是国际旅游者的依据是他或她的居住地,而不是国籍"。③ 据公安部公布的信息,他们在大陆的休闲性旅游和事务性旅行常被人们看作是入境游客,但按国际惯例他们应计入我国"国内游客"之列。

二、规范出入境旅游统计标准

我国旅游业始于改革开放初期的入境旅游,旅游统计工作也最早从入境旅游起步。

---

① 参阅第21页"附录"。
② [美国]查尔斯·格德纳等:《旅游学》第10版,中国人民大学出版社,第7页。
③ [英]伦纳德·利克利什等:《旅游学通论》,中国旅游出版社,第45~46页。

从1978年起,通过公安部门出入境人数统计、国际旅行社和涉外旅游饭店统计等渠道,建立了入境旅游人数的统计数据。1996年开始,国家旅游局与国家统计局合作,根据世界旅游组织提出的《旅游统计建议草案》要求,采用国际上通行的游客抽样调查方法,建立了入境旅游群体特征与消费状况的系列统计数据,为政府决策、企业经营和学界研究提供了较为翔实、系统、连续的统计信息,入境旅游统计率先与国际标准基本接轨。由于出境旅游起步较晚,至今仍未设立出境旅游统计标准,出境旅游人数采用公安部门出入境人员的统计数据,出境旅游支出数据采用外汇管理部门的测算数据,一直未以国家旅游局的名义发布。有些旅游研究机构虽然对出境旅游进行过抽样调查与初步研究,但不具备权威性。目前,我国已成为世界的主要旅游目的地和重要的客源产出地,建立包括出入境旅游在内的统计体系已经刻不容缓。

如上所述,我国出入境旅游人数来自公安部门的出入境统计数据,这一方面保证了出入境游客统计数据的基本面是可靠的;但是另一方面,由于"出入境人员"与"出入境游客"不是同一概念,旅游统计与出入境统计的功能与口径并不完全相同,因而现有旅游统计标准存在某种缺陷,与国际旅游界的统计标准不尽一致,有待进一步规范、完善。

1. 公安部门统计的外国籍出入境者并不全是旅游者

以2009年为例,国家公安部出入境管理局公布,出入境的外籍人员4372.7万人,其入境人数与入境目的如表1所示。

表1 2009年外国人入境事由分类统计

事由	会议/商务	访问	观光/休闲	探亲访友	就业	学习	定居	服务员工	其他	合计
人数	1 366 141	3 871 030	10 132 701	80 058	731 540	166 678	13 030	2 273 726	3 302 553	21 937 480
百分比(%)	6.23	17.65	46.19	0.36	3.33	0.76	0.06	10.36	15.05	100.00

据《2009年中国旅游统计公报》,该年入境外国旅游者2193.75万人次。按照国际旅游界公认和我国旅游统计标准,"应邀来华访问的政府部长以上官员及其随行人员","外国驻华使领馆官员、外交人员以及随行的家庭服务人员和受赡养者","常驻我国一年以上的外国专家、留学生、记者、商务机构人员等","已在我国定居的外国人"等,不应计入"入境(过夜)旅游者"之内。显然,上表内的"就业"、"定居"、"服务员工"和"访问"及"其他"中的一部分外国人,是"入境旅客",而不应是"入境游客"。

2. 公安部门统计的赴港澳台的内地出境者不全是旅游者

以大陆赴港澳人员为例,公安部门出入境管理局公布,2009年大陆居民往来港澳地区共2091.57万人,其中往来港澳的目的见表2所示。

表2 2009年批准内地居民往来港澳地区情况

事由	香港(万人次)	百分比(%)	澳门(万人次)	百分比(%)
探亲	56.57万	4.8	9.70万	1.2
商务	26.45万	2.2	8.59万	0.9
旅游	1099.57万	92.5	879.31万	97.3
就业/就学/培训	3.96万	0.4	4.84万	0.5
其他	1.66万	0.1	0.92万	0.1
合计	1188.21万	100.0	903.36万	100.0

据《2009年中国旅游统计公报》，大陆赴香港"旅游人数"1866.59万人次，赴澳门"旅游人数"1512.76万人次，均超过公安部门公布的人数，其原因可能是，其中首站到香港后转往澳门或首站到澳门后转往香港的游客，未列入公安部门的统计。但是，上表中"就业/就学/培训"及"其他"中的一部分人员应是"入境旅客"，而不应是"入境游客"。

再以大陆赴台湾人员为例，公安部门出入境管理局公布，2009年大陆居民往来台湾人员81.18万人，其中往来台湾的目的见表3所示。

表3 2009年批准大陆居民往来台湾情况

事由	人次	百分比(%)
探亲	64 366	7.4
居留	22 827	2.6
定居	1625	0.2
旅游	674 652	78.2
应邀交流	74 330	8.7
商务	10 647	1.3
乘务	11 805	1.4
其他	1594	0.2
合计	861 846	100.0

据《2009年中国旅游统计公报》，大陆赴台湾"旅游人数"为98.57万人次，超过公安部门公布的人数，其原因可能是其中经由香港赴台的游客未列入公安部门的统计。但是，上表中"居留"、"定居"、"乘务"和"应邀交流"及"其他"中的一部分人员应是"入境旅客"，不能列入"入境旅游者"。

3. 关于港澳"一日游游客"的统计

我们历来把港澳台同胞来内地、大陆的人数列入"入境游客"的统计中,也把内地、大陆居民赴港澳台地区列入"出境游客"的统计中,这种把两岸四地居民之间的旅游与外国人一起列为"入境游客"和"出境游客"的统计口径是否妥当,笔者将在另一篇短文中讨论。此处提出商讨的是,港澳来内地"一日游游客"全部计入"入境游客"的统计口径是否合理与必要。

在世界旅游组织发布的"入境旅游"中,有"1.入境人数,2.旅游者(过夜旅游者),3.一日游游客,4.邮船乘客"之分。其中"1.入境人数"与"2.旅游者(过夜旅游者)"确定为两个不同的概念。据该《概览》解释,"当一个人一年中几次访问同一个国,他的每一次访问被算作是一个单独的到达……因此,入境人数不一定等于旅行人的数量"。① 同时,按国际旅游界公认的惯例,政府部长及其随行人员的出访或求职、求学人员虽然也属于"入境者",但不属于"入境旅游者"。

公安部门出入境管理局公布,2009年港澳同胞往来大陆地区共2亿人次。同年《中国旅游统计公报》公布港澳同胞赴大陆旅游1.045亿人次,与公安部门出入境管理局公布的数据吻合。我们历来把港澳同胞的入境者分为"入境游客"、"入境过夜游客"与"一日游游客"。2009年香港入境"一日游游客"55 183.8万人次,占香港入境游客总数的67.0%;澳门入境"一日游游客"1887.44万人次,占澳门入境游客总数的83.1%;港澳入境"一日游游客"7071.25万人次,占全部入境游客总数的70.6%。港澳"一日游游客"中,绝大多数是当天往返过境的上班、上学、自购或代购等人员,严格意义上不属于旅游者,将他们全部计入"入境游客"并无多大意义,不能真实反映港澳同胞赴大陆旅游的情况。笔者建议,在入境游客统计中,剔除港澳同胞入境"一日游游客"的内容,这个数据只对广东有些用处,对全国旅游没有意义。台湾同胞448.40万人次,"一日游游客"65.16万人次,占全部入境游客总数的14.5%,他们主要是常居在香港澳门或金门赴厦门的当天往返者。

《世界旅游统计概览》是目前世界各国都认可的统计体系,已实施多年,它凝聚着国际旅游界的共识,也是各国旅游界进行横向相互比较和纵向自我比较的共同坐标。建议在研究出入境旅游统计体系时,充分借鉴、靠近和接轨国际旅游统计标准。

三、区分国际市场与港澳台市场

邵局长在今年全国旅游工作会议上讲到2011年十大重点工作时,"第三"点专讲我国对美国、俄罗斯、日韩、澳大利亚、欧盟、东盟等国际市场的推广;"第四"点专讲与港澳台的合作与交流。这一点不同于以往工作报告中把港澳台与外国市场宣传推广放在一起的做法,突出了港澳台市场与外国市场是两个不同性质的客源市场。这是一个非常重

---

① 世界旅游组织:《世界旅游统计概览》,中国旅游出版社2005年版,第215页。

要之点。

　　由两岸四地组成的中国将长期存在两种制度并存的局面,同时香港、澳门和台湾又是独立的关税区、发行各自的货币,构成了世界上独一无二的"一国两制"格局。与此相关,两岸四地之间居民的旅游,存在着一个国家内部的出境与入境旅游的问题,存在着旅游消费、结算中的货币兑换问题。在这种情况下,我们的旅游统计应该如何体现这种"一国两制"的特点?

　　长期以来,在国家旅游局的所有文件及统计公报中,历来把"入境旅游市场"分为"外国市场"和"港澳台地区"两部分,把港澳台同胞来大陆旅游列为"入境旅游",把大陆居民赴港澳台旅游列为"出境旅游",并把包括外国人和港澳台游客花费的入境旅游收入统称为"入境旅游收入",把大陆居民赴港澳台和外国旅游消费统称为"出境旅游支出"。从中文的角度看,这种表述似乎没有什么问题。但是,在历年中英文版的《中国旅游年鉴》英文目录和《中国旅游统计年鉴》、《中国旅游统计便览》中,把包括港澳台游客在内的"入境旅游人数"译为 International Visitor Arrivals to China(中文意思是"赴中国的国际游客"),把包括港澳台游客花费在内的"入境旅游收入"译为 International Tourism Receipt(中文意思是"国际旅游收入"),把"入境旅游者人均天消费"译为 The Average Daily Per Capita Expenditure by International Tourist(中文意思是"国际旅游者人均天消费"),把"各地区接待入境旅游者"译为 International Tourist by Locality(中文意思是"各地区接待国际旅游者")。同样,在世界旅游组织(UNWTO)的统计报告中,也把包括港澳台游客在内的入境旅游人数称为 International Tourist Arrivals,把包括港澳台游客花费在内的"入境旅游收入"译为 International Tourism Receipt,把包括去港澳台旅游的中国大陆出境旅游人数称为 International Tourism Expenditure。这里,这些中英文相应用语翻译中都把"入境游客"等同于"国际游客",把"出境游客"等同于"出国游客"。

　　还需指出,长期以来在许多主管领导的讲话、报刊的文章中,把港澳台游客称为"国际游客",把港澳台游客消费称为"国际外汇收入",把大陆居民出境旅游统称为"出国旅游",把港澳台旅游市场称为"国际旅游市场"等,也习以为常。

　　《世界旅游组织统计概览》规定,入境旅游,"是指到达该国经济领域内的国际游客";出境旅游,"是指离开该国经济领域内的旅游者"。国际旅游学界也认定,"国际旅游"分为入境旅游(Inbound Tourism)与出境旅游(Outbound Tourism)两大类,"入境旅游,指非该国居民来访该国的活动;出境旅游,指某一国家居民去另一国家的活动"。[①]

　　世界旅游组织(UNWTO)《关于旅游统计的建议》(1994):"出境旅游,居住人口在本国以外的地方旅游。""为了避免理解错误,建议把'入境'、'出境'、'国内'、'境内'、'国民'及'国内旅游'留给这个国家的旅游用。在其他地方,应对这个词的含义有一个非常清楚的地理或行政的含义(如:'入省旅游'、'欧盟境内旅游'等)"。

---

① [美国]查尔斯·格德纳等:《旅游学》第10版,中国人民大学出版社,第7页。

美国查尔斯·格德纳将"国际旅游"分为入境旅游（Inbound Tourism）与出境旅游（Outbound Tourism）两大类，"入境旅游，指非该国居民来访该国的活动；出境旅游，指某一国家居民去另一国家的活动"。[①]

显然，世界旅游组织与国际旅游界讲的"出境旅游"、"入境旅游"就是国际旅游，指一国居民到另一个国家的旅游。世界旅游组织的统计标准和国际旅游界公认，入境旅游与出境旅游即为"国际旅游"。

中文中的"境"既可指国境之"境"，也可指地区之间的边境。但在两岸四地、一国两制的情况下，把"入境旅游人数"译为 International Visitor Arrivals to China，是不准确、不妥当的。因为其中港澳台游客不是国际旅游者（International Visitor），他们来到内地/大陆（英语 Mainland 兼有内地、大陆的意思），是来到中国的内地/大陆（The Mainland of China）。同样，把"入境旅游收入"译为"国际旅游收入（International Tourism Receipt）"，也是不准确、不妥当的。因为"入境旅游收入"中的港澳台游客的花费虽然是用的港币、澳币和台币，但它们不是外国货币，也不能称为"国际旅游收入"，而是同一个中国内的不同行政区的货币之间的兑换。

如果说，上述表述在 20 世纪改革开放初期是可以理解的，因为那时香港、澳门的主权尚未收回，台湾与大陆的关系还处在隔绝状态。但时至今日，这种表述方法与统计框架早就不合时宜了。

首先，两岸四地是中国的不可分割的组成部分。香港、澳门是中华人民共和国内两个实行"港人治港"、"澳人治澳"的特别行政区。在海峡两岸之间，在海协会和海基会关于《大陆居民赴台旅游的协议》中，开宗明义地共同确认"为增进海峡两岸人民交往，促进海峡两岸之间的旅游"，这就明确地排除了把大陆居民赴台旅游说成是"国际旅游"。同理，也不能把台湾居民赴大陆旅游说成是"国际旅游"。海协会和海基会的《协议》用了"简化出入境手续"的提法，这个"境"是大陆与台湾两个不同地区间的"境"，而非国家与国家之间的"国境"。

现在，在政府机构内，有外交部、港澳办、台办；国家旅游局内，设旅游促进与国际司（简称"国际司"）、港澳台旅游事务司（简称"港澳台司"）。

在经贸领域内，外国资本叫"外资"、"外币"、"外汇"，香港资本叫"港资"、"港币"，澳门资本叫"澳资"、"澳门元"，台湾资本叫"台资"、"新台币"。

在我国政府机构的设置上，港澳台事务的管理与国际事务管理有明确的区别与分工。国务院一直专设港澳事务办公室、台湾事务办公室，港澳台事务从来不属于外交部管辖。在国家旅游局的机构中，从 2008 年起把港澳台旅游交流与合作事务管理从"旅游促进与国际联络司"中分离出来，单设了"港澳台旅游事务司"管辖。

十一届四次会议通过的中国国民经济和社会发展"十二五"规划纲要第十四篇以《深

[①] ［美］查尔斯·格德纳等：《旅游学》第 10 版，中国人民大学出版社，第 15 页。

化合作　建设中华民族共同家园》为题,提出"推进'一国两制'实践和祖国和平统一大业,深化内地与港澳经贸合作,推进海峡两岸经济关系发展,为实现中华民族伟大复兴而共同努力"。该规划纲要首次阐述了两岸四地深化合作、建设"中华民族共同家园"的目标,在旅游统计框架中设立"中华旅游市场"符合建设"中华民族共同家园"的目标。

其次,内地居民与港澳台居民相互旅游的办证、签注与去外国办护照和签证性质不同。内地居民办的是《来往港澳地区通行证》,港澳居民办的是《往来内地通行证》;大陆居民办的是《往来台湾通行证》,台湾居民办的是《往来大陆通行证》,这与内地居民和港澳台居民去外国办护照在性质上是不同的。就内地居民赴港澳旅游而言,已经实行的"个人游",其出入境手续十分简便。台湾居民赴大陆旅游在大陆方面,政策与手续也十分便捷。大陆居民赴台湾旅游"个人游"也在研究之中。大陆居民赴台湾旅游将会越来越方便。

最后,港币、澳币、台币与人民币的兑换不同于对美元、欧元等外国货币的兑换。从2004年起,中国政府容许港澳特别行政区试办人民币业务,2009年7月容许内地和香港符合资格的企业以人民币结算,2010年7月容许香港人民币存款可于银行间往来转账,企业将港币兑换人民币亦再无限制。现在虽然港澳居民来内地仍要把港币、澳币兑换成人民币,内地居民去港澳要把人民币兑换成港币、澳币,但是由于人民币的强势增值,港澳地区使用人民币越来越普遍,港澳居民来内地和台湾居民来大陆也普通使用人民币。港币、澳币、台币与人民币的兑换越来越简便。这与中国人去欧美必须兑换欧元、美元,欧美人在中国必须兑换人民币的情况大不相同。

众所公认,港澳台与内地/大陆居民都是中华民族的组成部分。港澳台与内地/大陆之间的出入境旅游,是中国四个地区之间的旅游,是同一个国家内部实行不同社会制度的四个地区之间的旅游,其本质上是国内旅游(Domestic Tourism),而不是国与国之间的国际旅游(International Tourism);两岸四地居民的相互出游,本质都是国内旅游者(Domestic Tourist),而不是国与国之间的国际旅游者(International Tourist)。

关于两岸四地的出入境旅游统计框架,香港方面把该地居民去内地、澳门和台湾旅游称为"出港旅游",把内地、澳门和台湾同胞去香港旅游称为"访港旅游"。澳门方面在"访澳游客"统计中,分为"大中华市场"(The Greater China)与"国际市场"(International Markets)两部分。"大中华市场"由"中国内地 Mainland China"、"香港特区 HK Sar"和"中国台湾 Taiwan China"组成。台湾方面把出岛游客称之为"出境国民"("Outbound Departures of Nationals"),把"访台游客"(Visitor Arrivals)分为"外籍游客"(Foreigners)与"华侨旅客"(Overseas Chinese)两部分,大陆、香港、澳门游客计入"华侨旅客"之中。港澳台方面的这些统计框架与术语都把两岸四地之间的旅游与"国际旅游"明确区分开来。此外,越来越多的外国旅游商务、旅游组织和企业集团把它们统一管辖两岸四地事务的驻华机构冠以"The Greater China"(中文译为"大中国区"、"中国大区"、"中华地区"或"大中华地区"等)之名,也说明国际商务、旅游界正在把两岸四地看成是一个主体。

鉴于上述情况,笔者认为有必要对出入境旅游相关的用语及英译进行重新审订,对出入境旅游的统计框架进行相应调整。该框架可分为以下三大部分:

1. 国际旅游市场

外国人到中国(大陆)旅游、中国(大陆)居民到外国旅游,称为"国际旅游";外国人到中国(大陆)旅游称为"国际入境旅游";外国游客称为"国际入境旅游者"/"国际入境游客"和"国际入境旅游市场"/"国际入境客源市场";中国大陆居民到外国旅游称为"出国旅游",游客称为"出国旅游者"/"出国游客"、"出国旅游市场"/"出国客源市场";中国(大陆)接待外国旅游者的收入称为"国际旅游收入",中国大陆居民到外国旅游的花费称为"国际旅游支出"。

2. 中华旅游市场

把两岸四地居民之间的旅游统称为"中华旅游",港澳台及海外华侨同胞来大陆旅游称为"华人入境旅游"(不包括已加入外国籍的华人,他们是国际游客),细分为香港市场、澳门市场、台湾市场与华侨市场,其旅游收入称为"华人入境旅游收入",不称为"国际旅游收入";大陆居民去港澳台旅游统称为"赴港澳台旅游",细分为赴港旅游市场、赴澳旅游市场与赴台旅游市场,其旅游支出称为"港澳台出境旅游支出",但不称为"国际旅游支出"。

这种做法符合世界旅游组织《关于旅游统计的建议》的主张:"为了避免理解错误,建议把'入境'、'出境'、'国内'、'境内'、'国民'及'国内旅游'留给这个国家的旅游用。在其他地方,应对这个词的含义有一个非常清楚的地理或行政的含义(如:'入省旅游'、'欧盟境内旅游'等)。"把这一点运用到我国,把两岸四地居民之间的旅游用"中华境内旅游"来表述更为恰当、确切。

3. 国内(大陆)旅游市场

大陆居民在各省、自治区和直辖市内部及其相互之间的旅游。

两岸四地、一国两制是当今中国的一大特点。一国之内两岸四地旅游,是中国旅游业的一大特点,是世界上没有先例的独创。因此,旅游统计框架也应有自己的特点。

附录:《世界旅游统计概览》基本指标[①]

入境旅游

1. 入境人数

1.1 入境人数(万人次)

1.2 旅游者(过夜旅游者,万人次)

1.3 一日游游客(万人次)

---

① 世界旅游组织:《2005世界旅游统计概览》,中国旅游出版社2005年版。

1.4 邮船乘客(万人次)

2. 入境人数按地区分

2.1 非洲

2.2 美洲

2.3 欧洲

2.4 东亚和太平洋地区

2.5 南亚

2.6 中东

3. 入境人数按入境方式分

3.1 飞机

3.2 火车

3.3 公路

3.4 船舶

4. 入境人数按访问目的分

4.1 休闲、娱乐和度假

4.2 商务和专业活动

4.3 其他

5. 旅游住宿设施

5.1 酒店和类似住宿设施接待人天数(万人天)

5.2 酒店和类似住宿设施接待人数(万人数)

5.3 所有旅游住宿设施接待人天数(万人天)

5.4 非常住旅游者在所有旅游住宿设施的平均停留时间(天)

6. 旅游消费

6.1 所在国旅游消费(亿美元)

6.2 旅行(亿美元)

6.3 乘客运输(亿美元)

国内旅游

7. 旅游住宿设施

7.1 酒店和类似住宿设施接待人天数(万人天)

7.2 酒店和类似住宿设施接待人数(万人数)

7.3 所有旅游住宿设施接待人天数(万人天)

7.4 非常住旅游者在所有旅游住宿设施的平均停留时间(天)

出境旅游

8. 相关数据

8.1 出境游客(万人次)

8.2 在其他国家旅游花费(亿美元)

8.3 旅行(亿美元)

8.4 乘客运输(亿美元)

旅游产业

9. 酒店和类似住宿设施

9.1 客房数(间)

9.2 床位数(张)

9.3 出租率(%)

9.4 平均停留时间(天)

相关指标

10. 旅游花费在其中的份额

10.1 国内生产总值(GDP)(%)

10.2 货物出口(%)

10.3 服务出口(%)

对旅游贸易逆差要作结构分析[①]

"十一五"期间,我国(准确地说是"内地或大陆")的出入境旅游收支结构发生了深刻变化,旅游外汇收支由长期的顺差开始转为逆差。2009年旅游贸易赤字为40亿美元,2010年赤字为22亿美元。2011年入境旅游增幅下降,入境过夜游客5758.07万人次,入境旅游收入484.64亿美元;出境旅游增速加快,达到7025万人次,以人均花费1000美元测算,出境旅游支出约700亿美元,旅游服务贸易逆差突破200亿美元。由此,"旅游服务贸易逆差"似乎已成定论。在笔者看来,这是一个似是而非的模糊性说法。说它"是",因为目前入境旅游的总收入确实低于出境旅游的总支出;说它"模糊",因为它没有说清出入境旅游收支为什么会出现"逆差",这"逆差"究竟发生在何处。

众所周知,我们的出入境旅游分为外国市场与港澳台市场两大部分,但是目前出入境旅游收支的统计,一直把这两部分的收入与支出合在一起,故而得出了"旅游服务贸易逆差"论。笔者认为,如果对这两种类型、四种出入境旅游的收支进行细分,会有助于了解"旅游服务贸易逆差"的真实情况,从而才能采取有区别的对策。本文以2011年数据为例,略加说明。

国际出入境旅游收支大体平衡。2011年入境外国人2711.21万人次(其中过夜外国人2194.10万人次),大陆去外国旅游2437多万人次,出入境国际旅游人数大体相当。外国过夜游客在华人均花费1300美元,在华消费286.53亿美元,大陆居民出国游客人均花费1000美元估算,总花费约240多亿美元;如果以人均花费1200美元估算,总花费约290多亿美元,与外国游客在华消费大体相当,即便有逆差数额也不大。

内地与港澳之间出入境旅游呈逆差状态。香港赴内地7935.77万人次(其中过夜游客2691.59万人次),在内地花费110.64亿美元。内地赴港2810万人次,由于内地游客在港购物花费高,过夜游客人均花费高达7435港元(约合940美元),大陆赴港花费约250亿美元,呈逆差状态。

澳门赴内地2369.08万人次(其中过夜游客427.94万人次),在内地花费27.63亿美元。内地赴澳门1600万人次。由于内地游客在澳门购物与娱乐花费高,以2009年人均3040澳元(不含博彩,约合380美元)估算,总花费在60亿美元以上,也呈逆差状态。

大陆与台湾之间出入境旅游一直为顺差。台湾赴大陆游客526.30万人次(其中过夜游客436.47万人次),在大陆花费59.85亿美元;大陆赴台178.4万人次,按每日消费

[①] 2012年3月16日《中国青年报》。

263.09美元、停留6.5夜估算,在台花费30亿美元。2008年7月至2011年12月底,大陆游客赴台305万余人次,花费50.59亿美元。同期,台湾赴大陆1100万人次,花费179.5亿美元,一直是顺差。

大体可以判断,时下内地/大陆的出入境旅游贸易逆差主要发生在内地与港澳之间,不同于其他国家的旅游贸易逆差。世界上国际旅游贸易逆差,是国家与国家之间的逆差,是国家外汇从一国向他国的流失。我们目前的旅游贸易逆差是一个国家内部,四个不同关税区或经济体之间的收支不平衡。对于这种逆差的经济社会意义与作用,需要作具体分析。

就内地与港澳之间而言,30年来港澳同胞来内地观光、探亲、商务和科教交流,不仅带来了港币、澳元的外汇,而且引进了观念、机制和生活方式,推动了内地的改革开放、发展进步。现在内地发展起来了,源源不断的游客赴港澳旅游,不仅使港澳成功抵御国际金融危机的冲击,维持了社会稳定、经济繁荣,更重要的是增进了内地与港澳同胞之间的了解与情谊,这是不能以外汇收支来考量的。从长远来看,内地人口百倍于港澳人口,内地人赴港澳旅游花费多于港澳人赴内地花费,合情合理。当前这种"逆差"不是大了,而是太小了,应该更大才对!

就大陆与台湾之间而言,由于众所熟知的原因,从1988年至2008年20年间,一直是台湾同胞单向赴大陆旅游,到2011年底共计达7000万人次。从2008年开始两岸进入双向旅游新阶段,至今大陆赴台旅游的处于起步期。从长远来看,大陆人口为台湾的58倍,大陆赴台游客理应多于台湾赴大陆游客,大陆与台湾之间的旅游贸易理应是逆差,而且这种"逆差"越大越好。不必多言,两岸之间的旅游交流的深远意义更不是以"顺差、逆差"来考量的。

就与外国之间的旅游贸易而言,30年间从绝对顺差到大体平衡,这固然值得高兴,但丝毫不值得骄傲。即使过几年逆差越来越大,也不必忧虑。日本从1971年开始,出境旅游人数超过了入境游客,从国际旅游顺差国成了逆差国,国家发展国际旅游的目的也从吸引更多的外国游客赚取外汇,转变为鼓励更多的公民出国旅游、扩大外汇的花费,减少国际贸易摩擦。1980年韩国政府解除出境旅游的禁令,1988年底又全面开放出国旅游,国民蜂拥而出。从2000年开始,从国际旅游顺差转为逆差。当今我们面临1971年日本、2000年韩国那样从旅游顺差转为逆差的拐点,从旅游接待大国转向客源大国,这是国力强盛、人民殷实的表现,理应欣慰,何需忧心。

对我们来说,目前的问题不是国人出境旅游的人数多了、花费多了,而是少数游人的非理性消费、不文明举止和部分旅行社的不规范经营。七八年来,港澳台同胞的入境旅游早已进入平稳运行的常态阶段,来访过夜游客人数分别达到其人口的10倍、8倍和2成以上,不可能再出现井喷式增长。近年来国际入境旅游的增长缓慢,与国际出境旅游的高速增长形成不小反差,需要旅游界严重关注并认真对待。

一国两制、四个地区,这种由近现代历史形成,并将延续很久的大格局,由此出现出入境旅游中特殊情况,在世界上是独一无二的。笔者建议,在公布入境旅游人数与收入中把外国人与港澳台同胞分列的同时,也分别列出赴外国与赴港澳台地区的旅游人数与支出,对出入境旅游收支结构加以细分,在此基础上制定发展出入境旅游中国际旅游与两岸四地间旅游的战略、方针与政策,不宜把出入境旅游中的国际旅游与两岸四地旅游混在一起,笼统地谈论旅游贸易"逆差"或"顺差"。

总之,对旅游贸易逆差的问题,必须进行结构性分析。外国的旅游贸易逆差与港澳台的旅游贸易逆差,原因、后果、影响、对策各不相同,不能一概而论。

三大旅游市场与消费、投资、出口的关系[①]
——与马晓龙先生商讨

马晓龙先生《扩大国内消费需求应成为"十二五"旅游业发展的主线》(见11月17日《中国旅游报》)一文,从"加快形成消费、投资、出口协调拉动经济增长新局面"的角度,论述了国民旅游市场的主体地位,此论笔者深为赞同,但文中有一段话有待进一步探讨:

"据中国旅游研究院预测,2010年中国国内旅游人数和收入将分别达到21亿人次和1.1万亿元人民币,而出境旅游人数和旅游花费将分别达到5400万人次和480亿美元,国内旅游收入和出境旅游收入将远远高于入境旅游收入420亿美元"。

文中"出境旅游收入"不知指什么?是否是"出境旅游支出"的笔误?更重要的是国内、出境与入境旅游三大市场与"消费、投资、出口"三大"拉动经济增长"因素的关系是什么?笔者愿就此作一简略说明,求教于马先生与读者。

国民在国内旅游中对"消费"的拉动作用是众所周知的事实,而且越来越显著,但是人们往往忽略国内旅游对投资的拉动作用,且在现有的旅游统计体系中未设"旅游投资"项目,不能不说是一个缺陷。虽然国家旅游局规划发展与财务司主编的年度《中国旅游投资报告》中,有全国旅行社、星级饭店和旅游景区三类"旅游企业增加投资"的统计,但未列入《中国旅游统计公报》、《中国旅游报统计年鉴》之中,而且旅游投资远不止旅行社、星级饭店和旅游景区的资金投入,还应包括与旅游相关的基础设施和公共服务设施投入。世界旅行旅游理事会(WTTC)公布的世界与各国旅游业对国民经济增长的研究报告中,历来有"旅游及旅行投资"一项,如2004年该报告的测算是"中国旅游及旅行投资将达到5121亿元人民币,约合612亿美元,占总投资额的9.6%"。相信不久中国旅游研究机构将会在这方面有所突破。

出境旅游消费在国际贸易中属于"进口服务贸易"范畴,中国公民在境外旅游花费属于"旅游外汇支出",但其中也有一部分属于"国内消费",如乘坐中国航空公司班机的机票费及出境组团社的中介服务费。此项"花费"总数亦不可小视,约占出境旅游花费总额的1/4至1/3之间。据笔者粗略估计,2009年我国出境旅游支出437亿美元中,约有100亿美元的交易发生在国内。随着我国国际航空业的壮大,中国公民出境旅游乘坐本国航班的机会将更多。如果在国内购买境外驻华航空公司售票处的机票,我国也有相应的税金收入。至于出境组团社的中介服务收入,目前已成为我国旅行社行业的"肥缺"。因

[①] 2010年12月1日《中国旅游报》。

此,出境旅游对国内消费的拉动作用也不可小看。如果我国国民出境旅游如日本国民出境旅游"搭日本旅行社团队、乘日航、住日资酒店"那样,出境旅游对促进国民经济的功能将更显著。

"十一五"期间,我国的出入境旅游收支结构发生深刻变化,外汇收支由顺差转为逆差。2009年我国出境旅游支出437美亿元,入境旅游收入397亿美元,开始呈赤字状态,说明中国已从入境旅游目的地转变为入境旅游目的地与出境旅游客源地的双重旅游国。从国际经验看,这种转变是国家强盛、民众富裕、旅游成熟的表现。在我国外汇储备多年居高不下、国际贸易连年盈余的情况下,旅游赤字有利于减缓国际贸易摩擦,有利于化解外汇储备过高的潜在风险,对外关系上有利于加强外交影响力、提高国家软实力,有助于扩大国民视野、提高文化素质。要更新多年形成的旅游以赚取外汇为目的的观念,重新审视出境旅游方面不合时宜的政策与做法,以更广阔的视野、更积极的态度、更开放的政策、更宽松的办法发展出境旅游,并通过发展出境旅游带动我国旅游企业大步"走出去"。

入境旅游在国际贸易中属于"出口服务贸易"范畴,入境游客在国内的旅游花费属于"旅游外汇收入"。但是,旅游服务贸易不同于实物商品出口之处在于,它是就地"出口风景"、"出口商品"和"出口服务"。入境游客在国内的行、游、住、食、购、娱的综合消费,实际上转化为"国内消费"。入境旅游是拉动"消费"与"出口"两大因素的重合。如果入境游客乘坐我国经营的国际航班出入境,这部分花费实际上也转化为"国内消费"。同国内旅游一样,开发满足境外游客需求的高端旅游产品和基础设施的投资,也具有拉动投资的作用。

入境旅游是发展中国家与地区发展旅游初期的主要方面,具有增加外汇收入、扩大对外交流、促进自身发展、传播国家形象的多重功能。正如我国的GDP与人均GDP那样,目前我国入境旅游的总量虽然位居世界前列,但是如果剔除其中港澳台同胞的入境份额,如果以国际上通行的以人口为基数的人均接待量、人均外汇收入为指标衡量,我国在入境旅游的数量、收入与水平上仍列世界中下游。要澄清对入境旅游方面的某些误解,以更积极的姿态、更适应境外需求的产品、更得力的宣传推广,把发展入境旅游作为重要战略任务,使入境旅游特别是外国人来华旅游跃上一个新台阶。

总之,国内、入境、出境旅游三大市场对"加快形成消费、投资、出口协调拉动经济增长新局面"都有贡献,三者均有拉动"内需、投资与出口"的综合功能,其规模有大小之分,但决无优劣之分。以国内旅游市场为主体、以入境与出境旅游市场为两翼,中国旅游业将如凤凰鹏程万里、前程无限。

慎言旅游"黄金发展期"[①]
——与马海鹰先生商榷

3月11日《中国旅游报》刊登了马海鹰先生的《为何说"十二五"是旅游业"黄金发展期"》(以下简称"马文"),文中引述有关国民经济和旅游业统计数据,从国内旅游、入境旅游与出境旅游三个方面分析,认为"十二五"旅游"黄金发展期"的"大格局已经基本形成"。"黄金发展期"本来就不是文件性文字,更不是学术性文字,而是一种宣传鼓动性文字,其本身没有确定性的定义,无非是对形势或前景的一种形象化的表述。本文仅就该文中的几个关键性问题提出一些思考,与该文作者商榷并就教于旅游界同人。

一、国内旅游仍处于初步发展阶段

"马文"提出,"由此推算,2010年居民旅游消费相当于居民消费总量的10.8%",即是说,2015年的目标去年已经达到。笔者用《2010年国民经济和社会发展统计公报》和《2010年中国旅游统计便览》数据也作了一个推算,去年国内出游人数达21.0亿人次、收入12 580亿元,人均花费599元;城镇居民年人均消费支出13 471元,年人均旅游花费883元、占城镇居民人均消费支出的6.55%;农村居民年人均生活消费支出4382元,年人均旅游花费306元、占农村居民人均消费支出的6.98%。

笔者近日阅读《当代中国民生》一书(社会科学文献出版社2010年版),中国社会科学院课题组通过对全国28个省区市/135个地县市/257个乡镇/520个居委会与村的7139个家庭调查,形成《2008年社会状况综合调查报告》;2008年城乡居民、城市居民和农村居民家庭年平均消费分别为22 555元、28 434.6元和17 284.9元,其中的文化、娱乐和旅游消费分别为428.58元、717.8元和180.3元,仅占消费总支出的1.9%、2.5%和1.0%。由此可见,目前城乡居民旅游消费支出占居民消费总支出的比重,仍是一个有待探讨的问题。

判断国内旅游的发展水平,不仅要看游客人数与消费总量,更要看人均消费水平的变化。近十年来国内旅游市场在规模扩张上十分明显,从2000年到2010年,国内旅游从7.44亿人次增长到21亿人次,国内旅游收入从3175.5亿元增长到12 580亿元。但2000年至2007年人均消费一直在420至482元之间,2008年为511元、2009年为535元、2010年为598元。如果考虑其间的物价上涨因素,国内旅游的人均消费水平的提高

[①] 2011年4月11日搜狐博客。

相当微弱,人均停留天数增长也不明显,一日游游客约占国内游客总量的一半左右(400、500元左右的人均消费也说明这一点)。

在世界旅游组织的统计体系中,国内旅游只有过夜旅游者的指标,没有一日游游客的指标。在欧洲和大洋洲国家,国内游客统计不包括一日游。北美国内旅游"一日游"统计框架中,离开惯常居住地的距离,美国规定为160公里,加拿大规定为80公里,我国的规定是"10公里以上,出游时间超过6小时"。我国过夜游的人均出游率不到1次,即使包括一日游游客在内出游率也只有1.5次,以观光游览为主,而旅游发达国家和地区人均出游六七次的水平,以休闲度假为主。凡此种种都表明,对我国国内旅游的发展水平不可估计过高,笔者一直认为仍处在初步发展阶段。

二、入境旅游面临新瓶颈

"马文"正确地指出,"全球旅游市场东移"与中国旅游国际地位不断提升,这在近两年国际金融危机下尤为明显,为世界旅游界所公认。该文也注意到,虽然我国已成为世界第三大入境旅游目的地国,但"港澳台游客占主导的格局没有发生根本变化",这在研究入境旅游市场的文章中并不多见。

笔者认为需要补充的是,对"世界第三"的排位要注意四点:

其一,《世界旅游组织统计概览》规定,入境旅游"是指到达该国经济领域内的国际游客"。国际旅游学界也认为,"入境旅游,指非该国居民来访该国的活动;出境旅游,指某一国家居民去另一国家的活动"(美国查尔斯·格德纳等:《旅游学》第10版,中国人民大学出版社,第7页)。世界旅游界公认,入境旅游与出境旅游就是"国际旅游",是指外国游客的入境旅游与本国国民的出国旅游。而在"两岸四地、一国两制"的特殊国情下,港澳台同胞的"入境旅游"与内地/大陆居民的赴港澳台"出境旅游",与外国人来华、内地/大陆居民出国旅游合计为"出入境旅游",这在世界上是没有先例的。如果把港澳台同胞的"入境"旅游分离出去,只计算来华的外国旅游者,世界排位就不是第三了。

其二,即便把港澳台游客与外国游客一并计算,也要看到入境旅游人数与收入的增长态势发生了很大变化。1980年至1998年间除1982、1989年外,大多数年份保持着两成以上的高速增长。从1996年后则在起伏不定中曲折增长,年增幅大多在一成左右,有的年份出现负增长。其中固然有亚洲金融风暴、SARS和国际金融危机等外在因素,但也表明"自然式高速增长"的时期已经过去,以长线观光为主的产品模式、单一的行政推广营销模式、规模型增长为主的发展模式,已不适应海外游客市场的需求,也不足以应对世界旅游市场竞争的新态势。"马文"中提到的"金砖四国"(现今为"金砖五国"),2010年入境旅游巴西增长52%、俄罗斯增长26%、印度和南非均增长20%,它们的增幅都超过我国。"金砖五国"的强劲增长既表明新兴经济体的活力正在加速改变世界的旅游版图,也说明它们之间也隐含着深刻的竞争,切不可掉以轻心。

其三,与改革开放前相比,出入境旅游速度发展快、规模增长大,但与我国的面积、人口与资源相比,入境旅游的总量即使达到世界第一、出境旅游总量达到世界第四,与旅游发达国家相比,在人均接待入境游客、入境游客人均花费、国民人均出境旅游率等方面,仍有很大的距离。接待入境游客与本国人口相比,2009 年西班牙是 127∶100,2008 年美国是 19∶100,2008 年法国是 105∶100,2008 韩国为 14∶100,而我们接待外国游客与人口相比为 2∶100,接待包括港澳台同胞在内的入境过夜游客与人口相比为 4∶100。

其四,在国际旅游竞争中,出入境旅游人数、国际旅游收支等单项指标固然重要,但更重要的是旅游的综合竞争力。3 月初,总部设在日内瓦的世界经济论坛发布《2011 年全球旅游业竞争力报告》称,我国旅游国际竞争力比 4 年前上升了 23 位,位列第 39 位,在 133 个国家和地区中处于中上位置。制约我国排名进位的主要因素是"旅游的亲和力"、"环境的可持续发展"、"旅游监管架构"、"旅游商业环境和基础设施"和"健康和卫生"等。显然,这些因素的改变取决于国家社会、经济、文化和生态等总体环境的提升,绝非一朝一夕之功。

三、出境旅游呈现起步期的喷发性特征

我国的出境旅游近 7 年连续以两位数速度猛增,从 2009 年开始出境旅游支出(437 亿美元)超过入境旅游收入(397 亿美元),首次成为出入境旅游赤字国;从去年开始,出境游客人数超过入境过夜游客人数,成为世界重要的客源输出国,标志中国从主要是国际旅游目的地向国际目的地与客源地并重转变,从而在比较完整的意义上成为世界旅游大国。出境旅游的崛起对塑造国家形象、增强国家软实力、缓解国际贸易摩擦起到一定的作用。2009 年出境旅游支出 437 亿美元,占我国进口服务贸易总额的 27.6%,仅次于交通运输,成为进口服务贸易中的第二大行业。

目前的出境旅游呈现起步期的喷发性特征,主要表现为出境旅游人数与支出的规模性高增长。出境游客中以我国港澳台地区为目的地的近一半,去年以外国为目的地的不到 3000 万人次,在出境游客数量上与世界客源输出大国有很大的距离。出境游客与本国人口相比,我们出境游客总数与人口相比为 4∶100,去外国的出境游客数与人口相比为 2∶100,与巴西(2004 年为 2∶100)处在相同水平,低于的埃及(2004 年为 5∶100)和南非(2002 年 8∶100),远低于 2004 年德国 121∶100、2005 年英国 107∶100、法国(2004 年为 34∶100)、美国(2006 年为 20∶100)、西班牙(2004 年为 12∶100)、日本(2008 年为 14∶100)、2005 年韩国 22∶100。在出入境旅游方面,要达到旅游发达国家的水平,有很长很长的艰辛之路要走。

由于我国旅游企业在境外经营与居民出境旅游不同步,因此我国居民通过本国出境组团社购得出境旅游服务后,在目的地的行、游、住、食、购、娱消费完全由目的地服务商供应。出境旅游发达国家同时也是跨国旅游经营发达的国家,其国民在目的地的旅游组织与食宿消费相当一部分是由该国在目的地的跨国企业经营,从而在国外的一部分旅游花费又回流到该国的企业中,"肥水回流"成为该国国民生产总值(GNP)的一部分。

对"马文"中提到"国人对高档消费品的需求处于世界第二位"、出国购买奢侈品占英国市场30%的现象,也要作辩证的分析。这固然表明一部分先富起来的国民已成为出境旅游的主力,但在当今国内民生问题突出、贫富差距悬殊的情况下,这种现象既说明出境旅游消费力丰厚,也说明理性消费、文明旅游尚待时日。从这个层面上说,出境旅游也还处在初步发展阶段。

总之,分析三大旅游市场的现状、阶段与前景,需要全面领会中央文件中反复强调的:"既面临难得的历史机遇,也面对诸多可以预见和难以预见的风险挑战。""十二五"期间,保障和改善民生将作为加快转变经济发展方式的根本出发点和落脚点,目前压抑国民旅游消费的国民收入差距过大,物价、住房、医疗、教育压力沉重等难题将得到缓解,国民潜在的旅游要求与能力将得以更大释放,从而从根本上为旅游业的新发展创造更好的基础,但这是一个逐步展开、艰难推进的社会系统工程,不是在这五年之内所能完成的。党和国家越是看重旅游业,旅游发展势头越好,就越要头脑清醒、增强忧患意识。正是在这个意义上,笔者建议慎言"黄金发展期"。如果说"黄金发展期"的话,那么在"十二五"期间应该紧紧抓住转变发展方式这根主线,推进向现代旅游服务业的转型,从而为未来的"黄金发展期"打好坚实的基础。

入境旅游市场开拓进入攻坚期[①]

根据中国旅游研究院预测,今年上半年我国(不包含港澳台)入境旅游人数同比增长1%,入境过夜旅游人数同比增长1%,旅游外汇收入同比增长1%,远远低于年初对于入境旅游市场的预测(入境旅游人数增长3%,入境过夜旅游人数增长5%,旅游外汇收入增长8%)。

当前入境旅游的境遇反映出我国入境旅游在环境、市场、产品和营销等方面长期存在的结构性、体制机制性问题。破解这些深层次、内生性难题,既有助于推动入境旅游市场早日回升,也是实现入境旅游长期、平稳、可持续发展的根本。

回顾30年入境旅游的发展轨迹,入境旅游人数与收入总量从低向高呈上升走势,但后10年中入境旅游人数与收入的年均增长率由高向低呈下降走势,出现了"低起点→高增长→平增长"的抛物线式的发展轨迹。可以说,入境旅游从"井喷式"的超常规发展转向常态式的平稳增长阶段,这种态势符合旅游业起步、初创阶段走向成熟阶段的惯常态势。

近10年入境旅游人数与收入增长幅度明显下降,是国内外多种因素交互影响的结果。包括2008年爆发的国际金融危机严重削弱了旅游产业赖以生存和发展的经济依托,世界石油持续涨价导致国际机票价格上涨,以及西方货币贬值、人民币不断升值,国内通货膨胀引起境内消费涨价,这些因素压抑了入境旅游者的消费需求,也增加了市场销售难度。

而今年上半年过夜入境旅游增长滞缓有着特殊的因素。今年1月至5月,入境过夜旅游者中外国人同比增长1.64%,与2010年同期增长21.4%相比,大幅度、全面性下跌。2010年1月至5月,前18个客源国中同比增长双位数的有17个,今年只有6个国家;前18个客源国中同比增长下降的有16个国家,入境外国游客市场增幅呈全面下降态势。港澳台游客中,香港游客同比下降0.26%,台湾游客与去年同期相比增幅下降11.5个百分点。

这半年内世界经济危机复苏乏力、前景依然不明,尤其是欧美许多国家债务缠身、国民收入下降,是入境市场下滑的根本因素。日本是中国的第二大入境客源国,由于地震、海啸及核辐射影响,1月至5月日本入境游客下降9.96%。香港游客占过夜入境游客总量的47.5%。日本与香港入境游客量的下滑是入境市场增幅下降的关键性因素。

[①] 2011年8月3日《中国旅游报》。

去年上海世博会透支了今年相当一部分入境旅游消费。国内今年缺乏强力吸引入境游客的新亮点,深圳大运会、西安园博会对入境市场没有多大影响。

除了上述一些特殊性因素外,进入21世纪以来入境旅游增幅下降,还有诸多内在性、深层次的因素。

近两年在强调大力发展国内市场的同时,有人认为国内旅游"主体地位日渐巩固并进一步突出,出境和入境旅游相对下降至补充地位"。认识上的某种偏颇导致了发展入境市场的战略性、紧迫性认识的不足和营销上的分散。

在市场结构方面,港澳台市场占入境游客总量的八九成,外国人市场只占一二成,港澳台市场本质上是国内市场,不是国际市场。入境市场一直靠港澳台游客形成庞大规模,入境市场的国际性不强是一个弱点。在外国人市场方面,亚洲客源占3/5左右,其中又以韩国、日本和俄罗斯东部的东北亚市场为主,约占外国人市场的2/5。今年上半年香港与日本市场的下滑,严重影响到入境旅游市场的全局。

在接待入境游客的社会环境、公共服务与配套接待方面,真正具备接待外国游客条件的国际化旅游城市和目的地不多。旅游产品仍以观光游览为主,与国际上休闲度假为主的潮流不对接;团队式的接待方式与国际上的散客潮、自由行、自驾游、邮轮游的趋势不吻合,缺少应对个性化需求的细分旅游产品。

入境旅游的招徕、组配经营权掌握在客源国的旅游经营商手中,我国旅行社并不拥有在客源地推广产品的主动权,更缺乏在世界主要客源国开展自主招徕的国际化旅游企业。在入境旅游市场上充当地接社角色的旅行社受制于境外批发商的掌控。作为入境旅游大国在国际旅游市场上缺少纵横驰骋、克敌制胜的运筹能力与运作实体。

我国对外旅游宣传推广创新不足,难以适应国际旅游业新的竞争态势。实行了20年之久的年度主题促销方式缺乏连续性、整体性,给境外受众提供零乱的旅游产品信息,不利于形成完整、鲜明的旅游形象。一直没有制定近中远期衔接的滚动式对外市场营销专项规划,没有形成"政府主导、行业主体、专业运行"的对外营销机制。

尽管我国入境旅游人数与收入位居世界前列,但其中2/3以上份额属于两岸四地之间的港澳台市场,国际游客的接待人数与外汇收入实际上排在世界第六位。在世界旅游界的一片赞扬声中,应该保持清醒与警觉。当前,世界旅游重心向亚太地区转移,亚太地区许多国家加大旅游开发力度,地区内的竞争更加激烈。2010年亚太地区国际游客接待量增长率接近10%,东南亚增长率达到14%,东北亚接待量增长11%,南亚接待量增长12%。区域竞争更加严峻的态势对我国入境旅游既是机遇,更是挑战。因此,可以说,我国入境旅游市场开拓已进入攻坚期。

重新审视入境旅游的战略性功能[①]

近年来,我国入境旅游增长幅度不断下滑,有必要重新审视入境旅游的战略性功能。与所有发展中国家一样,我国的旅游业从启动入境旅游起步,其首要目的曾经是增加国家外汇收入、促进经济发展。可以说,20世纪八九十年代,我国旅游是以入境旅游导向腾飞于世的。90年代后,国内旅游的地位不断上升。目前,我国外汇储备突破3万亿美元,稳居世界第一。在此情况下,入境旅游究竟处于何等地位、具有哪些功能呢?在国内旅游主体地位正日渐巩固并进一步突出的形势下,入境旅游是否下降至"补充"地位了呢?

近日看到官方旅游报刊有署名文章写道,"国内旅游主体地位日渐巩固并进一步突出,出境和入境旅游相对下降至补充地位"。前半句没有异议,后半句不能苟同。

环视全球,任何一个旅游发达国家都是国内旅游、出境旅游、入境旅游协调发展、相互促进的。就我国而言,入境旅游为先导带动了国内旅游,出境旅游的兴起又会促进国内旅游提升。国人从出入境旅游中了解了海外人士的旅游方式与旅游状况,对国内旅游就有更高的要求。出入境旅游又是平衡国际服务贸易的重要方式。"一体两翼"(国内旅游为主体、出入境旅游为两翼)是从旅游大国走向旅游强国的必由之路、必备条件。任何时候都不可在强调国内旅游重要性的同时而忽视入境旅游的作用。

从国家外贸经济层面看,入境旅游在国际贸易中属于"出口服务贸易"范畴。旅游服务贸易不同于实物商品出口之处在于,它是就地"出口风景"、"出口商品"和"出口服务"。入境游客在境内的行、游、住、食、购、娱等综合消费,实际上转化为"国内消费"。在此意义上,入境旅游是拉动"消费"与"出口"两大要素的重合。同国内旅游一样,开发满足境外游客需求的高端旅游产品和基础设施的投资,也具有拉动投资的作用。2009年旅游外汇收入396.8亿美元,占同年服务贸易出口总额1286亿美元的30.8%,在国家服务贸易中具有举足轻重的地位,入境旅游是开放性经济的重要方面。

从国家公共外交层面看,入境旅游是展示国家经济活力、文化魅力、民族气质与国家形象的舞台,是汇聚人流、提升人气、网络人脉、争取人心最具优势、最易见效的战略外宣资源。入境旅游的吸引力是一个国家的形象美誉度、国际竞争力的重要标志。每年数以千万的外国旅游者亲身体验与国人的直面交流,在传播中华文明、塑造国家形象方面具有无可替代的作用,是公共外交渠道的重要渠道。目前我国的国际旅游形象还不鲜明,

---

[①] 2011年8月10日《中国旅游报》。

入境旅游的社会效应与它应担当的国际交流功能来看,仍有相当大的距离。

从入境旅游的规模层面看,正如我国的 GDP 居世界第二位,但人均 GDP 却居世界百位一样,目前我国入境旅游的总量虽然位居世界前列,但如果以国际上通行的以人口为基数的人均接待入境游客量、人均旅游外汇收入为衡量指标,在入境旅游的数量、收入上仍列世界中等地位。现今每年 5500 多万入境过夜旅游者、2600 多万外国旅游者的市场规模,与我国辽阔多样的疆土、一体多元的文化、丰富多彩的民俗资源相比,依然是十分不相称的,我国成为国际旅游的第一接待国还有很长的路要走。

从入境旅游的地域层面看,港澳台的中华同胞占入境客源市场的大部分;在外国客源市场中,亚洲客源占 3/5 左右,并以韩国、日本和俄罗斯东部的东北亚市场为主;世界客源的大本营西欧、北美地区只占 3/10 左右。中南美洲、西亚非洲远程市场还有待开拓。目前,入境旅游市场的区域结构与作为世界大国的国际地位与影响相比,与国家开展全球外交的形势相比,是不大相称的。

从入境旅游对国内旅游的导向层面看,国内旅游的骤然兴起、快速发展固然植根于国民经济的发展、国民生活的转型,但是入境旅游者的示范作用也是不可缺少的条件。从观光游览走向休闲度假,从团队游到自助游,从常规旅游到冰雪、自驾车、邮轮、高尔夫球场等特种旅游,从节假日集中出游到自主安排带薪休假旅游,从国内旅游走向出境旅游;从传统的风景名胜景点到综合性的主题公园,旅游住宿的单个经营到品牌酒店的连锁经营,从旅馆、招待所式接待到星级制酒店服务,以及正在起步的分时度假、产权酒店等消费方式等,从旅游产品供给与旅游消费方式的嬗变过程中,人们不难看到入境游客的旅游行为与方式对国人的某种示意与影响。入境旅游带动国内旅游与出境旅游发展的引领作用,今后仍将继续存在,并推动我国入境、国内与出境旅游在国际化水平上的一体化发展。

从旅游市场的结构层面看,作为旅游业的三驾马车,国内、入境与出境旅游虽然面对不同的客源层面,具备不同的社会功能,但都是旅游经济的不可缺少的组成部分。对于某些人口、领土较少,经济欠发达的国家,可以侧重开展入境旅游。但对于发展中的大国,先入境、再国内、后出境的发展次序,切合旅游经济的发展规律;三大市场的开发重点在不同时期、不同阶段可有所变化,但从战略高度和长远角度看,任何时候都不能偏废其一或其二,入境旅游是永远不可忽视的。以国内旅游市场为主体、以入境与出境旅游市场为两翼,这种"一体两翼"的格局,是我国旅游业可持续发展的市场基础。

从建设世界旅游强国的层面看,环视当今世界旅游发达的国家,无一不是国内、入境与出境三大市场互相衔接、协调发展的,那里的旅游行游住食购娱的各个环节基本上是不分国内游客还是外国游客的。拓展入境旅游、提升国内旅游、发展出境旅游,是促进三大旅游融合的必由之路。从某种意义上,国内、入境与出境三大旅游的经营管理、服务接待方面在国际化水准上对接、统一之时,正是中国建成世界旅游强国之时。

总之,要澄清在强调国内旅游主体地位时可能产生的对入境旅游作用的某些误解,要以更多维的视角、更深邃的视野重新审视入境旅游,要善于挖掘和发现入境旅游潜在的价值和巨大能量,把它提升到国家资源、国家战略的高度,以更积极的姿态、更适应境外需求的产品、更得力的宣传推广,使入境旅游特别是外国人来华旅游跃上一个新台阶。

"两增一平"还是"两增一降"[①]
——兼谈大陆入境旅游滑坡原因

6月国家旅游局召开了2013年全国旅游市场工作会议,7月又召开了旅游经济形势分析会。两个会议对旅游市场形成的基本判断是:"今年上半年我国旅游经济持续平稳发展,旅游市场继续呈现'两增一平'的态势。"

一、把下滑原因归为国际经济环境不能自圆其说

国内旅游与出境旅游"两增"没有异议,但入境旅游"一平"值得商榷。国家旅游局刚公布的旅游统计报告显示,今年上半年入境旅游不论港澳台市场还是外国市场,也不论入境旅游者人数还是入境旅游收入,与去年同期相比都呈下降趋势。其中,入境旅游总人数下降3.7%,入境过夜旅游者人数下降4.1%,入境外国游客下降7.09%,入境旅游收入下降5.5%。2009年,受国际金融危机的冲击,入境旅游总人数下降2.7%,入境过夜旅游者人数下降4.1%,入境旅游收入下降2.9%。今年上半年,入境旅游下滑的幅度远超过了2009年。笔者认为,今年上半年的入境旅游形势更加严峻,不能用一个"平"字来概括。只有正视现实,才能找到下滑的原因,找到止滑回升之路。

会议在分析入境旅游形势时说,"受世界经济形势错综复杂,旅游外需减少,再加上我国签证政策偏紧以及与日本、菲律宾等周边国家关系紧张,旅游企业开拓境外旅游市场的积极性进一步受挫等因素影响,我国入境旅游市场下行压力较大,短期内难以全面回升"。这个分析有一定道理,但大有值得商榷之处。

说"世界经济形势错综复杂,旅游外需减少",这句话放在2009年或2010年或许可以说得通,但说今年上半年,就难以令人信服了。今年7月17日世界旅游组织(UNWTO)公布的最新报告表明,"尽管面临具有挑战性的全球经济环境,2013年头4个月国际入境旅游人数增长4.3%",在亚洲和太平洋地区增长6%,欧洲地区增长5%,中东地区增长5%;其中东南亚地区增长12%,南亚地区增长9%,中欧和东欧地区增长9%。新兴经济体的目的地增长4.6%,发达经济体增长3.3%。该报告指出,2013年全年国际入境旅游人数预计将增加3%至4%。这些数据表明,今年前4个月全球国际旅游、亚太地区的国际旅游、新兴经济体和发达经济体的国际旅游都呈较快增长,与大陆紧邻的东南亚与南亚地区的入境旅游更是大幅增长,与大陆今年上半年的入境旅游下滑形成了巨大反

[①] 2013年8月9日《中国青年报》。

差,把下滑的原因归之为国际经济环境不能自圆其说。

二、"我国签证政策偏紧"至关重要

"与日本、菲律宾等周边国家关系紧张",这只是个案,只能解释日本游客为何大幅减少(-25.5%),不能解释菲律宾游客依然微增(+1.96%),更不能说明包括港澳台在内的大陆入境旅游的整体下滑。今年上半年,占大陆国际入境游客总量2/3以上的前18个主要客源地中,韩国(-5.48%)、美国(-2.51%)、俄罗斯(-5.99%)、马来西亚(-7.81%)、新加坡(-10.85%)、澳大利亚(-1.29%)、加拿大(-4.62%)、泰国(-0.25%)、德国(-3.09%)、印尼(-3.13%)、哈萨克斯坦(-21.22%)等11个国家与我们关系正常,有些有明显好转,为何它们的入境游客普遍减少呢?

笔者认为,"我国签证政策偏紧",这一点至关重要,甚至可以说击中要害。2012年入境市场出现高开低走的非正常态势,1~5月入境游客同比增长13.3%。从5月开始,为迎接"十八大"采取了"规范签证"、收紧入境的措施,9月,近百个城市发生了抗议日本政府"购岛"的示威浪潮,给外界造成某种大陆不安定的感觉,不仅直接导致中日之间双向旅游的滑坡,也间接导致了其他入境游客的减少(特别是想到东亚多国连线游览的洲际远程游客)。6月份后,入境游客节节下降,形成去年全年-2.2%的负增长局面,并延续到今年上半年。

中国大陆对入境游客的签证政策本来就偏严,目前只针对4个国家(日本、新加坡、文莱和圣马力诺)的个人实施入境免签政策,仅同6个国家(俄罗斯、白俄罗斯、格鲁吉亚、阿塞拜疆、摩尔多瓦和土库曼斯坦)签署了团体旅游互免签证协议。虽然从今年5月起,北京、上海、广州、成都等4城市对45个国家过境旅客实行72小时免签政策,海南省对26个国家游客实行21天免签政策,但从整体上仍处于过紧状态。2013年世界经济论坛发布的《旅行与旅游竞争力报告》对140个国家的排名中,中国大陆在"(对入境游客)需要签证国家数量"一项上排在第129位,足以说明大陆入境签证政策与国际潮流并非同向而行。

目前,美国、日本、韩国、新加坡、马来西亚、阿联酋、新西兰、爱尔兰、德国等国家和我国香港地区,为了吸引更多的入境游客,都实施较为宽松的签证措施,已收到明显成效。

三、以北京为代表的大城市交通拥堵与空气污染使不少人望而却步

当然,从旅游的社会人文与自然生态大环境来说,入境政策只是一个方面。入境游客特别是外国游客到中国来,大城市仍是必到之地。以北京为代表的大城市交通拥堵与空气污染使不少人望而却步。大陆有许多城市自称"国际旅游城市",但真正具备接待外国游客特别是散客条件的不多。

自2007年以来,世界经济论坛多年发布的《旅行与旅游竞争力报告》(*Travel and Tourism Competitiveness*)中,有"旅游监管架构"、"旅游商业环境和基础设施"与"旅游人力

资源、文化资源、自然资源"三大类基本指标,下设80个分指标,但从未把入境旅游者人数、收入等"旅游GDP"指标列入其中。与旅游发展密切相关的"旅游监管架构"中,有政策法规、环境的可持续发展、安全保障、健康和卫生、旅游的优先程度等5个分指标,包括外资的所有权,产权受保护程度,外资法规的商务影响,签证要求,开放的双边航空运输协定,政府政策的透明度,企业开业的时间需要、开业的花费,严格的环境法规,旅游产业发展的可持续性,二氧化碳排放量、悬浮微粒浓度,受威胁的物种,环境条约的批准情况,警方服务的可靠性,防止犯罪和暴力案件需要的商业成本,道路交通事故死亡率,医师的密度,公共卫生环境,饮用水,医院病床比等若干次指标。

在该报告考察的近140个国家与地区中,中国大陆的世界排名为:2007年71位,2008年62位,2009年47位,2011年39位,2012年45位。总的看来,6年中排名不断提前,但2012年下降了6位(与同年入境旅游下行正好巧合)。大陆在排名靠前的指标是"自然资源(15位)"与"文化资源(15位)",排名靠后的指标是"旅游基础设施(101位)"、"环境可持续性(109位)"、"旅游亲和力(129)"和"(对入境游客)需要签证国家数量(130位)"。由此可见,制约大陆旅游国际竞争力的主要因素是"旅游监管架构"(排名第71位)、"旅游商业环境和基础设施"(排名第63位)两大类项均处于世界中等水平。这些国家宏观环境层面的因素,也是关系国家旅游形象的基本因素。2011年底,《中国日报》驻美机构通过盖洛普公司进行的对中国认知的调查显示,美国民众与舆论领袖对中国总体评价,42%持赞许态度,44%持否定态度。这种毁誉参半的评价与《旅游竞争力报告》中的排名状况可以相互参照。

四、大陆的旅游对外宣传推广一直是行政主导型

"旅游企业开拓境外旅游市场的积极性进一步受挫等因素影响",确是多年来影响入境旅游的另一个重要问题。但何以如此?这不得不从入境旅游宣传推广体制机制中探究更深层次的原因。30多年来,大陆的旅游对外宣传推广一以贯之实行行政主导型的体制,旅游企业扮演"跑龙套"角色,旅游行业组织更是没有发声权。

大陆的旅游宣传推广经费本来就不多,如不借鉴日本观光公社、韩国观光公社、"法兰西之家"、德国旅游中心和"品牌美国"等旅游推广机构的模式,组建由行政专家、行业专家、市场专家和媒体专家组成专业化、半市场化的旅游推广机构,将旅游促销工作的主体从纯行政机构向市场化的专业机构转型,建立对外宣传推广的绩效考核制度,让市场来检验与考核宣传推广的工作成绩,那么"旅游企业开拓境外旅游市场的积极性"又从何谈起?

近日,李克强总理在全球服务论坛北京峰会主旨演讲中指出:"中国服务业发展滞后,最大的制约是体制机制障碍,出路在于改革开放。"作为中国服务贸易支柱的入境旅游尤其如此。

就地办理出境证件给力出境旅游[①]

近日公安部发布《通告》,自 9 月 1 日起,在北京、天津、上海、重庆、广州、深圳 6 个城市就业的非本市户籍人员与高等院校在读的非本市户籍大学生,可持相关证件向公安机关出入境管理机构申请办理普通护照、往来港澳通行证、往来台湾通行证及各类签注。办理业务包括首次申请、换补发证件、证件失效重新申请以及证件加注。北京市公安局迅即宣布,非京籍人员可在市出入境管理总队办证大厅和各区县出入境办证大厅任何一处办理该业务。

这是我国公安部门在为公民办理出境手续服务上的一个破冰之举。时下的中国是历史上人口空前大流动的时代。人们因创业、就业、就学、婚嫁而离开户籍地去异地常住的越来越多,外来的常住居民在城市常住人口中的比例越来越高。2011 年,北京市常住人口 1961.2 万人,其中外省市来京人员 704.5 万人,占常住人口的 35.9%;上海市常住人口 2301.9 万人,其中外省市来沪常住人口 897.7 人,占 39.00%。据此粗略推测,公安部此举当惠及不下 3000 万人。按照实行多年的老规则,这类人员常年在非户籍所在地工作、学习、生活,依据现行规定需返回户籍所在地才能申请因私出入境证件,要花费多少时间、付出多少交通、食宿支出,可想而知。对于出境商务人员来说,市场瞬息万变,如此不合时宜的规定会耽误多少商机。他们迫切希望就地申办出入境证件。

公安部这一举措得益最大的当是出境旅游业务。20 年来,中国大陆居民出境旅游规模以年均两位数的增长率猛增,从 1993 年至 2011 年,出境旅游者从 374 万人次增长到 7025 万人次,增长 18 倍,其增速之快,世界罕有。但从大陆全体居民出境旅游率而言,2011 年仅为 5%,出国旅游率仅为 2%,与发达与新兴国家的居民出境旅游率相比,差距十分明显,也说明出境旅游潜力之大。公安部此举对于在北京等 6 城市就业与就学的非户籍人员参加出境旅游来说,无疑是一个福音。

当然,就北京等 6 城市"就地办护照"的规定而言,仍有不少进一步改进、完善的余地:

《通告》规定,非本地户籍人士无论是在业人员还是高校学生都必须持户口簿、二代居民身份证等证件才能"就地办护照"。一般而言,外出携带居民身份证已成习惯,但携带户口簿的几乎没有,更没有去外地上大学携带户口簿的。只要身份证是真的,何必还要户口簿作证呢?况且,申请出境人务必要填写户籍所在地地址与家庭人员表,公安部

[①] 2012 年 8 月 27 日《中国旅游报》。

门通过内部的户籍网络与户籍所在地公安机构联系即可验证其真伪,要求申请人在出示身份证同时还必须出示户口簿是否多余呢？如果一定要的话,用户口簿影印件代替户口簿原件是否可行？

《通告》还规定,非本地户籍人士的配偶及子女暂不享受该政策。这对商务出境者关系不大,但对旅游出境者似不适宜。众所熟知,出境观光休闲旅游中,举家出游居多数,有的甚至主要是为了让子女出境观光娱乐。

《通告》还规定,公安机关将在受理申请后的30日内签发出入境证件,而北京市户籍的市民首次申领普通护照,办理时限为10天；再次办理为7天。异地公安户籍机关只是负责接收申请材料并制作证件,申请人的审核仍由户籍所在地的公安机关审批,所以办理时间较长是可以理解的,但30天似乎也长了些。在网络信息发达的今天,何必要30天呢？

《通告》还规定,这次实行就地办出境证件只限北京等6城市。从试点来说,选定这6个流动人口较多的城市是合理和必要的。相信这只是个暂行规定,相信不用很长时间会分步把这项便民服务推广到更多城市,首先推广到省会城市；也相信配偶及子女暂不享受该政策的规定也会修改。

公安部此举不仅减少了非户籍常住人士申办出境旅游证件中诸多本无必要的奔波与花费,还让人看到一种希望：在技术日新月异的年代,尤其是信息联网年代,很多公共性服务,原来要花费大量人力、财力、物力的公共性服务,是可以逐步与户籍脱钩的。城乡之间、各地之间的户籍鸿沟是可以逐步消弭的,推进公共服务均等化,逐步惠及全民。信息时代,不仅仅为政府的管理提供了方便,更同时为政府的服务提供了便捷,更好地惠及民众。科技在飞速奔跑,政府的服务理念和方式也需要跟上这样的脚步。

中国旅游企业走出去的第一站在东盟[①]

国务院《关于加快发展旅游业的意见》中有一句话:"支持有条件的旅游企业'走出去'。"

中国旅游企业"走出去"的第一站在哪里?

从2010年1月1日起,中国—东盟自由贸易区全面启动,由中国与东盟10国、19亿人口、近6万亿美元国民生产总值、4.5万亿美元贸易额构成的区域,开始步入零关税时代。

自由贸易区建成启动后,中国与文莱、菲律宾、印度尼西亚、马来西亚、泰国、新加坡6个东盟成员国间,将有超过90%的产品实行零关税,中国对东盟的平均关税将从目前的9.8%降至0.1%,上述东盟成员国对中国的平均关税将从12.8%降至0.6%。越南、老挝、柬埔寨和缅甸4个东盟新成员将在2015年对90%的中国产品实现零关税的目标。

中国旅游企业"走出去"的第一站就是东盟国家。

从地理区位看,中国与东盟国家仅一海(南海)之隔,区距近、海陆空交通便捷,此其一。

从历史渊源看,中国与大多数东盟国家的经济文化交流最早、最频繁,具有相通的东方文化背景,此其二。

以近现代进程看,中国与东盟国家有共同的历史遭遇,在国际舞台上共同话语最多,此其三。

从经贸来看,中国与东盟之间贸易发展迅速,东盟将成为中国的第三大贸易伙伴。经贸多,则商务人员往来自然多,此其四。

从血缘关系看,"南洋"是中国人"走出去"的第一站。目前,世界华侨与华人共计约3000多万,其中在东南亚约有2000万。据美国俄亥俄大学华人文献中心资料,华人在泰国有658万、马来西亚616万、新加坡236万、印度尼西亚505万、菲律宾76万,此外越南有100多万。亲戚多,则探亲访友的自然多,此其五。

从入境旅游看,中国入境旅游开放最早与较早的是东盟国家,东南亚国家的入境游客一直占亚洲入境游客总量的1/3以上,2008年达400万左右,此其六。

从出境旅游看,中国出境旅游开放最早的或较早的也是东盟国家,第一、二、三、四个中国公民自费出国旅游的目的地国家是泰国(1988年)、新加坡(1990年)、马来西亚

[①] 2010年1月4日《中国旅游报》。

(1990年)和菲律宾(1992年)。我国出国游客中,去东南亚国家的一直占1/3左右,2008年达400万左右,此其七。

从人民币流通看,东盟国家对于人民币的接受度目前最高。缅甸、越南、老挝等东盟国家是仅次于港、澳、台的人民币流通活跃地区。在中缅边贸中,每年跨境流动的人民币达10多亿元;人民币可在越南全境流通,越南国家银行已开展人民币存储业务。人民币国际化的突破口无疑在东盟,此其八。

从企业经营水平看,国内主流的旅行社、酒店、度假村、航空公司与欧美顶级企业相比,仍有巨大差距,但与东盟国家相比,则不相上下,既有合作的基础,也有竞争的条件,竞合共赢是各方的共同需要,此其九。

以上九点历史与现实因素,加上中国—东盟自由贸易区率先在亚洲形成,受益最大的行业应是旅游业。可以想见,随着中国—东盟自由贸易区发育、壮大、成熟,11个国家之间的通关手续将会越来越方便,商务会展与文化科技交流会将更加频繁,机票与组团费用将呈下降趋势。中国与东盟国家之间的旅游交流与合作不仅是量的扩大,而且是质的提升。

东盟十国虽都是发展中国家,但各国经济水平悬殊,发展旅游起步各异,目前旅游业的水平参差不齐。新加坡、文莱、泰国、马来西亚、印度尼西亚和菲律宾等国,旅游开发较早,旅游已成为国民经济的重要产业,文化观光旅游产品很有特色,滨海休闲度假与城市商务会展比较完善,已成为亚太地区的著名国际旅游目的地。越南、柬埔寨和老挝等国,旅游开发起步较晚,但旅游业发展较快,旅游产品以文化观光为主,旅游设施水平参差不齐。缅甸旅游起步较早,但后来由于政局原因,旅游业起伏不稳,发展迟缓。多年来,东盟贸易和旅游委员会及其下设的东盟旅游协会制定了旅游发展综合行动计划,在市场促销、环境与遗产保护、人力资源培训等方面开展合作,共同举办"东盟旅游年"。2006年,东盟10国签订协议,各成员国公民在东盟内跨国旅游免于签证,外国游客在东盟成员国的若干国家之间(如新、马、泰之间)旅游在过关方面也很简便。2005年东盟各国共接待入境旅游者5139万人次,已成为亚太地区十分重要的旅游板块。

现在,中国与东盟十国的公民双向旅游的大门已完全打开,中国—东盟自由贸易区的出现,为中国旅游企业"走出去"搭起了坚实而广阔的平台。在中国—东盟自由贸易区协议框架内,可以去那里逐步展开旅游设施的开发建设与经营管理业务。

● 在中国—东盟自由贸易区架构中,加强旅游合作分支机构,研究、制定和执行旅游合作的规则、政策与措施,使旅游合作常态化、规范化。

● 中国的旅行社与当地的旅行社创办合资旅行社或更紧密的合作经营,推进中国与东盟国家公民的双向旅游,并把"中国—东盟"作为一个旅游目的地,共同拓展东北亚、南亚、欧美和大洋洲的国际旅游市场。

● 合作举办"中国—东盟旅游年",更加方便、优惠成员国公民互相出游,并加大对其他地区的市场促销。

- 中国的资本去那里投资酒店业与餐饮业,独资、合资建设或受托经营管理那里的酒店,开展中国品牌酒店的连锁经营。
- 中国的资本去那里投资建设景区与度假地,开发经营休闲娱乐、康体养生企业,把中式养生保健、足浴理疗引过去。
- 中国旅游教育与智力机构去那里,开展教育培训、规划咨询服务。

现在,不是中国旅游企业能不能"走出去"的问题,而是敢不敢、会不会"走出去"的问题。中国旅游企业在东盟第一站取得了"走出去"的经验与教训,就可以走向第二站、第三站,逐步走向全世界。

表1 东盟十国经济与旅游简况

国 家	人口(万)	人均GDP(美元)*	入境旅游(万人次)*	来中国游客(万人次)	中国去旅游(万人次)**	旅游经济地位
新加坡	364.3	37 596.8	1011.6	87.58	71.26	1996年占GDP 10.7%
文 莱	39	33 333.3	17.6		7.0(最大客源国)	占GDP 11%
泰 国	6670	3628		55.43	62.39	占GDP 6.6%,国家第三大经济支柱,第二大外汇收入来源
马来西亚	2773	2773	2205	104.05	62.26	2003年7.3%,外汇收入重要来源之一
印度尼西亚	2.22亿	2028	789	42.63		非油气行业中的第二大创汇行业
菲律宾	8800	1804	314	79.53	16.23	占GDP 5.2%,外汇收入重要来源之一
越 南	8616	1024	430	74.35	145.9	
柬埔寨	1440	625	215		21.6	
老 挝	587	838	162			占GDP10%
缅 甸	5750	271.8	31.4(2007年)	50.9	33.48	

*2008年统计资料。

**为首站游客,不包括从境外第三方进入的游客,如从泰国、新加坡进入了马来西亚的游客。马来西亚2008年实际接待中国大陆游客94.6万人次。

超前谋划金砖国家的旅游合作[①]

——金砖国家领导人第三次会晤的旅游思考

以在三亚举行中国、巴西、俄罗斯、印度和南非五国首脑峰会为标志,宣告一个新的国际政治经济合作体在世界舞台上崛起。此次峰会虽然没有涉及旅游,但世界旅游业的发展历史表明,国际政治经济格局的变动,或迟或早会影响到、体现在世界旅游业之中。欧盟的出现使欧洲成为一个旅游共同体,亚洲崛起使世界旅游形成欧、美、东亚太三足鼎立之势。"金砖国家"出现,将会对世界旅游产生什么影响呢?

"金砖"5个国家分处全球四大洲,历史文化、社会制度和发展模式各不相同,已成世界最重要的5个新兴经济体。5国人口总和近30亿,占全球人口的43%;经济总量11万亿美元,占全球经济的16%;贸易总量4.6万亿美元,占全球贸易的15%。近年来经济增长率超过了西方主要经济体。2010年在世界经济低迷、西方发达国家复苏迟缓的形势下,中国GDP增长10.3%、人均GDP 4000美元;巴西GDP增长7.5%、人均GDP 10 471美元;俄罗斯GDP增长3.8%。人均GDP 9108美元;印度GDP增长8.6%,人均国民收入1180美元;南非GDP增长2.8%,人均GDP 7402美元。

就旅游业而言,金砖国家都是旅游业快速发展的新兴旅游地,旅游业正成为各国国民经济和社会发展的重要新兴产业。这里暂且不说迅速发展的中国旅游业,对其他4国略述如下。

巴西入境游客从1996年的220万人次增长到2009年的480万人次,旅游外汇收入从22.7亿美元增长到53.04亿美元;出境游客从1999年286.3万人次增长到2004年的359.5万人次,旅游业直接从业人员187万人。2003年旅游外汇收入占货物出口额的3.7%,占服务贸易出口的25.5%。按照巴西旅游发展《2020水彩计划》,至2020年,巴西将接待1110万名国内外游客,旅游总收入将达到176亿美元,占南美旅游市场27%份额的目标,成南美洲第一大旅游国。

俄罗斯入境游客从1996年的967.8万人次增长到2009年的2134万人次,2008年旅游外汇收入达到118.2亿美元;出境游客从1996年1230.3万人次增长到2009年的3427.6万人次。2009年旅游收入占GDP的3%,旅游从业人员100万人,旅游外汇收入占货物出口额的10.2%,占服务贸易出口的37.1%。俄罗斯为实现《俄罗斯至2015年旅游法发展战略》,将投入3万亿卢布(约合1000亿美元),预计每年到俄罗斯旅游的外国

[①] 2011年4月19日《中国旅游报》。

游客将达到3200万人。

印度入境游客从1993年的176万人次增长到2009年的529万人次,旅游外汇收入从20亿美元增长到125.52亿美元;出境游客从1991年200万人次增长到2004年的620万人次。旅游业是印度第六大创汇产业,2003年旅游外汇收入占货物出口收入的5.5%,占服务贸易收入的11.8%。全国直接与间接旅游就业达5000万人。印度以四季宜游的"梦幻之国",计划到2020年入境游客从2005年的392万人次增加到900万人次。

南非入境游客从1992年的289万人次增长到2010年的990万人次,出境游客从1999年286.3万人次增长到2004年的359.5万人次。巴西是世界十大创汇国之一。2008年旅游产值占GDP的8%,是第三外汇收入来源,旅游外汇收入占服务贸易收入的79.2%。旅游就业人员120万,占就业总人口的1/9。

金砖国家正在成为我国重要的旅游服务贸易对象,来华旅游人数较快、持续增长,是我国的新兴客源国与旅游目的地。去年,俄罗斯来华游客237.03万人次,是我国第3位客源国;印度来华游客54.93万人次,是我国第16位客源国;巴西来华游客8.51万人次,南非来华游客6.45万人次。2002年,俄罗斯、印度、南非成为中国公民自费旅游目的地国家。我国公民旅俄游客从1991年的19.7万人次增加到2009年的71.9万人次,在莫斯科设有旅游办事处。我国公民旅印游客从2003年的1.34万人次增加到2008年的8.38万人次,2008年举办了中印旅游友好年,在新德里设有旅游办事处。我国公民赴南非游客从2003年的2.54万人次增加到2009年的4.53万人次。2005年巴西成为中国公民自费旅游目的地国家,目前每年有近2万游客去巴西旅游。

金砖五国分别是亚洲、欧洲、拉美与非洲的最大的新兴国家,自然生态从寒带到热带各异,社会人文传统不同,中华文化、俄罗斯文化、印度文化、桑巴文化、祖鲁文化各呈风采,近代以来历史发展轨迹各有特点,对各成员国民众都具有很强的吸引力。

发展与金砖国家的旅游交流与合作,对于完善与提升我国出入境旅游市场格局具有战略性意义。目前,我国出入境旅游的目的地与客源地都以东亚太为主体、西欧与北美为两翼,南亚、非洲与南美洲一直是薄弱环节。金砖国家分别是南亚、欧亚洲、非洲和南美洲的旅游大国,通过它们可以进一步扩展到南亚次大陆、中南非洲和南美洲,进而形成以亚太洲内市场为重点,欧、美和非洲国际市场为网络的全球市场格局,为走向世界旅游强国构建完整的国际市场格局。

金砖国家具有不同的历史背景、人文传统和社会环境,都在探索符合本国国情的旅游发展之路,通过相互交流,可以互相借鉴、促进共同繁荣。以旅游管部体制与发展政策为例,俄罗斯从1992年以来经历了国际旅游总局→文化和旅游部→经济发展与贸易部(旅游局)→体育、旅游与青年部(旅游署)的变迁。1997年前制定了《俄罗斯联邦旅游法》,2006年依照《俄罗斯联邦经济特区法》设立了贝加尔湖区、克拉斯诺达尔边疆区旅游休闲经济特区。印度的旅游管理机构经历了交通部旅游交通局→民航旅游部→文化与旅游部下的旅游局的变化。印度对欧、亚、大洋洲16个国家实行落地签证政策,对外国资本进入和相关商品进口采取优惠政策,开放性是印度发展旅游的重要特征。巴西通商产业旅游部下设国家旅游局,早在1943年巴西颁布《劳动法》,规定员工每年享有30天的带薪休假,不论保姆还是保安都不例外。员工不论工龄长短,只要工作满12个月就能带薪休假30天,并能领取相当于月工资1/3的休假补贴。企业设置度假储备金,对低收入者发放度假支票,用于旅游食宿和交通支出,全民休闲、受惠于民是巴西旅游的一大特点。南非环境与旅游部下设国家旅游局,南非旅游委员会作为法定法人,由政府官员、企业人士和专家组成,其经费由政府出资80%、自筹20%,开展政府授权的行业管理、市场调研与宣传推广工作。南非还设有国家旅游论坛为旅游政策咨询机构,旅行商、酒店、游猎场、出租车等服务行业均建立行业组织。旅游与环保紧密结合、官企学广泛合作是南非旅游业的显著特点。

从2009起至今,金砖国家已从初创期步入成长期,目前主要合作层面在成员国之间重大国际问题的磋商协调、探讨经贸文化交流合作方向与前景,推进金融、科技、智库、工商界等各领域务实合作。随着国际合作的深入,成员国之间的经贸文化交流必将深入到具体的领域,旅游交流与合作或迟或早会进入议事日程。历史经验证明,旅游往往是国际交流的先导或伴随经济文化交流而兴,经贸文化交流的频繁也会促进旅游的发展。旅游交流在国际贸易中进入门槛较低、利益纠葛较少,最能取得各方共赢效果,因而易于推进。

凡事预则立,不预则废。中国旅游界在部署今后国际旅游发展格局时,应把金砖国家之间扩大成员国之间旅游双边与多边合作列入其中,在旅游市场开发、公民的出入境政策、旅游投资与旅游企业的进入、旅游研究与教育交流等方面研究与准备实施方案。当前工作的重点是,继续推进与金砖国家的双边旅游交流与合作,发展与俄罗斯、巴西、印度和南非的出入境旅游,加速建设东北亚图们江国际旅游合作区,开通西藏自治区通往南亚的国际旅游廊道,开辟通往巴西的直航旅游线,扩大与南非的合作,为下一步开展多边旅游合作打好基础。目前中国企业在这些国家的投资主要在贸易、矿业与制造业等方面,有远见的旅游企业家应该把走出去的目光投向那里。

金砖国家是一个不断开放的新兴经济体,目前已从4国扩大到5国。"金砖四国"概念的创立者、美国高盛公司经济学家吉姆·奥尼尔近日表示,符合"经济增长体"概念的还有墨西哥、印度尼西亚、韩国、土耳其等国家。金砖国家的队伍必定逐步扩大。中国的旅游人应以超前意识与全球视野来谋划下一个十年、二十年、三十年的国际旅游合作与发展,为迈向世界旅游强国未雨绸缪。

关于《中国旅游业"十二五"发展规划纲要》出入境旅游指标的评析[①]

国家旅游局正式发布的《中国旅游业"十二五"发展规划纲要》已由中国旅游出版社出版,本文根据1980年至2010年我国出入境旅游的发展轨迹,从"十二五"期间国内外旅游走势出发,并参照国际旅游界的有关研究,对《纲要》中出入境旅游发展的5个指标进行简略评述,供业界同行商讨。

一、关于入境旅游人数

《纲要》提出,到2015年达到1.5亿人次,年均增长率为3%。

表1　1980~2010年入境旅游人次与2015年指标

时期	年份	万人次	年份	万人次	五年年均增长率(%)	五年年均增长(万人次)
	1980	570.3	—	—	—	—
六五	1981	776.7	1985	1783.3	22.9	201.3
七五	1986	2281.9	1990	2746.2	9.0	92.9
八五	1991	3335.0	1995	4638.7	11.0	206.7
九五	1996	5112.8	2000	8344.4	12.5	646.3
十五	2001	8901.3	2005	12 029.2	7.6	625.5
十一五	2006	12 494.2	2010	13 376.2	1.9	176.4
十二五指标	2011	13 800	2015	15 000	3	240

改革开放以来,我国旅游以入境旅游起步,20世纪八九十年代出现了连续两位数的高速增长。形成这种走势的根本原因是,改革开放的国策,打开了长期紧闭的国门,对于古老中国与现实中国的好奇,对外商务贸易、文教交流的大发展,驱使境外客人蜂拥而来,或观光游览,或商务考察,加上港澳同胞和1987年后台湾同胞的探亲潮及投资热,形成入境旅游20年的高速增长之势。

---

① 摘要刊载于2012年1月4日《中国旅游报》,全文刊载于2011年第6期《旅游发展研究》。

由于入境旅游起步的基数很低,猛然骤增的入境旅游形成了年均两位数的高增长率,符合旅游业起步或初创阶段超常规发展的一般性态势。"六五"、"七五"、"八五"、"九五"期间,入境旅游人数年均增长率分别为22.9%、9.0%、11.0%、12.5%,入境旅游人数年均增长量分别为201.3万、92.9万、206.7万、646.3万人次(由于1989年"六四"政治风波,"七五"增长幅度受到影响)。"十五"期间,由于2003年SARS影响,入境旅游人数年均增长率虽然降低为7.6%,但2004强劲反弹,年均增长量仍高达625.6万人次。

"十一五"期间,入境旅游年均增长率降低为1.9%、入境旅游人数年均增长回落为176.4万人次。此间入境旅游增长之所以趋缓,2008年爆发并延续至今的国际金融危机,是重要的外部因素;我国入境旅游产品创新不足,不能充分满足境外游客个性化、自主式观光度假的需求,对外旅游宣传推广创新不足,难以适应国际旅游业新的竞争态势,是重要的内部因素。从统计学角度看,增长基数高大了,增速也会自然减缓。

应该看到,进入本世纪后,无论是观光休闲、探亲访友,还是商务会展、文教交流,我国入境旅游进入了平稳发展的成熟阶级,入境旅游增长态势回归到常态,发展初期的"井喷式"增长态势难以再现。"十二五"规划提出入境旅游年均增长3.%,入境旅游者预期从2010年的1.34亿人次增长到2015年的1.5亿人次,年均增加260万人次。参照2006~2010年平均每年增加176万人次的增长幅度,"十二五"规划确定的预期指标,如世界经济在未来几年中得以复苏、世界旅游业能平稳增长,国内外不发生不可抗力的重大突发性事件,这个目标是有可能实现的。

二、关于入境过夜旅游者人数

《纲要》提出,到2010年为5566万人次,2015年达到8000~9000万人次,力争年均增长率8%。

表2 1980~2010年入境过夜旅游人次与2015年指标

时期	年份	万人次	年份	万人次	五年年均增长率(%)	五年年均增长(万人次)
	1980	350.0	—	—	—	—
六五	1981	—	1985	713.3	15.1	60.4
七五	1986	900.1	1990	1048.4	10.2	29.6
八五	1991	1246.4	1995	2003.4	12.5	151.4
九五	1996	2276.5	2000	3122.9	10.4	169.2
十五	2001	3316.7	2005	4680.9	8.4	272.8
十一五	2006	4991.3	2010	5566.5	3.2	115.0
十二五指标	2011	5850	2015	8000~9000	8	430~630

按照国际旅游界的统计体系,入境旅游者分为过夜旅游者和一日游游客两大类。在世界旅游组织发布的《世界旅游统计概览》中,"入境旅游"又分为:"1. 入境人数,2. 旅游者(过夜旅游者),3. 一日游游客,4. 邮船乘客"。其中"1. 入境人数"与"2. 旅游者(过夜旅游者)"确定为两个不同的概念。按国际旅游界公认的惯例,政府部长及其随行人员的出访或求职、求学人员虽然也属于"入境者",但不属于"旅游者"。①

多年来,我国入境旅游者中,过夜旅游者约占2/5,一日游游客约占3/5。2010年,入境旅游者13 376.22万人次,其中过夜旅游者5566.45万人次、占41.6%,一日游游客7809.77万人次、占58.4%。一日游游客中,绝大部分是香港、澳门同胞。

据公安部门出入境管理局公布数据,2009年港澳台同胞往来大陆地区共2亿人次。同年《中国旅游统计公报》公布港澳台同胞赴大陆旅游1.045亿人次,与公安部门出入境管理局公布的数据相吻合。《中国旅游统计公报》历来把港澳同胞的入境者分为"入境游客"、"入境过夜游客"与"一日游游客"。2009年香港入境"一日游游客"55 183.8万人次,占香港入境游客总数的67.0%;澳门入境"一日游游客"1887.44万人次,占澳门入境游客总数的83.1%;港澳入境"一日游游客"7071.25万人次,占全部入境游客总数的70.6%。港澳"一日游游客"中,绝大多数是当天往返过境的上班、上学、购物等人员。同年入境台湾同胞448.40万人次,其中"一日游游客"65.16万人次,占全部入境游客总数的14.5%,他们主要是从香港、澳门入境或从金门赴厦门的当天往返者。

2009年入境旅游人数中,外国人2193.75万人次,其中一日游游客424.06万人次、占19.3%,他们主要是常居在香港澳门的外国人、乘邮轮在我国港口上岸游览但不上岸过夜的邮轮旅游者及其他在机场过境者等。

过夜入境旅游者是完整意义上的入境旅游者,因为过夜而产生了住宿、餐饮、购物、娱乐、养生、美容等系列消费,因而是入境旅游的发展重点。30多年中,我国入境过夜旅游者的增长态势与入境旅游者的增长态势基本上是同步的。前20年以每年两位数的增长率增长,近10年增长速度有所减缓,2000~2010年入境过夜旅游者年均增长5.7%,增长幅度略高于入境旅游者的增长幅度。

世界旅游组织每年发布的中国入境旅游人数在世界排名,是剔除了入境一日游游客的人数,按照入境过夜旅游者人数为依据的。1980年名次为第18位,1990年为第11位,2000为第5位,2004年为第4位,2010年为第3位。按照世界旅游组织与世界旅行旅游理事会的预测,到2015年将跃居第1位(其中包含占过夜旅游者总数七成左右的港澳台过夜旅游者)。

"十二五"规划提出入境过夜旅游者年均增长8%,预期增长到2015年的8000万~9000万人次,年均增加430万~630万人次。参照2006~2010年平均每年增加115万人次的增长幅度,达到这个预期指标具有相当大的难度,需要付出极大的努力。鉴于世界

---

① 《世界旅游统计概览》,中国旅游出版社2005年版,第215页。

经济衰退长期化的趋势,必要时应作适度调整。

三、外国人入境旅游者人数

《纲要》提出,到 2015 年达到 3200 万人次,年均增长率为 4.5%。

表3 1980～2010 年外国入境旅游人数与 2015 年指标

时期	年份	万人次	年份	万人次	五年年均增长率(%)	五年年均增长(万人次)
	1980	52.9	—	—	—	—
六五	1981	67.5	1985	137.1		13.9
七五	1986	148.2	1990	174.7	5.0	5.3
八五	1991	271.0	1995	588.7	27.5	63.5
九五	1996	674.4	2000	1016.0	11.5	68.4
十五	2001	1122.6	2005	2025.2	14.8	180.6
十一五	2006	2221.0	2010	2612.7	5.97	78.5
十二五指标	2010	2700	2015	3200	4.5	100

按照世界旅游组织的统计标准与国际旅游界的公认,入境旅游与出境旅游就是"国际旅游"。《世界旅游组织统计概览》规定,入境旅游"是指到达该国经济领域内的国际游客";出境旅游"是指离开该国经济领域内的旅游者"。[①] 国际旅游学界也认为,"国际旅游"分为入境旅游(Inbound Tourism)与出境旅游(Outbound Tourism)两大类,"入境旅游,指非该国居民来访该国的活动;出境旅游,指某一国家居民去另一国家的活动"。[②]

由于我国近现代特殊的历史轨迹,由两岸四地组成的中国将长期存在两种制度并存的局面,同时香港、澳门和台湾又是独立的关税区、发行各自的货币,构成了世界上独一无二的"一国两制"格局。这种国情导致在我国的入境旅游者中,包括港澳台同胞和外国旅游者两大部分,这在国际旅游业中是独一无二的。

外国旅游者是入境旅游统计中的重要组成部分,在我国入境旅游中的份额逐步上升。1980 年外国旅游者占全部入境旅游者的 9.3%,1990 年占 6.3%,2000 年占 12.2%,2005 年占 19.8%,2010 年占 19.5%。在过夜入境旅游者中,外国旅游者占全部过夜入境旅游者的份额更高,2010 年占 38.2%。

"十二五"规划充分评估了今后五年世界经济面临各种难以预料的不确定因素,如由

---

① 《世界旅游统计概览》,中国旅游出版社 2005 年版,第 215 页。
② [美]查尔斯·格德纳等:《旅游学》第 10 版,中国人民大学出版社,第 7 页。

2008年国际金融危机引发的全球性经济衰退的走向仍有待观察,尤其是西欧、北美和日本等发达国家经济体的经济复苏前景仍不明朗;各种可能发生的自然灾害和突发事件频发等。传统和非传统的安全因素影响增大,对旅游业发展可能会产生较大冲击,影响旅游业的正常发展。世界旅行旅游理事会预测,2010至2020年全球国际旅游人数年均增长率为4.3%。"十二五"规划提出外国人入境旅游者人数年均增长率为4.5%,略高于全球增长速度。

"十二五"期间,我国入境旅游将进入平稳增长的成熟期,在增长基数不断扩大的情况下,年均增长率稳定地达到4%~5%也是一个较高的指标。"十二五"规划提出外国人入境旅游者人数年均增长率为4.5%,预期外国入境旅游者增长到2015年3200万人次,年均增加约100万人次。参照2006至2010年外国入境旅游者从2221万人次增长到2613万人次,平均每年增加78万人次,达到"十二五"规划预期指标有一定的难度,需要在旅游产品转型、宣传营销创新、旅游环境改善和服务品质提升等各方面付出艰巨的努力。

入境旅游对发展中国家具有增加外汇收入、扩大对外交流、促进自身发展、传播国家形象的多重功能。目前我国入境旅游的总量虽然位居世界前列,但是如果剔除其中港澳台同胞的入境份额,我国接待入境外国旅游者的数量居世界前十位。以2009年为例,我国大陆接待入境外国旅游者2193.8万人次,位于法国(7240.0万人次)、美国(5888.4万人次)、西班牙(5223.1万人次)、意大利(4323.9万人次)、英国(2803.3万人次)、德国(2422.4万人次)之后,略高于墨西哥(2145.4万人次),居世界第7位。

表4 2009年世界入境旅游人次

位 次	国 家	万人次
1	法 国	7240.0
2	美 国	5888.4
3	西班牙	5223.1
4	意大利	4323.9
5	英 国	2803.3
6	德 国	2422.4
7	中 国	2193.8
8	墨西哥	2145.4

资料来源:联合国世界旅游组织(UNWTO)。

与时俱进,加强对外国旅游市场的推广,创新营销体制与方式,更加细致地研究国际旅游市场;着力巩固日韩、俄罗斯、东南亚、西欧和北美、大洋洲等重点市场;加快开发东欧、南亚、中东、中亚等新兴市场;积极培育南美、非洲等潜在市场;推行国家旅游形象战略,把外国入境旅游市场提升到更高的水平,提高入境旅游的国际化程度,应是"十二五"时期发展入境旅游的重中之重。

四、旅游外汇收入

《纲要》提出,到 2015 年达到 580 亿美元,年均增长率为 5%。

表5　1980~2010年旅游外汇收入与2015年指标

时期	年份	亿美元	年份	亿美元	五年年均增长率(%)	五年年均增长（亿美元）
	1980	6.17	—	—	—	—
六五	1981	7.85	1985	12.50	12.0	0.9
七五	1986	15.31	1990	22.18	10.8	1.4
八五	1991	28.45	1995	87.33	*	*
九五	1996	102.00	2000	162.24	13.1	12.0
十五	2001	177.92	2005	292.96	11.1	23.0
十一五	2006	339.49	2010	458.14	9.5	23.8
十二五指标	2010	495	2015	580	5	17

注:*1993年后旅游外汇收入统计口径变化,故无可比性。

我国的入境旅游收入包括外国旅游者和港澳台旅游者在境内的旅游花费。香港、澳门虽是我国的特别行政区,台湾地区是中国的一个组成部分。由于香港、澳门和台湾地区各是独立的关税区,发行各自的区域性货币,所以港澳台同胞在内地/大陆的花费需要兑换成人民币,因而照现行的统计框架,他们的旅游花费也应为"旅游外汇收入",尽管这个"外"不是"外国币"之"外",而是相对于人民币之外的"外"。

30 多年中,我国的入境旅游收入的增长趋势与入境旅游者人数的增长趋势大体相似,但收入的增长幅度总体上略高于人数的增长幅度,说明入境旅游者的花费呈逐步提高之势。以入境过夜旅游者人均花费为例,1995 年为 1067.7 美元,2000 年为 889.53 美元,2005 年为 909.67 美元,2009 年为 1229.24 美元。如果考虑人民币升值和通货膨胀因素,入境旅游者的人均花费提高的幅度实际上并不大。我国入境旅游者消费低于美国、德国接待的入境旅游者消费水平,2009 年,国际旅游者在美国人均旅游消费 1711.2 美元,在德国人均旅游消费 1432.8 美元。

我国旅游外汇收入的国际排名与入境过夜旅游者人数的国际排名变化基本同步。1980 年为第 34 名,1990 年为第 25 名,1995 年为第 10 名,2000 年为第 7 名,2005 年为第 6 名,2009 年为第 5 名。与入境过夜旅游者人数的国际排名相比,旅游外汇收入的国际排名略低,表明我国接待的入境过夜旅游者人均花费低于国际平均水平,在提高人均天花费、延长其停留时间上仍需作很大的努力。

还应看到,我国旅游外汇收入虽名列世界第5位,但如按各国通例,剔除港澳台同胞在内地/大陆的旅游花费,只以外国旅游者的花费来排名,则在第10位左右。以2009年为例,外国旅游者的在华花费为257亿美元,位于美国(939.17亿美元)、西班牙(531.77亿美元)、法国(493.98亿美元)、意大利(402.49亿美元)、德国(347.09亿美元)、英国(300.38亿美元)之后,略高于澳大利亚(255.9亿美元)居世界第7位。

表6　2009年入境旅游收入

位次	国家	亿美元
1	美国	939.2
2	西班牙	531.8
3	法国	493.9
4	意大利	402.5
5	德国	347.1
6	英国	300.4
7	中国	257.0
8	澳大利亚	255.9

资料来源:联合国世界旅游组织(UNWTO)。

外国旅游者的人均消费普遍高于港澳台入境旅游者。以2009年为例,入境过夜旅游者人均天花费180.8美元,其中外国游客人均天花费192.9美元;入境过夜旅游者人均花费1229.1美元,其中外国人人均花费1466.3美元;入境一日游旅游者人均花费54.6美元,其中外国人一日游旅游者人均花费58.0美元。因此,外国入境旅游者的人数虽只占入境旅游者总数的1/3左右,但在华旅游消费却占1/2以上。2009年外国入境旅游者在华消费220亿美元,占我国旅游外汇收入的56.1%。可见,增加旅游外汇收入的重点在外国过夜旅游者身上,主要是提高他们的人均天花费、延长其停留时间。

"十二五"期间,我国入境旅游已进入平稳增长的成熟期。近10年来,旅游外汇收入年均增长率虽有所下降,但每年的实际增加量却是以往的若干倍以上。在发展基数不断提高的情况下,每增长一个百分点,其实际含金量大幅提高。以旅游外汇收入而言,每增长一个百分点,1980年外汇收入增加600万美元,2000年外汇收入增加1.62亿美元,2010年外汇收入则增加4.58亿美元。

我国2006至2010年旅游外汇收入从339亿美元增长到458亿美元,每年增长24亿美元。"十二五"规划提出旅游外汇收入年均增长率5%,预期2015年达到580亿美元,每年平均增长 17 亿美元。这个指标虽然较为稳健,略高于世界旅行旅游理事会预测 2010 至 2020 年国际旅游消费年均增长 4.4% 的指数,完成它也并不容易。

五、出境旅游人数

《纲要》提出,到 2015 年达到 8800 万人次,年均增长率为 9%。

表7　1992~2010 年中国出境旅游人数与 2015 年预期指标

时期	年份	万人次	年份	万人次	年均增长率(%)	年增长(万人次)
—	1992	298.9	—	—	—	—
—	1993	374.0			27.7	75.1
—	1994	373.4			-0.17	-0.6
—	1995	452.1			21.1	78.7
九五	1996	506.1	2000	1047.26	15.6	108.2
十五	2001	1213.6	2005	3110.23	24.3	379.3
十一五	2006	3452.4	2010	5739.00	13.6	457.4
十二五指标	2011	6500.0	2015	8800.0	13	460.0

自 1983 年开放香港、澳门地区,1988 年开放泰国、1990 年开放新加坡和马来西亚等国为我国公民出境旅游目的地以来,目前出境旅游目的地已达到 140 多个,正式实施开放的旅游目的地达到 110 个,出境旅游目的地仍以港澳台和东亚为重点,但正在向欧洲、大洋洲、美洲和非洲扩展。出境旅游人数从 1993 年的 374 万人次、2001 年的 1213.6 万人次增长到 2010 年的 5739 万人次,除个别年份外,年均增长率一直保持在两位数以上。近年来,出境旅游者的数量已超过过夜入境旅游者。其中因私出境游客的增长速度远高于因公出境旅游,因私出境旅游者的比例从 1992 年的 38.2%,上升到 2000 年的 45.1%,2010 年的 90.1%。出境旅游正处于快速增长的培育期。

"十二五"期间,出境旅游将成为国民消费的新热点,国民经济的平稳较快发展,居民收入的加快增长,带薪休假制度的逐步推广,人民币的升值趋势,出境环境的改善,将强劲刺激出境旅游消费,继续以远高于入境旅游的速度快速增长。"十一五"期间出境旅游人数年均增长 12.2%,从 2006 年的 3452.36 万人次增加到 2010 年的 5739.00 万人次,年均增长 457 万人次。"十二五"规划提出,出境旅游人数年均增长率 10%,到 2015 年达到 8800 万人次,年均增长 612 万人次。这个目标基本上是可以实现的。

应当看到,我国出境旅游依然处于初步发展的阶段。目前出境旅游的总量虽然不小,已成亚洲第一客源国,2009 年我国出境旅游 4765.63 万人次,仅次于德国(7260 万人次)和美国(6400万人次),高于英国(5790万人次)和法国(3170万人次),相当于加拿大(2370万人次)、荷兰(2350万人次)、意大利(2240万人次)和日本(1960万人次)的1倍。以13.4亿总人口为基数测算,5700多万人次只占总人口的0.4%,其中去外国旅游的1610万人次,只占总人口的0.15%,远低于发达国家和地区的公民出境旅游率。

但是,如果出境旅游者中剔除大陆/内地赴港澳台游客,去外国的出境旅游者总量世界排位则为第10位。2010年出境旅游5738.5万人次中,去港澳台地区的4128.5万人次、占72%,去外国的1610万人次、占28%。

表8 2010年世界十大出境旅游市场

序位	客源产出国	万人次数	占全球比例(%)
1	德 国	7260	10
2	美 国	6400	9
3	英 国	5490	8
4	法 国	3170	5
5	加拿大	2370	4
6	荷 兰	2350	3
7	意大利	2240	3
8	俄罗斯	2170	3
9	日 本	1960	3
10	中 国	1610	2

注:中国数据中不包括去港澳台的数据。
资料来源:国际旅游咨询公司(IPK)。

表9 2009年全球国际旅游支出大国排名

序位	国 家	支出亿美元	序位	国 家	支出亿美元
1	德 国	808	6	意大利	278
2	美 国	731	7	日 本	251
3	英 国	485	8	加拿大	243
4	中 国	473	9	俄罗斯	208
5	法 国	389	10	荷 兰	207

资料来源:联合国世界旅游组织(UNWTO)。

还应看到,目前出境旅游者中,去香港澳门和台湾地区的约占70%以上,去外国的国际旅游者不足三成。2009年,去外国的出境旅游者仅1288.6万人次,低于日本的出国旅游人次。出境旅游支出虽然已居世界第4位、在购买国内奢侈品的花费世界闻名,但如果剔除其中赴港澳台的旅游花费,出国旅游支出总额约200亿美元,位于德国(808亿美元)、美国(731亿美元)、英国(485亿美元)、法国(389亿美元)、意大利(278亿美元)、日本(251亿美元)、加拿大(243亿美元)、俄罗斯(208亿美元)和荷兰(207亿美元)之后,居世界第10位。

从出境旅游的目的看,以观光游览、购物美食为主,而国际上出国旅游大多以休闲度假和文化体验为主;邮轮、海岛度假、探险考察、康体养生等高端旅游需求增长虽快,但所占份额很低;出境旅游目的地以东亚近程为主,洲际旅游的比例很小;出境旅游客源产出区域分布很不平衡,以长三角、环渤海和珠三角为主的东部沿海地区为主;游客的旅游素质参差不齐,不少游客文明旅游的素质亟待提高;出境旅游市场秩序和游客安全等问题比较突出;旅游目的国对我国国民的旅游签证限制(如资产证明等歧视性规定)不少,实行免签证或落地签证的国家极少,对"自由行"签证的限制等。"十二五"期间在继续扩大出境旅游规模的同时,要大力规范市场秩序,提升出境旅游品质,保障游客安全与合法权益,推进出境旅游的转型升级。

"十一五"期间,我国的出入境旅游收支结构发生了深刻变化,外汇收支由顺差转为逆差。2009年我国出境旅游支出437亿美元,入境旅游收入397亿美元,开始呈赤字状态,说明中国已从入境旅游目的地转变为入境旅游目的地与出境旅游客源地并重的旅游大国。"十二五"期间,我国的旅游逆差将继续扩大。从国际经验看,这种转变是国家强盛、民众富裕、旅游成熟的表现。在我国外汇储备多年居高不下、国际贸易连年盈余的情况下,旅游赤字有利于减缓国际贸易摩擦,有利于化解外汇储备过高的潜在风险,对外关系上有利于加强外交影响力、提高国家软实力,有助于扩大国民视野、提高文化素质。要更新多年形成的旅游以赚取外汇为目的的观念,重新审视出境旅游方面不合时宜的政策与做法,以更广阔的视野、更积极的态度、更开放的政策、更宽松的办法发展出境旅游,并通过发展出境旅游带动我国旅游企业大步"走出走"。

还应指出,目前出入境旅游的旅游贸易逆差是包括出入港澳台在内的出入境旅游而言。如果剔除大陆/内地与港澳台之间的旅游收支因素,仅以外国旅游者在大陆的旅游花费(旅游外汇收入)与大陆居民赴外国的旅游花费(旅游外汇支出)而言,实际上仍是收入大于支出,还不存在旅游贸易逆差问题。2010年,入境外国旅游者2612.7万人次,赴外国旅游者1610万人次,我们依然是一个国际旅游贸易顺差国。

大陆/内地出入境旅游的贸易逆差,主要发生在与港澳台旅游之间。2010年大陆/内地赴港澳台旅游4129万人次(其中绝大部分是过夜旅游者),仅为大陆总人口的0.3%;港澳台赴大陆过夜旅游3438.8万人次,为港澳台总人口(3044.8万人)的112.9%。港澳台赴大陆旅游已经进入成熟阶段,大陆/内地赴港澳台旅游仍处在初步发展阶段,两者之间的旅游贸易逆差将会越来越大。但这不是"国际旅游贸易逆差",而是一国两制四地区之间的"旅游贸易逆差",中华民族内部的"旅游贸易逆差"。从完成国家统一、中华民族复兴的高度看,这种"旅游贸易逆差"当然越大越好。

六、入境旅游市场开拓进入攻坚期

今年是"十二五"的开局之年。年初国家旅游局提出年全国入境旅游人数1.38亿人次,增长3%;入境过夜旅游人数5850万人次,增长5%;旅游外汇收入495亿美元,增长8%。今天1~10月,入境旅游者同比增长0.94%,其中外国旅游者同比增长2.91%、在华旅游消费增长2.25%。香港游客人数同比下降0.44%、在内地消费下降0.42%,台湾游客同比增长2.60%、在大陆消费增长2.08%,澳门游客同比增长3.09%、在内地消费增长3.16%。入境旅游市场形势不容乐观,离全年预期增长指标相差甚远。

这半年内世界经济危机复苏乏力,欧美国家金融危机深化、日本海啸、核泄漏事件,是入境市场下滑的主要因素。去年上海世博之旅的事件性营销透支了今年相当一部分的入境旅游消费。国内今年缺乏强力吸引入境游客的新亮点,西安园博会、中共90周年庆典主要对入境市场没有多大作用。除了上述国标性和特殊性因素外,入境旅游增幅下降还有诸多内在性、深层次的因素。

近几年在强调大力发展国内市场的同时,有人认为国内旅游"主体地位日渐巩固并进一步突出,出境和入境旅游相对下降至补充地位"。认识上的某种偏颇导致对发展出境市场的战略性、紧迫性认识上的不足和营销力的分散。

在市场结构方面,港澳台市场占入境游客总量的八九成,外国市场只占一二成。入境市场的国际性不强是一个弱点。在外国人市场方面,亚洲客源占3/5左右,其中又以韩国、日本和俄罗斯东部的东北亚市场为主,约占外国人市场的2/5。今年上半年香港与日本市场的下滑,严重影响到入境旅游市场的全局。

在接待入境游客的社会环境、公共服务与配套接待方面,真正具备接待外国游客条件的国际化旅游城市和目的地自封的多、公认的少。旅游产品仍以观光游览为主,与国际上休闲度假为主的潮流不对接;团队式的接待方式与国际上的散客潮、自由行、自驾游、邮轮游的趋势不吻合,缺少应对个性化需求的细分旅游产品,入境旅游的转型升级有待加强。

入境旅游的招徕、组配经营权掌握在客源国的旅游经营商手中,我国旅行社并不拥有在客源地推广产品的主动权,更缺乏在世界主要客源国能开展自主招徕的国际化旅游企业。在入境游市场上充当地接社角色的旅行社受制于境外批发商的掌控。作为入境旅游大国在国际旅游市场上缺少纵横驰骋、克敌制胜的运筹能力与运作实体。

我国对外旅游宣传推广创新不足,难以适应国际旅游业新的竞争态势。实行了20年之久的年度主题促销方式缺乏连续性、整体性,给境外受众提供零乱的旅游产品信息,不利于形成完整、鲜明的旅游形象。一直没有制定近中远期衔接的滚动式的对外市场营销专项规划,没有形成"政府主导、行业主体、专业运行"的对外营销机制以及集行政管理与市场推广于一身的行政化促销体制机制。

近些年来，在世界经济动荡和旅游增长迟缓的国际背景下，我国旅游业逆势而上，为国际旅游界所公认。此时，我们更要保持清醒与警觉。世界旅游重心向亚太地区转移，亚太地区许多国家加大旅游开发，地区内的竞争更加激烈。日本实行"旅游立国"方针，韩国政府大力倡导国民在国内度假，新加坡、马来西亚和泰国等加强了休闲娱乐度假产品开发，越南提出2010年建成亚洲旅游大国，印度以"梦幻之国"为主题宣传、计划到2020年建成四季皆宜的旅游目的地。2010年亚太地区国际游客接待量增长率接近10%，东南亚增长率达到14%，东北亚接待量增长11%，南亚接待量增长12%。区域竞争更加严峻的态势对我国的入境旅游既是机遇，更是挑战。

形势表明，我国入境旅游开拓已进入攻坚期。当前入境旅游的境遇反映出我国入境旅游中长期存在的环境、市场、产品和营销方面的结构性、体制机制性问题。破解这些深层次、内生性难题，既是推动我国入境旅游市场继续增长，也是达到我国旅游业"十二五"发展规划纲要目标，实现长期、平稳、可持续发展的根本。

在市场经济条件下，国家五年发展纲要中提出的数量型发展指标属于导向性目标，而不是行政指令性指标。旅游业又是一个关联度、敏感度极高的产业，一场天灾人祸、政治或外交风波，都可能导致旅游业跌宕起伏、波澜迭起。特别是出入境旅游的走势更取决于外部环境的变化与国际关系的态势，并非由我们自身所能左右的。王岐山副总理最近指出，"当前全球经济形势十分严峻，不确定之中可以确定的是，国际金融危机引发的世界经济衰退将长期化"。当前世界经济复杂多变、前景不明，尤其是西欧、北美和日本等国经济复苏乏力、国家债务缠身、国民收入下降、社会福利紧缩，企业商务会奖活动缩减，民众远程出境旅游意愿下降。这种状态在今后几年内难有根本改变，对我国的入境旅游发展的影响不可低估。

全国旅游业"十二五"发展规划纲要中确定的十大发展指标对各地区，特别是各省、自治区和直辖市确定各自的发展指标具有指导意义，各地应根据本地的实际情况，实事求是地确定各自的增长速度与发展指标，切忌盲目攀比、层层加码。一般情况下，东部多数地区旅游业较发达，发展基数较高，增长速度应参照全国指标定得略低一些，中西部地区旅游业发展基数较低，增长速度从现实条件出发可定得略高一些。国内外经济形势如发生重大变化，已经确定的五年发展数量指标也可以作适度调整。更重要的是，要把工作的着力点放在转变发展方式、调整产业结构、提升产业素质、提高社会经济文化生态综合效益上，切实从追求速度、总量和规模的粗放式发展，向速度与效益统一、数量与质量统一、经济效益与社会文化生态效益相统一的可持续发展方式转变。

习主席的旅游观与中俄旅游合作①

习主席首次出访的国家是俄罗斯,在俄罗斯的一个重要活动是参加2013中国旅游年的开幕式并致辞。在近30年中,国家元首亲自参加一个两国旅游交流活动的开幕式并发表主旨讲话,似不多见。阅读了这篇讲话后,笔者有四点体会。

第一,这篇1000字的讲话多方面地表述了习主席的"旅游观":

关于旅游的文化功能:"旅游是传播文明、交流文化、增进友谊的桥梁";

关于旅游的经济作用:"旅游是综合性产业,是拉动经济发展的重要动力";

关于旅游的民生功能:"人民生活水平提高的一个重要指标";

关于旅游的教化功能:"旅游是修身养性之道";

关于旅游的社会功能:"旅游是增强人们亲近感的最好方式";

关于旅游的国际合作功能:"把旅游合作培育成中俄战略合作的新亮点"。

这些朴实无华、言简意赅的表述,虽无惊人之语,但对于旅游真谛的透视,可以说是入木三分。熟谙这些论述,对旅游业者如何在终日繁杂的事务中,在盯着旅游人数和收入、旅游占GDP的百分比、用"大手笔"打造多少个"大项目"的时候,时刻不要忘记自己工作的社会职责,不要忘记肩负的抚慰心灵、惠及民生、内外交流的社会使命,摒弃时下业界流行的重"利"轻"义"倾向,是很有警示作用的。在全行业学习习主席的讲话,可以从根本上端正行风、把握科学的发展航向。

第二,习主席指出"俄罗斯是旅游大国",这不是外交辞令、恭迎之言。"俄罗斯是旅游大国"不仅是指俄罗斯疆土辽阔、人口众多(1.43亿)和自然生态与社会人文资源大国,而且它现在就是一个出入境和国内旅游大国。2011年俄罗斯入境旅客2268.6万人次(其中旅游234万人次,商务548万人次),旅游外汇收入113.98亿美元、居世界第24位。2011年接待入境游客人数与全国人口之比为15.8∶100。2011年出境旅客4732.6万人次,其中旅游签证1449.6万人次,商务旅行143.3万人次,旅游支出325亿美元、居世界第6位。2011年出境旅游人数与人口比例为10∶100。2011年国内过夜游客超过3370万人次,与本国人口之比为24∶100。世界经济论坛《2011年旅游竞争力报告》中,俄罗斯在139个国家和地区排位第59名。近年来,俄罗斯政府采取了一系列切实措施加速发展旅游业。1997年通过《俄罗斯联邦旅游法》,确定了国家发展旅游的政策和合理开发利用资源的方式。2007年6月《俄罗斯联邦旅游业务基础法》(修正案)正式实施。正

---

① 以《深化中俄旅游合作内涵》为题刊载于2013年4月1日《中国旅游报》。

在实施的"2011年至2018年发展国内旅游和入境旅游"联邦计划,目标是"到2016年接待4000万人次外国游客,同时国内(过夜)旅游达到5000万人次"。

从2002年以来,俄罗斯一直是我国的第三大客源国。去年俄罗斯来华游客达到242.6万,同比上年下降4.3%。这些旅客大多来自俄罗斯东部地区,其中观光休闲的131.21万人次,占54.1%;会议/商务的66.40万人次,占27.3%;服务员工29.97万人次,占12.4%。以莫斯科地区为中心的俄欧洲地区是俄财富和人口聚集区,这里聚集了俄80%的现金流和4/5的人口,居民收入水平远高于其他地区,是出境旅游的主要客源产出地,这个地区的客源市场开发尚待启动。面对日趋严峻的入境市场形势,如何借习主席访俄的春风开拓入境旅游,是一大课题。随着中俄全面战略务实合作的推进,目前"政热经温"的双边关系将发生变化,来华商务会展、文化科技交流和服务工作的俄罗斯客人将日益增多。不仅为观光休闲度假客人,也为其他来客做好服务接待工作,特别是做好商务、文教交往的接待服务,解决俄语翻译人员不足和其他难题,也是刻不容缓的事情。

以中国公民赴俄旅游而言,从2002年6月俄罗斯成为中国公民旅游目的地国以来,赴俄游客不断增长,2011年达23.5万人次,去年猛增到34.3万人次,增幅达47%。可以预见,习主席访俄之后,赴俄罗斯旅游热将会加速增温。在这方面,中俄两国旅游界有许多工作要做。目前赴俄旅游中老年偏多,青年和妇女市场有待培育;以圣彼得堡和莫斯科的城市观光为主,习主席提到的"伏尔加河、乌拉尔山、贝加尔湖的美丽风光","秀丽的自然风光和各民族的多彩风情",具有"独特魅力"的叶卡捷琳堡、索契等城市,尚未纳入俄罗斯之旅的常规线路;中方的赴俄罗斯领队人员不足,俄罗斯的中文语言服务和适合中国生活习惯的服务措施等,也亟待解决。在我国7700多万出境旅游(其中出国游客约2000多万人次)中,赴俄旅游的人数仍偏少,两国双向旅游交流不对称。中俄互为邻邦,集客运与观光休闲于一身的铁路旅游是十分重要的旅游方式,"北京—莫斯科"的列车之旅应培育成经典的旅游线路。为了中俄两国双向旅游的持续、稳定发展,这些都需要会同文化、教育、交通和商务部门共同解决。习主席关于"俄罗斯是旅游大国"的论断提醒我们,俄罗斯是一个潜力丰厚邻国市场,理应把这个市场的开发摆到更加重要的战略位置上。

第三,习主席指出"把旅游合作培育成中俄战略合作的新亮点"。改革开放以来,我国旅游业承担并出色地发挥了"民间外交"的作用,在推动改革开放、促进与各国交流、合作方面起到了历史性的作用。在新的历史条件下,习主席提出"把旅游合作培育成中俄战略合作的新亮点",把发展双向旅游提高到实施中俄"平等信任、相互支持、共同繁荣、世代友好的全面战略协作伙伴关系提升至新阶段"的时代新高度。

中俄两国是"金砖国家"与上海合作组织的重要成员国,是新兴市场经济体的重要代表,又都是世界旅游大国。两国之间的旅游合作其意义超出了旅游本身,赋予更深的内涵、更重的时代使命。习主席在莫斯科国际关系学院演讲时说,"国之交在于民相亲"。

而"民相亲"的基础是"民相知",即互相理解、包容与尊重。目前中俄两国的关系既非同盟关系,也非对抗关系,处于历史上最好的时期,也是当代大国之间"平等互信、包容互鉴、合作共赢"关系的范例。这种关系的基础是人民之间的亲近、理解与友谊。旅游是民众之间的面对面的接触与交流,是最生动、最直接的思想交流与心灵沟通,为国家合作奠定民意基础、民众基石。

从国际服务贸易的角度看,旅游,不论是出境游还是入境游,对双方的民众与国家都是互利双赢的,而没有以强凌弱、以大欺小的关系。在国际贸易中,旅游服务贸易是障碍最小、最容易率先开展的。人的流动会引来人心的交流、文化的交流、物资的交流、资金的交流、技术的交流;旅游群体的互流会推动签证、边境、海关、货币兑换、出入境政策和空中走廊的开放;民众底层的交流与友谊会推动官方上层的沟通与合作。"把旅游合作培育成中俄战略合作的新亮点",这个新亮点会引导中俄战略合作这艘巨轮乘风破浪、顺势而进。

第四,习主席用简明、形象的语言,画龙点睛地勾画了中、俄两国的旅游魅力,向俄罗斯人民推荐好他们所熟悉的中国旅游产品:"中华书画、京剧、中医等传统文化博大精深,雄伟壮丽的三山五岳、气势磅礴的万里长城、独一无二的兵马俑、享誉世界的少林寺、阳光明媚的热带海滩等自然和人文景观异彩纷呈。"俄罗斯人来华旅游,从20多年前边境贸易、购物起步,到今天已走向体验中华文化、观赏自然奇观和休闲娱乐度假。三亚大东海的沙滩上,终年可以看到俄罗斯客人手捧书刊,静谧地享受阳光、愉悦身心;在少林寺也可常看到俄罗斯青少年专心致志地练拳、舞枪;在北京的中医养生馆中,也不乏俄罗斯游客接受推拿、针灸、拔火罐理疗。习主席讲话中点到的这几个旅游景点项目,能使来过的游客重温记忆,也能激发更多未来的俄罗斯人的旅华欲望。习主席讲话中还引用了1100名中国游客在莫斯科参加"你好,俄罗斯"旅游交流活动、50个俄罗斯家庭到北京入住民宿的动人事例,做了一场别开生面的双向旅游宣传活动。在对外旅游宣传推广中,如何跳出讲官话、套话、空话的俗套,用通俗有趣、情景兼备的"家常话"打动对方,开展通民心、富人情的旅游推广工作,提高旅游宣传推广的吸引力、感召力,可以从习主席的讲话中得到启发。

笔者建议,习主席的这篇演讲词应该收入旅游院校与培训基地的教科书之中,让学员们通过学习懂得什么是旅游,干旅游的责任与使命,以及怎样干旅游。

重新审视出境旅游的战略地位[①]

近日,习主席在博鳌亚洲论坛主旨讲话中指出:"中国将坚持与邻为善、以邻为伴,努力使自身发展惠及周边国家。我们将大力促进亚洲和世界发展繁荣。今后5年,中国将进口10万亿美元左右的商品,对外投资规模将达到5000亿美元,出境旅游有可能超过4亿人次。中国越发展,越能给亚洲和世界带来发展机遇。"这表明,出境旅游已被放到与进口贸易、对外投资同样重要的位置上,并纳入国家合作共处的对外战略全局之中。

按国际旅游界的共识,一个国家的国民旅游包括公民的国内旅游与出境旅游两大方面,国内旅游是出境旅游的基础,出境旅游是国内旅游的延伸,两者同步发展、互相促进,是现代旅游的重要特征之一。30余年来,中国旅游经历了入境旅游先导、国内旅游崛起、出境旅游勃兴的"三部曲",展示了一个发展中大国的旅游发展轨迹。以出境旅游而言,大体上沿着"港澳游"—"边境游"—"出国旅游"的顺序逐渐逐步推进,并从亚太地区向欧洲、中东、非洲和美洲有序推进,一直呈快速增长的势头。

1990年,中国出境旅游支出在全世界排名第40位,1995年提升为第22位,2010年进一步上升到世界第3位。2012年大陆出境旅游8318万人次,据世界旅游组织刚刚发布的报告,中国大陆出境旅游支出1020亿美元,"随着2012年的激增,中国跃居首位,同时超越顶级富豪德国和第二大富豪美国",中国大陆出境旅游支出占世界总额的9.5%。用该报告的话,中国是"世界新的头号客源市场","这必将继续改变世界旅游地图"。

目前,中国大陆出境旅游目的地由两个部分组成:港澳台地区约占7成,外国约占3成;在赴外国的游客中,亚洲近邻国家约占7成,其他地区的约占3成。这种以亚洲为主体、欧美为两翼的出境旅游格局,与中国外交的总格局与"与邻为善、以邻为伴,努力使自身发展惠及周边国家"的友邻关系是完全吻合的。中国游客的旺盛的消费能力与巨大的消费潜力,对目的地国家带去重大的经济利益,已为世界所公认,也是越来越多的国家愿与我国签署出境旅游目的地"ADS协议"、希望打开中国出境旅游市场的主要动因。

发展出境旅游需要"摒弃不合时宜的旧观念",重新认识旅游贸易顺差与逆差的利弊得失。在改革开放初期严重缺乏经济建设所迫切需要的外汇资金的情况下,从入境旅游起步以赚取外汇为主要目标(同时也有展示国家改革开放形象、引进海外经济管理经验与人才等目的),是完全必要的。从2009年开始,我国大陆的出入境旅游收支结构发生了深刻变化,旅游外汇收支由长期的顺差开始转为逆差。2009年旅游贸易赤字为40亿

[①] 以《要重视发挥出境旅游作用》为题刊载于2013年4月10日《中国旅游报》。

美元,2010年赤字为22亿美元,2011年突破200亿美元。据世界旅游组织最新报告,2012年中国旅游贸易逆差达到500多亿美元,成为世界第一旅游赤字国。在这种情况下,要不要放手发展出境旅游,在旅游实业界、学术界认识并不一致,是十分自然的。

出境旅游在国际贸易中是进口贸易的一部分。游客在目的地的综合消费实质上是进口国外的服务商品与实物商品。在国际贸易中,人们偏重发展实物商品贸易,对发展服务贸易严重认识不足;在国际服务贸易中,偏重发展出口贸易(如劳务输出、入境旅游),同时又忽视发展进口贸易(如出境旅游);偏重通过旅游顺差来平缓国际贸易逆差,但没有认识到旅游贸易逆差在实物贸易顺差的情况下,对平缓由贸易顺差过大而引起的国际贸易摩擦的作用。尤其在当前我国外汇储备居高不下的情况下,就更需要从国际贸易的全局出发重新认识旅游赤字问题。

习主席的讲演告诉我们,今后我国要扩大商品进口、加大对外投资、促进出境旅游,通过这3个环节体现"与邻为善、以邻为伴",在有利于邻国经济发展、促进亚洲和世界发展繁荣的同时,也推动自身进一步改革开放,增强持续发展的实力。

就旅游而言,我们外汇收支由顺差转为逆差,表明已从入境旅游目的地转变为入境旅游目的地与出境旅游客源地并重的旅游大国。从国际经验看,这种转变是国家强盛、民众富裕、旅游趋向成熟的表现。旅游赤字有利于减缓国际贸易摩擦,并在对外关系上有利于强化外交影响力、提高国家软实力,有助于扩大国民视野、提高文化素质。积极发展出境旅游,还可以带动我国旅游企业走出去,推动贸易和投资自由化、便利化,在国际旅游市场的大海大洋中历练自己、锤炼品牌,推动产业转型升级,增强国际旅游的竞争力。

长期以来,我们对出境旅游有一个认识的发展过程。2005年前主张"适度发展",2006年提出"规范发展",2007年又调整为"有序发展"。笔者认为,当今应该在这个基础上进一步调整发展思路,认识到国内旅游是主体,入境旅游与出境旅游是两翼,把出境旅游放在与国内旅游、入境旅游同等重要的位置上,旗帜鲜明地提出国内、入境、出境旅游缺一不可,三大旅游市场一起抓的指导方针,并以此总揽旅游发展全局、部署工作,适时调整、改进出境旅游的方方面面。

进一步完善并推进"ADS协议"制度。目前已有146个国家和地区(其中实际开展的115个国家和地区)成为我国出境旅游目的地。在与我国建交的172个国家中,还有26个国家尚未成为我国出境旅游目的地;同时,还有31个国家已签署"ADS协议"而尚未开展工作。应该积极创造条件,简化并促进更多的国家成为出境旅游目的地,修订"ADS协议"上不合时宜的条款。笔者认为,即使尚未与我国建交的国家,也可以"中国旅游协会"的名义开展民间协商,变通签署"ADS协议"事宜,以旅游为先导,增进了解、开展公共外交,最后促进政府外交的最终完成。对于"ADS协议"关于必须团队游等内容也应适时修订,以适应自由行的兴起。

在规范出境旅游市场秩序的同时,放宽特许经营中国公民自费出国旅游业务的旅行社审批规定,扩大中外合资经营旅行社出境旅游的试点,推动更多的旅游企业,特别是民营、合资、股份制等旅游企业参与出境旅游经营。配合出境旅游的经营业务,推动中国旅游企业"走出去"的步伐,积极向外输出资本、品牌、管理技术与人才。

与出境旅游目的地合作,进一步优化出境旅游环境,完善、便捷出境旅游手续,推动越来越多的国家对中国公民实行免签入境、落地签证、一次签证多次进出政策;促进出境旅游从观光游览为主向休闲度假、购物、娱乐多样化发展,组织观看参与节事活动、邮轮旅游、考察体验、定制出游等深度旅游;推广团队包价游、自由行、个性化定制、半包价、线上线下服务相结合等,推动出境旅游方式的多样化、高品质。

出境旅游的核心仍然是以人为本、服务民生。游客的行为既可树形象,也可损形象。要释放出境旅游的正能量、减少副作用,关键是提高出境游客的旅游素质、文明程度,规范旅游行为、引导理性消费。在这方面组团旅行社和领队是直接执行者,各级旅游主管部门是指导者。培养懂政策、会外语、善沟通的领队队伍,已提到旅游管理和教育管理部门的共同日程上。

习主席的讲演从中国对外方针与国际关系格局的高度,高屋建瓴地透视出境旅游的作用。每一个出境旅游者都是中国符号的代表,千万个出境旅游者隔洋越海,足迹遍及五洲四海,把中国的文化传统和经济兴旺印象传布到异国他乡,使更多的海外国人了解中国;出境旅游者与目的地民众的直接接触,是"增强人们亲近感的最好方式"。这种潜移默化的作用,显示出旅游是开展公共外交的最佳方式之一。

中国出境旅游已成为推动世界旅游发展的最大客源增长点,也成为国家对外战略的着力点、中国旅游发展的新亮点。我们要清醒地认识到,国内、入境与出境旅游是建成世界旅游强国的三大市场支柱,发展入境旅游是我们的重要任务。习主席的讲话为旅游业者增强了做好出境旅游的正能量,自然也加重了肩头的使命感。

打好入境旅游攻坚战①

——2012大陆入境旅游负增长的思考

2012年,在中国(大陆)的入境旅游的历史上,是少见的一年:入境旅游人数呈负增长(-2.23%),其中过夜游客几乎零增长(0.04%)。与此相反,该年却是世界旅游强劲复苏的一年,亚太地区尤为突出。据世界旅游组织(UNWTO)最新资料,全球国际游客年增长3.8%,亚太地区增长7%。据亚太旅游协会(PATA)公布的资料,2012年亚太地区国际入境游客同比增长超过5%,东南亚地区增长9.9%,南亚地区增长6.6%,东北亚地区增长4%。以国家而言,入境旅游增幅排在前五位的旅游目的地分别是缅甸、日本、柬埔寨、老挝和中国台湾,增长均在20%或以上。其中日本增长35%,中国台湾、香港和韩国分别增长20%、16%和14%。

30多年来,中国大陆入境旅游多次出现过负增长或滑坡。1989年是由于春夏之交的政治风波,1998年是由于亚洲金融危机,2003年是由于SARS的肆虐,2008和2009年是由于国际金融危机。但去年的情况不同于以往几次,主因不在外部而在我国自身,在同样的国际环境下,大陆入境旅游负增长就值得深思了。

一、由港澳台同胞组成的中华市场渐趋饱和

为了弄清大陆入境旅游下滑的原因,需要分析入境旅游市场的区域结构。众所周知,大陆入境市场分为两大部分:港澳台市场占70%~80%,外国市场占30~20%。港澳台作为主体市场的状态如何,直接决定大陆入境市场的总体走向。2012年,港澳台入境游客占大陆入境游客总量的80%,其中港澳台过夜游客占入境过夜游客总量的62%;港澳台游客支出占大陆入境旅游总收入的40%。香港与澳门入境游客出现负增长,是导致入境旅游总量负增长的主导因素。

表1 2012年中国大陆出入境旅游人数与收入

	入境旅游						入境旅游增长率(%)		
	游客总数(万人次)	份额(%)	过夜游客(万人次)	份额(%)	旅游收入(亿美元)	份额(%)	游客总数	过夜游客	旅游收入
外国	2719.2	20	2194.9	38	301.88	60	0.29	0.04	5.36

---

① 2013年6月19日《中国旅游报》、2013年第7期《大旅游》和2013年6月20日《旅游商报》。

续表

	入境旅游						入境旅游增长率(%)		
	游客总数(万人次)	份额(%)	过夜游客(万人次)	份额(%)	旅游收入(亿美元)	份额(%)	游客总数	过夜游客	旅游收入
香港	7871.4	60	2671.0	47	109.08	21	-0.81	-0.76	-1.40
澳门	2116.1	16	431.6	7	27.87	6	-10.68	0.85	0.86
台湾	534.0	4	475.0	8	61.45	13	1.47	6.68	2.68
总计	13 240.5	100	5772.5	100	500.28	100	-2.23	-2.23	3.23

资料来源：国家旅游局网站。

导致2012年港澳入境下滑与台湾微增长的直接原因是：它们的内部因素是经济走势不明，影响消费增长；大陆方面的因素是人民币增值、物价增长和景区票价过高等经济因素，港澳居民入境政策收紧，9月后多数城市的反日示威引发安全忧虑等社会因素。但从更长的时段考察，从2006年开始，港澳入境游客人数一直围绕1亿人次的水平线上下波动，处于滞缓状态；同期台湾入境游客的增长速度也在放慢，大致在440万~530万人次之间波动。这3个地区人口与赴大陆游客人数的比例分别为：香港100:1098，澳门100:3648，台湾100:23。1988年以来，台湾赴大陆游客总数达到7160多万人次，相当于台湾人口的3倍。港澳台尤其是港澳市场已基本饱和，进入常态发展阶段，今后难以出现井喷式的增长。

这种以港澳台为入境市场主体的结构既是优点，也是弱点。应当清醒，30余年大陆入境旅游巨大增长和目前中国大陆入境旅游居世界第三四位的地位，主要是靠港澳台市场支撑的。港澳台同胞对来大陆有稳定的刚性需求：商务、公务、文教、探亲访友、购物、就学、就业、康体疗养等事务性需求与观光度假等休闲性，因此这是一个稳定的基础市场。只要两岸四地关系不出现重大曲折，港澳台市场将平稳、持续发展，大陆的入境旅游市场也会平稳、持续发展。同时，这种市场结构也决定了大陆入境市场的国际性程度低、一日游游客多、人均花费较低等状态。

二、由外国游客组成的国际市场多年迟缓增长

2012年外国入境游客人数出现微增长，旅游收入则出现较大增长，旅游收入增长率是入境游客人数增长率的5倍，这其中虽有通货膨胀的因素，但仍可说明外国游客人均花费在提高。要弄清外国入境游客微增长的因素，需要对主要客源国游客增减进行国别结构分析。2012年前18位客源国中，韩、日、俄、美、马来西亚等前5位客源国游客1336.79万人次，占外国入境游客总量的49.2%，其中4个国家负增长，1个几乎是零增长。这5个主要客源国来华市场的负增长、零增长，决定了入境旅游负增长的全局态势。

值得注意的是,这5国的出境旅游都是正增长(韩国、日本年增长8%以上,俄罗斯年增长10%以上,美国年增长6%以上),与来华旅游的负增长形成巨大反差。

近年来,入境旅游增长乏力的因素是多方面的。就客源国本身而言,主要因素是2008年国际金融危机和经济不景气引起的出境旅游意愿走低;就亚洲周边环境而言,越南、印度、韩国和中国香港、台湾等亚洲国家与地区采取放宽入境签证、推出廉价航空、加强休闲娱乐度假产品开发、加大宣传推广等措施,加剧了区域竞争力度。值得注意的是,去年入境市场出现高开低走的非正常态势,从5月开始为迎接"十八大"采取了"规范签证"、收紧入境的措施,9月出现近百个城市的抗议日本政府"购岛"行径的示威浪潮,给外界形成某种不安定的感觉,不仅直接导致中日之间双向旅游的滑坡,也间接导致了入境旅游的下降。1~5月入境游客同比增长13.3%,6月份后入境游客节节下降,形成全年2.2%负增长的局面。前5位客源国游客的下降曲线也说明这一点。1~5月,韩国入境游客增长率为-1.4%,日本为13.8%,美国为6.4%,俄罗斯为-1.9%,马来西亚为3.9%;全年,韩国为-2.76%,日本为-3.83%,美国为0.09%,俄罗斯为-4.34%,马来西亚为-0.8%。

表2 2012年主要客源国来大陆游客人数与增长率

序位	客源国家	万人次	年增长(%)
1	韩 国	406.99	-2.76
2	日 本	351.82	-3.83
3	俄罗斯	242.62	-4.34
4	美 国	211.81	0.09
5	马来西亚	123.55	-0.77
6	越 南	113.72	12.99
7	新加坡	102.77	-3.32
8	蒙 古	101.05	1.64
9	菲律宾	96.20	7.57
10	澳大利亚	77.43	6.63
11	加拿大	70.83	-5.31
12	德 国	65.96	3.55
13	泰 国	64.76	6.50
14	印度尼西亚	62.20	2.18
15	英 国	61.84	3.80

续表

序位	客源国家	万人次	年增长(%)
16	印　度	61.02	0.61
17	法　国	52.48	6.43
18	哈萨克斯坦	49.14	-2.93

资料来源：国家旅游局网站。

三、增长瓶颈与攻坚转型

近几年外国入境旅游迟缓，根本的原因是多年积累的问题。1996~2005年间，亚太国际游客抵达增幅高于全球，中国入境过夜游客增幅又高于亚太。2006年后大陆入境游客的年均增幅低于亚太平均水平，2012年中国增幅既低于亚太水平，也低于全球水平。30年前因打开国门而引爆的井喷式入境潮涌期早已过去。从2006年以来，大陆国际客源市场一直在2200万~2700万人次之间徘徊不前，就是上述多种国际、国内因素交织的结果。

就我们自身的因素而言，入境旅游的宏观环境与旅游服务能力的两个方面的因素，是制约入境市场进一步发展的主要瓶颈。

入境旅游宏观层面：历史形成的存见、偏见与误解，认为中国"安全与政治不稳定"；"环境污染、不清洁、不卫生"；交通拥堵、景区拥挤；语言沟通社会环境差，对游客"不够和善"等。人民币连续升值、物价上涨、机票昂贵、门票过高，使原有的景美廉价"红利"消失，对中低端消费群体的吸引力下降，又对高端消费群体缺乏吸引力；与许多发达国家和新兴国家和地区相比，大陆的签证便利程度低，对外国团队与个人的免签、落地签证的国家少；旅游接待的完善程度和公共服务的专业化、人性化水平低等。2011年底《中国日报》驻美机构通过盖洛普公司对中国调查，美国民众与舆论领袖对中国总体评价，42%持赞许态度，44%持否定态度。这种毁誉各半的评价在西方国家带有普遍性。

旅游服务的能力层面：虽然许多城市自封"国际旅游城市"，但在接待外国游客的旅游公共服务与配套接待方面，真正具备接待外国游客条件的城市和目的地不多。旅游产品仍以观光游览为主，与国际上休闲度假为导向的潮流不对接；团队式的接待方式与国际上的散客潮、自由行、自驾游、邮轮游的趋势不吻合，缺少应对个性化需求的细分旅游产品。入境旅游的招徕经营权掌握在客源国的旅游经营商手中，作为入境旅游大国在国际旅游市场上缺少纵横驰骋的运筹能力与运作实体。

上述两个层面的诸多因素，可以从世界经济论坛日前发布的《旅游业竞争力报告（2013）》中得到佐证。在140个参评的国家与地区中，中国（大陆）名列第45位，与上一次报告的排名相比下降6个位次。历年影响大陆旅游业竞争力排名的主要因素为：政策法规、环境的可持续发展、安全保障和健康与卫生等"旅游监管架构"，旅游设施、资讯科技基础设施等"商业环境和基础设施",旅游的亲和力、教育与培训等"旅游人力"等诸方面。其中最为突出的问题是:对于国际游客的签证要求排名第 139 位,空气颗粒物浓度排名第 122 位,卫生条件排名第 99 位,饮用水质量排名第 88 位,以顾客为本的服务态度排名第 89 位,包括居民在内对待外国游客的态度排名第 130 位,商务产品的专门性营销方面排名第 105 位。

　　破解国家形象、生态环境和社会环境等入境旅游宏观层面的问题,非旅游部门一家之力能完成,但破解旅游服务能力层面的问题,旅游部门则责无旁贷。入境旅游早已从井喷式的机遇增长期走向常态性增长的成熟期,面临着一场转型发展的持续攻坚战。这种转型主要表现在 4 个方面:一是从港澳台市场为主向扩大国际游客份额为主,提高入境旅游的国际化程度;二是旅游产品从点线式的观光游览向全域化的文化体验、休闲度假或专项主题旅游提升;三是旅游接待方式从模式化的团队接待向个性化的自由行转变;四是对外宣传推广从粗放式的"天女散花"向细分化、定向式转型,对不同地区、不同国家、不同群体的潜在客源对象有的放矢式地开展国家形象宣传与个性产品推介。这 4 个转型是有内在关联的。目前,接待港澳台游客与大陆游客差别不大,港澳台同胞的自由行不存在语言障碍等环境问题,但接待国际游客则大不相同;我们习惯于点线式的接待外国团队游客,而自由行特别是外国游客的自由行对目的地的接待环境、公共服务要求更高。国际客源市场是入境旅游转型的重点所在,也是难点所在。长期存在的体制、环境、市场、产品和营销方面的结构性、体制机制性问题,既不能回避,也不可能一蹴而就,需要在艰难的改革开放中解决。

　　应该清醒地认识到:决不可因名列世界第三游客接待国、第四旅游外汇收入国而自我陶醉。世界旅游强国的入境客源市场主体不能靠港澳台游客支撑。不扩大国际游客的份额,不提高入境与出境旅游的国际化程度,是难以成为真正的世界旅游强国的。

国内为主、国际为辅结构下的大陆出入境旅游[①]

入境旅游人数排名世界第三、入境旅游收入排名世界第四、出境旅游支出排名世界第一,这是中国大陆旅游界津津乐道的3个数据,也是国际旅游界谈论的热门话题。许多人以这3个数据评价大陆的出入境旅游。但是,对这个世界排位必须进行结构分析,才能找准自己的位置,而不致自我陶醉到找不到北。

一、国内为主、国际为辅是大陆出入境旅游的基本特征

请先看看这张表:

表1 2012年大陆出入境旅游结构表

	总计	港澳台	份额	外国	份额
入境旅游人次(万)	13 240.5	10 521.3	79.5%	2719.2	19.5%
入境旅游收入(亿美元)	500.3	198.4	40.0	301.9	60.0
出境旅游人次(万)	8318	6555	79.0	1763	21.0

这张表说明,大陆入境旅游市场中,港澳台游客占8成,外国游客占2成;出境旅游中,去港澳台的游客占8成,去外国的游客占2成。在入境旅游者中,以一日游游客一直为主,约占3/5;过夜游游客为次,约占2/5。不过夜游客中绝大多数是香港、澳门同胞到广东邻近城市上班、购物、办事、探亲访友。

众所公认,香港与澳门是中华人民共和国的一部分,台湾与大陆同属一个中国,两岸同胞都是中华民族。两岸之间不是国与国之间的关系。无论是港澳台同胞来大陆旅游,还是大陆同胞赴港澳台旅游,都是在中国内部不同行政区之间的旅游,而不是国际旅游。由此可以得出一个结论:大陆出入境旅游的基本特征国内为主、国际为辅;进一步可以说,大陆出入境旅游的国际性很弱、国际化程度很低。支撑大陆出入境旅游市场的支柱是大陆与港澳台之间的双向旅游。

这种以港澳台为入境市场主体的结构既是优点,也是弱点。港澳台同胞对来内地或大陆有稳定的刚性需求,即商务、公务、文教、探亲访友、购物、就学、就业、康体疗养等事务性需求与观光度假等休闲性需求,是一个稳定的基础市场。只要两岸四地关系不出现

[①] 2013年7月25日《旅游商报》。

重大曲折,港澳台市场将平稳、持续发展,大陆的入境旅游市场也会平稳、持续发展。同时,这种市场结构也决定了大陆入境市场的国际化程度低、一日游游客多、人均花费较低等状态。

二、怎样看待大陆出入境旅游的世界排名

由于我国近现代特殊的历史轨迹,由两岸四地组成的中国将长期存在两种制度并存的局面,同时大陆、香港、澳门和台湾又是独立的关税区、发行各自的货币,形成了世界上独一无二的"一国两制"、四种货币、四种统计体系的状况,并将长期存在下去。这在国际旅游界中是独一无二的。

在世界旅游组织的统计体系中,世界旅游组织《统计概览》,入境旅游者"是指到达该国经济领域内的国际游客"。世界旅游组织(UNWTO)《关于旅游统计的建议》:"出境旅游,居住人口在本国以外的地方旅游。"出境旅游"是指离开该国经济领域内的旅游者"。著名美国旅游学者查尔斯·格德纳认为,"国际旅游"分为入境旅游(Inbound Tourism)与出境旅游(Outbound Tourism)两大类,"入境旅游,指非该国居民来访该国的活动;出境旅游,指某一国家居民去另一国家的活动"。(《旅游学》第10版,中国人民大学出版社2008年版,第7页。)显然,世界旅游组织与国际旅游界讲的"入境旅游"就是国际旅游,指一国居民到另一个国家的旅游。这里的"境"是指国与国之间的边境,即国境。

世界旅游组织每年公布的各国入境游人数(International Tourism Arrivals)与收入(International Tourism Receipts)、出境旅游支出(International Tourism Expenditure)及其世界排名,都是以国际旅游者的人数与消费作为统计与排名的依据的。虽然,大陆出入境旅游的统计口径与世界旅游组织的统计口径是有差异的,用大陆的出入境旅游统计数据是与其他国家的国际旅游统计数据没有可比性的。如果要作比较,应该把港澳台入境旅游数字剔除掉,只计算大陆国际旅游(外国人来大陆旅游与大陆人去外国旅游)的数字,从中比较出大陆国际旅游的世界排名。

以2011年为例,大陆入境过夜旅游者5758万人次,其中外国过夜旅游者为2711万人次,列在法国(7950万人次)、美国(6270万人次)、西班牙(5670万人次)、意大利(4610万人次)、土耳其(2930万人次)、英国(2920万人次)、德国(2940万人次)之后,略高于马来西亚(2470万人次)、墨西哥(2340万人次),居世界第8位。

2011年入境旅游收入484.6亿美元,其中外国游客的消费为286亿美元,列在美国(1163亿美元)、西班牙(599亿美元)、法国(538亿美元)、意大利(430亿美元)、英国(359亿美元)、澳大利亚(314亿美元)之后,排位第7位。

2011年大陆出境旅游支出690亿美元(笔者以去外国旅游的支出占2/5测算,为276亿美元),位于德国(838亿美元)、美国(791亿美元)、英国(506亿美元)、法国(417亿美元)、俄罗斯(325亿美元)、加拿大(288亿美元)之后,与日本(272亿美元)相近,大约排在第8位。

表2　2011年世界八大国际旅游国

排名	2011年入境旅游		2011年入境旅游		2011年出境旅游	
	国　家	万人次	国　家	亿美元	国　家	亿美元
1	法　国	7950	美　国	1163	德　国	843
2	美　国	6270	西班牙	599	美　国	791
3	西班牙	5670	法　国	538	英　国	506
4	意大利	4610	意大利	430	法　国	417
5	土耳其	2930	英　国	359	俄罗斯	325
6	英　国	2920	澳大利亚	314	加拿大	288
7	德　国	2940	中国大陆	286	中国大陆	276
8	中国大陆	2711	中国香港	272	日　本	272

资料来源：世界旅游组织。

注：2011年大陆出国旅游支出276亿美元为笔者估计数。

现在已经有国际旅游研究机构作这样的排名了。国际旅游咨询公司（IPK）对2010年的十大国际旅游出境市场的排名就是这样的。

表3　IPK 2010年世界十大出境旅游市场排名

序位	客源产出国	万人次数	占全球比例（%）
1	德　国	7260	10
2	美　国	6400	9
3	英　国	5490	8
4	法　国	3170	5
5	加拿大	2370	4
6	荷　兰	2350	3
7	意大利	2240	3
8	俄罗斯	2170	3
9	日　本	1960	3
10	中国大陆	1610	2

三、大陆的出入境旅游在世界上处在什么水平

大陆出入境旅游总数与收支居世界前三位,是衡量大陆旅游发展水平的一个标志,但不是重要标志,更不是唯一标志。如果以大陆人口为基数,则可以从另一个角度作出判断。

2011 年全球国际旅游总人数 9.83 亿人次,国际旅游收入 10.3 万亿美元,全球游客人均花费水平 1050 美元,其中在发达经济体国家游客人均花费 1270 美元,在新兴经济体国家游客人均花费 800 美元。同年,中国大陆接待入境游客 1.34 亿人次,旅游收入 500 亿美元,人均 378 美元,远低于世界平均水平;接待国际游客 2711 万人次,国际旅游收入 286 亿美元,国际游客人均花费 1055 美元,低于发达经济体国家水平,高于新兴经济体国家水平,略高于世界平均水平。

2011 年全球国际旅游总人数 9.83 亿人次,全球人口 69.46 亿,全球人口与国际游客的比例为 14:100。同年,中国大陆接待外国游客 2711 万人次,全国人口与国际游客的比例为 2:100;中国大陆接待包括港澳台同胞在内的入境游客 13 420 万人次,全国人口与入境游客的比例为 10:100,低于世界平均水平。

从国家总人口的人均出境旅游花费角度看,中国大陆的人均出境旅游支出低于世界平均水平。世界旅游组织公布,2011 年世界人均出境旅游支出 148 美元,中国大陆人均支出 54 美元,是世界平均水平的 1/3,是德国国民人均支出(1031 美元)的 1/20、美国(254 美元)的 1/5、意大利(473 美元)的 1/8、日本(213 美元)的 1/4。

从出境游客占本国人口的比例看,2011 年世界国际旅游 9.28 亿人次,为世界总人口的 13.4%。同年中国大陆出境游客数 7025 万人次,为全国人口的 4%;出国旅游 2437 万人次,为全国人口的 2%,远低于世界平均水平,与巴西(2004 年为 2%)处在相同水平,低于埃及(2004 年为 5%)和南非(2002 年为 8%),远低于德国(2004 年为 121%)、英国(2005 年为 107%)、法国(2004 年为 34%)、美国(2006 年为 20%)、西班牙(2004 年为 12%)、日本(2008 年为 14%)、韩国(2005 年为 22%)。

如果再参照世界经济论坛历年发布的《旅行与旅游竞争力报告》,就更能说明大陆旅游的实际水平了。该《报告》80 个排名指数中,根本没有出入境旅游人数与收支等指标,而是以"旅游监管架构"、"旅游商业环境和基础设施"和"旅游人力、文化、自然资源"等社会、经济、文化、人力与环境等综合性因素考核旅行与旅游竞争力。在列入考察的 140 个国家中,中国大陆的历年排名是:2007 年 71 位、2008 年 62 位、2009 年 47 位、2011 年 39 位、2012 年 45 位,大致是中等偏上水平。其中排名靠前的是"自然资源(15 位)"、"文化资源(15 位)";排名靠后的是"旅游基础设施"(101 位)、"事务类旅游"(105 位)、"环境可持续性"(109 位)、"旅游亲和力"(129 位)和"(对入境游客)需要签证国家数量"(130 位)。

总之，衡量目前中国大陆出境旅游的实际发展水平要破除"旅游GDP"的惯性思维，不能以游客人数与旅游收支为主要标准。从综合角度考察，我们仍处在初步发展时期，出入境旅游的国际化程度较低、总体规模有待提升，出境游客的素质更需要提高。

旅交会要打开两扇门[①]

一年一度的中国国际旅游交易会即将在春城昆明揭幕。

旅交会是一个窗口,直接显示一个国家入境、国内和出境三大客源市场的变化,反映一个国家旅游业的规模、结构、品牌与地位。

不到 30 年,中国入境旅游人数已跃居世界第四位,国内旅游已进入大众化消费的阶段,以人次而言居世界前列;出境旅游异军突起,已成为亚洲第一客源产出国、世界前十位客源产出国。截至目前,经国务院批准的中国公民出国旅游目的地国家和地区已达 132 个,已经实施了 85 个。

随着三大客源市场的腾飞,中国的旅游交易会应运而生、应势而兴。20 多年来,旅游交易会在中国从无到有、从少到多,从中国旅行社招徕入境游客到境外旅行商纷纷参展招徕中国出境游客,参展的境外旅游业界同行从东亚太、西欧、北美到南亚、大洋洲、非洲和中南美洲,从国内旅交会到国际旅交会,从全国性的旅交会到区域性的旅交会,参展的从旅行商、景区和饭店到特色购物、休闲装备、教育培训、咨询策划、投资媒介等各行各界,展示方式从传统到现代、从单一到立体、从呆板到鲜活、从静态到动态。可以说,旅游交易会已经成为中国经贸推广的一支生力军,其本身也已构成旅游产业链中不可缺少的一环。

然而,在欣喜之余,笔者也注意到,目前举办的各类交易会,大多存在着两大缺憾:

一是重业界、轻大众。旅交会大多安排三四天,绝大多数时间是业内交流,同行之间重会老朋友、结交新朋友,联络感情、观摩切磋、洽谈业务。这当然是旅交会的主旨,尤其随着中国公民出境旅游目的地国家和地区的不断增多,旅交会上的外商新面孔越来越多。他们远涉重洋、不远万里,冀望能在短暂的几天中更多地了解中国,更多地结识中国同行,因此给中外业界同行留有充分的交流时间,是完全必要的。但是,大多旅交会往往只留一天时间向公众开放,而且这一天往往展厅中宣传材料残缺,推介人员稀少,演出不见踪影,有些展台已经或正在撤除。当本地民众争先恐后涌进展厅时,看到这种零落散乱的景象,失望之情油然而生。

二是扔资料、大浪费。展销会开幕之日大家纷纷抢资料,唯恐漏拿。回到住宿地翻一遍后,只留下一部分、扔掉大部分。撤离时,宾馆内一片狼藉,扔弃的资料难计其数、堆积如山。现在,各种旅游宣传品的愈加精美,印制成本愈来愈高。而这些被服务员当作

[①] 2007 年 11 月应国内旅交会会刊之约而作。

垃圾清扫掉的宣传品，正是大众在展厅中想要而拿不到的。

一个参展单位参加一次旅交会，差旅费、展台租金、宣传制作费和交际费等，少则数万元，多则十多万乃至更多。一个旅交会特别是国际旅交会，其总成本达百万、千万元。如何在这短短几天内，使旅交会的经济收益和社会效益最大化，值得业界同行三思。

旅游交易会应该打开两扇门。一扇门面向旅游业界同行，另一扇门面向举办地的大众。旅交会应该既是沟通中外业界同行的桥梁，也是沟通业界与大众的桥梁。参观旅交会的观众全是旅游爱好者。对远道而来的国外、境外旅行商而言，直接面对举办地的大众，向这些潜在的客源群体介绍自己的旅游产品，听取他们的诉求，是一个了解市场受众、推介旅游产品、改进旅游供给的难得机会。聪明的旅行商往往把旅交会看作是一个向潜在游客直销的渠道。国际上不少旅交会、博览会总是留出二至三天时间向当地和附近的民众开放。从这个意义上，旅交会变成了旅游节庆活动。

对于国际旅交会举办地及其邻近城市的民众来说，现在出境游的国门大开，近百个国家和地区可供选择。国际旅交会在本地举行，五大洲数十个国家、上百家旅行商和旅游地的机构来到家门口，送来风格各异、精美实用的旅游宣传品，可以得到来自异国他乡的第一手信息，那是多么难得的机会！已经举办过国际旅交会的城市都曾出现过这番景象：向公众开放日的上午，展销会的大门尚未开启，等候的人们已经人头攒动。大门一开，人潮如涌，争先恐后地索取宣传品。这些宣传品，往往成为亲友们日后选择旅游目的地的参照。对于本地民众对参观旅交会的巨大热情与潜在功能，我国有关政府部门、主办城市和参展单位，似乎还未给予应有的关注。人们的眼睛只盯在外来的参展商身上，而很少想到当地的民众所想。

为此，笔者建议：

• 今后举办旅交会时，把向公众免费开放、咨询作为交易会的重要日程，并适当延长向公众开放的时间。为了鼓励参展旅游单位，在向公众开放的时段内减收展台费。

• 此次昆明国际旅交会来不及更改、延长日程，可采取从第一天起，白天向业界开放，晚间向公众开放。今后举办旅交会时，把晚间向公众开放作为惯例。

• 参加旅交会的单位，应该像接待政府领导、行业同行一样，热情、认真地接待普通观众。为领导、同行准备的特色演出也为普通观众演出。

• 参展单位应该准备两套推介宣传品，一套面对同行，一套面对观众，各有侧重、各得其所。

• 在宾馆饭店中留下的旅游宣传品，应该统一回收，"循环利用"，重新放到展厅中，或放置在展厅广场上，供观众取阅。

• 旅交会场地在完善商务展览设施的同时，应向休闲化方向发展，办成兼具观赏、休闲、娱乐、购物功能的旅游节庆。

• 国际旅交会举办地及其邻近城市的旅行社可抓住此机会，在开幕之前开展宣传促销,打出"一日游万国"之类的宣传口号,推出"旅交会一日游",组织举办地邻近城市居民参观旅交会。

总之,最大限度地发挥旅交会的经济效益、宣传效益和社会效益,这个题目还大有文章可做。

办一个惠民、节俭、务实的旅交会[①]

一年一度的国内旅游交易会即将在扬帆之都青岛拉开帷幕。它是一个窗口,直接显示我国旅游业的规模、品牌与影响;它是旅游业界的盛会,重会老朋友、结交新朋友,交流信息、联络感情、观摩切磋、洽谈业务;它是举办地的一件盛事,国内外宾客盈门,会展、酒店、餐馆、商场、娱乐、客运等方方面面赚了个大满贯,对举办地而言,在旅交会前前后后,形成了一个"黄金周",甚至是"黄金月"。

然而,旅交会往往存在着三大现象:

一是重官轻民。旅交会第一天为高潮,领导讲话、巡视全场,各地参展团队毕恭毕敬迎候;第二天业界联络、洽谈,搞点业务活动;第三天向公众开放,展厅里"领导"们早已不见踪影,展台上宣传材料残缺不全,参展人员稀稀落落,有些展台已人去台空。

二是铺张浪费。旅交会是"交友"的好机会,互相宴请都在"业务活动"之列、"参展费用"之中。撤离时,各家宾馆内一片狼藉,扔弃的资料难计其数、堆积如山。现在,各种旅游宣传品愈发精美,印制成本愈来愈高。而这些被服务员当作垃圾清扫掉的宣传品,正是民众在展厅中想要而拿不到的。

三是展绩掺水。在旅交会的闭幕式上,主办者都要总结会展成绩、表彰优秀展台,其中最重要的内容是公布签了多少个交易合同、达成了多少项合作协议,"成交额"多少多少亿。至于这些合同、协议落实多少,有多少"意向性"协议兑现,谁也不会去检查、核实。

现在的旅交会规模越来越大,展台越来越精致,活动与演出越来越丰富。一个参展单位的差旅费、展台租金、宣传制作费和交际费等,少则数万元,多则十数万以至更多。一个旅交会,总成本往往以千万计甚至亿计。有人戏称旅交会是旅游界的"驴马大会"或"旅游赶集"、"旅游庙会",调侃之中略带贬义。如何在这短短几天内,使旅交会的效益最大化,值得业界同行三思。

五年前笔者曾写过一篇短文《旅游交易会应该打开两扇门》:一扇门面向旅游业界同行,另一扇门面向举办地的大众。旅交会应该既是沟通中外业界同行的渠道,也是沟通业界与大众的桥梁。参观旅交会的观众全是旅游爱好者。对远道而来的业界机构单位而言,直接面对举办地的大众,向这些潜在的客源群体介绍自己的旅游产品,了解他们的诉求,是一个了解市场受众、推介旅游产品、改进旅游供给的难得机会。从这个意义上,旅交会变成了旅游节庆活动。

[①] 应国内旅交会会刊之约而作,2012年4月10日搜狐博客。

为此，笔者再次建议：

- 旅交会把向公众免费开放、咨询作为交易会的重要日程，并适当延长向公众开放的时间，也可晚间向公众开放。
- 参加旅交会的单位，应该像接待政府领导、行业同行一样，热情、认真地接待观众。为领导、同行准备的特色演出也为普通观众演出。
- 参展单位应该准备两套推介宣传品，一套面对同行，一套面对观众，各有侧重、各得其所。
- 在宾馆饭店中留下的旅游宣传品，应该统一回收，放到宾馆大厅中，或放到广场上，供观众取阅，不要当废品处理。

总之，办一个惠民、节俭、务实的旅交会，最大限度地发挥旅交会的文化效益、社会效益和经济效益，还大有文章可做。

旅游消费券的利与弊[①]

如果要问2009年在中国旅游营销的流行词是什么？答案肯定是5个字："旅游消费券"。

到目前为止，各地究竟出台了多少种"旅游消费券"，恐怕谁也搞不清楚。这些林林总总的"旅游消费券"，大体上可分为以下三大类：

一类是地方政府动用本地财政，向本地和外地的某些居民发放的"消费券"，此类占少数；

另一类是地方政府牵头，由地方财政与旅游企业共同分担的"消费券"（各地分担比例不一），此类占多数；

再一类是旅游企业自己分发的"消费券"或类似"消费券"的优惠券，此类亦占不少。

上述三类"旅游消费券"无论通过什么方式发送，都有几个共同点：

一是只对某些地方、某类群众发放，如只对某几大城市发放，或几个地区之间互相发放，还有的只对参加某几个旅行社的团队游客发送，有的只向网民发送。总之，不是对所有国民发放，即消费的不平等性。

二是必须与现金搭配消费，有的规定每消费40元可用1张消费券顶抵10元，有的规定每消费20元可用1张消费券顶抵10元，有的规定每消费60元可用1张消费券顶抵20元，即消费价格的指令性。

三是消费者持"消费券"必须在指定的时段内、到指定的消费场所（景区景点、饭店宾馆、餐饮购物商店或旅行社等），按指定的价格去消费，不能自主选择旅游服务商，即消费的非自主性。

显然，这种"消费券"实质上是一种变相的价格"优惠券"，不是本来意义上的"消费券"。《维基百科辞典》对"消费券"的解释是：

"消费券是专用券的一种，为实现经济政策的工具之一。当经济不景气导致民间消费能力大幅度衰退时，政府向民众发放消费券，作为民众消费时的支付凭证，借此增强民众的购买力与消费欲望以振兴消费活动，进而带动生产与投资活动的增长，加速经济复苏。"

可见，消费券的固有意义是由政府免费发放的、在一定期限内让民众消费的有价证券。由于它的资金来源是政府财政，即该地区全体纳税人的税金，因而它的发放范围应

[①] 2009年5月28日搜狐博客。

是该地区内的所有民众,它的发放应遵循公开、公平、平等的原则,由民众自主消费。1929年美国经济大萧条时,纽约居民每人每月得到100美元消费券购买食品。1999年日本经济衰退时,15岁至65岁的国民每人领取2万日元的消费券。今年年初台湾地区政府对2300万台湾民众平均发放了3600亿新台币的消费券,连马英九和尚未判刑的陈水扁都拿到了一份,消费者可以在台湾的任何一家商店内购买日用消费品。"消费券"有时也有对贫困民众的社会救济功能,但必须有统一的贫困标准,对符合该标准内全部贫困民众一视同仁。

这里,暂且不去讨论目前许多地区发放的种种"旅游消费券"属于什么性质。

在刺激部分民众旅游消费、拉动内需来看,"旅游消费券"在一定时间内可以起到一定作用,这是可以肯定的。但这种作用到底多大,需要用真实的统计来说明。比如说,你这个地方发放了多少张"旅游消费券",最终到底回收了多少张?并据此推测乘数效应,才能证明发放"旅游消费券"的真实作用。现在讨论它的真实作用还为时过早。

但是,目前以这种那种方式发放的"旅游消费券",其现实的弊端与潜在的负面影响,倒是值得关注的。

第一,目前发放这些"旅游消费券"的方法和内容虽然多种多样,但有一点是共同的:只对少数拿到"消费券"的客人优惠,而将更多没有拿到"消费券"的客人拒之门外。实际上只是对一部分游客实行价格优惠,而不是惠及全体游客。如果是用公共财政的钱来补贴消费者,这对更多的未拿到消费券的民众更加不公平了。况且领到消费券的人不一定自己去消费,作为一种有价证券,不排除倒卖牟利的可能。这不仅是一种不公平,而且是一种对社会公德的腐蚀。

第二,如果是动用地方财政给外地民众发放消费券,即用本地纳税人的钱去补贴外地人的消费,或用全体纳税人的钱去补贴少数人的消费,这是否合理?动用地方的财政去支付一项预算外的额外支出,从行政许可的角度看,需要经过哪些法定手续?是否征得国民权力机构或民意机构的同意?由行政官员决策发放这个"券"那个"券",其合法性何在?行政官员不受约束任意挤挪本地财政,从现代法治社会审视,这种做法是官员滥用行政权力的表现。

第三,一个地区发放的"旅游消费券"的总额少则几百万元,多则几千万元、几亿元,为了防止出现伪造假券,还需要有防伪设计。为了送达到相关地区、相关合作单位,其间需要多方洽谈、联络。印制、运输和发送这些有价证券,需要动用多少人力、物力、财力,耗费多少行政资源?由于它是一种可抵现金的有价证券,在派发过程的众多环节上,怎么防范形形色色的舞弊行为?

第四,如果"旅游消费券"的支出是由政府与企业共同分担的,这涉及企业的自主经营权。企业根据本地区、本行业的市场供求形势和本身的状况,有权利自主决定自己的价格策略。接受"旅游消费券"的企业,不管服务类型的区别,也不管服务水平的差别,还不管市场供求状况的不同,一律实行同一的折扣价。这种整齐划一的价格折扣规定,压制了正当的市场竞争,实际上是用行政手段强制企业实行同一的价格竞争,对提升企业经营水平、在竞争中提高产业素质十分有害。

第五,地方政府的职责本应对本地的旅游企业创造公开、公平和宽松的市场环境,给所有企业平等的市场机会。目前的"旅游消费券"只有在行政部门指定的那些旅游消费场所才能使用,实际成了变相的政府定点单位,这是早已为《行政许可法》所否定的做法。是谁、凭什么标准来"指定"这些单位?在这种情况下,难以完全规避政府官员利用审批定点单位时的"寻租"行为。

目前各种"旅游消费券"吸引游客的作用只是一次性的、一时的,但它对旅游发展所带来的副作用是长期的,其危害性虽然一时不太显露,其负面影响有可能延续到以后的很长时期。

总之,在应对国际金融危机中,需要警惕行政指令式计划经济模式的回潮。

迈向新领域，开创新阶段[①]
——热烈祝贺第10届世界旅游旅行大会在北京举行

艳阳普照，繁花似锦，北京迎来了第10届世界旅游旅行大会。各国政要、各国知名旅游旅行及相关行业领袖、知名专家、非政府机构和国际著名媒体代表云集北京，共商后金融危机时期世界旅游业的复苏、变革与发展大计。

2010年在世界旅游历史上是十分艰难而又充满希望的一年。近两年由于国际金融危机与甲型H1N1流感的双重打击，国际出入境旅游业经历了连续的下滑，2010年能否转危为机、止跌企升，迎来半个多世纪以来发展历程中的又一个转折点，成为国际旅游界共同关注的焦点。

本届世界旅游旅行大会的主题是"旅游，世界第一大产业，迈向新领域"。回顾2009年，世界旅游业虽然出现了严重下滑，全球国际旅游8.8亿人次，同比下降4%。但是，旅游业的综合功能仍然强劲，世界第一大产业的地位没有动摇。据世界旅游业理事会预测，2009年旅游经济对全球GDP的贡献率达到9.4%，旅游间接就业人数达2.2亿人，占世界总就业人数的7.6%，旅游相关的服务与贸易达到1.98万亿美元，占世界总贸易量的10.9%。近两年的态势还表明，旅游业在引领世界经济走出低谷的过程中发挥了重要的作用。亚洲、非洲等新兴经济体的旅游业在逆势中上扬，世界旅游格局向更加合理的方向演进；旅游发展对推动消费市场的复苏、促进经济结构的调整、扩大就业机会发挥了积极作用，显示出"世界第一大产业"在世界经济低潮时率先而强劲的反弹能力。本届大会对"旅游行业在全球的角色"，特别是金融危机后现状与前景的探讨，将会进一步凝聚旅游是"全球性的行业"的共识，推动各国政府更加重视旅游业的发展，并强有力地激励国际旅游界同心协力、化危为机、加速复苏、再创辉煌。

"迈向新领域"是世界与时代赋予国际旅游业界的使命，"创新旅游"是实现"迈向新领域"的必由之路。与会代表将围绕着这个具有时代特征的主题，共同探讨世界旅游如何适应新技术的进步、全球人口的变迁、新消费群体的出现，特别是全球媒体业正在历经大规模的转型，遍及世界各地的新闻信息的即时、多元、多向传递与反馈的新特点，对世界旅游业带来的革命性的影响。

大会将深入探讨在绿色（低碳）经济和电子经济时代旅游业如何变革，重构全球旅游业新秩序，并利用不断创新的信息、传媒工具为新消费群体创造新产品，推动品牌的传

[①] 以《热烈祝贺第10届世界旅游旅行大会在北京举行——迈向新领域　开创新阶段》为题，作为社论刊载于2010年5月27日《中国旅游报》。

播,实现旅游业的可持续发展。

可以肯定,本届大会各国、各方业界精英的思想碰撞与智慧交流所结出的丰硕之果,对加强国际协调,使世界旅游业尽快走出阴影、促进振兴,尤其对世界旅游业开创新业态、迈向新领域,作出重要的贡献。

世界旅游业理事会从成立以来,一直关注着中国旅游业的发展,多次提出了许多富于远见的论断与建设性的建议。早在1998年,该机构对中国旅游业开展了专门研究,发布了《中国及香港特别行政区:旅游业对经济的影响》专题报告,指出"在21世纪,中国将成为世界上一个主要的旅游中心。旅游业将为中国创造庞大的财富和更多的就业机会"。

该报告建议中国加大发展旅游业的力度,"使旅游业成为战略性的经济及就业优先部门"。2003年11月,该机构在一份报告中还提出,"虽然中国实施的三个长假制对国内旅游业的启动产生了巨大的影响,但这种假日旅游带有极强的季节性,对旅游资源和基础设施带来越来越难以控制的影响",建议"提倡分时旅游可能带来旅游业的可持续发展"。2006年11月,该机构又在中国旅游发展的一份专门报告中,建议实行带薪休假制度。该机构曾多次预言,到2020或2015年,中国将成为世界第一大旅游目的国,对中国旅游业寄予厚望。

在全球旅游业经济下滑的形势下,中国旅游界两年来临危不惧、沉着应对,国内旅游继续上扬、出境旅游平稳增长、入境旅游率先回升,正如世界旅游业理事会总裁兼首席执行官让-克劳德·鲍姆加藤先生所说,"中国是世界上旅游经济最有活力的国家,是最令人激动和感兴趣的新兴旅游目的地之一。我们的成员为能够到北京举办大会而感到高兴"。

本届大会将围绕"中国,全球旅游机会"子课题,深入探讨中国国内旅游、入境旅游和出境旅游的市场前景和未来消费需求,将中国建成全球性的第一旅游目的国。世界旅游业理事会的最新研究结果表明,中国旅游经济的绝对量居世界第3位,相对量居第76位,预期增长率居第1位。中国旅游业的发展速度与总体规模虽然领先,但人均指标仍居世界中后位,如2009年人均国内出游率为140%,人均出境出游率为3.5%,入境过夜游客的人均接待率为3.7%,旅游业增加值约占全国GDP的比重4%。我国的旅游产业规模、质量、效益与世界旅游强国的水平相比,还有不小的差距。本届大会在北京举行,为中国旅游业界与世界业界同行的直面交流,聆听世界业界同行的建议与忠告,学习和借鉴国际旅游业发展的经验,提供了难得的机会。

在建设未来旅游业目的国的改革与创新中,本届大会还将广泛探讨下述课题:把机遇转变成现实,我们需要具备哪些能力?在建立旅游技术人力资源的过程中,如何发挥政府、行业与企业的作用?如何发展领导力以推进我们行业向新的领域发展?等等,更是中国旅游业面临的至关重要而迫切需要解决的课题。在这方面,世界旅游业理事会本身就是一个可供借鉴的范例。

作为全球范围内代表世界旅游行业和企业界的论坛机构,世界旅游业理事会成员包括全球旅游业中近百位最著名企业的总裁、董事长和首席执行官及知名专家。其显明的特点是,由各国与旅游密切关联的企业集团、业界领袖和研究团队组成,并与联合国世界旅游组织与各国政府紧密合作,因而具有全球性、广泛性与权威性,它对全球旅游业有着独特的见解与影响力。由它主持编制的旅游业卫星账户系统(TSA)已经被众多国家广泛接受,并被联合国大会认可、被世界旅游组织采纳与推荐;它出版的蓝皮书《新型旅游业蓝图》在国际旅游界具有高度的权威性。这种官、企、研结合的旅游协调、合作、促进与研究的运行模式,对于正在探索旅游增长方式转型与旅游体制机制创新的中国旅游界,如何建立符合科学发展观的决策、管理、协调与咨询机制,创建建设世界旅游强国的智库,也颇有启发。

中国旅游业正在进入一个新的又好又快的发展期。第10届世界旅游旅行大会在北京召开,一方面将为中国和北京的旅游业走向国际化,提供获取经验的平台;另一方面也为国际旅游企业了解中国和北京巨大的市场潜力、开展国际合作创造良机。这次大会的成功举办,必将推动我们坚定地沿着"把旅游业培育成国民经济的战略性支柱产业和人民群众更加满意的现代服务业"的方向努力,力争到2020年我国旅游产业规模、质量、效益基本达到世界旅游强国水平;并与各国旅游界同行一起,为推进世界旅游业迈向新领域、开创新阶段奉献一份力量、尽到一份责任。

WTTC给我们什么启示[①]

据我观察,我国旅游业界对WTO(世界旅游组织)比较熟悉,但对WTTC(世界旅游业理事会)不大了解。第10届世界旅游旅行大会在北京举行,给了我们一个面对面了解、接触它的机会。

世界旅游业理事会又译为"世界旅行旅游理事会",成立于1990年,才20年时间,但它一直关注着中国旅游业的发展,多次提出了许多富于远见的论断与建设性的建议。

早在1998年,该机构对中国旅游业开展了专门研究,发布了《中国及香港特别行政区:旅游业对经济的影响》专题报告,指出"在21世纪,中国将成为世界上一个主要的旅游中心。旅游业将为中国创造庞大的财富和更多的就业机会",建议中国加大发展旅游业的力度,"使旅游业成为战略性的经济及就业优先部门"。(11年之后,2009年底,国务院文件确定了"战略性产业"的定位。)

本世纪初,正当我们热衷于"黄金周"的时候,有的主管领导高呼"黄金周遍地是黄金!"的时候,2003年11月,该机构在一份报告中提出,"虽然中国实施的三个长假制对国内旅游业的启动产生了巨大的影响,但这种假日旅游带有极强的季节性,对旅游资源和基础设施带来越来越难以控制的影响",建议"提倡分时旅游可能带来旅游业的可持续发展"。2006年11月,该机构又在中国旅游发展的一份专门报告中,建议实行带薪休假制度。

该机构在2009年中国研究报告中预测:

• 占国内生产总值(GDP)份额

在未来10年内,旅游业在中国经济比重的构成中会有少许下降,从2009占据经济比重的9.8%(4493亿美元)到2019年的9.7%(15 970亿美元)。

• 旅游就业增长

在未来10年内,旅游业会为中国带来更多就业机会,会从2009年提供6084.1万个就业岗位,增加到2019年的8351.1万;从占整体就业市场的7.8%,到2019年占整体就业劳务市场的10.1%;从12.8个就业机会中产生一个旅游岗位,到每9.9个工作中就产生一个旅游岗位。

• 旅游业增长

旅游业在2009年的实际经济增长为0.6%,在未来十年内旅游业平均增长率为9.2%。

---

① 2010年5月27日搜狐博客。

- 占外汇收入的份额

2009 年,中国从入境游客和旅游产品中产生的外汇将会占据外汇总收入的 6.5%（1062 亿美元）,到 2019 年将会增长到 3417 亿美元,占外汇总额的 6.2%。

- 世界排名

中国旅游业在世界的排名数字为:

在整体世界旅游经济中排名第 3;

对国家经济的相对贡献比重排名第 76;

在未来 10 年长期增长中排名第 1。

该机构曾多次预言,到 2020 或 2015 年,中国将成为世界第一大旅游目的国。对中国旅游业寄予厚望。

WTTC 有四大特点:

一是全球性。目前已有 174 个国家和地区的旅游机构、企业与团体参加;

二是官、企、研结合的非政府组织。它得到各国政府旅游机构的支持,由世界旅游业界巨头领衔运行,牛津经济研究院是它的合作伙伴,汇集了一批国际顶级旅游专家;

三是广泛性。其理事单位涵盖旅游业的整条产业链,从航空公司到旅行社,从网上销售到游轮公司,从投资公司到酒店、运输业甚至博彩业;

四是权威性。由它主持编制的旅游业卫星账户系统(TSA)已经被众多国家广泛接受并作为一种可靠的资源被使用。1999 年,该系统(TSA)被联合国大会认可为衡量旅游业经济影响力的重要标准。现在,WTTC 和其合作伙伴牛津经济研究院为 174 个国家提供年度 TSA 预测,并且每年正在为越来越多的国家和地区提供深度研究报告。WTTC 出版的蓝皮书《新型旅游业蓝图》在国际旅游界具有高度的权威性。

这种官、企、研结合的旅游协调、合作、促进与研究的运行模式,对于正在探索旅游增长方式转型与旅游体制机制创新的中国旅游界,如何建立符合科学发展观的决策、管理、协调与咨询机制,创建建设世界旅游强国的智库,也颇有启发:

(1)旅游企业和企业家应是旅游咨询、研究机构的主体;

(2)旅游咨询、研究机构应"官、企、学"相结合,纯"官"办或纯"学术"的经院式研究不靠谱,也不实用;

(3)旅游咨询、研究机构应该不唯上、不唯书、不跟风、不轻信(长官与权威专家),保持研究与思维的独立性。

港台篇

用中华市场表述两岸四地旅游市场[①]

一、一年前我的探讨

我在 2008 年 6 月 23 日博客《港澳台与内地/大陆之间的旅游是什么性质的旅游？——兼谈我国旅游客源市场统计框架的调整》中，对《中国旅游统计公报》、《中国旅游统计年鉴》等官方文件一直把包括港澳台游客在内的入境游客译为 International Visitor Arrivals to China 提出质疑，认为：

> 港澳台与内地/大陆居民都是中华民族的组成部分。"中华民族"是目前海峡两岸政治领导人达成的共识，这种共识是两岸实现和平发展愿景的基础。港澳台与内地/大陆之间的出入境旅游，是中华民族各个地区之间的旅游，一个国家内实行不同社会制度的四个地区之间的旅游，其本质上是国内旅游（Domestic Tourism），而不是国与国之间的国际旅游（International Tourism）；两岸四地居民的相互出游，本质都是国内旅游者（Doemestic Tourist），而不是国与国之间的国际旅游者（International Tourist）。

为此，我建议用"中国两岸四地旅游统计"的概念来表述大陆、香港、澳门、台湾四地同胞相互之间的旅游。

我的这篇文章承张广瑞先生的推荐，全文刊登在中国社会科学院旅游研究中心《旅游研究与信息》（2008 年第 3 期）上。

二、张广瑞先生的建议

不久前出版的《2009 年中国旅游发展分析与预测》（旅游绿皮书）上，张广瑞先生在《2008~2009 年中国出境旅游发展的形势分析与未来预测》一文中提到了我的文章，并提出：

> 给内地与港、澳、台之间的旅游活动统计"正名"……在旅游统计中，（内地与港、澳、台之间的旅游活动）一直沿用"出境旅游"、"入境旅游"的概念。很显然，在香港和澳门回归祖国十多年的时间内，应当考虑调整这一旅游统计系列，使它更能够体现中国大家庭的理念。同样，内地和台湾实行"三通"之后，这一旅游统计的调整也应适用于台湾，要给内地与港、澳、台之间的旅游活动一个更加确切的名称，即为此

[①] 2008 年 6 月 23 日搜狐博客。

"正名"。在正式成为"国内旅游"之前,至少应当从"国际旅游"中分离出来,形成一个单独的系列。(见该书66~67页。)

三、澳门旅游局的统计框架

澳门旅游业界网(http://industry/macautourism.gov.mo)显示,"2008年访澳旅客人数"(Visitor Arrivals 2008)为22 907 724人次,它由"大中华市场"与"国际市场"两大部分构成,各占百分比如下:

大中华市场
The Greater China   86.9%
内地 Mailand China   50.6%
香港特区 HK Sar   30.6%
中国台湾 Taiwan China   5.7%

国际市场
International Markets   13.1%

澳门旅游局的统计框架中,用"大中华市场(The Greater China)来表述澳门旅游的内地、香港、台湾市场,显示了澳门特别行政区旅游局的政治智慧与务实精神。"大中华"是一个两岸四地都能接受的概念。

四、我的新建议

在目前和今后相当长的历史时期中,内地与港、澳、台两岸四地之间目前的基本格局不会改变。两岸四地之间的旅游可以用"中华旅游"、"中华旅游市场"或"中华旅游共同体"等概念来表述,并把"中华旅游市场"与中国人(包括两岸四地公民)去外国的国际出境旅游(International Outbound Tourism)与外国人来中国(包括内地与港、澳、台两岸四地)的国际入境旅游(International Inbound Tourism)相区别,从而形成一个独立的统计系列。

1. 现实可行

两岸四地同属中华民族,同是中国的一个组成部分,用"中华"来表述两岸四地,这是海峡两岸政治领导人和民众都认同的。"中华"也是国际上认同的一个民族概念和国家概念。用"中华旅游"、"中华旅游市场"或"中华旅游共同体"等概念来表述两岸四地民众之间的旅游,是各方都可以接受的方案。台湾以"中华台湾"名义参加国际奥运会、世界卫生组织、亚太经合组织等国际组织和国际活动,是海峡两岸已认可的既定现实。近来用Chiwan(China + taiwan)这个英文新名词来表述"台湾",正在国际媒体和互联网上流行。

2. 更体现"一个中国"的理念

把两岸四地的"中华旅游市场"从"中国国际旅游市场"中分离出来、自成系列,在外交上和政治上更为有利,更有利于坚持"一个中国"、"一国两制"的理念。目前,在大陆的旅游文件、资料、讲话、文章、著作中,把港澳台同胞来大陆旅游称为"国际旅游(International Tourism)"、"国际旅游者(International Tourist)"、"国际旅游收入(International Tourism Receipt)"的比比皆是,人们已习以为常。不经意之间,把港澳台同胞当作了"外国"。这种常识性的错误,实在不能再继续下去了!

3. 挤掉入境国际旅游统计中的水分

目前在世界旅游组织(UNWTO)和我国公布的官方统计中,"中国入境旅游人数"列为世界第三位,"中国旅游外汇收入"列为世界第5位,并以此而自喜、自慰。其实,这是个幻觉。以2008年为例,大陆入境旅游13 002.74万人次,其中外国人只有2432.53万人次,只占18.7%,其余82.3%是港澳台同胞。

如果扣除港澳台同胞赴大陆的旅游人数与消费,大陆的入境旅游人次与收入排位就会在世界第十名左右。2008年大陆出境旅游总人数为4584.44万,其中去香港1755.7万人次,去澳门1750万人次,去台湾5万多人次。如果扣除去港澳台的旅游人数,2008年大陆公民真正出国旅游的人数也只有1000万人次,远少于人口仅为我国1/10的日本,就不是"亚洲最大的出境旅游国"了。

把两岸四地之间的"中华旅游市场"从"中国国际旅游市场"中分离出去,可以使中国旅游界特别是旅游行政部门的领导头脑冷静下来,清醒地认识到我们离"世界旅游强国"还有多远!

笔者以为,包括两岸四地的中国旅游的统计框架,应分为入境旅游、中华旅游、国内旅游、出国旅游4大部分:

(1)入境旅游:指外国人来华(两岸四地)旅游,可分别统计为外国到大陆游客、香港游客、澳门游客和台湾的游客。这四者之和为中国国际入境游客的总数。以2008年为例,到达大陆的外国游客2432万人次,到达香港的外国游客1036万人次,到达澳门的外国游客300万人次和到达台湾的外国游客约320万人次,两岸四地共接待外国游客约4087万人次。其中来内地的外国游客中一部分是经香港进入内地的。

(2)中华旅游:指两岸四地之间的相互旅游,可分别统计为港、澳、台赴大陆的旅游,大陆赴港、澳、台的旅游,港、澳之间的相互旅游,港、台之间的相互旅游和台、澳之间的相互旅游。即两岸四地之间公民的旅游。

(3)国内旅游:指在大陆地区内部、香港地区内部、澳门地区内部和台湾地区内部的旅游。这四者之和为中国国内旅游的总数。

(4)出国旅游:分别指大陆、香港、澳门和台湾两岸四地民众去外国的旅游。这四者之和为中国公民出国旅游的总数。

实现上述统计框架,需要两岸四地旅游主管部门取得共识,有一个逐步推进的过程。

实际上,澳门的旅游统计框架走了第一步。

在上述统计框架没有全部实现之前,大陆地区首先可以把旅游统计框架调整为下列3个部分:

(1)入境旅游:指外国人(包括已加入外国籍的华裔人士)来大陆旅游的人次与旅游消费(国际旅游外汇收入)。

(2)中华旅游:包括港、澳、台赴大陆的旅游人数与旅游消费,大陆公民赴港、澳、台旅游的人数与旅游消费。

(3)国内旅游:指大陆民众的国内旅游人数与消费(国内旅游收入)。

这样做,体现了目前中国的政治社会现状,符合两岸四地认同中华文化的最大共性,并预示未来中国政治社会架构的发展趋向。

为什么不用"大中华旅游市场"？曾经有一种解释,"大中华"不仅包括两岸四地,而且包括新加坡这样华裔占多数的国家,还包括遍布五洲四海的华裔,形成一个跨国界的"大中华"旅游圈或旅游共同体。但这样会涉及国际关系与世界格局的敏感问题,所以我不赞成"大中华"的提法。

"中华旅游市场"、"中华旅游共同体",只包括两岸四地。它体现了未来一国两制架构下的中华统一的民族愿景。需要多长时间？谁也预测不了,但我坚信终有一天会实现。

旅游应该为最终的民族和解、国家统一担当先驱的责任。

呼之欲出的"中华旅游共同体"[①]

大陆、台湾、香港、澳门两岸四地,一个国家、两种社会制度、四个行政区,这在当前世界上是独一无有的。香港、澳门主权虽已回归,但由于实行"港人治港"、"澳人治澳"、"高度自治"、"一国两制"的方针,除外交、国防事务由中央政府管理外,香港、澳门特别行政区享有充分自主管理本地区事务的权力,包括行政管理权、立法权、独立的司法权和终审权,同时香港、澳门还是两个独立的关税区,各自发行货币,两岸四地间的贸易以美元为结算单位。

独特的国情也给旅游业带来了一个特殊的现象。两岸四地虽都属一个中国,但四地民众彼此间的旅行却要办理某种特殊的证件和手续,游客消费要兑换成相应地区的货币。对此类旅游活动,四地各有不同的统计语言。

大陆方面一直用"入境旅游"、"出境旅游"来表述,把从港澳台来的游客与外国游客一并列入"Visitor Arrivals"(汉译为"入境旅游者")之列,把大陆居民去港澳台旅游称为"出境旅游"。在称呼外国入境游客时译为"Foreign Visitor Arrivals",以示与港澳台入境游客区别。大陆居民去港澳台与外国旅游,都称为"出境旅游"、"出境游客"。

香港方面用"访港旅游"、"出港旅游"来表述,把香港居民去内地、澳门和台湾旅游与去外国旅游统称为"出港旅游",把内地、澳门和台湾同胞及外国人去香港旅游统称为"访港旅游"。

澳门方面用"访澳旅游"、"出澳旅游"来表述,但在"访澳游客"统计中,分为"大中华市场"(The Greater China)与"国际市场"(International Markets)两部分。"大中华市场"由"内地"(Mainland)、香港特别行政区(HK SAR)和"中国台湾"(Taiwan China)组成;"国际市场"即指外国游客。

台湾方面把出岛游客称之为"中华民国国民出国者"(Outbound Departures of Nationals of the Republic of China By Destination),但把"来台游客"(Visitor Arrivals)分为"外籍游客(Foreigners)"与"华侨旅客"(Overseas Chinese)两部分。大陆、香港、澳门游客计入"华侨旅客"之中。

事实表明,两岸四地的旅游合作是经济合作的先导和助进器。早在1983年,香港、澳门就率先成为内地居民出境旅游目的地。1987年起台湾开放赴大陆旅游。2004年起,《内地与香港关于建立更紧密经贸关系的安排》、《内地与澳门关于建立更紧密经贸关

[①] 2010年第8期《中国饭店》。

系的安排》相继实施,内地与香港、澳门之间开启了自由贸易之门。去年6月,《海峡两岸关于大陆居民赴台湾旅游协议》签署后,大陆居民开始组团赴台旅游。今年6月《海峡两岸经济合作框架协议》签署,标志着海峡双方货物和服务贸易自由化之门行将打开。

目前,两岸四地虽然存在不同的行政主体,但经济一体化的大潮正在强劲推进,两岸四地民众双向旅游之门已全部打开,一个"中华旅游共同体"正在形成。

那么,这个"中华旅游共同体"究竟有多大规模呢?

2009年,大陆接待港澳台游客10 453.84万人次,占大陆入境游客总数的82.7%。同年大陆民众赴港澳台旅游3238.9万人次,占大陆出境游客总数的70.7%。2009预计全年内地居民赴港旅游人次数将超过1795万人次,预计全年内地居民赴澳旅游人次数将超过1159.51万人次,2009年大陆居民赴台旅游60.6万人次,共计2900.6万人次。

2008年香港接待内地游客1682.2万人次(占51.7%),台湾游客222.04万人次(占7.6%)。同年香港民众外出旅游8191万人次,其中赴大陆7835.01万人次,占香港居民出境游客总数的95.7%;香港民众赴澳门旅游700.91万人次,占澳门入境游客总数的30.6%。

2008年澳门接待内地游客1159.5万人次、香港游客700.9万人次、台湾游客131.58万人次,三者合占澳门入境游客总数的86.9%。同年,澳门居民到内地旅行2296.63万人次,占澳门居民外出旅行总数的94%。

2009年台湾接待港澳游客61.86万人次,占台湾入境游客总数的16.1%;大陆游客97.21万人次(其中观光游客达到60.61万人次),占台湾入境游客总数的22.1%。同年,台湾民众赴大陆与港澳377.77万人次,占台湾民众出游总数44.4%。

2009年大陆接待外国游客2193.75万人次,香港接待外国游客962.43万人次,澳门接待外国游客274.29万人次,台湾接待外国游客277.01万人次,两岸四地共接待外国游客3707.5万人次。

2009年大陆赴外国游客1537万人次,香港赴外国游客441万人次,澳门赴外国游客21.9万人次,台湾赴外国游客468.7万人次,两岸四地赴外国游客约2468.6万人次。

依此推算,两岸四地之间彼此都已成为最重要的客源地与目的地,形成了约1.5亿人次以上的庞大客源市场。两岸四地社会制度不同、社会观念不同、统计框架不同、习惯用语不同,对往来于两岸四地之间的游客用语亦有差别,但有四点是共同的:一不把彼此间的旅游称为"国际旅游"(International Tourism),二不把彼此间的入境游客称为"外国游客"(Foreigners),三彼此都认同同属"中国"或"中华"(China),四彼此都认同是"中国人"(Chinese)。一个"中华旅游共同体"正在世界的东方形成,还有疑问吗?

双向旅游：内地与香港社会人文交流的桥梁[①]

香港回归15周年来临之际，业界人士纷纷回顾15年来内地和香港旅游交流与合作的历程，列举内地居民赴港旅游人数大幅增长，赴港游客在香港的巨额消费，对香港经济的稳定发展发挥了重要作用。据预测，到2019年，香港入境旅游人数有可能再翻一番，达到8000万人次，将对香港经济社会发展产生多个层面的影响。

这些无疑都是事实。但是笔者认为，香港回归后，内地与香港的旅游交流是双向的，对两地旅游业与社会经济发展的贡献也是双向的，同时两地同胞旅游交流的更深刻、更深远的社会与人文影响，是不能用旅游人数与消费的数字来衡量的。

内地与香港是祖国母亲的躯体与手足，但是百年分离、30年的阻隔（其中"文革"10年几乎是完全隔绝），使两地民众疏远了许久。改革开放前，两地同胞的民间交流主要是分居两处的探亲旅行，由中国华侨旅行社负责接待。1978年内地接待港澳同胞总计156万人次，虽超过了过去20年的总和，但接待人数依然很少。内地居民去香港的更是极少数。

改革开放之后，打开了阻隔内地与香港同胞交往的闸门，香港同胞蜂拥而来，或探亲访友，或观光游览，或商务休闲。从1978至1996年，内地接待港澳同胞共计有3600多万人次，其中约八成是香港同胞。在此期间，内地去香港探亲访友不断增加，商务文教交流开始启动，但是总体上是以香港赴内地的旅游为主，内地赴香港主要是商务与文教交流，为数很少，基本处于单向旅游状态。

1997年7月1日，分离百年的香港回归祖国，香港成为中国公民自费出境旅游的第一批目的地，从此内地与香港的旅游迈入双向、快速发展的新阶段。香港赴内地旅游从1997年的3977万人次增长至2011年的7936万人次，内地居民赴港旅游人数从1997年的236万人次增长至2011年的2810万人次。据笔者测算，香港回归后的15年间，香港赴内地旅游共计8亿多人次（包括一日往返者），内地赴香港旅游约计1.7亿人次。2011年，两地双向旅游市场规模超过1亿人次。有人认为，这是"全球最大的双向客源市场"。问题在于，这是什么类型的"双向客源市场"？笔者以为，这既不是两个主权国家之间的"双向客源市场"，也不是内地不同省市区之间的"双向客源市场"，而是"一国两制"下的"双向客源市场"。

众所周知，由于近代历史的轨迹，血缘相通、咫尺之间的内地与香港形成了不同的社

[①] 2012年6月27日《中国旅游报》。

会制度,两地民众各自习惯了两种形态下生活,加之种种人为因素的干预,彼此之间不甚了解,甚至存在误解。在某种意义上,双方的旅游者与目的地民众都是各自的形象代表和相互沟通的信使。通过旅游,双方旅游者耳闻目睹对方的自然风光与社会风貌,游客与目的地的民众直面相交,必然会增进了解、加强互信。

以香港同胞赴内地旅游来说,15年间香港赴内地旅游共计8亿多人次,约为香港人口的115倍,平均每年有5000多万人次、每年人均约8次到内地旅游,香港游客的足迹遍布内地城乡。据历年入境香港旅游者的抽样调查综合报告,对内地旅游资源感兴趣的为山水风光、文物古迹、民俗风情、文化艺术、饮食烹调和旅游购物,2009年调查的比例依次为山水风光占50.7%、文物古迹占37.9%、民俗风情占36.6%、饮食烹调占34.2%、旅游购物占28.6%、文化艺术占26.5%。长期生活在弹丸之地的香港民众徜徉于辽阔的神州大地,饱览名山大川,浸染中华文化,目睹旧貌新颜,加深了对内地人文传统和现代社会的了解。再加上众多港商在内地的商务活动,香港各界在内地的文教科技活动,对内地的社会生态有更深刻的感悟。

再从内地同胞赴香港旅游来说,经受了几十年社会主义教育的内地民众对实行"资本主义"的香港的了解更少、误解更多。1997年以前,内地居民中只是有香港亲属并由亲属付款才能赴港旅行,且有严格的配额限制。1996年内地赴港旅游仅约30万人次。香港回归后,赴港旅游逐步放宽,尤其在2003实行"自由行"后,内地居民自费赴港旅游的人数快速增长。2003年至2011年底,内地共有7852万人次的游客通过"个人游"方式到香港旅游,占内地赴港游客的五成以上。15年中内地赴香港旅游约计1.7亿人次,占内地人口的12.5%。每天近万名内地游客穿越于香港的大街小巷,他们不仅带回了大包小袋的中意商品,品尝了香港的美味佳肴,更是带回了对"动感之都"的深刻回忆。

如果说,香港民众赴内地旅游的最大吸引力是神山奇水、华夏文明,那么内地民众赴香港旅游的最大吸引力是她的中西交融、古今传承、多元一体的独特的社会人文生态。在多元文化的背景下,香港的多种思潮共存、多样文化共荣、多种艺术竞放、多种宗教并存,同时公民在法治面前人人平等,包括特首在内任何人都没有违背法律的特权。内地民众在香港"自由行"的过程中,时常看到媒体与民众对官员甚至特首的批评,对这种自由与法治铸为一体的核心价值观会有更多的了解,对香港的社会人文生态能有更深的理解。

"一国两制"是中国人民杰出智慧的时代创造。15年的历史表明,"一国两制"对两地的共同发展和民族复兴具有伟大的生命力。"一国两制"的设计师邓小平说的"一百年后更不用变"的"一国两制",将对中国的长久发展产生深远的影响。亿万内地与香港两岸同胞之间在旅途中面对面地接触、交流,是相互了解与共同实践"一国两制"的社会大课堂,是两地社会人文交流的宽阔桥梁。两岸民众对双方社会生态的认知与理解,是实行"一国两制"的民意基础。不管旅游者与旅游业者主观上是否认知到这一点,两地民众的双向旅游的意义不同于国人去外国旅游,而是在用旅游这种方式认同"一国两制"、实践"一国两制"和推进"一国两制"。内地与香港之间双向旅游的特殊性在于此,其重大的社会人文意义也在于此。两地的旅游业界不仅肩负促进旅游与经济共同发展的重担,更有沟通与增进"一国两制"下人文交流与社会和谐的重任。

推进内地与香港旅游一体化①

上个月李克强副总理的香港之行,代表中央政府宣布了支持香港经济社会发展的政策措施,进一步扩大内地在服务贸易方面对香港的开放,争取到"十二五"末期内地对香港基本实现服务贸易的自由化。服务贸易自由化是区域旅游一体化的必要前提与重要环节。中央的这一重要决策为内地与香港的全方位旅游合作,最终实现区域旅游一体化指明了方向。

香港是服务业立市、强市的国际大都会,金融服务、贸易及物流、旅游和工商业支援及专业服务是香港经济的四个主要行业。从20世纪七八十年代开始,香港的经济体系逐步由以制造业为主转型为以现代服务业为主。1997年亚洲金融危机之后,过度依赖金融、地产等服务业的香港经济遭受重创,为恢复经济,香港政府实行了走服务业和高新技术产业并举的发展之路。香港的服务业,特别是高新技术含量的服务业在本地经济中占有愈来愈为重要的地位。目前,服务业占香港本地生产总值的90%,就业总人口中有近90%的人数从事服务业。发达的服务业使香港拥有优秀的专业人才、良好的基础设施和优质的国际网络,使香港长期保持国际金融、贸易、航运等领域的枢纽地位。

在香港对外服务贸易中,第一贸易对象是中国内地。2010年香港服务业前三位输出地为中国内地(占出口总额的26.9%)、美国(21.3%)、英国(7.6%),前三位输入地为中国内地(占出口总额的26.8%)、美国(15.1%)、日本(7.9%)。香港与内地的服务贸易超过美国、日本、英国,稳居第一位。

在香港对外服务贸易中,旅游服务业占有重要地位。2010年在运输、旅游、金融和商贸四大服务业中,旅游输出(出境旅游支出)约占服务业支出总额的20.8%,居第三位;旅游输入(入境旅游收入)占服务业输入总额的34.3%,居第一位。

最近,国务院提出进一步扩大服务贸易对香港的开放,争取到"十二五"末期内地对香港基本实现服务贸易的自由化。服务贸易的自由化为内地与香港的全方位旅游合作创造了基础;继续支持香港积极参与多边和区域经济合作,为内地与香港在亚太和国际旅游组织中的协调配合提供了更大的空间;加大对内地企业与香港企业联合"走出去"的政策支持力度,积极引导内地和香港企业合作开拓国际市场,为内地与香港在国际旅游市场上投资、开发与经营的合作指出了方向;积极支持香港人民币市场发展,拓展香港与内地人民币资金循环流通渠道,为内地与香港的旅游企业经营与旅游者消费以人民币结

---

① 国家旅游局政策法规司2011年第11期《旅游调研》,收入本书时文内统计数据增补到2011年。

算打开了便捷的通道。

香港历来是内地旅游业对外开放与合作的前沿阵地。内地旅游的改革开放是从香港起步的,内地第一批合资饭店的投资方来自香港,内地第一个高尔夫球场是港资兴建的,至今内地境外投资的饭店中港资仍占第一位。内地的境外旅游者来得最早、最多的是香港同胞。香港又是外国旅游者出入内地的重要中转站。在海峡两岸直通之前,香港一直是台湾同胞赴大陆探亲、投资和旅游的中转站,也是大陆同胞赴台的中转地。

香港一直是内地最大的入境客源地区,内地是香港市民的第一旅游目的地。1981年,香港居民赴内地旅游453.75万人次,占香港外出旅游总数的52.6%,占内地入境客总数的58.4%。1997年香港回归祖国后,赴内地游客进一步增长。2009年,香港居民赴内地7750.0万人次,占香港外出旅游总数的94.6%,占内地入境游客总数的61.3%;香港游客在内地的旅游消费总额92.6亿美元,占当年内地入境旅游总收入的22.7%。

表1 1999~2011年香港同胞赴内地旅游人数

年 份	香港出境旅游总数(万人次)	香港赴内地游客总数(万人次)	香港赴内地游客占香港出境游客总数比重(%)	香港赴内地游客占内地入境游客总数比重(%)
1999	5314.4	4517.5	85.0	62.1
2000	5890.1	5008.3	85.0	40.7
2001	6109.6	5200.3	85.1	58.4
2002	6454.0	5564.8	86.2	56.8
2003	6454.0			
2004	6929.0	5922.5	85.5	54.3
2005	7229.9	6267.2	86.7	52.1
2006	7581.0	6508.0	85.8	52.1
2007	8068.2	7794.9	96.6	59.1
2008	8191.0	7835.0	95.7	61.9
2009	8195.8	7750.0	94.6	61.3
2010	8444.24	7923.2	93.8	59.2
2011	8481.59	7935.8	93.6	58.7

1999年香港回归祖国后,内地成为香港最大、最稳定的客源市场。香港是最早的内地居民自费出境旅游的目的地。1999年,内地赴香港游客320.64万人次,占当年香港接待游客总量的28.3%。香港是首先实行内地居民可以"个人游"的出境旅游目的地。从2003年7月起,内地指定城市的居民可以"自由行"旅客身份访港。2008年内地赴香港

游客1986.2万人次,占全部访港游客的57.1%;其中,以"个人游"方式赴香港旅游的960万人次,占内地游客总数的57%。内地过夜游客在香港的旅游消费总额532.42亿港元,占全部过夜旅客消费总额的56.5%。"个人游"游客占内地游客的比例由2004年的35%增至2008年的57%。2010年内地赴香港游客2268.4万人次,占全部访港游客的63%;内地游客在香港消费2126亿港元,占香港入境旅游总收入的55.7%。

表2 1999~2011年内地同胞赴香港旅游人数

年 份	内地赴香港旅游(万人次)	内地游客占香港入境游客比例(%)
1999	320.6	28.3
2000	378.6	29.0
2001	444.9	32.4
2002	682.5	41.2
2003	846.7	54.5
2004	1224.6	56.1
2005	1254.1	53.7
2006	1359.1	53.8
2007	1548.6	55.0
2008	1986.2	57.1
2009	1795.7	60.7
2010	2268.4	63.0
2011	2832.1	67.0

近年来,香港各界继续加快"一程多站"旅游产品的开发与推广,取得了良好的市场反响。如香港与海南签署的"一程多站"合作协议,整合"国际大都会+绿色旅游"的营销理念共同开发国际市场;为了配合台湾开放大陆居民赴台旅游,旅游局与航空公司合作,于上海、南京、杭州、成都、重庆及昆明等多个大陆城市首度推出结合港台两地的一程多站旅游行程。

总之,内地与香港的旅游业一直是"你中有我,我中有你",唇齿相依、血肉相连。1998年亚洲金融风暴,2008年国际金融危机,内地与香港的旅游合作对共同应对世界旅游市场的风险发挥了十分重要的作用,危难中更加显示出两地合作的珍贵。目前,内地与香港共同面临着应对世界经济动荡与国际旅游疲软的严峻局面。今年上半年,内地入境旅游出现1%的"平"增长,香港的欧、美、非与大洋洲的洲际长途入境旅游仅增长3%,洲内短途入境旅游仅增长4%,内地赴港游客21.1%的高增长使香港取得了14.7%的入境游客增长率。以近期而言,内地与香港旅游业迫切需要加强合作、共同应对。从长远看,大陆的资源与产品优势与香港的经营管理优势相结合,是开拓国际市场、提升国际旅游地位的必由之路。

李克强副总理访港期间,新华社发布了在经贸、金融、民生和社会事业、旅游、粤港合作和其他方面支持香港经济社会发展的有关政策措施。这些方面是互相关联、互相促进的,如"推动内地与香港企业联合'走出去'","支持境外企业(包括香港企业)使用人民币赴内地直接投资","继续支持内地企业到香港上市","将跨境贸易人民币结算试点范围扩大到全国","为更多企业在与香港地区开展贸易和直接投资中使用人民币提供便利","衔接内地港澳交通","建设广深港铁路客运专线,今年底建成内地段,逐步实现全线与京广客运专线、杭福深等东部沿海快速铁路的接驳。推进港珠澳大桥建设,实现香港、珠海、澳门三地高速公路连通",等等,都为内地与香港的旅游合作提供政策平台和基础保障,尤其对粤港澳的旅游合作、逐步构建粤港澳的区域旅游一体化至关重要。

在旅游方面,中央政府更加明确了内地与香港的合作领域:(1)联合提升内地与香港旅游服务质量,建立健全内地与香港旅游市场监管协调机制,规范旅游企业诚信经营,维护游客合法权益,共同推动内地赴港旅游市场健康有序发展。(2)推进内地与香港旅游海外联合推广工作。联合开发内地与香港"一程多站"旅游精品线路,有效利用海外旅游展览会联合开展宣传推广,进一步密切两地海外旅游办事处的合作。香港在东京、大阪、首尔、新加坡、新德里、孟买、曼谷、马尼拉、悉尼、伦敦、巴黎、法兰克福、莫斯科、中东(迪拜)、洛杉矶、纽约和多伦多等外国及台湾地区设有旅游办事处,可与内地的驻外办事处加强合作。(3)支持内地与香港旅游企业拓宽合作范畴。鼓励和引导内地与香港旅游企业和社会资本互相进入对方市场,重点支持香港在内地设立旅行社;加强在旅游科技研发、景区景点开发方面的深度协作,探讨旅游产业化合作的路径。(4)采取联合开展人才培训、开发内地旅游新业态等相关措施,加大力度支持以香港为母港的邮轮旅游发展。(5)指导粤港澳三地共同编制和实施《粤港澳区域旅游规划》,形成区域旅游合作长远发展战略,强化无障碍旅游区域建设,着力打造国际知名的旅游休闲目的地。中央的这些政策从旅游服务、市场推广、产品开发、经营管理、企业合作、对外开拓、资本流通、品牌共铸、人才培训、景区开发、科技研发等方面,系统规划了内地与香港深度合作的战略目标和实施途径,必将开创内地与香港旅游合作的新格局,加快中西文化交相辉映的粤港澳"国际知名的旅游休闲目的地"建设。

在内地与香港的开放与合作中,广东历来是先行先试的先驱。国务院提出,加强粤港澳区域旅游合作,共同建设粤港澳"国际知名的旅游休闲目的地",是内地与香港旅游合作的重中之重。粤港澳三地共同编制和实施《粤港澳区域旅游规划》,形成区域旅游合作长远发展战略,强化无障碍旅游区域建设,衔接内地与港澳的交通,将为内地与香港的旅游一体化提供政策平台和基础保障。"十二五"期间,广东省更应在粤港澳旅游产品对接、市场共拓、信息共享、企业合作、资本整合、品牌共铸、人才培训、科技创新、公共服务共建、交通畅通、通关便捷、体制机制衔接、对第三方旅游者互惠等方面取得重大进展,成为全国旅游综合改革、内地与港澳旅游合作的示范基地。

大陆的资源、客源和产品优势与香港的经营、管理和市场拓展优势相结合,是开拓国际市场、提升国际旅游地位、建设世界旅游强国的重要基础。香港旅游业起步早,社会大环境完善,中西文化交融的国际都市形象鲜明,旅游服务设施完善,旅游购物发达,旅游信息化普及,商务会展、主题公园、游艇邮轮等新业态发育早,入境政策宽松,旅游教育培训发达,与国际旅游业界联系广泛。香港实行"市场主导、政府推动"的旅游发展模式,形成了一套既与国际标准接轨又契合香港区情的体制机制、法规政策和组织架构。与欧美国家相比,香港旅游业的经验更直接、更便于内地借鉴。内地与香港旅游界在今后的合作中可以充分交流、共享发展经验。

"十二五"期间,内地旅游业面临着优化产业结构调整、调整发展方式、实现产业升级的艰巨任务。

2001年香港特别行政区政府《施政报告》确定,旅游业是香港经济的主要支柱产业之一,将香港建成"亚洲的国际都会和中国的主要城市"。2005年香港特区政府《施政报告》确定,"背靠内地,面向世界,建设一个提供优质服务的国际都会"。香港特别行政区政府经济发展及劳工事务局负责制定和实施旅游政策,该局下设旅游事务署,负责统筹政府内部各项发展旅游业的工作,并提供政策支援,推动本港的旅游业。该署的目标是,确立和促进香港作为亚洲首要的国际城市,以及世界级的度假和商务旅游目的地的建设。

为了实践这项使命,政府与业界紧密合作至为重要。由政府、旅游发展局和业内各界代表组成的旅游业策略小组,专责就业发展事宜,从策略性角度向政府提出建议。在香港立法会中有一名旅游业代表,以反映和沟通旅游界的意见,并影响和监督政府的旅游政策。

香港实行"市场主导、政府推动"的发展旅游模式。特区政府不直接干预旅游业的运作,对旅游业的管理主要依靠制定必要的法规及业界的自我约束机制。在酒店管理方面,民政事务局属下的牌照事务处根据《旅馆业条例》及其他有关法律,订立发牌制度,向符合法定安全标准的饭店发牌和续牌。在旅行社管理方面,根据《旅行代理商条例》,由旅游事务署辖下的旅行代理商注册处和香港旅游业议会共同管理外游(出境)旅行社。注册处的主要职责是向旅行代理商发牌,旅行代理商获得牌照的基本条件是要成为香港旅游业议会的会员。

香港旅游协会于1958年成立,其最高权力机构是管理委员会,现改组为香港旅游发展局,有成员20名,广泛代表旅游业中的各界代表。活动经费90%由政府拨款(从每年征收的5%酒店租税中拨付)补助,其余来自会员会费、售卖刊物和纪念品及组接旅行团等方面的收益。会员机构近2000个,包括航空公司、海上游览公司、旅行社、酒店及同业公会以及零售业、饮食业等旅游服务机构。

香港旅游业议会于1978年成立。1988年香港政府修订《旅行代理商条例》，规定任何从事旅游业务的公司必须先成为香港旅游业议会会员才可以申领旅行代理商牌照。"议会"成为监管业内自律的组织。现由香港8个属会会员组成，即：香港旅行社协会、港台旅行社同业商会、香港中国旅游协会、香港华商旅游协会、国际华商观光协会、国际航空协会审定旅行社商会、香港外游旅行团代理商协会和香港日本人旅客手配业社协会，约有1400多个会员旅行社。该议会设理事会，现由29名理事组成，下设16个委员会。理事会的任务主要是制定政策及规则、监管各委员会和办公室工作，并负责讨论和表决提案等。议会主要目标是维持香港旅游业高度专业水平，为消费者提供最佳服务。议会负责发放领队证和导游证。议会还设立旅游业议会品质赔偿基金，消费者凡因议会属下任何旅游代理商的过失而蒙受经济损失的，皆可申请补偿。香港《旅行代理商条例》设立发牌制度，规范与管理提供到港及外游旅行服务的旅行代理商。为了确保导游服务的质量，导游须完成培训及考试合格，并遵守由香港旅游业议会所颁布的《导游作业守则》。

香港旅游业联会成立于1987年，由香港旅游发展局、香港旅游业议会、航空公司协会、香港酒店业商会和商店委员会等旅游业团体联合组成，共代表约2000家机构，员工在10万以上。联会的任务是协调与旅游有关各行业之间的联系，促进香港旅游业的发展。

香港旅游发展局推行"优质旅游服务"计划，协助零售、饮食及游客住宿业界提升整体的服务水平，为游客提供更周全的品质保证，以及更有效的处理投诉机制。

旅游体制机制创新、市场秩序规范和旅游法制建设，是"十二五"期间内地旅游业重大课题。在这方面，内地与香港也可以互相交流、共同探讨。香港旅游业议会及其下属的各行业商会，在领队与导游管理培训、旅游品质监督、行业协调与自律等方面，形成了一套比较成型的程序。内地与香港旅游界在今后的合作中可以充分交流、共享发展经验。

还可以把眼光放得更宽、更远一些。《中国国民经济和社会发展"十二五"规划纲要》首次单独设立《深化合作 建设中华民族共同家园》篇章，阐述了两岸四地深化合作、建设"中华民族共同家园"的神圣目标。内地与香港的旅游合作将为大陆与台湾的旅游合作先试先行、创造经验。加强与深化内地与港澳台的旅游合作，以港澳为前沿、台湾为基点、内地为腹地，形成两岸四地"一线多站"的中华旅游目的地，进而为建设"中华民族共同家园"添砖加瓦。这是历史赋予中华旅游人的使命与责任。

一国两制体验游：香港旅游的新名片[①]

香港回归 15 周年来临之际，内地与香港旅游界热烈谈论 15 年来内地和香港旅游交流的发展，讲得最多的是：内地居民赴港旅游人数如何大幅增长，内地赴港游客给香港送去了多少钱，对香港经济的发展发挥了重要作用。这些自然都是事实。同时两地同胞旅游交流的更深刻、更深远的社会与人文影响，则是不能用旅游人数与消费的数字来衡量的。

由于百年分离、30 年的阻隔（其中"文革"10 年几乎是完全隔绝），内地与香港同胞疏远了许久。改革开放前，两地同胞的交流主要是探亲旅行，但人数极少。1978 年内地接待港澳同胞总计 156 万人次，虽然超过了过去 20 年的总和，但规模仍然很小。内地居民去香港的更是极少数。改革开放之后，阻隔内地与香港同胞交往的闸门打开，香港同胞或探亲访友，或观光游览，或商务休闲。从 1978 至 1996 年，内地接待港澳同胞共计有 3600 多万人次，其中 80%以上是香港同胞。在此期间，内地去香港探亲访友与商务文教交流开始起步，但是总体上仍是以香港赴内地的旅游为主，处于单向流动状态。

1997 年 7 月 1 日香港回归祖国后，成为中国公民自费出境旅游的第一批目的地，从此内地与香港的旅游迈入双向、快速发展的新阶段。香港赴内地旅游从 1997 年的 3977 万人次增长至 2011 年的 7936 万人次（含当天往返者），增长了 1 倍；内地居民赴港旅游人数从 1997 年的 236 万人次增长至 2011 年的 2810 万人次（含一日游），增长了 8 倍。2011 年，两地双向旅游市场规模超过 1 亿人次。

据笔者测算，香港回归 15 年间，香港赴内地旅行旅游共计 8 亿多人次（包括一日往返者），约为香港人口的 115 倍；内地赴香港旅游约计 1.7 亿人次，约占内地人口的 12.5%。正如旅游界领导与官方媒体所说，这是"全球最大的双向客源市场"。

问题在于，这是什么类型的"双向客源市场"？笔者以为，这是"一国两制"下的"双向客源市场"，既不是世界上通行的两个主权国家之间的"双向客源市场"，也不是一个国家内部不同省市区之间的"双向客源市场"，而是一个国家中实行两种社会制度的地区之间的双向旅游。内地与香港之间的双向旅游是"一国两制"的具体体现，也是"一国两制"的发展成果，它的最重大的社会人文意义即在于此。

时下赴港旅游的行程安排，无论是团队游还是个人行，热点在购物与娱乐上。游人如织之地，一是尖沙咀、铜锣湾、旺角等地的商业街，二是迪斯尼乐园、海洋公园等主题公园。赴港旅游对香港经济拉动的重点主要在购物，占消费总额的一半以上；其次是住宿、

[①] 2012 年第 7 期《大旅游》。

餐饮与娱乐。两地旅游业者的关注之点、兴奋之点也在于此。在商言商,行业利益与企业赢利使然,不足为怪。但如果旅游业的指导层也如此,就值得反思了。

细想一下,内地民众赴港旅游的热情不断、热浪翻涌,表面来看是奔着购物、娱乐、美食而去的,但内心深处的一个隐蔽动力往往被忽略,这就是:香港的"资本主义"到底啥样子?在这个好奇心的背后还含着一个问题:一国两制到底啥样子?为啥要实行一国两制?这些问题,中老年游客可能更为关心,但青年游客也并非一点儿都不考虑。

迄今为止,两地旅游业界对香港的历史、文化与社会旅游资源的挖掘、利用与宣传未能引起应有的重视。随着个人游的推开、赴港旅游者的成熟和回头客的增多,赴港深度体验游、文化休闲慢游的需求在逐步增加。笔者认为,推出以百年香港为时间主轴、以一国两制体验游为主题的香港旅游新产品的条件已经成熟。

早在南宋末年得名的"香港村",经历了从南疆渔乡→英国租界→国际自由港→特别行政区的历史变迁,至今留下了众多令人心酸而值得回味的事件、遗迹和文化遗产。"一国两制体验游"不妨沿着这几条线索展开:

千年拓疆:宋王台(九龙城南宋遗迹),侯王庙与大庙(始建于宋),太平山古炮台与红楼(孙中山寓所),集古村与宋城(主题公园),虎豹别墅(著名华商胡文虎、胡文豹故居),香港历史博物馆(九龙公园内,原军营)等。

百年耻辱:屯门岛(1514年葡萄牙人登陆处),佛堂门炮台(1623年荷兰人入侵处),石排(今香港仔,1570年日本人入侵处)。1841年英国殖民者占领香港后沦为"租借地"的众多遗迹:总督府,香港总督山顶官邸(山顶公园),汇丰银行、渣打银行旧址,原英国海军基地、警察局(湾仔),赤柱第一个警察署及中英街等。

特区新貌:香港国际会议中心(1997年7月1日在此举行中英香港主权交接仪式),金紫荆广场(国旗和香港特别行政区政府区旗每天升旗处),弥敦道(特别行政区行政官署),中国人民解放军驻港部队大厦,迪斯尼乐园,昂坪360及正在建设中的启德邮轮码头等。

多元文化:香港艺术中心、大会堂、艺术博物馆和茶具博物馆,沙田赛马场,香港大学(1887年创办)、香港中文大学(1963年创办),曾大屋(百年客家围垅村),维多利亚公园(园内的城市论坛仿自伦敦海德公园,不时举行自由参加的时事辩论会),摩罗街(印度裔居民聚居地),现代女作家萧红墓(浅水湾),各类中外节日,本土节日长洲太平清醮"抢包山",电影节、动漫节、时装节,星光大道,西式、中式夜总会、平民夜总会等。香港的多元文化还体现在多元宗教上,众多的佛寺、道观、妈祖庙、基督教堂,清真寺,犹太教堂,印度教庙、锡克教庙等。

依托如此丰厚多样的社会人文资源,两地旅游界要加强合作,针对内地游客群体的多种需求,广泛挖掘散落于各处的历史与现实社会人文素材,设计开发和宣传推广多种形式的"一国两制体验游"产品。这些素材的单体也许不够恢宏,景观也不怎么奇特,但是如果串联起来,犹如由20处文化遗址组合成的世界文化遗产澳门历史城区那样,就能综合展示香港的百年风云,体现"一国两制"的来龙去脉。团队游可安排不同的游览线路,尤其是对中老年游客加大社会人文旅游项目的分量、减少购物娱乐的项目。对越来越多的个人游客人,要提供详尽的社会人文旅游点信息和标识,发行多日有效的旅游交通卡,开辟一日游、两日游专线,开设多条观光巴士巡游线。建议香港有关方面协调、组织一些适宜参观的政府机构、社会公共场所向内地游客开放,不断丰富一国两制体验游的内容,拓展香港旅游的广度与深度。2007年国际独立调查组织对全球180个地区调查,香港的廉洁指数排行第14,香港的廉政所也可以定时定点向游客开放。

如果说,香港民众赴内地旅游的最大吸引力是瑰丽的神山奇水、绵长的华夏文化与多彩的民族风情,那么内地民众赴香港旅游的最大吸引力则是古今传承、中西交融、多元一体的独特的社会人文生态。在开放包容、自由法治的背景下,香港的中外文化共荣、各类艺术竞放、多种宗教并存,同时香港有严格的法治秩序,公民在法治面前人人平等,包括特首在内任何人都没有违背法律和职业操守的特权。自由与法治互为背里、铸为一体的核心价值观,已融入人民众的血脉,使社会既长期稳定,又充满活力,被誉为"动感之都"。

长期以来,受几十年社会主义教育的内地民众对实行"资本主义"的香港的了解较少、误解较多。时下每天近万名内地游客穿越于香港的大街小巷,他们不仅带回了大包小袋的中意商品,品尝了香港的美味佳肴,同时在回味香港行的时候,也会有意无意地对为什么要实行"一国两制",为什么要实行"港人治港、高度自治"等,会有更多、更深的理解与思考。

对旅游者特别是个人游旅人来说,要调整心态,摒弃赶集式的奔走,细细品读香港这本袖珍版奇书,细细观察这个"一国两制"的窗口。对旅游业者来说,要摒弃重利轻义的单纯商业经营思维,深耕细作,精心经营这块"一国两制"旅游试验田、高产地,不仅要获取丰盛的经济价值,更要传扬其深广的社会人文价值。香港的"一国两制体验游"成功了,对大陆、香港、澳门、台湾两岸四地都有先行意义,对全球旅游者都有吸引力,甚至可成为世界独有的一个旅游品牌产品。在一国两制体验旅游的行程中,考察近在咫尺、同根同源的四地同胞在不同的社会制度下和谐相处、共同发展的盛举,世界上还能找得到第二个这样的例子吗?

两岸四地同胞对各方社会生态的认知与理解,是实行"一国两制"的民意基础。不管旅游者与旅游业者主观上是否认知到这一点,四地民众间的互相旅游的意义不同于出国旅游,它是在用旅游这种方式认同"一国两制"、实践"一国两制"和推进"一国两制"。旅游业界不仅肩负促进旅游与经济共同发展的重担,更有沟通与增进"一国两制"下人文交流与社会和谐的重任。

"一国两制"是中国人民杰出智慧的时代创造。"一百年不变"的"一国两制"将对中国的长久发展,对中华民族的伟大复兴产生深层的影响。内地与香港两岸同胞之间通过旅游日趋频繁、日益亲密的面对面的接触、交流,将会真实地让他们了解,什么是"一国两制",为什么要实行"一国两制",将启发他们理性地思考中国的未来向何处去!

香港旅游业：如何走出超常规增长中的烦恼[①]

近年来，一向具有良好声誉的香港发生几件令人不解的旅游投诉，其中尤以"导游"阿珍辱骂不购物的内地游客、今年春节"世通假期"旅行社的一个内地团被扔在旅游巴士上过夜两件事最为注目。香港商务及经济发展局局长苏锦梁不久前公布，2010年至2012年，香港旅游业议会共接到392宗针对导游的投诉，最多的是牵涉购物安排；同期收到149宗对本地旅行代理商的投诉。可见，时下导游、旅行社、购物等环节在内地访港旅游市场上最为突出。

本来，旅游投诉不足为怪。即以香港而言，去年内地访港游客3491万人次，九成以上表示满意和较满意，上述案例实属个别之极；2000至2012的3年内香港共接待海内外访港旅客近1.27亿人次，出现541起投诉，投诉率为0.0004%，似乎也无须大惊小怪。而且，发生的一些投诉案件，也不乏偶然性，如那个"阿珍"就是一位临时被一家旅行社雇来而没有导游资格证书的"假导游"，这在香港并不带普遍性。

然而，偶然之中有必然。旅游业是一个高度市场化的服务经济，香港又是一个高度开放的市场经济城市。目前，香港地区对165个国家和地区的游客实行免签赴港7至180天，也有145个国家和地区给予香港特别行政区居民护照免签证或落地签证待遇。可见，无论是海内外的"港"外人士，还是"港人"，出入这个"港"，是何等的方便、自由！香港不仅是全世界物流、资金流的"自由港"，而且也是人流的"自由港"。供求关系是市场经济中的根本关系，有必要对这几年中香港旅游市场中的供求关系作一个最简要的考察。下表是笔者综合香港旅游发展局的统计资料编制的。

表1　2008~2012年香港游客、客房和导游员增长表

年份	访港旅客		过夜旅客		内地访港旅客			酒店旅馆客房			旅行社与导游			
	万人次	年增长率(%)	万人次	年增长率(%)	万人次	年增长率(%)	内地游客占份额%	间	年增长率(%)	出租率%	旅行社(家)	持证导游(人)	旅行社平均导游	导游年增长率(%)
2008	2951	4.7	1732	1.0	1686	8.9	57.1	60 273	6.4	85	1484	6600	4.45	10.0
2009	2959	0.3	1693	-2.3	1796	6.5	60.7	65 386	8.5	78	1493	5900	3.95	-10.6
2010	3603	21.8	2009	18.7	2268	26.2	62.9	66 354	1.5	87	1680	6313	3.93	7.0

---

① 以《香港旅游业的利益平衡点》为题刊载于2013年第4期《大旅游》。

续表

年份	访港旅客		过夜旅客		内地访港旅客		酒店旅馆客房			旅行社与导游			
	万人次	年增长率(%)	万人次	年增长率(%)	万人次	年增长率(%)	内地游客占份额%	间	年增长率(%)	出租率%	旅行社(家)	持证导游(人)	旅行社平均导游	导游年增长率(%)
2011	4192	16.4	2232	11.1	2810	23.9	67.0	69 041	4.5	89	1674	6608	3.9	4.8
2012	4862	16.0	2377	6.5	3491	24.2	71.8	*	*	*	*	*	*	*

注:香港旅游发展局尚未公布相关统计资料。

从表可以看出,2009年后香港入境旅游市场出现了下列特点:一是访港旅客人数每年以两位数的幅度猛增,过夜游客人数也以相似速度快速增长;二是内地游客在访港旅客总量中的份额越来越高,成为推动入访港市场的主要动力;三是元旦、春节、清明、"五一"、中秋、国庆等中、长期期间扎堆赴港,加上圣诞、元旦时境外人士的集中出入,形成特大客流高峰;四是由此引起客源特点的变化,主要是自由行游客增多、一日游游客增多,同时中低消费的团队游客也在增长。

在这种需求市场的新情况面前,香港旅游业界确实作了不少努力,如香港旅发局推出"优质旅游服务计划",对优质商户授予"优"字标志,还推行"6个月百分百退款保证计划"等措施;旅游业议会与台湾旅行业品质保障协会合作,设立了旅游业赔偿基金,旅行社必须缴付所收取旅行团团费的0.15%作为印花费存入该基金,遇到旅行社倒闭时,受影响游客可以获得团费90%的特惠补偿。此外,香港旅发局、旅议会和品质保障协会也加强了监管力度。

尽管如此,在平均每天13万游客、高峰时数倍于这个数字的游人潮汹涌而来时,供不应求的矛盾就异常尖锐。以酒店、旅馆而言,香港年均客房出租率历来很高,年均在80%以上,2011年高达89%,客房一直在高负荷运行,到国庆、元旦、春节时更是一床难求。今年春节那个在旅游巴士上过夜的旅游团就是这个矛盾的特殊产物(此案虽有旅行社安排不当的责任,但高峰期一床难求的现象不能不与供求失调有关)。香港酒店、旅馆的客房从2008年的60 273间到2011年增加到69 041间,增幅达14.5%,这对弹丸之地的港城来说已属不易,但同期过夜游客增加了37.2%,是客房增幅的2.5倍,客房增幅仍然远低于过夜游客增幅。

再说导游,在访港旅客中,团队游、尤其是内地的团队游约占内地游客总量的一半左右,初次访港旅客今后仍会以团队为主。如此,导游就成了关键。据香港旅发局的数据,2008年持证导游6600名,2009年锐减为5900名(可能是金融危机袭来时部分旅行社裁员),2010年6313名,平均每家旅行社雇用4名导游,有些小社可能没有专职导游。仅内地团队游客一年就有2000多万人次,平均每个导游一年要接待3300位、每月275位内地游客,在旅游旺季和高峰时期,导游紧缺可想而知。这时有的旅行社不得不去雇用无证导游,于是就出了"阿珍"那样的"导游"。在香港,导游是自由职业者,小费是他们的正当收入、重要收入。内地旅游团虽然也付小费,但是数量有限,不能与其他海外游客相比,于是又派生诱导游客购物拿回扣的现象。

香港是购物天堂,到香港旅游不会不购物,甚至有专门为购物而去的。内地去香港自由行和一日游的游客,大都是奔着购物去的。近4年访港旅客从2009年2959.1万人次猛增到2012年的4861.5万人次,内地游客从2009年1795.7万人次猛增到2012年的3491.7万人次,势如钱江潮的商机在使香港零售业异常繁荣的同时,也难免鱼龙混杂、良莠不齐。这是近年来购物投诉增加的一大背景。

近几年香港入境旅游超常规发展引起市场供需关系巨大变化,摆在内地、香港两岸旅游业界面前该如何应对、标本兼治?

笔者以为,应该以治标入手、治本为重,立足现实、着眼未来抓好三个环节。

一是两地共治,从规范源头抓起。近年来个人游的人数越来越多,2011年已达到内地游客的65%,他们中大多是多次访港,对香港行情较了解,且食宿自选,属中高档消费,因此旅程中受骗上当的概率相对较小。目前的投诉集中在强迫或诱骗购物、食宿压低标准等方面,主要发生在团队游之中,特别是零团费、超低团费的团队中。一些内地组团社一手用低价格吸引旅客、争夺客源,另一手以压价手段要挟香港地接社,地接社势必把低价团的损失转嫁到游客与导游身上,形成"低团费"或"零团费"→压低食宿标准→诱逼购物→提取回佣的恶性链。治理团队游中的无序顽疾问题出在香港,源头却在内地。

内地与香港政府旅游主管部门应对组团社与接团社同时加大监管力度,对发生恶劣事故的旅行社加重罚金乃至实行死亡疗法,对它的法人代表和主要经营负责人实行黑名单制度,在规定年限内不得从事同类业务。与此同时要靠行业自律,建议中国旅行社协会和各地分会建立内地赴港旅行社业务联盟,并与香港旅游业议会合作,针对不同档次和旅游季节制定不同的市场引导价和最低价底线,在内地旅游官方网、电商网上滚动发布,并要求组团社网站和门市都必须通告顾客,并通过智能监察系统对组团社与接团社的协议价格进行审核。在组团社与顾客签订合同时,必须让顾客阅读并抄录两岸旅游协会制订的风险提示,如同购买股票、基金时必须抄录的风险提示那样。

从规范组团社与地接社的协议入手,是治理访港旅游市场秩序的第一步。这虽是治标之举,但容易操作,只要坚持下去、假以时日,一方面规制两岸旅游经营商走上诚信经营的良性之道;另一方面逐步培育顾客理性的消费意织,减少贪图便宜的侥幸心理,从根本上培育良性市场秩序的社会基础。

二是总量调控、引导供求相对平衡。1953年访港旅客4.3万人次,到1995年达到1012万人次,历时42年;2004年达到2181万人次,历时9年;2009年达到2959万人次,历时5年;2011年达到4192万人次,历时2年;2012年增加近700万,达到4861万人次,为香港常住人口(717.4万)的6.8倍,香港每平方公里居民与游客超过5万人,是世界上人口密度与游客密度最高的城市之一。由于香港宽松的免签入境政策、出入中国枢纽港的区位交通、固有的"亚洲国际都会"城市品牌,加上"一国两制"的中国特色,对海内外游客的魅力长盛不衰,加速度式的入境游热潮将会继续下去。照时下态势,不用10年,访港旅客会超过1亿人次。

自由港是香港的最大特点,城市即景区是香港旅游的又一特点,既要保持自由港的特色,又要保证香港的可持续发展,但又不能用限制"门票"的方法限制游人规模,是一大难题。香港旅游并无真正的淡季,游客量一年四季在8.3%的月平均线上波动,但细查一下还是有平、旺、淡之分。以2011为例,7、8、10、12月的游客量分别占全年游客的9.2%、9.7%、9.1%与9.7%,为旺季;1月、4月、11月的游客量分别占8.6%、8.0%、8.5%,为平季;2、3、5、6、9月的游客量分别占7.0%、7.6%、7.7%、8.0%、7.2%、7.6%,为淡季。内地7天长假、3天短假时,是访港高峰期,也是旅游纠纷的易发期。运用发达的现代信息与灵活的价格手段可以引导访港客流。可向公众不间断地滚动发布客流量信号,如"绿色"信号为畅通可游,"橙色"为中度拥堵、劝阻访港,"红色"为高度拥堵、不宜访港,"黑色"为极度拥堵、谢绝访港,同时对团费和食宿等实行相应的季节性市场差价,借以缓解高峰期供求严重失衡的状态,减轻该时段市场压力。

在年游客量为本市人口近7倍的状况下,市内交通、公共秩序、日用品供应和休闲娱乐等方面势必会影响到香港市民的日常生活,加上两地民众生活习俗与观念的差异,甚至会诱发某些摩擦,前些日子的地铁纠纷与近日限购奶粉就是例证。如何处理好外来游客(主要是内地游客)与本市居民的关系,也是一个必须关注的问题。大批内地游客持续访港,带旺了香港的消费,增加了就业机会,促进了经济繁荣,这一点在1998年与2008年两次国际金融危机时体现得十分清楚。香港绝大多数居民既盼陆客来,又怕陆客来得太多,可谓喜忧并存。在旅游过程中,引导两地民众互相了解、尊重与包容,促进主客和谐相处,也已提到两地民众面前,旅游业界更是责无旁贷。妥善调节访港旅客流量也是其中必不可少的议题之一。

香港还是亚洲一个国际商务、金融、会展与文教交流中心城市,2010年底共有1285家海外、内地及台湾公司在港设立地区总部,2353家在港设立地区办事处,59个驻港外国总领事馆、61个领事馆及5个官方认可代表机构。每年有300多场会议和展览在港举行,接待会议展览150多万人次。在做好观光娱乐、休闲度假游客服务工作的同时,保证商务会议展览客人的正常活动,也是不可忽视的方面,在研究调控旅客流量时也应考虑此点。

总之,从长远考量,很有必要启动香港游客最高流量研究,研究访港游客有没有极限?极限在哪里?从陆地面积、住宿、餐饮、用水、能源、交通、通关能力与社会环境等诸方面进行综合研讨,判定港城常住人口与流动人口的最佳、最大容量,从容计议中远期香港城市的居民与游客的可容量及其应对措施,避免发生由此而引发的社会危机与生态危机。在这方面,国际上尚无先例可循,需要创新性的思维与增长方式的转型。香港旅游应该按照香港特区政府《施政报告》确定的建设"背靠内地,面向世界,建设一个提供优质服务的国际都会"的目标出发,实现从数量式、规模型的发展方式向数量与质量相统一、规模与效益相协调的增长方式转变,着力开发会展奖励、世界文艺展演、文化艺术修学、康体美容养生与邮轮母港等高品格、高增值的高端都市文化休闲产品,成为长盛不衰、常变常新的"亚洲国际都会"。

三是政企联手、公私合作,协力治理市场秩序。香港实行"市场主导、政府推动"的旅游发展原则,政府在经济发展中始终秉承积极不干预政策,强调维持自由市场机制运作,只有在市场失效或特殊时期时不排除必要的合理政府干预,为最大限度发挥市场机制作用留出广阔的空间。香港旅游业的发展也以此为准则,建立了与之相配套的旅游管理体制机制。香港旅游管理体制由三个层面构成:旅游事务署是商务及经济发展局下辖的政府主管机构,旅游发展局是政府出资的法定监管与推广机构,旅游业议会是行业协调、自律与推销机构。这3个机构分工合作,在各自职能领域相对独立地开展工作。此外,还有一个由政府、旅发局和业界代表组成的非常设性机构旅游业策略小组,研究并向政府提出旅游业发展的建议,旅游事务署参照建议拟定发展计划,制定短期和长期措施。同时3个机构高层人员相互交叉任职。例如,旅发局副主席一职由旅游事务专员担任,旅议会主席也是旅发局成员之一;旅游业策略小组主席是旅游事务专员,委员包括旅议会主席、旅发局总干事等业内人士。这种人事制度有利于畅通业内人士交流信息,保证决策之前业内各方达成一致,便于形成工作合力。

应该强调,目前内地赴港游中出现的一些问题,并没有改变香港旅游有序、健康发展的主流。每年游客抽样调查综合分析报告显示,游客满意度一直维持在80%以上。2010至2012年在世界经济复杂多变、低迷徘徊的形势下,香港入境游客连续以21.8%、16.4%、16.0%的增幅发展,远高于世界和全国的增长速度;内地赴港游客连续以26.2%、23.9%、24.2%的增幅发展,雄辩地证明香港的魅力不衰,内地民众赴港旅游的热情不减。除了内地全力支撑、自由行政策发力等外在因素外,香港旅游体制机制成功、市场环境良好是主要内因。无疑,香港应该毫不动摇地继续坚持"市场主导、政府推动"的发展机制,并加以完善。

目前香港正在组建旅游业监管局,加强对旅游市场的监管,进一步提升"亚洲国际都会"优质旅游品牌的形象。当务之急是,提升旅行代理商的进入门槛,规范香港接团社与内地组团社的业务程序,加强政府与行业组织的协调监管,扩大导游队伍、保障导游权益、规范导游业务,建立高峰期信息传道,如在"黄金周"期间发布全市酒店、旅馆、民宿客房出租动态信息平台,杜绝"阿珍"式导游、"世通假期"式接待的重现。

但是笔者强调,新成立的旅游业监管局仍然要坚持"市场主导、政府推动"的原则,坚持政府、行业和企业的分工合作,实施政府主管、行业自律、企业自主的联动机制,建立更加完善的政事、政企、公私合作伙伴关系,把强化政府依法监管、行业依规质检、企业依法经营统一起来,开创香港旅游发展的新局面,同时为内地旅游体制机制创新提供新借鉴。

海峡两岸旅游高等教育发展与合作之我见①

一、海峡两岸旅游业现状与世界旅游走势

旅游教育是旅游业发展到一定阶段的产物，又是推进旅游业发展的重要因素。研讨21世纪海峡两岸旅游高等教育的前景，不能不对中国和世界旅游业发展态势作一简要考察。

作为一个经济产业，大陆的旅游业是从20世纪70年代末起步的。随着改革的深入和开放的扩大，1978~1992年，海外入境旅游者从76.6万人次增加到632.6万人次，旅游外汇收入从2.6亿美元增加到39.5亿美元。1992年大陆的出境旅游达到293万人次，在亚洲仅次于香港、日本和台湾，位居第四。同年国内旅游达3.3亿人次，回笼货币250亿元。

80年代大陆的旅游业逐步形成了行、住、吃、游、购、娱基本配套的产业体系，走完了它的初创期。90年代将经历更加深刻的历史性变革，为21世界跻身于世界旅游大国之列、全面进入世界旅游市场做好准备。在旅游业的运行体制上，从行政式的计划经济体制完全转向市场经济体制，建立起包括旅游资金市场、物资市场、劳务市场、技术市场、信息市场和人力培训市场的完整的旅游市场经济体系；在经营方针上，从以发展入境旅游为主转向入境旅游、境内旅游和出境旅游三者统筹安排、互相促进、共同发展；在产品结构上，从观光型为主向观光、度假和专项旅游相结合，从参观式向参与式，从单一式向多样化发展；在对外关系上，加大开放的广度和深度，进一步接近和达到国际标准，遵循国际惯例，使旅游业成为大陆上率先达到国际水准的产业之一。到2000年，争取有组织接待海外游客1100万人次以上、旅游外汇收入达到100亿美元，国内旅游人次达到5亿以上、旅游收入达到1200亿元。

台湾地区的旅游业始创于20世纪五六十年代。1979年前主要开展岛内旅游和接待入境旅游，1979年后出境旅游迅猛发展。1987年后，允许居民赴大陆探亲、观光、商务和文化交流。1992年台湾岛内旅游达2600万人次，入境旅游者突破200万大关，出境旅游超过400万人次，境外旅游消费达5亿美元，占世界旅游消费的2.3%。台湾赴大陆的旅游者从1988年的43.8万人次增加到1992年的131.8万人次。随着"六年发展计划"的实施，到20世纪末台湾的基础设施将得到重大改善，将进一步推动旅游观光业的发展。

---

① 写于1993年10月。1993年11月应台湾淡江大学邀请，出席台北市淡江大学"第一届21世纪海峡两岸高等教育学术研讨会"，首次考察台湾旅游业及旅游教育。

新旧世纪交替之际,大陆与台湾旅游业的跨越式发展,要求海峡两岸的旅游教育随之跃上一个新的台阶。如果把视线扩大到亚洲和世界旅游的大背景中,对于发展旅游教育的战略意义,更为一目了然。随着现代化科学技术和经济文化的突飞猛进,人类社会经历了农业社会、工业革命之后,正跨入服务业革命的时代。作为服务业重要组成部分的旅游业,从消费方式、经营方式都将发生重大变化,诚如1989年4月《海牙旅游宣言》所说,正在引发一场"旅游革命"。

社会经济文化的增长和人口结构的变化,使旅游者的人数剧增,素质提高。人们工作时间的缩短(21世纪发达国家和地区将实行每周4天、每天5小时工作制)、弹性工作制的推广、退休年龄的提前、人口的老龄化、就业妇女的增多、晚婚趋势的发展、移民和出境限制的放松等,意味更多的人将有更多的时间、财力和兴趣参加旅游活动。

在大众旅游市场更为兴旺的同时,由于旅游者文化素质的提高和旅游阅历的丰富,对旅游的内容和方式要求更加多样化、参与性和个性化;城市化的发展与环境意识的强化,使旅游者更加渴望返璞归真、回归大自然,生态旅游、绿色旅游为更多的旅游者所喜爱;求知欲的增强驱使人们更加注重旅游的文化内涵,旅游将成为一种越来越重要的教化方式,科技革命的飞跃将推出太空旅游、海底旅游等新奇的旅游项目。

旅游需求的变化必然导致旅游供给和经营管理方式的革新。传统的团队式、全报价式的接待方式将发生变化,逐步向自由组合、自主选择、灵活多样的形式发展。计算机信息系统将运用于旅游经营管理和旅游活动的各个环节之中。旅游线路的选定、交通票证的预购、客房和餐饮的预订和销售将全部实行电脑化管理。世界各大旅行商、饭店集团、航空和其他交通部门将实行电脑联网经营。旅行商将兼营行、住、吃、购、娱等多种经营;同时工业、农业、商贸、交通等企业将兼营旅游业务,旅游产业的综合性和整体性将达到更高的水平。

世界经济全球化和区域一体化的潮流推动着世界旅游市场全球化和区域一体化的发展。21世纪初,世界旅游市场将形成欧洲、美洲和亚太三分天下的格局,亚太地区有可能超过美洲地区跃居世界第二位。亚太地区仍将是世界旅游市场上发展迅速、潜力最大的地区,因而也是竞争最为激烈的地区。大陆与台湾、香港、澳门的旅游业界唯有联合,才能扩大中国在亚太和世界旅游市场上的份额,立于不败之地。

二、旅游教育要应时而进、改革创新

旅游业发展对旅游管理和服务人员的需求,历来是推动旅游教育发展的原动力。旅游教育要适应21世纪旅游业对人力资源的巨大需求,必须不断创新,不断提高。

无论是旅游发达国家和地区,还是旅游正在发展的国家和地区,都要扩大旅游高等院校(系)的规模、增加学生数量,主要在综合性大学中增设旅游系和专业,必要时新建专门的旅游高等院校,满足旅游业对大批高、中级管理人员的需要。

旅游高等院校(系)的专业设置要加以调整和扩大,除了继续办好旅游管理、饭店和餐饮管理等传统专业外,还应开设旅游设计开发、旅游交通、旅游文化和国际旅游经济合作等新专业,以满足综合性很强的旅游业对各类专门人才的需求。

旅游高等教育的内容、方法和手段要不断更新,及时反映和吸收本国和世界旅游业发展的新趋势和新经验,如在旅游产品方面,要更加重视生态旅游、绿色旅游与旅游文化的讲授;在旅游服务方面,加强对散客、家庭的接待规程的讲授;在学生的语言培训方面,要在提高母语水平的同时,加强外语教学,高级旅游管理和服务人员要掌握一至两门外国语;在知识结构方面,在扩大经济和其他人文学科的知识面的同时,加强环保、电脑和其他工程技术方面的知识和技能,使学生文理兼备;要加重对世界和各国旅游概况及其趋势的教学和研究,强化旅游从业人员的国际知识和世界意识。

旅游高等教育的招生和就业制度,要进一步适应旅游业的市场经济特点与应用专业的性质,采取灵活多样的方式。高等教育和中等职业教育要衔接,博士研究生、硕士研究生、本科生与专科生要配套,校内教学与专业实习要结合,学校教育、在职教育与后续教育要结合,就学与就业要一致。

旅游高等教育管理体制要理顺,在旅游主管部门的指导下,旅游院校与企业加强合作,形成店(社)校联手、产学结合的办学体制,使旅游教育与旅游产业紧密结合,互相促进,共同发展。

旅游教育的国际交流和合作趋于常态化、制度化,将有越来越多的发展中国家和地区加入这种国际合作,各国、各地区之间交流师生、联合办学、互认学历,旅游教育更加国际化。

三、海峡两岸高等旅游教育的现状及其合作前景

大陆的旅游教育起始于 20 世纪 70 年代末。为适应旅游业对从业人员的急切需求,旅游教育在短短的十年间,从无到有、从点到面,经历了一个艰辛创业、跳跃式成长的过程,目前已初步形成了一个门类比较齐全、层次基本合理的旅游院校体系。1992 年,大陆旅游高、中等院校及开设旅游专业的普通院校共 258 所,在校学生 61 449 人。其中,高等院校 59 所,在校学生 8893 人;中等专业学校 18 所,在校学生 4638 人;职业中学 181 所,在校学生 47 918 人。专门的旅游高等院校 4 所(北京第二外国语学院、上海旅游专科学校、北京旅游学院、桂林高等旅游专业学校),旅游管理专业硕士点 2 个。开设的专业有:旅游管理、饭店管理、烹饪、旅游资源开发、旅游财会及英语、日语、法语、德语、西班牙语、朝鲜(韩)语和阿拉伯语(旅游方向)翻译导游等。十多年来,为全国旅游行业输送了高、中、初级专门人才近 10 万名。许多大、中专学生已成为大陆旅游管理部门和企业的骨干。高等旅游院校的教师在教书育人的同时,还参加了旅游考察、调研、规划、咨询工作,直接为促进旅游业的发展作出贡献。大陆旅游高等院校(系)积极开展对外交流,分别与中国香港、中国台湾地区以及泰国、新加坡、日本、澳大利亚、美国、加拿大、法国、英国、德国、意大利、西班牙、俄罗斯等国家的旅游院校、企业或管理机构建立联系,在人才培训、教材建设和信息交流方面开展了合作。

成人教育是大陆旅游教育的重要组成部分。前述高等旅游院校(系)在主要从事大学本科和专科教育的同时,也对在职的旅游管理和服务人员进行职业教育,其中既有岗位资格培训教育,又有成人学历教育,包括夜大、干部专科和专业证书班等大专、中专学历教育。天津中国旅游管理干部学院和南京金陵旅游管理干部学院是两所旅游成人高等学院。旅游成人教育密切结合行业特点和工作需要,有的放矢地进行教学,正在向专业化、规范化和制度化发展。

十多年中,大陆还陆续建立了一批旅游研究机构,目前已有十多所。这些研究机构大体上可分为五类:第一类,设置在旅游院校(系)内,如本人供职的北京第二外国语学院旅游科学研究所、北京旅游学院旅游科学研究处、上海旅游高等专科学校旅游研究室和杭州大学旅游研究室等,这些研究机构与旅游教学关系密切,专业教师参加研究所(室)活动,研究所(室)人员兼任旅游教学,研究成果直接充实到教学之中。第二类,设置在国家或省、市科学院之内,如中国社会科学院旅游服务经济研究室、上海社会科学院旅游经济研究中心、广东社会科学院旅游经济研究室等,它们侧重于研究旅游经济和管理。第三类,设置在旅游行政管理机构内,如各省、市旅游局的政策研究室,直接为旅游行政管理部门的决策服务。第四类,与旅游相关的教学和科研机构,从事旅游规划设计与研究工作,主要是旅游景区的规划设计,如清华大学建筑学院、北京大学城市与环境学系、同济大学风景科学研究所和国家建设部风景园林研究所等。第五类,近年来为适应向市场经济过渡的需要,新建了集旅游研究、咨询和开发于一身的智力型单位,如由中国旅游协会和中国旅游学院合办、旅游科学研究所承办的中国旅游协会咨询中心。高层次的旅游科学研究和规划咨询单位,集中了一大批旅游专业及与旅游密切相关的高水平研究人才,与旅游高等院校(系)一起成为大陆旅游教学、科研与咨询的智力库。随着旅游业向更高阶段的发展和市场经济体制的建立,它们在大陆旅游业界的作用将越来越凸显出来。

大陆的旅游高等教育处于初创阶段,不少问题有待逐步解决。其中较为突出的有:院校(系)布局不均衡,主要分布在北京、上海、广州和西安等城市,有些省(自治区)还没有旅游院校(系);专业结构不齐全,课程设置有些欠缺;教育经费紧缺,师资队伍数量不足、专业水平悬殊不均;旅游院校(系)与旅游企业的联系不紧密,教学过程与旅游经营脱节,产、学、研三者尚待形成一个有机整体;旅游教育管理体制不顺畅,尤其在市场经济条件下,旅游部门与教育部门之间、旅游院校与旅游教育主管部门之间,如何建立既协调又宽松的关系,尚待探索。

台湾的旅游教育起步比大陆早,20世纪60年代末设立大学观光专修科,70年代设立视光系。1992年,3个私立大学设有观光系和一个观光研究所,5个专科学校设有观光科,32所工商职校设有观光科、餐饮管理科和观光美仪科,形成了颇具规模、较为完整的旅游教育体系,建立了一支富有教学经验的师资队伍。台湾的旅游视光教育在发展过程中曾经出现、目前依然存在着一些问题,如师资的数量和水平不能适应日新月异的旅游业的需求;课堂教学与实习操作的衔接不力,旅游院校(系)与旅游企业的联系不紧;课程不够齐全,教材不够配套;学生素质特别是外语水平有待提高,就学与就业不完全接轨,学生毕业后干所非学、学非所用现象时有发生。

旅游是一项集资源、资金、人力与智力于一身的新兴产业,是现代化的硬件与高素质的软件的结晶体。发展旅游业既需要资源和资金,更需要人才和知识。海内外旅游市场上的激烈竞争,实质上是人才的竞争,智力的竞争,归根结蒂是教育的竞争。加快旅游教育的发展,提高旅游教育的质量,对我们这样一个幅员辽阔、历史悠久、旅游资源丰富而旅游专业人才紧缺的国家,其重要性与紧迫性,不言自明。

四、海峡两岸旅游教育交流合作之期望

海峡两岸是血缘相通、文缘相同、史缘绵长、商缘宽广的炎黄子孙。面对世界旅游市场群雄并起、集团逐鹿的局势,以及台湾同胞赴大陆的旅潮滚滚,两岸旅游业者无不在思考如何联手合作,共创中华旅游业之未来。两岸旅游业界同人既是竞争的对手,更是血浓于水、休戚与共的骨肉同胞。无论是民族兴旺的大义,还是繁荣旅游业的实利,都要求两岸合作、共图大业。作为培养旅游人才的教育同人,早已多次相聚,交流信息,切磋育人之道。两岸旅游高等教育起步有先后,体制有差异,办学有短长,但作为一门新兴的学科,既有一些类似的难题,又有不少可共享的经验,更面临共同的挑战,肩负同样的使命,极需加强交流,加深了解,加大合作,促进共同发展。

值此"21世纪海峡两岸高等教育学术研讨会"召开之际,谨就高等旅游教育界的交流与合作,略陈三点浅见,就教于学界同人。

第一,建议在明年暑假期间,由海峡两岸旅游院校共同发起,以"新旧世纪交替之际的中国旅游教育"为题,在大陆或台湾举办旅游教育研讨会,并邀集五洲四海的华人旅游教育界同人参加,一起探讨共同关注的课题:世界旅游的发展趋势及其对旅游教育提出的新课题,包括大陆、台湾、香港和澳门在内的中国旅游市场的建立与发展,世界旅游教育的现状与未来,大陆、台湾、香港和澳门旅游教育的经验与教训,旅游教育如何既体现中华民族的特色又与现代国际水平接轨等。

自改革开放以来,大陆旅游教育界曾多次与外国旅游教育界的同人举办学术研讨会,交流信息、互通情报、探讨疑难,对拓宽大陆旅游教育界的视野,解放思想,吸收他国经验为我所用,起了良好的作用。海峡两岸同根同祖、世情相通,在发展旅游业和办好旅游教育方面具有更多的共同点,彼此的经验以及教训,均能给双方提供启迪,更应开展更多更经常的交流,此乃题中应有之义。

第二,目前两岸旅游教育界的交流和联系,不够经常、稳定和深入。隔若干时日两岸教育界人士相聚一堂,交流切磋,比之以往40年"鸡犬之声相闻,老死不相往来",固然是一大进步,但是这种交往毕竟有限,只是少数学界代表的接触,难以深入与务实。

以当前两岸关系的现实而论,本人以为,两岸某些旅游院校(系)结为姐妹学校(系),建立较为稳定的联系,实为可行之举。凡结为姐妹学校者,双方可定期或不定期地

举行教务负责人、教员之间的会晤,就专业建设、课程配置、教材编撰、教学方法、校企关系、管理体制等诸方面,进行交流探讨;双方的教师可轮流到对方进修与授课;双方的图书资料和信息可以相互使用,有条件的实行电脑联网;双方可选派部分高年级学生到对方学习;双方可联合招收研究生。两岸的科研机构也可以建立合作研究关系。这方面,敝所愿与台湾文化大学观光研究所率先建立所际合作关系。

这里想说明的一点是,这种交流应该是双向的,即不仅台湾的同人到大陆,大陆的学界人士也可去台湾。唯有双向交流,才能深入、互利、持久。此次研讨会是实现双向交流的可喜开端,深信今后会有更多的机会。当然,鉴于目前海峡两岸的状况,这种双向大交流只能逐步推进。

第三,两岸共同筹资、联合创办旅游院校(系)或研究生院,聘用两岸资深师资,招收两岸优秀青年入学,共同培育跨世纪的高层次的旅游管理、教育和研究人才。两岸旅游教育各有其长短,相对而言,大陆的旅游院校(系)在文、史、地等基础学科方面较为厚实,而对国际旅游市场的规范、标准、惯例不甚熟悉;台湾的旅游院校(系)对国际旅游市场较为熟悉。

大陆在市场经济条件下缺乏办学经验,台湾学校则较早在市场经济条件下运作。由于近40年的隔阂,台湾师生对大陆的历史、文化和现状,特别是旅游业现状不甚了解;同样,大陆师生对台湾人的生活及社会环境也不甚了解。两岸如能联合办学,互取对方之长补己之短,必能提高教与学的水平,培育出既适应21世纪世界旅游市场角逐,又能适应日趋发展的两岸旅游观光业务的开展,提高大陆接待台胞的服务水平。一旦放宽以至取消对大陆居民入境的限制,台湾旅游界同人也就能很好地接待大陆同胞。两岸联合办学,为两岸教育界交流与合作之必然,也是大陆深化改革开放政策之必然。

今年2月颁布的《中国教育改革和发展纲要》明文规定,"欢迎港、澳、台同胞,海外侨胞和外国友好人士投资办学,在国家有关法律和法规的范围内进行国际合作办学"。两岸旅游教育界何不借此"东风",率先联合创办旅游高等学校或研究生院!

世界旅游业蒸蒸日上,已成为全球最大之产业;中国旅游业如旭日初升,方兴未艾。在即将来临的新世纪中,我们这个具有悠久观光游览历史的泱泱大国,将以唯我独有的旅游资源、绚丽多彩的旅游产品、国际水准的旅游设施和东方风度的接待服务,跻身于世界旅游大国之列。两岸旅游教育界肩负哺育跨世纪英才的光荣使命,任重而道远。为了中国旅游业的腾飞,扩大交流、互相学习、精诚合作,是两岸旅游教育界的共同心声。敝人深信,灿烂的合作之花,必将结出丰硕的兴业之果。

构建闽台旅游合作区[①]

闽台旅游合作区是在"一国两制、和平统一"的原则下,福建与台湾逐步推进旅游业的交流与合作由低级向高级发展,从互送游客、组织接待、共同研讨、交流经验的业务合作起步,逐步向点线共联、产品共组、市场共推、企业共建、联手开发国际市场的方向推进,实现资源互用、客源互送、品牌共创、利益共享,合作开展宣传促销和接待的旅游经济合作区域,最终建设成为中国东南沿海地区和东亚太地区的具有山海一体、闽台文化特色的旅游胜地,与粤港澳、江浙沪、环渤海湾旅游区一起共同组成中国东部沿海地区的旅游经济繁荣带。

一、构建闽台旅游合作区的条件

1. 深厚的渊源关系

由于地域与历史的原因,福建是台胞的主要祖籍地,80%台胞的根在福建。闽台之间地缘近、史缘久、血缘亲、语缘通、文缘深、神缘合、俗缘同、情缘密、商缘广,具有天然的任何力量割不断、分不开的纽带联系,是构建闽台旅游合作区的地理、人文基础。

闽台一峡之隔,两岸最近处仅68海里。福州直航到基隆只有80多海里,厦门直航到高雄165海里。两岸航运可"朝发而午至"、"朝发而夕至"。长乐机场至台北机场仅30分钟。厦门到金门岛,最近距离仅1000余米,海上航程不到10分钟。这种地缘与潜在的交通优势是构建闽台旅游合作区的独特条件。

2. 丰富、互配的旅游资源

闽台地区同处在中亚热带地区,都以山地为主,滨海多岛、港、湾、滩。两地都有一批蜚声海内外的旅游景点,福建的武夷山、鼓浪屿、妈祖祖庙,台湾的阿里山、阳明山、日月潭、太鲁阁、北投温泉,不仅为两岸同胞所共同向往,而且也受到海外华人同胞和外国旅游者的青睐。特别在人文资源方面,台湾的众多寺庙、楼堂、墓园、遗址及人文习俗,大都可在福建找到祖根。两种制度下的同根同俗现象,将成为闽台两地特有的社会旅游资源,为中外旅游者所瞩目。这种资源的独特配置是构建闽台旅游合作区的资源基础。

[①] 2001年5月《福建省旅游发展总体规划》。2000至2001年由北京第二外国语学院旅游科学研究所、湖北大学旅游学院、中国科学院地理科学与资源研究所和中国城市建设研究院联合编制《福建省旅游发展总体规划》,本人担任编制总负责人,马勇教授任总主持人,尹泽生研究员负责旅游资源调查与评价,王盘岩高级工程师负责旅游城市与重点景区规划,福建省旅游局陈雄平处长和陈扬标处长(现福建省旅游局副局长)统筹规划编制工作。"建设闽台旅游合作区"一节由本人执笔。《中国旅游业发展十五计划纲要》中"闽台旅游圈"被列为七大"重点旅游圈"之首,《中国旅游业发展十一五计划纲要》中"海峡西岸旅游区"被列为12个"重点旅游区"之首。

3. 富有潜力的客源市场

闽台两地共有血缘相通的5500多万居民,是互为目的地的巨大客源市场,台湾每年出岛旅游670多万人次,来福建的仅40万人次。福建接待近百万除台胞以外的入境游客,其中外国游客30多万。台湾目前年接待入境游客230万人次。闽台两地共接待400多万境外游客,相当于江、浙、沪三省市的接待人数。

闽台同处在粤港澳和江浙沪两大客源产出地之间。一旦建成闽台两地联游的旅游合作区,闽台两地的入境游客将会急剧、大幅增长。这种巨大的市场潜力是构建闽台旅游合作区的客源条件。

4. 发展势头良好的闽台经济是旅游合作的基础

自20世纪80年代末以来,台胞来闽探亲访友、寻根祭祖、宗教朝圣和商务贸易的共计340多万人次。目前,在台湾排名前百名的大企业中已有30多家在福建投资。台资已成为福建仅次于港资的第二境外投资来源地区。闽台之间农业、工业和科技合作逐步推进,文化交流也日益频繁。海峡两岸政治关系的波动并未改变两岸商务、文化、旅游交流与合作的发展。海峡两岸的旅游界就进一步发展旅游合作进行了多次探讨,在旅游业务上已有多年的合作经历。这是构建闽台旅游合作区的经济社会基础。

5. 福建已为构建闽台旅游合作区准备了条件

1996年8月,中国交通部宣布,福州、厦门为海峡两岸直航试点口岸城市,次年开通台北—澳门—厦门、福州"一票一机"航线。目前,这条两岸空中准直航线已向南京、北京、武汉等城市延伸。从1997年8月1日起,厦门口岸享有对台胞实行落地签证的政策。湄洲岛也享有对台胞实行落地签证的特殊政策。厦门港、湄洲岛3000吨对台客运码头已被批准对外国籍船舶开放。全省沿海有数十个允许台轮停靠的渔港停泊点。

台湾当局也曾作出把两岸试点直航港口由1个高雄港增加到3个(台中港和基隆港)的决定。两岸跨航转机服务也有进展,台北—澳门—武夷山的准直航线已经开通。目前,在一个中国的原则下厦门与金门、福州与马祖签订了直航协议,不少台胞从马祖至马尾、从金门至厦门进而转道到全国各地旅游,福建已成为台胞进出大陆的重要基地,进一步成为大陆同胞进出台湾的重要基地,这必将有力地促进福建旅游业再上新的台阶。

这些都为构建闽台旅游合作区准备了政策条件和设施基础。

总之,构建闽台旅游合作区具有客观的必然性和基本条件。这是一个长期的努力和发展过程,其进程取决于两岸政治关系的发展,但两岸同胞要交流、合作,统一是不可抗拒的历史潮流。提出构建闽台旅游合作区正是顺潮流、合民心的举措,也符合旅游发展必须依托区域合作的一般规律。

二、构建闽台旅游合作区的意义与作用

1. 促进闽台旅游业的共同发展

福建是大陆旅游比较发达的省份之一,台湾是东南亚地区旅游比较发达的地区之

一。由于两岸之间的同胞不能互相出游,其他国家和地区的旅游者也不能同时出游闽台两地,严重影响了两地旅游业的共同发展。香港、澳门在"一国两制"下回归祖国后,粤港澳旅游交流与合作进入了更高的层次、开辟了更广的天地,有力地促进了三地旅游业的共同发展。最近,珠江三角洲地区又获得入港旅游者可在该地区享有6天免签证停留的优惠政策。粤港澳旅游区发展的成功经验,为构建闽台旅游合作区提供了有益的借鉴。

2. 促进海峡两岸经济繁荣带的建设

台湾西海岸集中了岛内主要加工工业区、高科技园区、海空港和城市群,福建的东部海岸线是经济发展水平最高的地区,也是主要海空港和城市群的集合带。两岸经济的差异性与互补性构成了经济合作的动因。发挥闽台优势效益互补,推动海峡两岸经济合作,形成一个两岸经济繁荣带,是双方经济的共同要求。

为此,福建省已作出建设海峡两岸经济繁荣带的重大决策。旅游业在海峡两岸经贸交流中起着重要作用,旅游经济是两岸经济繁荣带中一个重要方面。构建闽台旅游合作区是推进、配合和服务两岸经济繁荣带形成的一个重要举措。

3. 促进全国特别是东部沿海旅游带的发展

国家旅游局在部署"十五"和2015、2020年全国旅游业发展规划时,提出了促进重点旅游区突破性发展,确定了粤港澳旅游区、江浙沪旅游区、环渤海湾旅游区的发展思路。闽台是粤港澳旅游区和江浙沪旅游区之间不可缺少的重要地区,是联结东南沿海旅游经济带中华南板块与华东板块的重要环节。在特定的历史与地理环境下形成的闽台文化所构成的闽台旅游区,具有其他旅游区所没有的特色,它在促进两岸的交流与合作、完成祖国统一大业中的特殊功能,也是其他旅游区所不具备的。因此,闽台旅游合作区是促进我国东部旅游业的整体发展,构建全国旅游格局中不可缺少的一部分。

4. 促进两岸交流,增进相互了解

福建省在祖国统一大业中是一个发挥特殊作用的地区。在对台工作中,旅游业具有明显的优势、特殊的功能。祖国统一,旅游先导;两岸三通,旅游先行。加强闽台合作、构建闽台旅游合作区,不仅能有助于促进旅游支柱产业的培育和旅游强省目标的实现,而且能够进一步增进两岸的交往,促进实现"三通",推进祖国统一大业。

三、构建闽台旅游合作区的措施与步骤

构建闽台旅游合作区是一个渐进、长期、曲折的过程,随着两岸政治、经济、文化关系的逐步推进,闽台旅游合作也将取得长足的发展。

两岸实现"大三通"前,福建省应充分发挥"一国两制,闽台同根"的旅游特色,尽快形成独特的市场卖点,并将闽台旅游合作的重点放在金门、厦门和湄洲岛三个地区,以招徕更多的台胞到福建观光、度假、探亲或进行宗教朝拜,同时也吸引更多的国内旅游者到福建旅游。

在两岸实现"大三通"之后,福建省应积极采取"旅游促三通,旅游促统一"的策略,

并将闽台旅游合作的重点放在旅游行业组织互访、项目合资及民间交流上,以不断增强福建省在台湾市场的影响力,同时开通内地居民赴台湾旅游的渠道,实现两岸客源双向流动,为闽台实现全面旅游合作做好准备。

1. 加强旅游宣传促销,开发台胞旅闽产品

重点抓好妈祖朝圣游的深度开发,办好妈祖文化节,强化妈祖文化对台胞的感召力,增强台湾同胞与祖国大陆的向心力和凝聚力。适当时机再度组织类似妈祖巡游台湾宝岛的大型祭拜活动,在台湾形成轰动效应。

积极开发东山关帝祭典、三平祖师公朝拜、龙海慈济公祭祀、古田临水宫注生娘娘朝圣、客家祖地寻根、开漳圣王陈元光寻踪、郑成功故里寻访等寻根祭拜产品,吸引在台有众多分灵庙的信徒来闽旅游。

与文化部门合作,组织为台湾游客喜闻乐见的闽南歌仔戏、莆仙戏、南音、木偶戏演出,经贸、文化、旅游团赴台活动时带去这些演出。

2. 努力创造条件,力争"海上直航,旅游先通"

打开两岸直航海空通道,是构建闽台旅游合作区的关键。充分运用厦门、福州对台直航试点口岸的政策,力争尽早在旅游方面实现中央关于两岸直航的战略构想。

充分发挥厦门和湄洲岛实行台胞落地签证的政策优势,争取实现两岸旅游直航。第一步实现在厦门与金门、马尾与马祖之间的旅游直航。争取有关部门逐步批准东山岛、平潭岛、霞浦三沙、惠安崇武和武夷山实行台胞落地签证政策,形成以厦门为基地,湄洲岛、东山岛、平潭岛、黄歧半岛、围头半岛、三都澳、三沙岛等为前沿基点的对台旅游开放式接待的格局,使福建成为台湾游客自由进入大陆的集散地和中转站。

3. 抓紧建设台胞观光休闲度假基地

一旦闽台之间实行旅游直航,台胞来闽观光休闲度假必然大幅增加。1998年台湾实行"隔周双休制",出岛旅游达670多万人次,约占全岛总人口的1/4。如果闽台实现旅游直航,福建是台胞短期观光休闲度假的最佳目的地。

福建要未雨绸缪,加快台胞休闲度假基地的建设。武夷山、湄洲岛两个国家旅游度假区要完善休闲娱乐设施,提高接待服务水平,建成台胞朝圣、观光与休闲度假相结合的主要基地。同时,在连江、平潭、石狮、崇武、围头、东山等地抓紧滨海度假设施的建设,形成主要面向台湾游客的闽东南滨海休闲度假旅游带。

充分发挥已建成的福州、厦门、泉州、漳州等地8个高尔夫球场的优势,开发体育休闲旅游新产品,使福建成为"三通"后台胞节假日休闲度假的基地。

在已经和争取成为闽台旅游直航的入境口岸城镇,要积极做好前期准备工作。入境机构、港口码头、疏散分流、购物娱乐等硬件设施和软件服务要配套完善、井然有序。这方面可借鉴国内假日旅游的经验教训。

4. 闽台合资开发旅游,强化旅游经济纽带

加大对台旅游招商的力度,推出主要吸引台商投资的旅游开发项目,继续营造良好

社会经济环境,帮助台商办好在福建的各类旅游企业。

福建创办合资旅行社,要把台湾的优质旅行社作为重要的选择对象,该旅行社不仅在岛内有稳定的客户,而且在海外也有稳定的客户。闽台合资旅行社要成为闽台旅游合作区将来共推两岸联线、联网的旅游产品的主体。闽台旅游开发合作的领域要扩大到住宿、景区、娱乐场、游船等各个方面,采取独资、合资、合作经营、连锁经营、委托经营等多种形式。

全方位扩大闽台旅游合作开发,不仅可以引进资金,而且可以借鉴台湾优质旅游企业的管理经验,还可实现共同宣传促销、扩大招徕海内外客源,并夯实构建闽台旅游合作区的基础,强化合作的经济纽带。

5. 协会牵手、商学联手,拓展民间交流渠道

闽台旅游交往需加强福州省旅游协会及各地、市、县协会与台湾各旅游行业组织的交流和合作,加强福建省旅游院所与台湾旅游院所的交流和探讨,加强福建省旅游企业和人士与台湾旅游企业和人士的交往与合作,互派代表团考察交流,充分发挥旅游在海峡两岸交流和合作中的先导作用。适时成立由商界、学界等各方组成的闽台旅游联谊会;由双方旅游协会建立定期磋商,建立民间双向沟通渠道,协商解决有关旅游事宜。

6. 大陆居民游台,实现两岸互游、双向流动

1987以来,台湾同胞来福建探亲、经商和旅游已超过400万人次,而福建赴台探亲及学术交流的仅数万人次,这种"来而不往、来多去少"的状况应首先通过福建居民游台湾改变。

积极创造条件,首先开通福建省居民赴台旅游的渠道,实现两岸居民双向旅游来往。在起步阶段,福建和台湾各精选一些信誉好、作业规范、经营出境业务业绩优良的旅行社承办。

在条件成熟的时候,开放大陆居民经福建出游台湾的业务,使福建真正成为海峡两岸全体同胞双向旅游的基地、集散地和中转站。

7. 两岸线路共推、联合促销,共建闽台旅游区

两岸直航实现后,海峡两岸旅游业界共同开发、联合促销联结台湾和福建及大陆其他景点的旅游线路,向海内外联手推出"闽台风光六日游"、"闽粤港澳台十日游"等产品,共同推出"闽台旅游欢乐节",共同创造"闽台海峡之旅"名牌,从而使闽台旅游合作区成为中国东部沿海地区的旅游经济发达地区,成为东亚地区的著名旅游区,与粤港澳、江浙沪一起成为中国旅游现代化、国际化发展格局中的示范地区和重要拉动力量。

明天,海峡两岸旅游历史将谱写新的篇章[①]

此时此刻(6月11日下午),台湾海基会代表团正在抵达北京。明天下午海协会和海基会的代表将在钓鱼台商谈大陆居民赴台旅游事宜,后天双方签署海峡两岸周末包机和大陆居民赴台旅游协议。两岸同胞和旅游业界盼望已久的大陆居民赴台旅游,即将成为事实。

这一步整整走了二三十年!

1979年元旦,全国人大常委会发表《告台湾同胞书》提出:希望尽快实现通航通邮,以利双方同胞直接接触,互通讯息,探亲访友,旅游参观,进行学术、文化、体育、工艺观摩。

1987年10月15日,蒋经国先生在他的晚年作出决定,宣布开放老兵回大陆探亲,并规定自1987年11月2日起,凡在大陆有血亲、姻亲、三亲等以内的亲属者,均可向台湾红十字会登记,经第三地赴大陆探亲。

封闭的闸门一旦启开,台胞来大陆探亲、观光、考察、投资、就学、就业的大潮就喷涌而出、滚滚而来。海峡两岸"鸡犬之声相闻、老死不相往来"的僵局从此打破。从1987年11月至2007年底,台湾居民来大陆总计超过4600万人次,相当于台湾总人口2300万的两倍,即平均一个台湾居民来大陆2次。

但是,这是一种多来少往的、不对称的交往。20年间,大陆居民赴台累计160万人次,是台湾来大陆的3.4%,仅占大陆人口的0.1%。2007年,台湾同胞来大陆462.79万人次,大陆居民赴台只有8.18万人次。

为了改变这种不正常的局面,十多年来,大陆方面和两岸旅游业界又进行了坚持不懈的努力。

1991年12月17日,国务院颁布《中国公民往来台湾地区管理办法》,对大陆居民申请赴台旅游的具体事项作了规定。

2001年底,陈水扁当局迫于压力,通过了一份《大陆地区人民来台从事观光活动许可办法》。但将大陆居民分为3类:第一类是在大陆生活工作的人士;第二类是出访其他国家或地区的人士;第三类是在其他国家或地区工作、学习、定居的中国大陆公民。台湾当局先允许"第三类"大陆居民赴台旅游。

2005年5月3日,中共中央台办、国务院台办主任陈云林受权宣布:正式开放大陆居

[①] 2008年6月11日搜狐博客。

民赴台旅游。

2005年11月5日,中国旅游协会会长邵琪伟在台北表示,为推动大陆居民赴台旅游早日实现,谋求两岸旅游业的合作共赢,大陆方面以"海峡两岸旅游交流协会"的名义,欢迎台湾旅游业者民间组织,来大陆就大陆居民赴台旅游相关事宜在双方方便的时候展开协商,达成共识,作出安排。

2006年以来,两岸旅游行业组织已先后就此进行6次技术性磋商。讨论了旅游形式、团队人数、每日配额、赴台停留时间、开放区域、市场秩序规范、权益保障及纠纷处理、证件采认、旅游包机等议题,其中纯技术问题目前已达成基本共识。

2006年4月16日,为规范大陆居民赴台湾地区旅游,依据《中国公民往来台湾地区管理办法》和《旅行社管理条例》,国家旅游局、公安部、国务院台湾事务办公室联合发布《大陆居民赴台湾地区旅游管理办法》。

2007年1月8日,海峡两岸旅游交流协会与台湾海峡两岸观光旅游协会就大陆居民赴台旅游事宜进行了第三次技术性磋商。

2007年2月7日,大陆国家旅游局会同相关部门敲定了首批台湾游组团旅行社的名单,标志着"大陆居民赴台游"已进入倒计时。

万事皆备,只欠东风。

日历翻到了2008年5月20日,台湾领导人大选尘埃落定。雨过天晴,和平发展曙光照耀两岸。马英九先生在其"竞选"中提出的主要政见之一就是"立即开放大陆人士来台观光"。在其就职20天之后,由中国国民党副主席江炳坤任董事长的海基会代表团的专机顺风千里、飞越海峡,直抵北京。

江炳坤在启程前说:"明天,我们开始进行的是一项举世瞩目的活动,大家都在写历史。"

我们期待,就在这两天两岸旅游发展史将写下新的篇章。

大陆居民赴台旅游将使台湾入岛游客翻番①

海协会与海基会刚刚签署的《海峡两岸关于大陆居民赴台湾旅游协议》,打开了大陆居民赴台旅游的大门。7月4日,大陆居民赴台旅游首发团将跨越台湾海峡,实现游览宝岛台湾的愿望;7月14日后,正式实施赴台旅游。至此,中断了半个世纪的大陆居民赴台旅游正式启动,结束了20年两岸同胞来而不往的历史。

这对海峡两岸的旅游业都是一个划时代的举措,尤其对台湾旅游业产生巨大影响。

马英九先生在其"竞选"政纲中提出:大陆居民赴台旅游初期每天开放3000人,第2年增加到每天5000人,第3年增加到每天7000人,第4年达到每天1万人。

这是一个小学生都会做的算术题:每天3000人,一年109.5万;每天5000人,一年182.5万;每天7000人,一年255.5万;每天1万人,一年365万。

这些数字对台湾的入岛旅游业意味着什么?

台湾旅游部门公布,2005年赴台游客337.8万人次,旅游收入49.77亿美元(人均花费1477.4美元)。2007年赴台游客371.6万人次。因此,如果大陆居民赴台旅游达到每天1万人,大陆居民赴台旅游人数就相当于2007年台湾入岛游客的总数。

由于陈水扁当局的倒行逆施,2007年大陆赴台8.18万人次,比2006年减少1.7万人。据台湾旅游业者估算,以每人新台币10万元(约合人民币2.5万元)的花费估算,2007年共失去的商机约新台币17亿元(约合人民币4.25亿元)。

如果大陆赴台游客每天3200人次,一年为116.8万人次,就将成为台湾入岛旅游的第一客源市场。如依台湾旅游业者的估算,以每人新台币10万元的花费估算,一年将给台湾带来1168亿元新台币(约合人民币292亿元、美元41.7亿美元)的收入,相当于台湾2005年旅游外汇收入的总和。

这对台湾经济又意味着什么?

2008年1月5日,马英九先生说,开放大陆观光客将活络台湾经济。开放观光后,将刺激台湾整体经济,至少减少1%的失业率,同时借由观光客赴台,填补目前台湾许多观光产业从星期一到星期五的空窗现象。笔者查询了一下,今年1、2月,台湾失业率为3.87%,失业人数达42.8万人。减少1%的失业率,即新增11万个就业机会。

今年2月1日晚,马先生在台湾旅行商业同业公会联合会、台北市旅行商业同业公会岁末联欢晚会上说,希望每一位大陆观光客都来台湾三次。他解释所说的"三次"分别

---

① 2008年6月13日搜狐博客。

为："第一次是走马看花,第二次是深度旅游,第三次是休闲度假。"他说,我心目中希望每一位大陆观光客都来台湾三次。如果有5000万人的话,三次就是1.5亿,台湾旅游业的生意会吃不完。

马先生的目光还盯着2008北京奥运会。他说,今年七八月间如能两岸直航,我相信在北京看完奥运的人潮,也许还会到台湾旅游。

由此可以理解,为什么马英九上任伊始,就把实现两岸周末包机直航与大陆居民赴台旅游作为他处理两岸事务的首要之举。

如果评选"台湾旅游形象和推广大使"的话,笔者将全力推荐"小马哥"。他提出的大陆居民赴台旅游的三次论,说明他很了解大众游客从"观光旅游"向"深度旅游"、"休闲度假"的提升规律。

笔者乐观地认为:每天1万大陆居民赴台旅游的目标用不着等到第四年,这个目标也许在2010年就能达到。短短两三年内,游客人数从10万人到300多万人次的飞跃,也许成为中国旅游史和世界旅游史上的奇观。从旅游这一侧面,可以看出,两岸和平发展、互利共赢,是不可阻挡的民心所向、时代旋律!

海峡两岸关系史上的拓荒之举[①]

5月4日,台湾海峡两岸观光旅游协会北京办事处成立;5月7日,海峡两岸旅游交流协会台北办事处成立。据媒体报道,台湾前来参加"驻京办"揭牌的贵宾有40多人,除了台湾"交通部观光局"局长、台旅会会长赖瑟珍外,还有台湾"交通部观光局"副局长、台旅会副会长吴朝彦、台湾"行政院"组长黄志骢、台湾"交通部"专门委员卓遵铜以及台湾"陆委会"、"内政部"以及台湾旅行工会的官员。据前来参加揭牌仪式的台湾"内政部移民署"组长蔡慧娟说,他们来京前统一印制了台旅会名片和胸标,名片上不显示各自的原单位名称。

台湾"交通部观光局"原局长、台旅会名誉会长张学劳先生说,"台旅会驻京办"是一个柔性的单位,表面上看是一个民间组织,但是实质上是具有"公权力背景"的机构,是个"重要的突破"。现台湾"交通部观光局"局长、台旅会会长赖瑟珍也说,"办事处的设立,可以说是两岸关系非常大的一个突破,两个办事处都是有公权力背景的单位,这样可以更好地推进两岸旅游的沟通、协调以及服务工作"。

此举为何是一个"突破",而且是一个"重要的突破"、"非常大的一个突破"?

由于众所周知的历史与现实的原因,近在咫尺的海峡两岸的官方机构不能以"中华人民共和国"与"中华民国"的名义直面交往,但又不能不交往、不得不交往。于是,此岸成立了"海峡两岸关系协会"(简称"海峡会"),彼岸成立了"海峡两岸交流基金会"(简称"海基会"),双方官员戴上了"海峡会会长"的手套与"海基会会长"的手套进行握手,既握了"手",又不直接触到"肌肤",这也算是中国人的一种政治智慧吧。

与之相应,在旅游界成立了"海峡两岸旅游交流协会"(简称"海旅会")与"海峡两岸观光旅游协会"(简称"台旅会")。"海旅会"的会长是大陆国家旅游局局长,"台旅会"会长是台湾"交通部观光局"局长。因此,台北与北京的两个"办事处"均是具有官方背景的"非官方机构"或"准官方机构"。对此,张学劳先生说得很明白,"台旅会北京办事处实质上还是官方性质,代表'公权力'为民众服务。海旅会在台北的办事处的工作人员也同样具有官方背景"。这两个旅游"办事处"的亦官亦民、名"民"实"官"的模式,既巧妙地规避了目前海峡两岸关系中的敏感之处,又破解了两岸旅游交往中迫切需要解开的难题,实在是双方决策层既正视现实又放眼未来的务实而灵活的高明之举。

国家旅游局局长、"海旅会"的会长邵琪伟先生说,"这是我们在台湾岛内设立的第一

---
① 2010年第6期《中国饭店》。

个具有官方背景的办事机构"。张学劳先生也说,"台旅会北京办事处实质上还是官方性质,代表'公权力'为民众服务。海旅会在台北的办事处的工作人员也同样具有官方背景"。看来,双方对两个"办事处"的"公权力"与"官方性质"直言不讳。

从双方委任的"办事处"人员来说,其官方性质再清楚不过。"海旅会"台北办事处的首任主任是海旅会副秘书长范贵山先生。范先生曾任职国家旅游局港澳台司、旅游促进国际联络司副司长等职。"台旅会"北京办事处的首任主任杨瑞宗先生此前在台湾"行政院"工作,主要负责联络指导"观光局"的事务。杨先生说,他的义务是推介台湾,让更多人去旅游,以及为他们的旅游观光做好服务工作,但是"只涉及旅游,不谈政治"。其实,"只涉及旅游,不谈政治",又何尝不是一种"政治"? 它是在目前特定的历史条件下的一种"非政治"的"政治"。

"海旅会"台北办事处与"台旅会"北京办事处的设立,加强了两岸旅游业界的沟通,建立旅游服务平台,成为两岸旅游业界加强联系的桥梁、服务游客的窗口,有利于推动两岸旅游业界双向互动,对推动海峡旅游双向、平稳、持续发展具有极为重要的作用,是海峡两岸旅游业界与民众的福音。

然而,这两个旅游"办事处"的成立所具有的更深层、更深远的意义,远远超越了"旅游"的范围。这是1949年以来海峡两岸第一次在对方设立的对等的具有"公权力"的机构,是两岸关系史上的一个破天荒的突破。既然海峡两岸可以互设"旅游办事处",为何不能进一步互设"文化办事处"、"教育办事处"、"经贸办事处"、"法律办事处",等等? 可见,坚冰已经突破,新的航程正在起航。

可见,"旅游办事处"是在"一个中国"的框架内,海峡两岸关系的一块试验田、一个示范点。它的运作模式、操作经验、运行成果,将为海峡两岸关系的深度推进提供先例与示范。

海峡两岸60年来风风雨雨、一路兼程,隔而不断、断而不离,终于第一次实现了"非常大的一个突破"。正是从这个意义上,笔者以为,这两个"办事处"的成立,可以说是海峡两岸关系发展中的一个拓荒之举。拓荒之后种下的种子,必将生根、发芽、开花、结果,造福于整个中华民族。

台湾归来话门票①

2010年秋天,笔者在台湾旅游时注意了景区门票。按照台湾"观光局"的定义,全岛景区景点分为"国家公园"、风景特定区、森林游乐区、游乐园区(分民营与公营)、休闲农业区、博物馆、古迹寺庙类、温泉和海水浴场九大类。到2008年10月,全岛具有合法标志的旅游景区共890处。据我看,景区门票大致可分为以下六种类型。

(1)社会公共或纪念性景点。台北中山纪念堂、中正纪念堂和蒋氏夫妇士林官邸均免费参观。"士林官邸公园"集中西式园林于一身,草绿花艳、椰林参天,既是游客的观赏处,也是市民的游憩地。

(2)宗教文化型景点。宗教寺庙遍及全岛,一律免费进入,即使是新建的中台禅寺也不例外。该寺建筑融合中西风格,庭院中古亭石桥、湖塘莲花赏心悦目,并设有佛教文化博物馆和佛学院,招收中外学生教授中、英、日、韩等语言,将宗教、艺术、文化、教育融为一体。寺内由僧人或义工免费讲解。寺内不卖香、不烧香,佛祖释迦牟尼及达摩祖师、弥勒佛、关公神像前供奉两节檀香木象征点香,殿内空气清新、简洁明亮,开寺庙绿色低碳环保之先河。该寺亦不向旅游团收人头费,而旅行社年终时向寺院奉纳一笔善款致谢。

(3)历史文化与科普型景点。台北故宫博物馆,成人全票160元新台币(以1元人民币为4.2元新台币估算,约合38元人民币)。台北海洋动物展览馆100元新台币。台中市国立自然科学博物馆展示场100元新台币,太空剧场、立体剧场与热带雨林温室另外收费。位于台中的台湾地理中心标志园、花莲的北回归线标志塔和台湾最南端等地理标志性景点都不收门票。

(4)风景名胜型景点。阿里山森林游乐区150元新台币,日月潭国家名胜区150元,太鲁阁国家公园220元新台币。台北县的野柳地质公园50元新台币。南端的垦丁国家公园内除森林游乐区(100元新台币)、鹅銮鼻(40元新台币)和佳乐水风景区(100元新台币)收门票外,其余63个风景点不收门票。旅游线沿途的中小型景点,如东海岸的石梯坪滨海地质景点等均不收门票。

(5)主题公园与现代建筑型景点。台北101大楼观景台400元新台币;桃源县小人国乐园650元新台币,云林县剑湖山世界主题乐园全票699元新台币,新竹县六福村主题游乐园890元;花莲县新光兆丰休闲农场350元新台币,台南县南元花园休闲农场全票350元新台币,台中苗栗县飞牛牧场220元新台币。彰化县中兴谷堡(稻米文化主题园)

---

① 2011年1月7日《中国旅游报》。

参观考察不收门票,食品讲座及美食品尝收费150元新台币(相当于一顿餐饮)。

(6)社会性节会型景点。2010年11月6日开幕的台北国际花卉博览会1日游门票200元新台币、团体票180元新台币、星光票(下午5时后入场)150元新台币,3日游门票600元新台币,全期(半年)通票2500元新台币。

上文中的门票价格均为成人票价格,对学生、儿童、残障人士和65岁以上老人均有半价或七八折优惠或免费。团队参观游览均需预约,有8折左右的优惠。

以我在台湾的粗略见闻,台湾的旅游景区景点的门票结构与水平大致为:社会公共或政治纪念型和宗教文化型景点全部免费,以社会公共资源为基础的历史文化、风景名胜型和节会型景点门票较低,完全由市场运作的主题公园型景点票价较高。这种门票价格结构体现了公共型、准公共型与市场型产品的区别。台湾的社会公共、历史文化型景点由地方政府相关部门管理。风景名胜型景区也见到由地方政府机构管理、委托公司经营的,如门票仅50元新台币的野柳地质公园属"观光局北海河岸及观音山国家风景处"管理,"委托新空间国际有限公司经营",想必景区门票的决定权在国家风景处手中,受委托经营的公司断不敢擅自抬高门票价格。顺便说一下,太鲁阁国家公园每天游览限量3000人次,团队必须预约,按预约时间进入。台北故宫也实行团队预约、定时进入。

台湾民众在岛内的旅游十分普遍。据台湾"观光局"统计,2010年台湾民众岛内旅游12 390万人次,人均旅游6.08次,出游人数占全岛居民的93.9%,人均在岛内旅游1.49天,每人每次平均花费1921元新台币,人均在岛内旅游1.49天,在岛内旅游总消费2381亿新台币,每人每次旅游花费1921元新台币,每人每日平均花费1298元新台币。台湾大多数职员月薪在3万元新台币上下(约合人民币7100元),100元新台币(约合人民币24元)的门票仅为月平均收入的0.3%,仅占每次旅游总花费的5.2%、每日旅游总花费的7.7%,这种门票价格与台湾民众的收入相比应该不算高,体现了台湾岛内旅游大众化、平民化的状态。尽管如此,据台湾"观光局"调查,台湾民众对景区门票价格不满意的占14%,满意的占77.4%,满意度低于对旅游地点98%的整体满意度。

在旅途中看到,大陆赴台客从士林官邸出来之后,到士林夜市尽情品尝美食。在"故宫博物院",购物部内人们纷纷选购纪念品,设在馆内的晶华餐厅、三希堂茶馆、富春居咖啡厅等提供精美中餐、西餐、茶点和咖啡,还有儿童学艺中心、创意坊等处都有收费项目。台湾"观光局"推荐的旅游购物商店内人头涌动,离店时手里拎着大包小包。粗略估算团友们在台湾的平均旅游花费,门票支出不到总花费的1%,购物支出要占一半左右。

台湾之旅真切地告诉我,走出"门票经济",旅游才能成为综合产业;而只有转变增长方式,旅游才能走出"门票经济"。

从台北士林官邸免费开放想到的[①]

去年11月,与家人去台湾旅游,参观了蒋氏夫妇居住的士林官邸。中国古典式的新兰亭、凯歌堂显露了故居主人的中华文化情结,基督教堂供蒋氏夫妇礼拜,蒋氏后人的婚礼也在这里举行。中西兼容的中西式园林素雅有致、赏心悦目,尤以宋美龄女士喜爱的玫瑰园与高耸挺拔的槟榔林荫道引人注目。遗憾的是,不能进入蒋氏夫妇居住的两层小楼参观,只能在铁栅栏外望一下、留个影。

刚刚得悉,台湾当局决定开放士林官邸的居室。士林官邸自向公众开放之后,也是台湾民众的游憩休闲地,也是旅游者的观赏处,已成为大陆旅游团的必游点。如今开放官邸居室,显然,肯定对大陆游客更有吸引力了。这是否是台湾当局决定开放那几幢小楼的缘由?

士林官邸的接待服务有两点值得玩味。

一是免费开放。按它的场景、风格与原宅主的身份,收取一二百元新台币(不到人民币三五十元)的门票也未尝不可。但那是历史名人故居,又是社会公共财产,还是照台湾的惯例不收门票。

二是限定参观人数、预约参观时间。目前规定,蒋氏夫妇居室免费开放后,每天限定参观人数为860人,旅游团队按预约时间入内参观。这可避免拥堵,既保证参观质量,又保护了故居文物。

然而,这也有问题。目前大陆赴台旅游每天3000人,加上台湾民众和其他地方来的游客,每天想参观的肯定超过860人,这个难题怎么解决呢?下一步看看台湾同行是怎么处理的吧!

参观完士林官邸,走到停车场,看到在停车场外侧的一大块空地上插着两块木牌,上面写着:"私人土地,擅入法办"。这块地上既没有建筑物,也没有壮苗,不知为何?

台北的国父纪念馆、中正纪念堂与士林官邸、桃园的两蒋氏文化园等,笔者称之为"蓝色"旅游点,对大陆游客也许有特别的参观兴味,但那不过是对20世纪那一段历史的回味而已。台北中正纪念堂与桃园慈湖蒋氏棺柩停放处卫兵的定时交接仪,倒是相当吸引游客的眼球。从旅游管理与接待服务来说,台湾这些"蓝色"旅游点的做法,是否也有一点点可借鉴之处?

[①] 2011年1月6日搜狐博客。

两岸业界携手共护台湾游的品质①

自今年初台湾"剩菜门"事件发生后,大陆居民赴台游的质量问题再次受到关注。此案实属个例,但由于手段恶劣,影响极坏。赴台旅游的质量问题虽是初露苗头,却不能不引起两岸旅游业者的警觉。

从2008年8月开展大陆同胞赴台旅游后,游客从当年的32.92万人次,猛增到2009年的97.21万人次、2010年的163.07万人次、2011年的178.42万人次、2012年238.32万人次,其增速之快、增幅之大是史无前例的。

回顾赴台游开放初期,8天环岛游团费一般为7000至8000元人民币,一时间创造了几乎"零投诉"的局面。但时至今日,不少环岛游团费已降低到3000至4000元左右,有些旅行社还将单人每日旅费65美元成本价压到了20美元,于是出现了压缩游览时间、强迫或诱导过多购物、降低食宿标准等问题,游客的投诉大多集中在这些方面。

导致这些现象的表面原因是团费过低,甚至出现了极少数的"零团费",导致地接社与导游用诱导购物挣回扣、降低食宿标准补亏空和增加自费项目等乱象的产生。而导致团费过低的主要原因是,海峡两岸旅行社之间供求关系的失序。双方具有经营大陆赴台游资质的旅行社,台湾有400余家地接社、大陆250多家组团社。降低报价是台湾地接社从大陆组团社手中抢到业务的最简便的办法,也是大陆组团社争抢客源与扩大利润空间的最简便的办法。压低团价的竞争手段之所以在大陆客源市场上奏效,还因为存在着众多的盲目追求低价格的不成熟、非理性的客源群体。这样,在客源群体、组团社与地接社三者之间形成了一个使超常规的低价得以生存的集合点,成为这种非正常的经营方式得以萌生、滋长的市场基础。

自2011年6月、2012年4月先后开放第一、二批赴台个人自由行以来,个人自由行的游客增幅远超过团队游。据台湾方面统计,去年大陆居民赴台旅游总人数达197.32万人次,其中团队游178.26万人次,同比增长45.75%;个人游19.07万人次,同比增长553.29%。自由行的游程、活动与消费由个人自选,而选择自由行的游客旅游经验又比较丰富,一般不易发生由超常规"低价团"引发的消费纠纷。目前,赴台游的投诉集中在旅游团的消费欺骗上,规范赴台旅游市场秩序的工作重点在团队游。

解铃还需系铃人。行政监管与行业自律双管齐下,是严格规范赴台旅游市场秩序的必由之路。在大陆"海旅会"与台湾"台旅会"的合作指导下,两岸旅游业界特别是旅行

---

① 2013年2月1日《中国旅游报》、2013年第5期《大旅游》。

社业界的密切配合、共同努力是关键。"海旅会"与"台旅会"从行业管理的层面完善旅游合同条款,商定不同游程的旅行团的购物次数与购物时间,共同出台规范赴台游的规则与标准,使游客维权有据、业者经营有范、监管者有标准。

在大陆方面,"海旅会"重点加强对具有经营赴台旅游资质的旅行社的监管力度,切实实行旅行社赴台旅游资质的动态管理。大陆旅行社协会应以省(自治区、直辖市)为单位,建立赴台旅游旅行社自律机制,制定行业规则与标准,共同约定不同时段大众赴台旅游团的人均天消费价格底线,并公之于众,告知每一个游客。一旦出现因低于价格底线而引发投诉案件并查实后,立即公示违规旅行社名单,直至取消其经营赴台旅游的资质。大陆方面的旅行社业界有责任从源头上抑止"低价团"的产生。

近日,台湾方面表示将采取一系列措施,如将鼓励旅游业开发优质行程,对住宿、餐饮、导游、购物等指标达到"优质团"标准的,可优先取得入台证,并提高低价团来台的难度,从而提升优质团的市场占有率。对低价团或游走违法边缘的行为,以记点处罚的方式予以取缔。台湾将对赴台游实施"尖峰管理",让"尖峰旅客量"移转至"离峰"期间来台,既保证旺季时的旅游质量,又可平衡旺季和淡季游客量的落差,从3月1日起阿里山景区正式实施团体入园限量、预约措施。台湾的一些旅行业者共同发起了"优质尊享台湾游联盟",推出了一批"优质尊享台湾游"线路,包括入住台旅会评鉴酒店、安排特色餐厅、行程不缩水、无附加费用、游览车全程GPS监控、全程无指定购物、享受自主购物乐趣等有保障服务。

正如台旅会北京办事处负责人所说,赴台旅游环境的改善,有赖于旅游业者必须达成"以质取胜"的共识,同时大陆游客也应树立起理性消费理念。除了选择合格组团旅行社外,还应选择货真价实的赴台旅游产品,"一分钱一分货",切勿一味追求便宜。只有两岸旅游主管部门、业界与游客三方面的努力,才能遏止赴台旅游中的不良之风,并逐步缩小、铲除滋生此风的社会土壤。同时,大力倡导个人自由行,持续推动定点、深度的主题式旅游,使消费者愿以合理价格换取等值服务,也是提升旅游质量的有效举措。

回望海峡两岸旅游的历史,从1988年开始的台湾同胞赴大陆旅游已开展25年,至去年累计约7200万人次,约为台湾人口的3倍。去年赴大陆的台湾同胞534万人次,约占台湾人口的1/4,目前已进入平稳发展的成熟期。2008年正式开展大陆同胞赴台旅游后,开辟了海峡两岸双向旅游的新阶段,至今已有700万人次赴台游,增速快但总量小,只占大陆总人口的0.5%。去年大陆赴台游客238万人次,不到同年台湾赴大陆人数的一半,只占大陆总人口的0.01%。大陆赴台行仍处于初始的喷发期。4年多来虽有交通事故、诱迫购物等发生,但绝大多数大陆游客对台湾之行是满意或比较满意的,尤其是台湾友好、善良、热情的民风,更令赴台游客感同身受。无论团队游还是自由行主流是健康的,发展势头迅猛而良好,具有无限的广阔前景。去年大陆游客已占台湾入境旅游总人数的36%,首次成为台湾的第一客源市场。台湾观光部门提出2016年赴台游将达到1000万人次,照当今的势头这个愿景不难实现。即便达到这个目标,也不到大陆人口的

1%。即便每年赴台达3000万人次,也要用45年才能实现大陆同胞人均赴台游1次。风物长宜放眼量,负责任的两岸旅游业者应该从长计议,应该精心呵护、悉心培育这个充满希望、潜力无限的市场。

　　党的"十八大"报告指出,"要持续推进两岸交流合作。深化经济合作,厚植共同利益。扩大文化交流,增强民族认同。密切人民往来,融洽同胞感情"。两岸同胞双向旅游已成为密切人民往来、融洽同胞感情的主渠道。提升赴台旅游品质,促进海峡旅游健康、持续发展,为两岸同胞交流、中华民族复兴增添正能量,是两岸旅游业界肩负的义不容辞的历史重任。

"一个中国"框架下的两岸旅游[①]

6月13日,习总书记会见台湾国民党荣誉主席吴伯雄时说,大陆和台湾虽然尚未统一,但同属一个中国,是不可分割的整体。国共两党理应坚持一个中国立场、共同维护一个中国框架。吴伯雄则表示,坚持"九二共识"、反对"台独"是国共两党一致的立场,是两岸关系和平发展的基础。两岸都用一个中国框架定位两岸关系,而不是"国与国"的关系。国共两党领导人认同大陆与台湾"中国框架"的根本原则,为两岸旅游发展开拓了更加广阔的前景,也赋予了更加庄重的历史责任。

6月16日,第五届海峡论坛上,全国政协主席俞正声提出,"我们热情欢迎台湾同胞前来旅游观光、交流参访"。大陆各有关部门发布了31项对台新政策措施,内容涉及两岸人员往来、赴台旅游、就业与人才流动、基层调解、文化交流、版权交易、两岸直航、邮轮运输和台企融资等多个领域。这些政策有利于两岸同胞的社会经济、文化、出版和运输等方面的全面交流,将直接、间接地促进两岸休闲与事务旅游在更大的规模、更高的层次和更广的领域内的展开。

众所皆知,两岸关系自1987年台湾开放民众赴大陆探亲后,开始了单向的交流。2008年7月大陆居民赴台旅游正式启动,标志着两岸旅游进入双向交流阶段。到2010年5月底,大陆31个省、自治区和直辖市全部开放居民赴台团队旅游。在此基础上,2011年6月28日大陆居民赴台个人游启动,北京市、上海市及福建省厦门市成为第一批试点城市。2012年4月1日个人赴台游第二批试点扩大到天津、重庆、南京、杭州、广州、成都、济南、西安、福州、深圳等10城市。刚刚宣布沈阳、郑州、武汉、苏州、宁波、青岛、石家庄、长春、合肥、长沙、南宁、昆明和泉州等13个第三批试点城市,至此大陆已有4个直辖市、16个省会城市和5个东部重要城市开展赴台个人游的试点。试点的城市一批比一批多,正从东部沿海正在向中西部地区延伸。

两岸旅游的蓬勃发展催生了两岸互派旅游办事机构。2010年5月,"台旅会"北京办事处与"海旅会"台北办事处先后挂牌运行,以便更好地推进两岸旅游的沟通、协调以及服务工作。这两个具有公权力背景机构的成立是两岸关系史上的重大突破,为以后两岸互派其他常设办事机构开启了先河。

从2008年8月开展大陆同胞赴台旅游后,旅客从当年的32.92万人次,猛增到2009年的97.21万人次、2010年的163.07万人次、2011年的178.42万人次,其增速之快、增

[①] 2013年6月24日《中国旅游报》。

幅之大是史无前例的。2012年大陆居民赴台达225万人次,其中持旅游通行证赴台的197.3万人次中,专业人士15.2万人次,商务人士7.5万人次,健检医美的5万人次,呈现赴台目的多样化。在旅游方式上,团队游客176.75人次,个人游的19.07万人次,个人游的增长速度远远超过团队游。据台湾相关部门统计,大陆赴台游客占台湾入境旅游总人数的比例已上升至36%,市场份额比排名第二的市场高出近15%,稳居台湾第一大入境客源市场。

　　1988年以来,台湾赴大陆旅客累计约7200余万人次,相当于台湾人口的3倍。2012年台湾来大陆游客534万人次,约占台湾人口的1/4。大陆已成为台湾出境旅游的第一目的地。随着两岸在社会、经济、文化、科技、交通等方面交流的深入,台胞来大陆探亲访友、商务会展、文化科技交流等具有更宽广的天地,休闲度假、蜜月婚庆、修学旅游、毕业旅游(高中生毕业前旅游在台湾蔚然成风)、银发养生旅游和节会赛事(如参观奥运会、世博会、园博会等)将不断兴起。特别是俞正声主席提出"即使是那些曾经支持过、追随过、从事过'台独'的人,只要他们有改善和发展两岸关系的意愿,我们也欢迎他们来大陆走走看看",向绿营人士发出了欢迎来大陆考察的信号。可以预料,台胞来大陆旅行的群体将更加广泛,来访客源产出将从目前的台北、台中为主向台南扩展。

　　与此同时,大陆赴台旅游目的地也将从目前以台北、台中为多向台南地区延伸,从目前的团队为主转向团队、个人游并重。两岸旅游将会长期、稳定、持续发展,而且两岸在双向旅游中逐步融合成为"一个中国框架"下的面向世界游客的国际旅游目的地,大陆、台湾、香港、澳门共同推出中国独有、世界唯一的"一国两制四地"游。

　　两岸和平发展、国家统一的基础在于民相亲、情相通、心相连。2008年8月在陆客首发团成行之时,台湾旅游界同行曾用"心灵平台"来形容跨越海峡之旅的功能。两岸同胞双向旅游的深邃意义是不能用来往多少万人次、彼此多少亿收入等数字所能衡量的。两岸同胞在双向旅游中直面接触、耳闻目睹,从了解到理解,从理解到信任。血浓于水的骨肉情义必将消弭由于历史形成的隔阂、由于社会生态的差异而引起的误解。海峡旅游必将为两岸同胞携手共圆中华复兴之梦添砖加瓦。

区域篇

第五章

三亚市旅游业发展战略[①]

1984年三亚撤县设市,1987年升格为地级市,是海南省南部的经济文化中心,是全省旅游业的重点区域。建省之初制定的海南社会经济发展战略确定,南部以三亚为中心的旅游区是推动海南经济起飞的助进器。1992年10月,国务院批准三亚市亚龙湾试办国家旅游度假区。三亚市以它在省内和国内不可替代的区位优势,以及独特的资源优势,在实现海南现代化、建设旅游大省的宏观目标中,具有重要的战略地位,承担着重大的历史责任。

一、旅游业的战略地位:从先导产业到主导产业

1. 三亚市国民经济和产业结构现状

1991年农村人口占全部人口的69.97%。第一、二、三产业在国民生产总值中的比例为54.1∶23.7∶22.2。无论是农业、工业,还是贸易,都不足以担当带动经济起飞的先导产业的重任。三亚市从半自给自足的农业经济为主导的社会走向现代化的过程中,产业结构从"一、二、三"向"三、二、一"转变的过程中,不宜走"以农业为基础、以工业为主导"的常规道路,也不能走"贸易立市"之路。

2. 三亚市发展旅游业的战略优势和制约因素

三亚发展旅游具有资源优势、区位优势(中国与东南亚国家的连接点)、热带农业资源优势、土地资源优势、生态环境(含气候)优势、特区政策和管理体制优势、产业政策优势、国际周边地区相对安定的环境优势、世界经济和旅游业重心向亚太地区东移的优势。

三亚经济水平低,旅游业缺乏坚实的经济基础,旅游服务设施不配套,居民文化水平不高,宣传促销工作乏力,旅游业管理体制不完善,旅游法制建设薄弱,训练有素的旅游经营管理人员较少,与大陆主要客源地遥远。

3. 兴旅游,旺百业,实现三亚现代化

旅游业是一个跨行业、跨部门的综合性产业,具有很强的辐射、带动和关联功能,大批旅游者的流动必然引发资金流动、商品流动、文化流动和信息流动,从而促进内外交

[①] 1992年10月至1993年5月,应三亚市政府邀请,北京第二外国语学院原旅游科学研究所与中国旅游管理干部学院共同承担《三亚市旅游业发展战略》课题,这是"二外"旅游研究所的第一个旅游规划型研究课题,也是三亚建市后的第一个旅游发展研究报告,还是作者主持的第一个区域旅游发展战略咨询研究课题。该课题总报告全文3.7万字,此文为节录。

流、经济兴旺、文化繁荣和观念更新。

二、战略目标：国际滨海旅游城市

1. 战略目标

以党的"十四大"精神为指导，进一步解放思想、深化改革、扩大开放，在社会主义市场经济基础上，以旅游业为先导产业，带动社会经济文化的全面发展，在20世纪末把三亚市初步建成经济富裕、文化发展、环境优美的热带国际滨海旅游城市。再经过十年的艰苦努力，进一步把三亚市建设成以旅游为主导产业、以高科技产业和热带生态农业为依托，融观光、度假、商贸、会议、娱乐、体育和进出口岸等多功能为一体的热带国际滨海旅游名城，成为经济繁荣、文化发达和环境优美的现代化城市。三亚市旅游业的发展与它的现代化进程紧密结合、同步推进，三亚建成国际滨海旅游城市之时，就是实现现代化之日。

2. 战略步骤

近期初创阶段（1993～1995年）：抓住当前有利时机，扩大内联外引，初步完成城乡基础设施的骨干工程（主要是东线环岛高速公路、凤凰机场、市内十路四桥、邮电通信和水电等），完善重点景区、景点设施，建成若干个大型游览和娱乐设施，为初步建成国际滨海旅游城市奠定基础。

中期发展阶段（1996～2000年）：完善城乡基础设施，美化市容，完成主要景区、景点、宾馆、酒家、文娱、旅游商品产销和交通、通信的配套建设，建成若干个具有海内外影响的大型游览娱乐项目，基本完成度假旅游的配套设施，初步建成国际滨海旅游城市。

远期发达阶段（2001～2010年）：进一步完善城乡基础建设、景区和景点建设，深层次开发旅游资源，建成由海滩、海面、海底、热带山林和空中等多方位组成的立体式旅游设施、项目和线路，建成若干个海内外有影响的大型旅游项目，建成国内一流、世界先进的国际滨海旅游城市。

三、旅游市场战略：开拓两个市场，发展三种旅游

1. 市场开发方针

三亚市的区位条件、资源特点及其起步时面临的内外环境，决定了旅游市场的开发既不同于西方发达国家先开展国内旅游、后发展国际旅游的模式，也不同于发展中国家先发展入境旅游、后开展国内旅游和出境旅游的模式，从一起步就一手抓海外入境市场、一手抓国内市场；国内市场中既抓国内游客来三亚旅游，又抓国内游客经三亚的出境旅游，国内旅游、入境旅游和出境旅游互相促进，实现三亚旅游业超常规发展。

2. 国内客源市场开发

三亚背靠11亿人口、正在巨变中的大陆，国内游客是一个长流不断、永不枯竭的客源市场。从游客的绝对量来看，国内游客在很长时期内是三亚旅游接待的主要对象。三

亚的国内旅游市场不仅包括来本市的游客,还包括通过异地签证,经三亚出境的国内旅游者。随着三亚设立保税区和海南省成为特别关税区,来三亚观光和购物的旅游者会有较大增长。三亚如能开放异地签证,简化大陆居民出境手续,边境旅游和出境旅游将有巨大市场。

3. 海外客源市场开发

三亚以国际滨海旅游城市为发展方向,必须高度重视海外市场的开发。重点开发中国港、台、澳市场,积极开拓日本、韩国和东南亚市场,努力开拓欧美市场。近期重点开发观光度假市场,中远期重点开发度假旅游市场、会议旅游市场和购物旅游市场。团队市场和散客市场并重。加强在香港的宣传招徕活动,争取从赴香港的海外游客中分流一部分到三亚;积极加入"粤、港、澳、台"旅游合作网,形成"南部华人旅游循环圈";积极做好准备,一旦大陆与台湾实现"三通"、香港和澳门回归祖国后,大量招徕和接待台、港、澳游客。

4. 客源市场开发目标

1992年,三亚涉外宾馆预计接待国内游客60.5万人次,海外游客4.9万人次。近期要大力扩大接待游客数,到1995年争取接待国内游客102万~127万人次,海外游客18万~22万人次。中期到2000年争取接待国内游客204万~255万人次,海外游客36万~45万人次。远期到2010年争取接待国内游客408万~510万人次,海外游客72万~90万人次。①

四、城市建设和景区开发:统一布局、突出重点,成片开发、保护环境

1. 城市建设方针

以发展旅游为中心。城乡建设、资源开发和景区建设必须以建设国际滨海旅游城市为目标。把全市建成若干个功能各异、配套成龙、各有特色的游览观光度假区。市容市貌要具有丰富的文化内涵、浓郁的艺术氛围,建筑物、街道和店铺等应具有观光游览价值,做到城乡无处不是景,建成花园式城市。

与通什、陵水、保亭和乐东等毗邻市县构建大旅游区域,突出三亚特色,避免重复与雷同。

历史传统、地方民族特色和现代国际标准相统一。城乡建设和景区景观开发,要体现滨海城市、南疆文化和黎、苗、回民族风情等特色,同时又要以国际标准为参照,坚持高起点、高品位、高水平,向跨世纪的现代国际滨海城市的目标迈进。

一切开发建设都必须以维护和保证整体生态环境的良性循环为前提,处理好工农业生产、城乡建设、资源开发与环境保护的关系,建立区域环境保护体系,使三亚永远保持

---

① 据三亚市旅游局公布的统计资料,2001年接待入境游客17.7万人次,国内游客240万人次;2005年接待入境游客14.9万人次,国内游客385.4万人次;2010年接待入境游客41.5万人次,国内游客820万人次。接待国内游客的人数超过1993年的预测,入境游客人数未达到1993年的预测。

净水、净土、净空的长寿之乡风貌。

2. 重点景区开发

表1 三亚市重点景区开发一览表

景区名称	旅游资源	景观特色	旅游功能	重点项目	时 序
三亚市区	解放路、三亚河西岸和河口	城市风光	城市观光游览、购物、娱乐、商务会展	解放路免税店	近中期
天涯海角	"天涯"、"海角"、南天一柱、巴篱湾、马岭、天涯湾、亚运会点火台	海崖、沙滩、奇石、摩崖石刻	观光游览、历史文化考察	天涯海角国家重点风景名胜区、海南和三亚历史名人雕像、中华民族故土园	近 期
亚龙湾	亚龙湾、野猪岛、东洲岛、西洲岛、亚龙溪、九曲水库、红霞岭、龟石岭、亚龙半岛	海岸、沙滩、海岛、山岭、热带雨林、仙人掌、溪谷	观光游览、休闲度假、海上运动、山林休闲	亚龙湾国家旅游度假区	近 期
榆林湾	大东海、小东海、鹿回头、椰庄、坎秧湾、虎头岭	海岸、沙滩、岬角、山岭、黎族村庄、渔村、椰树胶林	黎族风情、观光度假、珍珠观赏购物、热带作物生产观光	大东海浴场、嬉水乐园、黎族风情村	近 期
三亚湾	三亚湾、西瑁洲、东瑁洲、双蓬石、羊栏回族镇	海岸、沙滩、海岛、礁石、回族乡镇、渔民村落	观光游览、海岛休闲度假、回族风情、海上运动、	三亚湾市民浴场、万国风情村、回族风情小镇	近中期
海山奇观	小洞天、南山	奇石、诗赋石刻、山林、佛教与道教文化	观光游览、宗教文化与养生	复建南山寺、鉴真登岸纪念碑、黄道婆纪念馆	近中期
崖 州	玉井温泉、御书亭、崇圣祠、崖州古城池、迎旺塔、水南村历史名人故里、南滨农场	崖州古城遗迹、热带作物田园风光	历史文化考察、黎族风情、温泉养生	保护、修复崖州古城和崇圣祠等三亚古城文化遗址	中远期
海棠湾	后海山、椰子洲、海棠湾、蜈支洲岛	海岸、沙滩、海岛、椰林等热带田园风光	观光、度假、海上运动、田园休闲	蜈支洲岛海景乐园、海底世界	中远期

续表

景区名称	旅游资源	景观特色	旅游功能	重点项目	时 序
落笔洞	落笔洞古人类遗址、丰岭水库、温泉、热带植物园	山林、溶洞、古人类文化遗址	观光游览、文化考察、热带植物观赏	落笔洞古人类遗址园、热带植物园	远 期
汤他水库	汤他水库、福万水库、半岭水库、南岛农场	热带森林、田园、苗族村寨	观光游览、森林度假	苗寨山水度假村	远 期
甘什岭	保护植物铁梭树	低山丘陵、热带珍稀植物	珍稀植物考察、登山探险	甘什岭自然保护区	远 期

3. 景区开发时序

依照先滨海后山林、中心段突破，向东、西、北方拓展的时空顺序，近期重点开发天涯海角、亚龙湾、大东海、鹿回头、三亚湾和海山奇观等旅游区，形成滨海旅游带；中期开发海棠湾、落笔洞和崖州古城文化区；远期开发汤他水库、甘什岭和黄琼岭等北部热带山林区，全市形成全方位、多功能、多层次的旅游网络。

五、旅游服务设施建设：市场导向、国际标准、统筹兼顾、协调发展

1. 旅游服务设施建设方针

行、住、吃、游、购、娱六类旅游服务设施配套组合，协调发展。

正确处理国内游客与海外游客需求的共同性和差异性的辩证关系，既满足海外游客的特殊需求，又使旅游设施的服务对象具有较大兼容性，可以通用和互补。

高档、中档和低档统筹兼顾、合理搭配。考虑到目前和将来中外游客的比例、经济旅游与豪华旅游、团体与散客、家庭的不同层次，防止片面建设豪华设施，逐步提高中低档设施。

国际国内通用标准与本地特色相结合。各类旅游设施在使用的舒适性、安全性等方面，要符合或接近国际和全国通用标准，但在其内容、项目、活动方式或外观装饰上，要突出本地特色。

安全是旅游业的生命线，要确保各类旅游服务设施的安全性能。

2. 行、游、住、食、购、娱建设

航空是三亚运送海内外游客的主要渠道。争取三亚定为国际航空港，享有国家级口岸的权限。参照国际惯例，在开辟国际航线问题上，在保留远期双方对等飞行权的条件下，近期不要求实行对等飞行，允许友好国家的民航单飞三亚。

海运和海上旅游是三亚发展旅游业的优势之一。争取享有与境外船舶的对开权，成为开放口岸港口。组建三亚海上旅游公司，更新和增添客船和游船，筹建中外合资海洋豪华游船。

中远期建立融信息收集、处理、传递为一体的数字化、智能化、综合化和个人化的邮电通信和服务网络。

随着改革的深入、旅游市场经济的成熟,打破一、二、三类社的区分,各种旅行社将在法制基础上实行平等、自由竞争,开展招徕接待业务。鼓励成立各种专业旅行社。用好国家旅游度假区政策,积极筹办亚龙湾国家旅游度假区中外合资旅行社。

饭店建设应符合国际滨海旅游度假城市的特点,注意突出地方、民族风格和乡土特色。旅游饭店建造要富于艺术性,使之成为旅游吸引物,以弥补当地人文资源之不足。引进外国饭店管理集团,与海外著名饭店集团和旅行商联盟。对普通旅社和招待所要纳入旅游统一管理,保证基本服务质量。

精心设计和推出以热带海鲜食品为特色的餐饮体系,同时荟萃国内著名菜系,引进外国餐饮,市区内建设美食城、美食街。

旅游购物是旅游创汇的重要渠道。利用特区政策优势,引进国内和国际名牌产品,使三亚成为国内外精品的集散地。建立中外合资或合作经营的旅游商店。设立购物离境退税的旅游购物商店。

旅游文体娱乐对塑造城市旅游形象至为重要。要满足海内外不同地区、不同文化、不同民族、不同阶层客人的多层次需求,尊重各种文化背景的旅游者的价值取向和消费习惯,既不强加于人,又不放任自流,促进旅游文娱活动向多样化、大众化、国际化、民族化方面发展。夜生活活跃是三亚的一大特色,要积极引导,逐步提高夜生活的品位,融娱乐、购物、夜宵与交际为一体。

要充分利用三亚市滨海资源和热带气候的优势,大力开展海上、海滨、海底、山地和空中各种体育比赛、体育项目和体育训练,使体育活动成为三亚旅游生活的一大特色。

六、旅游发展的战略举措:资金、人才与体制

1. 资金是实现旅游业发展的基础

要用好、用足、用活经济特区和国家旅游度假区的优惠政策,促使国有、集体、私营、个体、联营、外商、港澳台和其他类型的投资一起上,妥善掌握投资规模与结构,着力搞好重点投资项目,注重提高投资的经济效益。制定和完善旅游投资政策,建立合理、有效的投资管理体制。对全市所有旅游企业和与旅游业密切相关的企业,按营业额的1%~2%的比例征收,设立旅游发展基金,由财税部门代征代收、单收单支、专款专用,用于旅游宣传促销、教育培训和信息交流等。

2. 人才是实现旅游业发展的根本

旅游人才是旅游生产力中最活跃的因素。旅游人力资源开发培训的基本方针:就地培训与国内外引进相结合,在职培训与院校培训相结合,培训、就业和人事管理相结合,建立院校、企业和社会三结合的旅游培训教育体系。

市委和政府的主要领导要带头学习、深入钻研旅游专业知识,成为旅游专家。党校

和干部培训要把旅游培训列为必修课程。

由市委宣传部主抓开展全民旅游意识的宣传教育,中小学开设旅游常识课,把旅游教育寓于政治课、语文课、历史课、地理课和外语课之中。

3. 创新体制是旅游发展的关键

争取把亚龙湾国家旅游度假区的开放政策扩大到整个三亚市,进一步争取建立三亚特别关税区,成为类似香港式的自由港,实行资金、商品、人员自由流动,使三亚旅游业直接进入世界旅游市场。着手研究我国恢复关贸总协定地位和海南特别关税区建立以后,三亚市的相应对策。

建立"小政府、大社会"的旅游业管理体制。成立三亚市旅游委员会,由市委、市政府主要领导牵头,决定全市旅游发展的战略和方针,从宏观上协调全市旅游业与相关行业和部门的活动,从组织上保证旅游业的主导产业地位。从机构级别、人事编制和干部素质上强化市旅游局,对全市旅游业统筹规划、引导信息、组织协调、提供服务和检查监督。由旅游企业自愿联合,成立市旅游协会,发挥政府与企业之间的纽带作用和行业自律作用。建立市旅游咨询研究中心,为旅游业提供智力服务。

加强旅游法规建设,根据海南经济特区、国家旅游度假区和其他相关法规,修改、补充或制定三亚市旅游法规,以法管旅、以法治旅。

附录

总报告:王兴斌执笔

分报告:

(1)三亚市发展旅游业的战略优势与制约因素(北京第二外国语学院旅游科学研究所郑扬执笔);

(2)从先导产业到主导产业(北京第二外国语学院旅游科学研究所林越英执笔);

(3)八年初步建成国际滨海旅游城市(北京第二外国语学院旅游科学研究所杜学、郑扬执笔);

(4)旅游市场开发(中国旅游管理干部学院张卫执笔);

(5)旅游环境建设(北京第二外国语学院旅游科学研究所蒋桂良执笔);

(6)旅游景区景观建设(蒋桂良执笔);

(7)旅游交通建设与邮电通信建设(杜学执笔);

(8)旅行社建设(张卫执笔);

(9)旅游饭店建设(中国旅游管理干部学院白秀成执笔);

(10)旅游餐饮开发经营(白秀成执笔);

(11)旅游商品开发经营(白秀成执笔);

(12)旅游文体娱乐开发经营(白秀成执笔);

(13)旅游投资(林越英执笔);

(14) 旅游人力资源开发（林越英执笔）；
(15) 黎、回、苗民族风情旅游开发（杜学执笔）；
(16) 世界滨海旅游开发历史与现状（国家旅游局资源开发司吴欣执笔）。

关于三亚市旅游产业管理体制的几点建议[①]

一、考虑三亚市旅游产业管理体制问题的基本出发点

(1)三亚市的发展目标是建成世界热带滨海旅游名城;

(2)三亚市旅游业是全市国民经济的第一产业、龙头产业和主导产业;三亚市完全能够不走"农业社会—工业社会—后工业社会"的常规发展模式,通过旅游业带动全市国民经济越过工业化阶段径直走向以第三产业为主导的现代化。

(3)中国即将加入世界贸易组织,国内将加速建立与国际标准接轨的市场经济体制,旅游业应成为率先与国际标准接轨的产业;

(4)三亚市的旅游业已走过奠基和创业阶段,迈入全面、加速发展的新阶段。今后2~3个"五年"计划期间,是旅游产业成为主导产业、建成世界旅游名城的关键时期。

二、目前三亚市旅游管理体制存在的主要问题

旅游管理体制不健全、不到位与城市发展的目标和性质不相称。三亚市已确定了建设现代化热带滨海国际旅游城市的目标,但目前市委、人大、政协和政府中没有设立相应的旅游产业发展的指导、决策、立法、协调和管理机构,缺乏权威、系统、完整、稳定的旅游产业管理体系。

旅游局的管理职责与旅游大产业的特征不协调。旅游业是一个综合性、依托性和关联性很强的产业群,三亚市又是一个以旅游产业立市、强市、富市的城市,一产不发达,二产很薄弱,三产中商贸金融业先天不足,唯有靠旅游业为龙头,才能带动全市三产发展,进而促进国民经济和社会文化的全面发展。但目前全市主管旅游业的行政管理机构旅游局的职能、权限和机构是按一般城市的常规模式设置的,只管理"六要素"中的一个"住"、小半个"游"(旅行社),还有大半个"游"(景区)及"行"(交通)、"食"、"购"、"娱"基本上不在旅游局的管理范围之内。即使是"住",只能管涉外宾馆和星级宾馆,大量的社会旅馆不在旅游局的管理范围之内;对涉外宾馆和星级宾馆,只能管开业后的经营,却管不了立项和审批。

资源管理、产品开发与市场开发的脱节。旅游资源是开发旅游产品的原料,市场开发以产品开发为依托。三者密切相连,构成旅游产业的核心。目前三亚市旅游局主要管

[①] 1994年至今,本人一直被聘为三亚市政府旅游顾问。本文为2000年12月向三亚市政府提交的咨询报告。从2001年起,三亚市旅游局改组为三亚市旅游产业发展局,2010年改为三亚市旅游发展委员会。

理宾馆和旅行社等部分旅游企业和市场促销,滨海资源和海洋运动(如潜水)、珍稀林木、风景名胜、文物保护单位、寺庙观堂、民族风情等旅游资源分属各个行政部门管辖,各级旅游资源的保护、管理和开发被条块分割的行政体制割裂开,不利于旅游业的协调、配套发展。

总之,目前三亚市的旅游管理体制不适应旅游城市发展的大目标及大旅游、大产业、大市场、大发展的需要。尽管上述三方面的问题在全国其他城市普遍存在,但对以旅游为主导产业、以世界旅游名城为目标的三亚市尤为突出、紧迫和重要。

三、三亚市旅游管理体制改革的几点建议

三亚市旅游管理体制的改革既要从目前市场经济不成熟、旅游企业不强大、旅游法制不完备的现状出发,需要进一步强化政府主导的力度,又要加速适应进入世界贸易组织后与国际标准接轨的要求,加强培育市场、强化企业、完备法制的力度,建立政府为主导、法制为基础的大产业管理体制,加速培育以市场为基础、企业为主体的市场化运行机制。具体建议如下:

1. 成立三亚市旅游产业指导小组(或委员会)

该小组由市委书记任组长,由市委、市人大、市政协和市政府主要领导组成,是指导全市旅游产业发展的权威决策机构。其决策通过市委、人大、政协和政府各系统按各自的职能特点贯彻执行。市旅游产业发展领导小组通过举行定期、不定期会议开展活动。

与此同时,市人大常务委员会下分设旅游产业委员会,重点研究、制定和监督执行有关旅游产业的法律法规;市政协常务委员会下分设旅游产业委员会,广泛调研、征集、提出有关旅游业发展的决策建议,为市旅游产业发展指导小组的研究决策提供基础性资料和意见。

2. 市政府成立旅游产业领导小组(或管理委员会)

该领导小组由市长任组长,主管旅游的副市长任常务副组长,其他副市长均为小组成员,贯彻执行国家和省旅游局及市旅游产业发展指导小组的决定,研究与部署全市旅游业发展的重大举措[如争创最佳优化旅游城市、参加国家旅游区(点)质量等级评定、举办国际性和全国性的重大旅游节事活动、全市重点旅游工程的建设等]。旅游产业领导小组的决定由各位副市长按其职权分工向市政府有关委、办、局下达工作任务。

市政府旅游产业领导小组这种组成方式和工作方式的优点是,由市长主持的市旅游产业领导小组的决定由各主管副市长直接领受和执行,减少中间汇报、传达、请示、研究的环节,便于雷厉风行地贯彻落实。

目前全国大多数省、市、县已建立的"旅游委员会"或"旅游领导小组"往往由一位主管旅游的副职负责人任组长,由各行政职能部门的正/副负责人为成员。这种组成方式的缺点是,该机构缺乏权威性,主管旅游的副职负责人的决策内容涉及其他副职负责人分管的工作范围时,仍要与其他副职负责人沟通;参加"旅游委员会"或"旅游领导小组"

的各行政职能部门的正/副负责人对该"委员会"或"领导小组"的决定要逐级向自己的主管领导传达、汇报、请示、研究,其结果往往议而不决、决而不行,或者各取所需、大打折扣,甚至公开抵制、不予执行。

3. 市旅游事业管理局改组为市旅游产业发展局

"旅游事业管理局"是历史上延续下来的提法,反映了当时把旅游作为外事活动的一部分,作为统战工作的一部分,作为社会福利事业的一部分。现在旅游作为一大产业已成为共识,"旅游产业"已写入中共中央关于编制国民经济和社会发展"十五"计划的文件中。

把市旅游事业管理局改组为市旅游产业发展局,不只是名称的改变,而应是职能与机构的重大变化。

变化之一,市旅游产业发展局是市旅游产业指导小组和市旅游产业领导小组的办事机构(办公室),由主管旅游的副市长任局长。

变化之二,市旅游产业发展局除了保留现旅游局的各项职能外,对旅游企业的管理,不仅仅管理旅行社、涉外饭店/星级宾馆、旅游定点餐馆和商场,而且扩大到旅游景区(点)、旅游交通、社会旅馆、社会餐馆、旅游文体娱乐场所/团体等旅游服务六要素及旅游安全等各个方面。凡是主要为游客服务的项目和企业的立项、审批和监督,市旅游产业发展局都要参与进去,实行旅游局预审制,然后按法定程序办理各项审批手续。但这种管理,不是干预企业的自主经营活动,而是通过制定管理条例、服务标准、经营规范等,对包括六要素在内的旅游质量和市场秩序进行宏观管理、调控和监督。

变化之三,从组织机构上,从旅游行业管理局变为旅游大产业发展局。三亚市旅游产业发展管理局的组织机构设置建议如下:

局长:主管副市长;

常务副局长:协助局长主管全局工作,主管政策法规科和旅游协会等,并兼任旅游局党委(组)书记;

分管党务、局务、纪检和财务的副局长:主管局办公室、财务审计科和旅游统计科,兼任旅游局党委(组)副书记;

分管旅游资源保护、开发、建设的副局长:由市园林局副局长兼,主管旅游资源开发管理科[含旅游区(点)质量等级评定、检查],负责与市计划局、经济合作局、财政局、规划局、国土局、环资局、海洋局、林业局等相关部门的联系;

分管旅游市场开发的副局长:由市外事办副主任兼,主管旅游市场开发科(含旅游外事工作)和旅游信息中心(含三亚市旅游网站),负责与宣传部门和媒体的联系;

分管旅行社、饭店、餐饮、购物的副局长:由市经贸局副局长兼,主管旅游质量管理科、质检所、旅游投诉中心,负责与工商局、物价局和税务局等联系;

分管旅游文体娱乐的副局长:由市文体局副局长兼,主管旅游文化教育科和旅游培训中心、导游管理中心,主持旅游文体娱乐开发和管理工作(含旅游节庆活动)和旅游培

训工作,负责与市教育局的联系;

分管旅游交通的副局长:由市交通局副局长兼,主管旅游交通科,负责与民航、游船、港口、铁道部门的联系;

分管旅游安全的副局长:由市公安局副局长兼,主管旅游安全科(设旅游警察),负责与卫生部门、旅游紧急救援机构和消防机构等联系。

副局长对局长负责,接受局长和常务副长委派的任务。兼职的副局长主要工作在旅游局,在旅游局办公、发工资津贴,党员的组织关系在旅游局。他们的职务任免、升降,主要根据他们在旅游局工作的业绩。

上述体制的优点是:局长和常务副局长可以超脱日常行政事务,集中精力研究和处理全市旅游产业发展中的重大问题。各位副局长各司其职,责职明晰。旅游局的机构和职能涵盖旅游产业的各个方面,并与全市各相关部门保持密切、稳定的联系,及时协调旅游发展与各部门、各行业的关系,减少中间环节,举全市之力,共同培育旅游主导产业,共建世界旅游名城。

上述体制可能产生的问题是:旅游产业发展局1正、7副、10个科室,机构较庞大,而且6个副局长是从其他局机关来兼任,总体协调有一定难度,新班子有一个磨合过程。对此,建议采取下列措施:

(1)主管旅游的副市长(兼旅游产业发展管理局局长)应是市委常委、常务副市长;

(2)旅游产业发展局常务副局长兼局党委(组)书记,主管党务、局务、纪检和财务的副局长兼局党委(组)副书记。

(3)旅游产业发展局中已包含了其他行政管理部门的部分机构和职能,因此相关部门的机构和编制就能相应精简。

4. 逐步建立和完善旅游行业组织和旅游中介服务机构

旅游行业组织的完善与旅游中介服务组织的发育,是市场经济和法治经济发展的内在要求、必然结果和重要标志。三亚市在这方面要加大力度,敢于创新,勇于试验,加速与国际接轨。为此建议:

(1)尽快成立三亚市旅游协会,先下设旅行社协会、饭店协会、景区景点协会,再逐步设立旅游交通协会、旅游餐饮协会等分会。旅游协会的章程制度、职能机构、会员组成、活动方式和经费来源要真正体现其民间、中介、协调、自律机构的性质,尽可能淡化"官办"色彩。

(2)市旅游协会先后成立旅游研究规划咨询中心、旅游宣传促销中心、旅游培训中心、旅游信息中心(含旅游网站)、旅游投诉中心、导游管理中心(或导游公司)等事业型或企业化机构。

(3)随着法律体系的健全、市场经济的成熟、旅游企业和事业的发育,旅游协会和其他中介、服务机构尽快从旅游局的主管业务中分离出来,实现社会化、事业化或企业化;逐步将旅游企业和景区的等级评定、旅游质量监督检查、旅游信息发布、旅游统计调研、旅游人员培训、旅游宣传促销、旅游咨询策划和行业内外交流转移到旅游协会和各种中介、服务机构中去,从而彻底转变旅游局的职能,建立起以法治为基础的政府调控市场、市场引导企业、企业自主经营的与国际标准接轨的旅游产业管理体制和运行机制。

三亚建设国际旅游特区实验区的若干思考

一、对"国际旅游特区"含义的界定

"国际旅游特区",是指在改革开放方针指导下,以社会主义市场经济为基础,在旅游经济管理与运行、旅游产品设计与开发、旅游客源市场宣传与营销、旅游服务标准与水平、旅游管理体制与经营机制等方面,与世界旅游界通行的国际规划、惯例和做法全面接轨的旅游目的地与接待地,逐步实现国际与国内游客自由出入、资金自由流动、旅游企业自由经营、旅游用品与商品自由通关,并在旅游经营和服务方面实行特殊政策、特殊项目与特殊做法,率先全面实现现代化、信息化和国际化的旅游经济特区。

中国的澳门特别行政区、美国内华达州的拉斯韦加斯市、韩国的济州岛和欧洲的摩纳哥公国,都是典型的"国际旅游特区"。

二、世界旅游界通行的国际规则、惯例和做法

1. 旅游服务业经营

旅游产品能满足境外游客多样化的需求,建设适合境外旅游者消费习惯的消费、娱乐场所。

航空开放与旅游交通跨国经营。

国内外品牌旅行社业跨国经营与连锁经营。

国内外品牌酒店业跨国经营与连锁经营。

国内外品牌餐饮业跨国经营与连锁经营。

境外游客旅游购物免税、退税制。

【在世界旅游业较为发达的国家,旅游购物在旅游创汇中占有相当大的比例,一般都有30%左右。以购物旅游为招徕目的的国家和地区,如新加坡、中国香港等,素有"购物天堂"的美誉,旅游购物创汇占旅游总收入的比例高达50%~60%。其特点是:可供旅游者购买的商品的花色品种极为丰富,以名牌专卖店、物美价廉商店集中的购物街区特色突出,加之对旅游者实行免税、减税、退税等政策,极大地促进了旅游者的购物欲望。境外游客购物免税制,刺激游客购物欲望,增加就地出口。对外国旅游者购物实行买前减税和出关退税是许多国家的共同惯例。规定一定种类的商品的一定限额,游客出海关前

---

① 2005年11月8日,向三亚市政府提交《三亚建设国际旅游特区实验区的若干思考》的政策咨询报告,2006年初《三亚晨报》全文发表了该报告。

根据购物单凭证到指定部门现金退税,有的实行邮寄退税制,有的实行税金支票制。全世界免税店 2500 多家,年销售额 200 多亿美元,年服务对象 5 亿多游客。其中,机场免税商业占 41%、邮轮占 11%、机上占 9%、其他场所占 39%。以色列对入境游客可免税进口或在以购买一辆汽车自用,游客使用外币支付旅游费用,可免 18% 的销售税,在指定商店购物还可享受 5% 的折扣。】

旅游从业人员市场化、导游自由职业化、服务小费惯例化。

对博彩、体彩等娱乐项目按特定法规实行划定特定区域、对特定客人经营。

2. 旅游基础、服务与安全救援设施

完善的城市旅游综合配套服务设施,国际化的道路指示系统、旅游标识系统、旅游资讯服务系统等。

旅游信息数字化,建立多语种服务的游客中心网络。

国际机场,众多国际航线、扩大国内外航线覆盖面。

邮船码头,开展和接待世界豪华邮轮。

国际水平的滨海、海岛、温泉、山麓、森林和文化度假基地。

能举办国际表演、比赛的大剧院、体育馆(场)。

建立多语种城市指路标识系统。

旅游安全与紧急救援国际化,建立灾害预警机制与紧急救援系统。

【1994 年,世界旅游组织(WTO)在召开首次世界旅游安全最高会议之前,对 67 个成员国进行了旅游安全问卷调查。调查结果显示,大多数国家的旅游安全由内务部负责,33% 的国家由旅游部(局)和内务部协调负责,35% 的国家由旅游企业参与协调;70% 的国家在旅游点常设警员,40% 的国家对旅游警员进行外语培训,20% 的国家对警员进行旅游专业培训;63% 的国家有紧急救援电话设施,其中一半是专为旅游者服务的;50% 的国家在机场、火车站和汽车站为旅游者提供安全信息服务;46% 的国家对饭店员工进行安全培训,10% 的国家对导游进行安全培训。根据这些情况,为协调做好旅游者安全这一全球性的问题,WTO 在会上督促各国和组织采取措施采纳"七点安全计划",以保证旅游者的安全。这一计划的主要内容是:

(1)收集大量的统计数字进行分析研究,形成可靠、有用的信息资料,以便决策人对旅游危险有一个正确的估计;

(2)建立国内、国际信息中心,拥有旅游者全面的标准的、可操作的程序,以利各国政府、旅游界和有关人士获取基本资料;

(3)对旅游业职工,以及国营和私营服务机构的人员进行培训和教育,使他们尽到确保各国公民安全旅行的基本权利的责任;实施对旅游者的紧急救援计划,如多种语言旅游热线,为受到犯罪行为威胁的旅游者提供援助,有力地打击犯罪,减少伤亡;

(4)为了保护旅游者,使其有总体安全感,对执法、保安机构提供适当资助;

(5)制定专门保护旅游者安全的旅游法规。

美国国务院在因特网上建立了为旅游者提供安全信息的网站,向旅游者传递世界上每个国家旅游安全方面的信息,定期发布"旅游警告",同时还向美国公民通报其可能在一些国家面临的重大危险。美国的一些经营旅游安全信息业务的公司也经常向旅游者出售更详尽的旅游安全信息资料,如克罗尔公司关于外国城市旅游安全的报告和在因特网上设立"旅游警钟"网站。埃及作为中东地区最大的旅游目的地,为改变恐怖活动带来的不安全形象,建立了旅游警察,并派出250艘装备自动武器的快艇和橡皮筏在开罗与阿斯旺之间有历史古迹和旅游景点的河段巡逻,很快扭转了旅游业的下滑趋势。肯尼亚政府为保护游客的人身安全,组建了旅游警察部队。

紧急救援是以保险业为依托发展起来的一种新型社会保障服务产业,目前在世界上已形成了国际化、专业化和商业化的发展趋势。较为知名的有:国际SOS救援中心(原亚洲国际紧急救援中心)、世界紧急救援服务有限公司、世界救助公司、安盛援助公司等。】

旅游保险制度。

【国外旅游者除购买人身保险、健康保险外,一般在外出旅游时,都在出国前购买旅游意外保险和紧急救援保险;到达所游国后,一般也投保旅游意外伤害保险。】

建立符合世界卫生组织要求、与国际惯例接轨的安全卫生管理方式,防治艾滋病、性病。

3. 旅游管理体制、法规与政策

(1)政府协调机构。

【日本内阁中有旅游政策审议会、泰国总理府下有旅游委员会、美国有旅游政策委员会、巴西有国家旅游委员会、法国有旅游部际委员会等。】

(2)旅游行业组织。

【韩国观光公社、日本国际旅游振兴会、法兰西之家、西班牙旅游协会等。功能:自我联合、自我协调、自我监督、自我保护,行业规章、行业标准、市场营销、市场调研、职业培训等。】

(3)旅游法制与产业政策。

【①对旅游产业的财政支持。许多国家通过政府直接拨款、投资、贷款、特许经营或设立旅游发展基金等形式,用于旅游开发建设、宣传促销和人力开发,促进旅游产业发展。

巴西《旅游组织法》规定,每年政府拨付给巴西旅游公司100亿克鲁赛罗,此外还可发行邮票,接受私人和公众捐款、特别贷款等。

墨西哥《旅游法》规定,设立全国旅游发展基金,该基金由各级政府部门和公共组织及私人组织的股份、国内外贷款、该基金经营利润等组成。韩国《旅游振兴开发基金法》规定,基金来源于政府拨款及其经营利润,可用于饭店、交通等设施的修建。希腊对私营旅游企业开发旅游新项目、改建工程提供25%~40%的补贴,在综合旅游区内兴建私营旅游项目签署44年的土地租用合同。意大利法律规定,兴建各类旅游项目、设施,贷款偿还期可达 10 年,年息为 3%~4%,贷款额可占所需投资额的 50%~60%。印度对特定地区、特定项目(如遗产旅馆)给予资本补贴,可高达 250 万卢比;凡从认可的银行、金融机构得到的旅游贷款,政府给予 15%~20% 的利率补贴。

政府拨出促销专款是大多数国家的通例。1997 年,各国旅游促销预算支出是,西班牙 7100 万美元、泰国 6600 万美元、新加坡 6500 万美元、澳大利亚 6500 万美元、奥地利 5700 万美元、韩国 2300 万美元、印度 1600 万美元、日本 880 万美元。中国为 830 万美元,居第 31 位。

以色列旅游基建基金来自中央财政,每年拨款 1 亿美元为旅游财政开支。秘鲁、委内瑞拉等均设有旅游发展基金、培训基金。

②对旅游企业的税收政策。许多国家政府对旅游开发商、经营商制定了优惠的税金政策。

巴西规定,经旅游委员会批准建造的饭店 10 年内豁免一切联邦税。哥伦比亚《旅游法》规定,旅游免税区内的公司、合伙人或股东的股息、股金和利润收入均免交所得税,对特定的旅游服务免收营业税。秘鲁旅游企业的财产税只交法定额的 80%,服务税由 18% 减至 3%~6%。厄瓜多尔《旅游法》规定,经旅游协会评定等级的公司在 10 年内全部免征公司成立、股份转让、分割的税金,免征进口建筑材料、设备、汽车的关税和附加税。澳大利亚对旅游地、度假区、饭店餐馆的开发在 25~40 年内实行所得税减免政策。西班牙各行业中存在 16% 和 7% 两种税率,旅游业是享受优惠的行业之一,一至四星饭店及其他旅游企业为 7%,五星级饭店为 16%;3 个经济特区内,旅行社开展出入境业务不征税,企业利润用于再投资部分可不交所得税。埃及对新建旅游设施自开始营业起 10 年内免税。印度对旅行代理商、经营商和旅游交通企业的车辆进口免税,对主题公园、游船和保健、科学旅游项目等特定设备进口也免税;旅游企业在计算应课税利润时,允许以其海外宣传促销和在认可机构培训员工开支的 200% 的加权核减。

征收旅游税是许多国家的通常做法,是增加财政收入的重要手段。旅游税的范围是:航空及其他运输方式、旅游景点、旅游住宿、餐馆、教育培训机构、出入境旅游(口岸)等。据统计,世界各国共有 40 多种税种与旅游直接相关,其中 75% 由旅游者直接支付,25% 由旅游企业支付。一般情况下,旅游业起步或欠发达的地区,以免征或减征旅游税招徕客源、鼓励开办旅游企业;旅游业发达的地区适当征收或加收旅游税,以增加财政收入。其得失利弊,应全面权衡,慎重处置。

③放宽对旅游业的限制措施。

印度对所有赚取外汇的旅游单位给予"出口商行"的待遇,享受"出口商行"应当享受的优惠。

韩国将旅游业与其他主要出口业置于同等位置,先后将一般旅行社、廉价旅馆从服务业中分列出来,将共管公寓与家庭旅馆从服务业中分列出来,将特种旅游服务业务、游船公司、租车业、海外旅行社、国内旅行社从服务业中分列出来;放宽对涉外旅游纪念品商店规模的限制,解除对酒吧、餐馆、桑拿浴服务时间的限制等。土耳其《旅游促进法》规定,旅游企业的用电、煤气和用水价格以当地工业设施和家庭的最低价格支付。

以色列设立旅游开发区,鼓励成片开发。不论内资外资,只要投资建设旅游部导向的重要旅游项目,均可获得项目总投资额25%的政府无偿补贴。】

简化出入境手续。对特定国家入境游客实行落地签证或免签政策。

鼓励和引导国民休闲度假旅游。

【休闲和旅游已被列入世界人权的范围。1948年12月联合国大会通过的《世界人权宣言》认定,"任何人都有休息、休闲的权利,尤其是享有合理的工作时间和定期带薪休假的权利"。1966年12月联合国大会通过的《国际经济、社会和文化权利公约》规定,各国应确保人人都能"休闲、娱乐,合理限制工时和定期带薪休假,以及公共假日期间照常发薪"。

许多国家早已实行带薪休假制度。法国、西班牙30天/年,比利时24天/年,英国20~27天/年,德国、意大利5~6周/年,韩国20天/年,泰国10~20天/年,澳大利亚30天以上/年。中国香港7~14天/年,台湾地区工作1~3年为7天,工作3~5年为10天,工作5~10年为14天,工作10年以后每年增加1天,最多30天。

外国虽然也有节庆日与周休日连续休假的做法,但作为全国统一的连休时间一般为2~3天,但很少有连续7天休假的。韩国元旦连休2天,春节、中秋节连休3天,节日与周休日重叠时没有调休制度。巴西新年、独立纪念日、圣诞节若正逢周二至周五时,则移至周一,与周六、周日连休3天,举国同庆的狂欢节连休3天。美国除独立纪念日外,节日与周六、周日重叠时,周五、周一为连休日。法国圣诞节连休2天。泰国的节日与周六、周日重叠时,周一为调休日。我国香港地区圣诞节连休3天。台湾地区周六工作半天,节日与周六重叠时,周六休假,与周日连休2天,但周六的半天工作移至下周六完成。

许多国家和地区通过《劳动法》或其他法规,规定了不同的节假日制度。带薪休假已成为保障和推动旅游发展的重要举措,并给予法律保障。

英国对企业奖励旅游实行征税,但对研修旅游酌情征税。瑞士、美国、澳大利亚等国对企业人员的研修旅游不作为征税对象,视为企业的必要经费支出。美国各企业和机构都有年度休假的计划。韩国大企业常奖励员工两三天的连休,或组织慰劳旅行、研修旅行。巴西把30天集中起来休假的给以1/3工资的补贴。法国给年度休假者以火车票打折,并把企业补助加进低收入员工的度假储备金中,可领取专供度假用的支票,用以支付住宿、餐馆、交通费。瑞士也设有为低收入家庭提供的旅游金库。

为避免国民外出休闲度假过于集中,影响正常的社会经济生活、破坏文物与生态环境、降低休闲度假质量,世界旅游组织一再提出政府应创造条件"努力错开休假时间"。1982年8月在墨西哥举行的世界旅游会议上通过的《阿卡普尔科文件》提出,"各国的责任不能局限于仅仅承认这一权利,而应创造实际的和恰当的条件,让那些享有假日的人更有效地享受","应该作出实质性努力错开休假时间"。1985年9月世界旅游组织全体大会通过的《旅游权利法案和旅游者守则》,要求各国政府"采取措施,特别是通过更好地分配工作和娱乐时间,建立和改善年度带薪休假制度和错开休假日期,以及特别注意青年、老年和残疾人等旅游手段,使每个人都能参加国内和国际旅游"。】

三、三亚建成"国际旅游特区"的体制与机制创新

1. 推进体制创新

推进体制机制创新,建立符合国际惯例的旅游行业服务、协调、监督组织与机制旅游政策,建立以市场经济为基础、与国际接轨的旅游行政管理体制、法规与政策,建立旅游主导产业与其他产业、部门的高效、紧密的联动体制。

海南省政府设立"三亚国际旅游特区"领导小组和协调办公室。

建立由三亚市委、市政府主要领导挂帅、市委常委和全体副市长组成的"三亚国际旅游特区"建设委员会,作为"国际旅游特区"的最高决策机构。

三亚市人大举行特别会议,审议通过《三亚国际旅游特区管理条例》,成为"三亚国际旅游特区"建设、管理和运行的最高法规。在《三亚国际旅游特区管理条例》框架内,进一步制定旅游投资、建设、经营、管理等方方面面的管理规定和办法。

改组和提升三亚市旅游产业发展管理局为三亚市旅游产业发展管理委员会。由三亚市委常委、常务副局长任主任委员,由原市旅游产业发展管理局局长、市外办主任、市建设局长、市文体局长、市交通局长、市公安局长任副主任委员,统筹"国际旅游特区"的建设、管理和运行,实行一体化管理、一条龙运作,减少协调过程和审批程序,成为权威、高效的国际旅游特区管理机构。

"三亚国际旅游特区"建设委员会办公室设在市旅游产业发展管理委员会。

市旅游产业发展管理委员会下设办公室(兼秘书处)、综合协调处(兼政策法规处)、产业管理处、市场促进处、规划建设处、交通与安全管理处、质量监督处、人力资源开发处,对行游住食购娱、出入境、安全救援等实行全面管理与服务。

按国际惯例、中央关于行业中介组织与行政主管部门脱钩的要求,国家旅游局关于促进旅游协会职能的完善,"以城市各类旅游协会为重点,促进旅游协会加快成为行业利益的代表,加快成为市场秩序的维护者,加快成为行业自律组织,加快成为旅游市场的重要中介"。改进和加强三亚市旅游协会及其旅行社分会、饭店分会的活动与职能,筹建景区景点分会、旅游餐饮分会、旅游商店分会、旅游康体娱乐分会,形成三亚市旅游行业组织体系。

2. 加大对外开放力度

引入国际品牌的各类旅游企业,特别是外资旅行社、度假俱乐部、分时度假和娱乐公司,实现与国际品牌连锁经营美国运通,以商务旅游业务为主;旅行社与航空联手经营;旅行社与酒店联手经营,如地中海俱乐部。

与香港合作,引入旅游商品零售机制,开设面向境外游客的免税、退税商店(国产烟

酒与珠宝等)、面向国内游客的免税、退税商店(进口商品),建成旅游特区购物天堂。

引进与自创特种旅游娱乐项目。

3. 改进与加强客源市场营销

改革以政府为主体的营销方式,建立官民结合的市场化、专业化的旅游目的地营销系统,提高旅游市场宣传营销的回报率,增大拓展力度,提升入境游客的流量、比例、消费和停留时间。

4. 简化国内外游客双向出入境手续

充分利用已有境外游客入境落地签证政策。

开办国内游客在三亚去境外(首先是香港、澳门、台湾地区和越南等东南亚国家)旅游的业务,实现"国际旅游特区"国内外旅游者双方自由出入。

全市落实带薪休假制。在三亚市政府机关、企事业单位实行公务员和工作人员带薪休假。

5. 推进科技创新

建设数字化旅游目的地信息系统(DMS),实现旅游公务、商务、经营和咨询数字化,并入国际网络营销体系旅游经营管理信息数字化;从民航计算机预订系统(CRS)、全球预订系统(GDS),发展到酒店客房、火车票、长途汽车票、邮轮票、戏票的电子预订与网上支付。

6. 人力资源开发与旅游社会人文环境

旅游国际化,不仅是入境、出境旅游的人数众多,而且是旅游理念的国际化、服务的国际化、管理的国际化、旅游产品的国际化、城市功能的国际化,说到底就是人的国际化和城市的国际化。

三亚居民文化水平、旅游意识、国际意识和文明程度的提升,是实现三亚旅游国际化、建设国际旅游特区的关键。

培训与引进并重,提高全市旅游管理系统的公务员的素质和水平。

培训与引进并重,提高全市旅游经营人员的素质和专业水平。

培训与引进并重,提高全市旅游各行业一线服务人员的文化、职业素养和外语水平。

办好三亚旅游航空职业学院、海南大学三亚分院,引进国外旅游教育培训机构,建立旅游人力资源孵化基地。

加强全市中小学的旅游知识与外语教学,中小学开设"三亚旅游常识"课程,提高三亚市民的旅游服务意识与外语能力。

长期开展三亚市民旅游接待常用英语培训,营造国际旅游特区的语言环境。

四、建立"国际旅游特区"(实验区)的意义与作用

1. 三亚建成世界一流的热带滨海旅游城市和旅游目的地的需要

随着中国加入世界贸易组织,原海南经济特区和亚龙湾国家旅游度假区的优惠政策

已失去时效。三亚必须在新的条件下,探索深度、全方位开放的路子,加速与国际全面接轨,才能加快建成世界一流的全球热带滨海旅游城市和旅游目的地,进而带动三亚市经济社会跨越式发展。

2. 实现省委"南北带动"战略、推动海南省旅游转型升级的需要

目前海南省旅游呈现管理乏力、市场失控、资源贱卖、产品老化、南热北温、东重西轻、中线空心化的状态,正处于由乱到治、转型升级的关键时期。海南旅游发展中出现的问题,归根究底是体制转型中深层次矛盾的集中爆发,是改革开放不到位的结果。三亚率先建立"国际旅游特区"(实验区),将从根本上冲击旧的旅游管理体制和运行机制,推动全省旅游的腾飞,加快建成中国热带度假旅游基地、世界海岛度假旅游目的地。

3. 中国旅游实现战略提升、提前建成世界旅游强国的需要

中国旅游业是进行对外开放、与国际接轨的先导产业。业已实行的对外开放,主要是行业方面的"条"的开放,如先是饭店建设与管理的开放,后是餐饮业的开放,现在进入旅行社业的开放,但尚未有在一个区域范围内的"块"的开放。

三亚建立"国际旅游特区"(实验区),是首次在一个地级市的范围内,在旅游与相关产业和部门方面,全方位、深层次的开放。三亚"国际旅游特区"(实验区)的经验,将对旅游体制创新和机制创新、产品开发、特种项目经营、市场营销、企业经营、人力资源开发、环境保护、生态建设和旅游目的地配套及旅游城市建设管理等各方面取得全面的新鲜经验,对中国旅游的战略提升、加速建成世界旅游强国,具有首创意义;对中国现代服务业的全面开放、与国际接轨,也有试验作用。

以天涯文化为魂铸就三亚城市品牌[①]

一、文化特色是旅游城市之魂

一个以旅游为主导产业的城市要有灵魂,只有文化才能铸就灵魂;城市要有个性,只有文化才能铸就个性;城市要有特色,只有文化才能铸就特色。

热带、滨海、沙滩、阳光和洁净的空气是三亚的优势,但世界上不只有三亚才拥有这些资源。世界著名的滨海旅游城市不仅有良好的自然生态资源,更因其具有独特的文化风格而各领风骚,如美国夏威夷的波利尼西亚文化,西班牙太阳海岸的安达卢西亚文化,法国蓝色海岸戛纳的影视文化,有"千寺之岛、诗歌之岛、艺术之岛"之称的印度尼西亚巴厘岛印度教文化,韩国济州岛的民俗文化村与博物馆,墨西哥坎昆的传统歌舞和玛雅文化遗址。三亚要建成区别于这些世界著名的热带滨海旅游城市,形成自己独有的城市品牌,不能没有自己的文化特色。

长期以来,总是认为三亚旅游的优势在于热带滨海自然生态环境和资源,但社会文化资源一般,以至于把三亚的标志性景点"天涯海角"仅仅或主要看成是自然景观。迄今为止,三亚对社会人文资源和旅游产品的挖掘、开发和宣传很少,文化旅游产品一直是弱项。这是三亚虽有一定知名度但尚未形成城市品牌的根本原因。

2005年三亚市委、市政府作出《关于加快三亚文化产业发展的决定》,指出"挖掘和利用我市悠久的历史文化资源、丰富的民族文化资源和独特的自然文化资源,依托三亚作为国际性热带滨海旅游城市的发展,使文化产业逐步成为新的支柱产业",在三亚发展史上第一次把文化产业提升到全市发展战略的高度。

现在的问题是,如何在把握三亚文化内涵与特征的基础上,把文化资源转化成文化产业并与旅游产业融为一体,实现建成世界知名、独具品格的热带滨海旅游城市的目标。

二、天涯文化是三亚文化的核心

三亚的文化源远流长、内涵丰厚,融中原文化与南疆文化、大陆文化与海洋文化、汉族文化与黎苗回族文化、历史文化与时尚文化、田园文化与城市文化于一体,并与"天涯海角"这一中国陆地最南端的极地景观和意象相结合,形成了中国唯一、别具一格的"天涯文化"。

[①] 2007年1月在三亚旅游工作会议上的讲话,刊载于2007年1月26日《三亚晨报》(第1版),收录于三亚市委宣传部《三亚文化产业研究》论文集。

"天涯文化"源远流长。落笔洞古人类遗址表明,远在1万多年前的旧石器时代,"三亚人"就在此生息、繁衍。作为国家重点文物保护单位,这是迄今发现的中国大陆最南端的远古人类文明遗址,对研究中国南方和东南亚地区的史前文明发展史具有重大意义。

从西汉开始置县到宋代置州、清代为直隶州,这里形成了源远流长的开疆文化;海南岛独有的黎族世居于此,形成了悠久的耕织文化和渔猎文化;"宋元间因乱挈家泛舟而来"的回族民众在此落地生根,体现了中华多民族文化在南疆边陲的长期共存与交流融合。三亚前身崖州古城历史积淀深厚,是一座历史悠久的千年文化古城。元、明、清三朝都在地理志和版图上,标注我国陆地板块南端极点是三亚天涯镇的下马岭。

"天涯文化"丰富多彩。传统的耕织文化与渔家(疍家)文化在这里都可以找到载体,依然保存的崖州古城"文明门",反映着黎汉耕织文化交流的水南村黄道婆遗迹,体现着爱情文化的"鹿回头"传说,象征着海洋民俗文化的妈祖庙,展示了汉、黎、回、苗长期共存俱荣的民俗文化,三亚的"天涯文化"丰富多样。800多年前宋代始建、清代迁建的学宫是中国最南端的孔庙,也是最边远的教育机构,体现了儒家文化的影响深远;1200多年前唐代鉴真大师第五次东渡途中在此登岸带来的佛教文化,800多年前南宋时开发的"鳌山大小洞天"的道家文化,羊栏地区(现凤凰镇)700多年前建造的清真寺,120多年前基督教传入崖县,佛、道、伊斯兰和基督教等中外宗教文化在此汇聚。清代修编的《崖州志》中翔实地记载着此地的地理、物产、沿革、建置、经政、学制、兵制、礼制、艺文、科举、海防和民俗等,可以说是对三亚古代文化的历史性集辑,证明我国古代文明的基本要素在这里一应俱全,并带有南国海疆的特点。

进入近现代以来,虽然很长一段时期内三亚社会经济发展滞缓,基本上停留在原始的农耕捕捞水平上,但仍留下了时代风云的痕迹。1922年崖县发表了《琼崖公民对西沙群岛沦亡宣言书》,痛斥日本侵略者占我领土、掠我资源的罪行;1924~1927年间,这里相继建立了共产党小组、支部、农民协会、红军连和苏维埃,崖县农民协会和中共崖县县委旧址至今仍依稀可寻。1939年11月,与共产党领导的琼崖纵队司令冯白驹将军合作抗日的国民党抗战将领、琼崖守备司令王毅在海滩巨石上刻下"海角"两字,与清人所刻的"天涯"相对应,赋予"天涯海角"以新的意义。海南沦陷后,爱国军民奋起抗日,留下了田独万人坑等遗址。1948年在中共崖县县委领导下成立崖县民主政府,直至1950年4月底解放。三亚虽远离国内政治斗争中心,但在现代史的每个阶段都留下了弥足珍贵的踪迹,为"天涯文化"增添了新的历史内容。

"天涯文化"与时俱进。改革开放、海南建省和撤县升市①使三亚跨入新的历史阶段,迅速从一个不为人知的海疆小镇发展为国内外有相当知名度的现代滨海旅游城市,实现了从传统农业经济向以旅游为龙头的现代服务经济的历史性飞跃。突飞猛进的社会经济发展为三亚文化注入了全新的内容。三亚国家风景名胜区、亚龙湾国家旅游度假区、

---

① 1984年5月,崖县撤县建市,更名为"三亚市";1987年7月,三亚升格为地级市。

高尔夫、潜水、温泉、国际邮轮、亚运会南端点火台、南山文化苑、世界小姐总决赛、传统国际铁人三项赛、天涯国际婚礼节……表明时尚前卫的旅游文化、体育文化、健康文化和美丽文化已成为三亚文化的新标志。在旅游休闲度假方面,三亚正在引领中国、接轨世界。

总之,"天涯文化"纵贯古今、联通南北、兼容中外,融地理区位、自然生态与社会人文于一炉,具有多元性、包容性、开放性的特点,是绚丽多彩的华夏文化巨树上璀璨的一枝。用"天涯文化"来概括三亚文化的内涵、特征和核心,最为确切、鲜明,也最具形象。这里,"天涯"不仅是地理方位概念,更是一个独特的人文情结和文化理念,同时又有标志性的物质载体。用"天涯文化"来概括三亚文化,既与三亚的地理坐标、历史渊源相切合,又与全国所有城市的文化定位相区别,具有独一性、形象性、不可复制性和易于识别性。

三、构建旅游、文化、健康三位一体的休闲经济体系

在政府引导下,依托优质的自然生态和丰厚的社会文化资源,通过市场运作和产业整合,构建旅游产业、文化产业和健康产业三位一体的休闲经济体系,是三亚建成世界一流的滨海旅游城市的必由之路。

休闲,是指人们在常住地与暂住地的各种个性化的消闲活动。休闲经济已成为世界发达国家的时尚产业和支撑产业,渗透到旅游、文化、教育、体育、创意、购物、餐饮、娱乐、健康、园艺、房产、客运和信息等众多行业。美国人的1/3时间和支出用于各类休闲消费,休闲产业约占国内生产总值的1/2、社会就业的1/2。

以度假为主的旅游产业。旅游是异地休闲的主要方式,是旅游者在暂住地寻求人文体验、心灵愉悦和健身康体的生活方式。把旅游活动与文化、康体活动相结合,开展丰富多彩而独具特色的休闲项目,是三亚构建度假旅游目的地的内在要求。针对国内外游客的多元化、个性化需求,开发热带滨海休闲、雨林探秘、温泉养生、康体度假、体育赛事、养颜美体、特种医疗、中老年养生、银发旅居、青少年训练以及天涯文化体验、节事会展奖励等以休闲度假为主的旅游产品。

以天涯文化为主题的文化产业。把"天涯文化"中蕴含的地脉、文脉和史脉元素有机地注入旅游景区、主题酒店、游览线路、节庆会展、演艺娱乐、动漫影视、健康体育、创意出版和休闲房产等各方面去,策划以"天涯文化"为特征的市徽,开发"三亚天涯古道黎家文化生态旅游区",组织以"天涯之路"为主题的游览线,推出"天涯自由行(人)"经典自助旅游产品,完善"天涯婚礼"蜜月之旅,创作演出以"天涯行"为主题的大型歌舞,举办"天涯之春(冬)"音乐会,设计"天涯"系列旅游商品……处处凸显"天涯"的方位、生态、历史、民俗、艺术和情结,并以"天涯"作为三亚最珍贵的冠名,如"天涯哨兵"、"天涯勇士"、"天涯寿星"、"天涯佳丽"、"天涯球星"、"天涯名导(游)"、"天涯名店"等。

健康产业正在全球兴起。凡用于促进、保障和恢复人类健康的工作和措施,都属于健康产业。健康产业的重点在于对生命和生命周期的认识与维护,在已病与未病、治疗与预防、疾病与亚健康状态的相关边缘上,建立完整的"健康生产线"。国际新兴起并强

劲发展的健康管理机构(MCO)、健康护理机构(HCO)和抗衰老机构,提供了健康的配套产品,催生了健康产业的兴起。按照世界卫生组织(WHO)的界定,美国和发达国家健康产业的比重已占到 GDP 的 1/3 以上,已成为国民经济的第一大产业。世界新技术革命的浪潮将由 IT(信息)产业转向 HT(健康)产业,成为第四次浪潮。吴仪副总理多次指出,利用市场机制、培育健康产业,以适应中国建设全面小康社会的目标。

三亚具有发展健康产业的优势:优质的生态环境,长寿的人口传统,丰富的南药资源,无公害的瓜果蔬菜和海洋食品,优质的温泉和全年适宜开展各类康体活动的滨海、海岛、河流和山地等。采取强有力的扶植政策措施,引导国内外企业开发具有健康功能的休闲度假场馆,建立体检、疗养、药膳、美容、运动等相结合的康复养疗基地。引进国内外的品牌医药、健康企业,建成以热带海岛生物医药为特色、传统医药与高科技相结合为支撑的南药研发和生产基地、海洋药物、健康用品研发和生产基地,培育新兴健康产业。

三亚和海南自身人口总量不大,文化产业和健康产业的本地市场容量有限。只有大量的游客群体,才能为三亚的文化产业和健康产业提供源源不绝的市场受众。文化产业和健康产业的发展为旅游提供丰富的观光、度假和特种产品,吸引更多的游客并使他们留下来和反复来。旅游、文化和健康三大产业的互动和融合将形成三亚休闲经济的新业态,从数量、质量和效益的结合上扩展城市的规模、提升城市品位,铸就"天涯丽城 浪漫三亚"的城市品牌,建成世界知名、中国一流的文化之城、美丽之城、健康之城和度假之城。

[文中史料引自清光绪二十六年(1900 年)纂修、1962 年郭沫若点校《崖州志》和 2001 年中华书局版《三亚市志》。]

规范管理，建成世界顶级海洋观光休闲潜水胜地[①]
——对三亚潜水旅游开发管理的建议

上天下海是21世纪世界旅游的两大趋向。潜入海底是中国人由来已久的向往，《封神演义》、《西游记》及中外众多神话传说中关于海龙王、海龙女之类的描写，表达了人们对海底生活的憧憬。正在世界上开展的潜水活动，为人们实现潜入海底观光、短暂体验海洋生活的梦想提供了可能。

潜水旅游是海底观光、海洋休闲与探险相结合的一种专项旅游产品。目前世界上已建立了280多个潜水旅游中心，每年有上百万人参加。世界著名的潜水旅游地有美国佛罗里达州的奥兰多、澳大利亚的大堡礁、印度的果阿和科瓦兰姆、泰国的帕塔亚、马来西亚的槟榔屿、肯尼亚的马林迪瓦穆、塞舌尔群岛的马埃岛等。

海洋潜水旅游的主要方式和工具有：浮潜，利用面镜、呼吸管和脚蹼浮等浮潜器，在海面上通过面镜观看水下景物。水肺潜水，带着压缩氧气瓶利用水肺潜水器，潜入海底观赏、游弋。水肺潜水器包括面镜、呼吸器、脚蹼、潜水仪、气瓶、浮力调整背心和潜水服。乘坐海底观光船，意大利的"水下旅游船"能下到水下40米处，韩国的海底观光船可达45米深，法国科梅克斯公司制造的潜水观光艇可潜入80米深。兴建海底旅馆，美国佛罗里达州在博拉博拉环礁湖海底30英尺处建有海底旅馆，客人登上浮筒潜水进入旅馆，从旅馆窗口可以看到海底奇观。

三亚海湾众多，水体洁净，全部符合海水水质一类标准，海水能见度在2.5米以上，其中亚龙湾海水能见度达12米。海底珊瑚礁众多、海洋生物种类繁多，各类海洋鱼色彩斑斓、千姿百态，犹如绚丽多彩的神话世界。三亚是我国唯一的热带滨海城市，年平均气温25.4℃，12月和1月的平均气温也达21℃，四季均可游泳、潜水。就资源与环境而言，三亚完全有可能发展为世界顶级海洋观光休闲潜水胜地。

三亚是国内第一个开展滨海休闲潜水的旅游地。早在十多年前，大东海就开发了第一个潜水旅游点。至今潜水旅游点已扩展到亚龙湾、鹿回头、小东海、西岛和蜈支洲岛，共10家，成为国内也是世界少有的滨海潜水项目相当密集的旅游地。海洋休闲潜水已成为三亚独具优势的特色旅游产品，到三亚下海潜水已成为不少游客的一个兴奋点。据三亚市旅游局统计，近年来三亚10个潜水旅游地年接待潜水游客约60万人次。以人均花费250元推算，潜水旅游收入约1.5亿元。2003年在三亚举办的第26届世界潜水活

[①] 2006年9月给三亚市旅游发展局的咨询报告。

动联合会代表大会上,世界潜联主席阿吉列·费莱罗说:"西岛是世界最大的潜水基地。"

自发而快速发展中的潜水旅游也带来了不少问题:

(1)潜水产品单一、服务质量不高。多家潜水旅游点基本上只开发了一种水肺潜水,只有很少几艘半潜观光船。夜潜、远海潜、深海潜等产品基本上没有得到开发。教练员简略地讲并不能给客人以海洋生态知识的教育,陪潜员带着客人鸭子下沉式的一游不能给客人以深度体验。一流的优质潜水旅游资源只开发了二流甚至三流的潜水旅游产品,造成资源的浪费。

(2)恶性削价竞争、市场秩序混乱。在海南旅游市场严重畸形的大背景下,多家潜水旅游企业以同类的旅游产品、支付高额回扣的相同手法,争夺同一类客源市场。游客看到的门市价格居高不下,但潜水旅游企业实际收入低微,利润大头流入导游和旅行社手中。如此恶性削价竞争持续下去,势必降低服务质量,损害三亚潜水形象。

(3)安全措施不力、事故隐患严重。潜水旅游是一种探险类的特种旅游产品,需要高潜游质器具、严密操作程序、熟练陪潜人员和完整救援系统的配套服务,方能万无一失、确保安全。目前各家潜水公司各自为战,设施条件和服务水平参差不一,旅游旺季时人满为患,体检形同虚设,忙于应付接客,存在着诸多安全隐患。一旦发生严重安全事故,立即会对三亚的潜水旅游产生强烈负面影响。

(4)环保措施不实、危及生态资源。目前的潜水项目大多在三亚珊瑚礁自然保护区之内。三亚的珊瑚礁多年来遭到掠夺性破坏,现在炸礁采石等显性破坏虽有所收敛,但由于包括潜水在内的海上活动的多头管理、无序开发,局部海滩沙质退化、海水水质下降,海底珊瑚遭盗挖、海底生物生存环境变异的情况不容乐观。目前市面上仍可看到兜售珊瑚花的小贩,说明盗挖珊瑚的现象依然存在。

三亚潜水虽被称"世界最大",但绝非"世界最好"。潜水游客的接待人数只是说明量之大,绝不说明三亚潜水的质量之高、游客体验程度之深、促进生态效益和增进社会效益之高。绝不能陶醉在"世界最大的潜水旅游基地"的说法之中。当前潜水旅游价格虚高、性价比严重失衡、实际价格与名义价格严重扭曲,导致游客上当受骗、潜水企业受损、政府税收漏损、环保措施落空,引发珍稀资源浪费、生态质量退化。此种情势如不制止,受损的不仅是潜水旅游行业,而且危害三亚旅游的整体形象。

应该清醒地看到,目前三亚的潜水旅游处于低质、低档、低效益的初步发展阶段。

为了确保潜水旅游良性、健康和可持续发展,建议分步实施下列措施,标本兼治、堵疏并举,理顺管理体制,整顿市场秩序,规范服务标准,提升产品品质。

1. 建立三亚市潜水旅游专项领导小组

潜水旅游涉及海洋与渔业、旅游、工商、卫生、安全生产监督管理和技术监督等多个行政部门。目前三亚潜水旅游发展中出现的种种问题多年不得解决,与该项目的管理体制不顺、不力有关。建议市政府建立由主管旅游的市领导为组长、市海洋与渔业局和旅游产业发展局领导任副组长的潜水旅游专项领导小组,统一管理、明确分工、落实职权,形成统一协调、高效有序、权责分明的潜水旅游管理体制,改变目前全市对潜水旅游无头管理、无序运行的状况。

2. 成立三亚市潜水旅游协会

按照社会主义市场经济的原则,在市潜水旅游专项领导小组的指导下,由全市各潜水旅游企业自愿组成市潜水旅游协会,制定章程、确立行规,成为全市潜水旅游行业自主协作、自律自强、维护行业利益和形象的中介组织。对上沟通与政府有关部门的联系,反映企业要求和呼声;对内加强各潜水旅游企业的沟通与协作,规范经营行为,评定潜水旅游景点质量等级,执行潜水旅游服务标准,培训管理服务人员,维护行业合法利益;对旅行商加强联络与合作,确立行业之间协作准则,并开展三亚潜水旅游的总体宣传促销;对外加强与国内外潜水旅游地的交流,建立与国际潜水旅游行业组织的合作渠道。市潜水旅游协会是三亚市旅游协会的分会。

3. 编制三亚市潜水旅游发展专项规划

邀请国际潜水咨询机构编制三亚市潜水旅游发展专项规划,根据三亚海洋资源条件,确定全市开展潜水旅游的总体布局与发展规模;界定潜水资源开发强度,划定宜潜区与禁潜区、浅潜区与深潜区、近海潜游区与远海潜游区;区分大众观光潜水、专业探险潜水的不同布点;开发海洋观光潜艇、海底观光廊道和海底宾馆等特种潜海设施;建设海洋生态环境博览馆,宣传生态环境保护知识。市潜水旅游发展专项规划经专家评审和市政府批准后,严格按规划开发潜水旅游,任何机构、单位和个人不得违反规划盲目开发,确保全市潜水旅游有序、科学、可持续发展。

4. 颁布三亚市潜水管理办法

三亚市政府制定、颁布《三亚市潜水管理办法》,规范潜水旅游企业的准入条件、资质标准、申办程序、经营规则、资源保护及奖惩办法,消除和防止由某个政府部门垄断或多个政府部门分头审批管理潜水旅游的情况,杜绝由此可能产生的种种弊端。凡申办和经营潜水旅游的企业,必须符合《三亚市潜水旅游发展专项规划》的规定,由市海洋与渔业局审定潜水区域、范围及规模,由市旅游产业发展局审定旅游服务条件和设施,并由市海洋与渔业局和市旅游产业发展局联合认定开业或经营资格后,由市工商局核发营业许可证,市卫生、安全、技术监督部门分别对潜水旅游场所的卫生、安全和技术标准进行管理。物价部门对潜水旅游的价格实行监督管理,按市场经济原则实行质价相符、优质优价,但必须公开、透明,防止和制止潜水企业价格垄断或对旅行社实行高额回扣等暗箱操作,建立潜水企业与旅行社正常的佣金制度,禁止导游员向潜水企业强索回扣,禁止潜水企业对导游员私授回扣。对潜水旅游企业实行年检制,向公众公布年检结果,发布年度诚信企业名单、曝光违规企业、公开惩处结果,营造动态的优胜劣汰机制。

5. 制定三亚市潜水旅游服务质量标准

潜水旅游在我国是一项新兴的专项旅游产品,尚在探索之中,没有现成的服务质量标准可循。三亚开展潜水旅游在国内起步最早、企业数量最多、接待客人规模最大。几年的发展已经形成了一批实力较强、设备较完备、管理较好的潜水企业,并与国际休闲潜水机构建立了初步联系,在摸索的过程中积累了相当的经验教训。三亚有条件在总结已有实践、借鉴国际经验的基础上,在国内率先制定《三亚市潜水旅游服务质量标准》,先试行、后推广,并为出台《中国潜水旅游服务质量标准》作出贡献。该标准应从专业技术层面对潜水休闲旅游景区建设、设备配置、操作程序、客人体检、心理与技能培训、管理与服务人员专业素质与资质,以及安全救援系统等方面设定标准、建立规范、形成制度,并设定潜水旅游景点和企业的质量等级标准,创造条件对全市潜水旅游景点进行等级评定。

潜水休闲探险是三亚旅游的一大亮点、一张名片,是实行下海上山、东拓西展旅游发展战略,扩展热带海洋旅游空间、加大海洋旅游开发深度的最佳突破口,更是建成世界滨海旅游名城的亮点。

笔者常来三亚,不论逗留时间长短,必去下海游泳。记得1992年首次来到神往已久的"天涯海角",12月28日上午在大东海游泳后驱车海口返回北京。3小时后飞机落地,白雪铺地、寒风呼啸,真可谓"一天经两季,南北不同天"。去年春,时年65岁的我曾在西岛下海潜游一番,生平第一次目睹海底世界的奇特风光。体验潜入海中的奇特感受使我确信,三亚应是中外热带海洋潜水之旅的最佳胜地。

关注三亚市旅游协会"断奶"一年的探索[①]

案头放着三亚市旅游协会自2008年12月1日改组后至2009年12月的12期《简报》，读后感叹不已，把协会一年内所做工作梳理如下：

1. 搭设政府与企业的桥梁

年初、年末举行旅游界政企座谈会2次，集中反映会员要求，市长、副市长出席。此外，参加各类调研会议6次，提交调研报告9个。

2. 组织业内联谊、交流、培训

举办会员联谊交流4次，开展业务研讨4次，举办业务培训3次、旅游服务技能大赛1次、国际美食餐厅评选1次、旅游大讲坛1次。

3. 建立协会章程与网站

目前，协会注册会员132家，包括旅游饭店59家、旅行社46家、景区（点）13家、机场、高尔夫、购物、广告公司、院校等14家（几乎囊括了全市的主干旅游企事业单位），编写了会员手册和管理手册，设置了协会新办公场所和组织架构，建立了协会网站（http://www.sanyasyta.org）。

改组后的市旅游协会中没有一名政府公务员，由全体会员大会选举产生的常务理事会、执行会长、会长、副会长全部由旅游企业的代表担任。旅游协会下设旅游饭店事业部、旅行社事业部、景区观光事业部、特种旅游事业部、市场营销与媒体委员会、人力资源与培训委员会、服务质量与标准委员会等7个分支机构，其负责人员全部由企业代表担任。协会一位专职秘书长和2名专职干事不是公务员，由协会聘任、支薪，5名副秘书长全部由相关企业代表担任，不取薪酬。协会实行"会长集团"与"秘书长专职"的新型管理方式。协会的办公地点没有设在市旅委所在的政府大楼之内，而由一个会员单位免费提供。协会的活动经费主要来自会费，市旅委通过购买服务和对专项活动的支持帮助协会发展，协会活动场地轮流由相关协会理事单位无偿提供。

2007年5月，国务院发布《关于加快推进行业协会商会改革和发展的若干意见》，其中规定，"实行政会分开"，"切实解决行政化倾向严重以及依赖政府等问题"，行业协会"要从职能、机构、工作人员、财务等方面与政府及其部门、企事业单位彻底分开，目前尚合署办公的要限期分开"。2009年12月国务院发布的《关于加快旅游业发展的意见》要求"五年内，各级各类旅游行业协会的人员和财务关系要与旅游行政管理等部门脱钩"。

[①] 2010年2月5日《中国旅游报》。

三亚市在 2008 年 12 月 1 日开始这样做了,而且不拖泥带水,一举实现"四分开",并在一年之内做了这么多工作,要不是在三亚亲自与协会会长和秘书长见面交谈,我是不敢相信的。

我敬佩在中国旅游协会改革上敢于"吃螃蟹"的人们:

三亚市人民政府的果断;

三亚市旅游委员会领导的明智;

三亚市旅游企业的支持。

我要特别一提的是,三亚市旅游协会秘书长谢祥项(海南大学在读博士生)。这位刚过三十的青年旅游学人,放弃了海南大学旅游学院稳定、安适的工作,也放弃了可以投笔从政的机会,到这样一个"旅游人之家"当管家,不停地奔波于政府与企业之间穿针引线、铺路搭桥。没有他和他的协会同事的勇敢、创业、奉献,三亚市旅游协会能走到今天吗?

当然,"一年"仅仅是第一步。经费短缺、人手紧缺、制度不全、权威未立,面对 20 年来形成的市场秩序紊乱这个顽症,触及某些既得利益者的非分利益,三亚旅游协会的攻坚战还在后面。但是,不管如何,坚冰已破,航向已明,航道已开。

二元结构下三亚旅游发展的难题[①]

今年春节"宰客门"事件,引起了公众和旅游界对三亚的高度关注。如果暂且跳出这一事件的枝尾末节,从历史的、社会的、经济的、文化的层面中探讨三亚的发展轨迹,也许更有启发。

三亚旅游发端于1984年,此年撤县建市,始建三亚旅游公司;1987年升格为地级市,明确提出建设旅游城市的目标,就此真正起步。当年全市接待国内外游客13.99人次,旅游收入997万元;去年接过夜游客突破1000万人次,旅游总收入达到157亿元。在国内283个地级市之中,本地居民之少而接待游客之多,高档度假酒店分布之密集而进驻国际品牌酒店之多,开通境内外航线之多而吞吐量之大,非三亚莫属。24年弹指一挥间,三亚从一个无名的南国滨海渔乡小镇,变成国内外有相当知名度的热带滨海度假目的地城市。

完全可以说,三亚创造了旅游业超常规发展的奇迹,也经历了社会跨越式发展的示例。两千多年来,崖县(三亚前身)一直是南疆边陲一个自给自足的封闭的滨海农渔林县,素无商品经济传统。1987年建市时32.9万人口,农村人口占76%,那时三亚农业原始、工业落后、城镇简陋。1992年秋笔者第一次踏上这里时,市区只有一条狭窄的解放路,路面上洒满垃圾和甘蔗皮,还有血红色的槟榔渣,空气中散发着晒鱼干的腥臭。到2010年,全市三次产业结构分别为12.1:21.2:66.7,以旅游为龙头的服务业成为国民经济的主体。全市城镇人口占66.2%,就业人口中一产占39.3%,二产占6.1%,三产占54.6%。三亚通过发展旅游跨越了工业化的常规阶段,撬动了城市化、现代化、国际化的历史车轮,尽管还只是起步。

三亚的发展轨迹表明,在社会经济市场化与区域经济一体化的背景下,有些地方不必按部就班遵循传统的农业经济主导→工业经济主导→服务业经济主导,农民占多数→工人占多数→服务人员占多数,乡村主体→城镇主体→城乡分离→城乡一体,农业社会→工业社会→后工业社会的发展历程,可以通过区域经济分工,发挥特色资源优势,发展特质优势经济,以现代旅游业为龙头实现城镇化、现代化和国际化。三亚市的这种试验,无论其经验抑或教训,都是十分可贵的,笔者期待得到人们的尊重与关注。

三亚社会经济这种跨越式、超常规发展属先试先行的破冰之举,自有其特点、弱点与盲点。以旅游为龙头的服务业的历史性发展不是三亚内生需求推动的结果,而是以外来

[①] 以《二元结构是三亚旅游发展之大碍》之题刊载于2012年3月2日《中国旅游报》。

的游客消费需求为主动力的,因此城市建设、服务业发展首先和主要是为了满足外来游客的需求,率先侧重建设景区与酒店。同时,三亚的城市化过程没有工业化的基础,服务业也缺乏城市化的积淀,民众亦不曾经历过工业化的洗礼、城市化的熏陶,旅游业的发展缺乏其他服务业的支撑和配套。三亚旅游业颇有孤军突进之势,必然面临着一系列非常态的难点、制约与困惑,在辉煌之余显得有点无奈乃至苦涩。

原有的城乡二元结构依然存在。今天,三亚城镇化水平有了大幅提升,但城乡差别依然不小。一方面农村人口与农业就业人口仍占1/3;另一方面不少从农村居民转为城镇居民的人们,由于受职业经历、教育水平与生活习惯等历史因素的制约并未真正融入城镇生活。

城市与景区的二元结构。与大多数新兴旅游城市一样,三亚长期偏重景区和旅游住宿设施建设,城镇建设滞后,一流的景区、三流的城区,景区内风光万千、城区内乱象众生,导致城景二元结构。不少宰客事件往往发生在城区,或城景结合部、城乡结合部。

常住人口的二元结构。2000年全市人口48.2万人,目前常住人口达68.5万人,10多年间全市流入20万人。近年来,来三亚置房、就业、长住的外地人加速增长,外地常住人口达40万人(包括候鸟型常住人口),出租车、餐饮、商店中大多数是外地人口。当地政府对这些人尚无成型、有效的管理办法,对本地居民与外来人口的统筹管理有待破题。

本地籍居民长期从事热带农、林、渔业,缺少市场化、工业化、城市化的历练,不善于经营商业等服务业,不适应以旅游服务为主导的城市生活,没有融入旅游服务业。居民的文化水平20年来有不小提高,1990年大学及相当大学人口占1.3%,高中占12.1%,初中占29.5%,小学占38.5%,文盲占18.7%。到2010年,全市人口中上述文化程度的人口分别占11.5%、15.9%、44.1%、18.6%、10.1%,初小以下的仍占7成以上。总体上居民文化水平偏低,远不能适应国际化旅游城市建设的需要。

居民与游客的二元结构。三亚是一个典型的客源输入型目的地旅游城市,年接待游客人数为本市人口的17.5倍,平均每天接待2.7万过夜游客,今年春节平均每天接待7万游客。蜂拥而来的游客为三亚创造了巨大的消费需求,同时也给本地居民带来了巨大的消费压力,物价上涨超出居民收入的增加。三亚是一个低收入的边陲小城市。据市统计局数据,2010年,城镇居民人均可支配收入17 757元,农村人均纯收入6502元。据2011年5月至6月三亚市委组织部开展的一次旅游人才队伍状况调查显示,酒店一般员工月平均工资1421元,酒店主管级月平均工资2194元,部门经理级月平均工资3396元,总监及以上月平均工资为5471元。三亚本地人的低收入、低消费与外来游客的高消费形成强烈的反差。游客的消费方式与本地居民的生活方式差距悬殊,易于引发心理落差与摩擦。

游客的二元结构。在三亚的客源群体中,高中低端消费者并存,高端与低端之间的差别之大,也是一般旅游城市少有的。三亚常年有一批特殊消费群体,即高层政要、高级商贾和高士名流。据报道,今年春节通过凤凰机场贵宾通道的部级公务员多达400人。

这些"三高"群体是一批奢华度假者,他们或公费报销,或自费挥霍,或"关系户"埋单,因而不计价格高低。尤其在春节前后,三亚豪华酒店的天价客房大都是这批人抬起来的。他们不仅哄抬了三亚的物价,而且也占有了大量的服务资源,包括三亚各级政府部门的服务能力不得不为之倾斜。一般而言,"宰"不到这些"三高"者身上,他们也不在乎挨"宰"。与此同时,广大的中低端游客群体往往是受"宰"者,如最易受"零团费"、"低团费"诱惑的那些不成熟的游客。

在三亚旅游服务的长链条中,还存在客源地旅行商与目的地旅行商之间的利益博弈。三亚处于旅游服务链的末端,主流客源掌握在客源产出地的旅行社手中,组团社掌控着旅行团的定价权;三亚或海南的旅行社作为接团社处于服务链的终端。组团社向接团社层层压价、轮番削价,而不成熟的游客又贪图便宜本能地选择低价团,接团社最终不得不低价位接团,最终势必以强迫购物、削减景点、增加自费项目和降低食宿标准等方式转嫁给游客。舆论和游客一般不去追究旅游服务链上端、中端的旅行商,而把宰客的责任归结到处于服务终端的三亚旅游服务者头上,"零团费"、"低团费"由此而生并屡禁不绝,使三亚一直处于问责的焦点。越来越多的散客虽然避开了旅游服务链上、中端的陷阱,但抵达三亚后或参加"拼团游",或由于公共信息服务不到位、不对称,仍难免落入挨宰的陷阱,三亚作为事端发生地依然难辞其咎。加之春节这样的特殊时段,三亚众望所归游客蜂拥而至的同时,行、游、食、宿求大于供,顿时就成为众矢之的。

面对这些错综复杂的利益关系纠葛与利益主体之间的博弈,对三亚执政层是严峻的考量。在旅游发展初期,往往重建设、轻管理,重硬件、轻软件,重速度、轻质效,重数量、轻质量,偏重招商引资、宣传招徕,开发经营商和游客成为政府心中的"上帝",误以为游客来了、收入多了当地百姓自然获益,不经意间忽略了当地百姓在旅游发展过程中的权益,忽略了对民众的深入细致、体贴入微、行之有效的教育、服务与管理。在快速发展旅游的过程中建成宜游、宜居又宜业的旅游目的地,核心要兼顾政府与民众之间、开发经营商与民众之间、游客与居民之间、本籍居民与外来移民之间的利益关系。如果海南人对自己的生活状况不满意,怎么能让居民员工使游客对海南满意?如果不建成海南人的幸福家园,海南怎么能成为海内外游客的度假天堂?

800万海南人民(包括到海南创业、定居和季节性安居的新海南人),是建设国际旅游岛的主力军,是度假天堂、幸福家园的主人。建设国际旅游岛必须得到他们发自内心的拥护和支持,使他们认识到旅游业与自己的利益休戚相关,与自己子孙后代的繁荣幸福密不可分。为此要形成海南旅游发展与居民生活同步提高的利益协调机制,形成全社会、各行业自觉抵制不良行为、维护海南形象的社会风气和行为规范。这需要从小学、孩子抓起,所有的中小学都应该加上旅游常识教学的内容,对所有的干部党校课程都必须加上旅游服务的内容,对全体居民,包括到海南来定居、到海南来创业的人,都需要加强旅游意识的自我教育。

海南国际旅游岛建设不缺资源,不缺政策,不缺资金,不缺硬件,不缺市场,最缺的是社会人文的软环境。这个软环境的核心是人,是建设、管理、服务和保护自然生态环境与文明社会环境的人。建设海南国际旅游岛需要进行艰苦、长期的智力建设,加强知识、智慧、智能建设。1993年11月,笔者在三亚市委党校作旅游考察汇报时说过,经过二十年三亚可以建成一大批国内一流、世界先进的景区、宾馆,但是要造就适应现代化国际旅游城市需要的新"三亚人"需要几代人的不懈努力。

三亚今天面临的问题是快速发展中的中国旅游业的一个缩影,也是发展中国家在超常规、跨越式地发展旅游业中无法规避的难题。就这一点而言,研究三亚"宰客门"现象,其价值远远超出了三亚市本身。

[本文写作得到三亚市旅游发展委员会副主任郑聪辉硕士、旅游协会谢祥项博士的帮助,特此致谢。]

海南旅游发展战略四题[①]

"使海南成为亚洲主要的、高品质的、以休闲为主的旅游目的地"。

由世界旅游组织委托的森兰郭斯(亚洲)顾问公司编制的《海南省旅游发展总体规划》(初稿),抓住了这个事关海南旅游产业兴衰成败的主题,是《总规》的点睛之笔、成功之本。然而,如何实现这一目标,仍有不少有待探讨的课题。

一、海南产业结构:以农业为基础、旅游为龙头,建成小而富的生态经济省

《总规》对海南旅游业的产业地位没有花多少笔墨,对建设生态省与发展旅游业的内在关联也未作论述。但是,如果不从全省国民经济发展的全局和趋势出发,是不能真正解决海南为何、如何发展旅游这个根本问题的。

由于历史原因,海南在建省时基本上是一个农业社会。十多年来,海南产业定位经历了"工农贸旅"——"以农业为基础,加强和提高第一产业;以工业为主导,加速发展第二产业;以旅游为龙头,积极发展第三产业"向以"一省两地(中国新兴工业省、中国热带高效农业基地、中国度假休闲旅游胜地)"发展的变迁,始终没有摆脱"以农业为基础、以工业为主导"的传统模式,试图在3.39万平方公里、700多万人口的岛上搞"小而全"的经济发展路子。

1998年12月,朱镕基总理视察海南时指出:坚持把农业和旅游业作为发展的重点和主要产业,"真正抓好了热带农业、旅游业,海南就可以富甲天下。农业和旅游业发展了,投资环境大大改善,就可以广招天下贤士,也就为高科技工业的发展创造了有利条件"。1999年4月,海南确定了建设生态示范省的目标,其实质是发展生态经济。同年7月,《海南生态省建设规划纲要》规定,"建成发达的生态产业体系。生态型产业在国民经济中占主导地位,农业基本实现生态化生产,工业企业全部开展清洁生产,生态旅游成为旅游业的重要支柱"。旅游业是对环境要求高、对资源耗损少、生态环境与经济发展互动互促的生态型产业。热带高效农业和旅游业是驱动生态省建设的两个轮子。

2000年,海南省一、二、三产的比例是37.9:19.6:42.5,呈"三、一、二"的产业结构模式。同年,旅游总收入78.56亿元,相当于全省GDP的15.2%,旅游服务业(不含交通)上缴营业税约占全省地方工商税收的14%。处在初级发展阶段的旅游业在全省国民经

[①] 2002年在《海南省旅游总体规划》研讨会上的发言。

济中的作用已初露头角。

在世界经济一体化、全国经济市场化的今天,"小而全"、"大而全"的自给自足式的经济模式早已过时,培育优势产业、发展特色经济已成为各国、各省、各地的首选模式。海南发展工业物质技术基础和人力资源薄弱,单靠省内居民第三产业市场狭小,第一产业的高科技化势必有大量劳动力转移到其他产业。在完成这个历史性任务的过程中,以旅游业为龙头的第三产业具有无可替代的支柱产业地位。

海南作为一个陆地面积和人口较少的特区省,完全可以超越工业化的常规发展阶段,以热带高效农业为基础、以旅游为龙头,大力发展服务贸易、服务经济,就可以以较小的环境和资源损耗代价,达到富甲天下、实现现代化。一个小而绿、小而美、小而富的生态经济名省必将出现在南疆。

二、产品与客源结构:从观光主导型向度假主导型转变

根据森兰郭斯(亚洲)顾问公司的估算,2000年海南的旅游客源结构状况如表1所示。

表1 海南旅游客源结构

客源类型	大陆内地		港澳台		外 国	
	万人次	比例%	万人次	比例%	万人次	比例%
商务/公务	63.93	20	5.24	40	2.50	40
度假/休闲	31.96	10	2.62	20	1.25	20
观光/游览	223.24	70	5.24	40	2.50	40
合 计	319.13	100	13.10	100	6.25	100

1."软着落"是从观光主导型向度假主导型转变的最佳方式

在客源需求方面,国内休闲度假客源市场正在孕育之中,海南要用热带绿岛蓝海休闲度假产品去催生和占领这一市场。2000年,中国国内客源中,观光游览的占39.9%,休闲度假的占16.8%(绝对数为1.25亿人次)。据中国社会科学院社会学研究所的最新研究成果,中国十大社会阶层中,社会上层的"国家与社会管理者阶层"(占2.1%)和"经理人员阶层"(占1.5%)、社会中上层的"专业技术人员阶层"(占5.1%)和"私人企业主阶层"(占0.6%),共占总人口的9.3%(约1.2亿人)。上述阶层人士已具备出境旅游和国内远程休闲度假旅游的高档消费能力与需求。据三亚市亚龙湾国家旅游度假区的调查,近两年中3个"旅游黄金周"和周五、周六在高档宾馆中休闲度假的主要是北京、上海和广东地区的这些阶层人士。此外,由"办事人员阶层"(占4.8%)和"个体工商户阶层"(占4.2%)构成的中层人员(约1.2亿人)也有中低档休闲度假的消费能力与需求。从

近年来"黄金周"休闲度假与观光游览开始分流的现象中,也说明国内休闲度假市场正在形成。一旦全国实行全员带薪休假制,国民休闲度假旅游必将加速兴起。海南独有的区位、气候与资源,必将成为小康以上的家庭休闲度假游的优选目的地之一。

就海外游客而言,港澳台游客去海南短期度假的势头正在发展,日、韩等洲内度假客源,特别是高尔夫之旅和温泉之旅在三五年内完全有可能得到较大开发。从全局来看,从观光游客为主体向观光+度假,进而向度假+观光+商务会展+修学+生态考察的多层面客源转变,是一个逐步的长期的嬗变过程。按一般的规律,人们总是先到某地观光,然而再选择到该地休闲度假。从目前到海南的初次观光游客群中,必将产生再次到海南休闲度假的游客,并由他们再带动其他的观光/度假游客。

在产品供给方面,从3~4日环岛游的观光产品向在海南一地多日休闲度假产品转型,也必然有一个逐步转变的过程。目前海南三亚、兴隆有一些度假宾馆,但绝大多数是商务会议式的"标间"酒店。兴建低密度的高档度假宾馆,按度假要求(特别是家庭度假)改造现有的宾馆,都有一个过程。旅游接待企业和人员从快节奏的"放羊式"观光型服务向留在一地悠然放松的休闲度假服务,从营销理念、服务方式、娱乐配套等各方面都有一个逐步调整的过程。

2. 组合型度假是海南休闲度假的最佳发展模式

"只有经过高水准的开发,既有各类沙滩、高尔夫球和水上运动,又有生态旅游及文化旅游、康体疗养等配套旅游活动组合式度假产品,才有可能成为海南旅游在国际市场上竞争的法宝。"《总规》的这个论断十分中肯。

"组合式度假产品"不仅适合国际市场竞争的需要,也适合中国人休闲度假的特点。由于国人刚刚摆脱贫困、实现小康、开始走向富裕,休闲度假作为一种新颖的生活方式才开始起步。即使是先富一步的富翁、富婆,也不会像外国游历丰富的度假旅游者那样,躺在沙滩上静养数日,或整天打网球、高尔夫球。而且国人的性格也可能最愿意接受在环境良好的一地停几天,同时到附近观光、游览、猎奇、娱乐、养生、康体。

"组合式度假产品"也有利于发挥海南的资源优势。除了四季可下海的3S、冬可避寒、夏可避暑(五指山)外,海南还有热带植物/雨林、温泉、瀑布、山岳、河流、自然与历史遗迹、民族风情,还有现代城市、远洋群岛,适合开发观光游览、风情体验、探险漂流、科普科考、生态旅游、康体疗养、商务会展、游船航海等多种旅游产品。

以蓝色海洋和绿色海岛为依托,以休闲度假为主导,利用全岛面积小、交通便捷的特点,使全岛以蓝、绿休闲度假为主旋律,形成丰富多彩的多元旅游产品体系,满足国内外多层面客源市场的需求,将是海南旅游改变目前观光主导型局面的必由之路。

海南旅游的总体形象定位是:热带中国,休闲绿岛。

海南省旅游发展的战略目标是:中国唯一、亚洲一流、世界著名的热带海岛休闲度假胜地。

三、旅游空间结构：南北双核，一带两线

海南省旅游空间布局设想经历了"五区"（北、东、南、西、中部旅游区，1989 年《海南省旅游发展战略及风景区域规划》）、"六区"（海口、三亚、石梅湾、五指山、尖峰岭、西沙群岛，1993 年《海南省旅游节展规划大纲》）的探索，此次《总规》提出"七圈"（海口、三亚、五指山、文昌、兴隆、棋子湾），虽各有其长，但都没有跳出"多中心即无中心"的框架。

经过 10 多年的发展，海南省的旅游空间结构已初步形成"南北双核，一轴两线"的骨架。

- 北部以省会海口为核心的大旅游圈，以商贸会展、都市旅游和环海口市蓝、绿休闲度假为主要功能，包括海口市、琼山市、文昌市、琼海市、儋州市、临高县和澄迈县的特色景区/点，都在公路交通 1～2 小时之内。
- 南部以三亚市为核心的大旅游圈，以滨海、温泉、山岳森林和黎苗风情的休闲度假、观光游览为主要功能，包括三亚市、陵水县、万宁市、保定县、五指山市、乐东县的特色景区/点，都在公路交通 1～2 小时之内。

这两个核心各以一个中心城市和一个国际机场为依托和支撑。

- 一带：海口—三亚东部蓝色旅游带（东线），主要旅游区/点有：文昌侨乡滨海旅游区、博鳌国际会议旅游区、兴隆温泉侨乡旅游区、石梅湾滨海度假区、陵水猴岛生态旅游区等。目前，全省主要的旅游景区和服务设施都分布在这一条轴线上。在未来以度假为主导产品和客源的情况下，仍然是全省的主轴蓝色旅游线。
- 两线：

海口—三亚中部绿色旅游线（中线），主要旅游资源是热带动植物、山岳森林和黎苗风情，主要旅游功能是观光考察、森林度假。

海口—三亚的西部蓝绿色旅游线（西线），主要旅游资源是滨海、热带动植物和黎苗风情，主要旅游功能是观光、度假。

全省旅游开发时序结构：

近期重点开发双核、双圈、东部一带，形成规模、提升品质。

中、西线的景区/点比较分散、特色欠浓，基础设施和服务接待设施相对薄弱，近期重点开发离海口、三亚较近的景区/点，中远期随着中线高速公路和西线环岛铁路的修通，逐步推进、深入开发这两条游线。

在全省总体规划批准后，编制琼北、琼南两大旅游圈和东、中、西旅游带/线的跨行政区域的旅游开发规划，避免各市/县各搞一套"小而全"、"大而全"、类同项目重复建设的开发格局。

四、体制机制：从经济特区走向国际自由旅游区

海南自 1988 年建省以来旅游的迅速发展有赖于经济特区的改革开放政策。中国加

入世界贸易组织后,经济特区原有的特殊政策基本不复存在。海南省要充分利用经济特区宽松开放的条件和孤悬海外的地理特点,争取类似香港和韩国济州的自由贸易区政策,使国民经济首先是旅游业加速与国际接轨。

- 广泛宣传、用足海口、三亚已有的5人以上外国旅游团队落地签证政策,并进一步扩大到5人以下的散客也享受此项政策。
- 广泛宣传、扩大、用足特定国家游客限期免签证入境的政策,并有条件地允许境外游客从海南进入内地。
- 在海口、三亚、洋浦建立自由贸易区,对国内外企业实行减免税政区。
- 在海口、三亚建成中外旅游商品精品免税购销中心。
- 放手引进国际著名旅行社、饭店、车船、饮食、商贸、娱乐公司在海南投资、合营、开设连锁企业。
- 允许外国大、中学校进入海南办国际学校,把海南建成国际教学中心和中外学生的修学旅游基地。
- 允许外国航空公司组建来琼旅游包机,允许外国航空公司开辟不对等航线,直至开放海口、三亚的领空权,使之成为南海地区的国际自由航空港。
- 允许开设只向境外游客开放的特种旅游项目。

海南的希望在以旅游为龙头的第三产业,海南旅游的希望在于开发以休闲度假为主导的综合型旅游产品体系和率先建立完全与国际接轨的旅游体制与机制。

海南发展的新起点、新征程①

在海南经济特区成立20周年之际,传来国务院批准海南在旅游业对外开放方面先行试验的消息。今年3月5日国务院办公厅《关于支持海南省发展旅游业有关问题的函》,同意海南进一步发挥经济特区优势,在旅游业对外开放和体制机制改革方面积极探索,先行试验,要求国务院有关部门对海南发展旅游业给予大力支持和帮助。

与此同时,海南省人民政府公布了《海南国际旅游岛建设行动计划》,提出了用20年的时间把海南建成世界一流的国际旅游岛的行动纲领。对外实行以"免签证、零关税、放航权"为主要特点的旅游开放政策,旅游发展与管理的体制机制符合国际惯例,实现旅游业全面与国际接轨,把海南建设成为世界一流的热带海岛度假休闲胜地。

一、海南经济特区的率先试验

依我看来,海南经济特区成立后,率先实行了具有全国性示范意义的改革开放措施:

- 1993年,率先实行燃油附加费改革,取消岛内公路上所有收费关卡,将公路养路费、道路通行费和运输管理费等合并为"燃油附加费"。
- 2000年,率先实行落地签证政策。对美国、日本、俄罗斯等21个国家持普通护照、5人以上的旅游团队,在琼停留时间不超过15天,实行免办签证入境。海南已享有21个国家旅客入境免签证、130多个国家旅客落地签证政策。
- 2001年,博鳌亚洲论坛召开成立大会,博鳌成为全国第一个国际会议的永久性会址。
- 2003年,率先实行航权开放试验。海南省是中国民航第一个开放第三、四、五航权的试点省份。国际民航业的第三、四、五航权,是指民用航空器目的地上下旅客和货物权,以及经停第三国境内某点上下旅客和货物权。2004年2月,国家民航总局批准,允许国外航空公司经营的至海口和三亚的国际航线,逐步延伸至内地除北京、上海和广州以外的所有对国际航班开放的城市,从海口和三亚延伸至上述城市以及这些城市延伸至海口、三亚的国际航线可享有中途分程权。"中途分程权"指在中国落地之后再飞往中国境内的另一座城市或第三国的空港。
- 三亚市亚龙湾建有国内档次最高、数量最多并由众多国际著名酒店集团管理的度假酒店群,在十多个国家旅游度假区中居领先地位。

---

① 写于2010年1月。

- 把公路建设费纳入汽油价格之中,全省高速公路免收过路费。
- 海南建省后在全国率先实行省、市(县)两级行政管理体制。

在这些先行先试的基础上,《海南国际旅游岛建设行动计划》勾画了海南国际旅游岛的发展蓝图。这是在新的历史条件下,海南旅游发展的新起点、新征程。

二、旅游服务业率先建立国际自由贸易区

众所公认,国际自由贸易区的核心是人员、商品与资金的跨国自由流动。

人员自由流动:自由贸易区成员国的公民彼此免签证过境,公民可以自由跨国就业,相互承认学历和职业资格(如律师、医生、导游职业证书等),相互承认汽车驾照等,非成员国的公民取得某成员国的签证后,进入其他成员国不必再办理签证。

商品自由流动:自由贸易区成员国的商品(主要指有形的实物商品)互相零关税交易、过境。

资金自由流动:自由贸易区成员国的货币可以自由兑换,企业和个人的资金可以自由到对方投资。

当今国际自由贸易区最成功的案例是欧洲联盟。欧盟不仅实现了人员、商品与资金的跨国自由流动,而且实行统一货币——欧元,实现了货币一体化;不仅经济上一体化,而且成立了欧洲议会(监督、咨询机构,具有部分立法权)、欧洲中央银行、欧洲法院、欧洲审计院、经社委员会和地区委员会(咨询机构)等机构,正在制定欧盟宪法等,逐步向政治一体化迈进,并在外交、军事上协调和合作。

东盟也正在向自由贸易区迈进。2003年第九届东盟首脑会议决定,2015年之前建成自由贸易区,成为东盟经济共同体,2020年以前建成具有5亿人口的经济安全和社会文化共同体。

在世界经济全球化的总趋势下,区域经济一体化是必然结果。国际自由贸易区是应对世界经济全球化与区域经济一体化的最优选择之一。

三、海南的最终出路是建成以旅游服务业为龙头的自由贸易区

自成立海南经济特区以来,理论界曾提出建立海南"特别关税区"的设想,在经济特区的基础上,进一步探索海南特色的发展道路。虽然这个设想没有实现,但是探索的步伐一直没有停止。

在海南经济特区成立20年之际,中央同意洋浦经济开发区进一步向保税区的发展,并同意海南在旅游业对外开放和体制机制改革方面积极探索、先行试验,从而向人们显示了未来向国际自由贸易区发展的前景,显示了海南在改革开放的漫漫长途中具有极为广阔、高度弹性的后劲。

但是,海南的特殊省情需要审慎考虑建成什么样的自由贸易区。世界上绝大多数的自由贸易区是以实物商品的自由、免税进出口为贸易主体的。但海南在这方面没有比较

优势。海南孤悬大陆南端,自身不具有建成高科技工业的人才、技术和资源基础,北邻的北部湾沿岸也不是高科技的现代产业基地,无法就近生产可与国际市场交换的商品;海南又远离国内的现代工业产业基地,如果想建成面向国内外的货物空运与海运枢纽,那高昂的运输成本可想而知。20年来洋浦经济开发区之所以没有能像上海浦东、天津滨海新区、宁波港区、大连港区的保税区,并不是由于海南的政策不优惠,而是因为海南本身不具备可以建成可双向交流的现代科技与工业相结合的商品贸易基地。

由此看来,海南在近期内难以建成以商品交易为主导的国际自由贸易区,也难以建成类似香港的以金融、信息与运输(空运与海运)为核心支撑的向全球开放的经济自由岛。海南建成自由贸易区的出路和优势在于:以旅游为主体的服务贸易自由岛,它的特点在于不是以物流为主体的自由贸易区,而是以人流为主体的自由贸易区;不是以物流来带动资金流的自由贸易区,而是以人流带动资金流的自由贸易区,这个"人流"就是旅游服务经济的主体——游客。

而这一点,正是海南的优势与特色。

——海南拥有中国一流、世界水平的热带海岛、海滩与海洋旅游资源;

——海南拥有中国最佳、世界一流的空气、阳光与长寿的生态环境资源[①];

——海南拥有目前中国其他省区没有的最开放的落地签证政策;

——海南拥有目前中国其他省区没有的航权开放政策;

——海南拥有中国其他省区永远没有的隔海自在的封闭环境,从而可以营造国际旅游者自由往来的地理与人文环境;

——海南毗邻我国自由贸易港——香港和澳门,直面东盟,是中国与东盟建立自由贸易区的前沿。

海南天生具备建成世界自由度假天堂的条件:

天时——四季可游的热带气候、洁净空气;

地利——隔海而居的海岛环境、毗邻港澳和东盟的前沿;

人和——落地签证、开放航权的经济特区社会环境。

以旅游经济为龙头,最终把海南建成自由贸易区,是海南自身发展的最佳选择,也是中国扩大和深化改革开放、走向和融入世界的必然结果。

---

① 海南素有"长寿岛"之称。2005年全国1%人口抽样调查结果显示,海南省65岁以上的老人占8.56%,高于全国7.69%的平均水平0.87个百分点。

海南要率先创新旅游体制机制[①]

《国务院关于推进海南国际旅游岛建设发展的若干意见》(以下简称《意见》),要求海南"充分发挥海南的经济特区优势,积极探索,先行试验,发挥市场配置资源的基础性作用,加快体制机制创新,推动海南旅游业及相关现代服务业在改革开放和科学发展方面走在全国前列"。加快体制机制创新,构建更具活力的体制机制,是建成国际旅游岛的关键。

海南经济特区成立后,在诸多方面率先实行了具有全国性示范意义的改革开放措施,如1988年建省之初实行全国唯一的省直管市县体制,1993年在全国率先实行燃油附加费改革,2000年率先实行落地签证政策,2001年博鳌成为全国第一个国际会议的永久性会址,采用股份制方式创办海南航空公司,2003年率先实行第三、四、五航权开放试验等。海南具有率先创新旅游体制机制的基础。

旅游经济是天然的市场经济,市场化是我国旅游30年发展的取向,市场需求是激活旅游资源、创新旅游产品、推动旅游经济飞跃的根本动力。无数事实证明,"市场配置资源的基础性作用"不可违背。政府决策、领导拍板符合市场需求就会成功,不符合市场规律必定失败。《意见》明确提出,"进一步转变政府职能,深化改革,建立健全政府引导、行业自律、企业依法自主经营的旅游管理体制和运行机制"。这是对旅游经济运行中政府、行业、企业的职能及其关系的新概括,是对30年来旅游管理体制和运行机制实践的科学总结。

《意见》从海南旅游业的指导思想、战略定位、发展目标、生态建设、产业融合、市场秩序、公共服务体系、基础设施、服务保障能力、出入境管理和组织协调保障措施等各个方面,具体地阐明了"政府引导"在旅游经济运行中的重要作用、职能与工作,并指明了"政府引导"的方向。

《意见》提出的旅游产品、旅游景区、文体及会展产业、现代物流业、房地产业和金融保险业等方面的任务,都要在政府政策、法规和规划的引导下,由市场运作、由企业依法自主经营,充分发挥市场配置资源的基础性作用。海南省的旅游企业和景区中,国有国营的份额较低,股份制、外资、合资、民营的很多。海南有条件按照《国务院关于加快发展旅游业的意见》,放宽旅游市场准入政策,打破行业、地区壁垒,简化审批手续,"积极引进国内外有实力的大型旅游企业,逐步培育一批旅游骨干企业和知名品牌",鼓励社会资本

[①] 2010年1月13日《中国旅游报》。

公平参与旅游业发展,鼓励各种所有制企业依法投资旅游产业。

《意见》提出"行业自律",对海南具有特殊的重要意义。目前旅游市场上某些方面的无序现象,不是海南所独有的,而是全国旅游市场、主要是旅行社市场无序状况在海南的集中反映。海南旅行社自主外联能力弱,主要从事地接社的经营业务,旅行团队报价的主动权掌握在客源产出地的组团社手中,处于市场链的末端,在市场竞争中处于被动地位,加上众多游客旅游意识的不成熟、欠理性,形成了恶性削价竞争的不良惯性。要从根本上解决这个问题,除了全国旅游市场的规范和游客的成熟这样的社会大环境外,加速旅游协会改革、充分发挥"行业自律"功能是必由途径。

要按照《国务院关于加快发展旅游业的意见》,在旅游行政管理及相关部门加快职能转变的同时,"把应当由企业、行业协会和中介组织承担的职能和机构转移出去。五年内,各级各类旅游行业协会的人员和财务关系要与旅游行政管理等部门脱钩"。目前海口、三亚的旅游协会已初步实现了这一点,全省旅游协会在2008年底改组中朝这个方向迈出了一大步。在建设国际旅游岛的进程中,海南有条件也必须率先完成这项改革,参照港澳台旅游行业组织的运行方式,赋予旅游协会更多的行业服务、自律自理职能,把企业与政府有关部门的沟通、行业内外的沟通、饭店与旅游景区等级评定、旅游宣传推广、人力资源培训和创意咨询等职能逐步转移到行业协会,同时扶持多种形式和不同体制的专业机构,从事旅游理论研究、宣传和咨询服务等专项工作,率先构建"行政主管部门—行业中介组织—旅游企业"分工有序、互相联动、充满活力的体制机制。

海南从建省开始就实行省直管县(市)的行政体制,海南应充分运用这一体制从旅游管理上实行省—县(市)两级管理体制,厘清省旅游发展委员会与县(市)旅游发展委员会的关系,向下放权扩权,充分调动县(市)发展旅游的主动性、积极性,各县(市)根据各自特点大胆推进国务院指出的"探索旅游资源一体化管理"的试点,因地制宜地设置县市旅发委的机构与职能,综合旅游、文化、林业等资源,形成发展旅游的合力。

海南国际旅游岛建设肩负着"我国旅游业改革创新的试验区"的历史重任。厘清政府—行业(协会)—企业的关系,是在市场经济基础上创新旅游管理体制和运行机制的核心,也是在新的历史条件下旅游体制机制改革的必然要求。

海南需要"国际自由旅游岛"的顶层设计[①]

近日与王衍用、刘思敏先生一起参加了旅游卫视《看今天》的一期谈话节目,讨论的主题是海南免税购物。该节目在元旦期间播出。在谈话结束时,主持人问我:建设国际旅游岛、开设免税店对海南有什么意义?你对海南发展有什么看法?

我的回答是:

去年4月开始的三亚离岛购物免税,去年12月开始的海口离境、离岛免税购物,是海南国际旅游岛建设向与国际惯例接轨又前进了一步,而且带一点中国特色,如允许海南籍居民一年购买一次免税品,国内游客一年可"离岛退税",但整体上对海南旅游发展、经济发展影响不大。它对海南国际旅游岛的象征意义大于实际意义。

一是国内外游客不是因购物免税才去海南的,而是去观光、休闲度假时顺便买一点,这与许多人为购物而去香港不同,也与不少人为着购物去巴黎不同。

二是海南免税店中的商品9/10是转手销售外国生产的高档商品、奢侈品,海南自产的很少,主要是珍珠、兴隆咖啡、椰奶食品和北京同仁堂中成药,对海南的实体经济发展拉动作用不大,对海南而言只是增加了一些税收。这与巴黎香水时装、瑞士手表、日本电器电子产品等直接拉动本国的制造业不同。

三是海南免税店的主要顾客是中国国内游客,主要作用是拉动国内消费,"离境退税"对外国游客的吸引力不大(可能对俄罗斯游客有一些吸引力),因为这里的各国商品在其他国家的免税店都能买到,而且品种更多。这与外国的免税店只对外国人开放,香港的免税店只对非港人开放,只是为了拉动外国游客、就地出口商品不同。

四是海南的免税店是"一家"经营,三亚只有国旅总社集团下的中国免税公司经营,海口打破了国旅总社集团的一家垄断,又出现了海航集团的一家经营,顾客没有选择免税商店的余地,免税业没有自由竞争,扼制了免税业的竞争动力。我在巴黎看到,既有"老佛爷"、"巴黎春天"这样的龙头老大,还有多家小型的免税店,顾客可货比三家。

以三亚市为例,2011年4月至2012年4月一年间,进三亚免税店购物的游客77万人次,营业额18亿元,大约占三亚一年接待过夜游客总数的8%,大约占三亚一年旅游总收入的10%。可见开展免税购物对三亚旅游有一定积极影响,但不是很大。

近20年来,我一直认为海南旅游的发展要有"顶层设计",有一个发展远景蓝图,这就是成为以"三自由"为特征的海南自由贸易区、自由旅游岛,实现国内外人员(游客、企

[①] 写于2013年1月。

业家与专业人员)、商品和资金的自由流通。第一步成为类似韩国济州岛的"国际自由都市",首先对东南亚联盟完全开放,成为"中国—东盟自由贸易区"的特别先行区,最终成为香港那样的国际自由港。

这个远景目标什么时候实现并不重要,重要的有没有这个"顶层设计"。

附录:济州"国际自由都市"简况

2002年初韩国政府制定了《济州国际自由都市特别法》,"国际自由都市"是为了最大限度地保障劳动力、商品、资本的国际性流动与企业活动的便利性。为了吸引投资,韩国向国内外投资者提供了诸多优惠政策。比如,为引进外国资本,韩国政府专门制定了外国人投资促进法;修改了外币交易法和外国人土地法,取消了对外国人投资的大部分限制;将制造业和物流业的外国投资企业的税收减免范围由投资额3000万美元以上扩大到1000万美元以上。在吸引人才方面,济州岛对外语教育、信息通信、生物工程等方面的专门人才给予了特别的欢迎政策,并延长了外国人的工作居住许可期限。为吸引中国游客,韩国扩大无签证游客范围并延长逗留时间。

铸就海南国际旅游岛建设的智力支柱[①]
——写在首届博鳌国际旅游论坛开幕之际

首届博鳌国际旅游论坛即将在海南拉开帷幕。这是贯彻实施国务院《关于推进海南国际旅游岛建设发展的若干意见》的一个战略之举。此次论坛规格之高、议题之广、阵容之强,在中国旅游发展史上尚无先例。

在"后金融危机时期旅游文化产业的变革"这一主题统领下,论坛由全体大会、两个圆桌会议(2010海南部长级圆桌会议、中国5A级旅游景区城市联盟会议)和六大主题论坛(文化与旅游、高尔夫与旅游、游艇经济、地产与旅游、传媒与旅游、信息化与旅游)构成。会议议题广泛涉及旅游业最前沿的话题、最新颖的业态。

此次论坛对海南整合旅游产业链、融入世界旅游产业链,吸收国际旅游产业发展经验和前瞻思维,既好又快地推进国际旅游岛的建设,对世界旅游业走出国际金融危机阴影、在变革中振兴,及时提供了一个深入探讨、共商大计的国际高端对话平台。

旅游是一个"3 ZI"(资源、资金、智力)产业,资源是产业发展的物质与非物质基础,资金是产业发展的经济基础,智力是产业发展的智能基础,三者缺一不可。国务院2009年45号文件发布以来2个多月海南的走势再次告诉人们:海南发展旅游不缺资源,中国唯一、世界一流的热带风情的蓝天、碧海、银沙、绿岛令众人神往;海南发展旅游也不愁资金,国内外、业内外的资金流滚滚而来;海南发展旅游最需要的是知识、智力与智慧。无论是硬环境,还是软环境,海南国际旅游岛建设是一个长期任务。软环境建设中,特别是人文环境的建设要在三个层次着力:一是省、市两级政府要提高宏观引导与调控水平,加强对战略全局的驾驭能力;二是旅游业界要提升旅游协调与服务能力,规范与健全旅游经营秩序;三是要提高全岛居民的旅游服务意识与能力,以主人翁的身份自觉自愿地投身于海南国际旅游岛的建设。要解决这三个层次的难题,关键在于海南全省民众的知识与智力的提升。

国家把海南国际旅游岛建设提升到国家发展战略的层面,并制定了系统的战略、方针与政策,创造了全国少有的发展环境;国内外旅游者对海南充满了期待与热望,提供了源源不断、日趋增长的市场需求;国内外旅游业界对海南旅游高度关注,正在以从未有过的热情与实力投入其中。所有这些为海南旅游的跨越式发展提供了外部条件,但是国际旅游岛的建设归根到底要靠海南人的创造、拼搏与奋斗。

---

① 2010年3月19月《中国旅游报》。

透过世界和中国的视角,海南旅游起步晚、基础弱、难题多,十分需要借鉴国内外的经验,借助国内外的智力,形成强劲的旅游智力支柱。此届博鳌论坛是海南国际旅游岛建设的"开场锣鼓"。论坛以国际旅游界共同关注的"后金融危机时期旅游文化产业的变革"为切入点,吸纳全球旅游与文化产业发展的多元、多维思想,将为世界与中国旅游业的发展提供理论支撑和智力支持,同时也是在海南国际旅游岛上空响起一声春雷,送来一场春雨。

在本次论坛上,联合国世界旅游组织(UNWTO)、世界旅游业理事会(WTTC)和亚太旅游协会(PATA)等世界三大旅游组织的巨头将首次聚首,出席论坛。与会嘉宾来自政界、学界、外交界、文化艺术界、传媒界、IT界、体育界、金融界、商界等多个专业领域,其中300多名外宾来自50多个国家和地区。

论坛的主题词"后金融危机时代"具有显著的时代特征,展现了世人的期盼。这场国际金融危机沉重地冲击了世界经济秩序,引起了国际经济结构的深刻调整。如同中国经济在这场危机中的平稳与坚挺赢得了世界的注目一样,在全球旅游业经济下滑的形势下,中国旅游界沉着应对,尽管入境旅游有所减退,但国内旅游继续上扬、出境旅游平稳运行,正如世界旅游业理事会总裁兼首席执行官让-克劳德·鲍姆加藤先生所说,"中国是世界上旅游经济最有活力的国家,是最令人激动和感兴趣的新兴旅游目的地之一"。中国旅游的进一步崛起继续改变着世界旅游的格局。

在后金融危机时期,作为现代服务业先导产业的旅游产业在经济与社会发展转型升级中的作用将越来越凸显出来,这也是国务院将旅游业列入战略性支柱产业,将海南作为全国旅游发展先行示范区的深厚背景。同样,金融危机孕育着世界旅游新的转机。这场金融危机也推动了人们旅游方式的调整与国际旅游发展方式的转型与提升。博鳌国际旅游论坛的议题涵盖了旅游与文化、传媒、信息、高尔夫、游艇、地产的融合发展,标示着世界旅游方兴未艾的新业态、新趋势与未来方向。中外政要、业界领袖、学界精英如此看重博鳌国际旅游论坛,其影响显然远远超出了一省、一国的范围,带有全球性的共同意义。

无疑,博鳌国际旅游论坛对于中国旅游业界及新兴经济体在全球化格局下争取话语权,具有特殊的意义。人们可以期待,这次论坛发表的《2010海南旅游宣言》,将对后危机时代的世界旅游具有紧迫而深邃的意义。

倾力打造世界旅游的"达沃斯论坛"[①]
——首届博鳌国际旅游论坛观感

3月的海南,碧穹艳阳、春花放飞。首届博鳌国际旅游论坛以《2010海南旅游宣言》的发布拉下了帷幕。这是论坛期间最为震动笔者心绪的一刻。

这份由UNWTO、WTTC、PATA三大国际旅游组织的负责人、30多个国家政府旅游部长共同发布的《宣言》,有两大值得关注的亮点。

《宣言》高度关注中国政府把旅游业定位为战略性支柱产业,"与会各国和地区愿意共同研究促进旅游业的相关政策和措施,采取切实措施把旅游业作为支柱产业加快发展",表明对旅游业的定位达成共识,并提高到了一个新的高度。

《宣言》宣布"继续长期办好博鳌国际旅游论坛",把论坛"培育成国际会展品牌,为加强业界经验交流,传播旅游文化,特别是加强旅游目的地之间、各国政府之间和企业之间多层次、多渠道的沟通和对话做出应有的贡献"。

这里,寄托着世界旅游界对中国旅游业、对海南国际旅游岛的认可与期待。

改革开放使中国融入了世界旅游大潮,并进入主流、跻身前列。特别是在面对国际金融危机的险浪,中国旅游业沉着应对、平稳推进,对世界旅游业复苏起到的重大作用,进一步提升了中国在世界旅游界的话语权。第一个国际旅游常设论坛落地中国、落户海南,"使海南成为我国立足亚洲、面向世界的重要国际交往平台"(国发2009年44号文件),并在世界与中国旅游发展史上翻开了新的一页。

当然,海南作为博鳌国际旅游论坛的东道主,不仅是荣耀,更是使命与鞭策。每届论坛都会有更多的老朋友、新朋友,怎样给老朋友与时俱新的感受,给新朋友不同凡响的惊喜,把"论坛"办成世界旅游的"达沃斯论坛",成为世界旅游界智慧的盛宴、永远的约会,这是海南人民、中国旅游界面临的一场考试、履行的一份责任。

[①] 2010年3月26日《中国旅游报》。

社会人文环境建设是国际旅游岛成败的关键[①]

【搜狐旅游】您来过三亚多少次了？您感觉三亚近几年发生了哪些变化？

【王兴斌】从 1992 年以来，已记不清多少次来三亚。最突出的变化是旅游度假设施发展很快，档次很高，很密集。现在中国没有任何一个城市有这么多高端、高星级云集的度假酒店。三亚是名副其实的旅游度假第一城。

【搜狐旅游】您对海南国际旅游岛有怎样的期待？您认为海南建设国际旅游岛最亟待解决的问题是什么？

【王兴斌】海南国际旅游岛建设应当硬件软件建设并重，最难是软件。海南旅游第一不缺资源，蓝天、碧海、银沙、绿岛国内唯一，世界上也是一流的。三亚海岸海滩海水完全可以与世界任何海滨度假胜地媲美；

不缺政策，国务院文件给海南的政策是最优惠的，全国没有一个省市或地区拥有像海南如此开放的政策；

不缺资金，国内外旅游业内、业外，个人和企业资金都在看好海南，都想涌进海南掘一桶金；

不缺市场，这样一个热带度假天堂是所有人都向往的。

海南旅游发展外部条件、客观条件完全具备，但是海南旅游现在最缺的是软件。特别是社会人文环境建设。这个软件的核心就是海南国际旅游岛建设需要进行艰苦、长期的智力建设。这个智力建设主要是知识、智慧、智能，这是最缺的。

从国务院文件发布这两个半月可以看出来，海南需要在三个层次上加强软件建设、智力建设、社会人文环境建设。

各级政府要提高宏观判断、宏观驾驭、宏观调控能力。近期海南房地产疯狂飚高以及春节期间三亚部分酒店的疯狂房价，产生的负面影响不是三两天的事。由此可见，我们驾驭宏观大局方面还有不少缺陷。

从旅游业界角度来讲。从旅游主管部门到旅游企业到旅游行业协会，海南旅游的一些顽症，比如"零团价"、"低团价"、欺客、宰客等现象，是"冰冻三尺非一日之寒"，严重影响海南岛声誉。需要加强软件建设，以国际化的眼光，在法制基础上的市场经济的眼光来处理，解决好海南旅游市场混乱的问题。

第三个层面就是海南岛本身的 800 万居民，他们是建设国际旅游岛的主力军、主人。

[①] 2010 年 3 月 21 日博鳌国际旅游论坛期间，接受搜狐旅游记者季轲的专访。

建设国际旅游岛必须得到他们发自内心的支持和赞成,要形成一代又一代有素质、讲文明的,把旅游业作为自己事业的居民。这方面的建设更是长远、艰苦。海南岛出现的某些宰客欺客的现象,不能不说和居民的素质有关系。但是从政府的角度上来说更应该认识到,我们国际旅游岛的建设能够给老百姓带来什么,海南省政府说是幸福家园。但现在一个是房价搞得非常高,当地的百姓想都不敢想。另外,大量的游客涌进来以后,物价也随之上涨,但是海南的工资水平还是比较低的。这种情况之下,旅游发展如果不能给本地老百姓切切实实带来实际利益,他们就看不到长远利益。他们就会用暂时的一些手段谋取个人的一些好处,甚至是一些不正当的好处。从长期来说这是严重影响海南国际旅游岛的形象的。这个需要从小学、孩子抓起,在所有的海南中小学教材中都应该加上旅游教学的内容,对所有的干部党校课程都必须加旅游的内容。海南的党政干部、旅游系统以及全体居民,包括到海南来定居、到海南来创业的这些人的旅游方面的教育都需要加强。

从这三个层面上提升海南的社会文化环境,提高软实力,我觉得这是海南国际旅游岛建设成败的关键。不缺政策、不缺客观条件,就缺海南800万人民怎么成为和国际旅游岛这样一个目标相符合的一代新人。

【搜狐旅游】要解决这三个层次的难题,海南需要做哪些工作?

【王兴斌】要解决这三个层次的难题,关键在于提高海南全省民众的文化知识与文明素养。海南800万居民是建设国际旅游岛的主人。国际旅游岛的建设归根到底要靠海南人的共识、创造与拼搏。要使他们发自内心地关注、赞成、投入海南国际旅游岛的建设,既要靠宣传教育,更要靠生活体验。

需要从孩子抓起,所有的中小学教材中都应该有旅游常设的课程,所有的党校都应该有旅游的教学内容,海南的职业技术学校和高等学校都应加强旅游与相关专业的学科建设,开设旅游基础知识课程。海南的文明建设、文化建设与舆论宣传都要围绕建设国际旅游岛这个主题展开,使党政干部、全体居民,包括到海南来定居、创业的人,受到旅游的启蒙教育,普及旅游知识,增强旅游意识。

更有成效的是,要使本地居民从亲身经历中分享到发展旅游的成果、与游客一起分享旅游带来的欢乐。要让生活告诉他们,游客的度假天堂与居民的幸福家园是相辅相成的,发展旅游可以使自己有体面的工作,能过上有尊严的生活,从而自觉地营造和维护安全、诚信、有序、好客的旅游社会环境,形成一代又一代高素质、讲文明、把旅游当作自己事业的居民,这是社会人文建设的重中之重、难中之难。决不可重现某些发展中国家度假天堂与贫民窟并存的现象,造成游客与居民生活两重天的尴尬局面。这是考量海南决策层的一大课题。

透过世界和中国的视角,海南不是在工业化、城市化、国际化的基础上发展旅游的,社会经济与人文基础薄弱,各方面与国际水准差距悬殊,国际旅游岛建设仍处在起步阶段。海南在推进国际旅游岛的建设中,不仅要破解城乡二元结构的共同难题,而且要解决景区饭店与城乡建设的不同步、旅游硬件设施与旅游人力资源不匹配的问题。需要借鉴国内外的经验,特别是引进国内外的人才、借助国内外的智力,实现引进"外智"与提升"内智"的融合,加快旅游智力支柱的构建。

资源是旅游产业发展的物质与非物质基础,资金是产业发展的经济基础,客源是产业发展的市场基础,智力是产业发展的人力基础,如汽车四轮驱动,缺一不可。在国际旅游岛建设中,海南要避免出现重投"资"、轻投"智",重硬件、轻软件,重游客、轻居民的现象,重视软件建设、智力建设与社会人文环境建设。

海南房价飙涨对海南国际旅游岛建设后患无穷①

不到十天之内应旅游局之约两次去三亚。1月10日参加业界高层座谈会,学习国务院关于推进海南国际旅游岛建设的文件;19日参加"环境综合整治"大会,向业界讲了我对国务院文件的学习心得。匆匆来去,两个"高涨"留下深刻印象。一个是推进海南国际旅游岛建设的热情高涨,深受感染、令人振奋;另一个是房价"高涨"的速度之快、幅度之大,惊诧不已,令人深思。10日,三亚的朋友告诉我,国务院的文件出台前,在建的"凤凰岛"的房价已从2009年初"内部"认购价每平米1.8万元涨到4.5万元。19日,他告诉我"凤凰岛"的房价已涨到了7万元,几乎翻了一番。我想,这大概是全中国最"牛"的房价了。

当然,7万元/平方米这在三亚也是个别的,大多是每平方米二三万元,全省的房价也参差有别,三亚最高,其次是海口,再次是琼海,其余县也在上涨,但近半个月内房价飙涨却是一个不争的事实。

现在到海南来"赶"买房之"集"的大体上是两类人:一是大陆某些地方的"炒房团",这些人往往一出手就买几套、十几套,显然他们是来投资的,或投机的,不是为了自住的。另一类是"散客",这些人既自住,又增值,想一举两得。

住宅房如此飙涨,对海南国际旅游岛的建设会带来什么影响?

从短期看,一是让省、市(县)两级政府的"房地产"财政收入大增,可加大基础设施与民生建设的投入;二是"购房游"大增,给本来冬季很旺的市场增添了热度,三是旅居型住宅的发展会增加一批反复来海南的游客。

热潮过去之后,会给海南留下什么长期的影响?

• 海南国际旅游岛的建设不是三五年,更不是一两年的事。国际旅游岛的发展更是百年、千年的大事。今天把地批出去了、房建起来了,现任市长、县长把"土地财政"透支完了,不利于海南的可持续发展。此其一。

• 当前涌到海南来抢地、占地的不少开发商富有投机性,匆匆忙忙圈地后建设的项目、建筑难以保证符合"世界一流的海岛休闲度假旅游目的地"的要求,更难预见到十年、二十年后国内外旅游的新需求、新水平、新标准,十年八年后也许成为建筑垃圾。此其二。

• 住宅房的价格如此高,酒店、度假村、高尔夫、主题公园等的地价、建筑价随之攀

---

① 以《房价飙升对海南国际旅游岛建设有影响吗》为题刊载于2010年1月25日《中国旅游报》。

升,牵动海南的旅游价格全面上升,国内远高于北海、阳江,海外高过香港、台湾,国外高过东南亚的同类滨海目的地,不利于海南在市场竞争中占优势。此其三。

- 旅居型住房的房主大多不常住,每年来海南居住只不过一两个月而已,大部分时间闲置(已经如此),必然会寻找租赁代理商出租,必然会形成同类房之间激烈的价格竞争,引起旅居型住房与海南家庭旅馆的价格竞争,进而引发这些旅居型住宅与酒店客房的更为激烈的价格竞争。淡、平季海南的酒店客房已经大打价格战,如果再加上旅居型住宅进入竞争,不利于海南旅游的良性发展。此其四。

- 旅居型游客吃住在家中,伴以观光、休闲、娱乐,除日用品外购买特色商品的需求很低,大多属于中低消费型游客,并不是海南所追求的客源群体,对国际旅游岛发展的拉动作用十分有限。此其五。

- 国务院要求海南建成国际旅游岛,目标是要建成"世界一流的海岛休闲度假旅游胜地"、"全国人民的四季花园",但绝不是要把国际旅游岛变成一个新的移民岛、养老岛、第二住房岛。此其六。

- 目前海南旅居型房地产的虚高价格也拉高了本籍居民和在海南择业的常住居民的生活型房地产的价格,使他们望洋兴叹、望尘莫及,不利他们安家立业、舒心创业,不利于构建和谐海南。此其七。

- 从长期看,商品价格总是围绕着价值水平波动的经济法则,是不可违背的。过高背离价值的房地产价格总有一天会回归到它应有的水平之上。不论是"炒房团",还是购房的"散客",现在用高价买下的住房何时能以更高的价格出手,是谁也无法打包票的。有赢家必有输家。到时候总会有人高兴、有人落泪。不管住不住,也不管一年之内住几天,如果政府要照法征收物业税,小区物业照章收取物业费,房主还得照样月月支出一笔费用。一个高楼内只有几家有人住,其余都是空房,谁能放心得下!如果违规拖欠现象十分普遍,由此引发的社会问题就得由当地政府来接手了。海南许多市县政府对处于上世纪90年代初遗留的烂尾楼问题记忆犹新,"虚价房"将会留下何种社会问题遗留让后面的政府作难?此其八。

要坚定、全面、准确地贯彻国务院的文件。要"保持房地产业平稳健康发展",不要发烧式的冲动开发;要"积极引导和发展与旅游业相适应的房地产业",不要放任助长不利于旅游业发展的炒作式房地产业;要"科学规划房地产业发展的类型、规模和速度,鼓励有实力、有信誉的企业发展富有海南特色、高品质的星级宾馆、度假村等房地产项目",不要无控制、无特色地开发一般的常住型住宅;要"加强产权式度假酒店的开发、建设、销售等环节的规范管理",不要将它作为一种房地产的营销手段,这种度假酒店现在亟须法律规范、标准管理和配套服务;要"鼓励发展家庭旅馆经营和房屋租赁经营",不要放任不管、无序泛滥。据说现在三亚家庭旅馆床位数不少于宾馆酒店的床位,极需规范管理,否则很易引发社会问题;要"稳步发展满足避寒、疗养等不同需求的度假居住型房地产",但这种"度假居住型房地产"是以高中低档兼有的公寓式酒店的方式开发好,还是建海量的住宅卖给个人好？对养老型度假是建高中低档配合、配套设施完备的老年公寓与社区好，还是建一家一户式的、邻里之间老死不相往来的单元住房好？还有没有其他更好类型的"度假居住房"？海南究竟是以开发旅游度假型的酒店、度假公寓为方向，还是大建大城市周边的周末、假日型的第二住宅？这些都需要认真调研、权衡利弊、审慎斟酌，宜从长计议。

海南省政府已在1月15日发令，在国家发改委批准海南国际旅游岛建设规划之前停止出让土地、停批新项目。此令表明省里高层已有觉察。但此令一发，房地产商又以"最后一班车"为由头，购房者也以抢购"最后一批房"的心理，把房价又推向一个新的高峰。事与愿违，令人深思。

在事关海南国际旅游岛建设这个"国家的重大战略部署"的问题上，人们有理由期待得到后续的信息。

关于西沙群岛旅游规划设计前期工作的几点建议[①]

一、关于规划设计人员的组成

旅游开发规划设计人员结构与组成（略去名单）：

1. 旅游经济专家
2. 海洋和海岛型旅游资源专家
3. 旅游市场专家
4. 民航交通专家
5. 海上交通专家
6. 海岛陆上交通设计专家
7. 旅游规划、管理专家
8. 城镇规划专家
9. 热带园林绿化设计专家
10. 建筑设计专家
11. 给水、排水、排污专家
12. 供电、电信专家
13. 海洋生态环保专家
14. 热带海洋气候专家
15. 军事专家
16. 财务分析专家

二、关于考察中外海岛旅游地的选择对象

考察中外海岛旅游地（供选择）

■中国

1. 海南西瑁洲岛、蜈支洲岛 ★●
2. 广西涠洲岛 ★●
3. 广东海陵岛 ★●
4. 福建鼓浪屿、湄洲岛

[①] 应海南航空公司之约,2002年1月提交的咨询报告。

5. 浙江舟山岛

6. 山东刘公岛、长岛

7. 辽宁海王九岛

■外国

1. 西班牙：蓝沙罗特岛、巴列阿利斯群岛★

2. 意大利：卡普里岛★

3. 地中海马耳他岛

4. 澳大利亚：黄金海岸、大堡礁珊瑚礁★●

5. 斐济：维提岛、贝加岛、瓦努阿(珊瑚岛)★●

6. 日本：冲绳岛、广岛

7. 韩国：济州岛★●

8. 泰国：普吉岛●

9. 印度尼西亚：巴厘岛★●

10. 菲律宾：槟榔屿★

11. 美国：夏威夷★●

说明：打★者是最值得去考察的海岛旅游地。打●者是与西沙有直接竞争关系的海岛旅游地。

三、关于西沙群岛旅游资源与环境的考察调查与研究

1. 西沙群岛自然环境发育与社会历史发展背景

(1)西沙群岛的地质演变。

(2)西沙群岛的历史沿革。

2. 自然生态旅游资源与环境

(1)区位。

(2)地质地貌(陆域、礁盘、水下、海水质量等)。

(3)气候(气象、空气质量、气温、雨量、水温、水流、风向、风速、风灾等)。

(4)生物(陆上和海中动物、植物)。

3. 社会人文旅游资源与环境

(1)历史遗存。

(2)现代建筑。

(3)人口状况。

(4)经济水平。

(5)交通设施。

(6)行政组织。

(7)军事设施。

(8)国际环境。

4.西沙群岛自然资源与环境的旅游价值评估与分析

(1)自然生态资源与环境的旅游价值评估(利与弊)。

(2)历史人文资源的旅游价值评估(利与弊)。

(3)社会环境与旅游开发的关系分析(利与弊)。

(4)国际环境与旅游开发的关系分析(利与弊)。

四、西沙旅游客源市场调查与预测

1.调查目的

为预测西沙客源市场潜力与前景提供研究数据。

2.调查内容

(1)世界滨海/海岛旅游地及海洋游船客源流向、流量与消费水平等。

(2)东亚太地区滨海/海岛旅游地及海洋游船客源流向、流量与消费水平等。

(3)中国滨海/海岛旅游地及海洋游船客源流向、流量与消费水平等。

(4)海南省海外入境和国内客源流向、流量与消费水平等。

(5)三亚市海外入境和国内客源流向、流量与消费水平等。

(6)国内外游客对西沙旅游的需求。

3.调查方法

(1)查阅世界旅游组织、中国国家旅游局和海南省旅游局文献资料。

(2)查阅各国热带海岛客源状况资料。

(3)实地考察外国和海南热带海岛客源状况。

(4)对海内外游客进行随机抽样调查。

4.对国内外游客进行随机抽样调查

(1)地点与对象。

海口和三亚亚龙湾国家旅游度假区内三、四、五星级的住客。

(2)调查内容。

①游客本人状况(国籍/籍贯、年龄、性别、文化、职业、家庭月收入等)。

②曾经去过哪些国内外海岛旅游。

③对西沙是否知道、是否想去旅游。

④对西沙旅游最感兴趣的是什么。

⑤去西沙旅游选择游船还是飞机。

⑥去西沙旅游愿意花费多少。

⑦去西沙旅游是个人去还是家庭、亲友结伴去。

⑧去西沙旅游选择什么时间。

⑨去西沙旅游最担心什么。

⑩西沙群岛开发旅游的主要问题是什么,等等。

(3)调查人数。

国内游客1500~2000人,海外游客500~800人。

五、西沙群岛社会经济与居民调查

1. 调查目的

了解西沙群岛的社会经济状况与居民对开发旅游的看法,同时通过社会调查可以启发居民的旅游意识。

2. 调查方法

(1)查阅《海南省统计年鉴》等有关资料。

(2)走访当地政府与驻岛部队领导。

(3)召开居民座谈会。

(4)居民抽样调查。

3. 西沙群岛居民抽样调查

(1)抽样调查内容。

①居民状况(年龄、性别、文化程度、家庭人口、经济收入等)。

②西沙群岛能不能开发旅游。

③是否赞成西沙群岛开发旅游。

④开发旅游对西沙群岛有哪些积极作用、哪些消极影响。

⑤西沙群岛开发旅游需要做哪些事情。

⑥西沙开发旅游后你可以干哪些工作,等等。

(2)抽样调查方法。

通过当地政府组织向居民发放500份问卷,问卷以选择题为主,用打√方式对问卷中的问题表明看法,了解他们对西沙群岛开发旅游的想法。

六、海南省旅游业界及相关部门的调查

1. 调查目的

了解海南省旅游业界及相关部门对西沙群岛开发旅游看法与建议。

2. 调查对象

(1)海口与三亚的旅游管理部门干部。

(2)海口与三亚的旅行社经营管理人员。

(3)海口与三亚的饭店经营管理人员。

(4)海口美兰机场与三亚凤凰机场的经营管理人员。

(5)海南省计委、交通、海洋、环保、文体等部门的干部。

(6)榆林军区领导干部。

(7)中央有关部门。

3. 调查方法

(1)召开座谈会。

(2)随机抽样调查。

4. 调查内容

(1)西沙群岛开发旅游的意义与影响。

(2)西沙群岛开发旅游的时机与步骤。

(3)西沙群岛开发旅游的客源市场与产品功能定位。

(4)西沙群岛开发旅游的制约、困难与应注意的问题。

(5)西沙群岛开发旅游的政策与措施。

(6)政府各部门对西沙群岛开发旅游的打算与意见。

(7)旅游企业对西沙群岛开发旅游的打算与意见。

三沙旅游：海洋生态为体，海疆文化为魂[①]

在南海风云骤起时诞生的三沙市，是一个陆域面积最小，但海域面积最大的城市；一个史脉久远，但最年轻的城市；一个文脉渊长，但人口最少的城市；一个坐落于海洋深处、我国最南端的边疆海防城市。三沙市的成立，揭开了我国南海开发历史上的新篇章，也为南海旅游乃至我国的海洋旅游开启了新时期。三沙旅游如何开发已经提到议事日程。

一、神奇神秘的热带海洋岛礁风光

三沙市的岛屿地貌由珊瑚礁地质构成。在亿万年的大自然造化过程中，珊瑚虫的骨骼和遗骸逐步堆积成高于海面的岛屿和沙洲，低于海面的礁石、暗滩和暗沙。岛屿、沙堤、砾堤、礁塘、洼地与火山岩台地构成了陆域地貌，海滩与礁盘构成了潮间代地貌，礁盘外缘斜滑至海中形成了水下地貌。由珊瑚形成的环形礁堤，将潟湖围合在中间，形成了古人说的"万里石塘"，环礁的豁口使海水与潟湖交汇。由于珊瑚不断生长，最终将豁口封闭，使潟湖与外海隔绝，久而久之发育成灰沙岛。洁白的海沙，翡翠般的礁盘，湛蓝的海水，不同深度的海水又呈现出深蓝色、浅蓝色和深绿色，构成了一幅天工自成的彩色油画。

海岛上生长有280多种植物，从海南岛移植来的椰林挺拔成林，本土的羊角树、枇杷树、马王藤、马凤桐、野棉花、野蓖麻、美人蕉等花团锦簇。海水透明度达二三十米的，阳光直射海中，可以清晰地看到色彩斑斓的珊瑚、热带鱼、海参、鲍鱼、鲜贝等，经济和观赏鱼达200多种。海龟、玳瑁匍匐在海滩上，岛礁上栖息着白鲣鸟、绣眼鸟、燕鸥、金鸰等60多种海鸟。白鲣鸟掠水觅食鱼虾，追逐着渔船在海中飞翔，与渔民朝夕相处，被渔民称为"导航鸟"。有的岛上还有野牛、野猫等野生动物。这是一个风光旖旎、灵动神奇的热带野生海洋动植物园。

南沙群岛处于赤道带，西沙群岛、中沙群岛处于副赤道带，属热带季风气候，地处热带而无酷暑。西沙群岛最高月平均气温28.6℃（7月），最低月平均气温22.8℃（1月），年平均气温26.8℃，海水平均温度27℃°，全年适宜游泳、踏浪和潜海。雨水丰润，大部分地区年均降雨量为1800毫米以上，南沙群岛达2800多毫米。一年内多次发生飓风暴雨，

[①] 以《三沙旅游：生态与文化一个都不少》为题刊登于2012年7月20日《中国旅游报》，以《三沙旅游：扬帆待起航》为题刊登于2012年第8期《中国生态旅游》。十年前，笔者曾应海航集团之邀，参与西沙群岛旅游开发的前期研究工作，并拟订了《西沙旅游开发规划工作计划》，查阅了有关文献。

台风来袭时强度高达16级。

独特、神奇、神秘的热带海洋岛礁生态环境是三沙旅游之本。

二、源远流长的拓疆、建疆、卫疆文化

南海虽与大陆有千里之遥，但中华先祖对海疆的开拓有千年之久，世世代代在这里舟楫捕捞、荷锄桑田。早在西汉武帝元封元年（公元前110年），就在海南始置珠崖、儋耳郡，标志着中央政权对海南岛及南海诸岛管辖的开始。隋炀帝大业三年（公元607年）增设临振郡（今三亚）。唐高祖武德五年（公元622年）改郡为州，时号振州。《旧唐书地理志》中已有振州管辖海南南部海域的记载。唐开元十二年（公元724年），由高僧一行主持子午线测量，南至南海及南海诸岛，并曾在南海上对有关星座进行测量。北宋时，首命水师出巡至"九乳螺州"（即今西沙群岛）。元世祖至元十五年（公元1278年），海南的琼州改为琼州路。忽必烈曾派天文学家郭守敬到西沙群岛进行天文观测，将南海诸岛划归琼州府领属的万州管辖，并明确区分为"南澳气"、"七洲洋"、"万里长沙"、"万里石塘"等四大岛群（即现今的东沙、西沙、中沙、南沙群岛）。明代郑和七下西洋，途经南海，勘察诸岛、标绘地理位置。清代，东沙群岛归属惠州管辖，西沙群岛、南沙群岛、中沙群岛仍由海南的万州管辖。西沙群岛中的琛航岛坐落在环礁上，环礁口形成内部潟湖与外海相连的航道，成为可避风浪、便于停泊的港口。琛航岛因清代名为"琛航号"的军舰到此而得名。

1911年辛亥革命义举功成，广东省政府宣布西沙群岛划归海南崖县（今三亚市）管辖。1939年日军入侵南海，曾登陆永兴岛、建炮楼。1945军8月日本投降后，根据1943年《开罗宣言》和1945年7月《波茨坦公告》的精神，1945年12月10日，民国政府指派高级专员，前往西沙群岛在林岛上举行接收仪式。1946年9月，民国政府派遣军舰"永兴号"、"中建号"登陆永兴岛，于当月24日竖立"海军收复西沙群岛纪念碑"，林岛改名为永兴岛，并命名另一岛为中建岛。1947年1月，国民政府又派遣"太平"号、"永兴"号、"中业"号和"中建"号等4艘军舰进驻南沙群岛，并命名南沙群岛中最大的岛屿为太平岛及中业岛，并设有驻军和设置渔民服务站。为了纪念郑和船队在南海诸岛的活动，中国政府把西沙群岛西面的一组群岛屿命名为永乐群岛，东面的一组群岛屿命名为宣德群岛（"永乐"为明成祖朱棣的年号、"宣德"为明宣宗朱瞻基的年号）。1949年4月国民政府将海南从广东省中划出，设立"海南岛特别行政区"。

中华人民共和国成立后，中国政府理所当然对西沙群岛、南沙群岛、中沙群岛的岛礁及其海域继续行使主权。1959年3月24日，中央人民政府批准成立西南中沙工作委员会，并设立了西沙群岛、南沙群岛、中沙群岛办事处，当时隶属于广东省。1974年1月的西沙之战中国军队从南越军队手中收复了西沙的琛航岛等岛屿。1988年3月与越南军队在南沙群岛的永暑岛附近激战，中国军队又进驻南沙的几个岛礁。1988年4月13日海南建省，西、南、中沙办事处随之划归海南省管辖，同年9月19日正式更名为海南省西沙群岛、南沙群岛、中沙群岛办事处，为海南省人民政府派出的县级行政机构；同时建立

西南中沙群岛党工委，与办事处合署办公。工委、办事处设驻在永兴岛，行使西沙群岛、南沙群岛、中沙群岛及其边临海域的主权与管辖权。1986年元旦，时任中共中央总书记胡耀邦上岛慰问，挥笔题词"开发七洋洲，保卫南海疆"。2007年11月19日，国务院批准海南省人民政府的提议，拟议设立三沙市（县级市）。2012年6月国务院批准建置地级三沙市，7月23日海南省三亚市人民政府宣告成立，同时中央军委命令建立中国人民解放军三沙警备区。

1991年"中国南海诸岛工程纪念碑"碑文写道，"南海诸岛沧桑千年，炎黄后代创业今朝"，是对中华民族千载三沙海疆文化拓建史的真实写照。千余年来，中华民族在南海拓疆、建疆和卫疆的历史，形成了源远流长、丰厚深邃的中华海疆文化。如今，人们登上永兴岛可以看到，"海军收复西沙群岛纪念碑"、"中国南海诸岛工程纪念碑"、西沙海洋博物馆、西沙将军林（100多位党政领导人与将军植树林）、守岛部队军史馆、海南省图书馆西沙分馆和中科院南海海洋研究所西沙科学综合实验站，以及环岛公路、机场、码头、银行、邮局、商店，连接大陆的海底电缆、程控交换机、电视卫星接收站和日本侵略军修筑的炮楼遗存；石岛上的中国主权碑、西沙老龙头石碑、赵述岛上的中国边防警察警务碑、明清古庙遗址、西沙渔民为纪念海难同胞建的孤魂庙等，无不是中华民族神圣的疆土领海的物证，也是最珍贵的海疆文化资源。

久远、丰厚、神圣的千年海疆文化是三沙旅游之魂。

三、独辟蹊径的三沙旅游方略

三沙旅游具有巨大的自然、文化和社会资源优势，面临难得的发展机遇，也具有种种制约因素、面临严峻的挑战，而且在这里机遇与挑战、优势与制约内生地糅合在一起，考量着开发者的胆略与智慧。

1. 三沙旅游发展环境

三沙建市的首要使命是强固国防、捍卫主权，开展旅游首先要服从并服务于国防建设。全市的岛屿面积本来就极小，军事建设与国防守卫势必会使可开展旅游的陆上范围更小，旅游活动的开展势必受制于国防重任的需要。然而，正是国防使命增强了三沙旅游的神圣感与神秘感，增强了旅游吸引力，而且某些军事设施可以平战结合、军旅两用，可作为旅游接待和观光场所，如按指定线路参观战士的训练、学习和生活场所，让游客感受边防生涯的艰辛与崇高。

目前从文昌市清澜港到永兴岛的航程186海里（约344公里），乘"琼沙三号"轮船需要15个小时，到南沙群岛就更加遥远，旅游的时间与花费支出不菲。巨风海浪使轮船颠簸不已，对不少游客是个不小的生理与心理考验。然而，正如人们所说距离产生美，正是对孤悬海外的遥远疆域萌生了新鲜感和好奇心，增添了猎奇探险的愿望。况且，航行在一望无际的大海中，领略海天一色之景色，感悟地球大海之浩瀚，看鸟翔长空、赏鱼跃洋面，晨暮看日出日落、夜晚观穹宇繁星，正是游客所向往的经历。有人说，不到新疆不知道中国大陆有多大,现在还可以加一句:不到三沙不知道中国海疆有多远。

由珊瑚礁形成的地质结构与海洋生态形成了珍稀奇美的自然景观,同时也导致生态环境的敏感性、脆弱性与难以再生性。三沙旅游面临需求巨大,但环境脆弱、供给有限的严峻挑战。

三沙市陆域狭小,最大的永兴岛仅2平方公里,可建设面积十分有限,不适宜建设邮轮港口与其他大型旅游食宿娱乐购物设施,绝大多数岛礁不能也不宜开发过夜度假项目。岛上饮用水与除海鲜以外的农副产品、食品和日用品全靠外运,洗涤用的淡水靠积贮雨水,供电靠柴油机发电,等等。三沙首先要保障部队与渔民的军事、生产与生活,岛上旅游接待可扩张能力和游客游览容量很小,是发展三沙旅游严重而长远的制约,同时也要求三沙必须舍弃常规、另辟蹊径。

2. 三沙旅游发展要点

①总体发展思路:珍稀的自然生态、遥远的区位交通和特殊的开发环境决定了三沙旅游不能按照常态开发大众化的3S观光度假旅游,也不能套用马尔代夫那样岛上度假的旅游方式,必须独树一帜探索一条中国独有、世界少有的三沙新路,即高品质的海洋生态与高品位的海疆文化有机融汇,走小而精、奇而新的特色旅游之路。

以海洋生态为本、海疆文化为魂作为三沙旅游的主旋律,建设集考察体验、观光度假、海洋运动与探险探奇于一体的海洋文化旅游目的地。生态与文化的融合铸就了三沙旅游的神秘、神奇与神圣,使它在中国旅游中具有唯一性,在世界旅游中具有独特性。如果破坏了它的原生态海洋岛礁环境与氛围,三沙旅游就失了去赖以生存的生命之体;如果忽略了它的中华海疆文化,三沙旅游则失去了赖以生辉的生命之魂。只有两者的耦合,三沙旅游才能成为中国海洋文化旅游的一大名品、特品、极品,彰显它独一无二的生态价值、文化价值和社会价值。三沙旅游还要与海洋渔业、海洋油气、海洋运输和海洋科技协调共生发展,成为显示中华领海主权的国家窗口、发展海洋经济的先导产业和展示中国海疆文化的重要平台。

②基础服务设施建设:目前三沙市百事待兴、建设繁重。既要加快建设市政与旅游服务设施,又要严格控制建设的规模、节奏与力度,使新建设施为生态岛建设添彩,着力保持海岛的原生态风貌。对岛上已有的行政、生产和生活设施,要避免大拆大建"推倒重来"。对现有重要建筑物,如政府大楼、西沙宾馆、邮局、医院、海洋博物馆、图书馆和研究所等,虽然简朴,但富含历史文化价值;渔民的村落、房屋、场院,也应有选择地进行保护性整修。即使建设新渔村,也要尽可能保留一部分原村落,为游客、为后人留下历史性的实物见证,这些看似简陋的实体保存了珍贵的不可再生的历史信息。三亚鹿回头的第一个"国宾馆"被酒店开发商夷为平地的教训,不应在三沙重演。整修供徒步和骑行的绿道,游览禁绝使用机动车,最好成为无机动车之岛。岛上要严格控制面向游客的食宿娱购设施的规模,把这些功能特别是现代时尚功能尽量转移到邮轮上去。大力开发太阳能、风能、潮汐能等清洁能源,建立风能、太阳能、潮汐能、沼气、柴油互补发电系统,建立

海水淡化、雨水净化、污水及垃圾处理系统,把低碳、节能、节水、环保的理念融入所有建设、经营和管理环节之中。

③以邮轮为基地的旅游方式:三沙市政府所在地永兴岛是南海诸岛中面积最大的岛屿,重要历史文化和社会人文景点集中在此。现有可起降737机型的机场、停泊5000吨级轮船的码头和环岛公路。岛西南有长约870米、宽约100米的沙堤。现有三沙宾馆等接待设施,日接待量为200人次。永兴岛承担着行政中心、军事基地、渔民社区和官兵家属探亲等的繁重职能,建设空间狭窄、水电供给困乏、游客容量有限,必须打破行政中心就是旅游接待基地与游客集散中心的常规套路,另构旅游运作方式。

三沙旅游只能采取"邮轮+游艇+登岛"的方式,把旅游客运、集散、海上游览、住宿、餐饮、娱乐、购物和文化交流等活动安排在在邮轮上进行,使邮轮成为旅游服务基地与游客集散中心。邮轮抵达西沙群岛后停泊在海上,然后用游艇把游客送到有关岛屿,开设多条海上游览线路,有序安排游客上岛观光游览、文化考察,再返回到邮轮食宿。上岛游览实行限量、定时、定点、定线、定片活动,根据各个岛屿的条件严格控制留岛宿夜人数;精心选择、有序开展海滩浴场、滑水、游艇、潜水、潜艇、捕捞、海钓、探险、蜜月和海上油气工业观光等项目开发,确保游客安全与环境保护。

往返三沙的旅游交通方式应以邮轮为主、航空为辅,也可设计邮轮与航空两种往返交通方式组合,游客可选择多种往返方式,或邮轮往返,或空中往返,或邮轮与航空交替选用,以满足游客既航海观景又缩短旅途时间的多种需求。

三沙旅游的特定环境与特殊条件决定了邮轮将成为主要的旅游交通工具、游客集散中心、旅游服务基地和休闲度假营地。只有这样才能从根本上化解三沙岛小、海大、军民驻宿与游客活动在空间上的矛盾,保证永兴岛的行政管理、军事要地和渔民生活与旅游活动的协调分工与正常进行。以邮轮为中心作基地,开展旅游活动将是三沙旅游的一大特点,也是一大优点、亮点与卖点。

④旅游产品开发:近期,三沙旅游以西沙群岛为重点,环绕永兴岛辐射永乐群岛与宣德群岛,开辟多点、多线的西沙群岛游,延伸到中沙群岛的黄岩岛,南沙群岛的部分岛礁,基本上采取从邮轮出发乘游艇至各岛礁,在适宜地段开展海水浴、冲浪、游艇、潜水、海钓等海上游乐活动,还可开展航空旅游,乘坐直升飞机、水陆两用飞机,从空中观赏海岛风光,形成岛屿、海上和空中三维立体开发的旅游产品格局。

渔业是三沙市的基础产业,渔民是三沙的基本市民,开发海洋捕钓旅游,让游客参与渔民的捕捞作业,体验海洋渔业文化是不可缺失的旅游产品。目前西沙群岛上建有永兴村委会、七连屿村委会、晋卿村委会、羚羊村委会和鸭公村委会,均有渔民居住,可逐步开展渔村观光与休闲度假活动。

中远期逐步延伸到中沙、南沙群岛。中沙群岛除黄岩岛高出海平面外,其余礁石、暗沙均沉于海水之中,可开设永兴至中沙群岛的海上观光线和空中观光项目。南沙群岛中的永暑礁、渚碧礁和美济礁是目前我国渔民远海捕捞场所,可开展捕捞、科考与探险旅游。美济礁潟湖内避风条件良好,其中建有海南水产养殖试验场,养殖有老虎斑、龙胆、军曹等珍贵鱼种及热带观赏鱼种,虽距永兴岛很远,但可创造条件开辟海上航线安排海上捕捞、海钓和海洋科考旅游。

从长远看,随着海底文物考古的进一步开展,海洋生态环境和生物多样性保护的逐步深入,三沙市还可以划出一些区域来建立海岛文物和海洋文物保护区、海洋生态保护区或珊瑚礁国家海洋公园,热带国家海洋旅游度假区,有限度地开发海岛别墅、海底观光廊道、海底餐馆、海底酒店等高端度假设施,乃至在若干无人岛开发顶级私密度假地。

⑤生态旅游管理:三沙旅游的接待者、服务者和游客的行为必须遵守生态保护的准则,对干部、渔民、游客和从业人员进行生态和环保培训教育,制定三沙生态旅游管理条例、办法和措施。精心编写导游词,对游客进行科学的海洋生态、历史文化与国防主权讲解。严禁出售珊瑚、玳瑁标本,禁止拾捡岛上珊瑚礁、沙滩上的贝壳,但可把海沙装入小器皿中作为纪念品赠送给游客;上岛时向游客发放、回收垃圾袋,游览中的任何废弃物必须带回至邮轮或由专门船只运回,等等。总之,真正做到"除了脚印,什么也不留下;除了摄影,什么都不带走"。

⑥客源市场定位:以小众生态旅游者和文化体验者,特别寻求原真体验和独特经历的深度旅游者为主要目标群体,第一步首先是大陆/内地的游客,其后扩展到香港、澳门、台湾及侨胞组成的大中华游客;第二步在各种条件成熟后向外国旅游者开放。三沙旅游向港澳台和全球华人开放,有助于增强中华民族维护国家主权、实现民族振兴大业的凝聚力;适时向外国人开放,有助于展现中国和平发展的大国形象、提升国家的软实力。三沙旅游的客源市场开发务必循序渐进、小步推进。三沙旅游决不可也不能以游客数量与规模为导向,不能以游客人次与旅游收入作为主要考核指标。

⑦海峡两岸旅游合作:海峡两岸在捍卫南海群岛主权上目标一致、利益相关。在共同捍卫南海主权的抗争中,海峡两岸可以在旅游方面先行开展合作,如在两岸游客和渔民的海上救援方面进行合作。随着两岸关系的深入发展与南海局势的进展,海峡两岸可在旅游合作开发上深入推进,实现两岸的南海旅游景点共游、共享,让辽阔的南海成为海峡两岸四地同胞的遨游天地。

⑧南海国际旅游协作:南海是东北亚通往印度洋、大西洋的必经海道,中国在这里与越南、马来西亚、新加坡、菲律宾、印度尼西亚、文莱等国相邻。千百年来,中国与这些东南亚国家友好相处,近代以来又共同遭受西方殖民者的侵略,面临着发展国民经济、振兴民族文化、实现国强民富的共同任务,目前在致力于建设中国—东南亚自由贸易区。友好相处、睦邻友好一直是,至今仍然是中国与东南亚国家关系与旅游交往的主流。完全可以期待,中国与东南亚邻国在南海实现旅游合作,终有一天满载着各国游客的邮轮会往返于三沙市与相关邻国港口之间,实现资源共享、游客互送,让南海成为和平之海、友好之海。

中华民族一直生息繁衍在广阔的东亚大陆上,母亲河黄河、父亲河长江是孕育中华文明的摇篮。许多人知道我国有辽阔的陆地疆土,但不少人并不知晓还有广阔的海洋疆域,可见国民海洋意识之淡薄。大力发展海洋经济,科学开发海洋资源,培育海洋优势产业,是中华民族复兴历程中的题中应有之义。不难想见,当中国自己设计制造的邮轮出现在南海之上,当登上这个以海立市的三沙群岛之时,它对显示中国的南海主权、对培育国人的海洋意识、增强国人的海疆主权观念,是多么重要的一举。有理由相信,期待已久的中国人自主制造和经营的文化主题邮轮旅游品牌,将在三沙旅游中形成,开启中国人邮轮旅游的新时期。

三沙之旅不忘海,三沙归来不看海。去三沙旅游,应与去青藏高原旅游一样,成为每个中国人的心中之梦。

西藏特色的旅游跨越式发展之路[①]

近日举行的中央第五次西藏工作座谈会提出,西藏正在从加快发展转向跨越式发展,从相对封闭转向全面开放,从单一农牧业转向多元经济共同发展,从自然保护为主转向全面加强生态环境建设,从解决温饱转向全面建设小康社会。完成这五个战略性转变、实现跨越式发展的过程中,旅游业担当着战略性支撑产业的历史重任。

一、西藏历史上的两次跨越式发展

1951年西藏和平解放,特别是1965年西藏自治区成立以来,西藏用了半个世纪的时间,从以封闭自足的农牧型自然经济为基础的封建农奴制社会,跨越了资本主义阶段,进入了社会主义的初级阶段,实现了西藏社会发展史上的第一次跨越。这次历史性的跨越从根本上改变了西藏的社会制度,西藏人民从农奴制度下得到了解放,但没有从总体上改变西藏单一的农牧业经济基础。1978年西藏一、二、三产业比重为50.7:27.7:21.6,农牧业仍是地区经济的主体。

改革开放以来,西藏经济迅速从农牧业社会直接跨进以第三产业为主导产业的服务型经济。从2002年开始,西藏已经初步改变了"一、二、三"的格局,形成了"三、二、一"的格局。2001年6月,中央第四次西藏工作座谈会为西藏确定跨越式发展战略,要求"十五"期间,力争国内生产总值年均增长12%以上,到2005年人均国内生产总值进入西部地区前列;到2010年,力争人均国内生产总值达到全国中等水平,为西藏与全国一道进入现代化打好基础。为此,西藏自治区确定了特色追赶战略,坚持市场导向,依托优势资源,大力发展旅游业、藏医药业、高原特色生物产业和绿色饮料业、农畜产品加工和民族手工业等,努力培植特色支柱产业。

在经济科技突飞猛进与世界经济全球化的时代,任何一个国家和地区都没有必要、也不可能建立起完整、自足的产业体系。凭借特色资源,开发特色产品,发展特色产业,培育特色经济,已成为各国、各地区发展经济、后来居上的必由之路。

西藏地广人稀、科技基础差、陆路和水路交通不便,用传统方式通过工业化实现现代化,缺乏人力、科技、资金和市场条件。西藏具有独特的世界级自然与人文旅游资源,可以开发成符合21世纪世界旅游潮流的旅游产品。这种特殊的自然环境、人文传统、社会

[①] 2010年2月12日《中国旅游报》。2002年10月至2005年2月,清华大学城市规划研究院承担《西藏自治区旅游发展总体规划》编制,本人应邀担任编组副组长,承担西藏产业发展战略、旅游产品、旅游市场与管理体制等部分的撰稿。2007年北京仙创旅游规划研究院承担该《总体规划》的修编,本人应邀担任编组副组长。

基础与外部条件,完全有可能超越工业经济阶段直接进入以服务经营为主的发展阶段,与全国人民同步实现全面小康、进入现代化。

2008年全区生产总值中,第一、二、三产业增加值所占比重分别为15.3、29.2、55.5,第三产业即服务经济已成为国民经济的主体。西藏实际上已经跨越了第二产业占主导地位的传统工业化之路,走一条从农牧业社会径直向以第三产业为主导的服务型经济之路。

二、旅游业是西藏跨越式发展的支撑产业

从1980至2009年,西藏接待国内外游客从3000多人次增加到2009年的556万人次,旅游总收入从800万元增加到52.4亿元。2009年旅游业总收入相当于地区生产总值的12%。西藏旅游的发展速度超过全国平均增长速度,也超过西藏国民经济及各个产业的增长速度。旅游业早已成为西藏改革开放的窗口、国民经济的强劲增长点、带动社会经济文化发展的先导产业。

1. 带动西藏向多元经济共同发展

以旅游经济为龙头,大力发展第三产业及相关的农牧林渔、藏医药业、高原特色生物产业和绿色饮料业,农畜产品加工和民族手工业等,跨越式地改变区域经济结构。藏药是受游客喜爱的西藏传统的旅游商品。藏医药厂已成为特种旅游观光点,并拓展了藏医药产业链。西藏民族手工艺产品通过旅游就地销售和出口,开辟了广阔的市场。旅游业与民族手工艺两大特色产业的结合,成为西藏经济的强劲增长点。依托特色民族文化、民俗文化和传统文化资源,大力发展具有藏族文化特色的文化旅游产品,弘扬和传播藏族文化,推进文化产业化进程。西藏旅游引进了相当于本区人口两倍的国内外旅游者,是推动第三产业发展的最强劲的动力。2007年中外游客在西藏旅游的总消费为48.5亿元,占全区社会商品零售额(112亿元)的43.3%,相当于全区第三产业增加值(190.3亿元)的25.5%;旅游外汇收入1.35亿美元,占全区出口贸易额(3.26亿美元)的41.4%。旅游业是西藏第三产业的先导、支柱、龙头。

2. 驱动西藏城镇化进程

西藏的特殊区情决定了城镇化的进程是以旅游产业为龙头,带动城市文教、卫生、体育、环卫等事业的进步,促进城市要素的发育和城市功能的完善。拉萨市、日喀则市、八一镇、江孜镇、协格尔镇、聂拉木镇等城镇建设发展快,它们或者自身就是旅游景点密集的城市,或者处于旅游主干旅游线上。旅游业的发展直接推动了城镇功能的完善、城镇规模的扩大,有力推动了城镇化进程。

3. 推动"三农"发展,促进农牧民致富

2008年西藏农牧民占全区人口的77.4%,实现"三农"发展是历史留给西藏的最大课题。2002年8月,西藏自治区人民政府发布《关于扶持和鼓励农牧民群众开展旅游服务的指导意见》。西藏各级旅游部门带领饭店、旅行社开展以"送文件(政策)、技术和资

金物资下乡"为内容的旅游支农"三下乡"活动,农牧民参加旅游服务取得显著成效。2009年全区有4.2万农牧民参与旅游接待服务,旅游收入2.6亿元,1万多户农牧民家庭受益。农牧民直接、间接地从事旅游服务,"离土不离乡、就业不离农",加速了自然经济向市场经济转型,优化了农村产业结构,提高了农牧民的生活质量和综合素质,造就了一批亦农亦牧亦旅的新型产业队伍。

4. 推进西藏全面加强生态环境建设

西藏是中国最大、也是最后一片绿色净土。目前西藏区级以上的自然保护区18个,占自治区总面积的33.56%,占中国各类自然保护区总面积的30%。同时西藏的生态环境也极为脆弱。发展旅游是对生态资源损耗较小的一种环境友好型经济。生态旅游是西藏的主导旅游产品,只要坚持保护优先的方针,开展生态旅游是加强生态保护、提升居民和旅游者生态环保意识的有效途径,努力使西藏成为世界最大的生态环境保护基地和中国生态建设的模范省区。

青藏铁路通车后的西藏旅游[1]

青藏铁路通车后,青藏旅游,特别是西藏旅游,成为国内外人们的关注热点。深入研究、准确判断"天路"通车后客源的变化,是西藏采取有效应对措施的前提。笔者根据六次进藏和多年对西藏旅游的关注,对旅藏客流将会如何变化作一初步探讨。

一、旅藏需求:巨大的潜力将会喷放

1980年至2005年,西藏累计接待海内外游客913万人次,其中国内旅客497万人次。2005年西藏接待国内游客168万人次,其中过夜游客占77%,一日游客人占23%,因而过夜游客约130万人次。目前进出西藏的公务、商务和观光旅客绝大多数乘飞机,坐长途汽车进出西藏的商贩务工者和背包旅游者约占5%。同年,西藏贡嘎机场旅客吞吐量94.47万人次,进出西藏旅行的绝对人数约为47.3万。根据2002年的调查,旅藏游客人均游览2.6个城市,因此在130万人次中,实际旅游者人数为50万(130万人次÷2.6天/人=50万人)。上述两种推断表明,2005年西藏接待游客的绝对人数约50万人,平均每天接待1400人左右。

目前,西藏是接待国内游客总量最少的一个省区,在某种意义上,西藏是国内旅游的一个待开发的处女地。已去过西藏旅游的人数占全国有出游能力的居民的比例极低,但是希望去西藏和再次去西藏旅游的非常普遍。据2003年4月笔者参与的清华大学西藏旅游总体规划课题组的调查(委托北京国智景元旅游顾问有限公司执行),北京、上海、广州、成都和武汉五城市居民(以下简称"5市居民")的2296份合格样本的统计,78.9%的人想去西藏,不想去的占16.3%;1875份网上合格样本的统计(以下简称"网友"),95.7%的人想去西藏,不想去的占0.6%;在已经去过西藏的人中,75.5%的"5市居民"、95.2%的"网友"想再去西藏,不想再去的分别占13.2%和3.9%。可见,国内居民去西藏旅游的潜力极大。青藏铁路通车后,这种潜力将如水库开闸,会得到强力的释放。

二、游客流量:将会以年均30%左右的速度增长

"十五"期间,西藏接待国内外游客从2001年的68.6万人次,增加到2005年的180万人次,其中国内游客从55.9万人次增加到168万人次,年均增长率为25%。

高昂的长途交通成本一直是制约国内游客入藏的一大重要因素。仅以成都—拉萨

---

[1] 国家旅游局2006年第9期《旅游调研》,2006年9月《中国旅游报》。

双飞4日游为例,西藏区内旅行社对外报价为3900元/人,其中机票支出一项就达3200元,交通费用支出占总费用的80%。"天路"通车后,北京、西安、西宁赴藏的火车票价格比飞机票低2/3,即便是"一飞一卧"两种方式进出西藏,长途交通费也比"双飞"低1/3。据目前几个城市旅行社的报价,11天的西藏游价格大多在5000元左右,比原来双飞团便宜1500元至2000元左右。仅此原因,"出国便宜进藏贵"的情况将有所改变,去西藏旅游的国内游客将会大幅增加。

表1 进出西藏航空与铁路交通费(单程)对照表

路　　线	飞机票(元)	火车票(元)	火车运行时间(小时)
北京—拉萨	2540	813	48小时
上海—拉萨	2870	—	—
广州—拉萨	2610	—	—
西安—拉萨	1760	523	—
西宁—拉萨	1720	—	26小时47分钟
成都—拉萨	1610	712	48小时50分钟
重庆—拉萨	—	754	48小时50分钟
兰州—拉萨	—	552	30小时13分钟

注:民航为2006年7月上旬的报价,火车费为目前的硬卧下铺费。

笔者预测,"天路"通车后,旅藏国内游客将会以年均30%左右的幅度增加,到2010年接待游客200万人左右。以人均游览3个城市测算,接待约600万人次游客;以人均停留7天测算,接待量约在1400万人次。每天入藏的绝对人数约从2005年的1400人增加到5000人。

三、国内外客源格局:入境游客加速增长,国内游客的比重继续提升

西藏旅游起步时期,入境旅游一直占主导地位,入境旅游占全区接待游客总量和旅游总收入的一半以上。1990年,国内游客占国内外游客总量的43.2%,国内旅游收入占全区旅游总收入的48.2%。20世纪90年代以来,西藏国内旅游快速增长,入境旅游徘徊起伏,国内游客的比例急剧提升。1995年国内游客占国内外游客总量的68.1%,国内旅游收入占全区旅游总收入的60.3%。2000年分别为76.1%与56.8%,2005年分别为94.7%与84.8%,形成了入境旅游为先导、国内市场为主体、区内市场为补充的市场格局。

"天路"通车后,西藏在世界上的知名度会随之扩大,部分入境游客为体验世界海拔最高的铁路而来,再加上对外促销得力、得法,入境市场的发展速度会加快,"十五"期间

的徘徊状况(2001 年 12.7 万人次、2002 年 14.2 万人次、2003 年 5.11 万人次、2004 年 9.58 万人次、2005 年 12.13 万人次、)不复存在。但相比而言,青藏铁路对西藏国内旅游的促进更直接、更强劲,国内游客的流速会更快、流量会更大,国内游客人数会超过游客总量的 95% 以上,国内旅游收入会超过旅游总收入的 85% 以上,国内市场的主体地位更加牢固。

四、客源地格局:现有基本格局不变,三北地区的游客将会增加

由于自治区自身人口稀少(2005 年 277.0 万人),区内居民的旅游还处在起步阶段,西藏的国内市场绝大多数是区外游客。目前西藏主要的国内客源产出地是:以北京为主的华北地区、以上海为主的华东地区、以四川为主的西南地区、以广东为主的华南地区。其中最主要的省市是:北京(约占国内游客的总量的 1/5),四川(约占 1.5/10),上海(约占 1/10),广东(约占 1/10),江苏、浙江和福建(合占 1/10 以上)。

中央各部和北京、天津、上海、重庆、河北、江苏、浙江、福建、山东、广东、湖南、湖北、四川、陕西等 15 个对口援藏省市的公务员、文教科技人员的交流活动,是西藏特有的一个长期、稳定并不断增加的重要客源群体。

"天路"开通后,上述客源产出地格局基本不会改变,但西北、华北和东北地区居民赴藏更方便,尤其是青海、陕西、甘肃、宁夏、新疆等省区居民通过西宁、格尔木赴藏观光、商贸、务工及佛教信徒的朝拜活动会有较大增长,原来西藏国内客源地较多集中在东部地区的状况会有所变化,西藏国内客源地将更加广泛,逐步向全国延伸。

五、旅藏方式:航空、铁路、公路相配套的立体客运体系

川藏、青藏、滇藏和新藏公路路途遥远、路况不佳,长期以来航空一直是进出西藏旅客的主要交通方式。"天路"开通后,自 1965 年 3 月成都—拉萨线通航以来持续了 40 年之久的以航空为基本旅游交通工具的状况,将让位于对外客运以航空为主、铁路为辅,区内客运以公路为主的立体客运体系。

铁路可沿途观光,远眺青海湖、昆仑雪山、长江之源、羌塘草原、羊八井地热,饱览青藏高原风光。沿途格尔木、沱沱河、安多、那曲、当雄 5 个火车站建观光台,短暂的停留能拍照。车内有藏式装饰、给氧设备,铁路客运既是一种交通方式又是一种新颖的旅游产品。

"天路"的开通,丝毫不会降低航空在西藏客运中的关键性作用,反而会促进西藏航线的发展。航空快捷舒适的优势是铁路所不具备的。从北京、上海、广州、成都和重庆主要旅游枢纽城市出发往返拉萨需 4 天左右,往返旅程过长、旅途景观类同,多数观光游客不会采取双卧方式。

既省时省钱又能观赏沿途风光的"一飞一卧"式的空、铁组合,将是多数观光游客的首选。西宁将是空、铁组合的主要枢纽,格尔木是一个重要联结点,兰州、西安、银川是三个重要的中转点。从全国各地直飞西宁,先后游览环西宁景点(塔尔寺、青海湖、日月亭、

贵德玉皇阁、互助县土族风情、海晏原子城、金银滩草原），后乘青藏铁路，将是一条超值的青海—西藏精华旅游线。目前，各大航空公司抢占西宁机场的争夺战已经拉开序幕，证明了这一点。

对于多数中高收入的公务、商务、文教科技交流旅客而言，航空更是主要的选择。今年林芝机场开航后，区外游客首抵海拔3000米的"西藏江南"林芝，先在林芝游览一两天再到拉萨，能有效缓解高原反应。"十一五"期间阿里机场修建后，西藏区内将初步形成以拉萨贡嘎机场为枢纽，西昌、林芝和阿里东中西3个支线机场为节点，辐射全区的航空网络，届时航空在西藏旅游中将发挥更大的空中廊道作用。随着南航、东航、川航、海航等公司的进入，西藏航空市场竞争格局正在形成，进藏航线40年机票不打折的独家垄断局面正在打破，在价格、服务和航线、航班上必将为游客带来更多的实惠，航空业自身也将迎来竞争发展的新局面。

公路仍然是部分背包游客的选择。从西宁出发坐汽车去拉萨，边驾车边游览，全程在7天左右，沿途经过的主要旅游区域包括青海湖、格尔木、长江源头、昆仑山口、羌塘草原、神湖纳木错、羊八井地热等景点，可自主选择停留地。滇藏公路、川藏公路和新藏公路也有类似之处，只是路况与安全上不如青藏公路。

据对"5市居民"和"网友"的调查，旅藏交通工具的选择意向如表2所示。

表2 "5市居民"与"网友"的旅藏交通工具的选择意向

单位：%

	飞机	火车	汽车	自驾车	徒步
北京	62.1	30.4	4.1	3.5	
上海	90.5	7.9	1.0	7.9	0.4
广州	77.8	19.4	1.8	1.0	
武汉	55.7	36.8	4.2	3.0	0.3
成都	64.8	16.7	11.2	7.4	
5市	71.2	22.0	4.1	2.8	0.1
网友	66.2	2.4	20.1	10.3	1.0

据此预测，乘飞机赴藏约占七成，乘火车的约占三成，乘汽车和自驾车的不到一成。

总之，"双飞"和"一飞一卧"将是进出西藏的主要交通方式；双卧是部分商贸、务工、观光和朝拜人士的选择；乘青藏、川青藏、滇藏、新藏公路汽车赴藏将是一种补充，主要是沿公路线的进藏务工、商贸人员；自驾车旅藏将进一步时兴。团队与散客、事务与观光游客、休闲游客与探险游客、高中低消费者……航空、铁路和公路将会向不同需求的游客提供各自的进藏方式。据笔者预测，青藏铁路正常运行后，乘飞机的游客约占3/5，乘火车的游客约占3/10，乘汽车和自驾车的游客约占1/10。

六、客源群体：仍以高中端为主，但中低消费游客会有较快的增长

据对"5市居民"、"网友"的调查，去过西藏旅游的人中受过高等教育的占3/4以上，表明赴藏游客的文化素质较高，远高于全国国内游客的平均文化水平。西藏国内游客中，以公务员、企事业管理人员、文教技术人员为主，其比例高于全国平均水平。学生（主要是大学生）比例远高于全国平均水平。已去和想去西藏的游客以及在拉萨旅游的游客的家庭收入和旅游花费明显高于全国国内游客的平均水平。西藏自治区旅游局对区外来藏的国内游客抽样调查显示：2003年人均在藏停留时间7.8天，人均在藏花费4231元，人均天花费542.5元。2003年全国城镇居民国内旅游人均花费739.7元/人，西藏国内游客的人均花费约为全国平均水平的9倍。

表3　去过西藏的游客的性别、年龄与全国国内游客的比较

单位：%

	性别		年龄			
	男	女	15～24	24～44	45～64	65以上
全国游客	47.2	52.8	11.1	36.6	38.6	6.7
5市居民	75.5	24.5	11.3	49.1	39.5	
网友	57.9	42.1	47.6	49.4	2.6	0.4

说明：全国国内游客调查资料取自《中国国内旅游抽样调查资料》，2002年。

表4　去过西藏的游客的文化程度与全国国内游客的比较

单位：%

	研究生	大学、大专	高中、中专	初中	小学
全国国内游客		34.0	34.9	21.9	9.3
5市居民	1.9	42.3	46.2	9.6	
网友	12.3	74.6	7.9	3.5	1.8

表5　去过西藏的游客的家庭月收入调查统计与全国国内游客的比较

单位：%

	1万元以上	6000～9999元	4000～5900元	2000～3999元	1000～1999元	1000元以下
全国游客		4.8	5.9	12.2	34.4	18.5
5市居民	0.9	5.7	18.9	39.6	30.2	5.7
网友	10.1	12.2	13.1	25.1	22.1	17.4

表6 西藏旅游人均花费

单位:%

	1.5万元以上	10 000~14 999元	7000~9999元	5000~6999元	3000~4999元	3000元以下
5市居民			3.9	21.2	42.3	32.6
网 友	3.5	4.4	6.1	28.4	43.0	14.9

综上可见,到西藏去旅游的游客,总体上是一个"三高一强"的社会群体,即具有较高文化、较高收入、较高消费水平而又年富力强的客源群体。该群体较少受区位远近与旅游费用多少的影响,以追求高品位、高质量的深度体验为旅游目的。

"天路"开通后,交通费用的降低,使更多的中下收入群体有可能圆"世界屋脊旅游"之梦,中低层消费的游客将会有较大增长,但旅藏游客群体的上述特点基本上不会改变。一是旅藏游程长,少则六七天,多则十多天,因而花费总量仍然偏高;二是西藏特殊的生态与人文环境,对文化层次越高、旅游经历越多的群体越有吸引力;三是高原地理环境制约,要求具有较好的心理素质和体质。"天路"开通后,以大学生为主的学生,在假期中旅藏会有较大幅度增长。

独特的藏民族文化与奇特的高山高原自然生态浑然一体,青藏高原理应是一个高端旅游目的地。坚持"三高一强"的市场开发导向,有利于树立西藏高端旅游目的地的形象,有利于西藏旅游的发展实现数量、质量与效益的统一,有利于西藏旅游的可持续发展。

七、旅游时节:游客停留时间仍然长,淡旺季差异将会减小,有条件开展冬季旅游

入藏国内游客几乎全部是过夜客,人均停留时间长,在全国少有。西藏旅行社接待国内游客人均停留5~6天,散客停留时间更长。"5市居民"打算在藏人均停留9.5天,"网民"打算在藏人均停留11天。在西藏停留时间长,一是公务、商务、科技文教交流等事务旅者较多;二是观光游客来之不易,想尽量多游几天;三是观光+探险者较多。

表7 国内游客在西藏人均停留天数

单位:%

	4天以下	5~7天	8~10天	11~15天	16~30天	1个月以上
5市居民	10.2	30.6	14.3	16.3	22.5	6.1
网 友	6.1	26.3	15.8	26.3	18.4	7.1

主要由于气候的影响，也由于接待方与旅游者的固有观念的影响和冬季产品开发与市场促销的不力，西藏入境旅游的季节性十分明显。绝大多数游客在5～10月之间进藏。11、12月和1、2、3、4月为淡季，5、6、7、8月份是旺季，9、10月为平季。全年游客量以暑期为最多。"五一"和"十一"长假期是两大高峰，约占全年游客接待量的三成。"五一"期间，全区共接待国内外游客25.6万人次，"十一"期间共接待22.3万人次，其中区外来的接待过夜旅游者约占1/2。2005"春节/藏历年"期间（2月9日～15日），全区接待5.3万人次，主要是区内游客，区外来的过夜旅游者只占1/5。

即使"天路"开通后，进藏旅游一次仍不易，路程长、耗时多、总花费大，在藏停留时间仍然会较长。进西藏旅游的上述季节性特点也不会有大的变化，三个长假期和暑假期间的客流量会随着青藏铁路的开通增量涌入。铁路客运全年候、衡温调控的特点，加上西藏如能准确地宣传冬季的气候特点、景观特色和丰富多彩的藏历新年民俗活动，冬季过淡的局面会逐步改观。

根据笔者的亲历，西藏冬季并非如人们想象中的那样寒冷。拉萨素有"阳光城"之称，冬天日照时间长，因大气洁净光透力强，中午可不穿羽绒服。拉萨的饭店设计独特，客房全部向阳、落地大窗。白天阳光把客房晒得温暖如春，不用人工供暖，夜间也不必开空调，靠白天阳光余热舒服地过夜。12月、1月、2月拉萨白天最高气温分别为13.9℃、12.2℃、15.5℃，比江南地区还暖和。夜间最低气温也只有－13.3℃、－14.4℃、－11.6℃。西藏旅游"金三角"主要地区1月份的平均气温为拉萨－2.2℃、日喀则－3.8℃、江孜－5.1℃、泽当－0.7℃、林芝－0.2℃。冬季同样是西藏适游的季节。

八、跨区域客流：西部南北对流，中国与南亚互流

青藏铁路通车后，青海、西藏的区域旅游合作步入快车道，同时将强有力地推动大西北区域旅游合作，并促进大西北与大西南的旅游链接，形成西部旅游客流网络。在青藏铁路的基础上，"十一五"期间西藏将动工修建拉萨—日喀则、拉萨—林芝的铁路，将来从林芝修通至云南昆明的滇藏铁路。"十一五"期间修建格尔木至甘肃敦煌的铁路，"十二五"期间修建格尔木至新疆库尔勒的铁路，加上已建成的兰州—西宁—格尔木铁路，实现兰新线与青藏线接轨，形成陕甘宁—新疆—西藏旅游"金三角"，并串联西北与西南的旅游片，进而把"丝绸之路"、唐蕃古道、茶马古道、香格里拉等经典线路相连接，促进西部南北客流畅通，有力地推进西部区域旅游大合作。

1973年12月，毛泽东主席会见尼泊尔国王比兰德拉时说过，中国和尼泊尔的经济贸易要加强，我们现在要修铁路，修到拉萨，将来还要修到边境。青藏铁路试运行后，尼泊尔媒体希望铁路能通到中尼边境聂拉木。今年是中国—印度友好年，7月9日，中断了44年之久的亚东县乃堆拉口岸重新通关，中印边境贸易正式恢复。中国铁道部官员向媒体公布的2020年中国铁路建设远景规划中，将修建拉萨—亚东、拉萨—聂拉木的通往印度、尼泊尔边境的铁路。届时，一条穿越"世界屋脊"、联通中国—南亚大陆的钢铁巨龙将

飞驰在青藏高原,中外游客可畅游其间。在世界旅游的版图上,西藏将成为东亚太旅游区和南亚旅游区的结合部、西亚与南亚旅游的结合部,中国通向南亚次大陆的旅游大通道!

拉萨如何应对游客快速增长[①]

拉萨作为中国历史文化名城,历来是西藏政治经济文化中心、藏族民众心目中的圣城。布达拉宫内的许多藏汉交往的历史文物,大昭寺前的唐蕃和盟碑和唐柳,西藏和平解放后的拉萨巨变,是民族团结、国家统一的历史见证。在我国5个省级民族自治区的首府中,拉萨是保存和弘扬地方民族文化传统最完整的城市。2001年,拉萨市被评为"中国优秀旅游城市"。2005年8月在瑞士举行的"2005欧中旅游论坛"上,拉萨市被评为"欧洲游客最喜爱的旅游城市"。"雪域圣城"是国内外旅游者心向往之的旅游名城、西藏旅游首要目的地。

2007年青藏铁路正常运行后,每天三五千人的游客通过航空、火车和汽车集聚到拉萨,并逗留三四天,在拉萨驻留的游客将达一两万人。这对拉萨旅游既是千载未有的机遇,也是严峻的挑战。

1.景区景点

游客大量涌入拉萨后,布达拉宫面临着巨大的压力。布达拉宫是世界上海拔最高、历史上政教合一的宫殿建筑,是藏族人民心中的梦牵魂绕的圣殿,藏族历史文化和藏汉文化交融的结晶,宗教文化与建筑、工艺、美术、音乐等文化完美结合的典范,被联合国教科文组织列入世界文化遗产名录。布达拉宫是西藏的标志性景点,被誉为"雪域圣殿"。登雪域圣殿,揽文化瑰宝,是每一个初到拉萨的游客必游的第一景点。

2003年5月,笔者曾拜访布达拉宫管理处处长强巴格桑布先生,以下是他的一些介绍。布达拉宫接待两部分客人,一部分是藏族和其他佛教徒的朝拜,不收门票;另一部分是旅游者。2002年布达拉宫共接待42.3万人次(月均3.5万人次、日均1159人次),其中佛教信徒朝拜的占2/3,约28万人次(月均2.3万人次、日均约770人次)。

布达拉宫依山势而建,是土木砖石结构。强巴格桑布语气沉重地说:如果以人均体重75公斤计算,2000人同时登入,等于150吨重量压在上面,加上人的走动产生共振现象,会对建筑造成多大的损害啊!作为世界文化遗产,保护是第一位的神圣使命,市场管理处的职责就是要将一个完整的布达拉宫留给后世子孙后代;如果出现不测,我罪孽深重,无法向全体藏族同胞交代,向全国人民交代!

2005年10月1日至5日,布达拉宫共接待中外游客8000多人,平均每日比平时增加600~700人,80%为国内游客。其中,1日接待游客1000多人,2日游客达1900多人,

---

[①] 2006年9月27日《中国旅游报》。

3日达2370人,4日为2080人,5日为1974人。目前布达拉宫每天的承受能力,将远远无法满足每天进藏4000～6000名游客游览布达拉宫的愿望。作为世界文化遗产,保护是第一位的神圣使命。2004年规定布达拉宫每天只接待500名游客。今年"五一"期间,布达拉宫共接待中外游客11 001人,其中,3日达2370人。目前规定,布达拉宫每天最多2300人,已属最大容量,但无法满足每天进入拉萨近万游客的愿望。需要特别指出的是,对青藏高原地区佛教信徒的朝拜活动,必须坚决执行党和国家的民族和宗教政策,决不能限制他们进去朝圣。

为解决布达拉宫保护与游览之间的矛盾,提高门票价格不是上策,亦非善策。国际上类似珍稀文物场馆的通行做法是:每天限量参观,提前预售参观票;限定参观路线,加快游览速度。布达拉宫可以采取的办法有:限制每天参观的最高人数;兼顾旅行社团队票与散客个人票,网上实名(凭身份证)预订与现场出售门票;延长开放时间,从现在的上午7点至下午7点;分时分批进入,每批限定人数;重新编排游览线路,缩短游览长度,避开对文物和建筑损害最大的地段;限定参观时间,超时补交参观费用;在入口处建一个游客服务中心,游客通过播放的纪录片了解布达拉宫;提供多语种的电子导游仪,导游员不进入布达拉宫。通过上述方法在确保文物与游客的安全的前提下,最大限度地提高游览人次。

在万不得已的情况下,只能让部分游客带着遗憾离开西藏,争取在下次再来时了却心愿。西藏自治区的文物部门和旅游部门,在布达拉宫限量参观问题上要广泛地、细致地早作宣传解释,尤其要向那些自购机票、车票进藏的人士讲清情况,明白告诉进藏游客可能买不到布达拉宫门票的情况,尽可能减少不满意程度。

从长远考虑,运用高科技手段再现布达拉宫内的重点场景,是满足人们观摩游览心愿的有效途径。仿照目前故宫与IBM公司正在合作开发的"交互式观众体验系统",采取高科技手段建设布达拉宫虚拟展示系统,把一个虚拟的布达拉宫展示在观众的面前。观众可以通过互动的方式,了解布达拉宫及其文物的背景知识,并可以选择布达拉宫历史上某些重要人物、事件,以戏剧般的形式再现历史情境,让人获得扮演该情景中某个角色的体验。该系统可以借助互联网进行远程传播,让世界文化遗产瑰宝传遍全球。

加速拉萨市区和郊区其他景点的开发与宣传,开通观光巴士,方便散客自由游览,多渠道分散客流,多侧面强化游客的自然与人文体验,也是缓解布达拉宫客流压力、提升游客满意度的有效途径。

2. 游客服务中心

公务、商务等赴藏的游客由对口单位接待,旅行社接待的不到游客总量的10%,各类散客占一半以上。"天路"开通后,散客将进一步增加。当务之急是在适中地段(建议在八廓街广场或布达拉宫广场的东南角)建一个游客服务中心,主要为散客提供在市区、市郊和藏中地区出游的旅游专线交通服务,同时兼有咨询、订房(包括预订其他城镇的客房)、订票(景点门票、机票、车票、演出票、去其他城镇的旅行团等)、导游、接受投诉等功能。调整目前西藏高原散客管理接待中心的功能,从接待为主转向公众服务为主。

3. 旅游客运和游客集散中心

目前全区旅游定点汽车 1127 辆,大部分集中在拉萨,车辆大多老化,其中 2/3 已到报废期。"天路"通车后,旅游汽车数量不足问题将日益突出。为游客特别是散客提供在城市观光和通往景点的便捷、安全的交通服务成为薄弱环节。全市出租汽车需要规范管理,整顿车容;保留、整顿人力三轮车,以藏式风格装饰车身,可成为城区的一道风景线。

随着散客的快速增长,拉萨急需建一个游客交通集散中心。首先开通在市区主要景点的循环观光巴士,连通布达拉宫/广场—小昭寺—大昭寺/八角街—药王山—西藏博物馆—罗布林卡—火车站的市区观光巴士,最好实行通票制(可分一天、两天或三天的通票)。其次开通市区—哲蚌寺—色拉寺—娘热民俗度假村等近郊旅游专线。再次开通西环线(拉萨—日喀则—萨迦—江孜—羊卓雍错—拉萨)、东环线(拉萨—泽当—林芝—工布江达—拉萨)、北环线(拉萨—羊八井地热—当雄—纳木错—林周热振寺—拉萨)等三四日游的游览线路。游客集散中心与游客服务中心应合二为一,一并设置。

4. 旅游住宿

目前拉萨市共有各类住宿设施 267 家,其中星级饭店 60 家、非星级饭店 207 家,客房近万间、约 2 万张床位。去年"十一"期间,拉萨共接待过夜游客 70 073 人次;今年"五一"期间,拉萨共接待过夜游客 68 591 人次,日均接待过夜游客 1 万人次,全市客房出租率约 60%。由此推断,从数量上目前拉萨市基本能满足近期进藏游客的住宿需求。但是,在硬件设施特别是在卫生、舒适、方便等服务软件上,相当一部分宾馆、旅馆不适应接待中高端游客的需求。藏族家庭旅馆是游客与藏胞交流,游客体验藏族风俗、宾主互动的很好途径。据 2003 年抽样调查,京、沪等城市居民选择住在藏族家庭旅馆的占 28.5%,"网友"中占 63.5%。但这类旅馆的管理与服务需要下很大的气力才能改进。火车正常运行后,拉萨住宿供应可能出现供不应求的状况。新建旅游饭店与增设、改善家庭旅馆并重,既解决旅游旺季的住宿需求,又促进藏族同胞参与旅游服务、满足游客的体验要求。

5. 旅游餐饮

拉萨各类餐馆甚多,大中小、高中低档、藏汉西式均有,能满足各类游人的需求。据笔者 2003 年的调查,拉萨档次较高的特色餐馆共有 14 家。餐饮业的市场化程度高,对市场需求反应灵敏,供求关系能较快地自动调节。其中需要重点研究解决的是藏式餐饮的问题。许多游客会有品赏藏族风味食品的要求,但要使藏菜能被内地游客接受,需要对某些菜肴作些改良。整桌菜肴全部是原封不变的藏菜,可能汉族游客在饮食习惯上不易接受。"藏汉合璧",在中餐中加上几道藏菜、酥油茶、奶酪甜食是一个可行的办法。

6. 旅游购物

购物在中外旅藏游客花费中占 1/5 左右,藏族工艺品、佛教纪念品、藏药和高原土特产品深受中外游客的喜爱。八廓街有 2000 多个商店、摊位,其中还有几家尼泊尔、印度商店,是全市的旅游购物中心。西藏博物馆内有精美的工艺品店,布达拉宫山脚下有几家购物店,拉萨饭店、西藏宾馆门口有个体地摊。游人激增、需求旺盛将促进旅游商业的大发展,规范市场秩序的工作应提上日程,八廓街要设商品市场管理中心,培育品牌厂家、商店和商品工作需立即着手。

7. 文化娱乐

西藏文化特色浓郁,节庆丰富多彩,但文化产业发育滞后,与旅游服务没有有机结合。游客夜生活单调,看不到原生的藏戏歌舞。倡导有实力的旅游企业与文化团体联手,开设专为游客演出的旅游剧场,鼓励西藏歌舞团等国家专业文艺团体走向旅游市场,扶持雪巴拉姆藏戏团、拉萨城关民间艺术团、康珠民间吉祥舞蹈团等民营团队等,需要旅游与文化部门通力合作。

8. 导游人员和其他从业人员

2004年西藏旅游直接从业人员1.2万人。到2005年6月,全区通过规范的培训和考试共有各类导游人员646人,其中普通话导游297人、外语导游349人,大多集中在拉萨。近两年来,新毕业的导游人员和新考试录取的导游人员及私营车辆增多,旅游部门虽加强了对导游和司乘人员的培训,但整体素质仍待提高。游客急速增长,旅游从业人员扩充、培训与提高,比某些硬件的增加更急迫、更重要,也更难。

市场是撬动旅游发展杠杆最强劲的动力,是促进旅游服务硬件和软件建设的最强有力的原动力,也是锻炼和造就旅游人才的最好的学校。青藏铁路的开通,为拉萨旅游发展开启了一条广阔的天路。笔者深信,拉萨在迎接国内外游客的热潮中,将为建成中国最佳民族风情旅游城市奠定坚实的基石。

打造"天路之旅"国际知名铁路旅游品牌[①]

西宁至拉萨的青藏铁路纵贯"世界屋脊"青藏高原，是一条集生态、人文和科技于一体的世界独一无二的高原铁路旅游线。

她是一条世界海拔最高的生态旅游线，全长1956公里，穿越在海拔四五千米的高山高原上，沿途穿越高原湖泊、河流、荒漠、草原、雪山、地热带，可以观赏到藏羚羊、牦牛和苍鹰等罕有的珍奇动物和高山高原树林草甸，是一条极为奇特、浩瀚、壮美的生态旅游线。

她又是一条藏族文化旅游线。勤劳、坚毅、纯朴、智慧的藏族同胞世世代代繁衍、生息在这块广袤的高寒土地上，以常人难以想象的艰辛创造了人间奇迹。青藏铁路沿线博大精深的藏族文化、神秘深邃的藏传佛教、瑰丽多姿的民俗生活、地覆天翻的历史巨变，构成了一条极为丰富多彩、震撼人心、洗涤灵魂的人文旅游线。

她还是世界上第一条海拔最高、路程最长、自然环境严酷、技术含量高的高原铁路，全程供氧、安全舒适、环保绿色，创造了世界铁路史上的奇迹，是一条具有高科技含量的科教旅游线。

青藏铁路既是一个高科技支撑起来的交通运输工具，也是一项举世独有的旅游吸引物，本身是一项世界顶级社会旅游资源。正如旅游资源不等于旅游产品一样，世界级的旅游资源不等于世界一流的旅游产品。"天路之旅"要打造成为国际知名，甚至世界独有的经典旅游线，需要借鉴国外、国内铁路服务和铁路旅游的成功经验进行全方位的提升。

在青藏铁路的列车设施和装饰上，在目前环保（如野生动物通道、全程无污物排放）、安全（如全车厢封闭式供氧和个体式供氧、随车高原病防治）的基础上，用藏族风格装饰车厢，从窗帘、卡垫、挂饰、茶具、餐具、乘务员服饰等各个细节方面精雕细琢，形似与神似相结合，让旅客浸淫在绚丽多彩的藏族文化氛围中；在列车中设置藏式"吧厢"，提供藏式餐饮（如酥油茶）、影视欣赏，举办旅客"派对"，藏族列车乘务员与客人联欢等，让旅人在欢笑声中度过漫长的、有时让人感到疲乏的旅途。

在列车服务的软件上，要造就一支以藏族为主、藏汉和其他民族结合的高素质的列车管理、服务和后勤人员。服务人员穿戴具有藏式风格、便于工作的特色服装，列车员又是导游人员，既有"空姐"、"空嫂"的素养，又有旅行社领队的素养。为适应接待外国游

[①] 2006年10月27日《中国旅游报》。

客的需要,要培养一批懂藏语、汉语和外语的"三语"型列车长和列车员。

列车上要装备多媒体影视设备,精心设计和播放沿途列车专用的"双语"音乐风光片。配合列车行进过程,介绍沿途的自然风貌、历史沿革和社会人文,让旅客边看风光边听介绍。有外国旅客的车厢或座位上,设置多语种的电子导听仪。

精心编排列车行程,向旅客提供最佳的观赏、拍摄和停靠时间。目前运行的青藏铁路线上,那曲站停靠6分钟,沱沱河、安多、当雄3站只停靠2分钟,不适合旅客下车观赏、拍摄,而且可能引发旅客误车、火车误点甚至旅游匆忙上下车引发的安全问题。青藏铁路运行一段时间后,可分别设置普通客列与旅游专列两类车次、车厢。普通列车按目前的行程运行,满足非旅游客人的快速旅行的要求;旅游专列的运行充分考虑旅游者的需求,可适当延长景观较好的沱沱河、当雄站的停靠时间。各类列车的票价当然应有所区别。

从长远看,还可开通一种豪华型、自由行的旅游专列,全部是软卧车厢,列车上提供高档住宿、餐饮和文化休闲服务。西宁与拉萨之间可实行"分段乘坐、一票通行"的自选式车票。旅客可根据自己的喜好在格尔木、沱沱河、安多、那曲、当雄等站下车,逗留和观光游览,通过电脑预订乘往下一站的日期。不仅向游客提供列车运行服务,而且提供沿线的导游、汽车、住宿、餐饮、高原游览考察用具等综合服务。

这类旅游专列能满足特定旅客群体漫游青藏高原,"观光+考察+探险"式的专项旅游,是一种高质、高价的高端型产品。经营此类产品的铁路经营者更多地具有专业旅行社的性质,而不是通常的铁路运行单位。

从"天路之旅"的经营体制和机制来看,目前青藏铁路主要是公众性的交通运输业,在一段时间内可以不考虑或较少地考虑经营的经济效益,而以国家整体利益和公众利益为主。青藏铁路的战略特殊性决定了这种体制和机制必然会长期保持下去,并不断完善和加强。

目前的旅客层面,尽管大多是观光游客,但服务方式与其他的商贸、务工、探亲、朝拜旅客没有区别。这种情况在试运行期间是必要的,在正式运行后的一段时间内仍可以维持。但从长远看,旅客群体的多元化及其需求的多样化必然要求服务产品的多样性,其中最主要的是区分纯观光旅客与纯商贸、务工、探亲、朝拜旅客两大类,区分中高端观光旅客与中低消费旅客的不同需求,区分观光游览型与考察、探险型的不同需求。经营对象与服务内容、方式的多样性,必然会推进青藏铁路经营单位的体制与机制创新。

在经营业务的发展过程中,将来必然会形成以一般客运为主业的铁路经营企业和以经营特种旅游为主业的铁道旅行商。这种铁道旅行商可能是从铁道部门自身衍生而来的,也可能是铁路经营企业与旅游行业中的品牌企业"嫁接"、"联姻"的产物。这种铁道旅行商将更多地从市场需求出发,主要采取市场机制。这个发展过程多长,现在难以推测,但必然会发生。市场的力量将会孕育、创造"天路之旅"的新型管理模式和运行机制。

发源于欧洲的"东方快车"已成为国际旅游界顶级铁路旅游的品牌，是豪华、高贵和高雅的文化旅游象征。从历史的眼光来看，"天路之旅"的追求目标应是："豪华、高贵和高雅"+"神奇、神秘和神圣"的世界"东方快车"系列中世界高原铁路旅游的极品。

西藏发展乡村旅游的特点与对策[①]

2002年8月,西藏自治区人民政府发布了《关于扶持和鼓励农牧民群众开展旅游服务的指导意见》,旅游部门坚持开展以"送政策、技术和资金物资下乡"为内容的旅游支农"三下乡"活动,引导农牧民大力发展乡村旅游,已经取得显著成效。

2002~2003年,西藏农牧民群众开展旅游服务共计3670户,提供就业岗位16 781个(人),总收入4446.2万元,人均收入2649.54元。2004年,全区农牧民参与旅游接待服务人数达29 194人,旅游总收入达6796.9万元,人均收入2328.2元。2005年,3万多人次的西藏农牧民参与旅游接待服务,人均增收超过2000元,依托旅游实现致富。现在,约有300多户农牧民依靠丰厚的旅游收入,成为当地的致富带头人。

一、灵活多样的经营模式

1. 个体经营

以农牧民个人或家庭为单位,适合开发经营旅馆、餐馆、向导、驮运、农副食品、手工艺品等旅游服务项目。投资少,经营灵活,农活与旅游服务可以兼顾,是农牧民开发旅游的行之有效的起步方式。藏民家庭旅馆,既为旅游者提供饮食住宿,又提供牦牛、背夫、向导,是徒步旅游者、背包旅游者不可缺少的服务项目。随着资本的积累和经营的改善,有些个体旅游经营户发展成为优秀的个体经营者。江孜县农民顿珠金巴创办"拉孜农民旅馆"已接待游客近5万人,固定资产由17万元增加到400万元。聂拉木县阿顿旅馆年收入13万元、利润7万元。

个体和家庭旅游企业的局限性除了规模小之外,很大程度上经营管理不规范,随意性较强,往往是家族内部人员形成的自然分工。要积极引导个体和家庭旅游企业逐步规范化、企业化,其中一些可在自愿的基础上向股份合作制转型。

2. 股份集资

以乡、村为单位,或若干家庭和个人自愿集资、出劳力,组成产权明确,资产、责任与利益相关联的联合开发、自主经营的旅游景区和企业。乡、村的历史文化资源可以成为集体的资产。这种体制的开发经营,资金较丰厚、人力资源较丰富,适合开发一定规模的旅游景区(景点)、饭店、度假村、旅游客运公司、农副产品观光和生产基地、手工艺品生产厂家等。昌都地区的曲孜卡温泉度假村投资40万元,修建有50个床位、60个餐位,形成

[①] 2005年9月《中国旅游报》,国家旅游局政策法规司2006年第11期《旅游调研》。

一定的接待规模。

股份合作制是一种具有集体所有制性质的企业形式,实现了资金、人力和智力的结合,具有一定的规模和实力,是引导牧民共同致富的有效形式。这种较大规模的合作制企业,要有责权利结合和制约的规范化管理制度,要有公道的能人管理,必要时聘请有现代经营意识的专职管理人员。

3. "公司+农户"

中心城市的有实力的旅游企业(旅行社、饭店)与具有一定旅游资源的乡村合作,共同开发旅游景点。这种方式把城市旅游企业的资金、市场和经营管理人才与乡村中的景观资源、人力资源和物产资源结合起来,适合开发中型或大型旅游景区和度假村,是城乡结合、旅游支农的一种新形式。西藏中国旅行社与堆龙德庆县东嘎乡桑木村五组合作开发的民俗旅游村,西藏嘎吉林有限公司征用娘热乡土地建立的娘热藏族风情园,基本上属于这种类型。桑木村以原生的村寨农舍、田园风光、民间艺术、民族歌舞的乡村风情,吸引城市居民与内地客人。娘热乡民俗旅游点由经过加工的藏民风情园、藏民族手工艺精品园、林卡娱乐园、精品旅游园和藏式婚俗园组成,农牧民参与制作酸奶、糌粑,演出藏戏,提供骑马等服务,建成西藏首家以藏文化为主题、游客可参与的乡村旅游园区,已成为西藏第一个农业旅游示范点。

西藏自治区旅游局倡导的城市饭店、旅行社与农牧村庄对口帮助,传授旅游接待服务技能、支援接待设备、组织城市游客进村,适合少数民族地区旅游支农的特点,是统筹城乡旅游互动的一大创造,值得总结经验、加以推广。

旅游企业与本地农牧民合作成功与否的关键是利益分割问题。一般来说,外来企业往往把追求最大限度的赢利放在首位,而当地农牧民又往往看重自身的眼前利益。处理好外来企业与当地农牧民的双方利益,包括双方的长远利益与眼前利益的关系,是调动双方的积极性,实现"双赢"、长期合作的关键。由于旅游经营与分配的决策权由外来企业掌控,外来企业处于主导地位。从制度上,实行股份制是保证双方的合理利益的有效制度,外来企业以资金入股,当地农牧民以土地和景观资源入股。股权明晰,双方利益共享、风险共担,且有法律保障。

4. 政府资助、群众集资

地方政府(或对口援藏省市)出资(或部分出资),修建交通等基础设施,当地农牧民积极参与,筹措部分资金,承包开发或经营旅游项目。2004年全区旅游系统争取到扶贫资金共1000万元,用于资助农收民办旅游。这种方式在农牧民无力集资开发景区的情况下,由政府出面投入引导性资金,并发动农牧民以出劳力、筹资金、承包经营等方式积极参与,把政府与农牧民的两种积极性结合起来,能迅速起步、快见成效。林芝公众村古生态园的开发属于这种类型。公众村紧贴八一镇、毗邻川藏公路,境内生态环境优良、名木古树众多。各方集资50万元,开发了千年核桃王、古杨鼎立、糌粑喷香、鹦鹉叨桑、朗玛奇柳、杰江柳王、核桃绝唱、农家乐等项目。

政府主办、国家投资,在西藏开发农牧区旅游的起步上具有决定性的意义。但是,这种靠国家投资的旅游设施和项目,如何能良性经营、持续发展是一个难题。如何使新建的旅游项目避免旧式国有、国营企业的弊端,走上市场运作的轨道,需要着手研究对策。否则,既缺乏活力,也难以增值保值。这种主要或部分由国家投资的旅游项目从一开始要按企业方式运作,国家投入的经营性资金部分按国有股折入,民间投入部分也折算为股金,组成股份制公司经营,政府有关部门不直接插手经营。经过一段时间的经营后,视具体情况,可继续实行国有控股、参股方式,或适时把国有股出让,转化为社会资本企业。

二、因地制宜发展乡村旅游

西藏地域广阔,主要旅游城镇与景区之间距离遥远,各地经济水平差异较大,发展乡村旅游不能遍地开花。要因地、因时制宜,典型引导、逐步推进、持续发展。

1. 客源市场与服务功能对接

根据西藏的情况,乡村旅游点的目标市场一般有两种情况:一种位于国家级或世界级旅游区(线)附近,如定日至珠峰、普兰镇至"神山圣湖"等地的农牧民旅游点,主要面向国内外外地客源市场,其主要服务对象是国内外的观光、探险或宗教朝觐旅游者,以提供食宿、向导、驮运等服务为主要功能;另一种是中心城镇附近,如拉萨市的娘热乡民俗旅游点、林芝地区公众村古生态园,主要客源和功能是本地城镇居民的休闲娱乐,兼顾外来客人的观光休闲。

2. 选址条件

一要贴近中心城镇或旅游主干道,居民和游客较集中;二要依托著名的风景旅游区(点),或生态环境质量高、景观美的农牧村;三要交通条件较好,可进入性较强,通电、通信条件具备。

3. 经营主体

农牧民旅游开发,政府应在道路、通电、通信等基础设施方面提供支持;在开发旅游经营项目上,前期也可以提供一定的引导资金,但不宜开办纯国有性质的经营性的旅游企业,应该鼓励发展股份、私营、个体经济为主,有条件的地方开办劳务+股金式的集体经营企业。总之,一定要办产权明晰、自主经营、自负盈亏、自主发展的企业,逐步培育农牧民的商品意识、经营观念,避免滋生单纯依赖政府的倾向。

4. 管理与服务

旅游、技术质量监督、工商、卫生和公安部门联合制定《西藏自治区乡村旅游服务管理办法》,实行定点管理。制定乡村旅游定点标准,由工商部门发放营业执照,由旅游部门发放定点标牌。经过一段时间的运作,对乡村旅游服务点,按其硬件条件和软件水平实行质量等级制度,使之逐步标准化、规范化。

5. 教育与培训

商品意识与市场意识教育。藏民族受自给自足、重农牧轻商贸、重情轻利(如热情接待远方来客而不计报酬）的传统观念影响很深，农牧民参与商贸活动的积极性不高。要用事实教育农民积极参加商贸和旅游服务，参加市场竞争、发展商品经济是摆脱贫困、实现小康的必由之路。要把诚实、好客的传统与旅游经营服务结合起来，提供劳务服务和农副产品，实现发家致富。内地许多少数民族地区的经验证明，农牧民通过参加旅游服务迅速地产生商品意识、服务意识是历史的一大进步。要进行质价相符、优质优价的教育，引导农牧民公平交易、诚实经商。

服务意识与服务技能教育。教育农牧民在保持藏族优秀传统的基础上革新创造，为客人提供游览、住宿、餐饮、表演、特色商品、农副产品和骑马、向导、背夫等各种服务与商品，向农牧民传授各类服务技能，并制定符合西藏区情的农牧民旅游服务标准。

环境意识与卫生意识。西藏民众有自发的环境保护意念和审美要求，如不伤害动物、种花植草、讲究装饰，但也有安于现状、不求改进、不注意卫生的不良习俗。要教育他们进一步美化家园，讲究卫生，改进生活环境，同时教育他们在装饰家园时要保持民族特色，不要丢弃地方风貌，不要盲目模仿城市中的一些建筑方式。

对农牧民的教育培训要讲求实效，言传身教、典型带路。组织他们参观西藏和内地农民办旅游的实例。

6. 政策优惠

西藏自治区人民政府发布《关于扶持和鼓励农牧民群众开展旅游服务的指导意见》规定，"农牧民群众在农牧区开办的旅游接待服务项目和与外部法人、自然人合作开办的旅游接待服务项目所得的收入，免征各项税费"。在目前起步阶段，对外部法人和自然人实行这种免税政策是必要的，在今后一段时期内要继续执行，保持政策的连续性。

鼓励国内外向农牧区旅游项目投资，积极引导国际援助资金、国际合作项目、国债资金项目与农村旅游开发项目相结合。其中，对农村旅游接待活动中外国旅游者提出的投资、援助等动议，按自治区涉外项目管理办法办理。

三、发展乡村旅游的战略意义

目前占西藏人口的80%以上、占全区劳动力的70%以上的农村人口，创造的农业增加值不到全区国内生产总值的30%。没有农牧民的小康，就没有西藏的小康；没有农村的现代化，就没有西藏的现代化。这是历史留给西藏的课题。

农业经济—工业经济—服务经济/体验经济，是社会经济发展的一般进程。从前农业社会经工业化阶段进入后工业社会，是大多数国家和地区社会发展的常规模式。西藏地广人稀、科技基础差、陆路和水路交通不便、远离国内经济中心地区，用传统方式实现工业化，缺乏人力、科技、资金和市场条件。但西藏具有独特的世界级自然与人文旅游资源，可以开发成符合21世纪世界旅游潮流的旅游产品。这种特殊的自然环境、社会基础与外部条件，完全有可能超越工业经济阶段直接进入以服务经营为主的发展阶段，并以旅游产业为龙头，大力发展服务经济及相关的农牧林渔业及其加工业。

以藏族农牧民为主体的乡村风光与圣城拉萨的城市风貌，共同构成一幅西藏民俗风情的全景画，是国内外游客了解西藏、体验西藏的不可缺少的一部分。乡村旅游永远是西藏旅游产品的重要内容。

几年来西藏开展乡村旅游，引导农牧民办旅游的经济、文化、社会和生态环境效益已经初显威力。

旅游服务推进农村经济结构调整优化，从单一的一产向三产转化，农牧经济从自给自足的自然经济向社会主义商品经济转化，提高了农牧产品商品率和附加值，加速了农牧业产业化发展；推动了农牧民生产、加工农副产品、手工艺品，并就地出售和出口，提高了传统产品商品率和附加值；促进了农村民营经济、个体经济发展，调整优化了经济结构；促进了农村交通、通信、旅舍、餐馆、娱乐等服务业的发展，加快了城镇化进程。

组织藏族风情演出，开展旅游文艺活动，挖掘和发扬了优秀的文化传统，促进农牧民更加珍视和保护民族文化遗产。

造就一批亦农亦牧亦旅的新农（牧）民，就地消化和转移农村劳动力。开办家庭旅馆，提供食宿，保护和改进传统民居，改善了人居环境，美化、绿化和净化村落环境，革除了不文明的生活习惯。与国内外旅游者的接触与交流，使农牧民开阔视野、增长见识，催发了商品观念、文明观念、卫生观念。

通过绿色旅游、生态旅游增强了农牧民的环境意识，懂得了"环境就是财富"，提高生态保护的主动性，促进生态建设。

城市旅行社、饭店、旅游公司与农村旅游点多种形式的业务交往，加强了城乡交流与合作，密切了城乡关系，成为城市反哺乡村、服务业促进农业的新方式。

总之，农牧民参加旅游服务是调整优化农业产业结构，发展农村一、二、三产业，促进社会主义物质文明和精神文明建设，富民强区的战略举措。

"2006年中国乡村游——'乡土西藏'"已经拉开序幕，与西藏神山圣水、雪域高原融为一体的乡村旅游，正在向远道而来的八方宾客展示其质朴无华而又令人心醉的无穷魅力。

雅鲁藏布大峡谷可试建国家公园[①]

20世纪90年代中国科学家对雅鲁藏布江大峡谷进行了三次独立考察,1998年并被国务院正式命名为"雅鲁藏布大峡谷"(下文简称"大峡谷")。从此,它的保护与开发一直为世人所关注。近日好友黄大维先生发表的《雅鲁藏布江大峡谷亟待开发》(见4月6日《中国旅游报》)一文,勾起了我对"大峡谷"的回忆。

2008年9月,笔者在西藏考察时有幸亲历了新开辟的大峡谷之旅。从林芝八一镇出发乘汽车1小时到达雅江码头,乘汽船顺江而下抵达派镇上岸,然后沿雅江边小道步行个把小时,穿过藏族及门巴人村寨,到达南迦巴瓦观景台后返回。银装素裹的南迦巴瓦峰,在漂浮的白云层中时隐时现,露出她的神秘面容。这条观光线用汽车、游船与徒步的方式,把游雅江、穿峡谷、观雪峰与走民族村寨组合起来,了却了我一直未直面雅江、一睹风采的心愿。

大维先生文中提出"大峡谷"水力资源极为丰富,可建水电站,还能形成"高峡平湖"景观,"使大峡谷风景区锦上添花"。诚然,雅江的水量与落差可建一个堪比长江三峡的超级水电站。但是中国水电站实在建得太多了,现在除雅鲁藏布江之外,云贵川桂地区很少有一条保存完整的"生态江"了。筑坝发电固然会带来清洁能源,还能形成平湖景观,但是人工大坝会改变沿江的生态环境,影响地质地貌、山林植被、动物栖息和气候环境等,给自然环境和社会生活引发难以预测的新问题。有些负面影响在短期内并不显露,往往要经过数十年,甚至上百年后才能显示。由苏联援建的埃及阿斯旺水坝加剧了尼罗河沿线的沙漠化就是一例。长江三峡工程生态影响至今尚待观察。雅鲁藏布江作为"地球上最后的秘境",还是不建发电大坝为好,让她保持生态的完整性与原真性。我宁愿观看桀骜不驯、惊浪拍崖的峡谷险江,不愿使它成为风平浪静的人工之湖。如果截流筑坝,对具有"植被类型天然博物馆"和"生物基因宝库"之称的雅江,将是一个难以估量的灾难。我意此事100年不议,留给比我们更高明的子孙后代去处理吧。

大维先生主张"大峡谷"申报区级和国家级风景名胜区,此议值得探讨。据我所知,早在2000年4月《雅鲁藏布大峡谷国家级自然保护区总体规划》通过专家评审,但至今仍未批复,不知何故。笔者认为,以她的垂直生态系统、生物基因宝库、雪山峡谷瀑布、贡布藏族风情和门巴、珞巴人生活风情,自然生态与人文生态浑然一体、和美融汇,国家级"自然保护区"、"风景名胜区"、"地质公园"、"森林公园""几A级景区"这几顶帽子都不

[①] 2011年4月17日《中国旅游报》。

够贴切。就其无与伦比的生态价值、科学价值和景观价值,笔者赞同大维先生申报世界自然遗产的意见。在申遗之前,笔者赞赏西藏自治区政府建立雅鲁藏布大峡谷国家公园的举措。据报道,去年12月6日,雅鲁藏布大峡谷国家公园正式揭牌,揭开了国家公园建设的序幕。

问题在于,对于"国家公园"目前我国一无相关的法规条例,二无相应的标准程序,三无相关的行政主管部门。仅由西藏自治区旅游局挂"国家公园"的牌有点"师出无名"。笔者建议,由西藏自治区人民政府向国务院提出申请,由国家发改委牵头,城乡建设部、国土资源部、国家环保部、国家林业局、国家旅游局、中国科学院和西藏自治区政府等相关政府部门与科研机构共同组成"大峡谷"国家公园筹建组,把"大峡谷"列为国家公园建设的试建点,统筹有关事宜,最后报国务院审批。

本来,许多地域的各类自然生态资源、历史文化资源和社会人文资源是耦合在一起的,难以分开,只不过各有主次、各显特色而已。但长期以来,"文物保护单位"、"自然保护区"、"风景名胜区"、"地质公园"、"森林公园"、"矿山遗址公园"、"水利风景区"、"A级景区"等名目众多,各有其行政主管部门,因条块分割、多头管辖而引发权属与利益的纠葛,导致保护与利用、管理与经营的交叉重叠与牵掣摩擦,影响了自然与文化资源的有效保护、良性利用与可持续发展。各界人士早就呼吁参照国际惯例建立统一的国家公园体系,但一直未有进展。何不以雅鲁藏布大峡谷为试点,为探索建立自然与文化资源有效保护、综合利用和一体化管理的体制迈出第一步。"大峡谷"目前是一处女地,在这里上下左右各有关方面不存在权与利的纠葛,试建国家公园的阻力较小。与西藏毗邻的尼泊尔成功地建成了享誉全球的萨嘎玛塔(珠峰南坡)国家公园、奇塔宛国家公园,成为尼泊尔国家形象的标志之一与旅游的品牌产品,其经验值得借鉴。

与发电、采矿、伐林等方式相比,开展生态旅游无疑是保护资源与发展经济互为条件、互相促进的最佳选择。但"大峡谷"之旅必须是负责任的旅游。一是政府首先要负责任,按"公益、保护、发展"为一体的理念,突出景区的生态性、公益性和可持续性,摈弃急功求名、把开发"大峡谷"作为追逐GDP增量的传统模式。二是经营企业要负责任,按照"保护为先、有限开发"的原则经营"大峡谷"之旅,把生态的保护度、游客的满意度与社区居民的幸福度作为自己的责任,把保护自然与人文生态作为企业发展的生命线,摈弃急功逐利、杀鸡取卵的掠夺性开发方式。三是旅游者要负责任,要以敬畏的心走进"大峡谷",以虔诚的心尊重民风民俗,走出"大峡谷"时"除影像外什么也不带走,除脚印外什么也不留下",摈弃"到此一游、垃圾一地"的不文明旅游行为。四是社区的民众要负责任,在参与旅游服务的过程中,发挥优势、扬长创新,把大自然与老祖宗留下的珍贵遗产代代传承下去,从原始跨向现代文明,摈弃破坏生态、背离传统的发展方式。

笔者自20世纪90年代以来先后八次全程参与西藏旅游发展规划、林芝地区、珠峰自然保护区和巴松错旅游区的规划编制工作,那儿的天、地、人永远令我梦牵魂绕。我认为珠穆朗玛峰、"大峡谷"是西藏极地高原生态旅游的脊梁与动脉，足以铸就享誉世界的生态旅游绝品。为此，发挥资源禀赋、部门聚合、政策统筹和产业融合的优势，创建中国的国家公园模式，从西藏开始、从"大峡谷"起步，实为顺应天时、地利、人和的可行之举。

广西壮族自治区建设旅游先进省区的战略蓝图[①]

一、规划编制过程

1997年8月,广西壮族自治区党委和人民政府作出《关于加快旅游业发展,建设旅游大省的决定》。新任自治区党委书记曹伯纯同志考察了桂林等地并指示区旅游局,发展旅游业首先要作好规划。同年12月,由中国旅游学院旅游科学研究所和广西旅游局共同组成全区旅游发展规划编制组。1998年1月,编制组对桂西地区和中越边境旅游线进行了初步考察。2月下旬,自治区党委领导审议了《总体规划纲要》初稿,曹书记肯定了《总体规划纲要》的基本思路,认为把全区旅游产业格局定为"四区一带一龙头"基本符合广西区情,指出规划要具有指导意义,并且操作性要强。4~5月,编制组分成两组,分别对桂北、桂东和桂西进行了一个半月的考察。编制组先后考察了全区近百个市县中70个市县,并向各市、县下发了旅游资源、客源市场、景点、住宿、风味餐饮、土特产品、地方文化、民风民俗、旅游管理机构和从业人员普查表,对全区旅游业的"家底"进行了全面摸底。编制组还大量查阅了各类文件资料,与部分旅游市县、企业和相关部门的领导进行了多次座谈。7月下旬举行的全区旅游工作会议,主要议题是讨论《总体规划》(征求意见稿)。曹伯纯书记在讲话中提出,旅游业是广西的特色产业,并发展成主导产业、支柱产业,尽快建成特色鲜明、设施完善、服务一流、中外驰名的旅游先进省区。

1998年9月在南宁市举行《总体规划》评审会,以中国科学院院士、世界地理联合会副理事长、中国地理学会会长吴传钧博士为主任的评委会认定,"《总体规划》思路清晰、资料翔实、内容丰富完整,具有科学性、前瞻性和可操作性,是一个高水平的省级区域旅游发展规划","在编制内容和方法方面,特别是旅游先进省区的基本界定、旅游市县建设、旅游精品开发、旅游六要素的综合配套、科教兴旅和旅游扶贫等方面,既符合广西特点,又有创新和超前意识,是对省级旅游规划的有益探索,并对编制同类旅游发展规划具有借鉴意义"。

二、规划要点

1. 发展目标定位:旅游先进省区

《总体规划》指出,广西发展旅游业具有区位地缘、旅游资源、生态环境、客源市场、产

[①] 1997~1998年,北京第二外国语学院旅游科学研究所承担编制《广西壮族自治旅游业发展总体规划》,本文是向广西区政府提交的总结报告。

业基础和政策机遇等六大优势,有条件建成旅游先进省区。编制组对提出建成旅游大(名、强)省的十多个省区与广西进行了横向比较研究,从定性与定量、硬件标准与软件标准的结合上,提出到2010年建成旅游先进省区的基本标准是:

(1) 旅游形象鲜明,在国内外具有很高的知名度。广西将建成以桂林山水、北海银滩、壮瑶风情和边关风光为特色的旅游胜地,世界闻名的"绿色家园",我国西南地区连接东南亚的旅游通道、枢纽和基地,形成国际旅游、国内旅游、边境旅游相结合的旅游格局。

(2) 在接待入境旅游、国内旅游和边境及出境旅游人数和旅游总收入方面,位居全国前列,进入前10位。

(3) 旅游产业在全区改革开放中充分发挥了先导作用,在国民经济和社会发展中充分发挥了带动功能,在全区脱贫致富工程中充分发挥了推动作用。旅游业的总产出相当于全区国内生产总值的10%左右,高于全国平均水平,相当于世界平均水平。

(4) 全区主要旅游资源基本得到科学开发,建成一大批旅游经济发达的市县;全区旅游产业布局相对均衡,培育出一批世界少有、国内独有的旅游精品。

(5) 各类旅游服务设施完备,形成行、游、住、食、购、娱配套的产业体系。形成统一开放、有序竞争、兴旺发达的旅游市场秩序。全区旅游管理和服务水平总体上达到国内一流水平,与国际初步接轨。形成若干跨行业、跨所有制、跨地区和跨国大型旅游骨干企业,进入中国旅游百强企业行列。

(6) 各类旅游资源和生态环境得到有效保护,生态环境质量与旅游质量同步提高,形成良性循环,确保旅游业的可持续发展。

(7) 形成一支数量众多、工种齐全、思想道德和文化技术素质高的旅游从业队伍。旅游从业人数在全区就业人员总数的比例达到国际平均水平。

(8) 全区居民具有强烈的旅游意识,旅游知识广泛普及,造就热情、礼貌、安全、有序的社会环境。

2. 旅游产业定位:支柱产业

《总体规划》确定,"旅游业是广西国民经济的特色产业、优势产业和形象产业,目前是第三产业的龙头产业,并将发展成国民经济的重要支柱产业"。旅游总产出在全区国内生产总值中的比重从目前的5.4%提升到2003年的8%左右、2010年的10%左右。

《总体规划》从大旅游产业的高度出发,对产业布局、市县建设、旅游精品、交通通信、旅行社、饭店、旅游农业、旅游工业、旅游商业、旅游文化、旅游宣传、旅游教育、旅游科技、旅游扶贫、旅游管理和生态环保进行了系统规划,体现了旅游业是资源、资金和智力的结合,硬件与软件的结合,经济产业、文化产业与生态文明的结合。

为旅游服务的农、工、商产业是广西的薄弱环节,直接影响到旅游业的整体发育和综合效益。开发旅游农工商产业工程,既可提高旅游餐饮和购物在全区旅游总收入中的比重,增加旅游经济收入,又可向全国推出广西名牌旅游商品,成为全区农业、轻纺工业、商贸、手工艺和文化产业的新的经济增长点。

广西是个"老少边穷"的山区,扶贫攻坚任务艰巨。《总体规划》对旅游与农业相结合,培养亦农亦旅的新农民,开发旅游农业,实行旅游扶贫作了专题研究和规划。

3. 客源市场定位:入境旅游、国内旅游与边境旅游相互促进、联动发展

总体定位:国内客源市场是基础,海外入境客源市场是导向,边境旅游是国内市场的延伸,三者相互促进、联动发展是广西旅游客源市场的一大特点和优势。

国内客源市场主要由自治区内、东部沿海地区和西南、中南周边地区三大部分组成。国内客源市场是广西旅游经济的主要增长点,具有丰厚的潜力。

广西的海外客源市场主要由港澳台胞和华侨、亚太地区及欧美地区两大部分组成,两者并重是广西海外客源市场的优势。

中越边境旅游是广西旅游的强劲增长点,是国内旅游的延伸,是出境和入境跨国旅游的对接点和通道。大力发展边境旅游和跨国旅游是开拓国内、国外客源市场的重要渠道。

4. 产业布局定位:"四区一带一龙头"

根据广西区党委确定的区域经济战略方针,广西全区划分为沿海、桂中、桂北、桂东和桂西五大经济区。旅游经济是国民经济的一部分。旅游业的存在和发展依托社会经济文化,并服务于社会经济文化。旅游经济布局以全区的五大经济区为基础,并与各经济区的产业结构相融合:以桂林为龙头,以桂林—柳州—南宁—北海/防城港黄金旅游带为重点,逐步形成桂北、桂南、桂东、桂西四大旅游经济区。

(1)桂北旅游区。

资源:以喀斯特地貌为主,兼容丹霞、花岗岩和砂岩地貌的山水风光,壮、瑶、苗、侗等多民族风情与历史文化景观的结合。

产品:山水观光、休闲度假、温泉保健、民族采风、商务会展、工业旅游、农业旅游、森林旅游、探险考察。

(2)桂南旅游区。

资源:亚热带滨海风光、壮乡风情、首府"绿都"风采和中越边关风景相结合。

产品:亚热带滨海观光、度假、探险、民俗采风、边境旅游、商务会展、购物旅游。

(3)桂东旅游区。

资源:历史古迹、风景名胜、宗教文化和侨乡风貌相结合。

产品:风景名胜观光,文化旅游,宗教旅游,侨乡寻祖,商务会展,农业旅游,温泉保健度假。

(4)桂西旅游区。

资源:山雄、谷深、洞奇、峡险为特点的高峰丛林,山地、溶洞为特色的喀斯特地貌与壮、瑶长寿之乡风情相结合。

产品:长寿山乡观光,养生度假,科学考察,农业旅游,工业旅游。

四大旅游区的开发步骤:近期以桂北为重中之重,打通桂林—南宁—北海黄金旅游线;中期以桂南和桂东为重点,远期以桂西为后续,实现全自治区旅游业的分阶段、可持续发展。

5. 旅游城市建设:旅游先进省区的支撑点

在全区建成一批各有特色、环境优美、设施完备、服务优良、管理先进的旅游城市,是建成旅游先进省区、培育支柱产业的基础。

旅游城市建设的原则是:突出地方和民族特色,城市经济结构、市政建设、文化产业、环境保护和城镇风貌都要与旅游业的发展有机结合,形成独特、鲜明、富于个性的旅游城市形象。

桂林市:全国旅游重点城市、世界著名旅游城市。

南宁市:全区旅游中心城市、大西南出海的交通枢纽、东南亚区域性国际旅游城市。

北海市:大西南和东南亚著名亚热带滨海旅游城市。

近期完善和建设的12个重点旅游市县。

近期培育25个旅游市县。

38个一般旅游市县。

《总体规划》对上述市县的旅游形象、特色资源、客源市场、旅游功能、产业地位、管理体制、从业人员、近远期开发重点、民俗文体、风味特产等作了调查、定位和规划,避免旅游产品开发的近距离、低水平雷同。《总体规划》按照国家旅游局《中国优秀旅游城市检查标准(试行)》,部署了全区中国优秀旅游城市创建工作。

6. 旅游精品工程:逐步推出十个王牌产品

- 桂林山水风光游;
- 北海银滩休闲游;
- 南国边关览胜游;
- 壮乡文化风情游;
- 瑶苗侗乡采风游;
- 千年灵渠寻古游;
- 花山崖画探奇游;
- 金田风云名胜游;
- 百色小平足迹游;
- 巴马寿乡探秘游。

三、规划体系

《总体规划》由总规文本、近期重点实施计划、专题报告和图件四部分组成。"总规文本"力求简明扼要,"近期重点实施计划"力求切实可行,"专题报告"详尽阐述。"总规文本"目录如下:

前言

上篇　广西旅游产业发展战略

一、广西建设旅游先进省区的条件和意义

二、广西旅游资源评估

三、广西旅游客源市场分析

四、广西发展旅游产业的指导思想、目标和步骤

下篇　广西旅游产业建设系统

一、旅游市县工程

二、旅游精品工程

三、旅游交通通信工程

四、旅行社饭店工程

五、旅游农工商产业工程

六、旅游文化科技教育工程

七、旅游宣传促销工程

构建通道经济,开创北海辉煌[①]

中国将加入 WTO 和西部大开发,是北海市在新世纪中面临的两大机遇,而北海的特殊区位、地理特征与历史沿革,又把这两大优势叠加于一身。加入 WTO 势必加速、加大广西和大西南的开放势头,西部大开发势必带来国内、国际的大交流,北海作为我国西部最早对外开放的沿海港口城市,具有出海大通道的主要出海口岸城市,具有其他城市不可替代的独特优势。在新世纪开局之际,审时度势、把握机遇,确定城市发展的战略目标和模式,无疑具有头等重要的意义。

一、北海市的发展目标

历史上,北海曾是"海上丝绸之路"的起点之一和重要港站。近代,北海也是"西风东渐"的发展之地,我国西南通往东南亚的边陲要港。改革开放后,又是西部唯一的沿海对外开放城市。中国西南的主要港口城市,广西和西南地区出海大通道的门户,中国和广西对外交流与开放的窗口,未受污染、适宜人居、四季可游的亚热带滨海环境,是北海的最重要的区位和资源优势。

据此,北海应该建成美丽的现代化、国际性滨海旅游商贸港口城市("旅贸港三位一体的滨海城市"),建成中国南部最适宜人们居住、旅游和发展的城市,广西率先实现基本现代化和国际化的城市。北海漫长的国际化进程与其说取决于自身的发展,不如说依托于广西和大西南对外开放的广度与深度。要大力塑造和宣传北海是一个"可住、可游、可发(发展、发财)"的北部湾明珠形象。

二、北海市实现现代化的发展模式

从农业社会经过工业化走向现代化,是各国发展的一般规律和一般模式。中国作为一个大国,广西作为一个大省,不能超越这一规律和模式。但是,对北海这一人口不多、规模不大、工业不发达的中等城市来说,由于上述的特殊市情,可以另辟蹊径,探索实现现代化的新的发展模式。

北海工业起步晚、规模小、总量低,使得全市经济总量较弱,但从另一个角度看,却为长远、良性和持续的发展预留了广阔的空间。

目前,北海市国民经济产业结构序位是"三(39%)、二(32%、一(29%)",第三产业

[①] 2000 年 12 月向北海市人民政府提交的咨询报告,刊载于北海市经济研究中心 2000 年第 23 期《调查研究报告》。

比重既高于一、二产业,也高于全国和全区的水平。目前城市化水平为26%,也高于广西(23.6%)。由于特定的环境和条件,北海从以农业经济为主直接跨入以服务经济为主,已经跨越了以工业经济为主的常规发展。目前的问题是,全市经济总量偏低,一产比重仍然过高。因此,北海今后走向现代化的主要任务是在提高全市经济总量的基础上,扩大三产比重,优化一产结构、降低一产比重,提高二产水平,进一步优化"三、二、一"的经济结构。按"十五"计划(草案)预测,"十五"末,全市国民经济产业结构序位预计为三(42%)、二(31%)、一(27%),城市化水平达到36%(广西全区预计为31%)。

经济结构从"一、二、三"走向"三、二、一",是各国各地国民经济现代化的总方向、总趋势。北海由于特定的环境、条件和机遇,超越"二、三、一"阶段,避免旧式工业化带来的社会弊端和环境退化,而径直走向"三、二、一"是一个趋利避害、殊途同归的明智选择。

北海市完全可以以高科技为支撑,以信息化带动服务业、现代农业和现代工业,发挥后发优势,超越传统的工业化阶段,实现社会生产力的跨越式发展。超越传统的工业化阶段,不是说北海不发展工业,而是说不搞高消耗、低水平、污染重、小而全的工业体系,应着重发展科技含量高、污染少、效益高的现代轻型工业项目。要有选择、有限制地承接珠江三角洲的产业转移,促进产业升级与新产品开发,但不能亦步亦趋、步人后尘。

三、通道经济是北海市的特色经济、优势经济

把北海放到全区、全国和国际发展的大格局中,放到2至5年后区域经济发展的大趋势中观察,不难得出结论,背靠大西南、面对东南亚,处在中国西南出海大通道的咽喉部位,是确定北海经济发展战略的最重要的因素。

随着中国加入WTO和西部大开发的推进,人员流、商品流、信息流、知识流、技术流、人才流、资金流和企业流(外地外国企业进北海、广西,北海、广西企业去外地、外国),将通过这条大通道出入区内外、国内外,是必然的趋势。北海终将成为"八流"吞吐的主渠道,从而形成独具特色和优势的,但经济学教科书上没有的"通道经济"。

北海市的"通道经济"本质上是服务经济、流通经济和双外向型经济,既向海外开放,也向内陆腹地开放。支撑通道经济的主要有互相关联、互相渗透和互相促进的下列产业群:

- 旅游产业(初具规模);
- 交通产业(初具骨架);
- 商贸产业(有待培育);
- 会展产业(有待发育);
- 金融产业(有待培育);
- 信息产业(有待培育);
- 海洋产业(含海洋捕捞养殖、珍珠及海产加工、海洋石油、海港运输、滨海旅游等,已有相当规模);

● 亚热带农业（基础良好）。

在上述产业群中，旅游业是龙头产业，海洋产业是主干产业，农业是基础产业，高科技是提升整个国民经济和社会发展的技术支撑。培育和发展这八大产业，特别是旅游、海洋、农业和高科技四大支柱产业，并完善城市服务功能、提升城市文化品位、提高城市环境质量，将使北海依托通道经济的发育、壮大而繁荣、腾飞，北海也将通过这条链接国内外的"通道"而迈向现代化、国际化。

四、调整结构、夯实基础，迎接经济发展新高潮

"十五"期间，北海市经济的工作重点是确定方向、调整结构、夯实基础，迎接对外开放和经济发展的又一轮新高潮。

从国际背景来说，北海对外开放主要面对的东南亚国家，新、马、泰诸国正从亚洲金融风暴中调整结构、逐步复苏，新一轮发展尚待时日；直接面对的越、老、柬正在深化改革，经济大发展尚待累积。东南亚各国与我国西部地区经贸大发展的条件尚未成熟。

从我国加入WTO来看，近三五年内，主要是制定政策、完善法规、调整结构，为全面开放、迎接挑战练好内功。加入WTO后，双向交流的高潮及其对中国经济正负效应的全面凸显，也有一个积累和发展过程。

从西部大开发来看，"十五"期间主要是基础设施和生态环境建设的准备时期，是重点推进的开局阶段，是西南地区大建设、大发展的序幕。

对北海来说，"十五"是高潮到来的前奏。进一步消化前一时期的后遗症、抓紧产业结构的调整、完善通道经济的基础性建设，为21世纪大发展高潮的到来做好准备，宜采取稳中求进、重点攻坚、持续加速、后发赶超的方针。

"十五"期间，北海的经济建设重点是：完善交通网络，营造西南出海通道大环境；优化农业结构，加快城镇化步伐；深化企业改革，促进工业结构调整；以旅游为龙头，带动第三产业繁荣；深度开发海洋资源，发展蓝色产业；建立创新体制，推进科技与经济结合；引资与引智，发展蓝色经济；引资与引智并重，促进资金与人才的良性流动；保持与提高生态环境质量，增强可持续发展的后劲。

五、构建通道经济的保障体系

通道经济就是内外畅通、"八流"兴市。作为现代化、国际性的滨海旅游商贸港口城市，既要有先进、完善的硬设施，又要有宽松升放、法治有序的软环境。北海市构建通道经济，应力争在若干年内办成下列几件事。

(1) 建好国内一流、国际接轨的"四港"（空港、海港、陆港、信息港）。建设好北海信息网站，使之具有信息发布、咨询、预订和电子公务、电子商务功能。

(2) 争取成为境外客人可落地签证或一定时段内旅游免签的口岸城市。

(3) 与国际接轨的灵活的航空政策（如允许特定国家的不对等飞行、灵活的弹性票价

政策等）。

（4）建立西南出口加工贸易区和港口免税仓储区。

（5）落实1993年国务院5G号文件关于涠洲岛开发建设的内容,把涠洲岛和斜阳岛开发建设成主要为外国和港澳台游客服务的具有旅游度假等特定功能或综合性旅游娱乐城。

（6）研究与制定符合国际惯例与标准的、公开透明的、应对WTO的产业政策与法律法规。

纵观北海千百年的兴衰起落轨迹,开放兴则口岸兴,口岸兴则城市兴。19世纪末、20世纪初,在西方列强的炮舰政策下的被迫开放,曾使北海一度帆樯林立、万商云集;20世纪八九十年代的改革开放,北海也曾跳跃发展、红火一时;面对21世纪的曙光,中共中央十五届五中全会文件把"西南出海通道"列为西部大开发的三大交通干道之一。北海再次面临千年难得的历史性机遇。可以预见,随着西南出海通道工程的推进,通道经济的崛起,"八流"滚涌的局面必将出现,北海终将开创史无前例的辉煌。

试论"首都旅游"[①]

一、问题的提出

"登长城、游故宫、看京戏、吃烤鸭",似乎已成为国内外游客北京之旅的"经典"模式。20年来,中国的旅行社向海外和国内游客推出的北京旅游线路一以贯之,基本如此。因之,故宫、天坛、颐和园、八达岭、十三陵等处历史景点接待国内游客数占全市总量的1/3以上,接待海外游客数占全市总量的3/4,旅游收入约占全市景点总收入的2/3。

"首都旅游",几乎成了古都旅游。

北京旅游跨世纪的发展,需把古都旅游提升为"首都旅游"。一字之差,关系到北京旅游形象的总体定位和发展方向。

二、北京最本质的特征是首都,不是古都

众所周知,北京有三千年的建城史、近九百年的建都史。北京丰厚的历史文化积淀,使它有别于世界上许多国家的首都,具有特殊的魅力,故有"一千年看北京"之说。无疑,北京确是中国的一大古都。但今日之北京,是在改革开放中向着21世纪现代化目标迈进的首都。

北京一年接待全国1/10的海外旅游者,旅游创汇占全国的1/5,接待国内游客约6000万人次,是本市人口的4倍。究其原因,它不仅是古都,而且是首都。仅仅把北京当作古都去考虑旅游业的发展,去宣传推销自己的旅游产品,错把北京当西安,不能不说是一大误区。

三、首都才是北京最大的旅游优势、最有力的旅游吸引物

首都是百城之首,中国之心。

北京是一个世界大国的首都,全国的政治、文化和国际交往中心,中国历史的结晶、现实的缩影、未来的象征。

多少次海外旅游者和国内旅游者的抽样调查都表明:海外客人来中国旅游,首先要到北京;中国人在国内旅游,最想去的地方首先也是北京。北京旅游形象的策划、旅游资源的开发、旅游产品的设计、旅游宣传的焦点,应该集中到"首都"这两个字上来。北京集

[①] 1998年11月在"北京国际旅游发展战略研讨会"上的发言,北京市旅游局1999年第4期《旅游—行业导刊》。

中体现出的东方文化,是旅游吸引力经久不衰的源泉。

世纪之交的世界旅潮,有两股汹涌澎湃的浪头:一是回归自然的生态之旅,二是寻觅文明的文化之旅。生态,是旅游赖以生存的环境依托;文化,是旅游具有生命力的灵魂所在。上个月在里斯本举行的各国旅游部长会议上,世界旅游组织发布《2020年世界旅游预测报告》,再次指出文化旅游是未来几十年世界旅游的新时尚之一。"世界各地到欧洲、中东和亚洲的文化旅游者大增。各种不同的人都参加这种旅游,有效开发和管理文化旅游设施和客源量将是下一世纪的重大课题"。

无论是国内旅游者还是海外旅游者,也无论是国家元首还是平民百姓,都想登上长城,因为这里有文化;想看一眼天安门、留一个影,是因为这里有文化;现在又喜欢坐着人力车转胡同,也因为这里有文化。尽管不同的人对文化有不同的理解,但是游人都在用自己的宇宙观和审美观去寻找北京——中国首都的文化。

来北京的中外旅游者,尤其是首次来京者,必去登长城、游故宫,因为它们体现了中国几千年的历史文化,是中华民族传统的象征。从这个意义上,长城、故宫对生生不息、绵延不绝的一代又一代旅游者来说,具有永恒的魅力。笔者不赞成把北京旅游当作古都旅游,绝非低估历史文化在北京旅游中的分量,也绝不是忽视大力挖掘、拯救、保护、开发目前远未发掘和利用的历史文化资源的极端重要性。琉璃厂、大栅栏、天桥、什刹海……的旅游开发才刚刚破题。但是,对日渐成熟的国内外旅游者,特别是多次来华、来京的旅游者,仅仅是长城和故宫,就远远不够了。文化遗产在某种意义上体现的是中国的"昨天",而旅游者更感兴趣的是中国的"今天"和"明天"。

不了解"昨天",当然无法理解"今天",更看不到"明天"。但只看"昨天",不看"今天",旅游者也是不会满足的。多少海外旅游者的实例告诉我们,他们对中国的奇山异水、历史古迹固然赞叹不已,但对北京胡同、上海弄堂、西南山寨、江南渔村里的普通人的生活,同样饶有兴味。因为他们也想了解当代的中国人是如何创造新生活的,了解和体验改革开放时代中国日新月异的变化,物质和精神的变化,也就是说,要了解和体验融化在现实生活中的中国新文化。

北京的"胡同游",目前虽然还是低层次观光型产品,但已受到海外游客和部分国内游客的青睐。胡同游还可以进一步深化,不仅要让游客看一看北京人生息其间的"胡同"是什么样的,更要让他们与在"胡同"里生活的北京人接触一下,让他们了解今天北京人的所作所为、所思所想;再进一步,让游客在"胡同"住一住,亲身体验一下北京人的日常生活,更会给他们留下一段难忘的经历。

四、首都,北京社会旅游资源的主体

"胡同游"仅为一例。笔者历来认为对"旅游资源"或"旅游吸引物"的理解,要突破"自然与文化"两大类的思维定式,尤其突破"文化"资源主要指历史文化资源的褊狭理解,有必要引入"社会旅游资源"这一概念。以现代社会经济文化成果为吸引物的社会旅游资源,取之不尽、用之不竭,而且会随着现代化进程的推进,无止境地涌现出新颖独特、丰富多彩的新资源。不断挖掘和开发这种与社会经济文化融为一体而永无穷尽的社会旅游资源,是旅游业可持续发展的基础。

"首都旅游",就是把"首都"这一社会旅游资源作为北京旅游开发的主体。北京旅游资源和产品开发,要防止厚古薄今。文史专家痛心疾首呼吁"拯救古城"、"保存古城风貌",双手赞成,但从旅游资源和产品开发的角度,更应强调古今并举、古为今用。在太庙里举办雅尼音乐会、演出《图兰朵》,也许是古为今用、中洋结合的一种尝试。其成功利弊有待继续观察,但不失为有勇气的探索。

五、全方位地开发"首都旅游"

中国政治、文化和国际交往的中心,这是北京作为首都的最重要的功能。"首都旅游",就要紧紧围绕这三个"中心"展开,在实现首都"四大服务功能"中充分发挥旅游业的先导、带动作用,使旅游经济成为"首都经济"的支柱之一。

北京作为政治中心,是中国的心脏,这里的一举一动,为世人所关注。随着社会现代化进程的推进,政治民主化的步伐也在前进。中国政治正一步一步地走向开明、透明和清明。首都的重大政治活动,当然也会成为旅游者的兴奋点。全国党代会、人代会已向外国记者"开门",钓鱼台已向公司招租,人民大会堂也已局部地向国内游客开放。能否借鉴美国白宫和英国白金汉宫的做法,人民大会堂的"门"开得更大一些,在旁听席上有中外旅游者的一席之地呢?神圣而神秘的中南海,能否向中外游客开放其中一角、一线?毛泽东、周恩来的故居能否让游客到此一游?建国50周年大庆这样的国家盛典,难道不可以作为一个特大的旅游节庆来招徕千万海内外游客?向国内外游客开放"禁地",乃是自信、自强、自豪的表现。

北京作为中国文化中心,有一种使人迷恋的文化气息,120个博物馆,亚洲最大的图书馆,数十个国家级的艺术团体,北大、清华等蜚声国内外的高等学府,众多的名人故居,正在筹建中的国家大剧院……都可以成为中外游客的旅游地。

北京作为中外文化交往的中心,不仅能为西方游客提供东方文化精品,也能为东方游客(包括国内游客)提供西方文化的展示舞台。不妨从上海一年一度的国际电影节中得到一点启示,北京的一年四季、一季三月,都可举办各种国外和国际性的艺术会演、体育赛事、文化展览,并将其纳入中外游客游程之中。北京的旅游文艺演出总是将京剧和杂技作为保留节目,首访游客可以接受,回头客人就不感兴趣了。为何在首都不能让中外游客观赏中国各地、各族、各种绚丽多彩的艺术之花?但愿未来的国家大剧院能成为全方位、全年候展示中外表演艺术的殿堂。北京还应有展示56个民族风采的立体型、参与性的中华民族宫,应有展现五洲风情、开展中外文化交流的世界艺术城。

北京作为国际交往中心,除频繁、重大的外事活动外,常住着大批的国外驻京机构常驻人员,139个国家的驻华使馆和国际组织,186个外国新闻单位,138家列入世界500强的各国公司机构,1万多个外资企业,6000多个外企办事处,10万多名外国留学生,这些又为旅游企业提供可观的外国客源,可向他们提供休闲娱乐度假产品。这篇只有首都才有条件做的文章至今还没有真正破题。

北京作为世界大国的首都,完全有条件成为亚太地区著名的国际会议中心。1996年以来一系列的重大国际会议,第四届世妇会、国际档案大会、国际地质大会、各国议会联盟会议、国际医学大会等,预示21世纪北京国际会议旅游的高潮即将来临。

北京虽然不是国家的经济重心,但是全国商贸活动的中心。每年来北京的海外游客中,商务客人占1/3以上。北京的商务展销活动此起彼伏,连续不断,为开发商务旅游提供无比广阔的大地。但是,北京到底有几家高档宾馆把客房改进成"电脑工作室",并为开展电子商务做好了准备呢?

上海市在1995年举办了一次高水平的都市旅游国际研讨会,1997年上海市委市政府作出了定位"都市旅游"的战略决策,并按此定位调整了旅游管理体制。从此,上海旅游的各方面工作都围绕着"都市旅游"铺开。上海的做法值得北京借鉴。

六、"首都旅游",北京旅游的纲领和旗帜

把北京旅游定位在"首都旅游"上,一是符合城市的根本性质;二是符合发展首都经济的要求;三是抓住了北京旅游的根本特色;四是在国内外旅游市场上,特别是在国内外旅游者的心目中树起了一个鲜明、独特、令人神往的整体旅游形象,使北京旅游更具吸引力。

准确的旅游定位,是全市旅游业发展的一个纲。纲举方可目张。从旅游资源的开发,旅游产品的设计,旅游宣传的策划,旅游人力资源的开发,旅游行业的管理,旅游环境的经营等方方面面,都应在体现首都特色、首都水平和首都形象上下功夫。

目前,全市旅游业界上下都在为北京首批进入中国优秀旅游城市之列而争分夺秒地工作。无疑首都应首批入选。北京不仅要在接待国内外游客的人数、创汇和收入上名列全国城市之首,在饭店、旅行社、旅游车辆的数量和实力上居全国之首,在全市的文化环境、生态环境、语言环境、消费环境、文娱活动、特色购物、餐饮和夜生活等方面,也应位居全国前列。

总之,北京旅游要无愧于"首都旅游"这面旗帜,无损于"首都旅游"这个形象,不能仅仅以首批进入中国优秀旅游城市之列而满足。

统筹协调，写好"首都旅游"大文章①
——写在北京市旅游委员会成立之际

近日，北京市旅游委员会（以下简称"市旅委"）正式挂牌。作为旅游管理体制创新探索的"旅游委员会"，北京并非首家，但这次出现在首都，意义非同寻常。笔者注意到，"市旅委"的"班长"在挂牌仪式上说了这样一句话：更名旅游委后，要创新管理机制，其中最重要的一点，就是围绕首都资源形成首都旅游产业统筹协调机制，"只要在北京地面上，都是我们的统筹协调对象"。"统筹协调"这四个字，实在道出了"市旅委"使命的关键。

"市旅委"的成立，不仅是机构名称的改变，也不仅是从市政府的直属机构调整为组成部门，更不仅仅是领导班子的变动，最重要的是心态、职责、体制机制与工作风格的改变与更新。作为首都，北京发展旅游具有其他任何地区无法比拟的得天独厚的优势，当然也有比任何其他地区更重大的职责，但也有其他地区所没有的难处。"市旅委"即使升格为市政府的组成部门，但在北京政府中仍然是一位"小兄弟"，在首都的众多中央部门之下更是一个"小字辈"。要在"北京的地面上"发展大旅游经济文化产业，"市旅委"不能行"攻城夺地"之下策，只能举"统筹协调"之法宝。

作为一个在北京生活50余年、曾在旅游院校工作过的退休教员，对市旅委的成立倍感兴奋之时，也有一些期待。

期待之一，"市旅委"能更好地统筹协调中央各个部委，充分用好"首都资源"。坐拥首都、背靠中央是北京旅游的最大优势，在发展旅游中坚决贯彻、服务与服从中央国策，主动地配合和服务好各部委的工作，在旅游的开发、建设、宣传和管理中主动依托各部委的指导与支持。抗击SARS与奥运经历至今仍历历在目，个中滋味更令北京旅游界体会服从大局之重要。

期待之二，"市旅委"能更好地统筹协调北京市政府部门与社会机构，形成部门联动、产业融合的大旅游体制。"市旅委"高度重视与"十多个部门共同推动北京旅游发展"。按照国务院办公厅关于《贯彻落实国务院关于加快发展旅游业意见重点工作分工方案》，积极探索、着力形成部门合作、联席推动的大旅游体制。北京十多年前成立了观光休闲农业协会、创办了乡村旅游网、与农村商业银行共推"凤凰旅游卡"，农业部门对发展京郊乡村旅游有极大的积极性，"市旅委"要主动支持、配合农业部门，推进乡村旅游与农业休

---

① 以《对北京市旅游委员会的八点期待》为题发表于2011年4月25日《中国旅游报》，并在北京市旅委会干部中传阅。

闲;与外事、外宣部门合作,加大旅游宣传推广力度、深度与精准度;与文化文物部门更紧密地合作,以更大的力度开展传统与时尚融汇的文化旅游;还可借鉴上海工业旅游促进中心的经验,与工业部门共同推进工业旅游;与工、青、妇及其他社会机构与团体广泛合作,推进旅游的大众化。"市旅委"如能甘当配角、主动协助相关部门开发各类专项旅游,就会更加得到各方更大的合作与支持,形成"众人拾柴火焰高"的局面,并在协调过程中形成部门共推、产业融合的常态机制。

期待之三,"市旅委"能更好地统筹协调各区旅游局工作,创新"市—区—镇"旅游管理体制。目前北京18个区都建立了旅游主管部门,有些区的乡镇还建立了旅游办(科),形成了市、区、镇三级旅游管理体制,各区都编制了旅游发展规划与旅游景区建设规划。笔者在北京各区考察、讲课时深切感受基层发展旅游的激情与艰辛。"市旅委"在指导区、镇的同时,把可由下层操作的相关权力与职责下放,以便集中精力抓事关全市旅游的大事、要事与急事,指导、协调各区各自难以解决的问题,如推动东城与西城两区合作开发北京古都文化核心旅游区、古都南北文化旅游轴与朝阜大街东西旅游带,协调石景山、房山、门头沟、丰台与大兴京西南五区联合开发"北京母亲河"永定河旅游带。北京还可以借鉴由各区轮流举办上海国际旅游节的做法,由各区申办北京国际旅游节,借此推动全市旅游的协调发展。

期待之四,"市旅委"能更好地统筹协调旅游协会与企业的关系,创新市场为主导的旅游经济运行机制。北京聚集着中国王牌旅游企业,荟萃了国内外资深的高层旅游企业家,在旅游的市场化、国际化、现代化进程中担起继往开来的重任。北京市理应实现国务院与国家旅游局提出的政会分开、政事分开、政企分开,实现北京市关于"社会组织中不得再有公务员"的要求,加速推进国有旅游企业的现代企业制度化,在旅游行业协会的改革方面走在全国前面,并创造"政府引导、市场主导、行业自立、企业主体"的旅游经济运行机制。

期待之五,"市旅委"能更好地统筹协调旅游学会与院所,更好地实施科教兴旅与人才强旅战略。北京中央与本市旅游教育与科研机构众多,各学科、各领域的旅游相关专业人士密集,是全国旅游智力资源的富集区。北京市旅游学会历史久、会员多、活动面广,是全国少有的长期坚持学术研究与产业创意相结合的旅游专业团体,建议以此为基础建设首都旅游的智囊团、智力库。建议"市旅委"与市教委合作,以北京第二外国语学院与北京旅游学院两个市属高校为基础,筹办首都旅游与外国语大学,建成首都旅游与国际交流的人才孵化基地,建成北京建设世界城市的研发中心之一。

期待之六,"市旅委"能更好地统筹协调京津冀、环渤海的区域旅游合作发展。京津冀、环渤海的区域旅游合作的议论已久,近年来也有若干进展,但与长三角相比,其差距十分明显。环渤海地域广袤,又有渤海相隔,合作不便;环渤海地区的经济、贸易合作基础差,旅游合作之"毛"缺少经贸合作之"皮";北京集资源优势与客源优势于一身,面对全国和国际市场客源滚滚而来,"皇帝女儿不愁嫁"。北京"龙头"舞起来,京津冀、环渤海的"龙身"才会动起来。正如新加坡把东南亚看作是自己的旅游资源、上海把长三角看作是自己的旅游资源一样,北京应该把京津冀、环渤海看作是自己的旅游资源,与京津冀、环渤海地区主动协调,统筹共创区域旅游合作新局面。

期待之七,"市旅委"能更好地统筹协调各国驻京旅游市场、机构和企业资源机构,开创国际旅游交往新局面,创建世界旅游总部基地。目前在北京设有官方或半官方的旅游机构有40多个,大多数国际著名旅游会议在北京举行。北京市确定建设世界城市目标,引入世界顶级旅游企业集团与国际旅游机构,打造世界旅游总部基地,是建成世界旅游大都市的题中应有之义。建议筹建如中关村电子城、国贸商务区、西单金融街那样的国际旅游综合体,为国际旅游界提供相对集中的商务、会议、展览、研究、信息与办公服务。

期待之八,"市旅委"能更好地统筹协调旅委会内部的机构与队伍,建设学习型、创新型、统筹型和服务型的旅游指挥部。"市旅委"领导班子八位成员在国际阅历、高学历、年富力强、综合协调和管理旅游等方面各有所长。北京的区位、市场、旅游、政策、智力、资本、企业与国际交往等八大资源等是唱好首都旅游"大戏"的"舞台","市旅委"则是这出"大戏"的"角儿"。天时、地利加人和形成强强组合、优势互补,产生"$1×8>8$"的核裂变效应,从而形成"从以前的行业管理转变为产业协调推动"的组织保证。

13年前,笔者针对"长城故乡、东方古都"这一北京旅游总体形象定位,提出"北京最本质的特征是首都,不是古都","首都才是北京最大的旅游优势、最有力的旅游吸引物";主张以"首都旅游"作为"北京游的纲领与旗帜",全面"体现首都特色、首都水平与首都形象",建成"中国旅游首善之都"(见拙作《旅游规划指南》,中国旅游出版社)。笔者欣喜地看到,"市旅委"的"班长"任职以来屡言"首都经济"、"首都资源"、"首都旅游"与"首都旅游产业",着力在"首都旅游"上大做文章、做好文章,而写好这篇文章的关键在于"统筹协调"这四个字。

北京市旅游委员会成立伊始便引起了民众与业界的注目,承担着首都民众的热望,担当着中国旅游界的期望。只要以敢为人先的开拓精神与求真务实的科学精神,沿着改革创新的方向挺进,"市旅委"虽千斤重任在肩,但道路无限宽广!

旅游总部基地是北京世界城市题中应有之义[①]

正在进行的北京"两会"上,市长郭金龙在政府工作报告中提出"着眼建设世界城市"。"世界城市"成为一个热议的主题词。

何谓"世界城市"?中外专家对它的定义有多种诠释,但有一点是众所公认的:在社会、政治、经济、文化(现在还应加上生态环境)对全球事务有重大影响力的城市。伦敦、纽约、巴黎和东京传统上被公认为是四大世界城市。

依笔者之见,在全球游客心目中是公认的最佳旅游目的地城市,在全球业界是旅游企业巨头云集的总部基地城市,在全球旅游界中具有重大影响力的城市,这是"世界城市"不可缺少的必备条件。

正如在应对全球金融危机和环境危机中,把中国推向了世界前台一样,全球旅游衰退也把中国推向振兴世界旅游的前沿。刚刚过去的2009年,受到金融危机与甲型流感的双重打击,全球国际旅游8.8亿人次,同比下降4%。引人注目的是,与欧美国际旅游大幅下降相反,亚太地区去年下半年出现增长势头。这表明,多年来世界旅游增长极向亚太地区转移的速度在加快、势头在加强。

去年,中国旅游的地位继续提升。30多年来中国入境旅游持续增长,接待入境游客从1980年的第18位提前到2008年的第4位;入境旅游收入占世界市场份额从1978年的0.4%、排位41位,上升到2008年的4.3%、排位第5位。从1993年至2009年,中国出境旅游从374万人次增长到4750万人次,年均增长15%以上。从2002年起中国超过日本成为亚洲第一出境旅游客源国。从2007年起中国出境旅游消费约300亿美元,出境旅游花费升居世界第5位。2009年出境旅游外汇支出估计约380亿美元,接近同年入境旅游外汇收入390亿美元,在国际旅游收支上大体平衡。我国入境旅游、国内旅游与出境旅游的全面推进,标志着作为世界旅游大国的市场基础越来越坚实。

可以乐观地预见,中国公民出境旅游的势头在未来十至二十年内将会越来越强劲。正是由于这一点,各国政府都竞相与我国签订中国公民自费出国旅游目的地的协议。到目前为止,已实施中国公民自费出国旅游的国家和地区达104个,签订协议的国家和地区的达到139个,几乎包括了世界五大洲最重要的出境旅游国家。这些国家的旅游机构和企业纷纷来我国宣传推广,参加我国举办的全国性和地方性旅游交易会。近十年中,参加中国国际旅游交易会的国家从40多个增加到2009年的94个。进入我国的外资旅

[①] 2010年2月1日《中国旅游报》。

行社已由加入世贸组织前的9家增加到了30多家。从2009年9月15日起,国家旅游局正式受理外商投资旅行社的设立申请,注册资金降低为30万元。同时,取消对外资旅行社设立分支机构的限制。国务院去年12月发布的《关于加快发展旅游业的意见》进一步提出,"在试点的基础上,逐步对外商投资旅行社开放经营中国公民出境旅游业务"。可以预见,外资旅行社进入中国的速度、数量、规模、档次将会有更大进展,与此同时外国驻华官方或半官方的旅游机构也必定有长足的增长。

中国旅游国际地位的攀升把首都北京推向了世界的前台,正如世界旅游业理事会总裁兼首席执行官让-克劳德·鲍姆加藤先生所说,"中国是世界上旅游经济最有活力的国家,是最令人激动和感兴趣的新兴旅游目的地之一。我们的成员为能够到北京举办大会而感到高兴,所以理事会的董事们一致同意在中国举办第十届旅游旅行大会"。

以总部经济为特征、服务型经济为主导的产业结构,是世界城市经济形态的主要特征。北京市人民政府《关于全面推进北京市旅游产业发展的意见》指出,把北京建成"亚洲的会展、商务和国际一流旅游城市","组建会展旅游协调机构,申办具有全球影响力的专项活动、大型赛事、会议和展览,培育3至5个世界级会展旅游品牌"。目前北京的国际组织总部仅2家,与巴黎208家、伦敦57家、纽约21家、东京16家(1988年资料)相比,差之甚远。就旅游而言,目前在北京设有官方或半官方的旅游机构有40多个,但国际旅游组织的机构仅亚太旅游协会北京办事处1家。

按照《北京城市总体规划(2004~2020年)》,第一步是构建现代国际城市的基本构架,第二步是到2020年全面建成现代化国际城市,第三步是到2050年成为世界城市。按照笔者的理解,到2020年中国初步成为世界旅游强国,到中华人民共和国成立100周年之际,中国成为比较完整意义上的世界旅游强国。

与世界城市相匹配,北京应成为世界旅游之都、会展之都。路标已经指明,但是路程遥远。千里之行,始于足下。办好今年5月底在北京举行的第十次世界旅游大会,是当务之首。因为世界旅游业理事会汇集了全球旅游业的商业领袖,其成员包括全球旅游业中近百位最著名企业的总裁、董事长和首席执行官。全球旅游产业巨头云集北京,将是中外旅游业界直面交流、推进合作的最佳机缘。

旅游引领皇城文化的传承与创新①

金朝贞元元年(1153年),金朝皇帝海陵王完颜亮正式建都于北京,称为中都。之后元朝(大都)、明朝(京师)和清朝(京师)的都城均建立在北京,至1911年废除帝制,1912年成立中华民国,其间758年绝大多数年代为中国首都、国之皇城,积淀了绵长、丰厚、博大、精细的皇城文化,并在清代发展到顶峰。皇城文化曾经是其主流文化,直至今天还能看到它的物质构架,感受到它的文化影响。当今的首都文化,源自历史上的皇城文化。

14年前,笔者针对"长城故乡、东方古都"这一北京旅游总体形象定位,提出"北京最本质的特征是首都,不是古都","首都才是北京最大的旅游优势、最有力的旅游吸引物";主张以"首都旅游"作为"北京游的纲领与旗帜",全面"体现首都特色、首都水平与首都形象",建成"中国旅游首善之都"。本人主张北京主打"首都旅游",不赞成用"东方古都"来概括北京的旅游形象,绝不是否定古都文化(其核心是皇城文化),而是主张站在人民共和国时代的高度去界定北京旅游的主脉,并对古都文化、皇城文化加以传承与创新,使之融入首都文化之中。

一、处理好三个关系、坚持三条原则

1. 保护继承与扬弃、创新的协调发展

物质层面:保持皇城的基本布局、结构、建筑,不允许在核心区,尤其是中轴线上建与古城风貌格格不入的如国家大剧院之类的另类建筑物。

非物质文化层面:扬弃,即抛弃与时代格格不入的皇权文化的观念、意识与社会关系,如皇城中皇族、官宦、士绅、平民之间的等级制度,君君臣臣的等级观念,臣(下级)对君(上级)的愚忠等;发扬社会的忠义,家庭的孝道,儒商的诚信经营理念。更多的文化艺术遗产,无论是皇家的、士人的还是平民的,都可以传承、发展,并与现代人权、民主、法治理念、现代艺术手法、数字信息技术嫁接,创造新文化。

功能层面:公共性遗产资源(如故宫、国子监等)姓"公",为公众所有,为公众服务;私有性遗产资源(如产权明确的四合院)姓"私",在保持原结构与风貌的前提下,或自住,或自己经营商业性、文化性服务,或出租、出售,有自主经营权,可进入市场运作。还有一些公共资源(如国有房产),可采用招标等方式进行特许经营文化性商业服务。

2. 市民诉求与游客需求的包容发展

北京市民(包括外来常住居民),是皇城文化的传承者,有权自主选择留下来,还是迁

---

① 2012年5月在"北京皇城国际文化旅游节论坛"上的发言提纲。

出去。

居民社区如开展旅游,要由他们自主抉择,保障其居住环境不受打扰。

皇城内开展旅游,要处理好居民的隐私权、私密性与游客的自由性、自主性的关系,在区域规划中,既有居民与游客的共享、交流空间,又有各自的相对独立的生活空间。

3. 高端、中端、低端消费群体的休闲、旅游产品的平衡发展

"橄榄形"社会结构下,处于社会顶层的富裕群体主导高端豪华旅游,社会多数的中等群体构成国民旅游的主体,处于社会底层的平民群体也可以享受平民旅游。

在目前"金字塔形"社会结构下,行游住食购娱各类休闲、旅游产品,把握好高端、中端、低端消费产品的平衡、适度发展。

以高端旅游为引领,大众旅游为主体,大力倡导平民休闲、平民消费,关心各类弱势群体的休闲、旅游需求,如尚未就业的大学生、城市低收入者、农民工、北漂族等。

"皇城旅游,平民享受",应是北京皇城旅游的宗旨。

二、多方整合,打造北京皇城中轴游新名片

打造皇城中轴线文化旅游新名片、新品牌,使之成为北京旅游的精品、名品、特品,成为北京经典旅游产品。

北京皇城中轴线:世界独有、中国唯一。

梁思成:"一条长达八公里,全世界最长、也最伟大的南北中轴线穿过全城。北京独有的壮美秩序就由这条中轴的建立而产生。"

中轴线集皇家文化、官宦文化、士绅文化、平民文化(市井文化)、商业文化、会馆文化、外事文化与近现代的爱国、民主、人文文化于一体,体现天地人和的中华理念和核心价值观。

30多年间,外国人、港澳台同胞、外地人第一次到北京,故宫、天坛、北海以及颐和园、长城是必游之处,是皇城旅游的代表性景点。应与时俱进,打造北京文化旅游新名片。

北京皇城中轴游,是皇城文化游的精华线,把过去分散的点对点的散游串联、集萃为皇城文化整体旅游。

1. 产品整合

以故宫博物院为中心,向南北延伸,挖掘、利用、整修各类物质与非物质文化资源,开发各类皇城观光、休闲体验、历史考察、文化艺术、文化创意、国学修学、美食住宿、商务会展、国医养生、时尚购物与节庆活动等文化、旅游项目、活动与线路。

皇城中轴游要跳出观光式快游的套路,体现复合性、体验性、自主性和参与性的慢游旅游产品。

2. 促销整合

北京市鼎力主推,东城、西城两区通力合作,通过各类宣传推介渠道高强度、持续性宣传,大力推广北京皇城中轴游。

3. 经营整合

统筹交通：协调地铁、公交、旅游巴士、自行车、人力三轮车等各方，发行北京旅游交通卡。

企业联盟：皇城中轴线上的各类旅游服务企业，自主、自愿建立景点联盟、酒店联盟、餐饮联盟、演艺联盟等，推出中轴景点套票等。

4. 区域整合

第一步：由北京市文委与旅委牵头，成立北京中轴线旅游协调小组，整合东城区、西城区皇城中轴线旅游资源、产品，开展交通、联合促销、协调经营，形成完整的皇城中轴旅游线。

第二步：以中轴游为核心，把颐和园、圆明园、长城、运河、十三陵等皇都相关遗产整合为完整的皇城旅游区。

第三步：以北京皇城为基础，把承德避暑山庄、外八庙、天津盘山、唐山清东陵和保定清西陵等相关皇家景区整合为大皇城旅游区，开辟大北京皇家文化旅游圈。

5. 文旅整合

打造北京皇城中轴游与打造皇城中轴申遗相契合，形成合力。

申遗前：宣传推广皇城中轴游，为申遗造势。

申遗中：大力推出皇城中轴游，为申遗鼓劲。

申遗后：借申遗之风，推进皇城中轴游。

从旅游演艺谈天坛祭天文化的传承与创新①

一、祭天在天坛世界文化遗产中的价值

1. 敬天、重农是祭天文化的合理成分、文明精华,君权天授是祭天文化的时代烙印、历史产物

祭天现象源于远古社会的自然神崇拜,始于渔猎时代。在农耕时代,人的生存环境与以"天"为代表的大自然息息相关。清朝皇帝祭文:"民为邦本,深思稼穑之艰难;食乃民天,惟冀雨旸之时若","五风十雨,黍稷惟馨;九谷三农,顺成有庆"。祭天祭祀祈求风调雨顺、五谷丰登、国泰民安是民意所向,至今仍具有合理性。

天坛建筑与祭天、祭地、祈谷礼仪中隐含天、地、人的关系,而这一关系在中国古代宇宙观中具有核心地位、核心价值,其中隐含着以天为大、民为邦本、天人合一的中国古代宇宙观。天坛建筑中反映的对天象的认识具有科学成分(如祈年殿内大柱及开间又分别寓意一年的四季、二十四节气、十二个月和一天的十二个时辰以及象征天上的星座恒星等);天坛祭天礼仪中的艺术精华和哲学理念是宝贵的文化核心,至今仍有价值。

祭天作为一种国家或社会的祭祀仪式起源于周朝,自汉代以来,历朝历代的帝王都对此极为重视。天坛建筑与祭祀礼仪中体现的"君权天授"、皇权至上的理念,它也是一份历史遗产,"体现出帝王将相在这一关系中所起的独特作用",在今天只具有认识历史的功能,但没有社会人文方面的积极意义。需要用历史的眼光去解释祭天大典所展现的"天子"神权的理念,不能因它的"天子"神权的理念而抛弃它的敬天、重农的合理内核。

2. 祭祀礼仪和祭祀乐舞是天坛世界文化遗产的一部分

被列入《世界遗产名录》的北京天坛 1998 文化遗产遴选标准(Ⅰ)(Ⅱ)(Ⅲ)是:

(Ⅰ)代表一种创造性天才的杰作。

(Ⅱ)在一定时期内或在世界某一文化区域内,对建筑艺术、技术、纪念物艺术、城镇规划或景观设计的发展产生过重大影响。

(Ⅲ)能为一种现存的或已经消失的文明的文化传统提供一种独特的或至少是特殊的见证。

世界遗产委员会对天坛的评价:

北京天坛建于公元 15 世纪上半叶,坐落在皇家园林之中,四周古松环抱,是保存完

---

① 2012 年 5 月在"北京天坛祭天文化研讨会"上的发言提纲。

好的坛庙建筑群,无论在整体布局还是单一建筑上,都反映出天地之间的关系,而这一关系在中国古代宇宙观中占据着核心位置。同时,这些建筑还体现出帝王将相在这一关系中所起的独特作用。

丹陛桥、圜丘坛、皇穹宇、回音壁、三音石与祭祀乐舞是一个整体。建筑是祭天文化的物质文化遗产,祭祀礼仪和祭祀乐舞是非物质文化遗产。保护与传承世界文化遗产,包含天坛建筑与祭祀乐舞两个方面,缺一不可。否则,这个世界文化遗产就是不完整的。

二、从旅游演出谈天坛祭天文化的传承与创新

祭天仪式作为国家行为、国家活动,1912年起就废止了。1913年3月民国政府内务部总长朱启钤写有《请开京畿名胜》,筹划天坛向民众开放。1918元旦,天坛正式向公众开放。祭天仪式今天当然不能作为一种国家行为、国家活动,但作为一种历史文化的软性遗产,作为民众休闲、旅游表演,完全应该深入挖掘、保护、继承乃至内容上的更新、形式上的创新。

1. 仿古式表演经典化

每年集中两到三次、每次3~5天的仿古式表演。

每年冬至、正月上辛日和孟夏(夏季的首月),帝王祭天和祈谷的仪式。

春节、初夏与天坛祭天文化节,作为个传统节目,长期延续下去。

展演活动从大年三十至正月初五(2月6日至11日)间举行,总共有288人参加这场大规模的文化展演,表演总时长达90分钟。其中,"祭天仪仗"展演在丹陛桥上举行,每天上、下午各一场,"祭天乐舞"展演每天上、下午各一场。

有288人参加、长达90分钟的文化展演,不可能也不必要天天演。但能不能搞一个"精编"的微缩版?至少在法定的节假日游客集中的时段演出,时间在半小时左右、演出人数在百人左右,是可以考虑的。

在没有演出期间,陈列祭天大典中的服饰、礼器供参观。

2. 神乐署演出常态化

神乐署是皇家歌舞团的总部基地。神乐署是管理祭天时演奏古乐的机关。明代叫神乐观,当时神乐观的乐舞官、舞生都由道士担任。明朝永乐十八年迁都北京时,有300名乐舞生随驾进北京,以后明代神乐观常保持有乐舞生600名左右。到嘉靖时乐舞生总人数达2200名。

演奏与歌舞结合,每天定时演出"天坛古乐艺术"展演,在神乐署凝禧殿举行。展演活动在服装道具、礼仪规制等方面都尽量遵循清代"祭天"大典的原貌。

3. 循环播映天坛专题片、放映天坛祭天仪式录像

在天坛游客中心,循环播映天坛专题片,系统、准确、生动地展示祭天历史和天坛的历史、建筑、科技、美学、哲学与生态理念。

在天坛的某建筑体内,放映天坛祭天仪式录像,甚至拍摄一部半小时左右的3D片,

展示祭天仪式的恢宏场景。在适当地点设置 LED 屏幕，循环播映有关影像片。

在天坛游客中心，出售天坛纪念品、祭天法器仿制品，出租服饰摄影，食品饮料部推出宫廷点心、传统茶饮等，使祭天文化融入旅游服务元素之中。

4. 筹办祭天文化主题博物馆

以天坛为核心，向上追溯远古社会的自然神崇拜，夏周以来的国家祭祀（皇帝祭祀）；从汉满的祭天文化扩展到各民族的祭天文化，如纳西族正月为大祭天，七月为小祭天；向外拓展到古印度、古巴比伦、古希腊罗马与玛雅文化中的"天"文化；向前展望人类对"天"——宇宙的探索，建成一个以"天"文化为主题的集历史、社会、哲学、艺术与科技于一身的特色博物馆。

5. 天坛管理建议

天坛是世界文化遗产、国保单位与公众公园的统一，兼顾参观者与社区居民的权益，不能用参观者的诉求侵害社区居民的休闲权益，也不能让社区居民的休闲活动影响参观考察，损害世界文化遗产和国家文物保护单位的价值。

作为世界文化遗产、国保单位的核心区（从圆丘坛—回音壁—皇穹宇—丹陛桥—祈年门—祈年殿），应该是一个严肃的、庄重的、静谧的历史文化参观、考察区，这里不需要与天坛的文化氛围相背离的群众性的歌舞活动、儿童游乐园等。群众性的晨练、歌舞和儿童游乐活动应划定专门区域，但不能成为游乐园。

天坛约 2.73 平方公里，略小于颐和园，是故宫面积的 4 倍。游客观览区与居民休闲区大致可以"回"字形分界，中心"口"字内为内坛，原则上应划为非居民休闲区。

建议北京市政府出台《天坛管理条例》，划定社区居民休闲活动的区域与活动方式，使管理部门依法管理，参观者依法游览，社区居民依法休闲，外来游客与社区居民既有交流空间又有适当分区。社区居民的文化、健身休闲活动也是天坛文化的一部分，是外来游客特别是外国游客十分感兴趣的内容。妥善处理两者的关系，是世界文化遗产管理者的一大课题。

京西南五区共铸永定河文化旅游新品[①]

一、转型升级的先导产业

在北京城市发展新格局下,京西南五区的社会经济发展面临历史性的转折:石景山区退二进三,从钢铁工业主导向现代服务业转型;门头沟区属于资源枯竭型城区,从采煤工业为主向生态涵养、绿色产业转型;房山区从山区传统农林业为主导向生态涵养与环境友好产业新区发展;丰台区与大兴区从传统农业向现代都市农业与环境友好产业新区发展。

旅游服务的综合性、消费群体的多样性、消费档次的多层性和消费性质的终端性,是现代服务业中最有活力、辐射面广、拉动力强的朝阳产业,能直接拉动现代服务业的全面发展,推进物质与非物质文化的产业化,促进传统农林业的现代开发、纵深发展,实现工矿业遗迹的变废为宝、二次开发。旅游业对资源与环境的依存度高,但对资源与环境的损耗较小并促进保护,是一种资源节约型与环境友好型产业。旅游业可以成为京西南五区经济转型升级的先导产业,资源枯竭型地区后续发展的替代产业,农林业从一产向三产延伸的衍生产业,推进城乡一体、协调发展的产业。

京西南五区具有发展旅游业的充分条件。

从社会基础看,北京已完成工业化阶段。2008年第三产业已占国内生产总值(GDP)的73.2%,北京居民人均GDP已达到9075美元,城镇、农村居民消费恩格尔系数分别为33.8%和34.3%,正从全面小康向富裕阶段提升,社会对观光、度假、康体、娱乐的需求正在持续释放,正进入大众休闲时代。

从客源基础看,京西南五区依托北京1700多万的人口,其中包括四五百万的境外常住与暂住人士。北京市民一年在京旅游5000万人次,其中约有1/5是去京郊旅游的。北京年接待国内游客近1亿人次,其中多次来京游客中一部分有可能分流到京郊。环京津城市圈的居民也是未来京郊新兴旅游目的地的潜在客源。

从资源基础看,京西南五区各有丰厚的山水农林生态环境、历史文化资源和现代社会与产业资源,有条件开发成现代城市群体日趋增长的观光、度假、休闲、康乐等休闲旅游产品。

从交通条件看,日益完善的北京快速交通网,五环、六环贯穿京西南五区,使中心市

[①] 2010年5月在"北京市西南五区发展论坛"上的发言。

区与京郊近在咫尺,家庭汽车的普及、北京散客服务系统的完善,城郊一体化的推进,若干年前制约京郊旅游的交通瓶颈已不复存在。

从旅游产业看,京西南五区已初步建立了旅游服务与管理体系,产业基础初步建立,近年来游客接待量迅速增长,特别是乡村民俗旅游普遍兴起,成为京西四个区的主导旅游产品。

二、特色与形象

目前,京西南五区的旅游业在北京市处于中下阶梯,既表明它相对落后,又说明潜力丰厚。后起的旅游目的地只有强化特色、铸就品牌,在群雄蜂起的旅游市场上形成独特到鲜明的旅游形象,才能异军突起、后来居上。

区域旅游总体形象是一个地区地脉、史脉和文脉的集中体现,是该地区唯一、独特个性的高度概括,是它的旅游精华的形象展示,是吸引旅游群体的无形导向。京西南五区的旅游形象要各显特色、差异互补、争奇斗艳、避免雷同。

石景山区的特色不是八大处与法海寺,也不是天台山与大悲泉,这些文化遗迹与自然风光与北京其他地区比较没有优势。石景山区要打造的不是古典而是时尚,不是绿野而是繁华,是与时俱进的都市产业文化与时尚休闲娱乐的结合。首钢遗址是北京工业文明时代的典型,而在首钢遗址上新建时尚文化创意园、有待升级换代的石景山游乐园、有待新建的中外马戏乐园、超豪华标准的衙门口温泉度假等,应该成为后工业文明的载体。"穿越钢城动脉"首钢观光火车环厂游是首钢百年老厂涅槃重生的第一步,是传承与创新的衔接。石景山区应该在传承工业文明的根基上,充分发挥其交通便捷与紧贴市区的优势,建成时尚的、欢乐的、动感的"欢乐驿站、风华家园"。

门头沟区的厚重、淳朴,与山水融为一体,在北京十八个城区中独占优势。"京西文化走廊、山水宜居新城、首都生态屏障、休闲旅游胜地",是对门头沟区生态环境与文化脉络的较好概括,但是重点不够突出、个性不够张扬。"先有潭柘寺,后有北京城",这句谚语反映了它在北京历史上的地位。潭柘寺、戒台寺不仅仅是香客朝圣的佛门,更是城市中那些匆匆上班、迟迟下班,为名、为利、为家终日拼搏、心神憔悴的白领、粉领族,难得一求的心灵驿站,加上灵山、妙峰、百花的绿与静,更是弥足珍贵了。门头沟区应该建成清新的、纯净的、自在的"山水家园、心灵驿站"。

房山区山、水、洞、绿齐全,"人"("北京人")、文、寺、经传承,在北京十八个城区中独一无二。"北京祖根、溶洞王国、山水秀地、温泉之乡",十六个字点出了房山区的资源亮点。"北京祖源、世界洞天"作为房山区的旅游宣传口号也无不可。建议进一步凝聚房山区的旅游特色,把世界文化遗产周口店北京人遗址与十渡世界地质公园放在更突出的地位,这是两块无可替代、永不退色的金字招牌,它们不仅属于房山、北京,而且属于中国、世界。周口店不仅是北京人的发源地,也是东方文明的发源地之一。应该抓住正在进行中的周口店遗址第三次保护性挖掘的机会,超前谋划"北京人世界文化遗产公园",展示

"从北京人文曙光到东方文明复兴"的史诗般主题,建成吸引全球眼光的文化精品。十渡世界地质公园囊括了房山的山、水、溶洞奇观,既有观光价值,更具科学价值。房山区应该建成神圣的、神秘的、神奇的"东方祖园、地质奇苑"。

丰台区从600年花乡到世界花卉博览园,从卢沟桥"七七事变"到宛平城中国人民抗日战争纪念馆及雕塑园,现正在建设我国首个总部经济区——丰台科技园总部基地,世事沧桑、历史巨变,浓缩了北京从农耕向现代跨越的深远历程。世界花卉博览园、奥运花卉配送中心,象征着花卉产业的时代嬗变。"花卉家园"是丰台的根脉,又是人们永远追求的佳境。卢沟桥、宛平城是中国人民心中永恒的疼痛与记忆,世世代代都会来此地追思、缅怀,是警示之旅、和平之旅的神圣之地。总部基地是改革开放、世界经济全球化的平台,"地球村"的缩影,开展商务会展旅游的基地,也是丰台未来的希望。历史—现实—未来,是构思丰台旅游形象不能不考虑的一根主线。丰台区应成为新北京艳丽的、大气的、全球的"花卉家园、地球新村"。

大兴区一马平川,既无山水风景,也无名胜古迹,也不如通州那样富河多水,却在农业的基地上谱写了一篇以休闲农业为主导的大文章。独创西瓜文化的庞各庄瓜园、御林千年古桑园,留民营生态农业科普园,采育万亩葡萄园,潘铁营黑陶村,充分体现了"一村一品"、"一乡一特色",融农业品牌建设与旅游品牌建设于一体,相辅相成,互动发展。休闲农业源于传统农业又高于传统农业,从一产衍生出三产,农民务旅不离乡,亦农亦旅,造就了一代新农民。大兴区的乡村旅游要进一步向规模化、标准化、精细化发展,实现转型升级,延伸产业链,建成北京甜美的、温馨的、城乡一体的"绿海甜园、都市庭院"。

策划旅游目的地总体形象没有固定的套路,也没有一成不变的格式,一切因地而宜、因时而异。旅游总体形象还必须以旅游品牌产品为支撑,各区要在近期培育两三个品牌景区,中远期培育三五个品牌景区,使旅游形象具象化、实体化、体验化,让游客看得见、听得到、尝得着、买得到、玩得好、感受得到。

三、共铸永定河文化旅游品牌[①]

略。

---

① 参见《区域篇·永定河旅游:北京旅游新名片》一文。

永定河旅游：北京旅游新名片[①]

一、北京母亲河：历史沧桑与时代新生

永定河以她的生命之水孕育和滋养了北京千年都城。侯仁之院士曾指出，北京城市发展的雏形，起源于古代卢沟桥附近永定河的渡口，历史上曾是南北交通的枢纽。她孕育、催生、抚养了北京，当之无愧为"北京的母亲河"。河流沿岸汇聚着无比丰厚、深邃的自然与人文资源。

从自然地理的视角，永定河从北向南流经京冀多地，串联起山川峰林、冰川遗迹、峡谷瀑布、溶岩洞穴、平原滩地等多种形态的地质地貌，尤其是汇聚了中国北方最大的岩溶洞穴群落，构成了一个"天然地质博物苑"，被列为"世界地质公园"。

从人类发育的视角，北京人、新洞人、山顶洞人及田园洞人古人遗址，上游的许家窑人遗址，中游的东胡林人遗址等，周口店北京人遗址被列为"世界文化遗产"。万千年间先祖们在这片土地上生息繁衍，构成了一幅人类发祥的历史画卷。

从城市发展的视角，三千余年前的西周燕都遗址，近千年胡燕京金陵陵园、沿河城、举人村、爨底下、三家店、琉璃渠、京西古道、团河行宫，延绵不断的古城、古都、古道、古村落直到今天的北京新城区，展示了北京从东方古都迈向世界都市的历史足迹。

从现代历史发展的视角，长辛店"二七"纪念碑、卢沟桥-宛平城抗日纪念馆、门头沟冀热察挺进司令部旧址、京西地下交通线……构成了一幅中华民族捍独立、争民主、求解放的百年壮丽画卷。

从产业经济嬗变的视角，从远古的农耕文明到现代的都市农业，从门头沟的近代煤窑到石景山现代钢城，再到现今的文化产业基地，展现了社会产业文明不断更新的历史印迹。

从文化思想演进的视角，潭柘寺与戒台寺的宝殿、云居寺的石经、蟠桃宫的道观、十字寺的景教遗存、法海寺的壁画、灵光寺的释迦牟尼真身舍利，宗教文化的传播反映了源远流长的中外文化的交流与融合。

从水利文化发展的视角，从"浑河"、"无定河"到永定河，从奔腾咆哮、洪卷百里到河水断流、河道干枯，史书中记载的古渡口、戾陵堰、车箱渠、卢沟桥古码头及元代漕运兴废，到目前正在启动的生态修复工程，永定河的百年沧桑留下众多关于人与自然的思考

[①] 2011年10月在"第四届首都西南区域经济论坛"上的发言。

与启迪。

长期以来,永定河承担北京城市用水、灌溉与航运功能。20世纪80年代以后,北京一直水资源紧缺,为了满足城市用水,三家店以上永定河水几乎全部引入市区,使三家店以下70多公里的河道长年断流,河道土地沙化、河床裸露。由于无水补给,加上严重超采地下水,北京西部地区第四纪地下水已经全部枯干,河水流域的生态系统受到严重破坏,"母亲河"的乳汁日渐枯竭。

市政府关于"建设永定河生态走廊与水岸经济带"的决策与永定河绿色生态发展带建设的启动,给濒临衰竭的"母亲河"带来了复兴的生机。正在编制中的《永定河绿色生态走廊建设规划》《永定河绿色生态发展带综合规划》,描绘了一幅永定河生态修复的蓝图,也为开发永定河文化休闲旅游带奠定了自然生态基础。

二、绿色·文化·休闲:永定河旅游的功能定位

近年来,京西南五区对永定河文化的保护与利用做了许多工作,如"京西幡乐"进入中国民族民间文化保护工程名录,爨底下村列为中国历史文化名村,京西太平鼓列为2008北京奥运会开幕式表演的备选项目;初步开发了一批观光休闲旅游项目,如永定河峡谷漂流,古香道、古商道及古栈道登山比赛,爨底下古村落观光,卢沟桥庙会与中秋节等,修建了永定河生态园林,举办了三届中国·北京永定河文化节等。但是,总体上看,永定河文化旅游还没有得到整体开发,"永定河旅游"还没有成为北京旅游品牌。

永定河旅游应以建设世界都市为背景,以永定河生态修复为基础、永定河文化为主线、休闲为主导功能,绿色、文化、休闲三位一体,成为京西南产业转型、经济发展、文化振兴、生态修复的先导产业与形象窗口,建成北京和华北地区的著名绿色文化休闲旅游带,使这条历史名河、文化名河、绿色名河成为北京国际大都市的一张新名片。

根据《永定河绿色生态走廊建设规划》,"山峡段"将建设6处湿地景观,成为自然景观河道;"城市段"将形成由溪流连通的6处湖泊和湿地,沿河建设十大主题公园;"郊野段"将在河道及两侧建成乔、灌、草相结合的绿化保护带,形成10公里溪流。

永定河旅游开发的总体布局在"绿色生态走廊建设规划"的基础上,京西南五区优势互补、因地制宜,重点开发以绿色休闲与文化休闲为主体的多种旅游景区、景点、线路和产品。

第一段:山野峡谷生态旅游带(山峡段—三家店水库上游区段,总长度约92公里)。门头沟区加快旅游集散基地、特色小城镇和生态田园村庄建设,重点开发山林峡谷绿色休闲与历史名寺名村旅游产品,精细包装潭柘寺、戒台寺、爨底下与琉璃渠历史文化名村,建设好麻峪湿地公园,全面提升山谷休闲乡村旅游。

第二段:新城区文化休闲旅游带(城市段—三家店水库至南六环路区段,总长度约40公里)。石景山区、房山区和丰台区结合产业转型、新城区建设、发展文化产业和人工湖建设,重点开发永定河文化旅游与滨水休闲产品。重点项目有首钢工业遗址公园(文化

创业园)、长辛店－宛平城历史文化旅游区、良乡与大兴现代文化产业园区,高标准建设好门城湿地公园、永定河文化公园和"园博园"(2013年中国国际园林花卉博览会),开发利用好莲石湖、宛平湖、晓月湖、大宁湖、稻田湖滨水休闲基地和长阳生态休闲岛。

第三段:城郊休闲农业带(郊野段—南六环路至大兴榆垡区段,总长度约38公里)。结合小城镇和新农村建设,按"一村一品"原则开发都市休闲农业,重点项目有榆垡全国农产品加工业示范基地、梨院休闲梨园、乡村体育基地、国家新媒体产业基地和自驾车营地、汽车电影基地等。

在南北蜿蜒的永定河沿线,应把丰富多彩的永定河历史文化与民俗风情有机地融入各个观光游览景点,在住宿餐饮、文化娱乐、康体健身、旅游商品及交通设施与服务之中融入永定河文化的元素,并在沿线节点上以博物馆、主题园、浮雕、碑廊、雕塑、壁画等多种形式,将延绵747公里的永定河历史文化画龙点睛式地展现出来,形成一幅展示永定河文化的历史长卷,让游客在游览休闲的全过程中思索、体察、领悟"北京母亲河"的过去、现在和未来。

三、区域合作、产业融合:永定河旅游发展之道

作为体现区域特色的优势产业、现代服务业的先导产业、资源节约型和环境友好型社会的绿色产业、推动社会进步和提高人民生活质量的民生产业、开展对外交流和提升地区形象的窗口产业,目前京西南五区都已确定了各自的旅游发展目标、战略与规划,旅游业正在快速、持续发展,同时京西南地区的城铁、高速公路建设正在大步推进,快速便捷的京西南交通格局即将形成,为五区旅游合作提供新基础。

在北京市政府启动永定河绿色生态走廊建设工程的历史机遇下,依托全市之势、汇聚五区之力,共同铸就永定河旅游新品牌,应成为京西南的旅游合作的突破口与新纽带。

为此,建议京西南五区:

● 联手调查、挖掘、疏理永定河流域物质与非物质文化遗产,共同建设京西南文化走廊,为开发永定河文化旅游摸清家底、夯实基础。

● 在北京市旅游局指导下,联合编制《永定河文化旅游总体规划(北京段)》。在《总体规划》的指导下,五区统一筹划、分段、分期实施,逐步建成一条完整的纵贯京西南的生态与文化融合的休闲旅游带。

● 在北京市文化局、旅游局指导与支持下,联手举办中国·北京永定河文化节,文化节主会场由五区轮流承担,其余四区同时举办分会场,造声势、扩规模、展内涵,成为京西南五区的共同的文化与旅游盛事。

● 共同设计"永定河旅游"的宣传口号与形象标志,建立永定河文化旅游宣传基金,联手编印宣传材料,开展联合营销,以"永定河文化旅游"为旗帜参加国内外旅游交易会。

● 根据京西南新的交通格局、游客流向和景点分布,统一布局、筹建永定河游客服务中心、旅游交通枢纽、自驾车标识系统与服务基地,为京津冀游客提供方便、周到的旅游

公共服务系统。

• 筹建"永定河旅游网站",向国内外公众提供详尽、准确、及时、实用的五区旅游服务信息,目前五区的旅游网站实现自动对接。

• 五区的旅游集散中心、游客服务中心增设"永定河旅游"信息专柜、专栏,共同推介京西南旅游产品。

• 在平等互利、自愿协作、市场运行的基础上,京西南五区,特别是邻近地区的旅游景点和旅游企业互相推介产品,开通跨区之间的旅游巴士,实行旅游消费联合优惠,促进旅游企业跨区域经营,共同做大"蛋糕"。

• 五区旅游局建立"永定河旅游联盟"机构,定期磋商合作事宜,共同举办旅游节事活动。该机构实行召集单位轮流制、活动经费由五区旅游局共同分担。五区旅游景区景点与旅游企业在自愿参加的原则下,建立跨区旅游行业协会(联谊会),推进区域合作常态化、市场化运行。

• 永定河地跨北京、河北两省市,永定河水源来自官厅水库,京西南的不少旅游景区与河北省一水之隔或一山相连。旅游区域合作要突破行政区划,扩大到两省市。永定河西岸的旅游开发已纳入河北环京津休闲经济产业带范围,以后永定河旅游协作活动应邀请河北省的相关市县和旅游景区共同参与、共同发起,使永定河旅游成为促进京冀旅游合作的纽带。

旅游产业的综合性与永定河旅游产品的多样性,要求在市政府的领导和五区政府的主持下,实行部门合作,推进产业融合,使"永定河旅游"成为相关部门与产业的共生共荣、互动发展的纽带。

• 水利部门。水利建设是永定河旅游的根基与命脉。在河道整治与生态修复工程中,把旅游开发作为重要内容纳入其中,开发永定河水利文化旅游产品系列。

• 文化部门。文化是永定河旅游的主线与灵魂。永定河旅游能否成为北京旅游的新名片,取决于永定河文化挖掘、利用的广度、深度与力度,文化部门、文化企业、文化产业基地要精心开发设计永定河文化旅游产品。

• 宗教部门。宗教文化是永定河旅游的特种文化产品。潭柘寺、戒台寺、云居寺、法海寺等既是陶冶心灵的殿堂,也是追溯历史、鉴赏艺术、体验文化的课堂,努力开展文明的宗教朝拜旅游与深度的宗教文化旅游。

• 农业部门。观光休闲农业是永定河旅游的基础性产品。永定河孕育了传统农耕文明,如今都市农业成为首都经济的新亮点。结合都市农业与新农村建设,以"一乡一品、一村一特色"为方向,提升正在蓬勃发展的乡村旅游。

• 林业部门。森林旅游是永定河绿色旅游的主体产品。峡谷的山野森林与平原的人工森林是城市的绿肺、城市居民休闲养生的绿园。结合林地改革、森林公园建设,开发建设森林旅游基地。

• 国土部门。永定河流域的溶岩洞穴是我国北方地区罕有的地质现象,地质奇观是永定河旅游的一大瑰宝。地质旅游是观光、欣赏、探险与科普的结合。国土部门在指导、推进地质旅游的同时,"适当增加旅游业发展用地,积极支持利用荒地、荒坡、荒滩、垃圾场、废弃矿山……开发旅游项目"(国发〔2009〕41号文件)。

上述部门是直接主管主要旅游资源、开发主要旅游产品的部门,发改委、城乡建设、交通、信息、媒体、商业、金融、环保、卫生、教育、体育、公安等,是为开展旅游制定政策、提供支撑、营造社会环境的部门。旅游的发展与运行离不开各个部门、各行各业的支持与合作。政府旅游部门的职责是主动做好统筹谋划、协调配合和规范服务。"穿针引线"是旅游局的天职,"越俎代庖"是不利旅游发展的大忌。

各地区、各部门目前正在筹划"十二五"发展规划的编制,京西南五区要力争把开发永定河旅游列入北京市"十二五"发展规划的重点项目,并纳入京西南五区的"十二五"国民经济与社会发展规划,上下左右达成共识、聚成合力、化为共同行动。

可以预期,永定河文化旅游,经过三五年的扎实工作必将成为京西南五区的主打旅游产品、北京市的品牌旅游产品;经过五至八年的不懈努力,可望成为京津冀与环渤海地区的品牌旅游产品。京西南五区一衣带水,千百年来共同守望着"母亲河"的身影,共同经历了"母亲河"兴衰的历史过程,必将共同完成振兴"母亲河"的时代责任。

"72游客":是机遇,更是考验[①]

日前北京口岸宣布,从明年1月1日开始,对45国公民72小时过境实行免签政策,即以上国家的公民乘飞机路过北京前往第三国,可以享受免签证待遇,在北京市区内可停留72小时。北京国际机场将设立边检专门通道,航站楼设免签游客服务区,即可办手续进入北京。笔者姑且称这些旅客为"72游客"。

首先,这一政策将极大地促进国际入境市场增长,拉动北京市旅游业和相关产业。去年北京接待入境外国旅游者447.4万人次,外国游客占北京入境游客总数的86%。据2010年抽样调查资料,外国游客平均在北京停留3.7天。外国过境公民可在北京停留72小时,略少于外国赴京游客的平均停留时间;他们在北京的参观游览、购物娱乐和休闲健身有充裕的时间,完全可以满足在北京观光休闲的大部分需求。

2010年北京旅游外汇收入是54亿美元(含港澳台游客消费),其中4/5是外国游客的消费。外国过夜散客在北京人均天花费254.6美元,人均花费942美元,在京总花费42亿美元,占北京旅游外汇收入的4/5。有关调查显示,首都机场每年的过境外国人达500万人次,约一半人有在北京观光、购物、休闲的意愿。如以每个外国游客3天花费760多美元估算,新政策实施后,"72游客"如达到100万人次,旅游外汇收入将会新增七八亿美元;"72游客"如达到200万人次,旅游外汇收入将会新增15亿美元,无疑将成为北京旅游外汇收入新的重要增长点。北京市"十二五"旅游发展规划预计,到2015年入境旅游者达到1000万人次、旅游外汇收入100亿美元,本来是一个并非轻易可达的目标。今年1月至10月北京接待外国游客371.9万人次,同比下降2.66%。在目前世界经济形势仍然严峻的背景下,这一新政策似一股强劲的暖流,给北京国际入境旅游注入了新的活力。入境旅游者的花费在服务外贸中既是劳务与商品的出口,同时又转化为一种特殊形态的"内需",为北京的消费增量带来新的源流,同时又增加了北京的就业需求。

当然也须指出,这一政策在给北京带来机遇的同时,也是一个考验。这些"72游客"对我们来说是一个陌生而特殊的游客群体:他们不是以北京为旅游目的地,而是以北京为中转过境地;他们在北京不是以商务会展、休闲度假或探亲访友为主要目的的常态游客,而是以顺道观光游览、购物娱乐或休闲放松为目的的短暂"过路人";他们大多是独自行动的散客,而不是集体活动的旅行团;他们或者首次到京或者重来北京,对短暂停留的诉求各不相同,旅游需求更加个性化;他们惜时如金,想在短暂的时间内看自己最想看

[①] 以《过境免签做好服务是关键》之题刊载于2012年12月10日《中国旅游报》。

的、做自己最想做的,等等。这些"72游客"能否便捷地通过边检,快速地选定与到达入住宾馆,舒心地游览东方首都的老景点、新市貌,如愿地品尝美食、欣赏艺术,惬意地健身养神,愉悦地选购中意的商品并方便地办理离境退税,在72小时内得到一个"首都服务"、"中华服务"的良好形象,并通过他们的口碑传递给亲朋好友,而不是给他们留下一种不愉快的经历与印象,这是对北京人的一个严峻考验。

北京虽然接待外国游客多年,有较好的硬件和软件基础,但涉外服务环境仍不完善,特别是交通状况、国际接待环境、市民和一线涉外服务人员的外语交际能力,一直是接待外国游客的软肋。当务之急是针对这些"72游客"的特定需求,北京的相关各界亟待研究:如何设计和传递"北京过境游"的项目、线路和设施?可否推出一日、二日、三日游的交通与观光套票?可否推出一日、二日、三日"的士"包车服务?议论已久的市区观光车何时开通?如何预防长期存在的"一日游"宰客顽症在过境游中发作?机场、客运、宾馆、景点、餐馆、文娱演艺场馆之间如何紧密合作、无缝对接,形成一个协作、互补互利的服务链?像故宫这样的"热点"景点,长城、十三陵这样的一日游热线,可否为"72游客"设置便捷通道。"72游客"的活动重点区域是东城区、西城区,其次是海淀区、朝阳区,远郊的热门游线是长城与十三陵一日游。东城区、西城区能否在京城南北中轴带上打破行政界限,提供统一游览地图、线路标识、游览食宿购娱指南、环形观光巴士和应急服务网络,以及开通联为一体的,集外语导览、讲解、咨询与救援于一体的手机网络服务,等等。人们常说,细节决定成败。人们有理由期待,"72游客"的到来会催生首都旅游公共服务系统(含外语服务环境)的形成与完善,推进北京国际航空枢纽港的形成,加速世界城市建设的步伐。

"过境免签"是时下许多国际化大都市的通行惯例,不仅欧美诸多国家的大都市,而且亚洲的新加坡、曼谷、迪拜、成田、仁川和我国香港、台北早就如此。那里的过境旅客百万、千万,而首都机场仅30来万,可见差距之大。尽管上海、广州实行了对部分国家空港口岸城市居民的"过境免签"措施,但是毕竟范围较小、涵盖面较窄。这次北京空港实施的免签入境对象涵盖了我们的主要客源国,遍及欧、美、亚太地区,其数量之多、受益面之广和牵动面之大,显示了航空口岸城市的对外开放力度之大居国内首位,在世界上也不多见。

此次确定的45个过境免签国是我国的主要客源国和旅行目的国。据笔者粗略统计,2011年这些国家来我国游客约1700万人次,约占当年接待外国游客总量的3/5,且大多是发达国家、新兴国家、社会体制转型或历史上长期与我国友好交往的国家。这些国家出境公民的信誉度较高、消费水平较高,在世界旅坛上具有代表性。这次北京的举措是我国出入境、航空和旅游界对外开放史上的重大步骤,必将对我国的对外交往,特别是民间交往和公共外交产生重大的影响。同时,由于首都北京对这些国家的公民实行此项政策,也会推动这些国家对我国公民去该国,或经由该国去第三国提供相应的便利,因而这是一个国际上互利双赢的决策。

如果跳出旅游从更广阔的层面去观察,此时此刻,北京的这一举措无疑向世界发出一个强劲的信号:中国的改革开放国策将进一步推进,未来中国向世界开放的路子将更宽广、更深入、更有力。一个行动胜过一打宣传,世人将从这一措施中真真切切地感受到,站在他们面前的是一个更加开放、更加友善、更加自信的中国。

"72游客":不宜由政府指定的旅游公司独家经营[①]

据近日《中国旅游报》报道,首旅集团将"承接过境免签旅客的旅游接待服务工作,提供城市公共资源的公益性服务"。首旅集团麾下的神舟国旅"将安排专业人员现场接待相关游客"。神舟国旅的负责人表示,"除了首旅集团自有的一日游、二日游产品,还将陆续整合首旅集团的酒店、餐饮等资源,以低于市场的价格给过境旅客享受,吸引游客在北京停留"。

看了这条信息,立即想起了"近水楼台先得月"这句古话、老话。

从明年1月1日起,北京实行45国过境旅客可免签入境,在北京市内停留72小时。无疑这是一个不小的商机。有关调查显示,首都机场每年的过境外国人达500万人次,约一半人有在北京观光、购物、休闲的意愿。据首都机场方面的预测,从2013至2015年,中转免签入境的游客累计180万人次。据2010年游客抽样调查,外国过夜散客在北京人均停留3.7天,人均天花费254.6美元,人均花费942美元。如以每个外国游客3天花费760多美元估算,新政策实施后,3年内"72游客"在北京的旅游消费将达17亿美元,无疑将成为北京旅游外汇收入的重要增长点。北京市"十二五"旅游发展规划预计,到2015年入境旅游者达到1000万人次、旅游外汇收入100亿美元,这是一个并非轻易可达的目标。今年1月至10月北京接待外国游客371.9万人次,同比下降2.66%。可见,在目前世界经济形势仍然趋冷的背景下,这个新政策对北京入境旅游是一股强劲的暖流。

面对这个商机,北京市有关方面首先想到首都旅游集团,是很自然的。该集团是市国资委的直管企业,交给它办这件具有重大涉外影响、事关首都形象的大事可靠放心,此其一;该集团实力雄厚、人才济济,集酒店、旅行社、餐饮、购物商店等服务业态于一身,接待服务质量有保证,过去北京的一些重大旅游涉外活动,如2011年的世界旅游大会,今年的世界旅游城市大会均由它接待而无一失,此其二;作为国企,"提供城市公共资源的公益性服务","以低于市场的价格给过境旅客享受,吸引游客在北京停留",理直气壮,此其三。

然而细想一下,问题就来了:接待"72游客"在京停留、观光休闲是什么性质的活动?是一次性的公务接待活动,还是常态性的经营活动?是政府行为,还是市场行为、企业行为?如果是后者,是由政府指定或委托某个企业独家经营,还是由企业自主经营,由众多企业竞争经营?政府在这个过程中,是扮演"婆婆"的角色,让这个"媳妇"干什么,不让

[①] 2012年12月8日搜狐博客。

那个"媳妇"干什么？或是说由政府自己"搭台"，只让自己点的"戏班子"唱戏？作为国有企业，"提供城市公共资源的公益性服务"是可以的，但作为企业"以低于市场的价格给过境旅客享受"，可行吗？市场垄断的本质是必然追逐高额利润，不分国企、民企。再说，"72游客"虽然特殊，但本质上仍是旅游消费者，北京的行、游、住、食、购、娱企业成千上万家，为什么只由一家经营或主导经营？一年"72游客"少则几十万，多则上百万，一家经营得了吗？竞争推动产品更新、服务提升，市场垄断导致品质下滑、创新缺失，这个市场法则对接待"72游客"也一样适用。

72小时外国过境旅客免签入境停留，这件事关重大、涉及各方，由政府决策、政府推动、政府监管，并由政府统筹协调并提供公共服务，或某些公共服务委托若干企业提供，并在运行初期加大加强政府统筹、监管力度势所必然。但是这不等于说，政府与企业不该分工。笔者认为，在放不放外国过境旅客免签入境问题上，由政府说了算；"72游客"在京期间的安全保障、服务保障、合法权益保障，政府应负责。但是"72游客"在京期间的服务由谁供给、如何供给，应交给企业做，各类企业一律平等。企业间的协调、自律，政府可以指导、监督，但更多的由旅游协会、各行业协会去管，服务标准与服务等级由行业组织自己定。但愿目前由一家企业经营"72游客"的做法，只是起步期的临时之举、不得已的权宜之计。

写到此，引用2008年12月2日郭金龙同志在北京旅游产业发展大会上的一段话结束本文：

"创新旅游管理体制。积极推动旅游业发展由政府主导逐步向政府引导调控、市场主导转变，着重发挥规划的龙头作用和政府资金的引导作用。加强旅游行业协会的发展，提高行业自律和促进产业发展能力。尤其是要尊重市场运作规律，发挥企业主体作用，提供优质公共服务，鼓励支持社会资本积极参与，实现资源与资本的有效结合，共同促进旅游产业发展。"

北京市要在旅游行业组织革新方面开题破局[①]

北京市旅游发展委员会组建以来,在推进旅游统筹协调、综合服务方面取得了显著的进展。在国际交流合作方面,发起成立了世界旅游城市联合会,创建了"金砖五国"首都城市之间的旅游合作机制;在国内区域旅游合作方面,北京联手上海、天津等城市发起成立了中国会奖旅游城市联盟,与兄弟省市一起组建了京沪高铁城市、京广高铁城市旅游联盟等协作机制;在市内部门联动、产业融合方面,中央部委与市府等80个单位建立了首都旅游产业发展联席会,并创建了旅游委兼职委员体制,推动百余家政府机构和社会单位设立了"旅游开放日";在旅游公共服务方面,创建了首个省级旅游产业运行监测信息平台与旅游调度中心,等等。作为全国首个省级旅游综合改革试点城市,北京市旅委的一系列新举措,在从旅游行业管理向旅游产业协调发展、全面服务转变方面,为全国提供了新鲜经验。

早在2008年12月2日,郭金龙市长在北京旅游产业发展大会上的讲话中提出:"深入推进体制机制创新,积极推动旅游业发展由政府主导逐步向政府引导调控、市场主导转变。加强旅游行业协会的发展,提高行业自律和促进产业发展能力。尤其是要尊重市场运作规律,发挥企业主体作用,提供优质公共服务,鼓励支持社会资本积极参与,实现资源与资本的有效结合,共同促进旅游产业发展。"

郭金龙同志提出的"加强旅游行业协会的发展,提高行业自律和促进产业发展能力",应是旅游体制机制创新中的重要环节。北京是全国各类旅游企业最富集的地区,现有星级饭店613家,旅行社1260家,A级旅游景区(点)203家,市级民俗旅游村207个,北京市旅游标准化示范单位64个,中医药文化旅游示范基地29处,绿色饭店276处,"北京人家"33家,住宿服务质量达标单位数百家,还有更多的非星级旅游住宿和餐饮、文娱、体育、购物、养生、康疗和美容等企业,为国内外、市内外游客提供各种休闲旅游服务。随着社会旅游资源的挖掘,参与休闲旅游服务的单位与机构将会越来越多,休闲旅游的产业链和事业群将越来越大。

尽管目前市旅委设有11位委员、1室13处和委属事业单位7处,在目前省级旅游主管机构中是内设部门最多、职能最全的,但如果所有旅游与涉旅服务单位都由市旅委来进行协调、管理、审批、监督、评比、检查和培训等工作,显然是管不胜管、力不从心的。把行政主管部门现有的部分职能与工作分步、有序地转移或委托给行业组织、社会团体与

[①] 2013年7月9日在"可持续的城市发展与北京旅游转型升级座谈会"上的发言稿。

中介机构势在必行。而由行业组织与社会团体承担部分行业内外协调、服务标准制定、从业资质认证、企业检查评比、商情调查研究、市场宣传推广、从业人员培训和游客咨询服务等工作,或许比行政主管部门做得更好。

北京还有众多为休闲旅游提供宣传媒介、信息汇聚、研究咨询、教育培训等服务的企事业单位,聚集着众多境内外旅游机构、集团和企业的派驻单位,汇聚了国内外各种旅游管理、经营、宣传、咨询、研究人员,其中多有国内一流、富有国际视野的行家里手。作为全国旅游人才的高地,北京具有国内独一无二的人力资源优势。通过多种行业组织、社会团体与中介机构发挥他们的协调、咨询、研究、培训才能,成为政府主管部门的智库,是充分发展社会中介组织的天然优势。

国际经验表明,在市场经济条件下,政府部门与行业组织建立分工、对话、互补、合作的关系,旅游企事业单位通过协会、商会等多种行业社会组织,实行行业之间的沟通协调与行业内部的自理自律,建立政府与企业的合作伙伴关系,是理顺政府、社会、行业、企业之间的正常关系,实现休闲旅游市场秩序良性运行,促进旅游经济健康发展的重要保证,也是旅游产业发达成熟的标志。这一点已被发达国家和我国港澳台地区的经验所证实。

长期以来,各级旅游协会常被业界称为"第二旅游局":协会的主要负责人由在任局长或退休局长兼任;协会人员多是局内行将退休、已经退休或"富余人员"的分流,并属于行政编制,享受公务员的待遇;协会的活动由局领导安排、经费由局里全额拨款;协会的办公场所由局里安排,往往在同一个楼内办公。协会名为行业组织,实为政府部门的附属机构。协会发的文件大多是旅游局文件的"拷贝"。协会开会往往是传达旅游局的指示与要求。体制机制僵化、运作模式官化、领导成员老化,是旅游协会的三大顽症,是"政府主导型"模式在行业组织上的体现。

早在2007年5月,国务院专门就行业协会、商会改革发出《关于加快推进行业协会商会改革和发展的若干意见》,明确提出"实行政会分开","切实解决(协会)行政化倾向严重以及依赖政府等问题",行业协会"要从职能、机构、工作人员、财务等方面与政府及其部门、企事业单位彻底分开,目前尚合署办公的要限期分开"。2009年底国务院《关于加快发展旅游业的意见》提出,"五年内,各级各类旅游行业协会的人员和财务关系要与旅游行政管理等部门脱钩"。为此,国家旅游局党组郑重宣布:"从国家旅游局做起,理顺与旅游行业协会关系,发挥行业协会的作用",三年之内实现这个转变。现今时过三年,进展如何?

实现"政会分开"实质不在于局长不再兼"会长",而是真正实现国务院提出的协会"职能、机构、工作人员、财务与政府及其部门"的"彻底分开":协会的工作人员不再是旅游局调拨,不属于公务员编制,而是协会的雇员;协会的负责人不再由旅游局兼任、任命,而是由协会会员大会或会员代表大会选举产生;协会的活动经费和工作人员的薪金不再完全靠财政拨款,而由协会成员的会费、财政补贴、社会捐赠和自筹等多种渠道解决。

这四个"彻底分开"就是"断奶"。只有这样，旅游协会才能把"屁股"转过来，从旅游局的行政附属机构转型为行业的协调、维权与自律机构，从对行政长官负责转为对企业会员和消费者负责，从主要管企业转为为企业服务，从官办的协会转变成民办的行业协会。唯有如此，协会才能站起来、活起来、硬起来，才能代表企业、代表行业，为企业和消费者服务。

实现这个转变，也是旅游行政管理部门职能转型的需要。国务院指出，"旅游行政管理及相关部门要加快职能转变，把应当由企业、行业协会和中介组织承担的职能和机构转移出去"。也如邵琪伟局长所说，各级旅游局要"把有限精力从各种评定、验收、举办活动等具体事务中抽出来，研究旅游产业发展中的全局性、政策性和体制性等重大问题，制定和完善推进旅游业发展的法规、标准和政策"。

旅游主管部门的机构改革与职能转变和行业组织的有效运行是相辅相成的。只有旅游局自身工作职能、工作方式方法转变了，对协会松绑，才能实现旅游协会的转型。反之，也只有协会的行业服务与社会服务功能增强了，把众多由旅游局包揽的工作，如企业质级评定、质量检查、标准执行、员工培训、调研咨询与内外协调等由协会工作担当起来，旅游局才能"减负"、"减肥"，真正实现机构改革与职能转变。

今天的上海市旅游行业协会，没有一名政府公务员兼职；所有开支，没有一分钱来自政府财政拨款。全市所有导游证、领队证的发放，旅行社的年检登记，一年数十万出境游团签送签名单的审核以及饭店星级评定与复核等，均由协会承担。

今天的三亚市旅游协会中，没有一名政府公务员；执行会长、会长、副会长和常务理事会全部由会员大会选举产生，并由旅游企业的代表担任。旅游协会下设旅游饭店事业部、旅行社事业部、景区观光事业部、特种旅游事业部、市场营销与媒体委员会、人力资源与培训委员会、服务质量与标准委员会7个分支机构负责人员，全部由企业代表担任。协会一位专职秘书长和几名专职干事不是公务员，由协会聘任、支薪。协会的活动经费主要来自会费与捐赠，部分由市旅委向协会"购买"服务，承办某些交流、培训等专项活动。三亚市旅游协会还设有自己的网站。

在改革已有的旅游行业协会的同时，还要按照新的社团管理办法，允许、鼓励成立新的旅游行业组织。中华全国工商业联合会旅游业商会已成立多年，并在不少地方拥有分会。2012年7月，经国务院、国家民政部、全国工商联批准，全国工商联旅游业商会经过换届改组正式更名为"全联旅游业商会"，作为代表中国民营旅游经济的国家一级行业商会组织正式挂牌，以助推民营旅游经济发展、促进旅游业转型发展。该商会是以全国非公旅游企业和港、澳、台地区的旅游企业为主的会员网络组织，为各类旅游企业，特别是西部和少数民族地区中小微旅游企业健康发展提供平台，并促进中国旅游企业与国际旅游界的交流合作。近年来，重庆市、四川省、山西省、山东省、甘肃省、长春市与湘西自治州的旅游商会相继建立。重庆市的旅游商会已有200多个会员，涵盖酒店、旅行社、邮轮、旅游商品与旅游院校等多个行业。只有鼓励多家旅游行业组织共同发展，在为企业服务上开展竞争、为游客服务上发挥作用,打破传统的"官办"协会的一统天下,才能使旅游行业组织充满生机活力。

无疑,旅游协会从管理企业的"婆家",到为企业服务的"娘家"和为消费者服务的"游客之家",不会一蹴而就。这不仅取决于企业与协会自身的努力,还取决于行政主管部门的开明,更取决于社会法制化、民主化的进程与公民社会的发育程度。在宪法与法律的范围内,协会、商会能够独立自主地开展活动,真正成为行业的服务机构,加快现有的协会自上而下的改革转型是一个方面,允许、支持自下而上地建立新的不同行业、不同企业、不同群体、不同类型的行业组织,进而成立无行政主管部门的各种行业组织、社会中介组织和非政府组织,那是更重要的另一个方面。要实现这一步,虽然有很长的路要走。但是,必须义无反顾地、一步一步地沿着这条路走下去。这是走向成熟的民主法制社会和公民社会的必须。

国务院确定了今年七方面改革重点,其中有一点是地方政府机构改革和职能转变,创新政府公共服务提供方式。行业协会的改革乃是题中应有之义。期待北京市旅委在这方面开题破局。

发展浙港合作　建设旅游大省①

在浙江省的旅游客源市场中,港澳台历来是海外客源的基础市场。90 年代以来,港澳客源市场约占全省海外游客总量的 1/5,具有重要地位。不少来浙的外国、台湾和华侨旅游者也是通过香港入境的。香港回归后,香港的作用会显得更为重要,同时浙江与香港各自具备的优势,也为双方的合作提供有利条件。

(1) 浙江与香港地理和社会的巨大反差是吸引浙、港居民互游的强大磁力。

浙江省以山海之利、鱼米之乡、丝茶之地、文物之邦名扬天下。自然旅游资源,江、湖、泉、山、海、林一应俱全。历史文化资源,星罗棋布,灿若晨星;社会旅游资源,如东方大港、吴越风情、风味餐饮、特色工艺品、"宁波帮"、"奉帮裁缝"等,独具风采,令人神往。

香港是世界上独一无二的万象之都,既充满浓郁的东方风情,又具有西方时尚。都会风貌、经济生活、街道建筑、节日庆典、民间风俗、宗教信仰、文化艺术、服饰美食、物色生香的夜生活,无不具有东西合璧、多元文化的魅力。

以江南山水名胜和吴越文化为主旋律的浙江风情,与多元社会文化和谐共存为特点的香港风貌,形成强烈反差,在"一国两制"格局下将会长期存在。追求新异环境和独特经历永远是旅游冲动的原动力。这是浙、港客源长期、持久旅游互流的基础。

(2) 浙江与香港在血缘、业缘和教缘等诸方面血浓于水的渊源关系,使浙江在港人中具有特殊的亲和力和召唤力。

一部分香港居民的祖籍在浙江,或曾在浙江生活过。这些海外游子历尽沧桑,艰辛创业,在香港实业界、文化界和政界中占有重要地位。在海外 7.3 万多户"宁波帮"中,有一半以上在香港从业。改革开放以来,港人来浙投资办厂、赠款办学者数以万计。

香港同胞中信仰佛、道者众多。浙江作为"东南佛国",古寺名刹每年吸引了许多香港的善男信女。东晋道士黄大仙是海外华人心目中的护佑神,尤为许多香港人所尊崇。

(3) 浙江旅游业历史悠久、知名度高,总体服务水平良好,是吸引港人旅游的重要因素。

"上有天堂,下有苏杭",从 20 世纪 20 年代中国旅游初起之时,杭州就成为华东地区的知名旅游地。"浓妆淡抹总相宜"的西湖,是港人妇孺皆知的旅游胜地。

(4) 浙江与香港交通条件的改善,是开展两地旅游合作的重要保证。

目前杭州机场早就开通杭州与香港的航线,沪九铁路已于近日开通,为浙港之间驾

---

① 1997 年 6 月在杭州市"香港回归与浙江经济研讨会"上的发言,1997 年 6 月 16 日《浙江经济报》。

起便捷的空中和陆上通道。

浙港两地旅游资源互补、客源互通、优势突出。如何推进浙港旅游合作,笔者有以下四点建议。

(1)把握港人出游特点和趋势,是拓展香港市场、扩大浙港合作的前提。

近年来港人外出旅游的特点是:

出港旅游持续发展,大部分去内地。1999年港人外游达3713.96万人次,比上年增长7.8%,其中赴内地游客2879.2万人次,占港人外游总数的77.%。到内地的港人中,大多去珠江三角洲,长线游的目的地主要是长江三峡、北京和华东地区。长线游的人数比短线游的人数增长得快。

港人出游时间相对集中在中外传统的节假日,如春节、圣诞节和暑假等。传统的商务游、探亲游、观光游之外,休闲度假、打高尔夫球、宗教朝拜、修学游、冰雪游等在增长。港人工作节奏紧张、生活空间狭小,外出游的主要动机是寻求清新、宽松、舒心的环境和经历。

(2)精心设计面目一新的旅游精品,刷新浙江旅游形象,是扩大香港客源市场的关键。

浙江旅游资源的知名度高,但面孔也太熟。浙江应适时推出新的旅游宣传口号,如"浙江,不仅仅是杭州","杭州不仅仅是西湖"。

自然风景观光方面,"浙西名山名水游"中应增加"九州渔歌"等民俗风情节目,继续办好钱塘国际观潮节,开发浙南奇山奇水游,把楠溪江漂游设成观赏性与可参与性相结合的产品,开发夏可避暑、冬可赏雪的新项目,等等。

在历史文化旅游方面,要开发集观光、修学和考察合一的新产品,如奉化溪口民国风情和蒋氏故里游,开辟河姆渡上古遗址公园、兰溪诸葛八卦村、宁波南国书城天一阁,筹建"宁波帮"博物馆等,大中学生书画、茶道、丝绸、中药等研修旅游。

在宗教旅游方面,向香港市场集中打"一仙三佛"牌(金华黄大仙、普陀观音菩萨、杭州济公活佛和奉化弥勒佛,把宗教朝圣与寻根祭祖结合起来。

在休闲度假方面,重点建好几个山水型、山岳森林型、温泉养生型的度假地与高尔夫球场,若夏能避暑、冬能赏雪,四季皆宜则更佳。

(3)在旅游购物方面,浙江基础较好,潜力巨大。

据今年3月美国运通公司调查,86%的港人把购物作为旅游的一个必不可少的内容,72%的港人愿在旅途中花费1200港元用于购物。有近一半的香港游客表示要购买当地的纪念品或小礼品,还有购买衣服、皮鞋与当地食品等。多数人喜欢用信用卡付款。

浙江物华天宝、物产丰饶。工艺美术品、特色食品和饮品、名酒名药,数不胜数。开发旅游商品大有文章可做。应把旅游购物的设计、生产、销售作为浙江的一大产业体系来抓。

(4)加强宣传促销力度,开拓展香港旅游市场新局面。

经香港特别行政区政府同意和中央政府批准,在香港设立浙江省驻港旅游促销机构,开启一个展示浙江风貌和促销旅游产品的窗口。

抓住国家文物局批准溪口蒋氏父子故里为国家级文物保护单位的机会,大力促销"蒋氏故里游"。

抓住"沪九"铁路通车、杭州是其中一个大站的机遇,推出"港—浙铁路游"的新产品,可在"沪九"列车上散发浙江旅游宣传品。

与香港旅游界合作,积极筹备香港—厦门—温州—宁波游船游,从而形成浙港海、陆、空立体旅游交通网。

邀请香港浙江籍的政界、商界、文化界名人荣归故里,发挥名人效应,引发港人旅浙。

要善于与上海、苏南、皖西、赣东、闽北等周边兄弟省合作开发旅游线路,实行资源、产品和客源共享、共同发展。

对包括香港在内的海外游客,实行"国民待遇"政策,在住宿、景点门票价格等方面与国内游客同质同价。

杭州、宁波、绍兴等力争第一批进入"中国优秀旅游城市"行列,将会完善浙江旅游总体形象,有助于拓展海外客源市场。

与香港旅游协会和旅游界的上层人士和骨干企业加强合作和交流,借鉴香港旅游业的管理与服务经验,加速浙江旅游与国际惯例接轨,提升浙江旅游品质。

杭州市区和钱江两岸应退"二"进"三"①

杭州市城市规划专家咨询委员会：

关于钱江两岸景观设计及市内交通规则设计，首先要解决杭州市发展的大思路、大战略，然后才是具体的设计方案。要从杭州是国际风景旅游城市和国家历史文化名城的性质与特点出发，从21世纪世界城市发展的趋势出发，从杭州将接待数以千万计的国内外游客的前景出发，以超前的眼光，从城市的总体发展战略布局上考虑钱江两岸的功能与景观，不能就事论事，仅从技术层面考虑。

杭州有条件、有必要向世界园林城市、山水城市、生态城市的方向发展。杭州的"水"过去主要是指西湖，今后应重点设计钱江两岸，赋予"山水城市"更宽广的内涵。钱江两岸的景观要与西湖景观相统一，不宜搞成西湖周边体现历史风貌、钱江两岸呈现"现代风格"的两张皮。

21世纪是生态文明的时代。21世纪城市建设的现代化标志不是高楼林立的水泥"森林"，而是绿地遍地、树海林立的生态城市。城市的最大、最稳定的财富不是房地产，不是厂房和大楼，而是绿色环境。

21世纪是信息经济的时代，城市雄厚的经济实力不是在你的市域内有多少工厂和高楼，而是是否掌握了信息枢纽、拥有完整的信息网络。

21世纪是大众旅游的时代。按世界旅游组织对中国旅游业的预测和国家旅游局正在制定的"十五"及2020年远景目标，在今后20年内，国际旅游者将从目前的7000多万增加到1.35亿~1.45亿人次，国内旅游者将从目前的7亿增加到17亿~20亿人次。中国将成为世界第一旅游接待国和世界旅游强国。今后20年是中国从初步小康走向全面小康的年代，按外国经验、我国台湾经验，这是大量涌起国内旅游浪潮的时代。国家旅游局已向国务院建议，全国普遍实行公务员和职工的带薪休假制。这个制度一旦实施，必将激起国内旅游新的持续不断的排浪式热潮。杭州今年"五一"的场面所引发的问题应在全市总体规划、景观规划和交通规划中给予充分的注意。宁杭高速公路修通后，杭州将成为长江三角洲城市群中的最佳的休闲旅游城市，成为沪宁杭旅游金三角的最热的休闲旅游目的地。

鉴于上述考虑，我认为，杭州市目前的市区及钱江两岸，应最大限度地压缩二产用地，最大限度地扩大以旅游为龙头的三产用地和绿化用地。20年后，也许萧山已成为杭

---

① 写于2000年5月，时任杭州市城市规划咨询委员会委员。

州市区的一部分。钱江两岸应建成大面积的滨江林带、滨江绿带、滨江花廊。整个钱江流域,从之江国家旅游度假区到钱江口,应成为山水风景城市的新的重要部分;再延伸下去,钱江与富春江将成为浙江旅游、长三角洲地区旅游的一条绿色黄金旅游水道。

《杭州市城市总体规划》提出,"杭州市区……重点发展大型机械及成套设备、家用电器、电子通信设备、精细化工及医药等支柱产业(见1999年7月《报批稿》第5页),这一定位需要再议。我认为,目前杭州市区及钱江两岸的产业布局,从长远的角度看,应该退"二"进"三",二产项目逐步地、基本上都转移到萧山、余杭和更远的地方去,市区和钱江两岸全部搞三产,如北京市"五环"之内不搞工业搞三产那样。

在华东地区的大城市中,只有杭州有条件建成国内最大的、绿化率最高的山水园林生态旅游城市,因而将成为最有魅力的国际旅游城市。如果钱江两岸成为高楼林立的地带,不仅重蹈西湖东岸建高楼群的覆辙,而且将使杭州失去风景旅游城市可持续发展最重要的环境基础。

宁夏旅游的五个定位[①]

一、旅游产业定位

宁夏是一个人口少、面积小、经济总量弱、技术基础差的回族自治区。据1988年4月2日《经济日报》提供的《中国各省市区经济竞争力评价》提供的数据,1995年宁夏在全国29个省市区(西藏未排位)中位居第26位。1977年,全区国民生产总值110亿元,一、二、三产业比例为21∶42∶37。加速第三产业的发展,是宁夏经济结构调整、实现经济腾飞的一个战略任务。

旅游业是一个综合性强、关联度高的先导产业,是扩大知名度、提高开放度的形象产业,是经济后进地区脱贫致富奔小康的富民产业。旅游业的特殊功能可以直接带动第三产业的发展,推动第一、二产业的优化、革新,促进产业结构的调整。以提供服务为特性的第三产业,如果没有大规模的人流量,仅靠宁夏自身500万人口的消费,服务业是难以发展壮大的。

1997年,宁夏接待海外旅游者4238人次,旅游外汇收入133.28万美元,为全国31个省、市、自治区中最少的一个。同年全区接待国内旅游者157万人次。全区国内外旅游总收入3亿元。旅游业总收入相当于全区国民生产总值的1.4%,相当于第三产业的3.8%。据世界旅游和旅行理事会的研究结果,1993年全球平均旅游乘数为2.5。如以该乘数效应估算,宁夏旅游业的总产出相当于国内生产总值的3.6%,旅游业的产出相当于全区第三产业的9.6%。

宁夏的旅游业尽管还是一枝幼小的嫩牙,初具产业雏形,但它确实是宁夏的一个特色经济,已经成为宁夏经济新的增长点,与商贸一起可以成为第三产业的先导产业。

经过10年左右的努力,旅游业可望成长为宁夏第三产业的支柱产业,国民经济的一大新兴产业。

二、旅游形象定位

特色是旅游的生命、旅游吸引力的支柱。在全国30多个省、市、自治区中间,宁夏务必找准和突出自身的特点,形成鲜明的、富于个性的旅游形象,并加以包装、大力宣传,才可能成为对国内外游客具有独特吸引力的旅游目的地。

[①] 1998年7月在西宁举行的"宁夏回族自治区旅游发展战略研讨会"上的发言。

河套古风,大漠风光,塞上江南,西夏文化,回乡风情,是宁夏最主要的旅游资源。

黄河虽非宁夏独有,但宁夏处于黄河河套地区,并与西夏文化、回乡风情和大漠风光相结合,赋予它别具一格的黄河风貌。

大漠风光也非宁夏独有,新疆、青海、甘肃都有沙漠风光。但宁夏与这些省区相比,区位更接近于我国的东部旅游客源产出地,在景观上沙漠与湖、河、塔、寺、窟、陵相配套,具有一定的区位优势和更佳的观赏价值。

塞上江南,既反映宁夏与西北黄土地不同的自然景色,又是秦、汉、唐、元各代2000余年修渠建闸的治水史迹,还有"沙坡固沙"这一荣获联合国颁发的"世界环保500佳"的现代科技奇观,蕴含深厚的水利文化与环保科技成就。

西夏文化虽散落于宁夏、青海、甘肃、陕西、内蒙古等地,但精华都集中在宁夏。西夏王陵之雄伟、苍凉,加之于体现西夏文化的寺塔、彩塑、碑刻、铸造、雕刻及其独特的党项习俗,构成了一个内容庞大、神秘诱人的历史博览苑。

宁夏是中国穆斯林之乡,唯一的省级回族自治区。回族同胞特有的生活习俗、宗教信仰和性格特征,以及他们悠久的历史文化和奋进中的现实巨变,对中外游客无疑具有持久的吸引力。

塑造宁夏的旅游形象是一个艰难的工程,因为它难以用某一吸引物作为宁夏旅游形象标志性的载体来体现。宁夏旅游形象是多侧面、多层次、多样的结合体。宁夏旅游形象的文字表述宜含蓄、不宜直露,宜模糊、不宜直观;宁夏旅游形象的图形标志宜抽象、不宜写实,宜神似、不宜形似。建议在国内外公开征集宁夏的旅游形象口号和图形标志,使之成为广泛宣传宁夏旅游,深入研究宁夏旅游的一大举措。

西夏王国的神秘,回族风情的神圣,贺兰岩画的神奇,秦汉唐渠的神工,黄河加沙漠的神妙意境,无不令人神往、催人神游。西夏风云、回族风情、黄河风貌、大漠风光的特有的神秘性、神奇性以及四者之间的有机融合,是宁夏旅游特色所在,神韵所在。

近中期内,宁夏以突出黄河河套、大漠绿洲风光为主,并把回乡风情融于其中;远期,随着西夏王陵的进一步探索,可突出西夏文化的分量,因为这是宁夏唯一具有垄断性的旅游资源,具有深邃的文化内涵,可吸引海内外旅游者。

可供选用的旅游形象宣传口号有:

宁夏:黄河古道,西夏古国,大漠绿洲,回乡风情

神秘之乡,神奇宁夏

三、客源市场定位

1997年,宁夏接待海外旅游者不足5000人次,国内旅游者157万人次。国内游客与海外游客的比例为99.7∶0.3。国内旅游收入与旅游外汇收入的比例为96∶4。国内旅游是宁夏旅游的主体和基础。1996年,来宁夏的国内游客中,休闲、观光、游览度假的占45%,会议的占15%,商务的占15%,专业访问交流的占10%,其他的占15%。

1996年,海外旅游者在宁夏平均停留2.4天。在海外旅游者中,港、澳、台同胞和华侨占20%,外国人占80%,与全国入境游客中港澳台占主体的状况相反。在外国旅游者,日本占48.4%,美国占9.1%,德国占6.1%,韩国占4.9%,法国占4.5%,马来西亚占3.1%,加拿大占2.9%,新加坡占2.2%,英国占1.9%,澳大利亚占1.3%。海外旅游者的人均消费116.64美元,低于全国131.16美元的平均水平。

宁夏客源市场总体定位:国内市场为主,海外客源市场为辅。发展国内旅游,可为接待更多的海外游客创造条件;开拓海外旅游,可以提高国内旅游的质量,加速与国际接轨。

(1)国内客源市场定位。

● 现实客源市场:

——陕西、甘肃、内蒙古等周边地区;

——宁夏本地居民。

● 潜在的客源市场:

——以北京为主的环渤海地区;

——以上海为主的长江三角洲地区;

——以广州为主的珠江三角洲地区。

近期侧重开发北京地区市场,因为已有北京直通银川的航班与列车。

● 国内市场的主要游客群体:

——观光旅游和休闲旅游者;

——公务、商务、会议和文教交流访问旅游者。

(2)海外客源市场定位。

● 现实客源市场:

——以日本为重点的东亚太地区游客;

——港、澳、台同胞和华侨。

● 潜在的客源市场:

——东南亚、西亚、北非地区的穆斯林游客;

——东欧、中亚和西亚地区的旅游者。

● 海外市场的主要游客群体:

——西夏文化、回族文化和"丝绸之路"考察的文化旅游者;

——观鸟、沙漠探险和治沙绿化考察等生态旅游者;

——商务、公务和会议旅游者。

四、产品布局定位

1. 原则

(1)以客源市场需求为导向,以旅游资源为基础,寻求需求(客源市场)与供给(以资源为依托的旅游产品)之间的最佳结合。

(2)旅游可进入的交通条件与旅游资源分布的有机结合。"景"(旅游景区)沿"路"(航空、铁路、公路等通道)建,"路"为"景"开。

(3)分期分片分步开发。近期重点开发基础和服务设施条件较好,已有一定的市场知名度,市场潜力大的旅游区和产品。在资金、物力、人力和客源有限的情况下,尤其要突出重点,形成代表宁夏形象的名牌产品。不宜全面铺开,四处开花。

2. 宁夏旅游总体布局

依托银川河东机场、包兰铁路、中宝铁路、正在建设中的姚叶高速公路和银古一级公路等航空、铁路和公路交通网络,以银川为中心,重点建设西夏王陵历史文化旅游区、沙湖游览度假旅游区、青铜峡谷观光旅游区、沙坡鸣钟生态旅游区、泾河源森林旅游区,开通北起平罗,经银川、永宁、青铜峡、中卫、中宁、同心,南至泾源的南北主干旅游线,把玉皇阁、沙湖、贺兰山岩画、银川海宝塔、西夏王陵、镇北堡影视城、青铜峡108塔、沙坡头、中卫高庙、石空寺石窟、同心清真寺、须弥山石窟、泾源森林公园和六盘山红军长征纪念碑等著名景点串联起来,形成全区旅游的骨架网络。

凭借以上旅游网络,着重推出观光与特种专项旅游相结合的特色旅游产品:

——黄河古风游;

——西夏探秘游(东方金字塔之旅);

——大漠绿洲游(沙坡鸣钟游);

——回乡采风游;

——秦汉唐渠游;

——青铜峡谷游;

——贺兰岩画游;

——沙湖观鸟游;

——沙漠探险游;

——治沙考察游。

要善于把上述项目优化组合,策划包括成若干个旅游精品,在国内外市场上推出富有震撼力、吸引力和竞争力的名牌旅游产品。

2000年前后,宁夏旅游开发的重点宜放在以银川为中心,以平罗、青铜峡、中宁、中卫为主要旅游点的黄河沿岸旅游带。在这条黄金旅游带的基础上,逐步向南部延伸。

西夏王陵旅游区是吸引海外和中远程国内文化观光游客的龙头,沙湖旅游区是吸引近程国内休闲游客的龙头,沙坡头旅游区则是同时吸引海外和国内游客的文化生态结合型景区,青铜峡旅游区吸引本区、周边地区及外地到银川的各类游客。

五、发展模式定位

旅游产业具有综合性强、涵盖面广的特点,涉及国民经济众多行业和社会的众多部门;宁夏旅游起步晚,基础薄,旅游企业脆弱,市场经济欠发达;周边地区和全国各地都在加大旅游开发力度,旅游市场竞争日趋激烈。

鉴于此,宁夏旅游业要取得突破性的发展,必须实行政府主导型的发展和管理模式。

(1)建立和健全统一、高效、精干、权威的旅游决策、协调和管理体制,是实施政府主导型战略的组织保证。

成立宁夏回族自治区旅游委员会,由区党政领导主持,由计委、城建、民委、教育、财政、税务、交通、邮电、商贸、农林、文化、宣传、文物、宗教、外经贸、外事、对台办、侨办、公安、卫生、环保及旅游等有关部门负责人参加,主要通过例会制度,对全区旅游业发展重大问题进行协调和决策,形成发展旅游业的共识和合力。

加强和改善自治区旅游局和旅游重点地市县旅游局的工作,强化和明确旅游业的行政管理职能,尤其是兴建大型旅游景区、开发重点旅游项目、兴建星级或涉外宾馆饭店等,都应由同级旅游行政管理部门参与审批,或先经同级旅游行政管理部门的同意后,再按有关建设项目审批程序报批,防止重大旅游项目和设施低水平、近距离的重复和雷同建设。

对全区旅游业发展具有战略意义的重点旅游区的开发和管理,要以市场经济的规律为准则,勇于冲破既得利益、部门利益、地区利益的局限,站在大旅游的角度,研究和解决旅游业发展中的问题。像沙湖这样作为国家王牌景点的旅游区,应该建立旅游区管理委员会,作为一级政府的派出机构,统一对景区进行规划、开发和管理,这是许多地方行之有效的旅游区管理模式。同时,在旅游区管委会的统一管理下,按照《公司法》组建旅游开发总公司或股份有限公司,按照旅游区规划招商引资,开发建设,经营促销。旅游区的开发经营要按照政企分开的原则,实行旅游资源、景区和项目的企业化、资本化、商品化经营。

(2)制定推进和规范旅游业发展的法规、政策和规划,是实行政府主导型战略的法规保证。

在1997年底出台的《宁夏回族自治区旅游业管理办法》基础上,进一步制定《宁夏回族自治区旅游业管理条例》,确定旅游业在两个文明建设和国民经济中的地位和作用,要求各级政府把旅游业列入本地国民经济计划,确定政府扶持旅游业发展的方针政策,明确旅游行政管理部门的职责。

建议宁夏回族自治区政府责成区旅游局组织省内外专家制定全区旅游业发展总体规划,为全区旅游业的近期开发和长远发展确定总框架、总蓝图。这个规划应由自治区人大通过,由自治区政府执行,使之成为法规,具有权威性。

许多省市为了扶植旅游业的发展,制定了一系列政策措施,如政府财政每年安排一定数量的旅游专项资金、旅游周转资金或旅游贴息,金融部门安排一定的贷款额度,税务部门对旅游企业的税收规定适当的优惠或返还措施等。宁夏是财力不丰厚的地区,开发旅游的资金主要面向社会,依靠市场,吸引国内外、区内外的社会资金,通过招商引资,允许海外和区外的企业以承包、租赁、收购等方式,转让或拍卖经营不善的国有旅游企业,试办中外合资旅游企业,鼓励发展民营旅游企业等,以此积累开发资金。但在旅游业起步阶段,政府在财税方面的优惠政策和适量的导向性投资,是实施政府主导型战略必不可少的资金保证。沙湖旅游区开发的成功便是一例。

(3)动员各方面、各部门的力量,加大宣传促销力度,努力开拓国内外客源市场,是实施政府主导型战略的重要方面。

影响宁夏旅游业发展的一个重要因素是促销乏力,知名度不高。借鉴云南省宣传旅游整体形象的经验,建议从党政领导人开始,动员和组织全区的宣传、外事、外经、外宣、招商、邮政、通信、文化、文物、宗教、出版等各部门,借助各种手段,利用各种场合,大力宣传宁夏独具魅力的旅游资源和日趋改善的旅游设施,让更多的人了解宁夏,向往宁夏。

在旅游宣传促销方面,自治区要积极、主动地同周边兄弟省份加强联系,联合促销,做到资源互用、客源互流、产品互补。宁夏在旅游市场开发上要打破封闭和孤立,东联陕西、西接甘肃、北接内蒙古,积极发起和参与西北诸省旅游协作活动,把宁夏的旅游点线与西安的秦唐文化游,内蒙古的草原风光游,"晋、陕、豫"黄河游,甘肃的佛教文化游相连接,与"丝绸之路"国际旅游线相衔接。

从发展看,随着中国旅游战略开发向中西部的转移,国家对中西部开发力度的加强,中西部交通基础设施建设的加速,宁夏旅游的后劲主要在欧亚大陆桥的开通及"丝绸之路"国际旅游线和穆斯林旅游市场的开拓上,成为中国打开西亚、非洲穆斯林旅游市场的先驱与基地。宁夏要放眼于21世纪的大跨步发展,着眼于当前的奠基性工作。

吉林旅游发展的五大战略[①]

吉林旅游业目前正处于从滞后到腾飞的转折时期。厘清思路、抓住突破口,至关重要。

一、生态旅游主导战略

吉林省已确立30年建成全国生态示范省、生态经济强省的目标。这是吉林旅游业赖以发展的基础、特色、方向。

旅游业是建设生态示范省的窗口产业、建设生态经济强省的先锋产业,吉林旅游的发展要紧紧围绕建设生态经济强省的目标,大力发展生态旅游,建成中国北方生态旅游名省。

以山林、河湖、冰雪、避暑为特征的自然生态旅游是全省的主导产品,文化民俗、商务会展、出入境旅游是配套产品。

建设生态旅游名省要贯穿到旅游建设的各个领域:绿色开发、经营、管理、宣传,开发绿色交通、绿色饭店、绿色餐饮、绿色商品、绿色文体,与生态农业、洁净工业、环保工业结合,旅游宣传促销、教育培训和科学研究中都突出生态环保内容。

二、龙头腾飞战略

长白山集火山、森林、草甸、天池、瀑布、温泉、峡谷于一体,又是满族发祥地、朝鲜族聚居地,冬春可开展冰雪旅游,夏可避暑,秋可赏景,深度开发后可开展全年候的观光、度假和特种旅游,同时也是入境、国内、边境和出境、跨国旅游的结合部。目前占全省出入境旅游总量的70%以上。长白山所在的延边朝鲜族自治州又是吉林唯一享受西部大开发优惠政策的地区。

长白山是吉林省第一标志性旅游吸引物,是全省旅游的龙头。

长春是省会,吉林是全省第二中心城市、国家历史文化名城。两市相距仅80公里,是国家中小城镇建设的试验区。随着经济发展、交通完善、城镇化推进,长春—吉林一体化将与时俱进。长春、吉林是全省商务会展、城市休闲、文化娱乐的中心,目前占全省旅游总量的80%以上,是全省旅游的龙身。延吉—吉林—长春—松原—白城是全省旅游资源的密集带,随着横贯东西的高速公路的开通、铁路的完善和旅游资源的开发,全省将形

[①] 2001年3月在长春举行的"吉林省旅游发展战略研讨会"上的发言。

成一条黄金旅游带,构成全省东有长白山森林山岳和朝鲜民俗观光度假,中有长—吉城市观光休闲和满族风情,西有查干湖休闲度假、向海—莫莫格湿地草原观光考察及蒙古民俗观光考察的大格局。

舞起龙头(延边、白山、通化)、壮大龙身(长春、吉林)、带动龙尾(松原、白城)、带起龙爪(四平、辽源),是吉林全省的总体布局,也是战略部署。

近期集中力量壮大龙头、强健龙身,并为开发龙尾、龙爪打好基础。

三、"三区"联动战略

国家旅游度假区、国家生态旅游区、国家旅游扶贫试验区"三区"联动,是国家旅游局为适应新世纪旅游新发展的重大战略性举措。吉林省完全有条件、有必要抓住机遇,推行"三区"联动战略,实现旅游业的跨越式发展,并在全国发挥旅游业的经济、社会和生态三大功能。

建设生态旅游示范区,树立生态示范省的窗口产业、生态经济强省的支柱产业形象。要按国家标准建成一批国家级、省级生态旅游示范区。长白山、净月潭、向海等可建成国家生态旅游示范区。同时完善和创建一批国家级和省级自然保护区、森林公园、国家地质公园(如乾安土林、伊通火山群),有些可积极创造条件申报世界自然遗产(如长白山)和世界文化遗产(如集安高句丽遗址)。

建设旅游度假区是打品牌,促进全省休闲经济、休闲产业的发育。要制订和实施全省国民旅游计划,积极适应从以"黄金周"为特点的假日旅游向职工带薪休假制的转变,更好地满足城镇居民自主式、个性化、多样性休闲的需要。长白山、北大湖和查干湖等要按国家标准建成国家级、省级旅游度假区。

建设旅游扶贫试验区体现旅游业富民产业的功能。在吉林东部和西部经济后进的地区,特别是朝鲜族和蒙古族聚居地区,推进森工转轨、退耕还林、退牧还草,通过旅游开发带动地方扶贫致富,树立旅游扶贫试验和示范点。

四、特色精品战略

(1)吉林唯我独有、有可能推向全国、世界的特色资源有:

- 集火山湖谷、森林草甸、瀑布温泉于一体,孕育朝鲜族和满族文化的神山奇湖长白山;
- 自然奇观雾凇、冰雪,地质遗产土林和"天外来客"陨石群;
- 我国东北历史上地方民族政权高句丽王朝遗址群;
- 朝鲜族、满族和蒙古族等民俗文化;
- 伪满殖民地历史遗址;
- 世界湿地保护地向海、莫莫格。

依托这些特色资源、交通干道和中心城市,精心铸造旅游精品,形成吉林品牌产品,陆续推向国内和海外市场,不断培育旅游经济的新增长点。

(2)四大标志性旅游品牌:
- 神山奇湖长白游;
- 北国绿都长春游;
- 雾凇雪海江城游;
- 湿地草原向海游。

(3)六大支撑性旅游品牌:
- 歌舞之乡延边游;
- 千年古城集安游;
- 叶赫满城四平游;
- 人参酒乡通化游;
- 火山奇观伊通游;
- "魔鬼之谷"乾安游。

五、改革开放激活机制战略

旅游经济是服务贸易经济,是天然的市场经济,是开发型的经济。封闭是旅游业的天敌。吉林旅游滞后的主要原因之一,在于开放度不够。在加入WTO之后,加大开放的时机更好,也更迫切。

首先是旅行社、饭店等企业向国内放开,创造条件让国内著名的旅行社、饭店集团来吉林经营,让民营、股份、私营资本进入旅游业;与旅游业密切相关的文化产业、体育产业也走市场营运之路,让民营、股份、私营资本进入;改革风景名胜、文物资源的管理体制与经营机制,实行所有权、管理权与经营权分开,在保护的前提下把旅游服务接待业务交给企业经营;组建跨所有制、跨行业、跨地区的旅游企业集团;各行政部门直管的饭店、招待所、培训楼、旅行社等一律实行政企分开,从经济上、人事上与原主管部门完全脱钩,推向市场,真正成为企业;在旅游经济领域内实行"国退民进"方针,加快国企改制转型步伐,引入民营资本,形成多元经营平等竞争、共同发展的格局;大力引进外资,重点是主要客源国韩国、日本的企业进入吉林饭店、旅行社、景区、商品和旅游客运等领域。

培育冰雪旅游产业,建设冰雪旅游名省[①]

一、黑水白山独具建设冰雪旅游名省条件

1. 得天独厚的冰雪旅游资源

黑龙江省是中国位置最北、纬度最高的省份,大部分地区接近或进入寒温带,年平均气温零摄氏度的等值线在全省的中部穿过,是全国初雪最早、终雪最迟的地方,在全国降雪量最大、雪期最长,雪质洁净丰厚、硬度适中,冰雪期长达4~5个月,因而是全国开展冰雪旅游条件最好的省份。

2. 无限广阔的冰雪旅游市场

市场需求是推动一个产业形成与发展最强大、最持久的原动力。冰雪旅游的客源对象具有广泛的包容性。青少年是冰雪活动的主力军,中老年倾心于冰雪观光;专业滑雪、滑冰运动员以比赛夺冠为目的,滑雪、滑冰"发烧友"以挑战自我、自我表现为兴趣,大众滑雪、滑冰者以娱乐健身为喜好;寒温带居民以冰雪活动为休闲与健身的主要项目,暖温带、热带居民以冰雪风光观赏、冰雪气候体验、寒地民俗猎奇为主要项目。高档消费者和大众消费者都可以在冰雪旅游中找到自己的位置。

冰雪旅游以海外入境市场为先导,国内市场为基础。

海外入境市场以东北亚、东南亚和港澳台为主体,欧美为延伸。

国内市场以东北市场为基础,华北市场、华东市场和华南市场为重点,进而向全国延伸。

3. 冰与雪的结合是黑龙江的特色与优势

黑龙江省从1963年开始创办哈尔滨冰灯游园会,到1985年举办冰雪节、1998年举办冰雪大世界,把冰雕艺术与雪塑艺术相结合,冰上运动与雪地运动相结合,形成了世界上少有的风格和优势。以冰雪为主题的旅游产品已经成为黑龙江省的支撑性的王牌旅游产品,成为黑龙江省旅游形象的主要标志。

4. 冰雪旅游是集观光与度假、体育与文化于一体的综合性旅游产品

千里冰封、万里雪飘对游客,特别是对暖温带和热带地区的旅游者,是极具观赏性的自然景观。滑冰、滑雪既是专业性运动,又是群众性运动;冬泳是一种特殊的强身练志的极限运动,冰雕雪塑、冰上舞蹈是一种独特的地域性文化艺术。冰雪旅游把寒温地区本

[①] 2005年9月在哈尔滨市举行的"国际冰雪旅游论坛"上的发言。2004~2005年作者任世界旅游组织《黑龙江省旅游发展总体规划》编制组中方顾问。

地居民的自娱自乐的健身、艺术活动与外地居民特别是暖温带、热带居民的观光、度假活动结合了起来,起到了南北文化交流的作用。

二、冰雪旅游是一个综合性的产业链

旅游是一个产业,这一点已在业内外的上上下下达成共识。现在,在有条件开展冰雪旅游的地区,特别是北方地区,冰雪旅游能否成为、如何成为产业,有必要开展探讨、达成共识,从而实现部门联动、地区联合。

据孙钢副局长在法国考察,法国每年冬季接待700多万滑雪旅游者,旅游收入达50亿美元,其中1/5是外汇收入。奥地利共接待1.13亿人次的滑雪旅游者,其旅游外汇收入达850亿先令(约合85亿美元)。

1. 体育是冰雪旅游,特别是滑雪旅游的基础

从世界范围内看,西欧、北美、东北亚地区的冰雪旅游主要以滑雪场为依托、以滑雪运动作为主要旅游活动。由滑雪赛事而引发的观光热也是以滑雪运动为基础的。

2. 文化艺术是冰雪旅游的灵魂

黑龙江省的冰雪旅游发轫于冰灯游园会,其本意是本地居民的文化娱乐活动,改革开放后随着旅游业的崛起而发展成为一种旅游吸引物,到冰雪大世界的举办,则把以冰雕雪塑为主要载体的游园活动提升为全市性、全省性、全国性的旅游节庆活动,文化与旅游的结合从自发走向有意识、有组织、有策划的旅游文化节。冰雕雪塑经过长期的传承与积累,已经成为雕塑艺术宝库中的一枝奇葩;以冰雪为题材的诗文、绘画、摄影、歌舞,已经成为"黑水白山"文化的一大特色。文化与旅游的紧密结盟是黑龙江的冰雪旅游有别于外国的滑雪旅游的一个重要特点。

3. 旅游是体育产业化和文化产业化的催化剂

单纯的滑雪运动如果不与旅游相结合,其本身只能是一种社会公共活动,而不能成长为经济产业。同样,单纯的本地居民自娱自乐的冰灯活动虽有其文化意义和社会意义,但因它主要是满足本地居民的需要,靠政府补贴和社会资助维系,缺少强有力的经济动力,因而不能迅速地扩大规模、持续开展、提升效益。唯有与旅游这一经济产业相结合,才能为滑雪运动、冰雕雪塑创造巨大的市场需求,产生丰厚的经济效益,从而使体育运动、文娱活动这种传统的公共事业转化成经济产业。在加入世界贸易组织之后,黑龙江省的这一经验对如何加速培育文化产业、体育产业,具有超前意义。

交通业、建筑业、装备业、服饰业、食品业、医疗业、科技业、教育业是冰雪旅游产业的支撑点,同时冰雪旅游产业的发展又对这些产业和部门产生巨大的推动作用。

● 冰雪旅游与交通运输业。

一般情况下,冰雪旅游地大多在偏离城市的山区,而且在气候寒冷的地方,中国尤其如此。冰雪旅游的开展,不仅要求从中远程客源地至目的地"大交通"的配套,而且要求进入雪场冰乡的"小交通"的完善,还要求提供索道、缆车等特种交通工具。

- 冰雪旅游与建筑业。

冰雪旅游场地，无论是野外的冰场、雪场，还是室内的冰雪场馆，都需要建设固定的设施。严寒地带冰雪场地或人造冰雪场馆，其设计、建筑有特殊要求。同时，温寒带地区的世居民族在千百年的生活实践中，形成了富于地域特点和民族风格的御寒建筑，"常为穴居，以深为贵"。赫哲族的"希日兔克"（地窨子），"穿土为炕，温火其下，而饮食起居其上"。这些虽然是十分原始的，但却是符合生态居住学原理的寒地建筑，有的在本地已经或正在消失，而国外却在新科技的基础上大行其道，如从北欧国家进口的地板电热取暖设备正在北京高档住房中推开。作为滑雪旅游接待的宾馆，追求现代、舒适、方便的同时，如何因时、因地、因人而异，挖掘与继承地方建筑传统，是冰雪旅游建筑的一大课题。在冰灯基础上发展起来的"冰雪大世界"，则在建筑学上首创了以冰块为建材的新建筑、新工种、新技艺。可以设想，如果在冰雪旅游地着力挖掘、继承和创新这些本土建筑，它们将既是旅游接待物，又是新鲜的旅游吸引物。

- 冰雪旅游与装备工业。

现代冰雪旅游设备，索道、缆车、雪橇、滑雪板、滑雪靴、滑雪镜、压雪机、造雪机、雪地摩托、高山滑雪固定器等，在国际上已经形成了完整的系列、通行的标准和规范的质量。中国从零开始，大部分要"拿来主义"。但作为一个大国、一个冰雪旅游大省，不能总是靠进口。引进—模仿—消化—创新—出口，应该是我们的发展之道。研制开发各种冰雪活动器具装备，既是发展冰雪旅游产业的需要，也是工业结构调整优化的需要。如果我们总是依赖进口器材设备，就不可能真正形成完整的冰雪旅游产业。同时，在引进国际先进冰雪运动装备时，也应该继承、改造和推出中国传统的冰雪用具，如狗拉爬犁、"冰车"、冰尜尜（陀螺）、赫哲族人传统的滑雪板等，同样会给游客带来欢乐。黑龙江拥有雄厚的工业生产基础，工业部门与旅游部门合作，一定会产生出中国的"夜莺"公司（Rossignol）（滑雪板产量居世界第一的法国公司）、York France（法兰西约克公司）（生产高压雪炮的法国公司）。

- 冰雪旅游产业与服装业。

参加冰雪旅游活动要求穿着耐寒、轻便、美观，并与北国风光和谐、富于地方和民族风格。满族、朝鲜族、鄂伦春族、达斡尔族、赫哲族、锡伯族、蒙古族等北方民族的冬季服饰，从质料到样式都与御寒功能有关。精心设计和制作"黑龙江冬装"，使滑雪御寒旅游服装民族化、地方化和时装化，让游客愿"把'黑龙江'穿在身上，把'东北'带回家"，是培育冰雪旅游产业、塑造完整的冰雪旅游名省形象的一个方面。

- 冰雪旅游与食品业。

冰雪旅游活动体力上的高消耗要求高营养食品，北国的黑土地上出产丰富的食品原料，北方各民族在长期的严寒下烹制出各种高脂肪、高蛋白、高热量、耐饥寒的餐饮食品。开发适合冰雪旅游的食品既是为了满足游客的生理需求，也是冰雪旅游产业的重要组成部分。

- 冰雪旅游与医疗业。

严寒气候对广大游客,特别是来自南方的游客,是一个考验,也是参加冰雪旅游的一个障碍。同时,研究在寒冬气温下人的生理与心理承受能力,研究在寒冬气温下人的适游度和健身养生,积极医治冻伤及因寒冷引起的其他疾病,在冰雪旅游中贯彻人文精神,无疑是开展冰雪旅游的重要保障。

- 冰雪旅游与科技产业。

随着世界高新技术的发展,冰雪旅游的资源开发、环境保护、装备器具等硬件的生产,冰雪旅游的接待服务、经营管理、宣传促销等软件的开发,都渗透了多种高新科学技术的成果;同时,冰雪旅游的开展也为高新科技开辟了新的领域,从而推动高新技术的市场化与产业化。

- 冰雪旅游与教育产业。

冰雪旅游的普及与提高,一方面要造就一支冰雪旅游产业队伍,包括规划设计、宣传推广、接待服务、导游教练、经营管理、环境保护、安全医疗和科学研究等,这需要建立冰雪旅游专业学校和培训基地;另一方面,要普及冰雪旅游知识与技巧,造就广泛的冰雪旅游的参加者、爱好者,营造开展冰雪旅游的群众基础与社会氛围。这就需要从专业职业技术教育与大众义务教育两个方面去创立、发展冰雪旅游教育产业。

总之,冰雪旅游产业是以旅游、体育与文化三大产业的融合为核心,以交通、建筑、装备、食品、服装、医疗、科技和教育等八个产业为支撑,涉及国民经济一、二、三产业,而形成的综合性产业链。

三、冰雪旅游产业化=社会化+市场化+企业化+信息化+国际化

旅游只有形成产业规模才能在国民经济中发挥应有的作用。旅游产业化的本质是旅游业的社会化、市场化、企业化、信息化和国际化。

1. 社会化是冰雪旅游产业化的基础

冰雪旅游是一个由众多行业和部门组合而成的产业群体,由交通运输、信息通信、住宿、餐饮、旅行社、公共服务、居民服务、农林、加工业、商贸、文化、教育、体育、环保、卫生、金融、保险、安全等众多行业和部门,共同支撑行、游、住、食、购、娱旅游六大要素,向旅游者提供完整与完美的经历和体验。只有实现了冰雪旅游的社会化,才能充分发挥它的关联带动功能和辐射渗透能力,同时使冰雪旅游得到国民经济各行业、各部门和社会各界的支持与参与,才能真正成为根基深厚、枝叶茂盛的经济产业。

2. 市场化是冰雪旅游产业化的根本途径

冰雪旅游产业的发育和壮大要求开拓资金市场,吸引社会资金进入旅游业;通过客源市场评估、筛选和开发旅游资源;优化产品市场,通过产品吸引和开发客源市场;创建人才市场,使从业人员在劳动力市场的竞争中上岗,优化管理和服务;培育信息市场,通过信息引导旅游消费者、服务者和管理者。资源、产品、客源、资金、人力和信息等各种产

业要素都通过市场的"无形之手"得到最佳配置和最优利用。

3. 企业化是冰雪旅游产业化的营运基础

企业是产业的细胞。冰雪旅游的开发初期,需要政府的大力倡导与扶植,特别是解决交通运输等基础设施部分,需要政府的投入。但是,冰雪旅游的服务接待及其物质用品与人力资源的供应,必须完全企业化,以至企业专业化,即形成冰雪旅游企业集团。真正企业化的前提是产权明晰化、多元化和民营化。旅游业是服务贸易的一部分,是国民经济的非国家垄断性部门,实行"国退民进"是激活旅游企业、壮大旅游产业的必由之路。冰雪旅游是一个季节性的专项产品,大投入与大产出并存,大发展与大竞争并存,高收入与高风险并存,只有真正企业化的经营机制才能趋利避险。纯国有的独资企业必须尽快改制转型。

4. 信息化是冰雪旅游产业现代化的重要标志

国民经济和社会生活信息化是当代科技发展的必然趋势。冰雪旅游从行业管理到企业管理,从产品推介到市场营销,从网络咨询到网上订购,整个旅游产业运转的人流、物流都可以通过以因特网为媒体的信息来迅速、准确地实现。

5. 国际化是冰雪旅游产业化的必要条件

向国内外组织和企业全面开放滑雪区的基础设施、服务接待设施、冰雪器具生产、设计咨询和人才培训等各个投资开发领域,直至允许建立中外合资及独资旅行社;加入国际滑雪组织,参与并组织国际冰雪旅游活动,使冰雪旅游尽快与国际标准、国际规则、国际惯例接轨。

四、建成冰雪旅游名省

建立冰雪旅游发展的系列基地,举办国际冰雪节庆活动,建成以冰雪风光、冰雪运动、冰雪文化、冰雪生态旅游为特色,产品独特、设施完备、服务一流、管理先进的东北亚地区著名冰雪旅游胜地,把黑龙江建设成冰雪旅游名省。

1. 建设冰雪运动基地

- 建立一批国际滑雪、溜冰比赛场地。
- 建立一批观光与度假、体育与休闲、专业与群众结合、高中低档配套的冰雪旅游基地。
- 建立一批冰雪训练中心。

2. 建设冰雪艺术基地

- 建设一批冰雪艺术基地,如"四季冰雪宫"、"冰雪艺术馆"。
- 建立冰雪艺术团、冰上芭蕾舞团,造就一批能拿冠军的国家级、世界级冰上舞蹈家。

3. 建设冰雪装备工业基地

- 组建一批冰雪器具生产基地,如滑雪用具、雪地交通用具、雪地服饰等生产企业。

- 创立一系列冰雪旅游用品的名牌产品和企业,并把这些品牌推向国外。

4. 建设冰雪旅游教育基地

建立融冰雪运动、文化与旅游于一体的专科学校和高等学院,聘请世界知名教授和专家(特别是北欧和俄罗斯专家)来讲学授课,设立相关专业,专门培养冰雪艺术人才(冰雕、雪塑、冰雪服饰设计)、冰雪运动与表演人才(冰上芭蕾、花样滑冰)、冰雪运动人才(冰球、滑雪、溜冰等)。

5. 建设冰雪旅游研究基地

- 建立冰雪运动与旅游科研中心。
- 建立冰雪运动与旅游规划中心。
- 建立冰雪建筑设计中心。
- 建立冰雪康体医疗研究中心。
- 建立冰雪运动与旅游专业委员会。
- 建立冰雪运动与旅游信息网站。

6. 举办国际冰雪赛事和旅游节事活动

- 举办国际冰雪节。
- 承办国际冰雪运动大赛。
- 建立冰雪运动与旅游信息网站。
- 举办国际冰雪论坛。
- 出版国际性的学术刊物《冰雪研究论坛》。不断开展对外的交流,建立稳定的遍布世界的学术交流网络体系。

第一步,黑龙江首先要把自身的冰雪运动和冰雪旅游搞好,逐步推向全省,实施全省国民冰雪运动、冰雪艺术和冰雪旅游计划,建成全国冰雪旅游大省;

第二步,黑龙江要把冰雪旅游推向全国,吸引全国旅游者,并向全国输出冰雪运动、艺术、建筑、旅游人才和用品,建成全国冰雪旅游名省;

第三步,黑龙江要把冰雪旅游推向国外,吸引各国旅游者,并向国外输出冰雪运动、艺术、建筑、旅游人才和用品,建成世界冰雪旅游名省。

把黄山建成以世界文化与自然遗产为特色的全球旅游目的地①

一、黄山旅游实现历史性跨越

1. 旅游建市
1987年黄山因旅游而建市。

2. 旅游立市
黄山市国民经济因旅游而立。

黄山市的三次产业结构（农、工、服务）由建市之初（1987年）的49.9∶25.5∶24.6，调整优化为2003年的20∶31∶49，旅游总收入相当于全市GDP的1/4，以旅游为主导的第三产业约占全市GDP的1/2；全市旅游从业人员20万人，约占全市非农劳动力总数的1/2。旅游外汇收入是外贸出口额的1.5倍。旅游产业已成为黄山市国民经济的主导性支撑产业。

3. 发展旅游与世界文化与自然遗产双赢的典型
1999年，联合国教科文组织授予黄山"亚洲唯一的梅利娜·迈尔库里世界文化景观保护与管理荣誉奖"。

4. 国家级重点风景名胜区管理与经营体制改革的先驱
在全国国家级重点风景名胜区中，黄山最早（1996年）实行由旅游公司（黄山旅游发展股份有限公司）经营并上市，至今经营业绩良好。黄山旅游的经营管理体制改革，符合2003年中共十六届三中全会《关于完善社会主义市场经济体制若干问题的决定》提出的国有资产实行"政企分开、事企分开、政资分开"的原则。

二、黄山旅游面临历史性转变

黄山旅游发展目标：以世界文化、自然遗产和世界地质公园为依托，建成以徽文化为魂、名山秀水为体的全球旅游目的地。

（1）从旅游建市、立市向旅游强市富民提升。

延伸旅游产业链，扩展旅游产业群，带动三次产业全面发展、城乡协调发展、人与自然和谐发展，旅游成为全面建设小康、实现现代化的主导经济。

---

① 2004年2月在"黄山市旅游发展论坛"上的发言。

(2) 从山岳观光产品为主转向世界遗产观光、徽文化体验与山水休闲度假结合的复合型产品。

以前侧重打"黄山牌",今后重点要做"徽文章"和"水文章"。从山岳型风景旅游区向山水型徽州文化旅游产品扩张,"山水黄山"+"人文徽州",完整塑造"徽风徽韵黄山游"的总体旅游形象。

(3) 从国内外区域性市场向全国性、全球性市场扩展,从大众化群体向大众化与个性化需求并举提升。

入境游客由目前不到接待游客总量的5%,提升到10%左右,在稳定发展港澳台、东北亚、东南亚洲内游客的同时,扩大欧美洲际游客的份额,争取黄山旅游进入世界著名旅行批发商的产品目录之中,成为世界性旅游目的地;国内市场在稳定发展观光游客的同时,开拓休闲度假、会议交流与文化体验/考察游客,延伸国内市场地域范围,提升游客群体的消费层次。

(4) 从传统的市场营销模式向主题化、信息化、专业化方式提升,建立以国际旅游目的地为目标的市场营销体系与营销机制。

(5) 旅游经济从外延型向外延与效益结合型提升。

2002年,黄山市入境游客人数占全省68.9%,旅游外汇收入只占全省36.9%;国内游客人数占全省17%,旅游收入只占全省10%。旅游收入与接待人数十分不同步。

(6) "黄山旅游"公司从单一的国有制企业向多元资本企业转变,从区域旅游企业向全国性、国际性的旅游品牌企业发展。

三、深度改革与全面提升战略

1. 旅游大市 + 文化大市 + 生态大市:"三市"一体化战略

以"五个统筹"为指导方针,统筹"三市"建设。旅游大市是文化产业的载体,文化大市是旅游大市的特色,生态大市是旅游大市的基础,三者互为条件、互动发展,推进黄山的经济、社会、文化与生态稳定、协调、持续发展。

2. 旅游景区 + 旅游城镇 + 旅游乡村:旅游目的地社区化战略

统筹黄山市的自然与人文、城市与乡村旅游资源,从山岳景区型旅游目的地扩展为以徽州文化为灵魂的城市—古城—村落—水乡(江河、湖泊、温泉)社区型旅游目的地。

——屯溪区:徽州文化博物馆、徽州大剧院、屯溪老街;

——徽州区:潜口民宅、呈坎古村落;

——歙县古城:历史文化名城;

——黟县古村:西递、宏村;

——保护、恢复一批具有徽派风貌的历史文化社区与山水田园风光保护区;

——建设一批特种农业、生态农业(农、林、牧、渔)观光休闲区;

加强城乡景观环境建设,注重园林绿化、徽派建筑风格与城乡建设的有机融合,提高城市品位,形成山水相间、城景交融、特色鲜明的旅游城市风貌,建成具有黄山特色和徽派风韵的现代城乡体系。

3. 山水风光+徽州文化:山水生态与人文生态一体化战略

黄山山水自然环境孕育了徽州文化,徽州文化赋予黄山山水以灵魂,地脉、文脉、史脉在黄山完美统一,自然生态与人文生态原本浑然一体。

在提升世界双遗黄山观光产品的基础上,着力开发世界文化遗产皖南古村落的徽州文化体验与皖南山水休闲度假产品。

• 提升黄山观光产品。

——从前山游览观光向后山游览观光扩展;

——以山岳观光游览向山水观光游览扩展(黄山→太平湖→九华山);

——从自然观光向人文观光延伸(世界双遗黄山—世界文遗皖南古村落);

——开发春夏秋冬四季观光;

——完善乘缆车索道的舒适型观光,提倡徒步攀登的艰苦型观光;

"山上游览观光,山下休闲度假"。严格控制并逐步减少山上住宿设施,山上适度设置自助型、无烹饪、少污染的露营地。

• 深度开发徽文化体验型产品。

徽州文化不仅存在于历史、文物、古迹之中,而且存在于现实的生活之中,是一种依托于皖南山水生态、植根于历史文脉的社会人文生态。要深度挖掘徽州文化的历史传承,深入探讨历史文化遗产如何转化为现代旅游产业和文化产业,并在市场经济的条件下实现旅游经济与文化产业的融合,建成原生型、立体化、全景式展示徽文化的博览苑,开发黄山徽文化深度旅游,打造徽州文化产业链。

可供开发的徽州文化资源有:

——徽州古城;

——徽州老街;

——徽州古村;

——徽州园林;

——徽州名人名作名居;

——徽商历史传承(徽商文化);

——徽州艺术(移建古戏台+徽剧+黄梅戏+傩戏+民俗+服饰……);

——徽州工艺(徽砚、徽墨、徽派漆器、徽雕、徽州盆景、罗盘、算盘……);

——徽菜;

——徽医;

……

徽州文化转化为旅游产品,既要开发静态的物质化的古街、古村、古建、古玩,更要开发动态的、非物质的民俗民风。要把徽州人的衣食住行、婚嫁礼乐组合进旅游产品之中,形成互动性、经历性的体验型产品,让游客在青山绿水、徽风徽韵的环境与氛围中观光、休闲,得到身心享受与人生感悟。

开发"当一天徽州人"、"徽州男人与徽州女人探密"之类经历性体验旅游产品。

• 加速开发山水休闲度假生态型产品,建成长江三角洲城市群的休闲度假基地。

——野溪园林式的温泉康体休闲中心;

——太平湖水上度假中心;

——太平湖会议/休闲中心;

——汽车野营/休闲中心;

——山乡水村度假基地。

4.15＋1:融入长三角战略

以上海为中心目标市场,融入长江三角洲旅游网,建成长江三角洲城市群的休闲度假、会议交流基地,主要客源群体是:

①国内和境外企事业消费客源群体:会议/交际/奖励旅游;

②市民和境外人士自费客源群体:自驾车/旅游巴士直通/假日家庭休闲度假。

采取切实的营销措施,应对杭州旅游西进、杭州世界休闲博览会、上海世界博览会。

构建两山一湖山水、文化、宗教旅游带(黄山＋太平湖＋九华山)。

构建名山、名水、名城旅游带(黄山＋千岛湖＋杭州/衢州),与浙西旅游带连接。

5. 国资＋民资＋外资:产权明晰的投资多元化战略

黄山市2010年民营企业产值要达到国内生产总值的80%,首先要从服务型的旅游产业开局,在旅游经济中实行"国退民进"。

• "黄山旅游"要完全实行政企分开、革掉国有企业的尾巴,从国股独大转变为多元合股,从本省资本转变为与外省市资本(首要目标是引进沪、浙、江资本)、境外资本合资的集团公司。

• 对外国开放,饭店向外国饭店管理公司开放,旅行社向外资旅行社(首先引入已进入中国的合资、独资旅行社)开放。

• 景区向中外资本开放,实行所有权、管理权与经营权分开,旅游服务企业化、市场化经营。

• 中小国有饭店、旅行社改革体制、转换机制。各种政府机构办的招待所、培训中心、会议楼等实行政事分开、事企分开,走向企业化、市场化。

6. USP＋TM＋DMA＋DMS:市场营销特色化、主题化、专业化、信息化战略

黄山市要改变重资源开发、轻市场营销(相对而言)的思维,把市场营销提到与资源开发同样重要的地位,应在营销卖点、营销模式、营销机构与营销手段方面进行创新,加快与国际接轨。

• 世界文化与自然遗产是黄山旅游的独特性卖点(USP)。

黄山旅游的市场营销不宜采用"山水黄山、人文黄山"、"梦幻黄山之旅"、"皖南古民

居之旅"、"徽州文化游"、"民俗风情游"、"文化博览游"、"绿色生态游"、"道教圣地游"、"名山胜水游"、"田园风情游"等(见《黄山》旅游宣传画册)多焦点(实际上等于无焦点)、一般化(因而无个性)的产品名录。

黄山一市拥有一处世界文化与自然双遗产、一处世界文化遗产,其密集度之高为国内外罕有。

黄山旅游的独特性卖点应紧紧抓住"世界自然与文化遗产"这一唯我独有的金字招牌,集中火力打响"世界遗产"牌。

"古民居"、"古镇"、"古城",国内外到处都有,并不稀罕。但"古村落"并不多见。西递、宏村被联合国教科文组织世界遗产委员会授予"皖南古村落",是中国目前29个世界遗产名录中独一无二的,而且在世界各国的世界文化遗产名录中,仅有美国的"陶斯印第安村落"(Pueblo de Taos),而"古村落"(Ancient Villages)一词也未出现过①。正如联合国教科文组织世界遗产委员会所评价的,"西递、宏村这两个传统的古村落在很大程度上仍然保持着那些在上个世纪已经消失或改变了的村落的面貌,其街道的风貌(原文是"street plan",意为"街道的规划")、古建筑和装饰物,以及供水系统完备的民居都是非常独特的文化遗存(原文是"unique surviving examples",意为"独一无二的遗存范例)";"宏村堪称中国古村落的典型……在世界上很难找到与之相类似的例子。在欧洲虽然可以找到类似的地方,如意大利的威尼斯、荷兰的阿姆斯特丹,但那是大城市,像宏村这样美丽的乡村水景可以说是世界无双的"。② 可见"皖南古村落"具有世界唯一性。

建议今后西递、宏村的对外宣传中,不用"古民居"、"古镇"一类词语,只用"皖南古村落"这一规范性用语,并加以注册,以突出其唯一性与权威性。

迄今为止,中国拥有世界文化与自然双遗产的城市有泰安市、黄山市、武夷山市和乐山市,但既拥有世界双遗产,还拥有世界文化遗产的只有黄山市。

抓紧"皖南古村落"遗产扩展的申报工作,做好"徽文化"世界非物质文化遗产和花山谜窟申报世界文化遗产的工作,在黄山国家地质公园的基础上进而申报世界地质公园,从而使黄山市成为中国,也是世界上"世界文化与自然遗产"最密集的城市——"世界文化与自然遗产城市"。

黄山旅游的独特性卖点(USP)应锁定在世界文化与自然遗产旅游目的地上,这是黄山建成全球性旅游目的地的资源之源和产品之本。

● 主题化的产品细分与目标群体相对接的营销模式[主题营销(Theme Marketing),简称 TM]。

---

① 陶伟:《中国"世界遗产"的可持续发展研究》第五节"世界遗产现状",中国旅游出版社2003年版,第10~35页。
刘红婴、王健民:《世界遗产概论》附录三"世界遗产名录"(The World Heritage List),中国旅游出版社2001年版,第251~284页。
② 联合国教科文组织世界遗产中心网(http://www.whc.unesco.org)。

建议把"徽风徽韵黄山行"作为黄山市旅游产品的总主题,由以下三个分主题支撑这个总主题:

——世界文化与自然遗产黄山观光;
——世界文化遗产皖南古村落徽文化体验;
——皖南山水休闲度假。

围绕这三个分主题(三类主打产品),针对细分目标群体的需求,坚持不懈地开展针对性的主题营销,使主题旅游产品的开发设计与相应客源群体的个性化需求相对接。

三类主打产品的具体项目与活动可以不断丰富、创新,具体产品与活动的宣传促销口号也可以不断翻新,但从宣传促销的总体上,应紧紧把握"徽风徽韵黄山行"这个总主题,深入持久地丰富、完善三类主题旅游产品。

表1　三大主题旅游产品与细分客源群体应对表

主题产品 客源群体	世界自然与文化遗产黄山观光	世界文化遗产皖南古村落徽文化体验	皖南山水休闲度假
国内旅游者	全国各地、各种客源群体	全国各地中高端旅游者,文化工作者,徽文化研究与爱好者,徽文化研究交流活动	长江三角洲居民,省内、浙江、江苏、江西周边地区单位消费与个人自费游客,会议与奖励旅游,暑期学生夏令营、婚庆旅游、银发旅游、自驾车之旅
入境旅游者	港澳台与洲内客源群体,洲际观光团体与自助游散客	东亚地区熟悉与喜好中国文化的群体,欧美对中国文化爱好人士,青少年中国文化修学	常住长江三角洲和省内的各种境外企事业单位与人士,游览黄山的入境游客旅途休憩

- 专业化的旅游目的地营销机构(Destination Marketing Agency,简称DMA)。

目前体制下,旅游市场营销的主要问题是:

旅游局承担了大量的政治性、行政性、应急性事务(如周而复始的三个"黄金周"备战活动,应付上级部门的名目繁多的检查、评标、汇报等),缺乏对国内外旅游市场的系统、深入的跟踪研究与有连续性的宣传促销计划。

旅游局的市场营销与旅游企业的市场促销的实务结合得不紧密,旅游局与旅游企业之间缺乏有效、及时的市场信息传递与反馈;在市场营销方面旅游局对企业下达的任务、指标、报表多,为旅游企业提供及时、有用的市场信息服务少;旅游企业被动地接受旅游局的指示多,主动出击独立开展促销活动少。

由此而产生了旅游营销主管机构与市场主体(企业)、市场态势的脱节,市场营销活动的效应不强、效益不高。

根本的出路是,借鉴国际上旅游发达和市场经济成熟城市的做法,将黄山市旅游局的纯行政性的市场调研与宣传促销职能转移给一个半官半民的专业性的旅游目的地经营机构去承担,如日本国际观光振兴会、韩国观光公社、马来西亚/新加坡/印尼旅游促进局、新西兰旅游局、法兰西旅游之家、西班牙旅游协会、德国旅游中心、瑞典旅游开发公司、爱尔兰/荷兰/加拿大/英国/斯里兰卡/澳大利亚的旅游委员会、智利旅游推广公司、哥伦比亚国家旅游开发公司和香港旅游协会等。

改革后的市旅游局的主要任务是:集中精力实施旅游行业的行政管理,制定与执行旅游法规、政策和行业管理制度,制定旅游发展规划和开发建设规划,加强旅游基础设施建设,加强旅游市场调控与管理,开展从业人员职业教育和继续教育,开展部门与区域协调等。

旅游目的地经营机构的任务是:定时进行系统的市场调研,开展旅游统计,及时向企业发布国内外旅游信息;制订并实施全区营销计划,组织各类旅游企业参加国内外的展销活动和组织;开展与主要客源国家和地区旅行商的联络与合作,与主要客源地的旅游媒体和有影响的旅游媒体保持经常联系,组织采访和交流活动;编印旅游宣传材料,指导和管理游客咨询中心等。

旅游市场促进机构的成立及其活动,可以改变市场营销以行政推动为主的局面,更好地贴近市场、把握市场脉搏、捕捉市场机遇、讲求促销效益、节约促销成本,把市场营销活动置于市场机制之中,从而进一步实现市场营销与国际规则的接轨。

旅游目的地营销机构受市旅游局领导和监督,其有某种准政府职能,但它不是政府机构,不承担行政任务;也不是纯企业单位,不从事以赢利为目的的旅游经营业务。

目的地营销机构成立董事会,股东由政府相关机构(如市旅游局等)、行业中介机构(如旅游协会等)、旅游企业(包括航空公司)及其他相关团体(如各种游客俱乐部)组成。该机构的运作受一个监事会的监督,其负责(总经理)人由董事会任命,该机构的专业及工作人员由负责人聘用。

旅游目的地营销机构的资金来源渠道有:获得市财政的资助,如从市旅游基金中划拨、从旅游企业税中返拨;旅游企业交付的部分促销经费和其他经费(如旅游协会会费);通过提供硬件设施的使用来获得费用,如收取停车场费等;直接的商业收入或者服务收入,比如销售旅游商品,向旅行社、饭店收取中介佣金等。

该机构在经济上不追求利润最大化。它的效益最大体现是,通过提升整个目的地在市场上的地位和份额,将经济效益转化到目的地的旅游服务供应商的运作中去,从而为地方政府增加税收。同时,它也力求自给自足,尽可能少依靠或不依靠股东补贴。在通常的年份,收支相抵是最理想的状态,政府给予适当的补贴。

这种半官半民、公私合作的专业化旅游目的地营销机构,国内尚无先例。黄山市已走完旅游初创期,正在走向提升期。黄山市是以旅游为主导产业的城市,又早就组建了在全市旅游业中起主导作用的"黄山旅游"集团公司,建立专业化的旅游目的地营销机构基本条件已经具备,不妨大胆试验、积极探索。

- 信息化的旅游目的地营销系统(Destination Management System,简称 DMS)。

旅游目的地营销系统(DMS),运用因特网服务于旅游目的地管理组织和机构(旅游局、旅游协会、行业协会),旅游服务提供商(旅游交通企业、旅游景点企业、酒店、餐饮企业、文化和娱乐企业等),旅游服务中介商(旅游产品批发商、代理商、旅行社)以及最终客户。

在黄山旅游网(www.tourhuangshan.com)上,建立和充实全市旅游产业信息库,其中包括:自然与人文旅游资源信息,旅游区(点)信息,旅游客源市场信息,旅游服务及相关企业(航空、铁路、公路、车船公司、旅行社、饭店、定点餐馆、商场、娱乐场、医疗点等)信息,旅游管理、研究和咨询机构信息,旅游人力资源(管理、经营、服务、教学、研究、规划、策划等人员)信息等数据库。

建立上述囊括旅游产业各方面、不断补充和更新内容的信息数据库,是实现旅游业数字化、网络化的基础。

黄山旅游网进一步设置英文版、日文版和其他文字版。

在市/区/县旅游局、三星级以上饭店、国际旅行社和3A级以上旅游景点,首先普及电脑和信息网络知识,推广使用电脑管理,建立自己网址、网页,开通电子信箱。这是发展电子公务、商务的基础性工作。

在完善和改进现有黄山旅游网的基础上,进一步实现通信联络、信息发布、检索咨询、宣传促销、票务预订和受理投诉等功能,2005年后开展网上付款、财务结算等金融财务管理功能,逐步实现旅游电子商务。

制定并实施旅游系统管理和经营人员信息网络知识普及和技能培训计划。在掌握和运用电脑知识与技能方面,作为市、区旅游局干部(主要是中青年干部)任用、考核、晋升的条件之一,分期、分批开展电脑应用技能考核、比赛活动。

旅游业应成为全市率先实现信息化的产业。

在过去的20多年中,黄山市在邓小平"要把黄山的牌子打出去"的号召下,在旅游建市、立市,申报世界双遗,景区建公司、上市等方面走在全国同等旅游地的前列,走过了旅游创业阶段。

在今后20年中,黄山市应以建成全球性的世界遗产旅游目的地为目标,在遗产保护与利用、城乡统筹发展与社区型旅游目的地建设、产权体制与经营机制等方面实行深度改革与全面提升战略,加速与国际接轨,使黄山成为"全国最美、山区最富、生态最佳"的国际知名旅游城市之一。

旅游业与十堰市的第二次飞跃[①]

人类相继经历了以农业为主导的社会和以工业为主导的社会,正在走向以服务业(第三产业)为主导的社会。与此相应,人类先后从农业文明、工业文明正在走向生态文明。

30年,在人类历史上是短暂的一瞬。可是,十堰市依靠汽车工业的崛起完成了从农业集镇向工业城市的飞跃。在新旧世纪交替之际,十堰市又确定向汽车城、旅游城、生态城和区域性中心城的目标发展,这是一个符合市情,符合时代趋势的战略决策。这是十堰市的第二次飞跃。

旅游业在十堰市经济和社会发展的第二次飞跃,肩负着无可替代的历史重任。

一、旅游城与汽车城、生态城和区域性大城市的互动互补关系

汽车工业是立市和强市的基础,是第二产业的龙头和主导。

旅游业是活市和开放的杠杆,是第三产业的龙头和支柱。

生态城是国民经济和社会可持续发展的前提,是21世纪现代化城市的标志。

区域性大城市代表十堰在中国中西部和湖北省未来的地位:鄂、豫、陕、渝四省市的交汇点,鄂西北的中心城市。

汽车城的经济实力和市政设施为开发旅游业打下了经济基础。生态城为旅游业提供绿色环境基础。区域性中心城的区位和作用为旅游业的发展提供了广阔的舞台,使十堰市高品位、多品种的旅游资源有可能得到充分的开发利用,成为鄂、豫、陕、渝交接地区的旅游中心。

旅游业的兴起将推动汽车工业城市服务功能设施的完善,促进生态建设,加速区域性大城市的形成,扩大城市的知名度,提升城市的文化品位,形成城市的独特风格,塑造城市的总体形象,提高居民的生活质量。旅游业的联动功能和辐射作用,将推动十堰市冲破山沟谷地的封闭,更快地走向全国,走向世界。

汽车城、旅游城、生态城、区域性大城市,四者构成了现代化新兴城市的完美形象,犹如汽车的四个轮子,驱动十堰向现代化的目标奋进。

[①] 1998年12月,在"1999~2020年十堰市国民经济和社会发展战略研讨会"上的发言。1998年,应华汉旅游规划设计院王洪滨教授邀请,本人主持十堰市旅游发展总体规划的编制。

二、产业结构的调整与旅游业的产业地位和目标

十堰市已经完成了从农业为主导向工业为主导的转变。目前,全市产业结构的缺陷,主要表现在农业的比重偏大,工业的结构单一,服务业的水平低。1997年,在全市国内生产总值中一、二、三产的比例为21.2∶48.0∶30.8。十堰市要真正建成现代化城市,除了在提高科技含量的基础上继续发展一、二产业,必须使第三产业实现历史性的突破,使三产产值在全市国内生产总值中逐步接近和达到40%~50%左右。

在商贸、旅游、交通、信息和金融等第三产业的诸多行业中,由于十堰市的区位和历史的原因,除了旅游业以外,其他行业都难以具备成为带动三产业全面发展的条件和功能,只有旅游业有条件、有能力带动交通、信息、住宿、餐饮、文体、娱乐、商贸、农副产品加工、手工业等行业的发展,推动生态农业、高效农业和观光农业的发展,并通过旅游扶贫,促进城乡共同繁荣。

目前,十堰的旅游业初步形成了产业基础。1997年。全市国内外旅游总收4.13亿元,相当于全市国内生产总值的2.2%,相当于全市第三产业产值的8.1%。十堰市旅游业在国内生产总值中的比重低于湖北省的平均水平。

十堰市是一个旅游资源大市,但目前却是一个旅游经济小市。在接待海外游客的数量方面,一直落在武汉、宜昌、荆州、恩施、咸宁、襄樊之后,排在第七位;在旅游外汇收入方面甚至落后于鄂州市,排在全省的末位。旅游业是对外开放的晴雨表,十堰的国际游客和海外游客如此之少,一是说明武当山入境旅游的滞后,二是说明全市国际商务活动的薄弱,实质上反映了十堰市对外开放和交流的落后。

十堰市市委和政府已确定把旅游业作为国民经济的优势产业、特色经济、支柱产业和第三产业的龙头产业来培育,明确了旅游城市的目标。从现在起,经过5年左右的发展,力争旅游业总收入相当于国民生产总值的5%左右,相当于第三产业的10%以上,成为全市的第一个新兴产业,奠定旅游城市的基础;经过10年的发展,力争旅游业总收入相当于全市国内生产总值的7%左右,相当于第三产业的15%以上,成为第三产业的龙头产业和国民经济的支柱产业,初步建成鄂西北的旅游中心城;经过15年的发展,力争旅游业总收入相当于全市国内生产总值的9%左右,相当于第三产业的20%以上,成为全市国民经济的重要支柱产业,建成鄂、豫、陕、渝交接地区的旅游中心城市和中国著名旅游城市。

三、旅游总体形象定位和总体布局

旅游总体形象是一个城市和地区旅游特色的集中体现,是区别于其他旅游地的主要标志。只有准确地确定旅游总体形象定位,才能把握本地旅游开发的主导方向,并在国内外群雄并起的旅游市场上独树一帜,成为具有强大吸引力的旅游目的地。

十堰市旅游形象可概括为:世界自然文化遗产与现代汽车文明荟萃的旅游胜地。

其包含的主要内容有：世界文化遗产武当山、具有世界影响的郧县恐龙化石群、郧阳古猿人遗址、世界非物质文化遗产伍家沟故事村和现代汽车名城。

十堰旅游的主题定位是：神游武当仙山，回归绿色天地，追溯远古文化，感受现代文明。

回归自然的生态之旅和追溯历史的文化之旅是 21 世纪世界旅游的两大潮流。十堰的旅游产品开发要紧紧追踪这个潮流。

十堰市域的旅游总体布局：以武当山为龙头，十堰市区为汽车城观光和接待中心，形成丹江水库—郧县恐龙王国—房县温泉溶洞全市旅游的"金三角"。

十堰周边旅游网络布局：东接省会武汉和古城襄樊，北连历史文化名城西安，南通国家级自然保护区"绿色宝库"神农架、昭君故里、世界文化名人屈原故里和长江三峡，延伸到世界自然遗产张家界，形成一条"花一次钱游几个世界级景点"的陕、鄂、渝、湘跨省黄金旅游线。

四、实施名牌战略，舞动武当龙头

武当山是十堰旅游的标志性吸引物，十堰旅游的王牌和龙头。武当山的奇山秀峰与道教文化相结合，具有极高的观赏价值和文化价值，可开发成观光、度假、健身、宗教、文化考察、探险等多类旅游产品。武当山紧贴十堰市，交通便捷，服务设施初具规模，旅游开发较早，已有一定的知名度。这些都是郧县恐龙化石、猿人遗址、伍家沟民间故事村等所不具备的。只有集中力量使武当这个龙头舞起来，才能带动全市旅游业的发展。

1. 理顺武当山的管理体制，是加速发展的关键

武当山的文化价位决定了它不仅仅是丹江口的、十堰的、湖北的，也是中国的和世界的。只有集中十堰全市的人力、物力和财力，吸引国内外资金和人才，才能开发、管理好武当山旅游区。只有尽快结束目前由丹江口市（县级市）代管的局面，由十堰市直辖管理，并升格为副地级的管辖权限，对景区、乡镇实行统一管理，才能促进武当山旅游区的开放、开发。黄山风景名胜区管理局是厅局级的，由安徽省直接管辖，与黄山市同级。龙虎山风景旅游区直属鹰潭市管理，泰山直属泰安市管理，山东泰安市的一位副市长任泰山风景名胜区管委会主任。武陵源风景旅游区直属张家界市管辖。如果目前武当山的局面继续拖延下去，武当山旅游停滞不前的状况将继续下去，势必丧失发展时机，愧对"世界文化遗产"这项桂冠。[①]

2. 实行四权分离、相互制衡的体制，创新武当山运行机制

所有权属于国家，管理权由某一级政府授权某风景名胜管理委员会、管理局来实行

[①] 1997 年 8 月湖北省省长办公会议决定将武当山旅游经济特区与武当山旅游风景管理局、武当山旅游局合并，由丹江口市代管。2003 年 6 月湖北省委、省政府在武当山召开现场会议，赋予武当山旅游经济特区独立行使正县级的管理职能和权限，实行封闭性管理，并成立武当山特区工委和特区管委会，分别为十堰市派出机构，与武当山风景区管理局合署办公。

政、市场、社区、治安方面的统一管理,经营权由一个旅游开发总公司来开发、建设、经营、服务、促销和融资。由世界教科文组织、国家建设部、文物局和省有关部门执行监控权。目前武当山的旅游活动基本上停留在静态观光的水平上,游览内容单调,道家文化氛围淡薄。只有全方位地挖掘道教文化宝库:武术、法事、音乐、养生、餐饮、古建、文物、绘画、雕塑、风水等,才能开发出集观光游览、休闲度假、健身医疗、宗教朝拜、文化考察等多元旅游产品,才能把更多的游客吸引来、留下来。

在宗教政策上要进一步解放思想,发挥道教协会在旅游开发和接待方面的积极作用。道教是中国土生土长的宗教,没有国际背景。增拨若干宫观交给道教协会管理,充分发挥道教协会在文物保护、开发建设和旅游服务方面的作用,既能拓宽保护、开发的筹资渠道,又能强化道教氛围,增强对游客的吸引力。

3. 引入市场机制,实行政府主导与企业运作相结合又分工的模式

筹建武当山旅游开发总公司,对内作为开发武当山旅游的经营主体,对外作为招商引资的实体,主动融入全省、全国和国际的旅游网络,真正使武当山的旅游走上旅游经济和市场经济的轨道。

4. 更改市名,充分发挥武当山的名牌效应

湖南大庸市改名为张家界市,湖北蒲沂市改名为赤壁市,福建崇安县改名为武夷山市,云南路南县改名为石林县,都是以国内外知名的风景地命名城市,既迅速提高了城市的知名度,又推动了旅游业的发展。"十堰"之名并无深厚久远的文化内涵,建议改名为"武当山市",并以改名为契机向国内外征集市徽(城市标志)图案,以扩大城市的社会影响。

中国第一个旅游展览馆[1]
——参观北戴河旅游展览馆有感

烈日炎炎,驱车3小时,与家人共去北戴河小住数天。沐浴在阵阵海浪中,习习海风吹散了京城里郁结在身上的暑气,感受到了海滨的凉爽与惬意。北戴河区旅游委员会徐晓红常务副主任邀我去参观刚开馆的北戴河旅游展览馆。

展览馆坐落在区中心地段的东经路上,由原区文化馆改建而成,由区政府、区文化局和区旅委会共同主办。

远古时代出土的石器文物揭开了展览的序幕,当年秦始皇行宫遗址出土的瓦当、方砖和排水管,把我的思绪拉回到2000多年前,也可以说这里曾经是"国家级"的帝王巡游目的地。看完"悠久的历史",进入"旅游的摇篮",从图片、文献、实物和模型中可以看到中国近代旅游史上诸多的第一:

1893年,中国第一条超百公里的标准轨距铁路津榆路通车,在北戴河设站。随后,在这个秦皇巡游、魏武挥鞭、唐皇赋诗的地方,西方人士纷至沓来,在这里设教堂、建别墅、开浴场,成为中国最早的中外人士滨海休闲地之一。

1898年3月,由光绪皇帝朱批,清政府宣布"自开口岸",北戴河成为中外人士的"避暑居住之地"。也可以说,这里是近代中国政府批准的第一个面向国内外的"国家级"旅游度假区;

这里曾出现过网球、垒球、高尔夫球、男女同浴、裸浴与女士骑毛驴并存的文体休闲活动;

这里曾首办过北京至北戴河夕发朝至的旅游专列、2小时即至的往返旅游包机;

这里曾实行过团队优惠、往返打折等现代商业经管方式;

这里曾有过烟火灿烂,夜总会、电影院林立;

这里曾建有中外各式风格的饭店、别墅(1923年前有500多所)、酒楼、商场、舞厅;

这里曾留下张学良、顾维钧、徐志摩、梅兰芳、海伦·斯诺、詹姆斯·贝兰特、韩素音等中外名人的足迹和身影。

走过"旅游的摇篮",进入"人民的乐园"。这部分的图片和实物又勾起了我对新中国成立后至"文革"那段历史的回忆:

从20世纪50年代起,中央领导每年夏天在这里办公,北戴河成了中国的"夏都",从

---

[1] 写于2000年夏。

旅游来讲,也就成了中国顶级"国家行政避暑度假区"。

党和国家领导人与工农兵模范人物及西哈努克、溥仪等人的合影,典型地反映了那个时期旅游活动的政治性质;

毛泽东、周恩来、刘少奇、朱德等元老们的亲切合影及其家人的亲密合影,立即使我联想到"文革"时的一切,一种历史沧桑感油然而生;

一套曾经由西哈努克亲王和聂帅用过的藤椅、办公桌和木床等展品,令人驻足细看、回味再三。

看了这部分展出,我似乎又找到了当年的一种感觉:那时的北戴河在平民百姓的心目中,是一个可望而不可即的地方,是一个神圣而又神秘的地方。"人民的乐园"这个用语,对北戴河来说,似乎早了一些。

一踏进"开放的北戴河"展厅,真正感到进入了"人民的乐园"。在众多照片中,我特别注意1984年8月4日,邓小平在西山浴场畅游两小时上岸后,与游人群众一道散步、合影;另一张是1979年5月18日中国国际旅行社北戴河海滨旅游公司成立时的一张照片。这是在邓小平的指示下,由国家旅游总局和河北省商定,把中央党政军机关和河北省机关事务管理局的部分楼堂馆所及浴场交给该公司管理经营。前一张照片是邓小平刚复出不久,指示统统撤销原来设在路口的警卫岗哨,与群众同乐的历史见证;后一张照片是我国旅游业从政治型向经济型、从官办型向企业化转变的历史见证。

2000平米的展览,简要地展示了北戴河从秦皇巡游、"自开口岸"的"避暑居住之地"、"中国夏都"、"人民乐园"的发展轨迹,雄辩地说明了开放是旅游业发展的根本条件。小开放,小发展;大开放,大发展;不开放,没发展。面对即将到来的"入世",面对迅将涌入的外商、外企,距北京仅3小时汽车旅程的北戴河,不仅将涌来更多的国内游客,而且会迎来越来越多的入境游客,主要是常驻和逗留京津的入境宾客。21世纪,北戴河的大发展仍然有待于更大的开放,更深刻的改革。

我边看边想:北戴河的那些名人别墅,何时陆续修复、对外开放?革命元老住过的别墅,何时能让人参观游览?那么多政企不分的休养所、培训中心何时能政企脱钩、事企分开?北戴河何时能成为河北旅游乃至中国旅游的一张新名片?"夏都"何时能真正成为官民同乐的"人民乐园"?

走出展览馆,到处都可见到"京"字号打头的小汽车,绝大多数都是家庭出游。在熙熙攘攘、川流不息的人潮中,我感受到了中国大众、自费、驾车旅游时代正在到来。

参观结束,晓红同志嘱我为展览馆写几句参观感想,我信手写下了两句话:

"北戴河,中国第一个国际、国家旅游度假区。
北戴河展览馆,中国第一个以旅游为主题的专业展览馆。"

中国100多个旅游城市开设了各种各样的展览馆、博物馆,但很少见到把本地丰富的旅游发展历史作为题材，建一个专门的旅游展览馆、博物馆，使之成为一项旅游项目推出，使人在旅游过程中更深刻地把握游览地的历史脉络，领悟文化内涵，从而增长见识、受到启迪的。北戴河旅游展览馆的开设，对北京、上海、杭州、青岛、桂林等老旅游城市来说，难道不是一种启发吗？对于新开发的旅游城市，难道不需要从一开始就注意保存和搜集有价值的旅游发展资料，为日后留下一份可供研究和展示的历史实物吗？对于正在向世界旅游强国目标奋进的中国，难道不需要筹建一个"中国旅游博物馆"吗？

中国第一个"国家"旅游度假区[①]

在我国,北戴河的名字几乎是家喻户晓,一则因为它是一个著名的滨海旅游胜地,二则因为1949年以后它又是党和国家领导人夏季办公和避暑的地方。但是,恐怕很少有人知道它是我国最早开放和开发的滨海避暑度假地,在中国近现代旅游发展史上具有重要的地位。

由北戴河休疗旅游管理委员会策划、孙志升先生撰写的《北戴河——中国现代旅游业的摇篮》一书,简明而生动地记述了一百年来北戴河旅游的发展轨迹:

1893年,中国第一条超百公里的标准轨距铁路津榆铁路通车,在北戴河设站。随后,在这个秦始皇巡游、曹操和唐太宗观海赋诗的地方,西方传教士纷至沓来,建别墅、设教堂、开浴场,北戴河开始成为滨海休闲地。

1898年3月,清政府宣布秦皇岛为"自开口岸",允许中外人士在北戴河"避暑居住"。在一定意义上可以说,北戴河是由中国政府批准的第一个向中外人士开放的旅游度假区。

遥想当年,饭店、旅行社、餐馆、商店在这里曾红火一时;网球、垒球、裸浴、高尔夫球等舶来的体育休闲活动出现在这里;北京至北戴河夕发朝至的旅游专列与2小时即至的旅游包机在这里创办;团队优惠、往返打折等新式商业经营方式在这里实行;烟火、歌舞、电影……这里曾热闹非凡。今天我们所说的"行、游、住、食、购、娱",早在20世纪初这里曾一应俱全。

当然,在那个年代,来北戴河休闲度假的虽不乏海伦·斯诺、詹姆斯·贝兰特、韩素音、梅兰芳、徐志摩等中外文化名人,但游客的主体必然是中外富商、士绅权贵。当时北戴河的旅游业深深地打上了半殖民地半封建社会的历史烙印。

1949年以后,北戴河一度曾成为党和国家领导人及解放军官兵的休疗基地。从1954年起,成为中共中央、国务院的夏季办公地,北戴河成了"夏都"。从此,它又与中国的政治风云紧紧地联系在一起。

北戴河的一切工作,尤其在夏季,全部围绕着"为中央服务"这个中心进行。虽然这里也接待过一些外国友人、劳动模范、战斗英雄和民主人士,但是在众多的平民百姓眼中,北戴河是一个可望而不可进的禁地,是一个既神圣又神秘的地方。

1979年邓小平在谋划中国改革开放的总蓝图时,把眼光投向了旅游业,而且首先投

[①] 2001年6月为孙志升先生《北戴河——中国现代旅游业的摇篮》写的序言,北京燕山出版社2001年版。

注到北戴河。在他的直接过问下,党中央、国务院决定把北戴河休养区拨给旅游部门接待外宾使用。1979年7月,中国国际旅行社北戴河海滨旅游公司正式开业,9月又在这里召开全国旅游工作会议。这是北戴河旅游发展历史上的一个里程碑,也是中国现代旅游发展史上一个里程碑。

从此,中外旅游者像潮水般地涌向北戴河。虽然从1984年夏季起,中共中央、国务院恢复在北戴河暑期办公,北戴河仍承担着为中央服务的重任,但平民百姓无疑已成为这里旅游的主体。

20多年来,北戴河旅游经历了从政治接待到旅游接待的转变,从事业型向产业型的转变,从接待少数政要为主向接待海内外旅游者为主的转变。2000年,北戴河区接待中外游客259万人次,旅游总收入5.15亿元,旅游已成为北戴河区的主导产业、秦皇岛市的新兴支柱产业。完全可以说,没有旅游,就没有今日之北戴河。

一个世纪以来,北戴河经历的"自开口岸"避暑地→"夏都"→大众滨海度假旅游胜地的历史性变迁,是中国近百年旅游发展过程的一个侧影,也是中国近百年"闭关锁国→被迫开放→改革开放"曲折进程的一个侧影。本书提供的历史资料和披露的邓小平同志及胡耀邦总书记等在我国历史性转折时期对北戴河发展旅游的指示与意见,无论对研究中国近现代旅游发展史,还是总结近20年中国旅游发展的经验,都是弥足珍贵的。

从中人们可以得到不少的启迪。例如,邓小平曾指示,军队的疗养所全部交出搞旅游,设在他别墅路口的警卫岗哨统统撤掉。胡耀邦同志指示搞晚上俱乐部、消夏俱乐部、海上俱乐部,可以发动专业户,不搞官办,这样服务态度还好。赵紫阳总理肯定城镇居民和农民办的个体旅馆。

回顾历史是为了开辟未来。北戴河的旅游面临着新世纪、新任务、新挑战。作为中国第一个政府批准的向国内外人士开放的休闲度假地,作为中央的夏季办公、休闲地,作为环渤海湾地区历史悠久的滨海旅游地,北戴河应该成为首都的东部滨海花园,成为中国滨海旅游的一个著名品牌,并且向国家旅游度假区的目标挺进。

北戴河扼东北、华北之咽喉,交通与百年前相比有天壤之别,沿京沈高速公路从北京驾车2小时即可抵达。旅游基础和接待设施基本完备。以华北、东北地区为主的客源市场,具有丰富的开发潜力。河北省和秦皇岛市把北戴河列为优先发展的重点旅游区。北戴河旅游有条件、也必须来一个新的飞跃、登上新的台阶。

北戴河要进一步从滨海旅游向滨海、山岳、森林、文化和生态等多种旅游转变,从主要是夏季旅游向全年候旅游转变,从观光度假向海上运动、体育竞技、会议修学、文化交流、观鸟探险等多元旅游产品转变,从大众旅游进一步向新婚蜜月游、老年休疗游、青少年修学游等多层面客源群转变;要进一步挖掘古代帝王巡游、近代名人休闲、现代"夏都"的文化内涵,激扬名人效应;进一步绿化、美化环境,完善市政建设,开发文娱项目,丰富夜生活,把北戴河区作为一个大景区推出,从景点旅游向全区旅游转变,从而使北戴河成为我国北方以巡游文化、夏都文化为特色的综合性、多样化滨海度假旅游目的地。

为此,北戴河区的旅游管理体制和经营机制必须顺应社会主义市场经济体制和加入世界贸易组织后双向开放的形势,进行全方位的改革。对区域内的旅游企业要进行全面整合,对定点的、非定点的行、游、住、食、购、娱服务单位,都要纳入旅游管理的范围;凡是经营性的国有企业,不管是中央的、省里的,还是市里的直属、直管企业,都要实行政企脱钩、事企分离,按照现代企业制度改制转型;仍有政府接待任务的服务单位,在保证完成既定任务的同时,要敞开大门、面向社会、服务游客;要兼顾政府接待与旅游接待,减少扰民活动,以民为本,倡导与民同乐的新风尚;要大力引进外资、民间资本进入旅游业,促进非公有制旅游经济的大发展,形成多种所有制经济平等竞争、共同发展的局面;要着力培育骨干旅游企业,打造跨地区、跨部门、跨所有制、多种服务相配套的旅游名牌企业;要在市场经济的大潮中升起产品经营、企业经营、资本经营、品牌经营、形象经营相结合的北戴河的旅游明星。

读完书稿,掩卷遐思。再过一百年,后人来续写本书时,北戴河将变得如何呢?

"萧瑟秋风今又是,换了人间。"我不禁想起了一代伟人在北戴河写下的这句千古绝唱。

我看南京[1]

随中央电视台"倾国倾城"观察团,来到"美善"之都南京,短短三日,偶有所悟,略记于兹。

地脉:这是一座大江环绕、城林相依的山水林城。

史脉:这是一座终封建专制之史、开中华共和之先的民国都城。

文脉:这是一座著名院校汇聚、群英荟萃的现代科教名城。

经脉:这是一座百业兴旺、活力激荡的产业新城。

九十年前,孙中山先生曾激情洋溢地写道,南京是在世界大都市中"难觅如此佳景"的"美善之地区"。他定南京为中华民国的首都,并选钟山为身后安息之地。这是孙先生留给南京最宝贵的历史遗产,也是南京人民最引以为豪的精神财富。

继承先生遗志,南京市政府以"美善"之都为主题,推进南京的城市建设、产业发展、文明建设、环境保育,创建南京特色与传统的"美善"政府机关、"美善"企业、"美善"院校和"美善"社区,培养"美善"市民和各行各业的"美善"员工,打造以"美善"为魂的南京城市精神和市民性格,建成独具特色、全国独一的至美、至善的现代大都市。

旅游业是南京的一大特色产业和优势产业。按市党代会提出的建设"现代化国际人文旅游城市"的目标,南京旅游资源中最具国际影响、并有现代化意义的人文品牌,就是以"民国首都"为标志的"民国文化"。

1912年1月,孙中山先生在南京宣告中华民国成立时,发表就职演说,要"尽扫专制之流毒,确定共和,普利民生",指出"国家之本,在于人民",具有不可磨灭的历史功勋。

今天陈水扁之流正在处心积虑地为分裂国家统一、妄求"台独"扫除障碍。

科学地、历史地解读"民国文化",恢复和整理民国首都的历史遗址,如中山陵、总统府、民国政要故居陵墓、使领馆、博物馆、美术馆、院校、街区与马路等,尽可能完整地给予孙后代留下一个"民国首都"遗址公园,开发"民国首都"之旅,也许比修复"中国第一城垣"更有历史的、现实的和未来的意义。

2011年是辛亥革命100周年。这是中华民族历史值得隆重纪念的历史性事件。南京市应在这一历史性时刻向世人宣告:建成孙先生期望的"美善"之都。

---

[1] 2007年6月中旬,笔者作为中央电视台"倾国倾城"观察团成员在南京观察3天,尔后写下此观感,并给南京市蒋宏坤市长写了一封短信。

附录：写给南京市市长的信

蒋市长：

上个月，作为中央电视台"倾国倾城"观察团成员，在南京看了3天。《我看南京》短文是交给中央电视台的观察感受。

对南京市的旅游业，我未作深入研究，但一直关注着。

"博爱之都"的提法，可取之处是传承、光大孙中山先生的思想；但作为旅游城市形象，"博爱之都"过于抽象，难以具象化，况且"博爱"两字并非孙中山专为南京所题。

建议借用孙中山认定的"美善之地区"，以"美善"之都作为南京市的城市旅游形象用语。以"美善"之都为主题，推进南京的城市建设、产业发展、文明建设、环境保育，创建南京特色的"美善"政府机关、"美善"企业、"美善"院校和"美善"社区，培养"美善"市民和各行各业的"美善"员工，打造以"美善"为魂的南京城市精神和市民性格，建成独具特色、全国独一、世界著名的至美、至善的国际化大都市。

"山水城林"的提法，目的是突出南京的明城墙。但这不是南京文脉、史脉上最具代表性、最有典型意义的遗迹。建议改为"山水林城"，突出南京是一座山水环绕的森林之城的生态特色。我在南京观察时说过，南京多种树、少种草，"城在林中，林在城市"，是城市绿化的特色、优点，与现在许多城市少种树、多种草相比，维护成本低、环境景观好、生态功能强，符合"资源节约、环境友好"型可持续的发展之路。我是国家林业局中国森林风景资源评价委员会的委员，建议南京市向国家林业局申报"中国森林城市"。

南京明城墙修复至今，我认为可以画一个句号。"世界第一城垣"，很难界定。是修建时间上"第一"还是长度"第一"？是保存完整"第一"还是它的建筑风格"第一"？南京明城墙如要申报世界文化遗产，就不能再复建了，因为世界文化遗产看重"原真性"。保留断壁残垣，更具历史真实感，具有历史沧桑感和沧桑美。

在我看来，南京市具有唯一性、垄断性、独特性的历史人文资源，不是六朝古都，不是明古都和明城墙，不是明孝陵，更不是秦淮河，而是"民国首都"。南京文化旅游应主打"民国文化"牌，主推"民国首都"游。

在纪念辛亥革命100周年之时，党中央会对辛亥革命、民国历史和国民党历史有新的评价。这是对历史的尊重，更是完成中国统一大业的现实需要。

以上管见，仅供参考。

王兴斌
2007年7月16日于北京

汶川灾区旅游振兴的快与慢

汶川地震灾后的旅游振兴任务,摆到了四川省及灾区周边地区的面前,也摆到了全国旅游界的面前。部分省市正在友情启动"万人游四川"一类的活动,四川、甘南部分灾情较轻的地区积极恢复旅游接待,迅速编制灾后旅游业恢复重建规划,有的举行相关的学术研讨会,体现了业界对于灾区旅游发展的关切与厚望。

汶川地震对四川及周边地区旅游业的破坏是空前的。占全省旅游业大半壁江山的成都、阿坝、德阳、绵阳、广元、雅安等6个市州的资源与设施受到不同程度的损坏,全省旅游市场几乎全部中断;震灾波及毗邻的甘肃陇南和陕西汉中地区。即使是不属于灾区的重庆市,由于临近四川,一时间旅游市场也大幅萎缩。地震还影响到全国的入境旅游,特别是国际入境市场,5月份接待外国游客人次和旅游外汇收入分别同比下降5.97%和7.52%,出现了多年以来的首次负增长(入境市场下降的另一个原因是受到拉萨的"3·14"骚乱事件影响)。地震还影响到全国的国内旅游,全国人民心系灾区、支援灾民,游兴大减。为节省开支,减少了会议、考察活动。事实再次提醒人们:旅游业是一个高度敏感的产业,任何突发的天灾人祸都可能危及旅游业的生存。

然而,在重建灾区的任务推到面前时,人们也把目光投向了旅游业,因为震区本来就是著名的旅游目的地,还因为旅游业也是一个容易反弹的产业。只要旅游的吸引物和接待设施犹在,旅游市场就会较快回升。1989年的低谷与1990年的复苏,2003年的下滑与2004年的反弹说明了这一点。而这一次是局部性的受损,与1989年和2003年的全国性滑坡不同。

灾后旅游振兴工程,大体可分为两大类:一类是恢复性的,要尽早从快,迅速激醒市场、复活经营;一类是重建性和新建性的,要从容以对、从长计议。

一、恢复轻灾区旅游市场要从快启动

此次地震对四川省的旅游枢纽和首要目的地成都市的景区景点、基础与服务设施没有多大破坏,抢救灾民高潮过去后就可以恢复旅游接待。峨眉山、乐山大佛、三星堆、西岭雪山、四姑娘山、海螺沟、蜀南竹海、瓦屋山和碧峰峡等景区安然无恙,可正常开放。九寨沟、黄龙、牟尼沟和青城山等景观保存基本完好,都江堰和大熊猫栖息地的核心景区局部受损,只要通往这些景区的交通恢复,就可以恢复开放。上述景区市场知名度高、接待

---

① 2008年第4期《中国旅游景区》,2008年7月17日搜狐博客。

服务比较成熟、市场渠道现成,历来是四川旅游的主打产品,占全省旅游份额的2/3以上。当务之急是尽快恢复原有的市场渠道,把可以安全旅游的信息传递到境内外旅游经营商和民众中去,并采用灵活的价格手段和激励手段,就可以较快地重新启动市场、走出困境。这是目前恢复灾区旅游头等、紧迫而可行的举措。

二、重建、新建重灾区旅游要从长计议

重灾地区重建和新建的旅游项目(如旅游景区、旅游城镇乡村、行游住食购娱设施等),目前尚不具备立项、建设的条件。近期主要是调查研究、预可行性研究并编制旅游恢复重建规划,为下一步重建或新建工程做好充分的准备。

目前,重灾区主要的工作是安置灾民,生产自救,解决生计。《汶川地震灾后恢复重建总体规划》正在编制之中。在恢复重建中,因地制宜,宜农则农,宜工则工,宜旅游则旅游。旅游业不可能成为灾区所有市、县的"优势产业"、"先导产业"或"主导产业"。灾区旅游业的重建必须以重建后的城镇乡村布局、交通水电环卫基础建设为基础,结合城乡重建、产业结构调整、灾民安置,在适宜开发旅游的地域、点线规划建设。旅游部门应该而且必须对《汶川地震灾后恢复重建总体规划》中有关旅游产业的发展积极主动地提出建议,把有可能开发的旅游项目纳入其中,但不可能在《汶川地震灾后恢复重建总体规划》定局之前敲定旅游发展规划。过于超前,超而不前。此其一。

汶川地震遗址与抗震救灾中凝集的"汶川精神",是留给震区新的物质与非物质旅游资源;苦难灾情与救灾壮举吸引了全国、全球人的眼球,震撼着人们的心灵,空前地提升了"中国·四川·汶川"的知名度,从长远看为振兴灾区旅游创造了新的机遇。但是,从地震发生地到地震旅游目的地的转变,不是轻而易举的。地震遗址保护区域的疏理,地震博物馆的筹建,地震遗迹考察、防震抗震科普与灾后城乡新貌观光等旅游产品的开发,只能在灾区重建工作基本完成之后从容设计、精心策划,从而打造成灾情与人心击撞、科学与道德聚合的震灾文化旅游特品。此其二。

地震是地球自然能量消长运动的一种方式,其衍生物是自然生态环境和地质地貌的重新组合,并经过相当长的演化形成新的地形地貌。1933年8月25日,就在此次震区的茂县岷江河畔发生了7.5级地震,千年古镇叠溪城毁于一旦,21个羌寨的6800多民众全部遇难。经过70多年的沧海桑田,当年被碎石堵塞的河道形成了今天长达10公里的叠溪海子,翠草绿树、碧波荡漾,成为"中国最美丽的地震海子",成为今日川西北的一景。惨烈的天灾孕育了美丽的风景,自然的辩证法就是如此。现在主震刚过、余震犹频,山陵重组、河湖改道,在新的生态环境下,如何规划设计新的游览目标、线路和方式均须假以时日、从容观察。此其三。

重灾区内以三国文化为主题的历史文化遗址众多,在此次地震中受到不同程度的损坏,有的相当严重。文物部门正在进行系统调查并编制灾区文物抢救、维修和保护规划。从规划编制到实施有一个相当长的过程。文物保护以文化价值为主要评价标准,旅游开

发以观赏价值为主要评价标准,两者既有联系又有区别。三国文化遗址以及李白故里等历史文化景点历来游客稀少、"叫好不叫座",此类旅游线路和景点的恢复开发在重建后的川东北旅游格局中应占何等地位,要参照历史与现状,重点从市场需求与前景的角度慎重考量,切不可有什么资源就开发什么资源,陷入以资源为导向的传统套路中去,耗费资金而事倍功半。此其四。

  在这次地震中,羌族失去了 1/10 的人口(3 万余人),全国唯一的北川羌族自治县县城成为一片废墟,地震发生时正在县城开会的 40 余名羌族文化研究者全部罹难,羌文化博物馆的珍贵文物毁于一旦,作为羌文化物质标志与载体的羌寨碉楼损坏严重。语言是羌文化的主要非物质载体,在此次地震中又失去了多位仅存的通晓羌族传说、历史与习俗的"释比"高龄老人。中国民俗文化研究会会长冯骥才先生到灾区实地考察后沉重地写道,"这次地震对羌文化是一次毁灭性的打击,它使羌族文化大伤元气"。[①] 更为严重的是,千百年来形成羌族文化的高山峡谷自然环境在地震中面目全非,其中不少地方不适合居住,不少羌族村寨恐怕要异地重建,这对羌族文化的可持续传承又是一大挑战。如何在震后重建中保存羌族文脉不至中断,如何解决民族本土传统文化的传承与创新,如何解决本土民族实现传统生活的现代化,如何在此种背景下开发羌族文化旅游产品,使之成为深度体验的人文旅游精品,需要人类学、民俗学与旅游学界的共同切磋、反复探究,不是仓促上马能做到的。此其五。

  突如其来的灾害,人们无法从容以对,因为"灾情就是命令,时间就是生命";灾区边缘地区和波及地区的旅游接待,要尽快启动中断近 2 个月的市场,以汇聚人气、舒筋活血;重灾区的旅游重建/新建,则要从容不迫、从长计议。

  可以预言,经历了这一场天灾与人情博弈的洗礼后,震后之地必将像一只在烈焰中涅槃的凤凰翱翔在华夏上空,成为一个集天地之灵气、聚人间之真情的中外闻名的旅游胜地。

[①] 冯骥才:《羌去何处?》,2008 年 7 月 5 日《北京青年报》。

西安能建7个"城"吗[①]

据媒体报道,2020年西安将建成国际一流旅游目的地城市、国际文化交流中心、彰显华夏文明的历史文化基地、全国自由行旅游最方便城市、中西部最重要旅游口岸城市。又说,未来10年西安将启动"七大之城"建设行动,打造世界遗产之城、国际文化交流之城、华夏文化源脉之城、中国博物馆之城、中西部旅游集散之城、世界佛文化之城和中国航空航天博览之城。

看到此不禁要问:这5与7是什么关系?5与7内部又是什么关系?7个"城",如一张相片有7个焦点,还能清晰吗?什么都想做,可行吗?"自由行旅游最方便",有什么标准?你"最"了,别的城市呢?"世界遗产之城",如果一个城有一个世界文化遗产就是"世界遗产之城",中国会有多少个?"国际文化交流之城"有多少特色?"华夏文化源脉"在哪里?是西安一个城市就能承担得起的吗?建一个"航空制造基地",就是"中国航空航天博览之城"吗?"世界佛文化之城",中国会有多少个?"旅游集散之城",是一个成熟旅游城市的基本条件,是"国际一流旅游目的地城市"的一部分,有必要单提吗?

依我看,一个"国际旅游目的地城市",就可以把西安的旅游发展目标界定了,如果再加上"具有华夏文化特色的",或"以中国历史文化为特色的"几个字,或其他能概括点明西安城市特色的用语就可以了。"国际一流"之类可提可不提,没有多少实质性意义。

在旅游目的地发展定位上,普遍存在高而全、大而泛、空而虚的现象,如"国际一流"、"世界著名"、"全国最×(佳、好、美等)"、"中国第一"、"全国领先"等,而且往往是一任领导一个定位,换一任领导换一个定位,缺少稳定性、连续性。浮躁的社会环境把科学定位搞成了一场文字竞赛。

一个城市或景区的旅游发展目标定位,是一件十分严肃的事情。要对该地的区位与环境、自然与人文、历史与现状、文化与经济、优势与特色等各方面进行深入研究、反复斟酌、慎重定夺,定位用语一要简洁明晰、主题明确,二要体现特色、显示个性,三要脚踏实地、切实可行。"一流"、"最佳"、"第一"、"领先"之类的张扬性文字最好不用,它们既无公认的标准,也没有多少实质性意义。须知,旅游目的地的发展目标应是科学的定位、建设的总纲、奋斗的方向,不是广告词,不是营销口号,也不是目的地形象宣传用语,切忌浮躁、空泛、繁杂。

今年年初,上海市旅游产业大会提出,上海要"努力建设成为世界著名旅游城市",言

[①] 以《旅游发展目标定位切忌浮躁、空泛、繁杂》为题刊载于2011年9月16日《中国旅游报》。

简而意明,看似平淡,但隐含着十分清醒的认识。它告诫自己:上海离"世界著名旅游城市"还很远。仅以接待外国旅游者为例,香港一年接待约1000万外国游客,上海只有它的一半,在商务、金融、会展、购物、娱乐、邮轮、航空等方面的距离就更大了。对上海来说,"世界著名旅游城市"是一个很高但比较妥帖的发展定位。

海洋不再是"天尽头"[①]

5月21日下午4时许,北京第二外国语学院旅游研究所原所长、山东省旅游规划咨询委员王兴斌抵达青岛,作为重要嘉宾出席"'蓝色经济大家谈'暨首届半岛市长论坛"。在接受记者专访时,王兴斌教授说,两千年前李斯随秦始皇东巡、祭海时在荣成成山头写下"天尽头"的感慨,而现在海洋将不再是尽头,而是"蓝色经济"发展的大舞台。

一、关键:树立海洋文明思维

王兴斌说:"法国、英国、美国等世界强国多是海洋起家的,现在中央提出开发蓝色经济、发展海洋经济,我认为在我们国家的历史上是一个突破。"2000多年来,中华民族一直生活在广阔的大陆上,是典型的大陆民族,对蓝色大海的认知不多。许多人知晓中国有960万平方公里土地,但不少人不知道中国还有470万平方公里海域。许多山东人知道山东陆地面积15万平方公里,又有多少山东人晓得还有16万平方公里海域呢?这说明我们是以农耕和游牧为主的大陆民族,也说明我们缺乏海洋意识。打造山东半岛蓝色经济区,是一个重大的突破性战略,从沿海开放走向海洋开拓,标志改革开放迈上一个新起点。领会这一重大战略,首先要从观念上冲破大陆文明思维惯性,树立海洋文明思维,提高全民的海洋意识。

二、目标:山东半岛要建成北接南联的中国海洋经济枢纽

王兴斌对于山东半岛在"蓝色经济"战略发展中的枢纽作用十分看重。"山东半岛本身自己有一个城市群,'青烟威'就是一个城市链,并且正在向日照、营口等新兴城市延伸。"王兴斌说,这个城市群凝集了山东主要发达城市。"山东半岛北边是辽东半岛,是东北地区经济最发达地区,接着环渤海区域,南边连着长三角地区。山东半岛在这两个中国经济发达区域之间,起着上下衔接的作用。所以说,中央把'蓝色经济'的突破口、前沿阵地放在山东半岛,这个决策是经过深思熟虑的,是中国海洋战略里的一个核心。"王兴斌说,抓住山东半岛的开发,就可带动南北两地的开发,进而带动全国经济的发展。

三、优势:有国际视野和广阔腹地

王兴斌说,山东半岛于外、于内有两大优势。于外,与国际有强烈的互动。他认为,

[①] 2010年5月在青岛"'蓝色经济大家谈'暨首届半岛市长论坛"上的点评发言,先后刊载于半岛网、《半岛都市报》和《大众日报》,并以《发展蓝色经济旅游应是优势》之题摘要刊载于2011年1月14日《中国旅游报》。

发展"蓝色经济"要"面向国际,同时面向的国家经济条件比较发达",而毗邻日本、韩国的山东半岛具备了这些条件。于内,山东半岛有很广阔的腹地。山东半岛的腹地包括山东省,再加上华东、华中、华北等地,它能给海洋经济提供富庶的经济基础。

除了这些,王兴斌认为,山东半岛发展"蓝色经济"还有交通和军事上的支撑。同时,现在山东的农业、工业在提升,给蓝色经济的发展提供了基础。

四、路径:优化"五大结构"

对于蓝色经济区的开发,王兴斌还提出了自己的见解:五个结构。

第一个结构是动力结构,要使我们蓝色经济区持续发展,在发展动力上一定要解决好我们经常讲的投资拉动、出口拉动、消费拉动。

第二是产业结构。要把三产作为一个非常重要的重点加以突出。海洋经济的三产无非是五个"流",第一个流是信息流(金融产业);第二个流就是物流(交通业),海洋交通运输和陆地交通运输相连接;第三个流是发展商品流(外贸业);第四个流是资金流(适当发展金融业);最后一个流就是人流(大力发展旅游业),这五"流"构成我们蓝色经济三产的骨干。七个城市在部署产业项目、考虑产业结构的时候,应发展三产的"五个流"。

第三个结构就是能源结构,蓝色半岛再不能走高能耗、高排放、高消耗资源的老路,要走低碳经济新路。

第四个结构就是所有制结构,蓝色经济区的开发,国营企业为主导,但不是主体,关系国家安全的部分由国家投资,在 GDP 总值、就业总数中占 30%～40% 就可以了,其余的 60%～70% 让民营、合资、股份制、外资企业来搞,这样蓝色产业才有希望。

第五个结构就是体制机制结构,一定要走政府引导、市场运作、企业主体的路子,政府不要大包大揽。

五、特色:"君子和而不同"

王兴斌点评说,旅游在山东半岛蓝色经济区中,现在可以定位是八大优势产业之一,从发展目标来讲可以成为支柱产业,从发展方向来讲可以成为现代服务业的龙头产业。像寿光的菜博会、李沧区 2014 年的园博会,都是非常好的旅游资源。

王兴斌建议,蓝色山东休闲港湾应该成为半岛蓝色经济区的一张品牌。重点打造三个特色,首先是特色城市,包括城镇;其次是特色海岸,像东营是湿地海岸、温泉海岸,潍坊是风筝海岸等;其次是特色港湾,可以做很多休闲浪漫的港湾。"如果有 1000 个美女穿着比基尼在海边放风筝,引起轰动效应,绝对是一个好项目。"7 个城市要"君子和而不同",也就是说,7 地市要形成合力的同时,要有自己的特色。

建设蓝色经济区就可以实行陆海一体、山海一体、绿海一体、城海一体,把腹地建设与海洋开发结合起来,实现协调联动、有机发展。

山东半岛 7 个城市都一样"蓝"那就不行了,近距离、同质化的竞争是互相杀伤,近距离、异质化的竞争就是互补。经济业态如此，产业形态如此，文化样式亦如此。对山东半岛7个城市来讲，要走合而不同的发展路子，在自然生态、产业核心竞争力、优势产业布局、文化特色凸显等方面，突出自身优势，各有侧重，将优势以叠加效应的形式反映在发展成果上。

山东半岛最美的是海岸、海湾资源，从旅游角度讲，"蓝色山东，休闲港湾"应该成为半岛蓝色经济区的一张大品牌，与泰山、孔孟一起，成为山东旅游的三大支柱。依托特色海岸，东营可以搞湿地海岸、温泉海岸，潍坊搞风筝海岸，日照搞阳光海岸，烟台搞温泉海岸，滨州搞芦苇荡海岸……让3000多公里海岸展现不同魅力，成为天下独有的海岸线。

六、青岛：旅游要打百年文化牌

王兴斌认为青岛旅游的发展主攻方向还是要打文化牌。从文化上讲，青岛的文化有两个脉络，一个是德国文化，表现为欧陆风情；还有一个是中国的崂山道教文化和妈祖海洋女神文化。青岛文化牌，无论是欧陆文化还是中国传统文化，在此交融已经有百年，百年中国的历史风云能在青岛找到标志性景物。"百年青岛，扬帆之都"，历史上这个"扬帆"是被迫的，现在的"扬帆"是主动的。这一历史脉络把文化串联起来，文化休闲、文化创意可以抓住这条史脉、文脉，并与滨海城市的地脉结合起来，铸造青岛旅游之魂。文化上重点抓百年青岛，一百年中国的风雨，能在青岛找到丰富的物质遗产与非物质文化遗产。要以百年文化为魂、海洋休闲旅游为体，铸就青岛旅游品牌。

王兴斌认为，青岛的文化与滨海休闲旅游发展还没有到位，文化休闲完全可以成为青岛旅游的新亮点。王兴斌认为可以借鉴北京的798艺术区开发式样。北京的798文化创意休闲旅游区是民主德国援助建设的"北京华北无线电联合器材厂"。在进行开发利用的时候，整片建筑的架构完整保留了最初兴建时的德国风格。青岛还要向天津学习，天津把百年老街尽可能地利用了，成为传统与时尚相融合的文化休闲街区。青岛的老街、老楼很多，蕴含在其中的人物、"故事"更多，这些历史文化遗址对青岛来说是十分宝贵的休闲旅游资源。

"旅游不能只靠门票，中国的景区门票是全世界最贵的，大部分景区的主要收入来源都是门票，不改变'门票经济'，就不能从纯观光旅游向休闲度假旅游转型。"王兴斌认为，只关注门票收入是非常短视的。完善对游客的服务功能，就是构建产业链的过程。游客对景区的服务满意了，各种消费欲望便会被调动起来，景区自然会实现多渠道营收。希望青岛早日告别观光性、一次性消费的"门票经济"，向观光游览与康乐度假相结合的休假经济转型，争取在山东、在全国带个头。

七、开放：建设一个国际旅游岛

王兴斌提出，山东半岛蓝色经济区开发，一定要找到"爆发点"，这一点很重要。国际旅游岛概念将海南岛"点燃"了，半岛蓝色经济区需要这样一个燃爆点。可否借鉴韩国济州岛的开发模式,参照海南国际旅游岛的政策,开发一个国际旅游试验区?

这个岛主要面向日本、韩国、俄罗斯、朝鲜、蒙古游客,资金来源主要面向韩国、日本、中国。在岛上,上述各国游客落地签证,实现人员自由流动;岛上买日本、韩国、蒙古的商品免税,实现商品自由流通,主要是旅游纪念品,外国游客在这里可以免税买到其他国家的产品,中国游客可以买到日本、韩国的免税品;资金自由流通,可以吸引上述国家的企业到这里投资,这样就能逐步将这个岛从自由旅游岛屿变成东北亚自由贸易区。

八、科教:蓝色经济的发动机

发展蓝色经济,王兴斌认为要做到转变观念和培养人才两个方面。他认为山东半岛完全有加快发展第三产业的条件,但要看其在主观上的重视程度。"蓝色经济"的发展要依靠科技的力量,但山东半岛的海洋科技能力还有待提高。"海洋科技的机构建设和人才培训的强度、水平在某种意义上不如其他一些沿海地区。"王兴斌说,如果克服了这个"软件"上的弱点,对山东半岛蓝色经济区的发展将大有裨益。

王兴斌建议:第一,沿海7个城市的党校,应开设一门课,必须要学的就是海洋经济、蓝色经济;第二,7个城市的学校应该向海洋科学和海洋建设方面倾斜,建设海洋科技的研发基地;第三,建议给中小学编蓝色经济教材,中小学生从小就要普及海洋知识。

王兴斌同样认为,要是没有蓝色文化,蓝色经济发展不起来,发展了也是"四肢发达、大脑简单"。蓝色经济区的开发不仅是经济建设,工业、农业、产业建设,同时也是文化、科技、教育的建设。王兴斌提出建议,明年如果大家再聚在这里,就进行一个"蓝色文化大家谈","这个蓝色经济的发展,没有蓝色文化的繁荣是不行的,可以把搞文化的、搞艺术的、搞科技的、搞教育的都请来。"

连云港市:黄海国际旅游大港[①]

一、旅游:推动东亚共同体建设的先驱

中、日、韩三国一衣带水、一海相连。两千多年来,三国人民之间在交流中合作、在合作中发展始终是历史的主流。

在世界经济全球化、区域经济一体化的趋势下,中、日、韩三国的外交磋商、经济合作、文化交流与旅游交往与日俱增。

2009年10月,在北京,中、日、韩三国领导人达成了致力于在开放、透明、包容原则基础上建设东亚共同体的长远目标。要从这个大背景下去观察中、日、韩的黄海国际旅游交流与合作。

中、日、韩三国政府都高度关注旅游发展,把旅游业作为事关国计民生的国家大事。

20世纪80年代,韩国政府提出"整个国土旅游资源化,全体国民旅游员工化,旅游设施国际标准化",实施"旅游立国"战略。韩国早在1980年就宣布解除禁止本国国民出境旅游的禁令,1988年宣布全面开放国民出国旅游,促进入境旅游、出境旅游与国内旅游同时发展。

2006年12月,日本国会通过《推进观光立国基本法》,次年6月颁布《推进观光立国基本计划》,提出到2010年访日外国旅游者达1000万人次,日本出境游人数达2000万人次,国内旅游消费额达30万亿日元(相当于2万亿人民币)。

自改革开放以来,中国政府大力发展旅游业。去年底,中国国务院《关于加快旅游业发展的意见》,把旅游业确定为国民经济发展的战略性支柱产业,把发展旅游提高到国家战略的层面。

在三国政府和旅游界的共同努力下,中、日、韩三国的旅游交往与合作取得了历史性的进展。

日本公民来华旅游从1979年的10.6万人次增加到2009年的331.75万人次。日本旅华游客人数历来位居中国入境游客的第一位或第二位。2000年日本成为中国公民出境旅游目的地国家,中国旅日游客从1989年的9.7万人次增加到2008年的155.6万人次。

韩国公民来华旅游从1988年的2.7万人次增加到2009年的319.75万人次,中国已

[①] 2010年7月在"连云港市国际旅游论坛"上的主题发言。

成为韩国出境旅游第一目的地国。从 2002 年后,韩国访华游客人数在中国入境游客中位居第二位或第一位。从 1998 年起,韩国成为中国公民旅游目的地国家。中国旅韩游客从 1993 年的 10 万人次增加到 2008 年的 137.43 万人次,中国已成为仅次于日本的韩国入境旅游的第二大客源国。

中日、中韩三国民众的旅游交往不仅促进了三国的市场消费、繁荣了三国的旅游经济、推动了三国之间服务贸易的发展,更重要的是增进了三国民众之间的了解与友谊。

正如中国与东南亚国家之间的旅游交往促成了中国—东盟自由贸易区的建成一样,可以确信,中、日、韩的旅游交流与合作将在增进三国之间的经贸发展、文化交流、民间友谊等方面起着十分重要、潜移默化的作用。中国有句成语:水滴石穿。三国人民之间通过双向旅游所产生的吸力、合力,终将成为推动东亚共同体长远建设的动力。

二、黄海国际旅游圈:中日韩三国旅游合作的新天地

位于中、日、韩三国之间的黄海,在自然地理方面把中、日、韩三国分开,同时又搭起了一条海上通道把三国联结了起来。从中国秦朝开始,三国就有名士、高僧、学者、使臣、商贾不畏惊涛骇浪,颠簸于黄海、东海之上,传递着文明与友好的火炬。如今,黄海又为三国民众搭起了旅游之舟,成为三国旅游区域合作的新天地。

黄海东西两岸仅 500 海里左右的空间距离,但汇集着中、日、韩三国重要的旅游资源,是东北亚区域旅游的一个"聚宝盆"。

黄海西岸有江苏和山东中国两个旅游大省,分布着烟台、威海、青岛、日照、连云港、南通等一串滨海明珠城市。这里历史上是中国"母亲河"黄河与"父亲河"长江入海口之间农耕文明的重要之地,是齐鲁文化与吴越文化的发源地,又是今天改革开放、走向世界的前沿地带。如今,江苏沿海经济区和山东半岛蓝色经济区已列入中国国家发展战略层面。

黄海东岸是韩国和日本。

韩国制定的《观光振兴五年计划》(1999~2003),把开发韩、中、日三国旅游线作为韩国旅游的重要发展目标,确定了重点开发七大观光旅游区,其中的首尔区、济州区和罗南区等都在黄海西海岸。当前,韩国正在着力打造西南沿海(全罗南道)旅游产业带。首尔与济州岛已成为中国公民的热点旅游目的地。

离黄海最近的九州岛是日本传统的优质旅游区,福冈、长崎、宫崎等滨海城市,鹿儿岛的古典庭园、别府的温泉奇观和雾岛国家公园,都是休闲览胜的佳地。1945 年原子弹爆炸的中心地——长崎,是一个充满异国情趣的港口城市,在这里参观长崎和平公园和原子弹中心陈列馆,可以更加懂得和平之珍贵。

目前,中日、中韩旅游正在快速升温之中。日本、韩国是中国入境旅游的第一、第二客源国;日本是中国公民出国旅游的第一目的国,韩国是中国公民出国旅游的第二目的国。但是迄今为止,日本的九州和韩国的西南沿海地区还是稀见中国游客的身影,同样

日、韩游客来连云港的也不多。

中、日、韩三国合力开发黄海国际旅游圈潜力巨大、前景广阔,也正当时。

三、连云港市:黄海国际旅游大港

连云港北接环渤海、山东半岛,南接长江三角洲地区;西托新欧亚大陆桥与中国腹地10个省区相通,并延伸至中亚、西亚、俄罗斯、东欧、中欧、西欧等40多个国家和地区;东临黄海,东北与韩国、朝鲜隔海相望,正东与日本九州岛隔海相对。

连云港与日本、韩国的友好交往具有悠久的历史渊源。中国文化向日本传播的第一人和中日友好交往始祖徐福故里在连云港金山镇徐福村,日本至今尚存有徐福活动遗迹。朝鲜新罗国将军张宝皋是我国唐代中韩友好交往的名臣,曾在今连云港一带设有联络机构"新罗所"。现连云港市宿城区的"新罗村"和"新罗宅"遗址,就是张宝皋及其随员当年在连云港从事航行与贸易活动的遗存。

连云港是古代海上"丝绸之路"与现代"丝绸之路"的交会点,我国的东大门和新亚欧大陆桥的东桥头堡。在这里,河海相通,港路相接,水陆空相连,是中国五大交通枢纽之一,目前已初步形成了以港口为中心的海陆空立体交通网络。新亚欧大陆桥东桥头堡的地理区位、交通区位与经济区位是连云港的最大经济优势,也是最大的旅游优势和旅游资源。

区域旅游发展有两种驱动模式:一种是以传统观光资源为主的资源驱动型(如桂林、三亚等),另一种是以区位、交通与城市功能为主的市场驱动型(如上海、深圳等)。连云港是资源与市场双驱动型的旅游城市。海港、海岛、海泉与名山、名人、名著是连云港发展旅游的自然与人文两轮,新亚欧大陆桥东桥头堡的区位、交通与枢纽优势是驱动连云港市旅游持久发展的强劲引擎,连云港市必将跻身黄海国际旅游大港之列。

第一,创建"连云港国际旅游岛(区)"。

借鉴韩国济州岛国际自由都市、海南国际旅游岛、福建平潭综合实验区、广西北海涠洲岛旅游区的做法,连云港市依托江苏沿海经济区建设和连云港岛屿众多优势,应着手研究、谋划"连云港国际旅游岛"的发展目标、建设构想与政策框架,力争建成一个以日本、韩国为主要合作伙伴,以中、日、韩、俄为主要客源群体,以日本、韩国和俄罗斯等东北亚游客自由进出、资本自由流动、特种旅游商品免税购物为主要内容的"国际旅游岛(区)"。在此基础上进一步发展成为"黄海国际贸易岛(区)",成为未来的"东亚共同体"的先行试验区。

从更长远的视角看,这是中国在新时期东向海洋开放战略与西向大陆开放战略的结合点,将成为新亚欧大陆东端全方位改革开放的试验区,并引导连云港市在未来成为向世界全方位开放的国际自由港,真正形成"东有连云港、西有鹿特丹"的新欧亚大陆桥的全球格局。

对江苏来讲,此事可成为沿海经济区开发的引爆点、中国东部沿海中部地段开放开发的引爆点。此事力争写入江苏省"十二五"旅游发展规划,在"十二五"期完成项目论证、上报国家审批,"十三五"期间实施。

第二,构建环黄海圈国际旅游城市合作机构。

与日本、韩国黄海城市联手举办黄海国际旅游论坛,组建环黄海圈旅游城市国际合作机构,与日本的长崎及其他九州城市、韩国金浦、釜山及其他城市结成姊妹城市,全方位开展官、民结合的黄海国际旅游交流合作。

"政府搭台、企业唱戏、游客看戏",是开展环黄海海上国际旅游的运行框架。政府层面的合作重点是,沟通黄海旅游城市之间开展海上游轮的政策协调、通关条件和安全环境等事宜;企业层面合作重点是,开展环黄海海上旅游的线路组织、产品配套、市场营销与服务对接等事宜,保证中、日、韩三国海上旅游便捷畅通、安全有序、持续发展。

第三,建设好黄海国际旅游圈的商务会展与观光度假基地。

连云港市作为"国际性的滨海城市、现代化的港口工业城市"与新亚欧大陆桥的东方起点,旅游业承担着两大社会服务功能:一是满足日趋繁忙的对外贸易、跨洲运输和科技文化交流的国际港口事务需求,建成一流的商务会展基地;二是满足日趋增多的国内外商务、贸易、海运人员与公众游客的游憩休闲需求,建成一流的观光度假基地,成为黄海国际旅游圈"山海相拥的知名旅游城市"。

针对日本、韩国民众的旅游需求,连云港市要深入开发中、日、韩交流的文化资源,重点开发日、韩民众熟知的孔子、《西游记》等名人、名著文化资源,着力开发为日、韩民众认同的佛教文化资源,大力开发日、韩游客喜好的温泉、高尔夫、游艇邮船及海岛、滨海等康体休闲资源,重点建好花果山"西游记"主题乐园、孔望山(因孔子登山望海而得名)佛教文化苑、徐福东渡纪念苑、海岛度假旅游区,以及与高尔夫配套的温泉康体度假区与游轮码头及游艇基地,使连云港成为集中国古典文化、中日韩友好交流与现代滨海度假融为一体的东方休闲大港、黄海国际旅游圈的观光度假基地。

上述三件事可称之为开创新时代的"新西游记"。我们要像唐僧那样执着,孙悟空那样智勇,猪八戒那样憨厚,沙和尚那样勤劳,百折不挠、锲而不舍、脚踏实地、顽强拼搏,让中、日、韩和东亚民众在烟波浩渺的黄海里自由快乐地畅游,使黄海成为三国人民世代友好与尽情欢乐的海洋。

从石油之城到湿地家园[①]

一提起大庆,人们立即会想到"石油之城"。的确,大庆与石油是不可分割的整体。大庆以石油立市,以石油兴市。没有石油开发,就没有今日之大庆。大庆人为此自豪,理所当然。

但是,大庆不仅仅有石油。大自然对大庆是厚待的,既赐予它"液体黄金"石油,还赐予它"绿色宝石"湿地。大庆的湿地一是面积大,64.13万公顷湿地每年创造的价值超百亿元,大小湿地、湖泊似群星溅落,像串串明珠,分外秀丽;二是类型全,除浅海湿地没有外,有河溪、湖泊、池塘及沼泽地,还有地热温泉;三是湿地景观组合多样,湿地与森林、草原一体,水生与陆地动植物丰富,形成水陆系列景观;四是原生态湿地尚存,在杜尔伯特县的西北部和林甸县的西部地区,至今还保持着大面积原生湿地环境。"湿地初夏皆绿妆,跌宕芦苇鸟深藏,小舟轻漾惊白鹭,菱叶浮水见鱼翔",是对大庆丰腴的湿地生态环境的生动写照。

由于历史的机缘,直到20世纪八九十年代,大庆早已成为闻名中外的石油新城,但湿地仍未引起人们的关注,它仍然养在深闺人未知。如今,大庆的湿地开发已遍及各县区,初步形成十湖之景;湿地旅游文化节已与石油文化节成为大庆的标志性节庆;专业的湿地旅游网成为大庆旅游的一个新窗口。大庆的目标十分明确:建成国际湿地休闲城市,成为名副其实的中国湿地之城。

当然,从总体上看,大庆湿地利用的单体规模较小、水平偏低,大多属于观光游览型,尚未形成享誉国内外的著名景区、线路与品牌。大庆湿地旅游一要着力突出特色与品位,形成城市湿地、乡村湿地、森林湿地、草原湿现、温泉湿地、文化湿地、风情湿地等多种类型的湿地休闲公园,做到一湖一品、各显特色;二要资源互补、综合开发,湿地与温泉、冰雪、草原、乡村旅游等综合开发,融入历史文化、民族风情、社会人文,形成四季可游,改变湿地旅游季节性过强的状况;三要湿地旅游与生态保育、科普教育相结合,建设像石油博物馆那样国内一流的湿地生态博物馆,把生态环保教育贯穿于湿地开发利用的全过程,渗透到行游住食购娱的各个服务环节;四要从"快餐"式的观光型旅游,向细嚼慢咽、仔细品味、"快旅慢游"的休闲度假转型,创建"湿地人家"休闲度假品牌。

人类文明的发展轨迹是:从农业文明经历工业文明向生态文明递进,原始农业是一种自发的、低层次的生态文明,工业文明后的生态文明是自觉的现代生态文明,这是生态

[①] 2001年9月在清华大学继续教育学院为大庆市旅游研修班讲授大庆旅游发展专题。本文为2012年大庆湿地文化旅游节而作,刊载于2012年第4期《纵游大庆》(首页)。

文明否定之否定的辩证发展逻辑。

城市文明的发展轨迹是：从工业为主导的产业结构向服务业为引导、绿色经济为后盾的现代产业结构嬗变，从"先生产、后生活"的工业城市向宜业、宜居、宜游的现代化城市迈进。

大庆从石油之城到湿地家园，是彰显大庆本色与特色，符合世界潮流与时代趋势的战略创举。

新世纪呼唤长江三峡旅游新模式①

长江三峡旅游是中国旅游的一条经典旅游线路。20世纪90年代,三峡旅游经历了起伏跌宕,现在又出现了复兴的迹象。2000年,长江三峡游的入境游客超过10万以上、国内游客达到百万人次,接近1997年的水平。宜昌市接待入境游客12.96万人次,超过1997年的12.46万人次。随着2003年第二次大坝截流、2009年第三次大坝截流后,"高峡平湖"新景观的出现,三峡游将在新世纪中出现新的高潮。

然而,这是在新的历史条件下以崭新的面貌和方式出现的新发展。

景观风貌:从江河峡谷变成江河峡谷与高山平湖相结合的新景观。

三峡大坝工程全部完成后,从重庆到宜昌650公里长河中,在淹没现有39处人文和自然景观的同时,将出现近百处新景观。那时,既有雄奇惊险、激流汹涌的高山峡谷景观,又有极目舒望、平镜如画的平湖、岛屿、河汊、漂流景观;既有丰都鬼城、奉节白帝城、云阳张飞庙(移建)等老景点,又有大坝电站、移民新城等新景点,沿途既有天坑地缝、仙女山、芙蓉洞这样的自然胜景,又有坛子岭、秭归屈原广场这样的新人文景观,形成融自然、历史与现代社会景观于一体的新大观。

在旅游宣传策略上,在宣传"永恒的三峡"的同时,应强调"崭新的三峡"、"三峡给您新惊喜",宣传国内外罕见的江长湖阔、江湖一体的高峡平湖风光,打出"三峡雄姿依然,三峡新貌更奇"的新宣传口号,既要吸引新游客慕景而来,又要吸引老游客旧地重游。绝对不要低估大坝电站建成后海内外新老游客一睹大坝雄姿、二观三峡新貌的市场潜力。

进入方式:从重庆、宜昌、武汉3个滨江城市进入三峡游线变成重庆、万州、宜昌、武汉4个滨江城市进入三峡游线,建成由航空、铁路、高速公路、水运构成的立体交通网。

随着万州机场、重庆—万州—宜昌—武汉高速公路、万州—宜昌铁路、万州—达县铁路的开通,各方游客进入三峡游线的交通方式将更为便捷,可自由选择水、陆、空多种交通工具。万州、宜昌如能成为航空口岸,万州和宜昌可望成为三峡精华段游线的最重要的起点与终点。

旅游产品:由单一的观光游览型变成观光游览+休闲度假+水上运动+科考探险+会议商务等复合型旅游产品。

随着高峡平湖的出现和沿途新景点的开发,三峡游将突破单纯游江的传统方式,形成观光游览、游船与湖畔休闲度假、水上运动娱乐、沿途科考探险、游船会议商务等多种

---

① 2001年12月在重庆"长江三峡国际旅游节"上的发言。

旅游产品。游客可选择船上食宿、岸上游览、船上观光、岸上食宿，分段选择水路与公路交通方式，全包价、半包价和自助式等多种形式。游船将有大中小型、飞翼船与快艇、食住型与非食住、豪华型与大众型等多种类型。游客可全程一票、分段搭乘、多站停留、自选项目。

旅游企业：由游船公司、汽车公司、旅行社、宾馆、景点各归其主、无序经营、恶性竞争走向联合经营、规范服务、良性竞争。

三峡旅游线上游船供大于求、宾馆分布不当、旅行社良莠混杂、景点削价争客、特色纪念品缺乏、文娱生活单调，导致名牌不精、服务、市场混乱，效益滑坡。在前两年游客锐减的情况下，陷入了"游客下跌—服务下降—效益下滑—游客下跌"恶性循环的怪圈。三峡旅游的综合性要求行、游、住、食、购、娱的配套连锁服务，在政府引导、市场竞争基础上形成综合型骨干企业—中小型专营企业相结合的企业群体。最近成立的重庆长江观光旅业有限公司是适应旅游需求、符合市场潮流的明智之举。

经济形式：从国营为主、政企不分、事企不分走向政企脱钩、自主经营、民营为主、多元经济、中外并存、平等竞争。

目前，三峡旅游线上的游船、宾馆和旅行社绝大多数是国有企业，分属各个行政管理部门直接管辖。沿途旅游景区景点分属各地区的相关行政部门经营管理，为事业单位。虽然改革开放以来这些单位实质上都在从事市场性质的旅游经营接待，它们的经营管理方式也有不同程度的改善，但是，计划经济下形成的旧式国营企业的基本模式没有得到根本改变，旧式国营企业的各种弊端在这些旅游经营单位依然存在。削价竞争、低质经营、只抢客源、不搞促销、"铁饭碗、大锅饭"，凡此种种都是旧式国营企业的体制性顽症在经营上的表现。而这种体制性的顽症是近年来三峡旅游陷入困境的内因所在。

旅游经济是服务贸易的一部分，属于国家非垄断性行业。根据中央部署，国有经济要逐步从大多数经营性领域中退出。游船、车队、宾馆、旅行社、餐饮、娱乐等服务单位，走向多元化、民营化、市场化、企业化是潮流、是方向。这些国有旅游企业通过股份化、兼并、拍卖等方式改制转型，摘掉"国有"帽、走民营路；同时放胆吸引外资，建立各种类型的中外合资、合作、独资旅游企业，形成中外旅游企业平等竞争格局，是激活三峡旅游经济的必由之路。

景区景点：从国有官办、条块分割、企事不分、事业管理走向国有民营、统一管理、企事分开、企业经营。

三峡沿途的风景文物资源一般属于国有资产，并具有休憩、科考、教育等公益性职能。但是，风景文物资源一旦开发成旅游景点、开展经营接待业务，其旅游经营功能便进入了市场领域。风景文物景点的经营接待单位，包括游览接待、交通运输、住宿餐饮、购物娱乐等都应按照市场规律进行企业化运作。景区景点内的宾馆、餐厅、游乐场馆都要实行政企脱钩、事企分开，改组为独立核算、自主经营、自负盈亏、自我发展的企业。

三峡旅游带上的风景名胜文物资源的所有权属于国家，其管理和监督保护权按不同类型分别属于建设部门(如风景名胜)、文化文物部门(如历史文物)、林业部门(如森林公园)、水利部门(如水库、江河、湖泊)、国土资源部门(如特种地貌)管理,有些景区还跨越省界、市界、县界、镇界。由于条块分割,在旅游开发建设和经营管理中,往往出现无序开发、重复建设、经营混乱、管理无章的现象,特别是旅游的行业管理不能到位。

三峡游线上的风景文物景点的保护与开发管理及监督权应属于各相关行政部门,但其旅游开发和经营服务必须由旅游部门实行统一的行业管理。在有些地区,可因地制宜成立风景名胜、文化文物或森林部门与旅游局合署办公的管理机构,以便更好地把资源的保护、开发、管理和经营接待统一起来。

在保证和加强风景名胜文物资源的保护及其所有权不致流失的前提下,可根据管理权与经营权分离的原则,探索组建企事分开、具有委托专营权的旅游公司,在政府的指导和监督下,根据各有关法律,编制开发建设规划,严格按照法律与规划进行开发和经营。在一个较大的景区内,最好委托1家有实力的旅游公司统一进行开发经营,并承担保护资源和环境的责任。分头批地、多家开发经营容易导致开发失控、经营无序、管理混乱。如有多家企业开发经营,应由相应的政府授权,建立权威的风景旅游区管理机构,对景区进行统一规划、管理,各家企业严格按总体规划和有关法规开发经营。

运行体制:从区域封锁、部门分割、行政主导型走向政府引导、市场运行、企业主体型。

三峡游线横跨1直辖市1省、10多个市县,涉及建设、文化文物、林业、国土资源、交通、水利、旅游等众多部门。这一条跨地区的旅游长线,是一个不可分割的有机整体。任何一个地段、环节出了问题,直接影响整个游线。沿途景点既有竞争性,更有互补性。在两个省、直辖市之间,在各省、直辖市内部的各县市之间,在资源开发、产品设计、线路构思、促销宣传、人才培训方面,突破区域局限、部门分割,加强联合、合理分工,达到资源共用、客源共享、产品互补、共谋繁荣,是发展三峡旅游的根本出路。

地区封锁、部门分割的恶果在三峡旅游线表现得十分突出,这在三峡旅潮处于低谷时显得尤为明显。从根本上说,这是由于行政力量过于强大、市场经济过于弱小的结果。解决这个问题的根本出路是培育市场、壮大企业。目前,三峡游线上虽然已有60余艘涉外游船,但各类旅游企业总体上"小、散、弱",不适应三峡游过程中行、游、住、食、购、娱一条龙服务的要求,更不适应我国加入世界贸易组织后国际竞争国内化的形势。只有形成几家跨地区、跨所有制,兼营车船、景点、旅行社、宾馆、餐饮、购物、娱乐等配套产品的大型旅游企业集团,并有一批中小旅游企业与之联手的服务网络,才有可能推出游客全程一票、分段搭乘、多站停留、自选项目的散客主流产品。只有散客旅游产品真正完善了,三峡游才能得到稳步增长的发展,并成为名符其实的名牌精品。市场大潮终将托起三峡旅游的企业集团,涌出几家三峡旅游的品牌企业,并出现在中国股市的旅游板块中。

编制长江三峡旅游带总体规划,是保证三峡旅游持续、健康发展的重要条件。目前,长江三峡各市县都在分别制定各自的旅游发展规划,其中有些规划没有考虑到三峡旅游全局和与左邻右舍的互补合作,一直缺少一个囊括三峡全线的产品开发总体规划和市场推广总体策划,塑造长江三峡游的总体形象,把从重庆至宜昌的旅游作为一个整体产品推向国内外市场。由国家旅游局制定的《中国旅游业发展"十五"计划和2015、2020年远景目标纲要》把长江旅游带和长江三峡旅游线列为全国重点开发项目,指出:"要以长江三峡旅游线主轴上的产品优化升级为重点,扩大对重庆和鄂西地区的辐射,带动神农架、武当山、恩施、万州、黔江、涪陵等地的旅游开发。"长江三峡旅游线的深度开发还要与湖南张家界相联手,形成世界文化遗产武当山—联合国"人与人物圈"自然保护区—长江三峡—世界自然遗产张家界"渝鄂湘"旅游精品、奇品、绝品的集合圈。建议在国家旅游局指导下,由重庆市和湖北省联合主持,聘请国内外专家组成编制组,精心编制长江三峡旅游带总体发展规划,经国家旅游局批准后,指导和调控这条旅游带上的重大开发建设。

在现今中国,旅游经济的发展和市场的培育离不开政府的引导,尤其是推动跨省市的三峡旅游,更需要重庆市和湖北省政府的携手合作、共同努力。三峡旅游是重庆市和湖北省共同创造的王牌产品。多少年的历史证明,三峡沿途各地区的旅游业一荣俱荣、一损俱损。三峡水电工程完成后,在湖北、重庆境内都将形成互异互补的新景观,两省市之间的旅游合作将更迫切、更重要。国家旅游局指出,"'十五'期间,湖北、重庆两省(市)要加强协调配合,进一步丰富这条旅游线的产品内容,规范市场秩序,重振三峡辉煌"。建议两兄弟省、市由主管旅游的政府领导共同主持,在国家旅游局的指导下,由两省、市的旅游局承办,成立三峡旅游协调机构,联合编制三峡旅游发展规划,共同推出旅游点线,联合宣传促销,联手举办旅游节庆活动,协商处理有关事宜,特别是通过政策导向鼓励两地企业合作,共同打造三峡旅游的跨地区骨干企业,使区域旅游合作建立在坚韧的市场纽带和强大的企业主体的经济基础之上,使这种合作成为市场行为和企业合力。作为一个旅游研究者,期待下一次长江三峡国际旅游节由重庆市和湖北省共同举办。

长江三峡既是重庆的,也是湖北的,更是中国的,还是世界的。三峡水电工程依托长江而起,长江三峡因水电工程而增辉。在新世纪中,三峡旅游必将以新景观、新产品、新机制而再创辉煌。让我们共同努力,迎接三峡旅游新高潮的到来。

新世纪再创丝路之旅新辉煌[①]

"丝绸之路"旅游是中国旅游的一条经典旅游线路。早在"七五"期间,它就被国家旅游局定为中国4条重点旅游线之首;'92中国旅游观光年,被定为中国14条专项旅游线之一;'94中国文物古迹游,"丝绸之路"被列入重点景点;'95中国民俗风情游,"大漠丝路"被列为重点旅游线;'97中国旅游年,又被列入中国16条旅游专线之一;'99中国生态环境游,"沙漠探险游"又被列入重点线路。

经过近20年的持续不断的开发推介,"丝路之旅"已经初具规模,成了中国西部地区旅游的生命线,是中国面向世界旅游市场的主打产品之一。

然而,"丝路之旅"总体上仍处于基础薄弱、开发粗放、规模狭小、收益微薄的境地,与"丝路之旅"久远的历史渊源、丰厚的文化内涵和独特的自然奇观相比很不相称。

举世闻名的"丝路之旅",目前还处于西安东头热、乌鲁木齐西头温、中间冷的状态。在整个"丝路之旅"线上,可通达性差、可观赏点少、可休憩地少、可联动性弱的总体状况基本没有改变。"丝路之旅"具有极大的拓展空间和发展潜力。

1. 旅游产品:由单一的观光游览型转变成观光游览+休闲度假+文化交流+科考探险+会议商务等复合型旅游产品

长期以来,"丝路之旅"以大众观光为主导产品、专业考察为辅的单一的产品结构,加上过分渲染"出售荒凉"、"大漠戈壁"、"最热最干",客观上形成对"丝路之旅"的恐惧感,冲淡了"丝路之旅"的亲和力,影响了旅游产品的多样化和客源市场的多元化开发。

事实上,"丝绸之路"是西北地区独特的自然、历史、民俗与文化的有机融合,自然、人文和社会旅游资源丰富多彩。仅就自然环境而言,既有大漠戈壁,也有森林草原;既有黄土冰川,也有绿洲碧湖;既干燥酷热,也凉爽宜人。"丝路之旅"不仅是观光游览,而且可以休闲度假;不仅是探险猎奇,而且也是欢乐享受;不仅夏季可游,而且四季各有风光。

应针对国内外不同客源群体的各自需求,依托特色资源开发六大类旅游产品:

● 以中国文化探源和中外文化交流为主的历史文化观光考察游,如原始文化、先秦文化、汉唐文化、西夏文化、丝路文化等;

● 以民族风情和宗教文化相结合为特点的社会人文观光考察游,如回族、维吾尔族、哈萨克族、蒙古族、藏族等及佛教、道教、伊斯兰教等;

[①] 2002年8月18日在新疆吐鲁番"中国'丝路之旅'旅游论坛"上的发言。

- 以大漠绿洲冰川神湖为特色的自然观光、生态考察和休闲度假游；
- 以西部大开发、大开放为契机的商务会议展览游；
- 以边陲口岸为依托的边境旅游、出境旅游和跨国游；
- 以奇绝景观和历史名胜为依托的特种、专项游，如沙漠探险、登山探险、冰川探险、漂流探险、冰雪旅游、野生动植物观赏、汽车拉力赛、滑翔比赛、古今科技成果考察（如坎儿井、沙漠治理、卫星发射基地、原子城）、古今名人踪迹探寻、沙漠疗养等。

2. 景区景点：从国有官办、条块分割、企事不分，走向国有企营、管理权与经营权分开、企业化经营

"丝路之旅"沿途的风景文物资源一般属于国有资产，并具有休憩、科考、教育等公益性职能。但是，风景文物资源一旦开发成旅游景点、开展经营接待业务，其旅游经营功能便进入了市场领域。风景文物景点的经营接待单位，包括游览接待、交通运输、住宿餐饮、购物娱乐等都应按照市场规律进行企业化运作。景区景点内的宾馆、餐厅、游乐场馆都应实行政企脱钩、事企分开，实行独立核算、自主经营、自负盈亏、自我发展的企业化经营。

"丝绸之路"旅游线上的风景名胜文物资源的所有权属于国家，其管理和监督保护权按不同类型分别属于建设部门（如风景名胜）、文化文物部门（如文物）、林业部门（如森林公园）、国土资源部门（如特种地质地貌）管理，有些景区还跨越省界、市界、县界、镇界。由于条块分割，在旅游开发建设和经营管理中，往往出现无序开发、重复建设、经营混乱、管理无章的现象，旅游资源的保护、管理、开发和经营往往不能有效地结合起来。

风景文物景点的保护、管理及监督应属于各相关行政部门，但其旅游开发和经营服务必须由旅游部门实行统一的行业管理。在有些地区，可因地制宜成立风景名胜、文化文物部门与旅游局合署办公的管理机构，以便更好地把资源的保护、开发、管理和经营接待统一起来。

在保证和加强风景名胜文物资源的保护及其所有权不致流失的前提下，可根据管理权与经营权分离的原则，探索组建企事分开、具有委托专营权的旅游公司，在政府的指导和监督下，根据各有关法律，编制开发建设规划，严格按照法律与规划进行开发和经营。在一个较大的景区内，最好委托 1 家有实力的旅游公司统一进行开发经营，并承担保护资源和环境的责任。分头批地、多家开发经营容易导致开发失控、经营无序、管理混乱。如有多家企业开发经营，应由相应的政府授权，建立权威的风景旅游区管理机构，对景区进行统一规划、管理，各家企业严格按总体规划和有关法规开发经营。

3. 运行机制：从行政主办、国营为主、政企不分，走向政府引导、市场运行、多元经济、企业主体

长期以来，计划经济体制下形成的政府包办、国有国营的传统模式至今仍在制约着天生是市场经济的旅游生产力的释放。"丝路之旅"游线上各类旅游企业总体上"小、散、弱"，不适应旅游过程中要求行、游、住、食、购、娱一条龙服务的要求，更不适应我国加入世界贸易组织后国际竞争国内化的形势。只有形成若干家跨地区、跨所有制,兼营车船、景点、旅行社、宾馆、餐饮、购物、娱乐等配套产品的大型旅游企业集团,并有一批中小旅游企业与之联手的服务网络,才有可能推出游客自选项目的散客主流产品。市场大潮终将托起"丝绸之路"旅游的企业集团,涌出几家"丝绸之路"旅游的品牌企业,并出现在中国股市的旅游板块上。

旅游经济是服务贸易的一部分,属于国家非垄断性行业。根据中央部署,国有经济要逐步从大多数服务性、经营性领域中退出。加快"国退民进"步伐,宾馆、旅行社、车队、餐饮、娱乐等服务单位,走向多元化、民营化、市场化、企业化是潮流、是方向。

国有旅游企业通过股份制、兼并、拍卖等方式改制转型,摘"国有"帽、走民营路;同时放胆吸引外资和社会资本,放宽外资与民资进入旅游行业的门槛,建立各种类型的中外合资、合作、独资旅游企业,形成中外、官民旅游企业平等竞争格局,是激活"丝绸之路"旅游经济的必由之路。

4. 区域联合:从各自为政、自成体系,走向资源共用、客源共享、产品互补、线路互连、共谋繁荣的区域联合

旅游区域合作的形式通常有如下几种:
- 合作进行旅游规划,协调开发旅游资源;
- 联合开发旅游产品与市场,共同设计旅游线路并组织客源;
- 跨区域相互代理,实现互利互惠;
- 合作进行旅游区(景点)开发与经营;
- 跨区域旅游资产重组,实行旅游企业集团化和旅游产业结构优化。

旅游区域合作的领域有:
- 旅游资源—产品—市场开发合作;
- 旅游企业—资产—资本经营合作;
- 旅游交通—设施—信息共建;
- 旅游教育—人才—技术交流。

区域合作的核心:向国内外共推"丝绸之路"旅游形象、产品与线路。

编制"丝绸之路"旅游总体规划,是保证"丝路之旅"持续、健康发展的重要条件。近几年来,"丝路之旅"沿线各省区市县都在分别制定各自的旅游发展规划,但一直缺少一个"丝路之旅"全线的产品开发总体规划和市场推广总体策划,塑造"丝路之旅"的总体形象,把从陕西至新疆的旅游作为一个整体产品推向国内外市场。

区域合作布局如下:

西北地区的旅游布局应以"丝绸之路"为主体,以西安、兰州和乌鲁木齐为支撑,以西宁、银川为两翼,以陇海/兰新铁路、西兰/兰新公路为主轴,辐射大西北。

中国国内围绕着三大段、7条线路布局。

(1)陕西—甘肃段

①西安—平凉—固原六盘山—兰州北线
②西安—宝鸡—天水—兰州南线
(2) 甘肃段
①兰州—武威—金昌—张掖—嘉峪关—敦煌北线
②兰州—西宁—德令哈—敦煌南线
(3) 新疆段
①敦煌—哈密—吐鲁番—乌鲁木齐—精河—伊宁北线
②敦煌—哈密—吐鲁番—库尔勒—库车—阿克苏中线
③敦煌—若羌—和田—喀什南线

在国家旅游局的指导下,由五省区的旅游局承办,成立"丝绸之路"旅游协调机构,联合编制"丝路之旅"开发促销方案,共同推出旅游点线,联合宣传促销,联手举办"丝路之旅"节庆活动,特别是通过政策导向鼓励旅游企业合作,共同打造"丝路之旅"的跨地区骨干企业,使区域旅游合作建立在坚韧的市场纽带和强大的企业主体的经济基础之上,努力使这种合作成为市场行为和企业合力。

5. 从入境旅游、国内旅游、边境旅游,走向跨国跨洲旅游

从公元前2世纪到15世纪的近两千年中,"丝绸之路"横贯世界四大文明古国,把中国黄河文化、古印度恒河文化、古波斯文化、古希腊文化联系起来,在世界经济文化的交流与发展中作出了不可磨灭的贡献。这正是在世界经济全球化、区域一体化的今天,古"丝绸之路"被人们怀念与注目,激发起强烈的旅游动机的主要动因。

现代交通的发达,中、俄、哈、吉、塔中亚五国和平合作体制的发展与国际开放的潮流,为"丝路之旅"成为双向跨国旅游线提供了条件。西安要进一步发挥"丝路之旅"的龙头作用,乌鲁木齐和兰州建成航空港口岸城市,增加联通海内外的航线航班,成为联结中国与中亚、西亚和欧洲的空中通道的三大集散枢纽。

1990年开通的新亚欧大陆桥,东始江苏连云港,沿陇海、兰新铁路,经哈萨克斯坦、俄罗斯、白俄罗斯、波兰、德国,西至荷兰鹿特丹,穿越中国9省区,连通欧亚7国,全长1088公里,成为当代新"丝路"。要把传统的"丝绸之路"与新亚欧大陆桥结合起来,打造21世纪的新的大亚欧旅游黄金线。

长期以来,"丝路之旅"仅仅局限在西北5省区的范围内,局限在入境旅游者从中国东部(北京、广州或上海)进入到西部旅游(西安或乌鲁木齐),再返回东部的"东进东出"的传统线路。放眼亚欧全局,乌鲁木齐位居亚洲中心,西北5省区更接近中亚和欧洲。如能把西安、乌鲁木齐和兰州建成国际著名的航空口岸和陆路口岸,就可以实现国际旅游者"东进西出"与"西进东出"的国际大循环的旅游格局,不仅把西北5省区,而且把中国进一步纳入世界旅游网络之中。在21世纪,要实现以大西北为基地,打通中国—中亚/南亚/西亚—欧洲的跨国跨洲旅游线。

回眸历史,先人在两千年的历史长河中为今天留下了辉煌灿烂的"丝路"文化遗产;

环视今天,历史为我们提供了前所未有的机遇与环境,理应比先辈有更大的作为,为后人留下更加丰厚的遗产;

展望未来,在西部大开放、大开发的新"丝路"征程中,"丝路之旅"必将继往开来,再创辉煌。

关于"丝绸之路"旅游区域合作的两个层面、三个层次[①]

网友"照夜追月"对"丝绸之路"旅游发表了很好的意见。

"丝绸之路"旅游区规划的制定与实施离开了交通、文化文物部门就成了空中楼阁、无本之木。目前正在制定中的"丝绸之路"旅游规划,必须与交通、文化文物部门协调、合作,上升为部际合作项目才有实际意义。靠国家旅游局一家是无法编制出一个具有实际指导意义并有可行性的规划的。

"丝绸之路"旅游区域合作有两个层面,一是国际层面,二是省(区)际层面。

据新华网2008年2月21日报道,来自19个欧亚国家的交通部长和高级官员19日一致同意,今后数年将投入430亿美元,激活古"丝绸之路"和其他一些古老的欧亚大陆通道。包括俄罗斯、伊朗、土耳其、中国在内的19国交通部长和高级官员19日在瑞士日内瓦签署意向书,决定通过230个工程项目,在2014年前改善古"丝绸之路"等欧亚大陆的公路、铁路、港口、入关等软硬件条件,使两千年前的"丝绸之路"重现辉煌。在联合国科教文组织的主持下,文化文物部门已开过多次"丝绸之路"国际会议。

在目前的国际条件下,"丝绸之路"旅游的国际协作只能由相关国家政府层面的协调机构承担,如在上海组织内,而不可能由非政府组织来实现。

国内"丝绸之路"旅游区域的省(区)际合作,在目前阶段,主要靠政府层面推动。政府从管理型向服务型转变是一个长期、渐进的过程。即使政府从管理型向服务型转变,政府也有服务性的管理职能。像"丝绸之路"旅游这种跨省区的线型旅游产品,在区域旅游协作中面临的众多复杂问题,在目前条件下主要靠政府相关部门出面解决。

国际国内"丝绸之路"旅游区域协作,将由以下三个层次组成:

(1)政府主管部门的合作;

(2)旅游行业组织的协作;

(3)旅游企业,包括跨区域的旅游集团公司、连锁企业的运作。

"丝绸之路"旅游产品的经营,只能由市场性的企业去操作。企业经营、合作是"丝绸之路"旅游区域合作的主体与基础。

我将数年前在吐鲁番举行的"丝绸之路"旅游论坛上的发言《新世纪再创丝路之旅新辉煌》,现重新发在网上,与网友共同探讨。

[①] 2008年4月9日搜狐博客。2008年国家旅游局启动"丝绸之路"旅游发展规划,由达沃斯巅峰旅游规划设计研究院承担,本人应邀担任编辑组副组长。

开发中国运河文化旅游正当时[①]

中国将向联合国教科文组织申报中国大运河为世界文化遗产(包含隋朝开通的洛阳北至聊城、德州,南经郑州、开封、宿州至扬州的古运河)。国家文物局已经启动运河文化遗产保护规划的编制。

开发运河文化旅游,是中国旅游人的夙愿。运河之旅本应与长城之旅、三峡之旅、丝路之旅一样,成为中国旅游的国家品牌产品。现在是到圆这个梦的时候了。

中国大运河申报世界文化遗产成功之日,应是中国运河文化旅游全面启动之时。

关于京杭大运河旅游开发的构想主要如下:

一、大运河是历史上贯通中国政治经济文化主体的大动脉

京杭大运河是一条闻名中外的人工河道,历史沿革漫长。自春秋末期开始分段修建,历时千年,至元三十年(1293年)通惠河开通,后经明、清修缮、疏通、扩展,建成世界最长的大运河。两千多年来,京杭大运河历经了风风雨雨,同时也见证了中华民族历代的荣辱兴衰。某种意义上,一部京杭大运河史就是一部中国若干代王朝的兴衰史,更是中华民族的发展史。

京杭大运河首先是一条经济之河。运河贯通京、冀、鲁、苏、浙四省一市,串联海河、黄河、淮河、长江、钱塘江五条江河,构成中国南北交通的大动脉,联结了华东、江淮、华北三大经济区域,辐射华中、华南和东北地区,对中国经济,尤其是对元明清经济的发展作出了无可替代的贡献。"文不经商,士不理财",重农抑商历来是中国古代社会的主流传统。京杭大运河的开通促进了南北经贸的交流,对中国商业经济的发展具有特殊的作用。

京杭大运河也是一条文化之河。运河开通之后,南北文人学士纷纷乘舟北上南下,文化产品也是运河水运的重要物品,促进了京都文化、燕赵文化、齐鲁文化、吴越文化、巴楚文化(经长江)的交流与融合。运河文化是中华文化久远性、包容性、多样性的重要见证。

京杭大运河还是一条国家统合之河。两千年间,运河推动我国南北各民族的交流,促进南方的开发、北方的繁荣,推动南北政治经济的平衡发展,促进多民族国家的统一、巩固和扩展,作出不可磨灭的贡献。

[①] 2007年在杭州"中国运河文化旅游规划研讨会"上的发言。2007年受达沃斯巅峰旅游规划设计院之邀,主持编制《北京市通州区休闲旅游发展总体规划》,并特邀王衍用教授负责运河旅游规划的专题研究。

京杭运河及运河文化，其历史价值与黄河、长江、长城同等重要。运河与长城、黄河、长江共同成为中国文明的标志，构成了中华民族灵魂的载体。

如果说长城的历史作用主要在政治与军事方面，封闭性是它的重要特征，那么运河的历史作用主要在经贸与文化方面，开放性是它的重要特征。"丝绸之路"是联结中原与西域及中国与中亚、南亚、西亚和欧洲的经济文化之路，茶马古道是联结中原与西南各民族、东南亚国家的经济文化之路，京杭大运河是贯通中国政治经济文化主体的大动脉。

二、开展运河文化旅游的条件

1. 运河文化旅游的现状

- 全国运河文化旅游发展状况与运河的历史、文化价值非常不相称。

与长城之旅、长江三峡游、丝路之旅、茶马古道游的开发与宣传等相比，运河之旅明显滞后。近30年来，运河之旅一直未得到国家旅游局应有的重视。

- 运河文化旅游开发两头热、中间温冷，十分不平衡。

杭州、苏州、无锡、扬州等市坚持开发运河之旅最早、最积极，已初成江浙一张旅游品牌。中间济宁十分重视，相当积极。天津少有动静。北京市过去把运河之旅遗忘了，近两年十分重视，工作力度大。运河之旅列入"人文奥运"之内，北京市"十一五"旅游发展规划、文物文化规划均列为工作重点。

- 京杭运河沿线城市联合开发已经起步，但处于自发状态。

杭州、苏州、扬州、济宁、北京各自都有运河之旅的区域开发规划，但全国没有整体发展规划。

2. 开发运河文化旅游的机遇

- 国家文物局牵头开展运河申遗工作。

国家文物局已制定"中国大运河"申报世界文化遗产工作，由国家文物局立项的"京杭大运河遗产廊道研究"项目已经启动，课题组已经在运河沿线六省市展开实地考察。今年，国家文物局又决定把运河申遗范围从京杭大运河扩展到其他著名运河，如洛阳运河等。初步预定于2010年向联合国教科文组织世界遗产委员会申报。

- 京杭大运河沿岸城市联手开展运河保护、开发工作。

京杭大运河流经四省二市，沿线各地区大多都在进行保护和疏浚，都有开发运河旅游的共同要求。2004年9月，在山东济宁举办的第二届中国京杭运河文化艺术节上，京杭运河沿线17市（区）的有关负责人表示，将联合起来申报京杭运河世界文化遗产，发展运河沿线城市特色文化，共同培育"中国运河文化旅游"品牌。

- 北京市运河景观列入2008年奥运会"人文奥运"六大景区之一。

- 京杭大运河线型文化遗产已得到政府与专家的共同认可。

受国家有关部门委托，北京大学景观学院正在编制《中国线型文化遗产保护规划》。笔者作为该规划的特邀专家参与其中。经国内近70位资深专家的访调，京杭大运河与

"丝绸之路"、长城、黄河、长江、茶马古道、唐蕃古道、红军长征等一起,被绝大多数专家认定为"中国线型文化遗产"。

三、开发中国运河文化旅游的建议

- 突出文化主题和开发主线。

京杭大运河文化旅游开发的主题应包括:一是作为文化载体的运河所造就的水利文化、漕运文化、南北经济交流文化;二是依托运河而发展起来的历史城镇遗址和风貌;三是运河沿线的民俗风情、文化艺术等非物质文化遗产;四是古运河沿线当代文明的新成果。

- 古为今用、市场导向。

要针对现代游客的需求特点和心理特征来进行运河之旅的设计开发,将体验运河文化与游客参与、静态观赏与动态体验相结合,找到运河文化与现代游客需求的结合点,以现代旅游方式来诠释运河文化。只有这样,"运河文化"的历史内涵才能鲜活起来。

- 统筹规划、分段运行。

"中国运河文化遗产旅游"为总品牌,在国内外开展联合营销,运河沿岸城市共同参加。沿岸各城市在总体规划指导下,开发各具本土特色的运河文化旅游项目。各城市的运河之旅可用"中国·××运河文化遗产旅游"冠名。

- 积极促进京杭大运河沿线城市经济文化交流活动。

——成立京杭运河城市联盟;

——举办京杭运河城市市长论坛;

——举办京杭运河城市商贸博览会;

——成立京杭运河文化研究会;

——举办京杭运河艺术博览会等;

——联合举办京杭大运河旅游文化节。

节庆活动应该由运河沿线城市共同参加与举办。每年都有主会场和分会场。主会场每年举办的地点可以不同,运河沿岸城市轮流做东。

运河文化节庆活动的内容应该丰富多样,在不同的城市举办应该具备不同的特色。在通州举办时,要突出通州是运河龙头的意义,可以将农历三月初三的"开漕节"表演作为通州运河文化节庆活动的主题活动,辅以其他与运河有关的活动,如运河民间艺术会演、运河散文朗诵会、运河风光画展、运河美食荟萃、运河特产展销、中国运河城市市长论坛,等等。

- 联合编制京杭大运河旅游发展规划。

国家旅游局已经或正在主持编制长江三峡旅游、香格里拉旅游区、青藏铁路沿线旅游带、"丝绸之路"旅游区、中部地区旅游等跨区域旅游发展规划。建议本次研讨会发出倡议,由国家旅游局牵头,京杭大运河沿线17个城市联合制定运河文化旅游发展规划。

论西部区域旅游合作[①]

旅游就是异地体验。旅游经济就是人们去异地体验的全过程中的服务经济。旅游活动的本质特征是移动性,任何行政分割或地区垄断都不可能阻挡游客的流动。旅游的区域合作是游客跨区域活动的必然要求,是一条旅游经济规律。

旅游区域合作是区域经济关系的重要方面,指不同国家、不同行政区域的旅游业,通过合作开发、联合促销、联手经营等方式,建立跨区域的旅游合作伙伴关系,以至形成紧密型的旅游经济共同体,推动该区域旅游经济的共同发展。旅游区域合作以区域经济合作为基础,同时又往往是区域经济合作的先导产业。

"西部大开发,旅游要先行"已成共识。研究西部区域旅游合作,是题中应有之义,不仅关系到旅游产业,而且影响到西部经济的全局。未雨绸缪,势所必然。

一、世界区域旅游合作态势

区域旅游合作是一个世界性的现象、趋势与潮流。

1. 跨洲域的国际旅游联合组织

政府型的有经济合作与发展组织(OECD),包括欧、澳、亚、美等23个国家,设有旅游委员会,提供研究报告,寻求标准定义,汇编统计资料。

政府与非政府结合的有太平洋亚洲旅游协会(PATA),2200多个会员中有37名官方会员,也有2000多个政府企业、航空公司、船运公司、饭店、旅行商和其他旅游服务机构,从事旅游研究、开发、教育、营销方面的合作,向成员提供信息,举行年度的PATA大会和PATA旅游交易会。

1993年,埃及、以色列和土耳其三国政府成立的东地中海旅游协会,是跨北非、西亚与东南欧的区域旅游合作组织。

2. 以一个洲为空间范围的区域旅游合作组织

欧洲旅游委员会(ETC),为欧洲28国家的旅游局(NTO)提供咨询,扮演"欧洲旅游局"的角色,开展信息交流,进行行业宣传和联合促销,确定欧洲旅游业的发展目标、对外关系、区域政策、企业政策、旅游开发基金,编制《欧洲共同体旅游规划》。

1993年1月起实行《欧洲共同体包价旅游规定》,规定各成员国统一的旅游服务标准,旅行社、饭店和航空公司的统一运作规范。

[①] 在2004年四川省九寨沟举行的"西部旅游论坛暨四川省旅游发展大会"上的发言。

从 1993 年起,西欧 9 国实行统一签证。随着《申根协定》的执行,各成员国公民可以自由流动。欧元的发行和使用,使这些国家间的旅游更加方便。从 1995 年起,欧洲联盟 16 个成员国的公民可以自由通行,不必办理出入境手续。16 国以外的外国人只要获得这些国家中任何一国的签证,即可享受这些国家的同等待遇。

1997 年,欧洲联盟制定旅游行动纲领,要求各成员国政府加大对旅游业的投入,协调国营旅游企业与私营企业,不断开发新的旅游项目,健全统一的质量保证体系,成立欧洲旅游管理学院。

欧洲联盟已经以一个整体与中国签署中国公民自费赴欧盟国家旅游的备忘录。

东南亚国家联盟设有贸易和旅游委员会,下设东盟旅游协会,制订联合发展旅游业的综合行动计划,在市场调研促销、生态环境与文化遗产保护、人力培训和组织旅游活动等方面开展合作。1992 年举行东盟旅游年。该年,入访新、马、泰任何一国的外国游客可以免于签证进入其他东盟国家旅游。

现在中国已加入东盟,东盟已有 10 个成员。到 2010 年,东盟将成为一个拥有 17 亿人口、国内生产总值达 2 万亿美元的区域经济合作区。

美洲的国际旅游组织如下:

政府组织有:美洲旅行代表大会(IATA),美洲国家组织的下属机构,协助参加美洲国家组织的国家发展旅游业。

拉丁美洲旅游组织联盟(CTOLA),其成员是拉美 70 多个国家的旅游机构,协调彼此关系并加强与世界各地旅游界的联系。

民间组织有:美洲旅馆与汽车旅馆联合会(AHMA),1986 年底有 130 万个旅馆与汽车旅馆成员。

拉丁美洲旅游组织联盟在欧洲和亚洲广泛设有旅游办事处,既推销拉美旅游产品,又组织拉美居民外出旅游。

3. 世界区域旅游合作的特点

纵观世界上区域旅游合作,其共同特点如下:

• 它是以世界经济全球化、区域经济一体化为经济基础的;

• 它是在相关政府的推动下开展的,往往首先是以政府间的某种协定为前提的;

• 它的活动内容涉及共同编制旅游规划、统一服务标准、联手市场营销、开展旅游人力培训、共享旅游信息资源等,在区域旅游合作圈内,互相给予公民入境、航线开辟等优惠条件;

• 它以旅游企业(主要是跨国旅游企业集团)的跨区域经营为依托,往往以这些企业的国际性合作组织为区域旅游合作的组织形式;

• 市场经济越发达、区域经济越成熟、法制经济越完善的地区,区域旅游合作的内容越广泛,形式越完备。区域经济一体化程度最高的欧洲,它的区域旅游合作水平也最高。

二、中国区域旅游合作动向及发展迟缓之原因分析

中国的区域旅游合作正在缓慢地不断推进,十多年来比较大的动作有:

- 西北五省区(陕西、甘肃、宁夏、青海、新疆)开过多次共同开发"丝绸之路"旅游线的协作会议;
- 西南七省区市(四川、云南、广西、贵州、西藏、重庆、成都)开过多次区域合作协调会议;
- 云南、海南、广西、贵州、四川五省的10个城市召开旅游协作年会;
- 云南、四川、西藏联合开发香格里拉旅游圈;
- 江苏、安徽、江西三省的19个城市共同签订区域《旅游合约》;
- 长江三角洲"15+1旅游高峰论坛"签署《长江三角洲旅游城市合作(杭州)宣言》;
- 沪杭两地已签订《沪杭旅游合作框架协议》;
- 江浙沪+安徽"3+1"正在进展中;
- 自1985年起,"五岳年会"(泰山、华山、衡山、恒山、嵩山)18年连续不断;
- 自1998年起,每年举行闽粤赣13地市旅游局长联谊会;
- 连续多年举办的北方旅游交易会,也是旅游区域合作的一种形式。

旅游区域合作真正起步并产生实效的是,在经济发达和市场发育较早的东部沿海地区,先是粤港澳的合作,后有江浙沪,目前正在启动的"9+2"泛珠江三角洲区域合作,旅游合作是其中的重要部分。

回顾我国区域旅游合作进程,虽然倡导、动议早已有之,各种"年会"、"纪要"、"备忘录"也不少,但是真有动作和实效的不多。主要原因如下:

1. 体制障碍:行政区划经济体制分割统一市场

我国的市场经济框架虽已基本搭建,但是市场对资源配置的基础性作用总的来说并未到位;以行政区划(省、市)为基本经济单元和财政核算单位、以GDP的增长率为首席行政官员政绩考核主要指标的行政体制,阻碍着区域经济一体化和区域旅游合作的发展,这是最深层次的原因。

2. 合作主体缺位:市场扭曲、企业弱小

市场经济的主体和细胞——企业的不成熟,大部分大型、骨干旅游企业(饭店、旅行社、车船公司、航空公司)和旅游吸引物(景区景点)基本上是国有、省(市)管(包括主要经营负责人的任免)、官营的状况(政企合一),在属地行政主导的体制下,全国统一的市场经济不完整,区域合作只是地方旅游主管官员的议论,而合作的主体——企业缺位,是另一个深层次的原因。

3. 法制保障乏力:不健全和滞后性

法制的不健全和滞后性(《旅行社管理条例》及其《实施细则》中对设立旅行社分支机构的烦琐规定),各行政区的一些"土政策"或"不成文法"(如外地旅行社不得在本地

景区内带团、外地导游不得在本地景区内导游等),阻碍游客流、企业流、资金流、信息流自由流通,是又一个重要原因。

4. 观念障碍:画地为牢、自我封闭

计划经济体制下画地为牢、小农经济条件下自我封闭和条块分割的行政体制下以我为中心等传统观念,对旅游经济的跨区域的自由流通特性的认识不足,是区域旅游合作倡导迟缓、推进不力的观念上的原因。

三、西部区域旅游合作的环境与条件

1. 西部旅游资源的多样性与互补性,使区域合作具有广泛的基础

从以自然环境和地理地貌为基础的自然旅游资源与以历史文化和人文特征为基础的社会旅游资源看,西部地区大致可分为六大区块:

——在四川盆地地理环境下形成的巴蜀文化区(四川、重庆);

——在云贵高原喀斯特地貌环境下形成的滇黔桂多民族文化区(云南、贵州、广西);

——在陕甘高原地理环境下形成的秦陇历史文化区(陕西、甘肃);

——以大漠戈壁游牧文化与绿洲农业文化兼有、以穆斯林文化为主要特征的多民族文化区(新疆、宁夏);

——在蒙古高原和鄂尔多斯高原地理环境下形成的以游牧文化为特征的蒙古族文化区(内蒙古);

——在青藏高原地理环境下形成的以藏传佛教文化为特征的青藏文化区(青海、西藏);

此外,享受国家西部大开发政策的鄂西恩施地区、湖南湘西和吉林延边地区,各以土家族、苗族和朝鲜族文化为人文特征。

显然,拥有如此异彩纷呈、自然与人文浑然一体、品位高、垄断性强的旅游资源的西部地区,具有开发出各有特色的旅游产品的客观条件,具有区域合作的基础。

2. 西部地区远离国内主要客源产出地,具有区域旅游合作的共同要求

目前和今后一段时间内,以北京为中心的环渤海城市群、以上海为中心的长江三角洲城市群和以广州为中心的珠江三角洲城市群,是国内客源产出地的主体,是西部地区的主导客源市场。东部地区居民去西部旅游要支付相当大的交通费和较长的时间,且西部旅游目前以观光游览、猎奇探秘为主要动机,因此希望一次旅游中能游览一串景点、浏览多个城市。西部地区地缘相近、景物相异、交通相连的跨区域旅游线路往往成为东部游客的首选。

3. 西部地区业已有若干旅游中心城市和热点景区,可成为区域旅游合作的辐射中心

经过20年的发展,西部地区已形成了西安、桂林、重庆、成都、昆明等一批旅游中心城市,涌现了兵马俑、桂林山水、长江三峡、丽江古城、九寨沟、大足石刻、三星堆、都江堰、

敦煌石窟、黄果树瀑布、沙湖、吐鲁番等热点景区，西部旅游渐成气候，构成了区域旅游合作的辐射中心与支撑点。

4. 良好的国际环境为西部地区的国际区域旅游合作创造了条件

中国加入东盟、中亚六国合作机制建立、中印全面友好合作关系确立，为西部地区的国际区域旅游合作发展提供了良好环境。

西部12省市区与东南亚、南亚、中亚和东北亚十多个国家和地区接壤，是我国西部开放的前沿地带。在中央"立足周边"、"与邻为善、以邻为伴"和"睦邻、善邻、富邻"的外交新思维指导下，中国加入东盟、中亚六国上海合作组织建立、中印全面友好合作关系确立，为西部地区的国际区域旅游合作发展提供了新中国成立以来最好的国际环境，对西部地区扩大对外开放、推进国际的区域旅游合作创造了外部条件。

2003年6月，中印两国政府签署两国《关系原则和全面合作的宣言》。2003年10月，中国正式加入《东南亚友好合作条约》，中国与东盟国家领导人签署了《面向和平与繁荣的战略伙伴合作关系联合宣言》。从2004年开始，包括中国在内的东盟国家将与日本与印度分别就10年内缔结自由贸易协定问题进行协商。2001年6月，中国、俄罗斯、哈萨克斯坦、吉尔吉斯斯坦、塔吉克斯坦、乌兹别克斯坦六国上海合作组织成立。

随着"立足周边"、"与邻为善、以邻为伴"外交思想的推进，我国的周边环境将进入新中国成立以来最好的时期，为西部地区进一步对外开放创造更加有利的国际环境。

可以说，西部区域旅游合作的大气候已经具备。

但与东部地区相比，西部区域旅游合作的制约因素要多一些：

• 市场经济发育不全、市场意识淡薄的大环境不是短时期内可改变的问题；

• 西部地区缺少居民众多、旅游意识强、经济发达的中心城市，缺乏本地客源市场的自我支撑基地，区域旅游合作的本身市场动力不足；

• 西部地区面积大、高山峡谷沙漠戈壁地形多、城市景点间距离远、交通互达性差，直接制约区域合作、互送客源格局的形成；

• 西部地区民族众多，区域旅游合作中的经济利益往往与民族关系交织在一起，需要谨慎处理；

• 某些省区的国际环境复杂、边界问题犹存，制约着对外开放的广度与深度，影响国际范围内的区域旅游合作的推进。

总之，西部地区区域旅游合作义大、任重、道远、前景广阔，在"西部大开发，旅游要先行"的大格局中具有举足轻重的地位。

四、西部区域旅游合作方略

推进西部区域旅游合作，首先要加强国内、区内合作，打造与邻邦的国际区域旅游合作的坚实基地。

1. 与全国八大经济区域划分相衔接

区域旅游合作，是区域经济一体化的一个组成部分。局部必须服从、服务全局。

东、中、西部的划分,只是中国经济发展水平不同层次的大致反映,但并没有体现全国各区域内在的经济关联度。

据有关负责人在最近召开的"9 + 2"论坛上透露,今后我国将形成八大经济区域:南部沿海地区(广东、福建、海南),东部沿海地区(上海市和江苏省、浙江省),北部沿海地区(山东、河北、北京、天津),东北地区(辽宁、吉林、黑龙江),长江中游地区(湖南、湖北、江西、安徽),黄河中游地区(陕西、河南、山西、内蒙古),西南地区(广西、云南、贵州、四川、重庆、西藏),西北地区(甘肃、青海、宁夏、新疆)。今后的政策制定希望统筹考虑这8个经济区,加强区域间的联系。

随着中国行政体制改革的深化,省(直辖市、自治区)际间的合作将逐渐强化,面积过大的省可考虑分省,省内地市级的行政权限将弱化以至取消,区域经济合作的趋势将会在省(市、区)际层面上展开并强化。

现在,省、市和自治区级旅游发展总体规划已基本完成。这种省、市和自治区为单位的规划虽然也或多或少考虑到与周边地区的合作与竞争,但总是以某一省市区的利益为中心,过于强调本省区的系统性、完整性,偏重于与邻近地区的竞争性的一面,难免有局限性。

今后区域旅游规划的重点要以跨区域的旅游目的地规划为重点,由国家旅游主管部门牵头、相关地区联合编制,从区域经济一体化的高度统筹全国旅游总体格局,合理谋划区域旅游合作机制。

2. 以未来的城市群/带为骨架部署区域旅游合作

中心城市是客源产出地与旅游目的地的结合体,是游客的集散中心、旅游的管理中心和辐射中心。中外区域旅游合作的成功经验都说明,区域合作的实施离不开城市群/带的依托与支撑。

据中国社会科学院著名专家的预测,到2020年我国城市化水平将达到54.6%,届时将形成以香港为核心的珠江三角洲城市群、以上海为中心的长江三角洲城市群和以京津为核心的环渤海城市群,构成全国一级核心区。其次,哈(尔滨)大(连)沿线、武汉地区、汉中地区、成渝地区、兰州地区、乌鲁木齐地区将形成全国二级城市群的经济核心区。[①]

据该书预测,西部地区将会形成重庆、成都、西安、兰州、乌鲁木齐等国际化大都市。笔者认为,除这几个城市外,昆明、南宁、西宁等也有可能成为国际化大都市。同时作为中国城市化重点的西部地区,还将出现一大批国家级、跨省区级、省区级的中心城市和大中小城市群。

依托这些多层次的中心城市及其城市群/带,将形成一批大小不等、各有特色、多层面的区域旅游合作圈/带。

3. 以品牌旅游区(带、线)为核心形成跨省市区的旅游合作体/带

旅游产品是区域旅游合作的关键,是形成国际性、全国性旅游区核心吸引力的所在。

---

① 李成勋:《2020年的中国》,人民出版社1999年版,第336~340页。

任何一个成功的区域旅游合作体,总是要以某个或某些主题旅游吸引物为纽带黏合在一起,就西部地区而言,如:

——"丝绸之路"旅游带;

——长江三峡旅游带;

——香格里拉旅游圈(云南中甸—西藏盐井—芒康—昌都—甘孜—成都);

——鄂湘世界遗产与三峡大坝旅游线(武当山—神农架—长江三峡大坝—张家界);

——巴蜀文化遗产旅游线(成都—重庆);

——青藏铁路/公路雪域高原生态旅游线(西宁—格尔木—拉萨);

——唐蕃古道民族团结旅游线(西宁—玉树—昌都—林芝—拉萨);

——茶马古道/康巴风情旅游线(四川康定—甘孜—西藏江达—拉萨;康定—理塘—西藏芒康—拉萨;云南中甸—西藏芒康—拉萨);

——贵昆奇山秀水民俗风情旅游线(贵阳—黄果树—曲靖—昆明);

——南昆花园城市旅游线(绿城南宁—百色—春城昆明);

——陕川渝历史文化名城旅游线(西安—成都/都江堰/乐山—重庆);

——陕甘宁历史文化名城旅游线(西安—咸阳—汉中—天水—武威/银川—张掖—敦煌);

……

随着公路、铁路、航空建设的进展,逐步开发跨省区旅游合作区(圈、带、线),形成以中心城市为支撑、著名景区为节点、景带为线路、纵横交错的旅游网络。

除西部地区的内部区域旅游合作外,更要与东、中部省市区在产品组合、宣传促销、互送客源、企业联手、人才交流、信息共享等方面,开展广泛的合作。

4. 以政府为主导、市场为主体、企业为主角推进区域旅游一体化

省内、省际的区域旅游合作是市场经济基础上的区域联动,是互利互补与互相竞争交织的结果。各地政府及旅游主管部门要更新观念,突破行政区划的局限,主动开展区域性合作,从总体上建立两个层面的合作机制:一是政府的决策、协调机制,二是旅游企业的多种方式的合作经营。

政府主导。由相关地区的政府及旅游主管部门出面倡导、发起,组织区域内的旅游区(点)、旅行社和饭店等旅游企业,参与区域合作。相关地区的政府及旅游主管部门可以定期或不定期地出席联席会议,也可进一步成立区域旅游合作领导小组(协调小组)或区域旅游联合体,设立常设工作机构。一般由相关地区的党政领导组成旅游合作的决策机构,由旅游局长组成执行机构。旅游协会组织健全的地区也可成立区域性的旅游协会开展活动。

企业运作。企业是旅游业的细胞,旅游区域合作能否成功,关键在于企业的参与,其中主要是旅行社、景区(点)、饭店和旅游车船公司。只有政府的号召与推动,没有旅游企业的主动参与、积极合作,区域合作必然落空。

旅游的区域合作因地制宜、形式多样、方法灵活,从简便易行的初级形式起步,逐步总结经验、完善管理、形成规范,向高级形式发展。

——共同设计旅游线路,把各方的主要景点串联起来;

——共同宣传促销,如联合举办促销活动、印制旅游宣传品,在各自的报刊、广播、电视上宣传合作方的旅游产品和企业,在各自的景区(点)介绍合作方的景区(点);

——客源互送共享;允许双方所属旅行社到对方辖区开办分支机构,并取消导游和全陪人员门票限制;取消外地旅游车入城入景点的限制措施;

——加强在旅游信息、旅游商品研发销售和企业管理等方面的交流和合作等;

——合作各方达成价格协议,或互相给对方的旅行社在景区(点)门票、床位价格方面以优惠,相关景区也可实行价格优惠的套票、联票,供游客自愿选购;

——在共同组成的旅游线上成立游客服务中心,开设旅游专线班车,游客买了专线车票后可自由上下车,方便专线旅游;实现交通一体化;

——实行企业联合经营,如景区(点)联合经营、饭点连锁经营、旅行社联合体,并在此基础上通过收购、兼并、合股等资产重组,形成地区性的骨干企业或企业集团;

——建立以区域著名旅游品牌为域名的网站,构建区域旅游合作的信息平台,开展数字化宣传、交流、管理、经营;

——共同培育区域主打产品或名牌产品,树立统一的旅游形象,设计统一的旅游标志、统一的宣传促销口号、统一的服务标准、统一的节庆活动、统一的导游着装、统一的旅游咨询电话和投诉电话、统一的信息网站,内部实行信息共享等。

总之,通过交通纽带、信息纽带、产品纽带、市场纽带、产权纽带,逐步推进国内区域旅游经济一体化进程。

五、对外逐步推进国际旅游合作进程

中国的对外开放是沿着"经济特区—沿海开放—沿边开放—全方位开放"的轨迹逐步推进的。人们往往把对外开放与东部沿海地区联系在一起,西部似乎成了开放的腹地与后方。西部大开发战略把西部地区推向了开放的前沿。在开展区域旅游合作中,与西部邻国的旅游合作顺理成章地提上了日程。

云南与广西的经验表明,边境旅游、出境旅游、跨国旅游是国内旅游的延伸,可以有力地拉动国内旅游。西部边疆省区在大力开拓国内客源市场的同时,积极推进边境旅游、出境旅游、跨国旅游,是快速发展国内客源市场的有效途径。

1. 根据国际关系与我国外交政策的总体部署,审时度势,因势利导,多层面、多方式地积极稳妥地开展与西部邻国的区域旅游合作

——把旅游列入双方外贸业务的一部分,边贸与旅游互相促进;

——与邻国互相开放边境,让两国公民方便地出入,开展边境旅游;

——与邻国在边境上划定范围,建立集游、购、娱、吃于一身的边境自由贸易区;

——相互设立旅游办事处,沟通双方旅游合作的渠道;

——延伸双方公民游览的区域或线路,由边境旅游向出境旅游延伸,进而进入第三国旅游并向跨国旅游延伸;

——双方向第三国旅游者开放边境,由边境旅游向入境旅游延伸;

——简化出入境手续,适时实行双方公民免于签证,或对若干第三国公民实行限时段、限地段免于签证;

——双方旅游企业开展各种方式的合作经营、联手促销;

——旅游企业在对方投资饭店、餐饮、商店、娱乐、景区、旅行社等,建立合资或独资旅游企业。

2. 大力构建以中国—东盟自由贸易区为基础的东南亚区域旅游合作圈

东南亚是中国重要的客源地和我国公民自费旅游的最早的目的地。中国与东盟国家将于2010年建立自由贸易区,外贸实行零关税。届时,在服务贸易各领域必将实行各种通行的国际惯例,人员流动上也会采取灵活简便的措施,旅游将是受益最大的行业。

——云南、广西直接与越南、老挝、缅甸等东南亚国家相接壤,是西部地区通往东南亚的最近的陆上和海上通道,要抓紧边境海运、水运、公路、铁路和空港建设。

——完善中越、中缅的边境旅游线和自由贸易区的各项服务设施和经营管理,并把边境旅游延伸到泰国、柬埔寨,开展跨国旅游。

——抓紧湄公河跨国旅游区的规划、建设和经营准备,加强与有关国家的协调,把这条旅游线扩展成联结中、缅、泰、老、越五国的跨国旅游圈,使之成为东亚太地区的一个新兴旅游目的地。

——抓紧广西北海银滩滨海旅游区和防城港邮船码头建设,使之成为东南亚滨海度假和邮轮度假基地。

——与越南一起努力改善北京—凭祥—河内铁路的通道,使之成为中国通往东南亚的大陆桥,开展跨国铁路旅游。

——西部中心城市开辟通往东南亚的航线。

——与东南亚国家联合推进跨国旅游线路,协调旅游宣传促销,开展互为旅游目的地的宣传促销和对欧美、大洋洲的联合促销。

3. 努力构建以"喜马拉雅高山生态与宗教文化"为特色的南亚区域旅游合作圈

西藏自治区与尼泊尔、印度、不丹、巴基斯坦等国和克什米尔地区接壤,是中国通往南亚次大陆的通道。2002年,中印、中尼两国政府签订中国公民自费赴印度、尼泊尔旅游的协定。2003年6月,中印两国政府签署两国《关系原则和全面合作的宣言》。2002年,印度总理瓦杰帕依提出,印度与东亚、南亚国家合作,共同开发区域性佛教旅游带。

——逐步增设中尼、中印口岸,完善边境口岸设施,从3国公民互相到对方旅游开始,进而发展到更高形式的国际旅游合作。

——提高中尼友好公路的等级,完善沿途游览景点与服务设施,把珠峰观光探险旅游线延伸到中尼边境旅游。

——西藏阿里普兰"神山圣湖"是近9亿印度教、藏传佛教和本教徒的共同朝拜圣地,完善普兰口岸,加快"神山圣湖"的基础设施与服务设施,兴建普兰支线机场,把"神山圣湖"作为面向印度中产阶级为主体的主打旅游产品。

——与印度、尼泊尔合作,共同开发唐竺古道旅游线,承延古代中国与天竺(古代印度)的文化交流脉络。

——与尼泊尔合作,共同开发珠穆朗玛自然保护区—萨迦玛达国家公园(兰巴拉跨境旅游)、珠穆朗玛自然保护区—马卡鲁—巴隆国家公园和保护区(阿隆—甘玛谷地跨境旅游)、珠穆朗玛自然保护区—郎塘国家公园(吉隆—拉苏瓦跨境旅游),向各国旅游者开放。

——西藏与印度北部、尼泊尔、不丹等邻国合作,共同营造以高山生态、宗教与山地民俗旅游为特色的喜马拉雅跨国旅游目的地,在国际旅游市场上联合促销。

4. 积极构建以"丝绸之路"为主体的中亚区域旅游合作圈

西北五省区是历史上"丝绸之路"的重要路段,联结中原与西域的通道,中国通往中亚、西亚、东欧和中东的西大门。

随着中亚六国上海合作组织的建立,新疆与西北地区旅游的国际取向是构建与中亚国家的区域合作体制,继往开来,给历史上起过重要作用的"丝绸之路"增添新的时代内容。

——古"丝绸之路"旅游带在国际上享有盛誉,今后仍是一条经久不衰的跨国旅游线。西部五省区要抓紧规划、建设、开发古"丝绸之路"的国内段,并与中亚、西亚国家共同贯通古"丝绸之路"旅游线。

——横贯欧亚的铁路大陆桥是新世纪的"丝绸之路",随着中亚、东欧国家改制转型的深化和经济复兴的崛起,中亚地区和欧亚地区的经济文化交往势必与时俱增,这条"钢轨大陆桥"必将担负重任。开发沿欧亚大陆桥跨国旅游线,欧亚游客互流具有不可估量的潜力。

——乌鲁木齐市将发展成中亚地区的国际化大都市,成为欧洲游客赴中国和东亚太地区旅游的第一站和中转地,也将成为中国和东亚地区游客到西北和中亚、西亚、欧洲旅游的新起点;建好乌鲁木齐国际航空港、开通直航欧洲航线,具有决定性的意义。同时,扩大西安国际航空中心口岸,兴建兰州、西宁、银川等国际空港。

——扩大西部省区的对外开放地区,逐步开放"丝绸之路"南、中、北道主线及部分支线沿路县市,为全面开发"丝绸之路"精品旅游线路创造条件。

——逐步增加新疆边境口岸,主要是对巴基斯坦和中亚几国的边境口岸,如霍尔果斯、巴克图、阿拉山口、红其拉甫、伊尔克什坦等口岸,变单一的入境购物为双向的购物加旅游,允许中国公民参加边境旅游与出境旅游。建设中—吉—乌铁路,规划泛亚铁路,改善通往主要口岸的公路,扎实推进目前新疆与中亚邻国的边贸与边境旅游。

5．逐步构建以图们江流域为核心的东北亚区域旅游合作圈

1991年10月，联合国开发计划署（UNDP）提出一项"图们江流域开发计划"。该计划设想，中国、俄罗斯、朝鲜、韩国、蒙古和日本六国，将在中、俄、朝三国交界处的图们江三角洲地区，用20年时间，筹资300亿美元，在1万平方公里的土地上兴建一个多国经济技术合作开发区。

随后，中、俄、朝三国政府签订了《关于建立图们江地区开发协调委员会的协定》（《三国协定》），三国经济合作的模式构想是建立珲春—哈桑—罗津、先锋自由贸易区。

1992年10月，中、俄、朝、蒙、韩五国政府签订了《关于建立图们江经济开发区及东北亚开发协调委员会的协定》（《五国协定》）和《图们江开发区东北亚环境准则谅解备忘录》。

——东北亚六国风土人情各有特色，社会体制不同，历史风云际会，无论对本地区的各国人士，还是对欧美远程旅游者，都具有巨大的旅游吸引力，具有广阔的开发前景。这里目前聚集着中、日、韩、俄四大客源产出国，已经具备现实的旅游能力。对于不同国家、不同层面的客源群体，可以开发不同类型和档次的出入境、跨国型、多目的地旅游产品：

- 中国：观光、娱乐、避暑、冰雪与历史文化考察旅游；
- 俄罗斯：商务、购物与休闲娱乐；
- 日本：商务、观光、避暑、滑雪、健身、怀旧和历史文化考察旅游；
- 朝鲜、韩国：商务、购物、探亲访友旅游；
- 蒙古：商务、购物、观光旅游。

内蒙古自治区东部和享受西部大开发政策的延边朝鲜族自治州要积极参与和推进东北亚旅游合作。

——内蒙古自治区重点建设好二连和满洲里两个边境口岸城市，建好中蒙二连浩特—扎门乌德、中俄满洲里—外贝加尔斯克两个边境自由贸易区，使之成为未来东北亚旅游圈的两个节点。

延边朝鲜族自治州重点建设好珲春口岸和"三国风貌"防川旅游区，成为珲春—俄罗斯哈桑—朝鲜罗津、先锋自由贸易旅游区的基地。

——分步开发环日本海五国多目的地跨国旅游线。

由近及远、先易后难，从边境游到出境游、跨国游，从单向到双向，从双边到多边，逐步开辟中外游客的下列旅游线：

- 珲春—斯拉维扬卡—海参崴中俄旅游线；
- 珲春—平壤—开城中朝旅游线；
- 珲春—波西耶特（或扎鲁比诺）—新潟中俄日陆海跨国旅游线；
- 珲春—海参崴—新潟—束草—罗津环日本海中、俄、日、韩、朝五国旅游线。

上述旅游线路的逐步开通，取决于相关国家经济社会与对外开放的进程，取决于相关国家双边与多边关系的进展，取决于整个东北亚经济区域合作的进程，并非一朝一夕

之功,但是不能消极等待,而要积极开拓。

　　西部地区进一步扩大开放,逐步推进我国与东南亚、南亚、中亚、东北亚的旅游经济合作,变中国国际旅游的末端与后方为前沿阵地,改变目前我国国际旅游的接待基地偏重东部地区的格局,不仅对我国全方位地开展边境旅游、出入境旅游与跨国旅游是一个历史性贡献,而且对我国全方位地对外开放和睦邻友好关系、落实中央"与邻为善、以邻为伴"的外交方针也具有战略意义。

加强边境合作，推进边境旅游[①]

6月5日，国务院办公厅印发了由国家民委、发改委和财政部组织编制的《兴边富民行动规划（2011~2015年）》。《行动规划》提出："大力培育开发具有边境特色的重点旅游景区和线路，鼓励发展边境旅游、民族特色村寨旅游、休闲度假旅游、生态旅游、探险旅游、农业旅游等特色旅游。"

在国务院的文件中，如此明确地提出大力发展边境旅游，实不多见。笔者认为，该规划在更大范围内和更高水平上为开展边境旅游提供了强有力的政策指向。有关部门应该以此为契机，大力发展边境旅游。

我国边境旅游始于20世纪八九十年代，1996年颁布的《边境旅游暂行管理办法》标志着边境旅游全面、有序开展。

边境旅游的开展，对促进边境地区经济社会发展，提高人民生活水平，增强民族团结、社会稳定、边防稳固作出了重要贡献。有些边境地区边境旅游已提升为常态，并以此促进了国内旅游的发展，形成了国内旅游→边境旅游→出境旅游的旅游产品链。

《行动规划》在统筹部署兴边富民方略时，把发展旅游确定为边境地区的"特色优势产业"之一，并对发展边境旅游提出了明确的方针政策和具体的工作部署：

第一，多侧面、全方位开发边境旅游产品，形成"民族特色村寨旅游、休闲度假旅游、生态旅游、探险旅游、农业旅游等特色旅游"。

第二，"依托旅游资源优势，推动文化与旅游的深度融合"。

第三，边境旅游与发展民族手工艺品生产和贸易相结合，"扶持少数民族特需商品定点生产企业和民族手工艺品生产企业发展"，"支持边境地区少数民族特需商品生产企业技术改造和大型商品市场升级改造，扶持民族特色手工艺品开发和生产"。

第四，边境旅游与边境贸易相结合，支持海关特殊监管区域、边境和跨境经济合作区建设，提高跨境经济技术合作水平，"逐步建成一批国际物流集散中心"。

第五，完善边境地区交通及其他基础设施建设，明确要求推动基础设施与周边国家互联互通。

第六，边境旅游与金融服务相结合，"推动人民币在周边与当地货币共同流通"，鼓励各类金融机构在边境地区设立服务网点，开发和实行适合边民、特色优势产业、农牧业产业化龙头企业发展需求的金融产品和服务方式。

[①] 2011年6月27日《中国旅游报》。

第七,"探索与周边国家建立产业发展协调机制,促进形成国际经济走廊和经济合作带",支持边境地区和周边国家的城市建立"友好城市"。

根据国际关系与我国外交政策的总体部署,审时度势、因势利导,积极稳妥开展与邻国的区域旅游合作,往往成为促进区域经济合作的先导。开展边境旅游直接造福双方民众,双方互利共赢,因而也是区域经济合作中最易开展的领域,并在推进亚洲地区的区域性经济合作圈的发育与成熟方面发挥独特作用。

笔者认为,全方位、多层面发展边境旅游应重点构建以下四大旅游合作区:

(1)依托中国—东盟自由贸易区,构建东南亚区域旅游合作区。东南亚是中国重要的客源地和我国公民自费出境旅游的最早的目的地。中国与东盟国家已建立自由贸易区,正在向外贸零关税演进,在服务贸易各领域必将实行各种通行的国际惯例,人员流动上也会更加灵活简便,边境旅游将是受益最大的产业。相关部门应抓紧湄公河跨国旅游区的规划、建设和经营准备,加强与有关国家的协调,把这条边境旅游线扩展成联结中、缅、泰、老、越五国的跨国旅游圈。

(2)依托上海合作组织,积极构建以"丝绸之路"为主题的中亚区域旅游合作区。西北五省区是中国通往中亚、西亚、东欧和中东的通道。西北地区旅游要向西开放、连通东西,让历史上在沟通东方文明中起过重要作用的"丝绸之路"焕发新的生机。

(3)构建以图们江流域为核心的东北亚区域旅游合作区。20世纪90年代,中、俄、朝三国签订了《关于建立图们江地区开发协调委员会的协定》,中、俄、朝、蒙、韩五国签订了《关于建立图们江经济开发区及东北亚开发协调委员会的协定》。东北亚六国风土人情各有特色,社会体制不同,历史风云际会,具有巨大的旅游吸引力。中、日、韩三国旅游合作稳步推进,今年4月26日,中国、俄罗斯和朝鲜三国间第一个同时免签证的环形跨国旅游项目正式运营,东北亚区域旅游合作正在取得新的进展。

(4)构建以喜马拉雅高山生态与宗教文化为特色的南亚区域旅游合作区。我国西藏自治区与尼泊尔、印度、不丹、巴基斯坦等国接壤,是通往南亚次大陆的通道。相关部门应加强与印度、尼泊尔、不丹等邻国合作,共同营造以高山生态、宗教与山地民俗旅游为特色的喜马拉雅跨国旅游目的地。

《行动规划》的发布为开展边境旅游提供了强有力的政策指向。有关部门应更加重视和加快发展边境旅游,在实施"富民、兴边、强国、睦邻"的战略中作出更大贡献。

东北亚区域旅游合作的零突破[①]

4月26日,中国、俄罗斯和朝鲜三国间第一个同时免签证的环形跨国旅游项目正式运营。是日上午,旅游首发团从吉林省珲春市的珲春口岸出发,先后游览俄罗斯斯拉维扬卡、符拉迪沃斯托克、哈桑、朝鲜豆满江和罗先,最后返回珲春。

这个旅游团来之不易。早在1991年10月,联合国开发计划署提出一项"图们江流域开发计划",随后中、俄、朝三国政府签订了《关于建立图们江地区开发协调委员会的协定》,三国经济合作的模式构想是建立珲春—哈桑—罗津、先锋自由贸易区。1992年10月,中、俄、朝、蒙、韩五国政府签订《关于建立图们江经济开发区及东北亚开发协调委员会的协定》。1995年又成立了由中、朝、韩、蒙、俄组成的"大图们江动议"旅游委员会。2009年9月,该旅游委员会第二次会议在吉林省长春市举行。会议讨论并通过了《"大图们江动议"旅游实施计划2010~2012》。三国免签证的环形跨国旅游项目的运营,是落实这一实施计划的第一个成果,也是东北亚区域旅游合作的零突破。

此次三国免签证的环形跨国旅游项目的运行,是三国有关地方政府"搭台"、旅游企业"唱戏"的成果。由于三国间简化了签证等手续,游客只需在出团前两天,将护照和身份证的复印件传真到旅行社,就可以在4天内游览3个东北亚国家,既能观赏东北亚寒温带的森林草原和滨海城市风光,又可体验中朝俄三国风情和亚欧文化。笔者十多年前曾从绥芬河市出境到俄罗斯符拉迪沃斯托克(海参崴)一游,目睹了这个俄罗斯远东第一大城市的风采:1912年建成的横跨俄罗斯东西端的火车站及蒸汽机车头遗物,纪念1917年"十月革命"的远东苏维埃政权战士纪念碑,展示第二次世界大战期间击沉日本众多军舰的潜水艇博物馆,为纪念日俄战争阵亡将士而建的东正教堂,诱人的海鲜市场以及热辣辣的俄罗斯风情舞,至今仍记忆犹新。那是一次难忘的历史寻踪之旅和异域风情之旅。

东北亚地区中、俄、朝、蒙、韩、日六国风土人情各有特色,历史风云际会,社会体制不同,无论对本地区的各国旅游者,还是对欧美的远程旅游者,都具有巨大的旅游吸引力。对于不同国家、不同层面的客源群体,可以开发不同类型和档次的出入境、跨国型、多目的地的旅游产品。

经过各方的共同努力,可以由近及远、先易后难,从边境游到出境游、跨国游,从单向到双向,从双边到多边,逐步开辟既面向本区域居民也面向其他地区旅游者的多条旅游

[①] 写于2011年5月。

线路和产品：

珲春—斯拉维扬卡—海参崴中俄旅游线；

珲春—平壤—开城中朝旅游线；

珲春—波西耶特（或扎鲁比诺）—新潟中俄日陆海跨国旅游线；

珲春—海参崴—新潟—束草—罗津环日本海中、俄、日、韩、朝五国旅游线。

东北亚区域旅游合作的坚冰已破、航线已开。20多年来，东北亚区域经济合作经历了许多坎坷，现在终于迈出了第一步。这一步是由旅游开始的，事实再次说明跨国旅游合作是国际区域经济合作的先导，国际区域旅游合作是一种政府与民间共举、各方利益共赢的包容式发展。

开展跨国旅游、发展与周边国家的区域旅游合作，是世界各国发展国际旅游的常态。环视我国周边区域旅游合作态势，与东南亚国家的合作率先、全面开展，与东北亚国家的合作从中日、中韩双边开始、正在走向多边，与南亚国家的合作逐步推进、正在深入，与中亚国家以"丝绸之旅"为纽带的合作正在打实基础、稳步推进。改变当前周边旅游合作不平衡的局面、全面发展与周边国家的区域旅游合作，固然有赖于睦邻友好关系的全面推进，但是旅游业界的主动努力也大有可为。出入境国际旅游作为民间交流和公共外交的一部分，也可为促进与周边国家的外交、经济和文化关系发展作出贡献。

环渤海旅游为何"合"而不"作"[①]

环渤海区域旅游合作的研讨、倡议、宣言,已近20年。但除了一年一度的北方十省市旅游交易会外,迄今为止几乎没有多少实质性进展,与长江三角洲、珠江三角洲相比,无可置疑地处于滞后状态。

究其客观因素而言,主要有三点制约着环渤海区域旅游合作的推进:

其一,环渤海地区的经济、贸易合作基础差。京津各自为政,虽近在百公里,但经贸来往甚少,产业分工从未协调过;山东、辽宁经济上自成体系,自有出海港口,对京津冀的合作需求不强。河北虽有与京津合作愿望,但处于"小伙伴"的位置,在京津冀地乃至环渤海区合作中没有多大话语权。处于环渤海边缘的内蒙古、山西更不在话下。环渤海地区的产业分工与经贸合作水平,与长三角之江浙沪、珠三角之粤港澳相比,不能同日而言。区域旅游合作从来依托于区域经贸合作。经贸合作是"皮",旅游合作是"毛","皮之不存,毛将焉附"?

其二,环渤海地域广袤,涉及华北、东北、华南三地,又有渤海相隔,虽海陆空交通日渐改善,但难以形成长三角之3小时交通圈、珠三角之2小时交通圈的便捷,辽东与胶东之间要隔洋过海,京津去大连、青岛朝发才能夕至。京津冀虽紧密相连,但至今仍没有一个游客集散中心和若干条旅游专线为三地居民和到三地的游客提供方便快捷的旅游通道。

其三,环渤海地区群雄并起,但实际上群龙无首。虽然京津是公认的"老大"、"老二",从地图上看又处于环渤海地区地理中心,但是从特大中心城市的经济辐射力而言,京津两市对冀、晋、内蒙、辽、鲁的影响,远不如上海对江、浙、皖,香港、广州、深圳对珠三角那么大。至今京津周边100公里仍有32个贫困县、约1065万人口的"环京津贫困带",这一点足以说明问题。2006年《中国区域发展蓝皮书》指出,上海"龙头"带动周边经济共同繁荣,北京"空吸"现象拉大区域差距。在这里,"老大"、"老二"自顾自,山东、辽宁各成一体,难以形成向心力。

但是,这些客观因素并非决定性的,也并非不能改变。旅游作为以人的异地流动、休闲体验为特点的一种服务贸易,往往可以成为区域经济交流的先导产业而先行一步。旅游合作可以推动、促进区域经济合作并加速走向一体化。环渤海区域旅游合作滞缓还有其特殊的因素,值得进一步研究。目前,我国仍处在从计划经济体制向市场经济体制转

[①] 2005年9月搜狐博客。

型的过程中。区域经济合作离不开"思维创新、政府搭台,企业唱戏、市场运作"。

其一,就认识层面而言,北京集资源优势与客源优势于一身,面对全国和国际市场,客源滚滚而来,"皇帝女儿不愁嫁"。环渤海合作对北京旅游而言无足轻重。正如北京对环渤海的经济区域合作不被看重一样,对环渤海的区域旅游合作似乎也不热心。其他省市,尤其是邻近省市在争取入境客源方面各自为战,在争取国内客源方面主要盯着北京,长期忽视国际国内客源的互流、互送。环渤海地区缺乏长三角上海与江浙皖之间资源共享、产品互补、客源互送、合作互赢的共识与出于自身利益的共求。

其二,就政府层面而言,泛珠三角建立了"9+2"省长、自治区主席和港澳行政首长联席制、政府秘书长协调制度和部门衔接落实制度;江浙沪两省一市由政府高层领导牵头、由包括旅游在内的相关政府部门落实区域合作,建立了"15+1"的合作格局,并在发展规划、企业准入、产品标准、市场营销、交通标识、人才培养与共认等方面具体落实。相比之下,环渤海地区在旅游合作方面只有旅游协会的"研讨"、旅游交易会的"洽谈"和旅游部门的"宣言",区域旅游合作中的行政障碍、市场障碍、交通障碍、经营障碍等涉及方方面面,决非旅游局、协会和企业所能解决的。

其三,就企业层面而言,长三角、珠三角的市场经济较为成熟、旅游企业十分活跃,尤其是民营、股份制企业已成为旅游经济运行的主角。一批具有跨区域经营能力的企业,尤其是旅行社,如港中旅、广之旅、春秋旅行社等,依托各自的实力和品牌建立了跨省市的经营网络,使区域旅游合作有实体、有管线、有网络。企业是区域旅游合作的主体。一旦企业成为跨区域经营的主角,尝到了区域合作的甜头,就会千方百计去拓展区域合作的经营网络,寻求各种形式的合作伙伴,甚至冲破某些行政区域的阻隔。至今,北京(以至北方)的大旅游集团仍是国有经济一统天下,热衷于向全国扩张(这没有什么不好),但与环渤海地区的旅游企业、景点少有合作,尤其是深层次、实质性的产品合作、营销合作、资本合作。环渤海地区没有一家跨区域经营的旅游集团,区域旅游合作只能是"只听楼梯响,不见下楼人"。

其四,就操作层面而言,环渤海地区缺少直接面对旅游消费者,为他们跨地区观光游览、休闲度假、商务会展、科技交流提供切实服务的实体。上海旅游集散中心每天可发往江、浙、皖近百条跨省市旅游巴士专线,并与周边省市的旅游集散中心联网运行,成为长三角区旅游合作的重要实体,说明长三角的无障碍旅游区的启动已进入实施阶段。环渤海区域旅游合作尚未找到适宜的抓手。一年一度的北方旅交会只在业内人士中热闹一番,几乎与游人无关。2005年10月成立的环渤海港口城市旅游合作组织(BTCO)搭起了一个合作框架,但需要有实体操作。北京散客中心开辟的旅游巴士专线只限于北京市域内。

《中共中央关于制定国民经济和社会发展第十一个五年规划的建议》确定,"珠江三角洲、长江三角洲、环渤海地区,要继续发挥对内地经济发展的带动和辐射作用,加强区内城市的分工协作和优势互补,增强城市群的整体竞争力"。国家旅游局已把"环渤海旅游区"列为"十一五"期间优先规划和建设的 12 个重点旅游区之一,提出以首都圈为中心,以辽东半岛和胶东半岛为两翼,利用环渤海地区经济振兴的优势和北京奥运会的历史契机,全面提升产品档次,完善产品结构,着力开发度假休闲产品、康体娱乐产品、大型会展产品、游轮旅游产品,形成若干个都市旅游圈和若干条精品旅游线路。

人们有理由期待,"十一五"期间,环渤海区域旅游合作应进入实质性阶段。如何实施,应列入相关各省市的"十一五"旅游发展规划之中,并在整体上形成一个《环渤海区域旅游合作规划》和行动方案。

互送客源是区域旅游合作题中之义[①]

——与高舜礼、薛兴国先生商榷

近日,《中国旅游报》刊登的高舜礼《互送客源是个伪命题》与薛兴国《互送客源是客观存在》,提出了一个十分现实的问题:"互送客源"究竟是否存在、是否可能,如果可能又如何实现?

在笔者看来,"高文"指出不能用"计划经济时代的思维"看待"互送客源",不能认为政府"掌控着旅游客源,有能力调控对外输出的客源量"。在区域合作中确实有一种行政主管部门开会多、协议多、宣言多,但实际行动少、企业参与少、实际效果差。强调市场是推动客源互动的根本因素,是"高文"的合理内核,但是进而根本否认区域旅游合作中"互送客源"的存在,这就值得商榷了。"薛文"提出客源与资源是"互送客源"的两个基本条件,政府是"互送客源"的"搭台"者,企业是"互送客源"的"唱戏"者,"互送客源"是区域合作"双赢"的经营模式。这是"薛文"的基本内核。"高文"与"薛文"有一个共同问题,即没有把"互送客源"与"客源互相流动"两者加以适当区别。

笔者认为,"互送客源"与"客源互相流动"是两个既有联系又有区别的概念。"客源互相流动"是一个普遍存在的自发产生的自然现象;"互送客源"是政府与企业按照市场的供求关系有意识的行动,促进了"客源互相流动"。无论国际还是国内地区之间,双方或多方只要有成功的旅游产品(市场供给),就会吸引民众互相旅游(市场需求);只要各方的民众具有旅游的社会经济基础,即可自由支配的时间与支出,加上国家允许出入(境)的法律或政策,就会形成"客源互相流动"。为顺应客源流动的需求,政府的法规、政策与措施是促进"互送客源"的推动者,提供交通、信息、组织、接待和食宿购娱等的各项服务的旅游企业是"互送客源"的实行者。这里的"送",既包含推动客源流动的大概念,又包含输送、招徕、接待等具体操作的小概念。互相流动的客源中,既包括自发的游客,也包括互相"输送"的游客。

以国际旅游为例,从19世纪中叶近代旅游业诞生以来,先是西欧、后是北美,它们既是世界旅游客源地又是目的地,欧美之间内部最早出现客源互相流动现象,托马斯·库克旅行社是第一个有意识地输出或输入游客的旅游中介企业。亚洲、非洲和南美洲曾经是欧美的旅游目的地,国际旅游的主要流向是欧美向亚、非、南美洲和大洋洲单向流动。进入20世纪后半期,世界政治经济格局发生重大变化,亚太地区居民在洲

[①] 2011年9月23日《中国旅游报》。

内旅游的同时开始赴欧美旅游,逐步形成双向流动的局面。就具体国家而言,能否实现客源互相流动,主要取决于相关国家之间的外交与经贸关系。目前欧洲 25 个申根协定国家之间完全开放边界,各成员国游客互相流动,即其他国家在申根协定国家之间的流动已不存在出入境法律与政策的障碍。1980 年以前韩国只允许外国游客入境,1980 年韩国政府宣布解除出境旅游的禁令,1988 年又宣布实行全面开放出境旅游,形成了韩国与相关国家双向开放、客源互相流动的局面。发展中国家的出入境旅游发展过程基本如此。

我国的国际旅游发展比较特殊。改革开放前,基本不存在中外游客互相流动的情况。改革开放后,外国游客蜂拥而来,但基本上是一个单向流动的局面。从 20 世纪 90 年代开始,我国实行独特的 ADS 制度,即与相关国家签署中国公民自费旅游协议,并只能以团体旅游的方式出境旅游,至今已有 140 个国家和地区成为中国公民出境旅游目的地(其中已实施 110 个),逐步形成并不断扩大中国与外国双向旅游、客源互流互动的局面。中外双方签署的 ADS 实际上是允诺相关国家互送客源的协议。

再以海峡两岸旅游为例,两地民众血缘文缘史缘相通,早有互相旅行旅游的要求与基础,但是在 1988 年以前,台湾同胞不能赴大陆旅行旅游。1987 蒋经国先生顺应民意开放台湾居民赴大陆探亲,大陆欢迎台湾企业来投资,出现了经久不断的台胞赴大陆旅行旅游潮。但在 2009 年以前海峡两岸没有达成大陆居民赴台旅游的协议前,海峡两岸不能双向旅游(探亲者除外)。是年 6 月,海峡会与海基会签署《海峡两岸关于大陆居民赴台湾旅游协议》后,开启了海峡两岸双向旅游的大门。今年 7 月又试行自由行,双向旅游的渠道更加通畅。这些协议实质上也是双方互送客源的承诺与实施保证。

由此可见,出入境旅游中能否实现游客互相流动,既取决于相关国家与地区自身的经济政治状况,又取决于相关国家与地区之间的对外开放政策及双边关系状况。目前我国与有关国家之间达成的区域旅游合作协议或意向,如中国与东盟、泛北部湾、湄公河流域、中日韩三国十市(青岛、大连、天津、福冈市、北九州市、下关市、釜山市、蔚山市、仁川市)、亚欧"丝绸之路"区域旅游合作等,无不都具有相互推介旅游产品,改善双方或多方交通、通关条件,方便游客互相出入境,推动旅游企业合作,相互为对方企业进入提供方便等方面的内容,这些都是促进游客相互流动的有效措施,因而从某种意义上说,这是一种为"互送客源"架桥铺路的举措,使相关方逐步互为旅游目的地和客源地,尽管双方或各方游客的输入、输出量并不对等。

就国内旅游而言,各地之间能否实现游客互相流动,一般不存地区之间的法规与政策方面的障碍,曾经出现过的某些有碍地区之间旅游企业自由经营的政策,如不准旅行社异地经营、不准旅游车异地行驶、不准导游员异地服务等规章,已不存在。影响客源互相流动的主要因素是东西部之间、城乡之间社会经济条件的差异。区域旅游一体化具有两个方面,对外以统一的旅游目的地的形象联合开拓市场,对内促进本地居民与外来游客无障碍流动,"互送客源"是其中之一。长三角、珠三角、环渤海等的区域旅游合作,已逐步形成政府推动、企业经营、市场运作、游客自主选择的客源互相流动之势。长三角城市的旅游集散中心联网售票、异地登车、收益分成的联动模式是"互送客源"操作方式的探索。从这个意义上可以说,互送客源是区域旅游合作的题中应有之义。

"互送客源"的讨论,对进一步探讨如何遵循旅游市场规律有效地开展区域旅游合作,无疑是十分有益的。

景区篇

中国旅游度假区开发警钟长鸣[①]

曾担任海南省三亚市旅游发展战略等重大课题的中国旅游学院旅游研究所所长王兴斌教授，不久前在参加广东阳江市海陵岛召开的"'93海滨旅游度假区开发国际研讨会"时，讲述了中国旅游度假区规划与开发的十大关系。

市场与资源的关系。王兴斌认为，旅游经济是纯粹天生（然）的市场经济，开发时应以市场为导向，以本地资源为基础，根据客源的年龄、层次、喜好设计出不同类型的开发项目。由此必然涉及规划与开发的关系。王兴斌指出，有些地方搞旅游度假区为的是吸引投资项目，特别是争取外商投资的项目规划，然后再找一群专家"论证"，盖个橡皮图章了事，实际上是拿规划作为招商引资、宣传推广的手段。

旅游度假区与一般的观光地是两个不同的概念。王兴斌接着谈到了度假与观光的关系。度假区突出的功能是休闲，满足人们远离喧嚣城市回归自然的心理渴望。然而，现在国内许多旅游度假区规划没有考虑度假的特殊需求，搞"大而全"，城市里的娱乐项目一应俱全，度假区染上了"城市化"的通病。

共性与个性的关系。从现在各地度假区的开发规划看，都是"五星级酒店＋高尔夫球场"，缺乏特色，大同小异，缺乏独特的文化氛围和鲜明的主题形象。为此，王兴斌建议可否将度假区划分成若干个不同功能和特点的功能区，避免千篇一律。

说到度假区的"生命力"，王兴斌谈到了"中"与"洋"的关系。他指出，目前国内度假区建设仿洋风大盛，大家都在追求一种异质文化，欧美式别墅比比皆是，而恰恰忽略了本地、本民族悠久灿烂的传统文化；设施追求豪华高档，但服务水平往往达不到国际标准，最终难免"外国人不来，中国人住不起"。

当前许多旅游区往往片面追求最大游客量，而不是最佳的经济效益，没有处理好游客数量与经济效益、数量与质量的关系。王兴斌举例说，著名的滨海度假区夏威夷岛每年接待游客总数已突破600万人次，当局已意识到游客太多、负荷过重从而要加以控制。这就给我们一个启示：旅游度假区接待游客着眼点应是最佳容量而非最大容量。王兴斌认为，比较理想的是控制在最大容量的70%左右，这样经济效益反而会更好。他认为，薄利多销不应是度假区奉行的经营原则，优质优价才是度假区成熟的标志。

开发与保护的关系。旅游资源尤其是滨海资源一般不具有再生性，必须实行保护性开发，倘若是只顾眼前利益的破坏性开发，那倒不如"让它睡着"，不要开发。

---

① 1993年7月18日《亚太经济时报》（第3版），题目由该报记者黄华军拟定。

开发与更新的关系。要使旅游度假区永葆青春,必须不断更新旅游项目。王兴斌认为,规划开发时不妨留有日后发展更新的余地。

硬件与软件的关系。如今各地搞旅游度假区眼睛都盯看酒店、高尔夫等硬件开发,而对人的素质培养,包括服务人员、管理人员、本土居民的教育培养,则关注甚少。很难想象,一个经济文化落后、当地居民素质低下、语言与生活习惯难以沟通的地方,这里的度假区会成为四方宾客乐于光临并流连忘返的旅游胜地。因此,王兴斌提出,人员素质不高是中国旅游度假区走向成熟的最大障碍。

开发建设的快与慢的关系。目前各个国家旅游度假区都在争先恐后、"大干快长",强调两三年内"大见成效",这违背了度假区的发展规律。王兴斌最后指出,有必要对目前的度假区热"泼点凉水"、清醒一下。从长远看,中国旅游度假区的开发宜以小项目上马、稳步推进为好。

调整旅游度假区开发定位的四点意见[①]

国内旅潮汹涌澎湃,中国旅游业的又一个"黄金期"将在世纪之交时来临。1992年10月国务院批准试办国家旅游度假区以来,目前全国已有12个国家级、50多个省级旅游度假区正在开发建设之中,在我国旅游产品从纯观光型向观光、度假和专项旅游结合型发展的过程中迈出了第一步。当初国家旅游度假区以海外客源为主、吸引外资投入为主和高档消费为主。面对不断变化着的经济大环境和旅游新势头,总结近4年来旅游度假区开发建设中的进展与艰难,有必要重新审视度假区的开发方向。

一、客源市场定位:以国内市场为主体,积极开拓海外和国际市场

近几年来,我国旅游客源市场中,海外和国际客流平稳增长,国内客流迅猛增长。国内旅游已成为中国旅游业的主体。据国家旅游局制订的全国旅游业发展"九五"计划和2010年远景目标纲要,这种趋势将长期持续下去,国内旅游在我国国内外接待总人次和总收入中的份额将越来越大。在接待人数上,海外和国际游客占5%以下,国内游客占95%以上;在旅游收入上,国际和海外创汇占1/3,国内占2/3,长时期内全国和绝大多数省市将保持这种基本格局。

近年来和今后一段时间内,国内旅游市场的特点如下:

(1)客源区域构成:以大中城市居民为主,经济发达地区农村居民也占相当比例。

(2)旅游目的地:城镇居民以市郊和周边邻近地区为主。老地重游的观光游客甚少,以著名景区为目的地的游客"打一枪换一个地方"者居多。

(3)旅游动机:以自然观光、名胜游览和文体娱乐为主;休闲度假市场目前处在萌芽阶段,有一个很长的发育过程。

(4)游客年龄层:以中青年为主,老龄市场有待开发,少儿市场带动功能强劲。

(5)游客职业层:占城镇居民绝大多数的国有、集体等企事业单位的工薪阶层是主体,高收入群体的人数比例虽不高,但绝对数量不小,消费行为具有超前性和示范性。

(6)旅游支出类型:节假日的游乐活动以个人私费为主,企事业单位的福利性、奖励性消费和商务、公务、会议等公费消费占相当比例。

(7)旅游消费档次:私费以中低档为主,公费以中高档为主。

(8)旅游方式:节假日私费旅游以散客为主,散客中家庭式、情侣式和结伴式居多。

[①] 向国家旅游局提交的研究报告,国家旅游局政策法规司1996年第7期《旅游调研》。

公费或半公费旅游团队居多。

(9) 旅游活动的周期性:一年 50 多个小高潮(双休日),4 个大高峰(元旦、春节、"五一"、国庆)。

我国客源市场这种格局、趋势和特点,决定了国家旅游度假区的客源市场以国内市场为主体,积极开拓海外和国外客源市场的定位。省级旅游度假区应以本省和周边邻近地区为客源基地。就大多数度假区而言,在接待国内休闲度假客人的过程中,逐步完善和提高软件设施,积累经营管理和服务接待经验,为接待海外度假客人创造硬件和软件条件。

国际度假旅游者是成熟的旅游者。国际度假客源市场基本上已被地中海、加勒比海和东亚太地区较为成熟的度假基地所瓜分。我国挤入这个市场领地,一不能急于求成,二不能全面出击。选择一两个区位、市场、资源和基础均佳、确有可能按国家标准建设成具有中国特色的国际旅游度假区,作为开拓海外度假市场的基地,有重点地推向海外。全国大多数国家旅游度假区的开发在总体上不能以海外和国际客源为主。我国度假区的开发,近中期必须立足于国内市场,首先是周边、近程市场。

二、功能定位:休闲度假 + 特色观光 + 文体娱乐 + 会议展示的多功能综合性的旅游区

一座中央酒店 + 一群别墅 + 一个高尔夫球场 + 其他游乐、健身项目,这种国外旅游度假区的通行模式,适合于外国人的消费水平和休闲方式,其中合理之处应该借鉴,但不可照搬,更不可把一个度假区是否有这些设施作为衡量是否与国际标准接轨的标准。

外国的度假旅游者,大多以消闲、健身为主要目的,选择恬静、幽雅、旷野的环境,在某一度假地过上一至两周轻松自在的闲暇生活。今后较长时间内,国内尚不具备形成大规模的外国式的度假旅游市场的主客观条件。

我国目前国民的旅游,主要是观光式和娱乐式的,以近距离、短时间(1~3 天)为多。据全国 1994 年国内旅游抽样调查,外出旅游对自然风光感兴趣的占 47.4%,对人文景观感兴趣的占 12.6%,对休闲度假感兴趣的占 9.5%。据 1995 年上海、北京的抽样调查,以自然风光为首选目的地的约占 50%。即便是带有休闲性的节假日旅游,也是以娱乐和观景(自然景观、人文景观或人造景观)为主要兴趣。国内旅游者的这种休闲特点,决定了旅游度假地应该是休闲度假 + 特色观光 + 文体娱乐 + 会议展示的多功能、综合性旅游区。

最重要的,要有一个旅游主体吸引物,它或者以自然景观为主,或者以人文景观为主,或者以人造景观或大型游乐项目为主。这种旅游吸引物的主题应与该地区的地脉、史脉、文脉相通,有地方特色和人文渊源,不能凭空虚构,切忌重复雷同,更不能粗制滥造、格调低庸。

要形成一定的规模,有较多的配套活动,如朝拜瞻仰,演示展览,各类水上、山地或平

地运动,娱乐厅,地方或民族风情表演,特种游乐体育项目(如潜水、打猎、打靶、滑翔、赛车、水上飞机等),动物植物观赏等,使客人能停留一两天或两三天。以丰富多彩的游乐项目吸引观光旅游者,以别具情趣的休闲项目吸引度假旅游者,两者结合,使各类游人都能找到自己喜欢的活动项目。

要因地制宜开发一些与旅游相关的生产基地,特别是农业(包括农林牧副渔)旅游基地。开发这类产品,一是符合城市居民向往自然、回归大地的心理需求;二是保护生态环境,防止旅游度假区"城市化";三是充分利用平地、山林、水面等自然资源,设施简朴,投资较少,便于操作和管理;四是能就地提供新鲜、无污染的农副产品,既为旅游餐饮提供原料,又可让城市游客采摘、捕钓、品尝、购买时鲜品、花卉和盆景等;五是利于度假区内农民的安居乐业。建立观光果园、观光林场、观光花圃、观光牧场、观光渔村,开发休闲农业,开展绿色旅游,符合21世纪生态旅游的时代潮流。

三、消费档次定位:以中档为主,兼顾高档和低档

国力之增强,国民生活水平之提高,是一个不可逆转的趋势。近年来骤起的国内旅游热盖源于此。但是,我国居民的总体生活水平毕竟还低。1995年全国34个大中城市居民的恩格尔系数为49%(相当于20世纪50年代日本的水平),人均文化教育和娱乐消费仅占总消费额的8.5%。据经济学家测算,1995年我国城镇居民中,贫困型的占4%,温饱型的占34%,小康型的占55%,富裕型的占6%,豪富型的占1%。

我国居民这种"两头小,中间大"的财富配置,节假日旅游以私费为主的消费类型,决定了国家旅游度假区的产品消费档次应以中档为主,兼顾高档,也可设一些低档消费项目。省级旅游度假区更应以中、低档为主,兼顾高档。

高档消费产品不可无。一是国内部分游客中有此种需求,二是推向海外和国际旅游市场之必需,三是推动旅游度假区优化升级的需要,四是业主赢利经营的需要。尤其是国家旅游度假区,作为所在地区对外开放的窗口、外事接待的场所和本地旅游业发展的龙头,必须建设一些高档次的酒店、餐馆、会议厅和游乐场。但绝不可多,因为此类需求尚不是旅游消费的主流。

低档消费产品不可缺。一是国内平民旅游者的需求,二是投入少、建设快。我国的国内旅游,尤其是度假旅游,目前仍是初创阶段,还处在速度型和规模型发展阶段。薄利多销应是经营的主要策略。低档消费不等于低品位、低格调。农业观光、徒步野营、帐篷木屋、背包旅游,此类经济实惠的旅游活动,同样是一种高尚的精神享受。

中档消费产品居主导。一是符合大多数旅游者的普遍需求;二是兼容性强,高消费者包括部分海外旅游者可以接受,低消费者也能承受;三是可塑性大,视市场的变化,既可升级换代,又可日后降为低档消费产品。

一个度假区内,各种档次的旅游小区和项目应适当分割,各有侧重。

高档小区要相对独立。度假区的规划中,要留有余地,为日后旅游产品的升级换代

预留空间。旅游度假区的开发者和经营者要定期定向进行全面的市场调研,确定各类旅游产品的档次和价格,找准需求与供给的结合点。

四、引资方向定位:筹资渠道多元化,开发方式多样化

资金短缺成为目前所有旅游度假区开发的瓶颈。

外资一定要力争,但不能把开发旅游度假区的基点放在外资上。目前国际金融市场普遍吃紧,与外商谈判达成协议难;协议签了字,资金按约到位更难。鉴于"九五"期间国家产业政策的导向,在旅游项目上引进大量外资总的形势不容乐观。12个国家旅游度假区、几十个省级度假区和数不清的旅游项目都竞相向海外推出,在外商有充分选择余地的同时,也给我方招商引资增添了难度。

必须拓宽筹资渠道,开辟多种开发方式。

国内大企业和企业集团转向休闲旅游业,是近几年来资金流动中的一个新动向。实行"政府主导型"战略,由政府主管部门牵头,结合城乡建设,吸收城建、交通、电信、水利、农业、文化、宗教、体育、卫生等有关部门和企事业单位,以入股形式,组建有限股份公司进行联手开发,是已见成效的一种开发方式。

在统一规划和管理下,推行项目承包开发和承包经营,吸收民间闲散资金开发中小项目。房地产业与旅游业是两个功能各异、性质不同的产业。把房地产业引入旅游度假区开发,必然会导致旅游区的城市化、住宅化。即便没有宏观调控的大形势,旅游度假区内的房地产开发热如继续蔓延下去,其最终结果是把度假区变成了密集的住宅区。目前补救的办法是,把度假区内已建成别墅改造成中档旅游公寓,向游客特别是家庭旅游、结伴旅游者出租,以缓解度假区内房产的大量闲置,并满足游客的住宿需求。

引内外投资主要靠什么?要从主要靠政策优惠转向主要靠度假区的管理水平、办事效率和开发能力。国家赋予国家和省级旅游度假区的优惠政策,随着近年来外汇体制、税收体制改革的深化和全国性开放的拓展,有的已不复存在,有的无法实行。国家文件规定,在国家旅游度假区内"可开办中外合资经营的第一类旅行社,经营区内的海外旅游业务",但这一点多数地方也难以实现。今后靠政策优惠吸引外资的实际作用将越来越小。

经验证明,凡招商成功之地,必定是客源丰厚、旅游资源独特、开发条件良好、主管部门和办事人员得力,即外靠天时地利,内靠政通人和,靠自身的素质、形象、效率、能力,去赢得投资者的信任。尤其在已经建成部分旅游设施和若干度假单元的情况下,务必在经营管理和服务接待上狠下功夫,以质量赢得客源,以客源引来财源。哪里有客流,资金就会流向哪里。市场经济的铁则就是如此。

深圳三景区成功奥秘①

——"锦绣中华"、"中国民俗村"、"世界之窗"的考察报告

就像"不到长城等于没到过北京"那样,不去华侨城的"锦绣中华"、"中国民俗文化村"或"世界之窗",便是枉来深圳一趟。这三个景区,已成为深圳市旅游业标志性、支撑性的吸引物。

1989年11月开业的"锦绣中华",当时立即引起轰动,1亿元的投资当年收回。以其收入滚动开发的"民俗村"于1991年10月开业,再掀热潮,一年半后又收回了1.1亿元的投资。接着以5.8亿元兴建"世界之窗",1994年6月开业,又创辉煌,预计两年半收回投资。它们不仅有可观的经济效益,还产生了广泛的社会效益和深远的生态环境效益,已成为弘扬民族文化、进行爱国主义教育的基地和增进对外文化交流的窗口,同时绿化、美化了深圳湾畔的一大片土地。

深圳三景区的成功,引发了全国性的人造景点热。然而,群起仿效的结果,盛衰各异,成败不一。为探其究竟,我俩南下深圳,一头扎进三处景点,观察、座谈、讨教、查阅资料与数据,作了一番调查。事实说明,深圳三景区的成功,来源于下述几个因素。

一、天时地利:丰茂的客源市场

作为全国改革开放前沿的深圳,经济腾飞需要以发展旅游业来催化,旅游开发又要以经济繁荣为依托。选择旅游开发作为深圳新区华侨城建设的切入点,这一重大举措一开始便是企业行为,其投资和经营主体是香港中旅集团。雄厚的经济实力,广泛的海内外客源和信息网络,丰富的经营管理经验,正确的开发思路和畅通的客源输入渠道,这一切形成了境内境外优势互补之态势,构成旅游开发的强有力的先天依托。此为天时。

深圳毗邻香港,近年又有免签入境的特殊政策;背靠经济发达的珠江三角洲,这里人口稠密、生活富裕,人均收入高,旅游需求旺盛。深圳市本地即有300余万居民和常住人口,工薪阶层人均月收入超过1000元,每年还有500万人次来自全国各地的出差人员和观光客。

近几年深圳交通发展迅速。至1994年底,深圳机场已有48条航线,每周520次航班,客运港每天进出轮船120次航班;铁路每天进出客车60班次。广深高速公路和准高速铁路开通后,广州至深圳,汽车1小时、火车1.5小时即可到达。深圳市内通过三景区

---

① 1995年第5期《旅游学刊》(与李海瑞先生合写)。

所在的华侨城路段,有 26 条中巴线路,7 条大巴线路,此外还有数十条不固定的巴士线路。至于的士,招手即是。这里每小时的往返车流量为 2440 辆,交通十分便捷,可进入性良好。此为地利。

来这里的游客构成如下。据"世界之窗"的周末抽样调查:来自珠江三角洲的约占 50%,外省游客约占 20%,本地居民约占 15%,海外游客约占 15%。我们现场截取 3 月上旬非周末一天的游客量,锦绣中华 3400 余人,民俗村 4700 余人,世界公园 1.3 万余人,合计 2.11 万余人次,据称这是通常状态。1994 年 10 月 1 日,三景区游人高达 7 万人次。1995 年春节 6 天共接待 45 万人次,其中境外游客近 10 万人次。1994 年共接待 671 万人次,比 1993 年的 621 万增加 8%。若以人天平均消费 100 元计算,全年总收入约 7 亿元,其经济效益可为全国人造旅游景区之冠。

二、规划先行,跟着市场走

全国知名的"深圳速度",数月内高楼可平地而起。可是当初华侨城这块荒芜之地获准开发之后,却半年不见动静,令人纳闷。殊不知此时一个高层次的专家组正紧锣密鼓地运筹帷幄,精心编制总体发展战略规划,并先后有数百位海内外专家参与论证。决策层强调,一定要以"世界第一流"为规划的目标,看得远,起点高,求独创,有特色,能经得起时间和实践的检验。

要兴建能强烈吸引游客的旅游景区,这里一片平地,没有现成的旅游自然与人文资源,只有凭"空"人造出一批景点来。造什么?怎么造?高层决策者的思路是,从客源市场的需求中寻找答案。他们瞄准了两个 600 万。一是 600 万作为香港居民的中国人,二是每年来港旅游的 600 万世界各国旅游者,此外还有本市居民和庞大的国内旅游者。中国人需要形象地认识自己,外国人希望集中地了解中国,海外人需要了解中国的历史和民族文化,中国人需要了解世界的历史和文化。主题由此确定,先后产生了"锦绣中华"、"中国民俗村"和"世界之窗"的蓝图。"一步跨进历史,一天畅游中国","您给我一天时间,我给您一个世界","锦绣中华"和"世界之窗"的这两句宣传口号,正是策划者总体构思的概括。

这里的总策划者是资深的旅游专家、香港中旅集团总经理马志民。我们遇到的工作人员都说,非常佩服马总的"直感",他一下子就看准了这个项目。其实"直感"并非主观臆想,而是来自马总对于海内外旅游市场的透彻了解和把握,来自他建立在对世界各地散游景观仔细观察和潜心研究基础上的理性判断。用华侨城旅游部一位管理人员的话说,策划和规划的思路是"跟着市场走"。

作为旅游产品主体的景区,针对游客的心理需求,从总体布局,到每一座建筑、雕塑、庭园、小径,以至指路牌、路灯柱、小商亭、休息椅、电话亭、垃圾箱、洗手间和花草树木,无不精心设计、精雕细琢,其造型、色彩和竹木草石自然材料的选用,都力求同景区的主体浑然一体。每个小区的背景音乐也随景而异。在一片郁郁葱葱的荔枝林里,传来悦耳的

"鸟啼"声,这个精心配置的音响效果几乎骗过我们的耳朵,使人感到他们是在悉心追求产品的整体和谐与完美,是在潜心营造一种愉悦游客身心的氛围。这种氛围正是高品位的旅游吸引物不可或缺的。

把游览观光活动推向高潮的是每晚的艺术大游行和中心剧场演出,以及各种不定时的节庆活动,这是这一旅游产品最为光彩夺目的组成部分,是产品不可分割的动态部件。民俗歌舞、民族服饰、编钟演奏,以及亚非欧美和大洋洲的土风歌舞,五彩缤纷、淋漓尽致,许多游客都要等到晚上看完演出才尽兴而去。这种动静结合的产品结构大大提高了观赏效果,也使大批游客留在华侨城的饭店过夜,提高了产品的附加效益。

旅游规划讲求行、游、住、食、购、娱诸要素的配套。除景区内的小配套外,还有景区周围的大配套。景区采取的是成片开发、分期建设的方式。除了这三大景区外,已建的还有华夏艺术中心、杜鹃山雕塑公园、深圳湾大酒店、海景酒店、艺苑酒店、新桥酒店、旅游商品开发公司和华侨城中国旅行社。正在建的有沙河酒店和面积35万平方米的中旅广场。这是个花园广场,它将景区前宽阔的深南大道的车道改入地下,地面建成长达数里的步行街、世界风味美食街、现代化超级购物中心、会议展览中心和酒店等,既避开了车流干扰又扩展了景区空间。此外,拟建的还有深圳湾度假村、港澳客运码头、华侨城医院和深圳湾俱乐部等。按照《华侨城发展战略与规划纲要》(1995年~2004年)的构想,华侨城不仅是一个国内一流、世界先进的文化旅游区,而且是深圳的"示范开发区",将为深圳市民和海内外游客提供一种超前的、崭新的现代生活的模式,把旅游景区开发与城市建设融为一体。

三景区的经验是:"规划就是财富"。我们要补充的是:科学的规划是成功的先导。规划的先导性和前瞻性,决定了它的效益必须经过若干时日才能逐步显露,在此过程中往往会有误解和阻力。这就要准确把握市场的走向,使规划和财富同步实现。

三、经营管理:科学+文化+人情味

管理包含两个层面,一是对员工的管理,二是对景区的管理。后者主要体现在对游客的服务上,而这两者是相互渗透的。他们的经验是治事(管理景区)先治人(管理好员工),治人先立规(各项规章制度)。

科学的规章制度是行之有效的。景区实行分片负责、三位一体、记分考核的管理制度。将景区依自然地块划分成片,每片为一管理组。各组将景点管理、环卫管理、洗手间管理三者合一,分工不分家,奖罚分明。同时实行记分考核制,将各工种的劳务分解成若干个考核项目。如将环卫的劳务分解为"考勤、劳动态度、清洁、烟蒂纸屑、标牌擦洗、石凳擦洗、灯具擦洗、景点维护、文明礼貌"等,每天检查记分,按月累计,作为奖金发放的依据。

在园区小道上,正为我们驾驶电瓶车的女生,看到路旁有游客跨进草地照相,她和颜悦色地招呼那位游客,请她离开草地到外边来照相。这似乎是她的分外事,这件事便说

明业已形成的全员管理(服务)意识。对于艺术表演团则实行练功场、排练场、表演场"三场管理"制,建立工作程序、岗位职责和奖罚制度,实行表演艺术生产全过程、全方位的跟踪管理。

三处景区蕴含着丰厚的文化内涵,在管理方式上也得到了充分的体现。他们彻底抛弃了使游客反感的红袖章、吹哨子、警告牌、罚款牌等训斥式管理方式。清洁工默默地跟在游客后面将丢弃的杂物扫起,你再丢,她再拣。这种跟踪式清扫,体现了"游客至上"的服务精神,也是对游客的一种无声而有形的提示;晚上清场的广播音乐响起,管理人员陪着游客边走边讲解景点,而不是吆喝着驱赶游客。这种陪游式清场,使游客带着员工的一份温馨离园而归。

印象最为深刻的是这里的洗手间。洗手间里窗明几净、一尘不染,有盆栽绿树、轻柔音乐和阵阵幽香,还有梳子、针线包、药箱等免费服务。服务员微笑着为客人递手纸、拧水龙头。我们曾抱着疑惑的心态,走进一个又一个洗手间,一连看了七八间,终于信服。原来他们在精心营造"洗手间文化"。长期以来洗手间给中国形象在海内外造成严重的负面影响。他们决心把洗手间与维护国格和维护民族自尊联系起来。创造洗手间文化的最佳服务员黄积发被树为榜样,所有洗手间的服务员都需经他培训合格方可上岗。今年年初,华侨城历时27天,检查了80个洗手间,评出优秀洗手间3个,文明清洁洗手间12个。洗手间的卫生状况应成为评价景区管理水平的第一准绳。洗手间能管得这样好,整个景区的管理必然是一流的。每年元旦,马志民总经理将亲笔签名的贺卡送给这里的清洁工。每年春节,他都给清洁工拜年,感谢他们为维护民族自尊付出的辛勤努力。

景区明确企业管理的核心是对人的管理,而对人的管理除了制度更要感情。"民俗村"根据少数民族员工的特点,制定了"真诚爱护、加强教育、善于引导、严格管理"的方针,对少数民族员工取消试用期,生活上充分尊重他们的民族习俗,为伊斯兰教信仰者专办清真食堂,为他们举办民族节日活动,此外还有生日晚会、卡拉OK比赛、图书阅览室等。我听到少数民族员工说,在这里工作好像进了学校,能学到许多东西。回到家乡的少数民族员工大多成为当地发展经济文化的骨干。

四、成功之本:高素质的人员结构

几天的考察中,我们在华侨城指挥部看到各管理机构人员精干、办事高效。办公室里见不到手拿一张报纸,嘴叼一支烟,侃大山、聊大天的现象,都在聚精会神地认真工作。对我俩接待安排摒除了常见的那些寒暄客套、繁文缛节,但该帮我们办的事都一一按时办妥。

与一般文员、部门经理和总经理接触、交谈,给人印象是谈吐得体、思路清晰、颇有见地,这引发我们找人事部门进一步了解这里的人员结构。从数字看,"世界之窗"文员以上的管理人员236人,其中大专154人,占65%;大学本科77人,占32%;硕士5人,占2%。华侨城旅游发展部是直接主管这三个景区的部门,工作人员仅5个,其中硕士3人,大学本科与大专各1人,专业为经济、历史、中文等,还有学理工科的。"民俗村"的管理层里就有一位民俗学硕士。这里人才济济,智慧聚集。本文在撰写过程中就参考和引用了他们的不少文章和谈话。

用人制度是双向选择。不少人是毛遂自荐,经考核而进来的。深圳本是个移民城市,人才来自四面八方,筛选人才有很大余地。外地常见的关系网这里较薄弱。来这里的人都有吃苦、拼搏的充分准备,因此对于这里严格管理和就业风险的心理承受能力较强。这里没有"铁饭碗"可端,优留劣去,每个人都有危机感。他们说,这里的人才市场机制已初步形成,人才流动趋向市场化。

人员培养构成网络,各层员工有不同的培训机制,连洗手间的服务员都要经过培训合格才能上岗。华侨城员工及家属子女,从幼儿园、小学、中学到成人教育都已具备。正在建设中的中旅学院,是一所直接由旅游企业办的新型旅游高等学府,准备既培养本科生也培训在职人员。

无所不在的企业文化,营造了良好的文化环境,逐渐提高了员工的素质。世界旅游组织曾提出"高质量的服务,高质量的员工,高质量的旅游"。从这里我们领悟到,高品位景点和高水平经营管理所带来的高质量的旅游服务,关键是高素质的员工。这是深圳三景区成功的根本。

对三个景区的调查研究,我们获得了一点启示和思考。

五、启示

分解深圳三个景区取得成功的几方面因素,对照目前国内各地各种不同的情况,他们的经验可一分为三:

一是可以学到的基本经验,如以市场为导向的规划设计,以人为中心的经营管理,景区的总体构思与各零部件的和谐统一,中外文化的内容与现代管理方式相结合,拳头项目与服务设施的配套,景区内外旅游六要素的配套,景区开发与城区建设相结合,分期建设与成片开发的衔接,等等。

二是可学而难学的一些独到经验,如双向自由选择的用工制度和高素质的人才结构,旅游企业创办高水平的大型艺术团,艺术表演成为旅游产品的有机组成部分,高品位的文化内涵渗透到硬件和软件建设的各个环节等。这些需要有较成熟的人才市场和文化市场机制及其他社会条件的配备。

三是无法照搬的独特条件,如深圳特区的整体环境,港中旅雄厚的经济实力与市场网络,毗邻港澳的地理位置及其带来的客源市场优势等。

在开发和经营人造景点方面,没有放之四海而皆准并可照搬照抄的"模式",各地只有根据自己的现实条件,择其可行者而借鉴并创新。古人曰:"橘逾淮而北则枳……此地气然也。"所谓"地气",即各地相异的"水土"。此时此地成功的经验,移植到彼时彼地就不一定成功。

六、思考

"锦绣中华"高峰期每日 8000 游客,维持了 3 年。"中国民俗村"的建成,起初对锦绣中华第三年还能保持高峰起了促进作用。如今这两个景区日常客流量已分别降到三四千人次。"世界之窗"开业,构成重大的规模效应,对前两个景区的客源既有带动又有分流、争夺。目前"世界之窗"的势头正旺,日客流量几乎接近另两个景区之和的 1 倍。

华侨城管理层中有几位与我们不约而同地正思考着这样几个问题:

"锦绣中华"、"民俗村"客源量开始下降的趋势能否遏止?有何有效对策?

以每隔 2~3 年新增一个景区来维持热度、推动高潮的做法终有尽期,新老景区如何延长各自的生命周期?

规模效应在各景区之间既相互带动又相互争夺,其正负两个方面如何权衡其轻重?如何把握规模效应的临界线?

这些问题或许在全国旅游业界有一定的共性。愿读者与我们共同给以关注和思考。

主题公园游客群体特征探讨[①]

一、国外旅游主题公园成功的启示

主题公园是为人们在参与中获得欢乐而人工创造的旅游休闲吸引物。自1955年美国第一个大型主题公园迪斯尼乐园问世以来,目前世界上大约有250个有规模的主题公园,每年接待3亿人次的游客,营业收入达70亿美元,成为世界旅游产业和休闲产业的重要支柱之一。

表1　1996年世界十大旅游主题公园接待游客人数表[②]

名次	主题公园名称	接待游客数/万人
1	东京迪斯尼乐园	1698
2	加利福尼亚州迪斯尼乐园	1500
3	佛罗里达州迪斯尼世界	1383
4	巴黎迪斯尼乐园	1170
5	美国佛罗里达州埃比科特乐园	1123
6	美国佛罗里达州米高影城	997
7	美国佛罗里达州环球影城	840
8	韩国非常世界	800
9	英国布莱普欢乐海滩	750
10	横滨海洋世界	693

[①] 2002年4月在深圳华侨城举行的"中国主题公园论坛"上的发言,刊载于《21世纪中国主题公园发展论坛》,中国旅游出版社2003年版。

[②] 董观志:《旅游主题公园管理原理与实务》,广东旅游出版社2000年版,第453页。

表 2   世界主要主题公园概况一览表①

名称	所在国家和地区	占地面积(公顷)	投资规模	1996~1998 年间年接待游客数(万人次)
美国迪斯尼世界	美国奥兰多	12 432	80 亿美元	2500
日本迪斯尼乐园	日本东京	83	15 亿美元	1698
法国迪斯尼乐园	法国巴黎	2000	42 亿美元	1170
埃比科特乐园	美国佛罗里达	—		1124
环球影视城	美国佛罗里达	—	15 亿美元	840
圣淘沙公园	新加坡	285	30 亿美元	810
韩国民俗村	韩国汉城②	98 000	—	800
香港海洋公园	中国香港	87	5 亿港元	360
未来世界	法国普瓦捷	1200	18 亿法郎	280
六福民俗村	中国台湾	93	10 亿元台币	180
发现者乐园	英国莱斯特郡	53	6000 万英镑	149

1992 年开张的巴黎迪斯尼乐园一度不甚景气,曾被认为这是法国人对美国文化抵制的结果。但通过不懈的努力,其中包括使园内的某些内容和形式"法国化"、"欧洲化",终于在法国站住了脚跟。2001 年巴黎迪斯尼乐园的游客达到 1220 万人次,相当于同年法国艺术宝库罗浮宫与巴黎标志性建筑物埃菲尔铁塔游客人数的总和。目前,巴黎迪斯尼乐园附近着手再建一个影视城作为其扩充,争取年游客量达到 1700 万人次。继 1983 年在日本建立东京迪斯尼乐园之后,正在香港兴建亚洲的第二座迪斯尼乐园,预计 2005 年首期开园后年游客量达到 500 万人次,2010 年二期开园后年游客量达到 1000 万人次。

半个世纪来,世界主题公园的发展里程说明:

• 不论西方国家还是东方国家,主题公园具有强大的生命力。

• 主题公园可以做到长盛不衰,"生命周期"作为一种现象,值得研究;作为一条"规律",有待商榷。

• 主题公园以欢乐为核心特征的异质文化(如东京迪斯尼乐园对日本、巴黎迪斯尼乐园对法国而言)或同质异调文化(如迪斯尼乐园虽是美国文化的象征,但其园内情调仍与美国人的日常环境反差极大)对游客具有极强大的吸引力。

• 本地、本国、本洲回头客是主题公园的主要客源。迪斯尼之所以在美国东、西部及

---

① 罗明义:《国际旅游发展导论》,南开大学出版社 2002 年版。
② 2005 年 1 月 19 日,韩国首都"Seoul"的中文名称正式从"汉城"改为"首尔"。——编者注

巴黎、东京、香港等处各建一园,形成美、欧、亚"迪斯尼网络",说明各个迪斯尼的主体客源都是区域性的。各国居民年人均游览主题公园的比例为:美国60%、日本60%、澳大利亚50%、欧洲23%,其中法国28%。1992年,日本迪斯尼中90%的游客不是首次旅游者。

• 本地本国和邻近地区的家庭游客是主题公园的主要群体。家庭同游是主题公园的最大卖点。美国有"孩子是在米老鼠陪伴下长大"之说,从儿童到青少年以至中老年,美国人不知多少回重游迪斯尼。一是因为迪斯尼常变常新,二是因为一个人随着年龄的增长去迪斯尼总有新的感受与体验。

二、抓准客源市场需求是主题公园成功的关键

与以自然与历史文化资源为基础的旅游区(点)不同,主题公园的建设与经营是一种高度市场化的行为。联系主题公园投资者、经营者和旅游者的纽带,是一只无形的手——旅游市场的供求关系。客源市场需求决定一切,是旅游经济尤其是主题公园的第一铁律。

从主体客源产出地的辐射范围与可进入交通条件出发,确定主题公园的选址。主题公园的基本游客从何处来、如何来?来此需多长路程、多少花费、多长时间(这一点更为重要)?是乘坐何种交通工具来?有无直达的航空、火车、公路(特别是高速公路)、水路?自驾车者占多大比例?从何处来、又往何处去?由此选择主题公园的区位、地址。

从主体客源的类型出发,确定主题公园的主题、功能与主导项目。是国内客源为主,还是国外客源为主?是以大城市游客为主,还是以中小城镇游客为主?是以本地居民为主,还是以外地游客为主?是以北方寒温地区游客为主,还是以南方热带、暖温地区游客为主?是以东部沿海地区游客为主,还是以西部山地、高原地区游客为主?是以儿童、青少年游客为主,还是以中老年游客为主,抑或各年龄段游客兼有?由此确定主题公园的主题、功能和主导项目。

从游客的感观与理性、心理与生理需求出发,塑造和整合主题公园的鲜丽、统一的整体形象。主题公园形象口号、标志物和吉祥物的策划,节庆活动、集中演出与分散表演节目的编排,全园建筑风格和装饰格调的定位,员工服饰的设计,导游词的编写,背景音乐的选择,门票和宣传品的印制,旅游纪念品的制作,都必须统筹策划、浑然一体。主题公园必须是一个硬件与软件有机结合、宏观风格与微观细节精美结合的完整艺术品,给游客以独特的经历、完美的体验,以满足游客求美、求知、求健、求奇的需求,并给游客留下刻骨铭心的记忆。

从客源群体的消费能力和结构出发,确定主题公园的最高、最低和人均消费档次与价位。各类游客的人均消费和门票、购物、餐饮及其他花费大概各占多少?高、中、低档消费的游客大致各占多少?旅游者所能承受的最高消费与投资经营者所能承受的最低

营业收入是多少？由此确定各类游乐项目的配置及其单体价位与总价格（最好是一票到底），制定合理、灵活的价格策略，如团队价与散客价，家庭价与单人价，旺季价与淡季价，假日价与平日价，套票价与分票价，年票价、季票价、月票价与双日价、单日价，等等。

从客源的最大容量与最佳容量出发，确定主题公园的总体规模及其容量。园区有可能达到的日均、月均、年均游客是多少？旺季时每天、每月的最大容量是多少？人均停留时间多长？可能过夜的游客量多大？可能观看文娱表演、参加娱乐活动和用餐的游客多少？由此确定行、游、住、食、购、娱及通信、环卫、医护、安全等各类接待服务设施的规模与数量。

从游客不断提高的求新、求知、求美、求奇的需要和不断变化的市场竞争态势出发，不断研究、策划和适时推出更新、替代和后续产品。成功的主题公园的经营战略应从求本保利的生存策略提升为有后劲、可持续的发展战略，从有形项目、产品的经营提升为无形品牌的经营和核裂变式的资本经营，从单一的休闲娱乐景点发展为统一品牌下的多元化产业群、链。主题公园的生命在于不断的运动。一旦主题公园静止化、凝固化、定型化，它的生命也就终止了。

时下，国外经济学界流行着"三论经济"——"休闲经济"、"娱乐经济"和"体验经济"。"休闲经济"的权威学者杰佛瑞·戈比和托马斯·古德尔断言，到2015年前后，世界发达国家将进入"休闲时代"，休闲经济将成为主导经济。《娱乐经济》的作者米切尔·J.沃尔夫认为，"娱乐业正迅速成为新的全球经济增长的驱动轮"，"经济的娱乐业化"进程在加速，"娱乐业与经济中其他领域之间的界限已经消失"。①《体验经济》的作者B.约瑟夫·派恩和詹森斯·H.吉尔摩认为，人类经历了产品经济、商品经济、服务经济之后，正进入体验经济阶段。他们认为，产品是可加工的，商品是有实体的，服务是无形的，而体验是难忘的。"体验经济"的供应商"不再仅仅提供商品或服务，而且提供最终的体验，充满了感性的力量，给顾客留下了难忘的愉悦记忆"。②

这些美国的经济学者在论述他们的观点时，无一不提到迪斯尼、好莱坞和拉斯韦加斯。主题公园这种专为人们提供参与式娱乐的人工旅游吸引物，是典型的制造"难忘的愉悦记忆"的"体验经济"，其本质特征是参与式的娱乐、人性化的服务和个性化的体验。凡是成功的主题公园都必须以向游客提供"难忘的愉悦记忆"的体验为根本出发点与落脚点。

三、中国社会阶层划分与休闲消费阶层细分

产生于发达国家的经济学家的思想，对我们这个发展中国家来说，无疑是超前的。但是，这种超前也无疑为我们提供了重要的启示。目前中国正在向全面小康挺进。中国要全面达到目前发达国家的水平，需要半个多世纪的艰苦历程。但目前中国社会在加速

---

① ［美］米切尔·J.沃尔夫：《娱乐经济》，光明日报出版社、科文（香港）出版有限公司2001年版。
② ［美］B.约瑟夫·派恩和詹森斯·H.吉尔摩：《体验经济》，机械工业出版社2002年版。

巨变。发达国家"休闲经济"、"娱乐经济"和"体验经济"的征兆,在中国部分地区和部分群体中,已初露端倪。

改革开放20年,中国社会结构发生巨变。关注中国社会结构的变化与特点,是研究中国旅游客源群体特点的基础,也是研究主题公园客源群体的基础。据中国社会科学院社会学研究所的最新科研成果,目前中国社会阶层结构呈宝塔形。

社会上层约占全国人口的3.6%,绝对人数约为0.5亿人。

社会中上层约占全国人口的5.7%,绝对人数约为0.7亿人。

上层和中上层占全国人口的9.3%,绝对人数约为1.2亿人(相当于日本的人口1.25亿,略少于俄罗斯的人口1.48亿,超过德国的人口0.81亿,接近美国人口2.63亿的一半)。

中中层和中下层约占全国人口的43.6%,绝对人数约为5.6亿人。

社会底层约占全国人口的47.1%,绝对人数约为6.1亿人。

概而言之,目前中国大约10%为富裕群体、40%为小康群体、50%为温饱群体。这十大阶层的文化素质、职业特点、收入水平与消费结构各不相同,他们对闲暇时间的精神与物质需求及消费方式也各有特点。这对以城市居民为主要客源对象的主题公园,具有决定性的意义。

表3 1999年中国十大社会阶层结构表[①]

层　级	阶　层	占人口比例%	人数(亿人)
上　层	国家与社会管理者	2.1	0.27
	经理人员	1.5	0.19
中上层	私营企业主	0.6	0.08
	专业技术人员	5.1	0.66
中中层	办事人员	4.8	0.62
	个体工商户	4.2	0.54
中下层	商业服务业员工	12.0	1.55
	产业工人	22.6	2.93
底　层	农业劳动者	44.0	5.70
	无业、失业、半失业人员	3.1	0.40
	总　计	100.0	12.95

---

① 中国社会科学院社会学研究所:《当代中国社会阶层研究报告》,社会科学文献出版社2002年版。

四、主题公园客源群体的四大特征

1. 以中上层阶层为主体客源

主题公园的建设与经营要适应各阶层群体的生活方式、知识素养、心理素质与消费水平的需要。就多数主题公园而言,它以高文化内涵、高科技水平、高投入和高中档消费为特点。由此,主题公园的客源阶层主要面向上层、中上层及中中层群体,兼顾中下层群体。

2001年,全国城镇人口48 064万人,人均可支配年收入6860元(合826.5美元),恩格尔系数为37.9%。

目前,深圳、北京、上海、苏州、杭州等大城市的著名主题公园的成人门票定价为60~120元,加上"园中园"的门票、餐饮和购物,人均消费在100~200元左右,上层、中上层阶层可以接受,中中层阶层可以勉强承受,占全国人口80%的中下层和底层阶层就难以承受了。这与国外主题公园的门票定价与其国民收入的比例相比较,要高得多。美国加利福尼亚州迪斯尼乐园和环球影城的成人门票均为33美元,只相当于美国中等收入个人月薪的1%;东京迪斯尼乐园的门票约合50美元,只相当于日本中等收入个人月薪的1%~2%。目前,中国正处于经济转型期,主题公园要争取更广泛的客源,特别是多次回头客,应该慎重考虑价格的公众承受力。

2. 城市群是中国主题公园的主要客源产出地

主题公园的主要客源群体是城市居民。中外成功的主题公园无一不是坐落在大中城市群或城市带上。迪斯尼5个园区的选址都有这个特点。这是由主题公园特有的休闲娱乐功能和较高的消费档次决定的。一般来说,周边近程城市群(带)是主题公园的主体客源市场,有长途交通直达的中程城市群(带)是主题公园的重要客源市场,远程城市是主题公园的机会客源市场。

以北京、天津、青岛、沈阳、大连为中心的环渤海湾城市群,人口在5000万以上,是中国北方经济文化最发达的地区;以上海、南京、杭州、宁波为中心的长江三角洲城市群,人口7000万以上,是我国经济最发达、人口最密集、居民旅游意识最强的地区;以广州、深圳(加上香港、澳门)为中心的珠江三角洲城市群,人口近3000万,是我国居民人均收入最高、旅游消费最旺盛的地区。

表4 2000年全国及五大城市居民生活水平①

城市	人均可支配收入(元)	人均GDP(美元)	恩格尔系数(%)
北京	10 349.7	2700.0	36.3
上海	11 718.0	4180.0	44.2

---

① 国家统计局公布的统计资料。

续表

城市	人均可支配收入(元)	人均GDP(美元)	恩格尔系数(%)
广州	13 967.0	4127.0	42.6
深圳	21 626.0	4782.0	28.2
天津	8140.5	2159.0	40.1
全国	6280.0	849.9	46.0

表5　1999年五大城市居民用于文化、娱乐消费占家庭总支出的比例①

城市	北京	上海	天津	重庆	广州
比例(%)	10.8	11.2	9.8	10.7	9.3

表6　2000年五大城市居民旅游状况②

城市	人均花费(元)	出游率(%)
北京	545.0	160.8
天津	556.6	111.6
上海	797.8	84.9
广州	430.8※	151.4
深圳	1325.5	147.4

※此数字可能有误，广州市民出游率高、消费水平高，人均年旅游花费应在天津、北京之上，而与上海相当。

华侨城的客源构成如下：③

- 国内游客占92%，境外主要是港澳台同胞；
- 广东省内的游客占45%；
- 珠江三角洲的游客占55%；
- 沿京广线的游客占63%；
- 沿广(州)汕(头)高速公路沿线的占省内游客的81%，国内游客的37%；
- 广东、香港、湖北、江西、湖南等周边省、区占68%。

目前，大型主题公园想取得成功，除了创意、设计、建造、营销、管理诸因素外，选址是最重要的。在上述三大城市群以外，可以在省城或区域性中心城市附近建设少量中、小

---

① 国家统计局公布的统计资料。
② 据国家旅游局和国家统计局公布的抽样调查资料整理。
③ 董观志：《旅游主题公园管理原理与实务》，广东旅游出版社2000年版。

型主题公园。今后20年内,随着中国城市化进程的推进,城市化水平将从目前的38%上升到55%。届时,中国将在哈(尔滨)大(连沿线)、武汉地区、郑州地区、成渝地区、西(安)兰(州)西(宁)、云贵等地区形成若干新兴城市群(带)。主题公园有望在那些地方逐步推进。

3. 家庭欢乐是主题公园的最大卖点

制造欢乐是主题公园的根本特点,人们在欢乐中益智健身、放松身心。而这种欢乐只有在与亲友同游中得到最佳的感受与体验,孑然一身不适合主题公园式的游乐。因之,家庭与亲友结伴自助游是主题公园的主要方式,即使随旅行团出游的也以家庭亲友结伴的为多。

- 北京70%的居民在假日旅游时,通常以家庭为单位出游(50%是三口之家),其余的是亲友结伴或公司赞助的奖励旅游。
- 上海家庭出游(三口之家或夫妇两人)的占50%,与朋友、同事一起出游的占40%。
- 广州大多是夫妇同行和举家出游,或与同事朋友10人左右结伴出行,单独出行的游客很少。
- 华侨城自助游占91%,旅行团占9%。

在主题公园的经营中,把握家庭同游、亲友同游的特点,在游、娱、购、食各方面为各类年龄段的游客设计不同的服务项目,使他们能各得其所。

儿童是主题公园的"王子"与"公主",他们是主题公园形成回头客的主要促进因素。赢得了他们,就能赢得源源不断的回头客。成功的主题公园一定要为少儿的欢乐创造游不完、玩不尽、想再来的天地。

中国已进入老年社会,60岁以上的人口超过总人口的10%。其中城市老人有钱更有闲,也有娱乐健身的强烈需求。可惜我国还没有出现适合老年人(主要是城市老人)的心理需求、体质特性和消费能力的"银发主题公园"。

4. 客流的周期性、起伏性及其对策

目前,中国在职人员一年之内有114天法定假期,约有近1/3的休闲时间。在目前实行"黄金周"的情况下,主题公园的年客流量呈现如下特征:

3个节日大高峰——春节、劳动节、国庆节;

1个长旺期——暑假;

50个小高潮——双休日。

节日期间车水马龙、摩肩接踵;节日过后车马稀零、门庭冷落,是多数主题公园以及其他旅游区(点)的通常现象。

主题公园的经营要减小起伏幅度,平稳、持续推进,目前主要靠其自身经营策略的改进:

- 充分抓住"黄金周"、暑假和双休日的客流高潮,力求在最大承载量的范围内赢得

最大的经济效益和社会效益；

- 非节假日采用灵活的价格手段，争取不受节假日制约的旅行团队、会议奖励、新婚蜜月、银发群体客源市场；
- 不时举办各类主题式节庆活动；
- 开展夜游和演艺游乐活动，争取外来游客与本地居民。

但从长远来看，主题公园的经营要减小起伏幅度，平稳、持续推进，主要靠全国休假制度的完善，全面实行国际上通行的带薪休假制和错开休假时间。

1948年12月联合国大会通过的《世界人权宣言》认定，"任何人都有休息、消闲的权利，尤其是享有合理的工作时间和定期带薪休假的权利"。1966年12月联合国大会通过的《国际经济、社会和文化权利公约》规定，各国应确保人人都能"休闲、娱乐，合理限制工时和定期带薪休假，以及公共假日期间照常发薪"。

1982年8月，在墨西哥举行的世界旅游会议上通过的《阿卡普尔科文件》提出，"各国的责任不能局限于仅仅承认这一权利，而应创造实际的和恰当的条件，让那些享有假日的人更有效地享受"，"应该作出实质性努力错开休假时间"。1985年9月，世界旅游组织全体大会通过《旅游权利法案和旅游者守则》，要求各国政府"采取措施，特别是通过更好地分配工作和娱乐时间，建立和改善年度带薪休假制度和错开休假日期，以及特别注意青年、老年和残疾人等旅游手段，使每个人都能参加国内和国际旅游"。尊重和保障"消费者主权"，是一个世界性趋势，也是一种国际性惯例。

一旦全国实行带薪休假制以后，人们可以自主地选择休闲方式、时段和场地，国内休闲度假客源市场也将加速发育。主题公园要顺应这一趋势，在适当位置修建度假别墅、汽车旅馆、露营基地等，建成游览+娱乐+健身+修学+度假的综合性休闲基地，实现从观光娱乐向休闲度假的升级、更新，从而构建主题公园的更加宽广、扎实、持续的发展基础。

上海迪斯尼能否让孙悟空与米老鼠同舞[①]

思敏先生在 11 月 6 日搜狐博客上评述"迪斯尼将现南北相望格局 双输或是双赢?"讲得不错!

而我更关心的是,上海的迪斯尼能否不同于在美国、法国、日本和香港的迪斯尼,具有中国元素、海派风采?

如果说米老鼠、唐老鸭是妇孺皆知的美国文化的一个标志性符号,那么孙悟空则是中国文化的一个标志性符号。在上海迪斯尼乐园内,米老鼠、唐老鸭能否与孙悟空、猪八戒同舞?能否让米老鼠、唐老鸭与孙悟空、猪八戒一道给中国孩子带来欢乐与启蒙?

我一直认为,《西游记》应是中国版"迪斯尼"最佳的题材。上天、入地、下海,"天宫"(现在的太空站、未来的太空城)、"龙宫"(海底宾馆、海洋城),顺风耳、千里眼,孙悟空一个跟斗十万八千里,哪吒脚踩风火轮飞行……《西游记》中的想象,有的已成现实,有的将成现实。古人的智慧让我们骄傲,也让我们汗颜!

如果上海迪斯尼只是美国式迪斯尼的翻版,尽管经济收益上互赢,但是文化上没有双赢,而是以我文化之输换取区区蝇头之利!

如果上海迪斯尼只是美国式迪斯尼的翻版,让我们一代又一代儿童、青少年在米老鼠的形象下成长,那就是地道的文化入侵,而不是真正的文化交流!那就不是"经济全球化、文化多元化",而是"经济全球化、文化西方化"!

我的这番感慨,是不是一个年近七旬老头的"愤青"之言?

[①] 2009 年 11 月 11 日搜狐博客。

是"世界魔鬼城"还是雅丹地质公园

——与陈放先生商榷

克拉玛依市东北100公里处的乌尔禾"魔鬼城",经过人们的策划与宣传,现在成了新疆旅游开发的一个关注热点。尤其是陈放先生"世界魔鬼城"的点子,更把"魔鬼城"的声名推向了一个新的高度。应该说,这对提升一个有待开发的旅游处女地的知名度,达到了意想不到的效果。从宣传炒作的角度,无疑是一个颇有成效的举措。

但是,在热潮之后,应该有一个冷思考。特别是从"大脑风暴"走向制订行动方案之时,更需要从传说走向科学,从想象回到现实。

一、"魔鬼城"的本质是地质奇观

在乌尔禾十余平方公里的范围内,怪石嶙峋,寸草不生。这里的岩体,有的呈赭红,有的显青黛,有的为橙黄,有的呈灰绿;其形状,有的像塔楼,有的似古堡,有的如纵横交错的街巷弯道,有的看上去为面目狰狞的妖魔鬼怪。更令人不可思议的是,夜幕降临后,这里十有八九是狂风大作、飞沙走石,各种难以名状的怪异之声,有的如千军万马,有的如虎啸马嘶,有的如惨叫痴笑,有的如鬼哭狼嚎……这里曾走失人畜,杨虎城将军的孙女在进行地质考察时迷路丧生于此。当地的蒙古族、哈萨克族人把这里称作"鬼城",于是"魔鬼城"之名便不胫而走,世代相传。

在新疆准噶尔盆地,这样的"魔鬼城"有多处,如吐鲁番的"白杨河魔鬼城",哈密的"魔鬼城",将军戈壁北沿的诺敏"魔鬼城",吉木萨尔的"五彩湾"等,都是当地百姓对这种奇特的自然地貌的朴素称呼。

众所周知,这些"魔鬼城"是一种独特的地质地貌。大约1.9亿~2.3亿年前,准噶尔曾经是一片淡水湖泊,后来沧桑巨变、地壳抬升,这里成了戈壁荒漠,出现了桌状台地。年复一年的风蚀雨剥,台地逐渐切割成了沟壑交错、奇形怪状的石岩和土丘,地质学上将这种天然地貌称之为"风城地貌",在新疆被称为"雅丹地貌"。

这种由大自然的鬼斧神工形成的特种地质景观,在春夏秋冬不同季节,晨昏昼夜不同时间,阴晴雨雪不同气候下,具有非同寻常的景象,富有观觉冲击力,并给人以无限的想象,因而是一种珍贵而稀有的自然旅游资源。在科学的意义上,人们所说的"魔鬼城"是一种自然旅游吸引物,而不是与"魔鬼文化"有什么联系的文化旅游吸引物。

---

① 2002年9月4日《新疆日报》、2002年10月11日《乌鲁木齐晚报》。

二、从中国雅丹地质公园走向世界自然遗产

"魔鬼城"的本质属性是地质奇观,它的旅游开发方向是对特异自然景象开展观光、考察、野营和极限运动,是一种自然之旅、生态之旅、探险之旅。为此需要做好以下工作:

划定乌尔禾雅丹地貌的保护范围,向国土资源部申报"国家级地质公园",争取成为中国首家以雅丹地貌为特征的国家级地质公园。因为现已批准的44家国家级地质公园中,尚未有雅丹地貌型的地质公园。

在保护雅丹地貌的真实性、原始性和完整性的基础上,积极申报世界自然遗产。为此,绝对不能在保护区内及其保护控制范围之内建永久性的人工建筑,在雅丹台地、峡谷中搞演艺舞台之类人工建筑物。

编制科学的乌尔禾雅丹地质公园保护和利用总体规划。该规划应对雅丹地貌的形成作出科学的解说,确定核心保护区的范围,规定保护措施,确定旅游发展的方向、旅游产品的功能以及定点、定性、定量的旅游线路。在雅丹地貌保护区的外围地段建雅丹地质公园科教中心,向游客展示雅丹地貌的形成过程,摄制宽银幕的四维电影《神奇的雅丹之旅》,用立体式画面、环绕音响和风雨雾雪的逼真效果向观众展示雅丹地貌的神奇性和神秘性,激发游客在不同季节、不同时辰和不同气候下去亲自观赏、感受和体验奇妙大自然的兴趣。

雅丹地质公园的旅游产品是:观光游览、科学普及、科学考察、摄影绘画、徒步探险、山地自行车巡游等,为一些愿意亲自感受"风城"之夜的游客,在地质公园若干地段,设立露营基地,提供帐篷、睡袋、方便食品、饮料、手电等,设置不固定的环保厕所,开展不破坏环境与地貌的野营活动。

为了保持雅丹地貌的自然风貌,地质公园的大门、游客接待中心、科教中心、导游解释系统、车行道、步行道、垃圾箱和厕所等一切设施的建筑风格和材质,都必须与雅丹地貌相协调,最大限度地避免人工化、城市化。

在雅丹地质公园的保护区内不得建造宾馆、餐馆、商店和其他旅游接待设施。离雅丹地貌区域不远的乌尔禾镇建成旅游接待中心,完善该镇的食宿购娱和交通通信设施,带动该地的经济发展。希望观赏和体验晨曦、暮霞、月夜、狂风中雅丹地貌的游客可在该镇留宿。

从旅游宣传促销的角度,乌尔禾雅丹地质公园可采用"魔幻谷"之名替代"魔鬼城",打出"美国大峡谷,新疆魔幻谷"之类的宣传口号,表示雅丹奇观与著名的美国科罗拉多大峡谷一样无比神奇。"魔幻谷"意为这里有魔幻般的神奇,游客可以按照自己的理解、感悟、体验去观察变幻莫测的雅丹奇观,去想象大自然的神力,享受大自然的恩赐,并在这个天然的"地质课堂"中上一堂生动难忘的自然科学之课。

三、主题公园式的"世界魔鬼城"不适用雅丹奇观的开发

如把雅丹奇观的旅游开发定位在"世界魔鬼城",把世界各民族的魔鬼请到这里来,

在雅丹台地上"群魔狂舞",搞"魔鬼宾馆"、"魔鬼影视城"、"魔鬼街"、"魔鬼娱乐场"、"魔鬼纪念品"等,实际上是在雅丹地貌地块上建一个"魔鬼文化主题公园"。"魔鬼文化主题公园"这个创意不是绝对不可行,问题是在什么地方、什么背景下建这种文化型主题公园。

古今中外各个民族的种种神鬼传说和文学作品都是现实生活的一种曲折反射,往往含有一定的人文哲理与人文精神,可称之为"神鬼文化",如《西游记》、《聊斋志异》、《希腊神话》、意大利但丁的《神曲》等。用"神鬼"为主题开发旅游景点也不是绝对不可以,重庆丰都的鬼城就是一例。美国的迪斯尼乐园、环球影城内都有"鬼屋"之类的景点。西方国家一年一度的万圣节已从原始的祭奠鬼魂演变成一种有趣而欢闹的民俗节庆活动。把世界各国民间传说、文学作品中的"鬼"都请到一起,建一个"世界魔鬼城"也不失为一个大胆而富有新意的旅游策划。

如上所述,乌尔禾本没有"鬼文化"的根基与传承。"魔鬼城"只是当地民众对雅丹地貌的一种俗称,与"鬼文化"并无内在的联系。如果把这种多姿多态、奇特无比的地貌造型称之为"魔鬼城",诱导游客把他看到、听到、感受到的丰富多彩的自然奇观只往"魔鬼"方面去想象和体验,很难使游客感受到"魔鬼文化"的内涵。"世界魔鬼城"的创意适合在其他有"魔鬼文化"的传统的地区建设。

根据中外主题公园的成功经验与失败教训,选址与客源是至关重要的。由于主题公园往往是大投入,因此需要有数千万居民的城市群或城市带的依托,需要有千百万大流量的客源的依托,需要有全年可旅游的气候依托,否则断不能有大产出、大回报。按目前和今后相当一段时间内新疆的游客量及乌鲁木齐、克拉玛依和吐鲁番等周边城市的居民消费能量,以及新疆旅游明显的季节性,是难以支撑起数亿元投资的主题公园的。进行投入产出的客观经济评估,是市场经济条件下不能不考虑的首要问题。

西部大开发,旅游要先行。大开发呼唤旅游大项目,大项目呼唤大策划。依我之见,不仅是克拉玛依,也不仅是新疆,而是整个大西北,不需要、不必要,也不可能像深圳那样投巨资建人造的主题公园。新疆的自然生态、历史文化和现代社会人文资源丰富而奇特,是当之无愧的旅游资源大省区,必定会建成旅游大区、强区。"老天爷"的造化,"老祖宗"的遗产,各兄弟民族的天才创造,为我们提供了取之不尽、用之不竭的旅游资源,完全可以把它们策划和打造成中外旅游的名品、精品和绝品,推向全国和全世界。雅丹奇观即是其中之一。

中国著名景区门票为何全球最贵[①]

中国大陆景区门票究竟高不高？2010年7月，国民党副主席蒋孝严在广州说，大陆景点观光费用非常高，如所有的寺庙都收费，普陀山每个景点门票都在40元以上，而台湾没有一个寺庙要收费。寺庙等历史景点是老祖先留下来的，不应该收高费用。他同时说，如黄山、张家界、九寨沟等自然景区，都是自然创造的景色，是中华儿女共同享有的，不应收取高达300元的门票。

同年8月21日，国家旅游局邵琪伟局长在接受凤凰台记者吴小莉采访时有如下一段表述：

"'社会为了保护这个古迹，通过旅游者收取一定的费用保护古迹，我认为应该理解。国外也有很多这种做法，你到意大利去，庞贝古城，它也征稽古城保护费，但是呢，我确实不主张提很多价，因为在这阶段一些景区景点提很多价，这个对整个社会的形象不好。"

"寺庙又复杂了，一部分寺庙，它历史上就是收门票的，一部分寺庙是历史上不收门票，后来加入旅游景区管理的概念之后又收门票的，一部分相当于宗教场所，它完全还是不收门票的，也还是有不同的类型的。还是一点，这个有时候适当收取一点门票，但不要太多。"

"杭州这个模式（指西湖不收门票），在一定的发达地区是可以借鉴的，但并不是所有的地区都能借鉴，中国的很多西部地区，它的旅游刚刚开始，它的旅游景区、旅游城市，还没有完成原始积累的阶段。因此，不能照搬照套，我们肯定西湖模式肯定杭州的做法，有条件的地方可以学习借鉴，但不推而广之。"

目前，我国有大大小小的各类景点景区上万个，就多数而言门票不能说过高，特别是城区公园、郊野公园、乡村旅游点和一般的风景旅游区，大多在一二十元，确实不算高或很高。长期以来人们关注的景区门票价格偏高，也不是指欢乐谷、杭州宋城、常州环球恐龙园一类纯粹人工新建的主题公园，而是指以世界遗产、国家风景名胜区与文物保护单位等公共资源为基础的著名旅游景点，尤其是被视为最佳旅游景区的5A级景区。这些

[①] 摘要刊载于2012年5月11日《中国青年报》。同类文章有：2008年3月31日《人民日报》记者崔鹏的访谈录；《景区门票景区门票这么贵，凭啥？》；中国旅游协会旅游景区分会会刊2008年第2期《中国旅游景区》：《景区门票又一轮涨价后的思索》；2010年11月22日《中国旅游报》：《景区门票价格究竟高不高？》；2010年11月26日《中国旅游报》：《景区门票无序涨价的根源何在？》；2010年11月29日《中国旅游报》：《整治门票无序涨价的出路何在？》；2012年5月19日《新京报》：《"国际接轨"，全球最贵》。

景区中,像故宫、长城、十三陵、颐和园、天坛和周口店北京猿人遗址等世界遗产景区的门票都在60元以下,在全国是极少数。近日,央视白岩松主持的《东方时空》披露,目前130家5A级景区中,门票低于60元的只占22.3%,60元至100元的占31.5%,100元以上的以及高于200元的占46.2%。

此类以公共资源为基础的百元以上的景区门票价格究竟高不高、是否合理?笔者认为,判断一个以社会公共资源为基础的景点门票价格是否合理,不能脱离我国经济的总体水平,尤其不能离开大多数民众的收入水平这个社会大背景,具体地说,应以一个国家、一个地区的职员人均收入与门票价格之比为标杆去衡量,而不能简单地用中外景区门票价格的汇率换算比照为标准。

据国家统计局资料,2011年全国大陆总人口为13.47亿人,其中城镇人口6.91亿,农村人口6.56亿。农村居民人均年纯收入6977元(人均月收入516元),城镇居民人均年可支配收入21 810元(人均月收入1818元)。以故宫等5个世界自然或文化遗产的旺季门票为例,它们的门票价相当于农村居民人均月纯收入的11.6%~44.8%,相当于城镇居民人均月可支配收入的3.3%~13.5%,相当于城镇居民人均月可支配收入中位数的3.8%~15.4%。

我国的风景名胜资源名义上属于国家所有,但实际上由中央、省、市、县各级政府及其部门管理。行政部门既是风景资源的所有者、监护者,又是风景资源的管理者、经营者。特别是世界级、国家级的景区,往往由省、市、县地方政府直接管辖,景区管委会是地方政府的派出机构。近些年来,有些景区实行"所有权、管理权和经营权分离"改革,有些还上市经营,多数对改善经营管理水平、提高经济效益有一定成效。景区的经营权或由其管委会直接经营,或由政府直管的旅游公司经营,有些管委会与国有公司"两块牌子、一套班子",也有少数景区授权给民营企业经营。无论是政府直接经营还是授权或委托企业经营,地方政府所得与景区旅游经营收入息息相关。以旅游开发公司名义经营的景区,地方政府通过三重渠道从景区取得回报:一是景区门票收入的分成,二是收取企业营业税和所得税,三是企业赢利分成。门票和其他旅游经营收入往往成为地方政府的"预算外收入",有的成为它的"小金库"。正是由于某些地方政府的默许、推动和保驾,景区门票提价能够不顾上级文件或舆论压力通行无阻。这种现象与央企对国有资源的垄断性经营取得暴利,地方政府对土地财政的依赖推动房地产价格暴涨,在本质上是一样的。

景区门票上涨还有其他一些催发性因素,如物价整体上涨、员工工资上涨,景区建设与经营成本提高;景区经营项目单一,缺少综合性服务与多种经营收入;某些景区经营者非理性的过度开发投入引起收支失衡,把经营失误转嫁给游客;旅游市场秩序紊乱,在高票价下以高折扣优惠旅行社,将高回扣返还给导游司机;景区评级升档,同A级景区之间互相攀比;景区收支不透明、财务审计缺失或虚设,有的景区有两本账,向上级汇报成绩时虚报接待人数与收入,向物价部门申报涨价时瞒报收入与虚报亏损;价格监督失效,价格听证会暗箱操作等。如此之下不难理解,国家发改委"三年之内不提价"的"限价令",

成了"到三年必涨"的"提价令";国家发改委规定的最大提价幅度,成了景区门票提价的最低幅度。

纵观多年来景区门票涨幅远远超过 GDP 与 CPI 的增长幅度,而且屡限屡涨、愈涨愈烈的势态表明,其根子在于景区管理体制与经营机制的权益地方化、部门化和由此引起的市场无序化。一些地方政府追逐 GDP 增长速度的急功近利的政绩标志,以旅游人数和收入作为旅游统计核心的指标体系,热度不减的申遗评级,驱动着景区门票的上涨之风愈刮愈烈。这种市场失衡、混乱的表象下面,归根到底是行政力量对旅游市场正常运行的非理性干扰,从而导致某些景区价格与价值的严重背离。

美国是经济高度发达和典型市场经济型的国家,但对国家公园、历史纪念地的保护、建设和员工薪金全部由政府支出,园区维护还得到非政府组织和志愿人员的支助,园区内的食宿、娱乐等经营性项目通过特许经营授权企业规范经营,景区收入用于资源与环保,与地方财政收入、景区员工薪金不挂钩。国家公园、历史纪念地的首要职责是保护和传扬生态环境与历史遗产,向国民提供观光休闲、健身养生与科普学习服务的场所。这种经济基础与管理体制使美国国家公园和历史纪念地得以实行免费或低价门票。

由于社会经济发展水平的限制,我国目前没有条件照搬美国模式。但美国景区门票价格管理有专门的立法,对门票的定价和收入的使用,对园区内的餐饮、购物等服务的特许经营,都有详细、严格的规定,这些我国可以借鉴。

以国有自然风景和历史文化资源为基础的旅游景区,改革开放后各类社会资本不同程度地参与开发、经营,尽管其资源基础属于公共性质,但目前还没有条件完全由政府包揽,它的建设、经营和保护的投入不可避免地受市场因素的制约,旅游观光和休闲娱乐服务供给的运行不同程度地进入市场运作的轨道,这类景区总体上属于准公共产品,其门票价格应在政府指导的基础上,根据总体市场环境和社会可承受水平,按法定程序制定与调整。

各类景区景点情况千差万别,各地区,尤其是东西部地区的发展水平差别甚大,难以用一刀切的行政命令解决已成为"老大难"的门票定价问题。转变求快、求多不求好的粗放式旅游发展方式,提升旅游目的地和旅游景区综合发展能力,改变门票收入一头独大的经营方式;制定景区门票调整听证会的法定程序,改变由当地政府部门操纵"听证会"、"证"涨不"证"降的现象;改变把景区接待人数与经济收入作为主要考核指标,把经济、社会、文化和生态效益相结合的综合效益作为衡量景区管理和经营业绩的基本目标,并且随着地方经济的发展逐步加大政府对自然和文化遗产保护的投入。

鉴于目前物价上涨的严峻形势,国家作出严格防止由结构性涨价发展为全面通货膨胀的重大决策,旅游业也不例外。国务院多次召开控制物价会议决定,景区门票价格列入"价格干预"的名单之列。目前,旅游产业各链条中涨价问题最突出、影响面最广的就是景区门票上涨,如不制止可能导致旅游市场价格的总体上涨。所有景区门票不准提价难以做到。实在需要提价的,除了按法定程序规范有序进行外,其上涨幅度应控制在城乡居民年收入增长幅度与居民消费价格总水平(CPI)涨幅之内。如果各地政府对其直辖景区减轻负担、少取多扶,许多景区就可以降低经营成本,门票上涨的压力就能大为缓解。这样做虽不能治本,但也可以治标。

表1 中国5个世界遗产景区门票与城乡居民月收入之比

景区门票(元)	景区门票占农村居民月收入之比(%)	景区门票占城镇居民月收入之比(%)	景区门票占城镇居民月收入中位数之比(%)
故宫 60	11.6	3.3	3.8
曲阜三孔 150	29.1	8.3	9.4
九寨沟 220	42.6	12.1	13.8
黄山 230	44.6	12.7	14.4
张家界 245	44.8	13.5	15.4

表2 外国著名景区门票与国民月收入之比

景 区	门票价格	该国中等收入职工月收入	门票与职工月收入之比(%)
韩国景福宫/昌德宫	3000 韩元	230.4 万韩元	1.13
印度泰姬陵	20 卢比	4543.9 卢比	0.44
日本富士山	免票	—	—
英国白金汉宫	15 英镑	1083 至 1330 英镑	1.4~1.1
意大利古罗马斗兽场	6 欧元	1000 欧元	0.6
巴黎凡尔赛宫	15 欧元	1200~1820 元	1.3~0.8
大峡谷/黄石公园	10 美元	5113 美元	0.2
克里姆林宫博物馆	100 卢布	31599 卢布	0.3

注:泰姬陵门票本国人 20 卢比,外国人 750 卢比;克里姆林宫博物馆本国人 100 卢布,外国人 300 卢布。

破解文化遗产景区难题之道在何方[①]

迄今为止,我国重要的文化遗产,无论是世界级的,还是国家级、省区级的,几乎都已开发成为著名的热点旅游景区,成了国家与地方形象的载体和品牌文化旅游产品,支撑着旅游业的半壁江山(另外一半是自然生态景区),成为地方财政的重要来源。旅游形势确实大好,人们特别是文化遗产景区所在地的官员们对此兴高采烈的同时,是否想过其中潜伏着的难题、困境与危机正在向我们逼近?

难题之一,国内外游客持续大幅增长与景区容量有限、资源保护的矛盾日趋突出。随着国际地位的升腾、城镇化的加速、小康向富裕推进,国内外参观游览文化遗产景区的客源增长是无限的,而文化遗产的数量与接待量总是有限的,虽说今天的文化成果将成为未来的文化遗产,但要等到百年之后。对物质的和非物质的文化遗产,名为"开发"、"恢复"、"重建",实为破坏、糟蹋的例子为数不少。大众旅游时代的文化遗产保护问题面临新的局面。

难题之二,国家要求文化遗产景区服务大众的社会功能与景区门票价格趋高的矛盾将更加突出。政府把改善民生、提升国民的文化消费定为国策,作为公共资源的文化遗产景区理应也必须向公众免费或低费开放,但地方政府把经济 GDP 增长列为首位(不管是出于政绩需要还是升迁需要),力求包括文化遗产景区在内的旅游业"超常规"、"跨越式"发展,景区的门票势必越来越高,国家政策与地方对策的博弈将更加凸显;如果降低门票,文化遗产景区拥挤的现象会更严重,文化遗产的可持续利用将陷入两难境地。

难题之三,低碳经济时代的来临要求生产方式、生活方式、旅游方式的转型与文化遗产景区传统建设与运行方式的矛盾将越来越突出。国际上逼我国"减碳"的攻势将会越来越猛,国家对低耗、减排的指令将与时俱严。目前,文化遗产景区在打造"精品"的口号下追求华贵设施、高档经营、奢华演出与眩目夜景,佛像越造越高,"宫亭楼台"越建越大,景区开发与运行耗资、耗材、耗能、耗力攀比上升,与低碳经济的要求背道而驰的做法随处可见。

难题之四,信息时代的现代化、自动化、自助化旅游趋势与文化遗产景区的传统手工方式运作的反差越来越大。随着"三网合一"、3G 手机推广,推进旅游信息数字化、创建数字景区、革新景区传统管理、提升营销与服务方式更加迫切。

显然,民生政治、大众休闲、信息社会、低碳经济时代的来临,在为旅游业提供巨大发

[①] 2010 年第 6 期《旅游学刊》。

展机遇的同时,也对传统的旅游开发模式与旅游消费方式提出了严峻的挑战。

破解这些难题的出路在于转型。从政府决策、景区运行到游客行为全方位的转型,转变旅游观念、管理方式、生产方式和消费方式。但做到这一点,又谈何容易!

比如说,在地方GDP成为各级政府考核政绩、考察干部的大环境下,各级政府不再把文化遗产景区当作"摇钱树"、"聚财盆",不再对文化遗产景区下达接待游客数量的指标、营业收入的指标、上缴财政的指标,在现在的官场生态环境下能做得到吗?

再比如说,在评定"优秀旅游城市"、"旅游强县"、"A旅游景区"时,对文化遗产景区的质量等级评定不再把年接待游客量、年旅游收入等列为硬指标;在排省、市、县旅游业绩位次时,不再以年接待游客量、年旅游收入、旅游收入占GDP的比重作为硬指标;在旅游指标体系上从速度型、规模型、粗放式的那一套转变为质量型、效益型、集约式的轨道上来,在现在的行政体制环境下能做得到吗?全国的大环境如此,一个景区行得通吗?

又比如说,文化遗产景区从目前以门票收入为主的经营方式、评价标准和利益格局,转变到行游住食购娱的综合消费上,进一步转变到经济效益、社会效益、文化效益、生态效益等综合效益的标准上,这种转型能轻易实现吗?

再比如说,在实行免费或低价门票后,对某些容量有限、资源脆弱的文化遗产景区严格实行限量进入制度、网上或电话实名预约制度,并有效防止倒卖门票。实行这种国际上行之有效的保护文化遗产、保证旅游品质的办法,在景区制度与技术上、游客心理与习惯上我们要做哪些扎扎实实的工作?

又比如说,目前相当多的游客习惯于"扎堆"旅游、满足于走马观花"拍照一游"、贪图轻松省力、喜好大手大脚、讲究排场气派,不习惯徒步自助、骑自行车、自备洗漱用品等。从宾馆酒店推行自备"三小件"之难中不难看出,游客的消费观点、消费心理和消费方式的转型和提升是全民文明素质普遍升华的结果,决非一朝一夕之功。

话虽如此,也不必消极等待,更不必悲观无望。那种高投入、高消耗、高速度但低效益的国民经济发展模式已难以为继,旅游产业的转型也时不待人。旅游的转型依托于社会大环境的改变,同时旅游方式的转型也能推进社会发展方式的变更。毕竟旅游方式的转型从根本上有利于旅游消费者与资源管理者,需要触及的是人们的传统观念、传统习惯,抵制改型的既得利益群体的阻力要比其他领域小得多。

旅游方式的转型不妨从文化遗产旅游破题。从"我"做起,从现在做起,假以时日、持之以恒,水滴石穿、必有成效。

为武夷山自然保护区停止大众旅游叫好[①]

新华网福建频道近日报道：从6月1日起，福建武夷山国家级自然保护区停止开展大众旅游活动，不再销售旅游门票，今后进入保护区进行科学考察须提前办理审批手续。

武夷山国家级自然保护区和武夷山国家重点风景名胜区是武夷山"双世遗"保护范围内的两大区域。其中，自然保护区总面积565平方公里，是世界人与生物圈保护区、世界自然与文化遗产地、全国青少年科技教育基地、全国科普教育基地，是我国东南大陆乃至地球同纬度现有面积最大、保存最完整的中亚热带森林生态系统，是我国生物多样性保护的11个陆地关键区域之一。

近年来，随着知名度的提高，不但许多人到武夷山风景名胜区旅游，进入自然保护区的游客也日渐增多，仅去年就约有3万人次。游客的增多，虽然带来可观的经济收益，但也给区内的生态环境保护带来压力。保护区管理局党委书记邹新球介绍说，取消大众旅游，是保护区学习实践科学发展观、实现可持续发展的新举措，目的是强化生态环境保护，造福子孙万代。

据介绍，保护区停止大众旅游后，将适度开展生态环境的科普教育活动，如夏令营、大中专院校的实习科研、专家学者的考察等，但是凡进入保护区进行科考活动，须先办理"福建武夷山国家级自然保护区科普考察申请单"和"福建武夷山国家级自然保护区科普考察审批单"，并缴纳资源保护费和科普服务费。（金文莲）

见到这条消息，心头为之一震。

九年前，我在主持福建省旅游发展总体规划时曾专门考察过这个自然保护区，对它的生态多样性、完整性和原生性留下了深刻印象。更使我感动的是，在经费相当拮据的情况下，他们自行设计、自己动手建起了一个自然保护区博物馆，虽然馆所建筑比较简陋，但展示内容十分丰富，成为自然保护区的一个缩影与窗口，这当时在其他国家自然保护区内尚不多见。

如今，他们在全国自然保护区中首开先例：停止大众旅游，不再销售旅游门票，适度开展生态环境的科普教育活动。对一个总面积565平方公里的自然保护区来说，一年接待3万名游客，日均接待82名游客，本来就够少的了。但是，他们还是认为给区内的生态环境保护带来压力。

[①] 2009年6月3日搜狐博客

我不禁联想起，看看全国各级旅游行政主管部门的工作报告、各种各样的旅游发展规划，在确定旅游发展指标时，几乎都在追求高速度、高增长、高收入，年均一位数增长往往通不过，两位数增长才过瘾！什么"转变增长方式"，什么"可持续发展"，什么"科学发展观"，什么"环境友好型"，都是廉价的套话，那是装门面、做样子的！

　　我又联想起，现在"生态旅游"这块牌子已经铺天盖地，成为旅游界最时髦的一件包装外衣、一个宣传口号，"生态旅游是个筐，什么都可往里装"。今年国家旅游局确定为"生态旅游年"，但没有看到采取多少切实的生态保护措施。

　　我还联想起，近年国内景区景点门票争先恐后上涨，今年国内景区景点门票有涨有降。降（打折优惠、让利揽客）是对的，但是暂时的；涨是必然的。我国以国家风景名胜为资源的景区景点门票价格过高，我一直认为这是在国有垄断的基础上地方政府以此敛财的结果，而不是正常的市场竞争的产物。武夷山自然保护区的门票是80元，这在全国同类景区门票中已是很低的了。以年接待3万人测算，门票年收入240万元。他们为了生态保护的长远利益，宁肯舍弃眼前门票收入一点小利，正如当年为了申遗成功武夷山炸毁上亿元酒店一样，同样值得肯定。

　　武夷山自然保护区停止大众旅游后，凡进入保护区进行科考活动，须先办理"福建武夷山国家级自然保护区科普考察申请单"和"福建武夷山国家级自然保护区科普考察审批单"，并缴纳资源保护费和科普服务费。这是十分必要的。正如登山要经过登山协会审批并支付生态保护费和服务费，正如开矿、采气、取水要付资源费（税）一样，收取资源保护费和科普服务费是天经地义的。

　　当然，我也有一个担心，政府给武夷山自然保护区的生态保护经费与经营管理经费本来就不多，自然保护区内还有农户，一年减少200多万元的门票收入后，怎么保障生态保护、正常营运、职工收入与农民生计？

　　也许福建省、南平市政府早有筹划，但愿我是杞人忧天。

　　不知武夷山自然保护区的这一举措，会在国内生态界、旅游界引起什么反应？是一石千浪，还是石沉大海？

黄丝桥古城殴打勒索游客事件的背后[①]

7月24日,湖南湘西凤凰县黄丝桥古城景区内发生了村民殴打并勒索游客1200元"赔偿费"事件,搜狐网站作了多角度的报道。

2002年7月16至17日,我与太太第一次游凤凰古镇,去黄丝桥古城看了半天,还在城墙上转了一圈。这一次是自费买门票进去的。古城虽然破旧,但给我们的印象不错。东门上挂着一串红灯笼,城门内贴着一张公示,上面写着自愿捐款修城楼的居民的名单与款额。城里还有几家出售姜糖、牛角等商品的小店。我们花50元买了一对大牛角,至今仍摆在书房内。

上个月20日,即发生殴打游客事件的前4天,我又去了一次黄丝桥古城。这次是应湘西土家族苗族自治州旅游局邀请,为修编全州旅游规划去考察的。在凤凰县旅游局一名干事陪同下,到了黄丝桥古城东门口后,那位干事对我们一行说,这个景点不接受旅游局管,我们说话不顶事情,你们自己买门票进去吧!

这是我20多年来第一次为编制旅游规划却要自买景点门票。售票处坐着一位40多岁的妇女,一问才知道每人40元。我们说明身份与目的,要求免票。她说这个我不管,你要进去就得买票。后来给了我们一点优惠,100元买了5张票。进城门后,也是一位40多岁的妇女当"导游",她只会说,这个古城一千多年了,原来是县政府的地方,现在还有个老衙门屋子,后来县城搬到凤凰镇去了。其余一问三不知,只是领领路。

我问她:听说几年前有一个大老板与县政府签了协议,50年内经营你们古城,为什么现在还不来?(指2001年底张家界黄龙洞旅游开发公司在凤凰镇成立古城旅游开发公司,50年内承包凤凰镇的十个精品旅游点,其中有黄丝桥古城。)

我这一问,她的气就上来了。她说,听说那个大老板拿了几千万元给政府,让我们搬出古城,城内老屋一平方米给350元让我们到城外建新房,我们老百姓一分钱也没拿到,我们当然不搬!又说,现在政府不让我们卖门票,旅游局不让旅游团来,不让我们赚钱。我们村长就自己干!我们对保护古城是有贡献的。以前县上修水库,要拆城墙的砖,我们不让拆。现在政府不让我们搞旅游,我们就对抗!说到这里,她十分气愤。

我向她,现在每天有多少游客来?她说,少的时候百十个,多的时候几百个,有的自己开车来,也有旅行社带来的。

我向她,你们收40元门票,是谁批准的?她说,我们村长定的。我又向她,你当导游

[①] 2009年8月7日搜狐博客。

一个月拿多少钱?"800元!"她回答得很爽快。

我提出上城墙上转一圈,她说不安全,不能上城墙。这次我看到的古城,比7年前更加破旧不堪,城楼上再也没有挂灯笼,卖姜糖的店铺关着门,只有一个卖牛角的小摊贩。街上又脏又乱,老屋倒了不少,又建了一些与古城风貌完全不协调的新房。那位"导游"告诉我,古城里住着90多户、八九百口人。古城内没有任何旅游标志物,也没有旅游厕所。这里,看不到一点建设"社会主义新农村"的影子。

看了这些,我暗自寻思,这个省级文保单位,千年尚存,却要毁在这一代人的手里了!我又对同伴说:这是中国最"牛"的旅游景点,唯一一个不买政府及旅游局的账,自定、自卖门票,"村民自治"的"独立王国",从他们身上可以感受到湘西边民的脾气,会帮助你解读湘西历史上的风风雨雨、恩恩怨怨。

我的这个经历,对于理解古城"7·24"事件,也许有些帮助。

"7·24"事件表面上看,是村民与游客的冲突,但这只是表象,实质上是官、商、民利益的博弈。简单地指责村民的粗野是不能解开死结的。村民们胸中郁结的愤懑不能找县委书记、县长、旅游局长撒,他们只能向那些在这个场合处于"弱势"的游客们身上撒了。我绝不是说村民打游客的行为对,而是说要深层次地思索事件背后的因素。

我想问:

作为省级文保单位,省里的有关单位在保护古城上做了些什么?

政府让外来的"古城旅游开发公司"承包黄丝桥古城的50年旅游经营权,这并非不可以,但同祖祖辈辈住在这里的90多户、八九百口老百姓商量了没有?他们的权益如何保障?为什么非要全部迁出村民?

"古城旅游开发公司"为了开发这个古城,向县政府交了多少钱?这些本用作安排村民搬迁的钱用到哪里去了?

古城村民自发经营旅游接待,固然有不少不规范,甚至不合法的做法,那么政府及相关部门引导并帮助了他们没有?苗寨农民搞旅游政府很支持,为什么古城村民就不许?

凤凰县受理游客投诉中心的《纠纷调解处复函》说,"黄丝桥古城因居民搬迁事宜已于2006年对外公布暂停营业",但是,至今凤凰县政府网以及凤凰城的导游图上都有黄丝桥古城的介绍,都没有写"暂停营业",黄丝桥古城大门口也没有"暂停营业"的告示。"暂停"3年了,还"暂停"到几时?

"凤凰县受理游客投诉中心"的《纠纷调处复函》还说,"今年4月以来,在全县开展'好风景,好环境,好心情,游客满意在凤凰'的专项治理活动,成立旅游市场整治办公室,大力开展旅游环境整治。黄丝桥古城也列入整治范畴。严禁该景区内居民对外售票经营。县旅游局、工商局、物价局等部门多次对城内居民售古城门票进行打击取缔,但是未能从根本上禁止。"

请问:县政府及相关部门,从2006年至今已3年了,你们就是这样用"文件"来执政为民的吗?

凤凰县从2000年起步开发旅游,发展成绩有目共睹:2000年接待游客40万人次,2008年达到426万人次、旅游收入19亿元,是超常规的腾飞。但是,这种速度型、规模型、粗放式、政绩式的发展,所带来的深层次问题也不容回避。

一是官、商、民的利益分配问题,当地有个说法"开发商绑架政府、强奸百姓",发人深思;

二是旅游过度、集中、纯商业化开发与边城文化内涵与风貌的矛盾问题,现在还是沈从文笔下的凤凰镇吗?

三是旅游无序开发与生态环境保护的冲突问题。这次沱江泛舟,看到江边几乎全都开了餐馆,江面水上飘着油花。从沈从文墓看沱江对岸,岸坡上密密麻麻地在建宾馆,遮盖了山体。据了解,江边餐馆大都没有工商执照与卫生许可证,是非法经营。试问:政府干什么去了?是哪些人有权有势在沱江边非法经营餐馆?沱江边的这些新建宾馆符合凤凰县城总体规划吗?是谁批准建的?

在凤凰县政府宾馆中摆放着今年6月凤凰县"三好一满意活动办公室"编的《好风景、好环境、好心情,游客满意在凤凰》手册,其中第1页《县委书记张永中谈"三好一满意"主题活动"》:

"要深刻地认识到:充满欺诈、暴力的景区是没有希望的景区,赚昧心钱是不符合商道、人道的。"

第3页《县委副书记、县长罗明谈"三好一满意"主题活动"》:

"当前,凤凰旅游环境已经到了非下大决心整治不可的地步了。只有清除我县旅游市场秩序中的'污垢'、'垃圾'和'毒瘤',才能确保文化旅游主导产业健康可持续的发展。"

我钦佩书记与县长的坦诚。

我期待不仅"谈",更要"行"。

我相信,凤凰旅游必将会在浴火中再生。

原住居民应是古城古镇旅游开发的主人[①]

江苏周庄、云南丽江、湖南凤凰、山西平遥等古城古镇旅游的成功开发,带动了全国古镇古城旅游的兴起,成为文化旅游的一大亮点。古城古镇旅游抢救了一批濒临毁弃的古城古镇遗存,激活了一批正在被淹没的历史文化资源,促进了以旅游为龙头的地方经济的发展,带动了当地居民的就业,提高了他们的生活水平。古城古镇旅游的兴盛再次证明,旅游与文化的有机融合是双利共赢的必由之路。

在古城古镇旅游开发与经营中,如何对待原住居民,是一个需要高度重视、妥善解决的问题。要不要搬迁、如何搬迁原住居民,如何尊重和解决原住居民的生计与生活,如何处理好居民生活、游客体验、开发经营者赢利的关系,如何让原住居民参与到古城古镇保护、利用、管理的各个环节中去等,关系到古城镇旅游的健康、持续发展。往往古城镇旅游火了,但古城镇的味道变了,原住居民越来越少了,原住居民对抬升的物价、嘈杂的环境抱怨多了,有些地方甚至出现地方政府与开发商合计强迫原住居民搬迁的现象。

在一些地方官员、开发商和规划者心目中,古街古桥、宅院商铺、钟楼城墙、寺庙道观才是旅游资源,而祖祖辈辈在那里生活的居民则不在"旅游资源"的"分类"、"调查"、"评价"、"开发"的视野中,甚至把他们视为开发旅游资源的包袱。此种见物不见人的资源观,从源头上把古城古镇中的原住居民排斥在旅游发展之外。古城古镇中的各种文化遗存之所以得以保存并有旅游价值,古城古镇之所以还有灵气,还有生命,是因为那里还有居民生活在其中。否则这些物质遗存就只是一个没有生命的躯壳,古城古镇就成了死城死镇。至于古城古镇中的各种非物质文化遗产,如民风民俗、民间文艺、手工艺等,更是主要保存在原住居民身上。

从旅游者的心理需求看,他们不仅想看到古城古镇的物质形态,更想看到那里的人过去与现在是怎样生活的;不仅想看到那些宅院商铺的建筑形态,更想了解这些宅院商铺的昔日的主人耕读、从政、经商、理家的"故事"。现在不少的古城古镇旅游地,原住居民由于种种原因纷纷外迁,各种各样的外来经营商取代了原住居民,外来旅游经营者人数超过了原住居民。古城古镇商店林立、餐馆满街,不中不西、不土不洋的商业氛围淹没了土色土乡的文化气息。难怪游客发出这样的感慨:古镇旅游越来越没有味道了!

在古城古镇的开发规划中,布满了"游客接待区"、"中心广场"、"餐饮娱乐区"、"观光游览区"、"休闲购物街"等,几乎把所有的空间都开发成这样那样的旅游功能区,但很

[①] 以《古镇旅游开发不能排斥原住居民》之题刊载于 2011 年 7 月 18 日《中国旅游报》。

少把原住居民的生活区、休闲娱乐、康体健身等功能区列入旅游发展规划。一般来说,游客好动,居民好静;游客喜欢探秘,居民希望私密,两者寻求不同的环境与氛围。在古城古镇旅游规划与开发中,应该充分考虑既有外来游客相对集中的活动空间,又有原住居民的生活街区,还有两者共享与交流的场地(如休闲广场),使游客与居民各得其所;既保证居民安静、私密的日常生活,又能满足游客的寻访异域风情的心理需求,还能有互相接触、交流的机会。笔者在欧洲游览小镇时时常见到,游客游览集中的区域是历史遗址、风情老街等特色街区,居住的宾馆区有的较为集中,有的分散在居民住宅区中,市镇广场、教堂与商业街是游客与居民共用的场所。在那里,很少感到旅游区与居民区的明显界线以及游客与居民的隔绝。在这样的环境中,游客能真切地感受与体验古城古镇的活力与魅力。

　　往往存在这样的情况,一提到古城古镇开发旅游,一些地方官员、开发商总想搬迁原住居民,不少开发规划在古城古镇边缘或附近新建一个居民新区。这固然是既保留古城古镇整体风貌,又满足原住居民改善居住条件的一个有效方式。但是,如果把全部或大多数居民都搬迁出去,就值得商榷了。在古城古镇旅游开发中,保留部分原住居民的居住地,是保证地方文化脉络的延续的必要条件。因此,古城镇的规划中应适当尽可能地保留原住居民的生活区域,并为他们在原居住区从事与旅游相关的生产服务提供条件。原住居民从事旅游服务不仅为他们提供了创业就业的新渠道,而且也是旅游服务乡土化、特色化的需要。游客到古城古镇往往不想在星级酒店中享受"标准化"的吃住,希望到乡土餐馆中去品尝土菜风味。笔者不久曾到武夷山一个旅游刚起步的福建省级历史文化名村下梅村考察。当时村旅游公司派了一位男青年讲解。他没有那套"国标"式的既定导游程式,也没有机械地背诵由文化人撰写的导游词,但对每个古宅的来由、宅主的沉浮了如指掌,有时还针对时弊幽默地借古讽今博得听众的会心一笑,略带乡音的讲解充满了对家乡的热爱之情,我笑称他是下梅村的王牌"草根导游"。

　　在古城古镇旅游规划、开发、经营的全过程中,往往是地方官员、开发商和规划者说了算,原住居民处于被"规划"、被"开发"的地位。规划编制者会对开发地的旅游资源调查得颇仔细,对客源群体分析得颇到位,对地方官员的意图吃得很透,对开发商的投资诉求心领神会,但唯独对原住居民了解不多,很少对原住居民进行深入的访谈或作抽样调查,很少询问他们对开发旅游的想法、要求与疑虑,在开发规划中少有保障原住居民权益的内容,仅仅把他们当作参与旅游服务的"劳力"而已。在目前我国的社会生态环境下,地方政府主导开发,本地或外来的社会资本主宰开发,在权力、资本与居民三者的博弈中,居民往往是弱者,他们的呼声、诉求与权益往往被忽视或者被忽悠。旅游开发成功后,原住居民虽然也会有所得,环境有改善、收入有提高,但无法与开发方或管理者的所得相比。由此必然引发原住居民的不解、不平、不满,甚至用明的暗的方式对付开发者或管理者,或者把对他们的不满转移到游客身上,或者用对游客的坑蒙拐骗来弥补心理失衡,此类事情屡有发生,究其根由不在于百姓的"不听话"或"刁滑",而在古城古镇旅游开发中的利益失衡。

原住居民是古城古镇的主体,他们的存在使古城古镇的生命得以延续,使古城古镇的文化依然鲜活;他们既是本土旅游开发的资源的所有者,也是旅游资源的一部分;他们不是旅游开发的包袱,而是旅游开发的财富。在古城古镇旅游开发中,应该充分地听取原住居民的意见,不能搞暗箱操作。非万不得已不宜采取原住居民整体搬迁的做法,更不能以权贵之势要挟居民搬迁。即使需要局部搬迁,哪些地段、哪些居民搬迁、如何搬迁,都要充分尊重居民的意愿与利益。旅游经营中,居民以何种方式参与旅游服务、获得资源补偿与劳务所得,他们应有知情权、发言权与决定权。古城古镇的旅游管理机构中,居民要有他们的代表。许多地方的经验证明,只要原住居民从旅游开发中获得了公平的权益,他们就会成为旅游地的主人,就会以"主人"的心态对待来旅游的"客人",自觉维护旅游秩序从而形成良好的口碑,并树立旅游目的地形象。权力、资本与居民的和谐是游客与居民和谐的前提,是建设可持续发展的和谐旅游城镇的基础。

参与古城古镇旅游咨询、规划、开发的智力机构,要充分听取居民的意见,在权力、资本与居民三者的关系中保持公正的立场、学术的良心与商业的道德,决不为蝇头之利而沦落为权贵的附庸。旅游规划成员要吸收居民中知情人士参加,旅游调查要深入居民、面向公众,旅游规划审查与评审要有居民代表参加,旅游开发的方案与规划要公之于众,在策划旅游开发经营管理机构方案中要有居民代表的位置。总之,尽管地方政府或开发商是旅游规划编制合同中的"甲方",但编制者心目中应该把原住居民当作道义上的"甲方",在对地方政府、开发商负责的同时,也对那些世世代代生于斯长于斯、为延续古城镇生命而长期生活在那里的原住居民负责,他们有权利在延续本土史脉、文脉和血脉中过上现代化的生活。

跳出"凤凰"看"凤凰"[①]
——凤凰古城门票风波引发的几点思考

凤凰古城由"大门票"而引发的一场舆论风波,其意义远远超出景区门票的范围,也超出了凤凰古城的范围。在这场风波的背后隐含着不少深层次的、各地或多或少都存在的问题。

凤凰县人口41.7万人,农民人口占90%以上,土家族、苗族等少数民族占75%以上,是一个典型的少数民族聚居的山区农业县。1990年,该县曾是湖南省5个财政收入超亿元县之一,人均财政收入居全省之冠,主要得益于烟叶种植及其加工业。20世纪90年代,全县的烟厂关闭后,一下成了贫困县。2001年,以旅游起步,当时是国家重点扶持的贫困县,人均国内生产总值仅2262元。2001年古城接待游客57万人次。据当地公布的数字,2012年凤凰古城接待游客690万人次,门票收入1.78亿元,旅游综合收入53亿元人民币。门票收入约占综合收入的3.4%,以148元门票测算,约120万人购买门票,约占游客总数的1/5。同年全县国内生产总值46.96亿元,人均国内生产总值11 260元,财政收入5亿元,以旅游为主导的第三产业实现的财政收入占地方预算收入的65%,旅游业无疑是地方的主导产业。十多年中,古城旅游在跳跃式发展的过程中,既取得耀眼的成绩,也潜伏着不少难解之题,有不少难言之隐。

观察凤凰古城的门票风波,不能不联系到十余年前成立的"凤凰古城文化旅游投资有限公司"。以沈从文故居等9个景点50年经营权的转让为条件,地方政府以49%的股权、外来民营企业以51%的股权共同组建了该公司,这在当年是湖南省甚至是全国文化旅游景区旅游开发经营体制改革中一个引人注目的例子。在这种体制机制下,古城旅游迅速兴起,地方政府、外来投资商与当地居民都得了"红利"。但是,这个"红利"的分配是不平衡的。总的看,投资商得的多一些,政府相对少一些,但管理责任、安全责任、环境责任要大得多,居民得的相对少一些。这个问题开始几年并不突出,但近几年突显了。地方政府为了得到更多一些,向上级政府提出收取"古城保护费"的方案未得到批准,但指示要"加强门票管理",于是在上级政府的同意下,出台了改"小门票"为"大门票",并把南华山风景区(实为国家森林公园)和几个乡村旅游点打包进"大门票"的"新政",为此改组为"凤凰古城景区旅游投资有限公司",股权分割比例依旧。

分析一下这个由当地政府主导、投资商同意的"大门票",可以看得出来,它所关注的

[①] 以《也对凤凰古城门票说几句》为题摘要刊载于2013年5月3日《中国青年报》。

主要是由政府与投资商组成的新的"古城景区公司"的门票收入,但对当地居民自营或租赁经营的商铺、餐馆、旅店和船家的利益考虑得不够或不周,对游客的诉求想得更少,"游客不在乎这148元门票"这句雷语足以说明此点。实行"大门票"后,游客顿时少了许多,当地居民自营或租赁经营的商铺、餐馆、旅店和船家生意清淡,直接损害了这部分群体的利益,近日引起激烈反应的首先是他们。由"大门票"所引起的轩然大波是当政者或投资商所始料未及的。

其实,这场风波背后蕴含着不少以自然与文化公共资源为景区发展主体的共同性问题,需要跳出"凤凰"看"凤凰"现象:

在经济落后地区发展旅游,始终存在着当地政府、投资商与居民的利益关系,有的还存在着大投资商与中小商户的利益关系问题,如何使这些不同的利益相关者包容发展、和谐共存,成为旅游健康发展的主要课题。

地方政府有的直接管理自然与文化公共资源景区(如凤凰古城),有的设立派出机构管理景区(如北京十三陵、湖北武当山),有的委托外来投资者经营景区(如凤凰古城、浙江乌镇、安徽宏村等),有的是地方政府设立旅游公司经营景区(如江苏周庄、安徽黄山、西递等,实际上是两块牌子、一个实体),无论采取何种管理与经营体制,都存在一个景区的所有权、管理权、经营权与监督权之间的关系,存在着地方政府对景区保护、管理、宣传与监管的责任,地方政府在处理这些关系时,如何既不失位,又不错位,更不越位?凤凰古城门票风波中表现出地方政府既是景区的所有者(占49%的股权),又是管理者,还是经营者,也是监管者,这种政资合一、政事合一、政企合一的体制利弊如何?地方政府究竟应该担当什么角色?既然整个古城都归"公司"经营,那在"古城景区"公司机构中,该不该有古镇居民代表、小企业代表进入公司董事会、监事会,他们在"公司"决策中有没有发言权、否决权、监督权?

2012年12月《国务院关于进一步做好旅游等开发建设活动中文物保护工作的意见》提出,"对于将国有不可移动文物作为企业资产经营的,要限期将其从企业资产中剥离";"对于把历史文化街区、村镇整体出让给企业管理经营的,要予以纠正"。这次有关当局把整个凤凰古城与南华山景区的经营权交付给官、企结合的"景区公司",显然有违于这个文件规定。但是,目前全国有多少风景名胜区、历史文化名镇、名村,甚至世界自然文化遗产景区都是由"公司"经营的,能否"纠正"、如何"纠正"?

目前,我国众多历史文化名城名镇名村、风景名胜区与国家重点文物保护单位都是国家有关部门授予的,列入世界自然文化遗产名录的也是国家有关部门争取到的。像凤凰县这样的在经济落后地区,把保护、管理公共资源的重担全部压在基层政府身上,中央主管部门给地方一块"金字招牌"后,不再过问;省地政府对自己辖区内"风水宝地"只取不予(此次凤凰古城"大门票"收入中的政府所得部分,湘西州与凤凰县之间三七分成);地方政府又把这些"风水宝地"当作"摇钱树",中央、地方、基层之间的关系该如何处置?把整个责任归到基层政府身上,显然有失公允。

像凤凰古城这种游客容量有限、环境与资源脆弱、旺季游客严重超载的热点景区,采取什么办法控制游客流量？面积仅0.93平方公里的古城核心区日接待量在万人次左右,有时达三四万之多,实在不堪重负。这次采取"大门票"的方式除了增加收入的目的之外,也有控制游量的考虑。从目前来看,控制游量、增加政府与古城景区公司收入的目的都有一定成效,但游客总量减少后景区综合收入下降、当地商户收入受损,低收入群体不能游览景区,顾了这头丢了那头,显然得不偿失。能否有既控制游量又保护公众权益的两全之道？有些评论主张凤凰古城学南京中山陵景区、杭州西湖景区不收门票的做法,然而地处湘西的"边城"能照搬长三角的江、浙吗？

凤凰古城的门票风波再次折射了社区型公共资源景区的保护、利用、管理、经营与扶贫等一系列的深层次问题。归根到底,像凤凰古城这样的中国历史文化名城、国家风景名胜区,发展旅游的经济效益、文化效益、社会效益与资源及环境保护之间的关系如何协调？

十多年的旅游发展使凤凰县的政府、大中小投资商和居民都得到了"红利",但由于体制机制与政策措施失当,这块"红利"蛋糕切得不够合理。当地政府已确定的"一业(旅游业)带三化"发展战略,是一条应该支持与坚持的正确之路。期望凤凰古城相关方面从各界批评中有所惊醒,用智慧化解这场风波,并从中创新出一条包容、共赢的可持续发展之路,让"凤凰旅游"在"涅槃"中得到新生。

凤凰古城控制游客流量势所必然[①]

"五一"之后,众多媒体纷纷以这3天凤凰古城游客数量减少为依据,再次批评凤凰古城收门票的做法,看似有理,但有失偏颇。按照此种逻辑,似乎游客量越大越好。这些批评无视这样一个基本事实:古城核心区只有0.9平方公里。去年古城接待690万人次游客,平均每天接待1.9万人次,去年5月1日接待4.9万人次,今年4月4日达3.3万人次,远远超出了每天6000人次的合理接待容量。

以往如此超量游客导致的严重后果是:环境污染、文物损耗;商铺餐馆林立,上万间客房密布,过度商业化冲淡了古城文化韵味;游览质量下降,甚至危及游人安全;部分居民生活、上学与工作不便,超过本地居民数十倍的游客消费抬高了当地食品等的价格,加重了不从事旅游服务的部分居民的生活负担。由于市场的自发引导,前期超量游客量而引起的商铺、餐馆和客栈规模过大、租金过高,使部分本地与外来的经营者承受着巨大的经营风险。在古城中频频发生的游客投诉事件固然与当地的管理不力、不善有关,但与超负荷的接待也有一定关系。凤凰古城早已到了不堪重负的地步。

据凤凰县旅游局公布的数字,今年4月29日古城接待8475人次、30日接待8661人次,虽低于往年同期接待量,但略多于6000人次的容量,如果问问这些游客的感觉,肯定会有不同的看法。据5月2日《新京报》报道,部分古城居民对收了门票后游客减少并不反感,甚至有位18岁的姑娘说"我们当地居民非常、非常、非常赞成收门票",她的理由是"第一,游人太多拥堵了交通;第二游人太多抬高了物价"。今日之古城是一个多类利益群体共存的多元之体。

笔者这样说,并不是为凤凰县有关方面此次门票决策中的一系列失误辩护(见5月3日《中国青年报》《也对凤凰古城门票说几句》),笔者也从来不主张把提高门票价格作为控制景区游客流量的主要办法,因为这会导致公共旅游资源享受上的社会不公,一直主张用国际上通行的预约参观游览、按序限时限量进园等方法错峰分流游量,这是既控制流量又体现社会公平的唯一办法。但不能否认,适当收取门票也是控制景区流量的办法之一。对于此次因收门票而导致游客减少、部分经营者受损的问题,凤凰县政府应妥善处置,避免因门票风波引发社会地震。

近两三年来,笔者多次撰文批评过凤凰古城旅游中存在的种种问题,同时又一直以为,凤凰古城旅游出现的问题不是个案,而是"典型"。长期以来,旅游业一直以加速扩大

[①] 以《凤凰古城:门票风波的背后》为题刊载于2013年6月6日《旅游商报》。

游客规模为主的数量型和速度型的发展方式高歌行进,业界一直把接待游客人数与旅游收入多少作为"业绩"的主要指标,"转变发展方式"的呼声喊了多年,但一直少见成效。从这个意义上剖析凤凰古城门票案例,其意义远超出古城门票本身。

刚刚颁布的《旅游法》第四十五条规定,景区接待旅游者不得超过最大承载量。包括北京故宫博物院在内的热点景区一直未能做到这一点(今年"五一"期间日最大参观量9万人次)。在批评凤凰古城门票问题时,希望少一些"一边倒",多听听不同声音;少一些"愤青"情绪,多一些理性分析;少一些简单的指责,多一些建设性的建议。凤凰古城面临着从规模型向质量型、从粗放式向集约化、从走马观看式向深度体验式转型的课题,帮助古城度过这场传型的"阵痛期",找到一个各利益相关主体包容共存、共享"红利"的可持续发展之路,不仅对凤凰县,而且对全国旅游业都有积极意义。

何以规范发展高尔夫球场和主题公园[①]

近日来,多家媒体披露国家发改委、国土资源部、住建部日前联合发出通知,要求在国家针对主题公园出台新规定前,暂停新的主题公园建设,一律不得批建新项目,已办理审批手续但尚未动工的项目不得开工。同时,地方规划、国土部门暂停办理有关主题公园项目的规划、用地手续。虽然这3个部门的官方网站没有发布此通知,但也没有公开否认此消息,看来此事并非谣传。

这使人联想到高尔夫球场。2004年国务院办公厅《关于暂停新建高尔夫球场的通知》,明确要求暂停新建高尔夫球场,清理已建、在建的高尔夫球场项目。2006年12月,高尔夫球场项目被列入《禁止用地项目目录》。据北京林业大学高尔夫教育与研究中心统计数字,截至2010年5月份,全国共有高尔夫球场600家左右,而在2004年禁令下发时,这一数字为170家。据说,经过正式批准的仅10家。今年4月,国家发改委等11个部委联合发布《关于开展全国高尔夫球场综合清理整治工作的通知》(以下简称《通知》),对《通知》发布前未按规定履行立项、规划、用地和环境影响评价等建设审批手续建设的高尔夫球场,《通知》印发后开工建设的高尔夫球场进行"综合清理整治"。

高尔夫球场的认定十分简单,主题公园就复杂多了。它是一个舶来品,Theme Park被译为"主题公园"。至今政界、业界、学界对主题公园没一个公认的、确切的界定概念。不过有几点是可以肯定的:一是专为今人的休闲娱乐而修建的,不是古人的遗存建筑;二是它的规模大,此次发改委《通知》的界定是占地300亩、投资5亿元以上;三是功能全,具有游览、住宿、餐饮、购物、娱乐、康体、科教等综合性的休闲度假功能;四是有文化主题内涵,提供某类文化体验;五是科技含量高,广泛采用高新科技成果;六是业主明确,投资建设、经营管理的主体确定。

如果按照这些要素,不少文化产业园区、旅游综合体,也可以归入主题公园范畴。例如,某地正在建的"禅文化创意产业园区",为省级文化产业重点项目,规划建五大功能区:一是禅文化生态旅游,二是禅文化研发与交流,三是禅文化感悟与养生,四是禅农文化体验,包括禅农并重体,五是禅文化服务与消费,包括禅文化主题酒店、特色商业、素斋馆等,首期规划建设和开发投资将达到104亿元。说它是"禅文化主题公园"似无问题。发改委等要核查的占地300亩、投资5亿元以上的主题公园项目全国不知有多少?

问题不在于主题公园如何界定,而在于为什么近来如此热。近年来,新建主题公园

[①] 2011年9月搜狐博客。

热,是一个不争的事实。尽管没有一个政府主管部门发布过申报、在建、运营的主题公园的数字,但媒体、网站上关于主题公园建设的报道络绎不绝。上海迪斯尼乐园无疑是最有代表性的一个。经过十余年的多次考察、深入研判、反复论证、长期谈判,直到国家有关部门核准,不可谓不慎重。但将来能否达到预测的年接待量300万游客、拉动上海服务业年产值近500亿元的效益,仍是一个未知数。就多数主题公园项目而言,匆忙决策、草率上马的不在少数。

国务院2009年41号文件《关于加快旅游业发展的意见》指出,"规范发展高尔夫球场、大型主题公园"。问题是如何规范?就这两类项目而言,投资、建设、经营的主体都是企业,都是市场化、商业性的服务型项目,不属于公益性项目,也不同于风景名胜区、国家森林公园和地质公园等资源国有、公益性很强的景区。企业投资什么、在哪里投资、投资多少,是市场行为,按市场配置资源的要求,政府无权用建设面积、投资额度来对它进行限制。但是,在当前国家着力调整房地产业结构的特定形势下,高尔夫球场、主题公园等旅游地产成为政策监管的真空地带,成为某些地方政府土地财政的新渠道和某些房地产商跑马圈地的新领域。上个月笔者说过,旅游房地产要防止过热、警惕泡沫,其中就包括高尔夫球场与主题公园。目前不少房地产商玩"草船借箭",以旅游之"草船"借圈地建房之"箭",名义上开发旅游,实质上屯地搞房地产。某些地方政府的政绩冲动与某些投资者的利益冲动互有需求、相互利用,是高尔夫球场、主题公园非理性过热的症结所在(见7月25日《中国旅游报》)。如不及时采取若干应对措施,旅游地产热的蔓延势必冲击国家关于调控房地产的重大决策。土地问题事关国之命脉,严格界定公益性和经营性用地,实行最严格的耕地保护、土地管理与节约用地已成国策。高尔夫球场与主题公园都是用地大户,属于经营性用地,其开发建设中的无序乱象的要害是占用耕地、滥用土地。

正是在这个意义上,笔者理解国务院有关部委部署高尔夫球场、主题公园专项整治工作的本意,但这种行政指令式的做法能否奏效,实在值得研究。还以高尔夫球场为例,8年来它屡禁屡建、屡限屡多,原因是多方面的。投资建设高尔夫球场,虽为开发商的企业行为,有的申批手续不全,但都得到某级政府部门或领导的默认、许可或批准。在地方政府层面,为了实现GDP的高速增长,或为了完成上级下达的投资指标,用地性质可以变性、项目性质可以变通、项目名称可以变换,违规可变为"合法";权力寻租,免费打球,"名誉会员"不用说,在报建过程中收受贿赂亦非个例。在投资方层面,高尔夫项目本身是否赚钱并不重要,放长线、钓大鱼,圈到土地、开发房产,静等升值,有风无险,厚利、暴利驱使他们千方百计申建。在上级主管部门层面,只管发文不管督查,政府的权威性缺失,有令不止成了惯例;政出多门、"九龙治水",互相推诿、各不负责,综合整治的部门越多、成效越小;习惯于运动式的管理模式,不管各地实情、市场需求"一刀切",要么一律禁止,要么自由放任,违规圈地,无序建设之风愈刮愈烈。这一次11个部委共同发文后果如何,3部委的文件如何落实,都有待观察。300亩用地可改为299亩,5亿元投资可改为4.99亿元,主题公园,可以叫文化产业园区、旅游综合开发区,如此"上有政策、下有对策",难道还见得少吗?

  整治高尔夫球场、大型主题公园建设,治标更要治本,要从制度上入手。要明确高尔夫球场与主题公园的主管部门。高尔夫球场属于体育运动项目,2016年将列入奥运会比赛项目,应由体育部门牵头;主题公园属于休闲与旅游项目,应由旅游部门牵头。此次整治后,应制定高尔夫球场与主题公园管理条例,明确其开发建设、经营管理的程序、规则、问责以及主管行政部门与相关部门的职责,明确规定高尔夫球场与主题公园建设不得占用耕地、公共绿地和风景名胜区,不得借项目开发圈地屯储、伺机谋取暴利,不得强拆、占用城乡居民住房用地,不得污染水源、破坏环境,对违法违规行为实行一票否决,堵死打擦边球的漏洞。

  在笔者看来,无论从当前还是从长远看,我国的高尔夫球场与主题公园不是多与少的问题。随着国民休闲与旅游需求的增长,高尔夫球将会去"贵族化",逐步成为大众康体休闲运动;各类主题公园将成为大众休闲娱乐的新型场所。整治是为了促进发展,使高尔夫球场与主题公园步入规范、有序、理性发展的轨道。

从国家6部委局"规范燃香"说起①

国人在寺院宫观里烧香拜佛已有千年历史,但由政府的几个部门出面规定香必须多粗多高,如何制香、卖香、烧香,这可能是个史无前例的创举。国家工商总局、国家质检总局、国家宗教局、国家文物局、国家旅游局和国家标准委6部门发文件、出标准、选定示范点、四处巡查,说明人民政府的管理已到何等精细的地步,这在世界上可能也是独此一家。佛教不是中国国教,但燃香有国家标准,非同异常。烧香上的坑蒙拐骗、浪费资源、污染环境已经到了政府非管不可的地步,问题何等严重可见一斑。

但问题在于:这样管就能把燃香"规范"了吗?

直观地看,香的制造、销售、点燃已成一个产业。全国一年香产业链的产值多少个亿,提供的就业岗位多少万,从来没有人统计过,但肯定是个巨大的数字。试想,全国有成千上万个寺院宫观,香从提供原料、加工制作、储存运输、代理分销一直送到信徒手中,其间可以形成一个利益链,而且这条链条还可延伸,如烧香之后卜卦算命、许愿还愿、佛事道场,如此形成了一个庞大的"香"利益群体。

香与庙是密不可分的。无庙就不会烧香。香火旺与庙观兴是连为一体的。近二三十年来,修建、扩建、复建、新建的寺院宫观之多可能是中国历史上少有的几个"黄金"时期之一。这既是对"文革"毁庙的历史性报复,更有现实社会经济的动因。有庙就能聚人气,就能发展旅游、推动地方经济,几乎成为官民共识。为了吸引眼球,争当"中国第一",寺院宫观的规模越建越大,装饰越来越豪华,佛像越造越大,古人建的乐山大佛高71米,现今的无锡灵山大佛88米、三亚南山海上观音108米、河南鲁山大佛168米,东西南北中掀起了一场史无前例的比佛像高、比造价高的造佛大赛。如果说"文革"中的造"神"运动是政治狂热,现今的造佛运动则是经济冲动。

当今中国,寺庙道观已成商业场所,宗教文化已成一个产业,原本"六根清静"的主持、长老已成CEO(当然并非都是如此)。进庙门收门票、卖香火、卜卦算命、做佛事……后来又从庙发展为宗教文化旅游区,以原有的庙或新建的庙为支撑新建一个以吸引游客为目的的旅游区。全国最著名的少林寺旅游区、灵山大佛旅游区、法门寺文化旅游区等实际上已成为高消费的佛教主题公园,成为收钞机。制香、售香是这部机器上的一个齿轮。宗教产业化、寺庙商业化、信仰功利化,是时下社会文明失落的冰山一角。

本来共产党是主张唯物论、无神论的,不仅认为宗教是搞唯心主义,而且认为是封建

---

① 2011年9月28日搜狐博客。

迷信,是麻痹人民的"精神鸦片"。现在,正统"主义"已失去炫目的光环,民众不再对它顶礼膜拜,又没有树立新的信仰。于是昔日被指为"精神鸦片"的宗教又成为"维稳"的好帮手,何况道教是中国土生土长的宗教,佛教已彻底中国化,不像天主教、基督教有"国际背景"。建寺庙道观非但不会有社会风险、政治麻烦,还有经济的功绩效应,以及"统战"的功效、"维稳"的功能。对许多父母官来说,一举两得,何乐而不为!这是许多地方政要以发展旅游之名热衷于建庙的奥秘。

除了上层的动因,还有下层的需求。大多数中国人,特别是汉族群众,不是虔诚的宗教信徒,而是宗教实用主义者。要儿子求观音,想发财拜关公,求偶拜月老,考大学拜祭文昌。为了升官、发财、去病免灾,见菩萨就拜。在寺庙道观中烧香磕头、求卦算命的,不仅有党外群众,党内高干也不在少数。在缺失信心、缺乏信仰的社会环境中,香火越来越旺,香越做越大、越来越贵,而且认为香越高、越粗、越贵就越灵验,与菩萨来个"等价交换",或以此炫耀自己。不"规范"的燃香之风越刮越猛,就不足为怪了。

不消除这些社会性因素靠几个政府部门的文件、官员的检查,甚至还有什么燃香标准,能把遍及全国各地的燃香活动"规范"起来吗?一时的"严打"、突击性检查可以把明目张胆的坑蒙拐骗活动打压一下,但是"春风烧不尽,野火催又生"。你规定"香体可燃部分长度不应大于500毫米、直径不应大于10毫米",我说"是用名贵香料为材料"、"开过光"的,照样可以开高价。佛像越造越高、庙宇越建越奢华,如灵山大佛景区人工机械表演"菩萨"显灵、把喷出的自来水说成是"圣水"并让游客饮用之类的小儿科工程,与燃香中的坑蒙拐骗并无实质差别。对更多的以宗教文化旅游名义搞起来的劳民伤财、误导民众的"大项目"、"大工程",只能是"打苍蝇不打老虎"。

这里要申明,笔者并不反对宗教和信教。本人不信仰任何宗教,但从不反对他人信教,并且十分尊重信教人士。本人一向认为,真心地信一种宗教比没有任何信仰要好。如果大多数中国人像欧美人信基督教那样信仰佛教、道教或儒教,就不会发生"文革"中那么多惨绝人寰的"革命"行动,天真无邪的青少年也不会那么疯狂地追逐"红太阳",唱着"红歌"、带着"红卫兵"臂章抄家、打人、武斗,不会出现全国性的十年"红色灾难"!我希望真诚地信仰宗教的人多一点,让宗教发挥抚慰心灵、教化灵魂、传播知识、弃恶扬善的作用。不过,要让宗教远离功名利禄,回归它的淡泊名利、劝人为善的本来属性。

笔者也不反对宗教要与时俱进,适合现代人的心灵需求与审美情趣。去年秋天我在台湾参观了中台禅寺,这是一座完全新建的现代化的寺院群落,心灵上受到启迪与震撼。我赞赏它把佛教规制与现代建筑融汇一体,外形是现代的,内涵又是佛门的;赞赏它不收门票(包括旅游团的团费)、不点香烛,在正殿中用两段很短的檀香木象征香烛、敬奉佛祖,没有传统寺庙中烟雾腾腾、烟灰扑鼻之苦,可称中华低碳第一寺;赞赏它把信众修行的庙堂与观众参观空间相对分离,使之互不干扰;赞赏信众志愿者(多为居士)为观众免费讲解佛典,虔诚之心溢于言表;赞赏它投巨资修建佛文化博物馆,弘扬佛教精神与艺术,文化韵味十足;赞赏它把传教与教育相结合,设立中外语(中、日、韩、英等语言课程)

兼修的佛学院,培养佛学文化国际交流人才;赞赏它现代院落中有中国古桥古亭,游人可伫立在湖畔沉思、小憩。

　　顺便说一句,台湾的寺庙道观遍布全岛,大到古刹名寺小到乡村街坊的小庙,是没有一处收门票的,更没有人拉你买高香、捐善款,功德箱投不投币完全出于自愿。这样还需要下发"红头文件"、制定燃香"国标"吗?还顺便说一句,我前年在日本东京浅草寺游览时,那里人头涌动、香火旺盛,但信徒手中的香很细、很短,长约半尺、粗细如一根毛衣针,这并不表示他们不虔诚。虔诚与否唯在心中,不在香的粗细长短上。

　　笔者也不反对开展宗教旅游。宗教旅游应细分为宗教朝拜旅游与宗教文化旅游两类,前者是信徒以朝觐为目的的朝觐事务旅游,如麦加的朝圣之旅,后者是非宗教信徒以宗教建筑、艺术与活动等观摩为目的的文化性旅游。在寺院宫观中烧香拜佛者应属于前者。但是,在实际生活中难以把两者严格区分开来。不少游人并非信徒,到庙中游览时随兴烧香。经宗教部门批准的寺院宫观属于宗教场所,经旅游或文化部门批准修建的以宗教文化为主题的旅游区不属于宗教场所。前者可以燃香,但不应该收门票,香客募捐出于自愿;后者不可以燃香,但可以收门票。宗教文化旅游区为了招徕游客,在园内设立由宗教组织主持的烧香拜佛区。有的地方政府为了借名寺古刹发展旅游、增加收入,在寺庙附近另建宗教文化旅游区(如法门寺),出现了宗教场所与非宗教场所交叉、重合的现象,商业经营行为与宗教布施活动混杂不清,各种乱象由此丛生。政府应该按照国家宗教法规《宗教事务条例》和宗教政策,理清上述关系,禁止在宗教场所从事非宗教性质的商业娱乐性经营活动,同时禁止在非宗教场所内开展宗教朝拜和宣传活动。规范燃香仅仅是宗教场所和宗教文化旅游区管理中的一个表面性问题。

　　笔者也不反对开发香烛类型的旅游商品。传统宗教活动中使用的香烛,经过时间的积淀已成为一种文化性产品,在质地和造型方面体现了民族的特质,而且具有祭祀、清新、安神、除异味等多方面的功能。在这方面藏香是一个范例。我在西藏曾参观过藏香著名产地尼木的生产作坊,观看过制作的全过程。藏香选料考究、工艺精细。每次从西藏回来,我总要买些藏香馈赠亲友。藏香在家里点燃时,不仅空气清香、沁人心脾,而且会使我回味在西藏时的经历与感受。藏香与藏刀、唐卡一样都是上佳的旅游商品。现今市场上充斥的用劣质原料粗制滥造的"高香",有的长达一两米,粗如扁担,沿路叫卖、强拉兜售,不仅亵渎了本来圣洁的宗教场所,而且败坏了社会风气、污染了空气、有害身体健康、熏损文物、易于引发火灾。规范燃香要分清良莠、去害存利,为开发健康的宗教性旅游商品创造良好环境。

　　规范、维护宗教文化旅游秩序,还有一个理顺管理体制机制的问题。宗教旅游涉及宗教、文化、文物、旅游和工商等众多部门。以规范燃香而论,燃香类产品的生产、流通与消费是工商部门的事;燃香类产品的质量是质检部门的事;燃香损害文物是文物部门的事;在寺院宫观等场所燃香(消费)是宗教活动,那是宗教部门的事。非宗教信徒参观游览寺院宫观是文化旅游活动,一般是不烧香的,旅游部门无须管。在有宗教内容的景区中,是否允许烧香也是宗教局的事,旅游部门做不了主。据报道,工商总局、国家质检总局、国家宗教局、国家文物局、国家旅游局、国家标准委6部门将联合发布《关于贯彻实施〈燃香类产品安全通用技术条件〉等3项国家标准的通知》,对燃香类产品生产、流通和消费环节进行市场规范和质量监管,此工作由国家旅游局牵头,实在非旅游主管部门职权所在、能力所及。但是,游客在宗教旅游景区遇到坑蒙拐骗之事又往往向旅游部门投诉,旅游部门又无力处理。至于审批修建寺院宫观和宗教文化旅游场所,更涉及众多政府部门,更非旅游部门权属范围。此次规范燃香问题上出现的权属不清、职责不明的问题,实际上是长期以来宗教文化旅游管理杂乱的表征罢了。如能以规范燃香为切入口,从源头上理清宗教旅游的管理体制机制,则是功德无量了。这不是本文所能解决的课题,但笔者有一个基本意见:凡是宗教活动场所的旅游秩序管理,由宗教行政部门主管,旅游部门协管;凡是非宗教活动场所的宗教文化旅游区的秩序管理,由旅游行政部门主管,宗教、文化等部门协管。

奥运场馆：走市场之路，谋发展之道[①]

在近日举办的北京奥运城市发展论坛上，北京市国有资产经营有限责任公司董事长李爱庆说，从开放到今年7月底，"鸟巢"接待游客1300万人次，实现运营收入5.5亿元；"水立方"累计接待游客450万人次，实现收入1.5亿元。但他同时也担忧地表示，门票收入占综合收入的70%至90%，收入结构很有风险。

北京奥运会已过去两年，对奥运场馆经营利用的探索一直没有停止过。北京31个奥运场馆中，大体分为以下三种情况：

（1）国家体育场（"鸟巢"）、国家游泳中心（"水立方"）和国家体育馆等奥运标志性场馆，由直属北京国资委管辖的国营体育公司经营管理，开展了观光游览、体育赛事、健身活动、文艺演出、会议展览、主题娱乐等多样化经营；国家会议中心、酒店等转入常态的住宿餐饮、会议展览等经营接待服务。

（2）五棵松篮球馆、国家网球中心等专业场馆开展职业化国际赛事活动，五棵松篮球馆由外资专业公司经营。

（3）奥林匹克森林公园向公众免费开放，奥林匹克水上公园成为新的体育休闲园区，石景山7个场馆、北部3个场馆群及6个高校场馆转身为民众健身场所。

在管理体制上，根据奥运主场馆分布集中的特点，建立了北京奥林匹克公园管委会，作为由北京市政府领导、朝阳区政府主管的管理机构，对11.59平方公里内包括10个奥运竞赛场馆、多个配套场馆与奥林匹克森林公园（以下简称"森林公园"）进行统一规划、建设和管理。

奥运会结束两年以来，北京奥运会场馆的经营工作取得了显著的经济效益和社会效益，在奥运旅游、大型活动与体育无形资产开发等方面都进行了不断的探索。目前，在奥林匹克公园内共有14家企业在运营。2009年，奥林匹克公园接待游客4000万人次，2010年上半年接待游客约2000万人次。标志性场馆在奥运会结束后当年运营当年赢利，创造了"二战"后历届主办城市主要标志性奥运场馆最好的经营业绩。

但是，奥运场馆经营发展的深层次问题仍然有待破解。

（1）"鸟巢"、"水立方"等标志性场馆以门票收入为主，参观游客人数呈逐步下降态势，门票经济难以为继。森林公园不收门票，经营亏损缺口巨大。目前大多数场馆的经营只能维持日常运行，无力偿还巨额银行贷款本息支付和设备折旧支出，更无力进行场

[①] 2010年8月18日以《"鸟巢"除了做景点，还能做什么》为题发表于《中国旅游报》。

馆设备的更新和新建。有些场馆一直在盈亏收支线上徘徊。

（2）中国体育竞技产业滞后、幼小，专业体育赛事市场狭小，靠赛事维持经营缺乏后劲，靠大众体育休闲市场难以支撑场馆的持续经营。民众健身休闲应主要靠社区场馆解决，中、小型奥运场馆大多远离社区，且公共交通不便，场地设计与维护均不适宜改作社区居民休闲健身之场所。

（3）中国文化产业尚在发育之中，不少可开展文艺演出、文化创意的奥运场馆由于其档次高、规模大、成本昂贵，在北京市激烈的文化市场竞争中缺乏优势。

（4）北京会议展览场馆众多、市场竞争日趋激烈；各奥运场馆大多具备会议展览功能，但专业化水准不高。专业化水准很高、规模巨大的"国际会议中心"，尚且感到"吃不饱"，其他会展场馆经营步履艰难。

（5）目前，奥运场馆完全由国营公司或国有事业单位经营，管理体制、运行机制基本上是为承担2008奥运会为目标建立起来的，是以"举国体制"为支撑的。这种体制机制不能适应以市场经济为基础发展常态的体育、文化、会展、旅游与商业等现代服务业的需要。

以政府为主导的"举国体制"，在较短的时间内建成世界一流的奥运场馆群并成功举办了举世瞩目的奥运会。"后奥运"时期，政府可以把某些公共性、纪念性大型节事活动安排到奥运场馆举办，也可以用某种行政手段把一些大型体育赛事、文化演艺、文化创意、商务会展与休闲旅游活动吸引到奥运场馆举办，但这不能形成持久常态的、充满活力的、自我造血的发展机制。

北京奥林匹克公园已确定会议展览、商务服务、旅游观光、文化演艺与体育休闲为五大"高端产业基地"、"文化创意产业聚集区"。作为产业尤其是现代服务业，市场是配置生产与消费资源的基础性、持续性因素。在"后奥运"时期，只有市场的力量才能把体育休闲、文化演艺、会展商务、休闲旅游与食宿购物娱乐等商业资源源源不断地吸引到奥运场馆群来。用政府之手搭起奥运场馆"戏台"，再用市场的无形之手引来"戏班"与"观众"，"戏台"才会红红火火、持续繁茂。

奥运场馆是全国人民的共同财富，应为广大群众造福。免费向公众开放、面积为两个半颐和园的森林公园，已成为市区中轴线上最大的山水林一体的公众游憩休闲公园。坐落在奥林匹克公园内的中国科技馆，成为北京科普教育与文化休闲的标志性场所。"水立方"已成为市民游泳、戏水的乐园，"鸟巢"欢乐冰雪季、冰雪嘉年华和巧克力梦公园给人们带来了欢声笑语，不少场馆已成为市民的健身场地。人们已初步享受到奥运惠及民生的成果。奥运场馆在主推市场化运作、推进产业发展、追求经济效益的过程中，当然不能忽略惠及民生的社会文化效益。人们有理由要求奥运场馆提供更加丰富多彩、价格实惠的文体休闲服务。但是，只有这些奥运场馆在市场运行中壮大了经济实力，才能向公众提供更多更好的文体休闲服务。目前人们在参观游览奥运场馆时，交通、餐饮、购物、娱乐等方面的种种不便，也说明这些可通过实行特许经营方式由商业化运行的服务项目,是不能完全靠行政手段解决的。即使在公益性的文体休闲园区中,适当引入市场机制提供某些休闲服务项目,也是完善、补充公共服务体系所必需的。适度采取公共服务与市场运作相结合的运行机制,是发展休闲产业与休闲事业的必经之路。

"水立方"是由港澳台侨胞捐助为主兴建的;绝大多数奥运场馆都是通过政府财政拨款、国家银行贷款兴建的,建成后几乎都成为国有资产,由国有企业经营。"鸟巢"曾一度由"民企"控股经营,后很快改为国有控股公司经营。这种由政府部门(如国资委)任命国企高层管理人员的体制,对于集中使用行政力量完成奥运会一类有关国家形象的重大社会活动,是行之有效的。但是,在转向常态运行之后,特别是对市场性极强的体育赛事、文化演艺、商务会展、观光休闲与商业经营等现代服务企业而言,这种"用发展二产的办法来发展三产"的体制,就显得越来越不适应了。

北京市政府提出,奥林匹克公园要建成"国际赛事活动聚集、国家级文化设施聚集、国际总部聚集和高端人才聚集为核心的后奥运场馆集聚区"。实现这些目标,需要加大改革开放的步伐,吸引中外各类社会资本的进入,引进国内外著名的体育、文化、演艺、会展、旅游、休闲、康体和商业等品牌企业和品牌咨询管理机构,进驻国际品牌企业集团的总部或派驻机构。国际许多成功经验证明,大型、特色、著名场馆的赢利渠道除自身举办节事与服务业活动外,还可以采取委托经营、出让特许经营权、限时出让企业冠名权和租售豪华包厢、写字楼等多种方式,逐步改变国企"一统天下"的格局,形成多元经济、多类业态与多种经营,是打造国内前卫、国际一流的"高端产业基地"的必由之路。

北京奥林匹克公园:从奥运场馆到旅游景区[①]

日前,北京市旅游局和朝阳区人民政府共同召开了北京奥林匹克公园创建5A级旅游景区动员大会。北京市政府相关领导指出,作为北京奥运会的主要遗产,奥林匹克公园创建5A级旅游景区工作将为国际奥林匹克事业的可持续发展起到示范作用。一方面,可以把奥林匹克公园放在国际旅游的平台上进行开发;另一方面,以奥运遗产组成的公园争创国际级旅游景点,也是国际奥林匹克运动历史上的创新。

奥林匹克公园("奥园")坐落在北京中轴线北部,依次分布着南区亚运场馆集聚区、中心区奥运场馆集聚区和北区奥林匹克森林公园,总面积11.59平方公里。此次参加创建的主要有国家体育场("鸟巢")、国家游泳中心("水立方")、国家体育馆、国家会议中心、北京新奥集团、中国科技馆、奥林匹克森林公园、凯迪克格兰云天大酒店和北辰洲际酒店。拟建中的中国美术馆二期、国家工艺美术博物馆和2008奥运会博物馆也将落户于此。

笔者认为,这是一个以文化体育、商务会展和观光游憩为主导功能的综合性、现代化的国际文化休闲主题公园。与目前已经评定的5A级旅游景区相比,具有下述特点:

——"奥园"有体育赛事与康体健身、文艺演出与文化创意、商务与会议展览、文教科技展示与交流、参观游览与娱乐休闲及食宿购物商业等多种功能,兼具经济产业与公益事业双重性质。

——"奥园"是一个开放式园区,有边界、无围墙,园区、市区无间隔。在11.59平方公里奥林匹克核心区外,还有29.22平方公里的奥林匹克功能区、64.7平方公里的奥林匹克辐射区,地铁线与多条公交线纵横其间,形成京城北部的最大开放空间。

——"奥园"现由20多个业主单位分头经营、独立核算,由市政府直接领导、朝阳区政府主管的奥林匹克公园管理委员会统一规划、建设和管理。

——除中国科技馆外,这次创建不是在4A级旅游景区的基础上提升,而是从奥运会的主场馆一步跨入5A级旅游景区行列。

这些特点构成了"奥园"创建5A级旅游景区的独特优势:2008奥运会主场馆的世界知名度、前卫的一流现代建筑、北京旅游的新地标、京城中轴线的区位、先进的基础设施和市区两级政府的全力支撑等。这些优势决定了它的创建已超出单纯旅游景区的升级提高,而是从国家级、国际化大型节事活动场馆向旅游产业转型,体育产业、文化产业、商

[①] 2010年月9月13日《中国旅游报》。2010年9月,本人应邀担任北京奥林匹克公园申报5A级景区顾问。本文为在奥园管委会申A工作会议上的讲话。

务会展产业与旅游产业融合的一个新范例。

正因为如此,"奥园"创建5A级景区面临新的课题:

——"奥园"的总体布局与设计原本是从举办奥运会的角度出发的,没有充分考虑赛后开展常规化的旅游休闲活动的需要。在基础设施、休闲设施与观光游览设施与导识系统等方面较少考虑常态情况下旅游活动的需要,在园区旅游信息服务、数字化运行管理、服务调度与经营管理等方面尚待完善。

——"后奥运"时期,"奥园"面临着举办大型节事、赛事活动与日常观光休闲活动的双重功能。奥运场馆已经积累了相当丰富的举办大型活动的经验,并形成了一套较为完备的运行机制与应急机制,但对常态下接待分散的、来自不同群体的观光休闲、商务会展及常驻园区的境外总部基地人士的服务,有待大力改进。

——"奥园"具有公益性与商业性的双重属性。园区内20多个业主单位大多是商业性的企业单位,少数是公益性的事业单位;有些是面向公众的观光休闲场所,有些是既面向专业人士又面向公众的文教科技场馆,还有的是面向专业人士的商务会展场馆;各个单位的功能不同、业态不同、服务对象与利益诉求不同,但作为一个5A级旅游景区要求统一的服务理念、服务规范、交通方式与门票制度,对管理者与经营者是一个考验。

——园区、社区与商业区重叠、交错在一起,居民、游客、住商(入住酒店、写字楼、公寓楼的人士)、行商(园区内外的各类经营者)、业主有各自的诉求与利益,构成一个多元群体共处的特殊社区。创建和谐之区有赖于区内区外官商民各相关利益者的磨合与协调。形成井然有序、文明和谐的园区环境,不仅是靠创建时的"冲刺",更要形成一种规范、科学的长效机制,比起一般景区难度要大得多。

——"奥园"的管理者、经营者与服务者来自不同部门与行业,有的擅长体育赛事,有的擅长文教活动,有的擅长会议展览,有的擅长酒店餐饮,有的擅长园林绿地,有的擅长房产地产,除中国科技馆原是4A级旅游景区、北辰洲际是四星级酒店,大都缺乏旅游景区经营管理的专业与经历,有待在实践中提高。

只有以"人文奥园、科技奥园、绿色奥园"的理念统率创建工作,才能从根本上解决"奥园"目前经营与长远发展中存在的种种课题。把深厚的人文内涵与人文关怀精神渗透到服务、经营与管理的每个细节中去,从高层管理者到一线员工都成为宾客的服务员;把先进的科技成果运用到"奥园"的所有建筑、设施与活动中去,并用多种方式介绍这些成果,让园区成为普及、推广先进科技的园地;把绿色理念与绿色技术贯穿到"奥园"的各个环节与角落中去,使园区成为推广绿色生活方式的舞台。例如,在园区中开设手机自动导览信息系统,参观游览、演艺赛事场所装置自动控制系统,提供可直接饮用的净水系统,实行垃圾分类回收系统,提供自行车、人力车等清洁交通工具,组织从事讲解、导游与安全服务的志愿者队伍,成为培育首都志愿者队伍的社会学校,等等。从细微入手,从点滴做起,使"奥园"成为建设"人文北京、科技北京、绿色北京"的示范基地,成为全国旅游景区的人文化、科技化、绿色化的示范园地。

为此,在创建工作中,在各个业主单位分别整改的同时,要更加注重园区总体上的整合;在完善基础设施与服务设施的同时,要更加注重旅游运行与接待服务的提升;在完善场地设备的同时,要更加注重人力资源的建设;在解决当前明显的短缺环节的同时,要更加注重构建保障持续发展的体制机制;在提升管委会的行政统筹、调控能力的同时,要更加重视发挥业主经营单位、园区入住单位、社区组织等社会力量的沟通与协调,使由20多家业主单位自愿建立的"奥运功能区发展联盟"发挥更加积极的作用。

5A级旅游景区是中国旅游景区的标杆与典范,不仅要求精美的园区、精良的设施和精致的物件,更要求精明的管理、精巧的经营与精细的服务;不仅需要一流的游览环境,更需要高素质的人力资源,达到硬件完备与软件完善的完美结合。对于本来就是世界著名、中国一流的奥运场馆来说,人们有理由对它的创建工作提出最高的要求、寄予最佳的期望。

从这个意义看,奥林匹克公园创建5A级景区的过程,是加速园区服务设施完善与服务水平提高的过程,是加速园区上下、左右、内外各相关利益主体的磨合与协调的过程,是加速园区全员职工旅游服务素养提升的过程,也是加速园区管理体制、规章制度与品牌建设的过程。一句话,创建的过程比创建的目标更重要。

奥园创建5A：只有起点，没有终点[①]

北京奥林匹克公园（以下简称"奥园"）创建5A级旅游景区的工作目前正进入最后冲刺阶段。作为创建工作的全程咨询专家，笔者亲身感受到一年来为了达到这一目标各方所付出的心力与物力，目睹了在创建过程中奥园的巨大变化与华丽提升。

作为2008年北京奥运会的主场地，奥园可以说是"皇帝的女儿"，她享誉世界的知名度、前卫独创的时尚建筑、京城中轴线的区位优势、国际水平的基础设施，早已成为北京城市的新地标、首都旅游的新亮点。奥运后，北京市政府及时提出，奥园要建成集会议展览、商务服务、旅游观光、文化演艺与体育休闲于一体的"高端产业基地"和"文化创意产业聚集区"。一年前，北京市政府作出奥园创建5A级旅游景区的决策，让她与国家旅游景区标准接轨。

奥园创建5A级景区不是平常意义上的一个旅游景区的提升，而是园区服务功能、运行机制和人力资源的重新整合与华丽转身。在近12平方公里内，这里有国家体育场馆、会议展览中心、中国科技馆新馆、森林游憩公园、历史人文遗址、酒店宾馆和其他企业，20多个业主单位有公益性的事业单位，也有商业性的企业单位；有些是面向公众的观光休闲场所，有些是面向专业人士的商务会展场馆，有些是既面向专业人士又面向公众的文教科技场馆。各个单位的功能不同、业态不同、服务对象与利益诉求不同，但作为一个5A级景区要求有统一的服务理念、服务标准与管理制度，铸成一个统一有序、异彩纷呈、各司其职、各尽其能的公共休闲、旅游、文体、科教、商务、会展、创意园区，这是以往创建5A级所不曾有过的。正因为如此，她的创建工作具有以下目前已有的5A级景区所没有的特点：

其一，她是景区、商区与社区的结合。具有各自诉求与利益的游人、居民、住商（入住酒店、写字楼、公寓楼的人士）、行商（园区商业经营者）与业主，构成一个多种群体共处的特殊社区。要形成一个井然有序、文明和谐的园区环境，不是靠创建时的一时"冲刺"，更要形成一种规范、科学的长效机制。

其二，她具有公益性与商业性的双重属性。它既承担着国家和北京市政府举办大型国事活动的任务，又承担着商业性的赛事、演艺、商务、会展、科教等活动，还面向国内外公众提供日常性的观光、休闲服务。多种功能集于一体，要有条不紊地应对常态与非常态、集中与分散、公务与商务、官方与民众、专业群体与大众群体的不同服务，不仅需要多

[①] 2011年7月25日《中国旅游报》。

种功能的设施场馆,更要形成一套完备、周密和灵活的管理体制。

其三,她是一个不断开放、继续建设中的园区。已有的场馆、景物需要不断完善与革新,新的场馆、项目将陆续推出,如巧克力博物馆、大众冰雪运动、大马戏团演出场等时效性的项目不间断的更新,拟建中的奥林匹克博物馆、中国美术馆新馆和国家非物质文化遗产展览馆等将落户于此。国外有"建不完的迪尼斯"之说,我们也可以说奥园是"建不完的5A级景区"。

笔者半年前在《奥林匹克公园创建AAAAA还缺点啥》一文中说过:奥园"创建5A级景区的过程,是加速园区服务设施完善与服务水平提高的过程,是加速园区上下、内外各相关利益主体的磨合与协调的过程,是加速员工旅游服务素养提升的过程,是加速管理体制、规章制度与品牌建设的过程。可以说,创建的过程比创建的目标更重要。"此时此刻,笔者要补充一句:奥园创建5A级只有起点,没有终点。

只有继续坚持用"人文奥园、科技奥园、绿色奥园"的理念统率全局,才能把深厚的人文内涵与人文关怀精神渗透到服务、经营与管理的每个细节中去,从高层管理者到一线员工都成为服务员,建成以人为本、文明和谐的新型社区;把先进的科技成果运用到所有建筑、设施与活动中去,并用多种方式介绍这些成果,让园区成为普及、推广先进科技的创新园地;把绿色理念、环保技术与低碳标准贯穿到奥园的各个环节与角落,使园区成为享受与推广绿色文明生活方式的示范窗口。

在完善园区基础设施与服务设施的同时,要更加注重运行与服务的品质提升;在完善场地设备的同时,要更加注重人力资源的建设;在解决当前薄弱环节的同时,要更加注重构建保证园区持续发展的体制机制;在提升奥林匹克公园管理委员会的行政管理、统筹协调能力的同时,要更加重视园区业主单位、入驻单位、社区组织等社会力量的沟通与协调。由20多家业主单位组成的"奥运功能区发展联盟",是一个自愿建立、自主联合、自律维护的非政府组织,是奥园社区自我管理的一个创举,要更加经常、更加有力地发挥积极的作用。

奥园是全体民众的共同财富,要注重惠及民生的社会文化生态效益。创建5A级成功后,要提供更丰富多彩、价格实惠的文体休闲服务。免费向公众开放、面积为颐和园两个半的森林公园已成为首都中轴线上最绿、最美、最清新的中央游憩休闲公园。只有在市场运行中壮大经济实力,才能向公众提供更多更好的文体休闲服务。要积极探索在公益性的园区中,适当引入市场机制提供某些休闲服务项目,以完善、补充公共服务体系。

奥园要继续推进体制机制改革与创新的步伐,吸引中外各类社会资本的进入,引进国内外著名的体育、文化、演艺、会展、旅游、休闲、康体和商业等品牌企业和品牌咨询管理机构,进驻国际品牌企业集团的总部或派驻机构。国际上许多成功经验证明,大型、特色、著名场馆的赢利渠道除了自身举办节事与服务业活动外,还可以采取委托经营、特许经营等多种方式,形成多元经济、多类业态与多种经营并存共赢的格局,是打造国内前卫、国际一流的"高端产业基地"的必由之路。

作为以现代服务业为主体的园区,市场是配置生产与消费资源的基础性、持续性因素。在"后奥运"时期,只有市场的力量才能把体育休闲、文化演艺、会展商务、休闲旅游与食宿购娱等商业资源源源不断地吸引进来。用政府的有形之手搭起了一座时尚、瑰丽的大"戏台",再用市场的无形之手引来异彩纷呈的"戏班"与源源不断的"观众",奥运这出"大戏"必定会红红火火地持续下去。

可以断言,奥园创建5A级的成功,将使之成为5A级景区百花苑中的一朵奇葩,也是奥运与旅游嫁接的硕果,必将在世界奥运场馆的后续利用上留下新的示例,也给上海世博园、西安花博园等节会场馆的后续发展提供借鉴。

故宫何不学一学布达拉宫[①]

据《新京报》记者报道,今年国庆期间,北京故宫前5天接待游客46万人次,平均每天9.2万人次,其中2日为12.5万人次,3日为11.5万人次,超出故宫的最佳容量5万人/日、最大容量6万人/日一倍以上。在南北长961米、东西宽753米的空间内,同时涌入十几万人,这对游客意味着什么?对故宫意又意味着什么?购票排队一个半小时,西六宫的御道不足5米宽,通道上塞满了人,二三百米的路走了半个小时;如厕难,有的游客担心上厕所,忍着不喝水。"大人看人头、小孩看屁股",如此环境下何来旅游兴味?权威古建专家罗哲文先生说,大量涌入的游客让故宫的文物不堪重负,人群呼吸出的二氧化碳会让古建筑的彩画和朱红色墙面褪色,过多的触碰和踩踏也会给文物造成影响。他主张故宫应该控制游客数量,并且避免大量游客瞬时进入。

解决文物保护与民众参观的最好办法是,提前预约、限制流量。前年笔者参观巴黎罗浮宫时,导游告知团队参观必须事先预约,限定某日、某刻入场。西藏布达拉宫从2003年起采取限定游客入宫措施,今年4月26日起恢复执行门票预订制度,每天限量参观,旅行社团队限额1800人,自助散客限额500人。自助散客必须提前一天领取换票凭证(免费),于第二天凭换票、凭身份证购票进入。旅行社团队提前2天提交团队申请,按票号上规定日期、钟点安检、入宫。罗浮宫、布达拉宫可以这样做,故宫为何不做呢?

首先,全社会要共同树立"保护第一、合理利用"的理念,从实现可持续发展的高度,把保护文化遗产视为自己的天职。笔者还记得2003年走访布达拉宫时管理处处长强巴格桑说的那句话:如果布达拉宫遭到损坏,我就是历史的罪人!这种神圣的使命感是使历史文化遗产得以延续的灵魂。要坚持不懈地在全民中营造对民族、国家与世界文化遗产的尊重、珍爱以至敬畏之心。因为它们不仅属于我们这一代,而且属于世世代代,属于全人类!

其次,政府相关主管部门与管理单位要切实转变发展方式,从粗放型向集约化转变,从数量扩张型向质量提升型转变,从单纯追求经济效益向实现社会、经济、文化与生态的综合效益转变,从门票经济型向多种经营转变,从人工售票检票向网络预订、电子门票、电子监控的现代化方式转变。地方政府要切实加大对文化遗产保护的资金投入,改变以接待人数与经济收入为衡量业绩的做法。在保护与创收发生矛盾时,收入必须为保护让路,从体制机制上改变景区过度依赖门票收入的状况。

[①] 2010年10月7日《中国旅游报》。

再次,对广大消费者广泛、持续开展保护文化遗产的宣传,倡导深度慢游,培养细嚼慢咽欣赏文化瑰宝、深化文化体验的休闲方式;提前发布景点限量入园、预订门票的信息,采取网上预订、手机预订、邮局预订、社区预订等多种方法方便民众,逐步养成文明休闲旅游的消费习惯。实行限量入园,开始时人们会不适应,但坚持下去就习以为常了。民众休闲旅游习惯的转型是休闲产业转变发展方式的消费基础。

人口大国是我国的国情之本。休闲旅游人数集中与行游食宿接待有限的矛盾将长期存在,且有日趋加重之势。解决这个矛盾的科学途径是,普遍推广职工带薪休假制度,试行南、中、北部地区依次错开寒暑假时间,让民众自主选择假期、分散休假密度,改变千军万马一齐踏入"黄金周"独木桥的现状。这是许多国家多年积累、行之有效的办法。

多年来故宫坚持低门票方向(只有曲阜"三孔"门票的1/3),历来受到公众好评。提高门票价格不是控制游客流量的有效手段与理想办法。台北故宫博物院开展民众文化活动,开发文化纪念品,开设宫廷宴席、宫廷食品等广开财路的尝试也可借鉴。据报道,故宫博物院计划明年启用电子票务系统,对游客人数进行实时监控,一旦客流达到饱和,相关地区将限时限制客流。笔者还建议尽快启动故宫门票旅游团与个人预订系统工程,把电子票务系统纳入其间。

故宫是中华文化遗产的皇冠之珠、世界文化遗产的瑰丽之宝,也是当前我国众多文化遗产保护与利用矛盾显得最突出的文化景点。故宫的难题缓解或解决了,对其他的文化遗产以至自然遗产景区都有示范意义。相信故宫人的智慧一定能找到解开这道难题的妙法。

故宫如何应对今年国庆大考[①]

前年10月7日,《中国旅游报》刊载了我的短文《故宫何不学一学布达拉宫》,鉴于国庆期间前5天平均每天9.2万人次、10月2日多达12.5万人次的状况,笔者建议故宫启动旅游团与个人预订程序,实行提前预约、限量参观。今年9月20日故宫发布了国庆期间接待工作方案,网上预订自9月20日起试运行,10月1日至7日每天限售门票8万人次。10月2、3、4三天日接待量均超过8万人次,前5天日均9.7万人次,其中2日达12.78万人次,超过最高限量的6成。故宫主管方陷入了两难境地:坚持每天限售门票8万人次的方案,担心游人不满甚至会引发事端;超过限量放开售票,以后谁会相信故宫主管方的决定或承诺呢?

这次故宫限量参观方案未能实施并非方向不对,而是准备不足、措施不周。主管方不会不知道,根据多年"黄金周"期间故宫的接待量,8万人次是限不住的。如果超过了这个限量,怎么办?是停售封门还是继续售票?停售封门会出现什么情况?如何应对?9月20日故宫发布限量入院和网上预订消息是否太仓促了?覆盖面有多大?在售票处采取了哪些措施及时疏散排队等候买票的游人?国庆之后故宫宣布将坚持限流,不提高8万人门槛。但仅靠这一点,显然不能保证在以后的参观高峰期不再重现"欲限不能"的窘境。

人口大国是中国的基本国情,希望参观故宫的国内外游人势必越来越多,但它的瞬时容量是有限的。为了使子孙后代也能见得到故宫,也为了保证游览安全和参观质量,限制瞬时参观人数是唯一之道,舍此别无他法。提高门票价格既不能限制游人流量,也不符合公共资源社会共享的原则。先来后到、有序排队、限量参观,才能既公正又可行。故宫为何不可呢?

首先,有必要重新核定故宫的最大游人容量。笔者过去曾见到一个说法,故宫的最佳日接待量为3万人、最大日接待量为6万人。故宫东西宽753米、南北长961米,总面积72万平方米,其中建筑面积约16万平方米。除却不能供游人参观的场地,可供参观的实际面积有多大?综合运用"线路法"、"面积法"和"卡口法"三种测算游人容量的方法,并结合"黄金周"期间高峰流量的实际状况,以游客人均参观时间4小时、日周转率2次为标准,每日8万人次的规定是否合理?究竟每天接待多少游客,才是既有利于文物保护又可使游客从容地参观?

[①] 2012年9月29日《中国青年报》。

其次,坚持团队与个人预约登记、预购门票和分批限量入馆制度。通过各种渠道,广泛宣传故宫预约参观、限量接待的制度,电话、网上预订与即日购票并行,使之成为一种常态,而不是"黄金周"期间的临时之举。特别是在售票处应设有大型电子屏幕,即时播报已进入人数或尚可进入人数,及时疏散排队等待的人群,不让游人白等。十多年前笔者在美国参观白宫时,第一天排在限额之外,管理人员告之今日已满额,只得翌日提前排队才可入内参观。目前国家博物馆每天上午9点限量出售当天门票,超出限额即发出告示、停止售票。也正如笔者在巴黎罗浮宫参观时亲历的那样,旅行社团队在预约时间段内进场,不得提前或延后。个人参观也可预约时间段,并在入大门口处分时分批入场,避免在同一瞬间一齐涌入。太和殿、乾清宫、坤宁宫和珍宝馆等核心景点也应实行分批限量入场。为了避免游人硬底鞋踩踏地砖、门槛,应提示游客穿软底鞋参观。总之,要使游人感知,故宫不是随便参观的,今天不行明日再来,这次不行下次来京时再来参观,这样就能无形中培养对国宝文物的敬崇之心。

再其次,加快馆区数字信息化、智能化建设。启用电子票务系统,即时统计并公布参观人数;如上海世博会那样,通过网络监视系统掌握并即时发布各参观节点的人流状态;游人可用手机了解馆内人流状况,自主选择参观。推广电子导览机或手机导览为游人提供电子讲解,降低嘈杂之声。故宫理应在首都景区数字信息化、智能化方面步入前列。

再者,在长假期间可适当延长开馆时间。"五一"、国庆、中秋、春节等参观高峰期间,故宫可从目前的9点入馆提早至7点半开始,下午从3点停止售票延至4点或4点半,闭馆时间也可顺延,使日均周转率从2次增加到3次,增加接待人数。

最后,故宫与周边景点可实行连线观览。团队或散客拿到定时入场的门票后,如有空余时间,可选择游览天安门广场、中山公园、劳动人民文化宫(太庙)、国家大剧院、前门一条街、景山公园等附近景点,并用价格优惠的联票方式形成环故宫游览线。目前,已开设前门→天安门→中山公园→故宫→北海→前门的1号公交游览专线。

总之,只要全社公共同秉承"保护第一"的理念,认同文化遗产是不可复制的、不可再生的,务必以敬畏之心待之,并采用现代科技手段,合理组织参观程序,并通过持久的努力使公众养成预约参观、有序排队等文明观览习惯,故宫难题终会破解。上海世博会期间秩序井然,许多场馆几小时甚至十几个小时的排队,不就是一例吗?故宫限流这个"老大难"问题破解了,其他的珍稀文化与自然遗产景点的问题也就不难解决了。

故宫周一闭馆半天何不常态化[①]

　　长期超负运行、疲惫不堪的故宫终于可以喘一小口气了。从1月7日开始,首次试行旅游淡季周一闭馆半天,到3月31日结束。这是值得肯定的一步。

　　故宫是"博物院",不是风景区,更不是游乐场。英语"博物馆"一词,源于希腊文"缪斯",原意为"祭祀缪斯的地方","缪斯"是希腊神话中掌管科学与艺术的九位女神的通称,可见"博物馆"内文物地位之崇高与神圣。故宫被公认为当今世界五大博物馆之一,其余四个为:巴黎罗浮宫,每周二和元旦、5月1日、8月15日、12月25日闭馆;纽约大都会博物馆,每周一和圣诞节、感恩节、元旦闭馆;圣彼得堡埃米塔什博物馆(冬宫),每周一闭馆;伦敦大英博物馆实行周一闭馆,元旦和圣诞节(12月24、25、26日)闭馆。可见故宫是唯一365天不闭馆的世界级博物馆。

　　笔者以"博物馆周一闭馆"主题词点击了一下搜索网站,得到的海量信息是:北京的国家博物馆、首都博物馆等博物馆几乎全部实行周一闭馆,国内绝大部分博物馆也是如此。2009年5月18日是"世界博物馆日",这一天恰好是星期一,许多理应闭馆的博物馆为响应这次"世界博物馆日"的主题口号"博物馆与旅游",为了便于公众参观,纷纷发布通知这一天"破例"不闭馆,照样接待参观者。网站还显示,无论欧美、大洋洲地区,还是亚非地区,大多数博物馆实行"周一闭馆",极少数的博物馆是"周二闭馆"。

　　可见周一闭馆已成了国内外博物馆的通例。这对整理馆务、保护文物、提高服务、开展业界同行交流是十分必要的。闭馆通常放在周一,不影响周六、周日市民休假时间合家参观,十分合理。全球博物馆不约而同地实行周一闭馆,几乎已成制度,这也许是世界博物馆总结多少年的经验总结出来的一个运行"规律"。有经验的博物参观者也几乎都知道"周一闭馆"是个惯例。"周一不去博物馆",是笔者在国内外多次在大小博物馆大门口"碰壁"后悟出的一条"规矩"。

　　故宫周一闭馆半天,整理展物、清扫尘埃,修复展柜灯光线路,烟感报警器的全面检测,对古建、文物、设备的安全排查与保护,工作人员也可以利用这半天开展培训、交流和总结,无论对保护文物、整治环境,还是完善管理和提升服务,都是十分必要的。之所以故宫不像其他博物馆那样每周一闭馆,只在淡季闭馆半天,且不闭馆1天,其余季节不闭馆,笔者揣测由于故宫对游客的特殊吸引力,主管者的本意是要满足旺季时的观众参观需求。

[①] 2013年1月14日《中国旅游报》。

故宫方的苦心令人钦佩,亦可理解,但是笔者认为从文物安全的角度考虑,参观旺季更需要每周定时闭馆,因为那时游客量增大了许多倍,安全的保障难度也增加了许多倍。况且对故宫安全的威胁主要来自旺季时的超量客流。据故宫管理方测算,每天的合理接待量是3万人次,而2012年10月2日客流量突破18万人次,全年客流量突破1500万人次,日均接待4万人次。在72万平方米的宫阙内,接待如此多的游客,大概可称"世界第一"了。正在审议中的《旅游法》草案突出强调景区要公布和控制客流量。从清明到"十一"之间有5个3天与7天的小长假,故宫如何应对这几天多达10万乃至更多的游客潮?这才是问题的关键。正如故宫掌门人单霁翔先生所言,"中国的世界遗产超负荷运转几乎是常态"。去年世界"博物馆日"的主题是,"处于变革世界中的博物馆:新挑战、新启示"。对故宫而言,这才是最严峻的"新挑战"。

可持续的科学发展观告诉我们:在世界遗产面前,要恪守代际公平与平等的原则。故宫这样的世界历史文化遗产,不仅是中国的,而且是世界的;不仅是祖先"留"给今人的,也是今人从后辈"借"来的。保证故宫博物院的代代可持续利用,限制入院游客流量是难中之难,也是重中之重。关于这一点,笔者在2011年10月7日《中国旅游报》、2012年9月28日和10月19日《中国青年报》刊载的短评中呼吁过多次,不再赘述。

正如捕捞有休渔期、放牧有轮牧一样,博物馆周一闭馆是天经地义。笔者以为,周一下午闭馆不仅在淡季实行,而且应该常年实行;不仅实行周一下午闭馆,而且应该创造条件进一步实行周一全天闭馆整休;不仅故宫博物院这样做,而且凡是以珍稀、敏感的自然生态或文化遗产资源为基础的景区景点,也应该实行定时闭馆、闭园的制度。要转变世界遗产、文物景区的运行方式,理性、务实地处理好接待规模、游览质量与资源保护的关系,接待规模的控制应以游览质量与资源保护为前提。这既是对祖国负责,也是对世界负责;既是对历史负责,也是对未来负责。

故宫应下决心实行限量参观[①]

据报道,故宫博物院管理方为了缓解御花园高峰时段人员拥挤问题,杜绝踩踏隐患,确保游客和文物安全,满足游客对参观舒适度的需要,在清明节期间,御花园内东、西采取分流,游客由南向北单向参观后,经顺贞门出神武门,游客不得逆行或横行。

故宫管理方一方面不敢断然实行它曾经宣布过的限量参观的措施,另一方面又想在不限量参观的同时采取分路游览、限制游客东西横穿御花园的办法,尽量缓解御花园高峰时段游人拥挤的困境。对于故宫管理方的用心与苦衷,笔者深表理解,但是又不得不说,在清明、"五一"、"十一"、春节这些旅游高峰时段,这种办法对缓解故宫的整体拥挤状况来说,只能是杯水车薪、无济于事。

故宫总面积72万平方米,建筑面积15万平方米,可供参观者立足的面积57万平方米。据故宫管理方测算,每天的合理接待量是3万人次。2012年故宫游客达1530万人次,日均4.2万人次,日均游人量超过合理接待量的40%。去年10月2日客流量突破18万人次,是合理接待量的5倍,平均每平方米的地砖上要站3.2个人。如此下去,故宫如何承受得了,游客的安全又如何保证得了?!

像故宫这样的珍稀文化遗产景点,面临着一个无法回避的矛盾:日益增长的参观需求与有限的参观场地的矛盾,而且越往后这种矛盾越尖锐。故宫的年接待量从2002年的713.7万人次,增加到2012年的1530万人次,十年翻番,平均每年增加80万人;故宫日最大接待量,从2004年5月1日的5万人次,增加到2012年10月2日的18万人次,8年之内几乎翻了两番。故宫管理方已经采取和准备采取的措施,如腾退办公用房、清理开放尚未开放场地、分路单向参观等,都无法从根本上解决文物安全与利用的矛盾、参观规模与参观质量甚至参观安全的矛盾。

笔者建议,首先以故宫的最大容量为上限,按照既往情况,对团队参观与个人参观数量划分恰当的比例,实行不同的售票、入院办法。团队参观必须全部预约,定时、定量入院。个人参观也划分一个比例,即网上预订或电话预订与现场售票的票量比例,预订者按预约时间参观。与此同时,故宫建立进入与离开观众的瞬时、动态电子计算与监控系统。一旦达到最大参观量时,首先暂停现场个人售票,同时暂停进入参观,实行出几人进几人的办法,犹如停车场无空车位时,实行先出1辆车、后进1辆车。在智慧管理时代,用网络技术计算和控制观众流量并非难事,为何不用呢?

[①] 2013年3月27日《中国旅游报》。

故宫去年"五一"前曾宣布要实行限量参观,但没有实行,据说是担心观众因不能进故宫而引发事端,而故宫入口太和门正好位于天安门中心地段。其实,这种担心是完全可以预防和化解的。只要事先广泛宣传、入口处及时发布信息、有效维护、耐心劝导,绝大多数参观者是会理解的。上海世博会期间多少观众耐心、有序排队,不是安然无事吗?

笔者在本报多次撰文,呼吁故宫断然采取限量参观措施。这是既符合故宫实情又符合国际惯例的唯一办法,也是最后一定要实行的办法。实行比不实行好,早实行比晚实行好。怕出事而不实行,也许反倒容易出事。对于预约参观、限量参观、排队参观这样一种"参观文明"的培养,不妨从故宫开始。不仅故宫如此,凡是珍稀的自然遗产和文化遗产热点景区,都应该如此。其实,这种参观办法也是培育国人珍惜国宝、敬重国宝的有效之举。故宫不是公园,参观故宫不是逛庙会。对于老天爷与老祖宗留给今人的国宝,怎能想来就来、想看就进?

景区应实行流量控制一票否决制[①]

今年双节"黄金周"期间,著名景区成为拥堵的重灾区,超载接待成为常例。

据央视报道,今年双节期间,80%以上的5A级景区都超过最佳接待量1倍以上。超过日最佳接待量的前几位景区有:南京中山陵23万人次,超过最佳接待量10倍;厦门鼓浪屿12万人次,超过最佳接待量9倍;敦煌莫高窟13 666人次,超过最佳接待量8倍;北京故宫18.2万人次,超过最佳接待量5倍;山西平遥古城10.5万人次,超过最佳接待量5倍;湖南衡山8万人次,超过最佳接待量4倍。"自古华山一条路",万人挤华山险些出人命。此情此景可用"触目惊心"4个字来表述。试问,如此状态对文物古迹、自然生态意味着什么?对游人的旅游感受、体验意味着什么?对旅游者与服务者的健康、安全意味着什么?对社会稳定、国家形象又意味着什么?

经历了13年"黄金周"的历练,地方政府官员与景区管理者并非不知道"黄金周"会怎样。刚刚公布的《旅游法(草案)》还在"旅游安全"一章中,专门写了"景区流量控制"一条,各类景区的规划设计"标准"、"规范"都有"最大容量"、"最佳容量"之类的规定,多数景区规划也有这方面的内容,但都是写在纸上、挂在嘴边,没有一家真正执行的。

景区不执行游客流量控制制度,一是利益驱动,片面追求增加门票收入。景区门票是不少地方政府的"印钞机",景区老板的"摇钱树",怎会不要送上门的钱?二是害怕游客不满引发事端,稳定压倒一切,不让游客入门,万一游客闹起来,景区领导会丢官帽。三是不少游客没有排队的文明意识、素养与习惯,也是执行流量控制制度的难点。

以笔者的亲历所见,门票预订、团队预约、分批进入与总量控制,是世界各国景区、参观地的惯例。10年前在美国白宫排队参观,第一天排在限额之外,第二天提前排队方得进入。参观赫氏古堡,大门口20人一队分批进入参观,入宅后每个房间也是如此。在巴黎罗浮宫,导游说团队必须按预约时间参观,不能随便参观。在台湾太鲁阁公园,每辆旅游车上都贴有规定日期、时间游览的单子。一次到北京国家博物馆参观,没有预约,当日门票已分发完,只得改日再去。拉萨布达拉宫实行严格的限量(一天4000人)、分批(每20分钟放行100人)、限时(参观不得超过1个小时)参观制度。在上海世博会期间,我排了一辈子最长也最多的队,不少场馆排队几个小时而未能入馆,一笑了之,毫无怨言。

不论是假日还是平时,缓解著名景区拥堵的唯一出路是,在全国范围内大张旗鼓地宣传并切实执行景区流量控制制度。如果听任游客无限度进入,导致文物破坏、环境污

[①] 2012年10月19日《中国青年报》。

染、游客旅游质量下降、安全隐患增加,反而会爆发事端,这次华山事故未出人命已是不幸中的万幸。著名景区严格实行流量控制制度,实际上能起到引导游客向其他非著名景区分流的作用,促进休闲旅游的合理发展。

笔者呼吁,按照《旅游法(草案)》的规定,旅游(主题公园、A级景区)、住建(风景名胜区、历史文化名城名镇)、文化文物(博物馆、文物保护单位、文化园区、演艺场馆)、林业(森林公园、自然保护区)、国土(地质公园、矿山公园)、水利(水利风景名胜区)、农业(农业观光点)、工业(工业旅游点、工业遗产公园)、体育(体育场馆、滑雪场)、质检(制定景区流量标准)等部门,应尽快联手制定各类型景区的流量控制管理条例、实施细则、办法,先试行,经过一定时期的运行后成为正式法规、国家标准,并在这个问题上实行"一票否决"制。若有不执行景区流量控制标准的,中止其经营资质,撤销其等级称号。除行政、监察、执法部门加强管理外,发动公众、网络、媒体共同监督。非如此,对不起大自然馈赠的遗产与生态环境,对不起老祖宗创造的历史遗产,也对不起后代子孙。否则,我们会成为破坏生态、毁灭遗产、祸及子孙的罪人。

事在人为。人创造环境,环境塑造人。预订预约、先来后到、文明排队、有序观览应成为一种行为规范、公共制度与社会风气。管理者有责任更有义务为民众养成排队习惯,建立制度,执行规矩,创造环境。

关于景区定义与流量控制的意见[①]

一、关于景区定义

《旅游法草案》第九十七条规定:"景区,是指以营利为目的,为旅游者提供游览服务的封闭场所或者区域。"这个定义有待探讨。

目前全国有 2 万多个景区,性质各异、种类繁多,包括风景区、文博院馆、寺庙观堂、古城古镇、旅游度假区、自然保护区、主题公园、森林公园、动物园、植物园及工业、农业、经贸、科教、军事、体育、文化艺术和城镇等各类旅游区(点)。

由于资源性质、经营性质和经营主体各异,景区大致可以分为公共产品型、完全市场型和公共产品与市场产品结合型三种类型。

(1)公益型。国家文物保护单位、博物馆、文化馆、城市公园等完全由政府拨款建设、管理和运营的,是公益型景区。

(2)市场型。游乐场馆、主题公园、高尔夫球场以及乡村旅游点等由社会资本投入、按市场经济方式运营的,是市场型景区。

(3)公益与市场产品结合型,如历史文化名城名镇名村、风景名胜区、森林公园、地质公园等。以公共自然风景和历史文化资源为基础,历史上长期由政府拨款建设、管理和运行,改革开放后各类社会资本不同程度地参与开发、经营,尽管其资源基础是公共性质的,但在很长的历史时期中我国还没有条件完全由政府包揽下来,它的建设、经营和保护的投入不可避免地受市场因素的制约,旅游观光和休闲娱乐服务供给的运营不同程度地进入了市场运作的轨道,属于准公益型景区。

显然,上述第二类景区属于"以营利为目的"。第一类景区不以营利为目的,具有供全体国民游览休闲、强身健体、科普科教、保护文化遗产等社会功能。第三类景区在发展地区经济、保护自然与文化遗产、保障生态环境并为国民提供游览休闲、强身健体、科普科教服务的同时,适当实现赢利目的,并通过赢利加强对自然与文化遗产的保护。对这类景区赢利不是主要目的,赢利服从并服务于社会公益目标。

这三类景区中,大多为"封闭场所或者区域",但是像杭州西湖国家级风景名胜区、南京中山陵及周边景区并不是"封闭场所或者区域",今后会有越来越多的社会公益性景区不以营利为目的,也不是封闭场所或者区域。许多乡村旅游点也不是封闭场所或者区

[①] 2012 年 9 月 30 日写给全国人大常委会财经委员会《旅游法草案》起草小组的部分建议。

域。《草案》中对景区的定义既不符合现状,也不符合越来越多的社会型、公共型景区的发展趋势。

国家标准《旅游区(点)质量等级的划分与评定》(GB/T 17775—2003)对"旅游区(点)"的术语:"旅游区是以旅游及其相关活动为主要功能或主要功能之一的空间或地域。本标准中旅游区(点)是指具有参观游览、休闲度假、康乐健身等功能,具备相应的旅游服务设施并提供相应的服务的独立管理区。该管理区应有统一的经营管理机构和明确的范围,包括风景区、文博院馆、寺庙观堂、旅游度假区、自然保护区、主题公园、森林公园、地质公园、游乐园、动物园、植物园及工业、农业、经贸、科教、军事、体育、文化艺术等各类旅游区(点)。"此定义包含了旅游区(点)的功能、类型、区域与管理等四个要素,虽然烦琐了一些,但比较全面,概括了旅游区(点)的基本特征,涵盖了旅游区(点)的主要类型。

《旅游法》的法律术语要求更精准、更能包含现有及未来旅游区域不断扩展的发展趋势,建议把"景区"定义修改为:"经县级以上(含县级)行政管理部门批准成立,有统一管理机构并提供相应旅游服务,具有参观、游览、度假、康乐、求知、科普等功能的场所或区域。"

二、关于景区流量控制与保护

《草案》第六十九条规定:"景区实行旅游者流量控制制度,不得超过景区主管部门核定的最大承载量接待旅游者。

"旅游者可能达到或者超过最大承载量时,景区应向当地人民政府报告,景区和当地人民政府应当及时采取疏导、分流等措施,旅游者应当予以配合。"

景区实行旅游者流量控制制度,不仅是为了旅游安全,首先是为了保护文化文物资源与自然生态资源的永续利用,并保证旅游品质与服务水平。

"核定的最大承载量接待旅游者"是一件十分复杂的专业技术工作,不同类型的景区有不同的测定方法与标准。目前,国内尚无统一的景区旅游者流量控制标准。《风景名胜区规划规范》、《旅游规划通则》与《森林公园总体设计规划》中,均有游人容量测算方法,但各不相同。

热点景区在旅游旺季,特别是"黄金周"的游客量控制不能仅靠"旅游者可能达到或者超过最大承载量时","采取疏导、分流等措施",而应当未雨绸缪,制订预案,采取调控措施。为了保护文化遗产和生态环境,保证游览安全和质量,按照公平、有序的原则,景区运行实行先来后到、预约预订、有序排队、限量进入,是国际通行的做法。

建议修改为:"国务院主管部门应制定相关景区旅游者流量控制标准。景区不得超过景区主管部门核定的最大承载量接待旅游者。景区应因地制宜采取团队预约、个人预订、发布接待信息、分时分批接待等方式调节游客流量。

"旅游者可能达到或者超过最大承载量时,景区应向当地人民政府报告,景区和当地人民政府应当及时采取疏导、分流等措施,旅游者应当予以配合。"

　　景区是旅游吸引力与竞争力的核心要素,是旅游业(包括作为经济部门的旅游产业与作为民生权益的旅游事业)的基础之一。《草案》中只有定义、门票与游客流量3条涉及景区,与34条涉及旅行社的条文相比,很不匹配。建议在《旅游法》中补充景区的规划建设、经营管理等条文。

文物守护神，旅游热心人[①]
——悼念罗哲文先生

罗老走了。闻此噩耗，情不自禁从书柜里找到了先生于1997年2月赐赠的《罗哲文长城文集》。看着他手书写的题词，字迹工整清丽、苍劲有力。见字如见人，这位外表平和而心底刚毅的文物大师、文化挚友，仿佛仍站在我面前。

我与罗老的结识较晚。1993年初中国旅游协会咨询中心成立时，聘请他与单士元、郑孝燮、谢辰生等几位文物界元老担任中心的高级学术顾问。从此，或项目考察，或规划论证，或学术论坛，与他屡有交往，聆听他对文物保护与发展旅游的精辟见解。2001年在评审《福建旅游发展总体规划》时，我向他汇报福州市"三巷七坊"要转让给香港一个房地产商大鳄开发"新区"，他立即表示反对，特地写了一份书面意见，明确表示他的主张：完整保持"三巷七坊"的整体环境。前年，在海南国际旅游岛国际论坛期间，我向罗老汇报了湖南凤凰县黄丝桥古城的危急状况，他要我写一个书面材料给他，由他转给相关部门。谁料到这竟是我与他的最后一次交谈。

保护文物是罗老毕生的使命，不论是中国的还是外国的。流传着一个中国建筑专家保护日本古城的故事：第二次世界大战末期，美国即将对日本发起总攻，当时仅20岁的罗哲文与他的恩师梁思成给盟军司令部在5万分子之一的日本地图上标上东京与奈良的文物点，使这两个历史古城免遭战火涂炭。1953年，他冒着政治压力写报告支持梁思成保护北京古城的方案。几十年后，他多次为自己当时人微言轻，未能完整保护好古都城墙而深感遗憾。

罗老对我国文物事业的杰出贡献是众所公认的，人们称他是"文物保护神"、"长城守望者"。但更令我敬重的是，他思维敏锐、与时俱进，就保护文物与发展旅游之间的辩证关系发表了一系列既有理论深度又切实可行的见解。众所周知，在文物界与旅游界人士中，对能不能利用文物发展旅游，如何利用文物发展旅游，能否实现文物保护与发展旅游互动、双赢，由于专业取向的不同一直有不尽一致的认识，对在发展旅游中如何保护文物也有许多新课题需要探讨。对此，罗老在2002年5月17日《中国旅游报》上发表题为《文物古迹保护与旅游事业的发展》一文，开门见山地写道：

"文物古迹与旅游的发展有着非常悠久的历史和十分密切的关系。旅游离不开文物古迹，文物古迹借旅游发挥其作用，流传其历史，传播其信息。两者相辅相成，相得

[①] 2012年5月28日《中国旅游报》。

益彰。"

"文物古迹、风景名胜主管部门与旅游部门在以保护为主这一观点上,是完全一致的。因为旅游事业的发展要靠文物古迹、风景名胜作为对象,称作旅游资源,如果资源破坏了,参观游览的对象没有了,旅游事业就谈不上发展了。"

罗老在另外一个地方对这个问题又作了深入浅出的论述:"旅游开发与文物保护绝对不是矛盾的。在过去,一提文物就只是保护。我认为,文物就是要利用,文物就是要发挥它的作用。文物(主要是指古建筑)具有不可移动性,只有通过'旅游'达到用'物'说话的目的,反过来用'旅游'来体现文物的价值。中国的长城,既是中国文物,又是世界遗产,毛主席的词句'不到长城非好汉',就充分揭示了旅游与文物的内在关系。美国总统里根先生站立在长城上无不感慨道,到了长城才体会到,如果没有这样一个伟大的民族,就创造不出这样伟大的奇迹。"

他不仅提出问题,而且破解问题,提出如何在保护中利用文物的原则、方针、措施与办法。他倡导文物保护的十六字方针:保护为主、合理利用、发展旅游、加强管理。"文物古迹与旅游两者是水乳交融密不可分的关系。两者如果处理得好,就可以达到相辅相成、相得益彰的目的。如果处理得不好,也可能产生不好的效果。关键在于:互通信息情报,科学规划,合理安排,依法办理。"

罗老对旅游功能的论述也是十分深刻的:"旅游不仅是一种重要的支柱产业,而且是一种十分重要的文化教育、体育健康的活动。必将得到越来越广阔的发展,文物古迹的保护也将是永远的。相信两者一定能在建设有中国特色的社会主义与两个文明建设中,作出更大的贡献。"

罗老对导游员的评价应成为全体旅游人的座右铭:"好的导游员,既是教师教授,又是表演艺术家,需要有渊博的知识。导游可使祖国的山河增色,使名胜生辉。导游是一项综合艺术,需要体力与智力、知识与艺术的结合,是口才与交际、机智与严谨的融会。导游业务水平的高低,直接反映出一个地区乃至一个国家的旅游接待水平。"

近年来,罗老又把视线聚焦到名镇、名村的保护上。他认为,新农村建设对中国古村落的保护是挑战,更是机遇。如果规划有序,措施得当,新农村建设将大大促进古村落保护工作。他痛心疾首地呼吁在城乡建设中避免"保护性破坏",痛斥"野蛮的拆除现象"。"文物为民"更是罗老文物保护理念的精髓:"保护工作,第一位的还是群众的利益。""不能单纯地只重视保护工作,同时还要重视和关心老百姓的安置。保护历史名城、文物、古村镇,都是为了群众,群众才是保护的主力军。"

丰富的、曲折的生活历练,使罗老站在国家的层面思考文物保护工作的路径。为了解决保护与旅游存在的矛盾,他曾建议温家宝总理在国务院成立一个旅游协调小组,让有关风景名胜、文物、历史名城、文化、交通、旅游等领导、专家、工作人员坐在一起协调和解决保护与发展旅游当中出现的问题。

罗老常说,读万卷书,行万里路。搞我们这一行,不仅要坐在书桌前做学问,还要出去多跑跑多看看。保护古建筑不到实地，闭门造车怎么能行。他是知行合一的榜样。在他家中，所有房间密密麻麻地装满书籍，而没有豪华家什。他风尘仆仆地走遍了长城首尾、神州大地，一生在旅途中奔波。我在湖南凤凰县看到他手书的"南方长城"石碑，这是他年近80高龄时考察湘西苗疆边墙遗存后，认定的"中国南方长城"，并将之视为中国明代长城的一部分。去年10月，以87岁高龄去安徽泾县调查徽派民居村落，这是他的最后一次远行。

罗老晚年从国计民生的高度不遗余力地宣传、践行保护文物与发展旅游的融合，在文物界与旅游界搭起了一座沟通交流的桥梁，织就了一条合作共赢的纽带，使他的文物保护理念升华到时代的新高度。他的仙逝令文物界失去了一位大师，也使旅游界失去了一位智者。"文物古迹发挥作用，旅游是一个非常重要的桥梁"，"发展旅游是一个综合性的保护方式"，努力践行罗老的这个嘱咐，是我们对这位文物大师、旅游挚友的最好纪念。

反差产生魅力[①]

今天北京飘飘洒洒下了一天鹅毛大雪,小区淹没在雪海之中。今年是我定居北京第51个年头,40多年未见过这样的大雪,这是一个久违了的风雪之天。

下午5点,老伴问:"你今天还去游泳吗?"

"去!"我没加思索地答道。自搬进奥林匹克花园之后,6年间除出差外天天去游泳,几乎是雷打不动。到下午这个时刻,再忙也要离开文案去游泳池。须知,这也是我选中这个以"运动与健康"为主题的小区的主要原因之一。

我穿上厚厚的羽绒服,戴上厚呢帽子,把自己捂得严严实实出门了。为了防止滑跤,还拿了一根只在登山时用的手杖。

雪足足有半尺厚,踩在上面像地毯一般。

家内是23摄氏度,室外是零下9摄氏度。雪花落在脸上,凉爽爽的。顿觉空气清新,一种莫名的惬意涌上心头。

进了游泳馆,一阵热气扑面而来。大概也是二十二三摄氏度,却觉得比家里暖和多了。

跳进游泳池,37摄氏度体温的身子一下子浸在25摄氏度的水中,一瞬间感到一阵凉意,打了个寒战。游了10多分钟,身上觉得慢慢变温了,既不冷也不热,舒适得很。在池中来回游动,整个身子都舒展开了。

游泳馆的落地大窗高达10多米,游水时可以望到馆外树枝上的积雪,远看像圣诞树。屋顶上铺着厚厚的白雪,像盖了一层洁白的、厚实的棉被。

游了个把小时,从泳池中上来,走到通道口时,又觉得冷飕飕的。

冲完热水澡,再把身子包严了,走出游泳馆,虽然刚从二十三四摄氏度的室内再进到零下9摄氏度,但丝毫没有寒意,反而觉得热腾腾的。不仅脸上热,身上热,心里更热。

路灯已经打开,灯光下飘着的雪花像片片水晶,一闪一闪的。地上的雪堆也闪烁着水晶般的光斑,煞是好看。此时,头脑异常清醒,心底异常舒坦,一天案头工作的劳顿与烦闷消失得无影无踪。

在这短短的一个半小时中,室内、室外、池内、池上,来回地变换着空间、温度,虽仍在小区的院子之内,但心态、情绪、感觉却如此的让人新鲜、多变。如果这一个半小时仍然待在书房中,是决无此种感受的。

[①] 2010年1月3日搜狐博客。

这又使我想起，1993年12月25日，这一天上午在三亚大东海中畅游，晚上回到北京过圣诞夜时的刺骨寒风；10余年前，在哈尔滨零下20多摄氏度的冰灯园中体会什么叫"千里冰封"，在亚布力的索道上感受什么叫"万里雪飘"，这又是在北京所没有的。

寻找反差、感悟反差、体验反差，这是人的天性，这是人向往旅游的驱动力。

自然生态是如此，人文生态也是如此！

也谈慢城与旅游[①]

6月29日,《中国旅游报》刊登刘思敏先生《慢城旅游与旅游发展》一文介绍"国际慢城"概况,评述了慢城与旅游的关系,使我回想起去年10月在江苏高淳县考察中国首个"国际慢城"桠溪镇的印象,并重读了有关国际慢城的资料,引发了一些粗浅的思考。

思考之一,"慢城"的本质并非"慢",而是"绿"。"慢城"的名称突出一个"慢"字,甚至其logo竟是一只蜗牛,但其本质并非"慢",而是提倡一种绿色的生活形态。从《慢城运动宪章》、慢城的7条标准、8条公约、4大前提、5大行动准则和54项规定看,其核心主张是:提倡节约能源,如限止小汽车使用,尽可能减少广告牌和霓虹灯,完善的污水生态处理系统与噪声管理系统,抵制快餐食品,提供健康食品等,倡导一种节能、环保的绿色生活方式。这是对城市化、工业化、现代化浪潮下浪费能源、污染环境后果的一种反思与抗争,是后工业化的社会中人们对绿色生活的一种追求。

思考之二,"慢城"的特点也不是"慢",而是"特"。"慢城"主张小而特的城镇与社区建设。申报"慢城"的区域人口不得超过5万,首批"慢城"之一意大利的布拉人口为1.5万,另一个"慢城"德国的Marihm仅260名居民,可见"慢城"实为小镇。世界慢城联盟主张,"保持独一无二的小镇个性、特点与自然环境","培育本地文化,保护当地的风俗习惯与文化遗产",传承地方传统手工业,特别是保护具有地区象征性意义的传统产品,体现了建设小而特、小而精、小而美的城镇建设理念。这是一种对现代城市化过程中片面追求大而全、千城一面的误区的反思与抗争。

思考之三,"慢城"不是"城",而是"镇"。"慢城"、"世界慢城联盟"的中译名值得斟酌。"慢城"的意大利文是citta slow,英文为slow city,city既有大城市、大都会之义,也有城镇、社区之义。目前"慢城"成员都是小镇或村落,在慢城的标准、公约、准则与前提中,译文均用"小镇"是符合"慢城"宗旨的。笔者认为,中文译为"慢镇"更为贴切,有助于避免误解。世界慢城联盟颁发给桠溪的证书英文名为The Town of Yaxi,桠溪是个镇级行政单位,该译法相当准确。笔者建议,在用中文名称时,不如译为"慢镇"、"世界慢镇联盟"。在汉语的习惯用法中,"城"为"城市、都市","与乡村相对";"镇"为"较大的集市","如城镇、村镇"(见《新华字典》、《现代汉语词典》)。一般把"城"理解为人口在十万、百万乃至千万以上的大中小城市,而"镇"为数以千计或万计的行政单位。现在国内的一些城市,甚至中小城市也想戴"慢城"这顶时髦的帽子,其实是个误解。

[①] 2012年7月25日《中国旅游报》。

思考之四,"慢城"是自然天成,不是刻意创建。"慢城"是对早已存在的一种生活方式与社区形态的概括,是自然生态与人文生态长期积淀而形成的一种真实而鲜活的社会存在,它不是刻意创建或模仿而成的。《慢城运动宪章》及慢城的标准、公约、前提等规定,是对其成员的形态与特征的概括,也是对其成员以后发展的要求,但不是模仿或创建的标准。国际慢城联盟是一个国际性的非政府组织,它是符合并认同"慢城"生活理念与生存方式的小镇或社区的自愿组合与交流平台。加入国际慢城联盟由小镇或社区行政机构申请,需要当地居民的赞同,慢城联盟派人考察,但不需要中央政府有关机构出面申报,而其运行方式既不同于申报世界自然文化遗产名录、世界地质公园,也不同于国内的"创优"、"评A"。如果沿用"争创"、"评优"的套路,地方政府争相向国际慢城联盟申报、创"慢",则与"慢城"的本意南辕北辙了。

去年考察高淳时当地的领导告诉我,桠溪镇加入"国际慢城联盟",实属巧合。3年前,高淳县曾与意大利波利卡市结成友好城市,2010年7月1日,市长安杰罗瓦萨罗第三次来到高淳。巧的是他本人具有的另一层身份——世界慢城联盟副主席、国际部主席。他在高淳逗留了3天,并进入农户交谈后,认为桠溪镇完全符合"国际慢城"的标准。该年12月份在苏格兰举行的国际慢城会议上,桠溪的生态之旅被正式授予"国际慢城"的称号。高淳县是全国首批、江苏首家国家级生态示范区,桠溪镇乡村风景天然自成,6个行政村、2万居民分布在一条48公里的自然风光带上,沿途分布着有机茶园、果园和农田。"跳五猖"、"大马灯"等传统风俗依然是村民自娱自乐,而非人力"挖掘"、编排出来的商业性的加工表演。该镇以生态高效农业为基础,开展乡村生态旅游,此前已是全国农业旅游示范点。可见桠溪成为"国际慢城"是自然乡村与慢城标准的巧合,绿色经济与慢城理念的吻合,文化传承与慢城宗旨的契合,而非刻意为之的结果。

思考之五,"慢城"首先是宜居地,然后才是宜游地。"慢城"起源于意大利的以健康饮食为诉求的"慢餐"运动,它的发起与发展并非是为了创建旅游目的地、促进地方经济增长,而是倡导、传承一种健康时尚的绿色生活,维护、提升具有良好生态、特色文化的社区,其出发点与落脚点是为了提升本土居民的生活质量。但是,一旦这种"慢城"的知名度提升后,想去观光、考察和体验的人就会多起来,由宜居地变成了旅游目的地。本来,在当今时代,任何地方都不可能成为与世隔绝的孤岛,"慢城"也不例外。"慢城"要求,"热情接待外来客人","体现对小镇、居民与客人的关心呵护"。无疑,这种源于自然、富于人文特色的宜居之地,对处于快节奏、高噪音、重污染、"水泥森林"中的城市居民来说,更是返璞归真、心向往之的旅游目的地。不少"慢城"的情况正是如此。由此观之,大致有两类旅游目的地,一类是以自然生态、人文气质与社会环境为基础的旅游地,一般先是宜业、宜居地,后为宜游的旅游地;另一类是为了发展旅游而新建的城市(如拉斯韦加斯、迪拜)、景区和度假地,在成为旅游目的地的过程中形成了从事旅游服务的新居民。无论哪一种旅游地,都存在宜居地与宜游地的关系。"慢城"旅游的发展说明,只有居民对自己的居住地满意了,才能让游客满意;只有居民快乐了,才能使游客快乐。现在有些地方提出"幸福旅游",发展"幸福导向型的旅游产业",无疑这种幸福应该是居民与游客共享、互动的幸福。无论是富了地方、宰了游客,还是乐了游客、苦了百姓,都不可能有真正的幸福,不能成为宜业、宜居、宜游一体的城市。

思考之六,慢游与快游都是一种旅游方式,并无优劣、高低、深浅之分。"慢城"发起者的初衷似乎与旅游无关,更与慢游与快游无关。欧洲从"慢餐"、"慢城"延展到"慢学校"、"慢生活",很自然就衍生到慢旅游。近来,业界开始注意慢游与快游。在"时间就是金钱"的时代提倡"慢",确实是观念上的一个变革。似乎有这样一种说法,快游是观光、浅度游,慢游是度假游、体验游、深度游,从快游走向慢游似乎是旅游的一种提升。对旅游目的地的经济效益来讲,延长游客逗留时间,慢游固然高于快游。其实,快游与慢游没有明确的判断标准,它是不同的游客所选择的不同的旅游方式。一般来说,对观光游客,尤其是旅游经历较短或第一次去某个目的地的人来说,一般先选择快旅快游的方式,如首次去欧洲的游客往往选择两周十国游,首次去海南的游客往往选择三至五天环岛游,首次来华的游客往往选择北京、上海、西安、桂林、广州十日或两周游,多次去某地旅游的游客就可能选择一地、一国或两三个地方或国家游。快旅慢游是希望缩短从常居地到目的地的旅途时间,延长在目的地的逗留时间,在高速交通快捷条件下是旅游方式的一大进步。但快旅未必会慢游,现在从京沪线上快速往返的游客也许旅途时间短了,但在目的地的逗留时间也可能依然那样,游客可能依然是来去匆匆。由于游人的条件、经历、职业、年龄、诉求、目的地等的不同,快游将永远存在,甚至永远是大多数游客的首选,正如欧美有人把快餐称为"垃圾食品",但快餐依然在全球风行一样。时下推出的数月环球邮轮游这样的高端慢旅慢游,永远是少数人的选择一样。同一个人也许会对不同的目的地,有的快游,有的则慢游。无论是观光还是休闲,旅游体验的深浅不完全取决于行程的快慢。如果旅游业者与旅游者的同步成熟与互动契合,无论慢游、快游都可达到休闲游、深度游、体验游的效应。

时下,全球25个国家有140多个慢城。欧洲有慢城130多个,其中的一半又集中在意大利,加拿大、澳大利亚、新西兰和韩国也各有几个慢城。高淳桠溪成为我国首个慢城后仿效者不少,有些房地产项目也打起"慢城"的旗子,都是出于宣传推广的目的。国际慢城倡导小、精、特、绿的城镇发展理念值得借鉴,也可与我们的小城镇、新农村、乡村休闲与古镇旅游建设相兼容,但是没有盲目跟风的必要。可以预见,由于申请"慢城"的门槛较低,它又没有名额的限制,又是非国家行为,可能很快出现几十个以至更多的"慢城",该称号的含金量会很快缩水。

就笔者到过的桠溪而言,与其他的乡村旅游地没有多大的区别,在那里落地的几家台湾投资人开发经营的乡村度假村,也相当精细、到位,尤其是一家用当地稻秸作原料制造可降解的花盆,不失为一种绿色器具。道路边本地种的草花,色彩艳丽、枝繁叶茂,足有一人高,富于乡土气息。它每年自然发芽、生长,无须人工浇水与培植。令笔者担心的是，国际慢城的声名引来越来越多的自驾车，如过江之鲫的游人涌动在乡间田舍，慢城成了"堵镇"，小村成了闹镇，固然给百姓带来了金饭碗，但也带来了如何让游客认同这是个"慢城"的难题。

我在二外四十年[①]

弹指一挥间,北京第二外国语学院成立40周年校庆即将临。这也意味着,我在二外已经度过了40个春秋。回忆的思路像开了闸门的流水,一桩桩往事历历在目……

一、初到二外

那是1964年8月中旬的一天,刚从中国人民大学毕业的我,到朝阳门南小街的国家对外文化联络委员会(当时简称对外文委)人事司办完报到手续后,立即搭上东去的公交车,到尚未正式成立的北京第二外国语学院上班。怀着激动而期待的心情,出了朝阳门,乘上42路公共汽车向通县方向奔去。一过红庙,仿佛来到了农村田野,马路两边一片绿油油的农田展现在眼前。在定福庄站下车,一块挂着"北京第二外国语学院筹备处"牌子的北校门口(当时没有南校门)映入眼帘。

谁能想到,我一脚踏进这个大门,一待就是40年!

1963年底、1964年初,周总理先后访问了欧、亚、非14个国家,认为中国对外关系将有较大发展,深感外语干部之不足,果断决定创办一所新的外语院校。3月决定建校,7月招生,9月开学,当然不可能新建校舍。在周总理过问下,把煤炭部下属的北京矿业学院东郊分院(后为煤炭干部学校,现为北京广播学院校舍)划拨给二外作为校舍。

学院创办时的物质条件十分简陋,没有一幢教工公寓楼。未婚的青年教师四个人一间集体宿舍,已婚的员工集中在现在的"筒子楼"内,走道里放着煤炉子、堆着蜂窝煤,洗菜、洗衣都挤在公共洗漱室里。一家二代甚至三代人挤在一间屋子里。

校园南北,全部是褡裢坡生产队的农田与村庄,朝阳路北还有一条小河。每到傍晚,我与同事走出校门,沿着田边小径散步。河水潺潺地流淌,夏天黄昏时可听到蝉鸣蛙叫狗吠,可看到飞鸟游鱼羊群。春天,油菜花开放,与绿色的稻秧黄绿相间;夏时,一片金色麦浪,我们每年照例下乡割麦,参加"三夏"劳动。

半年之内建一个外语学院,干部、教师从哪里来?二外初创时,学校的管理干部主要来自三个方面:一是来自高校委系统的干部,如张天恩、张书田、翟良超同志等;二是从对外文化工作系统来的干部,如唐恺、彭平等同志;三是来自部队转业的同志,如王力、刘连荣等同志。创办之初教师主要来自两个方面,一是从新华社干校转过来的一批高级外语人才,如何江、管震湖、林宗基等,他们中大都当过"右派",学术精深、外语娴熟,是建校初

[①] 写于2004年8月,为庆祝北京第二外国语学院校庆40周年而作,收录于《二外四十年》,中国青年出版社2004年版。

期的教学骨干;二是来自各个院校、各类专业的六四、六五届大学生,成为建校初期的基本教师队伍。

不到半年的时间就办起了一座外国语学院,在中国高校发展史上可以说是一个奇迹。来自各地、由各个方面组成的一支教职员工队伍,他们之间没有老大学常有的门户之见、派系之争,齐心合力创办新大学。海纳百川、五湖四海,是二外创立时的一个好传统。

二、从讲师直升教授

1987年7月,经北京市高校职称评定委员会批准,我从讲师直接升为教授,成为当年北京市高校3名破格提升教授中的一个,一时成为二外的一个新闻。

当时我已46岁,从1964年大学毕业那年算起,已从教23年;从1979年评定为讲师算起,也已"抗战八年"。以今天的情况,30岁出头当教授、博导的不再是新闻。为何一个年近半百的人晋升为教授会引人注目呢?

还得从历史说起。

1964年过了国庆节,我就被抽调到由对外文委干部组成的"四清工作队",下到河南省许昌地区,参加"农村社会主义教育运动"。当时这样做,一是去抓农村里的"走资本主义道路的当权派",二是知识分子进行"自我改造"。我当时分配在许昌地区苏桥公社孟村的"四清工作组"内,白天与农民们一道下地劳动,晚上"访贫问苦"、"发动群众"。为了表示工作组的"立场鲜明",一律到最穷的"贫下中农"家中吃饭。当时我吃在一个姓孟的农民家里,全家祖孙三辈一共有9口人(其中5个孩子),我一月的32斤粮票、15元伙食费全部交给这一家。他们从来是半年红薯充饥、三顿喝粥。我每天的1斤粮食撒到他们家的大锅里,由红薯藤与红薯干熬成的粥汤中多了几颗米粒。现在我每当在潮州菜的宴会上吃到青炒红薯藤这一道时鲜菜时,脑海中总是浮现出当年在河南农民家里喝红薯粥的情景。这一年的经历使我对生活在中国最底层的农民生活有了一点了解。

1965年国庆前,结束了"四清工作",回到北京。我在刚成立的东欧语系担任"关于国际共产主义总路线"课程的教学工作,回到了自己的专业领域。但不到一年,"文革"风暴骤起,中止了刚刚起步的教学生涯。1969年11月,在"林副统帅"的"第一号令"下,全院552名教职工、770名家属、522名学生,全部南下河南信阳明港,办起"五七干校",以"阶级斗争为纲",白天劳动生产,晚上"斗私批修",清查"5·16"分子。当时我在"五连"炊事班当"事务长",盖土房、砌猪圈、买菜、养猪、采购、炒菜、洗锅……

这种生活一直延续到1972年12月返回北京。在这段时间内我通读了《马克思恩格斯全集》,写下了上万张读书卡片,为日后的研究积累了资料而庆幸,并从这段曲折的历史动荡与人生曲折中磨炼了自己,得到了在书本上和书斋里得不到的感悟。

时间的指针走到了1978年,十一届三中全会是党和国家的转折点,也是我人生道路上的一个新起点。这一年我回到政治理论教研室,重新拿起讲稿、走上讲台。

从 1964 年起,整整 15 年的光阴,而且是从 23 岁到 38 岁人生中精力最充沛的年龄段在不间断的政治运动与劳动锻炼中过去了。

丢失了的光阴不可追回,未来的日子应由自己掌握。一回到教学与研究岗位,我全身心地扑向自己渴望已久的工作。1978 年 3 月《光明日报》发表了我的处女作《恩格斯谈造就无产阶级科技队伍》,从此一发而不可收。直到 1987 年,在 10 年之内,先后出版我主编的《战后国际共产主义运动史》、《国际共产主义的实践与理论》和《当代世界政治经济》教材 3 本,出版关于马克思恩格斯的宣传、翻译与研究著作 6 本(其中获省、部级优秀著作奖两项),发表有关论文近百篇,担任中国国际共产主义运动史学会理事、北京市高校世界政治经济教学研究会秘书长、《国际共产主义运动》杂志副主编、中央马列编译局主办《国际共运史研究》编委,兼任中国社会科学院研究生院客座教授,参加了中共中央党校、中共中央联络部、中国人民大学、中国社会科学院马列研究所、苏联东欧研究所、世界政治经济研究所和世界历史研究所的多项课题研究。在院内,我先后担任国际共运史教研组长、政教部副主任,兼任院世界政治经济研究会会长。

再回到评职称的事情上。

1979 年 8 月,根据教育部的统一部署,全国高校恢复中断了 13 年之久的教师职称评定工作,我院首次开展教师职称评定工作。1986 年 11 月,北京市重新启动被冻结 4 年之久的高校教师职称评定工作,并提出了改革职称评定意见。当时评聘工作的指导方针是,坚持标准、保证质量、全面考核、择优评聘。

国家教委《高等学校教师职务试行条例》及北京市高教局的《实施细则》规定,由讲师直接晋升教授属于"破格晋升",其学术条件除了教学、科研成绩卓著的一般性要求外,还有两条硬杠杠:一是必须有两本以上独立完成的专著或主编的全国性教材;二是必须获得两项省、部级科研奖。同时,还明确规定,破格晋升的名额不占本校指标;由讲师申报教授者,如被北京市评定委员会否决,不得转评副教授。

职称评定工作开始后,我考虑再三。按条件,我符合破格晋升的条件,但是如果不能通过,连副教授也评不上。更重要的是,破格晋升在当时实际上是一个改革举措,能否连闯"三关"(学科评议组、院教师职称评审委员会和北京市教师职称评定委员会)、申报成功,既取决于我本身的条件,更取决于院职称改革领导小组的决策。

这时,改革正在向纵深发展。高校教师职称评定的改革,已成为教育改革的一个重要环节。10 年"文革"使高校教师队伍青黄不接,高级职称教师的年龄普遍老化(评上正教授的大多在 60 岁左右),有突出贡献的中青年教师被论资排辈式的职称评定模式压着。

当时张道一同志等院领导、人事处长王俊魁和教务处长李传松等许多同志按照国家教委和北京市高教局的文件规定,鼓励和支持我申报教授。我的理解是,这不仅仅是对我个人教学与研究工作的一种肯定,更主要的是为了加快中青年教师队伍的成长,为他们创造脱颖而出的环境与机会。

1987年7月,我拿到了经北京市高级专业技术职称评审委员会审定、由国家旅游局签发的教授专业技术职称证书,成为二外第一个由讲师直接晋升的、因而也是当时最年轻的教授。

现在想来,这次越级申报的成功,其实是历史为我安排的一个机遇。如果没有"文革",我极有可能沿着"助教—讲师—副教授—教授"的阶梯一步一步地向前走;"文革"结束后,如果没有1982至1986年的"冻结",我还会沿着这个常规之路走;如果没有当时北京高等院校要找几个"破格晋升"的教师作为落实政策的例子,我又怎能搭得上这班"直通车"呢?当然,我永远不会忘记那些在教学与科研上指导我、帮助我的校内外老师与同事,特别是我的恩师、中国人民大学资深教授高放先生,也永远不会忘记在这次评定工作中秉公办事、执行政策的同志们的支持与努力,更不会忘记是二外把这个特定历史条件下的特殊机遇给了我。

前几年,我把自己从事国际政治经济和共产主义运动史研究的大部分藏书和著作赠送给二外图书馆。这次二外成立40周年之际,我又把自己珍藏、通读过的《马克思恩格斯全集》、《列宁选集》、《斯大林全集》与国际政治等书籍,总共525本,赠送给院图书馆,以此表达一个退休教员对学院的一点心意。

三、在旅游研究所的新探索

1989年春夏之交的那场政治风波,改变了我在二外最后十年的专业研究方向。1989年春我在外交部苏联东欧改革研讨会上的发言《改革已触及旧体制的根基》(发表于同年第2期《世界知识》杂志,列在钱其琛同志的文章之后),成为我研究国际政治的最后一篇文稿。1991年底,院领导决定把我从政治理论教研室调到旅游科学研究所工作。

旅游是我毕生的爱好。在小学、中学时,每逢春游、秋游是最高兴的日子。大学时代,每逢寒暑假,我与学友结伴游江浙。"文革"结束后,我每年都去各地参加这种、那种学术会议,会后必定游览观光一番。"读万卷书,行万里路",算是我的一个爱好。但是,年过半百,把旅游作为自己的研究对象、作为一种专职工作,这对我来说毕竟是一个新的学科、新的工作领域,因而是一个新的探索、新的挑战。

到旅游研究所的第一个课题是,编制海南省三亚市旅游发展战略规划。三亚市人民政府请我院派出专家组编制该市旅游发展战略规划。院领导委派我主持该课题。1992年国庆节以后,由本所和天津中国旅游管理干部学院7名教师组成的课题组赴三亚进行了2个多月的考察。12月28日上午,我仍在三亚大东海游泳,下午乘飞机回到北京时一片冰天雪地。经过7个月的紧张工作,终于交出了我进入旅游科学研究领域后的一份答卷。

当时全国旅游规划编制工作处在起步阶段,我院旅游研究所是首次承接这种应用性很强的研究课题,我更是刚刚接触旅游,的确是"摸着石头过河"。

1993年5月9日,在北京国际饭店举行了一次高规格的评审会。评委中,学术界名人有中科院吴传钧院士、北京大学陈传康教授、清华大学郑光中教授、南开大学林南枝教授等,旅游实业界的名人有国旅总社原总经理、中国旅游协会常务副会长王尔康,国家旅游局的两位司长,还有在我院任教的中法旅游培训中心法国专家 Ann Harvey 和美国旅游法专家 Robert Char。

我刚刚跨进旅游界,这些人士我一个也不认识;又是第一次接触旅游城市的发展规划,对研究的深浅一点不摸底。面对这些人士,我的紧张可想而知,心中实在没有把握。在向三亚市领导和评委们汇报时,我似乎又回到了学生时代,在考场接受老师的考评。当评审组长王尔康先生宣读评审结论时,我屏息细听:

"《战略规划》在社会主义市场经济观念指导下,从宏观战略背景入手,在深入调查研究基础上,提出将三亚市建成'中国南疆热带滨海旅游城市'的战略目标及其发展阶段,全面系统地论证了旅游业相关的社会经济因素,确定了超常规的发展战略与对策,将对三亚市旅游业的长远发展具有现实指导意义。《战略规划》注意旅游开发与城市环境和社会建设相结合,这在旅游区域开发和旅游规划学科建设方面具有一定的理论价值。"

"鉴于《战略规划》内容全面系统,资料丰富,研究方法科学,所提建议符合省情市情,研究成果达到国内本研究领域的先进水平,会议一致同意通过评审。"

至此,心中的一块石头终于落了地。

当时参加评审会的《人民日报》记者在该报海外版上撰文说:"这份完全由中国旅游专家学者完成的15万字的报告书,接受了中国旅游业界著名专家学者及美国、法国旅游专家等各有关方面的严格评审。"

《中国旅游报》在头版发表报道时评论说:"专家们在发言中,对三亚市领导重视旅游业,尊重知识,尊重人才,决策科学化,给予充分肯定。同时,对中国旅游学院和中国旅游管理干部学院的教学科研人员努力为社会经济建设服务,给予高度评价。"

首战告捷。

从此又一发而不可收。

当时,我国的旅游院校的专业设置集中在饭店、旅行社管理和市场营销方面,旅游开发的宏观管理和规划建设方面是一大空白。而正处在初步发展阶段的中国旅游业,特别是省市县旅游部门,面对国际旅游蓬勃而起、国内旅游方兴未艾的局面,十分需要旅游院校提供行业咨询、规划开发的智力服务。这是社会的要求、市场的需求。

从旅游研究所自身来说,既面临着科研经费的匮乏,全所一年学校只拨5000元的科研经费;又存在着科研人员对旅游业实际情况了解不够和实际工作能力欠缺等问题,研究工作主要是翻译、搜集书面资料。这种办所体制与研究机制十分不适应全国旅游业大发展的需要,不利于研究所自身的发展和科研人才的成长,更不符合社会主义市场经济发展的潮流。

基于这种认识,在院党委的支持下,旅游研究所从1993年起,自断"皇粮",面向社会、直面市场，自挣"口粮"，探索旅游科研机构与市场经济相结合的新路子。

正当我们酝酿改革方案时，时任中国旅游协会会长、原国家旅游局局长、我院前院长韩克华同志建议，中国旅游协会与北京第二外国语学院合作，以二外旅游研究所为工作班子，成立一个自负盈亏、自主发展的企业化的旅游咨询机构，为地方发展旅游提供智力服务。1993年8月，"中国旅游协会咨询中心"应运而生。

中国旅游协会咨询中心的成立，是旅游行业协会与旅游院校科研机构合作的一个初步尝试，弥补了旅游研究所在全国旅游界知名度不高、旅游经营管理实践经验不足的弱点，也弥补了中国旅游协会工作人员缺乏的不足，实现了优势互补，迅速打开了面向全国开展规划咨询工作的局面。作为中国旅游协会代表参加咨询中心工作的王尔康、李海瑞先生，以他们广泛的社会联系、丰富的阅历、独到的见识和严谨的作风，使我和研究所的同事们深受教育，特别是弥补了我们在旅游实践经历方面的缺陷。

为地方政府和企事业单位编制旅游发展规划、开展培训、提供咨询，在为旅游业面对面的服务中增长才干、开展科学研究，同时又把研究成果拿到旅游经济发展的实践中去检验、修正和完善，并转化为促进旅游发展的知识经济，成为旅游研究所近10年工作的主要内容。从1993至2002年我退休的10年内，旅游研究所实行自收自支、自负盈亏，不仅自行解决了十几名研究人员的工资、津贴，而且添置了一批计算机、摄像机、制图打印机、投影仪等设备。这在高等院校科研机构探索"产、学、研一体"的改革方面，算是一个初步的尝试。

10年来，旅游研究所的同事们足迹遍及全国各地，南到海南的天涯海角，北至北疆城市满洲里，东北到长白山天池，西南到西藏珠穆朗玛峰，西北到新疆喀纳斯湖，东南到海峡两岸、宝岛台湾，到处都留下了我们与旅游界的同行们一起跋山涉水、风餐露宿的足迹。旅游研究所先后完成了广西壮族自治区、福建省、海口市、石家庄市、哈尔滨市、太原市、宜昌市等二三十个省、市、县的旅游发展规划和江苏太湖、吉林长白山、西藏珠穆朗玛峰、巴松错湖等旅游区的建设规划。

最令我不能忘怀的是六进西藏，这是我一生中最难忘怀的经历。

二外在进入旅游教育后，支持西藏旅游业是义不容辞的任务，举办西藏大专班，多次派教员去西藏培训。20世纪80年代，我院的优秀青年教师阎长城先生就是在西藏辅导导游考试时，从拉萨去日喀则的山路上因汽车坠落山谷而因公殉职的。那次，本来是他约我同去西藏的，后因我有其他工作而未能同行。我常想，如果我那次与他同行，也许会由另一位司机开车，也许就不会发生那个悲剧，当然也许我也……长城先生殉难后几年中，西藏旅游局一直没有要求二外再派教师去。

1996年9月，在联合国开发计划署（UNDP）的资助下，编制西藏珠穆朗玛自然保护区生态旅游规划，由中外9名专家（中国科学院植物研究所生态专家、中国旅游学院旅游专家、清华大学建筑专家、西藏社会科学院宗教和民族专家、新西兰旅游规划专家、尼泊尔生态旅游专家、美国山地环保专家、加拿大旅游商品专家和英国建筑专家）联合组成专家组。这次考察从拉萨出发，一直走到中尼边界的樟木口岸，在海拔 5400 米的珠穆朗玛峰登山营地露宿 1 夜，走访了深山峡谷中的藏民村落，历时一个半月。那年的中秋之夜是在定日县的一个山寨中度过的，月亮格外的近、格外的亮、格外的大，我情不自禁地想起了李白的名句："举头望明月，低头思故乡。"这一次，对我来说是亲身体验探险旅游，穿崎岖山路，登雪山冰川，露宿帐篷、钻尼龙羽绒睡袋、吃牦牛肉干、用高压锅做饭，点篝火取暖、借月光开会。

《西藏自治区珠穆朗玛自然保护区生态旅游总体规划》评审委员会认为，该《规划》"实现了跨学科、综合性规划研究的突破，集中了中外不同学科专家的智慧和经验，将生态、文化、旅游、建筑、市场、管理等学科的观念、方法融汇到区域发展的研究中"。《规划》"把现代旅游市场学研究方法用于保护区旅游业发展研究，并用尼泊尔的案例比照，突出了旅游产业在西藏自治区经济发展中的地位，提出了旅游产业发展的策略和途径，在西藏首次论证了跨国界旅游的可行性和中、尼旅游项目、资源的互补性，填补了自治区旅游产业研究的空白。"《规划》"是当今生态旅游研究的范例"。

这项工作圆满结束后，联合国开发计划署（UNDP）驻华官员在北京宴请了中方专家，并聘请我等为 UNDP 中国旅游项目专家。

1997 年秋，应西藏自治区旅游局邀请，我与研究所的李中泽老师去拉萨为西藏导游培训班上课。授课之后，自治区旅游局派了最好的司机与导游，沿着拉萨—日喀则—拉孜—江孜—拉萨环线，游览了国家历史文化名城日喀则、被称为"第二敦煌"的萨迦寺、电影《红河谷》的故事发生地和拍摄地国家历史文化名城江孜、帕拉庄园和神湖羊卓雍错。在长城先生遇难处，我再次驻足凭吊他的英魂。

1998 年 10 月，应西藏自治区旅游局邀请，我与研究所的王富德老师去西藏主持编制林芝地区巴松错湖生态旅游度假区总体规划。在湖畔小木屋内住宿，盖了 3 层棉被，还特为我加了一个电热炉。清晨推开房门，映入眼帘的是：白雪盖满了神山、密林、山村和岛中的寺庙，仿佛置身于冰清玉洁的神话世界。次年 5 月，我再赴拉萨参加该规划评审会。现在，巴松错生态旅游区已被国家旅游局评定为全国首批 4A 级旅游区，西藏雪域高原的第一个生态旅游度假区，也是中国海拔最高的旅游度假区。

2002 年 10 月下旬，办理退休手续后的第一个月，我再度去西藏。这次是清华大学城市规划设计研究院尹稚院长邀请我参加《西藏自治区旅游发展总体规划》的编制，并再次得到 UNDP 的资助。这次，我与清华大学的城市规划与建筑专家、中国科学院的地理和生态专家一起，从拉萨出发，西行经日喀则到中尼边界普兰口岸，考察了佛教、印度教和耆那教的共同圣地"神山圣湖"冈仁波齐峰与玛旁雍错湖、古格王朝遗址和扎达土林奇观，直至孔繁森工作过的阿里地区首府狮泉河镇，再往东穿越藏北无人区，过羌塘大草原，经青藏铁路沿线的念青唐古拉山到那曲地区，历时 1 个月。

由于高原严寒、风餐露宿，我从狮泉河镇就开始咳嗽，得了气管炎。在西藏最严重的疾病是感冒和咳嗽，一旦发展为肺气肿就有生命危险。我的两位旅游界朋友，一位因此病在西藏去世,另一位经高压舱抢救才死里逃生。我深知问题的严重,尽可能减少体力消耗,白天吃药、赶路,晚上一到宿营地就打针、输液,终于挺到那曲镇。在考察队里,我是年岁最大的一个,考察队为我配备了2名青年教师,一名曾是清华大学的登山队员,一名是攻读硕士学位的青海籍藏族学生,一路与我同车,负责我的安全。尹稚院长果断下令要我立即离队返回拉萨治疗,西藏那曲地区政府派专车连夜把我送回拉萨。考察队继续去昌都、山南、林芝、珠峰地区考察,我则在拉萨晚上输液,白天开座谈会,走访西藏大学、西藏博物馆、布达拉宫管理处等,直到11月底返京。

2003年4月下旬,我随编制组再次进藏调研。这次调研工作由于"非典"的原因,我们被视为从"疫区"来的人士限制在拉萨市区内活动。其间,我经自治区政府特批去藏民族的发源地山南地区调研,考察了西藏的第一座王宫雍布拉康、第一座藏传佛教寺庙桑耶寺和藏王墓群。这次在西藏又停留了一个半月。

2004年5月底,我再次与尹稚院长一起向西藏自治区党政领导汇报规划成果。当飞机徐徐降落在世界海拔最高的贡嘎机场时,我的心情依然是那样的激动。

至此,除昌都地区外,我走了西藏的大部分地区。"世界屋脊"奇特的自然景观与人文现象深深地震撼着我的心灵。一闭上眼我的脑海中就会浮现出一幅无比壮丽、无比神奇的图像:巍峨的珠穆朗玛峰、蓝天、白云、高原、峡谷、冰川、森林、碧湖、大江、牦牛、秃鹰、藏羚羊;雄伟的布达拉宫、庄严的扎什伦布寺、古老的萨迦寺,经幡、晒佛、庄园、古堡、玛尼堆,一群群漫步在街头的喇嘛、一步步行跪拜礼行进的信徒、一张张善良虔诚的脸孔、一声声激越嘹亮的藏族歌声……

"不到西藏,终生遗憾","外国有些国家可以不去,西藏不能不游",我对朋友们常说的这句话,概括了我6次进藏的感受。如有机会,我不会拒绝再去西藏,再去看看那片神圣、神奇、神秘的土地和坚韧不拔、纯朴善良的同胞,为他们做点力所能及的工作是人生难得的机会。①

正如我在总结规划编制工作心得的《旅游产业规划指南》一书中所写的,在旅游研究所的这些年中,"既有阳光明媚也有风雨交加,路边既有鲜花也有荆棘,平坦笔直的高速与崎岖不平的山野小径都走过,典雅华丽的星级宾馆与透风漏雨的山村小屋都住过。热情的赞扬与尖锐的批评,成功的经验与受挫的教训,都成为我们学习的教材、成长的营养和宝贵的财富"。

检验工作成果的最终标准并不是规划评审的书面评语,而是当地旅游发展的实践证明我们的规划思路是否基本对头。以三亚市为例,《战略规划》中提出的目标、方针、步骤和对策,经过10年的时间,基本上得到了验证。1993年以后,三亚市一直沿用本所编制的战略发展规划,1997年又委托本所编制全市旅游总体规划。1998年三亚市申报首批中国优秀旅游城市时,申报材料中就有我们编制的总体规划文本。

---

① 2005年为编制西藏巴松错湖旅游度假区建设规划与工布江达县旅游总体规划,我于2005年、2008年再次赴西藏考察。

10年中,三亚市政府的主管领导与市旅游局主要领导更换了多次,但每任新领导都找我咨询,一直聘任我为市政府的旅游高级顾问。我每年都应三亚市政府的邀请去调研考察,为三亚旅游继续出谋划策。2001年,我参与了三亚市旅游局改组为旅游产业发展局的方案制定。最近,西班牙政府资助三亚市编制新一轮的旅游发展规划,市政府又决定让我作为中方专家组组长,与西班牙专家合作编制。2004年,对我来说是"三亚年",在新起点上为中国唯一的热带滨海城市谋划发展大略。

近10年来,我先后应邀担任下列省、市、县政府的旅游顾问或旅游咨询专家:河北省、广西壮族自治区、福建省、山东省、海南省、黑龙江省及杭州市、宁波市、厦门市、黄山市、宜昌市、十堰市、泰安市、万州区、武陵源区、瑞丽市、奉节县等。作为二外的一名科研人员,这是我与各地保持经常接触、了解社会实情的有效途径,也是退休后继续为地方旅游业服务的一个渠道。

40年,我从青年走向了老年,在二外度过了我的大半生。国务院特殊贡献专家津贴获得者、国家科技部中国软科学专家库成员、国家林业局中国森林风景资源评价委员会委员、国家旅游局"十五"规划特邀专家、联合国开发计划署(UNDP)中国旅游项目专家,以及诸多省、市府旅游顾问……这些都是以北京第二外国语学院教员的身份得来的,有的是二外向有关部门推荐的。可以说,我的母校中国人民大学为我一生的学术研究打下了基础,二外则为我的发展提供了舞台。我这辈子是与二外分不开的。

古人云,"四十而不惑"。40年,对二外来说,只是从少年迈向青年。如果除去那动乱的10年,真正办教育,只有30年。二外还有很长的路要走。

二外,一路走好,也一定要走好,能走好!

附录:退休后的主要活动

参加各种旅游研讨、论坛、咨询、评审、评标和讲课活动,参加凤凰卫视、中央电视台、旅游卫视等多家电视台的访谈节目。

为《中国旅游报》、《中国青年报》、《大旅游》、《中国生态旅游》、《中国饭店》、《旅游发展研究》和《旅游商报》等报刊撰稿。

继续担任国家林业局中国森林风景委员会委员,2010年后任顾问。

2002年,担任清华大学城市规划设计院《2003~2020年西藏自治区旅游发展总体规划》编制组副组长。

2003年参加德国欧洲旅游研究所《厦门市旅游业发展总体规划》的编制工作。

2004年担任西班牙国家旅游局专家组《三亚市旅游发展战略规划》的中方专家组组长。

2005年担任世界银行国际金融中心《四川旅游产业发展咨询研究报告》课题组中方专家。

2005年主持编制《2006~2020年海口市旅游发展总体规划大纲》。

2005年应北京达沃斯巅峰旅游规划设计院邀请,主持编制《天津市旅游发展总体规划》。

2007年,应邀担任北京大学仙创旅游规划设计院《2008~2020年西藏自治区旅游发展总体规划》修编组副组长。

2008年应北京达沃斯巅峰旅游规划设计院邀请,担任《丝绸之路旅游发展规划》编制组副组长。

2010年参加法国旅游发展署《安徽省黟县乡村旅游规划》专家组。

后　记

整理这摞文稿，仿佛把匆匆而去的半个世纪的岁月在脑海中过了一次电影。1964年秋，我从中国人民大学国际政治系毕业，到北京第二外国语学院任教，在政治理论部一待就是25年。1989年5月，《世界知识》杂志发表了我的最后一篇国际评论《苏联东欧的改革触及了旧体制的根基》之后，一场突如其来的政治风波改变了我的职业生涯。1991年，我转到"二外"旅游科学研究所工作，直至2002年退休。此后，以一个领养老金者的身份继续我的心路旅程，不知不觉又过了10年。

辑录于此书的大体上有以下几类文稿：

由我主持的几个省市旅游发展规划的摘要与总结；

在报刊上刊载的论文、评论或记者访谈；

在研讨会上的发言或记录稿；

向有关方面提交的咨询报告与政策建言；

在搜狐旅游频道上发的博客等。

为了保留真实的思考轨迹，收录书中的文稿保持原样，报刊上发表的文章以我的原稿为准，有的囿于篇幅关系压缩了资料性文字，但观点保持原样。

这本文集，与我10多年前出版的《旅游规划指南》，由我主编、相继出了6版并仍在广泛使用的教材《中国旅游客源国/地区概况》、行将出版的《中国出入境旅游地概要》一起，构成了我从事旅游研究、咨询和评论工作的主要内容。

回望一生，我由衷地感谢：

给我知识启蒙的上海市市北中学，那里几位深受师生敬佩的老师被打成"右派"，在我稚嫩的心灵上留下了难以名状的痕迹；

为我奠定社会科学研究基础的中国人民大学，母校关注时政的氛围和踏实严谨的学风使我终身受用，恩师高放教授的学术操守与探索精神使我终身受益；

为我提供工作平台的北京第二外国语学院及政治理论部、旅游研究所和学院其他部门老师、朋友的关心、爱护使我平稳地度过了人生的主要站点；

为我提供活动舞台与思考环境的旅游学界、政界、业界和媒体的朋友，无论是长期交往的同事，还是萍水相逢的偶友，也不论是与我的观点相同或相左的朋友，都使我增长见识、受益匪浅；

为我营造温馨港湾的家人、亲友，特别是与我半个多世纪风雨同舟、相濡以沫的爱妻嵇幼劢，使我任何境遇下都无后顾之忧、潜心笔耕。本书在庆贺我俩金婚之际出版，算作是50年后补送给她的结婚礼物。

即将到来的2014年是北京第二外国语学院建院50周年，本书是我在"二外"50年的执教生涯的记录，也是送给她50诞辰的一份薄礼。

在本书出版之际，特别感谢张广瑞先生不弃作序，感谢旅游教育出版社的鼎力相助，使拙作顺利面世。

2012年12月初编
2013年11月改定
于北京奥林匹克花园寓所

旅游学术研究丛书

旅坛忧思录

（上卷）

王兴斌 著

北京·旅游教育出版社

序

忧思与直言：学者的责任与良知

在本书付梓之前，兴斌先生给我发来一封邮件，邀我作序。不知为什么，我当时连书的内容也没有问一声，就爽快地答应了。后来，当他把书稿电子版发给我的时候，才猛然发现，我的承诺实在有点轻率，面对书稿和给我的期限，我一时不知如何交差。但我心里明白，他绝不是叫我给他抬轿子的，因为我没有这样的力气和勇气，也没有这个必要。

兴斌先生长我几岁，说来我们都属旅游圈子的人。虽然彼此相识亦有数十载，但私交并不算深，平时没有太多的交往。细想起来，是否单独在一起喝过茶都不记得了，偶尔见面时从不寒暄，可谓"君子之交淡如水"。他供职于北京一旅游高等学府，位于东五环以东，桃李满天下；我上班在中国社科院的一个所，地处西二环以西，常坐冷板凳。退休之后，他的新家又向北移以求清静，我的住处也向北移靠近鸟巢，因此，彼此若是相见，往往不是在市区，而是在城外。不过，我们又好像是同在一个大院的老邻居，他在各种媒体上发表的文章我经常看到，在我的博客上也经常留下他访问过的痕迹，虽然没有"顶"的标识。

本书名为《旅坛忧思录》。书卷未翻，就已经给了人一种沉重感，使我立刻想到了"忧思科学家联盟"(The Union of Concerned Scientists，简称UCS)。那是个国际著名的非政府组织，创建于40多年前的美国，至今活跃非凡，其成员是各路科学家，人数有十万之众，遍及世界各地，他们以自己的学科专长，经常撰写研究报告，向政府提出批评与忠告，其目的是避免科学技术遭到滥用。也就是说，一些有良知的科学家，因忧而思，深思而言，以言警世。本书名之中加进了"忧思"二字，是否亦有此意，不得而知。我猜想，这应当是作者在旅游的研究过程中，曾为看到或经历过的一些事情而忧虑，愿将这些忧虑之缘由说给人听。看来，今天，往昔肩头上沉甸甸的工作负担已卸，有时间和精力把曾经的忧思加以梳理，集辑成书，重新出版，再次希望有更多的人关注，至少可以留存，让历史来评说。如果这样揣摩是对的，作为一个研究人员，我对学长的执着和责任感深怀敬意。

说起来，新中国的旅游发展亦逾花甲，但严肃的研究充其量也不过三十年，似比西方很多国家要晚得多,这自然与国情相关。不过,看一看名录或名片,中国的资深、知名旅游大家人数颇众;搜一搜书目或广告,中国各种冠以"学"、"论"的旅游专著甚丰。细数一下欧美的旅游学者,称得上大家的也就那么几位,他们终生的著述也就那么几部,但是,那些成为经典的专著,被翻译成多种文字,一版一版地连续出版。然而,这种现象在中国实不多见,这或许也与国情有关。说起来,本人误入旅游学术圈的时间也不短,可越研究心里越觉得没底,真有一种"说不清,理还乱"的纠结。至今,虽徒有白发满头,对旅游之"学"、"论"仍不敢问津。因此,对像兴斌先生这样,直面现实,有一说一的研究风格颇为赞赏,因为,读他的文章让人感到确有收益,知道他在说什么,明白他要表达的观点,能指出问题的症结,开出医治的药方。至于是否可治病救人,或者病人是否愿意照方取药,那自当别论。这样的文章要比那些套话连篇、只说别人如是说或通篇 $a+b\neq c$ 的天书不知要好多少倍,至少它让人感受到作者的责任和对读者的尊重。我非常希望已经摆脱了因评职称要发文章的同行们,多写一些水分少一点的文章,多写一些让大多数人看得懂的文章,多写一些用中国话就可以充分表达的文章,多出版几本把中国问题说清楚的经典佳作。

兴斌先生是个多产学者,仅在本书收入的文章已近百万字,几乎涵盖了与旅游相关的所有领域,时间跨度达半个世纪,跨越不同的学科,涉及古今中外。作为同行,我佩服兴斌先生的博学与勤奋,赞赏他的敏感、敏捷与直率。尽管他的一些观点我未必完全赞同,尽管他的文风我也难以效法,但他的文章我愿意读,因为我觉得的确能够从中得到知识和启发。这也许是当初一时兴起轻率答应写序的一种解释吧。

我自知没有资格评价兴斌先生的学术贡献,也没有必要评说他的学术观点,因为你手中的这本书说得更清楚,但我愿意推荐大家读读这本书,尤其是旅游学界的年轻人,因为从他的书中不仅可以得到从教科书上学不到的知识,还可以从中悟出一些治学之道来。谓予不信,不妨试之。

是为序。

张广瑞[①]

2012年岁末于京北嘉铭桐城

[①] 中国社会科学院旅游研究中心主任、中国社会科学院研究生院博士生导师、北京市旅游学会副会长。

自序

忧从何来

本书汇集了1991至2013年我在北京第二外国语学院旅游科学研究所任职十年与退休十年间的部分文稿。这二十年间,我不停地行走在神州大地上,从南疆三亚海滨到北国边城满洲里,从海峡两岸到雪域高原,从亚洲近邻到欧美远乡,耳闻目睹了入境与出境旅游的双向人流从华夏国土向五洲四海延伸,国民休闲与旅游的热浪从繁华城市向山乡边陲涌动。一个又一个主题词相继出现在中国旅坛上:国家旅游度假区、旅游主题年、主题公园、黄金周、旅游支柱产业、世界旅游强国、创优评级、黄金发展期、生态旅游、红色旅游、农业旅游、工业旅游、智慧旅游、大众旅游者时代、旅游房地产……这些主题词的热传折射出中国旅游业以空前的速度、广度与深度推进。在国家旅游局国庆50周年旅游研讨会上,曾以"横空出世的朝阳产业"作为我的发言题目,借以表达当时的喜悦之情。

与此同时,当我与太太以一个自费游客的身份默然去各地漫游时,特别是多次特意在"黄金周"期间去跻身于游人大潮之中时,当我以一个退休教师的身份与旅游政界、业界和学界的人士在会场外、庆典后、论坛下敞开心扉交谈时,感到在旅游大潮下面潜伏着不少"不协调、不平衡、不可持续发展"的种种问题(套用一句时下红头文件中常用的一个说法)。而这些问题往往在铺天盖地的大话、套话、官话下面被忽视、被低估甚至被掩饰。为此,喜忧并存的心绪时常伴随着我,困惑与迷惘、焦虑与忧思时常在脑际盘桓。从1993年7月即席讲演"中国旅游度假区建设的十大关系"开始,对政府主导与市场主体、黄金周与带薪休假、国民休闲与大众旅游、扩大开放与深化改革、旅游统计与世界排位、红色旅游与民族振兴、景区门票与居民利益等问题,对编制《"十二五"旅游发展规划纲要》、《国民休闲旅游纲领》与《旅游法》草案等,通过报刊、报告、写信或博客提出了我的一孔之见、一家之言。写了、说了,我的心也就了了。

本书算不上学术之作。我从五十岁开始涉足旅游领域，从未有构建"旅游学"的奢望，十多前写的《旅游规划指南》是一个工作总结；本书则是从事旅游工作20年间所见所闻、所作所思的记录，也是我旅游生涯中心路旅程的记录，喜忧参半，有时忧大于喜，也许也是杞人忧天的一个新例，故名为《旅坛忧思录》。读者姑且把它当作中国旅游发展浩荡长河中一滴小小的浪花、一波稍起即逝的涟漪。如果读者从中窥探到二十年间中国旅游发展历程的若干印迹，特别是能有助于青年学子了解已经逝去的这段历史，也就足矣。《中国青年报》周五旅游专刊时常在我的文稿前加上"有此一说"，这四个字也适用于本书。

写到此，窗外瑞雪漫天飘舞，预示着又一个春天行将来临。

2012年12月12日

目 录
CONTENTS

产业篇

横空出世的朝阳产业	3
旅游行业与旅游产业的内涵与外延	5
关于现代旅游业若干特征的探讨	12
旅游强国的十条标准	19
建设世界旅游强国的清醒剂	
——全球旅游竞争力中国排名62的思考	22
也谈旅游大国与旅游强国	24
辉煌的业绩与严峻的现实	27
旅游业进入国家发展的战略层面	29
国务院海南国际旅游岛建设文件的普遍指导意义	34
坚持旅游长期平稳较快发展方针	
——学习中共中央关于"十二五"规划建议系列评论之一	39
旅游经济结构战略性调整势在必行	
——学习中共中央关于"十二五"规划建议系列评论之二	41
深化对旅游业双重特性的认识	
——学习中共中央关于"十二五"规划建议系列评论之三	43
民生为本下旅游业更有可为	
——学习中共中央关于"十二五"规划建议系列评论之四	45
新时期旅游业属性与功能的再思考	47
旅游业应成为服务业持续发展的强劲引擎	53
《旅游法》应从根本上理顺各相关利益方关系	55
对《旅游法草案》"旅游"定义的探讨	58
对《旅游法草案》的修改建议	61
对《旅游法草案》结构与内容的四点建议	74
《旅游法》为何不提事务旅游	76

体制篇

各国旅游管理体制评述 ·· 81
中国旅游产业管理体制沿革 ·· 105
中国自然文化遗产管理模式的改革 ···································· 112
自然文化遗产旅游景区管理体制与经营机制改革案例点评 ·············· 119
加强部际合作 共铸发展合力 ·· 139
部局合作越多越好,局省合作协议似无必要 ···························· 142
海洋旅游更需要部门联动、产业融合 ···································· 147
旅游产品性质与政府主导型发展模式辨析
　　——与魏小安先生商榷 ·· 150
"主动开放与被动改革"辨析
　　——再与魏小安先生商榷 ·· 158
政府与市场谁说了算
　　——从12个国家旅游度假区建设谈起 ······························ 163
国务院两个《意见》为何未提"政府主导" ································ 166
"优秀旅游目的地"是政府"评"出来的吗 ································ 168
旅游目的地评价机制的创新之举 ······································ 171
从旅游集团"20强"排行榜看旅游体制机制改革 ······················ 173
"断奶"是旅游协会转型的必由之路 ···································· 175
国家旅游局何以向农行推荐旅游项目贷款 ······························ 178

休闲篇

中国旅游度假区开发警钟长鸣 ·· 183
休闲与都市旅游 ·· 185
假日旅游潮的特点与对策 ·· 191
中国休闲度假旅游的必由之路:从"黄金周"到带薪休假 ················ 195
"黄金周"真的"黄金"吗 ·· 201
国民休闲应成为国家行动 ·· 204
国民休假不是扎堆赶集、逛庙会
　　——国民休假分散好还是集中好 ·································· 211

公民的休闲权应是《国家人权行动计划》题中应有之义 …… 213
"大众旅游时代"面面观 …… 216
"拍脑袋"不能替代"科学分析"
　　——兼谈如何看待人均GDP与国民旅游的关系 …… 222
可否设立"国民休闲消费指数" …… 224
带薪休假纵横谈 …… 228
《法国劳动法典》为何对带薪休假写得如此详尽 …… 241
从巴黎华商周末营业被禁,谈休闲生活方式与制度构建 …… 244
韩国总统号召在国内度假的启示 …… 246

业态篇

中国的生态旅游与旅游生态环境保护 …… 251
珠峰考察访谈录 …… 254
森林公园和森林旅游的开发建设与经营管理 …… 257
试谈"绿色旅游体系"
　　——为海峡两岸2001年"水·岛·环境·发展"研讨会而作 …… 265
期待建立绿色旅游体系 …… 269
从杭州湿地公园联想到沈阳"校园稻田" …… 272
呼唤湿地公园、森林公园返璞归"野" …… 273
多维解读"沈野"悲剧 …… 275
狩猎旅游岂能一禁了之 …… 278
上海工业旅游的机制创新 …… 280
上海工业旅游中心的启迪 …… 284
产业融合与产业旅游 …… 287
城乡统筹、部门合作,推进乡村旅游增量提质 …… 290
商务旅游方兴未艾 …… 297
对奥运期间北京旅游滑坡的反思 …… 298
"后奥运"旅游的冷思考 …… 301
不是旅博会,胜似旅博会
　　——写在上海世博会启幕之际 …… 303
世博会,也是旅博会
　　——一个旅游人的世博观感 …… 305
红色旅游能"产业化"吗 …… 308

慎提"红色旅游产业"	311
两岸关系和平发展形势下的"红色旅游"	313
从林则徐到孙中山这段历史能戴上"红色旅游"帽子吗	317
这样解读红色旅游好	319
红色旅游需要新视角	320
辛亥百年话旅游	321
让孔子走下神坛	323
对酒店星评监督员制度的五点疑惑	325
"奥运人家"式私家旅舍可否常态化	327
阙里人家	329
游客出境游保证金由银行托管好	331
旅行社的质量保证金能否也由银行来托管	332
旅行社承接公务活动障碍在哪里	335
为携程实施国内游小费叫一声好	338

略论邮轮经济
　　——兼谈环渤海邮轮旅游 …………………………………………… 340

谈谈高铁与旅游	344
普及自行车代步是发展"骑游"的民众基础	348
是智慧旅游还是智能旅游	350
"去"、"携"之战的背后	353
旅游房地产开发的喜与忧	355
政绩冲动与圈地冲动夹击下的旅游房地产热	358
旅游房地产：防止过热，警惕泡沫	360
旅游房地产应宜山则山、宜海则海	363
华西村"示"的是什么"范"	366
七部门发文能否管住高尔夫球场和主题公园无序建设	368
旅游规划要以市场为导向	371

旅游规划与国际标准接轨初探
　　——评《四川省旅游发展总体规划》 …………………………… 379

对"洋专家"既不要迷信，也不必苛求
　　——兼谈区域旅游发展规划的编制班子的组成 ………………… 381

跨区域旅游规划编制的创新	385
可贵的务实精神	391
一次别开生面的旅游策划评标会	393

《中国旅游报》应从"舆论一律"到"多种声音"
　　——阅读两则旅游开发"大项目"报道的感想 ········· 395
旅游咨询业在市场推动下探索成长 ··················· 397
民办旅游教育的发展之路在何方 ····················· 401
旅游企业办学正当时 ······························· 405
建设海南旅游的"黄埔军校" ························ 408
关于筹办"首都外语旅游大学"的建议 ················· 409
"体验经济"新论与旅游服务的创新
　　——《体验经济》读书札记 ····················· 412
旅游服务六要素该如何排序 ························· 419
旅游界有没有搞形式唱高调 ························· 421
力戒浮躁，理性、从容、扎实推进旅游发展
　　——从"中国第一"、"中国最大"、"世界一流"等谈起 ··· 422
旅游界的"国际"风 ······························· 424
呼唤精神独立与思想自由 ··························· 425
高档酒店业的投资冲动来自何方
　　——酒店业的"美梦"与"愁梦" ················· 427

产业篇

文业斋

横空出世的朝阳产业[①]

半个世纪以来,主要是改革开放以来,旅游作为一个朝阳产业横空出世,已被党和国家最高决策层定为与信息业、房地产业并列的共和国一个新的经济增长点。旅游作为融物质文明、精神文明和生态文明为一体的新颖生活方式的一部分,开始进入亿万寻常百姓的家庭。

旅游产业是一个综合性的产业群,由一、二、三产业中诸多行业和部门复合而成。中国旅游产业形成和崛起的主要标志是:

1. 旅游业性质

旅游接待已从外事活动、统战工作转变为第三产业中服务贸易的组成部分,已被国家和许多地方列入国民经济计划之中。这是旅游产业形成的前提。

2. 产业构成

旅游业已从少数旅行社、宾馆和景点,发展为由景区景点、饭店、旅行社、旅游交通、旅游餐饮、旅游商品、旅游娱乐、旅游教育和宣传出版等众多行业和众多部门组成的复合型产业。

3. 产业规模

到1997年,全国共有直接从事旅游服务的企事业单位12 894个,国际旅游直接从业人数135.94万人,间接从业人数约680万人,国内旅游从业人员数倍于这个数目。按国际上旅游从业人员与占旅游业总产出的份额大体相等的方法估测,我国旅游从业人数约占全国就业总人数的5%。旅游从业已成为我国体制转型时期就业、再就业的重要渠道。据不完全统计,全国旅游企事业拥有固定资产总值147.88亿元,固定资产净值1257.75亿元。

4. 产业布局

以大中城市为依托,以各类旅游景区景点为基地,以行、游、住、食、购、娱服务设施为配套,旅游产业遍布全国31个省、自治区和直辖市及港澳台地区。以东部发达地区为重心、大中城市为支撑点、著名景区景点为基地、主干旅游线为脉络覆盖全国的旅游网络已初步形成。

5. 旅游产品

产品品种、数量和质量是产业形成与发展水平的体现。以山水风光、文物古迹和民

[①] 在国家旅游局"中华人民共和国旅游业50周年研讨会"上的发言,1999年8月24日《中国旅游报》。

族风情为特色的观光型产品日趋完善,休闲度假型产品初露头角,会展、奖励、滑雪、探险、保健、游船、生态等专项、主题旅游产品迅速发展,全国正在形成一批绝、奇、胜、美,体现各地旅游形象的精品景点和专线。

6. 旅游市场

资源和景点是旅游产业发展的基础,市场是动力。市场规模和占有率是产业崛起的重要标志。中国旅游市场已形成海外入境市场为先导、国内市场为基础、出境旅游为补充,三者互相促进、共同发展的格局。

7. 旅游企业

在改革开放中转轨和成长起来的 1 万多个旅游企业中,有堪称中国旅行社"国家队"的"国、中、青",有国有老字号北京饭店、锦江饭店和全国首家中外合资企业建国饭店、兆龙饭店等。近年来,旅游企业加速了集团化、规模化和经营多元化的步伐,黄山等在风景名胜区经营改革上勇敢地跨出了历史性的一步。全国初起的股票市场上出现了 28 家上市公司组成的旅游板块。旅游企业踏上了从单一的产品经营向资本经营和品牌升级的新征程。中国的旅游企业正在深层次的改革和激烈的内外竞争中重组、拼搏和发展。

8. 旅游产出

产出是一个产业直接的经济成果。1998 年全国国际旅游外汇收入 26.02 亿美元,占我国货物出口总额的 6.86%;国际国内旅游总收入 3437 亿元,相当国内生产总值的 4.3%,相当第三产业增加值的 13.2%。

9. 国际地位

1983 年,我国正式加入了世界旅游组织,1991 年加入太平洋亚洲旅游协会。1980 年中国过夜入境旅游人数位于世界第 18 位,入境旅游收入位于世界第 34 位。1998 年中国过夜入境旅游人数位居世界第 6 位,入境旅游收入位于世界第 7 位。

10. 产业机制

发展中国家的旅游业下以市场为基础,上靠政府为主导,两者的结合造就产业生长的土壤、空气、阳光和雨露。国务院关于旅游业是国民经济新的增长点和三产重点的定位,全国 2/3 以上的省、自治区和直辖市对旅游业发展的产业定位等,为中国旅游产业发展提供了政策、法规和体制的保障。

回首以往,新中国旅游业用 50 年,实际上只用 20 年的时间崛起在世界旅坛上,走完了欧美一个多世纪所走的历程。当然,这还是一个初生的、有待成熟的新兴产业。但中国 20 年旅游业发展的速度远远高于世界旅游业的速度,也高于中国国民经济的速度,创造了世界旅游发展史上的奇迹。

展望未来,在即将到来的新世纪中,幅员辽阔、历史悠久、奋发猛进的中国,必将以多姿多彩的旅游产品、东方风范的旅游服务,当之无愧地迈入世界旅游发达国家之列。

旅游行业与旅游产业的内涵与外延[①]

一、国外对旅游业范围的界定

旅游业已被确定为我国国民经济新的增长点。但是,它究竟涵盖哪些行业?目前,国内外有几个不同的说法和计算方法。

世界旅游组织(WTO)制定的旅游卫星账户体系(Tourism Satelite Account,简称 TSA)已于 2000 年 3 月 1 日经联合国统计委员会批准,成为世界经济部门中率先经联合国批准的具有国际标准的行业。

旅游卫星账户是指在国民账户之外,按照国际统一国民账户的概念和分类标准设立的一个独立的虚拟账户,将所有与旅游消费相关部门中因旅游消费而导致的产出部分剥离出来,统一列入这一虚拟账户中,以此准确地测定旅游业在整个国民经济中的地位、作用和影响。该账户可提供下列数据:

- 旅游业对国内生产总值(GDP)的贡献率;
- 旅游业的总体规模;
- 旅游活动创造的就业机会;
- 与旅游业相关的公共及私人投资额;
- 国际旅游收入对本国平衡国际收支的贡献;
- 旅游业所带来的财政税收。

1990 年新加坡采用的旅游卫星账户中,旅游业分为下列 13 类:

(1)批发零售业;
(2)餐饮业;
(3)饭店业;
(4)地面交通客运业;
(5)水上交通客运业;
(6)航空客运业;
(7)其他交通客运业;
(8)其他金融服务业;
(9)其他商业/技术服务业;

---

① 收录于《中国旅游产业发展研究报告》,《中国旅游业发展"十五"计划和 2015、2020 年远景目标纲要》(专题篇),中国旅游出版社 2001 年版,第 39~45 页。

（10）政府服务；

（11）媒体/娱乐服务业；

（12）其他消遣性服务业；

（13）个人/家政服务业。

新加坡旅游卫星账户将下列39类商品和服务列入旅游产品之列：兰花和其他花卉，其他食品，巧克力/糖果，其他食品加工，烟/酒，服装，服装加工，纺织品，脚上穿用物品，皮革/皮革制品，图书/杂志，药品，化妆品，计算机，收音机/录放音机，电视/录像机，其他电子产品，家用电器，灯具，照相与光学产品，钟表，玩具/娱乐用品，珠宝，其他生产商，批发零售业，餐饮，饭店，地面交通，水上交通，航空，其他交通，其他金融服务，其他商业/技术服务，政府服务，教育，医疗/保健服务，媒体/娱乐业，其他消遣服务，个人/家政服务。①

世界贸易组织(WTO)把世界服务贸易部门划分为下列几类：

职业服务（法律、会计、审计、计算机、研究与开发等）；

通信服务（邮政、电信等）

建筑与相关的工程服务（总体建筑、民用工程建筑、安装和装修等）；

分销服务（批发、零售等）；

教育服务（初级、中等、高等和成人教育等）；

环境服务（排污与废物处理等）；

金融服务（银行、保险等）

与医疗相关的服务；

旅游和与旅行有关的服务；

娱乐、文化和体育服务；

运输服务（铁路、公路、管道、海洋、内河和空中运输等）。

世界贸易组织在"旅游与旅行有关的服务"类中，下立4个分部门：

A. 饭店与餐厅（含饮食）；

B. 旅行社和旅游经营服务；

C. 导游服务；

D. 其他。

显然，此处"D.其他"包含极广，与"旅游与旅行有关的服务"几乎关联到上述所有服务贸易的各部门。

世界旅游与旅行理事会(WTTC)认定，旅游业作为为游客提供服务和商品的企业群体包括：

A. 接待（旅馆、餐馆等）；

B. 交通；

---

① 魏小安、刘赵平、张铁民：《中国旅游业新世纪发展大趋势》，广东旅游出版社1999年版，第561~562页。

C. 旅游经营商和旅行代理商,景点;

D. 为游客提供供给的其他经济部门。

世界旅游与旅行理事会(WTTC)在1996年《旅游业与世界经济研究报告》中,测算该年全世界旅游业创造的2.5亿就业人员包含下列4个部分:

(1)旅游服务方面提供的就业机会,包括在航空公司、饭店、餐馆、景点、租车公司、旅行社、旅行代理等方面的就业机会;

(2)旅游业中政府服务方面的就业机会,包括旅游促销机构、边境和机场的海关及有关官员;

(3)旅游业中的投资提供的就业机会,包括旅游业与公共、私营投资进行建设的就业人员;

(4)旅游商品方面提供的就业机会,指那些为旅游企业提供货物和服务的就业人员。

上述四方面的就业使旅游业成为世界上最大的就业制造者,约占全球就业总数的1/9。由此可见,WTTC研究报告中"旅游业"和"旅游经济"是一个既包括直接为旅游者服务,也包括间接为旅游者服务的"大旅游"概念。

美国学者唐纳德·朗德贝格所著《旅游经济》(Tourism Economics)一书认为,旅游行业结构包含:

旅游吸引物(主题公园、历史城镇、博物馆、花园、豪华社区、天然奇观等);

娱乐设施(国家公园、露营地、音乐厅、剧院等);

住宿设施(大酒店、汽车旅馆、度假酒店、共管出租公寓、计时旅馆、招待所,床位加早餐等);

餐馆;

交通运输(轿车、飞机、出租车、公共汽车、铁路、游船等);

杂类(服务站、日用品商店、度假服装、摄影、运动器材等);

促进旅游者(旅行社、旅游批发商、奖励旅游公司、咨询服务等);

旅游地开发(市场研究、可行性研究、建筑及工程、财政金融机构等);

旅游研究(人口统计、行为与心理、成本/收益分析等);

政府办事机构(全国、地区、本地、游客中心等)。[①]

二、旅游行业与产业的组成

根据1992年国家计委和国家统计局认定的《中国行业代码表》,现对旅游产业的内涵和外延作简要说明。该表把全国国民经济划分为100个行业,每个行业下设若干子行业(下文中用圆括号列出)。

(一)旅游服务行业

旅游服务行业,是指以场地、设备、技术、资金和劳务等要素,为旅游者提供交通、住

[①] 魏小安、王大悟:《新编旅游经济学》,上海人民出版社1998年版,第165页。

宿、餐饮、观光、度假、康乐、购物等服务(行、游、住、食、购、娱)的企事业单位的综合体,主要包括下列行业(括号中的数字为行业代码):

1. 旅游业(80)(实指旅行社——笔者注);
2. 旅馆业(78);
3. 娱乐服务业(81);
4. 公共服务业(75,包括市内公共交通业、园林绿化业、自然保护区管理业、环境卫生业、市政工程管理业、风景名胜区管理业等);
5. 居民服务业(76,包括理发及美容化妆业、沐浴业、摄影及扩印业、日用品修理业等);
6. 铁路运输业(52);
7. 公路运输业(53);
8. 水上运输业(55);
9. 航空运输业(56);
10. 交通运输辅助业(57)
11. 其他交通运输业(58);
12. 邮政通信业(59);
13. 零售业(64,包括食品饮料和烟草零售业、日用百货零售业、纺织品服装和鞋帽零售业、图书报刊零售业等);
14. 餐饮业(67,包括正餐、快餐、小吃、冷饮等其他餐饮业)。

显然,上述1和2全部属于旅游业的范围,6～11中为旅游者提供交通服务的部分属于旅游业,3、4、5、12、13、14中为旅游者提供服务的部分属于旅游业,它们都是第三产业的组成部分,分别为"行、游、住、食、购、娱"提供商品消费或劳务服务。

(二) 与旅游服务行业直接有关的行业

为旅游者的"行、游、住、食、购、娱"服务直接提供物资、设施和器具供应的行业有:

1. 农业(01);
2. 林业(02);
3. 畜牧业(03);
4. 渔业(04);
5. 农、林、牧、渔服务业(05)。

上述行业属于第一产业的行业,为旅游者提供饮食、工艺品原料和观光休闲场所。

1. 食品加工业(13);
2. 食品制造业(14);
3. 饮料制造业(15);
4. 服装及纤维品制造业(18);
5. 皮革毛皮羽绒及制品业(19);

6. 木材加工及竹藤等制品(20);

7. 家具制造业(21);

8. 印刷业、记录媒介的复制(23);

9. 文教体育用品制造业(24);

10. 专用设备制造业(36);

11. 交通运输设备制造业(37);

12. 电气机械及器材制造业(40)

13. 电子及通信设备制造业(41);

14. 其他制造业(43,日用工艺品、日用杂品制造业)

15. 电力蒸汽热水生产供应业(44);

16. 煤气生产和供应业(45);

17. 自来水生产和供应业(46);

18. 土木工程建筑业(47);

19. 线路、管道和设备建筑业(48);

20. 装修装饰业(49)。

上述行业属于第二产业的行业,为旅游者提供食品饮料和旅途用品,为旅游业提供服务接待设施、设备和器具。

1. 金融业(68);

2. 保险业(70);

3. 信息咨询服务业(82,广告业、咨询服务业等);

4. 计算机运用服务业(83);

5. 市场管理保安其他服务(84);

6. 卫生(85,医院、疗养院、卫生防疫站等);

7. 体育(86);

8. 教育(87);

9. 文化艺术(90,艺术、出版、文物保护、群众文化、新闻、文化艺术经纪与代理业等);

10. 广播电影电视业(91);

11. 综合技术服务业(93,气象、测绘、技术监督、海洋环境、环境保护、工程设计业等);

12. 国家机关(94)。

上述行业和部门属于第三产业的行业,为旅游业的运行提供组织保障、人力培训、信息咨询、金融保险、医疗保健和文体娱乐等基础性服务。

(三)与旅游服务行业间接有关的行业

1. 纺织业(17);

2. 皮革毛皮羽绒及制品业(19);

3. 造纸及纸制品业(22);

4. 石油加工及炼焦业(24);

5. 医药制造业(27);

6. 化学纤维制造业(28);

7. 橡胶制品业(29);

8. 塑料制品业(30);

9. 非金属矿物制品业(31,水泥、砖、石灰和轻质建材、玻璃、陶瓷等);

10. 金属制品业(34,建筑用金属制品业、日用金属制品业等)。

上述行业属于第二产业的行业,为旅游业基础设施和接待服务提供硬件装备。

1. 地质勘查业(50);

2. 水利管理业(51);

3. 食品饮料家用品等批发业(61);

4. 能源材料机械电子批发业(62);

5. 其他批发业(63,工艺美术品批发业等);

6. 商业经纪与代理业(65);

7. 房地产开发与经营业(72);

8. 房地产管理业(73);

9. 房地产代理与经纪业(74):

11. 租赁服务业(79);

12. 社会福利保障业(87);

13. 社会团体(96);

14. 科学研究(92);

15. 其他行业(99,企业管理机构)。

上述行业和部门属于第三产业,为旅游开发和经营提供物资生产、流通及软件开发的基础性服务。

据上分析,旅游服务行业本身涵盖14个第三产业行业的全部和一部分,还有37个行业与旅游产业直接相关,25个行业与旅游产业间接相关。与旅游服务业直接、间接相关的行业和部门共有76个,其中5个属于第一产业,30个属于第二产业,41个属于第三产业。

如前所述,世界旅游旅行理事会(WTTC)在1998年发表的《旅游业对经济影响》报告中,使用了"旅游业"(或"旅游行业")与"旅游经济"两个概念、两种经济指标。旅游业指"为旅游者直接提供产品和服务的行业或部门",旅游行业指"为旅游者提供产品和服务的行业以及其他对旅游消费活动有较大依赖的行业"。

因此,有必要提出"旅游行业"与"旅游产业"两个层次的概念。

"旅游行业"或"旅游服务业",指直接为旅游者提供交通运输、观光度假、住宿、餐饮、购物、康乐服务(如旅行社、旅游涉外饭店、旅游定点餐馆、旅游定点商店、旅游车船公司、旅游定点娱乐场、旅游商品定点生产企业等)以及为这些服务专门或直接提供人力、智力和中介服务的企事业单位、行业和部门(如旅游院校、旅游研究规划机构、旅游宣传出版、旅游网站等)。旅游行业是以"行、游、住、食、购、娱"为主要环节的行业链。这些受各级旅游行政主管部门管理或指导的企事业单位、行业和部门基本上属于第三产业的范围。

"旅游产业"指旅游行业和为旅游行业直接提供物质、文化、信息、人力和智力服务和支撑的行业和部门。旅游产业不仅包括第三产业的许多行业和部门,还包括与旅游业密切相关、为旅游业提供物资或非物资供应和支撑的第一产业和第二产业的众多行业和部门。据1992年公布实行的国民经济核算表的分类,属于一产的是农、林、畜牧和渔业的相关部分,属于二产的是食品饮料加工制造、服装制造、家具制造、文体用品制造、工艺美术品制造、土木工程建筑、装修装饰、煤气电力自来水供应制造、交通运输设备制造、电器设备制造、电子通信器材制造等行业的相关部分,属于三产的是航空运输、铁路运输、公路运输、水上运输、邮电通信、公共服务、居民服务、娱乐、饮食、零售、商业经纪与代理、批发、租赁、金融、保险、信息咨询服务、计算机运用服务、市场管理服务、卫生、体育、教育、文化艺术、广播电影电视和气象、工程设计及环境保护等综合技术服务业的相关部分,以及国家机关的相关部门,如旅游行政管理、海关、边检等。旅游产业中的旅游业企事业单位直接或主要由旅游主管部门管理,其余企事业和行业分别属于其他各行业、各部门管理,但与旅游业的发展紧密联系,互相配合、互相依托、互相促进,共同发展。旅游产业是由旅游业和与旅游紧密结合的众多行业组成的产业群。

旅游服务行业和与该行业直接、间接相关的行业和部门共同构成的旅游产业,即人们经常所说的"大产业",是由众多行业链(或行业群)组成的产业集合体,由"行、游、住、食、购、娱"组成的旅游服务业是该产业的核心。

旅游业与国民经济的众多产业具有千丝万缕的联系,是一个关联度大、辐射面宽、依托性强的综合性产业。它的发展依托于国民经济的总体发展,有赖于各行业、各部门的支撑,同时又能促进众多行业的发展,不同程度地拉动一、二、三产业的增长,从而成为国民经济的一个强有力的增长点。

关于现代旅游业若干特征的探讨[①]

2007年3月温家宝总理的《政府工作报告》指出,"要从改革体制、加大投入、完善政策等方面,鼓励和支持服务业加快发展,尤其要发展物流、金融、信息、咨询、旅游、社区服务等现代服务业"。

在党和政府文件中,温总理的报告第一次明确把旅游业列为"尤其要发展"的"现代服务业"之列。

一、传统服务业与现代服务业

服务业指那些不生产商品和货物的产业,大体相当于第三产业。国家统计局在1985年《关于建立第三产业统计的报告》中,将第三产业分为四个层次:一个是流通部门,包括交通运输业、邮电通信业、商业饮食业、物资供销和仓储业;二是为生产和生活服务的部门,包括金融业、保险业、公用事业、居民服务业、旅游业、咨询信息服务业和各类技术服务业等;三是为提高科学文化水平和居民素质服务的部门,包括教育、文化、广播电视事业、科研事业、生活福利事业等;四是为社会公共需要服务的部门,包括国家机关、社会团体以及军队和警察等。

1997年,"现代服务业"的概念首次正式出现在党的"十五大"报告中。2000年10月十五届五中全会关于"十五"计划建议中,提出"要发展现代服务业,改组和改造传统服务业"。2002年党的"十六大"提出了"加快发展现代服务业,提高第三产业在国民经济中的比重"的战略任务。2005年10月,中共中央《关于制定国民经济和社会发展第十一个五年规划的建议》提出,"促进服务业加快发展。制定和完善促进服务业发展的政策措施,大力发展金融、保险、物流、信息和法律服务等现代服务业,积极发展文化、旅游、社区服务等需求潜力大的产业,运用现代经营方式和信息技术改造提升传统服务业,提高服务业的比重和水平"。

在2005年3月十届四次全国人民代表大会通过的《中华人民共和国国民经济和社会发展第十一个五年规划纲要》中,把服务业划分为"生产性服务业"和"生活性服务业"两大类,指出"生活性服务业"中包括旅游业。2005年8月,北京市统计局出台了北京市现代制造业和现代服务业的统计标准(试行)规定。该标准没有把旅游业列入现代服务业之列。2006年3月,国家发改委向十届全国人大四次会议提请审议的《关于2005年国

[①] 2007年5月《中国旅游报》。

民经济和社会发展计划执行情况与2006年国民经济和社会发展计划草案的报告》把旅游业列入"新兴消费性服务业"。

对传统服务业与现代服务业的关系,产业经济学界一种看法认为,现代服务业包括建立在信息基础上的新兴服务业和一部分经过改造"再现青春活力"的传统服务业两部分。另一种看法认为,现代服务业主要是指工业化后期大规模发展的新兴服务业,如移动通信、网络、传媒、咨询、中介、会展、物流、证券、信托、保险等行业;而把邮政、商业零售、贸易、餐饮、娱乐、旅游等归类为传统服务业。

笔者认为,许多服务行业难以截然分为传统服务业与现代服务业。交通运输、邮电通信、商贸零售、金融银行、住宿餐饮、传媒咨询、文化娱乐、医疗保健、体育健身、观光休闲、房地产、公共管理、法律咨询、基础教育以及公益性信息服务等,从工业革命、大规模城市化和世界市场经济体系形成之后就已出现。随着现代市场经济的发展壮大,尤其是全球性、区域性社会政治经济文化的交流频繁,科学技术革命的加速推进,尤其是第二次世界大战以来,和平与发展成为时代的主流,以电子信息技术为标志的现代科技日新月异,在传统服务业不断革新、提升,服务业的分工越来越精细,服务方式越来越多样,服务手段越来越先进,如通信由邮政信件、电报传真和座机电话发展到手机、可视电话和电子邮件,商业零售和餐饮业由商店、摊点发展到连锁超市、连锁餐店,公众媒体由报纸、刊物、电台发展为电视和以互联网为依托的电子网络媒体,金融服务由现金存储、信贷、汇兑、结算等发展到信用卡、电子结算等;与此同时,又产生了一大批新兴业态的服务业,如网络传媒、中介咨询、文化产业、会议展览、咨询创意等,不仅改造、革新了众多的传统服务业,而且推动了工业和农业的现代化,从而形成了在国民经济中地位越来越重要的现代服务业。

现代服务业创造的增加值在国民经济中所占比重的高低已经成为一个国家、一个地区经济社会发展程度的重要标志。2005年,各国服务业在国内生产总值中的比例,美国为78.3%,加拿大为67.9%,英国为73.8%,法国为60%以上,澳大利亚为65.3%,新西兰为69.9%,新加坡为63.8%,印度为54%,巴西为50%以上,德国为65.2%(2003年),墨西哥为69.4%(2002年)。

笔者也认同,现代服务业有以下几个基本特征:以信息等高技术为依托,与现代生产、生活方式密切相关,运用新的生产方式、组织方式、管理模式以及新技术,因而具有市场拓展能力强、附加值高和对国民经济和社会发展关联带动作用大的功能。

2006年,我国服务业在国民经济中的比例仅为40.3%。发展现代服务业是实现产业结构优化、提升国民经济素质和实现国民经济和社会现代化的必由之路,是缓解就业压力、提高国民生活质量、全面建设小康社会的战略举措,是进一步扩大对外开放、积极参与国际分工、应对世界经济全球化的必然之势,是减少对自然资源的依赖、减轻对环境的损害、实现经济可持续发展的必然选择。

二、现代旅游业的特征

旅行游览活动虽古已有之，但那不过是商贾、政要、学儒、僧侣等人士的个体活动，向他们提供食宿、运送的店家也是各自分散的单项业务，并未形成彼此衔接的招徕、组织、行宿食购等配套接待网络。由某类企业有组织地从事客运、住宿、餐饮、游览、疗养等系列服务，从而形成一种产业经济，则是在近代市场经济发展和世界政治经济文化体系形成之后出现的。近代旅游业发端于19世纪中叶的西欧，然后向北美、东亚扩展。经过近百年的发展，初步形成了由欧美一批旅行商、饭店、车船公司等组成的旅游企业。到第二次世界大战爆发的近百年中，旅游业在此起彼伏的经济危机、社会冲突、战争与革命中缓慢发展。这是国际旅游业的初步发展阶段，也可称为传统旅游业。

从第二次世界大战以后，和平与发展成为世界发展的主流，科学技术突飞猛进，社会经济迅速发展，物资与非物资交流日趋频繁，自由旅行与自主休闲成为公认的人权内容。在这种背景下，传统旅游业逐步向现代旅游业提升。

现代旅游业是对传统旅游业的继承、创新和提升，但又具有传统旅游业所没有的新特征、新业态、新功能。

1. 旅游资源

传统旅游业主要依托自然生态资源和历史文化资源，而现代旅游业更注重挖掘当代各种社会资源（工业、农业、文化、科技、教育、康体、重大节事、现代科技成就、军事工程等），依托整个现代城乡环境，依托日新月异的现代科技无限创造，不断地扩大旅游供给的品种和质量。社会旅游资源以现代社会、经济、文化和科技军事成果为旅游吸引物，其核心是人，即人的生活、人的风情、人的精神、人的创造，因而可以不断创造、不断挖掘、不断利用、永无穷尽。传统旅游资源观的有限论观念应该重新审视。社会资源无限论为旅游的可持续发展开辟了无限广阔的前景。

2. 旅游产品

传统旅游业主要提供观光、度假和康体健身等休闲娱乐等产品，通常被认定为生活性服务产品。现代旅游业进一步扩展到公务、商务、会议、展览、人才培训和企业扩广等产品，具有生产性服务的功能。以工业旅游为例，既有为旅游者提供观光、休闲、增智、娱乐等生活性服务的功能，又有为工矿企业宣传企业形象、培育企业品牌、扩大企业社会影响的生产性服务的功能。

3. 客源市场

传统旅游业的市场半径较短，主要在国内和周边邻近地区，而现代旅游业进一步扩展到全球。每年有八九亿次人次的国际游客在世界各地进行跨洲、跨国旅游活动。传统旅游业的市场群体有限，主要是贵族、富商和名流等社会上层富裕阶层。随着社会福利的普及、公民带薪休假制度的建立，休闲权被国际公认为人权的内容之一，旅游休闲已从少数群体的奢侈性消费成为大众化的文明生活方式的一部分。

4. 科技支撑

传统旅游业主要依托近代以蒸汽机发明使用为标志的第一次产业革命成果(火车、汽车、轮船等)、以电气发明使用为标志的第二次产业革命的成果(电话、传真等),而现代旅游业则是在以数字电子为标志的第三次产业革命成果的基础上,广泛地吸收、利用现代科技的各方面成果,从而使旅游的生产、消费、经营、销售、服务和管理等各个领域发生革命性的变革,极地旅游、太空旅游、海底旅游、虚拟景观和网络营销、网上预订与结算等电子商务形式等层出不穷。

5. 旅游企业

从近代欧美出现旅游服务业以来,旅游业一直在市场经济基础上以企业作为经营主体。传统旅游企业一般在国内或洲内从事经营活动,由旅行社、宾馆旅店、餐饮店、商店、娱乐机构和运输公司等不同类型的企业各自承担相应的旅游服务环节,形成招徕、组织、客运、观光、住宿、餐饮、娱乐、购物等旅游服务链。在科技现代化、经济全球化、区域一体化深度推进的背景下,现代旅游业逐步形成了跨地区、跨国家、跨洲界、跨行业(旅行商、饭店、航空公司、游船公司、娱乐公司、度假村等)的全球性旅游集团,产生了一大批各有专长、各具特色的著名国际、国家旅游品牌企业。在这些著名旅游集团的主导下,形成了由批发、代理、零售组成的全球性旅游产销体系。

6. 产业队伍

传统旅游业主要是劳动密集型产业,就业门槛相对较低。现代旅游业以高新科技为支撑、知识经济为依托,拥有一支优秀的企业家队伍、高素质的管理团队、各种技术专长的专家群体以及训练有素的员工队伍。像迪斯尼这样的全球性休闲娱乐、旅游度假品牌,无疑集合着一支从策划创意、设计制作、经营管理和市场营销各方面的专家和高素质的员工队伍。在世界范围内,旅游已经成为重要的就业渠道(约占就业总量的1/9),旅游从业者已成为一支重要的产业队伍。

7. 产业形态

传统旅游业主要由客运、风景、住宿、餐饮等行业组成,配套的有通信、购物、娱乐、康疗等行业,产业构成较为简单。现代旅游业由于其地域延伸、规模扩张和产品深化,与国民经济的众多产业具有千丝万缕的联系。它以行、游、住、食、购、娱为核心,是由旅游服务行业和与该行业直接、间接相关的一、二、三产业共同构成的旅游产业,是由众多行业链(或行业群)组成的产业集合体。有些行业和部门,由于旅游业发展的巨大需求,已形成某些相对独立的分支行业,如旅游教育业、旅游咨询业、旅游广告业、旅游农业等。

8. 与自然环境关系

传统旅游业依托良好的生态环境和优美奇特的自然风光,侧重对自然生态环境的利用开发,更多的是对自然生态环境的"索取"。现代旅游业在依托生态环境和自然风光的同时,更注重对自然生态环境的保护、培育和优化,主张开发绿色产品、推广绿色经营,提倡绿色消费、开展绿色宣传,提高旅游管理者、经营者、旅游者和旅游目的地居民的环境意识、生态意识和绿色旅游意识,建立绿色旅游管理体制,日益成为资源节约型、环境友好型产业。

9. 政府引导

欧美国家传统旅游业一般从国内旅游起步,主要利用原有的风景园林、文化博览和体育医疗等观光休闲、娱乐康体资源,依托日趋完善的交通客运、邮电通信、商业服务设施和相关的商法体系,在市场经济的环境中自然发展,政府对旅游行业的行政干预较少。发展中国家旅游业大多从接待入境游客起步,交通客运、邮电通信、商业服务设施和相关消费法规又很不完善,为了处理和协调接待入境游客中面临的众多问题,在发展旅游业的初期政府采取较多的行政干预措施,甚至直接开发旅游接待设施、经营旅游企业。随着现代旅游业的普遍、深入发展,市场经济的发育与成熟,越来越多的国家设立了专门的旅游行政管理机构,引导旅游业的发展列入政府的职能范围。同时,随着中央政府与地方政府的旅游管理分权化趋向,政府主管机构与旅游行业组织及企业之间"公私合作伙伴"关系的形成,国有旅游企业民营化或国有民营的趋势,旅游行业组织规范、协调、自律和服务功能的强化,政府对旅游业的管理方式也不断改变。政府逐步从直接开发、经营和管辖具体的旅游服务运行中退出,而主要采取政策指导、社会协调、信息引导和法律规范手段,规范市场秩序、推进市场促销、提升产业素质。

10. 国际协调

第二次世界大战以前,旅游业的国际联系与协调主要由旅游企业自发进行,各国政府间的官方协调微乎其微。1946年在伦敦召开的首届国家旅游组织国际大会基础上成立的世界旅游组织(WTO),1969年正成被联合国大会批准,现今已有139个国家、6个区域性和350个公司会员,其成员遍及全球,在协调各国政府旅游政策、制定旅游规范标准、促进各国旅游合作等方面开展了卓有成效的活动。还有国际研究机构世界旅行旅游理事会(WTTC),区域性的国际合作组织有欧洲旅游委员会(ETC)、亚太旅游协会(PATA)、东盟贸易和旅游委员会(ASEAN-TTC)和拉丁美洲旅游组织联盟(CTOLA)等,还有各旅游服务行业(航空、饭店、旅行社、度假村等)的世界性和区域性的国际旅游商组织,国际协调逐步加强,旅游经济的全球国际化、区域一体化程度越来越高。

总之,现代旅游业的实质是传统旅游业的现代化,其国际背景是科技现代化、经济全球化、区域一体化和文化多元化,其国内基础是经济现代化、社会城市化、服务体验化和休闲大众化。

三、向现代旅游业提升任重道远

温总理的政府工作报告把旅游业列入现代服务业之列,既是目标,更是要求;既是激励,更是鞭策;既是动力,更是压力。

我国旅游业的发展与改革开放同步,一直以市场化为取向,逐步与国际规则惯例衔接,因此从起步开始就具有较多的现代化元素,这在接待入境旅游的运作和酒店经营管理方面最为突出。经过近30年的发展,中国实现了从旅游资源大国到世界旅游大国的历史性跨越,已成为世界第四入境接待国、亚洲第一客源输出国、第一国内旅游大国。特别是"入世"以后,我国旅游业更加快了国际化的步伐,旅游已成为我国现代服务业的先导产业和国民经济的新兴产业。

同时应该清醒地看到,我国旅游业过去是、今后仍将长期是在发展中国家的基础上发展的,城市化水平低,基础设施不完善,市场经济不成熟,法制不健全,国民素质整体偏低的状况将持续很长时间。旅游业的整体发育不能不极大地受制于这一社会大环境,这与发达国家旅游业的社会基础大不相同。由于我国幅员辽阔、自然与人文原生资源丰富、旅游规模大而发展基数低,旅游经济在发展速度和规模上可以在一定时期内、一定程度上,以快于整个国民经济的发展速度、快于世界旅游的平均发展速度方面适度超前发展,在接待入境游客的规模、旅游外汇收入总量等方面可以在一二十年之内跃居世界前列,但是在旅游接待的基础设施、旅游服务的整体水平、旅游企业经营的竞争实力、旅游从业人员的整体素质和旅游管理的整体协调能力上,要赶上旅游发达国家则需要更长的时间。

目前,我国旅游业明显地表现出传统服务业与现代服务业并存的特征:

- 东部沿海地区日益与国际接轨的旅游服务设施与标准(主要体现在饭店、景区上)与其他大部分地区粗放式经营与接待的状况并存;
- 旅游接待总体规模迅速扩大与旅游企业经济效益普遍低下的状况并存[①];
- 旅游经济总量的巨大增长与旅游经济主体旅游企业"小、弱、差"的状况并存;
- 一些地方政府和企业资金大投入、资源大开发与旅游经营低效益、低水平的状况并存;
- 一些地方政府与旅游企业对近期经济效益的过度追逐与旅游资源过度开发、资源环境品质下降的状况并存;
- 少数地区、行业、企业运用电子信息技术等先进技术经营服务与大量原始的手工业操作的状况并存;
- 越来越多的著名国际旅游企业"请进来"与我国旅游企业"走出去"严重失衡的状况并存;
- 入境旅游与出境旅游不同步发展的状况并存;
- 出游人数的不断增长与旅游者素质的悬殊不齐的状况并存;
- 各阶层国民旅游需求的不平衡增长与旅游消费的非理性行为的状况并存;
- 人口众多、日益增长、多种多样的居民休闲需求和国民休假制度与国际通行带薪

---

① "十五"(2001~2005年)期间,我国旅游企业各年平均利润率分别为1.50%、1.66%、0.36%、0.01%、1.72%,其中星级饭店业各年平均利润率分别为-3.06%、-3.32%、-4.16%、-0.01%、0.11%;旅行社业各年平均利润率分别为2.08%、1.68%、0.03%、0.30%、0.10%。20年来,旅游企业员工的人均劳动生产率、人均利润和人均利税额亦呈长期徘徊,甚至下降势头。

休假制度、"错开休闲日期"的要求不接轨的状况并存①;

• 旅游从业人员中少数训练有素的经营管理群体与众多低素质、缺乏培训服务接待队伍的状况并存;

• 各类旅游企业数量日益增多与旅游行业组织软弱无能的状况并存;

• 旅游产业规模日趋扩大、旅游市场规模日趋庞大与旅游法制不完备、市场主体不自强、市场秩序紊乱的状况并存;

• 旅游经济市场化程度日益提高与行业管理手段单一陈旧、体制改革滞后、政府转型不到位、企业改制不彻底的状况并存;等等。

尤其需要看到,中国作为一个发展中的大国,区域发展不平衡,包括发达省市内部的发展不平衡的状况不可能短期改变。这就决定了实现旅游业从传统向现代的转化、提升,全面实现现代化、国际化将是一个相当长的由点到面、由部分地区向全国分步推进的过程。

国家旅游局一再指出,我国旅游业已经进入一个全面提升的战略期。这个提升,也就是从初步发展走向较高发展,从传统业态向现代业态转型升级。树立发展现代旅游业的观念,对落实中央提出的"又好又快"的发展方针,执行温总理提出的加快发展包括旅游在内的现代服务业,也许有所启发。我国已经确定建设世界旅游强国的目标。世界旅游强国是速度与效益的统一、规模与质量的统一、硬件与软件的统一、入境旅游大国与出境旅游大国的统一、旅游产业素质与公民旅游素养的统一。建设世界旅游强国的实质是实现中国旅游的现代化、国际化和特色化。旅游业的综合性决定了旅游产业的现代化,离不开国家社会经济文化的现代化。提前到 2015 年左右,我国可以成为世界第一接待国;到 2020 年左右,我们可以初步建成世界旅游强国,但要建成比较成熟的世界旅游强国,则还要经过二三十年的长期努力。到 21 世纪中叶,中国基本实现现代化之日,才是中国旅游业现代化的完成之时,也是完整意义上的世界旅游强国建成之时。

---

① 1982 年 8 月墨西哥世界旅游会议《阿卡普尔科文件》指出:"各国的责任……应该作出实质性努力错开休假时间。"1985 年 9 月世界旅游组织全体大会通过的《旅游权利法案和旅游者守则》要求,各国政府"采取措施,特别是通过更好地分配工作和娱乐时间,建立和改善年度带薪休假制度和错开休假日期"。

旅游强国的十条标准[①]

一、国际旅游接待人数和创汇水平名列世界前茅

目前中国接待入境过夜旅游人数占世界总量的4%,约为法国的1/3,西班牙和美国的1/2;旅游创汇占世界总量的3.0%,约为美国的1/5,意大利、法国和西班牙的2/5,英国的3/5。据国家旅游局预测,2020年中国将接待海外旅游者1.35亿~1.45亿人次,约占世界总量的8.4%~9.0%;国际旅游创汇530亿~760亿美元,约占全世界总量的2.7%~3.8%。据世界旅游理事会(WTTC)预测,2020年中国将接待1.37亿入境旅游者,占世界总量的8.6%,居世界首位。

二、国内旅游的人次、出游率和消费居世界先进行列

中国国内旅游总人次虽居世界第一,但出游率较低,1999年为57%,与世界旅游发达国家相比,出游率仅为它们的1/10~1/8。中国国内旅游的人均消费水平也较低,总产出水平并不高,目前只相当于墨西哥的水平。目前中国国内旅游人数与国际旅游人数之比为9∶1,与世界平均水平10∶1相近;国内旅游收入与国际旅游收入之比为3∶1,与国际平均3∶1~4∶1的水平相差不多。据国家旅游局预测,2020年中国国内旅游将达17亿~20亿人次,旅游收入将达1.9万亿~2.7万亿元。届时国内旅游人数与国际旅游人数之比约为8∶2,国内旅游收入与国际旅游收入之比约为4∶1,接近世界平均水平。

三、出境旅游的规模居世界前列

国门打开以来,中国公民出境旅游迅速增长,出境旅游花费1990年在全世界排名第40位,1995年上升为第22位。1997年中国公民出境旅游花费8.13亿美元,占世界总量的2.1%,位于美国、德国、日本、英国、意大利、法国、加拿大、荷兰、奥地利、俄罗斯、比利时之后,居世界第12位。1998年中国公民出境旅游人数在840多万,居亚洲第二位。据世界旅游组织预测,2020年中国公民出境旅游达1亿人次,占世界总量的6.2%,仅次于德国、日本和美国,名列世界第四。

[①] 2000年4月3日《中国旅游报》,收录于国家旅游局《中国旅游产业发展研究报告》、《中国旅游业发展"十五"计划和2015、2020年远景目标纲要》(专题篇),中国旅游出版社2001年版,第38~39页。

四、旅游经济总量在国民经济中的比重接近世界平均水平

根据WTTC的研究报告,1996年全世界旅游业总产出占世界国内生产总值的10.7%,居民旅游消费总支出占全球居民总消费支出的11.3%,旅游业的资本投入占全球总投入的11.9%。相比之下,我国目前的水平还不到这些指数的一半。据该组织的预测,2020年,中国旅游业总产出将占国内生产总值的8.64%,旅游消费将占消费总额的6.79%,旅游投资将占投资总额的8.16%,旅游外汇收入将占外贸出口的8.11%,旅游外汇支出将占外贸进口的7.23%,居民旅游消费占全国居民总消费的6.79%,旅游业的投资占全国总投资的8.16%,接近于世界平均水平。据国家旅游局预测,2020年全国旅游业总收入3.3万亿元,相当于国内生产总值的8%,真正成为国民经济的支柱产业。

五、培育一批享誉世界的旅游名品、精品和绝品

遍布神州大地的高品位的自然风光资源、历史文化资源和现代社会资源将得到精心保护,将有50个左右的自然与文化遗迹进入世界遗产名录。各类各地有代表性的旅游资源将得到科学、有序开发,形成一批世界一流的旅游名品、精品和绝品。传统的观光旅游产品不断推陈出新,新兴的度假旅游产品将陆续成熟,各类专项旅游产品将层出不穷。中国将成为世界著名的会议展览中心。适应21世纪世界潮流和身心需求的生态旅游绝品、文化旅游精品、康体健身名品,将在世界旅游市场上一领风骚。

六、拥有一批具有国际竞争实力的骨干旅游企业集团

旅游企业是旅游产业的细胞、旅游强国的支柱。在国内外市场经济浪潮的博击中,中国将涌现一大批跨国经营、跨所有制成分、跨行业生长、现代化管理、信息化经营、集行游住食购娱于一身的骨干旅游企业集团,成为中国旅游驶向全球的"航空母舰",并作为中国旅游的品牌企业屹立于世界旅坛强林之列。

七、造就一支宏大的高素质的产业队伍

旅游从业人员是建成世界旅游强国的人力资源基础。据WTTC测定,1996年,各国旅游从业人员占世界就业人员总量的1/9。该组织预测,到2020年,中国旅游业旅游就业人数将达6889万,占全国总就业人数的8.54%。这将是一支在职业道德、心理素质、文化素养和技术技能水平各方面都是高水平的现代产业队伍。为此,需要建立起由高等、中等学校和职业培训中心组成的完整的旅游教育基地,形成学历教育、岗位资质教育和终身教育相结合的旅游教育体系。全国要创建若干个世界著名的旅游院校,各旅游省市特别是以建设旅游强省强市为目标的地区,都要建立院校与社会培训相结合的旅游教育基地。

八、建立现代科技教育支撑体系

旅游产业是集资源、资金和智力于一身的现代文化性、服务性产业经济。在行将来

临的知识经济时代,现代科技教育是旅游创新的智能动力和旅游强国立国的智力支柱。在旅游资源保护和开发、旅游产品设计和组配、旅游产业的经营和管理等硬件与软件各方面,广泛采用生物、宇宙、电子、海洋、激光技术和历史学、考古学、社会学、美学及心理学等自然、人文各个科学领域内的世界先进科技成果。旅游经济将成为率先用现代高科技成果装备起来的产业之一,成为知识经济的重要载体之一。为此,必须建成一批各有特色、门类俱全、世界先进的旅游院校与科研院所,成为培养旅游人才的摇篮和科技创新的基地。

九、形成与国际接轨的旅游经营管理机制

我国旅游业是在改革开放中从事业型转变为产业型的,在产品开发、市场营销、企业管理等方面最先引进和借鉴国际惯例和标准,是中国率先与国际初步接轨的产业之一。但是,在长期的行政指令式计划经济模式下形成的经营观念、管理体制和运作机制,与国际惯例和标准仍有相当差距。21世纪初叶,中国加入世界贸易组织和社会主义市场经济体制的建立,将推动旅游产业在法规理念、市场准入、双向开放、政策透明、信息网络、经营方式、企业机制、人事体制、统计体系等各方面进行全方位、深层次的变革,基本与国际接轨,旅游业将真正成为国际化的产业。

十、建立经济效益、社会效益和环境效益互相促进的旅游可持续发展体系

可持续发展已成为当今世界的共同使命。旅游业是物质文明、精神文明与生态文明相结合的载体,旅游产业是促进人类社会可持续发展的先锋产业。中国旅游业将把可持续发展的理念作为一根红线贯穿到其发展的始终和各个方面:规划的科学编制和切实实施,资源的严格保护和适度利用,生态旅游产品的精心设计和有序开发,绿色饭店和绿色餐饮的推广,自然能源的充分利用和消费用品的节约使用,以人为本的服务和天人合一理念的结合,旅游者与旅游地居民的友好交流,旅游者与服务者的互相尊重,管理层与员工群的亲和融合,使人们在旅游这一文明、健康、高尚的生活方式中,深切感受和享受到自然界内部的和谐统一、人与自然的和谐共存、人与人之间的和谐相处,使自然生态与人文生态环境质量在信息时代迈向新的高度。

在即将到来的新世纪中,幅员辽阔、历史悠久、奋发猛进的泱泱大国,将以我奇特独有的旅游资源、多姿多彩的旅游产品、东方风范的旅游服务、与国际同轨的经营管理,当之无愧地迈入世界旅游强国之列。当然,即使那时中国成了世界第一接待大国,但旅游接待的硬件和软件、旅游的自然生态和社会人文的整体环境等,与世界一流的旅游强国相比仍有相当差距。只有经过几代人的持续奋力拼搏,到建国100周年时,中国将成为世界一流的旅游强国。

建设世界旅游强国的清醒剂①
——全球旅游竞争力中国排名62②的思考

据多家媒体报道,世界经济论坛(WEF)于3月4日公布了2008年度全球旅游业竞争力排名报告。报告评估了各国有利于旅游业发展的各种政策和因素,包括一个国家的政策规章、环境发展的可持续性、安全状况、健康和卫生状况、旅游业发展的优先程度、航空和地面运输基础设施、旅游业基础设施、价格竞争力以及人文自然资源。

在其评估的130个国家中,瑞士、奥地利和德国名列前三,接下来排在前十位的是澳大利亚、西班牙、英国、美国、瑞典、加拿大和法国。

中国此次排名第62位,比去年上升了9位。其中,自然人文资源排名第13位,商业环境和基础设施建设排名第70位,比较靠后的则是环境发展的持续性和卫生安全状况等因素排名第103位。

由此可见,中国旅游国际竞争力的优势主要在"自然人文资源"方面,"商业环境和基础设施建设"方面居世界中等水平,"环境发展的持续性和卫生安全状况"等方面居世界后位,总体上居世界中等水平。"自然人文资源"是老天爷赏赐和老祖宗留给的,其余都是现实的,是由国家的硬实力和软实力组成的综合实力决定的。综合实力是可以逐步变化的,但又不是在几年、十几年内可以根本改变的。

近几年来,我国旅游业界的主管部门一直津津乐道,中国接待入境游客人数和国际旅游收入跃入世界第几位,过不了十年将成为世界第一接待大国,中国将建成"世界旅游强国"。且不说港澳台同胞既是中国人,又是入境者。如在入境游客中把港澳台同胞也列为"国内游客"的话,我国过夜入境旅游的人数和收入就要减少2/3,那在世界上的排名就不知掉到多少位之后了。

冷静想一想,"世界旅游强国"之"强",主要"强"于何处?在这群雄并起、强手如林的世界旅坛上,你能否成为强者,关键是你的竞争力是否强;而这个竞争力又是动态的、不确定的。今天你是强者,明天不一定是强者。拿世界经济论坛(WEF)各年度全球旅游业竞争力排名报告来说,在此次评选中,瑞士连续三年名列第一,而冰岛和美国被澳大利亚和西班牙挤出了前五名,可见竞争之严酷。

去年此时,我写了《关于现代旅游业若干特征的探讨》一文,其中说到"到2015年左右,我国可以成为世界第一接待国;到2020年左右,我们可以初步建成世界旅游强国,但

---

① 2008年4月2日搜狐博客。
② 据世界经济论坛《2011年度全球旅游业竞争力报告》,中国大陆排名第39位。

要建成比较成熟的世界旅游强国,则还要经过二三十年的长期努力。到 21 世纪中叶,中国基本实现现代化之日,才是中国旅游业现代化的完成之时,也是完整意义上的世界旅游强国建成之时。"

在建设世界旅游强国的问题上,难度与其想得少一些不如多一些,时间与其想得短一些不如长一些,这样来估价我国旅游业的现状、部署目前和今后的工作,可以少一些浮躁、少一些虚夸、少一些陶醉,变得更冷静一些、扎实一些、可靠一些。

也谈旅游大国与旅游强国[①]

各行各业都在准备编制"十二五"发展规划。关于"大国"与"强国"的议论也就多了起来。

魏小安先生最近提出,"十二五"总体目标之一,就是"建成世界旅游强国,发挥重要产业功能"。(见魏先生2009年10月2日搜狐博客《大思路大举措——"十二五"旅游发展思考》。)

建设"世界旅游强国"这个命题是2000年1月时任国家旅游局长在全国旅游工作会议上的报告中提出来的:"到2020年实现世界旅游强国的目标。"但是这次会议上并没有讨论、提出"世界旅游强国"的标准。

同年4月3日,我在《中国旅游报》发表了整版署名文章《旅游强国的十大标准》,副标题是《一位旅游专家的论述》。文中首次提出的十大标准。[②]

经过几年的观察与思考,我对"世界旅游强国"的内涵有了新的认识,对到2020年中国将建成世界旅游强国的论点有了新的判断。2007年5月我在《中国旅游报》上发表的《关于现代旅游业若干特征的探讨》一文中提出:

"建设世界旅游强国的实质是,实现中国旅游的现代化、国际化和特色化。旅游业的综合性决定了旅游产业的现代化,离不开国家社会经济文化的现代化。提前到2015年左右,我国可以成为世界第一接待国;到2020年左右,我们可以初步建成世界旅游强国,但要建成比较成熟的世界旅游强国,则还要经过二三十年的长期努力。到21世纪中叶,中国基本实现现代化之日,才是中国旅游业现代化的完成之时,也是完整意义上的世界旅游强国建成之时。"

要弄明白如何从"世界旅游大国"走向"世界旅游强国",首先得弄明白什么是"大国",什么是"强国"。下一个众所公认的科学定义很难,但举几个例子很容易说明问题。

• 中国是个经济大国,经济总量或规模居世界第三位,但不是经济强国,因为中国是一个高速度、高投入、高消耗(能源、原料)、高排放的工业化中期的发展中国家,GDP除以13.5亿,人均GDP就排到世界100位左右。联合国开发计划署(UNDP)刚发表的2009年人类发展指数排行榜上,全球182个国家与地区中,中国大陆的指数排名居92位。该指数由人均GDP、预期寿命和教育水平三个基本方面构成。

• 中国是个产品生产大国,但是个品牌小国,世界著名品牌100强中,中国没有一

[①] 2009年10月手稿,2012年11月略作修改。
[②] 见本书《产业篇·旅游强国的十条标准》。

个。世界500个知名品牌中,中国只有15个,且在300位之后。

● 中国是个世界贸易大国,进出口总额居世界第三位,外贸盈余居世界前列,但不是外贸强国,因为中国出口的大多是低科技含量、低附加值的中初级产品,高科技产品仅占30%,其中87%还是三资企业生产的,国企生产的仅占8.5%。

● 中国金融市场规模、市值全球第一,但中国仍是金融弱国,在国际金融大循环中,总体金融效益低下,对外净资产明显低于德国、日本,在国际金融运行机制中不占主导地位。世界经济论坛WEF 2011年世界金融发展报告公布,金融发展指数前4位分别是香港、美国、英国、新加坡。中国居19位。

● 中国是个民航大国,客运量、机场总数占世界前列,但不是民航强国,因为中国自己还不能制造大型客机,中国人的人均乘机率很低。

● 中国是个汽车大国,近来中国汽车年产量超出1000万辆,在美国、日本之后名列第三,但不是汽车强国,因为中国还没有一个世界公认的国产品牌车,中国人的人均拥有汽车率也很低。

● 中国是个体育大国,2008年奥运会的金牌名列世界第一,但不是体育强国,因为中国体育的"举国体制"(政府主导型的另一种说法)可以多拿世界冠军,但中国的大众体育十分落后,世界闻名的中国自制体育用具品牌很少。

● 中国是个教育大国,中国的大、中、小学数量之和大概世界第一,大、中、小学学生,硕士生,博士生的数量之和也可能世界第一,但不是教育强国,因为世界公认的品牌大学寥寥无几,博士生虽多,但可惜许多人不搞研究,"中国最大的博士生群体在官场"(我的母校中国人民大学校长纪宝成语)。中国大学没有培养出钱学森式的科学大师。钱老曾问温总理:"为什么现在我们的学校总是培养不出杰出人才?"温总理说:"做大了高等教育,还要做强高等教育。"

● 中国是个文化大国,有悠久而不曾中断过的文化传统,但不是文化强国,中国文化的世界影响力有限。

● 文学界也在讨论"文学大国"。中国是个文学大国,因为拿国家薪水创作的作家数量很多(大概也是世界第一),每年出版的文学作品也不少,但不是文学强国,因为中华人民共和国建立后60年没有再出一个国人公认的文学大师,没有产生世界公认的文学作品和文学大师,姑且不说得诺贝尔文学奖,郭沫若、茅盾、巴金、老舍、曹禺、沈从文、钱钟书的传世之作几乎没有一部是在1949年后写的。

● 首都钢铁总公司董事长朱继民说,中国钢铁占世界生产份额会超过40%,但高速铁路用材至今我们还不能生产,我们是"钢铁大国",还不是"钢铁强国"。

显然,"大"不等于"强"。"大"是指数量、规模,"强"是指质量、效益。"大国"是一个胖子,可以是虚胖,也可以是健壮。"强国"不仅要"胖",更要"壮"。

2011年,我国大陆国内旅游人数世界第一、入境旅游人数世界第三、入境旅游收入世界第四、出境旅游支出世界第三,但国际旅游竞争力排位世界第39位。我国大陆出境旅游支出2011年720亿美元,居世界第三位,但人均出境旅游支出54美元,是世界人均出境旅游平均支出148美元的1/3,是德国出境旅游人均支出1031美元的1/18。再看看我们的旅游产业素质、产品素质、企业素质、管理素质与游人素质究竟如何,离"强国"有多远？大概多少时日才能接近、达到发达国家的素质？

究竟何为"世界旅游强国",如何建成"世界旅游强国"？值得继续思考。

辉煌的业绩与严峻的现实[①]

一、30年中国旅游业的历史性跨越

改革开放30年,中国旅游业实现了历史性的跨越。

——旅游性质:旅游从政治接待活动转变为经济产业,旅游业成为新兴产业。

——接待对象:从封闭半封闭转为向世界全面开放。入境、国内、出境三大旅游互相促进、全面发展。

——行业组成:从少数几家旅行社、高档宾馆发展为由饭店、旅行社、交通、购物、康乐、教育、出版和咨询等众多行业构成的综合性的产业。

——经济成分:从单一的全民所有制结构转向国有、股份、民营、外资、合资、合作等并存的多种所有制结构。

——管理体制:从政企合一的指令性计划管理开始向政企分开的市场经济型管理转变。

——国际联系:1983年10月,中国正式加入世界旅游组织。

——国际地位:中国已成为世界第三入境旅游接待国、第五旅游外汇收入大国、亚洲第一客源输出国和国内旅游大国。

30年在世界和中国旅游史上不过是短暂的一瞬,但中国实现了从旅游资源大国到世界旅游大国的历史性跨越。

二、中国旅游业结构性、体制性的难题

如果我们在欢庆历史性成就的同时进行冷静的思考与观察,不难看到中国旅游业仍然存在着众多深层次、结构性、体制性的难解之题。

——规模与效益:旅游总量迅速扩大与旅游企业经济效益普遍低下的状况并存。20年来,内资旅游企业员工的人均劳动生产率、人均利润和人均利税额长期徘徊,经常处于微利与亏损状态。

——投入与产出:一些地方政府和企业资金大投入、资源大开发,但不少旅游项目经营效益低下。

——产业与企业:旅游经济总量的巨大增长与旅游经济主体旅游企业"小、弱、差"的

[①] 2008年11月25日搜狐博客。

状况并存。用纯行政手段整合的"航空母舰"大而不强、泛而不专。

——企业与行业：各类旅游企业数量日益增多，但旅游行业组织软弱乏能、形同虚设。

——东部与中西部：东部地区旅游产业经济基本成型、与国际初步接轨，中西部地区旅游产业经济总体处在初级发展阶段，各省区市之间及其内部发展水平差异甚大。

——"进入"与"出去"：著名国际旅游企业纷纷进入，但中国旅游企业基本没有"走出去"。

——入境游客的数量与消费：入境游客数量不断增长，但人均花费与停留时间增长缓慢。

——国内旅游的规模、出游率与质量：国内游客规模庞大，但人均出游率很低，且以观光游览为主，文化体验、休闲度假群体甚少。

——出境游客的花费与素养：出境游客花费居高不下，但素养参差不齐、国人形象总体较差。

——人力资源数量与水平：旅游从业人员中，训练有素的经营管理群体不多，低素质的服务接待员工不少。

——市场与法制：旅游产业规模日趋扩大、旅游市场规模日趋庞大，但旅游法制不完备、市场秩序紊乱的状况屡整不绝。

——开发与保护：一些地方政府与旅游企业过度追逐近期的经济效益，旅游资源过度开发、资源环境品质下降的现象不在少数。

——政府管理与市场机制：旅游经济市场化程度日益提高，但行业管理手段单一陈旧、体制改革滞后、政府转型不到位、企业/景区机制僵乱。

纪念改革开放30周年，决不能陶醉于成绩，不正视问题。

今天，需要站在历史新起点上审视中国旅游业的现实，寻准下一步改革开放的正确取向。

旅游业进入国家发展的战略层面[1]

当前,由国际金融危机引发的全球性经济衰退局势仍然扑朔迷离、动荡不定,国内保增长、安民生、扩内需、调结构的任务步入攻坚时刻,在国内外广为关注的中央经济工作会议前夕,温总理主持召开以发展旅游业为专题的国务院常务会议讨论、通过《关于加快发展旅游业的意见》(以下简称《意见》),把旅游业定位为国民经济的"战略性支柱产业",这是改革开放以来、也是中华人民共和国成立以来的第一次,表明发展旅游业已经从行业的、部门的、经济的层面提升到国家发展的战略层面。《意见》将成为我国旅游业发展史上具有里程碑意义的纲领性文件,开启一个新的发展阶段。

一、现代旅游业是关系国计民生的战略性产业

《意见》开宗明义指出,"旅游业是战略性产业",这既是解决当前我国社会经济平稳较快发展的战略举措,更是我国全面建设小康社会,构建长治久安、祖国统一的和谐社会的战略需要。

在世界金融危机的冲击下,世界旅游业连续两年滑坡,中国旅游业沉着应对国际入境旅游下滑,奋力拼搏争得国内旅游逆势上扬、出境旅游平稳运行,全年旅游总收入有望继续以两位数增长,高出国民经济的总体增长幅度,再次显示了旅游消费的丰厚潜力和旅游产业的强劲活力。

在驱动社会经济发展的三大引擎中,调整、优化投资、出口和内需之间的比例,提高国民消费的比重、提升国民消费的质量,使国家发展建立在更加稳固、持久的国内消费的基础上,这是当前和以后很长时期内的一大战略方向。正如温总理视察海南时讲话中所指出的,旅游消费是综合消费、最终消费、多层次消费和可持续消费。普及与提高国民休闲旅游,把发展经济与改善民生合为一体,不仅对应对当前国际经济危机,而且对国家的长远、稳定发展具有重大战略性作用。

旅游产业是实现城乡一体、完善社会结构的促进产业。国内旅游是城乡居民最大规模的非谋生性的流动,城镇居民在旅游中深入异地他乡,农村居民在旅游中游览城市。城乡之间的双向旅游带动了资金、信息、物产和文化的互动。乡村和经济欠发达地区通过旅游发展经济、繁荣文化、劳动力就地择业,推动了工业化、城镇化进程,促进了地区协

---

[1] 2009年12月9、11日《中国旅游报》,收录于《关于加快发展旅游业的意见学习辅导读本》,中国旅游出版社2010年版,第145~150页。

调发展与城乡协调发展。几十亿游人在中国大地上东西、南北之间的欢乐流动,对促进地区交流、民族情谊、和谐共处的作用远远超出了多少个亿的货币收入的作用。

旅游业是文化产业的战略性支撑业态。旅游消费以物质服务为依托,但文化消费、文明享受和精神愉悦是核心。不仅文化渗透到客运、住宿、饮食、购物、观光、休闲、康体等各个服务环节,而且旅游创意、演艺、宣传、媒体与教育培训等是文化产业的重要组成部分。旅游激发了文化消费需求,游客群体形成了巨大的文化消费市场,特别在人口较少、经济欠发达的旅游目的地,外来游客构成了文化消费市场的主体。

当代文明社会已公认休闲是一种文明的生活方式,休闲权与生存权、劳动权、受教育权、医疗权共同构成人权的组成部分。保障国民的休闲权已成为一种普世价值观,发展旅游是国民享受休闲权的重要方式。1980年《马尼拉世界旅游宣言》提出,"旅游是人的一种积极休息,这种娱乐方式能够强烈而深刻地表达人的本性",现代旅游"是对人类与娱乐基本权利的承认"。进一步普及大众旅游是提升民生、贯彻以民为本的理念的有效方式。

旅游是国际间民间交流的重要渠道。出入境旅游的国际服务贸易的经济效益是有形的,但依托旅游活动促进中外文化的交流、增进人民之间的互相了解与友谊,这层更深邃的作用是无形的。旅游者与目的地国家民众之间的直接交往有时能起到官方外交所不能起到的作用。越来越多西方游客的中国之旅,耳濡目染、亲身体验使他们更了解中国,有利于消除隔阂、误解与偏见。中国公民的出境旅游开阔了眼界,同时也让外国直接从中国游客身上感受到中国的发展与进步。旅游是增强国家的软实力、塑造中国国家整体形象的重要抓手。

通过"一国两制",最终完成祖国统一大业是国家的核心利益所在与全体中国人民的神圣目标。"一国两制、和平统一"的关键是,两岸四地人民之间的互相理解、彼此尊重各自的社会制度、生活方式与价值观念,两岸四地民众的双向旅游在耳闻目睹、直观交流中增进了解、加深血浓于水的民族亲情。香港、澳门回归祖国后十年多的历史已经证明,开放内地与港澳的民众旅游是抵御外来风险、促进共同繁荣、增进民众互相信任的有效途径。海峡两岸之间的双向旅游已经并将继续在消除历史遗留下来的隔阂与疏远,增进骨肉同胞之间的理解与情谊方面发挥作用,为两岸的和平发展作出贡献。

二、现代旅游业是国民经济的战略性支柱产业

在传统的产业经济学中,旅游业历来被列入生活性服务业之列。在我国政府的文件中,改革开放之前旅游业一直被作为"扩大对外政治影响"的"事业"对待。1991年在《关于国民经济和社会发展十年规划和第八个五年计划纲要》中,首次把旅游业列为"产业"。1992年国务院《关于加快发展第三产业的决定》,将旅游业定位在"第三产业"之内。此后,在历届政府工作报告和有关文件中,旅游业一直被作为"拓宽服务性消费领域"的一部分。1998年应对亚洲金融风暴时提出扩大内需战略之后,旅游业与电子信息、汽车一

起被列为"国民经济新的增长点"。2005年全国《国民经济和社会发展第十一个五年规划纲要》，把旅游业列入"生活性服务业"。2007年3月温总理在《政府工作报告》中提出，"要从改革体制、加大投入、完善政策等方面，鼓励和支持服务业加快发展，尤其要发展物流、金融、信息、咨询、旅游、社区服务等现代服务业"，首次把旅游业列为"尤其要发展"的"现代服务业"之列。

《意见》首次确定，"把旅游业培育成国民经济的战略性支柱产业和人民群众更加满意的现代服务业"，进一步确定了现代旅游业作为"国民经济的战略性支柱产业"的发展定位。这是对旅游业产业地位的再认识过程中的又一次飞跃。

国内外产业经济学界对支柱产业的界定尚无共同的标准。国家发改委政策研究室曾在《中国支柱产业振兴方略》一书中提出考察支柱产业的九项量化指标：①产业增加值在GNP中的比重达到5%左右；②出口创汇稳定增长，国际市场占有份额上升；③就业人员占全国就业人员总数的比重有所提高，同时在紧密相关的产业部门就业人员大量增加；④行业关联度高，影响力系数和感应度系数均大于1；⑤较高的产业集中度和骨干企业的市场占有率，集约化、社会化的大生产方式，配套协作的企业组织网络；⑥与国际同行业比较，技术比较成熟；⑦需求收入弹性高于1，大体在1.5左右；⑧经济效益好，附加价值率一般在25%~40%；⑨具有高于国民经济总增长率的、持续的、较高的部门增长率。

这九条指标是根据工业部门的产业提出的，不完全适用服务业。但参考这些指标，依然可以认定旅游业完全有条件成为国民经济的支柱产业。现代旅游业特别具有综合性强、融合度高、服务面广和可持续发展的优势，有条件培育成为战略性支柱产业。

旅游业作为现代服务产业群，其产业链延伸到国民经济的一、二、三产业中的众多行业和部门。按照世界旅游业理事会（WTTC）的研究报告，旅游产业对国民经济的影响有多个方面：居民消费支出、商务支出、政府支出、资本投资、出口贸易、税收和折旧等。该机构1998年发布的关于《中国和香港特别行政区：旅游业对经济的影响》专项报告就预测，到2010年中国旅游经济增加值将占国内生产总值的8.7%，旅游经济职位占全国就业的8.5%。该机构建议中国"使旅游业成为战略性的经济及就业优先部门"。

在推进中国特色的新型工业化、城镇化过程中，优化国民经济的产业结构，加速以服务业为主体的第三产业发展，广泛吸纳富余劳动力，始终是一个战略性课题。2008年，我国第三产业占国内生产总值的40.1%（比上年下降了0.3个百分比），不仅远低于发达国家70%以上比例，而且也低于世界60%的平均水平，甚至低于印度（2005年为54%）、巴西（目前为50%）的比例。旅游业对第三产业中40多个行业具有直接拉动作用，对第一、二产业中30多个行业具有直接、间接的拉动、关联作用。

现代旅游业由于其地域延伸、规模扩张和产品深化，与国民经济的众多产业具有千丝万缕的联系。有些行业和部门，由于旅游业发展的巨大需求，已衍生出某些相对独立的分支行业，如由乡村观光、休闲、园艺、花卉、绿色食品等方面组成的旅游农业，由高校、中等职校和培训机构组成的旅游教育业,由媒体、创意、策划、咨询、宣传、广告、演艺和科研等方面组成的旅游文化业等。

旅游业作为现代服务业,一方面提供观光、度假、探险和康体健身等休闲娱乐性产品,通常被认定为生活性服务产品;另一方面又进一步扩展到事务、商务、会议、展览、人才培训和企业扩广等服务性产品,具有生产性服务的功能。旅行社参与事务、商务与会展等政府采购和服务外包,可以有效提升公务效率、商业效益和节约人力财力支出;工业旅游既有为旅游者提供观光、休闲、增智、娱乐等生活性服务的功能,又有为工矿企业宣传企业形象、培育企业品牌、扩大企业社会影响的生产性服务的功能。生活性服务与生产性服务的结合,开辟了旅游需求不断扩大、延伸之路,为旅游业的可持续发展创造了永无尽止的消费市场。

旅游资源利用的可持续性。现代旅游业在依托自然生态资源和历史文化资源同时,更注重挖掘当代各种社会资源(工业、农业、文化、科技、教育、康体、节事、现代科技工程等),依托整个现代城乡环境,依托日新月异的现代科技创造,不断地扩大旅游产品的数量与类型。地球上大部分自然生态旅游资源是有限的,有些资源是十分脆弱或不可再生的。历史文化资源基本上是有限的或不可再造的。社会旅游资源以现代社会、经济、文化和科技军事成果为旅游吸引物,其核心是人,即人的生活、人的风情、人的精神、人的创造,因而可以不断创造、永无穷尽,为旅游的可持续发展不断提供资源基础。

旅游生态环境的可持续性。良好的自然生态环境是旅游业存在与发展的前提。现代旅游业在依托生态环境和自然风光的同时,更注重对自然生态环境的保护、培育和优化。旅游开发得当对生态环境的损害较小、对自然资源的消耗较少。坚持开展绿色旅游、生态旅游、负责任旅游,推广绿色经营,提倡绿色消费,建立绿色旅游管理体制,推广低碳旅游方式,建设低碳型的旅游目的地,较有条件成为资源节约型、环境友好型产业。

三、培育战略性支柱产业是政府、业界与社会的共同使命

国务院从培育战略性支柱产业的高度,向各地区、各有关部门提出把旅游业作为新兴产业和新的经济增长点加以培育、重点扶持,"大力推进旅游与文化、体育、农业、工业、林业、商业、水利、地质、海洋、环保、气象等相关产业和行业的融合发展"。

《意见》从这种"大旅游和综合性产业观念"出发,打破了"就旅游谈旅游"、"发展旅游是旅游部门的事"的狭隘门户观念,从根本上解决旅游发展中的地域障碍、部门障碍与体制机制障碍,形成各行各业根据自身职能支持旅游、结合自身优势发展旅游的局面,形成各有关行业、部门同心协力办旅游的良好局面,真正发挥战略性产业的综合优势和全面功能,从而实现《意见》提出的宏伟目标。

《意见》提出,到2015年,国内旅游人数达33亿人次,年均增长10%;入境过夜游客人数达9000万人次,年均增长8%;出境旅游人数达8300万人次,年均增长9%。旅游消费稳步增长,城乡居民年均出游超过2次,旅游消费相当于居民消费总量的10%。旅游

业总收入年均增长12%以上,旅游业增加值占全国GDP的比重提高到4.5%,占服务业增加值的比重达到12%。每年新增旅游就业50万人。

目前,就我国旅游业规模、质量、效益的现状,实现这一目标并不轻而易举。仅以规模而言,按现行统计口径,2008年旅游总收入1.16万亿元,相当于同年全国GDP的30.07万亿元的3.9%,相当于同年服务业增加值12.05亿元的9.7%;国内旅游17.12亿人次、人均出游1.3次,国内旅游收入8749亿元,相当于同年社会消费品零售总额108 488亿元的7.8%。再以质量与效益而言,"发展方式粗放、服务质量水平不高"的状况得到基本改变,成为"人民群众更加满意的现代服务业",有待全行业的持久努力,有待各地区、各有关部门的合力拼搏,有待于落实带薪休假制度,推行国民休闲纲领,调动全民参加旅游的积极性。

"旅游业是战略性产业"的定位,对中国旅游界,是厚望与重托,更是责任与使命。寒冬已经来了,春天还会远吗?让我们用改革开放初期的那种开拓精神和豁达心态,去迎接中国旅游业新的春天吧!

国务院海南国际旅游岛建设文件的普遍指导意义[①]

岁尾年初,在北国千里冰封雪飘、世界经济寒流未退之际,国务院发布《关于推进海南国际旅游岛建设发展的若干意见》(以下简称《意见》),犹如一声早来的春雷,震荡海南岛,声传神州旅游界。

《意见》对建设海南国际旅游岛的目标、任务、方针、政策、部署和措施提出了明确而独到的指示,具有很强的针对性,同时也具有鲜明的时代性,贯穿文件始终的解放思想、改革创新、求真务实的精神,对全国旅游业都有指导意义,特别对正在研究和筹划编制"十二五"旅游发展规划的各省区市更有启发和借鉴意义。

一、海南以旅游业为龙头实现经济社会的跨越式发展

《意见》指出,海南省要"积极发展服务型经济、开放型经济、生态型经济,形成以旅游业为龙头、现代服务业为主导的特色经济结构"。这是对海南发展思路的重大提升。从建省之初的"工、农、贸、旅并举",到后来的"一省两地"(新兴工业省、热带高效农业基地和度假休闲旅游胜地),再到现在以建设国际旅游岛为中心,以旅游业的开放、发展带动现代服务业开放、发展,使以旅游业为龙头的现代服务业成为全省的主导产业,实现海南的可持续发展。

在世界经济一体化、全国经济市场化的今天,"小而全"、"大而全"的自给自足式的经济模式早已过时,培育优势产业、发展特色经济已成为各国、各省、各地的首选模式。海南作为一个陆地面积和人口较少的特区省,发展工业的物质技术基础和人力资源薄弱,单靠省内居民第三产业的市场狭小,第一产业的现代化势必有大量劳动力转移出来。在完成现代化、城镇化的历史性任务的过程中,完全可以超越工业化的常规发展阶段,以旅游业为龙头,大力发展现代服务经济,以较小的环境和资源损耗代价,达到富甲天下,实现现代化。

《意见》提出海南的创新发展思路,对不少原来以传统农业为主体、工业化发展条件欠缺的地区,在市场经济化和经济一体化的条件下,不必照走"农业主导→工业主导→服务业主导"的常规式发展之路,可以依托特色旅游资源与生态环境优势,大力发展以旅游业为龙头的现代服务业,开拓一条"农业主导→服务业主导"的超常规、跨越式发展之路,一条低耗减排、环境友好型的低碳式经济之路,实现地区经济、社会与生态环境的可持续

[①] 国家旅游局政策法规司 2010 年第 2 期《旅游调研》。

发展。在这方面,海南国际旅游岛建设具有示范意义。

二、围绕旅游培育产业集群与完善服务环境

《意见》指出,海南建设国际旅游岛,要围绕旅游业,大力发展与旅游相关的现代服务业,加快发展文化体育及会展产业,积极培育具有海南地域和民族特色的文化产业群;大力发展为建设国际旅游岛服务的高等教育和职业教育,大力培养技能型和应用型人才;积极推动热带特色农业与旅游相结合,实施观光农业、休闲农业支持计划;培育房车、游艇、轻型水上飞机、潜水设备、高尔夫用具等旅游装备制造业,发展特色旅游食品、服饰、工艺品加工业;积极发展大型购物商场、专业商品市场、品牌折扣店和特色商业街区,建设和经营好免税店;开发建设与规范管理产权式度假酒店,稳步发展度假居住型房地产;开展跨境贸易人民币结算试点,改善外汇兑换支付环境;构建安全、方便、快捷的综合交通运输体系,积极推进邮轮、游艇码头建设,加强通往旅游景区的交通设施建设;加强信息网络设施建设,大力发展有线和无线宽带网络;加快公共文化服务体系建设,统筹考虑当地居民与游客的需求;完善城乡医疗卫生服务体系,逐步建立各省与海南异地医保互认制度;营造文明和谐的社会环境,增强人民群众和广大游客的安全感;等等。

旅游业的综合性不仅决定了它对国民经济和社会发展广泛的牵动作用与辐射作用,而且也决定了它本身的存在与发展高度依托于经济社会各个部门的发展与支撑。《意见》全面地把握了旅游产业的依存性与带动性的辩证关系,透彻地论述了国际旅游岛建设中的旅游发展与经济社会文化生态建设的共存、互动与共赢关系。《意见》告示我们,在强调旅游业的重要地位与带动作用时,不要忽视经济和社会各个部门对旅游的支撑作用,摆正旅游部门的位置;在编制旅游发展规划、确定旅游发展规模与目标时,不要忽视发展旅游所需要的经济、文化、社会与生态条件,并充分考虑为达到这些条件所需要的保障措施。《意见》关于加速产业融合、发展旅游业的指示,应成为各省区市编制"十二五"旅游发展规划共同的指导思想,并结合各自省情具体落实。如东北地区应发挥工业优势,发展冰雪器材和其他装备生产,汽车大省开发旅游房车生产,有造船工业的地区开发游艇游船生产等。

三、按照国际服务标准促进旅游业转型升级

《意见》从海南特色的旅游产品体系与旅游服务体系两个方面,指出了"建成世界一流的海岛休闲度假旅游胜地"的战略目标,并两次强调,要"按照国际通行的旅游服务标准,推进旅游要素转型升级";"推进旅游服务标准化和国际质量认证,在旅游餐饮、住宿、交通、景区、旅行社、导游、购物及应急管理等方面,加快建立与国际通行规则相衔接的旅游服务标准体系",指出了加速国际化的方向与目标。

改革开放三十年来,我国旅游业发展的总体轨迹是一步一步地与国际通行惯例、标准相衔接,逐步走向国际化,实现了从旅游资源大国向旅游大国的历史性飞跃。凡是与

国际通行惯例、标准衔接得较快、较好的行业与地方,旅游产品与服务水平整体上就高一些,如东部地区的酒店业;凡是与国际通行惯例、标准衔接得较迟、较差的行业与地方,旅游产品与服务水平整体上就低一些,如旅行社业。目前,我国包括港澳台游客在内的入境旅游人次虽然名列世界第三、旅游外汇收入名列世界第五,但旅游产业的国际竞争力仍不在世界前列。据世界经济论坛(WEF)发布的2009年《旅游业竞争力报告》,在全球133个经济体中,中国(大陆)旅游竞争力的位次为第47位,使大陆旅游竞争力位次后移的主要因素不是旅游自然与文化资源,而是旅游综合环境和"旅游的可亲和力",即旅游产品与服务的吸引力。

促进旅游业转型升级,要按照国际通行的旅游服务标准,在旅游产品方面针对国内外游客的新需求,提升传统观光产品,开发休闲度假和特种专项旅游产品。《意见》提出的海南旅游产品体系,除热带海岛海洋产品为海南特有的外,其他如民族民俗风情文化旅游、森林生态旅游、康体保健、自驾车观光游、房车游、体育休闲和产权式度假酒店、度假居住型房地产的开发、建设等,都是全国所共同面临的。《意见》首次提出,"在海南试办一些国际通行的旅游体育娱乐项目,探索发展竞猜型体育彩票和大型国际赛事即开彩票",既考虑到海南四面环海的岛省区位,又考虑到海南是个省级经济特区,在休闲娱乐方面与国际通行做法衔接的一个探索,在思想解放方面跨出了一大步。海南在这方面先行先试所取得的经验,将对全国的旅游休闲娱乐活动的开发具有借鉴意义。

促进旅游业转型升级,还要在旅游餐饮、住宿、交通、景区、旅行社、导游、购物及应急管理等方面,下大力气采取扎实有效的举措,加速与国际通行准则的衔接。在各个旅游服务链上,改进通关手续,方便游客出入境;落实航权开放,扩延航空网线;突出个性服务,开展定制服务;改进语言沟通环境,建立信息服务体系;完善散客自助游,规范团队游方式;改进导游聘约体制,建立质价一致的公平服务机制;实行购物退税,完善外汇支付环境;推广低碳方式,注重环保节能;规范产权式度假酒店的开发、销售和经营,发展度假居住型房地产,鼓励家庭旅馆和房屋租赁经营,引导异地居民互换住房度假;等等,国际上旅游发达国家和国内发达地区都有成熟或约定俗成的运作方式。海南地域集中、经济结构简约和旅游活动密集,在旅游服务与经营方式上借鉴国际经验,率先试验创新、总结提升,将为全国旅游业的转型升级提供经验。

四、深化改革构建更具活力的体制机制

《意见》指出,"进一步解放思想,深化改革,扩大开放,构建更具活力的体制机制,走生产发展、生活富裕、生态良好的科学发展之路"。建设国际旅游岛,加快体制机制创新是关键。

海南经济特区成立后,在诸多方面率先实行了具有全国性示范意义的改革开放措施,如1988年建省之初实行全国唯一的省直管市县体制,1993年全国率先实行燃油附加费改革,2000年率先实行落地签证政策,2001年博鳌成为全国第一个国际会议的永久性

会址,采用股份制方式创办海南航空公司,2003年率先实行航权开放试验等。海南具有率先创新旅游体制机制的基础。

旅游经济是天然的市场经济,市场化是我国旅游三十年改革的取向,市场需求是激活旅游资源、创新旅游产品、推动旅游经济飞跃的根本动力。世界上没有一个国家旅游产品是政府供给和经营的。无数事实证明,"市场配置资源的基础性作用"不可违背。政府决策、领导拍板符合市场需求就会成功,不符合市场规律必定失败。市场的主体是企业,企业的强弱决定市场的活力。只有壮大企业才能激活市场。《意见》明确提出,"进一步转变政府职能,深化改革,建立健全政府引导、行业自律、企业依法自主经营的旅游管理体制和运行机制"。这是对旅游经济运行中政府、行业、企业的职能及其关系的新概括,是对三十年来旅游管理体制和运行机制实践的科学总结。

《意见》从海南旅游的指导思想、战略定位、发展目标、生态建设、产业融合、市场秩序、公共服务体系、基础设施、服务保障能力、出入境管理和组织协调、保障措施等各个方面,具体地阐明了"政府引导"在旅游经济运行中的重要作用、职能与工作,并指明了"政府引导"的方向。

《意见》提出的旅游产品、旅游景区、文体及会展产业、现代物流业、房地产业和金融保险业等方面的任务,都要在政府政策、法规和规划的引导下,由市场运作,由企业依法自主经营,充分发挥市场配置资源的基础性作用。海南省的旅游企业和景区中,国有国营的份额较低,股份制、外资、合资、民营的很多。海南有条件按照国务院《关于加快发展旅游业的意见》,放宽旅游市场准入,打破行业、地区壁垒,简化审批手续,"积极引进国内外有实力的大型旅游企业,逐步培育一批旅游骨干企业和知名品牌",鼓励社会资本公平参与旅游业发展,鼓励各种所有制企业依法投资旅游产业。

《意见》提出"行业自律",对海南具有特殊的重要意义。目前旅游市场上某些方面的无序现象,不是海南所独有的,而是全国旅游市场、主要是旅行社市场无序状况在海南的集中反映。海南旅行社自主外联能力弱,主要从事地接社的经营业务,旅行团队报价的主动权掌握在客源产出地的组团社手中,处于市场链的末端,在市场竞争中处于被动地位,加上众多游客旅游意识的不成熟、欠理性,形成了恶性削价竞争的不良惯性。要从根本上解决这个问题,除了全国旅游市场的规范和游客的成熟的社会大环境外,加速旅游协会改革、充分发挥"行业自律"功能是必由途径。

要按照国务院《关于加快发展旅游业的意见》,在旅游行政管理及相关部门加快职能转变的同时,"把应当由企业、行业协会和中介组织承担的职能和机构转移出去。五年内,各级各类旅游行业协会的人员和财务关系要与旅游行政管理等部门脱钩"。目前海口、三亚的旅游协会已初步实现了这一点,全省旅游协会在2008年底改组中朝这个方向迈出了一大步。在建设国际旅游岛的进程中,海南有条件,也必须率先完成这项改革,参照港澳台的方式,赋予旅游协会更多的行业服务、自律自理职能,把企业与政府有关部门的沟通、行业内外的沟通、饭店与旅游景区等级评定、旅游宣传推广、人力资源培训和创意咨询等职能逐步转移到行业协会,同时扶持多种形式和不同体制的专业机构及非政府组织,从事旅游理论研究、宣传和咨询服务等专项工作,率先构建"行政主管部门—行业中介组织—旅游企业"分工有序、互相联动、充满活力的体制机制。

海南国际旅游岛建设肩负着"我国旅游业改革创新的试验区"的历史重任。"充分发挥海南的经济特区优势,积极探索,先行试验,发挥市场配置资源的基础性作用,加快体制机制创新,推动海南旅游业及相关现代服务业在改革开放和科学发展方面走在全国前列"。这是海南肩负的旅游业的特殊使命,也是全国旅游业界对海南国际旅游岛建设的热情期望。

2009年12月是中国旅游发展史上值得大书一笔的一页。1日国务院发布《关于加快旅游业发展的意见》,31日又发布《关于推进海南国际旅游岛建设发展的若干意见》,这两个具有里程碑意义的文件预示着中国旅游业的春潮已露端倪,新一轮新起点的高潮即将来临。

坚持旅游长期平稳较快发展方针[①]
——学习中共中央关于"十二五"规划建议系列评论之一

十七届五中全会指出,"继续抓住和用好我国发展的重要战略机遇期、促进经济长期平稳较快发展"。这个精神对新时期我国旅游业发展有特殊重要意义。旅游业实现"长期平稳较快发展",应处理好以下几个关系。

一是处理好数量与质量、速度与效益的关系。新时期我们应树立起新的发展观。30年来我国旅游业一直超前于国民经济的增长速度,保持着高速发展态势,"十二五"期间更有条件继续实现适度超前的增长。但是,发展中也存在着重数量轻质量、重速度轻效益的倾向,接待游客人数、旅游收入、星级饭店数量、新建景点规模等往往成为各类旅游考核的硬指标。因此,认真学习贯彻五中全会精神,在确定旅游业"十二五"发展目标时,各地要区别旅游业的不同发展阶段与条件,实事求是地确定发展速度与规模,确定发展重心,防止本届与上届、各地之间盲目攀比,更不要层层加码。要充分留有余地,对各类不利因素、突发事件要有足够的估计与充足的预案,"提高发展的全面性、协调性、可持续性,实现经济社会又好又快发展"。

二是处理好旅游资源与产品的关系,实行集约、有限、高效开发。要珍惜、节约、善待不可再生的自然生态资源和历史文化资源,充分挖掘、大力利用各种当代社会资源(工业、农业、文化、科技、教育、康体、节事、现代科技工程等),依托整个不断完善的城乡环境,依托日新月异的现代科技,不断创造新产品,扩大旅游供给的规模、品种和质量。在继续开发观光、度假和康体健身等生活性服务产品的同时,进一步扩展公务考察、商务、会议、展览、人才培训等具有生产性服务功能的新型产品。

要以资源节约型、环境友好型观念,处理好资源与产品开发中新与旧的关系。在旅游比较发达的地区,应把重点放在资源的深度利用和产品的升级换代上;在旅游初始开发的地区,应坚持重点开发、集约开发和分阶段开发,在时空上留有充足的后备开发的余地,给后任者、后代人留有足够的发展空间。要防止遍地开花不结果的粗放式开发,制止急功近利的掠夺性开发。有些情况下,"不开发"可能是最好的"开发"。有些稀有性、脆弱性和濒危性的自然与文化资源要列为禁止开发范围,相信后人的智慧与技能会保护利用得更好。

三是处理好国内、出境与入境市场的关系,全面促进旅游消费。五中全会指出,建立

[①] 2010年11月8日《中国旅游报》。

扩大消费需求的长效机制,国民经济向消费、投资、出口拉动型转变,把消费列为促进长期平稳较快发展的首位。要从这一大局着眼,认识并处理国内、出境与入境市场的关系,适应市场已经发生的深刻的结构性变化。

国内旅游已初步成为我国旅游经济的主体,成为拉动内需的生力军。我们要坚持"大力发展国内旅游"的方针,当前的重点是从政策、制度、产品、价格等各方面,扩大国内旅游的覆盖区域与参与群体,建立城乡旅游公共服务体系,推进旅游公共服务均等化,提升大众旅游的服务质量与旅游体验;同时,以更广阔的视野、更积极的态度、更开放的政策、更宽松的办法发展出境旅游,并通过发展出境旅游带动我国旅游企业大步"走出去";积极发展入境旅游依然应当是我们坚定不移的目标。应当大力开发适应国际市场需求的观光、度假、会展及专项旅游产品,强劲开展国际宣传营销,抵冲国际金融危机的影响,逆势而上,奋力开拓入境市场,使入境旅游特别是外国人入境旅游跃上一个新台阶。

四是处理好政府、行业、企业之间的纵向关系,创新旅游体制机制。五中全会提出"推进行政体制改革"。按照《国务院关于加快发展旅游业的意见》、《国务院关于推进海南国际旅游岛建设发展的若干意见》的要求,"发挥市场配置资源的基础性作用,加快体制机制创新",理顺政府、行业、企业之间的关系,"建立健全政府引导、行业自律、企业依法自主经营的旅游管理体制和运行机制"。

旅游行政管理部门要加快职能转变,集中精力解决旅游发展战略、法规政策、部门协调、国际交流、形象宣传、环境优化、公共服务与安全保障等大政方略。同时,大力培育各类旅游行业组织、中介机构等,发挥它们的行业协调、自律、促销、联络、沟通、咨询、调研和培训等服务功能。

五是处理好旅游部门与其他部门的横向关系,建立产业融合与部门联动的常态机制。越来越多的旅游产品是多个产业的结合体,商务旅游、农业旅游、工业旅游、文化旅游、科技旅游、教育旅游、海洋旅游、地质旅游、体育旅游、医疗健康旅游、邮轮游艇旅游、环保旅游等,无不是多种产业融合的产物。

旅游资源与产品的多样性决定了旅游产业的综合性。国办发布《贯彻落实国务院关于加快发展旅游业的意见重点工作分工方案》,明确了党中央、国务院50个部门的合作与分工,为解决旅游的产业融合与部门联动指明一条科学路径。旅游部门要更新旅游管理的观念,在落实《分工方案》过程中,主动与各相关部门协商、合作,共同开发各类旅游资源与产品,优化旅游的社会大环境,在合作的实践中逐步密切联系、增强共识,建立各司其职、分工合作的旅游协调机制,使产业融合、部门协作走向常态化、制度化。

五中全会强调,"改革是加快转变经济发展方式的强大动力"。增强创新的敏锐感、改革的紧迫感、长期平稳较快发展的使命感,把五中全会精神落到实处、结出硕果,是旅游行业的责任。

旅游经济结构战略性调整势在必行[①]

——学习中共中央关于"十二五"规划建议系列评论之二

十七届五中全会提出,"坚持把经济结构战略性调整作为加快转变经济发展方式的主攻方向"。要实现"十二五"旅游业平稳较快发展,转变旅游经济发展方式是关键。

实施改革开放 30 余年以来,我国旅游经济从无到有、从小到大、从弱到强,已成为国民经济的战略性产业。与此同时,多年来我国旅游经济结构失衡状态也一直存在,加快调整已势在必行。

产销结构调整,让旅游产品与客源市场对接。我国入境旅游以自然风景、历史文化与城市观光产品为先导,休闲、度假产品少。游客以观光游览为主。特别是我国既没有著名成熟的特种旅游产品,也没有知名的特种旅游产品供应商,不能与多层面的市场需求对接,也形成不了高价值的旅游收入。

企业结构调整,要更加符合社会主义市场经济环境要求。企业是市场经济主体。我国从计划经济向市场经济转型的历史背景,决定了那些较大规模的旅游企业基本为国有垄断。多年改革使这种状态有所改变,国企一统天下的局面不复存在,但许多国企的行政背景决定了它们依旧享有与市场经济不相称的特权。民营企业的生存环境仍不能与国企对等。

区域结构调整,城乡、东部沿海与中西部地区发展要更加平衡。受制于整个国家经济发展不平衡的环境,我国旅游经济发展水平呈东部沿海地区、中部及东北地区与西部地区梯度递减状态。在全国范围内,大中城市是主要客源产出地,占人口 2/3 以上的小城镇与农村地区的景区景点主要是旅游目的地,而非客源产出地。城乡与地区的发展不平衡导致国民旅游权利的不平等,是制约国内市场与出境市场充分发育的基本因素。如果说旅游产品的供给不足、不对称是制约我国国际入境市场发展的主要因素,那么,城乡与地区的发展不平衡是制约国内旅游消费扩大的主要因素,旅游产品的供给不足、不对称是次要因素。

开放结构调整,改变对外开放中"走出去"与"请进来"的失衡状况。近 30 年来,旅游业的对外开放以境外客源、饭店资本与管理"请进来"为主导倾向;出境旅游在"适度发展"、"规范发展"中,长期受限制,近几年开始突破;旅游企业"走出去"步履维艰、少有进展。外企大举进入、中国企业走不出去,与客源市场的结构已经从入境旅游为主转向出

[①] 2010 年 11 月 8 日《中国旅游报》。

入境旅游并重的势态不相适应。与其他行业相比,"走出去"与"请进来"不对称,"进"、"出"失衡,是近来国际入境市场迟缓、旅游企业国际化步伐缓慢、旅游经济国际化程度不高的重要因素。

要素结构调整,要硬件建设与软件建设并重。较为普遍的是,对交通道路、住宿设施和景区景点等硬件建设相当重视、抓得很"硬",但对旅游人力资源、法制建设和体制机制改革等抓得较"软"。旅游产业与旅游市场规模急速扩张,但旅游法制建设滞后、市场秩序无序治理力度不足;旅游从业人员中训练有素的经营管理群体成长较快,但职业经理人市场很不成熟,国有企业高层"行政化"倾向明显,低素质、少培训的员工不在少数;对国民旅游人数增长相当重视,出境人数快速增长,但对理性消费的引导不力,旅游者素质的悬殊,影响国家形象。

技术结构调整,要做好传统方式与现代智能信息化方式的结合。近代旅游业依托工业革命而起步,依托电话、传真、飞机等发明使用而跃进,现代旅游业依托以数字信息为标志的新科技革命成果而腾飞,使旅游的供给、消费、经营、服务和管理等各个领域发生革命性的变革。我国旅游业从传统的手工方式操作起步,但对高科技手段成果的应用不平衡、不普及,地区差距、行业差距、企业差距突出,特别是在节能减排、低碳低耗方面问题突出,成为阻碍旅游经济完成从传统服务业向现代服务业转型升级的主要环节。

动力结构调整,抓好政府推动与市场驱动"两只手"。在国家经济体制从计划经济向市场经济转变的过程中,对"政府主导"的过分强调,使旅游经济的市场化进程步伐缓慢,行业管理手段陈旧、体制机制改革滞后、政府职能转型不到位。不少旅游主管部门对项目开发、企业庆典、展销活动、节庆活动、论坛讲座等干预过多,陷入安全检查、评比达标、迎来送往的事务性工作之中,无心集中精力谋大局、抓大事。"领导拍板"成为许多地区部署旅游业的主要环节,市场配置旅游资源与产品的基础性作用往往被忽视、低估。旅游体制机制创新力度弱于旅游业的发展强度。

功能结构调整,应着眼于旅游经济功能与社会、文化、生态功能的综合效应。赚取外汇、扩大消费、增加就业、发展经济是发展中国家发展旅游业的第一动力与首要任务,加上旅游产业的市场经济本性,十分自然,经济功能被置于首位。但是,旅游是为人的异地体验服务的社会性活动,是满足人的精神情感需求的一种文化消费,是人在不同自然环境下的一种休闲方式,是实现人的休闲权、追求体面生活、实现全面发展的重要形式,因而它本身内含广泛的社会、文化、生态功能。

旅游活动与旅游产业从初级层次向中高级层面提升,其社会、文化与生态功能更加凸显,旅游文明成为现代社会文明的一个重要标志。在"保障和改善民生"成为首要执政要务的今天,要在实现旅游的经济功能的同时,把发挥社会、文化、生态功能放在更突出的位置。

着力化解旅游经济结构的失衡,转变旅游发展方式,提高发展的全面性、协调性与可持续性,是实现旅游业长期平稳较快发展的基本之道。

深化对旅游业双重特性的认识[①]

——学习中共中央关于"十二五"规划建议系列评论之三

十七届五中全会提出,"更加注重以人为本,更加注重保障和改善民生,促进社会公平正义"。在保障和改善民生成为治国执政要务的背景下,有必要对旅游业的性质进行新的思考和认识。

我国实行改革开放以来,旅游业由外事接待事业转型为行业,成为一个产业;旅游接待与消费成为一种市场行为,旅游服务成为商品,旅游接待单位成为企业。30余年来的发展使中国旅游业突飞猛进、昂然崛起,中国成了世界旅游大国。社会各界对旅游的经济性质、产业性质达成了共识。

今天,我国经济、社会、民主、文化、生态建设同步推进,从一部分人先富起来转向全体人民共同富裕,共享改革开放、经济建设成果;越来越多的民众走出家门、国门踏上旅途,旅游对很多国人来说已成为生活的一部分。国家和地方发展旅游的成果,民众参与旅游的收获,旅游与民生息息相关的特性,都清楚地说明旅游不仅具有突出的经济功能,还有显著的社会、文化与生态功能。旅游既是民生产业,同时也是民生事业的双重特征越来越清晰了。

如果把视野放到世界,当代国际社会早就公认休闲是人的一种生活方式,休闲权与劳动权、教育权、医疗权、居住权一样成为基本人权的组成部分。1948年12月联合国《世界人权宣言》认定,"任何人都有休息、休闲的权利,尤其是享有合理的工作时间和定期带薪休假的权利"。1970年联合国劳工组织通过《休闲宪章》指出,"闲暇时间是一种自由的时间,在这个时间里,人们能掌握人和作为社会的有意义的成员的价值","休闲与娱乐为人们要求丰富当代生活方式创造了许多条件,更为重要的是它通过身体放松、竞技、欣赏艺术/科学和大自然,为丰富生活提供了可能性"。

旅游是人们离开日常居住地去其他地方的异地休闲方式,是一种十分流行、普遍、民众化的休闲方式。旅游能使人愉悦身心、健全体魄、丰富阅历、开阔视野,促进人的自由、全面、健康发展。应深刻认识休闲与旅游的人文价值与社会功能,把休闲与旅游不仅当作是国民的福利,更是国民的权利;发展休闲与旅游不仅是刺激消费、拉动内需的应时举措,更是实现改善民生的战略举措。改善物质生活与提升文化享受、丰富精神生活同是"改善民生"的题中应有之义。休闲旅游经济无疑是一种造福于民的民享经济、民生

[①] 2010年11月15日《中国旅游报》。

经济。

肯定旅游是民生事业,并不是贬低或否定它的产业性质。我们认为,社会物质文明、政治文明、精神文明与生态文明程度越高,人的闲暇时间越多,国民的休闲旅游需求就越旺盛、越广泛、越精致,由社会供给的旅游休闲事业与由市场供给的旅游休闲产业就越发展。

从事业到产业再到事业+产业,对旅游业性质的这种再认识,对于我们全面把握旅游发展规律、科学谋划旅游发展之道,或许有所启示。"在政府引导下发挥市场机制的积极作用",既充分发挥政府的宏观调控作用,又广泛发挥市场的调节作用,灵活使用"有形之手"与"无形之手"壮大旅游民生事业与民生产业,旅游发展之道将更加宽广,前景将更加绚丽。

民生为本下旅游业更有可为[①]
——学习中共中央关于"十二五"规划建议系列评论之四

十七届五中全会提出,"坚持把保障和改善民生作为加快转变经济发展方式的根本出发点和落脚点",明确了全面推进发展、共享发展成果的方向。这也应当成为我国旅游业发展的一个基本原则。

目前,我国的国内旅游与出境旅游达到了一个相当的规模,入境旅游也达到了较高的水平。与此同时也应看到,现在参与国内旅游与出境旅游的主要区域是东中部大中城市,主要群众是城市居民,主要阶层是城市居民中的中高收入群体;占人口多数的农民参加旅游的是少数,即便参加旅游,治疗疾病与探亲访友占大多数,观光休闲的占少数;城市居民中部分人的旅游以本地与近程休闲娱乐为主,远程国内旅游与出境旅游还只是少数。对于多数城乡居民来说,住房、教育、医疗、养老等基本生活保障没有得到重大改善之前,旅游消费的潜能是难以得到有效激发并释放出来的。

五中全会提出,努力实现居民收入增长和经济发展同步,提高服务业比重和城镇化水平,促使居民消费率上升,努力扭转城乡、区域、行业和社会成员之间收入差距扩大趋势。可以判断,"十二五"及更长时期内,我国客源产出市场中城市与农村、东部与中西部、高收入阶层与中低收入阶层的不平衡性会得到重大转变,更多居民的旅游消费潜力将转化为现实消费需求,旅游消费人数在总量方面会有突破性的增加,同时旅游消费水平将会得到显著提高,在高、中、低消费水平共同提高的基础上各自的特点会更加鲜明。国内与出境旅游市场"蛋糕"不仅变得更大,而且会更多彩。

五中全会提出,"推进基本公共服务均等化",这就要求我们应把旅游公共资源开发和旅游服务方向作为旅游工作的重心,更加关注大多数民众的旅游消费需求。

应该从我国社会阶层结构的现状出发,适当配置高、中、低消费档次的旅游产品,让各层次的消费群体各得其所,尤其是广大的中低收入民众也应享受到旅游发展的成果。从这个角度上说,工业上的"产能过剩"现象,值得各地在发展旅游业中借鉴。

目前,农民占全国人口一半以上。"旅游下乡"与"家电下乡"、"汽车下乡"一样,应该是让农民购买旅游、享受旅游,而不是仅仅让"市民下乡"。现在,普遍对市民下乡旅游相当关注,大力开发乡村旅游目的地,让农民成为旅游服务方而发财致富。"市民下乡"会致富农民,并激发他们的旅游需求。同样,农民也是旅游消费者,也应该把乡村变成旅

[①] 2010年11月15日《中国旅游报》。

游客源地,研究与开发农民需要的旅游产品,并开辟农民就近参加旅游的服务网点。

随着我国进入老龄化社会,银发族的旅游需求与日俱增。然而专门面向老年人的旅游产品、旅行社或旅行社分部少之又少。推而广之,青少年、残疾人等群体的旅游都大有可为。对低收入群体,条件具备的地区与企业能否探索开展"福利旅游"、"爱心旅游",通过政府财政转移或计入企业成本等方式,使中低收入群体也有机会享受旅游休闲。

当前要注重价廉物美的大众性、普及性旅游产品的开发,将其作为民生工程的一个组成部分。要纠正"大众产品"、"低档消费"就是"低质产品"、"低品位产品"的误识,避免和克服热衷于"大投资"、"大项目"、"高档次",而忽视大众旅游产品的倾向,尤其要防止和警惕侵占公共和准公共社会资源、排斥大众旅游休闲的现象。

总之,民生为本的治国大局为旅游业的更大发展提供了时代大机遇,优化了社会大环境,指明了着力方向,同时也加重了旅游业的社会责任。围绕提高民生这个中心,在"十二五"来临之际,需要认真研究和着力破解制约扩大民众旅游消费、激发旅游生产力的观念性、政策性和体制机制性障碍,让全体人民共享旅游发展的成果。

新时期旅游业属性与功能的再思考[①]

各位朋友，大家下午好。在我记忆里，这是我第二次参加深圳旅游文化研究会的活动。这个沙龙我特别喜欢，沙龙就是敞开思想、自由交流，它最重要的特点就是思想自由，思想自由的表现就是言论自由。

这次沙龙的主题词是"幸福旅游"。幸福作为衡量人的生活质量的标准，我没想到它是由不丹这么一个世界上不能说是最小的国家，也是最小国家之一，也不能说是最穷的国家，但是也是最穷的国家之一提出来的，而且是一个国王主动提出来。年轻的不丹国王旺楚克说，如果我这个国王不行、不好，你们人民可以制裁我。尽管我在位时希望为老百姓办好事，但是我不能保证以后的国王给老百姓办好事，因此他别出心裁地主张取消国王的专制权力，在不丹这个只有七八十万人口的王国，搞两党判、议会制、两院制，自由选举等，议会多数可以弹劾国王。这个事情了不得，在我看起来，是了不起的大事。那么小而穷的国家，老百姓的文化程度也不高，从来没有民主的历史传统，居然搞起民主体制，社会没有乱，实在不可思议。

现在汪洋书记把幸福两个字和广东连在一起，提出建设幸福广东。到底怎样才算幸福，现在经济学家，社会学家，搞了许多个指标，打多少分，评定某某城市的幸福指数。广东打分的结果是深圳人均GDP排在第一位，但深圳人的幸福指数占第四位，排在广州、东莞、珠海之后。我看到这个报导，不清楚这个排位怎么出来的，是怎么打分打出来的。幸福，一万个人有一万种理解。不丹老百姓，如果按照深圳的标准来看，我看他够不上幸福，但他老百姓认为自己幸福。我七次进西藏，西藏的那些最普通、最底层的老百姓，跟他们交谈，他们觉得最大的幸福是，这一辈子到拉萨布达拉宫，到大昭寺朝拜一次，死后把所有的财产全部捐给寺庙，对他们来说这就是幸福。这对我们大多数人来讲，是无法理解的。

我想啊，幸福，对一个社会来说，一要生态环境良好，二要社会经济发达，三要法治民主规范，四要文化教育繁荣，五要社会安定和谐。对个人来讲，我认为最重要的有两条。第一点，生活宽裕，我不说富裕，富裕是没有底的，永远没有底的。宽裕就是不愁吃，不愁穿，不愁住，不愁生病，养老也不愁没人管，我觉得有这么一条就很好了，也就是"和谐"的"和"字，"和"字就是"禾"木旁加一个"口"字，就是人人有饭吃的意思，引申开来就是人人生活宽裕、有保障。这是指物质生活。第二点，我理解的幸福就是人人有思想自由、独立思考的权利，可以自由地发表自己的意见。不要听某某人说一下，我就"坚决拥护"，还

[①] 2012年6月12日在深圳文化旅游研究会"深圳幸福旅游"沙龙上的发言。

没听懂他说什么,真相还不清楚,就"坚决拥护",很难说有幸福。这就是"和谐"的"谐"字,"言"字旁一个"皆"字,人人都可以发言的意思。这是指精神生活。我看,如果有这两条,物质生活上有保障,精神生活上有自由。特别是对知识分子来讲,第二条更重要,第一条生活可以过得紧一点,但如果不能独立思考、自由发言,成为一个鹦鹉学舌似的工具,那是谈不上幸福的。

现在回到今天沙龙的主题。在座的都是搞旅游业务的,大多是宾馆的老总,我今天不想在这个场合讲具体的业务,讲一点比较虚的问题,但与这次沙龙的主题有关。这就是幸福与旅游,从幸福的视角下来思考旅游业的性质与功能。我想简单地回顾一下历史,因为在座的年轻一点的可能不清楚。1979年改革开放以前,中国有旅行社,国旅、中旅、青旅,港中旅就是中旅在香港的部分。那时有旅行社,也有宾馆,北京有北京饭店、钓鱼台宾馆,各地有国宾馆,有旅游接待活动,但谈不上旅游业。因为那个时候我们旅游的任务第一是接待外国客人,先是接待社会主义大家庭的"同志"。"同志"闹翻以后就接待西方的"友人",那都是不赚钱的,基本上是免费接待,或者就收点成本费。国内也有旅游,国内的旅游就是安排民主党派人士去考察,安排劳动模范、先进工作者去疗养,但那是统战工作,是工会组织的社会福利活动。改革开放以前旅游是政府行为,是事业行为,国旅、中旅、青旅实际上都不是企业,都是政府下属的事业单位,社长、总经理都是国家干部。1964年成立的国家旅游局,正式名称叫"中国旅行游览事业管理局",那个时期有旅游接待活动,但是没有旅游业,更没有旅游经济。

1979年前后,邓小平提出,"旅游这个行业要变成综合性行业",要突出地搞,加快地搞。他提出要赚外汇,目标是一年赚100亿美元。从此以后,旅游接待开始进入市场经济轨道,现在在座的老总你们都是市场行为的执行者,是企业雇主或雇员,而不是国家干部,不是处长、科长,应该说这是一个划时代的转变。没有这个转变,不可以想象今天中国旅游业会发展到这个程度,短短30年会成为世界旅游大国。所以从事业变成产业,从政府附属机构变成市场主体,这是中国近30多年来,也是中华人民共和国成立以来,我只说中华人民共和国成立以来(我从来不说建国以来,因为中国建国五千年,绝对不是1949年,1949年以前早就是一个国家,1911年前是封建王朝,1911年后是中华民国,我只是说中华人民共国成立以来),那是一个划时代的变化,这个转变就把旅游业放进市场经济环境中去了,直到2009年国务院43号文件,提出要把旅游业建成国家的战略型支柱产业,那就很明确是产业,但是后面还有一句话,要把旅游业建成人民群众更加满意的现代服务业,这个现代服务业的理解就有问题了,现代服务业到底只是产业,还是除了产业以外有其他的意义,如社会事业,就值得思考了。

就文化而言,现在很明确,文化有事业,有产业。老百姓日常的文化生活,去文化馆、去博物馆参观,听广播、看新闻电视,这些都是事业,应该是政府掏钱;那么文化产业,这个产业就是市场行为,去看一场高端演出就是市场行为。现在很明确,文化有事业和产业两个方面。体育现在也分事业、产业。体育事业就是老百姓的日常体育活动,政府应提供老百姓健身运动的环境,开放青少年踢足球的场地,开全国运动会,等等,这是政府应该提供的。体育产业,按照国外来讲,足球比赛,正在进行的欧洲锦标赛,那就是产业,完全是市场操作的,政府是不掏钱的,人家没有官办、官员任会长、秘书长的足球协会。什么时候把中国足球协会取消了,中国的足球有可能搞上去,如果不取消政事合一、官商合一的官办足球协会,中国就永远上不去。体育,从政策上讲现在有事业,也有产业。

我最近在想,我们的旅游业,第一次转变是从事业变成产业,我们大发展了。那么发展到现在这一步,特别是我们东部地区,包括深圳在内,人均GDP 1万美元以上,应该基本上进入全面小康了,全国还远远没有到,但是东部地区就是小康了,而且现在政府也不差钱、不缺外汇,可以这样讲,20年前,那时候政府发展旅游业,按照邓小平的意思就是赚美元,现在我们主要不是为了赚美元,我们的外汇储备已经过多了,希望老百姓更多地花美元,太多了反而是一个问题了。在这样一个情况下,我们这个旅游业到底是个什么属性,发展旅游到底是为了什么?

这件事情好像很空洞,很抽象,但是也很具体,我举两个很简单的例子。一个是宗教旅游。中国的寺庙没有一家不收门票的。宗教旅游有两种:宗教信徒是朝拜旅游、朝圣旅游;我是不信宗教的,但我也要去看宗教庙堂,那是什么呢,那是一个文化观光旅游、宗教文化旅游。宗教旅游,你完全把它当作一个产业来搞,现在有个宗教景点听说要包装上市了,我想这在全世界都是笑话。中国佛教史上有两次大建寺庙热,一次是武则天执政时期,她信佛、崇佛,甚至以佛自许,龙门石窟里有一座佛像据说是以她为原型刻成的。再一次建庙热就是这30年,建庙的速度、规模在中国历史上是空前的,超过武则天那一次。地方的官员们为什么那么起劲地建新庙?上面的意思,佛教没有国际背景,不像天主教有国际背景,没有政治风险。有地方上,建庙要把人引来,引来以后可以收门票、搞旅游。台湾的蒋孝文先生说,台湾的庙从来不收门票,包括新建的庙,佛光山寺、中台禅寺等都不收门票,绝对没有寺庙收门票这一说,但是大陆上没有不收门票的庙。这就要思考一下,宗教场所能不能市场化? 宗教活动能不能商业化? 宗教信仰能不能拜金化? 宗教事业能不能产业化?

再一个是红色旅游。现在提倡搞红色经济,发展红色旅游产业,把红色旅游产业化。我在中国旅游报发过一篇题为《慎提红色旅游产业》的文章,我骨子里是反对这个提法的。因为世界上没有哪一个国家把纪念自己历史的东西,唤起民族记忆,向后人、向青少年展示历史这件事作为一个产业来搞的,用历史上悲壮的事、光荣的事、耻辱的事来赚钱,这是对历史的亵渎,对先辈的不敬。红色旅游这个事情,它就不应该是为了赚钱的,它应该是一个向我们的后人介绍我们的历史,传授历史文化、光大历史传统,你要把它作为一个产业来搞,我觉得这是给我先烈们丢脸的事情。

对红色旅游的内容,我认为纪念辛亥革命不是红色旅游,太平天国历史不是红色旅游。"红色旅游"如果一味宣扬国共两党你死我活的斗争历史,那样陈水扁最高兴,正是以陈水扁为代表的"台独"势力希望的。现在应该从民族大义、国家使命出发,去突出的是国共两党怎么合作北伐消灭北洋军阀,怎么合作抗日、打败日本法西斯,国共怎么再一次合作实现国家统一、民族复兴。国共两党历史上曾经打过架,那是兄弟吵架,胡总书记曾说过不要重演骨肉相残的历史悲剧。对国共两党历史上的纠葛,应该"相逢一笑泯恩仇"。我总觉得,至少红色旅游和宗教旅游,再也不能用"产业"来定它的性质,不能完全用市场经济规律去运作。

还有一个与旅游业性质有关的问题,就是以国家风景名胜区、世界文化自然遗产为基础的景区,它的门票现在不是100,就是200,甚至300元。这里不是指主题公园,因为主题公园是纯商业投资,而且是大投入,门票价格由企业定价可以理解。我在中国旅游报和中国青年报上多次发表文章,认为中国著名景区全球最贵,拿中国的一些世界遗产景区门票和国外最著名的像法国的罗浮宫比较,把中国人的平均收入和外国人的平均收入和它的门票比较一下,外国的这些以世界遗产为基础的景区的门票不超过一般人月工资的百分之一二。我们的月平均工资,城市里边的2000元左右,进去一次,占他月工资的1/10,三口之家去玩一次的话600多元门票,农民的月均纯收入才500多元,当然觉得太贵了。

在这种情况之下,我觉得需要反思了,就是把旅游业全部看作、主要看作、第一位地看作是"产业",目的是为了赚钱,这是很值得深思的事情。凤凰台的名记者吴小莉问国家旅游局邵局长,你对蒋孝文的言论怎么看。因为蒋孝文曾谈到大陆寺庙收门票不合适,大陆黄山这样的景区门票价格不合理。邵局长说,宗教景点收门票收一点也可以,但不要太高。又说西湖门票取消,杭州能做到,我们西部地区正在搞原始积累,因此还做不到不收门票。这个话模棱两可、似是而非,靠门票就能完成原始积累吗?

到现在为止,各个省的旅游排位,就是你那个省接待入境游客人数多少,你旅游创汇多少,用这个指标排位。国内旅游排位,也是如此。我说的有点不好听,如果这样搞下去的话,旅游业永远不可能成为人民群众满意的旅游业,而成为地方长官满意的旅游业。我看到过一个景区,市政府的车每天下午五六点钟的时候,它的运钞车就在景区售票处一停,这钱直接到运钞车里运走了,这个钱是不是进入国库,是不是进入财政预算,是不是受人大监督?景区门票往往成为地方政府的小金库、摇钱树。最近某个省的省委书记提出来,"开辟一个景区,造福一方百姓"。按照这个思路去做,它建了景区以后,3A级的景区门票60元,升为4A级就80元,5A级就会100元,门票价格就不停地涨。现在各地评A、升A的劲头那么大,与门票价格有没有点关系?

我在思考,如果你承认旅游、休闲是国民的权利之一,是人权的内容之一,那么政府就有责任给人民提供和改善休闲、旅游的条件。这是政府应该做的。我欣赏汪洋书记的话,民主不是党政府给老百姓的恩赐,民主是老百姓应该有的权利。同样,休闲、旅游也不是谁的恩赐,是老百姓应该有的权利,你是人民的政府,你有责任为人民提供、休闲旅游的条件。当然,在我们目前的条件下,不可能大家都免费,现在还做不到,还不可能这样做。但是有一点,政府应该考虑不同群体、不同人士的条件,尽可能创造条件满足大多数人的旅游需求。

现在有个说法,"现在已经进入全民大众旅游时代",国家旅游局文件里有这个说法。对这个全民大众旅游时代,我多次写了文章,不同意这个提法。13亿人口里头到底有几成人能够出去旅游?时下中国,全国范围内有几成人有条件出去旅游?我给大家带来一个台湾的数字,2010年台湾民众在岛内旅游1.239亿人次,台湾一共是约2300万人口,这是什么概念,就是平均每个台湾居民一年旅游6次,就是平均两个月出去旅游一次。参加旅游的人占台湾总人口的93.9%,就是说100个台湾人里有94个人参加了岛内旅游。台湾2300万人口里,出岛旅游的,按我们的说法是出境旅游958万人次,其中去大陆、香港、澳门的近960多万人次,去外国300多万人次。全岛2300万人口里一年里有900多万人可以出岛旅游,这个出境游的比例有多高?占40%,5个人中有2个人出境旅游。今天台湾可说已经进入了大众旅游时代。我们大陆上一年有7000多万人出境旅游,只占总人口的5%。国内旅游20多亿人次,人均一年不到两次。东部地区,全国少数地区,城市人口中的一小部分人,可以出去旅游,能出境旅游的更是极少数人,不能把这极少数人、少部分人就当成了全国民众。如同办了一个奥运会,就认为北京就是中国;办了一个世博会,就认为上海就是中国,如果给外国人这样一个概念,那是一个最大的误导。

扯远了,现在回过头来,还是讲旅游业的属性与功能。今天要重新研究旅游业的产业属性。就是它有经济的一面,确实它能带动经济的发展。毫无问题,哪个地方旅游业搞好了,确实它的第三产业带起来了,就能把当地老百姓的就业带起来。这个功能非常重要,这个功能不能去掉。另外一方面,你说和谐社会也好,你说幸福社会也好,你说小康社会也好,什么都可以说。但是,你要考虑怎么保证我们普通老百姓的旅游和休闲的权利。政府有责任为人民提供这样一个东西。因此,以国家风景名胜区世界文化遗产,以国家博物馆、文物保护单位作为资源的景区景点,你应该少收门票,最好不收,收的话也是收一点接待成本,收一点维护费、保护费。我最近走了东欧5个国家,看了5个世界遗产,没有一处遗产是收门票的。世界遗产收高门票确实是"中国特色"。有人说中国人多,不收门票或少收门票游人太多了,遗产就不能保护了。这个说法似是而非,没有哪个景区把门票收入的大头用来保护资源的。保护资源也不是靠门票价格来限制游客人数,而是确定景区的最大容量、最佳容量,用限止游客数量、预约参观、先来后到的办法维持合理的游客量。这是一个对所有人都公平的做法,无论是对富人还是穷人,对这一代人还是后一代人,世世代代都能享受自然与文化遗产。这才是既保护遗产,又维护公平公正的做法。用高价门票把大多数人排斥在自然文化遗产景区门外,不符合公共资源的公益属性与社会公平、公正的原则。

旅游业中的酒店、餐饮、购物、娱乐、交通等服务环节,不搞市场经济是不行的。但是,博物馆、城市公园、郊野公园、国家公园、国家森林公园,包括红色旅游点、宗教旅游点,还有社会公共旅游服务设施,不能用产业化的思路去搞。如果按照产业的思路搞下去,会毁灭的是我们的宗教信仰,乃至全民信仰。我坦率地讲,陕西的法门寺、无锡的灵山大佛,进去以后,每个人的消费都在三四百以上,进去后骗你算命,骗你买开过光的纪念品。我看,这就不是宗教了,宗教堕落了,也使人的灵魂堕落了。如果我们的红色旅游把它看成是赚钱的工具,这也是一种思想的堕落、信仰的堕落。你到台湾去看,台湾所有的国事纪念馆,有哪一家收门票的,国父纪念馆、中正纪念堂、蒋介石夫妇的士林官邸公园,没有一个收门票的。因为这些都是政府财产、国家财产、公众的财产,敞开大门让民众来共享。

如果在30年前,我们从计划经济转向市场经济,从普遍贫穷走向小康,以经济建设为中心,对外以赚取外汇为主要目的,由旅游事业转向旅游产业,实现了从旅游资源大国向旅游大国的转变。那么,现在我们从初步小康向全面小康迈进,从经济建设为中心转向经济建设、政治建设、社会建设、文化建设、生态建设全面推进,把少数人先富起来走向共同富裕,把以民为本、为民执政作为根本理念,形势与任务发生了重大变化。所以,我想大声疾呼一下,重新思考旅游业的属性与功能,旅游业是一个产业,但也是一个事业;它有经济功能,这不能否定,否定了经济功能,旅游业发展不起来,但是旅游业还有社会功能、文化功能,还有环境保护的功能,要全面考虑这个事情,否则的话,像教育全搞成产业,大学都去赚钱了,中央党校在党校系统收博士生,你给我高学费,我就给你一个博士学位,如果这样搞下去的话,你想想看,我们的官员都有博士学位了。什么博士学位?论文都是他的秘书给他写的。这是教育"产业化"的典型例子,这是很可怕、很悲哀的事情。

我总觉广东真要建设幸福广东,要搞幸福旅游,搞国民休闲纲领,我的意见是,第一,大力推广实施职工带薪休假制度。广东企事业单位实行带薪休假有多少?你这个机关、单位、企业是否实行了带薪休假,保证你的员工一年14天的带薪休假?节假日你让员工加班给了他两倍三倍的工资没有?企业的工会你有没有为职工带薪休假说话、办事?第二,广东的社会性旅游景点应该率先打开大门,搞免费或低价门票,让百姓有条件进入。人太多不好掌握的话,实行限量入园、团队预约、个人预订,坚持数年形成制度、风气、习惯。第三,旅游企业在开发高端旅游的同时,也开发大众、平民旅游产品,对各类社会弱势群体及特殊群体,实行多种优惠办法。政府在这些方面要有作为,要有切实的措施引导、鼓励、规范大众旅游、平民旅游、福利旅游、公益旅游。我觉得深圳应该在这些方面给力国民休闲旅游,在制度化建设上面走在全国前头。这才能把"幸福旅游"落实到行动,而不是挂在口头上、印在文件上。

重新认识旅游业的属性与功能,是一个大题目,涉及一系列的理念问题、理论问题、政策问题、制度问题和实际问题,旅游事业与产业的关系问题,政府与企业的关系问题,市场经济条件下高端旅游产品与大众旅游产品的关系问题,公益型景区景点、市场型景区景点与半公益型景区景点的界定与政策问题,等等,今天讲的只是开了一个头,我愿与各位继续共同探讨。说过了头的,请各位指正、包涵。

谢谢各位!

旅游业应成为服务业持续发展的强劲引擎[①]

近日,李克强总理在第二届京交会暨全球服务论坛北京峰会上发表《把服务业打造成经济社会可持续发展的新引擎》的主旨演讲,提出"服务业日益成为促进世界经济复苏、引领转型发展的新引擎、新方向";大力发展服务业,"既是当前稳增长、保就业的重要举措,也是调整优化结构、打造中国经济升级版的战略选择"。李总理的演讲发出了新一届政府加大对发展服务业力度的强烈信号,可以说,也是对旅游业提出了新的要求。

众所周知,旅游业是为异地休闲、事务及其他体验性活动提供综合服务的产业,与一、二、三产业都有广泛的联系,但与第三产业的联系尤为紧密。服务业一般分为国内服务与国际服务贸易两大部分,国内旅游和出入境旅游与这两大部分相对应。国内旅游与国内服务业的关联已取得共识,但对旅游增加值与第三产业(服务业)增加值之间的关联系数尚缺少权威的、公认的数据。以去年为例,国内旅游总支出22 706亿元,相当于同年社会消费品零售额(210 307亿元)的10.9%,或相当于同年第三产业增加值(231 626亿元)的9.8%。尽管这种估算方法并不科学,但大致可以推测出国内旅游对国内服务业的贡献大致相当于1/10。旅游业无疑已成为我国服务业的先导产业与支柱产业。

李克强总理指出,"增加服务业有效供给,提高服务业水平,可以释放巨大的内需潜力,形成稳定经济增长的有力支撑,也会对经济结构优化和质量价值提升产生放大效应"。当前发挥旅游业对服务业的牵动作用,最主要的途径是健康持续地发展国内旅游、促进国民休闲。国内旅游与国民休闲的服务受众是13.4亿的城乡居民。国内游客总量约占国内外游客总量的95%,旅游供给的存量主要依托国内游客的消费需求支撑,今后旅游供给增量的扩大与旅游就业需求的增长也主要依托国内旅游与国民休闲能量的释放。这是一个潜力巨力的内需市场,也是最稳定、可靠的内需市场。当务之急与长远之计是贯彻《旅游法》、实施《国民旅游休闲纲要》,并在实践中进一步完善,为国民旅游休闲创造良好的环境,以推动国民旅游休闲健康持续发展。建立既保障国民自主休闲权利,又保证社会生活正常运行的国民休闲制度,保护而不是挫伤民众的旅游休闲热情,采取得力措施引导与保障国民有序、自主地享受旅游休闲生活。

出入境旅游与国际服务贸易的关系,按照国家外汇管理局1985年以后历年公布的《中国国际收支平衡表》,出入境旅游多年来一直是中国大陆国际服务贸易的重要支柱产业。在运输、旅游、通信、建筑、保险、信息、专利使用、咨询、广告、影视及其他等13项进

[①] 以《旅游业应成为服务业发展主力军》为题刊登于2013年6月7日《中国旅游报》。

出口服务贸易领域中,旅游外汇收入与支出多年来居于前列。2012年旅游外汇收入500亿美元,占服务贸易总收入1914亿美元的26.1%;旅游外汇支出1020亿美元,占服务贸易总支出2812亿美元的36.3%。

2008年以前,入境旅游收入一直大于出境旅游支出,旅游贸易顺差成为创收外汇、平衡国际贸易逆差的重要环节。如2002年服务贸易逆差67.8亿美元,当年旅游贸易顺差49.9亿美元,大大缓解了国际服务贸易逆差。从2009年开始,大陆出入境旅游贸易开始出现逆差,到2012年贸易逆差达519亿美元,占同年大陆服务贸易逆差897亿美元的57.9%,成为大陆服务贸易逆差的第一因素,第二是运输服务(逆差469亿美元),第三是保险服务(逆差173亿美元),第四是专利使用与特许服务(逆差167亿美元)。出入境旅游已成为我国国际服务贸易的关键性领域。

李克强总理指出,"服务贸易是跨境的服务业,在经济全球化日益深入的大背景下,服务贸易有很大发展空间"。照此要求,当前着力扩大入境旅游服务贸易规模,扭转入境旅游增长乏力的态势,是促进旅游出口的均衡发展的关键。目前,世界旅游继续以高于世界经济的速度稳定增长,新兴经济体国家国际旅游继续以高于发达经济体国家的速度发展,亚太地区国际旅游仍然以高于世界旅游的速度发展,我国入境旅游必须着力应对这种严峻挑战。

目前我国有3.4万亿美元的外汇储备,占全球总量的1/3。国家对旅游业的外汇增长功能的压力不复存在。在出入境旅游方面,当务之急不是考虑限制出境旅游规模、控制旅游贸易赤字,而是规范出境旅游秩序和提升出境旅游质量,提高国民出游给国家带来的正能量,减少负印象,同时有效推进中国旅游企业走出国门。如李总理所说,"促进服务领域相互投资","加强在人员流动、资格互认、行业标准制定等方面的协调,推动服务贸易自由化","积极参与服务领域全球治理机制和规则体系建设,逐步提升代表性和话语权"。总之,依托出境旅游规模迅速扩大、影响不断提升的条件,提升中国旅游界在国际旅坛上(全球旅游)的话语权,最大限度地释放出境旅游的"红利"。

李总理指出,"中国服务业发展滞后,最大的制约是体制机制障碍,出路在于改革开放"。旅游业也是如此。进一步深化旅游业的体制机制改革,最大限度地依法依规为旅游业发展"松绑","让企业轻装上阵,增添活力和创造力";进一步扩大对外开放,在国家"探索建立自由贸易试验区先行先试"的过程中,在我国与越来越多的国家建立自由贸易关系的进程中,旅游业如何搭上新一轮的对外开放快班车,自然地需要我们及早筹划谋虑。

《旅游法》应从根本上理顺各相关利益方关系[①]

旅游界翘首以待的《旅游法草案》终于进入全国人大常委会审议程序。据新华社、《法制日报》等媒体报道,草案对社会上反映最为强烈的旅游市场秩序混乱和旅游者维权困难等问题,进行了必要规范。由此可见,该草案具有很强的现实针对性。基于此,笔者认为其重点规范的几个方面此前虽在业内外一定范围内讨论多次,但待探讨的问题仍然甚多,远未达成共识。旅游法草案需更广泛地征求民意,要多谋慎断,谨慎出台。

一、"低于成本的价格"如何界定、由谁来鉴定

如针对"零负团费",草案规定"旅行社不得以低于成本的价格招徕、组织、接待旅游者"。

问题在于:为何"不得以低于成本的价格"经营?旅游服务作为一种商品,在市场上进行交易,作为市场的主体企业有权对自己的商品进行定价,低不低于成本是这个企业自己的事情,"法律"有何权力干预?以正在进行的"携程"与"去哪儿"的网络经营商价格战为例,携程拿出"自由行返现金"、"一元接机"、"半价门票"、"租车首日0租金"四大杀手锏对付竞争对手,用优惠手段吸引旅游消费者,其中产品有可能会"低于成本价",但若携程没有坑害消费者,有什么理由规定"不得"?这里的关键是企业是否蒙骗消费者。

"低于成本的价格"如何界定、由谁来鉴定?旅游服务一方面提供的是食、住、行、游、购、娱等物质性的硬服务,这方面大致可以界定价格;另一方面是接待过程中的非物质性的软服务,如人性化、个性化的细致服务,这方面的价格是难以量化的,如何界定?是否"低于成本的价格",是由政府主管部门、行业组织还是独立的第三方来界定?如由政府主管部门(旅游局或价格局)界定,这是倒退到计划经济模式;若是由行业组织界定,目前的旅游协会仍是政府主管部门附属的准官方机构,由这样的行业组织界定,仍是变相的行政审核。至于"独立的第三方",时下还没有。

笔者认为,问题的关键在于是否损害了旅游消费者的权益。如果没有损害,即使"低于成本的价格",谁也不能干预;如果确有损害,就以《反不正当竞争法》、《消费者权益保护法》惩处即可,但不能以"低于成本的价格"之名惩处。如果某个企业长期以"低于成本的价格"经营,又没有违法之举,它肯定会倒闭,何用法律去惩处?就"零负团费"中可能产生的蒙骗消费者、损害游客权益,用惩治损害旅游消费者权益的"倒逼法"去遏制非

[①] 2012年8月31日《中国青年报》。

正常的恶性价格竞争,可能更合理、更有效。

二、不得指定"购物场所"、"自费项目"能否行得通

又如针对强迫购物和另行付费问题,草案规定"旅行社组织接待团队旅游不得指定购物场所,不得强迫或者变相强迫购物,不得安排任何形式的另行付费旅游项目"。

这里"不得指定购物场所"实际上行不通。无论国内还是国外、内地还是港澳台,都有政府有关部门审定或行业机构推荐的购物商店,游客去那里比较放心或省力。让游客自己去陌生的环境里找商店,同样存在受骗上当的风险。"不得强迫或者变相强迫购物",如果旅游合同中规定购物场所和次数,算不算"强迫或者变相强迫购物"、"不得安排任何形式的另行付费旅游项目",也过于绝对。

目前,出境旅游中都有"自费项目",有的很受部分游客欢迎,但另一部分游客不想参加。以笔者经历而言,对西班牙之旅中的观看弗拉明戈舞自费项目很满意;观看斗牛价格高出门票实际价格一倍以上,虽贵了些但省去了自己购票、交通的麻烦,还可以接受;在澳门参观"威尼斯人"和澳门回归礼品展物有所值;在圣彼得堡夜游涅瓦河质价不合、中介费过高;在泰国去植物园"品尝瓜果"、在希腊吃"海鲜大餐",感觉完全是上当受骗。这里的关键问题在于购物的次数是否任意增加、时间是否任意延长,对不购物的游客有无歧视性语言或行为,购物中有无假冒伪劣商品,安排另行付费旅游项目中价格是否透明、合理,有无欺客行为,并非简单地一概否定"指定购物场所"与"自费项目"。

三、从"导游小费"开刀能否解决旅游市场秩序紊乱的顽症

再如草案规定"旅游经营者及从业人员不得违法索取小费"。

不知该草案如何界定"小费"。笔者认为,游客因服务满意而自愿向导游、领队和其他服务人员支付小费,是游客对服务者良好服务的一种认定与酬谢。接受小费是否合情、合理、合法,关键在于:游客对旅游服务是否满意和游客支付小费是否出于自愿。如游客对导游服务不满意,而导游强行索取或变相强行索取小费,则是不合情理的违规行为,但并非触犯法律的犯罪行为。

目前,导游服务中存在的不正之风并非"小费"本身之过,而是导游没有收入与其他社会保障,甚至要向旅行社支付"挂靠费"、"人头费"乃至垫付接团费等的结果。从"导游小费"开刀解决不了旅游市场秩序紊乱的顽症。对专职导游,旅行社须与导游签订"基本工资+上团津贴+法定险金"形式的劳动合同;对兼职导游,旅行社须与雇员签订带团薪酬与人身保险的劳动合同。至于导游可不可以接受小费、如何接受小费、何种情况下不得接受小费,则在旅行社与游客签订的服务合同及与导游签订的劳动合同中具体商定。政府主管部门可以规范小费行为,但不必下令禁止小费。国际通行的服务业"小费"问题,实在不宜列入旅游法。

四、一些过高的门票价格是既得利益者幕后推动的结果[①]

对于景区门票问题,草案规定,景区经过主管部门批准方可有偿收取门票。利用公共资源开放的景区门票实行政府定价或者政府指导价。景区门票价格变动应提前6个月公布。

目前,利用公共资源开放的景区门票价格与我国城乡居民的平均收入相比多数偏高,其原因并非没有实行"政府定价或者政府指导价",而恰恰是地方政府批准或授意的结果。一些过高的门票价格及非正常提价也并不是用"景区门票价格变动应提前6个月公布"可以遏制的,是景区背后有关方面的既得利益者推动的结果。景区门票价格变动的公布时间不是问题的实质,景区门票收入的使用是否公开、透明、合理,价格变动的程序是否健全、公正才是问题的症结,景区门票价格变动的公布时间提前3个月还是6个月并不重要。

五、旅游法的制定理应从根本上理顺各类旅游相关利益者的关系

目前,我国旅游市场中的诸多顽疾由来已久,上述问题政府有关部门也曾出台过不少管理条例、办法和措施,还多次采取行政手段进行"整顿"和"严打",但一直收效甚微,"横扫"过后诸多顽疾卷土重来,甚至愈演愈烈。当某个行业中的某种消极因素长期存在、屡禁不止的时候,就要认真探讨产生此类现象的社会环境、行业规则和政府自身的行为。以人们常说的导游小费而言,笔者认为,这种现象的产生正是一些组团社与地接社之间的利益分割不正常,旅行社内高管层与一线服务层之间分配不公的结果,也与导游人员的正常权益得不到保障有关。旅游行政主管部门三令五申发文要求旅行社与导游建立劳务合同,但在当前条件下,这种"文件"基本行不通。

旅游作为一种大量、普遍的社会人群异地流动,作为一个事关国计民生的战略产业与国民休闲的权利之一,其中牵涉旅游管理者、经营者、服务者、消费者和旅游目的地居住者的权利与利益。旅游法的制定理应从根本上理顺各类旅游相关利益者的关系,矫正异化了的利益链条,缩小以至杜绝形成行业潜规则的土壤。

《旅游法》草案全文尚未公布,笔者的上述意见难免有失偏颇。希望《旅游法》的出台不仅是在形式上规制旅游业的现存弊端,更要切实保障处于旅游服务链条末端的消费者、服务者和居民的权益,同时,规范旅游管理者的行为与保障经营者的正当权益,这才是出台《旅游法》的本意与保障旅游业健康发展的根本。

[①] 关于景区门票问题详见本书《景区篇·中国著名景区门票为何全球最贵》。

对《旅游法草案》"旅游"定义的探讨[①]

《旅游法草案》开宗明义把"旅游"定义为:"本法所称旅游,是指自然人为休闲、娱乐、游览、度假、探亲访友、就医疗养、购物、参加会议或从事经济、文化、体育、宗教活动,离开常住地到其他地方,连续停留时间不超过12个月,并且主要目的不是通过所从事的活动获取报酬的行为。"

这个表述与联合国世界旅游组织(UNWTO)《关于旅游统计的建议(Series M NO.83-1994)》的界定基本上是一致的,但也有一些差别。UNWTO的定义是:

"旅游是旅行的综合。旅游主要包括人们为了休闲、事务和其他目的,离开其惯常环境,到某些地方去以及在某些地方停留的活动……这些人被称为'游客',并应与其他旅行者相区别"。

"旅行者指任何一个在两地间旅行的人,而游客的定义要更严格。游客指任何一个到其惯常环境以外的地方去旅行,连续不超过12个月,并且其旅行的主要目的不是通过所从事的活动从访问地获取报酬的人。"

UNWTO的定义对旅行与旅游、游客(旅游者)与旅行者作了区别,说明了两者的联系与区别。UNWTO的《建议》在解释"旅游"与"游客(旅游者)"时进一步指出,旅游的目的包括"休闲、娱乐及度假、医疗健康、探亲访友、宗教/朝拜、商务与专业活动及其他",下列"其他旅行者"不属于"游客(旅游者)":"在惯常环境内移动的人(上下班的人、边境工人、在居住地附近流动的人)、改变居住地的人(长期移民、在居住国内到另一地方停留超过12个月的人)、无固定居住地的人(游牧者、流浪者、难民)、旅行到其他地方获取报酬的人(不超过12个月的人、季节工人、讲学与演出人员、相互交换服务的人)、其他未包括在常规内的人(过境游客、武装部队人员、使领官员、外交人员、囚犯)。"

按照UNWTO的定义与国际旅游界公认的观点,旅游分为观光、娱乐和度假与商务、会展、文教交流等两大类,前者属于休闲性旅游,后者属于事务性旅行。

《旅游法草案》(以下简称《草案》)对旅游的定义与世界各国公认的UNWTO的定义,基本上是一致的,这是此《草案》与国际规则接轨的重要之处。但是《草案》中的界定也存在一些值得探讨之处。

《草案》中提出"参加会议"也属于"旅游"之列。"会议"在中国的语境下大多指由政府财政开支的党政会议、考察、评比、培训等,难免有使"公费旅游"合法化之嫌,此次全国

[①] 2012年9月30日向全国人大财经委员会《旅游法草案》起草组提交的建议书。

人大常委会在审议《旅游法草案》时对此点反应较强烈原因在于此。在 UNWTO 定义中，没有"参加会议"之说，其定义中的"商务/专业及其他活动"一般指商务、会展活动与专业会议，但是否包括公务员的政务性会议没有明确说明。

《草案》中提到了"从事经济、文化、体育、宗教活动"，那么参加贸易、推销甚至打工等也可归入"从事经济活动"，进行"讲学与演出"或咨询顾问获取报酬的行为可归入"从事文化活动"，从事商业性体育表演或比赛的人员也可归入"从事体育活动"，这些均是"通过所从事的活动获取报酬的行为"，与"主要目的不是通过所从事的活动获取报酬的行为"的定义不相符合。

《草案》中提的"从事宗教活动"含义也不够准确。众所周知，宗教旅游既包括非宗教信徒的寺院庙堂观光与考察活动，也包括宗教信徒的朝觐与宗教交流活动，前者属于文化旅游的范畴，但不是"宗教活动"；后者才属于"宗教活动"。UNWTO 定义中的"宗教/朝拜"包括了宗教观光、考察及信徒朝拜两类旅游活动，更为准确。

《草案》中提的"就医疗养"指有病的人外出医疗，但未包含无病或体弱者的养生、康体与美容等活动。UNWTO 定义中的"医疗健康"包括了就医疗养、体育活动、康体养身及美容等更广泛的内容，包含了有病治病与无病健身两个方面。

《草案》中提"主要目的不是通过所从事的活动获取报酬的行为"，UNWTO 定义中提"其旅行的主要目的不是通过所从事的活动从访问地获取报酬的人"，也有些微差别。UNWTO 定义注明了不是"从访问地"获取报酬，清晰地排除了去外地务工、讲学、演出或顾问活动而获取报酬的活动与人员。

基于上述理由，笔者建议修改为："本法所称旅游，是指自然人为休闲、娱乐、度假、医疗健康、探亲访友、宗教/朝拜、商务/专业及其他活动，离开常住地到其他地方，连续停留时间不超过 12 个月，并且主要目的不是通过所从事的活动从到访地获取报酬的行为。该自然人称为'旅游者'或'游客'。"

也可以把"旅游"定义为："本法所称旅游，是指自然人为了游览、娱乐、度假等休闲目的，商务/专业等事务目的，医疗健康、探亲访友、宗教/朝拜及其他目的，离开常住地到其他地方，连续不超过 12 个月，并且其旅行的主要目的不是通过所从事的活动从访问地获取报酬的人。该自然人称为'旅游者'或'游客'。"

准确地界定旅游与旅游者，对全面理解旅游功能与旅游业性质，科学制定旅游统计标准与体系，至关重要。长期以来，业内外对旅游与旅游者的理解存在着过于狭窄与过于宽泛两种情况。

一种是过于狭窄的理解，把旅游完全看成是吃喝玩乐，只讲它的休闲功能，因而在经济学与统计标准中一直把旅游业归为"生活性服务产业"，而把商务、会展、文教科技交流等事务性旅行活动排斥在旅游服务范围之外。国务院《关于加快发展旅游业的意见》提出的允许旅行社参与政府采购和服外包的规定，被视为变相的"公费旅游"，执行起来阻力重重。把"旅游"界定为休闲与事务两大功能，从根本上确定了旅游业既是生活性服产业又是生产性服务产业的双重性质与功能,有助于厘清"事务旅游"与借公务之名、用公费支付个人休闲消费的"公费旅游"的界限。我们之所以反对"公费旅游",是反对用国库的公共财富供私人观光、娱乐和度假的休闲性旅游,但并不反对旅行社从事商务/专业等事务性旅行服务,而且主张让旅行社承接公务、商务、会展和文教交流等事务性旅行服务。

另一种是过于宽泛的理解,把凡是从甲地到乙地的旅行、移动都称之为"旅游",把旅游与"移动生活"等同起来,并从理论上混淆了旅游与旅行、迁徙、流动的区别。在旅游统计上把城乡居民"离开惯常居住地","在外停留6小时以上",去城市公园、游乐场所、郊野绿地等当日往返的休闲娱乐活动,或"外出……考察、参加会议和从事经济、科技、文化、教育、体育、宗教等活动","为集体或私营企业外出采购、洽谈商务、参加会议等"[①],都纳入旅游统计范围,出现了国内旅游统计范围泛化、统计结果不实的现象。这种界定容易混淆事务旅游与借公济私的"公费旅游"的界定,从另一种角度引发了对国务院《关于加快发展旅游业的意见》允许旅行社参与政府采购和服外包规定的误读。

对旅游与旅游者的定义进行科学界定,是全部旅游法的基石。该定义不是学术用语而是法律术语,建议对此问题展开深入探讨,借此统一人们对旅游与旅游业的理解,厘清旅游与旅行的联系与区别,澄清旅游与迁徙、移动的不同,分清事务性旅游与"公费旅游"的界限,为科学地制定旅游政策、开展旅游统计、推动旅游发展奠定理论基础。

---

① 《旅游抽样调查资料·2010中国国内旅游抽样调查综合分析报告》,中国旅游出版社2011年版,第267~268页。

对《旅游法草案》的修改建议[①]

第一条（立法宗旨）

【原文】为保障旅游者和旅游经营者的合法权益,规范旅游市场秩序,保护和合理利用旅游资源,促进旅游业持续健康发展,制定本法。

【建议】为保护和合理利用旅游资源,保障旅游者、旅游地居民和旅游经营者的合法权益,规范旅游市场秩序,促进旅游业持续健康发展,制定本法。

理由如下：

（1）"保护和合理利用旅游资源"是开展与发展旅游的前提,鉴于不少地区开发开展旅游中对旅游资源的损耗、损坏以至破坏的情况甚多,应将这一点列在首位。

（2）鉴于旅游活动时有影响旅游目的地居民正常交通、居住与休息等正常生活秩序,引起食品价格上涨、房价骤升,挤占居民休闲游憩场地,以至侵占居民（特别是乡镇居民）的社区土地,损害旅游地居民的合法权益的现象时有发生,《旅游法》除保障旅游者和旅游经营者的合法权益外,还应该专立一条"保障旅游地居民的合法权益"。

第二条（适用范围）（1）

【原文】中华人民共和国境内的旅游与旅游经营活动,包括在境内组织的出境旅游经营活动,适用本法。

【建议】法律文字必须精确、专一,没有歧义。此条中出现两次"境内",应该是同一个含义、同一种范畴,不能有两种解释、两个范畴。

按照此义,"中华人民共和国境内的旅游与旅游经营活动",当然包括香港和澳门两个特别行政区；按照大陆对"一国两制"的解释,还应该包括台湾地区。

如此表述就有一个不能自圆其说的悖论：既然香港和澳门及台湾是"中华人民共和国境内"的一个组成部分,那么两岸四地之间民众的互访旅游应是"境内旅游"而非"出境旅游"。但是,按照目前我国对两岸四地的法规政策、旅游统计体系,两岸四地之间民众的互访旅游属于出入境旅游。

从法理与现实看,此部《旅游法》显然不适用于香港和澳门以及目前的台湾地区。按照《特别行政区基本法》,香港和澳门实行"一国两制"、"港人治港"、"澳人治澳"、"高度自治",除外交和国防事务外,特区政府享有自主管理本地区事务的权力,包括行政管理权、立法权、独立的司法权和终审权。因此,此部《旅游法》只适用中华人民共和国的大

[①] 2012年9月30日向全国人大财经委员会《旅游法草案》起草组提交的建议书。

陆/内地,不适用港澳台地区。

为此,建议此条应改为"中华人民共和国内地/大陆境内的旅游与旅游经营活动,包括在境内组织的出境旅游经营活动,适用本法。"

也可以改为"中华人民共和国境内(不包括香港、澳门和台湾地区)的旅游与旅游经营活动,包括在境内组织的出境旅游经营活动,适用本法。"

第二条(适用范围)(2)

【原文】本法所称旅游,是指自然人为休闲、娱乐、游览、度假、探亲访友、就医疗养、购物、参加会议或从事经济、文化、体育、宗教活动,离开常住地到其他地方,连续停留时间不超过12个月,并且主要目的不是通过所从事的活动获取报酬的行为。

【建议】按联合国世界旅游组织《关于旅游统计的建议》(Series M NO. 83 – 1994)修改为:"本法所称旅游,是指自然人为休闲、娱乐、度假、探亲访友、医疗健康、宗教/朝拜、商务/专业及其他活动,离开常住地到其他地方,连续停留时间不超过12个月,并且主要目的不是通过所从事的活动从到访地获取报酬的行为。"

也可以直接引用世界旅游组织的文件把"旅游"定义为,"由于闲暇、事务和其他目的而到其惯常环境之外的地方旅行,其连续停留时间不超过一年的活动"。其中"闲暇"目的指休闲、娱乐、度假等,"事务"目的指商务/专业等,"其他目的"指探亲访友、医疗健康、探亲访友、宗教/朝拜等。

(1)与世界旅游组织的定义保持一致,体现与国际接轨。

(2)"医疗健康"中包括"就医疗养"与"体育"及美容养生等,"就医疗养"专讲有病去"医疗",不含无病或体弱者的养生、健身和美容等内容。

(3)"参加会议",在中国的语境下多指由财政开支的党政会议、考察、评比、取经、学习、培训等,难免有使"公费旅游"合法化之嫌,世界旅游组织的定义中没有"参加会议"之说。世界旅游组织定义中"商务/专业及其他活动"中含有商务与专业"会议",更准确。

(4)"从事经济……活动",含义过广,包括商贸、打工、推销等"通过所从事的活动获取报酬的行为",与旅游"主要目的不是通过所从事的活动获取报酬的行为"的界定不相符合。

(5)"从事宗教活动"含义不准确。宗教旅游既包括非宗教信徒的宗教观光与考察,也包括宗教信徒的祈拜、朝圣,前者属于文化旅游的范畴,但不是"宗教活动";后者才属于"宗教活动"。UNWTO定义中"宗教/朝拜"包括了宗教观光、考察及信徒朝拜两种旅游活动。

(6)"主要目的不是通过所从事的活动从到访地获取报酬的行为",加上"从到访地"可与异地推销、打工等"获取报酬的行为"相区别。

参见《关于调整三大旅游市场统计框架的探讨》一文。①

第四条(旅游发展原则)

【原文】旅游业发展应遵循社会效益、经济效益和环境效益相统一的原则,鼓励各类市场主体在有效保护的前提下,依法合理利用旅游资源。利用公共资源建设的游览场所应当体现公益性质。

【建议】目前旅游经营主体既有以企业为主的"市场主体",也有以公共资源为基础的公有事业单位,还有以公共资源为基础但企业经营的半市场主体,不能都归为"市场主体"。建议改为:"旅游业发展应遵循社会效益、经济效益和环境效益相统一的原则,鼓励各类经营主体在有效保护的前提下,依法合理利用旅游资源。利用公共资源建设的游览场所应当体现公益性质。"

"经营主体"包括市场型主体、公益型主体和市场与公益型结合的经营主体。

第五条(旅游消费引导)

【原文】国家倡导健康、文明的旅游方式,支持和鼓励各类社会机构开展旅游公益宣传,对促进旅游发展作出杰出贡献的单位和个人给予奖励或者荣誉称号。

【建议】修改为"支持和鼓励各类社会机构开展旅游公益活动"。

理由:各类社会机构不仅要开展旅游公益宣传,有条件的还应提供旅游活动场所,如人民大会堂等应有序向民众开放。"旅游公益活动"既包括开展宣传,也包括提供场所、开展活动等。

第六条(旅游经营原则)

【原文】旅游经营实行统一的服务标准和市场规则,禁止行业或者地区垄断。

【建议】修改为"旅游经营实行国家统一的服务标准和市场规则,在公开公正、公平的原则下实行市场竞争,发挥市场对旅游资源配置的基础性作用,禁止行业或者地区垄断"。

(1)时下仍有不少地区、行业的标准与规则不统一,往往保护行业或者地区的既得利益。

(2)时下中国旅游市场,竞争不充分与无序竞争并存,总的是在"党政主导"下政府干预、管制过多,市场发育、竞争不足;国有企事业单位掌控过多,民营、合作制、股份制企事业发育不足。应充分鼓励市场竞争,不能只写"统一"、"禁止"。

第八条(旅游行业组织)

【原文】依法成立的旅游行业组织,实行自律管理,引导会员诚信经营、公平竞争。

【建议】修改为"依法成立的旅游行业组织,实行政事分开、事企分开,保护行业权益,服务消费者和行业成员,实行自律管理,引导会员诚信经营、公平竞争"。

(1)时下旅游行业组织大多仍是政府主管部门的附属体,是政府主管部门监管企业

---

① 本书《市场篇·关于调整三大旅游市场统计框架的探讨》。

的助手,《旅游法》要确定政事分开、事企分开的目标。

（2）旅游行业组织首先是为行业服务、保护行业合法权益、服务行业成员,才有行业威信,然后才能有资格实行自律管理。对旅游行业组织的职能不能只讲"自律",不讲保护行业权益、服务消费者和行业成员。

第十七条（安全义务）

【原文】旅游者对国家应对重大突发事件暂时限制旅游活动的措施应予以配合。

旅游者购买、接受旅游服务时,应当向旅游经营者如实告知与旅游活动相关的个人健康信息,遵守旅游活动中的安全警示规定,配合有关部门、机构或者旅游经营者采取的安全防范和应急处理措施。

旅游者接受国家或者社会公共组织的救助后,应当支付应由个人承担的费用。

【建议】目前出现的旅游安全事故一些是由旅游者个人造成的,如在非正式开放景区擅自进行登山、涉水等探险活动。建议增补如下内容:

旅游者在非正式开放景区自行开展登山、涉水等探险活动,应事先向有关政府部门报告取得批准,并配置必要的通信、导向和救生设备,不得擅自进行登山、高空、高速、水上、潜水等探险活动。

第二十一条（规划内容）

【原文】旅游发展规划主要包括旅游业发展的总体要求和发展目标、旅游资源保护和利用的要求和措施、旅游产品开发重点、旅游服务质量、旅游文化建设、旅游形象宣传和市场推广、旅游基础设施和公共服务设施的建设需求等内容。

【建议】修改为"旅游发展规划主要包括旅游业发展的总体思路和发展目标、旅游资源保护利用的要求和措施、旅游产品开发重点、旅游服务质量、旅游文化建设、旅游宣传和市场推广、旅游基础设施和公共服务设施的建设需求等内容"。

"旅游形象宣传"的内容主要是确定区域旅游主题及其形象宣传口号与标识图案,其内容具有不确定性、可塑性与多维性,对国内外不同的客源对象可选定不同的宣传口号或标识图案,并在不同时段中可选用不同的宣传口号或标识图案,难以在具有法规性质的"旅游发展规划"中固化,不宜在《旅游法》中规定。建议改为"旅游宣传和市场推广",其中包含了"旅游形象宣传"的内容,但不作硬性要求。

第二十二条（规划衔接）

【原文】旅游发展规划应当依据国民经济和社会发展规划编制,并与主体功能区规划、土地利用总体规划、环境保护规划、城乡规划、海洋功能区划相衔接,与自然保护区规划、风景名胜区规划、林地湿地草原森林公园保护利用规划、文物保护规划、历史文化名城名镇名村保护规划等规划相协调。

【建议】修改为"与世界自然文化遗产保护规划、自然保护区规划、风景名胜区规划、林地湿地草原森林公园保护利用规划、地质公园规划、文物保护规划、历史文化名城名镇名村保护规划等规划相协调。同时这些规划也应有旅游服务的内容"。

第二十三条（规划要求）

【原文】旅游发展规划应当遵循依法保护旅游资源的原则，维护和传承当地传统文化和习俗，维护资源的区域整体性、文化代表性和地域特殊性，考虑军事设施保护的需要，促进资源的节约集约化利用。

【建议】修改为"旅游发展规划应当依法保护旅游资源，维护和传承地区文化传统，维护资源的总体完整性、文化代表性和地域特殊性，考虑军事设施保护的需要，促进资源的集约化利用"。

某些地方"习俗"会随着时代与环境的变化而变化，有些习俗含有不科学、不健康、不合理的因素。提"维护和传承地区文化传统"更为妥帖。"区域整体性"，语意不确切，拟改为"总体完整性"。

"节约集约化利用"有语病，拟改为"促进资源的集约化利用"。

第二十四条（规划评价）

【原文】各级人民政府应当组织对本级政府编制或者批准的旅游发展规划的执行情况进行整体评价，并向社会公布。

【建议】修改为"第二十四条（规划编制与评估）"

"各级人民政府应当按规定程序选择具有相关资质的规划咨询机构，对旅游发展规划组织评审、进行公示，广泛征求当地民众与相关企事业单位的意见，并对旅游发展规划的执行情况定期进行整体评价，如有必要按程序对规划进行修编或重编。"

时下地方旅游发展规划编制中招标投标不规范、不公正，选择规划编制机构不透明、不公正，甚至变相送贿受贿，编制者闭门造车、粗制滥造，规划评审草率过场、形同虚设，规划成果不符合质量要求，地区领导把个人意见强加在规划中，规划执行过程中地区领导任意更改规划内容、一任领导搞一个规划等情况时有发生，旅游发展规划普遍缺乏规范性、严肃性和稳定性。此种情况所造成的危害与损失不亚于旅游经营市场的混乱，或者说是旅游秩序紊乱在旅游规划编制与执行中的表现。《旅游法》既然设置了旅游规划专章，应在规划编制与执行方面有所规定。在第九章法律责任中应规定，对规划编制中的违法、违规行为，对有严重缺陷的旅游发展规划或不遵守规划开发建设而导致重大失误的，应追究相关责任人的经济责任、法律责任。

第二十六条（资金支持）

【原文】国务院和地方各级人民政府应当根据实际需要安排资金，促进旅游基础设施建设、旅游公共服务和旅游形象宣传。

【建议】修改为"促进旅游环境保护、旅游基础设施建设、旅游公共服务和旅游宣传推广"。

第二十七条（设施建设安排）

【原文】各级人民政府编制土地利用总体规划、城乡规划应充分考虑相关旅游项目、设施的空间布局和建设用地要求。

【建议】修改为"第二十七条(旅游建设安排)各级人民政府编制土地利用总体规划、城乡规划应充分考虑相关旅游项目、设施的空间布局和建设用地需求。"

第二十八条(项目和产品开发)

【原文】国家鼓励旅游与工业、农业、林业、商业、文化、体育和科教等产业及领域的融合发展,支持利用各类资源开发具有特色的旅游项目和产品。

【建议】修改为"第二十八条(产品融合发展)国家鼓励旅游与工业、农业、林业、交通、商业、文化、体育、医疗、海洋、水利、地质、环保、气象和科教等相关产业和领域的融合发展,支持利用各类资源开发具有特色的旅游项目和产品"。

本条重点是各相关部门共同开发旅游产品,促进融合发展,如发展游船、邮轮旅游需要与交通、海洋部门合作,发展豪华专列旅游需要与铁道部门合作,发展养生健康旅游需要与医疗部门合作,发展海洋旅游需要与海事部门合作,发展生态旅游、森林旅游要与环保、地质、海洋合作,等等。

第二十九条(旅游宣传)

【原文】国家制定和实施统一的旅游形象宣传战略。国务院旅游行政主管部门统筹组织国家旅游形象的境外宣传工作,建立旅游整体推广机构和网络,开展旅游国际合作与交流。县级以上地方人民政府统筹组织本地旅游形象的宣传工作。

【建议】修改为"国家制定和实施统一的旅游宣传战略。国务院旅游行政主管部门统筹组织国家旅游的境外宣传工作,建立政府、行业组织与企业合作和协调的旅游整体推广机构和网络,开展旅游国际合作与交流。县级以上地方人民政府统筹组织本地旅游的宣传工作"。

"旅游形象宣传"是各级政府统筹旅游宣传的一部分,而不是"旅游宣传"的全部。

旅游境外宣传工作由国务院旅游行政主管部门统筹组织,但不能由它包办。对外旅游宣传工作完全由国务院旅游行政主管部门主导、包揽,效果不一定好。按照国际经验,对外旅游宣传推广由政府、行业组织与企业合作和协调,建立官、企、民结合的公私合作的专业宣传营销机构,比纯政府部门的行政式宣传推广更有效。①

第三十一条(职业培训)

【原文】国家鼓励和支持发展旅游基础教育和职业教育,提高旅游从业人员素质。

【建议】修改为"第三十一条(教育培训与科技)国家实行科兴强旅战略,鼓励和支持发展旅游教育和职业培训,鼓励和支持发展旅游研究与科技开发,提高旅游从业人员素质,提升旅游研究水平和加强科技支撑"。

要实行科兴强旅战略。旅游教育不仅是基础教育,还包括高等教育。发展旅游研究与科技开发是提高旅游质量、建设旅游强国的必要条件。

---

① 参见本书《市场篇·中国旅游对外宣传推广:历史回顾与创新建议》。

第三十四条（旅行社经营范围）

【原文】旅行社可以经营以下一项或者多项业务：

（一）境内旅游；

（二）赴港澳台旅游；

（三）出国旅游；

（四）边境旅游；

（五）入境旅游；

（六）其他旅游业务。

【建议】

（1）"（一）境内旅游"之"境"不包含港澳台地区，否则与"（二）赴港澳台旅游"矛盾，因为中华人民共和国之"境内"包含港澳台地区；目前我们通行的文件用语和口头用语是"国内旅游"，很少说"境内旅游"，因此建议改为"国内旅游（不含香港、澳门和台湾地区）"，如仍用"境内旅游"，建议改为"境内旅游（不含香港、澳门和台湾地区）"。

（2）（二）、（三）把"赴港澳台旅游"与"出国旅游"分开表述，完全正确、十分必要。因为内地/大陆居民赴港澳台旅游不是"出国旅游"。

（3）"（五）入境旅游"包括外国籍游客与港澳台同胞两部分。外国籍游客的"入境旅游"属于国际入境旅游，港澳台同胞的"入境旅游"属于一国两制四地区之间的入境旅游，不属于国际入境旅游。为了与（二）、（三）相对应，建议把（五）分为两项：国际入境旅游、港澳台入境旅游。

（4）法制文件中不宜使用"港澳台"之类的非规范用语。

建议把本条文修改为：

旅行社可以经营以下一项或者多项业务：

（一）"国内旅游（不含香港、澳门和台湾地区）"，或"境内旅游（不含香港、澳门和台湾地区）"。

（二）赴香港、澳门和台湾旅游；

（三）出国旅游；

（四）边境旅游；

（五）国际入境旅游；

（六）香港、澳门和台湾入境旅游；

（七）其他旅游业务。

第三十六条（订购产品服务）

【原文】旅行社组织接待团队旅游安排导游的，导游服务费用应在包价旅游合同中明示。

【建议】"导游服务费用"是何含义？是全部归导游所得吗？与"小费"有区别吗？"小费"是游客对导游、司机、酒店门童及客房服务员的酬谢，特别是对优质服务的奖赏。

"导游服务费用"是导游的分内薪金,还是优质服务的奖励?如果是工薪的一部分,应计入包价总费之中,何必单列?如是奖励,游客对导游服务不满意,能否讨回?游客如对导游服务满意,可否再付"小费"?旅行社的"导游服务费用"在合同中单列,酒店、餐馆服务员的"服务费用"是否也要单列?《旅游法草案》的起草说明称"做好与国际通行的行业规则的衔接",至少在小费问题上没有做到这一点。

建议修改为"旅行社组织接待团队旅游安排导游或领队的,除《劳动合同》中规定的劳动报酬和其他社会保障外,导游或领队服务费用应在包价旅游合同中明示"。

第三十七条(公平交易)

【原文】旅行社不得以低于成本的价格招徕、组织、接待旅游者。

旅行社组织、接待团队旅游不得指定购物场所,不得强迫或者变相强迫购物,不得安排任何形式的另行付费旅游项目。

第五十三条(包价旅游合同)

包价旅游合同应当采用书面形式,并包括下列内容:

旅行社不得在包价旅游合同约定之外安排收费项目或者另行收取费用。

【建议】

(1)删去"不得以低于成本的价格"经营。

(2)删去"不得指定购物场所"。

(3)删去"不得安排任何形式的另行付费旅游项目"。

理由参见另文《〈旅游法〉应从根本上理顺各相关利益方关系》。①

第四十一条(导游服务机构)

【原文】依法设立的导游服务机构为导游人员代理执业注册、介绍导游业务、组织业务培训、提供档案管理等服务。

【建议】"导游服务机构"依什么法规设立、由谁设立、归谁管理、是什么性质的机构?目前,这种机构有三种情况:一是由省市旅游局设立、归旅游局人教处(科)管辖,是行政机构的附设单位,为导游提供执业注册等服务,但由于导游的报名费、年检费、培训费、考试阅卷费、档案保管费等名目繁多,于是它成为机关创收的渠道,有的成为某些公务人员寻租的机会;二是由省市旅游协会设立、归旅游局人教处(科)或导游协会管辖,为省市旅游协会的分支机构,属于事业单位,但在目前普遍政事不分的情况下,这种准官方的导游管理中心或导游协会,仍然有不少弊端;三是导游公司,是以企业方式运行的导游服务机构,这种导游公司的法人代表或许是旅游局的"下海"、二线或退休人员,导游公司与旅游局有千丝万缕的关系。现在不同名称的"导游服务机构",利用其特殊的关系(如与旅游局有人际关系)取得了为导游人员代理执业注册、介绍导游业务的权力,达到赢利的目的,实际上成为某些人、某些行政机构谋利的工具,成为导游员头上的又一个"婆婆"。

---

① 参见本书《产业篇·〈旅游法〉应从根本上理顺各相关利益方关系》。

《草案》中的"导游服务机构"是公共服务型的,还是赢利性的?其运行经费由财政支付,还是自收自支?还是公助民办?导游人员执业注册、管理档案等本来是一种公共性的社会服务,收取一些中介服务费是合理的,但不能是赢利性的。目前《草案》这一条过于简略,对"导游服务机构"的性质、权责、义务、监管等均无界定,应作必要的补充。

第四十三条(景区门票管理)

【原文】景区经过主管部门批准方可有偿收取门票。利用公共资源开放的景区门票实行政府定价或者政府指导价。其他景区门票实行市场定价,其价格应当向价格主管部门备案。

景区门票价格变动应提前6个月公布。景区应当明示另行收费的游览项目。景区部分核心游览项目因故不能开放或者无法提供服务的,应提前告知并相应减少收费。

【建议】自然保护区、风景名胜区、森林公园、动物园、植物园、博物馆、美术馆等"利用公共资源开放的景区",朝着向公众免费或低价开放是国内外发展大势,而不能"以营利为目的"。《旅游法》应该明确这个发展方向。

建议修改为"利用公共资源开放的景区逐步实行免费或低价向公众开放,其门票实行政府定价或者政府指导价"。

目前,利用公共资源开放的景区门票与我国城乡居民的平均收入相比多数偏高,恰恰是实行"政府定价或者政府指导价"的产物,是某些地方政府操纵或授意的结果。一些过高的门票价格及非正常提价也并不是用"景区门票价格变动应提前6个月公布"可以遏止的,是景区背后有关方面的既得利益者联手推动的结果。景区门票价格变动的公布时间不是问题的实质,景区门票收入的使用是否公开、透明、合理,价格变动的程序是否健全、公正才是问题的症结。景区门票价格变动的公布时间提前6个月,只是对旅行社的运营有意义,对广大的民众没有任何实际意义。

由于资源性质、经营性质和经营主体各异,景区大致可以分为公共产品型、完全市场型和公共产品与市场产品结合型三种类型。景区的门票价格应该分门别类、区别对待,实行不同的门票价格制度,不能一刀切。

(1)公共产品型。国家博物馆、美术馆、文化馆、城市公园等完全由政府拨款建设、管理和运营,是纯公共产品,其门票价格的制定与调整,应经过公示、听证会等,在征询民众意见的基础上由政府相关部门执行。免费和低价是世界趋势。目前,各级政府在增加对博物馆等公共文化设施投入的基础上,正在实施免费或低价政策,深得民心。

(2)完全市场型。游乐场、主题公园、高尔夫球场等完全由社会资本投入、按市场经济方式营运的休闲游乐场所的门票价格,在符合法定程序的基础上应由企业自主定价,并随市场环境变化自主浮动,政府一般不干预。景区如果推出与休闲质量不符的高价门票,市场会淘汰它。

(3)公共产品与市场经济结合型,如历史文化名镇名村、风景名胜区、森林公园、地质公园和自然保护区。以国有自然风景和历史文化资源为基础,历史上长期由政府拨款建设、管理和运行,改革开放后各类社会资本不同程度地参与开发、经营,尽管其资源基础是公共性质的,但在很长历史时期中我国还没有条件完全由政府包揽下来,它的建设、经营和保护的投入不可避免地受市场因素的制约,旅游观光和休闲娱乐服务供给的运营不同程度地进入了市场运作的轨道,成为准公共产品,其门票价格应在政府指导的基础上,根据总体市场环境和社会可承受水平,按法定程序制定与调整。此类利用公共资源开放的景区门票收入要公开收入支出状况,调整门票价格要事先公示,举行听证会,广泛征求公众意见。

建议《旅游法》对这三类景区的性质、功能、管理体制、经营机制与门票价格机制分别作出规定。①

第四十四条(民俗、乡村旅游经营)

【原文】城镇和乡村居民利用自有住宅或者其他条件依法从事旅游经营,其管理办法由国务院有关部门或者省、自治区、直辖市人民政府制定。

【建议】2011年底,我国农家乐数量超过150万家,规模以上休闲农业园区超过2万家,年接待游客超过6亿人次。全国休闲农业与乡村旅游年营业收入已超过1500亿元,带动1500万农民受益。显然"城镇和乡村居民利用自有住宅或者其他条件依法从事旅游经营"的乡村旅游点、乡镇休闲地已成为我国旅游的重要生力军,对全国旅游发展越来越重要。《旅游法》应该对乡镇旅游的意义、职能、建设、管理等有一条原则的界定,再由"国务院有关部门或者省、自治区、直辖市人民政府制定"管理办法。

第四十六条(网络旅游经营)

【原文】通过网络从事旅游经营的,经营者或者发布旅游经营信息的互联网服务提供者应当在网站主页面或者从事经营活动的网页的醒目位置,明示旅游经营相关许可证信息、营业执照信息或者电子链接标识以及旅游经营和服务的项目、内容、价格等事项。

【建议】通过网络从事旅游经营已成大势,2011年中国在线旅游交易规模达1730亿元,相当于全国旅游总收入2025万亿元的7.7%;2011年在线旅行预订市场第三方在线代理商营收规模为90.5亿元,相当于全国旅行社营业总收入2871.77亿元的3.2%。网络旅游经营发展速度之快、发展潜力之大,已成共识。无论是专业的网络旅游经营商,还是兼营的网络旅游经营商,或者是发布旅游经营信息的互联网服务提供者,实际上已成为一种新型的旅游企业。尽管网络旅游经营市场还处于起步阶段,但激烈的市场竞争已烽烟四起,用法律规范网络旅游市场已摆上工作日程。《草案》中的表述过于简略。《旅游法》至少应对专业与兼营的网络旅游经营的资质条件、运营规则与法律责任进行原则性界定,为今后制定网络旅游经营条例、规范提供法律依据。

第四十七条(旅游经营规则)

【原文】旅游经营者应遵守下列规则:

---

① 参见本书《景区篇·中国著名景区门票为何全球最贵》。

（五）不得设置违反我国法律法规和公序良俗的旅游项目,不得组织、带领旅游者参观、从事违反我国法律法规和公序良俗的活动;

（六）不得索取小费;

第五十七条(旅游者原因的解除)旅游者有下列情形之一的,旅行社可以解除合同:

（三）从事违法或者违背公序良俗活动的。

【建议】

公序良俗原则,指民事法律行为的内容及目的不得违反公共秩序或善良风俗的民法基本原则,实质上就是中国法律上的"社会公共利益"与"社会公德"。但由于"公序良俗"的内容具有模糊性和不确定性,目前我国尚未对"公序良俗"出台统一的、公认的法规意义上的标准。就旅游活动而言,涉及的"公序良俗"大致有:

(1)在旅游过程中吸毒贩毒、卖淫嫖娼、聚众赌博;

(2)在旅游经营中行贿受贿;

(3)在旅游服务中收受小费;

(4)在旅游过程中观看"黄色"影视、演出,参观博彩场馆或参与博彩活动。

上述4种情况中,第1、2种比较明确,旅游经营者不得推介、招徕和组织此类项目与活动。第3种较为复杂,违背游客意愿"索取小费"不符合"公序良俗",但在旅游服务中支付与收受小费是国际惯例,不符合当前中国消费习惯,不等于违反"公序良俗",不能用民法禁止、惩罚。在旅行社包价合同中单列"导游服务费用"是否是"索取小费"？此条与第三十六条"旅行社组织接待团队旅游安排导游的,导游服务费用应在包价旅游合同中明示"是否一致？建议改为"不得违背游客意愿强行索取小费",意即"在游客自愿支付时可收受小费"。

第4种更为复杂,国外、大陆与港澳台的民众对"黄色"影视、演出没有公认的标准。如三级片影视、艳舞和参观"红灯区"、博彩场馆等,旅游经营者不主动推介、招徕和组织此类项目与活动,但游客在自由活动时间能否去观看？领队、导游是否需要劝阻？能否指路、引路？领队、导游为游客安全起见指路、引路,是否就是"组织、带领旅游者参观、从事违反我国法律法规和公序良俗的活动"？游客观看三级片影视、艳舞和参观"红灯区"、博彩场馆等,是否就是"从事违法或者违背公序良俗活动","旅行社可以解除合同"？

第四十九条(委托经营的连带责任)

【原文】旅游经营者将其部分经营项目或者场地交由他人从事住宿、餐饮、购物、游览、娱乐、旅游交通等经营的,应对实际经营者的经营行为给旅游者造成的损害承担连带责任。

【建议】目前旅行社明里暗里实行部门分包、承包经营早已是常见现象,此条是否视为对旅行社部门分包、承包经营的认可与默许？

第五十六条(旅游者替换与解除合同)

【原文】旅游行程开始前,旅游者可以将包价旅游合同中自身的权利义务转让给第三人,旅行社没有正当理由的不得拒绝,因此增加的费用由旅游者和第三人承担。

旅游行程结束前,旅游者可以解除合同,法律法规另有规定的除外。

【建议】"旅游行程开始前,旅游者可以将包价旅游合同中自身的权利义务转让给第三人",是国内旅游,还是出境旅游?国内旅游涉及机票与火车票变更,出境旅游涉及签证与境外机票的变更,手续较多。建议此条限定在国内旅游,并确定旅游者提出解除合同的时限。

"旅游行程结束前",旅游团已经出发、旅游尚未结束时,"旅游者可以解除合同",是这么理解吗?合理吗?旅行团一旦出发,旅游者如解除合同,旅行社当然不承担任何责任,也不予任何赔偿。"旅游行程结束前,旅游者可以解除合同,法律法规另有规定的除外",建议删去这一条。

作为旅游业的综合法,不宜写入诸如此类的具体的内容。

第六十九条(景区流量控制)

【原文】景区实行旅游者流量控制制度,不得超过景区主管部门核定的最大承载量接待旅游者。

旅游者可能达到或者超过最大承载量时,景区应向当地人民政府报告,景区和当地人民政府应当及时采取疏导、分流等措施,旅游者应当予以配合。

【建议】景区实行旅游者流量控制制度,不仅是为了旅游安全,而且是为了保护文化文物资源与自然生态资源,保证旅游品质与服务水平。

"核定的最大承载量接待旅游者"是一件十分复杂的专业技术工作,不同类型的景区有不同的测定方法与标准。目前,国内尚无统一的、权威的景区旅游者流量标准。《风景名胜区规划规范》、《旅游规划通则》与《森林公园总体设计规划》中均有游人容量测算方法,但各不相同。

热点景区在旅游旺季、"黄金周"的游客量控制不能仅靠"旅游者可能达到或者超过最大承载量时","采取疏导、分流等措施",而应当未雨绸缪,制订预案、采取调控措施。

建议修改为:"国务院主管部门应制定相关景区旅游者流量控制标准。景区不得超过景区主管部门核定的最大承载量接待旅游者。景区应因地制宜采取团队预约、个人预订、发布接待信息、分时分批接待等方式调节游客流量。

旅游者可能达到或者超过最大承载量时,景区应向当地人民政府报告,景区和当地人民政府应当及时采取疏导、分流等措施,旅游者应当予以配合"。

第七十三条(监管机制)

【原文】县级以上人民政府应当建立有关部门分工负责的旅游市场监管工作机制。

旅游及相关行政主管部门依照本法和其他有关法律法规规定,对旅游市场进行监管,依据法定职责查处相关违法行为。

【建议】目前,旅游市场监管工作机制中,与工商、质监、交通、航运等部门相比,各级旅游质检机构编制不健全、人员不足、经费不足、设备不全、责权不清,缺乏执法权威、规范与手段,在旅游旺季和游客集中出游时段往往由旅游主管部门人员临时担任。旅游执法中出现的情况往往与工商、交通、物价等部门有关,它们之间的关系扯不清,常常相互推诿。建议单设一条"旅游质监机构与人员",对这些问题作出规定。

第九十七条(术语定义)

【原文】"景区"定义:"是指以营利为目的,为旅游者提供游览服务的封闭场所或者区域"。

【建议】目前全国2万多个景区,种类繁多。国家标准《旅游区(点)质量等级的划分与评定》(GB/T 17775—2003)对"旅游区(点)"的术语:"旅游区是以旅游及其相关活动为主要功能或主要功能之一的空间或地域。本标准中旅游区(点)是指具有参观游览、休闲度假、康乐健身等功能,具备相应的旅游服务设施并提供相应的服务的独立管理区。该管理区应有统一的经营管理机构和明确的范围,包括风景区、文博院馆、寺庙观堂、旅游度假区、自然保护区、主题公园、森林公园、地质公园、游乐园、动物园、植物园及工业、农业、经贸、科教、军事、体育、文化艺术等各类旅游区(点)。"

这些景区中,"保护区、风景区、森林公园、动物园(非企业型)、植物园(非企业型)、博物馆、美术馆等",是不能"以营利为目的"却"以营利为目的";像杭州西湖国家级风景名胜区也不是"封闭场所或者区域",许多乡村旅游点更不是"封闭场所或者区域",今后会有越来越多的社会公益性景区不以营利为目的,也不是封闭场所或者区域。《草案》中对景区的定义既不符合现状,也不符合越来越多的社会型、公共性景区的发展趋势。

建议对"景区"的定义参考《中华人民共和国国家标准》修改为:"经县级以上(含县级)行政管理部门批准成立,有统一管理机构并提供相应旅游服务,具有参观、游览、度假、康乐、求知和科普等功能的场所或区域。"

对《旅游法草案》结构与内容的四点建议[①]

一、旅行社的内容过多

《草案》共98条,其中专指旅行社的有34条,占《草案》的1/3,这34条中基本上是关于团队旅游的内容;第三章旅游经营与第四章旅游服务合同的内容基本上是关系到旅行社的。目前,我国旅游已从团队包价为主的发展初期进入散客旅游为主体的时期。2011年旅行社接待国内旅游1.69亿人次,只占全国总数26.4亿人次的6.4%;接待入境过夜游客2280.8万人次,只占全国总额5730万人次的39.8%;组织出境游客2021.9万人次,只占全国总额7025万人次的28.8%。目前,全国旅游市场中出现的诸多问题,许多与旅行社无关。即使投诉较多的"一日游"中的问题,往往不是旅行社自身造成的。"黑车"是交通管理的问题;"黑店"是商业管理的问题;"黑景区"是景区管理的问题;即使是"黑社"、"黑导",也是假冒伪装的旅行社与导游,而不是正规注册的旅行社、有资质的导游问题。"一日游"问题是旅游公共服务体系缺失或不健全的问题,是整个社会环境的问题。目前旅游市场中的"零负团费"、"回扣"、"小费"问题虽然比较突出,但并非主要问题,而且对这些问题不能用传统的观念与纯行政手段去解决,要采取法治与市场经济相结合的思路去疏导与治理。《草案》中有关条文仍然具有浓厚的行政主导下的计划经济的思维痕迹。

二、旅行社的条文过细

《草案》中关于旅行社的条文内容过细、过杂,诸多关于旅行社业务与导游业务的条文,有些在国务院《旅行社条例》、《导游人员管理条例》与《中国公民出国旅游管理办法》中已有规定,有些条文甚至比这几个法规更具体,如第四章第三十三条至第四十条、第五章的全部条款。《旅游法》应对旅行社的资质、经营、职责与权益作总体界定与规范,具体业务流程要求在《旅游法》的"实施细则"或《旅行社条例》等及其"实施细则"、"实施办法"等行政法规、部门规章及规范性文件中表述。现在的《草案》法律与法规、规章分工不明。

[①] 2012年9月30日向全国人大财经委员会《旅游法草案》起草组提交的建议书。

三、旅游住宿、景区和监管条文过于粗泛

与《草案》中旅行社条文过多、过细相比,《草案》有关旅游住宿、景区和监管的条文过于简略。旅游住宿方面应明确,凡是接待旅游者的所有住宿服务,如社会旅馆、家庭旅舍、帐篷营地等,均纳入旅游管理范围之列,并作出原则性规定。景区方面应对景区服务的基本规范作出界定,并规定各类景区中出现的重大管理方面的问题由各级各相关部门负责。对迅速发展中的网络旅游经营者的资质、运营规范亦应作出界定。旅游监管方面应有一条,对旅游专职监管机构的设置与职责作更明确的界定。

四、补充城乡旅游目的地居民及旅游从业者的权益、责任与义务的条文

旅游作为一种大规模、普遍性的人群异地流动的社会活动,作为一个事关国计民生的战略产业与国民休闲的权利之一,其中牵涉旅游管理者、经营者、服务者、消费者和旅游目的地居住者的权利与利益。旅游法的制定应从根本上理顺各类旅游相关利益者的关系。目前旅游开发中不尊重甚至违背居民的意愿,侵害居民的集体土地、安居、生产资源与公共休闲的现象屡有发生。《草案》中没有涉及城乡旅游目的地居民的权益、责任与义务等方面,应专设一章或一条,明确城乡旅游目的地居民在发展旅游方面具有知情权、参与权、成果共享权,以及居民与旅游者的平等互惠的主宾关系。应专设一条规定按照《劳动合同法》旅游从业服务人员具有的各种权利,而不仅仅是导游人员的问题。

《旅游法》为何不提事务旅游[①]

刚颁布的《旅游法》第二条规定:"在中华人民共和国境内的和在中华人民共和国境内组织到境外的游览、度假、休闲等形式的旅游活动以及为旅游活动提供相关服务的经营活动,适用本法。"

这一条是《旅游法》的总纲。它界定了什么是"旅游"和《旅游法》的适用范围。如果把这一条与去年公布的《旅游法草案》第二条对照一下,发现正式颁布的《旅游法》删去了《草案》中关于"旅游"的定义:"本法所称旅游,是指自然人为休闲、娱乐、游览、度假、探亲访友、就医疗养、购物、参加会议或从事经济、文化、体育、宗教活动,离开常住地到其他地方,连续停留时间不超过 12 个月,并且主要目的不是通过所从事的活动获取报酬的行为。"

为何要删去这一条?笔者从来未曾参与该法起草与研讨的任何活动,因此完全不知道删除这一条的"内幕"。但是去年官方媒体在报道全国人大常委会在审议《草案》时曾披露,有些委员对"参加会议或从事经济、文化、体育、宗教活动"一句话持有异议,认为这会导致鼓励"公费旅游"。《旅游法》第二条用"游览、度假、休闲等形式的旅游活动"来说明什么是"旅游",似乎与此有关。当然,这只是笔者的猜测。

删去这段容易引起争论的文字,用"游览、度假、休闲等形式"来界定"旅游活动",似乎找到了一个"遇到红灯绕着走"的"捷径",使《旅游法》以"高票通过",但是又产生了三个疑问:

(1)按照 UNWTO 的定义与国际旅游界公认的观点,"旅游主要包括人们为了休闲、事务和其他目的,离开其惯常环境,到某些地方去以及在某些地方停留的活动"。(1994 年联合国世界旅游组织《关于旅游统计的建议》。)观光、娱乐和度假属于休闲性旅游,商务、会展、文教交流属于事务性旅游。这部在 21 世纪诞生的《旅游法》,如何与国际惯例接轨?

(2)2009 年国务院发布的《关于加快发展旅游业的意见》提出关于允许旅行社参与政府采购和服务外包的规定是否应该取消?旅行社今后能否从事会务、商务、展览、文教科技交流等接待服务工作?北京、上海、广东、福建等省市正在开展的旅行社承担政府外包的业务是否应该停止?

(3)按照《旅游法》的这种规定,目前大陆入境旅游中,约有 1/3 的"参加商务活动"、

[①] 2013 年第 4、5 期合刊《中国生态旅游》。

"参加会议"、"文体科技交流"的游客;国内旅游中,约有 1/4 的"商务/出差"游客,今后能不能列入旅游统计的范围?

笔者认为,《旅游法草案》中关于"旅游"的表述过于宽泛,在当下的语境中"参加会议"大多指由政府财政开支的党政会议、考察、评比、培训等,难免有使"公费旅游"合法化化之嫌。但是《旅游法》的表述又过于狭窄,它在试图把"公费旅游"剔除出"旅游活动"的同时,又把世界旅游界公认的"商务与专业活动及其他"活动也排除在"旅游"之外。

为何会如此?尽管我国旅游业取得了举世瞩目的进步,但是从历史的角度看,套用一句红头文件中常用的话,"仍处在发展的初级阶段"。社会上流行的看法,"旅游"就是吃喝玩乐;许多人(包括有些审议《旅游法草案》的人)仍认为旅游只是"游览、度假、休闲等"休闲性的服务业,而不认为它也包括"商务、会议、展览、文教交流等"事务性、生产性的服务业。《旅游法》中关于"旅游"的界定与时下人们对"旅游"的认识不无关系。

去年 9 月 30 日,我曾在写给人大常委会财经委员会《旅游法草案》起草组的信中说过:"对旅游与旅游者的定义进行科学界定,是全部旅游法的基石。该定义不是学术用语而是法律术语。"

建议今后在对《旅游法》进行官方解释与制定《旅游法》实施细则时,对何谓"旅游"加以详细说明。

体 制 篇

本論篇

各国旅游管理体制评述[①]

党的"十七大"提出,"加快行政管理体制改革,建设服务型政府","加大机构整合力度,探索实行职能有机统一的大部门体制,健全部门间协调配合机制"。党的"十八大"之后,政府行政机构设置会有哪些变化?旅游行政机构将如何设置?了解和研究世界各国旅游管理体制,可为我国旅游管理体制的改革提供借鉴。

一、各国旅游管理体制概览

(一)亚洲

1. 单设国家旅游部(局)的国家

(1)中华人民共和国国家旅游局。1964年12月,设中国旅行游览事业管理局,与中国国际旅行总社合署办公。1978年3月,改为直属国务院的管理总局。1982年8月,改名为国家旅游局,与国旅总社分开。

(2)朝鲜民主主义人民共和国国家旅游总局(1985年成立)。

(3)菲律宾共和国旅游部,1973年成立,其首长为旅游秘书(部长级),下设财务管理司、行政管理服务司、国际旅游促进局、国内旅游促进局、旅游发展规划办公室、产业调研与发展办公室、旅游协调办公室、旅游信息办公室、旅游标准办公室、首都与地区办公室。旅游秘书直接领导旅游促进局、会议与观光公司、国家公园发展委员会、首都管理局。在全国15个区设立旅游办事处,驻外旅游办事处12个,其中驻美国3个,驻日本2个。

(4)马来西亚旅游部,内设政策规划、法规、人力资源、国际关系和会展处、财务管理处和综合处;下设旅游促进局,负责旅游推广促销,在国外设有18个旅游办事处。有众多旅游协会,影响最大的是马来西亚旅行旅游同业公会。政府设立旅游委员会,由1位副总理任该委员会主席,由文化旅游部、财政部、旅行商、饭店和航空界等代表参加,协调旅游工作。

(5)柬埔寨王国旅游部,下设国际合作与东南亚联盟、营销与促进、规划发展、旅游业、教育与培训、文化旅游开发、人员与人力资源开发、财务、统计与旅游信息、检察处、省旅游办公室等部门。

(6)缅甸联邦共和国饭店与旅游部,现部长兼体育部长,下设旅游促进局。

[①] 2008年向国家旅游局提交的调研报告,刊登于国家旅游局政策法规司2008年第3期《旅游调研》。收录本书时根据"世界旅游组织网·成员"、"中国外交部网·各国概况"、《2011/2012世界知识年鉴》和国家旅游局旅游促进与国际合作司《旅游市场》等,作了增补、修改。

(7)印度共和国旅游部,现任部长兼国会下院人民院议员、城乡建设及扶贫部部长。1949年印度政府成立"旅游交通局"设在交通部内。1982年制定了成文的旅游法规和政策并设立了民航旅游部,后又改为文化旅游部,现为旅游部,负责制定全国旅游业政策、规划与行业标准、旅游业研究、分析、监督与评估,协调中央政府各机构及各邦、各区及私营部门,引导私人投资,加强旅游宣传推广,推动基础设施建设及产品开发,开展人力资源培训,以及实施对外援助和国际合作等。旅游部下辖部门有:印度旅游开发公司,印度旅游、旅行管理学院,国家水上运动协会,全国酒店管理与餐饮技术理事会及酒店管理学院等。下辖20个国内办公室、18个国外办事处及一个专门机构"印度滑雪与登山协会"。有众多旅游协会,印度旅游代理商协会、旅游批发商协会、酒店与餐馆协会联合会和游乐园与娱乐业协会等。2011年12月,成立旅游部际协调委员会,由总理办公室首席秘书任主席,该委员会成员单位有计划、铁路、内政、国防、外交、城市、环境、森林、税务、支出、教育部门。

(8)斯里兰卡民主社会主义共和国旅游部。1966年建立旅游委员会,制定旅游发展规划,提出政策建议,开展对外旅游宣传推广,下设旅游开发局、旅游促进局、观光和酒店管理机构和会议局。

(9)不丹王国旅游委员会。

(10)乌兹别克斯坦共和国于1992年7月成立全国旅游机构,由旅游与游览委员会、联盟贸易委员会、国际青年旅游局、合资旅游企业及苏联时期的旅游公司合并而成,其任务是促进旅游业基础设施的发展,建设旅游中心,开发历史建设观光,吸引外国资本,与外国建立旅游企业,向国际市场介绍乌兹别克,培训旅游业人员。下设管理部、财政和经济部、支持地方和私有旅游业发展部、旅游服务和投资部门、国际联系部、审核部、人力资源和再培训部、特别服务部和法律顾问等部门,并设有撒马而罕、布哈拉等3个地方分部。

(11)土耳其共和国原设文化和旅游部。1989年1月单设旅游部。内设14个部门:研究、计划和协调委员会,投资总局,建设总局,企业总局,促销总局,培训总局,国际关系总局,人事司,行政财务司,促销周转基金管理司,检查委员会,法律顾问办公室,部长顾问办公室,新闻、公关顾问办公室。在国内80个地区设有旅游办事处,国外设立23个办事处。国内12个地区设有旅游培训中心。国家旅游组织(GNTO)创立于1927年,1950年重建,该组织在雅典设有总部,各地方设有分部,包括各类旅游企业,由酒店、旅行社、旅游企业、游船、导游、露营地、出租车、教育、文化部、运输、经济、规划、法律和专家组成。

(12)以色列国旅游部,是20世纪80年代从工商部分离出来的。内设公关与促销司、基础资料司、会议司、大型活动司和国际司,其重点是对外宣传促销,同时还负责与旅游有密切关系的历史文物保护。国内18个地区设有旅游办事处,负责当地旅游管理与咨询服务。以色列政府在欧洲和北美一些国家设立了20多个旅游办事处,大力开展促销活动。旅游部设有一所直属旅游院校。

(13)阿拉伯叙利亚共和国旅游部。

(14)也门共和国旅游部,下设旅游促进局。

(15)阿曼苏丹国旅游部。

(16)卡塔尔国家旅游局成立于2000年,设有活动委员会、计划和开发委员会、质量管理委员会。

2. 旅游部与文化/体育部结合的国家

(1)大韩民国于1954年在交通部陆运局内设观光课。1963年观光课升格为观光局。1997年前,韩国的旅游局归属交通部。1998年文化体育部更名为文化观光部,下设韩国旅游发展局,并设有韩国文化观光政策研究院。2008年将文化观光部与国政宣传处职能统合,成为文化体育观光部。文化体育观光部在继承和发扬固有韩国文化传统的基础上,对外主要宣传"建设创意韩国"和"振兴精神文化"的理念,负责统筹协调旅游产业发展方向、制定旅游产业发展政策与旅游业发展政策、扩大旅游市场规模等相关任务。文化体育观光部还负责文化产业、艺术、体育、宗教、媒体、国政宣传公报管理等事务。

1962年成立韩国观光公社,为独立法人机构,半官方组织,受文化体育观光部指导,主要从事旅游调研、宣传和促销,协调旅游行业内部关系,并为旅游者提供旅游咨询服务,其活动经费主要由政府提供,部分促销经费来自政府授权经营的机场和港口免税店及博彩的经营收入。在日本、新加坡、菲律宾、美国、英国、法国、澳大利亚、中国大陆及香港和台湾地区设有20个驻外旅游办事处。

1963年成立韩国旅游协会,职责为开发旅游产品、参加促销活动、协调行业、服务企业。

韩国《旅游振兴法》规定,在国务总理领导下设旅游政策审议委员会,由20人组成,成立于1965年,直属国务院总理办公室,由总理任委员长,审议、制定旅游发展战略、政策和重大措施,协调部署旅游振兴事宜,审议和决定有关旅游开发、宣传促销事项。旅游政策审议委员会下设旅游政策工作委员会处理日常工作。

(2)泰王国旅游与体育部,成立于1960年3月,现由一名副总理兼任部长,下设国家旅游局,负责旅游推广、旅游规划、协助培训从业人员。国家旅游局由总理办公室部长任董事会主席,其成员有外交部、交通部和内务部高级官员,旅游局长为董事会成员兼秘书,下设局长办公室、曼谷旅游业务及导游注册办公室、行政司、预算会计司、美洲地区办公室、日本地区办公室、市场促销司、市场服务司、项目与规划发展司、规划与投资协调司、调研与培训司。在国内设有20个办公室,负责协调地方旅游事务。在国外设有16个旅游办事处。泰国旅行代理商协会是非营利性的旅游行业组织,协调旅游行业内外关系,培训行业人员。

旅游业的最高管理机构是总理府下设的旅游发展委员会,由各常务部长任委员会主席,吸收有关部门(内务部、交通部、外交部、国家环境委员会、立法委员会、航空公司、旅游局和饭店协会等)的代表参加。

（3）越南社会主义共和国文化、体育和旅游部，下设国家旅游总局。

（4）老挝人民民主共和国原设国家旅游总局，2011年6月新闻文化部与国家旅游总局合并为新闻文化部与国家旅游部。

（5）印度尼西亚共和国原为旅游、邮电和通信部，现为旅游与创意经济部（Minister for Tourism and Creative Economy），下设旅游促进局。旅游促进局内设有国际市场开发司、国内旅游司、旅游景点开发司、旅游设施开发司、旅游服务发展司、计划司、财务司、人力资源司和法规司，并在东京、悉尼、法兰克福、伦敦等地设有18个旅游办事处。

（6）马尔代夫共和国原为旅游和民航部，现为旅游、艺术与文化部。

（7）阿富汗伊斯兰共和国原为文化、旅游和青年部，现为信息、文化和旅游部。

（8）巴基斯坦伊斯兰共和国旅游开发公司（PTDC），是巴政府发展旅游的龙头企业，成立于1970年，政府有96%的股份，在全国有20个旅游咨询中心、4家大型连锁酒店及18家汽车旅馆。巴基斯坦旅游有限公司是其下属的子公司，负责招徕海外团体及散客旅游。1972年成立文化旅游部，负责旅游业的总体开发，包括各种发展计划的制定、基础设施的建设、旅游市场的研究与促销、国际合作以及旅游人才培训等。文化旅游部下设国家旅游组织（NTA），主要职能是对外旅游宣传促销。

（9）哈萨克斯坦共和国体育与旅游部。

（10）吉尔吉斯斯坦共和国文化与旅游部。

（11）格鲁吉亚经济与可持续发展部下设国家旅游局，现为体育和旅游部。

（12）土库曼斯坦于1994年成立国家旅游公司，2000年1月成立国家旅游与体育委员会，现由1名副总理兼任旅游和体育委员会主席。在阿联酋、土耳其、巴基斯坦、德国、英国、俄罗斯等国设有代表处。

（13）阿塞拜疆共和国原为青年与旅游部，现为文化部旅游部。

（14）塔吉克斯坦共和国青年、体育和旅游委员会，下设国家旅游局。

（15）伊朗伊斯兰共和国为文化遗产、手工业和旅游组织，现由1名副总统兼任该组织主席。

（16）巴林王国文化部下设旅游局。

（17）约旦哈希姆王国旅游与文物部，1998年3月下设约旦旅游局，主要职能是旅游宣传促销，在欧美设有11个旅游办事处。

（18）巴勒斯坦国旅游和文物部，下设旅游促进局。

（19）伊拉克旅游与文物部。

3. 旅游与工商部门结合的国家

（1）新加坡共和国旅游局，1964年成立，由贸易和工业部管辖，内设国际部、企业发展部、市场推广部、会奖旅游部、目的地体验部、行政规划和发展、景区和邮轮发展部等负责执行政府制定的旅游法规，开展宣传促销，完善旅游景点，审批和颁发旅行社执照等，在国外设有22个旅游办事处和2个市场代表处。新加坡全国旅行社协会是旅游行业组织,设有出境旅游部、入境旅游部、交通运输部和票务部,负责举办旅游展览,协调旅游行业与民航界关系,培训行业人员;该协会为独立社会法人,与旅游局无行政隶属关系。

(2)亚美尼亚共和国于1995年7月把物资部、商贸部和对外旅游部合并为"商业、服务与旅游部"。1997年6月又把原商贸、服务与旅游部与工业部、经济部合并,改名为"工业与贸易部",2003年3月改组为"贸易与经济发展部"。该部内设有旅游局,其职能是管理旅游业,研究国内和外国旅游市场,建立旅游信息库,培训旅游业人员,参加国际旅游展览活动,加强与国际旅游组织合作,签署双边或多边国际旅游合作协议,在国外建立和管理旅游代表处。

(3)文莱达鲁萨兰国产业和首要资源部,下设国家旅游局。

(4)东帝汶民主共和国旅游、贸易与工业部。

4. 旅游部与交通部结合的国家

(1)日本国行政主管机构是国土运输省观光厅。1997年前,观光部(相当于司级)设于运输省内。1998年后,运输省与建设省合并为国土交通省,观光部升为观光局(相当于副部级),其职责是制定旅游政策法规,指导旅游规划、资源开发和设施建设,旅行社、饭店审批、注册、监督和检查,对外宣传、联络与国际合作,旅游调研与统计。为实现"观光立国"战略,2008年10月国土交通省内设观光厅,代表日本政府面向各国,加强对外交流和信息发布;面向相关省厅,加强政府横向协调;面向地方和民众,提供观光方面的咨询服务。观光厅长官直接向内阁负责。下设总务课、观光产业课、国际交流推进课、国际观光政策课、观光地域振兴课、观光资源课。

日本观光振兴局(JNTO,又称"国际观光振兴机构",也译为"国家旅游组织"),为独立行政法人,是国际旅游宣传推广机构,在国外设有13个办事处。

旅游政策咨询与协调机构为观光政策审议会,设在首相府,由内阁总理大臣官房内政审议室长(总务长官)主持,成员由21个与旅游业有关的省厅(部或部级机构)的代表组成。

日本地方旅游管理机构由各地方政府自行决定设立,设有观光局、观光交流局或观光地域振兴局。地方旅游管理机构大部分在工商部或劳动部下设观光振兴课或商业观光课,中央与地方旅游管理机构之间不存在垂直领导关系,而是通过方针政策和法规规划实行指导。

除国家管理机构外,还有很多非官方旅游组织和旅游行业的协会,如日本旅游产业团体联合会、日本旅行业协会、全国旅行业协会、日本观光协会、日本饭店协会等。

(2)尼泊尔联邦民主共和国文化、旅游和民航部,下设旅游业委员会,由旅行商协会、航空、工艺品、筏子运输、导游、喜马拉雅山救援等组成。

(3)孟加拉人民共和国民航与旅游部,下设孟加拉国Parjatan公司。

5. 旅游与环境保护部门结合的国家

蒙古国20世纪80年代成立蒙古旅游总公司,与外国旅游主管机构与旅行企业开展旅游交往,后设立交通运输和旅游部,现改为自然环境与旅游部。

(二)非洲

1. 单设国家旅游部的国家

(1)阿拉伯埃及共和国旅游部,下设埃及旅游局,该局负责宣传促销、教育培训等,接受私营经济资助。埃及全国旅游联合会,下设有旅游饭店协会、旅行商协会、旅游教育协会和旅游商品协会。旅游局和旅游协会承担国家旅游推广促销工作,有15个驻外办事处。

(2)南非共和国原设环境和旅游部,下设国家公园管理委员会与旅游局,2011年单设旅游部。南非旅游委员会(法定法人,政府出资80%、自筹20%)是全国最大的旅游组织,在很多情况下行使政府授权的职能,如饭店的分类、定级,发放营业执照,市场研究与开发,资料收集和促销活动等。它的高级职员由政府聘请企业家担任,以加强政府与私营旅游企业之间的联系。其附属的旅游联络委员会由各行业协会组合而成,具有广泛的代表性和权威性。主要行业协会有:南非旅行代理商协会、南非接待同盟协会、南非车辆出租协会和非洲旅行与游猎协会。各省也有旅游委员会之类的机构,负责本省旅游法规的制定以及国内旅游的开发。国家旅游论坛是政府的旅游政策咨询机构,负责对即将出台的旅游法规进行调研和提出修改意见。

(3)安哥拉共和国饭店与旅游部。

(4)厄立特里亚国旅游部。

(5)莫桑比克共和国旅游部。

(6)毛里求斯共和国旅游和休闲部。

(7)肯尼亚共和国曾为旅游和野生动物部,现为旅游部。

(8)几内亚比绍共和国旅游部。

(9)加纳共和国,据《2011/2012世界知识年鉴》,为旅游部。另据世界旅游组织网站,为旅游与宗教关系部。

(10)科特迪瓦共和国原为旅游与手工业部,现为旅游部。

(11)塞舌尔共和国总统兼旅游事务部长,下设旅游局,为公共与私营合作的机构,负责执行国家旅游政策,产品开发、监测标准和协调出国旅游事务,在英国、法国、德国、意大利、西班牙和南非设立办办事处。

2. 旅游与文化部结合的国家

(1)埃塞俄比亚联邦民主共和国文化和旅游部。

(2)冈比亚共和国旅游和文化部。

(3)贝宁共和国文化、扫盲、手工业和旅游部。

(4)赤道几内亚共和国信息、文化和旅游部。

(5)尼日利亚联邦共和国旅游、文化指导部。

(6)利比里亚共和国新闻、文化与旅游部。

(7)喀麦隆共和国旅游和娱乐部。

(8)布基纳法索文化与旅游部。

(9)塞拉利昂共和国旅游与文化部。

(10)刚果共和国(布)原旅游和环境部,现为旅游和娱乐部。

(11)吉布提共和国,据世界旅游组织网站,为青年、体育、娱乐与旅游部。另据《世界知识年鉴》,由财政部主管贸易、中小企业、手工业、旅游业和规划事务。

3. 旅游部与工商部门结合的国家

(1)阿尔及利亚民主人民共和国曾为国土管理、环境与旅游部,现为旅游和手工业部。

(2)佛得角共和国,据《2011/2012世界知识年鉴》,为旅游、工业和能源部。另据世界旅游组织网站,为经济、发展与竞争力部,下设旅游发展局。

(3)布隆迪共和国原为国土整治、环境与旅游部,现为商业、工业、邮政和旅游部。

(4)几内亚共和国原为工商、旅游和手工业部,现为旅游、酒店与手工艺部。

(5)尼日尔共和国工业、手工艺和旅游。

(6)摩洛哥王国旅游和手工业部。

(7)马里共和国工艺与旅游部。

(8)乍得共和国旅游和手工业部。

(9)毛里塔尼亚伊斯兰共和国商业、手工艺与旅游部。

(10)马达加斯加共和国曾为交通和旅游部,现为旅游与手工业部。

(11)圣多美和普林西比民主共和国工业、商业和旅游部。

(12)卢旺达共和国商业、工业、投资、旅游和合作社部,下设旅游局。

(13)中非共和国旅游和手工业发展部。

(14)利比亚共和国旅游和传统工业总局。

(15)塞内加尔共和国,据世界旅游组织网站,为观光、手工艺和旅游部,文化和旅游局。另据《2011/2012世界知识年鉴》,为手工业、旅游、私营和非正规部门关系部。

(16)突尼斯共和国曾单设旅游部,2011年3月为贸易与旅游部。

(17)乌干达共和国原为旅游和野生动植物部,现为旅游、贸易与工业部。

4. 旅游部与交通/通信部门结合的国家

科摩罗联盟交通运输和旅游部。

5. 旅游部与环境资源部结合的国家

(1)博茨瓦纳共和国环境、野生动物和旅游部。

(2)多哥共和国,据世界旅游组织网站,为环境、旅游与森林资源部。另据《2011/2012世界知识年鉴》,为旅游部。

(3)莱索托王国旅游、环境和文化部。

(4)马拉维共和国旅游、野生动物和文化部。

(5) 津巴布韦共和国环境与旅游部,下设国家旅游局。

(6) 南苏丹共和国野生动植物保护和旅游部。

(7) 斯威士兰王国,旅游、环境和通信部,下设旅游局。

(8) 赞比亚共和国,旅游、环境和自然资源部,下设旅游局。

(9) 加蓬共和国,据世界旅游组织网站,为旅游与国家公园部。另据《2011/2012 世界知识年鉴》,为经济、贸易、工业和旅游部。

(10) 纳米比亚共和国,环境与旅游部。

(11) 刚果民主共和国(金),环境、自然保护与旅游部。

(12) 苏丹共和国,旅游与野生动物部。

(13) 坦桑尼亚联合共和国,自然资源与旅游部,下设旅游局。

(三) 欧洲

1. 单设国家旅游部(局)的国家

(1) 白俄罗斯共和国国家旅游机构,下设统计和人事部门、旅游和酒店服务认证部、营销部门/旅游信息中心。

(2) 克罗地亚共和国原为海洋、旅游、交通和发展部,现为旅游部。

(3) 塞尔维亚共和国国家旅游局。

(4) 摩纳哥公国旅游和会议管理局。

(5) 蒙迪内哥罗旅游部。

(6) 希腊旅游部,曾为文化和旅游部、旅游与航空部。

2. 旅游部与文化/体育部结合的国家

(1) 英国(大不列颠及北爱尔兰联合王国)旅游局的前身是创建于 1929 年的英国旅游协会。根据 1969 年《旅游发展法》设立英国旅游局,隶属于就业部,现隶属于文化、传媒和体育部。英国旅游局的主要职能是宣传促销、促进旅游基础设施建设,下设秘书处、旅游市场委员会、旅游设施委员会、旅游开发委员会、饭店餐馆委员会、文物遗产委员会。现为英国政府的旅游推广机构,负责在全世界推广不列颠(包括英格兰、苏格兰和威尔士地区)的旅游资源及品牌,在 35 个国家和地区设有办事处,制定并实施英格兰国内市场开发战略,在国内推广英格兰旅游。威尔士和苏格兰的国内推广由威尔士旅游局和苏格兰旅游局各自负责。主要旅游行业组织有英国旅游协会(其成员有船运公司、铁路、饭店和有度假地的地方政府)、旅行商协会、饭店与餐馆协会、导游协会等民间行业组织。

(2) 俄罗斯联邦 1992 年成立国家旅游总局,后与文化部合并组成文化与旅游部。2004 年建立俄罗斯旅游署,直属于俄罗斯政府。普京就任总统、组建经济发展与贸易部后,国家旅游总局又置于该部内,主要职能是旅游对外联络和宣传促销。2008 年改为体育、旅游和青年部,由 1 名副部长主管旅游,下辖旅游促进和国际合作司、青年政策和社会关系司。在体育、旅游和青年部指导下,联邦旅游发展署执行国家旅游政策,承担旅游国际交流合作项目,下设 5 个局:酒店与旅游机构分析局、政法局、国际合作局、国内旅游与旅游项目规划与发展局、管理局。主要旅游行业组织有俄罗斯旅游协会、旅游批发商协会和"无国界世界"旅游协会（旨在通过免签方式扩大入境旅游的旅行社组织，主要成员为特许经营中俄免签协议的旅行社）。

（3）意大利共和国1919年成立国家旅游局，曾隶属工业、商业、手工业部管辖。后设文化遗产与旅游部，总理府内曾设旅游国务秘书，负责协调旅游事务。2009年5月成立旅游部，下设意大利形象推广使命协调局和旅游竞争发展局（该局内设国家旅游局、阿尔卑斯协会和汽车俱乐部）。在国外设有27个旅游办事处和35个联络处。从1935年起各省相继成立旅游局。各地旅游局在执行全国旅游发展的方针、政策和计划时，享有相当大的自主权。2011年11月新内阁设旅游与体育部。

（4）比利时文化部，下设旅游局。

（5）阿尔巴尼亚共和国旅游、文化、青年和体育部。

（6）波兰共和国体育与旅游部，下设旅游局，负责旅游宣传促销的是波兰旅游推广机构。

（7）马耳他共和国旅游、文化和环境部，下设国家旅游局。

（8）斯洛伐克共和国，据《2011/2012世界知识年鉴》，为文化和旅游部。据世界旅游组织网站，为运输、建设和区域发展部。

（9）摩尔多瓦共和国文化和旅游部。

（10）乌克兰文化和旅游部，下设国家旅游与度假服务局。

（11）圣马力诺共和国旅游、体育、经济计划和公用事业国际关系部（《2011/2012世界知识年鉴》）。另据世界旅游组织网站，设旅游、体育、通信、运输和经济合作部。

3. 旅游部与商贸等部结合的国家

（1）德意志联邦共和国的联邦众议院和联邦参议院分别下设旅游委员会，具体负责旅游立法推进与旅游业政策审议。

政府管理机构：德国联邦经济与技术部，下设中小企业与旅游事务国务秘书1人及相关部门，具体负责联邦旅游事务的管理与协调。经济部设有旅游顾问委员会，成员包括大企业、旅游协会、交通部门、工会、媒体等各行业代表，共同讨论旅游事务，由经济部制定产业政策，并向联邦政府提交财政预算。

市场推进机构：①德国旅游协会，代表产业群体向联邦政府和国会提交产业诉求并争取权益，是产业与政府、国会间的重要沟通平台，主要是德国旅游协会、旅行商协会、酒店及餐饮业协会等，拥有6000多会员。②德国旅游中心（又称"德国国家旅游局"）受联邦经济与技术部委托，具体负责德国国家旅游形象推广，促进德国多元国际旅游目的地地位，下设人力资源部、企业沟通部、战略规划部、海外办事处管理部、国内市场部、媒体管理部、市场营运部、合作伙伴与市场研究事务部，以及后勤服务营运中心。在国外设有29家旅游办事处及代理机构。

由于德国是联邦制国家，联邦政府负责整个国家的形象推广和营销管理，各州具体负责地方市场管理和推广,联邦政府与各州相互独立。各州均有自己的政府、议院、协会以及旅游中心等相关机构,个别州也在海外派驻旅游办事处。德国整体的旅游形象推广由联邦政府负责,推广工作和资金运用均由联邦经济与技术部委托给国家旅游局具体负责。联邦州的旅游形象推广由各州自行负责,资金主要由州财政支付以及赞助获得。

(2)法兰西共和国的旅游行政管理机构是法国竞争力、工业和服务总局。根据1910年《财政法》成立国家旅游局,1993年起该局设在公共工程、住房和交通部内,主要职责是制定关于旅游企业的法规条例。1997起由1名副部级的国务秘书专管旅游局。2009年初,法国旅游局并入经济、工业和就业部,并与法国企业总局、商业、手工业、服务业与自由职业局合并,组成法国竞争力、工业和服务总局。该总局内设有旅游、商业、手工业与服务司,该司之下设旅游处。

旅游推广与开发机构是法国旅游署。2009年5月由"法兰西之家"与法国旅游观察发展局联合创建法国旅游署,为非官方性质,主要职责是:法国旅游市场的营销与宣传推广,在世界各地设有35个海外办事处;企业资质的标准制定和认可;旅游工程项目策划。法国旅游发展署大约有40名旅游业相关专家。

(3)西班牙王国于1996年前设旅游与贸易部,1996年撤销旅游与贸易部,旅游总局并入经济财政部,由贸易、旅游及中小企业国务秘书处(副部级)主管旅游总局。2000年后改由贸易与旅游国务秘书处主管旅游总秘书处,该总秘书处下设旅游研究所、合作协调司、竞争发展司和旅游促进会。现设工业、商业和旅游部,下设旅游国务秘书处,该秘书处下辖国家旅游局、国营宾馆和国家旅游创新与技术管理公司。国家旅游局内分设旅游规划和协调司、海外促销和商业化司、开发和可持续化司、合作和竞争力司、海外旅游办事处、旅游研究所和马德里会展中心。在国外设有33个旅游办事处。

各自治区政府均有旅游行政部门负责本地区的旅游管理,但管理机构的设置和名称很不统一(如安达卢西亚自治区设旅游与体育局,卡斯蒂利亚—莱昂自治区和加泰罗尼亚自治区设工商旅游局)。地方旅游行政部门享有较大自主权,与中央旅游行政部门没有从属关系。

(4)奥地利共和国经济与劳工部,下设国家旅游局,主要从事旅游推广,在国外设有20家旅游办事处。旅游行业组织有奥地利联邦经济商会(内设旅游与休闲部)、旅馆业主协会、旅行代理商和批发商协会等。各州、市、镇的旅游局主要的职能是独立开展宣传促销活动。另据世界旅游组织网站,奥地利设有旅游和历史文物部,内设国际旅游与历史文物局和国际旅游事务局。

(5)瑞士联邦于1918年成立瑞士旅游办公室,并在巴黎等地设立旅游办事处。1999年改为瑞士国家旅游局。目前,瑞士国家经济部的国家经济事务处内设旅游委员会,该委员会是制定旅游政策和长期规划的行政机构,其下设置的国家旅游局是个半官方的协会性质的机构,主要任务是从事国家级的旅游宣传促销工作。经费来源主要靠政府拨款,其次依次是组织成员会费、经营性收入和其他非经营性收入,有668个会员。瑞士各地还有区域性的旅游局。在36个国家设有旅游办事处。另据世界旅游组织网站,瑞士国家经济总局秘书处下设国家旅游局和促销活动理事会。联邦旅游局与各地旅游局在行政、财政上独立活动,在市场促销上是合作伙伴关系。

(6)芬兰共和国贸易与工业部,下设旅游局,由外交部、财政部、交通部、饭店餐饮业和地方代表组成的旅游理事会领导。1973年成立芬兰国家旅游局,在各市镇设有旅游办公室。

(7)挪威王国贸易与旅游部,下设旅游局。

(8)丹麦王国曾设旅游部,1996年撤销旅游部。现由商业和经济部,主管全国旅馆业,下设国家旅游局。

(9)冰岛共和国工业、能源和旅游部,下设旅游局。

(10)卢森堡公国旅游、中小企业部,下设旅游局。

(11)塞浦路斯共和国能源、贸易、工业和旅游部,下设旅游局。

(12)安道尔公国原为旅游与环境部,现为旅游、贸易与产业部。

(13)直布罗陀旅游、贸易和港口部,下设旅游局。

(14)荷兰王国经济事务部,下设旅游局(又称"旅游/会议促进局"),为公共法人。负责旅游宣传推广的是荷兰旅游委员会。在国外设有13家旅游办事处。

(15)葡萄牙共和国经济部,下设国家旅游局,由1名旅游国务秘书负责,财政自立,自主运行。有22家驻外办事处。

(16)捷克共和国交通、建设与地方发展部,下设旅游局。

(17)罗马尼亚曾设旅游部,后为区域发展与旅游部。现为中小企业、商业环境和旅游特派部。在外国设有16个旅游办事处,国内设有旅游信息中心。

(18)匈牙利共和国国家经济部,下设国家旅游局。

(19)保加利亚共和国经济、能源与旅游部,下设旅游局。

(20)立陶宛共和国经济部,下设国家旅游局。

(21)马其顿共和国经济部,下设旅游发展署旅游与遗产局。

(22)拉脱维亚共和国经济部,下设旅游发展署。

4. 旅游部与交通部结合的国家

爱尔兰,据《2011/2012世界知识年鉴》,为交通、旅游和体育部,下设国家旅游局,负责旅游宣传推广的是爱尔兰旅游委员会和公私合作的"海外旅游促销机构"。

5. 旅游部与环境部结合的国家

(1)黑山可持续发展和旅游部。

(2)波斯尼亚和黑塞哥维那(波黑)联邦环境和旅游部。

6. 旅游设在外交部内的国家

瑞典王国外交部下设旅游局,对外旅游宣传推广的工作由公私合作的瑞典旅游开发公司负责。

(四)美洲

1. 单设旅游部的国家

(1)巴西联邦共和国原隶属通商产业旅游部,2003年1月设立旅游部。旅游部为国家旅游体系的中心,负责规划、发展、规范、协调和监察旅游活动,具体承担制定和落实旅游政策和规划、对内对外开展旅游宣传和推广、改善旅游基础设施、核准旅游经营者、提升旅游产品和服务质量、促进就业以及将旅游业发展成果惠及其他部门的职能。

(2)墨西哥合众国旅游部。设有部际间旅游执行委员会,各州成立旅游促进委员会。1999年设立墨西哥旅游促进委员会(又译旅游局),主要职能是海外旅游宣传促销,在国外设有16家旅游办事处。全国31个州均设有旅游局,业务上受国家旅游部指导,行政上归各州政府管辖。

(3)厄瓜多尔共和国旅游部。1992年8月创建信息和旅游部。1994年6月,分离为独立的旅游部。1999年8月,旅游部与外贸部合并。2000年2月,又与环境部合并。在同年4月,再次独立设置旅游部。《旅游法》规定,由总统代表、工业/贸易/一体化/渔业部、外交部、财政/公共信贷部长和全国发展委员会规划秘书长等组成旅游业最高决策协调机构。旅游行业组织有旅馆联盟、旅馆经营者协会、旅行社协会、公共运输公司、小零售商联盟、食物协会和出租汽车司机协会等。

(4)阿根廷共和国旅游部,由总统办公室旅游秘书主管。

(5)巴巴多斯旅游部。

(6)巴拿马共和国旅游部。

(7)巴拉圭共和国国家旅游中心。

(8)多米尼加共和国旅游部。

(9)多米尼克国旅游和司法部。

(10)格林纳达旅游部,由外交部长兼任旅游部长。

(11)古巴共和国旅游部。

(12)海地共和国旅游部。

(13)危地马拉共和国旅游部。

(14)哥斯达黎加共和国旅游部,下设国家旅游服务局,主要职能是旅游宣传促销。现由总统府部长兼旅游部长。

(15)特立尼达和多巴哥共和国旅游部。

(16)委内瑞拉玻利瓦尔共和国旅游部。

(17)牙买加旅游部,由牙买加旅游委员会主管旅游宣传促销。

(18)洪都拉斯共和国旅游部。

(19)萨尔瓦多共和国旅游部。

(20)尼加拉瓜共和国旅游部。

2. 旅游与商贸部门结合的国家

(1)美利坚合众国商务部工业和贸易局之下设旅游办公室。1996年取消国家旅游局,旅游宏观管理职能由设在商务部的旅游办公室来承担,该办公室设在商务部服务业务司的国际贸易、制造和服务业局之下。旅游产业办公室负责旅游政策和旅游调研统计工作,代表美国政府出席与旅游相关的政府间会议和谈判。旅游产业办公室下设旅游政策协调部和旅游发展部两个机构。旅游政策协调部负责协调联邦旅游政策,代表美国政府参加贸易和投资的谈判,并保证旅游企业的利益能得到充分的保证。美国商务部另设有旅游咨询委员会,由与旅游相关的国务卿、内政部、劳工部、交通部、移民局、海关、国家旅游组织、美国商会、国际行业管理、管理与预算办公室的代表组成,负责协调联邦旅游政策。

2012年美国成立了全国旅游政策委员会,该委员会是旅游决策执行的权威机构,由总统的国内事务和政策助理担任旅委会主席,美国旅行游览发展公司总裁任副主席,其成员包括交通部、内政部、商务部、国务卿、农业部、劳工部、财政部、卫生部、教育及福利部、能源部、国防部、住房和城市发展部、司法部、民用航空委员会、国际商业委员会、联邦贸易委员会以及国际通信机构和环境保护机构的负责人。

国家旅游组织是负责宣传美国整体旅游形象的机构,也隶属于商务部,为非营利性的民间组织。从事旅游宣传促销和行业协调的旅游行业组织有美国旅游业协会、旅游批发商协会、旅游代理商协会和全国旅行协会。

美国各州政府中,一般设有观光与会议局,主要负责本州的对外旅游推广,推广经费来自州政府征收的消费税。美国主要城市一般设有观光与会议局,负责本市的对外旅游推广,多数属于公司性质,由旅游相关企业会员组成并交纳会费,市政府给予一定的财力支持。

(2)加拿大小企业和旅游国务部,下设旅游委员会。1995年撤销旅游部,组建加拿大旅游委员会,设在工业部内,是一个独特的联邦政府、地方政府与私营部门的协作组织。2001年旅游委员会改组为政府和私人企业之间以合作伙伴关系为基础的全国性国有机构,通过工业部直接向国会负责,行使政府旅游主管部门的职能,奉行"以业界为主导,以市场为驱动,以调研为基础"的活动原则。该委员会市场部下设有地缘市场处、电子市场处、旅行社处、品牌规划处、调研处和产品开发处;财务部下设有财务处、网络管理处和行政处;内部机构事务部下设有人事处、通信处和法务处;规划部下设有规划处、政府关系处和评估处。在国外设有12个旅游办事处。旅游委员会与旅游协会和各省市旅游局建立了广泛而紧密的伙伴关系。

(3)智利共和国经济部内设国家旅游服务局,并由智利旅游推广公司专门从事旅游宣传推广。

(4)多民族玻利维亚对外贸易和投资部,下设旅游副部长。

(5)安圭拉财政、经贸投资和旅游部。

(6)百慕大商业发展和旅游部。

(7)哥伦比亚共和国贸易、工业和旅游部,内设国家旅游总局,国家旅游开发公司专门从事旅游宣传推广。《旅游法》规定成立旅游高级委员会,由经济发展部长领导,旅游局、外交部、外经贸部、交通部、环境部、国家计划部长组成。

(8)秘鲁共和国原为工商、旅游和一体化部,现为外贸与旅游部。据世界旅游组织网站,为通信、旅游和心理部。

(9)开曼群岛财政、旅游和发展部,由总理兼任该部部长。

(10)荷属圣马丁旅游、经济事务、运输和通信部。

(11)圭亚那共和国财政、经贸投资和旅游部。

3. 旅游部与运输部门结合的国家

(1)阿鲁巴旅游、劳工和运输部。

(2)安提瓜和巴布达旅游、民航和文化部。

(3)伯利兹旅游、民航、文化部。

(4)巴哈马国旅游和航空部,下设旅游促进基金会,主要职能是旅游宣传促销。

(5)圣基茨和尼维斯旅游和国际运输部。

(6)圣卢西亚旅游和民航部。

(7)苏里南共和国运输、通信和旅游部。

4. 旅游部与文化/体育部门结合的国家

乌拉圭东岸共和国旅游和体育部。

(五)大洋洲

1. 单设旅游部/局的国家

(1)新西兰旅游部,2008年11月由总理兼旅游部长。曾在商业部下设旅游局,为特殊法人。旅游部下设新西兰旅游促进局、重大活动办公室和旅游政策室。旅游促进局的主要职能是旅游宣传促销,在国外设有16个旅游办事处。

(2)汤加王国旅游部。

(3)瓦努阿图共和国旅游办公室。

2. 与文化部结合的国家

(1)巴布亚新几内亚独立国文化和旅游部,下设旅游促进局。

(2)所罗门群岛文化和旅游。

3. 旅游部与工商部门结合的国家

(1)澳大利亚联邦原为工业、科学与旅游部,后为联邦经济、家庭和青年部,现为资源、能源和旅游部,下设旅游司,负责旅游大项目、旅游政策、游客信息和旅游统计。1959年设立旅游部长理事会,由联邦旅游部长、各州和领地旅游部长组成,为旅游政策研讨、咨询平台。2008年7月成立澳大利亚旅游指导委员会,由政府相关机构、旅游企业和行业组织及旅游专业人士组成,实行董事会制,经费主要来自政府拨款。1967年成立旅游局,主要职能是对外旅游宣传促销,在国外设有 13 家旅游办公室、31 个国家设有办事处。各州旅游局执行全国旅游战略,在业务上独立,直接对各州政府负责。旅游协会为行业组织,独立运行。

(2)萨摩亚独立国由一名副总理兼任工商劳工部长并兼管旅游。

(3)图瓦卢外交、劳工、贸易、旅游和环境部。

(4)库克群岛教育、海洋资源、旅游、珍珠管理和国家人力资源发展部。

4. 旅游部与交通部结合的国家

(1)斐济群岛共和国 2003 年成立斐济旅游局,是斐济政府资助的法定团体,主要职能是旅游宣传促销并对政府的旅游发展战略与实施措施提出建议,在国外设有 4 个旅游办事处和 3 个市场代表。据世界旅游组织网站,斐济设有公共企业、旅游与信息部。另据《2011/2012 世界知识年鉴》,为公共企业、工业、旅游、民航、贸易和通信部。

(2)钮埃民航、旅游、环境和体育部,由总统兼任部长。

(3)基里巴斯共和国通信、交通和旅游部。

5. 旅游部与环境部结合的国家

帕劳自然资源、环境和旅游部。

二、世界各国旅游行政管理体制类型

表 1　世界各国旅游行政管理体制一览表

洲	单设旅游行政机构	与文化部门结合	与工商部门结合	与交通部门结合	与环保部门结合	设在外交部内	合　计
亚洲	16	19	4	3	1	—	43
非洲	11	11	17	1	13	—	53
欧洲	6	11	22	1	2	1	43
美洲	20	1	11	7	—	—	39
大洋洲	3	2	4	3	1	—	13
合计	56	44	58	15	17	1	191

1. 单设国家旅游部(局)的国家

在列入考察范围的 191 个国家与地区中,单设国家旅游行政主管机构的国家有 56 个,约占 29%,大多是亚洲、非洲和美洲的发展中国家和欧洲的次发达的小国。它们国民经济总量不大、工业不太发达,因而旅游业有可能在国家经济中占较大份额。这些国家大多旅游业起步较晚、旅游业在该国国民经济,特别是国家创汇和就业中具有重大作用,但旅游基础设施和服务设施不大完善,旅游企业不大成熟;在世界旅游业分工中,大多为国际旅游目的地,而不是最重要的国际旅游客源产出地。

2. 旅游部与文化/体育部结合的国家

共44个,约占总数的23%,大多为亚洲、非洲和欧洲国家。这些国家虽然经济发展水平高低不一,但都有丰富的文化遗产,文化旅游是该国特色或主打旅游产品。旅游业在国民经济,特别是国家创汇和就业中具有重大作用,政府把旅游业与文化业结合起来管理和发展,体现了这些国家发展旅游的优势与特点。这些国家经济体制与发展水平差异较大。欧洲的11个国家中,英国、比利时等是发达国家,阿尔巴尼亚、波兰、乌克兰和斯洛伐克等是从计划经济向市场经济转型的国家。亚洲、非洲中大多是发展中国家。

3. 旅游与工商经济部门结合的国家

共58个,约占总数的30%。这些国家大致可分为两类:第一类是西欧、北美经济发达、法治完善,中央政府实行"大部制";服务经济发达,旅游业是现代服务业的骨干产业;既是世界主要的旅游目的地,也是重要的客源产出地。这些国家大多由中央政府的商务、工业等经济部门主管旅游业,直接主管旅游的行政机构比较精简,国际旅游宣传推广由公私合作的专业化营销组织承担,旅游行业组织完备。新加坡和我国香港地区的旅游管理体制(香港特别行政区政府—商务及经济发展局—旅游事务署—旅游发展局—旅游业议会)也属于此类型。

第二类主要是非洲国家,为发展中国家,旅游业在该国国民经济,特别是国家创汇和就业中具有重大作用,政府把旅游业与工业、商业一样作为重要产业,尤其把与旅游关联紧密的传统的手工艺产品生产结合起来发展。

4. 旅游与交通部门结合的国家

共15个,约占总数的8%。在这些国家中,只有日本既是出境旅游大国又是入境旅游大国,其余大都是以入境旅游为主的小国、岛国、沿海或内陆国家,国际交通对发展旅游具有至关重要的作用,特别是航空运输。政府把旅游部与民航部结合起来管理和发展,充分体现了"旅"与"游"的互补互利、不可分割的特点。对以中远程入境旅游为主要客源的国家,这种管理体制具有合理性。印度在20世纪80年代旅游起步时期也曾设立民航旅游部。

5. 旅游部与环境部结合的国家

共17个,约占总数的9%,主要是非洲国家。这些国家都有特色鲜明的自然生态环境,特别是丰富的野生动植物资源,生态旅游是该国特色或主打旅游产品。旅游业在国民经济,特别是国家创汇和就业中具有重大作用,政府把发展旅游与环境保护结合起来,体现了这些国家发展旅游的优势与特点。

三、影响各国旅游管理体制的主要因素

世界各国从来没有一个统一的旅游行政管理模式,也没有一成不变的管理模式。旅

游行政管理模式的多样性主要受以下五个因素的影响。

1. 旅游服务业的经贸性

旅游作为产业,其本质上是一个经济产业,属于服务贸易业。世界贸易组织(WTO)把国际贸易分为商品贸易与服务贸易两大类。服务贸易又划分为职业服务、通信服务、建筑与相关的工程服务、分销服务、教育服务、环境服务、金融服务、与医疗相关的服务、旅游和与旅行有关的服务、娱乐文化和体育服务、运输服务等12个种类。而在"旅游和与旅行有关的服务"类中,包含4个分类:A.饭店与餐厅(含饮食)、B.旅行社和旅游经营服务、C.导游服务、D其他。

因此,欧洲、美洲和大洋洲地区的许多国家政府,把旅游业的管理纳入商贸、产业等经贸管理部门之内或与之相结合,符合旅游业的经济属性,也与当代国际贸易的共同规则及惯例一致。这种模式的最大优点是,把旅游开发、管理、经营纳入国家经济发展战略与规划之中,并与其他服务贸易业和工业、农业发展相结合,便于旅游与相关产业、行业和部门的协调,最充分地实现旅游的经济功能。旅游经营管理中的诸多法律问题大多可以在各国经济法(商法)中找到法律依据(如企业法、反垄断法、劳动法和保护消费者权益法等),一般不需要专门制定旅游法规。外国许多大专院校中的休闲旅游专业大多设在工商管理学科之内。由此可见,旅游行政管理部门设在经贸部门内或与经贸部门合署,符合旅游经济本性和市场规律,为旅游业的发展提供了良性发展的平台。由于旅游业是商贸经济中的一个下游行业和依托性行业,"旅游部"或"国家旅游局"作为一个行政机构缺乏足够的职权,难以独立与其他行政主管机构平等协调,更无职权指挥其他行政主管机构服从自己的安排,所以即使设有独立的主管机构也往往在政府(内阁)中缺乏实质性的职权。如果旅游主管机构是政府(内阁)的商贸部或产业部的一个次级机构,由商贸部或产业部出面协调与旅游运行相关的部门,则会顺当一些。这是为什么大多数经济发达、市场机制规范和旅游产业成熟的国家这样设置的缘由。实行这种模式的问题是,在旅游业的经济功能得到充分发挥的同时,如何发挥其文化功能、社会功能和环境效益功能?

2. 旅游产业的重要性

一个国家旅游主管机构在中央政府中的设置方式与地位,与旅游业在该国国民经济中的作用与地位直接相关,也与该国政府对旅游业的认识与重视程度有关。一般情况下,旅游业如在国民经济和对外贸易中具有重要作用,能成为支柱产业和外汇创收的重要渠道,旅游主管机构在中央政府中的地位就较高,设立旅游部或旅游与其他部合一,主管官员是内阁成员;反之,旅游主管机构的地位较低,往往设在其他部之下。

在单设旅游部的国家中,墨西哥是占世界旅游经济前十位的旅游大国,旅游产值占全国GDP的11.8%,占就业总人数的10%。马来西亚旅游是国家第三大经济支柱,第二大外汇收入来源。旅游业是以色列赚取外汇的一个主要来源。旅游业是厄立特里亚唯一赚取外汇的服务行业。喀麦隆政府重视发展旅游业,设有旅游部并成立了以总理为主席的国家旅游理事会。旅游业占特立尼达和多巴哥GDP总量的13.8%,从业人员占全国就业人口的16.7%。牙买加旅游产值占GDP的比重为16.7%,占就业人口的23.5%。单设旅游部的有埃及、巴西、墨西哥、印度、意大利等大国,更多的是中小国家,大多数是第二产业不太发达、经济总量不大的发展中国家。

在旅游与相关部合为一体的国家中,旅游业大多在国民经济中占有重要地位。西班牙的旅游业是重要支柱产业和创汇来源,旅游产值占GDP的11%,直接、间接旅游就业占1/5左右。旅游业是马耳他主要的外汇来源,旅游业收入占GDP的17.1%。旅游业是汤加经济的第二大产业,占GDP的14%。旅游业是巴西外汇的主要收入,从业人员占全国就业人数的6%。旅游业是当前南非发展最快的行业,产值约占国内生产总值的8%。安提瓜和巴布达旅游收入约占国内生产总值的50%。

随着旅游业的产业地位的提升,旅游主管机构在这个国家政府中的地位也随之上升。印度1949年交通部下设旅游交通局,1966年政府成立印度旅游开发公司,兴建基础设施。1982年设立文化旅游部,1986~1991年成立全国旅游委员会和印度旅游财政公司。1993年后又提升为民航旅游部,后为文化旅游部,现单设旅游部。日本为了实施观光立国政策,把旅游主管机构从国土交通省综合政策局内的一个科室,提升为国土交通省"观光厅",并直接向内阁负责,成为准"省"(相当于部)级机构。

3. 旅游吸引物的特殊性

一个国家的旅游行政管理机构的设立,与该国的旅游资源特点有较大关系,大致可分为两大类:以自然生态资源为主和以历史文化资源为主。

非洲一些国家旅游资源主要依托生态旅游资源,最典型的是以奇特的自然风光和珍奇的野生动植物资源著称,因此旅游管理部门与环境管理、生态旅游资源管理部门相结合。南非旅游产值约占国内生产总值的8%,从业人员达120万人。博茨瓦纳旅游业是经济多元化战略的重点发展产业,为第二大外汇收入来源。

亚洲和欧洲有些国家的旅游资源主要依托丰厚的文化遗产旅游资源,因此旅游管理与文化管理部门相结合,如英国、韩国、巴基斯坦、越南、埃塞俄比亚等国。

这种模式的最大优点是,把旅游开发、管理与自然或文化资源的保护、利用有机地结合起来,发挥资源优势,形成旅游特色,有利于妥善处理资源保护与旅游开发的矛盾,协调旅游部门与环境资源部门的关系,形成发展旅游业的合力。

实行这种模式的问题是,旅游业是一个高度市场化的产业经济,而生态环境与文化资源是社会公共资源。把生态资源与文化资源的保护利用与市场化的开发利用结合起来,是一个难以两全的课题。实行这一模式还有另一个问题,现代旅游业的资源基础、产品类型和社会功能正在向纵深和横广方向拓展,单一的生态旅游或文化旅游产品如何适应现代旅游业态的新走势,实行这种管理模式时如何把本国传统、特色旅游与商务会展、休闲度假、康体娱乐旅游等相结合,有待深入探索与实践。

4. 客源市场的跨国性

旅游活动的本质是人的流动性,是市场主体的旅游者为了寻求异域体验而进行的跨地区、跨国界甚至跨洲界的流动。交通客运成为构成旅游活动的第一要素,交通客运业成为旅游产业的基础行业。因此,亚、欧、非、美和大洋洲都有国家,特别是以吸引国外、洲外客源的国家,把旅游管理与交通管理(主要是民航)结合起来,或设立民航与旅游部,或把旅游管理机构设在交通运输部门之内,如日本、孟加拉、爱尔兰、巴哈马、斐济、多巴哥等国。这种模式的最大优点是,把旅游与交通最密切地结合在一起,协调和解决旅游的客运条件,便于国外游客进得来、散得开、回得去。

巴哈马全国人口仅37.2万,年接待入境游客超过400万人次,游客中90%来自美国和加拿大,其中,乘轮船来的占71%,乘飞机的占29%。旅游业是国民经济的第一大支柱产业;旅游收入20多亿美元,占内生产总值的50%以上。斐济全国人口84万,2004年接待入境游客50.7万人次,其中,来自亚太地区的占58%,来自欧洲的占15%,来自美洲的14%,86%的入境游客乘飞机而来;旅游收入7.45亿美元,占国内生产总值约20%,是斐济最大的外汇收入来源,全国约有4万人在旅游部门工作,占就业人数的15%。实行政府旅游部门与交通部门合一的国家除日本外,大多是面积较小、本国人口较少的岛国,交通运输业的客源主要是入境游客。

5. 国家政体的多样性

一个国家中央政府的组织形式对旅游管理模式也有很大的关系。纵观专设旅游部或国家旅游局的国家,其中央政府大多部门设置比较细、管理权力比较分散,如设有旅游部的菲律宾内阁成员有28名、新西兰内阁成员有28人、埃及内阁成员共27名部长、委内瑞拉有31个部、巴西设有24个部、厄瓜多尔设8个协调部和20个执行部。不专设旅游部的国家,其政府机构设置大多是实行"大部制",把相近或相关的政府职能部门合在一起,如美国政府为15个部、日本内阁17个省(部)、德国16个内阁成员。在"大部制"的国家中,即使旅游业十分发达、十分重要,但中央政府一般不会单设,也不可能单设旅游部或国家旅游局,旅游毕竟只是众多经济部门、服务行业中的一个分支。

在中央政府与地方政府的关系上,有些国家实行中央集权制,在旅游管理体制上表现为中央政府的旅游主管机构在行业管理、建设和市场营销等方面具有很大的控制权,对地方旅游主管机构有垂直的管辖职权;有些国家实行各种形式的地方分权制,尤其是联邦制,在旅游管理体制上表现为中央政府的旅游主管机构的职能主要是国家形象总体推广和国际宣传促销,而在行业管理和开发建设等方面主要由地方旅游主管机构行使管辖权,如美国、加拿大、英国、德国、西班牙和瑞士等国,中央政府的旅游管理机构也相对简约。

有些国家旅游行政机构的变动与该国的执政党更替、政局变动有关,如厄瓜多尔1992年设信息和旅游部,1994年独立为旅游部,1999年旅游部与外贸部合并,2000年又与环境部合并,该年4月旅游部再次独立设置旅游部至今。这些变动都与该国总统人选变动有关。

各国旅游管理体制的形成、变迁是多种因素的综合:自然环境、历史沿革、人文传承、国家政体、经济结构和发展模式等。一句话,取决于国情,取决于政府高层对旅游业的认可程度。

四、各国旅游管理体制演进走势

欧美国家的旅游业一般从国内旅游起步,主要利用原有的风景园林、文化博览和体育医疗等观光休闲、娱乐康体资源,依托完善的交通客运、邮电通信和商业服务设施,在发育成熟的市场经济和完备的商法体系环境下,以民营旅游企业为基础,在市场经济的环境中自然发育、长期发展,在这个过程中政府对旅游行业一般较少采取行政干预。

发展中国家或从计划经济转型的国家旅游业大多从接待入境游客起步,交通客运、邮电通信、商业服务设施和相关消费法规不完善,为了解决和协调接待入境游客中面临的众多问题,在发展旅游业的初期政府必须采取较多的行政干预措施,旅游主管机构兼有开发建设、经营管理、市场监督和宣传营销等众多种职责,甚至直接开发旅游接待设施、经营国有旅游企业,如印度旅游开发公司、巴基斯坦旅游公司、斯里兰卡旅游公司、巴西旅游公司、委内瑞拉旅游公司、肯尼亚旅游开发公司和前些年国家转型初期的俄罗斯旅游总公司、蒙古旅游总公司等。

各国旅游管理体制既保持相对的稳定性,又随着社会环境的变化和旅游产业的发展,适时进行调整改组。例如,1995年加拿大撤销旅游部;1996年美国撤销国家旅游局;韩国最初在陆地运输局和交通部内设旅游科,1963年升格为旅游局(隶属交通部),后又隶属文化体育部,再成立文化观光部;日本从观光部(相当于司级)到观光局(相当于副厅级),再到观光厅(相当于副部级);俄罗斯先设国家旅游局,后为文化与旅游部,进而又在经济发展和贸易部内设旅游局,现为体育、旅游和青年部,下设联邦旅游发展署;印度从交通部旅游局到民航旅游部,再到文化旅游部,现单设旅游部;意大利国家旅游局曾隶属工业商业手工业部,后为政府文化遗产与旅游部,现单设旅游部;厄瓜多尔从创建信息和旅游部到独立的旅游部,先后与外贸部、环境部合并,后再次单设旅游部;等等。各国旅游管理体制不断变更的过程,实质上是不断探索旅游业如何与相关产业相协调,寻求最适合本国国情的发展模式。

当今世界旅游正在向横广拓展、纵深前进,越来越多的国家设立了不同形式、不同层级的旅游行政管理机构,把引导旅游业的发展纳入政府引导、统筹的职能范围,把旅游业作为展示国家形象、开拓国际交往、发展国民经济和增进社会文明的重要渠道。随着现代旅游业的普遍、深入发展,市场经济的发育与成熟,法治体系的完备与规范,旅游管理体制呈现出若干共同或相似的趋势:政府部际协调决策、行政机构主管、行业组织协调自律、专业机构宣传推广的旅游管理体制与运行机制。

1. 协调决策、部际合作

旅游产业的综合性、关联性、依托性强,要求经济社会文化各部门的支持和配合,建立健全部门间协调配合的机制,在中央政府内设置适当的咨询决策、部际协调和执法配套的机制与形式。

日本旅游政策咨询机构是观光政策审议会,原由总理府领导,现由运输省领导,主要职能是审议旅游方针政策和法规。旅游政策协调机构是部际旅游联络会议,设在总理府(首相府),由内阁总理大臣官房内政审议室长(总务长官)主持,成员由21个与旅游业有关的省厅(部或部级机构)的代表组成。

韩国《旅游振兴法》规定,在国务总理领导下设旅游政策审议委员会,协调部署旅游振兴事宜,审议和决定有关旅游开发、宣传促销事项。

泰国旅游业的最高管理机构是总理府下设的旅游发展委员会,由各常务部长任委员会主席,吸收有关部门(内务部、交通部、外交部、国家环境委员会)参加。

马来西亚政府设立旅游委员会,由一位副总理任该委员会主席,由文化旅游部、财政部、旅行商、饭店和航空界等代表参加,协调旅游工作。

2012年美国成立了全国旅游政策委员会,是旅游决策执行的权威机构,由总统的国内事务和政策助理担任旅委会主席,美国旅行游览发展公司总裁任副主席,其成员包括交通部、内政部、商务部、国务卿、农业部、劳工部、财政部、卫生部、教育及福利部、能源部、国防部、住房和城市发展部、司法部、民用航空委员会、国际商业委员会、联邦贸易委员会以及国际通信机构和环境保护机构的负责人。

德国联邦议会经济委员会下设旅游委员会,由一名国务秘书负责联络工作。旅游委员会主要负责协调各部委的旅游管理工作。

巴西《巴西共和国旅游管理法》规定,成立国家旅游委员会,由工商部主持,成员由与旅游相关的官方与民间、企业代表组成,其职能为制定旅游发展方针政策,参加国际旅游组织,审批地方旅游机构,审批与检查国家旅游资金等。

墨西哥成立部际间旅游执行委员会,各州成立旅游促进委员会。

哥伦比亚《旅游法》规定,成立旅游高级委员会,由经济发展部部长领导,成员由旅游局、外交部、外经贸部、交通部、环境部、国家计划部部长组成。

厄瓜多尔《旅游法》规定,由总统代表、工业/贸易/一体化/渔业部、外交部、财政/公共信贷部长和全国发展委员会规划秘书长等组成旅游业最高决策协调机构。

2. 宏观控管、政企分离

政府对旅游业的管理方式不断改变。政府逐步从直接开发、经营和管辖具体的旅游服务运行中逐渐退出,减少对微观经济运行的干预,主要采取政策指导、法律规范、部门协调和信息引导的手段,规范市场秩序、推进市场促销、提升产业素质,政府旅游主管机构从全方位的"开发、建设、经营、管理局",向国家旅游形象推广和旅游目的地的整体宣传为主要职能的"指导局、服务局、促进局"转型。

3. 政事分工、行业自立

政府行政主管机构与旅游行业组织及企业之间"公私合作伙伴"关系不断深化,国有旅游企业向民营化或国有民营、官民合营转型,各类旅游行业组织、中介机构和非政府组织不断成长,在行业规范、协调、自律、促销、联络、沟通、咨询、调研和培训等方面的服务功能得到越来越多的发挥,部分原来由政府行政机构主管的职能转向旅游行业组织、中介机构和非政府组织,如行业服务标准制定推广、饭店星级评定、旅行社等级评定、旅游企业信用认可、游客中心管理、服务质量监督、从业人员培训、市场调研、信息分析和咨询服务等。这样政府行政主管机构可以从烦琐的行业管理事务中解脱出来,自身机构"瘦身",集中精力研究制定旅游发展战略、法规政策、发展规划、部门协调和国际联络等产业发展的大政方针,上为中央政府决策协调提供方案,下为行业企业提供指导、服务。

4. 公私合作、专业促销

旅游宣传推广由政府主管机构包揽向主管机构与行业组织结合转型,从行政式宣传向专业化、市场化促销转型。越来越多的国家建立政府主导、行业合作、企业参与、专业运作的市场营销的宣传推广机构,最为成功的是日本观光振兴会、韩国观光公社、法兰西之家、德国旅游中心、美国国家旅游组织、希腊国家旅游组织、加拿大旅游委员会、澳大利亚旅游委员会、新加坡旅游促进局等。这些专业促销机构一般都成立董事会,由政府主管部门代表、旅游行业组织代表和市场营销专家组成,雇用市场促销专业人员,开展市场调研、制订营销计划、组建国外旅游宣传推广机构,进行符合市场经济规律的专业化宣传推广。宣传推广资金主要由政府财政拨款,同时由行业协会等社会组织资助。

5. 中央与地方适度分权

旅游管理趋向分权化,中央政府的旅游主管部门主要承担制定产业发展政策、编制发展战略和规划、国家旅游形象宣传和整体对外促销,旅游吸引物建设和行业管理向地方旅游主管部门转移。中央政府只设立精简的管理机构,职能主要是宣传促销与对外联络,地方旅游主管机构职能较俱全、资金较充实,各地有越来越多的管理自主权。

世界上没有最好的旅游管理体制,也没有一成不变的管理模式。探索既符合中国国情,又符合旅游规律与国际趋势的旅游管理体制和模式,是加快我国旅游管理体制改革和运行机制创新的必然要求,也是建设世界旅游强国的题中应有之题。

五、中国(大陆)旅游管理体制与运行机制改革的三种设想

1. 保留国家旅游局建置,职能范围和内部机构设置作重大调整

中国已成为世界旅游大国,2015年将成为世界第一目的地国家(含港澳台游客),已成为世界旅游组织(UNWTO)2007~2011年度执行委员会成员国和附属成员评审委员会成员国,是世界旅游组织2005~2007年度东亚太地区委员会主席国,中文已提议列为世界旅游组织官方语言。中国(大陆)旅游的国际地位日益提高。

旅游业已进入国家发展战略层面,旅游已成为国民经济和社会发展的战略性支柱产业;国民休闲与旅游成为重要的经济产业与民生事业,培育成为人民群众更加满意的现代服务业。

鉴于上述两方面考虑,可以保留国家旅游局建置,但要作重大调整与改革。

2. 与文化部合并,建立"文化与旅游部",对外保留国家旅游局名称

在国际旅游中独具风采,是中国旅游核心竞争力的所在,也是旅游业的持续发展的基点所在。旅游与文化融合,文化更具活力,旅游更有魅力。旅游与文化之间具有天然的耦合性。

中央从政策层面赋予了文化产业以历史性定位,明确提出"推动文化产业成为国民经济支柱性产业",旅游与文化两大支柱产业的融合使各自的产业结构更加完整、厚实。2011年,我国文化产业总产值超过3.9万亿元,占GDP比重超过3%;旅游业总收入2.25亿元,文化产业与旅游产业对国民经济增长的贡献不断上升。国务院提出到2015年旅游增加值占全国GDP的比重提高到4.5%,争取到2020年旅游产业规模、质量和效益基本达到世界旅游强国水平。十六届六中全会提出,到2016年文化产业占GDP的比重达到5%;"十八大"提出,到2020年建成文化强国。这两大强国的内涵是相辅相成、互为表里的。

国家旅游局与文化部合并,符合中国国情,符合外国旅游者对中国文化的诉求,也符合旅游的文化本质属性,有利于旅游产业与文化产业互相促进、共同繁荣。

2004年国家统计局《文化及相关产业分类》中,文化及相关产业主要包括"文化休闲娱乐服务":

1. 旅游文化服务
旅行社
风景名胜区管理
公园管理
野生动植物保护
其他游览景区管理
2. 娱乐文化服务
室内娱乐活动
游乐园
休闲健身娱乐活动
其他计算机服务
网吧服务
其他娱乐活动

该"产业分类"充分说明旅游业与文化业的复合性与包容性。文化业分为文化产业与文化事业两大类,把旅游与文化管理合并为一个部,可应对旅游业既有经济产业的一面,又有属于民生事业的一面。全国可设置"文化与旅游部",国家旅游局隶属其下,对外仍可以国家旅游局名义交往。

3. 国家旅游局并入商务部,对外保留国家旅游局名称

30多年来,大部分时间由国务院主管经济或经贸的副总理主管旅游业,符合市场经济下国际上越来越多国家的演进趋势,符合世界贸易组织把旅游业列为国际服务贸易的产业分类标准,有利于加快旅游产业政策与国际接轨,有利于旅游产业的转型升级,加速中国旅游产业现代化、国际化进程。

上述三种方案各有利弊,最终采取哪种方式取决于"十八大"后国家行政体制改革的总体思路。如以"大部制"为主要取向,则与文化部门结合的可能性最大;如便于服务贸易的归类管理,则国家旅游局并入商务部为宜,下设国家旅游局,其主要职能是市场监管与对外宣传推广。

无论国家旅游行政机构如何设置,各级旅游局本身都必须按照"加快推进政企分开、政资分开、政事分开、政府与市场中介组织分开,规范行政行为,加强行政执法部门建设,减少和规范行政审批,减少政府对微观经济运行的干预"的方向,在职能范围、机构设置和运行机制上必须进行调整与改革,如加强统筹国民休闲的职能,从旅游管理向国民休闲管理拓展,进一步实现政事分开、政企分开,行业管理的职能向行业组织转移,构建政企合作的宣传推广专业机构,理顺局省关系,扩大地方旅游机构对辖区旅游企业、景区的管理范围。

中国旅游产业管理体制沿革[①]

一、外国旅游业管理体制概况

见本书《体制篇·世界各国旅游管理体制评述》。

二、中国旅游管理体制沿革与现状

1. 中国旅游管理体制沿革

建国后我国的旅游长期是外事和统战工作的一部分,1949~1964年全国未单设旅游行政机构,上由国务院有关部门代管,下由中国国际旅行总社(1954年3月成立)和中国华侨旅行服务社(1957年4月成立)兼管。1964年7月成立中国旅行游览事业局,与国旅总社政企合一、合署办公。

1978年3月,中国旅行游览事业管理局改为国务院直属的管理总局,各省市区成立旅游局,成立旅游工作领导小组,由副总理任组长,计委、建委、外贸、轻工、商业、交通、民航、侨办等部门的负责人组成。1982年10月,中国旅行游览事业总局更名为中华人民共和国旅游局。1982年7月,旅游总局与国旅总社分开办公。

1985年1月,全国旅游管理体制按照"政企分开、统一领导、分级管理、分散经营、统一对外"原则进行改革。1986年3月,国务院成立旅游协调小组,取代原旅游工作领导小组。1988年1月,国家旅游事业委员会成立。1988年、1994年、1998年国家旅游局先后经过三次机构改革,逐步推进政企分开、精简机构、转变职能的改革进程,建立适应社会主义市场经济需要的旅游行业管理体制。90年代,国家旅游事业委员会不复存在。

1998年,全国有各级地方旅游管理机构956个,31个省、市、直辖市都设有旅游局(其中30个为单设机构)。23个主要旅游城市和902个地、市、县设有旅游局,全国335个地市和2145个县市的37%设立了旅游管理机构。其中,大多数地、市、县单独设置旅游局,部分地区旅游局与外办、侨办、风景园林、森林、文化、文物、宗教等部门合署办公。

改革开放以来,随着旅游从外事接待型向产业经济型的转变和社会主义市场经济体制的发育,中国基本建立起符合政府指导、市场运作的从国务院到各地方的旅游管理机构,旅游的有关法规和行业标准在逐步制定,旅游质量监督系统初步建立,旅游产业政策日益明确。

[①] 收录于国家旅游局《中国旅游产业发展研究报告》,《中国旅游业发展"十五"计划和2015、2020年远景目标纲要》(专题篇),中国旅游出版社2001年版,第67~70页。

2. 中国旅游管理体制状况及问题

旅游产业是一个综合性、依托性和关联性极强的产业群，涉及国民经济和行政机构的众多行业和部门。在计划经济体制下形成的资源条块分割和政企不分状况由来已久。自然和人文旅游资源主要分布在风景名胜区、自然保护区、森林公园（林场）和文物保护单位，它们分别隶属于不同政府部门管理，如风景名胜区归建设部门，林场和国家森林公园归林业部门，以林木为主要特征的自然保护区归林业部门，以海洋为主要特征的自然保护区归海洋部门，以地质遗存为主要特征的自然保护区归国土资源部门，有些自然保护区归环保部门或中国科学院，文物古迹归文物或文化部门，开展宗教活动的寺庙观堂归宗教部门，水库湖泊又归水利部门管理，等等。承担交通、游览、住宿、餐饮、购物、娱乐服务的企业由各有关行政部门的管辖，并涉及计划、城建、公安、环保和卫生等众多部门。

中国又是一个地域辽阔的大国，社会经济文化和旅游发展极不平衡，各地情况千差万别。实现大旅游、大市场、大产业的目标，必须建立大管理的体制，为旅游产业的可持续发展提供组织保障体系。

在这种社会大环境下后起的新兴旅游产业，在管理体制方面存在的主要问题有：

在中央一级没有旅游产业的协调机构，旅游部门与相关部门的协调工作主要靠各部门之间的非常规性的平行式的局部协商，缺少从上而下的常规性的统一协调；

旅游产业的法律法规体系不完整，尤其是《中华人民共和国旅游法》的空位，旅游管理的法治手段不健全、经济手段不到位、信息手段不畅通，对全行业的宏观调控乏力；

不少地方地、市、县旅游行政管理机构不健全、人员少、素质低、设备落后、经费匮缺，与正在迅猛发展的旅游业很不适应；尤其是中西部的地方旅游管理机构状况更不适应即将兴起的"经济大开发、旅游为先导"的要求；

长期的计划经济体制下形成的管理观念、方式、手段和作风仍在自觉、不自觉地发生影响，与正在建立的社会主义市场经济体制很不适应，与加入世界贸易组织后的国际合作与竞争的形势更不适应。

3. 旅游管理体制改革思路

目前全国正在进行的地方政府机构改革中，借鉴外国和国内的成功经验和做法，结合本地实情，以改革的思路研究完善和加强旅游管理体制，是编制旅游业发展"十五"规划和2015、2020年远景规划中的一大重要内容。许多地方的成功经验说明，解决旅游管理体制上的"老、大、难"问题不需要花钱，只需要决心和勇气，多谋善断，当断则断，敢于冲破传统观念的思维定式和条块分割的既得利益固有格局，就能收到立竿见影的效果。

旅游产业管理体制改革的基本原则是适应社会主义市场经济体制的建立，进一步转变政府职能、理顺关系、精简机构、提高效率，建立高效权威、运转协调、行为规范的旅游行政管理体系，促进"大旅游、大市场、大产业"的发展。

旅游管理体系包括：

——旅游产业决策协调体制；

——旅游行业管理体制；

——旅游行业自律体制；

——旅游区(点)管理体制等。

发展旅游产业的决策协调工作由当地党委和政府承担，旅游行业的行业管理工作由旅游局承担，行业自律、协调工作由旅游行业协会承担，旅游区(点)的管理分别不同情况因地制宜解决。

三、建立地区旅游产业发展的决策协调机构

1. 建议重新设立国务院旅游工作领导小组

实践证明，20世纪70年代末至90年代初，国务院先后设立的旅游工作领导小组、协调小组和旅游事业委员会及时、有效地解决了当时亟待解决的重大实际问题，研究、制定了旅游业转折时期的重要方针、举措，对当时正在兴起的中国国际旅游的大发展起到了重要的组织、协调作用，奠定了中国旅游产业的基础。

今后20年是中国旅游业成为支柱产业、建成世界旅游强国的关键时期。旅游业的发展离不开国务院领导的有力指导和相关部门的协调配合，建议国务院重新设立旅游工作领导小组，有效协调解决旅游业跨世纪大发展中的重大问题。该领导小组由国务院主管旅游工作的领导同志牵头，由国家计委、经贸委、外交部、外经部、财政部、建设部、文化部、民航局、交通部、文物局、林业局、环保局、侨务办公室、对台工作办公室等相关部、委、办的负责人组成，采取不定期举行会议和经常性通报的方式工作。该领导小组办公室或联络处可设在国家旅游局。

2. 各地设立旅游产业决策协调机构

目前，许多省、市、县成立了由本地党政领导主持的旅游产业决策协调机构，如中共上海市旅游委员会和上海市旅游管理委员会，陕西文物旅游委员会，广西旅游产业领导小组，云南推进支柱产业建设领导小组，四川旅游协调小组，黑龙江加快发展旅游事业领导小组，重庆旅游产业发展领导小组，黄山市旅游工作委员会，承德市旅游管理委员会等。

这些机构由计委、城建、财政、规划、交通、农林、工商、财贸、文化、公安等与旅游密切相关的部门负责人组成，由省、市、县党政主要领导或主管领导牵头，就全地区发展旅游产业的战略、规划、政策等重大问题进行研究、协调和决策，是一个非常设机构，主要通过定期或不定期举行会议的形式开展工作，该委员会或领导小组的办公室通常设在旅游局。有些地区用召开党委常委会专题研究旅游的形式进行决策。在创建中国优秀旅游城市的过程中，建立了由党政主要领导主持的全市创优领导小组，实质上成为该市的高层旅游决策和协调机构。事实证明，上述这些方式能解决仅靠旅游局无法协调和解决的涉及多部门的问题，有力地促进了旅游业的发展。

1999年底，桂林市在总结以往旅游管理体制沿革的基础上，成立了旅游产业发展指

导委员会。该委员会由市长任主任,分管旅游的副书记和副市长任副主任,其余各位副市长均为委员会成员。该委员会下设办公室(简称"旅产办",直接对市委、市政府负责,为常设机构。该委员会超越各个行政主管部门,对全市旅游产业发展中的重大事宜进行协调和决策,由各主管副市长分头执行、落实。凡涉及与旅游有关的各行政管理部门的问题,由"旅产办"根据旅游产业发展指导委员会的决定去协调联络、监督执行。市旅游局仍然作为主管旅游的行政管理部门实行旅游行业管理,侧重对旅行社、星级饭店和旅游定点饭店、旅游景区景点、导游员等直接旅游服务的企业、单位和人员进行管理。属于其他行政管理部门的与旅游相关的问题,由旅游产业发展指导委员会及其办公室进行协调。桂林市旅游管理体制的这一改革,实质上是由市政府直接解决"大旅游"产业的决策、协调问题,由市旅游局负责解决"小旅游"中的行业管理问题。湖北省赤壁市成立市旅游委员会,代表市政府对全市旅游业行使行业管理,将原来隶属于乡镇的赤壁名胜区管理权和陆水湖风景区管理局归口市旅委直接领导。市公安局设立旅游管理科,专司全市旅游业治安;各部、委、办设立旅游管理科,举全市之力共创旅游业。

总之,各地可根据本地实情创造性地探索旅游管理体制改革方略。

四、完善和加强各级旅游行业管理部门

目前,我国旅游行业管理机构按行政隶属关系分为四个层次:国家旅游局、省级旅游局、地/市级旅游局和县/市级旅游局。要本着管理权限与管理范围相一致的原则,适度调整各管理层次之间的关系,相对划分各自的主要职责,形成上下通畅、层次分明、职责明确的行业管理体系。

旅游行业管理体制改革要从建立社会主义市场经济和适应加入世界贸易组织后的国际合作与竞争出发,有序地实行政企分开、政事分开,加速培育旅游市场要素,为旅游企业营造良好的市场环境。各级政府及其旅游主管部门,尤其是国家、省、地级政府及其旅游主管部门,要通过政府机构改革,实现从管直属企业向管全行业的转变,从直接管企业向全面管市场的转变,从微观管理向宏观调控的转变。只有从改变职能入手,才能从根本上达到精简机构、勤政高效的目标。

1. 国家旅游局

经过多次机构改革,国家旅游局加强了对全国旅游业的调控和管理职能,突出了宏观性、战略性和政策性,主要是加强对全国旅游业发展的战略研究和实施,加强行业立法及监督检查,制定行业技术标准,加强对重点旅游资源开发规划的研究指导,强化国家整体旅游形象的宣传和全行业的整体促销,加强对国内旅游和出境旅游的宏观管理和指导,加强对旅游服务质量的标准化管理,加强对创建中国优秀旅游城市建设的指导。国家旅游局现下设业务机构有:办公室;规划发展与财务司(内设规划资源处、计划发展处、财务处);旅游促进与国际联络司(内设市场信息处、国际关系处、外事管理处、签证室、推广促进处、亚太非洲处、欧美处);质量规范与管理司(内设旅行社管理处、饭店管理处、质

量标准处、综合协调处);政策法规司(内设政策研究处、法规处、统计处);人事劳动教育司(内设教育培训处、劳资处、干部处)。

2. 省(自治区、直辖市)级旅游局

省级的职能是加强对全省旅游业发展的战略研究和实施,加强本省行业立法和监督检查,组织和监督国家行业技术标准的执行,加强对本省重点旅游资源开发利用和规划的指导,加强对区域旅游开发的指导和协调,组织全省整体旅游形象的宣传和对主要客源国和地区的促销,加强对国内旅游和出境旅游的指导和管理,深化对旅游服务质量的监督管理,维护旅游者和旅游企业的合法权益。省级旅游行政管理部门的机构设置要与国家旅游局基本对口、适度精简组合,便于上下沟通、开展工作。

3. 地、市、县级旅游局

地、市、县旅游局处于行业管理的第一线,直接指导旅游资源保护与利用、组织旅游产品开发和市场营销,指导和服务于旅游企业,规范监督旅游市场。随着全国旅游向横广和纵深两方面的拓展,今后市、县旅游局的管理、协调、组织、监督、检查、统计和培训的任务将得到加强。

地、市、县旅游局的内部机构设置不一定与国家旅游局、省旅游局完全对口,可根据实际需要本着精简高效的原则设置相应机构,建议设置下列处(科)室:办公室(兼管教育培训、财务和统计)、旅游资源开发科、旅游市场开发科、旅游质量管理科(与旅游质量监督所合署办公)等。

一些地方的市、县旅游局建立和主管当地的旅游企业(景点、饭店、旅行社等),对当地旅游业的开创和发展做出了贡献。在旅游业起步阶段,这种政企合一的组织形式对集中当地的人力、财力和物力,开发重点旅游项目,加强市场管理和促销,起过重要作用。但是,随着旅游业的发展、旅游投资的多元化和旅游企业的增多,这种政企合一的体制不利于各种旅游企业的公平竞争,不利于市场主体——企业的发育壮大,也不利于旅游局集中精力抓好全行业的管理,应该积极创造条件,逐步实现政企脱钩,使行业管理和企业管理各司其职、分工协作。

一些与旅游业密切相关的部门,可根据实际工作的需要,灵活设置有关管理机构。北京市公安局内设置了旅游涉外饭店管理处和旅游保卫处,大连市旅游局与交通部门成立了旅游汽车管理办公室,在辽宁省内首创旅游汽车站,开通高档旅游观光巴士专线,基本上解决一日游交通车辆的管理。

目前全国有近千个市、县设有旅游局,其中大多数是单独建置,有的属行政编制,有的为事业编制;也有一些市、县的旅游局与外办、侨办、对台办或接待办合署办公;有些市、县自发地把旅游局与其他关系密切的行政管理机构合署办公或合并,分别成立了文物旅游局、文化旅游局、宗教旅游局、森林旅游局、风景旅游局、园林旅游局、外事侨务旅游办公室等。它们中有的是一块牌子、一套班子,有的是两块或三块牌子、一套班子。

在市、县政府机构改革中,一些旅游资源丰富、旅游已经是或有条件培育成重要产

业、支柱产业的地区,旅游局的职能只能加强,不能削弱,更不能撤销。特别是旅游资源丰富的中西部地区,那里旅游发展潜力大、前景广阔,但旅游管理机构很不健全,在地方政府机构改革中要相应加强旅游管理机构建设,适应西部旅游大开发的趋势。

在一些地区,在政府机构改革中职能相近和相关部门的合并是机构精简、压缩编制的必然趋势。这些地区旅游行业管理的职能必须保留和加强,旅游资源的保护和管理也必须保留和加强,但机构和人员必须精简。在这种情况下,旅游与文化、文物、风景、园林、森林等部门的合署、必要时合并,把对旅游资源的保护管理开发与旅游行业的经营管理结合起来,有利于有效保护资源、充分利用资源,并把资源的潜在优势转化为现实的旅游经济优势;有利于形成统一的旅游产业和旅游市场,既发展了旅游、促进了地区经济的发展,又加大了保护力度、增加了保护经费,是一种利多弊少、行之有效的改革选择。

五、旅游行业自律组织——旅游业协会

在市场经济条件下,行业组织是由企业自愿参加和组织起来的具有法人资格的社会团体,是行业的协调、监督、自律和自我保护组织,是加强企业联系的纽带,是沟通政府与企业的桥梁,是一种市场中介性组织。

中国旅游协会是国家旅游局的重要工作助手和对台、港、澳旅游交往的主渠道,各省、市、县可成立本地区的旅游协会及旅行社协会、旅游饭店协会等,形成在各级政府指导下的覆盖全国的旅游社团工作体系。

各级旅游协会要广泛联系隶属于各个部门、行业的会员单位,冲破条块分割的制约和限制,充分发挥联结政府、行业和企业的桥梁纽带作用,履行上下、左右、内外联络、交流、咨询和培训等多种服务功能,提供市场经济条件下旅游行业管理的新渠道、新方式。

旅游协会的成员应以旅游企业为主体,同时有旅游管理、教育、培训、研究咨询单位和专家。协会章程由会员大会或会员代表大会讨论通过,协会负责人由会员大会或会员代表大会选举产生。协会的主要职责和工作是:在当地民政和旅游行政主管部门的监督管理下,根据协会章程开展调查研究、协调联络、协助党和政府贯彻有关的方针政策,向政府反映同行企业的正当要求,制定行业行约,并开展民间对外交流、宣传咨询、教育培训等工作。

今后,随着市场经济的发育、旅游企业的壮大成熟,旅游协会的作用将得到进一步发挥,并逐步与国际惯例接轨。

六、旅游风景区(点)管理体制

见本书《体制篇·自然文化遗产旅游景区管理体制与经营机制改革案例点评》。

七、旅游度假区/经济开发区的经营管理体制

旅游度假区、旅游经济开发区和主题公园是20世纪90年代新建的专门为旅游兴建

的旅游区(点),主题公园大多由社会投资兴建,由企业经营管理,一般都建立起较为规范的现代企业制度。旅游度假区(有的地方是旅游经济开发区)是由国务院和省级政府批准建立的,一般分两个层次实行经营管理。

第一个层次是政府行为,作为一级政府(地市级或县市级政府)的派出机构,成立度假区管理委员会,行使一级政府权力,对度假区(或经济开发区)内的规划和建设、行政、民政、治安和工商进行统一管理。当地的旅游局与度假区管理委员会大多是平级设置、互不交叉、独立活动,在当地政府领导下在业务上协调配合,也有少数地方旅游局与度假区管理委员会合署办公、两块牌子一套人马,也有旅游局与度假区管理委员会机构分设,但人事上有交叉,如旅游局一位负责人兼度假区管理委员会的领导职务,便于工作协调。

第二个层次是企业行为,在度假区管理委员会下成立国有的旅游开发总公司,以企业身份从事度假区的开发、建设、经营活动,包括对外招商引资、建立股份或联合经营公司。

在度假区开发初期,度假区管理委员会与旅游开发总公司大多是合二为一、两块牌子一套人马,度假区管理委员会主任兼旅游开发总公司董事长或总经理,从内容到形式实行政企合一模式。这种模式的优点是管理权力集中,在对外活动中较灵活,可交替用政府和企业两种身份出面,在度假区开发初期能较快打开局面。这种模式的缺陷是政企不分、职责不明,开发总公司很难建立起真正的现代企业制度、按市场机制的要求运作,从长远看不利于开发建设和经营管理。因而在市场经济较发达的地区,有的度假区一开始就主要以企业模式运作,或至少在形式上较快实行政企分开。也有的度假区只设管理委员会行使政府职权,主要负责度假区内的"三通一平"等基础设施建设,经营性的项目实行招商引资、交给企业运作。

旅游度假区或旅游经济开发区以发展旅游业为主要方向,以开发旅游项目、实行旅游经营接待为主业,理应实行政企分开、市场运作、企业经营的发展路子,避免重走或尽量缩短老国营企业先政企合一、再政企分开的冗长的复杂的改制过程。

中国自然文化遗产管理模式的改革[1]

自然与文化遗产，尤其是国家级和世界级的自然与文化遗产（下文简称"遗产"），是不可再生的珍贵资源。它们不仅属于中国，而且属于世界；不仅属于现代人，而且属于未来人。保护，使之永续存在、永续利用——观光游览、科考科普、健身益智、促进社会经济文化的发展，是人类的神圣使命。保护是前提，不保护就不可能利用，更谈上发展；利用与发展是保护的目的、也是条件，不利用保护就没有意义，不发展保护也不可能实现。

问题在于，在今日之中国，究竟如何才能保护遗产并达到保护的目的——利用与发展？

一、欧美模式与苏联模式

在遗产管理与开发方面，人们常常援引外国的管理模式。笔者认为，外国模式大致有两类。

其一，欧美模式。欧美和大洋洲的国家公园相当于中国的风景名胜区、自然保护区、森林公园和文物保护单位。美国是国家公园的首创者。一百多年来，美国积累了管理国家公园的丰富经验，创建了完整的体制、法规和运行机制，在国际上具有代表性，其主要特点是：

- 遗产资源的所有权及其保护职能明晰，受法律保障。美国的国家公园大多数属国家所有，部分自然保护地和历史纪念地属私人所有，其资源所有权明晰，均受法律保护，任何机构和个人（包括历史遗产的所有者）都不得侵犯和破坏。
- 行政上一元化垂直领导。在首都华盛顿设国家公园管理局总部，上属联邦政府内政部管辖，下设7个地区局，各地区局再下辖若干公园组和支持系统。全国360多个不同类型的国家公园、保护区、历史遗迹纪念地都归国家公园管理局及其分局统一管理。
- 规划管理高度集中。美国国家公园的规划设计，从总体规划、专项规划、详细规划到单体设计，均由国家公园管理局下设的丹佛规划中心统一编制，保证了规划设计的统一性、规范性和权威性，能有效地防止无序建设、违规建设。
- 公众参与和社会支助，如义务劳动清扫垃圾、专家无偿咨询、志愿者参加服务。美国全国国家公园的工作人员只有1.5万人，旅游旺季时招聘1万人，参加服务的志愿者达

---

[1] 摘要刊登于国家旅游局1999年第9期《旅游调研》、1999年4月20日《中国旅游报》与北京市旅游局1999年第4期《旅游—行业导刊》。2000年12月中国科学院《改进中国自然文化遗产资源管理国际会议》论文，全文发表于北京旅游学院2002年第5期《旅游学刊》。

8万多人。

  ●管理与经营分离。国家公园的管理机构是非营利的政府机构,其运转靠财政拨款。国家公园内不存在解决居民职工就业问题,不承担社区经济"扶贫"的职能。公园内的住宿、餐饮和娱乐等商业设施严格按规划建设,并通过特许商业经营处批准,由特许承租人经营。但是目前包括美国黄石公园、伦敦大英博物馆在内,完全靠国家财政拨款和社会捐赠的模式也难以为继。

  其二,苏联模式,即一切自然与文化资源均归国家所有,完全由政府管理、政府接待、政府保护,其管理经费与员工开支全部由国家包揽。这一模式排斥任何形式的市场经营。这是高度集权的行政指令式计划经济模式,在遗产管理中的表现。

二、传统的中国自然文化遗产经营管理模式难以为继

  我国的风景名胜区和文化文博单位的管理体制实质上沿袭了前苏联的模式,同时又具有我国特有的条块分割、多头管理的特征。

  中国的风景名胜、文物、森林等资源名义上属于国家所有,但实际上中央、省、市、县各级政府及其部门的都能出面操作。往往在同一景区内,建设、文化、文物、林业、水利和旅游等多个部门交叉管理。行政部门既是资源的所有者、监护者,又是资源的管理者、经营者。在地方、部门、单位、个人的利益驱动下,有法不依、知法违法者有之,名为保护、实为垄断者有之,条块分割、各据一方者有之,貌似建设、实为破坏者有之。到任何一个著名的风景名胜区,几乎都可以在最佳景观地段看到这个部委、那个厅局建的"培训中心"、"疗养所",破坏景观的现象比比皆是。

  长期以来,风景名胜和文化文物事业一直是作为社会公益事业来对待的,一是这些资源属国家所有;二是它们的保护、管理和开发由政府包办,其全部经费由政府承担;三是其工作人员属政府或事业编制,全部由国家包下来;四是风景名胜区和文博景点免费或低价向公众开放。

  这些遗产管理部门既有保护的职能,又有发展经济、解决就业和社区管理的职责。国家对遗产资源保护的财政拨款十分有限,国际援助基金和社会赞助则杯水车薪。它们的管理经费和职工工薪部分靠财政拨款,部分靠自筹自支,有的完全实行自筹自支。在此情况下,大多数地方只能勉强地维持现状和职工生计,谈不上有效保护和积极建设。

  由于条块分割和政、事、企不分,这些景区管理中的衙门作风与旧国营企业的各种弊端兼而有之。在经营接待上,基本上是等客上门,很少主动宣传促销;在经济收支上,财政拨款+单位创收,盈了归"自己",亏了归"国家";在劳动人事制度上,机构臃肿、冗员众多,"铁饭碗"、"铁交椅"雷打不动;在分配制度上,死工资、"大锅饭",平均主义盛行。

  这种管理体制和经营机制导致了许多地方,一方面是风景文物资源的闲置和浪费,另一方面是风景旅游开发和经营中的无序、低效以至破坏现象,严重地困扰着资源与环境的保护及风景名胜、文博事业本身的发展,又无助于旅游业和地方经济的发展。普遍

可见的"捧着金碗讨饭"的现象表明,传统的风景园林和文物管理体制已经难以为继。

显然,我国的风景名胜区、文博单位和自然保护区,既不能照搬欧美发达国家的管理和发展模式,也无法延续苏联模式,必须探寻适合自己国情的既保护资源环境、又发展经济的路子。对于外国管理模式中先进内容,如科学规划、严格执法,统一管理、政企分开,加强培训、重视教育,立足保护、永续利用,要积极借鉴和吸收。但对于历史上形成的体制和机制中的种种弊端,必须本着与时俱进的精神和因地制宜的原则从改革中寻找新的出路。

表1 中美自然文化遗产管理比较

	中国	美国
名　　称	历史文化名城、文物保护单位、风景名胜区、自然保护区、森林公园、地质公园	国家公园、自然保护地、历史纪念地
所有权	单一的国家所有制	大多为国有制,部分自然保护地和历史纪念地属自治团体、企业或个人所有
管理部门	分别由中央、省、市、县政府文化、文物、建设、林业、环保和国土资源部门管理	联邦政府内政部—国家公园管理总局—7个地区管理局—国家公园
职　　能	资源保护、科教基地、观赏游览、发展社区经济、提供劳动就业	资源保护、科教基地、观赏游览
规划体系	各部门、各学科的规划设计单位和教学研究单位分别编制规划,风景名胜区、森林公园、旅游区分别制定规划设计规范,由各行政主管部门审批	由联邦政府内政部国家公园管理总局下属丹佛规划中心统一编制国家公园总体规划、专项规划、详细规划和单体设计
经费来源	管理人员基本工资和部分保护经费由国家财政拨款,职工福利和部分保护经费自筹,保护、建设和社区发展资金严重不足	管理人员薪金全部由国家财政拨款,保护经费基本上由国家财政拨款,有相当多的社会支助(企业和个人捐赠),少量收取门票补充环保和宣传经费
经营机制	由行政主管部门下属的管理机构直接经营接待、食宿、购物、娱乐等服务项目,政事合一、事企合一、自收自支	国家公园管理机构不经营食、宿、购、娱等商业性业务,由政府特许商业处管理食、宿、购、娱等商业服务民营企业

三、旅游服务业最适合所有权、管理权与经营权的分离

自然文化遗产具有环保、生态、科研、教育、观光等多种功能。在这几种功能中，保护、生态和科研功能，是社会公益性质的，观光、游览、游憩、休闲和教育等功能既可作为社会公益事业，也可作为服务贸易进入市场运作，或者两者各有分工、互相补充。同时，社会公益福利的供给范围与供给程度，也不能脱离不同经济发展阶段政府与社会的承受能力。发达国家"今天"实施的，发展中国家也许只能在"明天"实施。

风景事业和文化事业通过市场经济，发展为风景产业与文化产业，基本上有两种类型。一类是属于所有权（产权）的转移与置换，如书画作品和某些法定允许买卖的文物，大多属于实物的商品交易；另一类是属于使用权或享受权（主要观赏与游憩）的交换，如艺术、文物和花卉展览，文艺演出和观光游览等，这种市场交易不是物品所有权的置换，只是一定时间、一定空间内的观览欣赏和美感享受这种特殊形式的使用权的获得。这类物品的所有权与经营权、使用权是可以分离的。

旅游产品在本质上属于后一类。旅游本质上是向游客提供一种离开惯常居住地的新鲜经历，一种以一定的资源和设备为依托的服务过程。旅游者在目的地"买"走的是游览过程中的印象、感受和体验，而不是那里的景观资源和服务设备。游客对旅游产品的购买和消费，一部分属于实物消费，如餐饮、购物；一部分属于使用权的定时租用，如机位、车位、床位；还有一部分属于一定时间、空间范围内的观光游览、漂流登山、观赏演出等，一般不直接损耗资源，更不涉及其所有权的转移。正是在这个意义上，与第一、第二产业（如伐林造田、矿产采掘）相比较，旅游业是对资源与环境依托性强而损耗较小的产业，是与环境保护相互依存的可持续发展的先导产业。

由此可见，自然与文化遗产的所有者（国家）与经营者（企业）之间通过法定程序确定各自的责、权、利，所有者在确保对资源所有权、监督保护权和受益权的条件下，在一定空间、时间范围内和符合法规、规划的前提下，把某些遗产资源的旅游经营权以或委托、或授权、或租让、或合作、或合股等双方可接受的方式，转让给企业，这并不违背现行的《文物保护法》关于"中华人民共和国境内地下、内水和领海中遗存的一切文物归国家所有"、《风景名胜区管理暂行条例》关于"风景名胜资源属国家所有"的原则。

在探讨遗产所有权与旅游经营权的关系中，无疑不能回避遗产的价值评估，这是一个世界性的难题。深入研究这个问题，对正确认识遗产的各种价值，正确处理保护与开发的关系，全面贯彻"严格保护、统一管理、合理开发、永续利用"的原则，十分重要。由于遗产具有广泛而巨大的生态环境功能、文化功能、社会功能和经济功能，尤其是国家级和列入世界遗产名录的资源，其有形的和无形的价值是难以用货币来衡量的，用"无价之宝"来概括是当之无愧的。

我国学术界借鉴国外的研究成果和方法，开展用货币量化方法研究遗产的经济价值，是完全必要的，而且亟待加大力度。但是目前涉及的是遗产的旅游开发的经营权问

题,而不涉及它们的所有权的转让,因此研究和操作经营权的货币值量化问题,相对较为容易一些。就某个风景名胜区来说,综合考虑其区位、交通、资源、设施和客源市场现状与前景,根据近几年该区旅游接待人数和收入,可以大致测定该区今后一定时间内的旅游收入(不仅仅是门票收入)的数额,作为该景区旅游经营权转让、合作或入股作价的基数,大体上是合乎情理的。

对于国家级遗产,在估算旅游经营权的货币价值量时,一定要透明、公开、公正。对于世界遗产、国家著名风景名胜文物资源的经营权入股、上市,更要充分论证、严格把关、引入优质企业。对于国内外著名的遗产资源的经济价值评估,笔者认为不仅要测算其旅游经营收入,而且要考虑其品牌的无形资产价值;在旅游经营权转让的方式上,以遗产资源的经营价值与品牌价值折资入股,建立股份制企业,形成"一盈皆盈、一损俱损"的盛衰与共的关系,比以一定金额一次性地把经营权转让出去的方式,更为妥当。

目前在实际操作中存在两种情况。一种是以自然和文化资源是珍稀的、不可再生的遗产为理由,过高估算旅游经营权的货币价值量,使经营者望而却步;另一种是过分低廉地出让旅游经营权,地方财政收益甚微,社区居民得益甚少,经营者独占厚利。同时,目前缺乏出让风景名胜资源经营权的法规条例,因此操作方式很不规范,"钱权交易"、营私舞弊在所难免。"合法协议"掩盖下的幕后非法交易是国有资源价值流失的重要原因。由政府有关部门出台《风景名胜资源旅游经营权转让暂行办法》迫在眉睫,对转让者和经营者的责任、权利、义务,转让经营权的时限、条件和方法(实行公开招标,禁止秘密的谈判协议),尤其对经营者在资源保护、生态建设、社会责任等方面,做出明确的规定。

四、遗产资源所有权、管理权、经营权与监护权的分离与制衡

从中国现实国情出发,特别是自然文化遗产分别隶属于各个行政部门管辖的现实,在从计划经济向市场经济转轨的总背景下,实行遗产资源的所有权、管理权、经营权与监督保护权既相互分离又相互制衡,使国家所有的遗产资源进行旅游开发时有序地进入市场经济(包括资本市场运作)的轨道,从而实现国家利益、业主利益与社区利益合理兼顾,经济效益、社会效益与环境效益的同步推进。

• 遗产的所有权归国家所有。

凡是国家风景名胜区、文物保护单位、自然保护区、森林公园和地质公园等,根据《中华人民共和国宪法》及相关法律法规,其所有权属于国家。一般情况下,其所有权不得进入市场流通领域。某些文物可依法通过合法渠道进行市场交换。

• 遗产的管理权由各级、各行政主管部门行使。

根据我国现行的行政体制,各种类型的遗产资源在短期内难以由一个中央政府职能部门统管起来,仍然分别由建设、林业、海洋、地质、环保、文化、文物和旅游部门行使管理权,并按其科学价值、文化价值、审美价值和地域范围等划分为国家级、省(自治区、直辖市)级、县级,按属地管理的原则分别归各级相关行政部门管理。各级相关行政管理部门

必须转变管理职能与方式,从产景区的人、财、物的微观经营管理转向通过法规、标准、政策、规划的宏观管理和监督保护。

为了达到精简机构、强化职能、资源与市场相结合、保护与开发相结合,许多地方在县级行政机构改革中,如浙江省80%的县市成立了风景旅游局,还有许多地方成立了文化旅游局、文物旅游局、森林旅游局等;在自然与文化景区中成立执行政府职能的管理委员会(局、处),对景区实行综合管理、统一规划和监督保护,避免各路诸侯的多头干预,是已见成效的改革之举,可以逐步推广。

- 实行政企分离、事企分离,遗产单位的旅游经营权与所有权、管理权分离。

随着正在进行的国家行政机构改革的深入,从中央到省、市、县,政府部门与其主办的经营企业均要在党务、人事、财务等各方面脱钩,使经营单位真正成为独立的法人实体,进入市场经济的轨道自主经营。在景区内,原来由政府部门投资建设的行、游、住、食、购、娱和其他服务设施作为国有资产,或委任法定机构管理,或通过出售、租让、兼并、合资、合作等多种形式实行资产重组,形成新的产权主体。风景、森林、文物等国有资产,其所有权一般不能进入资本市场流通,但作为旅游吸引物具有观赏、游览、健身、益智价值,形成一种特殊形态的经营性资产,其经营权可进入旅游市场,甚至可以作为国有资产的一部分按法定程序进入资本市场运作。

由于各类遗产资源的价值、历史沿革和隶属关系各不相同,其旅游经营管理的模式只能因地因时制宜,万不可一刀切、刮一阵风。有的继续作为风景、文化事业单位进行管理和接待,但其内部应在人事劳动制度等方面深化改革,对外应加强宣传促销,融入国际国内旅游市场网络。有的事业单位可实行企业化经营,有的可探索实行"一区两制"或"一企两制"。在一个风景旅游区内,一部分区域属公共事业性质,对公众低收费或免费(这种免费或低收费应当随着经济的发达、财政状况的改善而逐步扩大);另一部分属旅游服务商品性质,随行就市、按质论价、有偿服务。一个机构内部,经营性业务的劳动人事制度和工薪分配按企业方式运作;公益性、学术性业务的劳动人事制度按事业方式运作。在"一企两制"下,可以用企业经营的赢利收入补贴科研事业单位的保护经费与人员的工薪奖金。

- 建立完整而有效的监督保护体系。

任何权利都必须有适当的制衡才不致被滥用,景区内企业的经营权也不例外。由于中国市场经济秩序的不规范,法治体系的不健全,加之市场经济固有的逐利倾向,管理者、经营者和旅游者的不成熟,所有者与经营者易受眼前的、局部的经济利益的驱使,不可避免地会出现旅游开发经营破坏资源和环境的现象。因此必须建立独立的、完整的景区开发与保护的监督体系。该体系包括:

——国际组织和国际公约的监督;

——国家法律法规监督;

——行政主管部门的监督;

——规划系统监督；

——社会公众与媒体监督；

——经济手段监督和制约。

自然文化遗产不论采取何种形式出让旅游经营权，务必在具有法律责任的合同中明确认定经营方必须按国家有关法规和政府批准的规划、发布的技术和服务标准进行开发经营，必须按投资总额或经营收入的一定比例提取资源使用费与环境保护经费，必须对破坏资源与环境的行为实行经济赔偿或制裁，并在适当时候通过法定程序开征自然文化遗产资源使用税，从而尽快结束目前无偿使用遗产资源的"免费午餐"。

所有权、管理权、经营权、监督保护权"四权"相互分离，可以明晰各自的职责、权利与义务；"四权"制衡，可以多重监督、互相制约，不允许任何部门、单位、企业和个人依仗权力或金钱而为所欲为，有效地改变目前所有者、管理者、经营者、监督者集于一身的弊端。在实行政企分开、事企分开、管理权与经营权分开的同时，强化保护监督体系，两方面同步推进、缺一不可。

目前，中国进入世界遗产目录的景区28处，历史文化名城100个，国家级历史文物保护单位1268个，国家重点风景名胜区151处，国家自然保护区171处，国家森林公园380处，国家地质公园44处，国家水利风景名胜区7个，再加上省级、市级单位的，遍布全国各个角落。[①] 这些单位的社会环境、地理区位、人文背景、功能职责、经济水平、经费状况、管理体制、开发条件千差万别。旅游开发的运作方式、管理模式、经营机制不可能套用一个模式，应该允许多种方式的探索和试验，取得经验、完善法规、逐步推广、稳步前进。

[①] 截至2012年9月，我国有世界地质公园27处，国家历史文化名城119个，国家重点文保单位2348个，国家重点风景名胜区225个，国家自然保护区363处，国家森林公园764处，国家地质公园218处，国家水利风景名胜区475处。

自然文化遗产旅游景区管理体制与
经营机制改革案例点评[①]

20世纪90年代以来,随着旅游业的迅速发展,各地大力利用自然文化资源开发旅游产品,不少地方在发展旅游业过程中,在开发和经营机制方面进行了多方面的探索,特别是创造了资源所有权、管理权和经营权分离的开发管理模式,出现了由国有企业集团、股份公司、甚至是民营企业承包风景区开发旅游的情况。其中,比较有代表性的案例有:1996年10月四川成立峨眉山旅游发展股份有限公司并上市经营,1996年11月安徽成立黄山旅游发展股份有限公司并上市经营,1998年湖南张家界市黄龙洞由省内一家民营企业股份公司独家开发经营,1998年四川碧峰峡省级风景名胜区由一家民营企业整体开发经营,1998年12月陕西省成立集文博景点、风景名胜景点、旅行社、饭店、旅游交通、商店和娱乐业于一身的国有陕西旅游集团公司,1999年9月曲阜市政府组建曲阜孔子旅游集团有限公司,2001年四川阿坝州政府与民营企业合股开发四姑娘山风景名胜区,同年四川汶川卧龙大熊猫自然保护区与外省企业集团合股开发经营等。

与此同时,在推进管理体制和经营机制改革,实现公共资源管理和旅游景区开发一体化,消除制约旅游业发展的体制机制障碍,打破地区封锁和行业壁垒等方面,各地的改革探索始终没有停止过,特别是市县基层层面已经做了很多有益的探讨和改革,主要做法有:

(1)有些地方的市县实行旅游行政主管部门与相关部门合署办公的行政管理体制,一套班子两块或三块牌子,或一套班子一块综合职能牌子,如文物旅游局、文化旅游局、外事旅游局、宗教旅游局、森林旅游局、园林旅游局、风景旅游局、文化体育旅游局、旅游招商局、建设环保旅游局等。

(2)有些市县实行旅游行政主管部门与景区管理机构合署办公,如吉林省长春市旅游局与净月潭旅游经济开发区合署办公、浙江省奉化市风景旅游局与雪窦山风景名胜区管理局合署办公,仙都市风景旅游局与仙都风景名胜区管理局合署办公,广东省肇庆市旅游局与星湖风景区管理局、七星岩旅游度假区管理局合署办公,广西壮族自治区北海市旅游局与北海国家旅游度假区管理局合署办公,云南省石林县旅游局与石林风景名胜区管理局合署办公等。

事实上,多年来,对于上述经营机制和管理体制方面进行的改革探索,各相关政府职

[①] 本文为2010年3月河北省清东陵景区管理体制咨询报告的一部分,由本人执笔,课题组成员还有河北师范大学旅游学院院长刘筱秋、国务院发展研究中心刘锋研究员、北京大学武宏麟教授。

能部门从各自职能和视角出发,提出了很多见仁见智的不同意见,同时也引起了各类媒体、理论界、业界的广泛关注,产生了较大范围的争鸣与探讨。从国家行政管理部门来看,国家建设部和国家文物局的主流意见一直坚持属于国家的文化遗产、风景名胜区和文物保护单位不能由企业开发经营,特别是《文物保护法》和《风景名胜区条例》对于世界自然文化遗产、风景名胜区和文物保护单位的旅游经营,尤其是整体经营与门票管理,都在法律法规与政策层面作了明确、具体的规定,具有刚性特点。但国家发改委(包括原国家计委)、国家旅游局的主流意见则认为,鉴于中国此类公共资源的管理体制和经营机制还很不成熟,应允许各地根据实际情况进行各种有益的探索和试验。

但是,随着中国经济社会的全面发展和改革开放的深入,近年来,国务院以及各职能部门或有关部门领导,对各类资源的管理和开发问题的理解,特别是对各类国有公共资源的管理体制和经营机制改革问题,正在新的认知基础上逐步深化,加快改革步伐的认识正在趋同。

2009年12月《国务院关于加快发展旅游业的意见》要求,"各地区、各有关部门要提高对加快发展旅游业重要意义的认识,强化大旅游和综合性产业观念","大力推进旅游与文化、体育、农业、工业、林业、商业、水利、地质、海洋、环保、气象等相关产业和行业的融合发展"。事实表明,这些"保护与开发一体、管理与市场一体"的改革方式,符合国务院文件提出的"探索旅游资源一体化管理"的方向,对解决长期以来旅游风景区管理体制中相当普遍存在的"诸侯割据、条块分割、九龙治水、各自为政"的现象,促进产业融合、互动发展,具有积极作用,完全符合国务院《关于加快发展旅游业的意见》的要求。

一、中国世界自然文化遗产景区类型

迄今为止,中国列入世界文化遗产名录的有26处,列入世界自然遗产名录的有7处,列入世界自然与文化遗产名录的有4处。[①]

表1 中国世界自然文化遗产一览表

世界自然文化遗产名称	国家风景名胜区	全国重点文物保护单位	所在地	遗产类型			
				批准年份	双遗产	自然遗产	文化遗产
长城		●	国家历史文化名城北京、大同、山海关	1987			●
北京故宫		●	国家历史文化名城北京	1987			●
莫高窟	●	●	国家历史文化名城敦煌	1987			●

---

① 截止到2013年7月,我国有世界遗产45项,其中世界自然与文化遗产4项、世界文化遗产31项、世界自然遗产10项。——编者注

续表

世界自然文化遗产名称	国家风景名胜区	全国重点文物保护单位	所在地	遗产类型			
				批准年份	双遗产	自然遗产	文化遗产
秦始皇陵及兵马俑坑		●	国家历史文化名城西安	1987			●
周口店"北京人"遗址		●	国家历史文化名城北京	1987			●
泰山	●		泰山国家森林公园	1987	●		
黄山	●		中国最具魅力城市黄山市·歙县国家历史文化名城·齐云山国家级风景名胜区	1990	●		
九寨沟	●		九寨沟国家森林公园	1992		●	
黄龙	●		世界最佳自然生态旅游目的地阿坝	1992		●	
武陵源	●		张家界国家森林公园·国家地质公园	1992		●	
承德避暑山庄及周围庙宇	●	●	国家历史文化名城承德	1994			●
孔庙、孔府、孔林		●	国家历史文化名城曲阜	1994			●
布达拉宫		●	国家历史文化名城拉萨	1994			●
武当山古建筑群	●	●	中国著名的旅游城市十堰·丹江口消失的均州古城	1994			●
峨眉山—乐山大佛	●	●	国家历史文化名城乐山	1996	●		
庐山	●		庐山世界地质公园	1996			●
丽江古城			国家历史名城丽江	1997			●
平遥古城		●	国家历史名城平遥	1997			●
苏州古典园林			国家历史名城苏州	1997			●
天坛		●	国家历史文化名城北京	1998			●
颐和园		●	国家历史文化名城北京	1998			●
大足石刻		●	国家历史文化名城重庆	1999			

续表

世界自然文化遗产名称	国家风景名胜区	全国重点文物保护单位	所在地	批准年份	双遗产	自然遗产	文化遗产
武夷山	●	●	武夷山国家级自然保护区·国家旅游度假区	1999	●		
都江堰—青城山	●	●	都江堰国家历史文化名城·国家森林公园	2000			●
龙门石窟	●	●	国家历史文化名城洛阳	2000			●
明清皇家陵寝		●	国家历史文化名城钟祥市·中国文化旅游大县遵化市·河北省历史文化旅游基地易县	2000			●
皖南古村落			安徽省黟县境内	2000			●
云冈石窟	●	●	国家历史文化名城大同	2001			●
三江并流			高黎贡山自然保护区等数十个省、市、县级自然保护区·碧塔海湿地等国际重要湿地·梅里雪山等多个风景名胜区	2003		●	
高句丽王城、五陵及贵族墓葬		●	国家历史文化名城集安	2004			●
澳门历史城区			世界历史文化遗产名城澳门	2005			●
安阳殷墟			国家历史文化名城安阳	2006			●
四川大熊猫栖息地			国家级自然保护区·卧龙自然保护区、蜂桶寨自然保护区、四姑娘山自然保护区、喇叭河自然保护区、黑水河自然保护区、金汤孔玉自然保护区、草坡自然保护区	2006		●	
开平碉楼与村落		●	国家历史文化名城开平市	2007			●

续表

世界自然文化遗产名称	国家风景名胜区	全国重点文物保护单位	所在地	遗产类型			
				批准年份	双遗产	自然遗产	文化遗产
中国南方喀斯特			武隆天坑三硚国家地质公园·石林全球首批世界地质公园之一·荔波樟江国家重点风景名胜区	2007		●	
福建土楼		●	国家历史文化名城漳州·龙岩省省级历史文化名镇湖坑镇	2007			●
三清山			三清山国家地质公园	2008		●	
五台山		●	山西省忻州市五台县	2009			●

二、中国世界自然文化遗产景区体制机制现状

1. 中国世界自然文化遗产主管部门的行政级别

全国约有2/3的世界自然文化遗产由地、厅级政府的文化、文物或建设部门主管，少部分由省、部级或县、处级行政部的主管。

- 由省部级管理的有5处：北京故宫、周口店"北京人"遗址、高句丽王城、五陵及贵族墓葬、澳门历史城区、福建土楼。
- 由地(市)、厅级管理的有23处：万里长城(八达岭)、莫高窟、秦始皇陵及兵马俑坑、泰山、黄山、九寨沟、黄龙、武陵源、布达拉宫、武当山古建筑群、峨眉山—乐山大佛、庐山、天坛、颐和园、大足石刻、武夷山、都江堰—青城山、云冈石窟、三江并流、安阳殷墟、四川大熊猫栖息地、三清山、五台山。
- 由县(市)、处级管理的有8处：承德避暑山庄及周围庙宇、孔庙、孔府、孔林、丽江古城、平遥古城、苏州古典园林、龙门石窟、明清皇家园林、皖南古村落。

此外，中国南方喀斯特3处自然遗产分别由省、厅、县政府主管。

2. 中国世界自然文化遗产的管理经营体制

中国世界自然文化遗产大多数由行政机构(或政府派出机构)统一管理经营，属于政事合一方式；少数由行政机构(或政府派出机构)管理、企业经营，其中又分两种类型：多数由当地政府主办的国有旅游企业经营，少数由外来企业租赁承包经营。在由当地政府主办的国有旅游企业经营的世界自然文化遗产中，目前有两家(黄山、峨眉山)公司上市经营。

- 由行政机构(或政府派出机构)管理与经营合一的共29处：北京故宫、周口店"北

京人"遗址、高句丽王城、五陵及贵族墓葬、澳门历史城区、福建土楼、万里长城(八达岭)、莫高窟、泰山、九寨沟、黄龙、庐山、天坛、颐和园、大足石刻、都江堰—青城山、云冈石窟、三江并流、安阳殷墟、四川大熊猫栖息地、三清山、五台山、布达拉宫、武当山古建筑群、承德避暑山庄及周围庙宇、孔庙、孔府、孔林、苏州古典园林、龙门石窟、明清皇家园林、中国南方喀斯特。

● 由行政机构(或政府派出机构)管理,由企业经营的共8处:秦始皇陵及兵马俑坑、黄山、武陵源、峨眉山—乐山大佛、武夷山、丽江古城、平遥古城、皖南古村落,其中8处是由当地国有企业经营,黄山、峨眉山由国有控股的上市公司经营。皖南古村落中,西递村由村办旅游公司独立经营,宏村由外来企业(北京中坤集团下属京黟旅游开发公司)投资开发、独家经营。

表2 中国世界自然文化遗产经营管理体制一览表

遗产名称	主管部门	管理机构	经营主体
北京故宫	国家文物局	故宫博物院	故宫博物院
万里长城(八达岭、居庸关、慕田峪长城)	延庆县人民政府 昌平区人民政府	延庆县文化委员会 昌平区文化委员会	八达岭特区办事处、十三陵特区办事处、慕田峪长城旅游服务公司
莫高窟	敦煌市文物局	莫高窟博物馆	莫高窟博物馆
秦始皇陵及兵马俑坑	陕西省文物局	兵马俑博物馆	秦始皇陵旅游有限责任公司
周口店"北京人"遗址	中国科学院	中国科学院古脊椎动物与古人类研究所	中国科学院古脊椎动物与古人类研究所
泰　山	山东省文物局	泰山风景名胜区管委会	泰山风景名胜区管委会
黄　山	黄山市人民政府	黄山风景管理局	黄山旅游股份有限公司
九寨沟	阿坝州人民政府	九寨沟风景名胜区管理局	九寨沟风景名胜区管理局
黄　龙	阿坝州人民政府	黄龙风景名胜区管理局	黄龙风景名胜区管理局
武陵源	张家界人民政府	武陵源风景名胜区管理局 张家界国家森林公园管理处	武陵源旅游产业发展有限公司、黄龙洞投资股份有限公司
承德避暑山庄及周围庙宇	承德市文物局	承德避暑山庄管理处	承德避暑山庄管理处
布达拉宫	西藏自治区文化厅	布达拉宫管理处	布达拉宫管理处
孔庙、孔府、孔林	曲阜市人民政府	曲阜市文物管理委员会	曲阜市文物管理委员会

续表

遗产名称	主管部门	管理机构	经营主体
武当山古建筑群	十堰市委市政府	武当山旅游经济特区	武当山旅游经济特区管委会
庐山	九江市人民政府	庐山风景名胜区管理局	庐山管理局
丽江古城	丽江市古城区人民政府	丽江县保护与开发管委会	丽江旅游开发公司
平遥古城	平遥县文物局	平遥县文物局	平遥旅游开发公司
苏州古典园林	苏州市园林局	各园林管理处	各园林管理处
颐和园	北京市园林局、文物局	颐和园管理处	颐和园管理处
大足石刻	重庆市文物局	大足石刻博物馆	大足石刻博物馆
武夷山	福建省建设厅、林业厅、文化厅,武夷山市人民政府	武夷山风景名胜区管委会、武夷山自然保护区管理局、武夷山国家旅游度假区管委会	武夷山旅游股份有限公司
都江堰—青城山	都江堰市人民政府	都江堰风景名胜区管理局、青城山风景名胜区管理局	都江堰风景名胜区管理局、青城山风景名胜区管理局
龙门石窟	洛阳市文物局	龙门石窟文物保护所	龙门石窟文物保护所
明清皇家园林(明显陵、十三陵、清东陵、清西陵)	钟祥市、昌平区、遵化市、易县人民政府	明显陵管理处、十三陵、清东陵管理处、易县清西陵管理处	明显陵管理处、十三陵、清东陵管理处、易县清西陵管理处
皖南古村落	黟县世界遗产保护发展委员会	黟县文物局	西递、宏村旅游开发(股份)公司
云冈石窟	山西省文物局	大同文物研究所	云冈石窟博物馆
三江并流	云南省人民政府三江并流管理机构	三江并流地区有关州、市、县人民政府管理机构	三江并流地区有关州、市、县人民政府管理机构
高句丽王城、五陵及贵族墓葬	吉林省人民政府	吉林省人民政府文物行政主管部门	集安市人民政府文物行政主管部门
澳门历史城区	澳门特区政府	澳门旅游局	澳门旅游局 澳门文化局

续表

遗产名称	主管部门	管理机构	经营主体
安阳殷墟	安阳市人民政府	安阳市文物行政管理部门	殷墟文物保护管理机构
四川大熊猫栖息地	栖息地所在自然保护区县级以上人民政府	栖息地所在自然保护区管理机构	栖息地所在自然保护区管理机构
福建土楼	福建省人民政府文化(文物)行政管理部门	土楼所在地县级人民政府文化(文物)行政管理部门	土楼所在地县级人民政府文化(文物)行政管理部门
三清山	上饶市人民政府	三清山风景名胜区管理委员会	三清山风景名胜区管理委员会
五台山	山西省建设行政主管部门	五台山风景名胜区管理机构	五台山风景名胜区管理机构
中国南方喀斯特 武隆	重庆市人民政府风景名胜区主管部门	武隆喀斯特世界自然遗产管理委员会	武隆喀斯特世界自然遗产管理委员会
中国南方喀斯特 荔波	贵州省政府	荔波县遗产管理办公室 茂兰国家级自然保护区管理处 荔波樟江风景名胜区管理处	荔波县遗产管理办公室 茂兰国家级自然保护区管理处 荔波樟江风景名胜区管理处
中国南方喀斯特 石林	石林县人民政府	石林风景名胜区管理局	石林风景名胜区管理局

三、中国世界自然文化遗产管理经营体制机制案例

1. 政府机构管理、公司经营：黄山、峨眉山与龙虎山

(1) 黄山景区

1952年设立中共黄山管理处委员会,1979年管理处升格为黄山管理局(正厅级),1988年改名为黄山风景区管理委员会,由黄山市政府授权代表市政府管理黄山风景区,管委会主任由黄山市市长兼任。管委会制定景区发展规划,对景区内的旅游、环保、建设、交通、农业、林业、水利、国土、园林、公安、工商、税务等社会职能进行统一管理,实质上是一级政府。

为了加强对风景区的保护、规划、协调和监督,1993年安徽省成立黄山风景区规划委员会,由省长任主任。风景区重大项目开发建设由风景区规划委员会审批。

1996年11月,成立黄山旅游发展股份有限公司。公司与管委会两块牌子,一套班子。风景区管理委员会党委书记、常务副主任兼任黄山旅游集团董事局主席兼总裁,管委会一名副主任兼任黄山旅游集团董事局副主席兼副总裁。

黄山旅游发展股份有限公司由景区所属的宾馆酒店、旅行社、索道公司和园林开发公司等进行资产重组而成。同年,黄山旅游发展股份有限公司发行8000万B股上市,1997年7月又发行4000万A股上市。1999年改名为黄山旅游集团,下属园林、索道、宾馆和旅行社四大板块,专司门票管理、景点建设和环境卫生的黄山园林公司也入股其中。后又与上海锦江集团联手,组建锦江—黄山国际管理有限责任公司,引进国内一流的经营管理体制,提高了风景名胜区的整体经营管理水平。

黄山旅游集团控股黄山旅游发展股份有限公司在证券市场上市时,由景区管理委员会授权上市的股份有限公司对景区门票专营,实行景区的垄断经营。门票收入的50%上交景区管理委员会(即市政府),股份有限公司除上交营业税和所得税外,利润的50%上交市政府,其余50%回馈股民和用作黄山保护建设资金。

黄山风景区坚持"科学规划、统一管理、严格保护、永续利用"原则,坚持"山上游,山下住"的管理方针,围绕"打造国际精品旅游景区"目标,采取了一系列工程、技术、管理、行政等措施,强化自身建设能力,正确处理保护管理与开发利用的关系,无论在资源保护管理方面,还是在旅游经济发展等方面,都取得了明显的成效。

截止到2000年底,"黄山旅游"一举还清了黄山风景区在旧体制下多年积累的1.9亿元债务。1979年至2008年,黄山风景区年接待游客量从10.4万人次增至224.39万人次,增长了近21倍;年经营收入从115.7万元增至13.15亿元,增长了近1136倍;企业利润增至2.82亿元,增长了近1万倍。2008年黄山农民人均纯收入为5160元,是1978年的58.2倍。

2006至2007三年累计投入环境保护3.67亿元。1985年,由国家旅游局组织评选,黄山以唯一的山岳风光入选中国十大风景名胜区;1990年,被联合国教科文组织确定为世界文化与自然遗产;1999年,获联合国教科文组织颁发的"梅利娜·迈尔库里文化景观保护与管理国际荣誉奖";2004年,被联合国教科文组织确定为世界地质公园;2006年,被中央文明办、建设部、国家旅游局联合授予"全国文明风景旅游区"称号;2007年,被评为首批国家5A级旅游景区;2008年,被联合国世界旅游组织、教科文组织确定为全球第一个遗产地和旅游可持续发展观测站;2008年,黄山被中央文明办授予"全国精神文明建设工作先进单位"称号。

(2)峨眉山景区

峨眉山市政府的派出机构风景区管理委员会,享有县级政府职能,全权负责景区的规划、建设和管理事务,管委会的工商、公安、林业等部门业务上受上级对口部门指导。景区内的黄湾乡由管委会代管。峨眉山市旅游局、宗教局与管委会市场处、宗教处合署办公,由管委会统一管理,并行使旅游与宗教的行政管理职能。峨眉山风景区管理委员会主任由峨眉山市委副书记、常务副市长兼任。

峨眉山旅游发展股份有限公司由景区所属的宾馆酒店、旅行社、索道和水电站等国有资产组成。1997年10月公司发行4000万A股上市,筹集资金2.8亿元。管委会委托公司对峨眉山景区进行独家开发经营。

峨眉山市副市长兼任峨眉山旅游发展股份有限公司董事局主席兼总裁。1997年5月管委会与公司签订《关于委托经营游山票的协议》规定,扣除游山票制作、票房管理、游客人身保险、风景区保护基金等成本并交纳营业税后,公司每年按门票收入的50%上缴景区管委会,作为门山票专营权的使用费。该公司是景区内唯一代理经营游山票的单位。

(3) 龙虎山景区

龙虎山景区的管理体制与经营机制与黄山、峨眉山相似,由地方政府的派出机构管理,由该机构组建的国有旅游公司经营,不同的是公司尚未上市。

龙虎山是国家级风景名胜区,天师府、上清宫又是国家重点文物保护单位。1993年5月,鹰潭市委、市政府组建了龙虎山风景旅游区管理局,将原龙虎山风景名胜区管理局、鹰潭市旅游局合并,实行三块牌子一套人马,由鹰潭市委、市政府赋予其行使县级党政管理职能。改变了在龙虎山旅游开发过程中地方行政管理、风景名胜管理和旅游行业管理三驾马车、各行其是的状况,形成了有利于旅游开发的统一的行政管理和经营投资主体。1999年11月,鹰潭市市委、市政府将龙虎山风景旅游区管理局更名为鹰潭市龙虎山风景旅游区管理委员会,全方位行使县级党、政、群管理职能。2001年,龙虎山景区发起设立了龙虎山旅游集团公司,按照市场化运作、企业化管理的模式,负责整个龙虎山景区的旅游运营。2003年9月鹰潭市委、市政府决定单设市旅游局,对全市旅游业实行全面管理。

龙虎山天师府的门票和香火过去一直归鹰潭市道教协会管理,另外的正一观、上清宫、兜率宫三个宫观由龙虎山旅游集团公司(管委会下属)投资并经营管理。2009年2月后,所有四个宫观的门票全交给旅游集团公司负责。所有宫观里面的内容则恢复为宗教活动场所,统一由龙虎山道协负责其中的香火收入和法事等宗教收入。此外,旅游集团公司每年补贴道教协会250万元,并逐年按15%递增。这样形成了旅游集团公司对大景区的统一经营,宗教组织只管寺观内的宗教活动与香火收入。

目前,鹰潭市龙虎山风景旅游区管理委员会、鹰潭市龙虎山风景名胜区管理局两块牌子一套人马,集地方行政管理、风景名胜管理为一体,同时组建旅游集团,负责景区的市场化运营,旅游集团的主要领导由管理委员会领导兼任。

【简要评述】

黄山与峨眉山模式在形式上实现了景区所有权与经营权的分离。景区所有权和资源保护权归属于国家和地方政府,在实际运作中由政府派出的景区管理机构进行统一管理。景区的开发经营权则按照政企分开的原则,由景区管理委员会委托旅游集团及其控股的上市公司。

这种模式优势在于：景区市场融资能力强，能迅速吸纳社会资本和资金；企业管理体制规范，经营机制灵活，效益稳步提升，有效地促进了国有资产的保值增值，促进景区的经济效益、社会效益和生态效益协调发展。

这种模式的弊端在于：公司的商业化行为如没有相应的监督机制有可能导致对资源的破坏；上市后公司的经济效益受制于国内外经济、金融环境的波动，经济上存在一定的风险性。这种模式由政府或政府派出机构的公务员兼任股份公司的董事长，本质上仍是一种政企不分的体制，企业的自主经营权仍有很大的局限性，不符合中央关于政企分开、政事分开、事企分开的改革方针。地方政府官员兼任上市公司董事长，景区开发经营高度集权于少数官员手中，不符合现代企业制度，也不符合国家有关政府公务员不得兼任上市公司主管的规定。

这种模式的政策风险在于：在上市公司对于景区实行垄断式经营之后，作为社会公共资源的世界自然文化遗产成为企业的经营对象，有可能削弱社会公共资源的公共职能，不符合2006年《风景名胜区管理条例》关于"风景名胜区管理机构不得从事以营利为目的的经营活动，不得将规划、管理和监督等行政管理职能委托给企业或者个人行使，风景名胜区管理机构的工作人员，不得在风景名胜区内的企业兼职"的规定，因而国家城乡建设部和国家文物局等对这种经营模式一直持否定态度。2001年国务院《关于进一步加快发展旅游业的通知》中指出，"支持符合条件的旅游企业通过股票发行上市等方式融资"（国发〔2001〕9号），但对基于国有自然文化遗产资源的旅游企业能否上市，有关政府部门一直未能形成一致意见。国家证券主管部门也一直对此类企业的上市持十分谨慎的态度。

龙虎山景区由政府统一管理，易于形成上下协调、办事效率高效的管理氛围，可解决多头管理、交叉管理等现象，保证开发经营的有序进行。同时由景区管委组建直属的国有旅游集团公司，由集团公司对外招商、开发经营，既实现了景区的资源管理权与旅游经营权分离，又保证了由管委会对风景区进行整体管理，宗教场所内部由宗教团体管理。当然，这种由管委会组建的国有旅游企业仍然存在着政企合一的诸多弊端，是一种过渡性的体制，需要进一步深化改革。

2. 景区与镇区一体、管理与经营结合：武当山、泰山景区

（1）武当山景区

1980年7月，湖北省委、省政府成立武当山风景区建设领导小组，组建武当山风景区筹备处。1982年4月成立"武当山风景管理处"。1984年12月，武当山风景管理处和武当山镇合并为武当山管理局（镇），实行局镇合一管理体制。1986年12月，武当山管理局更名为"武当山风景管理局"，为县级机构，隶属原郧阳行署领导。1987年4月，局、镇分设，武当山风景区管理局仍为正县级机构，由丹江口市代管。1993年12月，武当山风景区管理局与武当山镇再次合并，成立"武当山风景区管理局（镇）"，实行一套班子，两块牌子，由丹江口市代管。1997年，武当山风景区管理局（镇）与省级武当山旅游经济开发区合并,成立湖北武当山旅游经济特区,实行一套班子、三块牌子,即:湖北省武当山旅游经济特区、湖北省武当山风景管理局、湖北省武当山旅游局,为正县级机构,仍由丹江口市代管。从80年代初到2003年的20多年中,因体制、交通、管理等因素的制约,武当山旅游经济发展举步维艰,景区最好年份旅游人数仅20余万人,财政收入仅2000余万元。

2003年6月,省委、省政府决定设立武当山旅游经济特区工委,为十堰市委的派出机构;设立武当山旅游经济特区管委会,为十堰市政府的派出机构(正县级),与武当山风景管理局实行一个机构,两块牌子。武当山旅游经济特区与丹江口脱离行政代管关系,并将当地社区纳入到旅游经济特区中。武当山旅游经济特区实施"主权不变、治权独立、事权下放"管理体制,独立行使县一级政府职能,实行封闭管理,全面负责武当山风景区的保护、规划、管理、开发和建设。武当山特区实行党政合一体制,不设政协和人大,只设一个党政一把手,主持全面工作,其他班子成员按职责分工分设,分管领导相互不交叉。

武当山旅游经济特区的职能部门下设:纪律检查委员会、组织人事部、宣传部、文物宗教局、旅游发展局、景区管理局、国土资源局、规划建设局、发展改革与经济局、公安局、财政府、人口与计划生育局、农村工作局、社会事务局、武装部、工会、团委、妇联、武当山道教协会、国税局、地税局、工商局、街道办事处、地方志办公室、中国武当功夫团;将文化局改成社会事务局,分设国税局和地税局。

武当山特区区域总面积312平方公里,其中城区规划区面积6.8平方公里,建成区面积2.8平方公里,辖1个街道办事处、29个行政村、2个居委会,总人口达到5万人,突破了传统景区的只管风景与旅游、不管乡镇的治理模式,以统筹社会经济发展为切入点,实现了景区与镇区之间的有效融合。

实行管理体制改革后,武当山旅游步入了快速发展的车道。2008年旅游接待人数122万人次,旅游总收入5.6亿元,综合财政收入1.51亿元,较2002年分别增长321%、1120%、522%。

武当山古建群全部被列为"全国重点文物保护单位",武当武术、武当山宫观道乐、武当山描绘被列入"国家非物质文化遗产名录"。武当山风景区被建设部授予"全国风景名胜区综合治理先进单位",被中央文明办、建设部、国家旅游局授予"全国文明风景旅游区创建工作先进单位"、"国家级风景名胜区综合整治工作优秀单位",被人事部、国家旅游局授予"全国旅游系统先进集体",被国际旅游联合会评为"欧洲人最喜爱的中国十大景区",被建设部评为"最受群众喜爱的中国十大风景名胜区",被中国自驾车协会评为"首届中国自驾车旅游品牌十佳目的地",被中国城市竞争力研究会评为"中国十大避暑名山",在"中国最美旅游胜地排行榜"评选活动中评为中国最美的十大宗教名山之首。

(2)泰山景区

泰山是世界自然文化遗产、全国重点文物保护单位、国家级重点风景名胜区和国家森林公园。

1985年泰安地区撤区建市后,原泰安地区文物局与原泰山文物风景管理局、泰山林场合署成立泰安市泰山风景名胜区管理委员会。泰山管委会建立之初,首创了风景、文物、林业三位一体的管理体制,被建设部作为范式在全国风景名胜区推广。

2001年,泰安市委、市政府明确泰山管委会是具有县级政府职能的市政府派出机构,将相关的林业、文物、卫生等19项行政管理权赋予泰山管委会。这一次改革有效解决了景区责权不一致的问题,确定了"景区内景区管"的管理原则,强化了景区的行政管理权。

2004年底,设立中共泰安市泰山风景名胜区工作委员会,授权泰山景区党工委、管委会代表市委、市政府对泰山景区范围内的经济、行政、社会事务实行统一领导和管理,行使市委、市政府及市直有关职能部门赋予或委托的管理权;将泰山门票管理处、泰山索道运营中心调整为泰山景区管委会代管。改革后的泰山景区实行准一级政府、准一级财政管理,集中统一管理职能得到进一步强化,区域统筹发展能力得到进一步增强。

2007年建设部在泰山召开研讨会,对泰山景区实施相对集中行政处罚权、管理与执法紧密结合的经验进行了推广。2009年购票进山进景点游客339.53万人,其中购票进山游客224.48万人,连续两年领先国内山岳型景区;实现门票、索道、旅游客运等收入6.4亿元。

【简要评述】

武当山与泰山的管理模式实现了党政企合一、景区与社区的统一、景区的所有权与经营权的统一。这种模式优势在于:在景区内高度整合了风景资源、土地资源、行政资源、社会资源,管理机构高度集中、统一、精悍、高效,避免了不少景区内存在的多头管理、条块分割、"九龙治水"、内耗不断的弊端。景区与社区合一,景区内旅游业与农林业和其他行业协调发展,旅游开发与农民就业相结合,促进了景区的经济效益、社会效益和生态效益协调发展,避免了有些景区内旅游企业发展但农民得益很少、甚至遭到损害的现象。景区的管理、开发、保护统一于管理机构一身,有利于景区管理责、权、利的统一。

这种模式的弊端在于:景区的管理、开发、保护统一于管理机构一身,尤其是集中在党政一把手身上,因此景区的发展往往取决于一把手的素质、能力与水平;景区的经营完全由政府派出机构性质的管委会操作,不利于建立更加符合市场经济规律的现代企业制度,使旅游产业发展建立在完善、灵活而稳定的体制机制之上。

3. 政府派出机构管理与经营:十三陵景区

十三陵风景名胜区是全国重点文物保护单位、国家级重点风景名胜区,并作为"明清皇家陵寝"的一部分被列入世界文化遗产名录。

十三陵景区文物保护范围即原有陵墙内及神路总面积1.18平方公里;建设控制地带(核心保护区)即文物保护范围向外扩100米,总面积20.46平方公里。

原十三陵管委会隶属北京市园林局,1981年6月北京市人民政府作出《关于设立八达岭、十三陵两个特区的决定》,规定十三陵特区办事处为北京市昌平县人民政府的派出机关,行政级别为正处级,属自收自支的全民所有制事业单位。特区办事处在市人民政府批准的保护区和重点保护区内,行使管理权。市人民政府确定一位副市长分工领导特区的工作。特区工作的大政方针由市人民政府决定,县人民政府负责领导特区办事处贯彻执行;特区的日常工作,由县人民政府领导。市文物等有关局应加强对特区办事处的业务指导。特区办事处设主任一人、副主任一至二人。主任由所在县的一位副县长兼任;副主任由原十三陵管理处的正副主任担任。需要调整的,由所在县负责委派。

办事处下设立公安、工商派出所,在特区办事处和县公安局、县工商行政管理局领导下,负责特区的治安、工商行政和交通管理等工作;管理科,负责特区内的财政、文物古迹和行政事务的管理等工作,以及文物、建筑各种设施的维修、扩建、新建等事宜;在财政和文物管理上,分别接受县财政、文物管理部门的业务指导;服务科,负责发售游览票,为游人解说、导游和管理为游人服务的商店等工作,在商业和文物经营上,分别接受县商业部门、文物部门的业务指导。特区内的乡镇和国营农场、林场的农业生产、植树造林、副业经营以及文化、教育、体育、卫生等与保护和管理游览区无关的事业,仍由县主管部门领导。

2002年7月北京市政府公布《明十三陵保护管理办法》,昌平区人民政府负责该办法的组织实施。昌平区十三陵特区办事处负责指导、协调有关部门和当地人民政府,做好明十三陵的保护管理工作。文物、规划、环境保护、林业、园林等部门和城管监察组织按照各自职责,依法负责对明十三陵的保护管理和监督检查工作。

特区办事处下设长陵管理处、定陵博物馆、昭陵管理处、神路管理处、银山塔林管理处、居庸关管理处、古建维修中心、定陵派出所、居庸关派出所、保卫科、文物科。为拓展旅游创收渠道,2000年5月开发建成了"龙祥旅游服务中心",经营车辆维修、加油、餐饮、住宿。为了解决征用农民土地而安排农转工,新成立了"金贵旅游服务中心"。特区办事处只负责文物保护、管理、接待游客,不管辖当地乡村和农业。

2001年十三陵景区顺利地通过了ISO 9001质量管理体系和ISO 14001环境管理体系的认证。1991年曾被评为"中国旅游胜地四十佳";2002年荣获首都精神文明建设委员会颁发的"首都文明单位标兵五连冠";2004年获得建设部颁发的"全国风景名胜区综合整治工作优秀单位";2005年获得建设部颁发的"国家重点风景名胜区监管信息系统建设先进单位"。2006年十三陵景区接待境外游客24.9万人次、国内游客760.9万人次。

【简要评述】

十三陵特区模式的优点是,由地方政府的派出机构对景区的文物保护和经营接待实行统一的管理,并设有公安、工商派出所,负责特区的治安、工商行政和交通管理等工作,解决了文化管理机构只能管理文物保护和经营接待工作,不能管理景区内的治安、工商行政和交通管理等工作。但这种模式的不足在于,特区办事处不对景区内的乡镇经济与社会方面的事务实施管理,因而无法统筹文物保护、旅游服务与乡镇建设的协调发展。景区管理与建设往往与景区内和景区周边的乡镇建设、农村发展、农民生计有密切的关系,景区与乡镇分离的管理体制不利于协调两者的利益,促进景区与乡镇的和谐发展。

4. 企业经营管理:宏村与西递景区

皖南古村落是世界文化遗产,其中的西递、宏村等古村落也是国家级文物保护单位。

安徽省黄山市黟县人民政府成立了由县长任主任的世界文化遗产委员会。世界文化遗产与国家文物保护单位的保护与管理由黟县文化局(文化局、规划局,三块牌子、一套班子)主管。黟县的乡村文化旅游中的文物保护工作由县文化局管理,旅游业务由县旅游局管理。

(1)宏村:外来旅游公司开发经营

在行政方面上,宏村由宏村镇政府及宏村村委会管理;在旅游开发经营上,由镇办"黟县宏村旅游服务有限公司"负责。1997年9月,通过招商引资,北京中坤集团与黟县人民政府签订合作协议,获得对宏村、南屏与关麓三个古村落的开发经营权,成立黄山京黟旅游开发总公司负责宏村及周边的关麓、南屏等景区的经营,时间为30年。

2001年,黟县政府与京黟旅游公司双方修订了合同,旅游公司将2002年门票收入的33%支付给黟县:其中20%以"文物保护基金"名义支付给黟县政府;13%支付给宏村村镇两级单位(其中5%支付给宏村镇,8%支付给宏村)。公司录用当地和附近村民担任导游、环保和安全工作,对村里定点的"参观接待户"每年按参观人数的多少由公司支付服务费,年终按户口公司对户籍村民平均发放"古建筑资源保护费"。

中坤集团接手后,聘请徽派建筑专家拟定宏村、南屏的保护与整治方案,斥资1000余万元对辖区内的古民居资源实行抢救性保护,对古村落的周边环境进行恢复性治理,完善基础配套设施,使乡村面貌得到改善。1998年,京黟旅游公司聘请清华大学建筑系制定了《宏村保护开发规划》,力求保持古村落格局及空间形态,旅游开发以遗产保护为前提,增设景点,延长旅游线路,预测游客量。京黟旅游公司还配合政府于2000年成功将宏村申报为世界文化遗产。10多年间,京黟旅游公司已累计投资近千万元用于文化遗产保护和景区环境治理,宏村模式因此受到多方好评,宏村的农民也由初始时的疑惑、不满变为基本满意。

宏村景区管理规范、善于营销。以门票管理为例,在宏村,凭借当地任何领导的条子、招呼来免费游览的游客都会遭到拒绝,除非得到京黟公司领导的许可才允许放行。每天接待的VIP的人数,也是严格控制。京黟公司很好地发挥了宏村的资源优势,再加上得力的现代企业营销,使得宏村具有较高的国际知名度。2008年宏村接待中外游客82.8万人次,实现旅游直接收入4036.4万元,财政总收入1316万元,农民年人均旅游收入6100元,占农民年人均收入的70%。宏村又被评为"中国历史文化名村"、国家4A级旅游景区、全国环境优美乡镇等。

(2)西递:本地村办旅游公司开发经营

黟县西递原是一个偏僻的穷山村。1986年,全村财政总收入才5万元,农民人均纯收入253元。1986年西递村委会组织旅游开发,1992年成立村办企业"西递旅游服务公司",为集体所有制性质的乡镇企业,一直经营至今。村委会领导兼任旅游公司领导,两个牌子、一套人马。从1996年起由西递镇成立旅游管委会,统一管理全镇(包括西递村)的旅游开发经营。

西递旅游服务公司的门票收入,除了上缴税收、文物保护基金等之外,公司与西递村按照5∶5的比例分配。西递村的旅游收入,20%留作村集体公益事业基金,其余的80%在村民之间分配。村民之间的收入分配由两部分组成:按照西递村的人口分配和按照西递村房屋建筑面积分配。"人口分配"考虑到村民为西递民俗旅游所做出的贡献,分为三种情况:全额享受(100%)、部分享受(40%)和免予享受。"房屋分配"以"古建筑资源保护费"的形式发放,用作村民修缮、维护古民居的费用。2002年开始,西递村将"人口分配"和"房屋分配"的比例微调为4.5∶5.5。

西递旅游服务公司是具有浓烈乡土气息的乡镇企业,容易唤起村民对旅游公司的主人翁意识,使得旅游开发经营拥有坚实的群众基础。村民充分认识到保护其"致富之源"古民居的重要性,自觉投身于其中。"保护世界文化遗产"已经成为西递村民潜意识中的集体认同,同时也认识到发展旅游是乡村发展、劳动致富的主渠道,围绕着旅游开展农副业生产和为游客提供餐饮、住宿、手工艺品。

2008年西递景区接待中外游客55.45万人次(其中外宾1763人次),旅游门票收入2251.8万元,农民年人均旅游收入6328元,占农民年人均收入的74%。西递被评为"中国历史文化名村"、国家4A级旅游景区。

【简要评述】

宏村、西递两个古村落都是世界文化遗产、国家文物保护单位和中国历史文化名村,由黟县人民政府世界文化遗产委员会指导,归县文物局管理,并都由企业开发经营。宏村由外来民营企业全面开发、经营和管理,并且在这家企业的积极参与、大力支持下申报世界文化遗产。西递则由村办旅游公司开发经营。二十年间两个古村落文化遗产得到较好保护、旅游产业与乡村建设得到很大发展、农民生活得到显著改善。这表明不管由外来民营企业还是本地乡村集体企业开发经营旅游,只要在各级政府的正确领导下,坚持"贯彻保护为主、抢救第一、合理利用、加强管理"的方针,都能实现文物保护、农民收入与企业经营三者的共同发展。

当然,随着旅游业的快速发展,经营西递的乡村企业在经营理念、人力资源等方面的局限性,一定程度上制约了旅游业更快地发展。西递旅游公司的财务开支、人事安排、旅游开发等都由少数人控制,村民自治作用甚微,低素质的管理人员导致旅游管理水平跟不上旅游发展要求。西递村村委会与旅游公司是"一个单位两块牌子",党政不分、政企不分的弊端越来越明显。西递的旅游服务、市场促销和景区管理总体上比宏村略逊一筹,宏村的旅游接待人数、旅游收入明显高于西递。经营宏村的京黟旅游开发总公司由于有实力雄厚、人才集聚的中坤集团作后盾,目前在黟县呈强劲扩张之势,由古村观光游览向山水休闲度假方向发展,进一步投资建设乡村旅游度假基地。当然,京黟旅游开发总公司也面临着进一步改善与当地农民的关系,更好地处理旅农结合、景乡统筹的问题。外来企业与当地农民的关系问题是一个永恒的课题,有待继续探索。

5. 景区体制机制变革的波折:陕西文博景点、曲阜"三孔"景区

(1)陕西文博景点

1998年12月,陕西省委、省政府作出《关于深化旅游体制改革,加快旅游产业发展的决定》:"在保证国家完全拥有文物所有权和有效保护的前提下,实行所有权与经营权分离。文博单位的各种经营性收入是其经营权明具体体现。经营权可以采取合作经营、委托经营等方式与文物的所有权分离,最大限度地发挥资本运作所产生的经济效能,为文物事业的进一步发展争取更加充足的资金。在确保国家文物国有化的前提下,实行文物的所有权与经营权分离、政企分开、事企分开,成立陕西旅游集团公司,集文博景点、风景名胜景点、旅行社、饭店、旅游交通、商店和娱乐业于一身,进入了旅游市场"。

为此,省政府组建了陕西省旅游集团公司,为省政府直属的国有独资公司,该集团公司由秦兵马俑旅游有限责任公司、西安宾馆等3家国有饭店、陕西省中国国际旅行社等3家国有旅行社、陕西有旅游汽车公司、陕西省文物总店、陕西省文物复仿制品公司等国有企业组成。秦兵马俑、华清池、乾陵和法门寺博物馆等4个文博单位和华山风景区的经营性资产也划入该集团。

省集团公司在旅游业务上接受省旅游局行业管理。集团公司每年向省文物局拨付一笔文物保护资金。文物资产经营性公司每年给博物馆一笔拨款,作为博物馆的事业费。陕西省的这次改革跨越了地区、部门和行业,整合了5个地、市、县的文物、园林与旅游资源,涉及文物、建设和旅游3个部门,实现文化、风景和产业的结合。这次改革还体现了政企分开、事企分开和经营权与所有权的分开,如华山旅游发展总公司与华山风景管理局分开,后者仍行使政府的风景管理职能;秦兵马俑等4家博物馆仍是省文物局直接管理的文博事业单位,与旅游经营活动分开;文物的所有权仍归国家,陕西旅游集团公司不得变卖、处置,国家文物不得以量化形式进入公司资产,但旅游服务性业务由旅游集团公司经营。

陕西旅游集团公司成立两年中,乾陵营业收入增长200%,华山营业收入增加91%。华清池营业收入当年增长300万元,第二年又增长20.3%。集团公司从营业收入中向文物系统提供3000万元的文物保护经费,是过去省政府提供的文物保护费的2倍。华清池原来每年由政府提供的文物保护费仅10万元左右,集团公司则累计投入400万元。集团公司还投资开发汉景帝阳陵的发掘,新建考古陈列馆。两年中集团公司对地方财政的贡献达7800万元。

但对陕西省的这项改革,建设部门和文物部门一直持有异议。2007年7月,在社会各界、旅游业界、文物管理部门以及各方面专家学者的争议声中,陕西省人民政府下发《关于调整完善部分文物旅游景点管理体制的通知》(陕政发〔2007〕29号):

"严格实行事企分开。将文博单位事业职能之外的资产分离出来,明晰产权关系,组建符合现代企业制度要求的经营性企业。文博单位和旅游企业从资产、人员、管理等方面彻底分开。文博单位事业性收入实行'收支两条线'管理,严格依照《文物保护法实施条例》规定的用途使用。"

按《通知》要求,秦始皇陵交由省文物局管理,秦始皇陵旅游开发有限公司全部资产、人员整体移交省文物局。秦始皇陵旅游开发有限公司的净资产及其对陕西旅游集团公司的欠款由省文物局负责清偿。秦始皇陵管理机构设置、人员编制、经费等问题由省文物局商省编办、省财政厅研究确定。

按照事企分开的原则,将秦始皇兵马俑博物馆的综合楼、环幕影院、秦俑广告公司、秦俑旅行社等经营性资产作为文物部门股份,由省文物局委托秦始皇兵马俑博物馆与陕西旅游集团公司共同组建"秦始皇陵旅游有限责任公司"(以下简称"秦旅公司")。陕西旅游集团公司以省文物局偿还的资金和自有现金作为出资,确定双方在秦旅公司的股份比例。撤销原由省旅游集团控股的秦兵马俑旅游开发有限责任公司,由"秦旅公司"经营秦始皇兵马俑博物馆和秦始皇陵遗址公园内旅游服务项目。

乾陵、法门寺、汉阳陵、西岳庙等旅游开发有限责任公司全部资产、人员也整体移交省文物局,陕西省旅游集团全部退出这几家公司。

有关媒体对陕西的这次"改革"作了如下的报道:

"11年前,陕西省委省政府在全国率先作出了一项重要决定,深化文物景点管理体制改革,实施政企分开,文物所有权和经营权分离,将文博单位中企业部分组建经营开发实体纳入陕西省旅游集团,然后进入市场。但从那一刻开始,陕旅集团就和文物部门在文物景点能否由旅游企业经营管理的问题上一直争论不休。此后,新修订的《文物保护法》规定,博物馆属事业性质,不应该由企业经营;博物馆的门票属于事业性的收费,也不应该由企业来收费。于是,兵马俑、秦始皇陵、乾陵、法门寺、汉阳陵等一批著名文物景点退出了陕旅集团,致力于打造陕西"旅游航母"的陕西旅游集团壮大之路受到一定影响。"

"尽管陕旅集团后来靠美轮美奂的大型实景演出《长恨歌》,又唤起了游客对华清池的热情,但业内仍然不免替陕旅集团惋惜。事实上,从全国来看,像陕旅集团一样遭遇体制制约、陷入尴尬境地的旅游集团不在少数。正如国家旅游局党组成员、中国旅游协会副会长吴文学所说,旅游企业集团一直是处在分分合合、合合分分之中,在艰难曲折的道路上发展。企业集团有一些规律性和根本性的问题需要引起足够的重视,体制创新是集团发展的根本。"

(2)曲阜"三孔"景区

孔府、孔庙和孔林一直由事企合一的市文物管理委员会管理经营,其收入列归财政预算外管理。由于文物资源与旅游经营的条块分割,资源优势得不到最佳配置利用,使曲阜文物旅游相关产业发展缓慢,旅游开发缺乏资金和创意,严重制约了曲阜旅游的快速发展。

1999年,曲阜成立直属市政府的孔子旅游集团有限公司,由市旅游局直辖的宾馆、旅行社和其他经营性企业,由市文物局直辖的孔府、孔庙、孔林等文博景点的经营性业务,均划归孔子旅游发展总公司管理,市旅游局和文物局不再直接管理经营业务。2000年孔子旅游发展总公司旅游收入为5700万元。

2001年2月,由华侨城以及曲阜当地的孔子旅游发展总公司、山东三孔集团、曲阜生达彩色印刷包装有限公司、曲阜电缆(集团)股份有限公司、山东省中国国际旅行社(集团)共同注资6000万元组建的孔子国际旅游股份公司(以下简称孔旅股份),其中华侨城占50%的股份。董事长由曲阜市旅游局局长担任。

按照曲阜市政府与孔旅股份股东签订的《关于三孔等八景点专营权及日常管理权的有偿转让协议》,将这些景点的经营权授予孔旅股份。2001年,孔旅股份收入5819万元,净利润437万元;2002年,主营业务收入7936万元,净利润801万元。

2000年12月中旬,对孔府、孔庙、孔林进行卫生大扫除时,发生了用水管直接喷冲文物的事件。2001年5月,国家文物局召开新闻发布会,宣布了对"水洗三孔"事件的处理结果:给予曲阜市分管文物的颜世全行政警告处分,给予曲阜市市长助理、曲阜孔子旅游(集团)有限责任公司董事长兼总经理行政记大过处分。明确"三孔"文物景区的保护管理由市文管会统一负责,孔子国际旅游股份有限公司对"三孔"的管理立即退出。

对于"水洗事件",有的媒体也曾作了如下报道:"在华侨城入主之前,曲阜市文管会每年可以收取三四千万元的门票费,用于文物保护和维修等方面的开支;当三孔等景点的专营权被授予孔旅股份之后,文管会的这笔收入却被剥夺了"。"有人认为,本次事件的引发,实际上是一些人不满文物旅游体制改革反弹的结果,因为改革将'三孔'的管理权直接租赁给新的旅游公司,触及了一部分人的既得利益。"他们不是从保护文物的角度出发,而是对曲阜的旅游体制改革有想法!"①

2004年2月,华侨城正式退出在山东曲阜市的三孔等景区的经营,与曲阜孔子旅游集团(以下简称孔旅集团)签订了《关于曲阜孔子国际旅游股份有限公司股权转让协议》,将其持有的50%股权转让,获得股权转让款3000万元。

此后,"曲阜市成立了曲阜市文物旅游党工委,下辖三个单位:曲阜市文物局、曲阜市文物旅游服务公司、曲阜市旅游局,对全市的文物旅游工作实行统一管理。

【简要评述】

陕西省文博景点和曲阜"三孔"的体制机制改革,不同部门、不同专业的人士历来有不同的看法,抛开"水洗"真相究竟如何,也不论陕西和曲阜的改革实际效果如何,国家所有的文化遗产资源能否实行资源的国家所有权与旅游服务的经营权分开?风景区的门票能否由企业经营?企业经营是否必然会损坏文物、损害风景名胜资源?这些问题至今依然没有一个定论。中国各地、各行各业情况千差万别,能否用"一刀切"的办法处理?

---

① 2001年2月7日《中国青年报》。

国家有关部门否定了陕西本省国有旅游企业集团经营文物景区景点、否定了曲阜与外地旅游企业集团（也是国有企业）合股经营的做法，但又默认黄山和峨眉山由本省国有旅游企业集团经营和上市，国家建设部和国家文物局多次授予这两个景区的许多荣誉称号，这又如何解释？但是，陕西省和曲阜"三孔"体制机制改革的曲折经历提醒人们：在现行的法律法规框架内，对世界自然文化遗产、国家文物保护单位和国家风景名胜区的体制机制改革必须慎之又慎，否则会功亏一篑。

目前，中国进入世界遗产目录的景区37处，历史文化名城102个，国家重点历史文物保护单位2276个，国家重点风景名胜区203处，国家自然保护区2011处，国家森林公园709处，国家湿地公园38处，国家地质公园138处，再加上省级、市级的，遍布全国各个角落。这些单位所在地方的经济社会发展环境、自然地理区位、历史人文背景以及本身的管理经营体制机制、经费状况、开发条件等千差万别，旅游开发的运作方式、管理模式、经营机制不可能套用一个模式，应该允许多种方式的探索和试验，取得经验、完善法规、逐步推广、稳步前进。

加强部际合作 共铸发展合力[①]

日前,国务院办公厅发布《贯彻落实国务院关于加快发展旅游业意见重点工作分工方案》。在国务院办公厅的文件中,就发展旅游业的方方面面作出如此详细的部署并确定各部门的相关职责,这在我国旅游业的历史上是第一次,在国务院对其他产业发展的文件中也不多见。当前我国经济发展正处在由回升向好向稳定增长转变的关键时期,国务院工作千头万绪、日理万机,如此具体部署旅游工作,可见旅游业作为国家重点培育和发展的战略性新兴产业之一,其作用之重要、责任之重大、任务之紧迫。

《分工方案》包括17个方面、79项工作,涉及中央宣传部、台办、中央外宣办、中央文明办、中央编办和外交部、发展改革委、教育部、科技部、工业和信息化部、国家民委、公安部、民政部、财政部、人力资源社会保障部、国土资源部、环境保护部、住房城乡建设部、交通运输部、铁道部、水利部、农业部、商务部、文化部、卫生部、国资委、人民银行、税务总局、工商总局、质检总局、广电总局、新闻出版总署、体育总局、安全监管总局、林业局、旅游局、港澳办、法制办、气象局、银监会、证监会、保监会、能源局、海洋局、民航局、邮政局、文物局、食品药品监管局、税务总局和国家标准委等党中央、国务院50个部门(按人民网和国务院网排序),把共同培育战略性支柱产业和人民群众更加满意的现代服务业的任务落到实处,使旅游业进入国家战略层面有了具体的行动方案和周密的组织基础。

《分工方案》首次提出各项旅游相关工作的牵头部门与参与部门,如城市公交服务网络由住房城乡建设部负责牵头;依托国家级文化、自然遗产地、打造有代表性的精品景区,规范发展高尔夫球场、大型主题公园等由发展改革委负责牵头;大力培育发展各类休闲、运动户外活动用品由工业和信息化部负责牵头;大力发展旅游购物,突出旅游餐饮文化特色由商务部负责牵头;大型国际展会平台由商务部负责牵头;推出具有地方特色和民族特色的演艺、节庆等文化旅游产品由文化部负责牵头;抓紧旅游综合立法,不断完善相关法律法规由法制办负责牵头;整合旅游教育资源,大力发展旅游职业教育由教育部负责牵头;建立和完善旅游职业资格和职称制度,把旅游促进就业纳入就业发展规划和职业培训计划由人力资源社会保障部负责牵头;安排中央财政促进服务业发展专项资金、对符合条件的旅游企业给予支持等由财政部负责牵头;加大对旅游企业和旅游项目的融资授信支持由人民银行负责牵头;旅游企业用于宣传促销的费用依法纳入企业经营成本由税务总局负责执行;适当增加旅游业发展用地,积极支持利用荒地、荒坡、荒滩、垃

[①] 2010年7月30日《中国旅游报》。

圾场、废弃矿山、边远海岛和可以开发利用的石漠化土地等开发旅游项目由国土资源部负责牵头。由于长期以来在旅游发展的某些政策制定与执行方面存在职责不清、分工不明的状况,从而造成部门之间互相推诿或者旅游部门"越位"而引发某种摩擦,这些规定有助于解决以上这些问题,有利于形成部门合作、产业融合的旅游发展机制。

《分工方案》明确了旅游局牵头36项工作,主要是深化旅游业改革开放、加快旅游体制机制改革;推动旅游产品多样化发展、培育新的旅游消费热点、促进旅游新业态发育;健全旅游标准体系、提高旅游服务水平;加强旅游公共服务设施建设,加强旅游市场监管、诚信和安全保障体系建设;促进内地居民赴香港、澳门旅游,加强海峡两岸旅游交流与合作等。《分工方案》还明确了旅游局要参与的31项工作。这些规定给旅游部门明晰了责职、加重了责任,有利于集中精力管好自己主管的事;同时也明确了应主动参与配合由其他部门牵头、主管的工作,有利于建立起更加和谐、更加有效的部际合作机制。国家层面的部际合作机制也为地方层面开展部门合作、形成发展合力明示了方向、提供了范例。

《分工方案》规定的17个方面、79项工作既是当前紧迫的任务,又是"十二五"期间乃至更长一段时期内要完成的任务。在党中央和国务院有关部委的指导与支持下,对于主要是旅游部门的工作要抓住关键课题,特别是广大群众普遍关心的问题,现在有条件可以解决或缓解的问题,要率先予以解决或初步解决,如景区门票调整、建立以游客评价为主的旅游目的地评价机制,规范引导自发性旅游活动,建立健全旅游信息服务平台,重点城市游客集散中心建设,规范发展"农家乐"、休闲农庄,提高旅游服务水平,加强旅游市场监管和诚信建设,加强导游队伍建设和旅游从业人员培训,加强旅游安全保障体系建设,实施旅游节能节水减排工程,积极引进外资旅游企业和旅游行政管理及相关部门加快职能转变、实行政事分开、政会分开,等等,尽早、尽快着手进行。旅游部门责无旁贷要做贯彻落实《分工方案》的表率。

旅游资源无穷尽,旅游经济无边界。所有的自然资源、文化资源和社会资源都可以转化为旅游资源。旅游产业是一个综合性、无界限社会化产业。20世纪80年代韩国曾提出"整个国土旅游资源化、全体国民旅游职员化、旅游设备国际标准化"的"旅游立国"方略,值得我们借鉴。部门合作与产业联动是旅游发展中一个永恒的课题。旅游的发展与运行离不开各个部门、各行各业的共同参与、支持与合作。近些年来各级政府在建立旅游综合协调机制上进行了许多探索。《分工方案》方案通过政府部门建立分工明确、各司其职的工作协调机制,在实践中不断积累经验、加大共识,逐步使部门分工协作方案更趋完善,走向常态化、制度化。

《分工方案》为进一步贯彻落实国务院《关于加快发展旅游业的意见》提供了坚实的政策保证和周密的组织保证,也为正在筹划中的"十二五"旅游业发展规划勾画了轮廓。旅游主管部门要精心做好自己牵头的工作方案,积极、主动地配合其他部门完善工作方案。由于各部门的主导职责不同、专业视角不同,在协调过程中产生不同意见是很自然的。要学会善于交流、勤于沟通、互相尊重、互相理解,在工作中扩大共识、增强凝聚力。

《分工方案》为新阶段营造旅游发展的社会环境、文化环境、生态环境和国际环境,为全面发挥旅游业的社会功能、经济功能、文化功能、环境功能和对外交流合作功能提供了新机制、新动力。抓紧时间把《分工方案》进一步细化与分解,制定具体的落实措施,从而为即将到来的"十二五"时期旅游新发展做好充分的思想准备、工作准备和组织准备。

部局合作越多越好,局省合作协议似无必要[1]

一、部局合作越多越好

近几年来,国家旅游局与有关部、委、办等中央单位签署了一系列合作协议,择其要者大致有:

2009年9月,与文化部共同发布了《关于促进文化与旅游结合发展的指导意见》。

2010年7月,与国家文物局签署了《旅游发展与文物保护战略合作框架协议》。

2010年7月,与农业部签署了《共同推进休闲农业与乡村旅游发展的合作框架协议》。根据这项协议,双方从今年开始每年联合组织开展以"全国欢乐乡村游"为主题的休闲农业与乡村旅游系列活动。

2010年7月,与中国气象局签署《关于联合提升旅游气象服务能力的合作框架协议》。

2010年8月,与国家开发银行签署《推进旅游产业发展战略合作协议》。

2010年12月,与中国银行在北京签署了《支持旅游产业发展合作备忘录》。

2010年12月,与中国邮政集团公司签署了《加强旅游邮政合作谅解备忘录》。

2011年1月,与中央对外宣传办公室、国务院新闻办公室签署了《关于开展国家形象宣传推广的合作框架协议》。

2011年1月,与中国农业银行签署了《支持旅游产业发展战略合作协议》。

2011年5月,与国家林业局在北京签署了《关于推进森林旅游发展的合作框架协议》。

2012年2月,与中国银联签署了《关于支持旅游业发展战略合作协议》。

2012年7月,与国务院扶贫办签署了合作框架协议,以通过两部门的合作,形成更加稳定有效的工作机制,共同探索新时期旅游扶贫新模式。

此外,还有多部门联合发布文件、成立专项工作组织协调机构,如发改委等8部门发文关于制止景区门票无序涨价,发改委等7部门发文制止高尔夫球场和主题公园无序建设,国家宗教局等6部门发文规范宗教场所燃香等文件,也是部门合作的方式之一,但实效不一。

上述局部合作协议,除与文化部联合发布的"指导意见"外,都是在国务院发布《关于

---

[1] 原写于2010年5月,2012年10月修改。

加快发展旅游业的意见》之后签署的,是国家旅游局与相关部门共同贯彻落实国务院《意见》的结果。这些文件正在落实之中,部际合作收到了显著的成果。如2011年11月国家旅游局与国家林业局首次共同召开了全国森林旅游工作会议,举办了全国森林旅游博览会,启动了联合编制全国森林旅游发展规划的工作。

按照2010年7月国务院办公厅关于《贯彻落实国务院关于加快发展旅游业意见重点工作分工方案》,局部合作工作还有许多工作可做。在城乡旅游目的地建设方面,与住房与城乡建设部门的合作至关重要;在工业旅游与旅游装备品、旅游用品和纪念品生产方面,加强与工业与信息化部门的合作;在旅游购物方面,加强与商务部门的合作;在旅游方面,加强与部门的合作;在康体健美旅游方面,加强与体育和卫生医疗部门的合作;在修学旅游与旅游教育方面,加强与教育部门的合作;在旅游交通、旅游专列、自驾车旅游、房车旅游、游船旅游、低空旅游方面,加强与交通、铁道、航空和水利部门的合作;在生态旅游方面,加强与环保、林业、国土等部门的合作;在海洋旅游方面,加强与海洋、海事和造船部门的合作;在旅游人力资源开发与国民休闲方面,加强与人力资源与社会保障部门的合作;在民族民俗旅游方面,加强与民委部门的合作;在宗教旅游方面,加强与宗教部门与宗教协会的合作;更无须说在出入境旅游方面,加强与外事与港澳台部门的联系,等等。

部门合作、产业联动的方式方法要因事制宜、灵活多样,切合实际、讲求实效。签署双边或多边合作协议、备忘录等是其中之一,但不必也不可能都采取这一方式。如多部门联合编制跨区域或专项旅游发展规划,出台鼓励、扶植某种旅游产品或旅游用品的专项政策,联合举办主题旅游年或专项旅游推广活动,在出台某一旅游政策或行动计划时与相关部门主动沟通、反复磋商,等等。

政府部门合作主要是产业方向、产业政策、产业监管等方面的政府行为,从宏观上推进产业联动、行业融合,因此不宜涉及应由市场与企业操作的事宜。如根据国家旅游局与中国农业银行《合作协议》,中国农业银行将在未来5年内提供总额为3000亿元人民币的意向性信用额度,重点支持由"国家旅游局向中国农业银行推荐符合贷款条件的重点旅游项目",就进入了市场运行的领域,是不符合"政企分开"、"政资分开"原则的。[①]

在一段时间内,特别是旅游业取得了跨越式的发展,中国旅游业得到世界旅游界的看重,进入国家发展的战略层面之后,旅游界有一些浮躁与自大,对旅游业的地位与作用产生了一些不切实际的估计,特别是旅游行政主管部门总想把职权之手伸到其他部门管辖的范围,或者没有充分尊重其他部门的职能、积极争取相关部门的支持与合作。例如,自1992年以来一年一度的旅游主题年活动,从主题确定、方案制订到实施,大多没有与关系十分密切的部门共同开展。中国优秀旅游城市的评定未能与有关部门共同开展。有的地方乡村旅游点质量等级标准制定与评定,没有与农业与农村部门共同进行。A级

---

① 参见本书《体制篇·国家旅游局何以向农行推荐旅游项目贷款》。

景区及工业旅游点的评定也未与有关部门充分沟通。所有这些都值得旅游界、尤其旅游行政部门反思。

部门合作、产业联动、业态融合是发展旅游业的一个永恒的主题。旅游业的综合性、组合性的特点，决定了无论是旅游资源与产品的开发，或是旅游目的地的建设完整，还是旅游服务的经营运行一时一刻也离不开相关行业、部门的共同参与。在某种意义上，旅游业并不是一个独立存在的产业，而是一、二、三产业和部门的综合体。因此，旅游业的发展无时无刻离不开部门合作、产业联动。也许可以说，没有部门合作、产业联动、业态融合，就没有旅游产业与旅游活动。

二、局省合作协议似无必要

从2008年6月起，国家旅游局先后与安徽等16个省区市签署了有关旅游合作的文件：

2008年6月，与安徽省人民政府签署《旅游工作会商制度议定书》。

2008年11月，与广东省政府签署《关于建立局省紧密合作机制备忘录》。

2008年12月，与湖北省政府签署《旅游产业发展合作协议》。

2009年3月，与江苏省签署《建立局省紧密合作机制备忘录》。

2009年5月，与云南省人民政府签署《关于推进云南旅游产业改革发展试点省建设合作协议》。

2009年6月，与重庆市人民政府签署《关于共同推进重庆统筹城乡旅游改革和发展合作备忘录》。

2009年8月，与深圳市人民政府签署《旅游合作框架协议》。

2009年8月，与陕西省人民政府签署《建立局省紧密合作机制备忘录》。

2009年8月，与宁夏回族自治区《关于加快发展宁夏旅游主导产业战略合作框架协议》。

2009年9月，与四川省人民政府签署《灾后恢复重建旅游产业紧密合作协议》。

2010年1月，与广西壮族自治区政府签署《建立局区紧密合作机制备忘录》。

2010年4月，与河南省人民政府签署《建立局省紧密合作机制备忘录》。

2011年3月，与江苏省人民政府签署《建立局省紧密合作机制备忘录》。

2011年6日，与河北省人民政府签署《关于推进河北省旅游业加快发展的合作协议》。

2011年10月，与西藏自治区人民政府签署《关于共同加快推进西藏重要世界旅游目的地建设合作协议》。

上述文件的名称不同，但内容大同小异，无非是国家旅游局方面表示如何如何"支持"有关省区发展旅游，有关省区表示如何如何地"重视发展"旅游业，双方承诺建立局省旅游协商合作"委员会"或"协调"小组、一年开一次会，支持省区"××旅游示范区建设"

或"××旅游试验区建设"等。

有必要这样做吗？打开国家旅游局官方网(WWW.CNTA.GOV.CN)"旅游局简介"第一行写道："中华人民共和国国家旅游局(简称'国家旅游局')，是国务院主管旅游工作的直属机构。"其"主要职能"的第一条就是"筹协调旅游业发展,制定发展政策、规划和标准,起草相关法律法规草案和规章并监督实施,指导地方旅游工作。"

"指导地方旅游工作"是国家旅游局的第一条职责,还需要一个省、一个区、一个市地去签订"议定书"、"备忘录"、"合作协议"、"框架协议"吗？支持各地发展旅游业是国家旅游局的本职工作;发展旅游业也是各地政府本职工作,还需要签协议互相"保证"吗？局领导与省领导在一年碰一次头,还需要签协议吗？难道不签订这样的"文件",国家旅游局就不支持你发展旅游业了？地方上就不重视发展旅游业了？

有什么用吗？笔者看不到这些"协议"的全文,但从报道中可知,大都是一套惯用的官方语言,没有什么新鲜内容。有些不同的,如支持广东建设"中国旅游综合改革示范区",支持重庆"统筹城乡旅游改革和发展",支持四川"灾后恢复重建旅游产业",都是一些"正确的空话",没有什么实质内容。

地方政府为什么要签这些"协议"？从一些简单的报道中,可以看出,有的希望得到国家旅游局的认可,成为"先行先试"的"示范区",如广东;有的希望得到更多的资金,如宁夏,"在旅游发展基金使用上对宁夏给予适度倾斜"。

其实,"示范区"从来就不是上级封你的,而是你自己干出来的。你"先行先试"得对,自然成了"示范区";你"先行先试"方向不对,不但成不了"示范区",而且还会碰钉子。2009年广东一个省想突破国务院公布的全国节假日的统一规定,自恃有"上面支持",擅自想搞一个变相的"五一"7天"黄金周",结果如何呢？西部地区省区在基础设施、环境建设上国家有倾斜政策,国家旅游局当然会执行,即使不签协议,也会给的,但与其他西部省区"一碗水端平",不会专给那一家吃"小灶"。

既然既没有必要,也没有什么用,那为何还要签呢？从上面讲,签订这些"议定书"、"备忘录",据笔者揣摩,可能是督促地方重视抓旅游,盘点年终工作时也在"政绩"中多了一点点内容。从下面讲,这是争取上面政策支持、资金支持、项目支持或智力支持的一个机会,是"中国特色"的"跑步(部)前(钱)进"的多种渠道中的一种。从积极的方面讲,这是推动地方工作的一步棋子,完全可以理解。当然也有一种不便说的无奈。笔者曾当面问一位省旅游局的朋友对此有何看法。他说,签不签一个样。别的省都签了,你不争取签,行吗?!

由此引申出一个问题:在中国政体下,在旅游行政管理体制方面中央与地方的关系如何处理？国家旅游局与省旅游局的职权如何分工？在改革开放初期,入境旅游放在首位,地方管理经验不足、机构人员不全、旅游服务设施不好,当时管理权限向中央倾斜,管理国际旅行社(时称一类社、二类社)、高等级涉外宾馆等职权归国家旅游局管辖等,是完全必要的。但当国内旅游成为主体、地方尤其是省级旅游局已经完备的情况下,地方旅游事务包括旅行社、酒店、景区的管理,应该基本下放到地方,地方旅游的发展战略、方向、布局和宣传推广等完全可以由地方自主抉择。

以31个省区市而言,省情各异,旅游业发展环境、阶段和水平不同,如果31个省区市的政府与国家旅游局签署合作协议的话,每年每省开一次工作会议的话,平均每月开2.6次,国家旅游局有多少人力、精力、时间去研究各省区市的旅游发展问题,能提出有真知灼见的指导意见?国家旅游局的官员出席各地的旅游发展大会、论坛、节庆、招商、推介之类的应景活动,不如集中力量抓好各省区市无法解决的关系全局的大事。

总结各地的旅游发展经验,推广有全国意义的成功典型,无疑是国家旅游局的重要工作。"从群众中来,到群众中去",这是仍有指导意义的领导艺术与工作方法。现在各地都希望把自己列为局省共抓的"典型",希望被列入名目繁多的"试验区"、"示范区/点",创造"××模式",无非是期望得到政策优惠、资金优惠或宣传资本。上面给了你这个"头衔",似乎手中就拿到了"尚方宝剑"。这也是各地力争与国家旅游局结合"合作"对子的动因所在。但是,先戴"帽子"后出"经验"的"典型",终究会有多大指导意义呢?

笔者丝毫不反对国家旅游局对某些省区进行重点扶持,如对西部地区、"老少边穷"地区采取特殊措施,如对西藏多年实行导游援藏、智力援藏方式。这本身也是国家旅游大局的需要。笔者本人也曾受国家旅游局人教司的委派去西藏参加导游培训,7次赴藏的经历使我深知,智力援藏比资金援藏更重要。但是,即使如此也没有必要双方签一个"合作协议"、"备忘录"之类的文书,因为这是作为国家行政机构理所当然的职责与义务。

从现行国家行政体系角度看,这种"局省"合作也是不合体统的。中央部委与各省区市是上下级的关系,是指导与被指导的关系,怎么能成为甲乙双方对等的"合作关系",甚至用"备忘录"、"议定书"、"框架协议"之类的商业文书、外交文书的文字来,签署这种对双方毫无约束力的文件?如果此种方式推广下去的话,一省旅游局要不要地市级政府签署此类文件呢?地市旅游局要不要与县级政府也签署此类文件呢?

海洋旅游更需要部门联动、产业融合[①]

2012年11月30日《中国旅游报》报道,国家旅游局日前发出《通知》,将2013年的旅游主题确定为"2013中国海洋旅游年",宣传口号为"体验海洋,游览中国"、"海洋旅游,引领未来"、"海洋旅游,精彩无限"。这个《通知》距党的"十八大"宣布建设"海洋强国"之后半个月,及时宣布2013年为"中国海洋旅游年"符合"十八大"精神。当前东海与南海乌云笼罩、波涛汹涌,中国与日本、菲律宾和越南的海疆领土之争僵持不下、全球注目。此时举办"中国海洋旅游年",也符合形势需要。

但这是一个仓促的应时之举。在2013年元旦前仅1个月的时刻匆匆发布,实在令旅游界和相关部门措手不及。举办海洋旅游年绝不仅仅是发布几个宣传口号,而是要有一系列的具体部署与行动计划,需要配套的政策、设施、线路与项目。对中国大陆而言,沿海12省、自治区和直辖市既是旅游目的地也是客源产出地,内陆19个省、自治区和直辖市是客源产出地,开展海洋旅游涉及区域协调与合作;对中国国民出游而言,开展海洋旅游涉及与海外旅游目的地的联络与协调;对外国游客而言,涉及沿海旅游目的地的接待准备;就国内外旅行社而言,考察、设计、推出海洋旅游产品更需有足够的筹划时间;对游客而言,选择旅游目的地、产品与线路也需要有选择、计划和准备时间。这一切都不是简单地发布一个消息所能做到的。如此匆忙地推出一个全国性的旅游主题年活动,对旅游目的地、旅游企业和境内外游客究竟有多少实际意义呢?不过是找一个滨海旅游地搞一个开幕式、举办一台晚会、领导有一个讲话而已。可以断定,这个"主题年"与以往的主题年活动一样,不会有多大的市场推广效果。

举办海洋旅游年,旅游部门与海洋部门联合行动应是题中应有之义。在《中国旅游报》的报道中,只字未谈与海洋部门的合作之事。查了一下国家海洋局官方网,也未见"海洋旅游年"的踪影。看来,这次"海洋旅游"主题年与以往的许多"主题年"一样,又是旅游部门单打独斗。

海洋旅游是生态科普、观光游览、休闲度假、体育健身、海钓、潜水、探险和游艇邮轮等旅游活动的综合,是一项专业性、技术性和综合性很强的旅游产品。离开海洋部门的共同行动,连最基本的海洋旅游宣传都会出错。

《中国旅游报》2012年1月9日第2版发表我国权威旅游研究机构研究人员的评论文章《开发海洋旅游要更广更深》,其中写道:"我国拥有1.8万公里海岸线、6500多个海

[①] 北京大学博雅方略研究院2013年第1期《博雅e行》,2013年4月25日《旅游商报》。

岛和近300万平方公里的海洋国土。"今年2月1日第9版该报《高端对话·海洋旅游开发的海南实践》，海南省的一位旅游主管领导说："中国有300多万平方公里的海洋区域。"

笔者查阅了相关官方文件与权威性辞书著作：

2007年6月中国政府发布的《中国应对气候变化国家方案》："中国大陆海岸线长达1.8万多公里，濒临的自然海域面积约473万平方公里。"

《中国政府网·中国概况》："中国位于亚洲东部，太平洋西岸。陆地面积约960万平方公里，东部和南部大陆海岸线1.8万多公里，内海和边海的水域面积约470多万平方公里"。

《新华网·中国概况》："毗邻中国大陆边缘及台湾岛的海洋有黄海、东海、南海及台湾以东的太平洋，渤海则是伸入我国大陆的内海。渤海、黄海、东海、南海四海，东西横跨经度32度，南北纵越纬度44度。海域总面积473万平方公里（截至1997年）。"

中国大百科全书出版社2010年5月版《中国国家地理地图》与《世界国家地理地图》：中国"地处亚欧大陆东南部，太平洋西岸。东南面向海洋，西北深向内陆，是一个海陆皆备的国家，陆地面积约960万平方公里，内海和边海的水域面积约470多万平方公里"。

即将开通的三沙旅游可以说是今年"海洋旅游年"的最大亮点。笔者10年前曾应"海航"公司的邀请参与西沙旅游的开发研究工作。此事历经10年磨合，今天才有眉目，充分说明海洋旅游绝非一个旅游部门能所为，它涉及国防、外交、海事、交通、建设、国土、生态、气象等众多部门。笔者一直认为，三沙旅游只能采取"邮轮食宿+上岛游览"的特种方式，而不能采用游客上岛游览、食宿、休闲娱乐的惯常方式。三沙旅游更需要国防、海洋、海上交通与旅游部门的协调行动。

再以目前正在世界流行、我国东部沿海正在兴起的邮轮旅游来说，无论是海外邮轮来访还是中国邮轮出访，都需要外事、公安、海关、边检、海事、海上交通、港口、气象与旅游等部门的协调行动，涉及港口码头建设管理、邮轮制造与驶航服务等一系列硬件与软件的配套建设。一座邮轮就是一个旅游目的地，其综合程度之高是一般陆地型旅游目的地难以比拟的，是多专业、多行业、多部门的发展成果的集合体。

中国是一个以大陆为主体的濒海大国。中华民族主要发源于以黄河、长江为标志的大陆地区，但很早就在临海地带繁衍发展，河姆渡遗址就是明证。从徐福东渡的传说，到鉴真东渡、郑和航海的壮举，表明中国对海洋的探索与开拓由来已久。但是长期自给自足的自然经济传统，加上明清以后几百年的闭关锁国政策，使中国在近现代海洋开发上落伍了。当葡萄牙、西班牙、英国、法国等国从海洋开拓起家之时，当时的明清政府"固土"自封，因而国民的海洋意识淡薄，海洋疆土的主权观念薄弱，误以为中国只是大陆国家，不认为也是海洋国家，许多人只知960平方公里的陆地面积，不知还有约占全部疆域1/3、约为陆地疆土1/2的海疆面积。

前两年中央提出开发蓝色经济、发展海洋经济,现在提出建设"海洋强国",这是一重大的观念突破、国策突破,标志改革开放、科学发展从沿海走向海洋,从陆地经济走向海洋经济,从大陆国家走向海洋国家,开始了中国崛起的新起点。此时此刻举办"中国海洋旅游年",有助于从观念上冲破大陆文明思维惯性,开启海洋文明思维,提高全民的海洋意识,尤其是强化国民的海疆主权意识,其意义远远超出丰富旅游产品、发展旅游业本身。应当让全民知道,中国不仅是大陆国家,也是海洋国家,是太平洋地区的重要国家;国家的疆域,不仅包括陆地疆土,而且也包括海面、岛礁、大陆架在内的海洋疆域。

海洋旅游的内涵很广,既涉及海洋生态的科学知识,又涉及海疆历史、海洋产业、海上运输、海洋法律与海洋军事等众多领域。开展海洋旅游的目的是,为了增进国人对海洋的了解,呼唤国人的海洋文明意识,而绝不仅仅是看海、玩海和航海;或者说通过看海、玩海和航海,准确宣传中国的海洋资源,科学普及海洋知识,提高国人的海洋意识与海疆意识,构建世界海洋强国的民众基础。

"部门合作、产业融合"是今日旅游界说得很多的一句话。希望它是一句实话,而不是套话和空话。离开了众多海洋相关部门的合作,很难想象能给"海洋旅游年"画上一个完美的句号。旅游部门与海洋部门的合作亟待"起航"。

旅游产品性质与政府主导型发展模式辨析[①]
——与魏小安先生商榷

魏小安先生《中国旅游发展大趋势》(2007 年 7 月《中国旅游报》),对新阶段中国旅游业转型问题作了深入的分析,文中许多论述十分精到,与本人关于中国旅游业如何从传统服务业向现代服务业转型的思路不谋而合(《关于现代旅游业若干特征的探讨》2007 年 5 月《中国旅游报》)。

魏先生在文中提出:"政府主导源于旅游产品的公共性质",并对该论点作了如下论述:

"国家旅游局提出政府主导型的旅游发展模式已经多年,对此很多专家学者提出了不同看法,有些不同部门也提出了不同意见。但是客观来看,旅游发展政府主导性的因素很多,即使从长远发展来看也无可替代。比如,旅游产品的开发,很多旅游产品具有公共产品的性质,这就意味着政府在其中有必须承担的责任;比如旅游产品的促销,这是多年来积累的模式,如果政府的形象宣传不走在前边,企业就跟不上去,这也是旅游产品的公共产品性所致;再比如对于旅游权益的保护等。旅游产品公共产品的性质和概念意味着在旅游发展方面政府责任是比较大的。"

从旅游产品是"公共产品"的前提,推导出实行"政府主导"型发展模式的结论,是合乎经济学原理的。但这里有两个问题需要商榷:

- "旅游产品的性质"是"公共产品"吗?
- "旅游发展政府主导型模式"能否替代?

本文就此与魏先生商榷并就教于旅游界同人。

一、旅游产品是公共产品吗

率先对公共产品做出定义的是美国经济学家保罗·A. 萨缪尔森。在 2004 年修订出版的第 17 版《经济学》(Economics)中,他把公共产品定义为:"将该商品的效用扩展于他人的成本为零;无法排除他人参与分享。"

通常对萨缪尔森这个定义的解释是,公共产品有两个重要属性:非竞争性和非排他性。"非竞争性"指的是,一部分人对某一产品的消费不会影响另一些人对该产品的消费,一些人从这一产品中受益不会影响其他人从这一产品中受益,受益对象之间不存在

[①] 2008 年 11 月 27 日、12 月 2 日搜狐博客,刊载于中国社会科学院旅游研究中心 2008 年第 6 期《旅游研究与信息》、2008 年 12 月《中国旅游报》。

利益冲突。"非排他性"指的是,既有消费者无法排除其他消费者对该产品的享用,也无法将那些不付费的人排除在外。公共产品的本质属性应该是社会的共同需要。

公共产品的非排他性和非竞争性决定了市场不能成为其有效的提供主体。公共产品的实际消费者是社会全体成员,公共产品由公共部门生产和向社会免费提供(包括物品和劳务),或由私人生产、政府收购后向公共提供。

与公共产品相对应的是私人产品,它是指用于私人(或个人)消费的产品或服务,每个人可以根据自己的需要进行购买并消费。在一定的时间和空间范围内,任何一个人增加或减少这类产品的消费后,可供他人消费的数量就会相应减少或增加。因此,私人产品具有消费的排他性和竞争性的特点。这类产品或服务的消费必须按市场经济原则进行,其生产和供给实行价格制度。对完全的和纯度较高的个人产品,应由企业经过市场提供。对这类产品,国家在计划和价格的干预度应是最低的,并且它们的绝大部分应主要由市场机制来调节。

在公共产品与私人产品之间存在着众多的准公共产品,它们不完全具备公共产品的上述两种特征,如城市公园、国家博物馆等,在现阶段我国的高等教育、医疗卫生也属于准公共产品。对在性质上接近于公共产品的准公共产品由政府或企业经由市场提供,并由政府对其实行价格干预与财政补贴。对在性质上接近于私人产品的准公共产品,为了平衡获益者与非获益者的利益,提高资源的使用效益,往往也采取类似于市场产品的供应方式,即按某种价格标准向消费者收费供应。为此,消费者必须通过付款才能获得消费权。

旅游产品是由一系列硬件和软件组合而成的服务性产品,对组成旅游产品七个要素的生产者、供应者和服务方式的分析,可以对它的产品属性有比较深入的判断。

交通服务:为旅游者提供交通服务的客运工具,一类是为所有旅客服务的公众交通,如民航、铁路列车、公路、城市公交和客轮等,另一类是专为旅游者提供的游览交通,如旅游包机、直升飞机、旅游专列、观光巴士、出租车、游船邮轮和索道等。在市场经济发达国家,这两类交通工具和服务都实行市场化运作,交通服务都属于私人产品。在市场经济不发达国家,前一类交通工具和服务都实行市场化或半市场化运作,大众交通服务都属于准公共产品或公共产品,后一类交通工具和服务也都实行市场化运作。

景区景点:有三种类型:①公共产品型,完全由政府拨款建设、管理和运营的国家博物馆等,属于纯公共产品;②完全由社会资本投入、按市场经济方式营行的休闲游乐场,如主题公园,属于纯私人产品;③以国有自然风景和历史文化资源为基础,历史上长期由政府拨款建设、管理和运行,改革开放后各类社会资本不同程度地参与开发、经营,尽管其资源是公共性质的,但它的建设、经营和保护的投入不可避免地受市场因素的制约,属于准公共产品,其门票价格应在政府指导、监控的基础上,根据总体市场环境和社会可承受水平,按法定程序制定与调整。

住宿服务:为旅游者提供住宿服务的经营单位,不论其所有者是国家、企业还是私人,是豪华酒店还是青年旅馆,都是进入市场运行的私人产品。中国有一个特例,就是不少政府主管部门用财政经费建造、经营的"培训基地"、"疗养基地",具有多种面孔:对部门的上司来说,是免费招待的"公共产品",对"关系户"客人,是只收成本费的"准公共产品",对社会住客是按市场价格收费的"私人产品"。

餐饮服务:几乎全部是按照市场运作的私人产品。

文化娱乐、康体健身服务:基本上是按市论价的私人产品。

购物服务:几乎全部是按照市场运作的私人产品。

中介服务:有两种类型:①以招徕、组织、导游为服务功能的旅行社,其提供的是按市场运作的私人产品;②以介绍、答疑和质检为服务功能的游客中心、旅游质监等机构,其提供的是公共产品。由政府主管部门或行业协会主办的旅游网站,其向公众发布的信息服务,对旅游消费者是非排他性、非竞争性的,属于公共产品;旅游企业主办的旅游网站,其中提供的信息服务不属于公共产品。

旅游产品,无论是以观光、度假、娱乐、康体为目的休闲性产品,还是以商务、交流、探亲和宗教朝拜为目的的事务性产品,都离不开上述七个方面的配套服务,大多是由非公共部门负责生产并无偿提供的"公共服务",而是按市场经济法则运行的、在总体上都属于私人产品,虽然其中若干环节是由公共资源或准公共资源(主要是以国家所有的历史文化、风景名胜资源)为基础组成的,但是它们一旦纳入旅游服务链条之中并成为旅游服务产品之后,对它们的消费(观光、游览、考察)就具有私人产品属性,成为旅游服务商品的组成部分之一,按市场经济方式运行。公务、商务、会展和文化科技交流等事务旅游产品,仍然为私人产品,按市场经济方式运行。我国的红色旅游、外国某些国家对低收入或失业人员的福利旅游,具有准公共产品的性质,但这在整个旅游产品体系中不占主流地位。

旅游产品的生产者、供应者是企业而不是政府或其他公共部门,而是多种类型的企业法人,旅游消费者的主体是个人或团队,他们必须按照私人产品的属性购买来换取、享受旅游服务。旅游产品的生产者、供应者与消费者之间的关系是市场契约的关系。当一个游客付费预订、消费了旅游产品链条中的某一个环节(如某个机位、床位、餐位、票位),其他游客就不可能同时消费该环节(如某个机位、床位、餐位、票位)。旅游产品的排他性、竞争性是十分清楚的,因而旅游产品属于私人产品而不是公共产品。

旅游产品是私人产品的本质属性决定了旅游产业的市场经济性质。

二、"政府主导型"模式的利与弊

1998年3月在全国旅游工作会议的报告中首次提出"政府主导型发展战略",2001年中国旅游业"十五"发展规划提出"政府主导型发展方针",后来又进一步提升到"政府主导型发展模式"。对"政府主导型"有很多解释,其核心内容是各级领导、特别是党政一把手亲自抓旅游,从战略决策、政策举措、部门协调到举办重大活动、建设重大项目,都要由地区党政主要领导拍板。

"政府主导型"发展模式的积极作用是：

（1）有利于统一对发展旅游的认识，较快形成发展旅游的社会共识；

（2）有利于协调政府各部门的行动形成发展旅游的合力，解决由旅游主管部门无权、无力解决的政策问题；

（3）有利于集中财力、物力，解决交通、通信和能源能等制约当地旅游发展的瓶颈问题；

（4）有利于集中宣传旅游目的地的形象，扩大地区的旅游知名度和影响力。

"政府主导型"发展模式在经济比较落后、基础设施比较薄弱、市场发育程度低、旅游业起步较晚的地区，确实对旅游的加速起步起到了明显的促进作用。改革开放以来中国旅游业的迅速发展，云南旅游的后来居上，焦作旅游的异军突起，以及近两年凉山旅游的快速兴起，都说明了这种发展模式在一定阶段、一些地区具有"立竿见影"的效应。

但是，"政府主导型"发展模式也有其先天、内在的缺陷。这种发展模式过于强调行政力量对旅游经济的能动作用，特别是过于强调地方党政领导干部个人对旅游发展的推动作用（其典型的说法是"党政主干线抓旅游"，即地方党委书记与省/市长），相对低估了市场对旅游资源与产品配置的基础性作用，因而潜存着下列难以规避的消极因素：

（1）在促进旅游发展机制方面，这种模式主要依靠非常设的"产业领导小组"、运动式的"产业发展大会"推动旅游经济发展，而不是把着力构建以法制架构为保障、以市场肌理为基础起的发展机制，因而这种产业发展的动力机制是非常态、非稳定、非持续的，常常取决于某届党政领导核心人物对旅游业的认识、喜好来做出决策。某省的"旅游发展大会"在前几届曾收到较好效果，但后来发展为由各地市用竞标方式取得"大会"的主办权，并由一年一次改为一年两次，举办城市在不到半年的时间内突击建广场、会场、宾馆和景区，赶进度抢工期、透支财政、拖欠工程款，广场、会馆、宾馆闲置，"政绩工程"的消极后果在日后逐步显现。2006年后，该省新任领导停止了这种做法，回归到常态的旅游工作会议。

（2）在旅游目的地建设方面，这种模式采用自上而下发动的、行政式、运动式、指标化方式的"评优"、"评佳"、"评强"等，这种方式在短时间内对推动地方政府重视旅游，促使旅游服务方面的某些薄弱环节整改，提升某些城市的旅游知名度有一定影响。从1988年至2007年共306个城市被评为"中国优秀旅游城市"，占全国655个城市的48%，其评选速度与总量远远超过"国家历史名城"（1982至2007年评定110个）、"国家园林城市"（1992年开始评定，共19个）、"国家卫生城市"（1990至2006年评定71个）、国家环保模范城市（1997年开始，共67个）。

但是这种行政评定容易导致形式化、场面化，各类评定标准中的有些指标，如"政府对旅游产业的定位"、"接待游客人数"、"旅游总收入及其占地方生产总值的比例"等，由于缺乏科学的计算标准，往往有不实之处。验收前"冲刺"得轰轰烈烈，验收后依然如旧，

"游客咨询中心"等服务设施形同虚设。过多过泛的"优秀旅游城市"使它的含金量在降低,在市民与游客的心目中的吸引力难以说清。近几年的种种评定虽以"××评定委员会"的名义出面,但实质上仍是一种行政审批方式。

(3)在旅游项目建设方面,这种模式容易导致由党政一、二把手拍板大工程、大项目。如果领导决策正确,能集中地方财力、物力、人力资源,在政策倾斜的推动下迅速建成;如果领导决策错误,就会造成财力、物力、人力资源(包括民营资本)的巨大浪费。许多"政绩工程",往往是在耗费过大的社会资源下建成、经营、维持的,即使建成了也往往难以有效、持久营运。有些项目虽是民营企业投资,但仍然是在当地政府的一路"绿灯"下进行的。

(4)在旅游景区经营方面,以风景名胜区、历史文保单位、森林公园、自然保护区和地质公园为基础的旅游景区绝大多数由政府有关部门管理、建设和经营,是典型的"政府主导型"模式。近几年来众多这类景区的主要收入是门票,门票的定价权掌控在政府手中。尽管公众舆论呼吁降低景区门票,国家发改委三令五申控制景区门票价格,但是不少景区的门票远远超出了大多数公众的接受水平。究其根源,并不是"市场化"的结果,而是政府垄断所造成。不少地方政府把国有景区当作增加"预算外收入"的摇钱树,因而景区门票一再攀升,造成门票价格背离其真实的市场价值,成为垄断价格。

(5)在旅游企业改革发育上,这种模式主要依靠行政手段组建国有大企业集团推进企业整合,而不是以市场竞争为基础推进国有旅游企业自身的改制,在市场竞争中优化组合。国有旅游企业集团的规模扩大了,内部的体制机制改革迟缓,由小舢板捆成的大轮船能做大,但不能做强,旅游业界至今没有培育出海尔、联想那样的在国际舞台驰骋的名牌企业。国有旅游企业改制迟缓,至今割不断与政府主管部门的"脐带"。在政府主导型体制下,民营旅游企业只能在有限的空间内成长,在拓展业务的过程中受到国有垄断企业与行政力量的压制,在不平等竞争的环境下艰难生存。这些与政府主导型模式不无关系。

(6)在旅游行业中介组织方面,行业协会一直是行政管理机关的附属机构。协会工作人员按公务员身份安排职务、决定薪酬,往往是行政管理机关安置"冗员"、"老同志"的地方。协会会长、副会长由旅游局长、副局长兼任,协会活动的场所和经费由政管理机关拨给,协会的活动由行政管理机关批准。作为企业的自治、自维、自律机构,不能有效反映企业要求、维护企业合法权益、协调企业关系,基本上没有独立自主地开展活动。大多数旅游企业对行业协会相当冷漠,即使与香港、台湾相比,大陆的行业协会在业界鲜有影响,更谈不上威信。

(7)在旅游宣传推广上,往往行政长官亲临一线,习惯于用传统的政治宣传方式("官方语言")推介旅游,从国家层面到地方层面至今未形成由专业人员组成的稳定而专业的促销团队、政府与企业合作的促销机构和讲究促销效益的市场促销机制,甚至由政府长官拍板敲定旅游目的地的形象口号。西部地区某大城市定格为"东方伊甸园"就是这种官员主导旅游宣传的一例。

（8）在旅游人力资源开发上，这种模式下国有骨干企业高端管理层的任用主要靠党政"伯乐"的"慧眼"，至今尚未形成市场型的职业经理阶层，没有出现业界认可、叱咤国际市场的旅游企业家。此类企业家在其他行业中早已显露头角，但旅游业界少有表彰。并非旅游业界没有此种人才，而是因为在"官本位"的体制下企业家难有施展抱负与能力的舞台。主流旅游媒体热衷于宣传"旅游书记"、"旅游省长/市长"，而对业绩卓著的旅游企业家鲜有报导，这种媒体宣传上的失衡正是"政府主导型"指导思想的反映。

政府主导型发展模式存在并广泛地被认同无疑具有深刻的历史背景与社会基础。

历史传统：行政指令式计划经济模式的传统体制，用搞运动方式发展经济的习惯思维，因而把在特定环境下政府行政干预快速见效的非常态方式当作发展旅游经济的常态方式。

社会基础：政府掌握着主体旅游资源（风景名胜区、自然文化遗产、森林公园等），控制着骨干旅游企业（主要是国有饭店、主干旅行社和客运公司），掌握着民航、铁路、公路等主要基础设施，旅游基础设施薄弱需要政府加大投入，旅游企业弱小、依附于行政主管部门，不能承担起产业运行主体的作用，相关部门权力分割与利益制衡，这些客观条件需要强有力的政府介入，特别是在旅游业处在起步阶段或初级发展阶段，使得"政府主导型"模式一经提出就被广泛接受，并在一定时期内卓有成效。

三、各地对"政府主导型发展模式"的思考

在改革开放30年的今天，讨论旅游产品的本质属性不是纯粹的学术之争。

新中国成立至改革开放前的28年中，我国的旅游接待历来是外事接待、国内统战工作（主要接待民主党派高层人士、港澳台同胞和华侨华人）和社会福利（主要是党政干部、战斗英雄和劳动模范的休疗养）的一部分，那时的旅游接待是典型的"公共产品"或"准公共产品"，那时的旅行社、宾馆本质上都是政府公务型、事业型单位，几乎不讲成本、不计效益，实行"供给制"的模式，是计划经济的一部分，典型的"政府主导"型体制。

1979年，邓小平反复强调旅游业的经济性质："旅游这个行业，要变成综合性行业"，"搞旅游要千方百计地增加收入。既然搞这个行业，就要看看怎样有利可图"。

30年来，中国旅游业一直以改革开放为动力，以产业化、市场化、国际化为取向发展的，但是开放与改革不同步，行政管理体制改革滞后，与产业化、市场化、国际化的取向不协调，浓重的行政指令式的行业管理模式不利于市场机制的发育。

进入"十一五"之时，在各省区市编制的"十一五"旅游发展规划中，对旅游发展的原则、方针、模式的表述中，虽然仍然保留了"政府主导"的内容，但对它的表述及对市场对资源配置的强调出现了值得关注的情况，有的提出了"推动旅游业由政府主导型向市场型转变"、"坚持政府引导、市场主导的原则"。

山西省："政府推动、市场运作、企业为主、社会参与"，"牢固树立政府引导、社会参

与、市场主体的观念,把完善市场经济体制与推进政府职能转变结合起来"(《中国旅游业发展"十一五"发展纲要·地方篇》,中国旅游出版社2007年版,第55页、69页。下同。

黑龙江省:"政府主导、企业主体、市场化运作的原则"(第141页),"黑龙江省旅游业正处在加快发展的关键阶段,需要通过政府来整合各方面的资源,营造环境,形成推动旅游经济快速起飞的合力,因此要在相当的一个阶段内继续坚持政府主导的发展原则"(第171页)。

浙江省:"进一步加强政府对旅游经济发展的宏观调控、行业指导和市场监管,更有效地发挥政府在培育市场主体、创造良好环境、规范市场秩序方面的重要作用"(第238页)。

安徽省:"政府推动战略"、"企业驱动战略"、"市场拉动战略"并提(第246页)。"政府推动战略"的内容:"提高旅游发展认识,创新旅游发展理念,制定促进旅游发展政策,把旅游业作为全局性、战略性的工作纳入经济社会总体规划"(第258页)。

福建省:"坚持政府引导、部门联动、市场运作、社会参与的发展理念"(第264页)。

河南省:"推动旅游业由政府主导型向市场型转变"(第320页)。

广西壮族自治区:"政府主导、企业主体、市场推进战略"(第387页)。

海南省:"建立市场运作和政府宏观调控相结合的政府主导型旅游管理体制,在以市场为主配置资源的基础上,充分发挥政府的主导作用,加强政府对旅游业的宏观管理、调控和引导功能"(第484页)。

重庆市:"在强化政府的宏观调控能力的同时,确立企业主体地位"(第498页)。

贵州省:"坚持政府引导、市场主导的原则"(第534页)。

云南省:建立"政府引导、行业规范、企业自律的旅游行业管理运行机制"(第569页)。

青海:"在社会主义市场经济发展的初期,必须坚持政府主导型的发展方针。今后随着市场经济的逐步成熟,才能走向政府的宏观调控和市场调节"(第686页)。

上海市旅游事业委员会(最近在上海行政体制改革方案中改为"上海市旅游局")主任道书明提出:"在不断弱化对行政管理手段的依赖,强化管理服务、协调服务、信息服务、配套服务的基础上,深化旅游部门的产业促进、规制保障、市场监管、形象营销、资源整合、公共服务、区域协调等职能,积极努力地从全能型政府转向有限型政府,从审批型政府转向服务型政府,从高成本政府转向高效能政府,从人治政府转向法治政府,使政府的职能定位更符合城市的发展需要,满足市民和游客不断增长的旅游需求。"(《对转变旅游业发展方式的战略思考》,国家旅游局2008年第1期《旅游调研》。)

2008年12月2日,郭金龙在北京旅游产业发展大会上的讲话中指出:"创新旅游管理体制。积极推动旅游业发展由政府主导逐步向政府引导调控、市场主导转变,着重发挥规划的龙头作用和政府资金的引导作用。加强旅游行业协会的发展,提高行业自律和促进产业发展能力。尤其是要尊重市场运作规律,发挥企业主体作用,提供优质公共服务,鼓励支持社会资本积极参与,实现资源与资本的有效结合,共同促进旅游产业发展。"

目前,我国旅游业已经站在新的发展平台之上。一个无可争辩的事实是:东部沿海地区日益与国际接轨的旅游服务与其他大部分地区、特别是西部地区旅游初创的状况并存,东部市场意识比较普及、市场经济比较发达与西部市场经济发育滞后的状况并存。在这种形势下,再在全国各地整齐划一地推广政府主导型发展模式就不合时宜了,应当允许并鼓励各地因地因时制宜地确定各自的发展模式。在条件成熟的地区、时候,实行从政府主导型向政府指导、市场主导、企业主体型发展模式转型,乃势所必然。

"主动开放与被动改革"辨析[①]

——再与魏小安先生商榷

魏小安先生在总结我国旅游业发展30年经验时,曾提出中国旅游业存在"主动开放与被动改革"的问题。这一看法在今年7月15日纪念邓小平同志黄山讲话30周年中国旅游业发展研讨会发言中作了全面的阐述:

"对外开放的对应必然是对内放开,这就需要二者的同步运行,一定意义上,深化改革比积极开放更重要。但恰恰是由于二者的不协调,产生了一些影响旅游发展的深层次问题。开放先导促进了旅游产业规模的扩大,改革滞后影响了旅游产业素质的提高。在产业组织集中度方面,制造业、流通业、信息业等,都进行了若干次产业升级,产生了统领市场的大企业,而旅游业几乎30年不升级。这也是我们现在大而不强的根本。"

"何以如此呢?粗略言之,一是指导思想,30年旅游发展,前半期没有当作产业看待,后半期又处于边缘化。二是人才结构,前期从各级旅游行政管理部门到旅游企业基本上外语干部一统天下,政治素质高,服务技能强,但缺乏经济观点和市场意识。三是部门争执,旅游作为一个新部门,权力资源稀缺,格外看重权力,放开几乎是一种自我革命。四是旅游本身的行业特色,全国办旅游,政府打先锋,非经济动机远远超过了经济动机,即使中央放,地方也不放,部门直属的旅游企业更不能放。

从发展过程分析,主动开放的主要原因是资金的短缺,改革滞后的主要原因是过于强调旅游的特殊性。并不是不改革,在改革开放的大势之下也不可能不改革,但在实际中总是在被动改革。由于改革的被动,形成了发展的波动,从1998年到2005年,市场治理整顿成为工作的主旋律,这在各行各业中都是少见的。但也恰恰是在这一过程中,中国加入世界贸易组织,旅游也不得不加大开放的步伐,完成了真正的市场转型,形成了高速成长的局面。发展成就掩盖了改革的被动,以至于至今仍未引起行业足够的重视,并在各个方面影响了旅游行业又好又快的发展。"

首先,我十分赞佩魏先生在总结30年中国旅游业发展成就时,不回避其中存在问题,这与诸多纪念改革开放30年的文章只讲成就与经验,不讲或回避问题与教训的应景文章不一样。我本人在去年年底在搜狐博客上贴发的纪念30年的系列博文中,着重探讨的是30年的经验与不足。

[①] 2009年8月25日搜狐博客,部分内容刊载于2011年6月3日《中国旅游报》。

其次，魏先生认为近10年来我国旅游业"改革被动"，"发展成就掩盖了改革的被动，以至于至今仍未引起行业足够的重视，并在各个方面影响了旅游行业又好又快的发展"。对此，我深有同感。我于2008年12月30日发的"回望30年之六"《主动改革开放与被动改革开放为哪般》一文，指出我国"饭店业主动、率先开放"，"旅行社业被动、迟缓开放"，而形成"饭店业与旅行社业的反差"。我的基本看法与魏先生有许多相似之处。

然而，我与魏先生的不同看法是，我国旅游业存在的诸多深层次问题，并不是"主动开放与被动改革"造成的，而是近20年来我国旅游业"被动改革开放"造成的，更确切地说，是国家旅游局的指导思想偏离了改革开放的基本方针，不像20世纪80年代初小平同志主政时那样既开放又改革，而是既不敢开放、又不想改革形成的。

这方面，最突出地表现在两个方面：

一、旅行社的开放与改革

长期以来，开办旅行社一直是政府机构、国有企业的"专利"。1981年10月，国务院在《关于加强旅游工作的决定》中规定，"不允许外商以任何形式在中国经营旅游业"，旅游外联工作由国旅总社和中旅总社统一、直接负责，各省区市不得外联、招徕境外游客。直到1985年发布的《旅行社管理暂行条例》，才开始允许"集体"办旅行社。直到1996年才取消了对内资的限制，个体、私人都可以投资经营旅行社业务。

从1986年开始，我国开始申请加入世界贸易组织谈判。在长达15年的"马拉松式"的谈判中，旅行社的开放一直是服务贸易方面谈判的焦点之一。开放旅行社市场的条件一直是我们与西方国家谈判的一个"筹码"。从开放地域、数量、中外股权比例、经费范围、注册资本、分支机构、国民待遇等各方面，我方层层设防、步步为营。这种"寸土必争"的攻守固然在"入世"谈判中为其他服务贸易达成有利条款作出了贡献，同时也反映了当时我方对开放旅行社市场的重重疑虑。一是担心外资旅行社抢了中国的出入境客源市场，二是担心外资旅行社抢了中国经营出入境业务的国际旅行社的饭碗，三是担心外资旅行社抢了中国的旅行社管理人才。一句话，担心外资旅行社挤垮了中国旅游管理部门的"嫡系部队"，主要是国、中、青三大主力军。当时所谓"狼来了"的惧忧心理，主要是怕外资旅行社这只"狼"。

为了保护"嫡系部队"不受"狼"的攻击，对外商控股和独资旅行社规定了种种进入"门槛"：如年旅游经费总额要达到4000万美元（外商控股者）、5亿美元（外商独资者）；只能设在"12个国家级旅游度假区"及北京、上海、广州、深圳和西安5个城市中；只能经营中国的入境旅游和国内旅游业务，不得经营中国的出境旅游业务。

至今，国、中、青三个系统的国有旅行社垄断局面虽然已经冲破，形成了国有、集体、股份、民营和中外合资、独资等多种所有制并存的局面。25家独资合资旅行社中，世界上最大的旅行社和旅游公司，如美国运通公司、日本日航国旅、英国格里菲集团、德国途易集团等已开始进入中国，但业务量很小。国有旅行社独大的局面仍然存在，虽有上海国旅、北京康辉等旅行社改制为股份有限公司,国有大旅行社的体制机制改革依然十分迟缓。

当中国旅游市场从卖方市场向买方市场转变之后,旅行社行业的种种弊端,如恶性削价竞争、零负团费、虚假广告、导游回扣和内部部门承包、非法挂靠等问题屡禁不止、屡治屡盛。多年开展的"春雷行动"、"利剑行动"、"治理整顿零负团费专项行动"等收效甚微。这些陋习现在正从国内旅游蔓延到出境旅游之中。

迄今为止,总体上中国旅行社业的"小、散、弱、乱"现象看不到有根本性转变的迹象。诚然旅行社行业与饭店业相比,行业链纵横交错、经营环境复杂多变,该行业目前的状况是由多种原因造成的。但是,全行业改革开放被动、迟缓,"国有正统"、"计划经济"(换一个说法"政府主导")等传统观念的顽强表现,既得利益群及其与政府主管部门中的千丝万缕的联系,是这个行业形成如此现状的根本原因。长期的政府"保护",实际上保护了落后、僵化和紊乱。

显然,中国旅行社业开放的滞后带来了行业改革的滞缓,影响了行业素质的提升。这与饭店业的主动开放促进了行业的改革与提升形成了鲜明的对比。

二、中国公民出境旅游的开放

30 年中,中国旅游的起步是从"打开国门"、对外开放入境旅游市场起步的。对于外国公民和港澳台同胞的入境旅游,我们历来是敞开大门唯恐他们不来。正是由于这一步,促进了我国饭店业、民航运输业等涉外服务业的改革与发展。也正是由于这一步,我国的若干家国有旅行社,由于天然地垄断了入境旅游经营权,从入境旅游中获得了巨额的垄断利润,也正是这种垄断利润驱使旅游业界主管部门和主流企业不愿向外国旅行社敞开大门。

对于中国公民出境旅游,我们历来也是消极的、被动的、层层设卡的。最初只允许国内港澳侨眷的"出境探亲",后来又允许官员的公费"公务商务考察",直到 1997 年,即改革开放 10 年之后,《中国公民自费出国旅游管理暂行办法》出台,开始公民的自费出国旅游。从那以后直至 2005 年,国家旅游局一直采取"有组织、有计划、有控制"的"适度发展出境旅游"的方针。在实施这一方针的过程中,一是严格控制出境旅游组团社的审批;二是严格控制出境旅游人数;三是严格控制出境旅游的手续;四是严格控制出境旅游目的国的审批。总之,在中国公民自费出国旅游问题上,总的态度是"堵",而不是"疏",更不是"放"。

尤其需要指出的,中国在对出国旅游目的地的处理上,采取了国际上没有先例的确认 ADS(Approved Destination Status)政策,即由中国政府与相关国家政府分别签订协议,批准该国为中国公民自费出国旅游目的地国家,然后由我国政府审定的旅行社才能正式经营中国公民自费出国旅游的业务。从 1997 年中国政府首次批准澳大利亚、新西兰、韩国和日本等 4 个国家为中国公民自费出国旅游目的地开始,到 2008 年 9 月 15 日认定以色列为中国公民自费出国旅游目的地,这之间用了整整10多年时间。外交部网站告诉人们,截至2009年7月16日,与我国正式建立外交关系的国家与地区有173个。已签约的中国公民出国(境)旅游目的地国家和地区达137个,实际开展旅游活动的只有95个,远少于与我国建交的国家。早在1989年中国与以色列互设了旅游办事处,1992年1月中以才正式建交,先有"旅游外交",后有"政治外交",可是到2008年7月以色列才成为中国公民自费出国旅游目的。1979年1月中美正式建立大使级外交关系,此后中国去美国留学的数以万计、陆续不断,可是直到2008年6月美国才成为中国公民自费出国旅游目的地。旅游界有一句引以为自豪的话:"旅游是民间外交"、"导游是民间大使"。你看,这个"民间外交"落后于"官方外交"有多远!(当然,出境旅游目的地问题是一个十分复杂的问题,它也不是由国家旅游局一家能决定的。关于这个问题的研究评价,另外由专门文章探讨,这里不作详述。)

长期以来创汇一直成为发展入境旅游的主要目的,因而限制出境旅游。这在改革开放初期是必要的。1994年以后,我国进出口贸易均保持顺差,且规模不断扩大。1995年贸易顺差突破100亿美元,达到167亿美元。2005年又突破1000亿美元,达到1020亿美元。2007年再突破2000亿美元,达到2618亿美元。1995年末国家外汇储备为736亿美元,2000年末国家外汇储备1656亿美元,2005年末国家外汇储备达到8189亿美元,2006年末国家外汇储备突破1万亿美元。在这种情况下,就更没有必要限制出境旅游了。

直到2005年8月,国家旅游局才把"适度发展出境旅游",改为"规范发展出境旅游"。把"适度"改为"规范",在我看来,只是程度上的差别,没有实质上的区别。"适度"者,限制与控制之意;"规范"者,规制与管束之意。难道入境旅游与国内旅游不需要"规范"?目前出境旅游中存在的诸多问题,如恶性压价竞争、导购陷阱等,其实都是从入境旅游与国内旅游中延续而生的与积极、主动与全面开放外国公民来我国入境旅游市场相比,我们在中国公民自费出国旅游上的迟缓与被动,给我国带来的直接影响是:

首先,有损于国家改革开放的整体形象,影响了国家的人权形象。公民自由地选择出国旅游目的地,这是联合国确认的公民权利,是衡量一个国家开放程度、人权程度的重要标志。其次,许多中国人为了能去尚未签订出国旅游目的地协议(ADS)的国家旅游,不得不通过"商务"、"考察"、"探亲"等变通方式出国旅游。"正门不通走后门",由于没有通过合法旅行社办理正规的出国旅游手续,往往使一些出国旅游的质量得不到保证,正当利益得不到保障。第三,由于对出境旅游的种种限制,我国的旅游企业,主要是旅行社和酒店,不可能"走出去"向境外发展。日本国民去国外旅游,往往乘日航班机、住日本人投资或经营的酒店、吃日资餐厅,出国消费的"肥水"可以回流。一个国家旅游企业出国经营,往往是与该国公民大批公民出国旅游相联系的。10多年前,我通过广西边境游去越南海防考察,发现那里有不少的日本、韩国、新加坡和中国台湾的酒店、餐馆和游乐场,但没有看到我国投资经营的。这与我国直到2000年才签订中国公民自费去越南的协议难道没有关系吗?连中国公民去那个国家旅游都没有开放,旅游企业会去、敢去那里投资、经营吗?

改革开放本来是一个不可分割的整体,开放促进改革,改革推进开放。只开放不改革,中国旅游企业就没有竞争力,在外国"狼"面前就生存不了;自身不改革就没有胆量、信心与实力去与外国"狼"面对面的竞争,因而就不敢开放。改革与开放是一个问题的两个方面,在总体上必须同步推进。我完全同意魏先生的观点"对外开放的对应必然是对内放开,这就需要二者的同步运行,一定意义上,深化改革比积极开放更重要。"但我仍认为,30年中的后20年,我国旅游业在迅速发展的过程中既不主动开放、也不主动改革,而不是"主动开放与被动改革"不同步的问题。

政府与市场谁说了算[①]
——从12个国家旅游度假区建设谈起

12月13日在北京第二外国语学院举行的第五届"北京对话"论坛上,主持人提了一个问题:旅游目的地建设中,政府与市场谁说了算?

我的回答是:从一时看政府说了算,从长远看市场说了算;从表面看政府说了算,从根本上说市场说了算。

为了印证我的观点,我在发言中回顾了在纪念改革开放30年中,人们很少提到的一段往事,但它是不应该忘却的。

一、热火朝天:开办国家旅游度假区

1992年8月17日,国务院发出《关于试办国家旅游度假区有关问题的通知》。紧接着国家旅游局与有关省市紧锣密鼓,圈地块、编规划、立项目,一个半月内办完了省市、国家旅游局、国务院三级报批手续。10月批准大连金石滩、青岛石老人、苏州太湖、无锡太湖、上海横沙岛(后改为佘山)、杭州之江、福建武夷山、福建湄州岛、广州南湖、昆明滇池、三亚亚龙湾和北海银滩等12个地区试办国家旅游度假区。

第一,这是由国家旅游局一手操办,经国务院批准的。

第二,国务院在1992年8月、1993年7月两次发文,明确"国家旅游度假区是符合国家旅游需求,以接待海外旅游者为主的综合性旅游区",享受国务院赋予的8条优惠政策,"以利用外资为主开发建设","旅游业新的创汇基地"。

第三,国家旅游局内设立专门的办公室,由司级干部负责,定期发简报、搞统计、上传下达。

第四,有些省的国家旅游度假区设立了厅局级的"管理局"、"管委会",其中设有政法、规划、招商、市场、工商、公安、检察、社区管理等机构,是省市政府的派出机构,享有一级政府的各项权力。

按照当时对旅游度假区的理解,它的基本模式是"五星级酒店+高尔夫球场"。

二、历史启迪:旅游经济规律不可违

16年过去了,除了三亚亚龙湾外,其余11个虽有"国家旅游度假区"之名,却无"国

[①] 2008年12月21日搜狐博客。

家旅游度假区"之实,大多成为游览区、游乐场或房地产开发区。没有一个是以外资投入为主的建设的,也没有一个是"以接待海外旅游者为主"的,国务院赋予的 8 条优惠政策,如外资投资减免税、建设所需进口材料、设备、车辆免征关税、开办外汇商店、开办中外合资旅行社或旅游汽车公司,等等,因根本没有外资进入都落了空。

1992 年南巡讲话后,全国掀起了一股开发热,从省市到县镇,都在"跑马圈地",涌出了不知多个各式各样的"开发区",创办 12 个国家旅游度假区的决策就是在这种背景下出台的。

这是典型的"政府主导型"发展模式,尽管当时还没有"政府主导型"这个说法。

回顾这段历史,可以帮助我们思考旅游发展中现在依然存在的四个问题。

之一,政府并非万能。

当时的初衷是"以接待海外旅游者为主"。事实已证明,不仅当时中国不具备这个条件,今天也仍然不具备大规模吸引与接待国际度假者的条件,今日三亚的俄罗斯度假市场算是一个开端。要从国际度假市场中挤进去、占有一席之地,还要走很长的路。

国内度假市场当时还不具备,现在正在起步。

如果说,中国观光旅游是入境市场带动国内市场,度假旅游很可能是国内市场带动入境市场。以国内市场为主的度假区建设好了、服务好了、经营好了,才有条件去吸引、开发、接待入境度假旅游者。

当境外、国内度假市场都不具备的时候,大规模地开发建设度假区,就必然会碰壁。

政府再强有力,如果违背市场规律,也是无能为力的。政府决策只有符合市场需求,才会事从人愿、取得成功。

之二,发展旅游不能"搞运动"。

"搞运动"是建国 60 年来的一个传统,用党政力量推进经济发展易见成效,成功经验不多,失败教训不少。墨西哥也是个大国,举政府之力搞了一个坎昆,如果同时搞 12 个,你看后果如何?现在用"搞运动"方式弄了很多名堂,一时轰轰烈烈,实际效果究竟如何?假以时日,就看得清楚了。

之三,发展旅游不能"一刀切"。

这 12 个度假区中,滨海型的最多,其次是湖泊型的。现在来看,有些本来就不适合建度假区。如湄州岛是妈祖圣地,适合观光、朝拜,沙滩很小、沙质较差,不适合度假。昆明滇池污染严重,难成度假区。杭州之江土地平坦、有江无山,也不适合度假。上海先选在横沙岛,因水质、沙质较差后改在不足百米高的佘山。上海人很精明,心中明知不适合搞度假,因此拿到"牌子"后大搞绿化,现在开发成市民郊游休闲地,没有大兴土木,未造成经济损失。其余多个度假区拆迁居民(主要是农民),大兴土木,有的成为水泥森林密布的商品房,有的搞了短命的游乐园,劳民伤财,不在少数。

1993~1994 年间,我走了多个国家旅游度假区,看了不少开发规划,大都是为了报批项目而匆匆赶制出来的,不仅粗糙而且基本模式差不多,酒店、会馆、高尔夫、广场是必不可少的。当然,那时中国的规划设计师没有设计度假区的经验,失败也在所难免。清华大学城市规划设计院郑光中教授一行为了设计亚龙湾国家旅游度假区,出访考察了夏威夷、普吉岛等国外多个度假区,亚龙湾的规划设计做得很认真(我在三亚参加过规划论证会),是这些度假区规划设计中水平最高的。可惜的是实施过程中没有严格执行,酒店离海滩过近、过多过密,成为无法弥补的遗憾。北海银滩建了许多商品房,后来拆除烂尾楼,改造重建费了大力。

中国是一个指令式计划经济建国的国家,至今行政权力极强,政府手中掌握决策、审批、评比等软权力和资源、土地、资金等硬权力,是一种优势,可以集中力量办大事。但权力一旦用过了头或用错了地方,就会成为一种劣势以至灾难。

之四,游客不认"牌子"、认事实。

当初,政府先给你一块"国家旅游度假区"的牌子,然后你去建。这是一种典型的行政审批。迄今为止,"国家旅游度假区"这块牌子仍然存在,多数不够格的并未摘牌。16年过去了,"国家旅游度假区"这块牌子还要不要?要不要清理一下、重新审核一下?像旅游区这种高度市场化的目的地,需要用政府的名义去审批、挂牌吗?

进一步说,游客是冲着什么牌子去的吗?如今亚龙湾声誉不错,度假客人不断,境外度假客越来越多,并不是因为它是"国家旅游度假区"这块牌子,也不是因为它是4A级景区(其实"国家旅游度假区"这块牌子的含金量比"4A级景区"高多了),而是因为它拥有国内独一无二、国际上也堪称一流的热带滨海沙滩、海水、空气、椰林、背山面海的环境和国内少有的高档度假酒店群。须知,游客并不是冲着政府哪个部门发的一块牌子才去的。以为挂一块政府发的什么牌子,游客就会奔着去,旅游就会火起来,那也是一种高估政府这只有形之手、低估市场这只无形之手威力的惯性思维!

国务院两个《意见》为何未提"政府主导"[①]

国务院相继出台了《关于加快发展旅游业的意见》和《关于推进海南国际旅游岛建设发展的若干意见》两份文件，一个是对全国的宏观指导，一个是对海南的典型指导，这两份纲领性文件，均只字未提"政府主导"。

1998年3月，全国旅游工作会报告首次提出"政府主导型发展战略"，自此以来，它一直是作为中国旅游业的"发展方针"、"发展模式"，写入旅游主管部门的文件、领导的讲话之中，成为一种传统，旅游界耳熟能详。

这次国务院文件究竟为何如此？一位参与文件起草的国家旅游局领导在解读第一个《意见》时，说："王岐山副总理有一句话说得非常好：我们再也不能用办二产的思路来办三产了。"我以为，这对探究为什么两个《意见》均未提"政府主导型"，也许有所启迪。

何谓"办二产的思路"？钢铁、石化、航天、核电、水电等，向来由政府定项目、选地址、投资金、派干部、定价格，总之，由政府建设、管理、经营，是典型的政府主导型发展模式。这在工业化初期是必要的，但也不乏教训，如20世纪六七十年代的"三线"建设。

对"政府主导型"有很多解释，其核心内容是各级领导、特别是党政一把手亲自抓旅游，从战略决策、政策举措、部门协调到举办重大活动、建设重大项目，甚至旅游宣传口号，都要由党政主要领导拍板。"党政主干线抓旅游"是对"政府主导型"的形象概括。其本质，就是把一个地区发展旅游的希望寄托在一两个"旅游书记、市长"身上。这种发展模式过于强调行政力量对旅游经济的能动作用，特别是过于强调地方党政领导干部个人对旅游发展的推动作用，相对低估了市场对旅游资源与产品配置的基础性作用，因而不是着力构建以法制架构为保障、以市场运行为基础的发展机制。因而，这种产业发展的动力机制是非常态的、非稳定的、非持续的，常常取决于某个党政领导人士对旅游业的认识、喜好来做出决策。决策对了，可以大干快上；决策错了，给后任留下成堆难题。这样的事情难道还少吗？

王岐山副总理说"我们再也不能用"，意思是，"我们"曾经用"办二产的思路"办三产。为什么"三产"特别是旅游业不能用"办二产的思路来办"呢？因为旅游经济是天然的市场经济，任何政府都无权、无法命令人们去不去旅游、去何地旅游、怎样旅游。旅游需求完全是由市场决定的。需求的市场化决定了供给的市场化。改革开放30年中国旅游业之所以突飞猛进，根本原因在于改革开放激活了长期因封闭而被压抑的国际、国内

[①] 2010年1月27日搜狐博客。

的两方面市场需求。无数事实证明,"市场配置资源的基础性作用"不可违背。政府决策、领导拍板符合市场需求才会成功,不符合市场规律必定失败。

为什么现在才提出"我们再也不能用办二产的思路来办三产"呢？一是有了30年的发展经验教训,二是有了新的发展环境与基础。其实,各地早就在思考自己的旅游发展之路。

在各省区市的"十五"旅游发展规划中,只有上海市的发展规划未提"政府主导",其余30个省区市都写了"政府主导"。在"十一五"旅游发展规划中,多数省区市仍然保留了"政府主导"的提法,但对它的表述出现了重大变化：

上海市："政府引导旅游产业发展机制";山西省："牢固树立政府引导、社会参与、市场主体的观念,把完善市场经济体制与推进政府职能转变结合起来","政府推动、市场运作、企业为主、社会参与";福建省："坚持政府引导、部门联动、市场运作、社会参与的发展理念";河南省："推动旅游业由政府主导型向市场型转变";重庆市："在强化政府的宏观调控能力的同时,确立企业主体地位";贵州省："坚持政府引导、市场主导的原则";云南省:建立"政府引导、行业规范、企业自律的旅游行业管理运行机制"。(以上引文均见《中国旅游业发展"十一五"发展纲要·地方篇》,中国旅游出版社2007年版。)2008年12月,北京市长郭金龙在北京旅游产业发展大会上的讲话中提出："创新旅游管理体制。积极推动旅游业发展由政府主导逐步向政府引导调控、市场主导转变。"

看来,由"政府主导"向"政府引导"转型已成趋势。国务院《关于推进海南国际旅游岛建设发展的若干意见》明确提出,"进一步转变政府职能,深化改革,建立健全政府引导、行业自律、企业依法自主经营的旅游管理体制和运行机制"。这是对旅游经济运行中政府、行业、企业的职能及其关系的新概括,是对30年来旅游管理体制和运行机制实践的新总结。

厘清政府、行业(协会)、企业的关系,是在市场经济基础上创新旅游管理体制和运行机制的核心。"政府主导"是计划经济体制下的管理型政府职能的反映,"政府引导"是市场经济条件下服务型政府职能的体现。一字之差,反映了对发展旅游产业中发展路径与政府职能的转变。

中国旅游业已经站在新的发展平台之上,再在全国整齐划一地推广"政府主导型发展模式",显然不合时宜了。在条件成熟的地区、时候,适时从政府主导型体制向政府引导、市场主导、企业主体、行业自律的体制转型,乃势所必然。

"优秀旅游目的地"是政府"评"出来的吗[①]

改革开放 30 年来,我国旅游业经历了景点景区/饭店等单项建设→旅游产业培育→旅游城市建设→旅游目的地建设的演进过程,表明旅游业界对发展旅游认识的逐步提高和深入。

什么是"旅游目的地"?如何建设"旅游目的地"?这在 30 年后的今天,是仍然需要探讨的。

一、什么是"旅游目的地"

"旅游目的地"与"客源产出地"是旅游经济学中两个相对应的概念,表达了旅游市场供给与需求的两个方面。

"旅游目的地"(Tourist Destination)是从国外引进的一个概念。查了一下手头的旅游教材、辞典和中国百科全书,也翻阅了几本旅游译著,包括中国人民大学出版社 2008 年版的《旅游学》(第 10 版,美国 Charles R. Goeldner 与 J. R. Brent Ritchie 著,李天元、徐虹、黄晶译),书中有"旅游目的地"论述,如"打造具有竞争力/可持续性的旅游目的"、"目的地政策、规划、开发"、"旅游目的地营销"、"目的地生命周期"等,但未找到对"旅游目的地"的明确定义。

在国家旅游局政策法规司召开的一次关于建设优秀旅游目的地的讨论会上,我对"旅游目的地"的基本含义提出了一个粗略的说法:

拥有特色鲜明的旅游吸引物、完备的公共基础设施和配套的"行游住食购娱"服务要素,能满足旅客休闲、事务和其他目的的多种需求,具有吸引、招徕和接待各类旅游者的综合能力的地域。

上述"旅游目的地"概念的四个要素中,旅游吸引物是核心要素,公共设施是基础要素,"行游住食购娱"服务要素是基本要素,吸引、招徕和接待能力是运作要素。

"休闲"指在异地进行观光、度假、娱乐和康体等休闲性活动。

"事务"指在异地从事公务、商务、会议、展览、交流、修学、探亲、朝觐和医疗等各类事务性旅行。

"吸引"指品位度,"招徕"指营销力,"接待"指服务力。

[①] 2008 年 12 月在国家旅游局政策法规司座谈会上的发言,2008 年 12 月 11 日搜狐博客。

二、旅游目的地的分类

"旅游目的地"可从不同角度进行分类。

按地域范围:国家、省市、县乡或跨行政区的区域,或某一具有独立吸引、招徕和接待游客能力的区域;

按社会经济类型:城市型、乡村型和城乡结合型;

按旅游吸引物类型:自然生态型、社会人文型、自然与人文结合型;

按自然生态类型:海滨海岛型、江湖温泉型、高原山岳型、森林草原型、戈壁沙漠型或生态综合型;

按社会人文类型:历史文化型、现代人文型、主题公园型。

旅游目的地建设的基本要素:公共基础系统、服务要素系统、旅游产销系统、环境保护系统、安全救援系统、综合管理系统。

三、如何建设"旅游目的地"

上述六个方面的综合决定了旅游目的地的吸引力、竞争力和生命力。创建优秀旅游目的地是一项集经济、社会、文化、生态建设于一身的系统工程,是坚持不懈地推进物质文明、精神文明、政治文明和生态文明和谐进步的渐进过程,在某种意义上"水滴石穿"、"水到渠成"的自然成长结果,是不能用行政式的评比"达标"的,也是不靠搞"运动"来"拔苗助长"的。

从1988至2007年的10年内,有306个城市被评为"中国优秀旅游城市",占全国655个城市的48%,其评选速度与总量远远超过"国家历史名城"(1982至2007年评定110个)、"国家园林城市"(1992年开始评定,共19个)、"国家卫生城市"(1990至2006年评定71个)、"国家环保模范城市"(1997年开始,共67个)。

这种模式采用自上而下发动的、行政式、运动式、指标化方式的"评优"、"评佳"方式的积极作用是:推动地方政府重视旅游、抓旅游;促进城市旅游服务方面某些薄弱环节的整改和建设,完善了城市服务功能;提升城市的旅游知名度,扩大城市影响;国家旅游局找到了一个工作"抓手",提高了各级旅游局的地位与影响。

但是这种行政评定容易导致形式化、场面化,各类评定标准中的有些指标,如"政府对旅游产业的定位"、"接待游客人数"、"旅游总收入及其占地方生产总值的比例"等,由于缺乏科学的计算标准,往往有不实之处。验收前"冲刺"得轰轰烈烈,验收后依然如旧,"游客咨询中心"等服务设施形同虚设。突击性评比中易于引发各种不正之风,不言自明。

过多过泛的"优秀旅游城市"使它的含金量在降低,在市民与游客的心目中的吸引力难以说得清楚。如果按照现在的速度和办法继续评下去,10年之后,全国所有省、地、县级城市几乎都能成为"优秀旅游城市"。大家都"优秀"了,还有什么"优秀"呢?

由于评了306个"优秀旅游城市",其水平参差不齐、悬殊实在太大。为了"优中选优",于是又来评"最佳旅游城市",第一次"选"了3个试点城市。这样又引发了各地创"佳"的冲动,纷纷提出创"佳"目标、申报创"佳"报告,甚至书记、市长亲自出面"自荐",国家旅游局如何招架得住!如此下去,又可能又会涌现十个、百个"中国最佳旅游城市"!试问,到那时要不要再搞个"中国最最佳旅游城市"呢?

四、国外怎样搞"旅游目的地"评比

看一看目前世界上公认的品牌旅游目的地,不论是国家还是城市、观光地还是度假地、自然文化遗产地还是时尚主题公园,都不是靠什么"创优"、"创佳"运动创出来的,而是脚踏实地、一步一个脚印走出来的;是千百万旅游者心中承认、口碑相传形成的,而不是某个政府机构或"评标"机构评出来的。

国际上也有"最佳××城市"、"旅游竞争力"之类的排行榜,那一不是由政府某部门主持评定,二不搞"运动"、年年评,三不搞"终身制"。它们一般由与评比活动没有利益关系的、中立的非政府的组织或媒体对现状的一种评估、一种认可,而且不搞"终身制",往往是一年一度,排名时有变化。

例如,欧洲《旅行忠告者》(*TripAdvisor*)于今年3月11日公布了年度欧洲旅游调查报告,通过对1400多位旅行者的抽样调查,公布了最便宜的欧洲城市、最昂贵的欧洲城市、当地人最友善、热情的欧洲城市、欧洲最佳美食城市、欧洲最佳购物城市、夜生活最丰富的欧洲城市、最新潮的欧洲城市、当地居民最具有吸引力的欧洲城市、最干净的欧洲城市、最邋遢的欧洲城市等。

美国《旅游与休闲》杂志于今年7月10日公布2008年度全球旅游和休闲业排行榜,其中有世界最佳旅游城市、世界十佳旅游城市、亚洲十佳旅游城市、世界十佳海岛、世界十佳航空公司、世界100佳酒店、亚洲50佳酒店等。该杂志评选最佳旅游城市排行榜已有12年历史,只有造访过这些城市的读者才能参加投票。

搞"运动"是中国半个多世纪中形成的一种惯性思维,是一种官员"创政绩、上台阶"的便捷之径。"标准化"不是品牌,品牌不能"标准化"。建设品牌旅游目的地不应该走这条老路。

旅游目的地评价机制的创新之举[①]

近日,中国旅游研究院发布2010年第一季度全国游客满意度调查报告,首次公布了《2010年第一季度50个样本城市游客满意度排名》。对于这个排名,一定会引起相关城市上下的高度关注,也会引发旅游界与公众的热议。这是中国旅游目的地评价机制的一个创新之举。

多年来,我国旅游目的地的评价工作,从无到有、从少到多,积累了许多经验,也有不少值得总结之处。如"优秀旅游城市"、"最佳旅游城市"、"A级景区"、"工农业旅游示范点"等,都是由政府主管部门主持、评判和发布的。

笔者在2008年12月探讨改革开放30年成就的一文中曾写道:"'评优'、'评佳'的积极作用是:推动地方政府重视旅游、抓旅游,促进城市旅游服务方面某些薄弱环节的整改和建设,完善了城市服务功能,提升城市的旅游知名度,扩大城市影响,各级旅游局找到了一个工作'抓手',提高了各级旅游局的地位与影响。但是这种行政评定容易导致形式化、场面化,各类评定标准中的有些指标,如'政府对旅游产业的定位'、'接待游客人数'、'旅游总收入及其占地方生产总值的比例'等,由于缺乏科学的计算标准,往往有不实之处。有些城市,验收前'冲刺'得轰轰烈烈,验收后依然如旧,'游客咨询中心'等服务设施形同虚设。突击性评比中也易于引发各种弊端难于避免。"

此次50个样本城市游客满意度排名活动,是旅游目的地评价机制改革、创新的一个令人注目的举措。

创新之一,旅游目的地评价工作不再由行政机构包揽。这次50个城市游客满意度评判工作,是在国家旅游局的指导下,由中国旅游研究院主持、清华大学的媒介调查实验室参加游客采访,并参考携程、易龙、拉拉勾、同程等旅游网站上的游客评论,结合网络问卷调研、旅游投诉与质监数据调研及企业访谈等,进行综合研究后公布排名结果。这种评判方式由研究咨询机构承担,使行政主管部门摆脱事务性工作,集中精力抓大事。

创新之二,旅游目的地的满意度由游客说了算。以游客为主体、旅游满意度为主要评判标准进行排名,主要通过采取直接采访游客、网络评价和重点调查,结合网络问卷调研,主要依靠游客对旅游城市的服务环境与质量进行排名。游客对目的地的印象、感受和体验是直观的、真实的,游客对旅游运营质量和服务品质的评价是客观的、公正的。游客满意不满意是对城市总体环境、居民好客程度与旅游品质的总体评价,因而是评价旅

[①] 2010年4月14日《中国旅游报》,相同内容以《从长官满意到民众满意》之题刊载于2010年第5期《中国饭店》。

游目的地最重要、最权威的标准。行政安排下的验收、检查中虽也有游客随机调查一项，但样本少（一般100至120份）、随意性大、权重低，在整个评比中只占很小比重。此次排名，变以"验收组"满意为主为以游客满意为主，体现了向"人民群众更加满意的现代服务业"发展的价值取向。

创新之三，旅游目的地的评价不再"终身制"。此次公布的是"2010年第一季度50个样本城市游客满意度排名"，这意味着以后每年、每季度都有"游客满意度排名"。

如此坚持下去，一可以激励先进者毫不懈怠、更上一层楼，后进者奋发努力、后来居上；二可以从多年多次排名中看到影响城市排名的主要因素，提升城市旅游服务整体环境与综合质量；三可以化解某次评判中的偶然性因素，包括随机调查中的选择时机、地点、对象中的某种偶然性因素而造成的评价不准确性。以后连续多年、多次公布的排名表，连贯起来人们可以更加客观、公正地做出评价。如果有的城市对这次排名有点不理解，那也无妨，以后还有很多的机会。

政府指导、游客主体、学媒操作、动态评价，此次城市排名工作体现出来的这些特点，体现了旅游行政机构正在转变职能，也同国际惯例接轨跨进了一步。

以游客的视角对目的地的旅游服务体系进行动态评价，是国际上通行的做法。国际上时有对旅游会展城市、饭店、景区与航空公司的评比，一不是由政府机构主持评定，二不搞"终身制"。一般由与评比活动没有利益关系的、中立的非政府组织或媒体进行评估，往往是一年一度，排名时有变化。美国《旅游与休闲》杂志于2008年7月10日公布2008年度全球旅游和休闲业排行榜，其中有世界十佳旅游城市、亚洲十佳旅游城市、世界十佳海岛、世界十佳航空公司、世界100佳酒店、亚洲50佳酒店等。该杂志评选最佳旅游城市排行榜已有12年历史，只有到访过这些城市的读者才能参加投票。2008年3月11日欧洲《旅行忠告者》杂志公布了年度欧洲旅游调查报告，通过对1400多位旅行者的抽样调查，公布了最便宜的欧洲城市、最昂贵的欧洲城市、当地人最友善、热情的欧洲城市、欧洲最佳美食城市、欧洲最佳购物城市、夜生活最丰富的欧洲城市、最时尚的欧洲城市、当地居民最具有吸引力的欧洲城市、最干净的欧洲城市、最邋遢的欧洲城市等。

把旅游业培育成为"人民群众更加满意的现代服务业"，是以民为本的执政理念的体现。"逐步建立以游客评价为主的旅游目的地评价机制"，是贯彻这一理念的具体体现，也是旅游体制机制创新的重要一步，还是转变旅游发展方式重要一环。人们有理由期待，由与评比活动没有利益关系的、中立的社会团体、学术机构或媒体对各类旅游目的地、企业与机构进行公开、公平、公正和具有公信力的评价，必将有力促进旅游业的健康、有序发展。

从旅游集团"20强"排行榜看旅游体制机制改革[①]

近日,中国旅游协会与中国旅游研究院首次发布了《中国旅游集团20强》榜单。"20强"排位如下:1 中国港中旅集团公司,2 锦江国际集团,3 华侨城集团,4 首旅集团,5 携程旅游网,6 岭南集团,7 中国国旅股份有限公司,8 春秋集团,9 中青旅控股股份有限公司,10 杭州旅游集团,11 开元旅业集团,12 大连海昌集团有限公司,13 广之旅国际旅行社,14 长隆集团,15 广东南湖国际旅行社,16 天津旅游集团,17 上海航空国际旅游(集团)有限公司,18 黄山旅游集团,19 浙江旅游集团,20 华天旅游集团。

由于是第一次公布的排名榜,因而无法做纵向比较。设想一下,如果10年、20年前公布"20强"榜单的话,排在前列的肯定是国旅、中旅、青旅和锦江等几家。今天这个榜单中,国有企业13家,占65%,这不足为怪。无论是"中央主力军",还是"地方集团军",都"天生"具有资产优势、资源优势、市场优势和政策优势,在历史赋予的全国或地方垄断优势的基础上,只有发展快慢、利大利小之分,没有"全军覆没"的风险。但是,这些依托行政优势的企业集团,也有其弱势,"行政化"的烙印根深蒂固,缺乏"置于死地而后生"的压力与动力。国有旅游企业集团如何在外部与各类社会资本嫁接,在内部建立规范的现代企业制度,彻底"去行政化"、实现完全市场化的改革还有艰辛而漫长之路。

更值得关注的是,此次公布的"20强"榜单中,民营企业5家(春秋、开元、大连海昌、长隆、广东南湖),占25%;有外资背景的2家(携程、广之旅),占10%。这表明我国旅游企业多种经济成分并存的格局初步形成,"国"老大一统天下的局面不复存在。这几家旅游集团中,历史最长的不到30年,最短的才10多年,他们一般没有政府背景,也没有现成的市场资源、品牌资源,主要靠自我拼搏,在国有大企业的层层包围之中,杀出一条生存之路、发展之路。

春秋集团从上海的一个街道小社成长为连续15年稳居中国国内百强社的老大,成为国内唯一自办航空公司、年营业总额达到60亿元的旅游集团,形成了自己的"纯玩团"的品牌。携程的几位创业人除了个人的知识"资本"外几乎一无所有。他们借助国际资本、利用信息技术"空手套白狼",创造了以数字网络旅游中介服务的新业态。开元集团原来的主业是房地产,进驻旅游业后在股份制的民营企业基础上在较短时间内形成了"酒店+房产"的发展模式。广之旅原为国有制企业,后彻底改组为中外合资的股份制企业,开拓了以旅游为主业的多元化的现代经营模式。长隆集团在20年内从第一个野生

[①] 2010年2月22日《中国旅游报》,2010年第2期《中国饭店》。

动物园起步,发展成为一个集旅游景点、酒店餐饮、娱乐休闲于一身的综合型旅游度假区,相比之下,由行政划批的12个国家旅游度假区虽有政府的土地、资金和政策优惠,但除亚龙湾之外,大多数都成了变相的房地产开发区。这些企业集团在较短时间内跃居20强之列,无可争辩地证明民营、合资和股份制企业在旅游经济竞争力中具有强大的生命力。

旅游业是一种服务型产业,最终应该让民营企业、股份制企业唱主角,特别是我们可以从榜单排名中寻觅旅游经济发展的轨迹,由此可以更加深刻地认识"充分发挥市场配置资源的基础性作用"的意义。

此次公布的"20强"榜单沿用了国内外企业"××强"评判惯例,以营业收入为唯一指标,便于进行排列位次。但是这种"一票定座次"的方法也有不足。这主要是一种数量、规模的比较,而不是质量、效益的比较,在强调转变发展方式,坚持"又好又快"、"好字当头"发展方针的今天显得不完善。从企业经济学角度看,利润率、全员劳动生产率、人均实现利税等指标更能反映企业的素质、水平与业绩。从操作层面看,利润与税金更是硬指标,不大容易造假虚报。在以"营业收入"为排序标准的同时,能否综合考虑利润额、税金额、人均利税等标准,以全面反映企业集团的不仅大而且强?

旅游集团"20强"榜单的出炉,显示经过二三十年的大浪淘沙,多样化的本土旅游企业集团已浮出水面。中国旅游企业正在步入群雄并起、做大争强的新阶段。这种评比尽管还需完善,但有助于加深理解国务院提出的战略任务:"推进国有旅游企业改组改制,支持民营和中小旅游企业发展,支持各类企业跨行业、跨地区、跨所有制兼并重组,培育一批具有竞争力的大型旅游企业集团。"

近日,国务院国资委宣布,从今年起,计划用3年至5年的时间,在中央企业范围内全面开展非主业宾馆酒店分离重组工作,方式有产权无偿划转、协议转让、市场转让等。这是迄今为止国有酒店业的最大的一次重组整合,也是培育旅游企业集团的新机遇。不管这次改组以何种方式进行,但有一点值得关注,这就是行政整合必须以市场需求为导向、以市场效益为检验标准,如果是搞行政意志的"拉郎配"的话,那将是一场国有资产的大折腾,或者是国有资产的大流失,不妨拭目以待。

"断奶"是旅游协会转型的必由之路[①]

国务院《关于加快发展旅游业的意见》指出,"五年内,各级各类旅游行业协会的人员和财务关系要与旅游行政管理等部门脱钩"。为此,国家旅游局党组宣布:"从国家旅游局做起,理顺与旅游行业协会关系,发挥行业协会的作用",三年之内实现这个转变。

"政会分开"不是什么新话题。早在2007年5月,国务院专门就行业协会、商会改革发出《关于加快推进行业协会商会改革和发展的若干意见》,明确提出"实行政会分开","切实解决(协会)行政化倾向严重以及依赖政府等问题",行业协会"要从职能、机构、工作人员、财务等方面与政府及其部门、企事业单位彻底分开,目前尚合署办公的要限期分开。"

长期以来,各级旅游协会常被业界称为"第二旅游局":协会的主要负责人由在任局长或退休局长兼任;协会人员多是局内行将退休、已经退休或"富余人员"的分流,属于局内行政编制,享受公务员的待遇;协会的活动由局领导安排、经费由局里全额拨款;协会的办公场所由局里安排,往往在同一个楼内办公。协会名为行业组织,实为政府部门的附属机构。协会发的文件大多是旅游局文件的"拷贝"。协会开会往往是传达旅游局的指示与要求。指导思想僵化、运作模式官化、领导成员老化,是旅游协会的三大顽症,其源盖出于"依赖政府"与"行政化倾向严重",是"政府主导型"模式在行业组织上的体现。

旅游业是最早向市场化转型、与国际惯例接轨的产业,但是旅游业的"政会分开"的阻力重重,步履蹒跚。虽然不少地方的旅游协会在行业交流、培训、宣传等方面做了不少工作,自身也有不少改变,但"官办协会"的模式基本未变。前两年,我曾与世界银行IFC专家在某省进行调研时,访谈了多位国企和民企的老总,在谈及旅游协会时无不表示对协会现状的不满。他们的评价是:"只收会费,不干实事","可有可无"。

曾经有一个说法,旅游局长之所以要兼协会会长,是因为海峡两岸交流的需要,以"旅游局长"的身份不便于与台湾方面的接触,更不便去台湾考察、交流。现在这个"理由"也不存在了。"海峡两岸旅游交流协会"已经成立,完全可以用"交流协会"会长的身份与海峡对岸的业界对话。

笔者以为,实现"政会分开"实质不在于局长不再兼"会长",而是真正实现国务院提出的协会"职能、机构、工作人员、财务与政府及其部门"的"彻底分开":协会的工作人员不再是旅游局调拨,不属于公务员编制,而是协会的雇员;协会的负责人不再由旅游局兼

[①] 2010年第5期《中国饭店》。

任、任命，而是由协会会员大会或会员代表大会选举产生；协会的活动经费和工作人员的薪金不再完全靠财政拨款，而由协会成员的会费、财政补贴、社会捐赠和自筹等多种渠道解决。

这四个"彻底分开"笔者称之为"断奶"。

只有这样，旅游协会才能把"屁股"转过来，从旅游局的行政附属机构转型为行业的协调、维权与自律机构，从对行政长官负责转为对企业会员和消费者负责，从主要管企业转为为企业服务，从官办的协会转变成企业办的行业协会。唯有如此，协会才能站起来、硬起来，代表企业、代表行业，为企业和消费者服务。

实现这个转变，是旅游局职能转型的需要。国务院常指出，"旅游行政管理及相关部门要加快职能转变，把应当由企业、行业协会和中介组织承担的职能和机构转移出去"。也如邵琪伟局长所说，各级旅游局要"把有限精力从各种评定、验收、举办活动等具体事务中抽出来，研究旅游产业发展中的全局性、政策性和体制性等重大问题，制定和完善推进旅游业发展的法规、标准和政策"。

只有旅游局自身工作职能、工作方式方法转变了，对协会松绑，才能实现旅游协会的转型。反之，也只有协会的行业服务与社会服务功能增强了，把众多由旅游局包揽的工作，如企业质级评定、质量检查、标准执行、员工培训、调研咨询与内外协调等由协会工作担当起来，旅游局才能"减负"、"减肥"，真正实现工作职能的转变。

如同孩子总不断奶不会真正长大，但在没有能力独立谋生前过早断奶，也会发育不良甚至夭折一样，协会"断奶"也应稳步推进、分步到位。

当然，协会改革既要积极，也要稳妥。现有协会工作人员的适应、调整要有一个过程。可实行"老人老办法、新人新办法"的政策。原有的公务员身份及各项待遇不变，直至退休或自愿另谋出路。以后新招聘的一律按事业单位人员对待。在新老人员工更替的过程中，降低协会职员的平均年龄，提高专业化的水准，增强开拓创新能力，适应协会新的活动环境与工作职能。对于从旅游局退下来的老同志，不少具有丰富的经验，在业界有较大的影响，出于业界的要求和本人自愿，也可去协会工作。但应当明确，他们不再是行政长官，而是协会聘用或选举产生的工作人员，在自我感觉、工作方式来一个调整和转变。

今天的上海市旅游行业协会，没有一名政府公务员兼职；所有开支，没有一分钱来自政府财政拨款。全市所有导游证、领队证的发放，旅行社的年检登记，一年数十万出境游团签送签名单的审核以及饭店星级评定与复核等，均成了协会的日常事务。

今天的三亚市旅游协会中，没有一名政府公务员，执行会长、会长、副会长和常务理事会全部由会员大会选举产生，并由旅游企业的代表担任。旅游协会下设旅游饭店事业部、旅行社事业部、景区观光事业部、特种旅游事业部、市场营销与媒体委员会、人力资源与培训委员会、服务质量与标准委员会等7个分支机构负责人员，全部由企业代表担任。协会一位专职秘书长和几名专职干事不是公务员，由协会聘任、支薪。协会的活动经费主要来自会费与捐赠,部分由市旅委向协会"购买"服务,承办某些交流、培训等专项活动。

中国工商联系统下有一个旅游业商会,是一个以旅游企业与旅游职业人为主体的行业组织,独立自主地开展行业交流活动。四川省工商联旅游业商会下有一个相当活跃的女总经理分会,她们经常组织交流、联谊活动,不时自动聚会在一起,既联络业务,也交流女经理们的创业生涯,成为激烈商业战场上的一个心灵慰藉之所。

走政会分开、自主办会之路,并不是协会要与行政主管分庭抗礼,而是在法制与市场的基础上,以一种新的方式与政府对话、分工、互补、合作。特别是在政府职能愈来愈转向宏观管理之际,一些具体微观服务项目更需要协会来承担,如行业服务标准制定推广、饭店星级评定、旅行社等级评定、旅游企业信用认可、游客中心管理、服务质量监督、从业人员培训、市场调研和咨询服务等,可以逐年由协会承担。

无疑,旅游协会从管理企业的"婆家",到为企业服务的"娘家"和为消费者服务的"游客之家",还有很长的路要走。这不仅取决于企业与协会自身的努力,还取决于行政主管部门的开明,更取于社会法制化、民主化的进程与公民社会的发育程度。在宪法与法律的范围内,协会、商会能够独立自主地开展活动,真正成为行业的服务机构,加快现有的协会自下而下的改革转型是一个方面,允许、支持自下而上地建立新的不同行业、不同企业、不同群体、不同类型的行业组织,进而允许成立无行政主管部门的各种行业组织、社会中介组织和非政府组织,那是更重要的另一个方面。要实现这一步,则有很长很长的路要走。但是,必须义无反顾地、一步一步地沿着这条路走下去,走向成熟的法制社会、民主社会和公民社会。

国家旅游局何以向农行推荐旅游项目贷款[①]

1月11日,国家旅游局、中国农业银行股份有限公司签署《支持旅游产业发展战略合作协议》。协议明确规定:"中国农业银行股份有限公司将根据旅游资源综合开发规划的资金需求及对其发展可行性研究,在未来5年内提供总额为3000亿元人民币的意向性信用额度,重点支持全国旅游业发展。国家旅游局将利用自己的政策引导优势向中国农业银行股份有限公司推荐符合贷款条件的重点旅游项目。"

这条消息令人振奋。"3000亿元人民币的意向性信用额度",这是一笔多么诱人的数字。据刚出版的《2010年中国旅游年鉴》披露的数字,"2000年以来,国家发改委会同国家旅游局累计安排旅游国债投资和中央预算内投资80.38亿元,共支持800个旅游基础设施项目建设。""2009年,国家旅游局和财政部共安排旅游发展基金补助地方项目321个,资金总额达33 855万元"。这些与3000亿元相比,怎么不令人振奋呢?当然,无偿安排用于基础与公共设施项目建设,银行贷款用于经营商业性项目建设,两者性质不同。国家旅游局向中国农业银行股份有限公司推荐的"重点旅游项目"显然不是旅游基础设施和旅游公共服务项目,而是商业性的旅游经营项目。

振奋之余,也有担忧。此消息一出,各地"跑步(部)前(钱)进"的热潮将迅速涌向国家旅游局规划财务司。"会哭的孩子有奶吃",为了从这3000亿元的大盘子中分到一杯羹,多少人要打多少报告跑多少次局机关的大门?

中国农业银行股份有限公司是一个金融企业,它向哪个地区、哪个项目贷款、贷多少,是企业行为。作为一个商业银行,贷款收利息,有利润也有风险,这是企业的事。

国家旅游局是一个政府机关,它的任务是制定行业政策、维护市场秩序、规范服务标准。要从全国数以万计的项目中筛选出"符合贷款条件的重点旅游项目"向中国农业银行股份有限公司"推荐"。国家旅游局凭什么来判断一个商业性的旅游经营项目的优劣成败?"推荐"的规则、制度、程序是什么?如何做到公开、公平、公正?行业与公众如何监督?一旦"推荐"的项目出现了亏损以至破产,推荐方有没有责任?谁来承担这个风险?

国务院2009年41号文件说:"旅游行政管理及相关部门要加快职能转变,把应当由企业、行业协会和中介组织承担的职能和机构转移出去。"国家旅游局公布的《中国旅游业"十二五"发展规划纲要》(征求意见稿)提出:"旅游行政管理部门主要通过规制市场

[①] 2011年1月17日搜狐博客。

行为和规范市场秩序,维护旅游企业竞争活动的公平、公正,降低市场经济运行成本,增进提高市场效率。进一步削减旅游行政审批,减少行政干预中的随意性,促进生产要素的流动,使各种生产要素在市场竞争中优胜劣汰,优化组合。""把微观主体的经济活动的管理运行交给企业操作与市场调节,行政部门由原来对微观主体的指令性管理转换到为市场主体服务上来,转换到为企业生产经营创造良好发展环境上来。"

无疑,国家旅游局与政府金融部门、中央金融企业开展战略合作符合国务院〔2009〕41号文件《关于加快发展旅游业意见》精神,执行国办函〔2010〕121号《国务院办公厅印发贯彻落实国务院关于加快发展旅游业意见重点工作分工方案的通知》,有利于"为企业生产经营创造良好发展环境"。但是,究竟如何操作才符合"加快职能转变","充分发挥市场配置资源的基础性作用"?

政府做政府的事,企业做企业的事,这也是政企分开的题中应有之义。国家旅游局已经工作千头万绪,还要去操作遴选、考察、鉴别多达3000亿元(平均一年600亿元)的待建旅游项目,我看实在忙不过来。更重要的,政府应集中精力做自己该做的事,企业的事、市场的事,还是交给企业去做吧!

休闲篇

村田蕭

中国旅游度假区开发警钟长鸣[①]

曾担任海南省三亚市旅游发展战略等重大课题的中国旅游学院[②]旅游研究所所长王兴斌教授,不久前参加广东阳江市海陵岛召开的"93海滨旅游度假区开发国际研讨会"时,讲述了中国旅游度假区规划与开发的十大关系。

市场与资源的关系。王兴斌认为,旅游经济是纯粹天生(然)的市场经济,开发时应以市场为导向,以本地资源为基础,根据客源的年龄、层次、喜好设计出不同类型的开发项目。由此必然涉及规划与开发的关系。有些地方搞旅游度假区为的是吸引投资项目,特别是争取外商投资的项目规划,然后再找一群专家"论证",盖个橡皮图章了事,实际上是拿规划作为招商宣传的手段,规划只是一个走过场的幌子,不可否认有伪科学成分的存在。

旅游度假区与一般的观光地是两个不同的概念。王兴斌接着谈到了度假与观光的关系。度假区突出的功能是休闲,满足人们远离喧嚣城市回归自然的心理渴望。然而,现在国内许多旅游度假区规划没有考虑度假的特殊需求,搞"大而全",城市里的娱乐项目一应俱全,度假区染上了"城市化"的通病。

共性与个性的关系。从现在各地度假区的开发规划看,都是"五星级酒店+高尔夫球场",缺乏特色、大同小异,缺乏独特的文化氛围和鲜明的主题形象。为此,王兴斌建议可否将度假区划分成若干个不同功能和特点的功能区,避免千篇一律。

说到度假区的"生命力",王兴斌谈到了"中"与"洋"的关系。他指出,目前国内度假区建设仿洋风大盛,大家都在追求一种异质文化,欧美式别墅比比皆是,而恰恰忽略了本地、本民族悠久灿烂的传统文化;设施追求豪华高档,但服务水平达不到国际水平,最终难逃"外国人不来住,中国人住不起"的厄运。

当前许多旅游区往往片面追求最大游客量,而不是最佳的经济效益,没有处理好游客数量与经济效益、数量与质量的关系。王兴斌举例说,著名的滨海度假区夏威夷岛每年接待游客总数已突破600万人次,当局已意识到游客太多、负荷过重,提出要控制游客量。这就给我们一个启示:旅游度假区接待游客着眼点应是最佳容量而非最大容量。王兴斌认为,比较理想的是(游客)控制在最大容量的70%左右,这样经济效益反而会更好。他认为,薄利多销不应是度假区奉行的经营原则,优质优价才是度假区成熟的标志。

[①] 1993年7月18日《亚太经济时报》(第3版),题目是作者为该报记者黄华军拟定的。
[②] 1983年至2000年,北京第二外国语学院为国家旅游局直属院校,经国家旅游局批准挂"中国旅游学院"校牌。

开发与保护的关系。旅游资源尤其是滨海资源一般不具有再生性,必须实行保护性开发,倘若只顾眼前利益的破坏性开发,那倒不如让它空着,不要开发。

开发与更新的关系。要使旅游度假区永葆青春,必须不断更新旅游项目。王兴斌认为,规划开发时不妨留有日后发展更新的余地。

硬件与软件的关系。如今各地搞旅游度假区眼睛都盯着酒店、高尔夫等硬件开发,而对人的素质培养,包括服务人员、管理人员、本土居民的教育培养则关注甚少。很难想象,一个经济文化落后、当地居民素质低下,语言与生活习惯难以沟通的地方,这样的度假区会成为四方宾客乐于光临并流连忘返的旅游度假地。因此,王兴斌提出,人员素质不高是中国旅游度假区走向成熟的最大障碍。

开发建设的快与慢的关系。目前各个国家旅游度假区都在争先恐后、"大干快长",强调两三年内"大见成效",这违背了度假区的发展规律。王兴斌最后指出,有必要对目前的度假区热"泼点凉水"、清醒一下。从长远看,中国旅游度假区的开发宜以分批上马、稳步推进为好。

休闲与都市旅游[①]

人类行将辞别 20 世纪,步入 21 世纪。在新旧世纪交替之际,休闲与旅游已成为人们生活方式的重要组成部分。如何满足人们休闲和旅游的需求,已成为政治家、经济学家、社会学家、文化专家们越来越关注的一个社会问题。旅游和休闲业已成为世界经济中的一个重要产业和众多国家新的经济增长点。

一、休闲的时代背景

休闲,是一个既古老又新鲜的话题。

自从人类跨进文明的门槛以后,劳作与休闲就成为人生不可分割的两个方面。不过,在古代和中世纪的漫长岁月里,在生产力的低下和自然经济为主的社会中,休闲只是少数特权阶层的专利。它与占人口绝大多数的奴隶、农民和平民几乎是无缘的。近代工业革命初期和资本的原始积累时期,情况依然如此。20 世纪是人类文明史上的重大转折。科技的进步,经济的发展,劳工者的抗争,率先在西欧、北美实行了 8 小时工作制。1910 年美国实行每周 50 小时工作制。1935 年国际劳工组织确认每天工作 8 小时,每周 40 小时。1949 年该组织又确认劳工每年至少享有 6 天带薪假。从此,休闲开始进入劳动者的生涯之中。

在 20 世纪后半叶,科技革命日新月异,社会经济突飞猛进,社会城市化进程加速,人类文明推陈出新,逐步而深刻地改变着世界的人口结构和生活方式。人的寿命的延长,退休年龄的提前,工作时间的缩短,带薪假期的延长,弹性工作制、在家工作制的推广,人们的闲暇时间空前增加。到 1995 年 5 月 1 日,全世界 175 个国家中,有 145 个国家实行了 5 天工作制,其中包括所有发达国家和绝大多数发展中国家。各国带薪年休假期为 5~32 天不等。人类已从权贵休闲时代进入了大众休闲时代。社会学家预测,到 21 世纪,一些发达国家将实行每周工作 35 小时和 3 天休假制。这在新科技革命引发下社会生产力将出现突破性飞跃的时代,是既可望又可即的事。

可以断言,闲暇时间的延长,休闲质量的提高,是人类文明升华的标志,也是社会进步的必然。巨大的社会需求,推动着旅游和休闲业的长足猛进。据美国报刊称,美国居民每年休闲娱乐消费达 3.4 万亿美元。冷战结束后,高科技纷纷运用到休闲娱乐业中,成为推动美国经济增长的引擎。消费需求推动产业发展,历来如此。旅游业成为当今世

[①] 1995 年 9 月在上海"都市旅游国际研讨会"上的发言。收录于《都市旅游研究》,复旦大学出版社 1996 年版。

界的第一大产业,完全顺理成章。

二、中国的休闲热

"闲"字在中文中,历来是贬义多于褒义。"闲人"、"闲聊"、"闲扯"、"闲荡"、"闲杂"、"游手好闲"等,"有闲者"则是"寄生虫"的代名词。这在"闲"是剥削者专利的时代是可以理解的。近年来,"休闲"却成了都市流行的新概念。"休闲服"、"休闲鞋"、"休闲度假",成了人们尤其是都市居民的热门话题。

"休闲热"的初起是中国改革开放引来社会巨变的产物。据国家统计局最新统计,1978～1994年间,在国民经济大发展的基础上,国家、集体和个人之间的分配格局发生重大变化。国家收入占国内生产总值的比重由31.6%降到14.5%,城乡居民个人收入所占比重由49.3%升至61.7%;集体收入比重由19.1%升至23.8%,在这种"藏富于民"的总趋势下,居民的生活水平和生活质量呈大幅度上升趋势。

国际上通常用恩格尔系数,即国民购买食品的支出与其消费总支出之比,作为衡量一国国民生活质量的指标之一。如日本,恩格尔系数1951年为51.7%,70年代为28.1%。目前发达国家一般在20%～30%之间。据世界旅游专家分析,恩格尔系数在50%以下就具备国内旅游的条件,30%以下就有出国旅游的条件。据1995年第一季度国家统计局的抽样调查表明,北京、上海、天津3个直辖市居民的人均月收入分别为485元、578元、348元,人均月支出分别为401元、466元、301元;其中食品支出分别为179元、249元、160元,恩格尔系数分别为49.1%、53.4%、53.2%。3市人均文化、教育和娱乐的消费分别占总支出的13%、10%和8%。这表明,中国人的生活水平从纵向上比,10年来在上升,这是目前出现"休闲热"的根由。但从横向上与发达国家相比,在休闲的量与质上,都有相当大的差距,中国仍是一个发展中的国家。"休闲热"只是在部分大中城市的部分居民中初显端倪,在全国范围内切不可估计过高。

表1 中国城镇居民家庭经济类型比较

类 别	户均年收入(万元)	户均金融资产(万元)	占全国家庭总户数比例(%)	自认为家庭生活等级的比例(%)
贫困型	0.5以下	0.3	4	下 等 7.2
温饱型	0.5～1	0.9	34	中下等 26.9
小康型	1～3	2.8	55	中 等 53.2
富裕型	3～10	8.7	6	中下等 11.9
富豪型	10以上	28	1	上 等 0.8

资料来源:据山西《大同日报》1995年7月24日《城镇家庭五种类型并存》一文制表。

然而,中国是一个发展中的大国,人口众多,地域辽阔,城乡差别、地区差别、行业差别、群体差别将长期存在。据经济专家测算,中国城镇居民家庭五种类型并存。小康型家庭以上占60%,中国人休闲和旅游的潜在需求不可低估。

根据国际经验和我国的实际情况,一般地说,人们达到小康水平就有国内旅游的要求和能力,达到富裕水平就有出国旅游的要求和能力。据中国国家旅游局公布的抽样调查资料,1994年全国国内旅游5.24亿人次,旅游总花费1023.51亿元。其中,城镇居民2.05亿人次,出游率为75.9%,人均旅游消费413元;农村农民出游3.19亿人次,出游率为34.3%,人均旅游消费55元。由此可见,中国的休闲消费和旅游消费市场虽然仍处在初始阶段,但其规模之广、潜力之大,是世界上少有的。

尤为值得注意的是,走在消费潮流前列的大城市居民,对于高格调生活的追求和新式休闲观的认同开始成为一种新的社会时尚。1995年4月举行的《北京消费者生活观、消费观抽样调查》表明,向往高格调生活和新式休闲观已被多数人视为人生的一大追求。在生活观方面,消费者的选择为:"重视权利"51%,"重视社交"60%,"追求流行感受"62%,"新式休闲"65%,"向往高格调生活"78%,"自我充实"81%,"关心家庭"84%,"关心健康"87%。

种种迹象显示:在这块占世界人口1/5的960万平方公里的土地上,大众休闲时代已经揭开序幕。当然,它的高潮应在下个世纪中叶,即中国全面实现现代化之时。

三、休闲的定义与分类

尽管社会学家对"休闲"的定义争论不休,公众对"休闲"的理解大相径庭,但一点确已被世人所认同:"人人有休息和休闲的权利(联合国《世界人权宣言》)。"无论在城市和乡村,闲暇都是重要的。它为人们提供了激发基本才能的变化条件:意志、知识、责任感和创造力的自由发展。"(联合国《休闲宪章》。)

按照社会学家的说法,人的生活可分为:①约束性时间。其中又分为生物本能时间(如睡眠、饮食等)和社会性时间(如工作、受教育和社会义务活动等);②休闲时间(又称为"自由时间")。

"休闲"的英译是Leisure,语源于拉丁语的Licere,意指生产劳动后的自由时间或自由活动,包含时间与活动两个层面。法国社会学家杜马兹埃(Joffre Dumazedier)在《走向休闲的社会》一书中提出了他的休闲观:"所谓闲暇,就是个人从工作岗位、家庭、社会义务中解脱出来的时间,为了休息,为了消遣,或为了培养与谋生无关的智能,以及为了自发地参加社会活动和自由发挥创造力,是随心所欲活动的总称。"

休闲活动最本质的特征是它的自主性、自由性、消遣性和参与性。由于人们的地位、阅历和价值观念的不同,触发其休闲的动机也各异:为满足个人生理和心理的某种需求,或为求知,或为审美,或为社交,或为促进家庭的和谐,或为表现自我、实现自我……

在万千世界、芸芸众生中,虽不乏有人在休闲活动中从事赌博、色情、迷信(不包括正常的宗教信仰和观赏宗教文化——作者注)和吸毒之类颓废行为及其他低级趣味活动,但总体上看,休闲活动是积极、健康、向上的,能愉悦身心、焕发精神,健全体魄、锻炼意志,丰富阅历、开阔眼界、广交朋友、圆满家庭,可促进社会的祥和、交流和进步。

都市居民的休闲活动大致可分为(实际上往往是复合型或交叉型):游憩型,娱乐型,购物型,美食型,健身型,艺术型,社交型,回归自然型,精神慰藉型(如进香拜佛或教堂礼拜),自我表现型(或炫耀财产地位,或显示技能胆量等)。

从休闲活动的方式分:单体型,家庭型,群体型。

从休闲空间分:室内型,户外型。从趋势看,追求环境质量、绿色空间、生态平衡的户外休闲活动尤受城市居民的青睐。

从休闲地域分:市区型,市郊型,外地型,海外、国外型。

从休闲时间分:平日工作、家务后的零星空闲型(主要是夜生活);周末和节日型;假期型(年休假、探亲假、婚假、寒暑假等)。

四、休闲与旅游

都市,尤其是国际大都市,是一国或一地区政治、经济、交通、文化和对外交流的中心。现代化都市往往也是旅游管理、接待、集散和辐射中心。都市旅游的特点之一,是国际旅游与国内旅游并举,接待外来旅游者与输出本地旅游者并举,是旅游目的地与客源产出地的统一体。本市居民的休闲活动与外来游客的旅游活动的交织,是发展都市旅游的一大要点。

休闲与旅游是一对孪生姐妹。闲暇时间是旅游的必要条件。没有可自由支配的闲暇时间,就没有旅游活动。旅游是休闲的形式和手段之一,而且是综合性的高层次的休闲活动。它可以把商务、会议、展示、修学、文化等多种专业活动与休闲相结合,没有旅游,休闲就失去了它的光彩。

但是,休闲与旅游不能画等号。它们是交叉关系或部分重合关系。科学地说,人们在居住地的休闲活动(如游园、观剧、看电影、参观展览会、逛游乐场)不能称之为旅游。只有离开居住地到异地一定时间以上(如过夜或8小时以上)的休闲活动,才算真正的旅游。严格地说,只有以观光、度假、健身、娱乐、探亲访友为主要目的去异地的休闲活动,才是本来意义上的旅游活动;以公务、商务、文化、学习、考察和研究为主要目的的旅行,尽管有休闲娱乐的活动内容,但不能称之为休闲,而是带有休闲色彩的旅行或旅游。

认识休闲与旅游之间的联系,把为外来游客服务的旅游设施与为本地居民服务的休闲设施最大限度地结合起来,以达到最佳的经济效益和社会效益。

注意休闲与旅游之间的区别,在都市服务设施建设中明确各自的客源市场定位,适当地划分本市休闲者和外来旅游者服务的场所及其功能和设施的特性,同样是为了达到最佳的经济效益和社会效益。

既要兼顾又要区分本市居民与外来游客、海外游客与国内游客的多层需要,使本地居民与外来游客既能共同参与,又能各得其所,是都市旅游服务设施建设中需要认真解决的一个课题。

本市居民休闲需求的迅速增长,要求在都市旅游业的建设中把市内与近郊的休闲设施建设和本市居民的外出旅游放在十分重要的地位。长期以来都市旅游部门的管理者和经营者只注重接待国外和外地旅游者而忽视本地居民休闲需求的倾向亟待纠正。国际旅游、国内接待旅游和本市居民的休闲旅游互相促进、共同发展才是都市旅游成熟的标志。

五、休闲与都市建设

都市尤其是大都市休闲和旅游的内容、形式、格调及设施,应该发扬本地特色、创时代潮流,成为展示一国、一地时代风貌和历史文化的窗口。

历史的创伤给我国城市建设留下了不少后遗症。在市政建设方面,都市休闲娱乐设施的匮乏和简陋;在城市产业结构上,都市休闲服务业的滞后和薄弱,是多数城市的通病。这10多年来虽有较大改善,但远远不能满足正在兴起的休闲旅游热。当务之急是兴建若干大型、高水平的休闲游乐项目,以满足国内外游客和本市民众的现代生活需求。于是,或洋或古或土的人造景观应运而生,大有锐不可当之势。对此,业界人士亦喜亦忧。喜的是历来被视为"玩物丧志"的游乐场所终于被社会承认,为公众生活之必需;忧的是贪大求全、竞相模仿、盲目上马,后果不容乐观。

从长远看,要真正发挥大都市的休闲和旅游功能,适应国际和国内两方面的休闲和旅游需求,应该以国际水准为坐标,在以下几个方面从整体上加强城市建设:

1. 城市总体水平

——高度发达的国民经济。在高科技的基础上建立的现代化工业、现代化农业和服务业,三种产业协调发展,第三产业适度超前。

——完备的城市基础建设。建有发达的信息、交通、供水、供热、供电和供气系统。

——高水平的城市管理体系。建立完整的城建、绿化、交通、治安、防灾、防疫、医疗保健等市政配套系统。

——良好的生态环境。各类污染得到有效防治,生态平衡保持良性循环。

——高尚的精神文明。全市有现代化的教育、文化、艺术、新闻、体育、卫生和娱乐设施,全体居民有较高的文化素养、良好的礼仪礼貌、强烈的旅游意识。建有国家级乃至国际级的会议厅、展览馆、博物馆、科技馆、图书馆、体育馆、高等学府、大剧院及城市中心广场等。

——高水平的国际化环境。符合国际标准的城市图形标识系统,路名牌、指示牌和商店招牌均有中外文对照。用外语播放的广播电视,用外文出版的报刊、地图和宣传品。市民基本普及外语,有强烈的国际意识,懂得国际礼仪的基础知识。

2. 旅游资源开发和休闲服务设施建设

——深层次、全面开发各类旅游资源,形成独具特色的旅游产品系列,自然的和人文的、历史的与现代的旅游项目交相辉映,民族的、地方的和国际的旅游景观相得益彰。

——现代化的交通体系航空、铁路、公路和水运组成立体式旅游交通网络。

——标准化的星级饭店系列和非星级的饭店、旅社的标准化管理。为休闲度假者和商务会议者提供功能不同的宾馆饭店。

——完善的旅行社服务系统。国际的与国内的,入境的和出境的,综合性的和专业化的,团队的与散客的,等等。

——以地方风味为主,兼备中西、南北风味的餐饮系列。

——多样化的文娱体育活动、高品位的休闲、旅游文化活动,丰富多彩的夜生活。

——休闲和旅游咨询服务系统。

——旅游质量管理系统。

——旅游安全和救援系统,旅游者人身和财产保险制度。

3. 旅游、休闲业经营管理体制

——政企分开的行业管理体制和现代企业制度。多种所有制平等并存和有序竞争的经营体制。

——旅游、休闲业全部从业人员市场化,双向选择的自由职业制度。

——敞开国门、双向开放。既把海外游客请进来,也让本国居民走出去;既把海外旅游、休闲企业放进来,也让本国本市旅游、休闲企业走出去,加入国际市场的大循环和大竞争。

——与国际标准和规范逐步接近、全面接轨。旅游和休闲业及其行业管理、企业经营、法规制度、服务接待的软件标准和软件水平、管理和服务人员的培训、国内旅游和国际旅游的价格,逐步接近,最终实现全面接轨。

——多层次的国际合作体制。与外国旅游、休闲业界建立政府、民间、企业院所之间多层次、多渠道的国际合作体制。

总之,都市建设和都市旅游的决策层和管理层应放开眼界、统揽全局,从城市基础设施、旅游和休闲的行业管理、服务配套设施,人力资源开发和国际合作体制等根本点上破题,写好21世纪的最大朝阳产业——都市旅游和休闲业这篇大文章、新篇章。

假日旅游潮的特点与对策[①]

一、假日旅游已成为国内旅游的强劲支柱

1999年第1个国庆节7天假期间全国出游4000万人次、总消费141亿元,2000年春节期间出游超过2000万人次、总消费163亿元。2000年"五一"节期间出游4600万人次、总消费181亿元。三个长假出游总人次超过1亿,约占全国一年国内旅游总人数的1/7;总收入485亿元,约占全年国内旅游总收入的1/6。如果加上1999年暑假1.29亿旅游人次和总消费445亿元,节假日旅游人次和收入占全国国内旅游总人数和总收入的1/3。

"假日旅游潮"表明,旅游已成为城镇居民首选的时尚休闲,假日旅游又成了推动旅游业发展的强劲支柱。假日旅游的管理与经营已成为旅游行业管理、经营与服务的重中之重。

"假日旅游潮"也是对我国现阶段旅游业整体素质的严酷检验。目前暴露出宏观调控、行业协作、企业经营与游客消费等各方面的问题,都说明我国的旅游业特别是国内旅游业,仍处在初步发展阶段。

各旅游地普遍出现的节假日期间人满为患与节后的门庭冷落表明,节假日期间旅游产品供不应求与平日旅游产品的供过于求同时存在,这一对难解的矛盾制约着我国旅游业整体经济效益的提高。旅游产品生产与消费的同时性、不可储存性的特点,又使解决这一矛盾具有特殊的复杂性、困难性和长期性。

二、目前假日旅游潮的特点

出游的时段性与集中性。全部游客都集中在几天之内,其中多数人又集中到有点名气的旅游地。

浪潮的周期性与重复性。一年之内三个大高峰、1个长旺期(暑假)、50来个小高潮(双休日),将周而复始,年年如此。

客源群体主要是城镇居民中的工薪阶层。他们是国家节假日制度的受惠群体,只能在节假日携家出游结伴同行。农民、退休老人一般不挤在节假日出游。节假日出游者以中青年及少年为主。

---

① 2000年6月9日在国家旅游局"假日旅游研讨会"上的发言,2000年6月24日《中国旅游报》。

以家庭、亲友结伴出游为主。自费、散客为多，公费、半公费的单位团体组织出游越来越少。

近程以散客、自助旅游方式为主，远程以参加旅行社组团旅游方式出游较多。

游客以走马看花式的观光游览为主，在一地小住数天休闲度假的很少，围绕某一主题进行深入品味、考察、研究的更少。

游客流向，近程以城市郊县和周边地区一般性景点为主，中远程则南上北下、东往西来，主要奔向全国性著名景区。

热点、温点、冷点地区同时并存。假日客流集中在东、中部一些国内著名旅游城市和旅游景点，但占全国领土一半以上的西部地区，除云、贵、川、桂、陕几个省区的著名景点外，基本上不存在"假日旅游热"。

在著名景区景点，节假日期间车水马龙、摩肩接踵；节后车马稀少、门庭冷落，大起大落，反差极其强烈。

国内旅游占绝对多数，出境旅游占的比重虽小但绝对量不小，而且正在快速增长。

三、强化政府主导功能，调控假日旅游市场

国务院和各省、自治区、直辖市及旅游热点城市，由政府主管领导牵头，民航、铁路、公路、水运、旅游、文化、商业、物价、卫生、城管、工商和公安等部门组成假日旅游协调机构，对交通线路、价格、安全等进行协调和部署。

全国和各省区及旅游热点城市由国家旅游局牵头，组建全国旅游信息预报网络，通过报刊、广播、电视和电子信息网站通报全国旅游热点城市和景区的游客量、交通、住宿等状况，及时疏导游客流向与流量。

全国各地旅游质检部门节假日期间全天候开通旅游投诉电话，24小时值班、工作。交通、物价、工商、公安部门协同作战，严格规范市场秩序。对饭店、车船公司不信守合同，旅行社擅自提价，交通、住宿、餐饮、景点肆意提价宰客，无论"野马"、"家马"一律从严惩处，"杀"一儆百。这固然是治标之举，但断不可无。

落实、完善职工全员带薪休假制度，政府机关、事业单位、各类所有制企业，分类制定职工带薪休假办法，分流大众出游时间，一定程度上可以减缓节假日期间旅客过度集中的状况。实行职员带薪休假制后，有中小学生的家庭仍将集中在暑假里出游，可借鉴国外学校错开放假的做法，南北、东西地区大中小学分批放寒暑假，以减缓全国集中放假带来的拥挤程度。

实施国民旅游计划，通过企业工会、老龄委、青少年、妇女、街道社区等各系统，开展奖励旅游、银发旅游、春游、秋游、夏令营、修学旅游、女青年旅游、健身旅游等，组织各阶层群体在各个时间段旅游，错开节假日旅游高峰期。

运用价格杠杆，调节热点旅游地的客流量。在国家级风景名胜区、自然保护区和文物保护单位，特别是世界自然与文化遗产地，节假日可提高门票及住宿价格，控制游客量

以免超出其能承受的限度。节假日调整价格要提前公之于众,形成常规,使旅游企业经营者和广大公众知晓。这种合理的价格浮动符合市场经济的常规,与有些接待单位乘机暴利宰客有本质的区别。

四、优化旅游产业结构,疏导客源流向与流量

区域结构:旅游区域布局不平衡,是"假日旅游潮"出现负面影响的根源之一。全国范围内,加大西部地区的旅游开发,改变目前游客集中在东、中、西部少数旅游地的状况;各省、市加大冷、温地区新的旅游地的开发与宣传,改变目前游客过分集中在少数著名老景点的状况。旅游中心城市与其卫星城镇的旅游点形成接待网络,减缓中心城市的接待压力。

客流结构:本地居民与外来游客分流。热点旅游城市组织本地居民去非热点景区,使本地居民与外地游客分流。

产品结构:随着国内游客旅游经历的丰富,长假和暑假期间在一个目的地逗留数日的休闲式度假产品的条件正在成熟,要加紧开发家庭休闲度假产品;对城市的文化、文博、科技、书市、体育等设施加强宣传、改进服务,引导节假日以风景观光为主向多样化文化体育休闲发展,改变目前风景点热、文化点冷的状况。

行业服务:充分挖掘、利用社会资源,扩大供给规模。客运方面,解决铁路与公路的衔接与协作,组织机关、学校、企业内部车辆接待游客;住宿方面,宾馆饭店临时加床位,发展家庭旅馆、野营帐篷,机关企业招待所对外营业,尽快实现全国火车票联网销售和返程票预订。饭店开展网上预订、结算业务。

五、普及旅游知识,倡导文明旅游和深度旅游

游客在节假日蜂拥而出、盲目出游的现象,也反映国民旅游的不成熟性。通过各类媒体、书刊、讲座、展览及旅行社导游员的宣传,普及旅游基本知识,提高国民的旅游意识,也是缓解"假日旅游潮"的负面效应的重要方面。

我国绝大部分居民的旅游经历短,在旅游生活的安排上大多是随众而行,缺少理性选择、周密准备。这固然需要在旅行实践中积累经验,更需要旅游部门的宣传,帮助旅游者树立旅游的质量意识、安全意识、自我保护意识和自律意识。要大力提倡保护环境、爱惜资源、尊重民俗、遵守公德的文明旅游,提倡深入观察、好问勤记、身有所益、心有所得的深度旅游。要让游客懂得,高质量的旅游不仅取决于环境,更取决于自己。

通过旅行社、旅游报刊与旅友建立经常联系,建立旅行之友俱乐部、旅友沙龙,举办讲座、讲演、征文、摄影等活动,评选"最佳旅友"、"自助旅游优秀设计奖"等,通过旅游者的互相交流切磋,逐步提升旅游者素质。

作为人口大国,国内旅游方兴未艾,假日旅游潮将长期存在并呈现排浪式发展的趋势。研究其特点,加强宏观调控,优化产品结构,引导客源市场,趋利避害、扬长避短,最

大限度地发挥其规模效应,尽可能缩小其消极影响,是我国旅游界亟须解决的一个新课题。笔者日前在会见澳大利亚昆士兰大学旅游与休闲管理系主任 Craig Smith 先生时得知,澳大利亚旅游业的兴起得益于20世纪80年代数次国际博览会、建国200周年庆典等大型节庆活动,目前正在准备奥运会的旅游接待。为此,该系已筹建节庆旅游专业。可见,节假日旅游是一个世界性的新课题,十分值得旅游管理层、经营层和教学研究者共同研讨。

中国休闲度假旅游的必由之路：
从"黄金周"到带薪休假[①]

一、"黄金周"的利与弊

自1999年国庆节以来,全国实行春节、劳动节和国庆节3个7天的长假期,出现了从未有过的假日旅游热,初步形成了以旅游为主导的假日经济,成为我国社会经济文化的一个新现象,也使国民主要是占全国人口1/3以上的城镇居民开始了一种新颖的休闲方式。

"黄金周"长假引发了旅游热,其积极作用人们看得很清、谈得很多：

——促进了交通、信息、景区、住宿、餐饮、购物、娱乐、安全等服务设施的配套组合,推动了旅游产品的调整优化(如国内度假产品的启动、环城市休憩带的形成),加速了旅游消费从单一观光型向观光度假型的转变。

——扩大了城镇居民的休闲消费需求,带动了交通客运、网络通信、餐饮零售、金融保险、文化文物、休闲娱乐、体育健身、农业林业和城建园林等相关行业/部门的建设,拉动内需、促进了国民经济的增长。

——加快了温、冷旅游地的开发、建设,促进了人流、消费流、资金流、信息流从中心城市向边远地区的流动,带动了城郊、农村和山区的发展。

——激醒了国民主要是城镇居民的旅游意识,丰富了人们的休闲生活,提升了人们的生活品质。

——由上而下各级政府假日协调机构的建立和城市假日旅游信息系统的启动,促进了"大旅游"格局的形成,提高了旅游行业的服务、协调和管理水平。

然而,"黄金周"旅游热的负面作用也不可低估。旅游产品生产与消费的同步性及由此派生的不可储存性,决定了正确处理旅游供给常年候的刚性与旅游需求时段间的弹性之间的矛盾,历来是关系旅游经济能否良性增长的关键之一。在未实行"黄金周"制度时,这个矛盾主要表现为一些地方自然气候造成的淡旺季问题。而近三年的情况说明,实行"黄金周"制度后,人为造成的旅游供给设施的常年性、稳定性与"黄金周"旅游需求的集中性、跳跃性之间的矛盾更加突出。"黄金周"期间的供不应求与"黄金周"之后的供过于求周而复始地出现,长此下去将会损伤我国旅游可持续发展的资源、环境、经营和

[①] 2002年第4期《旅游学刊》。

消费基础。

——著名的景区景点,无论是自然的、历史的,还是新建的,几乎无不是"黄金周"内车水马龙、人满为患。故宫、九寨沟、黄山、泰山等世界遗产景区(点)在"黄金周"期间的游客量远远超过了它们的最佳接待量及最大承载量,实际上已成为一种破坏性经营。这些世界遗产、国宝级景点,超负荷的接待与经营无疑会加速资源的损耗、环境的破坏,损害了旅游资源的保护和可持续利用。

——旅游不是"赶集"。人们在节假日出游是为了在闲暇时间内得到欢乐享受和美好的体验。"黄金周"的闸涌式旅游,不利于达到旅游的根本目的。在"黄金周"内出游,景区人山人海、摩肩接踵,既导致旅游质量下降,又增加了不安全因素;如果对著名景区严格实行接待游客量限制,远道而来的游客不能进入,必然产生不满情绪。这两种情况都将挫伤国民对旅游持续消费的积极性。

——如按照"黄金周"的需求量建设交通、住宿等旅游供给设施,势必造成常年性的过剩;如不能满足"黄金周"的集中需求,则势必形成客房爆满、车船拥塞。前者形成企业的经营性亏损,后者引起企业的破坏性运营,两者同样导致经营成本提高。这种两难境地使旅游企业长期陷入低利甚至亏损运行窘境,损害了旅游企业可持续的经营基础。

——"黄金周"期间如果不采取行政限价措施,势必引起消费价格上涨甚至暴涨,导致游客不满;但这种行政式的限价违背供求规律,不符合市场经济法则。"黄金周"期间的突击性、超负荷供给,势必加大企业的经营成本(能源、设备损耗、人力成本),如果强制式限价必然影响企业群体的近期效益和长远利益。这一矛盾在全面走向市场经济体制的条件下,势必越来越突出。

——"黄金周"期间旅游、娱乐、餐饮、购物的集中花费,尽管使消费市场火爆一时,但是社会的总消费量是在一定时段内基本上是一个恒量。节日期间消费的火速升温总是伴随着节后的急剧降温,节日期间旅游价格的上扬总是伴随着节后的回落。这种现象完全符合市场经济的规律。从全社会一个较长时段来看,几个短时段的集中或超前消费(而且这种消费容易形成低质、高价),并不能从根本上刺激和扩大消费总量。显然,这种突击性的消费并不能夯实国民长期、稳定、可持续消费的基础。

最近3年统计结果表明,"黄金周"式的集中休假对提高城镇居民的旅游总花费、人均旅游花费的增长虽有一定的促进作用(相形之下对农村居民的出游率影响不大),但对全国旅游经济整体增长的促进作用并不明显。"黄金周"期间的人均旅游消费额几乎均低于全年旅游人均消费额。实行"黄金周"的2000、2001年的国内旅游总收入和人均花费的绝对年增长值与平均年增长率都比未实行"黄金周"的1997、1998年低。

——"黄金周"为我国公民提供了出境旅游的条件,但集中在3个时段中的闸涌式出游,在目前主要集中在港澳地区和东南亚几国的情况下,同样给出境旅游的经营者和接待地带来巨大压力,供求规律的结果必然使旅游价格上扬、服务质量下降,势必影响出境旅游者的利益,不利于正在兴起的出境旅游的健康发展,

——3个"黄金周"前后,全国旅游与相关的行政管理部门为了确保万无一失,全力投入协调、管理、监督、检查。由于是带有浓厚的"政治性"、"运动式"色彩,习惯和主要用行政手段,而且一时颇能奏效。这种行业管理模式与加入WTO、培育市场经济的要求大相径庭,从长远看不利于政府职能的转变与管理方式的转型,也不利于市场的发育与企业的成长。

——全国划一实行3个"黄金周",一年之中大致近一个月时间政府机关和企事业单位中止工作。这种状态不利于政府机构正常、高效、稳定地运行,不适应现代经济、金融、信息系统快捷、连续运作的要求,尤其给外企和涉外活动带来诸多不便。加入世界贸易组织后中外经贸文化交流日趋频繁,一年3次的全国性长假对政务、商务、生产、文教活动的负面影响将会日益凸显出来。

今后5~10年及20年内,随着全国进入全面小康、基本实现现代化,国民的国内旅游和出境旅游将出现全面、持续、快速发展之势。据中国旅游业"十五"计划和2015、2020年发展目标预测,到2005、2010、2015、2020年,国内旅游将分别达到11亿~11.5亿、15亿~17亿、21亿~25亿、29亿~36亿人次,出境旅游将达1600万、2000万、2500万、3700万人次(事实上远不止这些人数)。对一个近13亿人口的大国来说,如果1/5左右的国内游客每年都集中在3周内蜂拥而出,绝不是一种正常、健康、可持续的现象,也不是中国旅游业应走的高效益、低耗损、可持续发展之路。

"黄金周"式的旅游休假对过去中国城镇居民没有较为集中的长假期进行假日旅游来说,是一个历史性的进步;从长远来看,它是一种过渡形式,是中国国民度假旅游的一种初级形式。

二、带薪休假利民利国

自实行周双休日特别是"黄金周"以来,随着国民旅游意识的强化、假日旅潮压力的加大,推行职工带薪休假的呼声愈来愈高。

——有利于旅游资源和生态环境的保护和持续利用。由于实行全员带薪休假,人们休闲方式更加多样化,出游时间自然错开,旅游人潮相对分散,旅游接待地特别是世界遗产地和全国著名旅游景区的人潮压力大为减缓,更便于实行门票预订、总量调控,从而有利于旅游资源和生态环境的保护和持续利用。

——有利于旅游经济与"休闲经济"、"娱乐经济"、"体验经济"接轨,提高旅游产业素质。旅游的本质是人们在一段异地的经历中获得某种独特的体验,并在这种体验中得到欢乐、享受美感、增长知识和强健身体。按照国际上流行的"休闲经济"、"娱乐经济"、"体验经济"的理论与实践,旅游经济无疑是休闲经济的重要部分,是娱乐经济的重要领域。据美国一家信息研究中心的调查,美国人在作出度假决策时,84.2%的人选择的首要目的是"娱(欢)乐"。用《体验经济》的作者之一、美国经济学家约瑟夫·派恩的说法,"所谓体验就是指人们用一种本质上非常个性化的方式来度过一段时间,并从中获得过程中呈现出的一系列可回忆事件"。"如果顾客愿意为这类体验付费,那么体验本身就可以看成某种经济上的给予。它创造的价值来自个人内在的反映"。体验经济首先从迪斯尼、好莱坞发端,然后扩展到休闲业、娱乐业、体育业,正在扩散到文化业、信息业、媒体业、商贸业、餐饮业、服饰业、客运交通业,以至各行各业。体验经济源于服务经济又高于服务经济。只有给人以良好的体验、美好的回忆的服务,才算是体验经济。只有实行全面带薪休假,使人们能够错开休假时间和地点,再加上完善的旅游设施和优良的接待服务,才能创造高质量的旅游经济,提高旅游经济的产业素质。

——有利于国民自主式、个性化的旅游,扩大客源总量,提高休闲质量。休闲度假是一种高品位、高弹性的发展需求和享受需求。休闲环境越宽松、越自由,这种身心需求就越强烈、越持久。目前国内游客中,公务员、企事业管理人员、专业/文教技术人员、服务商贸人员、工人等群体占国内游客总数的70%以上。实行带薪休假后,他们可以按照自己和家人的工作、兴趣等,安排休闲度假的时间、地点和方式,会扎实地推进游客总量和消费总额的持续增长,同时更加符合当今世界休闲自主化、个性化、多样化、娱乐化、体验化的发展趋势。

——有利于包括旅游在内的休闲产业的全面、持续发展。实行带薪休假后,人们可以自由选择观光、度假、文化、艺术、修学、体育、康复、购物、美食、社交等各种休闲方式,从而促进休闲经济的全面、持续发展。旅游和其他服务企业可以提高设备常年利用率,从容接待、精心服务,充分发挥各自优势,既便于提高服务质量,又利于提高经济效益。

——有利于进一步扩大内需、增加就业。2001年,全国城镇居民人均可支配收入达6860元(约合826美元),恩格尔系数已降至37.9%,他们休闲度假的经济条件基本具备;尤其对具有中高档旅游消费而又有度假需求的居民群体来讲,独缺可自由支配的闲暇时间。实行全面带薪休假制度可以进一步释放城镇居民,特别是中上等收入的富裕阶层的休闲度假消费潜能,持续地拉动内需。实行全面带薪休假制度,还可以在休闲服务业领域中扩大就业机会,并在一定程度上增加企事业单位的就业岗位。

——有利于政府机关、企事业单位正常、连续、有效运转,提高工作效率。实行职工带薪休假制后,政府机关、企事业单位不再实行7天连续休假。各单位可以根据工作的需要和员工的需求,灵活安排员工的休假时间。这样既可以保证工作的正常进行,又保障了员工的休假权利,为之提供更加广阔的休闲空间。

目前以"黄金周"形式出现的假日旅游,是中国国民度假旅游的初级形式,与过去人们没有一段较长的闲暇时间出游的情况相比,无疑是一个历史的进步。但从长远看,从"黄金周"式的节日旅游走向以带薪休假制为基础的休假旅游,是实现从单一的观光旅游向观光、度假和专项主题旅游提升,从蜂拥式的节日休闲向休憩型的全年候休闲度假提升,从假日经济向休闲经济、休闲产业提升的必由之路。

三、推进休闲制度与国际接轨

1948年12月联合国大会通过的《世界人权宣言》认定,"任何人都有休息、休闲的权利,尤其是享有合理的工作时间和定期带薪休假的权利"。1966年12月联合国大会通过的《国际经济、社会和文化权利公约》规定,各国应确保人人都能"休闲、娱乐,合理限制工时和定期带薪休假,以及公共假日期间照常发薪"。

1982年8月在墨西哥举行的世界旅游会议上通过的《阿卡普尔科文件》提出:"各国的责任不能局限于仅仅承认这一权利,而应创造实际的和恰当的条件,让那些享有假日的人更有效地享受","应该作出实质性努力错开休假时间"。1985年9月世界旅游组织全体大会通过的《旅游权利法案和旅游者守则》,要求各国政府"采取措施,特别是通过更好地分配工作和娱乐时间,建立和改善年度带薪休假制度和错开休假日期,以及特别注意青年、老年和残疾人的旅游手段,使每个人都能参加国内和国际旅游"。

许多国家早已实行带薪休假制度。法国、西班牙30天/年,比利时24天/年,英国20~27天/年,德国、意大利5~6周/年,韩国20天/年,泰国10~20天/年,澳大利亚30天以上/年。中国香港7~14天/年;台湾地区工作1~3年为7天,工作3~5年为10天,工作5~10年为14天,工作10年以后每年增加1天,最多30天。

外国虽然也有节庆日与周休日连续休假的做法,但作为全国统一的连休时间一般为2~3天,但很少有连续7天休假的。韩国元旦连休2天,春节、中秋节连休3天,节日与周休日重叠时没有调休制度。巴西新年、独立纪念日、圣诞节若正逢周二至周五时,则移至周一,与周六、周日连休3天,举国同庆的狂欢节连休3天。美国除独立纪念日外,节日与周六、周日重叠时,周五、周一为连休日。法国圣诞节连休2天。泰国的节日与周六、周日重叠时,周一为调休日。我国香港地区圣诞节连休3天。台湾地区周六工作半天,节日与周六重叠时,周六休假,与周日连休2天,但周六的半天工作移至下周六完成。

可见,年度带薪休假制度和错开休假日期是世界各国提升国民休闲品质、完善人权制度的共同走势,是保障公民休闲权的一种国际惯例。实行带薪休假制度、错开休假日期两者是相辅相成的,它可以避免全国居民集中在几个公共假日一起休假、旅游、娱乐的种种弊端,有利于不宜中断的公务、商务、文化等社会性事务与国民自主休闲的个人活动互相促进、有序进行。

在加入WTO后,中外经贸文化交流将与日俱增,各国来华的官方、民间机构及人士将迅速增多。一年3次的长假期对开展正常、有序的涉外事务十分不利。一批高资质的在华外企、合资和合作企业已经陆续按国际惯例实行带薪休假、奖励旅游。许多海外驻华人员希望能避开"井喷"式的长假日,享受高质量的休闲度假生活。在这种情况下,我国的公务机关和企事业单位全面推行与国际接轨的带薪休假制度,尤为必要。

四、制定和实施《国民旅游计划》

我国宪法早就确定职工的"休假制度",1994年颁布的《劳动法》规定,"国家实行带薪休假制度,劳动者连续工作1年以上者,享受带薪年休假"。但是,由于缺乏带有法规性的实施细则和具体的落实措施,不论是国家机关还是企事业单位,还没有全面、普遍、连续实行职工全员带薪休假制度,只是少数地方、少数部门、少数企业实行带薪休假。

——建议国务院有关部门尽快出台实施职工带薪休假制度的具体办法,对政府公务员、事业和企业单位的员工实行带薪休假作出具体规定,任何机关、单位和个人都必须执行。对不同资历、工龄、岗位、工种的员工,以及对国营、私营、外资、合资企业的带薪休假具体实施方案可以有所不同,但带薪休假作为国民权利的组成部分之一,任何人都不得侵犯。

——适当修改1991年6月中共中央和国务院《关于职工休假问题的通知》有关条款。把该《通知》中"可以安排职工年休假",改为"必须按《劳动法》规定安排职工年休假";删改"安排最多不超过两周的年休假,休假方式一般以就地休假为主"条款,以与1989年4月各国议会旅游大会通过的《海牙旅游宣言》相一致:"每个人都享有休息、休闲、周期性带薪休假、利用假期进行旅行和在本国或国外旅游中获益的权利"。

——制定全国和各省、区、直辖市《国民旅游计划》,采取具体措施倡导奖励旅游(对优秀员工)、福利旅游(对低收入群体,企业可把奖励旅游、福利旅游支出列入其经营成本)、修学旅游(对学生群体)、银发旅游(对离退休人员)等,引导国民旅游沿着正常、安全、持续的方向发展。

——在适当时候修改劳动节和国庆节与两个周末双休日连休的办法。近期,"黄金周"与带薪休假并行,用带薪休假分流、平缓"黄金周"的游客峰潮。随后,可实行劳动节、国庆节与1个双休日5天连休。考虑到春节是中华民族的传统习俗,可继续实行前后各一个周末双休日倒休,连休7天。

旅游和相关服务业积极为带薪休假提供相应的产品和设施。大中城市设立游客中心,建设和改造大众化的休闲度假宾馆,开设青年旅馆、露营地和汽车旅馆;积极、稳妥地发展分时度假,推行全国联网的分时度假宾馆连锁经营;创建跨区域的火车、游船和汽车票预订和联营网络,开展异地租车业务,生产宿营帐篷等自助旅游用品,为国民自主、便捷、安全、舒适地享受带薪休假权利创造充分的条件。

《中华人民共和国国民经济和社会发展第十个五年计划纲要》提出:"推行职工带薪休假制度,合理调整居民工作和闲暇时间,扩大服务供给,鼓励居民服务性消费。"加快全面实行职工带薪休假制度,促进休闲经济与休闲产业的发育,应是此题中的应有之义。

"黄金周"真的"黄金"吗[①]

这几年来,每到七天长假后的次日,政府有关部门就以最快的速度发布"黄金周旅游统计报告",说这个"黄金周"全国有多少亿旅游人次,旅游收入多少亿元,比上年增长百分之十几、二十几,今年也不例外。全国假日旅游部际协调会议办公室发布《2012年中秋节国庆节假日旅游统计报告》,8天假日期间,全国共接待游客4.25亿人次,比2011年"十一"黄金周增长40.9%(按可比口径,同比增长23.3%);实现旅游收入2105亿元,比2011年"十一"黄金周增长44.4%(按可比口径,同比增长26.3%);游客人均花费支出495元。从这些数字中不难看出"黄金周"的"黄金"量有多大了。在拉动国民经济增长的出口、投资、消费三驾马车失衡的背景下,各级政府对"黄金周"的热心也就顺理成章了。

但是,对"黄金周"的账,还有另外一种算法。

仅就经济账而言,下面几笔账该怎么算?

长假期间,飞机、火车、汽车几乎全员出动,饭店客房出租率奇高,整个服务接待设施都超负荷运转,不可能按正常方式保养、检修。有点常识的人都知道,这种状况对设备的损耗率很高,这笔成本账算了吗?

长假期间,由于游人激增,机票费、汽车费、食宿费等无不上涨,消费者一般要比平常时间出游多花三四成乃至更高的费用(且不说得到的休闲感受与服务质量则不如平日),消费者的这笔账算了吗?按照市场经济的法则,供不应求的状态下商品涨价是必然的。有人总想用行政命令禁止长假期间涨价,费了九牛二虎之力,徒然增加了行政成本,但终不见效。

长假过后,绝大多数旅游地游人急剧下降,景点门前车马冷落,商店顾客稀少,机票大幅打折,旅行社、饭店立马降价,企业惨淡经营。长假那几天赚来的,节后又赔了多少?

长假期间,全国与旅游休闲相关的服务部门多少人加班加点,如果按《劳动法》规定,假日上班加1倍工资、节日上班加2倍工资。请问,这些都兑现了吗?如果都兑现了,劳动成本、经营成本翻了几番?如果没有兑现,有多少劳动者在"黄金周"期间正当权益受到侵害?

稍有经济常识的都知道,一个人、一个家庭、一个城市、一个国家的年总消费基本上是一个恒数,人们的消费总需求在一定时期内是相对稳定的。长假时集中消费了一大

[①] 原作于2007年10月9日,刊登于2012年10月12日《中国青年报》。

笔,一定会在长假前后少花,求得收支平衡。"黄金周"的集中性、突击性消费,对全年的总消费的增长,究竟起多大的作用?怎能只算长假账,不算长假后的账?

有人以"黄金周"期间供不应求的现象得出我国旅游供给不能满足旅游需求的结论。如果照此推断,就要大建景区、饭店,增加火车列车和航空设备。倘若真的这样去做,无疑将造成全年休闲、旅游设施与员工的大过剩,导致国民经济的大浪费。事实上,永远不可能按几个长假期几天内的"井喷"需求去建设各类休闲及相关设施。多年来,大陆上星级酒店年客房出租率一直保持在60%左右,远低于港澳台地区酒店年客房出租率80%左右的水平。加上非星级酒店,全年客房出租率不足50%。仅此一例可以说明"黄金周"这几天的供不应求不说明总体上现有旅游、休闲设施的高效经营。

再算旅游、休闲质量账。

众所周知,人们休假是为了求乐、求健、求知,寻求别致、美好的体验。休闲、旅游的本义应该是放松、舒适、快乐、幸福。"黄金周"期间人们花了比平日更多的钱,在观光游览、休闲娱乐之时,多有担心与疲惫。"大人看脑袋、小孩看屁股"的现象,从第一个"黄金周"开始至今,在著名的旅游地一直如此。有人形容今年的状况是:华山万人滞留,西湖见人不见桥,鼓浪屿"沦陷",故宫人山人海,长城不分"内外"。这固然有些夸张,但游览难、交通难、吃饭难、住宿难的现象绝非少数。这种边旅游、边烦心的状态,几亿人的旅游、休闲质量受损害,这笔无形账该怎么算?

再算资源、环境与生态账。

查一查今年《中秋、国庆节假日旅游信息通报》,10月3日南京中山陵为最佳接待量10倍,厦门鼓浪屿为最佳接待量9倍,北京故宫、山西平遥古城为最佳接待量5倍。在游客量最大的瞬间,鼓浪屿0.6平方公里可游览空间内同时涌入7.2万人次,0.72平方公里的故宫涌进了18万人。请想象一下,这对这些无比珍贵的自然、文化遗产意味着什么?长此以后,这些景区的自然环境、文化遗产会产生怎样的负面影响?

长假期间,凡是著名的自然与文化遗产地、风景名胜区、文物保护单位、自然保护区和地质公园等资源与生态环境十分敏感、脆弱的地区,也是游人如织之地。短时期、高密度的旅游人潮对生态环境的负面影响虽不像天安门广场的垃圾、万人齐踩故宫的现象那么用肉眼可见,但其严重而隐蔽的危害可能更加深远。

再算社会效益账。

安全是旅游休闲的第一前提。诚然,安全问题不只是"黄金周"有,但谁都不能否认,由于"黄金周"期间超强度的人流,使不安全的因素大大增多了。今年长假期间全国因交通事故死亡974人、受伤1473人。这并不是否定"黄金周"前后政府相关部门都投入了巨大的人力、物力、财力确保安全的努力,但是为什么非要人为地制造7天之内全国几亿人口大流动的"壮举",从而使安全问题空前严重呢?

"黄金周"前一天,很多人早早地离开了工作场所,结束后第一天,人们从紧张的休假活动中恢复精力。一年之中大致有近1个月时间政府机关和企事业单位中止工作,中国金融市场停止运转1周,而国际金融市场仍然在运转。在全球经济一体化,国际经贸、金融系统快捷、连续运作的信息经济时代,这种状态给企事业单位、尤其给外企和涉外活动带来诸多不便。一年2次的全国性的长假对政务、商务、生产、文教活动的负面影响难道不应该也算一笔账吗?

　　总之,"黄金周"的账要全面地算。既算正面的账,也要算负面的账;既要算经济账,也要算生态、环境、社会效益账;既要算多少亿元收入的有形账,也要算休闲质量、社会效益、文物资源和生态环境等无形账;既要算"黄金周"这几天的账,也要算"黄金周"前前后后的账。

　　在倡导全面、协调、可持续的科学发展观的今天,不能不考虑"黄金周"这笔账究竟应该如何算,不能不考虑一个13亿人口的国家究竟应该怎样保护和引导日益高涨的国民休闲热情,怎样才能保证休闲、旅游经济的可持续发展,怎样才能形成一个健康、和谐、科学并与国际惯例接轨的国民休闲制度。

国民休闲应成为国家行动[①]

在应对国际金融危机的形势下,广东、江苏、浙江、江西与山东等省正在加紧制定与推出"国民旅游休闲计划"或"国民休闲旅游计划"。中国旅游研究院正在编制《国民旅游休闲计划》,后来改名为《国民休闲纲领》。十分赞同这个改动。题目的修改反映课题组对"休闲"课题的认识从"旅游休闲"向"国民休闲"深化,从"计划"向"纲领"提升。从国家层面讲,这个《纲领》主要解决国民休闲的战略、功能与政策问题,是一个指导性的文件。如何贯彻实施则是各省区市的事情,应在《国民休闲纲领》的指导下编制各自的《国民休闲计划》或《国民休闲行动计划》。

编制《国民休闲纲领》是一个没有先例的开拓性的工作,有待探讨的理论问题、政策问题和体制问题很多,富有挑战性和创新性。笔者认为至少需要研究以下几方面的关系,供研讨。

一、休闲与旅游的关系

什么是休闲?根据社会学家的观点,人的时间可分为约束性时间与可自由支配时间两部分。前者包括人的生存必需的生理活动时间(如睡眠、吃饭等)和社会活动时间(如工作、受教育与社会义务活动等),后者指上述时间之余的闲暇、休息、休闲时间。

英文休闲 leisure 一词语源于拉丁文 licere,意指摆脱生产劳动后的自由时间、自由活动。汉语"休",《康熙辞典》注释为"息也,《礼记》霜始降则百工休";《诗经·大雅·民劳》篇:"民亦劳止,汔可小休",意为停止劳作后可"休"。《康熙辞典》注释:"閒,暇也,无事也。"孟浩然诗云:"秋满休闲日,春余景色和。"从字义学上看,古汉语中"閑"与"閒"反映了农耕社会的古人对"休闲(閒)"四个要素的认识:主体是"人",场地在家里("门"),时间在夜晚("月"),环境得有树林("木")。

人类的休闲时间、方式随着文明的进步而变化。人的劳作时间与休闲时间的分配成反比。劳作时间越长,休闲时间越短,反之亦然。随着劳作时间减少、工作方式变化(如弹性工作、居家工作方式)、退休时间提前、寿命延长,人的休闲时间就越多,而且出现了休闲式的工作,或边工作边休闲的趋势,工作与休闲的界线趋向模糊。在现代社会,人的一天大约有1/3时间休闲,一年有1/3天数休闲,一生有1/3以上光阴休闲。据美国社会

[①] 2009年4月,与中国旅游研究院《国民休闲纲领》编制组座谈时的发言,整理成文后以《国民休闲应成为国家行动》为题刊载于国家旅游局政策法规司2009年5月《旅游调研》、中国社会科学院旅游研究中心2009年第4期《旅游研究与信息》,以《落实〈纲要〉需厘清几个关系》为题刊载于2013年2月27日《中国旅游报》。

学者预测,现代技术革命的创新,人的休闲时间将占生命的一半以上。

由于人们的阅历、地位与价值观念的不同,其休闲的心理和生理需求也各不相同:或为娱乐,或为健身,或为求智,或为探奇,或为社交,或为家庭,或为回归自然,或为追索历史,或为表现自我……休闲时间有工后饭余、周末、各类节日和假日(年休假、探亲假、婚假、寒暑假等)。休闲方式有也多种多样,游憩、娱乐、读书、创作、运动、美容、美食、购物,等等。休闲空间有室内、户外,城市、乡村,日常住地和他乡异国。

凡是在闲暇时间内的一切活动都属于"休闲"范畴。无论就全社会还是就个人而言,休闲时间绝大部分是在日常居住地度过的,休闲活动绝大部分是在日常居住地进行的,休闲消费的基础是国民的常住地区。《国民休闲纲领》的重点自然应放在何处是不言自明的。

"旅游"是一种在特定场合、特定时间内的休闲活动。严格地说,人们在惯常居住地的休闲活动不能称为旅游。只有离开常住地,以观光、度假、健身、娱乐、求知、探新等为目的,并在异地过夜的休闲活动才可称为旅游。简而言之,旅游是一种异地休闲。

总之,旅游不等于休闲,休闲也不等于旅游。只有在常住地以外的休闲活动才是旅游。"休闲"是一个总概念,"旅游"则是在"休闲"总概念之下的一个子概念。"旅游"是"休闲"的一种方式与内容。去日常住地以外,以商务、会展、探亲访友与宗教朝觐等为目的旅行属于事务旅游,但它往往带有观光、娱乐、度假等休闲功能,从这个意义上也属于旅游的一部分。但从严格的意义上,政务、商务、会展、文化科技交流等活动本身不属于"休闲"范畴。因此,政务、商务、会展、文化科技交流等是生产服务性的旅游,同时兼有生活服务功能。

目前不仅公众,而且旅游界(包括旅游管理、教学与研究界),常常把休闲与旅游混为一谈,以致在有关旅游业的政府文件与学术著作中,时常含混地使用"旅游休闲"、"休闲旅游"等用语,把两者视为同义词。"旅游休闲"的本义是以旅游方式去异地休闲,区别于在常住地的休闲。"休闲旅游"的本义是以休假康乐为目的的休闲型旅游,区别于以政务、商务、会展、文化科技交流与宗教朝觐等为目的的事务型旅游。

建议在《国民休闲纲领》中,对"休闲"、"国民休闲"的含义及其与"旅游"的关系有一个简单明了、比较准确的说法,使《纲领》有一个科学的基础。

厘清休闲与旅游的关系,丝毫不意味着否定或轻视低估旅游对休闲的引领性作用。对越来越多的人来说,旅游已成为最心仪的休闲选择。旅游无疑是国民休闲纲领、计划的重要组成部分,甚至是关键性部分。旅游业能广泛整合、提升休闲目的地的各种休闲要素,形成完整的休闲产业链和产业群,强有力地拉动当地的经济发展、城乡建设、文化繁荣与生态改善。这是不容误解的。

二、休闲权与劳动权的关系

当代文明社会已公认休闲是一种文明的生活方式,休闲权与劳动权、受教育权、医疗权一样成为人权不可缺少的内容。联合国《世界人权宣言》认定,"任何人都有休息、休闲的权利,尤其是享有合理的工作时间和定期带薪休假的权利"。联合国《国际经济、社会和文化权利公约》规定,各国政府应确保人人都能"休闲、娱乐,合理限制工时和定期带薪休假,以及公共假日期间照常发薪"。保障国民的休闲权已成为一种普世价值观。

1970年联合国劳工组织通过《休闲宪章》,对"休闲"的特征、意义与价值作了完整的界定:"闲暇时间是指个人完成工作和满足生活要求之后,完全由他本人自己支配的一段时间。这段时间的使用是极其重要的,休闲和娱乐为补偿当代生活方式中人们的许多要求创造了条件,更为重要的是它通过身体放松、竞技、欣赏艺术、科学和大自然,为丰富生活提供了可能性。无论在城市和农村,休闲都是重要的,休闲为人们提供了激发基本才能的变化条件:意志、知识、责任感和创造能力的自由发展。闲暇时间是一种自由的时间,在这个时间里,人们能掌握人和作为社会的有意义的成员的价值。"这段话说明,自由性、自主性、参与性与普世性是休闲的基本特征。

人的价值不仅体现在工作上,而且也体现在休闲上。人们工作、劳动是为了更好地休闲;休闲能愉悦身心、健全体魄、锻炼意志、丰富阅历、开阔眼界、圆满家庭、广交朋友,拥有更健全的心态和更好地工作。工作与休闲是推动社会和谐、持续发展的两个轮子。

长期以来,"闲"字在汉语中大多场合下是一个贬义词。"闲扯"、"闲荡"、"闲人"、"闲杂人员"、"游手好闲"等,不一而足。"有闲者"几乎成了"寄生虫"的代名词。这在"休闲"是少数人的专利的时代是可以理解的。

改革开放以来,"休闲"成了都市流行的新概念。"休闲装"、"休闲食物"、"休闲街"、"休闲屋"、"休闲度假村"……成为城镇居民的热门话题。这是社会进步的一种标志。但是,长期以来重生产轻生活、先生产后生活的传统观念,"劳动模范=加班加点"的传统标准仍广泛地存在着。不少人有意无意地往往把休闲、休息、休假看作是一种可有可无、可多可少的"福利",是领导或老板恩赐的一种"待遇"。前阵子,在关于在经济不景气时要不要实施《劳动合同法》、要不要实行带薪休假的讨论中,"饭碗比福利更重要"的说法很流行。保障职工的劳动权("饭碗")固然重要,但是决不能以牺牲职工的正当权益("福利")为代价。

最近,国务院办公厅公布了《国家人权行动计划(2009~2010)》,这是我国第一个国家人权行动计划,表明党和政府高度重视人权问题。但是,这份两万余字的《计划》中只字未提作为人权重要方面的国民休闲,未提及已载入我国《宪法》、《劳动法》的职工休假权利,也未提到2007年12月国务院颁布的《全国年节及纪念日放假办法》和《职工带薪年假条例》。这表明,休闲权是人权重要组成部分的理念远未树立。建议在下一轮的《国家人权行动计划(2011~2015)》中,加上保障和提升国民休闲的内容。

必须从以民为本、保障人权的战略高度去制定和实施《国民旅游休闲纲领》,才能使这个《纲领》与国际接轨,才能与党的"十七大"提出的以民为本、全面建设小康社会衔接,才能真正体现"保障民生"的宗旨。否则,如果把《国民休闲纲领》搞成了《国民旅游计划》，又把《国民旅游计划》搞成了主要为刺激旅游消费、防止旅游经济下滑的应时性计划，把国民休闲搞成拉动旅游行业的纯经济措施，就失去了制定和实施《国民旅游休闲纲领》的意义，有可能使"国民休闲"变味，甚至变性。难怪，今春当制定和实施《国民旅游休闲纲领》的消息一传出，媒体、网络上就出现了质疑与忧虑之声，认为现在出台这种文件时机不对、动机不纯，正好说明把握以民为本、保障人权这个根本出发点与落脚点至关重要。

三、休闲公共产品、准公共产品与私人产品的关系

《国民休闲纲领》的核心是为满足不断增长的国民休闲需求而生产、丰富、完善休闲产品。

休闲产品具有多种属性，大致可分为以下三类：

第一类是公共产品。这类产品不以赢利为目的，主要由政府公共财政提供，如城市公园、公共广场、图书馆、博物馆、公共电视频道、公共体育场馆与城乡公共交通服务，以及以咨询服务为功能的休闲/旅游信息中心，由政府主管部门或行业协会主办的休闲/旅游网站、质量监督机构等。

第二类是私人产品。这类产品由市场提供、企业经营，按市场经济法则运行，如影视、演艺、娱乐、美容、美食、观光、度假、高尔夫、出租车、旅游包机、旅游专列、游船邮轮等，以招徕、组织和导游服务为功能的旅游中介，为旅游者提供的住宿，不论其所有者是国家、企业还是私人，都属于由市场运行的私人产品。

第三类是准公共产品。如风景名胜区、国家森林公园与国家地质公园等，这类产品以国有自然风景和历史文化资源为基础，历史上长期由政府拨款建设、管理和运行，改革开放后各类社会资本不同程度地参与开发、经营，尽管其资源是公共性质的，但它的建设、经营和保护的投入不可避免地受市场因素的制约，在很长的历史时期内难以完全由政府财政承揽保护、建设与运行经费，因此其门票价格应在政府指导、监控的基础上，根据总体市场环境和社会可承受水平，按法定程序制定与调整，以准公共产品的方式运营，在政府监控下以市场方式向国民提供。随着国家财力的增强，这类休闲产品的公共产品成分应不断加大。

显然，制定和实施国民休闲纲领、计划，不能仅仅或主要研究旅游产品的供给与消费，必须囊括各类休闲产品的供给与消费，把握公共产品、准公共产品与私人产品之间的关系，大众休闲与小众休闲的分工，高、中、低端休闲产品的组合，针对不同性质、不同群体的休闲产品采取不同的开发、经营、供给政策。

就现状而言，《纲领》应重点解决公共休闲产品建设与供给严重不足与价格过高，私人休闲产品类型、功能和品质不能满足多种休闲群体需要，准公共休闲产品部门分割、地方垄断、多头管理，导致无序建设、门票价格过高、破坏性经营。目前多数国有资源景区景点门票过高的根本原因，不是正常的市场化经营的结果，而是地方政府实行非市场的

行政垄断定价的结果,是地方政府把国有资源景区景点门票作为可自由支配的"预算外收入"的结果。在这种体制下,景点调整门票价格的"听证会"往往成为抬升门票价格的"合理"、"合法"的"论证会"。

四、休闲事业与休闲产业的关系

休闲产品的不同功能与多种属性决定了休闲事业与休闲产业将长期并存、互不可代,只能相互补充、共同发展。《国民休闲纲领》应成为指导国民休闲发展的纲领性文件,重点要解决以下三个问题:

(1)哪些属于休闲事业?哪些属于休闲产业?两者之间如何协调、衔接?

(2)在发展休闲事业与休闲产业中,政府、企业与社会中介机构应各做些什么?三者之间如何分工、协作?

(3)对休闲事业与休闲产业发展出台哪些政策?实行何种机制?

笔者以为,为生活与发展所必需、由全体国民共享的基本休闲供给属于休闲事业,如常居地的游憩、健身、公共电视频道、公共阅览、国家与地方历史文化教育等,这类休闲设施应由政府向国民免费或低价提供。

为提升生活品质、满足各类群体的个性化需求的休闲供给,如影剧欣赏、艺术鉴赏、美食品赏、康乐健美、美容美体和特种文体康乐活动,去外地的旅行游览、探险猎奇、度假娱乐等,这类休闲设施应由企业经营通过市场供给。

对于准公共休闲产品,则要区别不同类型和社会发展水平,在适应社会共识与国民承受的条件下,找到社会供给与市场供给的结合点,如风景名胜区、森林公园等。不少由各级政府主管部门用财政经费建造、经营的"培训基地"、"疗养基地"等,具有多种面孔:对部门的上司来说,是免费招待的"公共产品";对"关系户"客人,是只收成本费的"准公共产品";对社会住客是按市场价格收费的"私人产品"。这需要通过改制转型,让它们完全进入市场经济轨道,从"公共产品"变为"私人产品"。

在市场经济环境下,无论是休闲事业还是休闲产业,都有投入产出的经营核算,都列入国民经济的序列之内,两者共同构成休闲经济。凡是为国民休闲提供物质的与精神的产品与服务,都属于休闲经济。旅游业、文化娱乐业、休闲体育业、美食购物业、美容美发业、媒体信息业与交通运输业中为国民休闲提供直接与间接服务的,都是休闲经济的组成部分。

休闲经济无疑是真正的朝阳产业。社会物质文明、政治文明、精神文明与生态文明程度越高,人的闲暇时间越多,国民的休闲需求就旺盛、越高级,由社会供给的休闲事业与由市场供给的休闲产业就越发展,休闲经济就越发达。在现代社会中,衣食住行等已经从人的生活必需品提升为物质与精神相结合的一种休闲消费品。休闲经济是真正意义上的民生、民享经济。

据美国有的学者研究,美国人 1/3 的时间、1/3 的支出用在休闲上,休闲产业占国民经济的1/3以上;还有美国学者说,休闲产业已占国民经济的1/2以上。中国作为一个发展中的国家,当然不能与以高消费为特征的美国简单比附,但是休闲经济无疑将成为国民经济发展的引擎产业,成为社会文明建设的重要平台。

从这个意义上,《国民休闲纲领》关系国计民生,关系建设全面小康社会,按党的"十七大"文件对全面小康社会的阐述,它既是经济建设、发展的组成部分,也是社会建设、文化建设与生态建设的组成部分。

五、外来游客与本地居民休闲的关系

旅游产业在《国民休闲纲领》中具有举足轻重的地位,甚至是关键性的部分。许多地区旅游发展的经验表明,外来旅游者的消费不仅直接推动了旅游目的地的城乡建设、休闲娱乐设施建设、生态环境建设,而且有效地激发了目的地居民的休闲意识与休闲环境。外来游客的休闲方式往往对目的地居民具有示范效应。如原来只有在宾馆有的设施、器具、装饰现在已经进入了寻常百姓家。同样,本地居民的休闲设施和本土方式也为外来游客提供了新鲜、异乡的休闲活动。

长期以来,城市规划与建设往往主要考虑当地居民的基本生活需求,较少考虑当地居民的休闲需求,更少考虑外来游客的休闲需求;而旅游规划与建设往往主要考虑外来游客的休闲需求,较少考虑当地居民的休闲生活需求,甚至为了旅游建设而削弱、影响当地居民的正常生活。《国民休闲纲领》必须避免这两种偏向。

在休闲与旅游目的地的建设方面,必须兼顾本地居民与外来游客的共同需求与不同特点,使为外来游客与为本地居民服务的休闲设施、项目、活动既有结合又有差别,使目的地居民与外来游客的休闲活动融为一体;在休闲空间布局、休闲设施类型上,既使外来游客的休闲产品与本地居民共享,又不让外来游客干扰、影响本地居民的日常生活,以达到最佳的社会、文化、生态、经济效益。处理好游客旅游与居民休闲的关系,使两者合理分工、互相促进、和谐发展,这是一个成熟的休闲与旅游目的地的重要标志。

六、国民休闲与政府各部门之间的关系

国民休闲方式的多样性和休闲群体的多层性决定了保障休闲权利、提高休闲质量事关中央与地方政府众多部门。在中国,国民的休闲资源、设施和政策分别掌握在各个政府部门之手:

自然游憩:风景园林、森林草原等,主要是城乡建设部门、林业等部门。

文化休闲:图书馆、博物馆、展览馆、影剧院等,主要是文化部门。

康体休闲:体育健身与康体疗养,主要是体育部门与卫生部门。

美食、美容、购物休闲:主要是商务部门。

农业与乡村休闲:主要是农业部门。

工业观光休闲:主要是工业部门。

学生与教师休假、修学旅游:主要是教育部门。

宗教心灵慰藉:主要是宗教部门。

休闲客运:主要是交通部(含国家民航局)与铁道部。

实施带薪年休假:主要是人力资源与社会保障部门,工会、妇联、共青团等社会组织有责任维护职工的休闲权。

旅游住宿管理、旅游中介(旅行社)、旅游信息、旅游推介与质量监察:主要是旅游部门。

外国人士来华的休闲与旅游政策:涉及外事部门。

港澳台同胞来内地/大陆的休闲与旅游政策:涉及港澳办、台办。

休闲的自然生态环境:涉及环保、国土资源、林业、海洋等部门。

休闲的社会配套环境:涉及交通、卫生、信息、金融和公安等部门。

总之,国民休闲关系关联到社会生活的方方面面,涉及各级政府的众多部门。《国民休闲纲领》的制定与实施是一项社会系统工程,需要相关政府部门、社会组织与企事业单位的共识、协调、合作,决非旅游部门一家力所能及、权所能至。

笔者建议,比较可行的做法是,由国务院授权国家发改委与国家旅游局牵头,由国务院相关部门(主要是国务院部际假日旅游协调会议成员单位)共同制定,使之成为国务院的法规性文件。国务院相关部门再根据《国民休闲纲领》,制定《国民××休闲规划》,如国家旅游局制定《国民旅游规划》,文化部制定《国民文化休闲规划》,体育总局制定《国民体育休闲规划》等。然后,各省、区、直辖市根据国务院《国民休闲纲领》与各部、委、局的《国民××休闲规划》,结合本地情况(如民族自治地区等),制定、实施本地区的《国民休闲实施计划》。当然,有条件的地区也可先行制定、实施《国民休闲实施计划》。

由国务院办公厅发布的《国家人权行动计划(2009~2010)》,专门设立了国家人权行动计划联席会议机制,牵头单位为国务院新闻办公室和外交部,并在政府各有关部门和社会各界广泛参与下制定。通过这个机制,把与保障人权有关的各个国家机关和单位都吸收进来,把它们参与制定行动计划的过程与履行落实行动计划的责任与义务有机地统一起来,使制定的过程成为达成共识和落实责任的过程,为行动计划的实施提供有效保障。这种机制既负责组织制定行动计划,也负责统筹协调行动计划的执行、监督与评估工作。

国民休假不是扎堆赶集、逛庙会[①]

——国民休假分散好还是集中好

中国人历来有赶集的传统,这对农民互相交换产品、采购生产生活用品非常便利,所以约定俗成、一月之内集中在某几天;中国人还有逛庙会的传统,那是为了祈福消灾、烧香许愿,一年之内集中在某几天。现在赶集、庙会也兼有休闲、娱乐功能。赶集、庙会在一个较小的地域内,必须统一、集中,才能聚人气、有效果。

那么,一个国家尤其是一个有13亿人口、城镇人口五六亿的国家,国民的年度休假是否也像赶集、庙会一样,全国统一、集中进行呢?

目前媒体上乃至"两代会"上热议的是否恢复(或变相恢复)"五一"7天长假与暂停职工年休假制,初看起来是讨论如何应对金融危机,实质上涉及这样一个问题:中国应建立什么样的国民休假制度?国民休假如何处理分散与集中的关系?

这里讨论的是假日,而不是节日。就全国、全民和一个民族而言,纪念性、社会性的节日,不论是"十一"、"五一"、"三八"、"五四",还是春节、清明、端午、中秋,无疑应统一、集中过,否则不成为其全民性的公共节日。

全民的日常性休假,如周六、周日,当然也必须统一、集中放假,否则正常的社会秩序就会被扰乱。

但是,公务员、职员和职工的年休假,就其本质而言是国民的私事,是享受个人的休假权利,应该由每个国民自主决定,自由选择在何时、去何地、以何种方式安排自己与家人的休假活动。

国际上实行带薪休假,一般都在年末或年初由员工提出年休假计划(主要是何时休假、一次性休假还是分段休假),然后由主管方(长官或企业主)或工会与员工协商,协调各个员工的休假日期,作出本单位全体员工的年休假计划。

这种做法的好处是:

一是就一个单位(机关、企业或其他事业单位机构)而言,员工们的休假时间可以错开,分散进行,既可使员工能根据个人与家人的意愿安排休假生活,又可保证单位的工作与生产正常、连续进行。

二是就全国而言,既能保障国民自主享受休假权利,又能分散全民休假的时段,避免全社会过分集中在某一时段,可以缓解全民集中休假引发的一系列弊端,并保证国家政

[①] 2009年3月9日搜狐博客。

治经济活动与社会生活的正常、平稳进行。

目前我国职工的法定年休假分别为5、10、15天，职工可以按照自己的需要既可集中使用，也可以分几次使用，还可与周末双休日、元旦、清明、"五一"、端午、中秋、国庆、春节等法定节假日连休，形成自己的长假。这种休假制度既适应我国目前的经济水平与人文传统，也符合世界潮流与国际惯例。

1966年联合国大会通过的《国际经济、社会和文化权利公约》规定，各国政府应确保人人都能"休闲、娱乐，合理限制工时和定期带薪休假，以及公共假日期间照常发薪"。1982年8月在墨西哥举行的世界旅游会议上通过的《阿卡普尔科文件》提出："各国的责任不能局限于仅仅承认这一权利，而应创造实际的和恰当的条件，让那些享有假日的人更有效地享受"，"应该作出实质性努力错开休假时间"。1985年9月世界旅游组织全体大会通过的《旅游权利法案和旅游者守则》，要求各国政府，"采取措施，特别是通过更好地分配工作和娱乐时间，建立和改善年度带薪休假制度和错开休假日期，以及特别注意青年、老年和残疾人的旅游手段，使每个人都能参加国内和国际旅游"。

也许有人说，带薪休假虽然好，但目前普遍执行不了，不如大家放长假、永远放长假。在我看来，正因为推广与普及带薪休假需要有一个较长的过程，因此实行了"双轨制"：一方面在一部分有条件的地区、单位、企业实行带薪休假，大力倡导、法规推进文明、健康的国民休假制度；另一方面还保留了国庆、春节两个长假，适应国民的传统节假日习惯。若干年后，带薪休假成为国民一种普遍的、常态的自主休假制度后，当全社会都认可、接受、适应这种自主休假制度后，对国庆、春节这种7天长假的做法，就不会像现在那样强烈、迫切了。

中国还处在工业化中期、市场经济初期，社会在大变动、人口在大流动，尤其是乡村人口向城镇流动，几千、几亿人口尚未在城镇定居，更谈不上安居乐业。人们希望多几个长假休闲、探亲、安排私务，很好理解。但是，再过十年，如中国的城镇化水平达到百分之五六十；再过二三十年，达到百分之七八十，十多亿城镇人口集中在一年中几天内同时休年假，那将是一个什么后果！

国际社会主张"建立和改善年度带薪休假制度和错开休假日期"，是多少年来总结各种休假方式的经验教训后得出的结论。中国从现在开始，经过一个过渡期，从一部分有条件的地区、单位、企业实行带薪休假做起，逐步发展到全民实行带薪休假，有何不好！

有的旅游学界朋友说我是"乌托邦"。我认为在这点上有点"乌托邦"并非坏事。何况，已经有不少地区、机关、企业正在或已经实行了这个"乌托邦"。

刚去了一次延边朝鲜族自治州。一下延吉机场，我问接我的珲春市旅游局的司机同志：你们实行了带薪休假了吗？他爽快告诉我：我们去年就实行了，延边地区政府机关都执行了！他还告诉我：大多数事业单位也执行了。

延边这样做了，难道要他们"暂停"吗?！

公民的休闲权应是《国家人权行动计划》题中应有之义[①]

近日中国国务院新闻办公室公布了《国家人权行动计划(2012~2015年)》,明确这4年促进和保障人权的目标和任务。这是中国第二个以人权为主题的国家规划,彰显中国政府落实尊重和保障人权宪法原则的决心。

与2009年第一个《国家人权行动计划(2009~2010年)》一样,没有提到中国人民的休闲权与休闲生活的改善。众所周知,当代文明社会公认休闲是人的一种生活方式,休闲权与劳动权、教育权、医疗权、居住权一样成为人权的不可缺少的内容。1948年12月,联合国大会通过的《世界人权宣言》认定,"任何人都有休息、休闲的权利,尤其是享有合理的工作时间和定期带薪休假的权利"。1966年12月,联合国大会通过的《国际经济、社会和文化权利公约》又规定,各国政府应确保人人都能"休闲、娱乐,合理限制工时和定期带薪休假,以及公共假日期间照常发薪"。保障公民的休闲权已成为一种普世价值观。

我国宪法早就确定职工的"休假制度",1994年颁布的《劳动法》规定,"国家实行带薪休假制度,劳动者连续工作1年以上者,享受带薪年休假"。从1995年5月起在,全国实行每周5天工作、休假2天的制度。2007年国务院颁布了《全国年节及纪念日放假办法》和《职工带薪年假条例》,每年有115天的法定节假日,同时中国政府正在推广带薪休假制度,大力发展免费或低价的博物馆、体育场、城市与郊野公园等文化娱乐、体育健身等国民休闲事业。中国虽然是一个发展中国家,但是公民享受的法定节假日天数已达到世界大多数国家的水平。这些内容理应在中国人权事业进展报告中有所反映,并在国家人权行动计划中提出进一步保障和扩大公民休闲权利的目标、制度、政策与措施,从而体现中国人权事业的全面发展。

由于社会发展水平的制约与长期以来重生产轻生活、先生产后生活的传统观念影响,"闲"字在汉语中大多场合下是一个贬义词。"闲扯"、"闲荡"、"闲人"、"闲杂人员"、"游手好闲"等。"有闲者"几乎成了"寄生虫"的代名词。改革开放以来,"休闲"成了都市流行的新概念,"休闲装"、"休闲食品"、"休闲街"、"休闲屋"、"休闲度假村"……成为城镇居民的热门话题,这是社会进步的一种标志。但是,不少人仍有意无意地把休闲看作是一种可有可无、可多可少的"福利",或者是领导或老板恩赐给职工的一种"待遇"。

[①] 2013年5月15日搜狐博客。

《国家人权行动计划》之所以未提国民休闲状况改善，还可能与当下人们对"休闲"的产业性的片面宣传与理解有关。在应对国际金融危机、刺激国内需求的背景下，往往把发展休闲旅游看作是拉动消费的一种经济手段与经济功能，而忽略了发展休闲的人文价值与社会功能，把发展休闲与旅游当作是刺激消费、拉动内需的一种应时的权宜之举。

休闲产品具有多种类型与属性，大致可分为三类：第一类是公共产品，如城市公园、公共广场、图书馆、博物馆、公共电视频道、公共体育场馆等，此类产品不以赢利为目的，主要由政府公共财政提供。第二类是私人产品，如影视、演艺、娱乐、美容、美食、度假、高尔夫、游船邮轮等，此类产品由市场提供、企业经营，按市场经济法则运行。第三类是准公共产品，如风景名胜区、国家森林公园与地质公园等，其资源是公共性质的，但在很长的历史时期内难以完全由政府财政承揽全部保护、建设与运行经费，以准公共产品的方式运营，在政府监控下以市场方式向国民提供。随着国家财力的增强，这类休闲公共产品的份额应不断扩大。

在市场经济环境下，无论是公共产品还是私人产品、准公共产品，凡是为国民休闲提供物质的与精神的服务产品，都有投入产出的经营核算，都列入国民经济的序列之内，两者共同构成了休闲经济，旅游是休闲经济的重要组成部分。

休闲经济无疑是真正的朝阳产业。社会物质文明、政治文明、精神文明与生态文明程度越高，人的闲暇时间越多，国民的休闲需求就越旺盛、越广泛、越精致，由社会供给的休闲事业与由市场供给的休闲产业就越发展，休闲经济就越发达。休闲经济是真正意义上的一种民生经济、民享经济。文化、体育既是事业又是产业，已经成为社会共识与常识，但是休闲既是产业又是事业并未得到确认。国务院《关于加快旅游业发展的意见》中，提出要把旅游业培育成为国民经济的战略性支柱产业和人民群众更加满意的现代服务业，人们对"国民经济的战略性支柱产业"谈得很多，对"人民群众更加满意的现代服务业"谈得较少，而且对"现代服务业"中既包括经济产业也包括民生事业这一点很少谈及。历年的《国家人权报告》、《国家人权行动计划》均未提及国民休闲权，说明对国民休闲权的认识还未达到应有的地步，难怪职工带薪休假制度推广不力，执行迟缓，其中除了社会经济发展水平的制约外，国家、社会、公众对国民休闲权认识的严重不足，也是重要的因素。

1970年联合国劳工组织通过的《休闲宪章》阐述了国民休闲的意义："闲暇时间是一种自由的时间，在这个时间里，人们能掌握人和作为社会的有意义的成员的价值"。"休闲与娱乐为补偿当代生活方式中的人们的许多要求创造了条件，更为重要的是它通过身体放松、竞技、欣赏艺术/科学和大自然，为丰富生活提供了可能性"。《中国人权事业的进展》报告指出，"充分实现人权是中国全面建设小康社会、构建社会主义和谐社会的重要目标"。此次《人权行动计划》从中国基本国情和新的实际出发，把保障人民的生存权、发展权放在首位，切实保障人民的经济、政治、社会、文化权利。提出要"促进社会更加公正、和谐,努力使每一个社会成员生活得更有尊严、更加幸福"。从这个意义上,国民休闲关系国计民生,关系人的幸福,关系人的体面而尊严的生活,关系人的全面、自由、健康的发展,因而也应是国家人权事业与人权行动计划的题中应有之义。只有在这个高度上去认识休闲,才能把休闲不仅看作是国民的福利,更是国民的权利;不是执政者与管理者对民众的一种恩赐,而是对民众应尽的责任。

"大众旅游时代"面面观

一、如何看待"大众旅游时代"[①]

"大众旅游时代"是时下旅游业界和学界常提到的一个概念。笔者迄今尚未找到一本旅游教科书阐述过"大众旅游时代"的定义、内涵与标准。从字面上理解,我以为,"大众旅游时代"应该是"大众"都去"旅游"的"时代"。"大众旅游"应包括居民在国内旅游与出国旅游两个方面。

《中国旅游统计便览》显示,2009 年中国(确切地说,是指"中国大陆")国内旅游 19.02 亿人次(其中城镇游客 9.03 人次,农村 9.99 亿人次),出境旅游 4766 万人次,合计约 19.5 亿人次。单就规模而言,全世界只有中国才能出现如此规模的旅游"大众"。说中国已进入"大众旅游时代",似乎也顺理成章。

在这个统计框架中,"出游率"解释为"城镇居民或农村居民出游的人次数占其人口的比重",如 2009 年国内旅游出游率为 143.2%,城镇居民的出游率是 212.5%,农村居民的出游率是 110.6%。这个比率是如何得出的呢?国家统计局《中华人民共和国 2009 年国民经济和社会发展统计公报》载,年末全国总人口为 13.3474 亿,其中城镇人口 6.2186 亿,农村人口 7.1288 亿。若对照旅游统计便览数据进行测算,城镇居民的出游率应为 126.7%,农村居民的出游率应为 140.1%。显然,出游率数据的计算及结论均值得推敲。

然而,问题不仅仅在于国内旅游与出境旅游的"人次数"。现在的统计口径不能反映 13.34 亿人口中究竟有多少人、多大比例的居民旅游了,因而无法判断居民出游的覆盖面与普及率。比如,一个单位有 10 个职工,其中 2 个人每年外出旅游 3 次,3 个人每年外出旅游 2 次,其余 5 个人未外出旅游,该单位的"出游率"是 120%。但如果把"出游率"定义为"居民出游的人数占其人口的比重",该单位职工出游率只有 50%。

在城乡居民参加国内旅游、出境旅游占全国总人口的比例问题上,迄今为止没有见到政府有关统计部门发布的官方资料,也没有见到过研究机构有关的调查资料,因此无从推测在 13 亿人中,究竟有百分之几的人一年之中参加了旅游,或参加了几次旅游。

说"大众旅游时代",不仅要看参加旅游的人数与占总人口的比例,更重要的还要看

[①] 2010 年 8 月 23 日《中国旅游报》。另见 2010 年 9 月 20 日人民日报社《民生》周刊,文章标题为《"大众旅游时代"远没到来》。2012 年 1 月 13 日《中国青年报》,文章标题为《全面大众旅游时代尚未到来》。2010 年 9 月 6 日《中国旅游报》刊载刘思敏文章《"大众旅游时代"已是真切现实》。

城乡居民出游的目的与消费水平。据《2008年国内旅游抽样调查综合分析》,农村居民出游目的中,"探亲访友"的占66.6%、"健康医疗"(看病)的占6.7%,"观光游览"的占8%、"休闲/度假"的占4.1%。即便是城镇居民旅游,同年观光游览与休闲度假的比例也只有52.2%,探亲访友与健康医疗的占37.8%。2009年农村居民出游人均花费295.3元,相当于知名景区的一张门票。城镇居民人均花费535.4元,也不够3口之家游一次知名景点。

另外,这19.02亿人次中,大约有60%是不过夜的一日游,而在欧美等国"国内旅游"统计中只计算过夜游人次,它们的统计口径以住酒店的人次为准。大陆居民4766万人次的出境游中,2/3以上是去我国的港澳台地区,去外国旅游的约1400万人次,不到三成。节假日、"黄金周"期间部分景区景点人头涌动、大城市周末自驾车集中出游、人数日增,仅占全民人口3.5%的出境游客中只有少数人在香港、东京、巴黎大方购物等热闹景象,很容易给人以"大众旅游时代"全面到来的印象。然而,现象、数据的背后,值得我们冷静、客观地思考、分析。

二、把大众旅游作为工作的重心[①]

尽管现在说我国已进入"大众旅游时代"还早了些,但是扎实推进大众旅游应是我们坚定不移的追求。

现代旅游业与传统旅游业的区别之一是旅游活动不再仅仅是达官贵人或富贾巨商的专利,而是广大民众生活方式的一部分。和普及大众体育是建成体育强国的基础一样,普及大众旅游是建成旅游强国的基础。在注重民生的今天,推进大众旅游要成为整个旅游工作的重心。

要使广大民众有钱、有心境去旅游,最重要的是在发展经济的基础上改革分配制度。这一点社会已有共识,正在推进中,"十二五"期间会有重要进展。正在进行的"旅游富民"工程,即是民生工程的一部分。

要使广大民众有闲、有心境去旅游,必须要逐步落实工薪阶层的带薪假期制度。首要的是转变观念,不能把职工的带薪休假看作是业主对职工的恩赐,也不是可有可无的福利,而是与最低工资保证、医保、养老、房贴一样的基本权利,是保障与改善民生的一部分。实行带薪休假制度的本质是把休息权、休闲权交给公民自己去安排。发达国家与地区的经验表明,这是保障大众旅游/休闲的基本制度。

高、中、低档消费产品兼容并存是"大众旅游时代"的题中之意。从我国社会群体结构的现状出发,妥善安排高、中、低消费档次产品结构至关重要。高档消费产品不可缺,它不仅能提高旅游经济效益,而且能引领大众消费潮流,促进产业转型升级;中档消费产品不可少,它永远是旅游消费的中坚;低档消费产品不可无,它目前是旅游消费的基础,

---

① 2010年8月25日《中国旅游报》。

2009年，国内旅游人均花费535.4元，说明中低档是主流。交通客运、景区景点、宾馆酒店、餐饮、购物、文体娱乐等各要素的配置必须根据当时当地的民情，恰当安排高、中、低消费档次的构成。

要认真研究和解决阻碍大众参加旅游的各种瓶颈。近两年，在应对金融危机中，各地旅游部门和企业采取了许多价格优惠措施，鼓励、激发居民旅游消费，收到了明显成效。但是，形势刚好一点，种种竭泽而渔、急功近利的做法就冒出来。比如，景区门票涨价不是个别地区的个别现象，有些已经实施，有些准备实施。尽管各处涨价的理由不尽相同，但是如果涨价势头蔓延开来，肯定会挫伤众多中低收入者的旅游积极性。还有，若公路收费、停车收费等只涨不降，也不利于促进旅游消费。

条件具备的地区与企业要积极探索开展"福利旅游"、"爱心旅游"，用财政转移等方式补助低收入群体、病残孤老等特殊群体，使他们也有机会享受旅游休闲，对于老人、儿童、荣誉人士等群体要普遍减免景点和文化场馆门票、公交票等，要坚决制止少数旅行社对老年人和儿童加价的不法行为。

当前要注重物美价廉的大众性、普及性旅游产品的开发，将其作为民生工程的组成部分。要纠正"大众产品"、"低档消费"就是"低质产品"、"低品位产品"的错误认识，避免热衷于"大投资"、"大项目"、"高档次"，而忽视或轻视大众旅游产品的不良开发倾向，尤其要防止和制止少数权贵侵占公共和准公共社会资源、排斥大众旅游休闲的行为，在旅游休闲领域内清除社会不公与腐败行为。

要推进"市民下乡、农民进城"双向旅游。市民参加乡村旅游与农民参加城镇旅游是相辅相成的两个方面。在开展乡村旅游的同时，要积极创造条件、选好先行先试的农民旅游点，推出适应农民需要的文化娱乐、购物美食、休闲探亲、康体疗养和农业科普科技推广等旅游产品，尤其是向在城镇工作的新一代农民工推出有意思、玩得起的观光娱乐旅游项目。2009年，我国农村人口为7.13亿，占全国人口总数的53.4%。以每年农村人口下降1%测算，我国要达到农村人口在10%以下还要40余年。若人口占多数的农民，特别是新一代农民工长期游离在旅游之外，"大众旅游时代"的说法便会引来质疑。

从历史发展长河看，我们迈入"大众旅游时代"将是一个历史性的跨越，这个进程有待几代人的奋斗，其中有旅游人的社会责任。

三、橄榄形结构是普及大众旅游的社会基础[①]

需要进一步探讨的是，目前大陆居民参加国内旅游与出境旅游的覆盖面究竟有多大？实现完整意义上的大众旅游的社会基础是什么？这就必须讨论有多少居民有条件外出旅游。就旅游谈旅游是无法把问题说清楚的。对此，有必要对大陆的社会结构与发展阶段有一个简略的判定。

---

① 人民日报社主办2010年第2期《民生》周刊。另见2012年2月17日《中国青年报》，文章标题为《提高中等收入者比重　壮大国民旅游主体》。

一般认为,当今世界大致有两种社会结构,一种是"橄榄形",一种是"金字塔形"。"橄榄形"社会结构的特点是"两头小、中间大",即豪富群体与贫弱群体各占国民的少数,受过中高等教育、有稳定工作与收入、有体面社会地位的中等群体占社会人口的大多数。"金字塔形"社会结构的特点是"塔顶尖、中间薄、塔基厚",即少数人巨富、大多数人贫弱、中等群体软弱。

从旅游社会学的角度分析,"橄榄形"社会结构是"大众旅游时代"的社会基础,处于社会顶层的富豪阶层主导豪华旅游,构成社会多数的中等阶层成为旅游的主体,处于社会底层的平民阶层也有可能享受福利旅游。这种"橄榄形"社会结构是进入完整意义上的大众旅游时代的社会基础。仔细想一下,西欧、北美、日韩、新加坡和我国的香港、台湾地区都是这种情况。

无疑,改革开放解放了中国(确切地说是"大陆"或"内地")的社会生产力,使社会财富如热泉喷涌而出,中国社会在短短的30年中,告别了共同贫穷的时代,由温饱型走向初步小康型,正在为建成全面小康而努力。但是,在社会财富总量快速增长下,同时出现了城乡之间、东西部之间、少数豪富群体与多数民众之间的巨大落差,目前中国的基尼系数(考察居民内部收入分配差异的指标)为0.47(也有说是0.49),已经远远超过0.4的国际公认警戒线。中国经济体制改革研究会名誉会长高尚全先生认为:"目前我国的基尼系数已经超过了警戒线,2009年城乡之间居民收入差距是3.33倍,最富裕的地区和最穷的地区之间的差距是2.68倍,行业之间最高和最低的收入相差11倍;在不同群体之间,最高收入和最低收入群体相差23倍,而且这种差距扩大的趋势还没有得到有效的抑制。收入差距扩大不仅影响到社会的稳定,而且不可避免地造成需求的萎缩。"(2010年9月6日《南方日报》。)这种状况也不可避免地决定了国民旅游的规模、水平与群体结构。

时常听到这样一种说法:当人均GDP达到1000美元时,国民旅游会如何如何;当人均GDP达到3000美元时,国民旅游又会如何如何。官员们这样说,业界人士这样说,学界人士也这样说,似乎已成为"定律",成为决策、经营、研究的"前提"。我一直没有看到这种说法的最初出处、根据是什么,对这种流行久远的说法我始终持有疑惑。用美元作为人均GDP的通用单位衡量一个国家的经济发展水平高低的标尺,由国际货币基金组织(IMF)发布,常作为衡量经济发展状况的重要经济指标之一,是衡量各国人民生活水平的标准之一。但该指标不能反映某国、某地区国民收入的分配状况。在"橄榄形"社会结构下,它能反映大多数国民的生活水平;在"金字塔形"社会结构下,它不能反映国民生活水平的悬殊状况。比如,一个国家20%的人占有了80%的财富,80%的人只占有20%的财富,它的人均GDP能说明全体国民的生活水平吗?

以2009年为例,2009年我国城镇居民年人均可支配收入17 175元,农村居民人均年纯收入5135元;城乡居民的年人均可支配收入约为10 700元,收入低于这个标准的人群比例高达62%;这部分低收入人群主要在农村,占农村总人口的85%左右。

再以地区差别看,2009年我国人均GDP 3315美元,其中人均GDP超过1万美元的为上海和北京(2个);人均GDP超过5000美元的为天津、浙江、江苏、广东、内蒙古、山东和辽宁(7个);人均GDP超过3000美元的为福建、吉林、河北、黑龙江、山西、湖北、陕西、重庆和宁夏(9个);人均GDP超过2000美元的为新疆、河南、湖南、青海、海南、四川、广西、江西、安徽和西藏(10个);人均GDP处在2000美元以下为云南、甘肃、贵州(3个)。高于全国平均水平的11个省市区,占1/3,都在东部地区;低于全国平均水平20个省市区,占2/3,都在中西部地区,尤其是西部地区。

在如此社会大背景下,能出境旅游的只能是社会总人口的百分之几,一年之内能多次国内旅游的也只是大中城镇人口中的一部分人,大多数小城镇居民和农民依然没有能力外出旅游,特别是国内远程旅游和出境旅游。从区域分布而言,国内和出境旅游主要集中在东部环渤海、长三角、珠三角地区,西部地区家庭与个人能外出旅游的在总人口中是少数(主要是大中城市),中西部地区农村居民出游的就更少了。

四、提高中等收入者比重　壮大国民旅游主体①

年前举行的中央经济工作会议提出,"牢牢把握扩大内需这一战略基点,把扩大内需的重点更多放在保障和改善民生、加快发展服务业、提高中等收入者比重上来"。这里,"把提高中等收入者比重"与"扩大内需战略基点"相联系,在中央文件中并不多见。由此,笔者联想起"提高中等收入者比重"与旅游发展的关系。

发达国家和地区国民旅游(国内旅游+出境旅游)之所以得以普及,是以占人口多数的中等收入群体为社会基础的。高收入群体是高端旅游消费的主力,中等收入者是兼具高端与中端消费能力的主体,低收入群体大多为低端消费者。国民收入结构的层次性构成了不同层次的旅游消费链。

近20年来,由于国民收入分配上的长期失衡,城乡、工农、地区、行业、主雇(业主与雇员)之间的收入差别不仅没有缩小,反而日趋扩大,基尼系数超过了警戒线,中等收入群体增长缓慢。

目前,官方与学界对"中等收入者"、"中等阶层"及国民的收入结构并无定论。2010年6月10日人民日报评论认为,城市高收入阶层的比重不超过10%。中等收入群体的收入下限为全社会成员的平均收入,上限为高出平均收入两倍。以2009年为例,城乡居民的人均年可支配收入10 700元(以每家平均3.1人口计估算,城乡居民家庭月收入2764元——笔者注),是中等收入群体的收入下限,其上限为32 100元(家庭月收入8292元——笔者注)。该评论推算,中等收入群体的比重大约为30%,收入低于城乡人均可支配收入的人群比例高达62%。这部分低收入人群主要在农村,占农村总人口的85%左右。按国务院扶贫办的最新标准,农村贫困人口1.28亿人,城市贫困人口0.5亿人。综合这些分析,笔者认为,时下国民收入结构大致为:高收入群体约占1成,中等收入群体

---

① 2012年2月17日《中国青年报》。

约占3成,低收入群体约占6成。整个国民收入结构呈"金字塔形",与发达国家和地区中等阶层占总人口五六成以上相比,我国中等阶层的比例偏低。

当今国民旅游的局面就是在这种国民收入结构下形成的。尽管高收入者只占我国总人口1成多,但其绝对量相当于1个日本,或两个英国,或两个法国,或半个美国的人口。正是这个高收入群体,构成了国民旅游中高档休闲度假、商务与奢侈品消费的主力,产生了奢侈品抢购团云集巴黎、东京、香港的现象,导致很多地方产生"中国人太富"的错觉。

约占3成人口的中等收入者,是我国目前国内旅游和出境旅游中、低端消费的主体。2009年国内旅游人均花费801元,略高于该水平的是家庭月收入5000～9999元的群体（人均花费850元）,略低于该水平的是家庭月收入2500～4999元的群体（人均花费664.5元）。这部分人占城镇居民游客的72.1%,是国内游客的基本群体,也是出境旅游中的中低端花费者。他们大体上属于中等收入者。

国内旅游人均花费507.5元的,是家庭月收入在1000～2499元的城镇居民,属城镇低收入者,占城镇居民游客的17.0%。大体可以判定,约占人口6成的城乡低收入者,大部分在本地或中近程游览休憩,鲜有条件参加国内远程旅游和出境特别是出国旅游。农村居民的旅游目的地中,观光游览、休闲度假的仅占13.2%,探亲访友与健康医疗的共占73.5%。国内旅游人均花费492元的城镇居民,家庭月收入在999元以下,应是城镇贫困户,只占城镇居民游客的1.6%;年均纯收入在1999元以下的农村贫困户只占农村居民游客的4%。由此推断,约1.8亿的城乡贫困户则基本上游离于旅游之外。

中等收入者具有稳定的职业和中上水平收入,一般具有中高程度文化,有较好的文明素养、较强的环保意识和中上消费能力。有经济学者估计,2009年占人口3成的中等收入者,其消费约占社会消费总量的5成;他们的消费结构中,用在食品上的花费在1/3左右,在文化、娱乐、教育、休闲和健康等服务性方面花费比重较高。与此相关,中等收入者大多具有较强的旅游意识、较成熟的旅游经历,倾向个性化体验,对旅游的文化品位和生态环保要求较高,对观光游览与休闲度假都有兴趣,对团队与散客方式都可接受,对高、中、低端消费都能选择。他们的旅游生活,对中低收入群体具有可望而可即的引领作用,是促进旅游消费最重要的社会群体。

温家宝总理最近指出,收入分配问题已经到了必须下大力气解决的时候,必须改革分配制度,"逐步形成中等收入者占多数的'橄榄形'分配格局"。"橄榄形"的社会结构是建成全面小康社会的重要标志,是实现社会稳定与和谐的社会基础。据中国城市化研究机构预测,到2020年,中等收入群体将达到我国人口4成左右,2030年达到5成左右,社会结构将完成从"金字塔形"向"橄榄形"的转型;同时低收者的收入水平将大幅提升,贫困人口将基本消除,那时国民旅游将会拥有广泛而坚实的基础。

全面小康社会建成之日,即"橄榄形"社会结构基本形成之日,才是大众旅游时代真正到来之时,世界旅游强国也就有了最坚实的社会基础。

"拍脑袋"不能替代"科学分析"[1]
——兼谈如何看待人均 GDP 与国民旅游的关系

多年以来,旅游界流行着多种"人均 GDP 达到多少美元,旅游就会如何"的版本,甚至有"人均 GDP 达到多少美元,旅游从观光向度假发展"等的说法。不仅报刊媒体如此说,专家文章如此说,官员报告也如此说,并由此推导出"大众旅游时代已经到来"之类的结论。人云亦云,说的人多了,也就成了"公式",甚至还被奉为"国际经验"、"国际规律"。

魏小安先生在《没有科学,就没有学科》一文道出了这些说法的来由,旅游界朋友不妨认真一读。魏先生坦言:

在实际工作中,我有一招,有数总比没数强,在社科院的时候,常常跑国家旅游局统计处,找数字,分析数字,跟着孙尚清先生做课题的时候,也是动辄出数字。诸如人均 GDP 多少和旅游如何的说法,都是由此发端。好玩的是,这些说法广泛流传,慢慢就演变成"国际经验"。后来搞休闲研究,又如法炮制了一回,又变成"国际经验"……直到今天为止,拍脑袋仍然可以唬人,至多是经验数据替代科学分析,这是好玩的事情,还是学术的悲哀?(2011 年 3 月 11 日《中国旅游报》。)

笔者赞赏魏先生的坦诚,这种善意的"经验数据"确能一时鼓舞"人心",特别是推动政绩为上的官员们重视抓旅游,客观上起了积极作用。但是,诚如魏先生所言,这种"拍脑袋可以唬人",而不是"科学分析"。对官员而言,用这些凭假设与推论得出的"经验数据"去指导工作,那是"政府悲哀";对学界而言,用"拍脑袋"或盲从跟风去从事研究,那是"学术悲哀"。诚如魏先生所言,"没有科学,就没有学科"。

就以"人均 GDP"而言,它确实是国际上通用的衡量一个国家、一个地区经济发展水平与国民平均生活水平的指数之一,并且是联合国所属世界银行划分低收入(975 美元以下)、中等偏下(976~3855 美元)、中等偏上(3856~11 905 美元)、高收入(11 906 美元以上)国家的标准。但它从来只具有相对意义,而没有绝对意义。

一则,它以美元为计量单位,美元与各国货币的汇率是经常浮动的,决定汇率的因素多种多样,同一货币不同时段的汇率差距甚大。以当前的汇率测算,2011 年中国大陆人均 GDP 是 5000 多美元,按若干年前的汇率则为 4000 多美元。

二则,它与物价指数不挂钩,因而不能反映国民的购买力与生活指数的实际水平,这

---

[1] 写于 2011 年 3 月底。

在严重通货膨胀下尤其如此。

三则,它是一个笼统的"人均"概念,不能反映某国、某地区国民财富分配、收入分配与各阶层国民生活水平的实际状况。在国民收入呈"橄榄形"结构的国家,豪富群体与贫困群体两头小,中等收入群体占大头,"人均 GDP"基本上能反映大多数国民的财富分配与生活水平;在国民收入呈"金字塔形"结构的国家,居"塔尖"的富豪群体占极少数,构成"塔身"的中等收入群体占少数,处于"塔基"的贫困群体占大多数。此时"人均 GDP"非但不能反映国民财富分配、收入分配与生活水平的基本状况,而且掩盖了大多数人的贫困状况,这在拉美和亚洲某些国家屡见不鲜。正如 GDP 总量不能完全体现国力一样,人均 GDP 也不能反映国民生活状态的全貌。

以今天中国大陆而言,从国民收入与国民旅游的关系角度研究,不妨从以下层面入手:

- 按 2011 年国家统计局统计公报,6.9 亿城镇居民与 6.57 亿农村居民旅游状况;
- 6.9 亿城镇居民中"被城镇化"的近 3 亿多原农村居民、现在城镇生活但未享受城镇"国民待遇"的"新"居民,其中包括约 2.5 亿的"农民工"的旅游状况;
- 按国家统计局统计体系分类,城市与农村按最高收入户、高收入户、中高收入户、中等收入户、中低收入户、低收入户、最低收入户(还含困难户)的家庭的旅游状况;
- 约占总人口 1 成的富裕群体、3 成的中等收入群体的旅游状况;
- 每天生活消费 6 元人民币的 1.5 亿贫困群体的旅游状况;
- 东部、中部和西部地区居民的旅游状况;
- 大、中、小城市旅游状况。

还可以从不同部门与行业、国企、外企、民企、个体、自由职业者等不同角度进行细分、再细分。

笔者认为,在社会结构多元并存、基尼系数超过国际公认警戒线的今天,为推动国民旅游平稳、协调发展,考察与研究各类群体的旅游消费状况,看看到底有多少人、用何种方式、花费多少加入到旅游之列,比用"人均 GDP"之类的标准更有实际意义。

可否设立"国民休闲消费指数"[1]

思敏先生《顺势而为,设旅游恩格尔系数》一文[2],首先提出"旅游恩格尔系数"的设想,把它作为"衡量经济社会发展的不同阶段,判断人民群众的生活水平"的一个标杆,以充分发挥旅游业在全面小康社会建设中的导向性作用,引起了旅游界的关注。"旅游恩格尔系数"的公式是"旅游支出金额÷消费总支出金额×100%"。笔者认为,这是一个很有价值的创议,由此引起的讨论在"十二五"开局之年思考如何更好地发挥旅游的民生功能,无疑具有积极意义。

受思敏先生的启发,笔者也提一个设想:设立"国民休闲消费指数",即以国民休闲消费支出为中心,调研和测算休闲消费支出占国民消费总支出的份额,即"休闲消费支出÷消费总支出总额×100%",用以衡量国民生活水平、质量和幸福度的一个标杆。

笔者之所以主张设立"国民休闲消费指数",理由是:

第一,"休闲"与"旅游"是互有交叉又有区别的概念,旅游不能涵盖国民常住地休闲,旅游消费中事务性的生产活动支出也不属于生活性的"休闲"消费。

"休闲"包括城乡居民在常居地的游憩、文体、娱乐、养生等活动,也包括城乡居民异地的观光、度假、娱乐、文体等活动。因此,休闲活动是一种生活性的活动,休闲业属于生活性的现代服务业。

"旅游"既包括异地的生活性休闲活动,又包括异地的以商务、会展、文化科技交流等事务为目的生产性活动。严格地说,人们在常居地的休闲活动,特别是不过夜的休闲活动不能称之为旅游。只有离开常居地,以观光、度假、健身、娱乐、求知等目的,并在异地过夜的休闲活动才算旅游。如果用"旅游恩格尔系数"这个概念,应剔除在异地的不属于休闲的商务会展、专业交流等生产性的消费。

邵琪伟局长2011年全国旅游工作会议上说,"更加注重普惠国民,让旅游、休闲成为普遍性需求,保障国民旅游权益",第一次在"旅游"与"休闲"之间加了一个顿号,不同于以前讲话、文件中的"旅游休闲"、"休闲旅游"的提法。设立"国民休闲消费指数",把旅游消费中生产性、事务性消费剔除出生活性的休闲消费,以此衡量国民生活水平、质量和幸福度较为合理、科学。

第二,人的休闲生活绝大部分在常住地度过,旅游休闲花费只占休闲总额的一小部分。

---

[1] 以《设立国民休闲消费指数正当其时》为题刊载于2011年7月25日《中国旅游报》。
[2] 2010年12月13日《中国旅游报》。

就国民休闲而言,一生之中绝大多数休闲时间是在常住地度过的。一天中的休憩时间、一周中的周末、一年中的法定节假日和带薪休假日,绝大多数是在常住地度过的。随着"钱"与"闲"的增多,离开常住地去异地观光、娱乐、度假的休闲活动会逐渐增加,但无论现在还是将来,异地休闲总体上总是占小头。以当今我国一年法定节假日115天、带薪休假7至14天测算,一个人每年外出旅游即使达到10天、20天、30天乃至更多,仍然只占他全年闲暇时间的一小部分,占他一生的闲暇时间的份额就更小了。因此,用国民旅游支出金额为分子、消费总支出金额为分母测算"旅游恩格尔系数"或"国民旅游消费指数",不如用"国民休闲消费指数"更能较全面地反映国民的生活水平与质量。

第三,生产力越发达,国民收入越高,休闲消费占国民消费份额的比重就越大,更能体现社会发展水平和国民生活质量。

根据社会学家的观点,人的时间可分为"约束性时间"与"可自由支配时间"两部分。前者包括人的生存必需的生理活动时间(如睡眠、餐饮等)和社会活动时间(如工作、受教育与参加公共社会活动等),后者指上述时间之余的闲暇时间。用联合国《休闲宪章》的定义,"闲暇时间是指个人完成工作和满足生活要求之后,完全由他本人自己支配的一段时间"。个人可自由支配是闲暇时间的基本特征。人类发展历史已经证明,社会生产力水平越高,劳动生产的时间就越短,休闲消遣的时间也就越长;国民生活越富裕,衣食住行等生存型消费中也会具有享受型的因素,同时各类享受型、发展型的纯休闲消费会越高。

在不同的社会群体中,国民的经济收入越高,其休闲消费就越大,休闲消费占其消费支出总量的份额就越高。据2009年《中国统计年鉴》,城镇居民家庭按收入等级分,在最低收入户(占居民家庭总数的10%,下同)、低收入户(占10%)、中等偏下户(占20%)、中等收入户(占20%)、中等偏上户(占20%)、高收入户(占10%)和最高收入户(占10%)七种家庭中,"教育文化娱乐消费"支出占其消费总支出的比重依次为9.33%、9.88%、10.91%、11.4%、12.08%、12.78%、14.19%。该《年鉴》还显示,2009年东部地区、中部地区、西部地区与东北地区城镇居民家庭教育文化娱乐消费支出占其消费总支出的比重依次为13.02%、11.37%、10.93%、10.05%。这两组调查数据在一定程度上反映了经济发展水平、民众收入水平与休闲消费水平的内在关联。当然,此处的"教育文化娱乐消费"并不等同于"休闲消费",其中"教育"消费不完全属于休闲消费,大部分仍属于生活必需消费。

第四,用国民休闲消费支出为口径测算"国民休闲消费指数",易于与现行国家城镇居民的生活统计体系和国内旅游抽样调查年度报告接轨,更便于操作与实施。

目前,由国家统计局制定并实施的"城乡居民家庭基本情况统计"体系中,均有城乡居民消费支出的完整调查和统计数据。其中"消费性支出"分为食品、衣着、居住、家庭设备用品及服务、医疗保健、交通和通信、文教娱乐用品及服务、银行中介服务消费、保险服务消费和其他商品和服务等十大类支出。该统计标准中,与"休闲"相关的主要有:"食品"中的"在外饮食",含有品尝风味美食的享受型休闲性餐食;"医疗保健"中的"保健器具"、"滋补保健品"、"其他医疗保健支出";"文教娱乐用品及服务"中的"文化娱乐用品"、"文化娱乐服务"(包含"参观游览、健身活动、团体旅游、其他文娱活动费"等);"其他商品和服务"("旅馆住宿费、理发洗澡费、美容费、其他服务费"等)。这些内容大体涵盖了文化娱乐、康体健身、特色美食购物与观光度假等四大休闲。

上述城镇居民消费支出的抽样调查工作已进行多年,形成了完整的调查机构、人员、制度、程序、标准和信息化数据处理系统及连续的年度调查报告。以城镇居民调查为例,它在全国设有31个省、自治区和直辖市的423个样本点,取得65 400个样本量。

国家统计局的城乡居民家庭《调查手册》中已列有"旅游花费总额"一栏,"指家庭成员外出旅游时花费的总费用。团体旅游的,既包括交付的团体旅游费用,也包括旅游过程中增加的其他支出及所有购物支出。家庭旅游或自助旅游的,则包括所有交通费、门票费、车船使用费、饮食费、住宿费以及购物支出等。调查户要填报家庭出游总花费,也要将旅游花费详细费用填入相应的消费支出细项中"。可惜在统计报告中至今仍未见到"旅游花费总额"的调查数据。

从1993年开始,国家旅游局与国家统计局合作每年开展国内旅游抽样调查,通过人均花费调查测算国内旅游收入,形成了一套调查制度、程序、标准,连续公布《中国国内旅游抽样调查资料》和《调查综合分析》年度报告。目前的国内旅游抽样调查实际上包括了居民常住地休闲与异地旅游两部分。《国内旅游抽样调查综合分析》规定,"以不谋求职业、获取报酬为目的,离开惯常环境,在外停留超过6小时的出行活动,包括一日游游客和旅游者(过夜游者)"。其中"一日游"实际上是在常住地的休闲活动。"旅游者(过夜游者)"中既包括观光度假型的休闲,也包括商务会展型的事务。从国民休闲的角度研究,应剔除不属于休闲消费的商务会展型的事务旅游数据,同时还必须增加国民因私出境的观光、度假、康体、购物和美食等休闲性旅游数据,不能仅仅计算国内旅游消费支出。当然,因公出境的旅游也不能列入"国民休闲"消费之内。

笔者建议,以国家统计局的城乡居民家庭调查为基础,结合并改进已进行多年的由国家旅游局政策法规司、国家统计局城市社会经济调查司和国家统计局农村社会经济调查司的《国内旅游抽样调查资料》,有可能在较短的时间内、以较少的人力物力财力,设计国民休闲调查统计的制度、程序、标准和信息化数据处理库,形成国民休闲年度调查报告,在此基础上形成每年的"国民休闲消费指数"。

休闲是旅游的基础,旅游是休闲的异地延伸,国民的常住地休闲与异地休闲(旅游)从来是一个不可分成割的整体。2008年国务院关于国家旅游局"引导休闲度假"的职能定位,正在筹划中的《国民旅游休闲发展纲要》,适应了国民休闲的发展要求与趋势。正在编制中的《国民旅游休闲发展纲要》把国民的休闲与旅游消费整合为一个整体,符合"十二五"惠及民生的主题。江苏省以推行《国民旅游休闲纲要》把提升居民闲暇生活质量作为建设"幸福江苏"的重要工作。把"国民休闲消费研究"提上议事日程,把"国民休闲消费指数"的研究列入"十二五"期间国家重点研究项目,正当其时。

在这方面,有关研究机构正在进行有益的探讨。中国社会科学院财政与贸易经济研究所课题组《2009～2010年中国休闲发展报告》,将休闲活动划分为消遣旅游、文化娱乐、体育健身、怡情养性类休闲、社会交往和其他休闲六大类。其中消遣旅游类、文化娱乐类和体育健身类等是休闲最为核心的部分,以此三者为主,同时结合其他领域的休闲消费,初步估算2009年我国居民休闲消费规模在1.7万亿元左右,相当于社会消费品零售总额的13.56%,从某种意义上即为当年的国民休闲指数。该《报告》的研究思路与方法可供借鉴。

当然,"国民休闲消费指数"是衡量国民生活水平、质量和幸福度的标杆之一,但不是唯一标杆,甚至不是最重要的标杆。因为在现代文明社会之中,衡量国民生活水平、质量和幸福度的要素不仅仅是物质生活水平高低、休闲生活规模大小,还包括国民参与社会活动的积极程度、社会民主的完善程度、社会道德的完美程度、社会的和谐程度、人与自然的和谐程度等宏观层面,以及就业率、受教育程度、医保、养老、人均寿命等具体指标。

带薪休假纵横谈[①]

一、带薪休假制度的由来

人类跨进文明的门槛后,劳动与休闲是人生不可分割的两部分。保障和扩大劳动权与休假权是人类经济社会文化发展的必然趋势,也是进步人类为之奋斗不懈的重要目标。

近现代,随着工业革命、科技革命的不断推进,工薪者的劳动时间逐步缩短。18世纪欧美地区的工时长达12小时以上,英国劳工运动首先提出10小时工作日的要求。到19世纪中叶,欧美国家大多实现了10小时工作日制。在马克思恩格斯思想的影响下,1886年欧美工人运动的联合组织国际工人协会(史称"第一国际")日内瓦会议通过了实现八小时工作制的要求。1886年5月1日美国芝加哥20万劳工举行大罢工,要求实行"三八"制度(八小时劳动、八小时睡眠、八小时休息),遭到政府当局镇压,几名工人领袖惨遭杀害。1889年7月,国际社会主义工人代表大会(史称"第二国际"),为纪念芝加哥劳工的大罢工,把5月1日定为各国劳工的"国际示威游行日",五一国际劳动节由此而来。1916年美国铁路兄弟会通过八小时工作法。1920年美国率先实行每周实行50小时工作制。1932年国际妇女服装工会实现了每周40小时工作制。1935年国际劳工组织确认每天八小时工作制,每周实行40小时工作制。1936年6月,法国众议院通过法律规定,所有职工只要在一家企业连续工作满一年时间,便可享受15天的带薪假期,首开从法律上确定职工带薪休假权的先河。1938年英国通过《带薪休假条例》,"二战"爆发前1100万工人享受了带薪休假权利,占全国劳工的半数以上。

经历反法西斯战争的洗礼,人们更加珍视人权的保障。1948年12月联合国大会通过的《世界人权宣言》认定,"任何人都有休息、休闲的权利,尤其是享有合理的工作时间和定期带薪休假的权利",休闲权与劳动权一样成为人权的不可缺少的内容。1949年国际劳工组织又进一步提出,劳工每年至少有6天带薪休假。

世界经济从世界大战的破坏中复苏并取得巨大增长后,各国政府与公众更加重视保障公民的休闲权利。1966年12月,联合国大会通过的《国际经济、社会和文化权利公约》规定,各国政府应确保人人都能"休闲、娱乐,合理限制工时和定期带薪休假,以及公共假日期间照常发薪"。1970年联合国劳工组织通过《休闲宪章》,认为"休闲与娱乐为补偿

[①] 写于2007年底至2008年初,部分内容在《大美田园》等杂志上刊载。

当代生活方式中的人们的许多要求创造了条件,更为重要的是它通过身体放松、竞技、欣赏艺术/科学和大自然,为丰富生活提供了可能性……闲暇时间是一种自由的时间,在这个时间里,人们能掌握人和作为社会的有意义的成员的价值"。

战后法国实行了每周35小时工作制。60年代美国劳联产联提出一周工作5天、一天工作7小时的目标。1960年日本松下公司实行5天工作制。1992年日本提出减少工作时间是国家目标,要求在5年内实行"生活方式超级大国",从每周44工作小时减少到40小时,并大力推行职工带薪休假制。20世纪60年代后,西欧北美绝大多数国家普遍实行了5天工作制与带薪休假制,日本、韩国、印度、新加坡、泰国、巴西等国以及我国的香港、台湾地区也先后实行了这些制度(港台目前实行5天半工作制)。

许多国家早已实行带薪休假制度。法国、西班牙30天/年,比利时24天/年,英国20～27天/年,德国、意大利5～6周/年,韩国20天/年,泰国10～20天/年,澳大利亚30天以上/年。中国香港7～14天/年,台湾地区工作1～3年为7天,工作3～5年为10天,工作5～10年为14天,工作10年以后每年增加1天,最多30天。

由此可见,带薪休假作为现代文明社会的职工休假制度,始创于70年前,在欧美和亚洲部分国家推广已有三四十年的历史。这种制度建立在科技进步、经济发展的基础上,又是劳工抗争、劳资协商的成果,也是社会民主、国家法治的体现。实行带薪休假制度最大好处是,使公民自主享受休假权利与国家机构、企事业单位的正常活动相协调,从而保障社会经济文化生活和国家内政外交活动全年候的正常运行。

带薪休假制度往往是在一部分企业、行业、地区和国家首先实行,然后在全行业、全社会、全国和国际范围内逐步推行。尽管各国乃至一个国家内各地区、各类企事业单位实行的办法不同,各国实现的程度也不同;尽管一些国家即使颁布了有关法律规定,但也并不是所有企事业单位的管理者都执行;尽管职工有法定的带薪休假权利,因为种种原因也不是所有人都使用了这种权利,但它无疑已成为世界公认的一种职工休假制度。年度带薪休假制度和错开休假日期是世界各国提升国民休闲品质、完善人权制度的共同走势,在这个意义上,带薪休假已成为一种国际制度、国际惯例。

二、实行带薪休假是关注民生的重要课题

带薪休假制度的实质,是把今日世界公认的个人休闲权利还给公民自己,由公民自主地享受休闲权利,即什么时候休假、在哪里休假、如何休假由国民自己决定、自主安排,而不是"千军万马"挤在三个七天的"独木桥"上。

带薪休假制度最大的优点,是在尊重和保障国民个人的休闲权利与维护和保证社会政治经济生活正常、协调、平衡运行之间找到一个最佳结合点,而不是三七21天内"全民放假"的同时,政府不办公、交易所不交易、医院不看病,社会经济生活受到干扰和影响。

实行了带薪休假制度,年底时你可以与家人一起早作安排,明年什么时间、到哪里去

休假,是休闲旅游还是探亲访友,是康体疗养还是修学考察,是参加社会公益活动还是处理私人事务。由于13亿人、目前主要是近6亿的城镇居民休长假的时段错开了,高度集中的休闲人群相对分散了,无论是外出观光度假、探亲访友、还是在本地文体活动、修身养性,你都能花较少的钱、享受较舒适的服务,而不必为买票难、住宿难、用餐难犯愁,景区里"大人看人头、小孩看屁股"的状况会缓解,回家探亲的话心里也踏实得多,旅途上舒坦得多。

实行带薪休假制度,每个人可以根据本人的情况、按照个人的需求,从容地安排自己的长假,达到愉悦身心、益智健身、丰富阅历、开阔视野、亲和家庭、交友联谊的效果,从而回归"休闲"的本义:它是一种"完全由个人自由支配的时间","它为人们提供了激发基本才能发展的条件:志愿、知识、责任感和创造力的自由发展"(联合国劳工组织《休闲宪章》)。休闲不应是庙会式的凑热闹,不是赶集式的采购,更不应提心吊胆地外出,精疲力竭地回家。

实行带薪休假制度,由于改变了人们在同一时段过度集中休假的状况,从而大大缓解或部分解决休闲长假中严重供不应求的尖锐矛盾,使休闲的消费者与供应者之间、休闲者之间、休闲主体与休闲客体(自然生态、风景名胜、住宿餐饮、购物娱乐环境等)之间的关系较为协调,有利于营造一个祥和、友好、和谐的休闲氛围,从而能较好地满足人对休闲的生理和心理需求。

实行带薪休假制度,个人先申报明年的休闲计划,单位主管、企业老总根据各人的打算,结合本单位的工作、生产情况,经工会协调、各方磋商,形成一年全员休假计划。制订休假计划的过程就是密切干群关系、改善劳资关系、协调人际关系的过程,也是企业文化建设、增强企业凝聚力、营造企业品牌的过程。

党的"十七大"闭幕后不久,国务院把调整节假日与实行职工年休假方案公之于众,立即得到各方热烈关注,说明休假已经与物价、医疗、教育、住房、交通等问题一样,成为关注民生的重要课题。在建设全面小康社会的关键时期,把落实职工带薪休假作为政府的一大任务、社会的一大目标,的确是一个得民心、顺潮流的明智之举。

三、实行带薪休假是落实科学发展观的重要举措

国务院在广泛听取各方意见的基础上,公布了《全国年节及纪念日放假办法》和《职工带薪年休假条例》,把现行节假日的调整与实行带薪年假结合起来进行,既保障和扩大了国民的休闲权利,又保准和促进国家经济社会的平稳、协调运行,是党的"十七大"后进一步落实科学发展观,实现经济社会全面、协调、可持续发展的重要举措。

——有利于日趋频繁的国际经济文化交流。在加入WTO后,中外经贸文化交流与日俱增,各国来华的官方、民间机构、企业及人士迅速增多。一年3次7天长假,全国政府机构、企事业单位中止工作,对外贸易、金融活动中断,大批在华外资、合资企业与该国总部的正常联系不能不受到影响。这种状况越来越不适应世界经济全球化、区域经济一

体化和国际政治经济文化交往日益频繁的态势,同时也不符合国内日趋现代化、信息化的经济社会发展的态势。实行职工带薪休假制后,各单位可以根据工作的需要和员工的方便,灵活安排各人的休假时间,同时政府机关、企事业单位又能正常、连续、有效运转,提高工作效率。

——有利于自然文化资源和生态环境的保护和持续利用。实行职工带薪休假制度后,人们休闲方式更加多样化,休闲时间自然错开,休闲旅游人潮相对分散,旅游接待地特别是世界遗产地和著名旅游景区的人潮压力大为减缓,更便于实行总量调控,从而有利于资源和生态环境的保护和持续利用,让子孙后代都能享受这些珍贵的自然与文化瑰宝。

——有利于休闲旅游经济的协调发展,提高休闲旅游产业素质。实行过分集中的长假制度,使休闲旅游常年候的固定供给与长假期间内需的急剧膨胀之间的矛盾越来越尖锐。反复出现的长假期间的供不应求与长假之后的供过于求的大起大落现象,长此下去将损伤休闲旅游经济可持续发展的资源、环境、经营和消费基础。实行带薪休假后,人们可以自由选择观光、度假、文艺、修学、体育、康复、购物、美食、社交、公益和探亲访友等各种休闲方式,从而促进休闲经济的全面、持续发展。旅游和其他休闲服务企业可以提高设备常年利用率,有序接待、精心服务,充分发挥各自优势,既便于提高服务质量,又利于提高经济效益。

——有利于提高国民休闲质量,扩大休闲需求总量。休闲是人的一种高品位的发展需求和享受需求。休闲环境越宽松、越和谐,这种身心需求就越强烈、越持久。目前国内游客中,公务员、企事业管理人员、专业/文教技术人员、服务商贸人员、工人等群体占国内游客总数的70%以上。实行带薪休假后,职工增加了5至15天的休假时间,并可以根据自己和家人的工作、兴趣等,安排休闲度假的时间、地点和方式,可以进一步释放城镇居民的休闲度假消费潜能,促进休闲者总量和消费总额的持续增长,进一步发挥休闲旅游激活经济、消费拉动内需的作用。

——有利于进一步扩大社会就业。政府机关和各企事业单位全面实行带薪休假制度,势必需要增补劳动岗位。以一个100个员工的企业为例,如果每人每年平均休假10天,则全企业需补充1000个工作日的劳动岗位,才能维持正常的生产或经营。按现行的节假日制度,每个职工每年有115个节假日,即每年共250个劳动日。补充1000个劳动日,则需要增加4名员工,即是说,从理论上推算,如果完全实行带薪年休假制度后,全国可以增加4%的就业率,相当于2006年年末全国城镇登记失业率为4.1%。

当然,实行带薪年休假制度会增加企事业单位劳动成本,进而提高了产品或服务的价格,会影响产品的价格竞争力和企业的赢利率。这也是一些企事业单位不愿实行带薪休假制度的原因。但是,企事业实行了这一制度,改善了劳资关系,促进了企业文化建设,增强了企业的亲和力与凝聚力,提高了对优秀员工的吸引力;增进了职员的身心健康,调动了劳动积极性,又会促进企业劳动生产率的提高。这也是今天许多企事业单位积极实行带薪休假制度的原因。就企业本身而言,实行带薪休假制度利弊兼有,如何权衡、取舍,取决于企业主的眼光与魄力。

——通过休假制度改革激活经济在世界历史上早有先例。20世纪30年代,经济危机席卷欧美,当时法国政府制定了"两周休假"(年度带薪休假)的法律,开创了世界带薪休假的先例,以扩大内需、减少失业率。1936年美国罗斯福总统实行一系列克服经济危机的措施和政策,其中在体育、休闲等方面投入了大量预算,以刺激需求、恢复经济。日本在20世纪90年代经济衰退时期,曾做过一个专题研究。当时日本只有50%的职工实现带薪年假,该研究报告说:"如果年度带薪休假在日本能够得到完全实行,那么,其带来的经济效果将会非常可观。通过调查,其经济辐射效果将达到11.8兆日元,可产生的就业机会将达到148万人。除此之外,休假改革还会带来一定的社会效果"。(引自中国国家旅游局驻东京办事处译文。)

四、实行带薪休假,推动休闲旅游产业转型增效

需求决定供给,供给引导需求。调整过于集中的长假模式、实行职工带薪年休假制,将直接刺激人们的休闲需求、影响人们的休闲方式,从而深刻影响休闲旅游供给的规模、类型和运行方式,实现供求关系的良性互动,推动休闲旅游产业增长速度、模式与效益的统一,从需求和供给两个方面推动休闲旅游产业转型增效。

1. 带薪休假制度与休闲旅游需求的优化提升

● 休闲行为自主化。

实行带薪休假制度后,人们可以按照个人及家人亲友的喜好、需求和条件灵活自主地安排休闲的内容、方式、时间和地点,使休闲真正成为民众个人的权利,而不是他人恩赐的一种福利。从福利到权利的变化,是提升休闲品质、激扬休闲需求的基础,从而为休闲旅游开拓了广阔的前景。

● 休闲方式多样化。

实行带薪休假制度后,人们或观光游憩,或休闲度假,或娱乐消遣,或探亲访友,或康体健身,或研修提高,或结友社交,或宗教朝觐,或料理家务,或参与公益,实现各自的休闲动机,追求自己的价值理念。休闲需求的个性化、多元化,呼唤多种多样的休闲度假产品,促进休闲供给多样化。

● 休闲时间分散化。

实行带薪休假制度后,人们不再在同一时间内进行休闲活动,势必会分散全社会休闲度假的人流,缓解由于高度集中休假所产生的一系列问题。实行新的节假日方案后,人们可以更加灵活地安排各自的或长或短的假日活动,加上带薪年休假,国庆和春节期间的过度拥挤现象会有所缓解。由于四季气候更替引起的休闲旅游淡旺季现象依然存在,春秋两季仍然是出游人群相对集中的时段,但与"井喷式"的峰潮相比会缓和得多。休假时间的分散化为休闲服务供应方从容应对全年候的消费需求创造正常

的市场环境。

调整后的节假日安排和带薪休假相结合,可形成少则三五天,多则半月及更长的假期,出游时间有更多的选择,游客可以选择最好的季节出游。时段上的更多选择性,推动供给方设计长中短、近中远等各类休闲旅游产品,促进休闲旅游多样化。

• 休闲活动计划化。

外国成熟的旅游者一般在半年至一年前制订休闲度假计划,并预订机票、邮船票、火车票和酒店,进行充分的准备,并得到最大的价格优惠。实行带薪休假制度后,职工在年底申报来年休假计划时考虑休闲度假计划。国民休闲活动的计划化,将推动"早计划、早优惠"的消费模式和经营模式,催生我国机票、车船票、酒店、景点门票(如故宫、布达拉宫、九寨沟等)的预订制,消费者以更优惠的价格获得宽松、有序、保质的系列服务,而供应者可以更有计划地应对旅游高潮。

• 休闲诉求层级化。

休闲旅游群体历来多种多样,按收入水平可分为高中低档,按消费价位可分为豪华、标准、廉价,按年龄可分为银发、中年、青年和少年,按性别可分为女性与男性,按职业可分为公务员、企业主、职员、文教、自由职业、工人、农民、军人等。在集中放长假的情况下,各类群体在同一时间里一起休闲旅游,特别是一同拥向著名景区景点和旅游名城,不同层级的休闲旅游需求难以得到差异化的服务。实行带薪休假制度后,各类群体可以选择个性化的休闲旅游产品,各类各档的休闲供给可以各归其主,特别是追求高端、个性需求的消费群体更能得到满足。

• 休闲消费理性化。

从众心理、扎堆消费,是不成熟的客源群体与不成熟的休闲市场的一大特点。整齐划一的集中长假、赶集式的休闲旅游助长了这种消费倾向。实行带薪休假制度、个人自主休闲,对于遏止和改变这种非理性的消费取向具有重要作用,促使休闲消费追求个性张扬、实现自我价值,从随众出游转向随心出游。实行新的节假日方案和带薪休假制度后,人们会逐渐减除盲从和浮躁心态,精细安排休闲生活,就地或近程休闲更为普遍,选择远程旅游更加慎重,国民的休闲消费将逐步走向理性、成熟。

2. 带薪休假制度促进休闲旅游供给转型增效

市场需求的优化提升将推动休闲旅游供给的转型增效,促进休闲旅游产业的增长方式转变,有助于完善产业结构、提升产业素质。

• 规模总量继续增长。

实行新的节假日方案后,节日增加了1天,3天连休的短假期增加到5个,职工享有5天至15天的年休假,从总量上增加了各类职工休假时间,并优化了休假时段的长短搭配与季节交替,使民众拥有更多休闲时间、更多的休闲选择、得到更好的休闲享受,将从数量和规模上持续推动休闲旅游产业的长期增长。

- 经营成本合理降低。

新的休假制度使人有条件自主调整出游季节,避开出游价高低质的高峰期,有效缓解"黄金周"造成的出游膨胀,并拉动淡季市场的出游量,为各类休闲旅游企业合理有效地利用各类资源创造了正常的经营环境,休闲旅游供给各个环节会平稳运行,减少短期内超负荷接待、大部分时间闲置的失衡状态,从基础上为休闲旅游产业转型增效创造了条件。相对均衡的供需环境可以拉低热点时段的高价格,遏止平季、淡季的恶性价格竞争,导致价格围绕着价值轴线合理波动,减少暴涨暴跌带来的收益损失。

- 产品结构加速优化组合。

产品是产业的基础,产品优化是产业转型增效的关键。带薪休假让消费者避开"庙会式"的出游和"大排档"式的划一消费,休闲旅游产品将从"大锅饭"转向"精致小炒"。旅游企业更有条件针对不同季节、不同节日、不同群体开发出个性化的旅游产品,自助游和半自助游市场将会进一步发展。人们更加看好自由行、青睐小团队,"自助餐式"、"点菜式"、"拼盘式"、"机票＋酒店"式等,使个性化休闲旅游逐步成为未来的主流方式。

- 产品总体升级增值。

传统的观光产品避开蜂拥式的走马观花,加快向考察、体验型的深度观光游转型,"慢旅游"趋势加速推进。在休闲大众化的基础上,部分成熟消费者真正意义上的休闲度假生活快步启动,各类度假型产品加快成长,优质企业在普及带薪年假的基础上对优秀员工推广奖励旅游、康体健身、文化研修、科技探索、野外探险等有望推行。休闲旅游产品档次呈现以高端为取向、中端为主流的发展态势,高附加值产品的份额不断上升;目前初级廉价产品份额过大的状况有所改变,休闲旅游的经济效益有所提高。

- 产品供给时令化、全年候。

节假日调整、带薪休假制度的实施,全国将形成52个双休日、5个短假期、2个长假期和3个月的寒暑假,催生四季交替、全年不断的休假时间产品。三五天、十天半个月和更长时间的假期组合,为提供近中远程和长中短期的多种旅游线路提供了可能。休闲产品时令化与全年候的结合,为产品供应者提供了不断变新的舞台,也是休闲旅游经济效益最大化和持续化的基础。

- 产品空间合理组合、各尽其用。

本地与近程休闲历来是休闲消费的主要基地。新的节假日方案为短途休闲旅游提供了方便,社区式、环城式、城际式的短程休闲目的地,如各类城镇文体娱乐场馆、城市公园、主题公园、郊野公园和乡村休闲基地等将有更稳定的市场。十天、半月以上的国内外长线产品不再直受7天之限的制约,国内的西藏、新疆等全景游和赴欧、美、非等洲际游长线产品有了推出更多的可能,消费者有了更多的选择空间,从旅行社到景区等也有了更大的开发空间。新的节假日规定少了一个"黄金周",但增加了带薪假与日常假的组合,不会对偏离东部客源产出地的西部旅游产生负面影响,西部地区应该针对消费较高的深度旅游者设计更长时段的长线精品,实行高端取向、以质取胜的市场策略,改变低价位、大批量的粗放式的经营模式。

- 凸显传统文化、深化文化内涵。

清明、端午、中秋等民族传统节日纳入国家法定假日,为节日文化的民族化、大众化提供了条件,传统节日与休闲活动相结合将提升休闲生活的民族特色与文化品质。国民休闲时间的增加与分散,使影剧院、博物馆、图书馆、科教馆、城市区与郊野公园、户外运动和体育场馆等各类文化休闲设施将得到更充分的利用,将增强休闲旅游产品的吸引力与竞争力,提高休闲的文明水平,提升休闲的文化效益。

- 有效保护环境、永续利用资源。

建设资源节约、环境友好型产业是休闲旅游转型增效的基本目标之一,也是保障休闲旅游产业经济文化效益持续增长的前提。调整节假日、推行带薪休假、错开国民休闲时间的最大意义,在于削减休闲高峰人群拥挤、有效降低对自然文化资源和自然生态环境的损耗,使子孙后代都能享受休闲权利。

随着节假日方案调整、带薪休假制度的逐步推广,休闲旅游消费市场中的行政色彩会有所淡化,走向有序运行、平稳发展。这对于精明的经营者来说,是一个转换经营思路、创新经营模式,实现产品转型升级、企业减耗增效机遇;而对于靠几个"黄金周"、吃"大锅饭"的蹭饭者,无疑是一个严峻的挑战。

五、重点推行带薪年休假基本条件已经具备

至今,对带薪年休假这个制度好不好、要不要,已经没有太大的争议。

目前在中国,这个制度能不能、行不行,确实有待深入研究、认真讨论。

首先,从经济基础看。

西欧、北美和亚洲实行这一休假制度的国家是在基本上完成工业化、国民生活达到富裕之后。1936年和1938年法国、英国率先实行带薪休假制度。1949年国际劳工组织提出,劳工每年至少有6天带薪休假。20世纪60年代后,西欧、北美绝大多数国家普遍实行了带薪休假制;20世纪七八十年代后,日本、韩国、新加坡、泰国、印度、巴西和阿根廷等国以及我国的香港、台湾、澳门地区也先后实行了这一制度。

国际上常常用恩格尔系数来衡量一个国家和地区人民生活水平。根据联合国粮农组织提出的标准,恩格尔系数在59%以上为贫困,50%~59%为温饱,40%~50%为小康,30%~40%为富裕,低于30%为最富裕。2006年我国城镇居民家庭恩格尔系数为35.8%,农村居民家庭恩格尔系数为43%。根据这一标准,我国城镇居民生活水平已经达到中等富裕程度,农村居民进入小康水平。1963年日本的恩格尔系数为39.3%,基本接近当时的英、法、德等国。目前我国城镇居民家庭恩格尔系数大致与20世纪60年代的日本相当,接近当时的英、法、德等国。

改革开放30年,中国从总体上告别了贫困,解决了温暖,实现了小康,部分地区和群体达到了富裕,正在向全面小康迈进。中国已经基本具备实行带薪休假制度的经济基

础,而实行带薪休假制度也正是全面小康的重要内容之一。

其次,从社会基础看。

带薪休假在我国已有先例。20世纪80年代,部分地区党政机关和国家事业单位大多实行了年休假制度,1989年春夏之交的政治风波后一度暂停,1991年后各地又陆续恢复。1991年6月中共中央和国务院《关于职工休假问题的通知》规定"可以安排职工年休假","安排最多不超过两周的年休假,休假方式一般以就地休假为主"。该《通知》说了"可以安排",但没有明确"必须安排"。《通知》下发后,推动了部分企业实行带薪休假。

由于缺乏在全国范围内系统、规范、连续的社会调查,目前究竟在多大程度上实行了假期长短不一的带薪休假制度缺乏确凿的统计资料。据估计,在党政机关和国家事业单位,实行带薪休假制度的多一些;在企业单位中,国营企业比民营企业要多一些;民营企业中,大型品牌企业比中小企业要多一些;外资独资和中外合资企业比民营企业要多一些;上市的股份制企业及大中企业比小企业多一些;智力密集型企业要比劳动密集型企业多一些;员工平均文化水平较高的企业要比较低的企业多一些;东部较发达的地区比中西部地区多一些,近年来实行带薪休假制度的企业更多一些。在各地区、各行业、各部门中都可以找到一些实行这一制度的单位。

上个月初国务院有关部门发布《调整国家法定节假日方案》和《职工带薪年休假规定草案》后,立即引发了一场空前广泛而热烈的讨论。这场讨论本身说明休假已与物价、医疗、教育、住房、交通等问题一样成为人们关注的热点,网上调查赞同实行带薪休假制度的达到93%,足以说明它已成为社会共识、人心所向。

可以断定,2008年将是带薪休假这辆时代列车启动之年,尽管到达"终点"有待时日,但目标已经设定,方向已经明确。

六、总体部署,重点推广带薪休假制度

中国地域辽阔、人口众多,区域水平、部门行业和人文传统各异,带薪休假措施不可能在全国范围内一模一样、一步到位。以国务院颁布的《职工带薪年休假条例》为基础、社会舆论为导向,东部发达地区先行,国家机关与事业单位先行,国营企业、三资企业和品牌民营企业先行,在一部分地区、一部分企事业、一部分群体中先行一步,形成榜样、取得经验、完善规范、逐步推行,最终在全国基本实行。

1. 首先在东部发达地区和其他较发达地区推行带薪休假制度

我国东部沿海各省市,主要是北京市、上海市、天津市、江苏省、浙江省、广东省、山东省、福建省和辽宁等省,已经或基本完成了工业化,有些省市向后工业化发展,人均国内生产总值已达到3000至7500美元(2006年上海市7527美元、北京市6210美元、天津市5185美元、浙江3975美元、江苏省3598美元、广东省3509美元、山西省2980美元、辽宁省2760美元、福建省2678美元),产业结构比例达到或基本达到工业国家初期的水平,

第一产业不到1成,第二产业达到5成左右,第三产业4成以上。城镇居民恩格尔系数为大多在35%以下、农村居民恩格尔系数为大多在40%左右。长江三角洲、珠江三角洲和环渤海湾地区居民具有较强的休闲度假意识,是我国国内休闲旅游客源的主要产出地。中西部地区内部经济发展水平也不平衡,省会及其他大中城市也有条件率先在本省区实行带薪休假制度。

2. 党政机关和国家事业单位全面推行带薪年休假制度

党政机关和国家事业单位较早实行年休假制度。2000年后,各省市陆续出台了公务员实行带薪休假的更为具体的措施。

党政机关和国家事业单位实行带薪休假制度难度较小、易于推广。只要各单位妥善安排工作人员的工作接替与休假时间,非但不会影响机关单位的正常工作,而且能遏止工作人员特别是中青年干部由于长期工作紧张而导致体质下降、"亚健康"现象蔓延,同时公务员带头实行带薪休假制度对全社会具有积极的影响。

3. 重点在国营、外资和品牌民营企业推行带薪休假制度

实行带薪休假制度的重点和难点在企业。各类企业数量巨大、类型多样、行业各异、经营状况和管理水平不同,一步到位实行带薪休假制度显然是不现实的。以国营、外资和品牌民营企业为重点,从点到面、逐步推行,不断提高企业带薪休假的实现率。

大多数国营企业已经走过了转型改制的阵痛期,企业活力普遍有所增强;工会组织比较健全,可以在落实带薪休假制度方面发挥积极作用。

外资或中外合资企业,特别是品牌企业大多按该国的惯例,对员工实行带薪休假制度。天津市滨海新区大多数外企员工带薪休假天数在10~20天之间。IBM(国际商业机械公司)、摩托罗拉等外资企业都对员工实行带薪休假制度。

在民营企业特别是中小企业中,普遍实行带薪年休假制度虽有较大难度,有一个较长的推广期。但各地都有一批实力较强、管理较规范、效益较好的民营企业,特别是已经出现了一批在国内外有一定知名度的民营品牌企业。带薪休假制度可以在这些企业中首先实施。

在各类企事业中推广带薪休假制度,以《劳动法》、《劳动合同法》和《职工带薪年休假条例》为依据,要求在劳动合同中必须明文规定实行带薪休假的条款;工会和行业组织在保障劳动者带薪休假权利中积极主动发挥作用,单位领导与职工协商,作出既利于企业生产又方便员工休假的合理安排;各类媒体大力表彰落实带薪休假的守法企事业单位,抨击不执行带薪休假制度的违法违规的现象,营造文明休假、休假文明的社会氛围。

落实和推广带薪休假制度是一项社会系统工程,需要全社会的共同努力、长期坚持,使这一制度在推进科学发展、构建和谐社会、建设全面小康社会中发挥积极作用,在国际社会中进一步完善中国的人权形象。

七、经济不景气不是暂停带薪休假的理由①

在世界金融危机、国内经济困难的形势下,实行带薪年休假对保增长、扩内需、增就业有利,还是不利?

初看起来,一个企业实行带薪休假后,如果增补员工就会增加企业负担,如果不增补用工则需向员工发放300%的工薪,这两种情况都会增加企业的经营成本。对一个陷入困境甚至濒临倒闭的企业来说,无疑是雪上加霜。如果大部分企业都倒闭了,那还谈得上什么"保增长、扩内需",而且危及社会安定。正是从这种思路出发,有的地方政协委员建议"暂停带薪休假"。

但是:

第一,从全国来看,除个别省份的少数地区外,目前大部分地区、大多数企业生产正常进行、社会经济有序运行,根本不到"中华民族到了最危急的时候";

第二,就政府机关、企事业单位而言,少数或极少数是人手紧张,"一个萝卜顶一个坑",一部分员工轮休5、10、15天,必须立即扩制、增员。大多数政府机关、企事业单位都是人浮于事、"9个人的活10个人干"。尤其在经济不景气之时,企业开工不足、劳动力有余,与其让职工上班"磨洋工",不如让他们轮流休假,或像上海有的企业一周4天工作、1天培训。正如已实行带薪休假的单位证明的,大多数机关、企事业内部人员只要上下、左右协商得当、安排妥善,在不增加编制的情况下,是可以有序安排员工分期分批享受休假的。

第三,从全社会来看,政府机关、企事业单位如果都实行或大都实行带薪年休假,要维持经济与社会生活的稳定进行,必然要增加就业岗位,因而会扩大就业人口、减少失业率。其结果增加了的就业人口的消费需求、刺激了全社会的消费能力。

根据国家统计局公布的《2008年国民经济和社会发展统计公报》,全国城镇就业人员3.021亿人。假如其中1/2职工能享有平均10天的带薪休假,全国则腾出30.21亿个工作日需要新的就业人员填补。按我国目前的节假日制度,每个城镇就业人员一年250工作日(365天-115天节假日)。这样,30.21亿个工作日需增加1208.4万就业人员。

2008年末全国城镇登记失业率为4.2%,即失业人口1268.8万人。这就是说,如果全国城镇就业人员中有一半能实行带薪休假,基本上能解决城镇失业人员的就业问题。退一步说,如果全国城镇就业人员中有1/4实行带薪休假,基本上能解决1/2城镇失业人员的就业问题。

2008年全国城镇居民人均可支配收入15 781元,以15 000元测算,新增1200万就业人员的收入为1800亿元,也就是城镇增加了1800亿元的消费额,约等于2008年全国

---

① 2009年3月10日搜狐博客。2008年10月18日,凤凰电视台"一虎一席谈"以《黄金周要不要取消》为题做了一台节目。2009年又以《"五一"长假要不要恢复与带薪休假要不要暂停》为题做了一台节目。本人两次应邀参加讨论。

城市消费品零售总额(73 735亿元)的2.4%。这1800亿元的消费又反过来又会促进生产、增加就业。

以上只是对实行带薪年休假经济影响的最粗略估算,精确的结论有待细化、经济分析有待深化,但是大体思路不会走偏。

当然,实行带薪年休假还有更广泛的社会效益:

- 单位内部上下融洽、增进团结,有利激励工作积极性,提高凝聚力与向心力;
- 员工与家人自主享受带薪假期,或进修、或健身、或娱乐、或旅游,有益身心健康、家庭和睦;
- 错开国民休闲时间,平缓集中出游高峰,缓解旅游淡旺季落差,提高休闲品质,减缓对景区的人流压力,有利于自然文化遗产保护。

我的看法是,经济不景气不能成为"暂停带薪休假"的理由。

这就是为什么法国、英国20世纪30年代经济大萧条时首创这个制度、日本在20世纪80年代经济滞缓推广这个制度的原因。1930年,处于经济危机中的法国,开始试行带薪休假。1936、1938年法国、英国先后通过实行带薪休假的法律。

日本经济从20世纪90年代初开始陷入了萎靡不振的发展时期,社会失业率高达4.5%。在严峻的社会经济环境当中,日本开始思考各种振兴经济的对策和方法。日本交通有观光厅一份关于带薪休假的研究报告表明:

(1)实行带薪休假带来的经济效益。

当时日本带薪休假的使用率为50%,丧失的可自由支配时间每年累计达4亿天。如果"年度带薪休假"在日本能够得到完全利用,其经济辐射效果为11.8兆日元,可产生的就业机会总计将达到148万人。其中:

- 休假带来的市场消费增长及其所产生的诱发经济效果为7.4兆日元,这7.4兆日元可增加服务就业人口为56万人。
- 56万新增就业人口的雇用收入及其消费的增加,又产生出新的诱发效果可达1.9兆日元。
- 替代休假的职员为92万人,他们收入的增加和消费支出的增加,可以引发出2.5兆日元的经济效益。

(2)分散的休假改革带来的社会效果。

- 据日本国土交通省的估算,因集中休假交通堵塞而造成的时间上的浪费,按平均工资折算下来,全国一年损失12兆日元,平均每人一年损失10万日元。
- 分散休假不仅可以消除这些经济上的损失,在环境方面的贡献也值得进一步研究。
- 休假分散化可使各种休闲旅游设施提高使用率,以此为中心的相关产业,将出现新增设备投资,引发出新的投资效果。
- 增进国民健康休假率的提高,可以调节和恢复人们的精神健康和肉体健康,消除紧张感。

● 精神上的放松,可提高生产积极性,从长远看还可以减少医疗费用的开支,为国家财政补贴减压。

● 促进家庭和睦。休假、全家外出旅游,可使家庭成员有充裕的时间共同生活、增加相互了解的机会,加深家庭内部的交流,对养儿育女、家庭教育等产生积极的效果。

● 增加了参加社区公益活动的机会,促进了社区人员的交流。

1998年修改后的日本《劳动标准法》把各类人员的年度带薪休假天数、办法作了十分具体的规定。

《法国劳动法典》为何对带薪休假写得如此详尽[①]

1936年法国政府通过一项关于带薪假期的法律,成为世界上第一个实行带薪休假制度的国家。1973年11月颁布、1982年1月修改的《劳动法典》[②]第二编"休息与假假"中,在"年休假"一章中对带薪休假作了详尽的规定。

(1)享受带薪休假权的对象是哪些人?

"工业、商业、手工业及农业机构,即使是合作形式,其所有工人、雇员或学徒以及自由职业、部属办事处、行业工会、民事公司、各种性质的协会与团体的受薪雇员,每年有权按以下条款之规定享受由雇主负担薪金的带薪假期。"

(2)带薪休假假期时间长短如何确定?

"凡在相关年度内,证明受同一雇主雇用的时间至少相当于实际工作1个月时间的劳动者,均有权享受休假;假期时间之长短按每工作1个月休闲2.5个工作日计算,但每年可要求休假的总时间不得超过30个工作日。"

(3)劳动者缺勤时,带薪休假时间如何计算?

"劳动者因缺勤时间被扣减的休闲权益,不能超过按该缺勤时间比例计算的时间"。如果计算出来的休闲天数不构成整数,"可休假时间向上折合成整天计算"。

(4)带薪休假时间可否增加?

"视受薪雇员的年龄或工龄年限,年休假时间可按照集体劳动协定或协议规定的条件予以增加"。

(5)未满21岁的青年劳动者与学徒有权享受带薪休假吗?

"在前一年的4月30日未满21岁的青年劳动者与学徒,无论真在企业内工龄年限如何,如提出要求,均有权享受30个工作日的假期"。

(6)如何确定"实际工作1个月"?

"相当于4个星期或24天的工作时间视为实际工作1个月"。

(7)如何安排雇员的带薪年假日期?

"在哪一时期内安排带薪休假由集体劳动协定或协议确定。在任何情况下,带薪休假时期必须包括每年5月1日至10月31日这段时间之内"。

"在没有订立集体劳动协定或协议的情况下,带薪年假时期由雇主参照一般习惯并

[①] 2007年12月8日搜狐博客。

[②] 《法国劳动法典》,北京第二外国语学院教授、法国总统奖获得者罗结珍根据法国DALLOZ出版社1993年版翻译,北京国际文化出版公司1996年版。

听取企业委员会与员工代表的意见后确定"。

（8）如何确定夫妇两人的带薪休假时间？

"夫妇俩在同一企业工作的，有权同时休假"。

"由雇主听取员工代表之意见后并且考虑享受休假待遇的员工家庭情况，尤其是考虑在私营或公营部门工作之配偶可能休假的时间，依据员工在雇主处服务时间之长短决定开始休假的顺序"。

（9）已确定的员工休假时间可以变更吗？

"除特殊情况外，由雇主确定的开始休假的顺序与日期，至预定开始休假之日前1个月期间内，不得再行变更"。

（10）农业企业雇员在农忙时如何安排带薪休假？

"在农忙时节，雇员不得要求批准其在年休假名义下缺勤超过24小时。农忙时节延续时间不得超过5个月，无论是连续还是不连续"。

（11）带薪假期可否连休？可连休多少天？

"休假时间不超过12个工作日的带薪假期必须连休；每一次可以休假的时间不得超过24天。对受到地域特殊制约受薪雇员单个个人，可以不执行此项规定"。

"超过12个工作日以及最长为24个工作日的假期，经雇员本人同意，雇主得分段安排休假。在此情况下，其中一段休假时间至少为12个工作日，外加两个周休息日。这一段休假时间必须在每年5月1日至10月31日这一时期内安排，剩余假期可在这一时期之外一次或分数次安排。如在5月1日至10月31日这段时间以外休假的天数至少为6天，可安排2个工作日的补充假期；如这段时间内休假天数为3到5天，则可安排1个工作日的补充假期。"

"经雇员同意，或者通过订立集体劳动协定或协议，对前款规定可做例外安排。"

"如休假期间机构关闭，征得员工代表同意后，或者如无员工代表，经受薪雇员同意，雇主可分段安排员工休假"。

（12）雇主是否对雇员的带薪休假进行补贴？如何补贴？

对符合法定规定的"休假给予补贴，其数额为相应参照期内受薪雇员本人所得总报酬的1/10"。

（13）如雇员在未享受其应得的休假之前解除劳动合同，是否有补偿？

"如受薪雇员在未完全享受其有权得到的假期之前，劳动合同被解除，应当给予补偿金（补偿金依前述"休假补贴"规定确定——引者注）。只要不是由于受薪雇员严重过错引起解除合同，即应给予补偿金，无须区别解除合同是由受薪雇员所为，还是由雇主所为。"

"在依照已确定的开始休假的顺序，受薪雇员已经休假，且收受的补贴金额高于其提供的服务应得数额的情况下，如其劳动合同被解除，应向雇主返还多收的补贴金。如果受薪雇员解除劳动合同是因为雇主严重过错所致，无须返还上述补贴。"

"如果雇员在享受年度带薪假期之前去世,本条款所规定的补贴仍应属于该雇员的权利人,补贴金支付给权利人中有资格领取的人"。

(14)对于那些不雇用固定职员的行业如何实行带薪休假?

"法令确定哪些工业、商业行业,尤其是在公认作为评估休假权益参照期的期间内,受薪雇员通常不固定受雇于同一雇主的行业,为执行本章之规定,应采取特殊方式。设立带薪假期基金管理处,雇主必须参加。"

法国《劳动法典》关于带薪休假的规定是几十年来实行带薪休假的做法的总结,其中有些内容是法国特有的,如不是按在同一雇主机构内连续工作的年限确定带薪休假天数,而是按受同一雇主雇用的时间至少相当于实际工作 1 个月时间即可享受休假权利,但大部分规定对我们如何实行带薪休假制很有借鉴意义。

(1)立法是实行带薪休假的法律保证。雇主依法对雇员实行带薪休假,雇员依法对享受带薪休假权利,政府依法保障雇员的带薪休假权利,在全社会形成"不实行带薪休假违法"的共识与氛围。

(2)带薪休假的法律规定必须具体、明确,具有可操作性。法国《劳动法典》译成中文共 40 余万字,其中"年休假"章共有 4 节 16 条,对实行带薪休假中可能出现的种种情况作了详尽规定,具有很强的操作性。

(3)在法律关系基础上建立起平等、协调的劳资关系,是实行带薪休假制的关键。《劳动法典》中关于企事业单位雇主如何安排雇员带薪休假的一系列具体规定中,或"按照集体劳动协定或协议规定",或"征得员工代表同意",或"经雇员同意",但一旦确定休假人的日期后,在休假期开始的 1 个月之前,"不得再行变更",保证带薪休假的有序进行。

(4)工会和其他员工代表组织在保障和实行带薪休假制中发挥重要作用。《劳动法典》第四卷在"行业工会"、"员工代表"、"企业委员会"、"劳资调解委员会"等篇章中,对这些行业团体、工会组织和劳资调解机构的组成、责权和活动程度作了具体的规定,在保障员工带薪休假问题上起着重要的作用。

从巴黎华商周末营业被禁,谈休闲
生活方式与制度构建[①]

据《新京报》报道,近期,巴黎13区的华人超市、商铺在星期天照常营业,违反了自1906年以来"商店周末不得开门营业"的法律,因而遭到法国劳动、就业和卫生部下属劳动监察局的调查,并收到当地政府的警告函。从5月1日起,如再在周末营业将面临罚款,罚金按营业额的比例计征,从几百欧元到几千欧元不等。

法国人认为,周末休息是人与生俱来的权利。根据法国的法律,除食品店之外,超市、服装店、家具店等商店星期天不得营业。餐饮业星期日可以营业,但必须向职员支付双倍工资,并保证他们从星期一至星期六有1天休息。他们认为,星期天工作会影响到家庭团聚,影响到生活质量,影响到文化传统。法律规定周末停业是为了保障雇工的人权。据2009年的一项民调,75%的法国人不愿意周末工作。

法国的休假理念、法律与方式是法国历史文化传统与社会发展水平的产物。"星期日上帝也要休息",周日作为"安息日",全家人去教堂做礼拜的习俗由来已久。1936年6月法国议会第一个通过法律确定职工带薪休假权,第二次世界大战后又实行每周35小时工作制。

我国的人口众多、经济发展的国情决定了不能照搬,也无法照搬法国的做法。况且周末所有的服务业都停止营业,也未必对社会生活的正常进行和大多数人享受休闲有利。民众周末休假需要一部分人从事休闲服务。多数人休假与少部分人假日工作是相辅相成的。事实上,在西欧、北美华商在周日营业也受到当地民众的欢迎。

笔者猜想,巴黎劳动监察局之所以对13区的华商发出警告,可能是由于部分商店没有执行向职员支付双倍工资,并保证星期一至星期六有1天休息的规定,侵害了员工的休假权,触犯了法国的法律。这才是问题的症结所在。

由此联想到我国的《劳动法》早已规定了职工享受法定的休假权,国务院颁布了节假日调整方案和职工带薪年假规定,但是实行起来仍然困难重重,尤其是法定节日加班支付3倍工资、假日加班支付2倍工资和年带薪休假制执行。旅游系统是为民众提供休闲服务的,但该系统的公务员和职工的休假制度也没有很好落实,周而复始的"黄金周"期间更是如此。据笔者观察,年带薪休假制的执行在旅游管理部门从上到下呈递减趋势,到县级和景区层面,认真落实的相当少;在企业层面,从大企业到中小企业也是如此。至

[①] 以《法国式休闲理念值得借鉴》为题刊载于2011年8月5日《中国旅游报》。

于法定节假日的双倍或 3 倍工资,真正实行的更是微乎其微。

出现这种状况的缘由,一是经济发展水平的制约是基础,处于工业化中期的发展中大国,"饭碗"当然要比休假重要;二是社会群体结构的差异,"金字塔"形社会中占人口大多数的中下层群体虽也有休假愿望,但缺少休闲条件。据近期一份民调报告,北京居民对休闲的期望,80.97%的人希望"增加收入",16.06%的人希望"增加自由时间"。北京如此,何况全国?三是休闲观念的淡薄,"先生产、后生活"、"加班加点光荣"、"劳动是权利、休假是福利"等传统观念根深蒂固。四是社会建设滞后,劳动与休假法律制度不健全,劳动者普遍缺乏自我维权的组织、手段与观念。

法国的休假方式不可照搬,但其中蕴含的具有普世价值的理念(如"休闲是人的权利"),以法律保障国民休闲权利的制度,则是值得借鉴的。"大众旅游时代"或"大众休闲时代"是不少业内人士经常挂在嘴上的一个流行语。如果把它作为一种愿景、方向与目标,是无可置疑的,但是把它当作一种现状,就值得研究了。普及民众的文明休闲观念,形成保障公民休假权利的法治体制,培育享受休假、休闲的社会风气,形成休闲不可或缺的生活方式,从一部分民众休闲走向全民休闲,包括 7 亿农民、2 亿农民工和数以亿计的城镇中低收入者也能享受休假权和休闲生活,才是"大众旅游时代"或"大众休闲时代"的本义所在。

韩国总统号召在国内度假的启示[①]

7月25日,韩国总统李明博发表广播演说,号召民众在国内度假,亲自推荐了10个国内景点,并建议年轻人进行全国骑行活动,还表示今年一定要与家人一起在国内度假。一个国家的总统亲自倡导并身体力行在国内度假并不多见,由此引发了笔者的几点感想。

1. 国民的休闲度假是推动国内消费、促进经济振兴的重要途径

李明博算了一笔账:如果韩国全体国民在国内度假1天,对地方经济将产生2万亿韩元(约合122.63亿人民币,按韩国4874万人口测算,人均消费约250元人民币)收益,创造4万个工作岗位。近几年韩国的经济出现了波折。据韩国金融研究院和韩国开发研究院的专家说,由于全球金融市场动荡不安,不仅影响出口,而且极大萎缩了韩国内消费和投资心理;韩国知识经济部称,今年韩国GDP增长率恐难达到政府预测值(4.5%),甚至低于4%。李明博总统的呼吁表明,在国民经济动荡不定、增长乏力的形势下,开展国民休闲度假是一大对策。

2. 推行国民休假是转变经济方式、增进国民福祉的重要体现

8月15日,李明博在韩国光复66周年纪念仪式上说,市场经济应进化到新的阶段,需要从"贪婪经营"到"伦理经营","资本自由"到"资本责任",从"富愈富、贫愈贫"到"相生共荣"的全新的市场经济模式,以求"建立相互关怀的温暖社会"。可以说,他的关于国民度假的呼吁体现了这一执政理念。

其实,韩国历来重视国民休假,法律规定职工每年享有20天带薪休假,很多企业在夏季放假4天,职工人均年休假25天。三星和现代等大企业一直实施职工带薪休假制。2005年4月起韩国补贴月收入不足1700美元的中小企业员工,在国内旅游可享受60%的补贴,其中政府补贴30%(上限为150美元),企业补贴30%,职工自己承担40%。韩国对残疾人、老人及偕同父母旅游的国民实行优惠政策。在经济景气时要推广实行带薪休假,在经济不振时也要实行带薪休假。

3. 国家政要公开、带头休假是推进国民休闲的重要举措

李明博建议公务员偕家眷在国内度假,并向公众坦言要与家人一起在国内度假,这在韩国似乎不多见。其实,国家政要与普通民众一样享受休假权,在许多国家是一件很平常的事情。政要休假并非"国家机密",有些国家的政要甚至通过政府发言人向公众公

---

① 以《韩国总统为何倡导国内度假》为题刊载于2011年8月22日《中国旅游报》。

开与家人一起度假的时间、地点。这对在全民中推广带薪休假制有一种不言自明的示范意义。政要需要休假,当然更要关注民众的休假,否则休假就成了权贵群体的特权。可见民众休假与政要休假是相辅相成的,是公民社会的一种常态。

业态篇

中国的生态旅游与旅游生态环境保护[①]

一、中国生态旅游现状

中国的幅员辽阔,地貌复杂,气候多样,形成了丰富的生物种类和多种多样的生物群落类型。我国有高等植物 27 150 种,分为 353 科、3184 属,其中约有 2000 属为我国特有;兽类 414 种,鸟类 1175 种,两栖类 196 种,爬行类 315 种,鱼类 2100 种,分别占世界同类动物种数的 10%,其中许多珍稀动植物为我国独有或世界罕有。极为丰富而奇特的生态环境为开发生态旅游提供了丰厚的资源基础。

中国开展生态旅游资源地域广阔、类型各异、种类繁多,可以开发成观光型、度假型和专项旅游产品或复合型产品:

- 陆地生态系统旅游项目,如森林游、草原游、花卉游、大漠游、野生动植物观光考察游,以及与此有关的登山探险游、冰川雪峰游、地质古生物考察游,等等。
- 淡水生态系统旅游项目,如湖泊、江河、水库观光度假,瀑布观光,泉水疗养,以及与此相关的漂流、垂钓和其他水上活动。
- 海洋生态系统旅游项目,如滨海观光度假、海上运动、海底探险和潜水游,等等。

近年来,一些旅行社开始推出一批自然生态(绿色)旅游产品,同时也开始出现专业性旅行社,正在或筹划推出生态旅游产品。1994 年成立的中央一类社有森林国际旅行社、科学国际旅行社、海洋国际旅行社和神农国际旅行社等。科学国际旅行社把中国科学院所属 40 余处科学考察站定为旅游点,如青岛水族馆、冰川沙漠野外台站、西双版纳热带雨林生态站、长白山森林生态站、九寨沟泥石流站等。这种把生态旅游开发与科学研究、农林牧渔业生产、环境保护结合起来的举措,必将开辟我国生态旅游的新局面。

总之,中国的生态旅游刚刚起步,使之形成规模、建立体系,有待长期、艰苦、扎实的工作;但由于我国生态旅游资源丰富、初具网点和势头迅猛,其潜力巨大、前景无限。在新旧世纪交替之际,中国的生态旅游必将取得长足进步,在勃然而起的世界生态旅游潮中,一展风采。中国古代哲人曾提出"天人合一"的命题,追求自然与人为的和谐与统一。生态旅游向人们展示的美好前景,可以说是在现代条件下对这一美好理想的实践和升华。

二、生态旅游特点

开展生态旅游的核心问题是处理好旅游与环境的关系。人们的愿望是,通过旅游活

[①] 1997 年 8 月中国旅游协会赴澳大利亚考察生态旅游。本文是在悉尼"中澳生态旅游研讨会"上的发言。

动宣传生态知识,促进生态平衡,维护和改善自然环境,使自然资源得以永续利用,旅游业也因此得到持续、健康发展,达到旅游与环境之间的良性循环。但是,国内外许多事实表明,往往事与愿违,适得其反。国外的生态旅游地有一个精彩的宣传口号:"除相片外什么也不要带走;除脚印外什么也不要留下。"然而,每个脚印是永恒的回忆,也可能是永远的破坏。"爱死"一个旅游地的现象屡见不鲜。

生态旅游的根本特征是以生态环境为主要的旅游资源,开发和加工成多种旅游产品,由此引发出如下重要特点:

• 旅游目的:重在教育,旨在保护。

生态环境是人类生存和发展的根本条件,生态失衡是当今世界环境危机的集中表现。开展生态旅游的根本目的是,唤起和增强人们的环境意识,宣传和普及生态知识,促进生态平衡和环境保护。"寓教于游",教育性是生态旅游的突出特点。

• 客源层次:知识化和专业化。

在当前和今后相当一段时间内,生态旅游的客源有其特殊性,即旅游者的文化素养较高,其中相当一部分是各类专业工作者和对生态问题有强烈兴趣和爱好的旅游者,而不是以娱乐和休闲为主要目的的大众旅游者。

• 旅游设施:轻便和简朴。

生态旅游目的地是人们返璞归真的大自然,因此其各项接待服务设施必须因地制宜、因便就简,不宜追求豪华与高档,为旅游者创造一种质朴、神秘、浪漫和某种冒险性的旅游环境气氛。

• 旅游接待:散、小、精。

生态旅游以分散、小型、精悍为主,不宜搞大型团体,旅游接待者应注重提高旅游者的质量,不宜一味追求旅游者的数量与规模。

三、生态旅游发展规划

编制生态旅游规划,应有生态学、生物学、地理学、环保学、园林学、建筑学、经济学和旅游学等多学科的专家参与,群策群力,共同完成。

生态旅游规划特别要处理好下列关系:

• 市场与资源的关系:以客源市场为导向,以生态旅游资源为基础,两者紧密联系,不可偏废。

• 旅游地最大容量与最佳容量的关系:根据旅游地的面积、特点和可进入性等条件,精心测算最佳游人容量;用经济手段,必要时用行政和法律手段,严格控制游客量超过最佳容量。

• 共性与个性的关系:每个生态旅游地(点)要因地制宜,突出特色,防止雷同,尤其要防止短距离间的重复建设。

• 天然与人工的关系:生态旅游以回归自然为主题,贵在自然,尽可能减少人工雕琢。必要的服务接待设施要尽量简朴、实用、方便,其外观与内部陈设要与自然环境相结合、协调。

• 经济效益、社会效益与环境效益的关系:环境效益是根本前提,社会效益是最终目的,经济效益是直接动力。经济效益与环境效益发生矛盾时,经济效益要服从环境效益。

四、生态旅游教育和研究

生态旅游学是一个多学科的边缘科学和综合性学科,它的建立和发展须靠旅游学和生态学及其相关学科的专家合作。作为第一步,目前正在一些旅游院校、园林院校、农业院校、动物院校、海洋院校和地质院校的相关专业和系科中,逐步加设有关课程,并加强院校和系科合作,互通信息,或联合办学,形成各具特色、配套成龙的生态旅游教育体系和网络。

1995年中国生态旅游专业委员会成立,开展有关研究、宣传、咨询活动。该协会应由生态旅游相关的各部门、各行业、各学科的管理、教育和研究人员组成,在旅游部门指导下,与有关部门和院校合作开展活动。

生态资源虽然是自然生成的,但决非无价之产,也不能无偿使用。应加强生态资源经济价值问题的研究,建立其评估标准和体系。在招商引资进行旅游开发时,凡企业开发利用生态资源地段,除缴付土地使用费(地租和出让费)外,还应酌情缴付生态资源费。旅游者进入生态旅游地,除缴付交通、食宿费外,还应加上生态资源消耗和维护费用,一并计入旅游费之内。这笔费用应专款专用,列入生态旅游开发基金之内。

中国生态旅游起步较晚,要形成规模、达到成熟,有待长期、艰苦的努力。澳大利亚在开展生态旅游方面积累了丰富的经验,中国愿与澳大利亚在生态旅游研究方面开展合作,学习与借鉴你们的理念、技术和方法。

珠峰考察访谈录[①]

生态旅游是当今世界旅游界与旅游者共同关心的热门话题。今年 9 月至 10 月,联合国开发计划署委派了一个国际专家组赴西藏考察生态旅游。中国旅游学院旅游科学研究所所长王兴斌教授是中国旅游业界参加这次活动的唯一专家。在他返回北京,旅尘甫定之际,笔者随即作了一次采访。

李:西藏之行辛苦了。这次赴藏考察的有哪些专家?考察目的是什么?

王:考察组由中外 5 国 9 位专家组成。他们是:中国科学院植物研究所李渤生教授、清华大学建筑规划设计院院长赵炳时教授、西藏社会科学院宗教研究所副所长西尼崔臣副研究员、美国生态旅游专家 Wendy Brewer Lama 女士、新西兰旅游资源专家 Les Choegyal 先生、加拿大建筑师 William Semple 先生、尼泊尔手工艺品市场专家 Kenneth Nicholson 先生。本人作为旅游专家参加,主要承担课题中国旅游市场、旅游政策与旅游管理方面的研究。

这次活动由联合国开发计划署(UNDP)资助,中国对外经济贸易委员会国际经济文化交流中心主办,西藏自治区人民政府协办。目的是对珠穆朗玛峰自然保护区(QNP)的旅游资源进行全面考察,编制 QNP 生态旅游总体规划。

李:你们考察了哪些地方?有惊险遭遇吗?

王:我们从拉萨出发,经日喀则市南下,沿中尼友谊公路考察 QNP 所属的定日县、聂拉木县、吉隆县和定结县。重点考察了珠峰登山大本营、林木葱茏的绒辖谷地、高原湖泊佩枯错湖,以及沿途的名胜古迹和风土民俗。历时 1 个月,行程 1000 多公里。

我们的车队大多在雅鲁藏布江谷地盘旋,一边是百米深的峡谷,一边是悬崖峭壁。谷地气候变幻无常,时而晴空万里,时而风雨大作,暴雨山水随时可能引发塌方和泥石流。全靠藏族司机的果敢机敏和娴熟技术,车队才有惊无险,安然无恙。一路上偶尔看到零零星星来自欧美和日本的徒步旅游者和骑自行车旅游者。

在珠峰大本营,我们冒着风雪架起帐篷,钻进睡袋,用高压锅煮饭,亲身体验了一次登山探险旅游生活。中秋之夜,西藏高原的月亮显得特大、特圆、特亮。身在雪域之巅,"举头望明月,低头思故乡"之情不禁油然而生。

李:这样的经历真是难得。这次考察取得了哪些成果?

王:通过实地考察、座谈访问和查阅资料,我们基本摸清了 QNP 的自然风貌、历史遗

[①] 李海瑞先生撰写的访谈录,以《生态旅游的科学考察——访中国旅游学院旅游科学研究所所长王兴斌教授》之题刊载于香港 1997 年第 7 期《旅游》。

存和社会经济,确定了可供开发的旅游项目和线路,形成了 QNP 生态旅游规划的框架。离藏前和返京后向有关各方作了汇报,UNDP 驻北京联络处主任 Kerstin Leitner 设家宴为考察组接风洗尘,目前正在撰写和绘图,今年底或明年初完成规划编制。

李: 当今"生态旅游"似乎很时髦,请问"生态旅游"的科学含义是什么?

王: 目前国内外旅游界对这个问题众说纷纭。我的看法是,生态旅游是以自然生态和社会生态为主要旅游吸引物,以观赏和感受生态环境、普及生态意识和知识、维护生态平衡为目的的一种新型旅游产品。

李: 国际旅游专家认为,生态旅游将是 21 世纪的旅游热点。

王: 生态旅游萌生于 20 世纪 80 年代,兴起于 90 年代,并将风行于 21 世纪,这绝非偶然。这是人类文明的升华与生存环境的恶化这一全球性问题在旅游领域中的反映。

20 世纪后半叶,科学技术和社会经济的突飞猛进,城市化进程急速推进,一方面将人类文明提高到一个前所未有的高度;另一方面,地球上的环境问题也日益严重,生态失衡正在吞噬着文明的成果,甚至威胁到人类的生存。这一状况必然引起越来越多的人的共同关注。作为积极保护生态环境的战略措施之一,生态旅游便顺理成章地出现在世界旅坛上。

李: 生态旅游包括哪些项目?

王: 很广泛,生态旅游包括森林草原、乡村农业的绿色旅游,冰雪世界的白色旅游,沙漠地带的黄色旅游,滨海与海洋的蓝色旅游等。生态旅游正在兴起,今后随着市场需求的发展变化,还会出现各种各样的生态旅游产品。

李: 生态旅游的兴起,对于人类赖以生存的地球以及人类本身,将会产生什么影响?

王: 人类原本来自大自然,但摆脱野蛮、进入文明之后,似乎与大自然越来越远。由于对大自然的掠夺性开发,逐渐失去平衡与和谐的大自然反过来对人类本身的发展发出了挑战。因此,"回归大自然"已成为新旧世纪交替之际最能引起全球共鸣的口号。

生态旅游的兴起,将会唤起人们的生态意识,引导人们更自觉地保护地球这个唯一的共同家园,同时人们将从生态旅游活动中进一步提升自己的文明水平。人类先后跨过了农业文明和工业文明的门槛,现正跨入 21 世纪新的文明,即生态文明的门槛。

李: 从西藏看全国,生态旅游在中国的前景如何?

王: 这次西藏之行,在这个被称为"世界第三极"的地方,看到了世界级的自然生态景观,如世界最高的珠峰高山冰雪和森林、海拔最高的佩枯错湖、可与美国科罗拉多峡谷媲美的雅鲁藏布江峡谷等。

中国幅员辽阔,地貌复杂,气候多样,形成了异常丰富的生物种类和群落。联合国"人与生物圈"计划中提出的 14 种生物地理群落中,除暖荒漠以外,几乎都可以在中国找到它们的代表。中国许多原始森林、深山幽谷、戈壁沙漠、江河湖泊,以及历史遗迹、民风民俗等,其中不少是尚未开垦的处女地。可以断言,包括西藏在内的许多地区,将是 21 世纪中国旅游业的后劲所在。在未来的生态旅游热潮中,中国将大有作为。

李：从社会人文生态资源看，西藏旅游还有哪些特色？

王：地球上的生态系统除了以自然为主的生态环境，还有以人文为主的社会生态环境，两者相辅相成，融为一体。西藏以藏传佛教为核心的民族文化和风土人情，植根于有"世界屋脊"之称的雪域高原，无疑是世界上独具特色的社会生态现象。这次我在QNP山村中发现至今仍残存着一妻多夫制，（在人烟稀少的地方为了抵御恶劣的自然环境和避免家族财产分散失去生存能力，兄弟共娶一个妻子的婚姻制度）。这与生活在四川、云南交界处泸沽湖畔的摩梭人的母系氏族社会婚姻制度一样，史学家和民族学家称之为古代社会生态的"活化石"。

李：最后，请问你认为生态旅游潮流滚滚涌来时，旅游业界应如何应对？

王：第一，未雨绸缪，在生态学理论的指导下，制定符合旅游发展规律的科学规划，是开发生态旅游的前提，严防在生态旅游的名义下干破坏生态环境的事。

第二，生态旅游区内的旅游服务设施建设，必须与生态旅游的环境、内容、形式相一致。

第三，健全和实施法规法制，依法管理和经营各类生态旅游区，尤其是自然保护区。

第四，树立生态资源有偿开发的观念和制度，建立生态环境保护基金。

第五，生态旅游的开发、管理、经营和服务人员，必须经过培训，具有生态和旅游两方面的专业知识和技能，决不可让"生态盲"去管理和操作生态旅游。

第六，全社会进行扫"生态盲"的启蒙教育，加强生态知识的宣传，唤醒全民的生态意识，向旅游者普及生态知识。

第七，筹建跨学科的生态旅游科研和教育机构，加强与国际生态旅游研究机构的交流与合作，这次QNP生态旅游规划编制开了一个头。

森林公园和森林旅游的开发建设与经营管理[①]

一、世界森林旅游概况

世界林业发展三阶段：
- 森林原始利用阶段（19世纪70年代以前）。
- 森林工业利用阶段（19世纪70年代至20世纪90年代）。
- 森林可持续利用阶段（20世纪90年代后）。

1992年生态旅游学会对生态旅游的定义："为了解当地的文化和自然知识，有目的地到自然区域进行的旅游，这种旅游活动的开展在尽量不改变自然生态系统的同时，创造经济发展机会，让自然资源的保护在经济上使当地居民受益。"

非洲国家公园旅游创收40美元/公顷/年，如果搞农业0.8美元/公顷/年。

美国国家公园2.7亿人次/年（相当于全国人口2.71亿，1998年），各州公园5亿人次/年。美国92%林地开展户外游憩，森林旅游超过3亿人次，年消费300亿美元。

美国著名的国家公园优胜美地有工作人员7527人，年收入3.2亿美元。美国收入最多的国家公园是浓雾山国家公园，年收入为5.74亿美元，有员工9626人。

加拿大国家公园2000万人次/年（相当于全国人口3057万的2/3），各州公园4700人次/年。

德国："森林向全民开放"。全国60多处森林公园年收入达80亿美元，占国内旅游收入的67%。

英国：每年森林旅游人次达3.5亿人次以上（人口5900万）。森林公园收入是木材价值的10倍。

21世纪的前20年中，森林旅游将以两位数增长，全球一半人数将走进森林。

二、中国林业的历史性转变

1. 中国林业的现状与前景

森林覆盖率：新中国成立时8.6%，2002年16.6%。2010年19%以上，2020年23%以上，2050年26%。按国际标准，生态安全要求达到30%。

[①] 2004年5月，在国家林业局举办的全国国家森林公园主任培训班上（东北林业大学）的讲课提纲。本人自1997年起连任历届国家林业局中国森林风景资源委员会委员，2009年任该委员会顾问，参与森林旅游的考察、调研、评定和培训工作。

中国森林蓄积量占世界 2.9%，人口占 22%。

中国人均占有森林面积和蓄积量为世界平均水平的 20%、12%。

人均年消耗木材：世界 0.58 立方米，中国 0.29 立方米。

每年木材需求量 3.7 亿立方米，国内供应 1 亿立方米。

今后 50 年，木材需求量 185 亿立方米，是现有森林蓄积量的 1.6 倍。

中国是一个林业资源缺乏的国家。生态需求已成为社会对林业的第一需求。

2. 新世纪中国林业发展的总体战略思路

2003 年 6 月 25 日，《中共中央国务院关于加快林业发展的决定》，中国林业正经历着以木材生产为主向以生态建设为主的历史性转变，具体表现在五个方面：

- 以木材生产为主向以生态建设为主；
- 以采伐天然林为主向以采伐人工林为主；
- 由毁林开荒向退耕还林转变；
- 由无偿使用森林生态效益向有偿使用森林生态效益转变；
- 由部门办林业向全社会办林业转变。

新世纪上半叶中国林业发展的总体战略思路：

- 生态建设：确立以生态建设为主的林业可持续发展道路；
- 生态安全：建立以森林植被为主体的国土生态安全体系；
- 生态文明：建设山川秀美的生态文明社会。

3. 中国森林公园和森林旅游概况①

森林公园是以大面积森林为基础，既要有丰富的野生动植物资源，又要有美丽的森林自然风光、特殊的地理位置和奇特的地形地貌，加之科学的管理和热情周到的服务，能够吸引八方游客进园野营、度假、观光、疗养、考察和开展其他有意义的活动的生态自然公园。森林公园包括山地丘陵型、草原森林型、荒漠森林型、水域森林型、海域森林型、热带雨林型、人工林型等多种类型。

森林旅游已成为林业产业的新的增长点，旅游产业的新的支撑点。

森林旅游有望成为森林产业最具活力和最有希望的新的增长点。通过建设森林公园，开发森林生态旅游，走出一条不以消耗森林资源为代价，促进森林资源利用方式的根本转变，从传统林业向现代林业转变，充分发挥森林的社会、经济和生态三大效益，促进林业的可持续发展。

---

① 据国家林业局森林旅游办公室统计，截至 2011 年底，全国共建立森林公园 2747 处，总面积 1703.07 万公顷，其中国家级森林公园 746 处，省级森林公园 1238 处，县（市）级森林公园 762 处，从事森林公园管理和服务的人员 15 万人、导游 1.6 万人，共接待国内外游客 4.68 万人次，其中入境游客 1207.3 万人次，直接旅游收入 376.4 亿元，社会总产值 3000 多亿元。

三、森林旅游客源：大众化、家庭化

1. 森林公园的客源定位

森林公园发展的核心问题是客源。首先，你这个森林公园让人看什么，玩什么，卖点是什么；二是交通好不好，能不能改变；三是你的客源市场是以旅行团队的外地观光客为主，还是以本地居民的节假日休闲为主。

森林旅游的主要客源层：

- 城市居民为主。广州居民去森林公园旅游的占30.2%。
- 以中层次消费为主，高、中、低消费层次皆宜。今后要重视高收入群体。
- 以周边近距离地区城镇居民为主，注重开发铁路、高速公路能直达的城市居民。
- 以观光游览为主，注重开发休闲度假产品。
- 家庭与亲友结伴自助游是森林公园的主要游览方式，即使随旅行团出游的也以家庭亲友结伴的为多。

在森林公园的经营中，把握家庭同游、亲友同游的特点，在游、娱、购、食各方面为各类年龄段的游客设计不同的服务项目，使他们能各得其所。

儿童是主题公园的"王子"与"公主"，他们是森林公园形成回头客的主要促进因素。赢得了他们，就能赢得源源不断的回头客。如让他们在生日时栽一棵树，可吸引他们反复来。

中国已进入老年社会。可惜还没有出现适合老年人的心理需求、体质特性和消费能力的"银发森林公园"。

2. 森林公园的市场促销

努力掌握市场动态。在旅游产品市场上，并不是唯"我"一家，还有许多与"我"相同、类似和不同的产品在同"我"竞争，争夺客源市场。所以，确定市场开发方略需要了解和研究"你"、"我"、"他"三方：

"你"，即是客源方。通过前面讲过的客源市场调研与定位，了解"我"的主要客源与次要客源、现实客源与潜在客源在哪里？他们是哪些群体（职业、收入、年龄、性别等）？他们来"我"这里喜欢看什么、玩什么、干什么？他们经过哪里、乘坐哪些交通工具来"我"这里？他们是团队来、分散来还是家庭亲友结伴来？他们的消费能力有多高？他们在"我"这里能"呆"多久？等等。

"我"，即接待方。通过前面讲过的旅游产品开发设计，确定"我"的特色旅游产品是什么？"我"最吸引游客的是什么？在行、游、住、食、购、娱中，"我"的强项和弱项是什么？"我"的产品消费价格是高还是低？"我"哪类产品适合哪类游客？等等。

"他"，即"第三方"，处在"你"与"我"之间或附近的旅游目的地。"他"们的特色旅游产品是什么？同"我"是同类型的，还是不同类型的？比起"我"的产品来，谁的吸引力大？与"他"相比，"我"的优势在哪里？"我"的劣势是什么？"他"们在哪些地方、采用哪

些方法进行促销和竞争？"他"们是"我"的竞争者，还是"我"的合作者，或者既有竞争又可合作？在哪些方面竞争，哪些方面可以合作？等等。

总之，在摸清"你"、"我"、"他"三方面的底牌后，方能确定旅游产品促销和客源市场开发方略。

森林公园的宣传推广渠道有：制作和散发各类旅游宣传品，报刊、广播、电视、网络四代媒体广告并用，参加国内外各类旅游交易会、博览会，举办旅游与文化、商贸、民俗、节气相结合的节庆活动，与旅行社联网，建立直销网络，巧打价格牌，团队与散客的差价，旺季与淡季的差价，节假日与平日（周一至周五）的差价，实行月票或年票制，实行会员优惠制，若干景点联起来实行游客自愿选择的联票制，旅游交通、景点门票和餐饮消费实行套票，对特定游客群体（如老人、儿童、家庭等）的优惠价，等等。

目前，大多数森林公园重建设、轻促销。多数森林公园没有专门的促销机构、人员和经费。普遍的观念是，建宾馆、项目舍得花钱，但搞宣传、促销，舍不得花钱。这是计划经济的后遗症。这种情况如不改变，森林公园建设得再好，也不会有大批的游人来。按国际旅游界惯例，一个旅游目的地的宣传促销经费应占上一年旅游经营总收入的1%～3%。森林公园的管理者在作资金预算时，应把宣传促销经费列入必需支出之列，打入经营成本。森林公园的管理机构中，一定要有专门负责市场开发的机构或专人，设市场开发部或公关部，其主要职责是调查市场，研究游客，制订和执行市场开发计划，开展宣传公关活动。

四、森林旅游产品：绿色体验、绿色开发

1. 森林公园的开发和经营要力争做到"游客满意最大化、消极影响最小化"

国际生态旅游组织指出，森林旅游的积极影响：

(1) 创造就业机会；

(2) 促进饭店、餐馆、运输、纪念品、手工艺品生产；

(3) 创收外汇；

(4) 改变经济结构，尤其是农业就业不足地区；

(5) 促进当地交通与通信；

(6) 推动政府对周边地区的开发；

(7) 使周边地区土地升值；

(8) 促进不同文化理解、交流；

(9) 经营得当，可使公园自给自足，成为保护自然遗产的手段；

(10) 为当地居民和国内外游客创造休闲娱乐设施；

(11) 使官员和公众认识和促进自然保护。

森林旅游可能会带来的消极影响：

(1) 过分拥挤，干扰环境，影响旅游质量，改变动物行为；

(2)过分开发,过多人造建筑,不协调的城市化风貌;

(3)机动车船,打扰野生动物,污染空气,噪声污染;

(4)打猎,打扰野生动物,过分开展,破坏植被;

(5)噪声(包括收音机),打扰野生动物和游客;

(6)乱扔废弃物,破坏自然风景,使野生动物接触垃圾,危害健康;

(7)乱刻乱画,毁坏设施和文物,改变自然本色;

(8)喂养动物,改变动物习性,可能伤害游客;

(9)车速过快,造成动物伤亡,改变生态环境,造成灰尘污染;

(10)筑路和挖掘,破坏地貌植被,像伤疤一样破坏风景;

(11)采集纪念品(贝壳、珊瑚、鹿角、稀有植物),降低吸引力,破坏自然生长;

(12)引入外来动植物,野生动物异常集中,改变动植物的原始生态平衡,应对新建人工化的"野生动物园"持慎重态度。

2. 森林旅游的本质是绿色体验、绿色享受、绿色教育

森林旅游和森林公园向游客出售的是一种返璞归真的绿色环境、绿色经历、绿色体验、绿色享受。这种体验、感受要贯穿于旅游前的向往、到森林公园去的车上、路上,贯穿于观光游览、住宿、餐饮、购物、娱乐、上卫生间各个环节,直到回到家中的回忆、回味、回顾。

为了达到这种境界、这种感受,必须把绿色理念贯穿到森林旅游开发、森林公园建设的开发、产品、经营、促销、消费、宣传、教育、培训、管理等各个环节。

五、森林旅游经营:产业化、市场化

1. 森林公园管理体制与经营机制改革方向

中共中央国务院的《决定》第一次明确了市场经济条件下林业的体制与机制改革方向:

- "坚持政府主导与市场调节相结合,实行林业分类经营和管理"。
- "加快林业管理体制和经营机制创新,调动社会各方面发展林业的积极性"。
- "进一步完善林业产权制度"。"要依法严格保护林权所有的财产权,维护其合法权益"。
- "加快推进森林、林木和林权使用权的合理流转。在明确权属的基础上,国家鼓励森林、林木和林地使用权的合理流转,各种社会主体都可通过承包、租赁、转让、拍卖、协商、划拨等形式参与流转"。
- "森林、林木和林地使用权可依法继承、抵押、担保、入股和作为合作的出资或条件"。
- "按照政企分开的原则,把森林资源管理职能从森工企业中剥离出来,由国有林管理机构代表国家行使并履行出资人职责,享有所有者权益;把目前由企业承担的社会管

理职能逐步分离出来,转由政府承担,使企业真正成为独立的经营主体,参与市场竞争。"

● "将全国林业区分为公益林业和商品林业两大类。公益林要按照公共事业进行管理,以政府投资为主,吸引社会力量共同建设。商品林业要按照基础产业进行管理,主要由市场配置资源,政府给予必要扶持"。

由世界旅游组织、联合国环境管理署(UNEP)共同制定,保护自然及自然资源国际联盟(IUCN)指导,世界旅游组织推荐的旅游规划规范《国家公园和旅游保护区的开发》指出:

"出让经营权。

特别是在不太发达的乡村地区,自然保护区的管理机构缺少发展旅游所必需的技术、资金和组织力量。在多数情况下,公园管理机构最好把各种旅游活动的经营权租让给个人、公司或社团,比如建设经营住宿地、餐厅、古玩店、骑马、游船或其他的交通手段,导游徒步旅行或观鸟,纪念品、书店、导游服务,以及其他支持旅游的商品和服务。当然,这意味着公园必须有很好的管制计划,而且需要公园管理机构执行的纲领和条例。通过出让经营权,当地居民可以从自然旅游中获益,并且由于他们生计有赖于保护区,他们很自然地变成了公园的保护者。政府给保护区的预算不断地减少,公园很需要经济来源,而租让经营权和出售门票使公园在经济上自给自足。"

2. 确保所有权,落实管理权,放开经营权

中国森林公园开发建设面临的问题:产权单一、运作机制行政化、资金短缺。

森林旅游走产业化的路子,改变以门票为主要收入的初级经营方式,形成产业链。

核心链:景区、旅行社、客运、餐饮、住宿、购物、娱乐。

延伸链:农业、林业、畜牧业、渔业、食品加工业、饮料制造业、木材加工业(森林小木屋等)、服装和纤维制造业(如露营帐篷等)、邮电业、信息业、保险业、文化产业(娱乐、体育、印刷等)、卫生医疗业、物业管理等。

政事分开、事企分开,或事业单位企业化管理,或"一园两制",林场属事业单位,森林公园或森林旅游企业(旅行社、饭店、餐馆、商店等)企业化。

加速森林生态产业发展,关键是开放、改革、搞活,鼓励各种所有制的经济实体和个人参加林业生态建设,以独资、合资、参股、承包、租赁等多种方式参与造林、森林公园、林产工业、林副产品加工、贸易。

林业进一步开放、加速发展,关键是从立法上对林地所有权和使用权分离,稳定所有权,放活使用权,加快森林、树木和林地使用权的流转,保护营林者的私产权。

加强政府组织领导,充分发挥林业部门的职能、作用,坚持统一规划、统一管理,保护资源和生态质量的前提下,探索所有权和经营权分离的经营模式,充分发挥市场机制的作用,加强林业与各类社会经济组织之间以资产、业务等为纽带的横向联合,采取多种形式,促进开放搞活。

鼓励各种经济实体采取独资、合资、合作等形式,参与森林公园内景区景点、旅游项目、服务接待、道路等设施的建设与经营。一可解决资金短缺,二可完善服务设施,三可提高服务水平,四可引进现代企业经营管理模式。

3. 坚持"有偿使用森林生态效益"的原则

社会对林业需求的改变:从主要提供有形的物质的林木产品,转向以提供无形的生态服务为主。这种服务应该是有价的,有必要通过政府行为与市场交换实行森林生态补偿政策。森林旅游的收入中必须保证有一部分用之于生态保护与建设。

总之,森林公园面临大转变:

- 主业从林业生产向旅游服务转变;
- 林种从用材林向生态公益林、生态景观林转变;
- 从政事合一、政企合一、事企合一向政事分开、政企分开、事企分开转变;
- 从单一的国有、国营向国有、联营、民营多种发展转变。

六、森林旅游管理:国家标准、国际标准

1. 世界各国管理体制概况

世界130多个国家建立自然保护区,1500多个自然保护区和国家公园,3亿多公顷,占地球陆地面积5%,相当于印度的面积。

国际上分为两大体系:

- 国家公园体系

1948年世界保护联盟在法国成立,目前有144个国家的700多个官方和民间组织参加,下设国家公园与自然保护区专业委员会,是世界各国的国家公园和自然保护区的国际组织。1974年制定了国家公园标准,目前全世界有1500多个国家公园。

- 世界遗产体系

1972年11月,联合国教科文组织第17届大会通过《保护世界文化和自然遗产公约》。1976年成立世界遗产委员会,到2002年6月27日,全世界世界文化和自然遗产共有730处(物质性)。最多的是西班牙、意大利和中国。此外还有非物质性的,或称无形文化遗产等。

2. 中国风景资源管理现状

中国的自然生态旅游和文化旅游资源分属不同行政管理部门管辖:

- 风景名胜区:建设部门;
- 文物和非物质文化遗产:文化、文物部门;
- 森林、野生动植物:林业部门;
- 草原:农业部门;
- 海洋、海岛、海滩:海洋部门;
- 地质遗址:国土资源部门;

- 水库:水利部门。

各类资源、各个部门分别制定有关法规、条例和标准。

各类景区的交叉、重叠现象很多,各个部门之间的重复管理、定级、评比很多,因而扯皮、矛盾与抵触不少。

3. 出路:规范化、标准化、国际化,与国际接轨

中国的出路:

- 第一步:部门规范化、标准化;
- 第二步:国家规范化、标准化;
- 第三步:与国际接轨,国际化。

在实行第一、二步时,要尽可能地吸取、靠拢国际标准,为第三步做准备。

试谈"绿色旅游体系"[①]

——为海峡两岸2001年"水·岛·环境·发展"研讨会而作

地球在呼唤绿色,人类在渴求绿色。作为生命象征的绿色,现在比以往任何时候显得更加珍贵。

旅游作为集物质文明、精神文明和生态文明于一身的前卫生活方式,现在已蔚然成风,成为时尚。旅游业作为一个开放搞活、利国富民的新兴产业已经被官、企、民认同,旅游开发汹涌成潮,排浪推进。

此时此刻,在蓝天、碧水、青山、绿茵的千岛湖畔,海峡两岸学界、业界同人聚首一堂,共同切磋旅游与环境的世纪性和世界性话题,呼唤绿色世纪的到来,是顺民心、合潮流的适时盛举。

笔者愿以一孔之见,就教于海峡两岸的旅游学、环保界同人。

旅游业是以特定的资源为依托的服务业。它与任何产业一样,也以消耗一定的资源为代价。但是,与工业、矿业等第三产业相比,与伐树开荒、毁草耕田、放牧渔猎等传统农业相比,对资源的消耗和环境的破坏要小得多。笔者曾在鄂西一个偏远山岳旅游地,看到在大洋彼岸的全球第一个国家公园黄石公园中的一句警语:"除脚印以外什么都不要留下,除相片以外什么都不要带走"。旅游者离家出门花钱"购买"的"旅游"这种"商品"是一种观赏、体验和经历,而不是去"买回"那里的一花一木、一山一水、一景一物。

多少次对中外旅游者的抽样调查,得出的结论都是相同的:选择出游目的地首要因素是优良的环境质量。环境已成为旅游的第一吸引物,成为旅游生产力的第一要素。在这个意义上,旅游业与环境保护存在着天然的耦合性。旅游业应当而且可以成为社会可持续发展的先锋产业。

但是,任何发展必然要付出一定的代价。无论是国内还是国外,也无论是发达国家还是发展中国家,由于无序、无度的旅游开发,导致对自然与人文环境的或多或少、或显或隐的损伤或破坏,也是一个不争的事实。旅游是"无烟工业",但并非"无污染行业"。世界旅游组织(WTO)秘书长弗朗西斯科·弗朗吉艾黎先生,在今年3月3月柏林世界旅游推销会的开幕式上,展望今后20年世界旅游发展前景时喜忧交加地说:"1995年到2020年之间,欧洲旅游者流量将翻一番,而全世界将增长3倍。这样惊人的发展所带来的潜在的、正反两方面的影响是不难想象的。一方面是创造就业机会和大量活动,但另

[①] 2001年杭州千岛湖"海峡两岸'水·岛·环境·发展'研讨会"上的发言。

一方面带来的文化、社会和环境方面的影响也不能忽视。这一前景需要我们深思,通过旅游业的发展究竟希望为我们自己和后代建设怎样的经济和社会?"他自己的回答是:"我们希望建设这样一种旅游业:可持续、平衡、负责、关心环境,与此同时,有益于贸易自由化和技术创新,有利于人类交流。"

权衡利弊得失,发展旅游无疑是利大于弊,尤其在生态环境比较脆弱、旅游资源十分珍贵的地区,开发旅游比起开发其他产业,更是利多弊少。能否趋利避弊,关键在于能否按照生态规律和旅游规律进行科学的旅游开发、消费、经营和管理,妥善处理旅游开发与环境保护的关系,使其利发挥到最大程度,把其弊减少到最小限度,实现经济效益、社会效益与生态环境效益的统一。

建立旅游绿色开发、经营、宣传和管理体系,坚持旅游科学开发管理,减少粗放式开发,防止低水平开发,杜绝破坏性开发,是实现开发与保护的统一,达到旅游与经济、文化、环境协调和谐、可持续发展的关键。

- 绿色开发

以可持续发展为根本指导原则,对旅游开发进行科学的规划设计,把资源开发与环境保护有机地结合起来,实现有序、合理开发建设。

景区景点、饭店餐厅、交通设施和其他服务设施的建设都必须进行环境影响评估,制定绿化和生态保育规划,落实各项环保措施。

饭店、餐馆、接待中心等各类服务实体的体量、密度、质料、风格、色调等要与当地的地理环境、人文背景和功能用途相协调。

自然风景旅游区内的建筑物,一般宜小不宜大,宜低不宜高,宜疏不宜密,宜隐不宜显,宜土不宜洋气。

在自然保护区、风景名胜区等重点景观区内,修建索道、缆车、滑道等有可能损害景观和环境的人工设施,要反复论证,权衡利弊,慎之又慎。

在自然保护区、风景名胜区、文物保护地、历史文化名城、民族文化保护区、传统村落、历史文化街区的核心区、敏感区或精华区段,实行"区内游、区外住"。

- 绿色产品

以海内外各类游客,主要是各群体城镇居民的心理、生理、理念和审美的需求为导向,以本地的特色生态资源为基础,寻求供需之间的最佳对接点,推出适销对路的生态旅游产品。

大力开发森林旅游、观鸟旅游、农业观光、草原旅游、海洋旅游、江湖旅游、滑雪、漂流、登山、攀岩、探险、沙漠旅游,兴建植物园、动物园、海洋公园、自然保护区、地质公园等自然旅游产品、绿色旅游产品和生态旅游产品,引导旅游者广泛地、畅通地走向大自然、感受大自然、体验大自然,同时了解大自然、保护大自然。

- 绿色经营

各类旅游企业,尤其是饭店、餐馆等推广节水、节电技术,减少废弃物,设置无烟客房、餐厅和会议室,实行绿色经营。

各类旅游地实行绿色装修,不使用污染性涂料、器材、家具,少用塑料餐具、提袋。尽量使用自然能源、生态能源(沼气)、清洁能源、无氟制冷。

开发绿色旅游商品。

为游客提供生态绿色食品,无污染、无公害食品。不生产、不出售用保护动物、植物制造的食品、用品、纪念品。

开展健康、向上、富有特色的地方的、民族的、乡土的文化、娱乐、体育、竞技活动。

发展绿色交通,提倡无污染交通工具,如电瓶车(船)、畜力车、人力车(船),控制汽车、游艇尾气排放。修建环保停车场、绿色停车场,使用无污染生态材料,如石板、卵石、沙子等铺设自然景区的道路。

提倡清洁厕所、节水厕所,设置环保厕所,推广生态、沼气厕所。

● 绿色消费

大力倡导文明旅游、环保旅游、理性旅游、知性之旅、负责任旅游、低影响旅游、艰苦旅游、自助旅游、背包旅游、徒步旅游,提倡游客在旅游全过程中讲究卫生、回收垃圾,保护动植物,不购、不吃、不伤保护动植物,尊重旅游目的地的民风民俗与宗教信仰,做一个文明旅游者。

● 绿色宣传

广泛、持久地开展旅游业可持续发展的宣传、教育活动,加强生态环境保护的科普工作,提高旅游管理者、经营者、旅游者和旅游目的地居民的环境意识、生态意识和绿色旅游意识。

各类旅游目的地,主要是自然生态旅游地和文化旅游地建立游客宣传教育中心,建成向旅游者宣传普及文化科学知识的课堂。

精心编写富有知识性、科学性、通俗性和趣味性的导游词,让游客在不知不觉中受到教育和启迪。

在风景名胜区、森林公园、自然保护区、历史文物保护单位、历史文化街区、名人故居、著名历史发生地等,设置科学的说明碑(牌)。

通过书籍、报刊、电台、电视、网站等宣传、信息媒体,广泛、深入宣传环保知识,提高全民环保意识。

以旅游为重要或支柱产业的地区和著名旅游城市,把旅游知识、环保知识列为中小学教学的内容,增强全民的旅游意识和生态环保意识。

● 绿色培训

对旅游开发设计人员、管理人员、经营人员、服务人员、后勤人员、导游领队,普遍进行生态教育、绿色培训,使他们既有旅游专业知识和技能,又有生态和环保的专门知识。

要培训管理者,首先是培训主管与分管旅游的各级干部,决不能让"生态盲"去主管旅游、开发旅游、经营旅游。

旅游院校和培训机构应把旅游环境与生态保护列为必修课。

- 绿色管理

制定符合旅游可持续发展要求的绿色旅游产品质量标准、绿色旅游服务标准与绿色旅游管理标准,如绿色饭店标准、绿色餐馆标准等,使绿色旅游开发、经营、消费和管理制度化、标准化、规范化。

加强各级环境保护机构建设,健全全省环境监测网络,各旅游区(点)应有专职或兼职人员负责旅游资源及环境保护工作。

旅游主管部门应对绿色企业、绿色景区给予表彰、奖励和优惠。

运用市场机制和经济手段,通过税收(如旅游资源税)、环境补偿(环境保护费)、罚款、赔款等经济方式,影响旅游经营者、旅游者的行为,从而达到旅游资源与环境保护的目的。

正确处理游客数量与旅游质量的关系、游客人次与人均消费的关系、旅游收入最大化与旅游资源耗费最小化、短期增长与持久发展的关系,旅游经济发展的粗放式与集约式、外延式与内涵式、数量型与质量型、速度型与效益型的关系,探寻旅游可持续的新方式。

- 科技支撑

在旅游资源开发与环境保护中,充分运用现代科技成果,采用物理手段、化学手段、生物手段、工程手段、计算机手段等,促进旅游资源与环境保护;加强旅游生态环境保护的基础性和应用性研究,推广环境保护的先进技术,加大旅游业可持续发展中的科技投入。

- 国际合作

在旅游业可持续发展的教育培训、规划、项目和融资等方面,开展多种形式、多种领域、多种层次的国际交流与合作。

与联合国教科文组织、计划开发署、全球环境基金、世界保护组织、国际自然保护同盟、世界遗产委员会、世界自然基金会、世界保护联盟国家公园与保护区委员会、东亚自然保护研究、监测与培训中心等国际自然和文化保护组织广泛建立联系,加强合作,建立可持续发展的国际合作机制,并借鉴国际经验建立我国绿色旅游体系。

在旅游企业中,推广 ISO 9000 环境管理体系认证,实现环境管理与国际标准接轨。

"路漫漫其修远兮,吾将上下而求索。"从历史的长河来看,中国旅游业只是刚刚起步,以后的道路还长得很。建立旅游绿色体系,走可持续发展之路,这个课题还没有真正破题。

期待建立绿色旅游体系[①]

在"世界地球日"到来之际,深圳市诞生了首批绿色景区。这是自2006年推出国内首个《绿色景区标准》以来,该市在绿色旅游建设上迈出的又一大步。从深圳放眼全国,随着文明旅游、环保旅游、低影响旅游以及负责任旅游等理念日益深入人心,业内呼唤建立旅游绿色开发、经营、宣传和管理体系的声音也愈发响亮。

一、把绿色理念融入产业各个环节

"作为以特定的资源为依托的服务业,旅游业与环境保护存在着天然的耦合性。"北京第二外国语学院旅游科学研究所原所长、旅游专家王兴斌说。他同时指出,任何发展必然要付出一定的代价。无论是国内还是国外,也无论是发达国家还是发展中国家,由于无序、无度的旅游开发,导致对自然与人文环境的或多或少、或显或隐的损伤或破坏,也是一个不争的事实。

旅游是"无烟工业",但并非"无污染行业"。对于这一认识,业界早有共识。世界旅游组织秘书长弗朗加利就曾在展望世界旅游发展前景时喜忧交加地表示,旅游业惊人的发展所带来的潜在的、正反两方面的影响是不难想象的。一方面是创造就业机会和大量活动,但另一方面带来的文化、社会和环境方面的影响也不能忽视。这一前景需要我们深思。

通过旅游业的发展,我们究竟希望为自己和后代建设一个怎样的社会?王兴斌说,对于这个问题,弗朗加利给出的答案是,希望建设一种可持续、平衡、负责、关心环境,与此同时,有益于贸易自由化和技术创新,有利于人类交流的旅游业。"而我们从现实意义上讲,就是要按照生态规律和旅游规律进行科学的旅游开发、消费、经营和管理,实现经济效益、社会效益与生态效益的统一。换句话说,就是要把绿色理念、可持续发展理念贯穿旅游产业的各个环节。"增长方式的转变是实现可持续发展的关键。"每年我们的旅交会上,各种旅游宣传品堆积如山,到最后,80%被扔在了宾馆;还有各种旅游出版物,不管是哪里办的,全都是进口铜版纸,装帧精美,好像不做成这样就没有档次。"王兴斌说。

与此形成对比的是,国外一些发达国家,环保理念已深入人心。"我曾经住过澳大利亚的一个度假酒店,从地毯到香皂,全都是再生资源或环保资源制成的,房间内甚至连桌子都是用旧缝纫机的框架改造的。设施虽简便,但却舒适、实用。"王兴斌说。

[①] 中国旅游报记者李晓良采访稿,2008年4月25日《中国旅游报》。

基于对旅游业多年的深入研究,王兴斌认为,要处理好旅游与环保的关系,实现旅游业可持续发展,关键在于增长方式的转变。而当前,我国旅游产业的增长方式还停留在规模型、速度型、粗放型上,而不是效益型、质量型和集约型。

"表现在开发上,就是旅游产业的增长还是靠投资拉动,靠建新景点、开发新景区。"王兴斌举例说,近些年,一些地方,特别是一些西部地区发展旅游业,还基本上是铺摊子、讲规模、拼速度,粗放式、低水平开发依然存在。相对而言,经济发展水平较高的东部地区,由于自然资源有限,不少地方已放弃无限扩大规模,转为通过延伸产业链,利用现有资源来为旅游业服务。"例如上海的工业旅游",王兴斌说,"就是立足于对现有资源的利用上,不仅已经联点成线,而且形成了网络。"他指出,事实上,扩大外延,提升内涵,这是旅游业集约式发展的一个重要内容。

此外,国内在旅游业的绿色经营和绿色管理上也距离可持续发展的要求存在不小的差距。"呼吁宾馆酒店取消'六小件'已有多年,但真正施行的旅游企业还为数不多;管理上,节能环保数据还没有列入整个旅游考核体系,旅游人数和旅游收入仍是衡量旅游经济的主要指标,符合可持续发展要求的绿色旅游考核体系还没有真正建立起来。"王兴斌指出,增长方式的转变是旅游业可持续发展的关键。增长方式不转变,真正的绿色旅游、环保旅游就无法实现。

二、期待建立绿色旅游体系

在当今中国,环境问题从没有像今天这样迫切地摆在人们面前。对旅游业来说,按照建设资源节约型、环境友好型社会的要求,走一条生态文明的旅游发展之路同样成为现实的选择。为此,王兴斌呼吁,应尽快建立旅游绿色开发、经营、宣传和管理体系,真正实现旅游经济的良性循环和健康发展。

王兴斌认为,旅游业的绿色开发,就是要以可持续发展为根本指导原则,对旅游开发进行科学的规划设计,把资源开发与环境保护有机地结合起来,减少粗放式开发,防止低水平开发,杜绝破坏性开发。

在绿色产品的建设上,他认为,要大力开发森林旅游、观鸟旅游、农业观光、草原旅游、海洋旅游等自然旅游产品、绿色旅游产品和生态旅游产品,引导旅游者广泛地、畅通地走向大自然、感受大自然、体验大自然,同时了解大自然、保护大自然。

"当前,国家已出台法令,禁止有偿使用塑料袋,这对旅游企业实行绿色经营也提出了更高要求。"王兴斌认为,在经营上,各类旅游企业不仅应当大力推广节水、节电技术,减少废弃物排放,还应积极开发绿色旅游商品,不生产、不出售用保护动物、植物制造的旅游食品、用品、纪念品。

"此外,我们在大力倡导绿色消费,鼓励文明旅游、环保旅游、低影响旅游的同时,旅行社在组织旅游活动的时候,还要有意识地把绿色旅游知识融入到导游服务之中,让游客在不知不觉中受到教育和启迪。"

王兴斌认为,制定符合旅游可持续发展要求的绿色旅游产品质量标准、绿色旅游服务标准与绿色旅游管理标准,使绿色旅游开发、经营、消费和管理制度化、标准化、规范化已成当务之急。"只有正确处理游客数量与旅游质量、游客人次与人均消费、旅游收入最大化与旅游资源耗费、短期增长与持久发展的关系,才能实现旅游与经济、文化、环境协调和谐、可持续发展,才能永葆天蓝、水碧、山青、草绿。"他说。

从杭州湿地公园联想到沈阳"校园稻田"[①]

近日,英国《金融时报》中文网特约撰稿人俞雷在《失去灵魂的杭州西溪湿地》一文中写道:

"城市西扩之后,西溪湿地旁的很多小河、稻田或是芦苇荡被填平,变成了开发商换大把人民币的商品房,城西于是开始热闹起来。"

这使我联想到2002年北京大学景观设计学研究院俞孔坚先生为沈阳建筑大学新校园里作景观设计时,用东北稻作为景观素材,设计了一片3公顷的校园稻田。在四季变化的稻田景观中,分布着一个个读书台,让稻香融入书声。用最普通、最经济而高产的材料,在一个当代校园里,演绎了关于土地、人民、农耕文化的耕读故事。

经过3年的春种秋收,目前,沈阳建筑大学已经围绕校园稻田形成了独特的校园文化。中国农耕文化、包括二十四节气在内,在师生的劳动参与和季节变换中得到了活生生的展现。校园的插秧节、收割节,接待中学生参观稻田,等等,已成为校园文化的一个重要组成部分。校园稻田还被沈阳国际园艺博览会作为博览园的一个部分。年产近万斤的稻米收获,"建院金米"被包装成学校的纪念品,深受国内外嘉宾的喜爱。袁隆平院士为之题词曰:"校园飘稻香,育米如育人",可谓意味深长。该项目获2005年全美景观设计师协会荣誉设计奖(ASLA Honor Award)。

俞先生在总结该项目设计的理念时写道:

通过将稻田引入校园,用现代景观设计的手法,使大田稻作既有生产功能,又能满足校园学习、美育和文化及农业劳动教育的等功能。中国的"耕读"传统在这里被赋予全新的内容,中国的农业文化得到了活生生的展现;不同于中国传统园林中矫揉造作的田园意境,在这里,稻作大田本身作为审美和实用的对象,是一种白话的景观;在这白话的校园景观背后,不是士大夫矫情的诗意,而是对严酷的中国人地关系危机意识和粮食安全危机的直白态度,当然也不乏新的、寻常景观的诗意。

一边是毁稻田建商品房,另一边是把水稻田引入校园,这是十分耐人寻味的。

[①] 写于2010年3月。

呼唤湿地公园、森林公园返璞归"野"[①]

康夫先生在2008年9月28日《不再向人推荐西溪湿地》博文中,转发了英国《金融时报》中文网特约撰稿人俞雷的《失去灵魂的杭州西溪湿地》,批评杭州西湖湿地"它很美,而且有越来越多的游客,但它却失去了原有的乡村灵魂,那种人与自然的和谐,那种田园生活的宁静"。多年来森林公园、近年来湿地公园以至乡村旅游开发中,城市式的园林化、公园化的现象不是个别现象,以"生态旅游"的名义违背生态旅游精髓的"开发"也不在少数,其外在表现有:

- 牌坊式的园区大门,或石砌或水泥浇铸,顶上甚至铺上彩色琉璃瓦;
- 黑色公路直通景区核心部位,小轿车(往往为"领导"准备)或旅游大巴飞速穿梭;
- 水泥铺的广场、花圃、雕塑,甚至还有喷泉,广场边上商摊、小吃店林立;
- 楼房式的酒店餐馆卡拉OK厅,铝合金门窗、彩色玻璃、霓虹灯;
- 步行道、登山道或水泥、或石砌或木地板,有的制作精致仿佛踏入私家花园路径;
- 移植大树,整齐划一地种植外来树种,铲除野花杂草,铺草坪、砌花坛;
- 建寺庙、立佛像,山头建仿古亭;
- 建个游乐场,或者建个民俗"陈列馆",摆几件农具、灶具、老式家具之类;
- 拆除民房、搬迁农户,或家家摆摊、户户设店,村落变商街、农家成店铺……

凡此种种,不一而足,森林公园、湿地公园及乡村旅游"城市化、公园化"似乎已成为一种顽症痼疾。

出现此类现象一是小农意识的误区,二是规划设计的误导,三是急功近利的误途。

- 小农意识的误区。无论是管理者还是开发经营者,总以为"贴瓷砖、修马路、盖楼房"就是"现代化",才是搞旅游建设,总是用小农的心理去猜测游客的需求,指导森林公园、湿地公园及乡村旅游的开发建设。
- 规划设计的误导。森林公园、湿地公园几乎都是请人做过规划设计,近来乡村旅游也在做规划。规划设计者总是认为只有多策划一些"项目"才算有创意、有创新,才叫"规划"。规划设计成果总要开评审会,与会者多是"熟面孔",不是师友就是同事,总会提些"供参考"的"修改建议",也总是会"一致通过"或"原则通过"。
- 急功近利的误途。地方政府领导总是认为只有"大手笔"、"大项目"、"高档次"、"大投入"才能显出"高水平"、"有气魄"、"大政绩"。投资商总以为建大门、设围墙才能

[①] 2012年第12期《中国生态旅游》。

收门票,建宾馆,住客人才能赚钱,搞项目、立名目才能多收钱,设施搞得"高档"才能快回收,以为"土里土气"、"乡里乡气"、"野里野气"赚不到钱。

这里且不说什么叫"生态旅游",什么叫"可持续发展",就以赚钱而言,这些森林公园、湿地公园及乡村旅游的首要对象是城里人。把森林公园、湿地公园及乡村旅游点搞成城市一样的"公园",城里人还会来吗?

中国城市化正在以每年大约1%的速度前进,2007年城市化水平为44.9%,城镇人口达5.94亿。按照这个速度,20年后中国的城镇人口将达10亿左右。到那时,"土里土气"、"乡里乡气"、"野里野气"就更稀罕、更可贵,也更值钱了。

"乡、土、野"是湿地公园、森林公园的本色、特质和优势,也是它们的吸引力、竞争力、生命所在。

多维解读"沈野"悲剧[①]

今天是虎年。在对老虎的一片祈福声中,传来了沈阳野生动物园11只老虎饿死的消息。对此,人们痛惜、震怒,并从对沈阳野生动物园的拷问延伸到全国野生动物园的思考。目前除天津、西藏等少数几个省、市区没有建野生动物园外,全国已有大多数省、区、市共建有三四十家乃至更多的"野生动物园"。对此,必须从各个角度进行解读。

其一,从动物保护角度。"鹰击长空,鱼翔浅底,万类霜天竞自由",本来野生动物自由自在地生存与繁衍在"野"外。但现在的"野生动物"大多是从别的"野生动物园"中收购来的,早已不是名副其实的"野生动物"了;这些"野生动物园"只不过是把动物从铁笼子中放大到铁栏杆、铁丝网中,靠人工喂食生存,动物早已失去了野性。更残酷的是,把热带动物迁到寒温带地区,把寒温带动物迁到气候炎热地区,把海洋动物置放到水池里,用空调、冰室人造一个非自然的"自然"环境,已经是对野生动物的一种虐待,更不说由于经营亏损或赢利性表演让动物濒临饥饿,或用鞭打、饥饿方法驯兽等。尽管每家野生动物园都说自己是"动物保护基地",但有的却成了动物的监狱、地狱。从动物保护角度出发,野生动物园应该首先是动物保护、科学研究和科学普及的基地,公益性是它的首要属性。"野生动物园"该不该建?怎样建?什么时候能出现肯尼亚、南非这样的不打引号的野生动物园?

其二,从法制建设角度。1989年实施至今的《野生动物保护法》明确鼓励驯养繁殖野生动物:"驯养繁殖国家重点保护野生动物的,应当持有许可证。许可证的管理办法由国务院野生动物行政主管部门制定。"但一直缺乏规范野生动物园的专门法律法规。《野生动物保护法》中虽有禁止"捕杀"受保护的野生动物的规定,但对动物园中因人为因素而使动物致死、致残是否承担法律责任并无明确规定,因而对沈阳野生动物园如此恶劣的事件,究竟如何从法律上追究责任,居然"无法可依"。

其三,从行政监管角度。早在1996年,林业部发出《关于加强野生动物园建设管理的通知》,宣布"全国野生动物园的规划和布局由林业部统一负责",对"拟建的各类野生动物园要严格审核批准制度"。《通知》规定建设野生动物园按动物保护级别由部、省两级审批,"特别要避免在同一地区建设多个野生动物园"。但目前全国三四十个野生动物园中,据说经国家林业局批准的只有15家,北京、广东、四川等省市则各有两三个。早在2005年国家林业局就说要起草《野生动物园管理办法》,但迟迟不见下文。对野生动

[①] 2010年第6期《大旅游》。

物园行业的市场准入条件和市场退出条件始终没有一部可操作性的法规。可见,法规不全、有令不行、有禁不止,人们有理由对行政监管缺失提出行政问责。

其四,从行业自律角度。2005年3月,"中国野生动物保护协会"与"中国野生动物园协会",在昆明召开了有20多家野生动物园与会的"全国野生动物园保障动物福利专题会议"。会上,通过了"全国野生动物园保障动物福利承诺书",其中承诺:让野生动物,不受饥饿和伤害,生活舒适,无恐惧和悲伤感;享有表达天性的自由等是野生动物园行业追求的终极目标。问题在于,"承诺者"不"承诺"怎么办?"沈野"事件事发至今,人们没有听到这个协会有何反应。

其五,从官场行为角度。1999年沈阳市城建局以市园林旅游公司的名义,作为参股股东,将原市动物园的野生动物交由一家民营企业操盘建立"沈野"。这一转制是大贪官、时任沈阳市长的慕绥新通过权钱交易促成的。更多的野生动物园的建立是地方长官、往往是"一把手"拍板敲定的,当地主管部门的长官当然只得听"一把手"的。"沈野"经营危机不是三天两天,10年来死了那么多野生动物,不少是国家一、二级保护动物,社会上早有耳闻,但当地政府充耳不闻,酿成如此惨剧。据说"沈野"把虎骨泡成几大缸"虎骨酒"以每市斤2800元出售,那么又有多少官员免费"品尝"了这种"壮身强骨"酒?

其六,从市场经营角度。中国的野生动物园大多数惨淡经营,亏损经营者不在少数。但为什么还会有那么多的企业投资其中呢?其中极少数是通过"钱权"交易,以建"野生动物园"为名、行廉价圈地之实,大多数投资者是为逐利而来。对此,有必要多说几句。

1999年,国内地第一家商业性野生动物园深圳野生动物园开业,以"人在车上看动物,动物在车外看人"的方式,一改以往动物关在笼子里的城市动物园模式,吸引众多游客,引来滚滚财源。由此掀起了一场建立大型野生动物园的商业热潮,并从东部沿海城市向内地推进,一下子冒出了几十个,有的一个城市竟建了六七个。除上海野生动物园是由国家林业局和上海市人民政府合作投资兴建外,国内大部分野生动物园都是由地方政府招商,民营企业投资管理的。

这些"野生动物园"实际上是一个人造景点,是一个高资金投入、高成本经营、高难度操作、高风险性运作的商业项目。野生动物园的支出是一个刚性指数:不管有没有来客,动物的喂养、防疫、治疗一天不能停,水电环卫一天不能断,员工工资一天不能少。但野生动物园收入是一个弹性指数:游客大多是本地及周边的城镇居民,大多是一次性的;回头客也有,但重游的间隔期较长;远程游客很少,除非是很有特色、非常著名的,但也只占游客总量的一小部分。野生动物园的门票一般较高,大多在百元以上,中等收入以下的家庭难以承受。如果周边没有大中城市群的依托,就难以形成足够的客源市场支撑。游客流量季节波动明显,一旦有天灾人祸立即陷入困境。在旅游景区中,它本来是环保性高、专业性强、可持续性难度最大的一种,如果再加上近距离重复建设、行政监管的缺失与社会腐败的横行,那就很难避免"沈野"式的悲剧。

野生动物园是市场经济条件下出现的新兴行业,是休闲旅游需求刺激下产生的新业态。企业在追求经济利益的同时,也在保护物种、科普教育、拉动经济增长、提供就业机会、丰富公众文化生活等方面,为社会作出了积极贡献。转变城市中笼中圈养、展示的动物园模式,将动物园与自然环境融合在一起,形成自然生态型动物园,这是目前国际上普遍认同的发展趋势。上海野生动物园、广州长隆野生动物园经营状况良好,已经成为具有较高美誉度的5A级景区,但大多数野生动物园的生存状态令人担忧,人们不希望"沈野"式的悲剧重演。

野生动物园该不该再建、如何建、建在何处?它是环保性的公益性项目,还是纯商业性的市场性项目?两者能否结合、如何结合?国营的如何改制转型、民营的如何理性规制?政府、行业、企业各做什么?林业部门、环保部门、旅游部门各做什么?法律法规、行业自律、企业经营和观众行为如何协调?"上野"、"长野"为何成功?多数野生动物园的如何走出困境?

为了满足社会生态保育、科研科普的需要,满足公众求智、休闲、娱乐的需要,引导野生动物园行业健康有序的生存与可持续发展,仍是一个亟待探讨、有待破解的课题。

狩猎旅游岂能一禁了之[1]

一时间关于7名外国人申请在青海都兰猎场猎取岩羊和藏原羚一事,终于低调收场。9月2日,国家林业局表示,"北京正安国际旅行社和中国妇女旅行社等两家代理申请机构近日提出撤回狩猎申请,国家林业局已经终止了行政许可程序"。除此,国家林业局有关方面未作任何说明。笔者猜测,鉴于国内一批动物保护组织和人士的强烈反对,加之网络媒体上部分网民的激愤指责,原本同意此事的有关主管方面,迫于压力,劝告相关旅行社"撤回狩猎申请","终止行政许可程序"也就顺理成章了。

这个结果虽然暂时平息了对开放狩猎的议论,但是问题并未得到根本解决,而且招致各个方面的不满。

一是当初被委托参加评审会的"野生动物猎捕专家委员会"的专家的不满。8月5日,"外国人对国家重点保护野生动物进行标本采集行政许可申请"通过专家评审。他们从专业的角度认为在都兰猎场狩猎一事合法、合理,有助于野生动物保护,有助于发展当地经济,有助于增加当地就业,但不明不白地被行政主管部门否定了,甚至让他们惹上这些专家与林业局、狩猎场和旅行社有什么"关系"的嫌疑,会满意吗?

二是反对这次狩猎活动的动物保护组织和人士的不满。他们不仅仅反对这次狩猎活动,而且要求有关行政主管部门论证、公布"哪些物种已经多到必须控制的地步",公开野生动物保护费用、狩猎收入的具体开支情况,公开狩猎申请、评审和行政许可审批程序等,现在以两家代理申请机构"撤回狩猎申请"来搪塞,他们会满意吗?

三是外国狩猎爱好者的不满。他们通过正当程序,委托有资质的旅行社,申请到政府批准的国际狩猎场狩猎,遵循"打老不打小、打公不打母"的准则,以猎取兽角与兽皮、采集标本为目的,不是为了吃"野味",这在其他国家视为正常行为,但在中国不作任何解释拒绝了他们的要求,他们会满意吗?

四是组织狩猎的旅行社的不满。狩猎旅游在国际上作为一种成熟的专项旅游,尤其在非洲、南美和大洋洲等地运行已久,作为狩猎爱好者的合法代理机构依法、按规向有关行政主管部门提出申请,前期运作付出了不小的经营支出,现在又让旅行社自己"提出撤回狩猎申请",他们会满意吗?

五是都兰猎场和当地政府的不满。该猎场是都兰县林业局的直属事业机构,1985年试营业,1992年由国家林业局正式批准为对外开放的国际狩猎场,被国际狩猎者称为"世

---

[1] 2011年9月12日《中国旅游报》。

界一流的高原狩猎场"。2006年国家林业局野生动植物保护司负责人向媒体介绍,都兰国际狩猎场岩羊总数约2万头,每年用于国际狩猎的几十头,狩猎收入约20万~30万美元,其中45%划归县里。2006年后全国"暂停"狩猎后,猎场工作人员从17人减少到目前的5人,惨淡经营、难以为继。这次有望解禁、开闸,结果希望再次破灭,会满意吗?

六是都兰牧民的不满。2006年前,当地村民为狩猎游客提供导猎、食宿、养马、驮运、草场等服务,每个家庭增加5000元收入。牧民看到保护野生动物与自己的切身利益有关,更加支持保护工作。停止狩猎6年来,他们不仅失去了狩猎服务收入,而且野生动物袭扰牧羊、与牧民争夺草场越来越严重,他们会满意吗?

总之,用"里外不是人、各方不落好"来形容有关主管部门的作为并不为过。2006年秋季,"国际狩猎野生动物额度"拍卖公告一经刊出,在公众和媒体间引起广泛质疑,有关主管部门来一个"一刀切",宣布"暂停"外国人来华狩猎活动,一搁就是6年。此次以"终止行政许可程序"来回避问题,不过是2006年那个做法的翻版。

《中华人民共和国野生动物保护法》明文规定,禁止猎捕、杀害国家重点保护野生动物。因科学研究、驯养繁殖、展览或者其他特殊情况,需要捕捉、捕捞国家一级保护野生动物的,必须向国务院野生动物行政主管部门申请特许猎捕证;猎捕国家二级保护野生动物的,必须向省、自治区、直辖市政府野生动物行政主管部门申请特许猎捕证。此次外国人申请猎捕的岩羊和藏原羚是国家二级保护野生动物,依此法由省、自治区、直辖市政府野生动物行政主管部门许可。

如何科学地认识与实施"保护野生动物"?有限捕猎与有效保护能否统一、如何统一?在法定程序下能不能有限狩猎?在向国人开放狩猎旅游的同时能否向外国人开放?如何保障狩猎所得分配与使用的公平与公开?狩猎旅游能不能发展成为一个动物保护、综合服务、猎物利用与装备生产等科学保护与有效利用相结合的产业链?如何科学评判狩猎活动的生态效益、社会效益与经济效益?如何保证申报、评审、审批狩猎活动的公正与透明?在急功近利的浮躁环境下能否走出"一放就乱、一收就死"的怪圈?如此等等,只有从理念、制度、法规与程序等方面系统地解决这些问题,才是解决狩猎旅游是"禁"还是"放"的根本之道。单凭行政机关的一纸批文或一禁了之,专家评审的一个结论或环保人士的义愤填膺,是破解不了科学保护野生动物这道难题的。

上海工业旅游的机制创新[①]

2005年5月,"上海工业旅游促进中心"正式挂牌。"中心"成立之初,像它所在的建国中路8号的一幢老厂房一样并不引人瞩目。但是半年之后,"促进中心"的知名度随着"8号桥"全国工业旅游示范点的挂牌,随着上海工业旅游的迅速推进而不断提高。

全国工业旅游的蓬勃兴起,兄弟省市开发工业旅游的强劲态势,上海市委市政府推进产业结构转型升级、大力发展现代服务业的战略决策,上海都市旅游从走马观花式观光游到主题型深度游的发展需求,2010年上海举办世博会的战略机遇……新环境、新业态呼唤新思路、新机制,"上海工业旅游促进中心"由此应运而生。

一、卓有成效的创建工作

- 规划先行,有序推进

受上海市经委、市旅委委托,"中心"与上海师大旅游规划与发展中心共同编制了《上海工业旅游发展总体布局(2006~2010)》,规划把上海百余年来形成的100多处工业旅游资源归纳为工业企业、行业博物馆、工业园区、创意园区四大类,设计了"核心产品—特色产品—组合产品"三个层次的旅游产品体系,勾画了上海工业旅游的开发方向。规划是个纲,纲举目张。上海工业旅游在紧锣密鼓中有条不紊地大步推进。

- 建立基地,树立样板

早在2003年,在市经委和卢湾区人民政府支持下,由上海华轻投资管理有限公司和时尚生活策划咨询(上海)有限公司共同开发,在保留建国中路8号老厂房的历史风貌和基本构架的前提下,改造成造型各异、风格别致的展览厅、工作室和餐厅茶室、美容健身馆,引入海内外从事艺术创作、创意策划的人士和企业。各座办公楼之间都用天桥相连,命名"8号桥"。"中心"成立后就以此为办公总部,并进一步完善了它的环境与功能,与"上海新天地"一样成为上海都市旅游的新地标。"8号桥"的改造成功使"中心"有了一个发展基地,取得了开发工业旅游点的实战经验,从而取得了组织和协调上海工业旅游的话语权。

- 设点联线,构建网络

在《总体规划》的框架下,"中心"与上海有代表性的工业企业、工业开发区、创意产业集聚区、行业博物馆不断商讨,整合了近百个工业旅游点,策划、设计了上海工业旅游

[①] 2006年4月12日《中国旅游报》。

16个产品主题:

"走进宝钢集团,了解现代工艺——上海钢铁工业考察";

"汽车工业梦幻之旅";

"百分百感觉——食品工业体验之旅";

"走进'神舟五号'飞船的背后,了解航天工业鲜为人知的历程";

"上海创意产业动感时尚之旅";

"触摸城市脉动——感受城市最有力的心跳";

"感受百年沧桑历程,喜看今日辉煌成果";

"揭开我们身边工业的面纱,让我们生活从此不再神秘";

"历史与文化的积淀——上海特色建筑经典旅程";

"领略T台背后的风情,妆点我们多彩的人生";

"绿色化工产业,循环经济的典范——上海化工产业考察线路";

"上海微电子产业高科技巅峰体验之旅";

"上海造船工业——上海百年历史的见证与缩影";

"现代工业园区——上海经济建设的重要载体";

"一次无法COPY的旅程——特色工艺之旅"。

2006年新年伊始,"上海工业旅游一日游"正式启动,第一批推出11条旅游线。一日游由"中心"下属的上海工业旅游发展有限公司经营,发车地点在"8号桥",团费中包括空调车费、景点第一门票、全程导游讲解和旅行社责任险,用餐自理。与此同时,"中心"还设计推出针对特定客源群体的"上海工业旅游商务考察游"、"上海工业旅游银发线路"、"开启工业知识之门学生线路",分别印制了中、英、日3种文字的宣传页。"中心"成立伊始开通了"上海工业旅游网"(www.itripsh.gov.cn),网站包括工业旅游发展概况、景点类型、线路集萃、战略合作、旅游论坛、旅游常识、质量评定、法规政策等栏目,还设置了在线调查等互动栏目,成为一家专业化的工业旅游网站。"中心"十分重视新闻媒体的宣传、联络功能,下设推广部,半年来近50家中外媒体报道作了上百次报道。

• 内联外引,联动发展

"中心"还与上海市工会、共青团、妇联、老龄委、退休办、青少年科技教育中心、中等职业技术学校等单位建立了协作关系,成功地策划组织了"上海老人看发展——百年工业回眸"、"欢乐上赛场,赛车嘉年华"等活动。"中心"组织了上海工业旅游长三角地区促销活动,驱车行驶5000余公里,与30个城市500余家国内国际旅行社建立工业旅游协作关系,开拓长三角地区工业旅游新客源,并筹划建立长江三角洲合作网。"中心"两次赴日本考察联络,与JTB株式会社、MS TOUR株式会社进行有关工业旅游的业务洽谈,筹划今年在日本设立办事处。

二、"促进中心"活力之谜

人们难以想象,"中心"半年之中在大上海刮起了一场工业旅游的旋风。它究竟是个什么样的机构呢？在上海工业旅游网(www.itripsh.gov.cn)上,在它的宣传册上写道：

"经上海市经济委员会批准,2005年5月在上海市社团局登记注册的非营利性社会组织,同时受上海市经济委员会和上海市旅游事业管理委员会指导。宗旨是配合政府提升上海产业结构和优先发展先进制造业的战略思路,挖掘和整合上海工业旅游资源,努力打造上海国际大都市旅游产品的专业服务机构。"

"促进中心"既非某个政府部门的附属机构或官办协会的翻版,由上海市开发区协会、上海市旅游高等专科学校、上海工业旅游发展有限公司、上海新天地置业有限公司联合组成"理事会",并由"秘书处"主持日常工程,下设规划部、推广部、外联部、培训部,还设有"专家委员会"(见图1)。目前"中心"运行的日常经费和30多位工作人员的工薪,由中心的组成公司提供,上不靠财政拨款,下不向企业摊派。

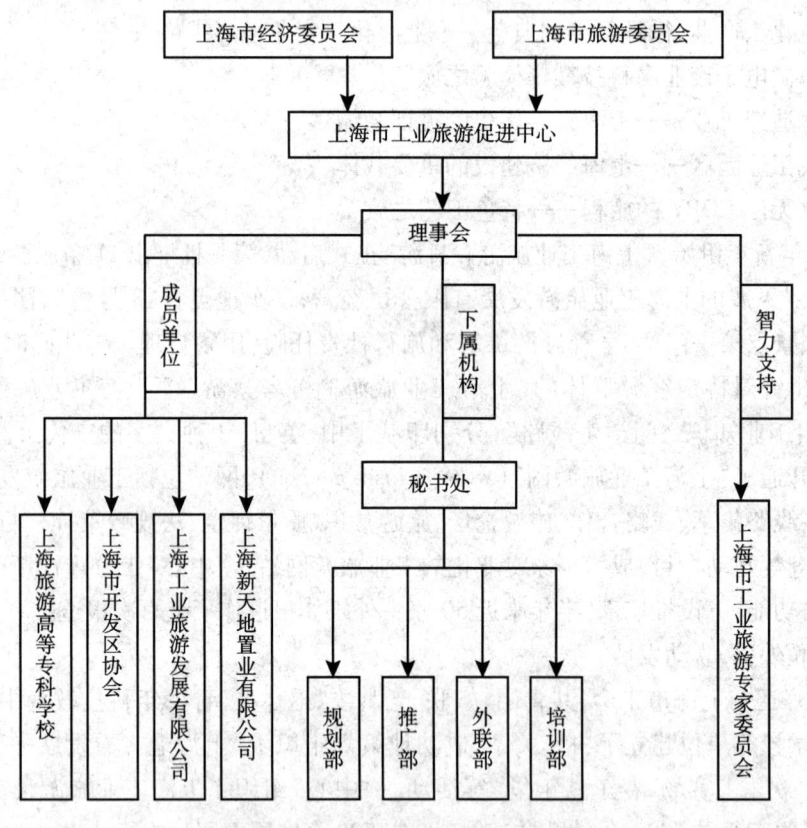

图1 上海市工业旅游促进中心组织结构

紧紧依托上海丰厚的科教资源,是"中心"运行的一大特点。上海师大旅游学院(原上海旅游高等专科学校)是理事成员单位之一。"中心"还与上海交通大学媒体与设计学院、上海科技管理学校、上海轻工业科技情报所等文教科研机构共同签署了合作协议书,把产学研结合向规范化、体制化方向发展。"中心"有了长期稳定的智力支撑,而科教单位则建立了稳定的考察、研究和实习基地,实现优势互补、共赢合作。

要了解"中心"产学研一体的特点,不能不了解它的主持人、秘书长鲍炳新先生的个人经历。他先后在上海市徐汇区人民政府、上海市法学会、轻工部上海办事处任职,现任上海市开发区协会副秘书长、上海(国际)产业转移咨询服务中心总经理、上海华轻投资管理有限公司董事长等职,兼任上海师范大学旅游学院和华东理工大学客座教授。在"秘书长"这个岗位上,他可以充分利用曾是公务员的组织能力与社会联系,又能发挥企业人的经营能力,还可发挥与学界合作、沟通的长处。

上海工业旅游中心的启迪[①]

改革开放以来,我国旅游业一直是以市场经济为导向发展的,市场化与产业化是推进我国旅游业发展的两个车轮,两者互为依托、紧密结合。旅游业是我国市场化程度最高的产业之一。但在全国从行政指令性计划经济向市场经济转型的大背景下,计划经济的旧思维、旧模式的惯性与传统影响仍然存在。一方面,总体上全国旅游产业规模急速扩张、旅游经济迅速发展,另一方面,众多旅游企业小、弱、散,多数国有大中型旅游企业和景点体制机制改革滞缓,作为产业细胞与主体的旅游企业总体上发育不全、缺乏活力,政府主管部门习惯于用"运动式"、"指令式"的方式行使行政管理权力,多数地方的行业组织对企业缺乏吸引力、号召力和约束力,行业中介组织发育不全。

加快行政管理体制改革,是加快建立社会主义市场经济体制、全面深化改革和提高对外开放水平的关键。温总理在2006年《政府工作报告》中指出:"要加快行政管理体制的改革,进一步转变政府职能。切实转变政府管理经济方式,加强社会管理和公共服务职能。"大力培育和强化社会中介组织是转变政府管理经济方式的重要环节。制定和执行行业服务标准,规范企业行为;向社会公众推介诚信企业,维护公平、公正和公开的市场秩序;调研市场信息,组织市场推广;开展职业培训,开发人力资源市场;为政府机构、企业和消费者开展咨询服务,沟通政府与企业、企业与消费者的联系,为消费者提供产品和服务信息,等等,这些在计划经济体制下由政府机构包揽的工作,在市场经济发达的国家和地区,大多由社会中介组织承担。只有大力发展市场中介组织,才能使政府机关从具体的、繁杂的行政事务中脱身,切实转变政府职能,转变政府管理经济方式。

改革开放以来,我国旅游业在从行政接待型向经济产业型转变、从发育起步向快速推进的过程中,党和政府的正确决策起了决定性的作用。在旅游基础设施落后,旅游服务设施缺乏,旅游企业初生,旅游市场规则和行业服务标准一片空白的大背景下,由政府主管部门包揽了行业管理、部门协调、市场推广、行业规范、培训教育、企业评级和质量监督、受理投诉等全部职能,甚至直接承担起重大旅游项目开发、旅游活动的组织,无疑是历史的必然、必需、必要。

然而,经过近30年的发展,旅游业的国内外环境、条件和基础发生了根本性的变化。加入世界贸易组织,要求旅游业加速与国际全面接轨;国内市场经济体制基本建立,《行

[①] 曾以《工业旅游机制创新的可贵探索》为题刊载于2006年4月19日《中国旅游报》。

政许可法》颁布,要求行业行政管理全面转型;社会化的旅游产业范围日益扩展,多元化的旅游企业日益壮大,个性化的市场需求日益扩大,多样化的旅游产品层出不穷;各级旅游协会普遍建立,官民兼有的旅游教育与咨询机构迅速发育。在这种内外大环境下,中央指出的"进一步转变政府职能,切实转变政府管理经济方式"要求,对旅游业同样适应,而且更为迫切。

国家旅游局提出,"十一五"期间建立与社会主义市场经济体制相适应的、与国际接轨的旅游体制机制。其中,推进行业管理改革,逐步建立标准化、法制化和规范化的全行业管理体系是核心。而推进政事分开、政府与市场中介组织分开,一手推进行业的行政管理改革,减少和规范行政审批;一手加速行业中介组织的发育,充分发挥其协调服务功能,是"推进行业管理改革"的相辅相成的两个方面。

加速旅游社会中介组织的发育、充分发挥协调服务功能,一是从根本上转变行业协会的行政色彩,进一步完善其服务、沟通、维权和自律服务功能;二是培育跨行业、跨部门的专业中介机构,提高全社会的旅游意识,发挥各行业、各部门利用社会旅游资源、发展社会旅游产品的积极性;三是按照政企分开、政资分开、政事分开、事企分开的原则,引导和规范各类旅游咨询机构(包括市场调查、规划设计、教育培训、资质认定、评估论证和投资中介等),充分发挥旅游智业的服务功能,促进旅游资源、资本与智力的互动与结合,推动旅游经济发展。

正是在这个意义上,"中心"的出现及其崭新的组织形式与运行机制,为发展旅游中介组织创造了一个新思路。

"中心"的建立,是上海市经委和上海市旅委转变传统思维与传统手段,用创新思维创办工业旅游这一新事物的结果。上海市经委领导明确地要求"要从市场运作方向上推进"工业旅游,果断地把策划、组织、宣传工业旅游的职能赋予"中心"。上海市旅委领导坚定支持和指导"中心"的创举,对"中心"的运作模式表示赞赏,认为"中心"具备工业旅游资源的整合能力、协调能力,将提高上海旅游市场的组织化程度,有利于上海旅游业的发展。市经委、市旅委从发展方向、政策导向和行业规范上指导"中心"的工作,但不越俎代庖包揽策划、组织和宣传上海工业旅游的具体事务。如工业旅游示范点的评定工作,就是由"中心"具体组织和筛选,向市经委、市旅委申报,由国家旅游局考核、审批。

"中心"从人、财、物上与市经委、市旅委脱钩,是一个独立的社团法人,它开展工业旅游活动上不靠政府授予的权力发号施令,下不向工业企业摊派收费,而是以自己的卓有成效的工作,即以自己的服务去赢得企业的信任、相关部门的配合和市民的支持。在去年年底举行"上海工业旅游一日游信息发布会"时,有些企业不请自来,要求把本企业列为工业旅游点、纳入工业旅游线。现在上海许多工业企业主动与"中心"联系,"中心"举办活动得到各方的积极响应,一个社会互动、良性发展的开端已经出现。

正如鲍秘书长所说,"上海工业旅游才刚刚起步,任重而道远,我们将借世博会良机,加大宣传力度，提高人们对工业游的认知度"。"中心"的探索刚刚起步，尔后的工作更加艰辛和漫长，但它的首创精神和崭新模式，在"十一五"的开局之年，为旅游体制机制改革和创新，提供了思考与启发。作为率先对外开放并与国际接轨，率先面向国内外市场起飞的旅游行业，理应在管理体制与运行机制改革方面步子迈得快一些、大一些。

产业融合与产业旅游[①]

一、产业融合是社会发展的大趋势

人类社会经历了农业、工业社会发展阶段,正在走向"后工业社会"。生产力越发展、科学技术越进步,产业分工越精细的同时产业融合越广泛。"后工业社会"的特点之一,是产业高度融合,农业、工业、服务业之间的融合,第一产业、第二产业、第三产业之间的融合,城市与乡村的融合,地区与地区的融合,国家与国家的融合,是历史的大趋势、时代的大趋势、世界的大趋势,也是中国的大趋势。

二、社会旅游资源无穷尽,旅游产业无边界

所有的自然资源、文化资源和社会资源都可以转化为旅游资源。旅游产业是一个综合性、无界限社会化产业。

传统旅游业主要依托自然生态资源和历史文化资源,而现代旅游业更注重挖掘当代各种社会资源(工业、农业、文化、科技、教育、康体、重大节事等),依托整个现代城乡环境,依托日新月异的现代科技无限创造,不断地扩大旅游供给的品种和质量。

社会旅游资源以现代社会、经济、文化和科技成果为旅游吸引物,其核心是人,即人的生活、人的风情、人的精神、人的创造,因而是可以不断创造、不断挖掘、不断利用、永无穷尽的。应该重新审视传统旅游资源的有限论观念。社会资源无限论为旅游的可持续发展开辟了无限广阔的前景。

三、产业融合是现代旅游业发展的大趋势

目前正在蓬勃兴起的工业旅游、农业旅游、科技旅游、文化创意旅游等,往往是多种产业融合的产物。越来越多的社会旅游产品往往是多个产业的结合体,难以用单一的工业旅游、农业旅游、科技旅游、文化旅游去界定与分类。

作为农业旅游示范点的上海孙桥现代农业园、苏州未来农林大世界,是农业与现代科技、工业化生产的结合。江阴华西村、山东龙口南山集团既是乡村旅游点,也是工业旅游点,还是新农村旅游点,更是新城镇旅游点。作为工业旅游示范点的内蒙古呼和浩特市蒙牛乳业(集团)工业旅游区、山东泰安蒙牛乳业工业园,是牧业、食品加工业的结合,

---

[①] 2010年10月在"上海工业旅游论坛"上的发言提纲。

新疆生产建设兵团新天国际葡萄酒业有限公司、山东烟台中粮长城葡萄酿酒有限公司、烟台张裕集团，既是葡萄种植园区，又是葡萄酒工业园区。其他的工业旅游示范点，如山西运城盐湖养生城（中国死海）既是采盐工业园，又是康体健身园；长江三峡工程坝区是水利、发电与航运业的综合体，山东平邑归来庄金矿地质公园是地质科学与采掘、冶金工业的结合，福建惠安雕艺城是采石业与石刻文化与技艺的结合。

目前上海工业旅游点中，100余家工业企业、35家行业博物馆、240余家科普教育基地、81家创意产业集聚区以及60余处工业园区等，涵盖了传统工业企业与遗址、行业博物馆，又有工业开发区、创意产业集聚区和城市建设成就等新型产业，构成了观光游览、休闲娱乐、商务会展、科普科教、文化交流与奖励旅游等多元化的旅游产品体系，绘就了一幅五彩斑斓的社会大旅游版图。

我国和上海工业旅游的发展现状与趋势表明，人们通常理解的、传统意义上的"工业旅游"概念已不能准确反映当今新兴旅游业态与产品的丰富内涵与发展前景，建议改用"产业旅游"来表述。在"产业旅游"中，既包含工业遗址考察、工业企业观光，也包含农业、商贸、交通、科教、文化艺术及影视动漫等第一、二、三产业的代表性景物的观光、休闲与文化体验旅游。其实，英语中 Industrial 兼有工业、产业、实业之意。工业旅游与产业旅游的英文表述都是 Industrial Tourism。

四、产业融合与部门联动是旅游发展中一个永恒的课题

国务院《关于加快发展旅游业的意见》指出，"大力推进旅游与文化、体育、农业、工业、林业、商业、水利、地质、海洋、环保、气象等相关产业和行业的融合发展"。国务院办公厅发布《贯彻落实国务院关于加快发展旅游业意见重点工作分工方案》，明确了党中央、国务院50个部门的工作分工。《分工方案》通过建立分工明确、各司其职的工作协调机制，使产业融合、部门协作走向常态化、制度化。

政府各主管部门的合作为旅游发展创造了良好的政策框架与社会环境，但政府主管部门不可能直接包揽旅游开发、经营。如上所述，产业旅游的多样性决定了其相关主管部门的多方性，任何一方面的政府主管部门不可能也不必要统揽产业旅游的开发与管理。与政府主管机构脱钩的社会中介机构是沟通政府、企业与游客的桥梁，是推动旅游发展，特别是产业旅游发展的有效促进方式与组织形式。

上海工业旅游促进中心成立五年来的工作表明，它上有市经济和信息化委、旅游局、商贸委和质监局等政府部门的指导，与市贸促会、旅游协会、会展行业协会和水上旅游促进中心等行业组织密切合作，与市总工会、共青团、妇联、老龄委、退管办、青少年科技教育中心和科普教育基地联合会等社会团体广泛联系，与大专院校及科研机构有效合作，下与旅行社、工业企业、旅游景点、文教场馆、房地产与物业企业等紧密合作、相互支持，并与长三角工业旅游点开展联合。"促进中心"的成功运行为我国旅游协会等行业组织的改制转型提供了有益的经验。

"十二五"期间,我国旅游业将按照国务院《关于加快发展旅游业的意见》,"旅游行政管理及相关部门要加快职能转变,把应当由企业、行业协会和中介组织承担的职能和机构转移出去。五年内,各级各类旅游行业协会的人员和财务关系要与旅游行政管理等部门脱钩。"加速旅游社会中介组织的发育,充分发挥协调服务功能,一是从根本上转变行业协会的行政色彩,进一步完善其服务、沟通、维权和自律服务功能;二是培育跨行业、跨部门的专业中介机构,提高全社会的旅游意识,发挥各行业、各部门利用社会旅游资源、发展社会旅游产品的积极性,推动旅游经济发展。

"十一五"起步,"十二五"腾起。期待上海工业旅游促进中心不断开拓新领域、创造新经验、更上一层楼、迈向新台阶。

城乡统筹、部门合作，推进乡村旅游增量提质[①]

2010年7月5日，农业部与国家旅游局签署了合作框架协议，标志着我国乡村旅游与休闲农业发展进入部门合作、共同推进的新阶段。最近农业部启动全国休闲农业服务信息"进城入户"工程，建立"魅力城乡"网站（www.cctvmlcx.com），显示了农业部门对发展乡村旅游、休闲农业的新姿态。

一、发展休闲农业与乡村旅游的战略意义

休闲农业与乡村旅游在我国是个新兴的产业，当前正在经历重大转变。一是在发展动力上，从民间自发发展，向各级政府指导转变；二是从休闲功能上看，从简单的"吃农家饭、住农家院、摘农家果"，向回归自然、认识农业、怡情生活等方向转变；三是从空间布局上看，从最初的景区周边和城市郊区，向更多的适宜发展区域转变；四是从经营规模上看，由一家一户一园的分散状态，向社区和集群发展转变；五是从经营主体上看，从以农户经营为主，向农民合作组织经营、社会资本共同投资经营发展转变。

国家旅游局公布的《全国乡村旅游发展纲要（2009~2015年）》概括了发展乡村旅游与休闲农业的重大战略意义：

（1）统筹城乡经济社会发展，破除城乡二元结构的重要着力点；

（2）破解当前经济发展难题，扩大内需和刺激消费的重要手段；

（3）调整和优化农村产业结构的重要途径；

（4）有效吸纳农村富余劳动力，促进农民脱贫致富；

（5）促进乡村生态环境的保护与改善；

（6）有效保护和传承传统文化；

（7）培养和提高了农民的文明意识和现代素质。

笔者认为，还应该补充一点：可以提升城市居民的"三农"意识，让城市居民了解农民、了解农村、了解农业，丰富城市居民的休闲生活。

《全国乡村旅游发展纲要》还提出了发展乡村旅游与休闲农业的六大原则：

- "以农为本、自主自愿"；
- "政府引导、社会参与"；
- "因地制宜、突出特色"；

[①] 2011年6月在长春市"消夏旅游论坛"上的发言。

- "保护耕地、持续发展";
- "市场导向、产业化发展";
- "统筹城乡、以点带面"。

长春乡村旅游始于 2000 年左右。从 2005 年开始,为正确引导"农家乐"旅游点规范、科学、有序发展,制定了《长春市"农家乐"旅游示范点评定标准》。目前,全市有"农家乐"旅游点 79 家,其中市级"农家乐"旅游示范点 40 家。与全国一样,长春乡村旅游存在着以下问题:类型单一、特色不浓;文化内涵少、科技含量低;规模小、经营主体弱;设施落后、服务水平差;经营能力弱、促销力度差;政策不配套、没有形成推进乡村旅游的部门合作体制、机制等。

二、个性与特色

北京市的经验可以参考。北京提出"一区(县)一色"、"一沟(村)一品"的特色发展方针,房山区为"北京祖源、休闲胜地",大兴区为"绿海甜园",通州区为"滨水新城、漕运古镇",昌平区为"温泉胜地",怀柔区为"不夜怀柔",平谷区为"休闲绿谷",密云县为"渔乐圈"等。北京把 167 个市级民俗村、民俗旅游户 9089 家归为"休闲农庄"、"生态渔村"、"乡村酒店"、"山水人家"、"国际驿站"、"采摘篱园"、"民俗风苑"、"养生山吧"八大类,并在《北京乡村旅游特色业态标准及评定》中制定各自的标准。

笔者认为就北京而言这 8 种分类并不妥帖,还有一些以高技术为支撑的现代农业园区并未纳入其中,而且还会不断涌现农业休闲的新业态,但是根据本地乡村与农业的具体情况,开发各具特色的乡村旅游产品,无疑是对头的。

乡村旅游与农业休闲应该因地制宜、因村而异、百花齐放、万紫千红,原始农业与现代农业观光兼有,历史村落、民族村寨与现代农场并举,改变"吃农家饭、睡农家炕"的单一、单调模式。

个性与特色是一切旅游产品吸引力、竞争力与生命力的源头,乡村旅游也是如此。乡村旅游地的特色可表现在各个方面:

- 人文特色:历史的、本土的、民族的传统与风物,物质与非物质文化遗产等;
- 自然特色:森林、草原、湖区、海滨、湿地等,全年候与季节性的;
- 业态特色:农耕、畜牧、渔业、果蔬、花木、观赏鱼、鸟、宠物,农副产品生产与加工等;
- 时代特色:原生态村落、山寨与现代农业科技园区。

三、组织方式与经营模式

从一家一户分散经营接待走向规模经营、集聚发展是乡村旅游面临的又一课题。目前规模经营的主要组织形式有:

1. 公司制

由本地人投资成立乡村旅游公司,公司总经理或董事长往往是村长或书记。

由外来投资建立乡村旅游公司。

乡村旅游点的开发建设、经营服务由公司统一进行,农民成为公司职工,从事旅游服务。

2. 公司+农户

乡村旅游的景点开发、公共服务建设与宣传营销由公司统一开展,门票由公司经营,餐饮、住宿由农户承接,有些地方的古民居参观接待由村民接待,农民通过公司分红、服务工资式家庭经营收入(住宿、餐饮、出售农副土特产品)等方式就业与获取收入。

3. 旅游专业合作社

以农户为主体组成,农民入股。农民变股民,农民的收入主要靠参加旅游服务,分红为次要收入。

山东省旅游局下发《关于大力发展乡村旅游专业合作社的通知》。

乡村旅游专业合作社将对原来松散型的经营个体实行统一管理,实现乡村旅游向现代产业化发展。合作社化零为整。与过去单个民俗户经营方式相比,农民旅游合作社体现出了规模经营的优势,并可以产生较好的经济效益。

这三种组织方式与经营方式各有利弊。关键是处理好企业利益(公司或合作社)与农户的关系,保障与维护农民的权益。

技术资金联动专业打造新型业态。通过宽松的投资环境吸引具有先进经营理念的外来投资者进入,利用田园景观,发展特色种植养殖。安徽亳州药材商通过租赁,获得了土地使用权,精心挑选种植了上百种可以食用的中草药开发了花卉观赏、特色药膳餐饮服务,成为北京昌平区最早一批乡村酒店经营单位。

4. 乡村旅游协会

山东、安徽某些地方的乡村旅游协会,实际上是个体经营和营销组织,乡村旅游合作社性质的组织。

北京市乡村旅游协会,是乡村旅游的行业组织,类似旅行社协会,行业协作、交流机构,也有宣传推广功能,如北京乡村旅游网(http://ly.bjnw.gov.cn)。

见如下安徽黄山市两个案例。

(1)宏村:外来旅游公司开发经营。

在行政方面上,宏村由宏村镇政府及宏村村委会管理;在旅游开发经营上,由镇办"黟县宏村旅游服务有限公司"负责。1997年9月,通过招商引资,北京中坤集团与黟县人民政府签订合作协议,获得对宏村、南屏与关麓三个古村落的开发经营权,成立黄山京黟旅游开发总公司负责宏村及周边的关麓、南屏等景区的经营,时间为30年。

(2)西递:本地村办旅游公司开发经营。

黟县西递1992年成立村办企业"西递旅游服务公司",为集体所有制性质的乡镇企业,一直经营至今。村委会领导兼任旅游公司领导,两个牌子、一套人马。从1996年起由西递镇成立旅游管委会,统一管理全镇(包括西递村)的旅游开发经营。

宏村、西递两个古村落都是世界文化遗产、国家文物保护单位和中国历史文化名村。两个古村落文化遗产得到较好保护、旅游产业与乡村建设得到很大发展、农民生活得到显著改善。这表明不管由外来民营企业还是本地乡村集体企业开发经营旅游，都能实现乡村文化保护、农民收入与企业经营三者的共同发展。

四、城乡统筹与城乡互动

乡村旅游、农业休闲是城市居民向农村流动，本质上是城乡交流与互动。当前工作的重点是推动城市旅游要素走向农村。

1. 推进乡村旅游公共服务建设

政府重点做好乡村旅游信息传输、旅游公共交通设施建设，开设旅游专线交通，让社区居民更加方便地走进乡村。加快建设乡村旅游游客中心体系、标识引导和解说体系、散客自助游服务体系、自驾车旅游服务体系和安全救援体系。

2. 城乡社区互动营销

如开展"乡村旅游进社区（家庭）"、城市学生下乡村。将乡村旅游与修学旅游有机结合，鼓励把乡村旅游纳入课外教学课程体系，组织学生在乡村参观考察、学习观摩、科技实验、生活体验、劳动锻炼等针对性的教育活动。机关、单位、企业的老干部处，将新型养老和离退休人员出门旅游与乡村旅游紧密结合，根据老年人生理、心理特点，提供适宜老年人的旅游线路产品和养老产品。

3. 旅行社、酒店服务下乡

西藏组织拉萨城市宾馆帮扶乡村旅游点，提供宾馆淘汰的设备，开展经营和服务培训。2008年以来，北京市旅游局会同10个郊区县旅游局，组织市级民俗村与所在区县的三星级（含）以上饭店"结对子"，提高乡村旅店的服务水平。

旅行社在组织城乡居民参加乡村旅游的同时，直接参与到休闲农业与乡村旅游的全程开发工作中去，将多年积累的旅游服务经验植入到乡村旅游开发建设中，积极参与当地旅游资源的挖掘提炼，并将市场信息及时反馈到企业园区，帮助企业开发出更受城市消费者欢迎的旅游项目并当好乡村旅游的参谋员、设计员、服务员。

4. 城市居民下乡当"周末农民"

市民租用郊区一块土地，自己播种、施肥、收获果实，当一个"周末农民"。农民提供种植指导、平日帮助照料。北京市民租用山地农民的空置房，作为假日休闲房。

5. 开展农民参加旅游

目前中国有近7亿农民，2亿多农民工。他们没有进入旅游，就谈不上"大众旅游时代"。农民旅游刚刚起步，还存在着各方面重视与扶持不够、农村旅游公共服务严重匮乏、农民旅游意识与出游率不高、农民人均旅游花费低、农民旅游发展不平衡等诸多问题。

鼓励景区、饭店和旅行社对农民旅游进行优惠、发行针对农民的旅游通票等，以降低农民旅游成本。参照"家电下乡"补助模式,由政府通过招标采购指定专门的旅行社组织农民旅游。推出适合农民需求的旅游产品,开展"特色农业考察游",参观学习先进种植、经营经验。对于外出务工较为集中的地区,可以组织他们的家属探亲游。

从市民下乡乡村旅游到农民进城旅游,这篇大文章还没有真正破题。

五、部门合作与政策引导

2010年7月,农业部与国家旅游局签署合作框架协议。2011年1月国家旅游局与中国农业银行签署《支持旅游产业发展战略合作协议》。协议中明确提出:支持中国旅游协会休闲农业与乡村旅游分会,在全国范围内组织开展休闲农业与乡村旅游星级示范创建行动。

地方上建立乡村旅游部门联动制度,旅游局与农委牵头,发改委、园林、国土、卫生、工商、税务、公安、民政、环保、妇联等行政管理部门通力协作,形成合力,共同做好乡村旅游的指导、监督、管理,以促进乡村旅游的持续健康发展。

发展乡村旅游中的若干政策问题。

北京市发改委在《促进生态涵养发展区协调发展的意见》一文中指出,北京将依托山区规划重点镇,高标准建设一批旅游集散镇,并在旅游集散镇适当增加旅游产业建设用地。旧村改造腾退的建设用地,在符合规划的前提下,可以试点进行流转,优先用于发展旅游项目。

在自愿、依法、有偿的前提下,进一步完善农村土地使用权流转机制,引导土地向业主集中,改变传统的分散经营模式,大力推进乡村旅游用地向规模化、集约化发展。

旅游专业合作社,农民或者以房屋使用权,或者以土地使用权入股,交给合作社委托专业公司经营,从而获得经营性收入之外更高的资产性收益。

小额贷款。随着村镇银行、农村资金互助社、小额贷款公司以及商业银行和农村合作银行分支机构等多种金融机构进入农村,为乡村旅游发展提供了一个全新的融资渠道。

激活农村宅基地资源,根据农民意愿,在满足农民居住自用的基础上,引导将多余产权房入股参与建设集中的、规模型产权式乡村旅游住宿设施,开展乡村旅游经营活动。

闲置院落使用权变现。郊区农民以整体租赁形式将闲置房屋使用权转让,受让者对房屋进行改造,使其具备居住和乡村旅游接待双重功能。有相当多的因为农民进城买房居住而闲置的农村院落因此得到了利用和保护。

在开展乡村旅游中,要充分发挥农林部门管理农村、农业、农民、农田的资源优势、政策优势、专业优势,旅游部门要充分利用旅游服务、管理和市场营销的优势,甘当配角、主动协助、配合农业部门,农旅联手、部门联动,才能做好乡村旅游与农业休闲这篇大文章。有些地方旅游部门撇开农业部门,对乡村旅游发号施令、包揽乡村旅游点的规划、认定、评级,这种越俎代庖的做法不可取。

六、乡村旅游国际化问题

乡村旅游、休闲农业是国际普遍现象。

我国乡村旅游、休闲农业国际化问题尚未破题。现作点滴介绍。

(1) 外资投资、兴办乡村旅游。北京的意大利农庄是"国际驿站"类型的典型。由一位在京工作的意大利人投资兴建和经营。占地210亩,已投资350万元。在这里,可以品到来自意大利的6种苹果、8种杏、12种梨和15种李子,品尝地道的意大利比萨。面积2000平方米的果园里的餐厅宽敞明亮,由意大利设计师Riccardo DalMas设计,是典型的托斯卡纳建筑。

(2) 法国国家旅游发展监督局、佛朗什—孔泰大区政府与安徽黄山市徽州区唐模景区合作,建设"中法安徽省徽州乡村旅游合作示范项目"双方签订协议,包括允许唐模古村落无偿使用法国乡村旅馆联合会品牌和标志、利用法国旅馆联合会的旅游网络对唐模宣传推广等合作协议。

(3) 美国1992年出台了关于乡村旅游与小商业发展的国家政策,建立了非营利组织——国家乡村旅游基金(NRTF),从事项目规划、募集和发放资助,提供宣传工作。任务是鼓励可持续的乡村旅游发展,提高农村生活质量,提高联邦旅游和休闲场所的知名度,实行游客分流、缓解现有旅游场所的压力。主要业绩有提供网络信息服务、执行州旅游合作计划、推广国际旅游项目、开发全美森林服务项目。

(4) "世界农夫"WWOOF(World-Wide Opportunities on Organic Farms),1972年在英国率先成立的一个组织,当时的用意是为让都市人体验农村生活而推出一种"以工换食宿"的工作假期。在澳大利亚、新西兰、丹麦、哥斯达黎加等数十个国家运作多年,串连全球的有机农场主人与旅人。依据WWOOF的准则,旅人可以到参与WWOOF计划的农场打工,每天只需工作4~6小时,就可赚取农场提供的免费食宿。

WWOOF的分支已遍布美、加、日等全球40多个国家,名称也改为"世界有机农场志工"。只要在各国WWOOF网站上注册,交40美元,就可以成为一名"准国际农夫",即可入会。在WWOOF中,志工每天工作4至6小时,会员农场为他们提供免费食宿。他们在世界各地的有机农场用劳动换食宿。以澳大利亚为例,要在澳大利亚当个WWOOFer,必须年满17岁,并且到澳大利亚的WWOOF网站购买澳大利亚WWOOF手册与一年期的会员资格,加上意外险,每人收费55元澳币,两人购买则是65元澳币,再加上邮寄费5元澳币。美国一年期会费20美元,新西兰两年会费为45新西兰元。

去年WWOOF中国正式成立,目前在北京、大连、宁波等20余处农场签订接待和约。WWOOF中国的组织者说:"我们希望为在中国旅行的人提供和当地人接触和交换知识的机会。WWOOF提供的不是金钱交易,而是文化和生活方式上的交流。"

七、结束语

乡村旅游、休闲农业本质上是城市居民下农村,从旅游经济角度看,是供给与需求的关系,也是旅游目的地与客源产出地的关系;从社会学的角度看,又是城乡关系、工农关系、农业与服务业的关系。要从解决"三农"问题,改变城乡、工农二元结构,建设社会主义新农村的高度发展乡村旅游与农业休闲。

乡村旅游、农业休闲不是权宜之计,而是永恒主题。工业化、城市化水平越高,对乡村旅游、农业休闲的需求就越广泛、越强烈、越高级。这一点,看看欧美、日本和我国的台湾地区就很清楚了。

商务旅游方兴未艾[①]

商者,物之流动;旅者,人之流动。物流靠人流实现。商旅结合,从商品经济孕生之时起就出现了。春秋战国时代的"旅邸",就是当时商贾的"客店";汉代长安的"鸿胪",就是供外国商贾旅居的"宾馆";唐代的"邸舍",就是商贾既可寓居又可存货的"商务公寓"。可见商务旅游及为之提供食、宿、行的设施,古已有之。

如今,世界经济已成一体。"四海一家",从经济上讲已成现实。商品流、资金流、技术流、信息流与人群流,无地界、无时界、无国界,川流不息、无休无止。与之俱来的是,商务旅游已成为世界旅游市场的重要一部分。据世界旅游组织公布的统计资料,1988年全球国际旅游达6.35亿人次,国际旅游收入(不含国际间交通费)4390亿美元,其中商务旅游占18%。自改革开放以来,海外游客纷至沓来,其中商务旅游占三成。2000年,在8344.4万入境旅游者中,以商务为目的者占27.5%,其人均消费水平一般是游客的两倍。

商务旅游的接待规格一般比较高,大多乘飞机、坐豪华车、住中高档宾馆、吃较高档餐饮。商务旅游的接待条件从硬件到软件要求较高,宾馆中设有洽谈室、会议室,最好还有商品展示厅,客房内配有电话、传真机、宽带网,最好还能有传真机、Internet接口、可视电话,提供订票、POS机接口、兑换外币、翻译、商务联络等业务。

旅行社和宾馆都要设立专门针对商务散客和团队的业务部,接待人员中要有熟悉商贸业务、能起草商务文书、会翻译、善交际的高级文秘人才。商务洽谈之间及之余,宾客需要休闲、娱乐、健身,在放松身心的同时,还可活跃气氛、联络感情,有助商务洽谈成功。西方人常说"商务往往是在高尔夫球场业谈成的",这句话不无道理。

由此可见,商务旅游可以延伸出一条旅游消费链——会议、展览、文艺、娱乐、康体健身,带动交通、食宿、通信、金融行业。比起观光休闲、探亲访友、宗教朝拜来,商务游客的人均消费水平高、人均停留时间长、重游率高,是旅游接待中利润颇为丰厚的一块。因此,世界各国无不把商务旅游作为旅游产业的重头戏来抓。

中国即将跨入世界贸易组织的大门。国内外商贸活动的猛增,是"入世"后的第一效应。商务旅游的兴起,势在必然。此时此刻,《商旅指南》应运而生,将会在商贸与旅游两大产业之间搭起一座桥梁,为商务旅游企业提供一个沟通信息、交流经验、业务联络的平台,真乃生逢其时。

祝《商旅指南》办出特色、越办越好。

[①] 1999年9月为对外经贸部《商旅指南》创刊而写。

对奥运期间北京旅游滑坡的反思[①]

9月10日，北京市旅游局公布了8月份北京市接待入境过夜旅游者与星级饭店接待国内游客人数统计。该月，全市接待入境过夜旅游者38.9万人次，比去年同期减少7.2%。8月份全市星级饭店接待国内客人70.8万人次，比去年同期减少41.7%。

8月份北京接待国内外游客的人数，远低于人们的预测。

2006年10月，北京市旅游局某领导曾说，2008年8月在北京举办奥运会期间，国外旅游者有可能达到60万左右；国内旅游者有可能达到110万，共170万左右。同年8月到北京旅游住在星级饭店的境外游客30万人次，国内游客100万人次。

今年6月，北京市旅游局某领导在新闻发布上说，预计在奥运会期间，接待海外的旅游者40万到45万人。

统计表明，今年8月北京旅游接待人数低于2006和2007年，远未达到预测量。

8月份北京入境旅游滑坡，全国入境旅游也是如此，尽管国家旅游局尚未公布8月份入境旅游的统计结果。

8月份全国入境游客大幅减少的因素是多方面的：
- 拉萨3·12骚乱事件、奥运"圣火"在外国某些国家传递期间恶意事端的影响；
- "安全奥运"压倒一切，尽量限制入境人数；
- 中国国际旅行社无法得到奥运门票，不能招徕入境观赛团，入境旅游业务基本停止；
- 奥运前后时段及期间境外商务客人撤离北京。

奥运期间来京游客大幅减少的因素也是多方面的：
- 为了"安全奥运"，用各种办法限制进京人数；
- 5·12特大震灾后的心理创伤压抑了出游兴致；
- 5·12地震后救灾募捐、"特殊党费"，挤压了旅游消费；
- 年初以来CPI高升、股市/基金猛降，压抑了旅游消费。

上述各个因素需要具体分析。

有的是常规现象，如奥运前后时段及期间境外商务客人的下降，举办奥运会各国都是如此。

有些是突发的政治因素，如"藏独"分子捣乱与外国某些势力乘机发难，我们难以规

[①] 2008年9月14日搜狐博客。

避,但在处理外国记者即时采访现场问题上不是没有可改进之处;

有些是突发的天灾因素,如地震对震区旅游的危害,无法抵御;

有些是经济大环境因素,如今年经济形势空前严峻,对旅游的负面影响势在必然;

有些是人为的政策因素,如不允许国际旅行社代理奥运会门票,不能招徕、组织入境观赛团。理由是什么,没有人公开解释,我猜测是中国奥组委高层担心安全问题,就值得研究;

再如,奥运会采取了空前的(也许在奥运史上是"绝后"的)安全措施,实际上是一场"三军＋武警＋民警＋民众"的总备战,确保了安全举行,固然值得庆幸,但是层层设防、处处设卡,拒"敌"于国门、京城之外,把本该来的客人也拒之门外,或不想来了、不敢来了,难道没有可总结的地方?

对旅游界来说,这一个月是很值得反思的。

其一,再次深刻认识旅游业的敏感性。

过去,总是强调旅游业的综合性、关联度和辐射力,强调旅游业对国民经济和社会生活的推动力,但是疏忽了或低估了旅游业的依赖性、敏感性和波动性。综合性强、关联度高是相互起作用的。任何天灾人祸或重大政策举措,都可以直接、迅即、严重影响旅游业。居安思危、如履薄冰,对旅游业者格外重要。奥运前众多的旅游研究、预测、讲话、文件中,就奥运对旅游的正面作用讲得很多很多,但对影响旅游的负面因素讲得太少太少,以至于对旅游业者捏造了一个很大的"空心汤圆",北京的酒店业空欢喜了一场,有些投机炒客房者栽了大跟斗,旅行社业也闲散了一阵。其他地方也曾作过"奥运在北京,观光在××"、"比赛在北京,休闲在××"之类的宣传,都落空了。一场百年奥运竟对旅游业开了这么一个玩笑,这是旅游业者(包括本人)万万不曾料想到的。

其二,重新清醒认识旅游业与旅游行政部门的地位。

旅游业究竟在国民经济和社会生活中处于一个什么样的地位? 很长时间来,旅游业界特别是旅游主管部门总是处在"自我感觉良好"的兴奋状态中,比如多少多少个省市区把旅游业作为国民经济的"支柱产业"啦,还有"龙头产业"、"主导产业"、"动力产业"啦(我历来认为,只有海南省、西藏自治区、三亚市等极少数省市适用这些定位),旅游业对拉动地方经济起了多大多大的作用啦,等等。但这只旅游业管理者的自我评价。高层领导、其他部门又是怎么看的呢? 这次奥运会前后的事实,给人们上了一课。在北京奥运会筹备过程中,几乎听不到奥组会对旅游的宣传与部署。据说国家旅游局向奥组委上报了奥运期间旅游的有关报告,迟迟没有回复。5月4日,即距奥运会开幕95天,国家旅游局无奈发布了一个毫无实际意义的《2008奥运旅游工作计划》,为此我在5月8日发的博文《由迟来的〈2008奥运旅游工作计划〉想到的》中批评了此事,看来国家旅游局有难言之苦。北京市旅游局的主要任务是保证奥运期间海外来宾、运动员、记者等的住宿及在北京的游览。对旅行社能否代理奥运门票销售等政策性问题上旅游局无能为力。2007年底在北京第二外国语学院举行的一个高端旅游论坛上,当一位旅行社代表向坐在主席台上的北京市旅游局领导问及此事时,那位领导无奈地说,这个问题我回答不了。中国社科院旅游研究中心等旅游研究机构的研究报告也泥牛入海、石沉大海。事实表明,在某些高层领导那里,奥运会期间旅游是可多可少的,甚至是可有可无的。对旅游业的地位、作用,旅游界应该有一个清醒的评估。看来,要取得高层与社会对旅游业的认可,得到事实上的一席之地,主要靠旅游界的实际业绩,而不是靠华而不实的宣传。

其三,中国旅游业与国际接轨还要走很长的路。

国际上,举办奥运前后旅行商是一支十分活跃、大有作为的行业,品牌旅行社通过代理奥运门票销售、招徕、接待国内外观赛团,进而延伸观赛前、赛后的观光游览,是各国惯常的做法。奥运期间,各国政要、运动员、记者和众多的观光客云集,举办地的行、游、住、食、购、娱供给十分紧张、紧缺。以团队方式接待观赛游客有利于有序接待和安全保卫,这是常识。新中国成立以来,国、中、青三大旅行社在有组织接待入境游客,保障游客安全和国家安全方面积累了丰富的经验。改革开放后,旅行团的安全保卫工作形势和方式发生了很大变化,当然不需要恢复那些过时的、刻板的做法,但在举办奥运会的特殊期间,旅行社以团队方式招徕、接待入境观光游客,仍然是一个可行的做法。团进团出、集体观赛、统一食宿,无疑比散客更便于有效管理和保障安全。但是在"安全奥运"(这个迟来的口号本身是完全正确、必要的,但如何实施值得研究),实质上是在"政治挂帅"的原则下(当然,对外宣传还是强调"奥运是体育,反对把奥运政治化"),旅行社组织接待观赛团队这条国际上行之有效的做法就被封杀了。显然,奥运期间北京国际旅行社处于半停业状态的损失,与奥运会的"安全"相比实在是微不足道。

但是,从中国旅游业与国际接轨这个角度看,还是需要反思的。以后还会有类似的国际性、世界性节事活动,该怎么办?

奥运后,上海世博会正在向我们走来。上海市旅游委员会已推出"从奥运走向世博"的主题,并在奥运结束后立即实施"迎世博600天行动纲要"。

人们有理由期待,在北京奥运会的基础上,上海将办一个历史上最精彩的、与国际接轨的世界博览会,旅游业能为世博会增光添彩,世博会能为旅游业提供良机,实现世博会与旅游业的双赢。

"后奥运"旅游的冷思考[①]

近来,关于中国"后奥运"旅游的议论不少,许多业界同人发表了许多乐观的谈话、文章。已经成功举办的奥运会和正在进行的残奥会对中国"后奥运"旅游具有正面的、积极的促进作用是肯定的。奥运的成功提升了中国形象,扩大了中国在世界上的美誉度,完善了北京及上海、天津、青岛、沈阳、秦皇岛、香港等奥运协办城市的旅游硬件设施和管理。这些无疑为"后奥运"旅游的发展创造了更好的环境与条件。从长远看,对"后奥运"的旅游发展大前景,我也是一个乐观派。

但是,奥运会对目前的中国旅游究竟有多大程度的促进作用?"后奥运"是不是一个中国旅游发展的"新阶段"、"新时期"、"里程碑"、"分水岭"、"新标志"?有同人说,"不仅仅是北京,上海、天津、青岛、沈阳、秦皇岛、香港等奥运协办城市的旅游业也顺势进入全面提升的快车道","进而推动中国旅游业整体发展",中国旅游从此进入"后奥运"时代等。对于这些说法,我则是一个冷观者。

从外部环境看:

目前世界经济正面临一个深刻的调整期。世界能源和原料价格上涨,美国次贷危机、金融海啸冲击着世界经济,美国、欧洲和日本经济30年来同时收缩。对于中国经济来讲,这可能是改革开放30年以来最严峻的一次外部冲击,世界经济震荡使中国经济面临外部空前严重的国际环境。

以西欧、北美为主体的西方舆论长时期形成的对中国的偏见、成见和歧见会因一个奥运会就会改变吗?西方历史形成并占主导地位的价值观与中国短时期内难以改变的现实之间的差异,由此而产生的隔阂、歧视会因一个奥运会就会改变吗?这种隔阂和差异是阻碍西方主流群体到中国旅游的主要障碍,不可能因为开了一个奥运会就能消除的。

奥运会安全举办,不会改变西方人对中国旅游安全的担心。奥运期间我们采取的非常措施固然保证了奥运会的举行,但这些非常态的、不可持续的措施也给西方人带来一些负面的印象。食品安全、交通安全和空气污染给外国人的印象也不容盲目乐观。

从内部环境看:

生产成本上升、出口需求收缩及内需疲软;楼市和股市泡沫破裂,不少中小制造企业倒闭;CPI上升,人们对预期收入的不确定,已经并继续对国民的休闲旅游消费产生负面

[①] 2008年9月17日搜狐博客。

影响。

人民币不断升值,加上美、欧、日经济紧缩,已经并继续对入境旅游市场增长产生负面影响。

举办奥运会只是北京及协办城市的基础设施、体育赛事与服务接待设施有了相当大的改善,并不等于整个中国旅游的基础设施与服务接待设施有了多大的改善。

奥运会期间北京及协办城市服务接待的环境与软件有很大改变,但大多是奥运会期间的临时性措施,如北京周边地区工厂停厂,北京一半小汽车、部分机关、企业、社区的汽车停驶,大量中外志愿者服务等,很多措施在奥运后是不可持续的,空气污染、交通拥挤等奥运后依然存在(北京新增3条地铁也许交通拥挤会减缓一些)。

北京虽然新添了鸟巢、水立方、奥林匹克公园等新景观,但构不成吸引国内外游客的核心景观,只是增加了几个观光点。奥运后有的将成为大型赛事场地,有的成为群众体育场所,有的改作购物、餐饮和娱乐等休闲场所,奥林匹克公园成为北京市民的游憩园地和部分外地游客的观光点。奥运后北京及协办城市的体育旅游会得到较大增长,但全国的旅游产品及服务水平不会因一个奥运会而有多大变化。中国奥运金牌世界第一,是"世界体育大国",但还不是"世界体育强国",因为中国全民体育很落后。中国建成"世界体育强国",取决于能否把以培养体育尖子、争得奖牌为主要目标的"明星体育"转变为"全民体育"。

在上述各因素中,国内外的经济形势与奥运会无关。今年7月份前,我国入境旅游增长滞缓,甚至下降;国内旅游增长放慢。即使没有奥运会,这种势头也不会改变。在观察"后奥运"旅游态势时,断不可忽视这个现实的、根本性的因素。奥运会的积极影响阻挡不了国内外经济大势对中国旅游的现实负面作用,不会在多大程度改变中国旅游粗放式发展的现状。

"举国体制"下我们办了一个成功的奥运会,但是非常时期内实行的"举国体制",不可在常态时期延续。"两奥会"结束后的一段时间内,入境游客也许会稍有增长(与奥运会前与奥运会中相比),国内旅游在"十一"、中秋节期间会有一个较大的"井喷",但这并不是奥运会直接的推动作用,而是因为今年以来因多种因素被压抑的消费需求集中释放的结果。"十一"、中秋以后,旅游业很快会进入常态运行期。

及时研究"后奥运"的旅游发展策略,整合奥运遗产、推出与奥运相关的旅游产品、提升常规产品、创新时尚产品、依托奥运效应制订营销计划等,都非常必要。但是,必须清醒地认识到,这种研究的前提必须是以恰如其分地、实事求是地估量奥运会对旅游的推动作用,而不能建立在虚幻的"后奥运时代"如何如何的基础上,作出不切实际、一厢情愿的判断。

不是旅博会，胜似旅博会[①]
——写在上海世博会启幕之际

春花放飞，万物葱茏，上海世博会即将拉开帷幕。世界各国、各种国际组织的代表和民众，不分职业、种族、肤色与信仰，不分社会制度与富裕程度，在"城市，使生活更美好"的共同理念下，会集相聚在黄浦江畔，共享一场把世界文化、生态与科技成果融为一体的文明盛宴。

此时此刻，笔者不禁想起了160年前的一件往事。1851年在伦敦举行第一届世博会时，全球第一个旅行商托马斯·库克为16.5万的参观者提供交通与食宿服务，首开世界会展、节事旅游的先河。自此以来，世界博览会也是旅游博览会。每届世博会成为一个全球性的旅游吸引物，像一个超强磁场吸住了世人的目光，从五洲四洋奔赴举办地，实现了客源地与目的地的全球性对接。每一届世博会都在世界旅游史上留下了浓墨重彩的一页，同时强劲地推动了国际旅游，特别是世博会举办地及其所在国的旅游大发展。

随着信息与交通的日趋发达、世界经济一体化与文化多元化的同步推进，世博会的举办地从欧美向亚洲延伸，从发达国家向发展中国家扩展，参会的国家与组织越来越多，展示的内容越来越丰富，吸引力越来越强，参观的民众越来越广泛。上海世博会是首次在发展中国家举办的一场盛典，也是迄今参加单位最多的一个盛会。192个国家、地区和50个国际组织携手相拥、鼎立共举，预计将有国内外7000万人次观摩、体验，成为有史以来规模最大、参与最广的一届世博会，必将谱写世博会历史的新篇章，同时也将开创世界旅游史上的新路碑。

2009年11月，北京国际世博论坛开幕式上，温家宝总理致辞说："世博会开启着人类重新认识世界的窗口，引领人们从对物的崇拜转向对人的关怀、从征服自然转向尊重自然、从追求增长转向推崇可持续发展。"这是对世博会发展历程的精辟总结，是对本届世博会的精确概括，也是对今后旅游业发展的精当启示。

一个半世以来，世博会的主题虽然不断变化、多维视角，但其演变的脉络十分清晰：对技术创新与产业发展的推崇→对人类和平的憧憬→对人性尊严的呼唤→对人际和谐、人与自然和谐的追求。从最初的"知识就是力量"、"科技创造无限"，到20世纪"通过竞争获取和平"（1935年比利时布鲁塞尔）、"通过理解走向和平"（1964年美国纽约）、"人类与世界"（1967年加拿大蒙特利尔）、"人类的进步与和谐"（1970年日本大阪）。进入

---

① 以《旅游，使生活更美好》之题、"本报评论员"之名发表于2010年4月30日《中国旅游报》。

21世纪后,从"人类、自然、科技"(2000年德国汉诺威世博会)、"自然的睿智"(2005年日本爱知世博会),到这次上海世博会的"城市,让生活更美好"主题,集中地体现了当代世界人类社会共同关注的焦点:敬重自然、彰显个性、尊重人的尊严,实现人与人的和谐、人与自然的和谐,创建和谐社会,走向和谐世界。

旅游本质上是不同国家、民族与地区之间人与人的交流,是人与不同形态、特质的生态环境的互动,其社会、经济、人文与生态的综合功能集中到一点,就是"让生活更美好"。"城市即人",这句莎士比亚名言被醒目地镌刻在上海世博会"城市·人馆"入口处。我们也可以套用此话,把"旅游即人"的理念融入我们每个旅游人——旅游者与旅游服务者的心灵深处。

《国际展览会公约》指出,举办世界博览会"展示人类所掌握的满足文明需要的手段,展现人类在某一个或多个领域经过奋斗所取得的进步,或展望未来的前景",实现"教育大众"的宗旨。

上海世博会是一个多元文化生态交相辉映的"地球村",是世界跨文化交流的盛会,是探索走向低碳时代的窗口,是永无止境的人类文明进程中的新驿站。所有旅游人,从参观者到旅游的管理者、经营者、服务者和研究者,都可以从各自的角度出发,在这届世博会上观赏到、体验到、考察到、捕捉到、感悟到不同的知识与理念,启迪我们深入思考如何从城市建设、环境营造、科技创新、绿色低碳、精品打造、形象塑造、区域互动、社会参与、经营管理和信息服务等各方面,转变旅游发展方式、提升产业素质与完善服务水平。历时184天、接待国内外7000万人次、日均接待40万人次的这届超常规的节事盛典,无论其成功的创举还是不足的瑕疵,对中国旅游人来说都是十分宝贵的精神财富。

旅游与城市是相伴共生的。人类经历了狩猎社会→农耕社会→工业社会→后工业社会的漫长嬗变过程,是城市化不断演进的过程,也是旅游活动产生与不断提升的过程。近代旅游业的诞生与工业革命、商品经济的发展同步,也与城市化的加速同步。首届世博会与首家旅行社几乎同时出现在英国,并非偶然的巧合,乃是历史的耦合。旅游首先成为城市人生活方式的组成部分。城市既是旅游客源产出的主体,也是重要的旅游目的地。城市旅游永远是不可缺少、充满活力的主题旅游产品。火热的上海世博会向人们昭示,以当代人类文明成果为核心的现代社会资源,是旅游业取之不尽、用之不竭的资源依托,推动着旅游业转型升级、持续发展。

城市,让生活更美好!

Better city, Better life.

在这个意义上,旅游人完全可以自豪地说:

旅游,让生活更美好!

Better tour, Better life.

世博会,也是旅博会[①]

——一个旅游人的世博观感

历时184天的上海世博会以它的成功、精彩与难忘落下了帷幕。

10月中旬笔者专程去上海,在世博园参观了3天,留下的一个最深的印象是:这是规模最大、参与国家与组织最多的一次世博会,也是最精彩、最成功的一个世界旅游博览会。世博会虽然结束了,但消化与吸收世博会的经验刚刚开始。

什么是旅游资源?世博会实际上是一个世界旅游主题公园,它的全部展品都是旅游资源。石油馆前长长的队伍表明它是最受欢迎的一个企业馆,因为它用虚拟场景让参观者身临其境地了解石化工业,特别是世界领先水平的4D电影,让观众经历一次神奇的"石油延伸城市梦想"的时空之旅。如果我们把这种高新技术应用到敦煌石窟、故宫、秦始皇陵等旅游景点之中,既能保护珍稀而脆弱的文化瑰宝,又能让游客穿越于历史时空之间,经历一次历史文化之旅。石油馆的例子说明,社会旅游资源无处不在、与时俱生,文化与科技的结合将给旅游业添上强劲的双翅。

怎样展示特色与选择亮点?世博会表明,哪个展馆最受欢迎,不取决于它属于哪个国家,而取决于如何展现自己。在中国国家馆,最吸引眼球的是动态展示的国宝名画《清明上河图》,它是传统文化遗产与数字技术的完美结合;沙特馆内1600平方米的全方位3DIMAX环幕电影,把观众带进这个神秘的文明古国、绿洲之城和能源之国;"钢铁王国"卢森堡馆全部由钢材建造,世博会结束后可全部拆卸运回,并在展馆外种了一排排葡萄树,背后写着"亦小亦美",点出这是一个小而美的森林城市之国与袖珍国家。

怎样提炼、展示城市主题与国家形象?出于职业习惯,笔者注意了各展馆的主题定位。蒙古馆的主题词是"戈壁与城市",日本馆的主题词是"心之和、技之和",哈萨克斯坦馆的主题词是"欧亚大陆的心脏",加勒比共同体馆的主题词是"不同之岛,不同体验",美国馆的主题词是"拥抱挑战",巴林馆的主题词是"小即是美",埃及馆的主题词是"开罗,世界之母",圣马力诺馆的主题词是"城邦国家"……可以看出,各国都从本国的自然或人文、历史与现代的特点中提炼各具特色的主题口号,以彰显特色、塑造形象。十分有趣的是,各个馆都设计了各种图案的邮戳,研究这些图案对设计旅游目的地的形象标识(LOGO)不是很有价值吗?

什么叫文明参观、文明旅游?在开园初期,曾见到少数参观者争抢礼物、插队、踩踏

[①] 2011年11月3日《中国旅游报》。

绿地、冒充残疾人闯无障碍通道的报道。而我在参观期间曾仔细观察，几乎没有看到排队加塞、翻越护栏、占椅卧睡、乱掷垃圾的现象。"排队文明"一直被认为是国人的缺项、外国人的专利，但在世博会中这个"惯例"被打破了。经过几个月的磨合，加上服务管理的到位、"小白菜"的周到服务、参观者的互相提醒，我们欣喜地看到文明参观已成绝大多数人的共识，园区内呈现的是忙而不乱、井然有序的祥和景象。人创造环境、环境塑造人，世博会又是一个案例。

什么是以人为本？这个问题似乎已成为口头语，但总有点抽象。在世博园中，人们随处可见休息椅、饮水器、厕所、餐饮点。特别令人感慨的是，男女厕位的数量不相等，女厕位多于男厕位，这与其他地方男女厕位相等，甚至男厕位多于女厕位的情况不同。据说，设计者曾去多个公共场地实地调查男女性如厕的平均时间，这充分体现了设计者的匠心与爱心。排队是世博会风景的一个组成部分，为了方便观众，回廊式的排队区上部装有电风扇与喷雾龙头，围栏上装了长条板凳让人边排队边小坐片刻。这些周到的辅助设施与千姿百态的展馆、丰富多彩的活动共同构成了一幅世博会的靓丽风景画。

旅游信息化与交通如何建设？信息是旅游的神经，交通是旅游的血管。世博园区内的 LED 大屏幕不间断发布有关信息，参观者的手机不时收到世博活动的信息，移动电话客户终端可用手机查询、获取交通与游览信息，外国游客可租用多语种的导游机……"网上世博会"更是可以让人们不出户览遍世博园，开创信息时代"网上旅游"的先河。身穿"小白菜"颜色服装的志愿者随处可见，迅速帮你释疑解难；不停穿梭于浦江两岸各个展区的大巴快捷地运送游客，8 个出入口与市内多条地铁线、专用公交线对接，4000 辆专属车队统一外观标识，统一调度、电话订车，收取普通出租车费……种种感觉告诉我，世博会在信息与交通服务方面可谓全国领先、世界一流。

旅游怎样与展会结合？世博会旅游推广领导小组在世博会筹备期间就参与了国内外宣传推广工作。旅游部门在世博开幕前一年用各种形式推广，代理国内外参观者的门票有序安排参观、食宿和游客赴上海及周边旅游。在园区内到处可以看到来自各地的旅游团队，早晨由旅游车送到园区大门，沿着团队专用通道入园，晚上坐旅游车返回住地。约有 1/3 的参观者由旅行社接待。事实证明，大型国际会展活动通过旅行社接待有利于管理与安全，担心旅行社参与国家重大会展活动会影响安全是完全不必要的。有指导的旅行团接待，对错峰参观、平衡客流、调剂住宿、加强管理起到辅助作用。由于传统观念与部门利益的掣肘，旅行社参与国家、地方公共事务的业务一直受到限制。世博会第一次实现了国家大型会展赛事活动中旅游与会展互利双赢，为今后旅游部门参与国家大型活动创造了先例。

在世博会举办全过程中，硬件软件、城市环境、场馆布局、建筑设计、交通安排、宣传推广、主题创意、节庆活动、文艺演出、餐饮供应、特色购物、人性化服务、信息传递、组织联络、节能环保、安全救援与旅游会展融合等，都可以为旅游业提供范例和借鉴。上海世博会留给我们的价值绝不仅仅是 7000 多万人次的参观者、350 万人次境外游客和 800 亿元的经济效益,而是它所体现的与时俱进的创新精神、敢创一流的创业精神、以人为本的人文情怀和节能环保的绿色宗旨,是无法用数字来估量的。以人民群众满意度为最高标准,经历了184天最全面、最严格的检验,上海已是最合格的中国最佳旅游城市。

随着世博会的落幕,成绩已属于过去,重要的是开拓未来。新的挑战即将来临,能否把世博精神发扬光大,把世博成果传承下去,把世博场馆(包括新建改建的饭店)有效利用,把会展与旅游业推向一个新高度,已摆在上海人特别是旅游人的面前。

红色旅游能"产业化"吗[①]

一、红色旅游景区景点属于什么性质的产品

红色旅游资源属于国家所有、全民共享,红色旅游景区景点由国家财政提供保护、建设资金和营运经费,工作人员的工资由财政拨款或补贴,开展红色旅游的目的是为了进行革命传统教育。红色旅游景区景点属于公共产品,一般应向公众免费开放。去年我与太太自费去庐山旅游,缴了180元大门票后,进入"庐山会议旧址"每人还要缴40元的小门票。且不说"小门票"不合理,不符合国家发改委关于"原则上实行一票制"的规定;也不对我这种65岁以上的老人优惠。就这样,我们俩人花了80元接受了一次"庐山会议"毛泽东如何设圈套整彭德怀的"革命传统教育"。同时,这80元又成为我受另一种"教育"的"学费",明白了"红色旅游"成了某些部门的赚钱工具。

二、"红色旅游"能产业化吗

有的地方提出培育"红色旅游产业",举办"红色旅游交易会",把发展红色旅游作为"帮助革命老区人民脱贫致富"的"经济工程"。为此,在所有红色旅游发展规划中,都提出了接待人次与旅游收入的指标。所谓"红色旅游产业",大概是指红色旅游产品中行、游、住、食、购、娱诸要素形成的产业链。纯粹的红色旅游景区景点原则上不应收门票或只收保本的低门票,不应以赢利为目标。交通与食宿由游客自选,可高可低。以"红色"为主题的纪念品和演艺等应低价、薄利经营。从构成红色旅游产品核心环节的景区景点及以红色教育为内容的纪念品和演艺,以及"红米饭南瓜汤"一类的"忆苦饭"等,如以赢利为主要目的,这个"红色旅游"必定变味。把红色旅游当作产业来办,可能就不是"红色旅游"了!有位朋友告诉我,他们全家夏天去5A级的红色景区白洋淀,一碗西红柿鸡蛋汤50元,蛋花星星点点都捞不起来。红色旅游可以带动地方经济发展,但开展红色旅游的目的主要不是为了发展地方经济。老区发展经济有多种途径,开发旅游是一个重要途径,红色旅游只是发展旅游的一个方面。结合红色旅游开展绿色观光、休闲、度假,扩展旅游产品群,壮大旅游产业、促进地方经济发展并不错,但单提"红色旅游产业"应该慎重。这种提法会诱发地方官员与百姓对红色旅游的过高的经济期望值,其社会效果可能会与开展红色旅游的宗旨相背离。

[①] 2008年12月在国家旅游局"全国红色旅游发展规划论证会"上的发言。

红色旅游固有的教育与纪念性质,决定了它不是以娱乐为特征的休闲产品,其客源群体主要是以团队或集体为主的少年、青年学生和军人,以及少先队、共青团和共产党的组织生活。这种市场指向决定了该产品的公益性、大众性和低价位,应以社会效益为主,其次是生态效益,适当顾及经济效益。因此,在红色旅游发展规划中是否要规定旅游接待收入的经济指标值得研究。

三、外国也有红色旅游吗

有些研究文章和规划为了证明"红色旅游"的普遍性,列举了许多"世界经典红色旅游产品":俄罗斯的列宁陵墓与无名烈士墓、朝鲜的平壤凯旋门、越南的胡志明故居与广场、美国的林肯纪念堂、南非的罗木岛、缅甸的独立纪念碑、巴基斯坦的独立纪念塔、雅加达的独立纪念碑、卢森堡的夏洛特女大公像、德国的柏林墙与纳粹集中营、以色列的大屠杀纪念馆、比利时的滑铁卢战场、法国的诺曼底登陆线与马其诺防线、澳大利亚的战争博物馆等,并认为"在世界各国的旅游活动中,以'弘扬爱国主义、培育民族精神'为主题的'红色旅游'产品占很大一部分比例"。

这显然是把"红色旅游"、历史文化旅游及爱国教育旅游混淆了。中共中央宣传部关于红色旅游的文件明确规定,中国共产党领导的革命战争的历史遗存,具有鲜明的共产主义意识形态特征。上述历史纪念地,除朝鲜、越南外,其余都不能称为"红色旅游景点",即使是朝鲜、越南,他们也不用"红色旅游"这个中国式概念。今日莫斯科红场还保留列宁遗体与陵墓,那并不是为了开展"红色旅游",也不是宣传列宁主义,而是作为俄罗斯历史中一段文化遗产,也是为了继续进行遗体保存的科学实验。今天红场上长燃不熄的长明火是为纪念反法西斯的卫国战争中英勇牺牲的先烈,已不再具有宣传列宁主义、共产主义的意识形态目的。至于把各国纪念独立、民主、反侵略、反法西斯的纪念地、纪念物也称之为"红色旅游",更是风马牛不相及的事情。

四、"红色旅游"中如何处理历史上国共两党的关系

目前红色旅游景区景点和线路中,展示历史上国共两党之间战争题材的占2/3以上,反映国共合作北阀、抗日的内容相对较弱;在以抗日战争为题材的旅游产品中,主要宣传共产党领导的敌后抗日,很少表现国民党领导的正面战场。这既不完全符合历史的真实,也不利于今天促进海峡两岸和平发展主题的需要。从贯彻中央对台新战略、实现中华民族整体发展核心利益出发,在红色旅游中应该按历史真相与现实形势,调整红色旅游中展示国共两党关系的视角,突出两党合作、共赴国难、联合抗日的内容。红色旅游的游览地、导游词要避免对革命领袖人物的个人迷信,甚至封建迷信的色彩,要防止对政治对手的人身攻击,甚至妖魔化的说法。

五、红色旅游能可持续发展吗

红色旅游具有很强的时段性、时效性。具体表现为:

- 一年之内，清明节、"五四"青年节、"六一"儿童节、"七一"建党日和"八一"建军节，是开展红色旅游的高峰期。
- 一段时期内，重大革命事件逢五、逢十纪念日，如抗战胜利、中共建党、建军、国庆的××周年纪念，是集中开展红色旅游的高潮期。
- 从历史长河看，红色旅游将成为众多历史文化旅游产品中的一种，目前全国星罗棋布的红色旅游景区景点中，一些对中国现代历史产生重大影响的、反映民族精神、体现人类进步理想的历史纪念地，将会与世长存、永久被世人瞻仰，而不少应"景"而兴的、没有什么历史价值，甚至不反映历史真实的"景"区"景"点，则会随着岁月流逝、时代推进而淡出人们的视野。

总之，红色旅游开发：

要尊重历史，不要打扮历史。

要突出重点，不要遍地开花。

要从长计量，不要急功近利。

要与时俱进，不要僵化守旧。

慎提"红色旅游产业"[①]

在旅游报刊上,常看到"红色旅游产业"、"红色旅游经济"的提法。笔者认为,红色旅游作为一种旅游产品不是纯公共产品,也不是纯私人产品,而是一种"准公共产品"。

红色旅游产品链中的红色旅游景区景点,如历史事件纪念地和标志物,包括陈列馆、纪念馆、会议遗址、名人故居等,属于国家资源、属于全民的精神财富,由政府负责保护、修建、管理、运行,它属于公共产品,原则上应免费开放或廉价开放,不应以赢利为目的。因此它是不能市场化、产业化为"红色经济"的。如果把它市场化、产业化、经济化了,它就变了味、变了质,背离了开展红色旅游的宗旨,失去了开展红色旅游的意义。

红色旅游产品链中的"行、住、食、购、娱",是开展红色旅游的必备配套要素,是可以也应该市场化运作的。但是这些配套要素应与"红色旅游"的主题相协调,也应围绕"红色旅游"这个主题,与一般性的观光娱乐、休闲度假的"景、住、食、购、娱"有所区别,不宜走"高价"路线,更不能以厚利、暴利为取向。

景,应保持原生风貌与历史真实,不能搞成现代式的主题公园。除了必要的基础设施建设,不应在"景观"上大投入、建大项目。即便修建步行道、休憩设施,也应质朴无华,不宜大理石铺道,不宜建城市式的喷泉广场之类。

住,应取本土建筑风格,以中低档、经济型旅馆、青年旅舍、汽车旅店和宿营地等为主,不应搞成商务型、豪华级的城市酒店。

食,应取本地食物为主,以乡土菜、大众菜为主。

购,应以土特产、民间工艺品为主,标志性纪念品应质朴、厚重。

娱,应以地方性、民俗性、中小型的演艺、娱乐活动为主,不应照搬城市广场式的豪华演艺,"大腕"阵容、奢华包装,高门票、高回扣、高消费。

总之,作为一种以爱国主义与革命传统教育为宗旨的旅游产品,"行、游、住、食、购、娱"也应该围绕红色主题,营造氛围、深化体验、寓教于游,切不可用"产业化"、"市场化"削弱了文化主题。

红色旅游产品的公益性、公众性、公共性是第一位的,其市场性、商业性、赢利性应服从、服务于公益性、公众性、公共性。

红色旅游的社会功能、文明功能、教育功能是第一位的,其经济功能、扶贫功能、就业功能很重要,但也不应放在第一位。

[①] 2011年4月1日《中国旅游报》。

红色旅游首先是一种社会性的事业,其次才是一种经济性的产业。

我的一位朋友告诉我,他们在一个5A级的红色旅游景区内用餐,一盘小杂鱼60元、一碗西红柿鸡蛋汤45元,比城市里还贵,受到了一场深刻的"教育"!

世界上没有一个国家,把对国家进步、民族独立具有严肃纪念意义的历史遗址,作为增加GDP的"摇钱树"的。如果这样,那是对先辈的不敬,对历史的亵渎,对自我的贬低,对后代的误导。

"红色旅游产业"、"红色旅游经济"此类提法,容易误导,还是慎提为好!

两岸关系和平发展形势下的"红色旅游"[1]

2008年12月31日胡总书记在纪念《告台湾同胞书》发表30周年座谈会发表讲话,在"和平统一、一国两制"的基础上,进一步提出"要牢牢把握两岸关系和平发展的主题",从增进政治互信、推进经济合作、弘扬中华文化、扩大各界交流、协商涉外事务、结束敌对状态达成和平协议六个方面,促进两岸同胞加强交流合作、融洽感情、积累互信、解决争议,实现两岸经济共同发展、共同繁荣,维护国家主权和领土完整、实现中华民族的伟大复兴。

胡总书记在讲到"结束敌对状态、达成和平协议"时,特别指出"海峡两岸中国人有责任共同终结两岸敌对的历史,竭力避免再出现骨肉同胞兵戎相见,让子孙后代在和平环境中携手创造美好生活"。

读至此,不由得想起了目前正在大陆大张旗鼓地开展的红色旅游。

什么是"红色旅游"?许多文件上都有这样的一段经典性解释:

"红色旅游,主要是指以中国共产党领导人民在革命战争时期建树丰功伟绩所形成的纪念地、标志物为载体,以其所承载的革命历史、革命事迹和革命精神内涵,组织接待旅游者开展缅怀学习、参观游览的主题性旅游活动。"

这段话的关键词有两个:一是"中国共产党领导",二是"革命战争时期"。

在《2004~2010年全国红色旅游发展规划纲要》中,培育的12个"重点红色旅游区"中,有9个是以"国内革命战争"(1927~1936年)和"解放战争"(1946~1949年)为主题的;在30条《全国红色旅游精品线名录》中,有2/3以上是以国共两党之间的战争为内容的;在近百个《全国红色旅游精典景区名录》中,也有2/3以上是以国共两党之间的战争为内容的。笔者元旦前在国家旅游局参加的3个红色旅游规划论证会(湘赣闽片区、鄂豫皖片区、西北片区),几乎百分之百是以国共两党之间的战争为内容的。

的确,这些"战争"都是历史上曾经发生过的事实。

但是,从中华民族的历史长河来看,这些都是中国人内部的"战争",其中固然有"对"与"错"、"正义"与"非正义"之分,但就其双方参与的主体来说,则属于中华民族内部"骨肉同胞兵戎相见"。这与近百年来,中华民族反对外国帝国主义列强侵略、捍卫国家主权与独立的战争是大不相同的。

这是一。

---

[1] 2009年1月9日搜狐博客。

就国共两党关系而言,在历史上既有冲突与战争,也有交流与合作。从中共成立到1927年,国共两党联合北伐,消灭封建军阀割据势力,那个阶段共产党人参加了国民党,有些成为国民党的中央委员。1937~1945年,国共两党再度合作共同抗日,取得了中国百余年来第一次反抗外国侵略战争的胜利,使中国立于世界反法西斯民主阵营之列,成为反法西斯四大国之一,空前提升了中国的国际地位。

这是二。

就国民党历史而言,近百年来它在历史上经历了不同的阶段:1911年孙中山领导的中华革命党(国民党前身)发动辛亥革命,推翻了两千余年的封建帝制,建立中华民国,成为亚洲第一个民主共和国;1924年后孙中山改组国民党,联俄联共、扶助农工、领导北伐,消灭了军阀割据势力,统一了中国;1927年后以蒋介石为首的国民党"清党"反共,把中国推入10年内战的深渊,是它历史上的一大污点;1937年后国民党联共抗日,进行了8年抗战,赢得了反法西斯战争的胜利,收复了被日本统治达50年的台湾,实现了国家统一;1946年后以蒋介石为首的国民党违背和平、发展的民意,再次发动内战,成为它历史上的又一污点;1949年后国民党中央党部迁至台湾,一方面宣称"反共复国"、实行"戒严",另一方面在台湾实行土地改变、发展经济、改善民生,抵制美国永久分裂中国的图谋,始终坚持"一个中国"的立场;1986年蒋经国取消"戒严"、开放"党禁"、启动民主法制之轮,同时开放台湾居民赴大陆探亲,开启两岸民众交流之门。国民党在近百年的历史长河中,跌宕起伏、荣辱并存。即使在蒋介石实行一党专制、发动内战的时期,国民党内部也有爱国民主的有识之士,其中有些人士组成为"中国国民党革命委员会"(简称"民革")。

这是三。

就国民党现状而言,2000年6月,国民党召开"十五全"临时会,会上连战正式当选为党主席,全面整顿李登辉的"台独"路线,并于9月21日撤销李登辉的党籍。同年7月国民党召开"第十六次全国代表大会"通过了新修订的党章、党纲。新修订的党章称,"本党基于三民主义的理念,建设台湾为人本、安全、优质的社会,实现中华民国为自由、民主、均富和统一的国家"。国民党一方面强调自身已经"本土化",要全力"建设台湾",另一方面仍以"中华民国"为国本,不忘国家统一大业。该党章还表示国民党要"复兴中华文化,实行民主宪政,反对共产主义,反对分裂国土,共同为中华民族之整体利益而奋斗"。国民党并在"十六全"通过题为《国家新蓝图,台湾新动力》的政策纲领,提出"国家至上,人民第一,台湾优先,永续发展"16字原则。在两岸关系上,国民党坚持世界上只有一个中国,但主张"一个中国,各自表述"。国民党在新制定的"政纲"中强调,要在"九二共识"基础上,"追求两岸和平稳定关系,建立军事互信机制,建构台海和平区",主张"两岸搁置政治争议,从事制度竞赛,进行全面政经建设,塑造政治民主、经济自由的现代化国家。积极恢复两岸制度化协商;加强全方位交流,推动城市交流、政党交流、高层互访。配合全球运筹中心,推动两岸经贸松绑;促进两岸资金、人员及资讯移动透明化,创造国际企业策略联盟的环境"。现任党主席马英九,是国民党历史上第一位差额直选出来的党主席。国民党目前党员总数超过100万,是岛内人数最多的政党,成为台湾地区推进民主进步、反对"台独"势力、坚持"一个中国"的中坚力量。

这是四。

胡总书记指出,促进两岸和平发展,这是"民族根本利益和国家核心利益"所在。"两岸应该本着建设性态度,积极面向未来,共同努力,创造条件,通过平等协商,逐步解决两岸关系中历史遗留的问题和发展过程中产生的新问题"。

坚持服从和服务于国家大局,综合发挥产业功能,促进经济发展和社会进步。这是改革开放30年发展旅游业的基本经验之一,也是开展红色旅游必须坚持的原则。

在海峡两岸进入和平发展主题的形势下,"应该站在全民族发展的高度",审慎处理开展红色旅游中的一系列问题,在相关的旅游景区开发、旅游线路设计和导游词编写中,注意以下方面。

(1)把历史与现实统一起来。回顾历史是为了开辟未来,不能因纠缠历史陈账而干扰解决现实任务、影响开拓未来。

(2)全面反映国共两党关系的历史。既要展示国共两党斗争以至战争的历史,更要展示国共两党合作的一面,特别是国共合作抗日的历史。要向广大游客特别是青少年说明,国共两党"和"则利国利民,国共两党"斗"则误国伤民,今天国共两党关系的新发展,则是国共两党合作的历史继续,并非无源之水。

(3)全面反映国民党的历史。国民党是中国近现代史上第一个政党,它的是与非、功与过,都与国家统一、社会进步、民众福祉息息相关。了解近现代中国,不能不了解国民党。反之,不了解国民党,也就不可能了解近现代中国。对于国民党领导的民国首都南京、陪都重庆,作为中国现代历史上的重要一章,在历史文化旅游开发中大有文章可做。我曾多次建议南京打"民国古都"牌比打"六朝古都"更有意义,建议重庆大打"抗战陪都"牌要比打"红岩"牌更有吸引力。

(4)如实评价国民党的代表人物。近百年中国国民党内出现了众多人物,其中不乏政治、经济、文化、军事英才。他们之中不少人经历曲折、功过间杂。对他们要功过分明、公正评价。如国民党十大抗日名将张自忠、李宗仁、杜聿明、孙立人、薛岳、卫立煌、傅作义、戴安澜、张灵甫、王耀武,不管他们的最后归宿如何,对于他们的抗日功勋都应在历史上留有他们的地位。对于国民党名人的故里、故居、重要活动遗址,都应作为历史文化遗产妥善保护、适度开放。

在奉化、南京、重庆和庐山等地,蒋介石的故里、旧居、办公场所已经采取了保护措施并向游人开放,但内容有待充实。上海等地的国民党军政要员的活动旧地有待挖掘与利用。蒋经国在赣州活动时的居所、遗址已初步得到整理与利用,还有待大力挖掘。人们可以从他在赣州创导的"新生活"运动中,可以想见他后来在台湾执政时的作为。

当然,这些景点不能称之为"红色旅游景点",可称之为"现代历史名人旅游景点",

与"红色旅游景点"并存。让这些历史遗址为两岸和平发展服务，也是旅游界应尽的历史责任。

"海峡两岸中国人有责任共同终结两岸敌对的历史,竭力避免再出现骨肉同胞兵戎相见,让子孙后代在和平环境中携手创造美好生活。"胡总书记的这段话,不仅仅是对台湾同胞说的。

红色旅游也要与时俱进。为"终结两岸敌对的历史",让"骨肉同胞兵戎相见"的历史悲剧不再重现,"让子孙后代在和平环境中携手创造美好生活",应成为开展红色旅游活动的重要主旨。

如果仍在红色旅游中继续刻意渲染国共如何"你死我活"的历史陈账,不正是陈水扁之类死硬的"台独分子"所希望的吗？

从林则徐到孙中山这段历史能戴上"红色旅游"帽子吗[①]

第一期《2004~2010全国红色旅游发展规划纲要》对"红色旅游"的定义是:"以中国共产党领导人民在革命和战争时期建树丰功伟绩所形成的纪念地、标志物为载体,以其所承载的革命历史、革命事迹和革命精神为内涵,组织接待旅游者开展缅怀学习、参观游览的主题性旅游活动。"按照这个定义,红色旅游所涵盖的时间范围是从1921年到1949年。

新公布的第二期《2011~2015年全国红色旅游发展规划纲要》,扩展了"红色旅游"所涵盖的范围,将"1840年以来中国大地上发生的以爱国主义和革命传统精神为主题、具有代表性的重大事件和重要人物的历史文化遗存"纳入了"红色旅游"范围。也就是说,从林则徐、康有为,到洪秀全、孙中山等历史人物的遗址,从三元里民众抗英、金田起义到黄花岗七十二烈士墓、武昌起义等遗址,都将挂上"红色旅游"景点的牌子,向我们的后代传授这样的历史知识。

这种划分不符合历史常识。众所周知,从三元里民众抗英到黄花武昌起义、从戊戌维新到辛亥革命、中华民国建立,这段历史与"中国共产党领导"毫无关系,因而与"红色"不搭边。1911年辛亥革命时,中国人还不知道马列主义(照毛泽东的说法,那是1917年"十月革命一声炮响,给我们送来了马列主义"),还没有中国共产党(那是中华民国成立十年之后),哪来的"红色"?把辛亥革命纪念地的旅游归入"红色旅游",有悖历史逻辑。

众所周知,我们的政治词汇中,用"红"来代表一种政治信仰、一种政治派别源于苏维埃俄国。1917年"十月革命"发生后,俄罗斯共产党组建"红军",建立苏维埃政权,从此"红色"一词含有"马列主义"、"共产党"、"无产阶级专政"、"无产阶级军队"等含义。1928年后,中国共产党建立的军队仿照苏联共产党的叫法,称为"工农红军"、"赤卫队",建立的政府称为"红色政权"。从此之后,"红色"一词带有强烈的信仰色彩、党派色彩,为共产党领导的政党、军队、政权、社团、人物所专用。1958年"大跃进"年代有高举"三面红旗"、"插红旗、拔白旗"之说,还有"又红又专"与"白专"道路对立之说。史无前例的"文化大革命"中,全民笼罩着一片"红色恐怖",要"砸烂旧世界,建设一个红彤彤的新世界"、"万里江山一遍红"、"把红旗插遍全球"等。可见,"红"在不同时期虽有不同的政治

[①] 2011年6月17日搜狐博客。

含义,但专指与共产党相关的主义、人物与事件。

把1840年至1921年期间的进步历史人物与反帝反封建事件用"红色"来统揽,纳入"红色旅游"系统,这是对历史的曲解。天真烂漫的青少年看了这样的"红色旅游"点,还以为这真是一段"红色"历史呢!

这种做法不利于海峡两岸政党与民众交流,不尊重台湾和海外华人的认知与感情。请问,如果有台湾的国民党人或其亲友、不信仰共产主义、马列主义毛泽东思想的港澳台同胞与海外华人,把1905年同盟会至1911年辛亥革命的遗址地都挂上"红色旅游"牌子,他们会有何感想?这种做法符合中央对台方针吗?有利于两岸和平发展的大局吗?"红色旅游"的倡导者为什么不讲这个"政治"与"大局"呢?

但是,现在已经进入了21世纪,海峡两岸和平发展已成共识,为中华崛起、共建"中华民族共同家园"而努力,成为全体中华同胞的神圣使命。2008年12月31日胡锦涛总书记指出:"海峡两岸中国人有责任共同终结两岸敌对的历史,竭力避免再出现骨肉同胞兵戎相见,让子孙后代在和平环境中携手创造美好生活"。"红"、"白"之斗,"骨肉"相残,这是历史老账了。作为历史不能抹杀,有待继续深入研究。但作为面向国内外游客的旅游产品,刻意渲染这段"骨肉同胞兵戎相见"的历史就值得反思了。

笔者并非不赞成把1840~1921年的重大历史遗址辟为旅游点,相反,一直认为与"红色旅游"点相比,这类历史旅游开展与宣传很不得力。今年隆重纪念辛亥革命100周年,缅怀民族、民生、民主革命历史,发扬爱国、民主传统,不仅是纪念它在中国历史上推翻千年专制帝制、首创民主共和制度的丰功伟绩,更是因为时代需要两岸四地、海内外的华人"携手创造美好生活",向统一的、强大的、民主的共和国的目标继续前进。用孙中山先生的话,"革命尚未成功,同志仍需努力"。不过,不能称之为"红色旅游",应称之为"近代历史旅游"或"爱国主义传统旅游"。

对一个民族、一个国家,历史与传统是永远不能丢掉的。但不应是某一段历史、某一家历史。历史应该是全面的、完整的。

这样解读红色旅游好[1]

最近凤凰电视台播了一台由著名主持人杨锦麟先生主持的湖南红色旅游专题节目,边看边想,觉得值得向旅游界特别是红色旅游主管部门推荐。

这台以湖南红色旅游为主题的节目,选择了毛泽东、刘少奇、彭德怀、胡耀邦四位领导人的故里和南岳先烈祠为题材,耐人寻味、发人深思。

讲到韶山时,杨先生与当地干部探讨烧香跪拜、把毛泽东当神来祭拜的现象时,既分析了中国有把自己心目中的伟人当神崇拜的历史传统,又指出文明社会应该让毛泽东走下神坛。

讲到花明楼时,节目通过当地百姓的嘴讲述了一个历史细节,刘少奇回到家乡调研时,了解到有些乡亲没有房住,就让他们住进空闲着的自家祖屋中去。当然刘少奇生平展览中,晚年的悲剧是不可或缺的。

讲到彭德怀故居时,杨先生平称赞导游词在讲述1959年以后的经历时,不用"曲笔",如实介绍历史事实。其中一个镜头十分引人注目:他最后穿的一件衣衫上有斑斑血迹。这是一个共和国功臣在"文革"中流下的血!

讲到胡耀邦故居时,导游介绍了一件事:故居已破败不堪、摇摇欲坠。胡耀邦对家乡人说:不要再修了,倒就让它倒掉吧!

同一个省里四位共产党领导人的戏剧性经历,他们之间的错综复杂的关系,都包含在"红色旅游"这个主题下,如果同一个游客同时游览这四个景点,会有何样的感慨与思索?

该节目讲述了这四位共产党领导人的故居后,还介绍了南岳忠烈祠。这是一个埋葬和纪念与日本侵略者浴血奋战而牺牲的国民革命军官兵的墓园。杨先生感慨地说:离此不远的南岳庙香火旺盛,有时一天游客多达2万余人,但这里却冷清清。节目借用一位游客的口,表示了对这种现象的不满。

红色旅游是历史之旅。真实是历史之旅的价值所在。全面地、真实地展示历史的本来面目,是开展红色旅游的价值所在。

---

[1] 2009年2月26日搜狐博客。

红色旅游需要新视角[1]

新华社报道：近日，来自海峡两岸及海外的黄埔校友及亲友在京出席举行"中山·黄埔·两岸情"座谈会，21位台湾退役将军专程从台北来京参加。

一位台湾退役高级将领说："今后不要再分什么国军、共军，我们都是中国军队。"曾担任台湾军方总政战部主任等要职的许历农上将说：哲人讲过，如果为了现在就总和过去纠缠不清，将会失去未来。两岸炎黄子孙，应该放下恩怨情仇，为中华复兴而奋斗。

人民解放军的罗援少将说，台海太小，难展中国军人文韬武略之大智大勇，让我们跳出狭隘的地域观念，还我以叱咤风云的中华大舞台；军事视野太窄，难容中国军人博大胸怀，让我们跳出单纯的军事定式，再现我中华"上兵伐谋"之兵法精髓；一万年太久，难了我几代人之统一夙愿，让我们摆脱消极等待的心态，给世界一个惊喜，给全世界一个榜样。

目前"红色旅游"正如火如荼。看了这则报道，我一直在思考：究竟以什么样的历史视角、现实使命和未来愿景开展红色旅游？

---

[1] 2011年6月8日搜狐博客。

辛亥百年话旅游[①]

隆重纪念辛亥革命百年之际，在广东中山故里、广州黄花岗七十二烈士墓园、中山纪念堂，在湖北武昌起义军政府旧址，在南京中山陵和孙中山中华民国临时大总统府，在上海中山故居，在北京中山公园纪念堂和碧云寺，在浙江剑湖女侠秋瑾就义地，在台北中山纪念堂……在辛亥革命重大事件发生地和革命志士活动遗迹地，以及与辛亥革命息息相关的国共合作北伐、抗日的重大历史纪念地，人们缅怀先辈、抚今追昔，回顾百年风云，展望百年未来。

辛亥革命推翻了清代皇朝、结束了中国两千多年的封建帝制制度，开辟了追求国家独立、民族平等、民主共和与民生幸福的新时代。在这个意义上，一百年来中国发生的翻天覆地的变化，中华民族取得的一切进步，都是辛亥革命及其所代表的民族、民权和民生精神的延续与发展。中华民族将永远纪念这座历史丰碑。这段历史将永远是我国历史文化旅游中一个鲜亮主题。辛亥革旅游与红色旅游一起构成了我国近现代历史文化旅游的主体，完整展现了中华民族的百年奋斗史。

我国近现代旅游业的发展是辛亥革命带来的社会进步的一部分，是社会进步、经济发展、民生改善的产物。在自然经济占统治地位的封建社会，虽然早有旅行游览活动，但没有也不可能出现作为经济行业的旅游业。1923年8月，上海商业储蓄银行设立了"旅游部"，开始经营国内旅游业务，主要范围在沪、宁、杭三角区。1925年组织第一批旅日"观樱团"。1927年6月，该部正式领取营业执照，改名"中国旅行社"，其总社设在上海，全国有22个分社、9个支社、旅馆7家，并在马来亚、印度、越南、缅甸、菲律宾、美国、新加坡和中国香港等国家和地区设有办事处，并创办了我国首家旅游刊物《旅行杂志》。"中国旅行社"开创了中国人自办旅行社的先河。去岁秋，笔者在台湾旅游时，台湾导游李先生首次与团友见面时，带着自豪的口气自我介绍："我是'中国旅行社'的导游，我社1923年在上海创办，是中国第一家旅行社，也是历史最悠久的旅行社"。当时我笑着说，谢谢李先生给我们上了一堂中国旅游史。看来，台湾旅游界同行十分珍视民国时期的创业史。

回望历史，持续开展具有爱国主义、民主主义与民生主义内容的历史文化旅游，有助于推进今天正在从事的民族振兴大业。在海峡两岸和全球华人共同纪念辛亥革命百年之时，我们为国家与民族已经坚实地自立于世界民族之林而振奋，同时也为祖国统一大

[①] 2011年10月11日搜狐博客。

业尚未最终完成而沉思。令人注目的是,旅游,这个为民增福之业在推进两岸和平发展、最终实现祖国统一的大业中,有着"润物细无声"的功效。

海峡两岸地缘相连、血缘相同、文缘相通、情缘相思,但咫尺天涯,曾经隔绝了近40个年头。自1987年以来,阻隔两岸来往的闸门先以探亲、后为观光打开,从此两岸民众交流之潮如大江东去,浩荡无阻。1988年至2010年,台湾同胞来大陆旅行旅游6100万人次,相当于台湾人口的2倍。2006年8月,大陆方面成立"海峡两岸旅游交流协会"(简称"海旅会"),10月台湾方面成立"财团法人台湾海峡两岸观光旅游协会"(简称"台旅会"),分别由双方政府旅游管理部门官员组成,就海峡两岸双向旅游交流进行协商,这是海峡两岸第一个行业性的交流机构。2009年6月,海协会和海基会签署《海峡两岸关于大陆居民赴台湾旅游协议》,2009年7月正式开展大陆居民赴台湾旅游,到今年底大陆同胞赴台旅游将超过300万人次,并开始了自由行的试点。2010年5月,"台旅会"北京办事处与"海旅会"台北办事处先后成立,这两个具有公权力背景的机构的设立,是两岸关系的又一重大突破。在两岸交流破冰行进中,旅游无疑成为先导。

人们常常以海峡两岸互送多少万游客、各在对方花费了多少亿元来说明海峡两岸旅游的进度、规模与效益,这是有道理的。但是,看不见、摸不着、渗透到民族心灵中的社会效益,是无法用数字来估量的。海峡两岸同胞在旅游过程中双向互动、直面接触,是互相了解、理解和信任的最佳途径。只有亲眼所见、亲耳所闻、亲自经历、亲自体验,才能彼此了解、深层理解。多少台湾同胞正是先来大陆旅游后,才投资大陆、就业大陆以至定居大陆的。对大陆居民来说,台湾无处不在的一体多元的社会生态,则是最重要的旅游吸引物。看一看同根同祖的骨肉同胞是如何在另一种社会制度下的生活的,别有一番思绪。在两岸同胞的心灵之间架起一座沟通之桥,是海峡之旅的真正价值所在。

两岸同胞在彼此的土地上自由自在的走动,亲人般的握手、问候与欢笑,这是当今两岸和平发展、共同进步的最真实的写照。两岸的发展、繁荣、合作,共建中华民族家园,振兴中华、国家统一的基础在于民众,希望在于民众。在纪念辛亥革命100周年之际,我们比以往任何时候更有信心。作为旅游人,精心办好海峡两岸的发展之旅、和平之旅,为建设中华民族家园添砖加瓦,是中国独特历史赋予的独特使命。

让孔子走下神坛[①]

今年12月28日是孔子诞辰2559周年,按惯例,曲阜举办国际孔子文化节,期间举行"祭孔大典"。笔者有幸应邀参加了此次盛典。

此次国际孔子文化节有几点引人注目,颇有新意:
- 首次颁发孔子教育奖;
- 举行首届"国际儒学大会";
- 举行首届"孔子与旅游论坛"。

孔子教育奖是首个以中国人名字命名的国际奖项,有28个国家的32个组织向联合国教科文组织提出了评奖申请,经过严格的评奖程序,本次孔子教育颁奖分别授予埃塞俄比亚和南非的两个教育组织。

本届孔子文化节以"走近孔子,感悟圣城"为主题,于28日孔子诞辰日举行的祭孔大典,突出"仁者爱人,自强不息"的民族精神,祭文由著名作家金庸先生撰写。

在开幕式上首次上演了诠释孔子思想和儒家文化的大型原创剧《孔圣·九章》。

这些活动体现了文化性、时代性、国际性的特点,是今年孔子文化节的亮点。

我注意到了"祭孔大典"中两个引人注目的现象:

一是在大成殿的孔子像前不仅有花圈花篮,还摆满了各类传统祭品,包括被宰杀的牛头等,似乎又回到了从汉至清代两千年的时代,孔子被当作"神"受到现代官绅儒仕的顶礼膜拜。

二是祭孔大典举行时,平民百姓(包括游客)被挡在孔庙大门外,只有官员和像我这样的"贵宾"才能进入;按副委员长、副部长、副书记、省长、市长……的次序,进入大成殿向孔子像敬献花圈花篮,祭拜孔老夫子。当然,没有平民百姓的代表,也没有教师与学生的代表。

此时,我不禁联想顿生:如果孔子在天有灵看到此情此景,会有何等感慨?他生前游走列国,不被各"国"执政者礼遇,有时如"丧家犬"狼狈不堪。在他死后四百多年,"废黜百家,独尊儒术",步步登高,两千年中成为"至圣先师"。九十年前的"五四"新文化运动,"打倒孔家店"的口号声使他从"神"回归为"人"。三十多年前"文革"中,他又被当作权力斗争的工具,"被踩上一只脚",打倒在地。"文革"后,作为伟大的思想家、教育家,作为公认的世界文化名人,他的学说又得到了应有的尊重。但如今在"心为民所系、情为

[①] 写于2008年10月。

民所动、权为民所用"的时代,他又重新走上圣坛,受到顶礼膜拜,真是令人嘘唏不已!

孔子是人不是神,是文化伟人不是宗教领袖。他本人"敬鬼神而远之";他说过,"未能事人,焉能事鬼?";他"不语怪、力、乱、神";对祭神仪式,他认为"祭如在,祭神如神在"。尽管有"儒、佛、道"三教之说,但孔子学说从来不是宗教,《论语》从来不是宗教经典,儒学也从来不是宗教教义。把孔子推上神坛,把儒教奉为宗教信条,是中世纪时代的事。现在是21世纪,纪念这位思想家、教育家用敬献花篮、奏乐起舞、举办论坛、颁发孔子教育奖等,既隆重又文明,既时尚又节俭,何必大宰牲畜作为祭品!如果是孔氏家祭,这是他们家族的私事,你祭什么、怎么祭,其他人管不着。如果是一个旅游节庆活动,表演一下复古式的祭礼让人开开眼界未尝不可,让游客见识一下历史上如何祭孔的也无妨。但作为党政要员主持的公祭仪式,沿用牲祭等过时的仪式就匪夷所思了。我以为,作为纪念文化伟人,不必年年兴师动众大搞祭典。年年搞大祭等于没有大祭。进一步,我以为对历史名人、文化伟人,用"纪念"来代替"祭祀"更为妥当。

孔子思想的精髓是"仁者,爱人"。这个"爱",在他看来,应当首先从自身做起,"为仁由己,而由人乎哉?"他还说,"四海之内皆兄弟也",人不分贵贱,主张"有教无类"。他最优秀的学生孟轲认为"民为贵,君为轻,社稷次之",把儒家的"民本"思想发挥到了极致。我们不能苛求他们的理想是乌托邦,毕竟在2000多年前说出了这些闪烁着人文精神的话,是何等的珍贵!

看看现在的"祭孔大典",充满了"官气"、"官味"、"官风",以到场的"官"的大小作为"大典"规格高低的标志,现任的"副委员长"来不了,来一个"前副委员长"也好,现任的"部长"来不了,来一个"副部长"也好。祭礼进行时,包括游客在内的平民百姓被拒之门外,"官"、"民"之间被一条无形的鸿沟分割了。孔子文化节应该是全民同乐的节日,让孔子与百姓同乐,让本地居民与外来游客同乐,让中外的民众同乐,这才体现了孔子文化的本义与真谛。

让孔子从"神坛"上走到民众中间去,纪念孔子的节庆活动从官本位走向民本位,这才符合历史的本来面目,也体现今天最为时尚的"以人为本"、"以民为根"、"和谐发展"、"科学发展"的精神。

由此,我还联想到当今盛行的"公祭"风,从祭黄帝到祭炎帝、祭伏羲、祭女娲、祭老子,直到诸葛亮的诞辰祭、忌辰祭、出山祭等,而且往往是几个地方都说自己是"正宗",抢祭祀的"主导权"。这些活动都有共同的特点:一是造神,把历史人物或传说中的人物当作"神"来顶礼膜拜;二是官祭,都要请党、政、人(大)、协(政协)领导主祭,级别越高越好;三是奢华,祭台越盖越高,广场越修越大,场面越办越大,明星越请越多,一场活动少则几百万、多则上千万元。这种"官"办的祭典活动成了老百姓"埋单"(纳税人交的钱)、当官的"政绩"!

对酒店星评监督员制度的五点疑惑

近日,国家旅游局制定下发了《国家级星评监督员管理规则》、《星级饭店暗访检查制度》。文件明确提出,"为加强对饭店星级评定工作的监督,维护星级标准的权威性,提升星级饭店的服务水准,决定建立国家级星评监督员队伍",以普通住店客人的身份入住饭店开展不定期暗访抽查。看了这则报道后,我有几点疑惑。

其一,目前中国有近1.5万家星级饭店,其中三星级饭店以上的约8000家。星级饭店的数字每年以7%~8%的速度增长。"星评监督员将由国家旅游局负责选聘,主要由政府行业管理人员、饭店中高级管理人员和有关专家学者组成,接受国家旅游局的委派,承担全国范围内的星级饭店暗访和其他检查工作。"

对那么多的星级饭店开展不定期暗访抽查,需要配置多少名星评监督员?以每年抽查5%的星级饭店(20年才能对星级饭店轮流暗查一次)、每个饭店派2名星评监督员测算,需要1500名。

其二,星评监督员要"有较高的政策水平和较强的法制观念,具有良好的思想品德和职业操守;有丰富的饭店业务知识,全面掌握《饭店星级的划分与评定》、《星级饭店访查规范》及其他相关标准;较高的分析判断能力和口头、文字表达能力;严谨、科学的工作作风"。星评监督员的条件如此之高,谁来认定他(她)们是否具有此条件?按惯例,应由国家旅游局质量监督司的饭店管理处提名,凭什么提名?再由谁来考核、如何考核?有什么制度保证星评监督员的素质与水平?

其三,"受聘后的星评监督员将在国家旅游局有组织有计划的安排下,主要以暗访方式对星级饭店或者正在申报星级的饭店进行检查。未经国家旅游局授权,星评监督员不得随意实施对星级饭店的检查工作。"

《国家级星评监督员管理规则》中没有设"国家级星评监督委员会",他们与国家旅游局质量监督司是单线联系。暗查哪家饭店由国家旅游局授权,此任务当然落到质量监督司饭店管理处身上。万余家星级饭店分布在31个省区市,饭店管理处只有几位公务员,他们凭什么决定暗查哪一家饭店、不暗查哪一家饭店?这几位陷入如此具体的事务工作之中,还能干什么?

其四,"受聘后的星评监督员将在国家旅游局有组织有计划的安排下,主要以暗访方式对星级饭店或者正在申报星级的饭店进行检查。他们必须严格按照《饭店星级的划分

---

① 2010年第9期《中国饭店》。

与评定》、《星级饭店访查规范》、《星级饭店暗访检查制度》和《关于印发星级饭店评定工作"十不准"的通知》等有关标准和制度实施检查工作。在结束检查后一周内,向国家旅游局提交观点鲜明、格式规范、条理清晰,具有较强针对性和指导性的书面检查报告和相关照片(或录像录音资料)。"

监督者必须受监督。星评监督员的暗查活动由谁来监督?他(她)们的书面检查报告的质量、水平、真伪由谁来认定?如何"避免评价的主观性"、防范暗查工作中的失误、偏差、不公以及腐败?

其五,国家旅游局为了表示行政职能的转变,已授权全国旅游星级饭店评定委员会对饭店进行星级评定,由该"委员会"的名义发布星级评定、复核、处罚。尽管该委员会的全部活动仍由国家旅游局有关部门直接操作,但至少在名义上不再由国家旅游局直接公布星级饭店评定、复核结果,总算是一个小小的进步。

《国家级星评监督员管理规则》、《星级饭店暗访检查制度》表明,作为国家一级行政机构,仍要包揽对企业服务质量检查,而不把类似这些的事务转交给行业组织、中介机构去办,实在令人费解。在旅游星级饭店评定委员会之外还要设许多星评监督员,"评定委员"与"星评监督员"之间是分工、交叉还是兼职?

国务院《关于加快发展旅游业的意见》指出,"以游客满意度为基准","逐步建立以游客评价为主的旅游目的地评价机制";"要按照统筹协调、形成合力的要求,创新体制机制,推进旅游管理体制改革。旅游行政管理及相关部门要加快职能转变,把应当由企业、行业协会和中介组织承担的职能和机构转移出去"。

从旅游体制机制改革角度来看,诸如星级饭店评定、检查、复核之类的工作更应该按国务院文件的要求转移给旅游饭店协会或其他社会组织,以加快"政事分开"、"政企分开"的改革步伐。企业服务质量的问题,归根到底要靠行业标准、行业自律、消费者评价、媒体及公众监督等公开透明方式来解决。饭店质量评价主要以住客评价为主,重点应在住客意见反馈与投诉机制公开上做文章。"微服私访"只是在特殊情况下的一种辅助手段,它仍是一种"人治"方式。在社会大环境不尽如人意的今天,这种"暗箱操作"又如何杜绝导致新的不公与腐败?

"奥运人家"式私家旅舍可否常态化[①]

北京市正在选择598户北京家庭在8月1日至9月30日期间,为奥运会境外观众、游客提供住宿与接待服务。为此北京市旅游局制定了《奥运人家标准与评定》,对环境、卫生、文化等提出了条件,还要求有专供宾客住宿的房间,家庭成员中至少有一人能用外语与客人进行日常交流。相关方面将对入选的"奥运人家"进行国际礼仪、卫生常识、安全知识等方面的学习培训。"奥运人家"的接待对象是由国旅总社和中旅总社组织的国外观赛、修学、旅游观光团队,不直接对外接待散客。

这是为奥运会期间解决北京宾馆设施不足而临时设置的私家旅舍。那么,奥运会后,这种私家旅舍能否继续运行呢?"奥运人家"只接待境外团体游客,能否扩展到国内团体游客呢?现在只接待团体游客,能否进一步扩展到接待境内外自助游客呢?

依我之见,答案是肯定的。其利是:

可以使游客与目的地的居民零距离接触,有助于主客交流,增强旅游的参与性、互动性与体验性;

可以降低旅游的食住花费,游客可以把更多的花费用在游览、娱乐等文化消费和购物消费上;

可以更加有效使用家庭住房,无客时房主自用、有客时入住游客,充分利用社会资源为旅游服务;

可以为房主增加收入。

其实,这种私家旅舍在一些热点旅游目的地早已出现,在丽江古城、平遥古城、阳朔等旅游城镇已演变成民间旅馆,在大中城郊的乡村已演变为农家旅馆,只不过它们的经营性更强,从临时性变为常年性。

至于没有经营性、只有自助性的私房互换旅游方式,在民间也已出现。有的是网上结识的异地车友、"驴友",互到对方城市旅游时住宿在家中,双方不以现金结算,而是以默认的互相免费接待的方式处理"换房"中的经费问题。在这种交往中,有的成为很好的朋友。

当然,这类私家旅舍也会给社会治安、卫生防疫、工商管理和社会道德等带来一系列新问题。然而,只要市场有需要,管理总是有办法的。

"奥运人家"的常态化,不妨从北京奥运后开始试点。

[①] 以《"奥运人家"应当常态化》为题刊载于2008年8月13日《人民日报》(海外版)。

改革开放30年来,我国的旅游住宿业已形成了以星级饭店为主体的"正规军",近两三年来连锁经济酒店又异军突起,"锦江之星"、"如家快捷"、"速8"、"宜必思"等连锁经济酒店迅速铺开,成为一支新的"生力军"、"小分队",但至今仍缺乏家庭旅舍品牌。各地的"农家乐"实际上是农村的家庭旅舍,一些旅游城市(如三亚、丽江、平遥等)也出现了家庭旅舍,但具有地方特色、文化品位和规范经营的家庭旅舍还是一个空白。期待各地有更多的家庭旅舍出现,并形成各有特色、服务上乘的经营品牌,成为大众休闲时代的旅游住宿业中富有活力的"游击队"。

阙里人家[①]

一、北京"奥运人家"家庭旅舍

2008年北京举办奥运会期间,以"奥运人家"为名称开办家庭旅舍。

根据《奥运人家标准与评定》标准,硬件方面有餐厨、住宿、环境、交通等要求,如区位良好、交通方便,有专供宾客住宿的房间,要求房间采光、厨房通风、独立卫生间、洗浴间。市旅游局提供消毒用具和灭火器。软件方面除文明礼仪外,要求家庭成员中至少有一人能用外语与客人进行日常交流。

全市有1 118户家庭报名,共选定598户,其中知识分子占36%,普通市民占32%、外企职员占18%。可提供726间家庭客房,可接待1000名入境游客。

"奥运人家"按民居类型可分为四种:城区官宦绅商四合院、高碑店民俗村平民大院、新式社区居民大楼套房和时尚的豪宅住宅别墅。实践表明,前两种民居最受外国游客欢迎。

由市旅游局对接待人家采取分散学习、集中培训、个别辅导进行培训,内容有国际礼仪、卫生常识、安全知识等。

由北京市旅游局、市公安局、市卫生局和市社会建设工作办公室进行统筹管理。由街道、社区配合公安部门负责客人在家中的住宿安全和在社区内的活动安全。"奥运人家的接待对象是"由国旅总社和中旅总社组织的国外观赛、修学、旅游观光团队,不直接对外接待散客。接待家庭负责旅行社与"奥运人家"签署正式合作协议书。

由旅行社组织"六个一"旅游产品:观看比赛、景区游览、参观场馆、购买纪念品、品尝风味餐和开展社区联谊。

目前,"奥运人家"已从临时型走向常态型。北京市旅游局负责人表示,"奥运人家"有可能转型为一种常态的创新型业态。2009年1月,原"奥运人家"接待点将以"胡同人家"继续接待中外游客。

二、创办"阙里人家"家庭旅舍

阙里是孔子故里的古称、圣城曲阜的前称,孔子的授业、居住之地。《孔子家语》载:"孔子始教学于阙里";《清一统志》载:"鲁有两观观……盖阙门之下,其里即阙里。而孔

[①] 2010年9月在山东曲阜"孔子与旅游论坛"上的发言。

子之宅,适在是耳"。以"阙里人家"之名创办曲阜家庭旅舍名正言顺,承历史文脉、聚文化之气。

"阙里人家"家庭旅舍应以曲阜传统民居为体、孔子文化主题为魂,融入孔子文化,待客以"仁"(爱心)、服务尚"礼"(礼节)、经营讲"诚"(诚信)。

"阙里人家"家庭旅舍要彰显曲阜的民俗文化、营造孔子故里的文化氛围:明城遗址与民俗民风衬映,传统民居与大众生活融合,古老文化与时尚风貌传承,贵族生活与平民生活差异,古书古香与土风土情辉映。

"阙里人家"家庭旅舍可开展丰富多彩的旅游活动:日游"三孔"、夜览明城、修习六艺、观赏演出、品尝风味、选购精品,让宾客住阙里人家,游圣人故里。

"阙里人家"家庭旅舍要做到传统与舒适对接,如宽带入户、空调宜人、热水淋浴、冲水厕所、洗衣烘干、煤灶微波,方便客人休闲、居住。

"阙里人家"家庭旅舍的客户群体应该雅俗共赏,中外咸宜,成为:"俩人世界"的情感天地,亲子家庭的休闲客栈,银发老人的赋闲驿站,文化创意的艺家别院,中外学生"孔子私塾"学堂,东亚游客"孔子学院"宿舍,欧美游客孔子文化体验窗口。

"阙里人家"家庭旅舍的经营方式应该国内游客与入境游客并重、团队与散客并举,团队由旅行社与户主统一结算,散客由客人与户主直接结算。

创办"阙里人家"家庭旅舍要贯彻政府指导、各界配合、社区支持、户主自办的原则,政府相关部门制定《阙里人家标准与评定》标准,设计"阙里人家"家庭旅舍标志,曲阜游客中心设"阙里人家"专柜,建立"阙里人家"咨询、预订网站,曲阜市旅游质量监督所负责质量检查。

"阙里人家"家庭旅舍要办成曲阜旅游的新名片、东方圣城的新窗口,成为孔子文化的新天地、"好客山东"的新载体。

游客出境游保证金由银行托管好[①]

国内居民参加出境旅游时,需事先用现金向组团旅行社交纳一笔最低为5万元、一般为10万元、高达20万元的"防滞留保证金"。收取这笔"保证金"的理由是,游客如在境外滞留或逃逸时用来赔偿旅行社的损失。其实,真要借旅游出逃的人哪里在乎这几万元。"保证金"实际上是形同虚设,并无实质作用。

更为不合理的是,回国后旅行社只付还"保证金"的本金,这利息就流进了旅行社的"腰包"。出国旅游一般在7天以上,从游客与旅行社签约、支付"保证金"到回国内取回"保证金"大多在1个月左右。旅行社拿这笔"保证金"如存入银行,可得到一笔利息。倘若一个出境旅游组团一年组织1万名游客出境,以每人"保证金"10万元计算,按银行"七天通知存款"1.71%的利息计算,4周(28天)可得利息约123元(扣除5%的利息税)。如果旅行一年组团1万人,保证金的利息则为123万元。可见,"保证金"的利息成了旅行社的一笔可观的额外收入,而且这笔收入可不入账,而成为可由某些人自由支配的"小金库"。

这种"保证金"是一个不合理的规定,也可以说是一个旅行社强加给游客的"霸王条款",是游客向旅行社的单向"保证"。反之,如果游客在出境旅游期间,该旅行社"消遁"了,或破产了,游客向谁去索取"保证金"?当然,也可以作这样的解释:旅游局可以用该旅行社缴纳的160万元的"质量保证金"补偿游客。然而,这160万元只能支付16位游客的"保证金",其余的游客又如何拿回"保证金"呢?虽然这些情况实际上极少发生,但逻辑上是可以假设的。

近日,中青旅宣布与中信银行合作推出"出境旅游回国保函"业务,游客只需将"保证金"存入第三方中信银行而不是交给中青旅,返回后直接从中信银行取回"保证金"的本金,既保证了"保证金"的安全,还可获得一笔高于活期存款利率的利息。

中青旅这样做,少得了由游客"保证金"带来的一笔利息收入,但多得了游客的一份信任。这也算是打造"诚信旅游"的一个方面吧!

中青旅的这种做法,旅游主管部门、旅行社协会可否宣传之、推广之?

[①] 2008年7月28日搜狐博客。

旅行社的质量保证金能否也由银行来托管[①]

谈了游客向组织出境游的旅行社缴纳的"防滞保证金"之后,想起了旅行社向旅游局缴纳的另一种"保证金"——"旅行社质量保证金"。

根据《旅行社质量保证金暂行规定》:
- 经营国际旅游招徕和接待业务的旅行社:60万元;
- 经营国际旅游接待业务的旅行社:30万元;
- 经营国内旅游业的旅行社:10万元;
- 特许经营出国(出)旅游业务的旅行社另缴:100万元;

《旅行社质量保证金财务管理暂行办法》规定,"旅行社质量保证金由国家旅游局、各省、自治区、直辖市和各地、州、市旅游行政管理部门的财务管理部门管理,包括保证金本金的收取、存储、支付、退还及利息和管理费的提取、清算等工作。"

2007年底统计,全国有国际旅行社1838家,其中获得国家旅游局批准的出境游组团社共计915家(截止到2008年5月底),在2007年正式开展出境游业务的共计793家。全国国内旅行社17 882家。

据笔者估算,全国国际旅行社缴纳的质保金共计11.028亿万元(按每个旅行社缴纳60万元计算),特许经营出国(出)旅游业务的旅行社缴纳的质保金9.15亿元;国内旅行社缴纳的质保金17.882亿元。国际国内旅行社缴纳的质保金共计38.06亿元。

按《旅行社质量保证金暂行规定》,"保证金利息按中国人民银行规定的单位活期存款利率计算,每年将1/3的利息一次性退还旅行社,其余作为保证金管理费用,用于处理旅游投诉和理赔过程中的相关支出。"

这个规定,既清晰又模糊。清晰的是,"按中国人民银行规定的单位活期存款利率计算,每年将1/3的利息一次性退还旅行社";模糊的是,国家、省、市三级旅游局(县旅游局无权收取)拿了这笔保证金后,是以什么存期方式(活期存款、"七天通知存款"、3个月存款、6个月存款、1年存款、3年存款,或投资、买基金、买股票等)存入银行或存到其他地方? 就以银行存款为例,由于存款期限不同,利息就大不相同,其讲究可大了。

假设有四种情况:

(1)如果这38亿元全部为活期存款,年利率为0.72%,一年利息为2600万元(扣除5%利息税),其中1/3(即866万元)年底返还旅行社,其余1734万元"作为保证金管理费

[①] 2008年8月4日搜狐博客。

用"。

（2）如果这38亿元以"七天通知存款"存入银行,年利率为1.71%,一年利息为6156万元（扣除5%利息税）,其中1/3（即2050万元）年底返还旅行社,其余4106万元"作为保证金管理费用"。

（3）如果这38亿元全部1年期存款,年利率为4.14%,一年利息为1.496亿元（扣除5%利息税）,其中1/3（即4980万元）年底返还旅行社,其余9980万元"作为保证金管理费用"。

（4）如果这38亿元全部3年期存款,年利率为5.40%,一年利息为1.949亿万元（扣除5%利息税）,其中1/3（即6490万元）年底返还旅行社,其余1.3亿万元"作为保证金管理费用"。

可见,从全国来讲,旅行社质量保证金不是一笔小经费,对东、中部地区旅行社比较密集的省市更是一笔相当可观的经费。

这笔经费大致用于:

(1)各省市旅游质量监督所的办公费支出;

(2)旅游质量监督所部分人员的工资与津贴;

(3)处理旅游投诉与理赔过程中的相关开支;

(4)其他机动性开支。

《旅行社质量保证金财务管理暂行办法》规定,"各级旅游财务管理部门须对保证金进行专项管理,任何单位和个人都不得擅自支取拿用保证金。"目前的国情是"一把手说了算"的行政体制,财务处长得听局长的,这条规定如何得到切实实施呢？10多年前,我在地方走访考察时,时有听到"旅行社质量保证金"被某地某旅游局长挪作他用,不能及时收回或永远不能收回,旅行社如要索回该保证金,其后果可想而知。

《旅行社质量保证金财务管理暂行办法》规定,"各级旅游财务及审计部门每年应对保证金的收支和管理情况进行财务检查或审计,并定期公布有关保证金的财务管理情况,以供旅行社及有关部门查询,并接受监督。"

但多少年来没有见到过此类公诉于众的信息,在国家旅游局发布的《政府信息公开目录》中,只有国际旅行社"交纳质量保证金数额"的信息栏目,没有质量保证金收支状况的信息栏目。质量保证金收支信息公布不对称,也就谈不上"接受监督"。《2006年全国旅游纪检监察暨行风建设工作总结和2007年工作部署》的报告中披露,"去年,经国家旅游局党组批准,驻局纪检组监察局对4封群众来信进行了调查初核,反映的问题主要是某些地方旅游局挪用旅行社质量保证金、旅游发展基金以及某国有旅行社在改制过程中资产流失等问题",提出"严肃查处滥用职权、以权谋私、失职渎职的案件,重点监控旅行社质量保证金、旅游发展基金的管理和使用情况"。可见,挪用旅行社质量保证金的事情仍有发生。

这里,暂且不说在旅游服务系统中,只有旅行社缴纳质量保证金是否合理。为什么宾馆、餐馆、购物商店、旅游交通等服务单位不交？旅行团出游中出了问题往往不是旅行社的责任，为何单要旅行社赔偿？作为旅游行政主管部门一个下属机构、为全旅游行业服务的旅游质监所的办公经费和人员工资，为什么由旅行社一家承担？旅行社质量保证金的收取、支付和监督管理应该是政府行政管理的职能，还是行业协会应有的自律职能？旅行社在注册登记时早就注入了不等的（30万元至150万元）注册资本，旅行社如违规经营、破产负债时注册资本就可用来顶债，为何还要加收旅行社质量保证金？

旅行社不是资金密集型企业，其流转资金本来不多，接团社往往先接团、后组团社收的款，需要一定的流动资金垫付客运、饭店、景点费用，10万、30万、60万、100万的质保金长年押存在旅游局手中，是一笔不小的现金。笔者2005年与世界银行国际金融公司（IFC）专家在四川调研时，不少旅行社老总对质保金几乎是无偿质押，冻结了一大笔流转资金，并由旅行社行业独家承担应由全体旅游行业共同负担的质量风险，叫苦连天。

仅就目前旅行社质量保证金的管理而言，如果保留的话，由商业银行代管而不是旅游局财务处管理，是否更好一些？中青旅向游客收取的出境旅游保证金可以委托中信银行托管而把利息返还给游客，旅行社向旅游主管部门交的质量保证金可否委托银行托管，并由银行按一定比例向旅行社返还利息？向旅行社只支付1/3的银行活期存款利息是否合适？只向旅行社收取质量保证金制度是否合适？旅游质监所应该是行政机构还是行业中介机构，等等，这些问题该进行研究了。

旅行社承接公务活动障碍在哪里[①]

《国务院关于加快发展旅游业的意见》首次明确,"允许旅行社参与政府采购和服务外包",打破了旅行社不能承接公务活动业务的禁区。此后,上海、北京、广东、浙江及杭州等省市政府陆续出台文件,将旅行社纳入公务活动定点采购名录,国家机关、事业单位和社会团体的公务活动可以委托旅行社安排会务、交通、住宿和餐饮等相关事宜。

禁令虽破,但成效甚微。去年国家旅游局发布《关于促进旅行社业持续健康发展的意见》第一条就是贯彻落实"允许旅行社参与政府采购和服务外包"规定,要求"为旅行社参与政府采购和服务外包创造条件,消除障碍"。那么,"障碍"究竟在哪里?

障碍之一,首先是传统观念作怪。认为"旅游"就是吃喝玩乐,旅行社就是提供这方面的服务,这种观念根深蒂固。因此,社会上往往把旅行社接待公务、事务活动等同于"公费旅游"。笔者曾听到某地旅游局长说,当他向当地某一位主要领导介绍外地经验,希望开放旅行社接待公务旅行业务时,某领导立即打断说,"不要说了,我们这里不搞这一套"。

国际旅游界将旅游分为观光、娱乐、度假与商务、会展、文教交流等两大类,前者属于休闲性旅游,后者属于事务性旅行。国际组织——"世界旅行旅游理事会"中的"旅行"就是指因从事商务、会展、文教交流等事务性的旅行,与观光、娱乐和度假等休闲性的旅游相区别。因此,事务性旅行不属于休闲范畴,不能把事务性旅行的消费列入"休闲消费"之列。

传统旅游服务业与现代旅游服务业的重大区别之一,就是前者指观光、娱乐和度假等休闲性的旅游,后者还包括商务、会展和文教交流等事务性的旅行。我们之所以反对"公费旅游",是反对用公费去开展观光、娱乐和度假等休闲性旅游,但并不反对商务、会展、文教科技交流等事务性旅行,反而主张让旅行社承接公务、商务、会展和文教交流等事务性旅行。这一点已成为国际惯例,例如欧美早有专门以提供商务性、事务性服务的旅行商,美国的运通公司就是最成功的一家。

看来,消除观念障碍不仅要破除社会上流行的"旅游就是吃喝玩乐"的传统观念,而且首先要纠正旅游界把"旅游"与"旅行"混为一谈的观念。笔者建议,在旅游文件、宣传和统计中,应该区分"旅游"与"旅行",区分休闲性旅游与事务性旅行,以免混淆两种不同功能的旅游活动。

[①] 2011年3月21日《中国旅游报》。

障碍之二，是既得利益格局作梗。众所周知，改革开放后各类外出学习、考察、交流和接待数不胜数，各级国家行政机关、事业单位和国营企业历来都有专门从事对外联络、交流的机构，有的是办公厅（室），有的是接待办，有的是外联办等。本部门的对口接待、出访交流都由专门机构与人员包揽，尤其领导出国、出境活动更有专人全程操办。这种对外交流、考察运行模式的长处是熟悉对口交流单位的情况，了解相关的业务知识，对方也有专门的对口接待机构，易于开展有效的交流。如果是组织本系统、本行业的下级单位出境考察、参加展览会等活动，在分摊经费时可以把"组织管理成本"计入其中，主办者可以把某些"支出"转嫁给下级参与单位，往往收支相抵还有盈余，成为"小金库"的财源。同时，由单位专人操办，对单位领导的习性、脾气和爱好了如指掌，所有安排可以让领导满意。

事实上，不少部门、单位的外事活动组织机构早已成为不是旅行社的"旅行社"，经营着该系统、该地区的出境旅游业务。显然，这种与权力相结合的部门、单位操作外出，尤其是出境考察模式已经形成了一种既得、丰盛、无风险的利益。实行由旅行社参与政府采购和服务外包触动了由来已久的单位组织出境活动的利益格局。而这种利益格局的维护者正是在反对"公费旅游"的口号下抵制旅行社参与政府采购和服务外包。

障碍之三，是现有绝大多数旅行社缺乏提供事务性旅行的服务供给能力。我国的旅行社最先主要负责接待港澳台同胞和华侨回乡探亲、观光和考察，后来以接待外国人来华观光游览为主，其中虽有组织参观、考察和交流活动，但一直不是旅行社主流业务，没有形成以公务、商务为专长的事务性旅行供应商。国、中、青等主要旅行社虽然也注意到开展出境商务和科技文化交流等业务，但事务旅行综合服务一直没有做大做强，它们主要招徕、组织民营企业或民间单位的出境考察活动，很少深入到政府机关、国有企事业单位。

众所周知，组织接待事务旅行，尤其是出境业务考察、交流，完全不同于出境观光游览与休闲度假。其难度不在于安排交通、住宿和餐饮等服务，而主要是会务活动的组织安排，这里涉及专业知识、对口单位、行业规则、目的地的社会关系和专业翻译水平等相关事宜，远不是一般的观光导游和领队所能胜任的。目前从事出境旅游的旅行社以招徕接待观光游览为主，到达目的地后一切活动由接待社承揽，业务相对简单。可以说，目前出境旅行社尚未做好大规模、常态性的组织安排各类事务旅行的专业的、社会的和人力的资源准备。从行业主管方面来讲，由于事务旅行门类多、涉及面广、社会关系复杂，在行业规范、服务标准、准入门槛等方面仍是一个空白。各级旅游行政管理部门要积极主动地做好宣传引导和协调沟通工作，解决认识、制度等方面存在的问题，旅行社也要根据政府采购和服务外包、公务差旅和专业会议、展览等服务要求，积极主动地开展服务和营销宣传，认真执行国家有关禁止公款旅游的规定，杜绝以"公务旅行"为名从事变相的"公费旅游"。

上述三个障碍，有观念方面的，也有社会层面的；有来自行业外的，也有来自行业内的。打破禁令靠政策,冲出禁区靠自己。只有旅游界自身用便捷、低成本和娴熟的服务去赢得社会的认同、市场的认可,使社会认识到参与政府采购、服务外包、公务差旅和会议展览服务有利于促使公务活动清明廉洁,有利于节约行政成本、降低经费开支,"事务旅行"这个新业态才有可能得以蓬勃、健康发展。

为携程实施国内游小费叫一声好[①]

携程旅行近日宣布,"国内游小费"项目全面实施已经初见成效。首批推出了国内20多个城市出发的300多个相关团队产品,并披露了小费实施办法和相关团队游服务"五大"标准。参团游客出行后的回访显示,六成旅游者"愿意支付",两成旅游者"实际支付"。据悉,此次实施的国内游小费项目,线路和产品覆盖了国内主要的出发城市和目的地,主要包括舒适和豪华团队游、半自助、私家团等类型,这些产品的预订须知页面,都加入了提示内容,包括建议小费支付数额为每人每天20~50元人民币,并说明小费并非强制支付,导游也不得强行索取小费,可根据满意程度自由确定小费数额或选择不支付小费。携程旅行网副总裁郭东杰表示,携程小费项目的核心在于:自主研发的团队游品质提升和携程专属导游队伍建设。其目的是从客户感受出发提供差异化服务,以好服务赢得游客自愿支付小费。

现在有人把导游小费列入针对公务员的"行贿""受贿"罪之列,甚至主张拟订中的《旅游法》写上"禁止导游小费"。笔者历来认为,导游无论是旅行社的专职雇员还是临时雇员,本质上属于旅游服务业中的自由职业者或准自由职业者,是企业雇用的服务从业人员,而不是政府的公务员,也不是行政事业单位的职员。

游客因服务满意而自愿向导游支付小费,不属于"行贿",而是游客对服务者良好服务的一种酬谢和奖励。导游在这种情况下收受小费是合情、合理、合法的劳动所得,与公务员收取贿赂性质完全不同。把导游收受小费以"受贿"论处,是混淆了民间服务从业人员与政府公务员的界限。导游收受游客自愿支付的小费是合法的劳动所得,政府公务员收取薪俸之外的"馈赠"是利用职权的非法所得,两者风马牛不相及。

导游收受小费是否合情、合理、合法,关键在于:游客对导游服务是否满意和游客支付小费是否自愿。如游客对导游服务不满意而导游强行索取或变相强行索取并非游客自愿支付的小费,则是不合情理的违法行为。

携程实行国内游小费,是旅游服务企业与国际惯例接轨的破冰之举,笔者举双手赞成。出境旅游团中预收领队、导游、司机小费已成常态,但国内旅行团依然把小费列入"禁区"。诚然,在当今的社会生态环境与旅游业态下,盛行于市的低价旅行团不具备推广国内游小费的条件,只能在小众化的高端旅游团中先行。在笔者看来,因满意导游服务而自愿支付小费的旅游者,是成熟的旅游者;因服务好而得到小费的导游员,是成熟的

[①] 2012年4月20日《中国青年报》。

导游员;能够常态化地实施国内游小费的旅游服务企业,是成熟的企业;能够实施旅游小费常态化的旅游业,是具有成熟标志的旅游业。

笔者主张,在《旅游法》《导游员管理条例》中,应明文写入规范旅游服务人员(包括导游、门童、客房服务员等)小费的条文,而不是不分青红皂白地一概"禁止小费"。须知,目前导游服务中存在的不正之风并非小费本身之过,而是"零团费"、"低团费"、"三角债"及导游要向旅行社支付"挂靠费"、"人头费"甚至垫付接团费等歪风邪气的结果。向"导游小费"开刀,不能治愈旅游市场秩序混乱的顽症。

解决我国旅游市场秩序混乱任重而道远。当前治理导游服务失序的顽症,当然不能指望普遍推广携程式的"国内游小费"。对专职导游,旅行社须与导游签订"基本工资+上团津贴+法定险金"劳动合同;对兼职导游,旅行社须与雇员签订带团薪酬与人身保险的劳动合同。至于导游可不可收受小费、如何收小费、何种情况下不得收受小费,则在旅行社与游客签订的服务合同及与导游签订的劳动合同中具体商定。政府主管部门可以规范小费行为,但不必下令禁止小费。

携程是我国首先开创网络旅游服务的非国营企业,现在又第一个吃"国内游小费"这只"螃蟹"。但愿携程的创举不要被有关政府部门以这种或那种理由叫停,也期待携程能坚持下去,不断完善,为实施国内游小费积累经验,提供范例。

略论邮轮经济[①]

——兼谈环渤海邮轮旅游

一、邮轮是什么

邮(游)轮大体可分为三大类:远洋型邮轮、近岸型的游轮(希腊的海上三岛游,德国的莱茵河观光,埃及的尼罗河漫游和中国的长江三峡游)、河湖型的观光游船(漓江游船、太湖游船)。

邮轮是一种组合型的海洋休闲旅游产品,依托高技术、精工艺,具有高文化含量,提供高质量、人性化服务,为高端游客群体提供高档休闲旅游产品。品牌豪华邮轮本身就是一个高端旅游者追寻和向往的目的地,登临它是游客的事业有成、社会地位与文化修养的象征。这是一种多功能、复合型、可塑性很强的旅游产品,可以组合海上休憩、观光、度假、健身、会议、奖励、婚庆、潜水、探险、修学、科普等,形成一条以休闲为核心的旅游产品链。主题旅游成为游船的新卖点,如"音乐之旅"、"诺曼底登陆纪念日之旅"、读者与作者见面的"海上读书"等。现在游客乘一艘游船就可以实现环球旅行的梦想。游程三五天至十多天,"银色海洋"号在2005年推出了100天环游世界的计划,从1月12日到4月22日期间由圣迭戈至威尼斯,途径墨西哥、西班牙、智利、马耳他、秘鲁等国,价格每人4.2万美元。

邮轮是一种浮动的海上休闲旅游目的地,一个集行游住食购娱于一身的"海上度假村",其最大优点是"旅"、"游"合一,悠然休闲。食宿、休憩、健身、美容、演艺与会务等设备一应俱全,水、电、垃圾处理、固定及移动电话、有线电视等各类基础设施应有尽有;作为一个高技术的集合体,如卫星导航系统、电子控制系统、环保系统、海水淡化系统、垃圾及废弃物处理系统都代表着当前世界科技的前沿技术。

邮轮是一个产业经济群,航运业、旅行社业(80%的客人通过旅行社预订游船旅行)、饭店业、娱乐业、餐饮业等是船上的配套行业;码头、车队、机场、酒店、(免税)商店、娱乐场等是岸上的配套行业;海运、交通、公安、海关、检疫等机构,是配套的服务管理部门;造船艇、建码头等航海航运工业是基础。邮轮旅游带动相关产业的发展,可以产生1:10以上的高带动比例系数,形成多产业共同发展的邮轮经济。邮轮的就业带动力强,豪华邮轮的客人与服务人员的比例大约为2:1。目前,邮轮经济已经成为世界上一些港口城市

[①] 2010年在"环渤海港口城市旅游合作组织成立大会暨邮轮经济发展研讨会"上的主题发言。

的一个重要增长极。它的发展对推动城市经济发展,提升城市形象,具有重要意义。

二、世界邮轮旅游概况

上天(宇宙之旅)、下海(海洋之旅)是21世纪的两大旅游亮点。

近年来邮轮旅游保持着年均8%至9%的高速增长,远远超过国际旅游业的整体增长速度。据世界旅游组织预测,2007年之前全球邮轮市场将持续保持8%的年均增长。

截至2002年底,国际上共有265艘邮轮。2002年实际航行的邮轮为223艘,载客能力为1135多万人,实际载客量为1030万人,上客率为90.5%,销售收入估计为154亿美元。

据美国游船业协会的统计,2004年北美地区参加游船旅游的人数由2003年的800万人次增加到1050万人次。

2004年世界游船业接待1400万人次,其中20%来自欧洲。目前,世界邮轮市场基本上被欧美垄断,世界邮轮航行的主要区域为加勒比海—百慕大、地中海、亚洲—南太平洋、阿拉斯加、墨西哥西海岸与西北欧等。

三、中国邮轮旅游现状

中国是一个航海历史悠久的海洋大国、旅游大国,但却是个邮轮旅游"小"国。至今中国没有一艘远洋邮轮、一个邮轮母港基地、一家国际邮轮公司。

目前中国一年仅接待36艘次跨国邮轮(不包括港、澳、台地区),都是境外邮轮停泊。近年来,我国的上海、天津、青岛、大连、宁波、厦门、海口、深圳等港口城市都有境外中小型邮轮登陆,并开始开通日本、韩国和越南的近海游船。

上海和厦门正在紧锣密鼓地打造邮轮基地。

2005年7月,国家旅游局与商务部批准丽星邮轮旅行社(上海)有限公司成立,取得外商独资旅行社的营业资质。

据中国一家调查公司统计,91.1%的受访者不曾有过乘坐豪华邮轮旅游的经历,77.8%的受访者认为,豪华邮轮旅游的定价在1万元以下是可以接受的;13.1%的人认为1万元至1.5万元之间可以接受,能够接受其他各档更高价位的有9.1%。在近两年内是否有乘坐豪华邮轮旅游的打算时,70.4%的受访者表示无此打算,有此意愿的占23.7%,说不清的有5.9%。中国邮轮的市场需求已经初具基础,但有待用质价相宜的多样化产品供给去培育、激发更大的市场需求。

四、协作联动,共托环渤海湾邮轮朝阳

C字形的渤海湾海水清澈、风小浪缓,港口不淤不冻、受台风影响甚小,沿海湾项链般地串联起各具特色的16座港口城市。环渤海地区已纳入"十一五"国家发展战略布局。天时、地利、人和兼备,环渤海邮轮经济起航已如箭在弦,并必将成为环渤海地区旅

游协作之航的先导。

1. 入境、国内与出境并举

入境之旅是关键,急待迅速突破。当务之急是在天津、青岛、大连等港口城市兴建国际邮轮码头,建成两三座国际化、综合性、大中型的"邮轮城",形成渤海湾的国际邮轮母港。近期在接待东北亚、东南亚邮轮上取得突破性进展,重点是日本、韩国和俄罗斯远东地区,中远期向远洋扩展;近期以接待进港国际邮轮为主,中远期接待境外邮轮与组织出境邮轮并举。

环渤海之旅是基础,亟待大力推进。环渤海湾各港口城市应因地制宜,修建大、中、小游船码头及配套设施,近期初步形成环渤海内海游船旅游网络,使环渤海游船之旅成为与长江三峡之旅齐名的内海游船旅游产品。

出境游轮之旅正在兴起,要积极引导、完善提高。近期重点是赴日、韩的黄海之旅、日本海近海之旅,逐步向俄罗斯远东地区、东南亚地区及中远程延伸。

2. 邮轮、游船、游艇并举

目前江湖游船初步启动,近海游轮刚刚起步,游艇俱乐部凤毛麟角,远洋邮轮只"进"不"出"。游船作为一种现代旅游产品,世界旅游强国必不可缺,小康民众的休闲生活必不可缺。

邮轮、游船、游艇三箭齐发,可以充分利用环渤海地区海、河、湖、库的多种水域资源,借以满足北方地区城镇居民的亲水渴求。海上邮轮、江湖游船、游艇一起上,满足不同地域不同群体的亲水休闲需求,催生后起的游船旅游、邮轮经济,形成邮轮产业群。

3. 高、中、低档并举

发达国家社会群体结构是两头小、中间大的橄榄形,邮轮之旅以高中档为主。

中国社会群体结构上头小、中间细、基础大的金字塔形。中国的中产阶层(5000元/人/月)约占12%,约1.5亿人,相当于美国人口的一半,比日本人口还要多。

国情决定中国邮轮旅游必须三档(高、中、低档)并举,以高档为导向、中档为基础、低档聚人气,形成排浪推进、后续不断、依次提升之势。

刚起步的中韩、中日、中越邮船线路的经营现状证明,中低价位的旅行费用使邮轮出境旅行颇具竞争力。邮轮出境旅游的报价单说明,无论是赴韩国济州的2000多元,还是赴日本大孤(包括京都、奈良等城市)的6000多元,或是海口—下龙湾—河内二三千元,都要比同线路的飞机或陆路旅游团费低,小康之家完全能接受。

4. 自创与引进并举

目前远洋豪华邮轮靠引进,中小型游船要自创自建。要以政策和信息引导并鼓励渤海湾地区的造船企业投入商机无穷的中小游船、游艇和观光潜艇研制生产之中,这是培育具有自主创新能力的中国邮轮产业、发展中国邮轮经济的必由之路。

5. 区域合作、部门联动、行业协作共举

区域政府合作搭台:各港口城市对互航邮轮、游船共开"绿灯",建立"环渤海邮轮旅

游无障碍圈"。

相关部门联动开道:旅游、海运、港口、码头、信息、公安、海关、安检、救援、投诉、质检等部门协作,畅通环渤海海上之旅通道。

行业企业协作运行:游船业、旅行社、景点、度假区、旅游车、航空、饭店、餐饮、购物、娱乐、旅游网站和游艇俱乐部等通力合作,在市场运行中形成环渤海之旅的经营联合体、资本联合体,形成跨区域、跨行业的环渤海旅游企业网络、集团、"航母",为进一步走出渤海湾、走向东北亚、驶向三大洋打造锚地。

政府搭台是前提,部门联动是条件,企业运行是基础。打破区域旅游合作"天桥把式——光说不练"状况,关键在于有跨区域经营能力的企业进入、担当主角。

6. 海、陆、空游联动

渤海湾及沿岸旅游城市和景区众多,区域内旅游线路完全走海路耗时长、节奏慢,旅途也较单调。"邮轮+飞机+汽车或铁路"的跨区域游线,是国际上的惯常做法。"邮轮+飞机+汽车或铁路"的海陆空游线可联结华北、华东、东北地区非渤海湾沿岸的大中城市,开拓广泛的客源。

环渤海港口城市的优质旅行社与邮轮、航空、铁路、景点、饭店等联手,开辟几条"依托海陆空,畅游环渤海"旅游线,不断提高品质、确保安全,在三五年内形成质高价宜的品牌旅游线,叫响"环渤海邮轮之旅"品牌。

环渤海港口城市旅游合作组织的成立,响起了环渤海旅游合作之船启动的汽笛,也标志着环渤海邮轮旅游的起航。让邮轮旅游的朝阳在渤海海面上冉冉升起,是历史赋予我们的使命,是时代给我们创造的机遇。

谈谈高铁与旅游[①]

我们这个论坛核心是"商旅"两个字,这两个字是非常好的,这两个字可能很快会在社会上流行起来。"商",商业、商业经济;"旅",货的移动、人的流动;将货物的流动与人的流动融合为一,即为"商旅"。货物的流动与人的流动从来是相辅相成的,人流带动物流,物流促进人流,是不能分割的。这是我们这个论坛的独特性、独创性。

旅行这个事从古就有,现在世界上有一种看法,认为全球的人,包括中国人,最早的老祖宗是非洲人,非洲人步行到了欧洲、亚洲、美洲。旅行,只要有人类存在就有,但是旅行的工具有很多变化。

我们在旅游学院给学生讲旅游概论、旅游发展史时讲到了近代旅游业的开始:1825年英国修建了第一条铁路,1830年第一条铁路开始运营,1841年有个英国人叫托马斯·库克,他组织了75个客人,旅行了24公里,从一个地方送到另外一个地方,他不仅解决了这75个人的交通往返,还解决了这75个人的住宿、餐饮和其他,当时是参观一个博览会,还有博览会的门票,这在旅游的历史上是全世界第一家旅行社,也是旅游经济的开端。因为在这以前也有旅行,也有旅店,也有餐馆,但是没有一个机构把旅行中的各种服务安排起来。这是市场经济发展的结果,也是英国工业革命发生的结果,工业革命产生了蒸汽机、火车、轮船。欧洲旅游从国内旅游到跨国旅游,后来从欧洲到美国旅游。托马斯·库克旅行社现在在英国还有,它在欧洲有很多分社。我想用这个例子说明,近代的旅游经济、旅游业和铁路是相辅相成的。从我们旅游界来讲,研究旅游史来讲,旅游有几个时代,汽车时代,特别是自驾车时代,"二次"大战以后,喷气式飞机用到了旅游上,航空时代,航空成为旅游的最主要交通工具,铁路中间有一段衰落了,走下坡路了,或者它的份额降低了。高铁的出现,300公里左右的城市进入了同城时代,除了北京至海口、拉萨、乌鲁木齐、台北等城市还不行,其他的都要进入8小时经济圈,可以取一个名字叫"环城时代",8小时之内可以在中国环一圈。

过去我编制旅游规划时,在考虑旅游交通的时候,按照常规的看法,里程在200公里左右那应该走公路,修铁路不划算,300~600公里以内坐火车最方便,但是600公里以上,这个时候从旅游的角度来讲,坐航空是最合适的。无论是搞旅行社的人还是个人出去旅游,选择交通工具的时候要考虑这个距离,这是过去没有高铁时的情况。

现在很需要我们搞高铁的同志,铁道系统的同志研究一下公路、铁路、航空。这三种

[①] 2010年11月19日在《旅伴》杂志主办的"高铁与商旅经济发展论坛"上的发言,"网易财经"直播。

交通工具的各自的优势是什么、劣势是什么、长处是什么、短处是什么。高速公路、高速铁路、航空，当代交通的三大系统展开新一轮的更加激烈的市场竞争，这是必然的。从铁路来讲，它最大的优势是准时、安全、价位低廉、比较舒适，在火车里可以走动、环保、低碳。航空现在是全世界空气污染的罪魁祸首之一，公路上那么多汽车也是污染源，邮轮发生灾害在江河、海洋里也是污染。

我开始想今天讲演的题目要不要用"旅游、革命"这两个词，后来想了一下，还是要用这两个词，因为它从多个层面改变了旅游的很多常态。第一，时与空变化了，今后旅行社组织旅游线路，个人出去旅游主要不是看距离，第一考虑的是时间，时间是我们选择旅游路线和方式的最重要的考虑，延伸了空间，缩短了时间。第二，旅与游，这两者是矛盾的，比如说我出去一日游，早上8点出去，晚上8点回来，如果我在路上交通花了4个小时，我游览观光休闲就只有8个小时，如果来回交通只用了两个小时，游览、观光、购物、娱乐可以增加到10个小时。第三，高铁时代就缩短了"旅"的时间，延长了"游"的时间，出游时段可以错峰，我们现在一年有52个礼拜六、礼拜天，一般这两天时间适合很短的短程游，因为路上往往要花4到5个小时的时间，有了高铁以后，北京到天津30分钟，我早去晚回，非常充裕。上海到杭州45分钟，上海人去杭州玩，路上来回花1个半小时，最多两个小时，时间也很充裕。出游的范围，有了高铁，一日游可以延伸到500公里左右都没有问题，500公里自驾车还是很累的，上了高速公路只能开100公里，最高120公里，我们的高速公路不是"高速公路"而是"限速公路"。一日游，高速公路自驾车500公里左右做不到，一来一回8个小时都在路上了，但是高速铁路一日游500公里左右，两日游可以延伸到800公里左右。我的亲戚朋友都在上海，考虑明年年底以后礼拜五晚上从北京出发，礼拜六、礼拜天跟亲戚朋友会一下，礼拜天的晚上再回来。观光的更加便捷，休息度假的更加方便。

高铁旅游是150年前铁路旅游的第二个里程碑，将来高铁的普及对中国的旅游业发生什么样的革命的影响，我有一个初步的观点，远程旅游目前的基本模式是，如果高铁进一步普及的话，很可能"高铁加汽车"与"飞机加汽车"成为两种基本模式，当然隔洋过海的国际旅游、洲际旅游，还是要飞机，还是要远洋轮船。高铁时代对旅游的革命性影响现在我们还想不到、看不到，再过一两年再探讨这个问题，也许我们会有更深刻的理解。

根据高铁旅客的特征，我想做以下几个论断：第一，商务、公务、事务旅客为主体，今天来讲大部分坐高铁的，要么是公家掏钱，要么是企业掏钱，要么是老板，不在乎这个钱，为了效率高我掏，这个是一个主体。第二，观光游览、休闲度假、文体观摩游客为基础。我们旅游界有一个看法，认为商务旅游、会议旅游、文化科技交流旅游、探亲旅游这些都属于事务性的旅游，都是要办事的，是生产性的服务业；观光、休闲、娱乐、购物等，是休闲性的旅游，是生活性的旅游。现在来看，如果按照世界上公认的商务旅游、公务旅游、文化科技交流都是旅游的一部分，主要目的是为了办事情，高铁旅游的基本客运群体是以旅游者为主体。第三,"三高一壮",高学历、高收入、高职务的中青年为主体,当然一些富裕老人也愿意坐。第四,到目前为止,高铁旅客是大中城市的中上阶层,广大农村居民、农民工还坐不起高铁。

上海—杭州旅游比较,与其他型号火车比较,T:票价29元,行车2小时零4分钟;K:票价29元,行车1小时43分钟;D:票价52元,行车1小时28分钟;G:票价82元,行车45分钟。一般的打工者、青年学生还是坐29元的。与上海旅游集散中心旅游专线比较,杭州一日游188元,含杭州西湖景点门票,直达景区,包括给你送回来,只用花188元一日游,很轻松。如果坐高铁,来回就是140元高铁费,再加上门票费,再打的去景点,总体的价格估计250以上。上海人很精明,说高铁的价格太高了,价格不降下来,掏公家钱的人会坐,掏私人的钱要想一想。

最后,是我的一个畅想。开创高铁旅游专列,大家知道欧洲有一个东方列车,东方列车上面是豪华的车厢、豪华的卧室、豪华的餐车,就像五星级宾馆一样,电视、冰箱、淋浴等俱全,有文艺沙龙、艺术派对、专题讲座,客人住与吃主要在火车上,到一个地方火车停下来,加水、加各种各样补充品,游客下去玩儿,这个城市玩儿完了到下一个城市。从欧洲一直开到我们的新疆、甘肃、西安,但是那个旅途的时间很长,什么时候我们可以开创一个高铁旅游专列,豪华型的、高价的,很舒适。东方列车从欧洲,从法国到中国来一次,一个人好几万美金,那是高价的,就像我们坐豪华邮轮一样。我也畅想,什么时候我们从哈尔滨到三亚,从上海到拉萨,等等,当然这种豪华高铁专列是针对少数人的、享受型的、VIP的,这样一种高端火车旅游产品。我今年70岁,希望在10年左右看到这个产品,80岁的时候如果能坐上中国人自己的豪华列车,那我这辈子足矣。

20个世纪80年代,甚至90年代,中国人到日本去旅游,旅行社安排的一个项目就是乘坐"新干线",那是因为小平同志带的头,坐一下日本的"新干线",把"新干线"作为一个旅游景观,作为旅游产品里面的重要部分。我想高铁旅行现在已经是一种旅游景观了,天津、北京开了以后,很多人就是为了尝一下这个味道才去坐的。杭州、上海开通以后,很多上海人、杭州人也是为享受这个味道,一小时350公里什么感觉。我在上海坐过磁悬浮,刚上去就停了,很不过瘾。如果明年上海到北京的四五个小时开通以后,就是为了坐这条最新开发的京沪高铁,很多人就买票,就专门为了坐这个。在我们看来它本身就是一个旅游产品,每小时350公里,我想可以称之为"风之旅"了,快赶上风的速度了。

关于高铁我才刚刚开始思考,我愿意把一些粗浅想法奉献给大家,非常愿意以后继续和大家一起来思考这个问题。高铁逐步推开后,对旅游格局、旅游线路、旅游经营带来什么影响,对旅游部门与铁路部门之间的合作与联动,对铁路、航空与公路之间的衔接、合作与竞争,等等,都需要在观察中研究。

今天的论坛是《旅伴》杂志操办的。我向大家曝光,我偷过《旅伴》杂志,我偷它是为了研究,我一看里面的内容对研究旅游非常有价值,就偷偷地塞进去包里。中国有一个传统,"偷书不算偷",甚至可以更大方一点,飞机上的读物一般都是标上"机上读物,请勿带走"。我记得上海东方航空公司有一段时间,机上刊物上面写着"欢迎取阅",因为他在给你搞宣传、搞推广,这一本杂志有几块钱呢?几百块钱的车票你都拿回来了,这一本杂志你让他拿走吧,拿走让他当个纪念品,让他回去宣传,何乐而不为呢?

谢谢大家!

普及自行车代步是发展"骑游"的民众基础[①]

晓虎同学：

自行车旅游又称"骑游"。你们选择了一个新题目、好课题，国内尚无系统研究。你们的选题具有开创性、前瞻性和应时性。

中国是一个自行车大国，自行车曾是城乡居民的重要代步工具。近一二十年来"汽车热"似乎形成了一种"驾汽车体面、骑自行车不光彩"的社会氛围，从社会公职机构到企业、个人，攀比汽车档次的豪华之风盛行。但欧美发达国家自行车作为健身运动始终未衰，目前在环保、低碳、绿色革命下，欧洲发达国家又兴起了推广自行车之风。我在北欧旅游时，亲见骑自行车在城市中十分普遍。我8次在西藏全区考察时，都见到欧美、日本游客在高原谷地骑车穿越拉萨—日喀则—珠峰及拉萨—林芝—泽当的感人情景。

研究"骑游"不能不研究自行车文化。

"骑游"发展的基础是，自行车作为一种代步交通工具的普及与骑自行车作为健身运动的大众化，倡导自行车旅游又可助长社会恢复近距离内自行车代步之风。

"骑游"作为一种旅游产品和旅游方式，属于自助旅游、观光休闲、健身旅游与环保旅游的结合。

"骑游"产品要以短途旅游起步，短途大众化旅游与中长途专项旅游相结合。

"骑游"发展的环境是，交通公共服务系统的建立与完善，尤其是供骑行的交通绿道的设置，是旅游区、线、点上自行车公共服务设施的网络化。

"骑游"发展的条件是，私人自行车的普及与公共自行车租赁网络服务系统的建立。

"骑游"发展的机制是，公共服务平台的建立与自行车租赁的企业经营，两者缺一不可。转动"骑游"之"轮"的第一推动力来自政府，如制定规划、划定车道、设置路标、扶持企业、激励游客等，提供公共设施与发展政策。但"骑游"之"轮"能否持续不断地转动下去，则需要有企业承担经营主体，不能由政府包揽一切。

目前，国内城市自行车旅游开展得最早也最好的是杭州市，围着西湖到处可见自行车租赁点。北京延庆是2007年北京奥运会公路自行车测试赛和2008年北京奥运会公路自行车赛的举办地，目前正在建设"中国自行车骑游第一大县"。建议你们去实地考察。

发展自行车旅游，不仅事关环保部门，也事关旅游、交通、体育和城乡建设等多个部

[①] 2010年10月29日《中国旅游报》。

门,更与广大民众(游客)密切相关,建议增加对他们的问卷调查。

祝课题研究成功!

王兴斌

2010 年 10 月 21 日

附录

尊敬的王教授,您好:

我们是北京联合大学旅游学院的大三学生,我们目前专注于自行车旅游这种低碳消费的旅游方式。虽然旅游行业本身是一种低碳行业,但是旅游活动大多数时候是一种极不环保的高碳行为。目前新兴的自行车旅游逐渐成为环保热潮中的先锋。但是,我们是第一次做这类课题,所以还有许多不明白的地方需要聆听您这样的专家的意见。所以,请允许我提出问题:

1. 您对于自行车旅游的主要观点?

2. 在调查市环保局对于自行车旅游态度的问卷设计中,我们应该设置怎样的维度和刻度?

另外,我们已经制作一张关于自行车旅游和环保的问卷,请您批评指正,提出宝贵意见。见附件。

侯晓虎

2010 年 10 月 20 日

是智慧旅游还是智能旅游[①]

时下"智慧旅游"是一个热门话题。去年7月,国家旅游局提出争取用10年时间,在我国初步实现"智慧旅游",建成一批"智慧城市"、"智慧景区"、"智慧饭店",并在江苏镇江建设"国家智慧旅游服务中心"。此后,"智慧旅游"被写进了不少地方政府的旅游文件中,写进了许多省市的"十二五"旅游发展规划中。

什么是"智慧旅游"?概括众多说法,其内容大致有:在旅游消费层面,具有电子导览、导航、导游、导购、投诉等功能,旅游消费的各个环节都可以通过网络搞定,免去种种烦琐手续,节省精力、时间;在旅游经营层面,从市场调研、设计产品、市场营销、接待服务、客户管理、财务管理、人力调配、计调和安全监控等各个方面,均可实行数字管控;在旅游管理层面,从调查统计、宣传推广、政务发布、行业管理和市场监控等各方面,都可以使用网络完成,实现政务数字化。

其实,被称作"智慧旅游"的基本内容,早在2009年底国务院《关于加快发展旅游业的意见》中提出:"以信息化为主要途径,提高旅游服务效率。积极开展旅游在线服务、网络营销、网络预订和网上支付,充分利用社会资源构建旅游数据中心、呼叫中心,全面提升旅游企业、景区和重点旅游城市的旅游信息化服务水平。"所谓"智慧旅游",实质上是全面提升旅游业的信息化水平。

有的文章断言,"智慧旅游"使"中国旅游业由'信息化'时代和'数字化'时代大步迈进'智慧化'时代"。在笔者看来,"智慧化"仍然包含在"信息化"、"数字化"进程之中,或者是"信息化"、"数字化"的延伸,并无这个"时代"与那个"时代"之分。现在之所以把"智慧旅游"炒得如此热,是拾了美国一家IT企业的牙慧。2009年美国IBM公司提出Smart Planet(译成"智慧地球")战略构想,由此衍生出Smart City("智慧城市")、Smart Tourism("智慧旅游"),等等。该公司提出的"智慧地球"就是把电子感应器嵌入到电网、铁路、桥梁、隧道、公路、建筑、供水系统、大坝、油气管道等各种物体中,并且被普遍连接,形成"物联网",然后将"物联网"与现有的互联网整合起来,实现人类社会与物理系统的整合。在IBM的宣传中,"智慧地球"所包括的领域极为广泛,涉及民生基建和国家战略,甚至是军事领域。

到目前为止,在国家层面正式发布的文件中,尚未使用"智慧地球"、"智慧城市"之类的用语。《中国"十二五"国民经济与社会发展规划纲要》中专门有一条"全面提高信

[①] 2012年4月20日《中国旅游报》。

息化水平",全文为:"推动信息化和工业化深度融合,加快经济社会各领域信息化……实现电信网、广播电视网、互联网"三网融合",构建宽带、融合、安全的下一代国家信息基础设施。推进物联网研发应用。以信息共享、互联互通为重点,大力推进国家电子政务网络建设,整合提升政府公共服务和管理能力。确保基础信息网络和重要信息系统安全。"该《规划纲要》之所以强调"确保基础信息网络和重要信息系统安全",国务院工信部前部长李毅中在2010年4月15日的一次讲话中说得很明白:"'智慧地球'就是通过在基础设施和制造业上大量设立传感器,捕捉运行过程中的各种信息,然后通过传感网,进入互联网,通过计算机分析处理发出智慧指令,再反馈回去,到传感器,到基础设施和制造业上,极大提高效率,产生更大的效益。美国试图用它的信息网络技术,小到控制一台计算机、一台发电机,大到控制一个行业,控制各国的经济。所以,对于外国这些新的理念和新的战略,我们既要学习,大力发展战略性新兴产业,也要提高警惕,不能受制于人。"

仅就翻译而言,"智慧地球"是值得推敲的。查了多本英汉词典,Smart是一个形容词,其中文含义是聪明的,伶俐的,机敏的,精明的,等等。"智慧"按《汉语大词典》的解释是"聪明才智"之意;按《现代汉语词典》的解释是"辨析判断、发明创造的能力"。显然,这种"发明创造的能力"只有人类才具有。建立在数字技术基础上的超级计算机、机器人,是人类智慧发明创造的产物,它们在信息储存、分析、判断、运行上,在某种程度上可以超过人的思维速度,机器人与棋手对弈也可能会取胜,但这仍是一种人工智能,其程序仍由人创造、设计。汉语"智慧"的英文对应词是wisdom。IBM公司提出Smart Planet,故意译为"智慧地球",是出于企业宣传营销的需要,并不是一个科学的、严谨的翻译词语。

笔者认为,把Smart译成"智能"更为确切,表示一种产品、一个行业或一个城市的信息化水平达到某种智能化功能,如"智能手机"、"智能厨具"、"智能洁具"、"智能汽车"、"智能公交网"等,用"智能"来说明此类产品的数字化功能比较贴切。近日厦门金旅公司打出"To Be Smarter"的汽车品牌,指出Smart"代表了更为智能和互联的地球生活方式、更为便捷和高效的交通运输模式、更为精巧和灵活的汽车生活理念、更为睿智和精明的比价式购物观点、更为科学的企业管理方式、更为优惠的金融解决方案"。应该说,该公司对Smart的解释相当精到。

当下一些城市要建的"智慧城市"(Smart City),其实是指在城市管理、城市运行和城市生活中实现数字化、信息化、智能化。"智能旅游"Smart Tourism,则是指在"智能城市"基础上实现旅游经营、管理与服务的数字化、信息化、智能化。当前从各省看大致有两种提法:有的用"智慧旅游",如江苏旅游部门提出建设"智慧旅游省/市/景区/饭店";有的用"智能旅游"或"旅游智能化",如福建省则提出建设"智能旅游"强省、打造"海峡智能旅游"品牌、建设"智能景区"、"智能酒店"等。一些景区设置电子门票系统、数字导览和管理控制系统,如四川青城山—都江堰景区管理局提出"景区正逐步实现由传统服务向信息智能化服务的转变"。

在推进旅游信息化建设中，是提"智慧旅游"，还是提"智能旅游"，尽管可以"仁者见仁，智者见智"，各取所好。但从政府主管部门层面，作为一个行业的新业态，作为一项事关产业发展方向的全国性系统工程，应该只有一个规范的、统一的专门用语，有利于规范化建设与管理。

旅游行业是一种传统与现代相融合的服务业，它既具有信息密集的特点，也具有劳动力密集的特性。在目前各地"智慧旅游"建设方案中，似乎"智慧旅游"建成后，人工服务就减少甚至逐渐消失了，如介绍某个"智慧酒店"，VIP客人从预订、付费、入住、进房、打开电视、自动调节光线、温度到退房的全过程，通过智能识别，手持客房分机畅行天下，一键拨号解决所有疑难。这种"示范"酒店固然让客人感到方便与新奇，但如果客人在整个旅居过程中看不到笑容可掬的服务员，拿着客房移动分机或自己的手机在一个冷冰冰的电子空间中度过时日，这种"体验"的真实感受，难道真的那么舒坦、美妙吗？

旅游业的服务对象是人不是物，它与物流、金融流等纯粹的物的流动不同。旅游业作为服务经济，其本质特征是，在人的空间流动与时间流逝中，人对人的直面接触与亲切服务。在科学技术日新月异的今天，宣传推广、预订付款、招徕组织、讲解导览等诸多环节可以借助于数字技术解决，但是旅游服务的最终环节是人对人、面对面的服务与交流，这种服务通过思想与情感的交流进而实现文化的沟通与交流，是旅游者对异域风情与社会人文的体验。因此，任何科技手段都不能完全取代人对人的服务。

笔者认为，从旅游业的本质与特征而言，提"旅游智能化"更为妥帖，通过运用先进科技手段在旅游中提供方便、快捷、准确的智能化服务，弥补原始的人工服务的不足，同时把智能化与人工化结合起来，让游客在享受现代科技的程式化、智能化成果的同时又能享受传统的具有地域或民族风格的人情化、个性化体验，使传统服务与现代科技有机对接，才是现代服务业的新境界、新天地。

"去"、"携"之战的背后[①]

艾瑞的报告显示，2011年，国内在线旅游业的营收规模达到90.5亿元，同比增长34%。未来几年，中国在线旅游市场的增速都将维持在45%左右。

北京第二外国语学院旅游科学研究所原所长王兴斌教授告诉记者，尽管数字很可观，但在线旅游服务在中国还属于起步阶段，各路"神仙"都看中这个市场，群雄并起，包括一些传统的旅行商，都在做线上的订购等旅游服务，其他的网商，如淘宝、京东等也把目光投向在线旅游服务。

他表示，在美国，在线旅游市场已经有20多年的历史，中国只有10年，仅仅是起步期。美国在线旅游交易占整个旅游市场的70%以上，而去年中国在线旅游市场占整个旅游市场仅7.6%。他认为，我国在线旅游市场交易会越来越大，目前刚进入春秋时期，还远未到战国时期，而且这个市场永远不会出现"秦始皇统一天下"的局面。

目前来看，在线旅游有两种不同类型的经营模式，一是以"去哪儿"为代表的点击付费模式，一是以携程为代表的OTA佣金模式。OTA，即在线旅游服务商，核心模式是旅游中介服务，为消费者提供一站式、全方位的旅行服务，其赢利模式主要来自代理佣金和服务增值。

王兴斌表示，像目前"去哪儿"网这样的垂直咨询网站在市场上还是需要的，方便于中低端消费者来选择比较最低价格的旅行社。但这会有一个缺点，因为旅行社不像机票选择，不论选择哪家航空公司的机票，他们的服务大致相同，但选择旅游产品就不一样了，如酒店、景区安排，光看价格是看不出来服务的，价格很低的话往往有陷阱。

王兴斌表示，两大旅游在线企业产生纠纷，告上法庭，这本身并不是什么坏事，因为在市场经济条件下，企业之间竞争，产生纠葛，然后诉至法律，而不是找政府找关系，这本身应该是好事，说明企业的法制意识提高了。但是，竞争的决战场所不是法庭，不是审判官，而是市场，是游客。哪一方想借此提高知名度都不是一个根本的方法，而是要提高自身的竞争力，细分市场，做大蛋糕。

王兴斌说："携程是中国第一个吃螃蟹的在线旅游企业，它的创新永远永远值得我们思考。首先是在线旅游的首创，为游客提供最便宜的酒店和航空，但经过10年的发展，它不仅追求中低端客源群体，现在还在向线下的服务跟进和配套，把传统的旅行社的业务结合进来。"

[①] 2011年5月26日《中国经济导报》。

据悉,近年携程在香港、台湾强化了布局,收购了香港的永安旅行社与台湾的易游网;花巨资建立携程的呼叫中心,保证客户服务电话能在20秒内接通、投诉率小于0.1%;与北京太美集团联合共同运营携程顶级旅游品牌"鸿鹄逸游",开拓顶级环游世界50天以及极地游等高端路线,构建中国高端旅行市场。

王兴斌表示,中国的富裕群体迅速壮大,高端旅游市场是一座黄金富矿。他表示,"目前中国1万多家传统旅行社都在做旅游市场,真正做细分市场的并不多。最初,携程占到在线旅游60%的市场,现在只有40%多的市场,像传统的一些大的旅行社占到市场的5%或8%就很不错了,所以40%的在线市场份额已经是很不易,因为它的市场绝对量还是每年快速增加的。

"但能不能保持这个份额下去,也要看今后的发展,因为市场是无情的,我认为今后在线旅游会出现几大'雄',但永远不会出现'秦始皇统一天下'的局面。但这个市场太大了,企业应根据各自特点发挥自己的长处,而不是'你死我活'地恶性竞争。企业要默默地把产品做好,尤其要把消费者的体验做好,"王兴斌说。

旅游房地产开发的喜与忧[①]

"旅游房地产"是近年来旅游界的热门话题之一。它的内涵究竟什么，尽管没有一个众所公认的定义，但是它的外延不断在扩展：酒店、度假村、产权酒店、高尔夫会所、主题公园、旅游广场、旅游街区，甚至寺庙旅游区、文物旅游区的开发建设，只要用旅游开发的名义拿到城区或乡镇的一块地建楼堂馆所、宾馆园区，然后或收门票，或出租，或出售者，都可归入"旅游房地产"，成为旅游与房地产结合的一种新业态。

近年来，笔者多次去各地参加与"旅游房地产"有关的考察、研讨、论证、评审，所见所闻归纳起来有以下几个共同的特点：

(1) 大多是在经济欠发达的地区，或在经济发达地区中的后进地区，由本地或外来的房地产商通过与地方政府"协商"或"竞标"的途径，取得了一块景观不错、生态良好地块的开发经营权，或城区，或城郊，或山林，或海岛，经营期限50年或70年不等。

(2) 开发商拿到土地的开发权后，聘请境内或境外的旅游规划机构编制总体规划或详细规划。规划经专家评审通过后，申请立项、画红线。这是一种向政府立项目、要土地的规划。

(3) 规划区发展目标定位越来越高，或4A/5A旅游区，或国家级旅游度假区，或国家生态旅游示范区，或国内一流、国际著名的旅游目的地等，规划的核心内容是建度假酒店与配套设施，建设面积大、建筑密度和容积率高。

(4) 规划编制单位、开发商与地方政府(包括旅游主管部门)都希望规划能顺利通过，哪怕是"原则通过"。评审会时间很短，一般半天(3~3.5小时)，政府领导讲话、编制单位汇报后，真正的评审时间2小时左右。厚厚几大本的规划文本大多在开会的当天或前一夜送到评委手中。评委只能讲些放之四海而皆准的套话，无法对规划文本进行认真审阅，很艰提出具体、中肯的意见。最后大多通过或原则通过评审，也有不通过的，但那是极个别。

从中，可以得到一些可喜的信息：

(1) 在政府严格调控房地产价格的形势下，或有的地方整治"黑煤窑"、"小煤窑"的形势下，大批的房地产商、煤窑主或其他投资者纷纷转向旅游开发。经济调控、转型十分严峻，旅游投资非但没有受到多大影响，反而继续攀升。中国旅游投资正处在一个新的发展时期。

[①] 2011年2月16日《中国旅游报》。

（2）民营资本涌向旅游开发，有利于改变旅游景区国家所有、政府经营的格局，向市场化、多元化方向转变。有的采取政府以土地景观资源折股、投资商以资金入股的股份制形式，既解决开发资金，又保证国有资源的保值与回报。

（3）休闲度假开发正在成为新一轮旅游投资的主导方向，拟开发的大多是大中城市周边或车程两三小时之内的地区，说明休闲度假正在成为国内旅游市场需求的主流，旅游产品正在从观光主导型向观光、度假相结合的休闲型主导转变。

（4）投资者的实力雄厚，规划建设的项目规模大、档次高，少则上亿，多至几个亿、几十个亿，而且往往是由一家投资商控制一个旅游区的开发，少则几平方公里，多则一二十平方公里乃至更多，往往属于地方政府定的"大项目"。这与旅游开发早期小打小闹的零星开发大不相同。

种种迹象表明，市场这只无形的手在主导着社会资金的流向，市场在配置资源中的基础性作用越来越大。在地方政府、投资商、当地民众和规划设计单位四个方面的利益相关者中，政府掌握着资源，处于主导地位；房地产商掌握着资本，处于强势地位；当地民众处于被"安置"状态，实际是处于被摆布的地位；规划设计单位处于"受委托"状态，实际是受雇佣地位。开发模式也有如下一些共同点。

（1）开发商的投资—赢利模式是，"圈地，贷款或预售，建设景区、酒店/别墅，收门票，租房/售房"方式，迅速回收投资、获得利润。多数高尔夫项目或主题公园、文化街区本身是亏损的，但圈地后的房产或地产是赢利的，亏赢相抵依然赚了大钱。此类"旅游房地产业"，确切地说，是以"旅游开发"为名行开发房地产业为实。

（2）地方政府主导着旅游开发的方向、政策和环境。为了加速发展地方经济，特别是把旅游作为突破点、增长点，也为了尽快创造政绩，特别是在任期内完成几件"大项目"、"大工程"，千方百计招商引资。这种心态导致地方官员迁就投资商，在政府与投资者签订的合同条款中，在处理当地居民（大多是农民）的过程中，在规划设计的编制评审过程中，在开发建设与环境保护的关系上，往往有意无意地秉承"资本"的意志。

（3）当地居民是土地的主人，祖祖辈辈生于此、长于此。尤其是农民，土地更是他们的命根子。但在现行体制下，农民无权处置本该属于他们的土地。由于多种原因，地区产业结构调整势在必行。开发旅游会给他们带来新的职业、新的生路。在编制规划与旅游开发中，要征求民意、保障民权、惠及民生。但是，在多数编制规划的过程中，往往只做游客调查不做居民调查，没有征求居民意见，不向居民公示规划内容，当然更谈不上居民代表参加评审会。在旅游开发中，当地居民始终处于被动地位。在处理旅游开发中的民众利益问题上，特别是搬迁居民，开发商与地方官员的配合似乎很默契。在旅游规划中，大多把当地居民（主要是少数民族）当作可以招徕游客的"民俗风情资源"，很少把他们当作是开发地的主人与参与者。城市房地产开发中侵犯居民利益或开发商与居民得利不平衡的现象，在旅游开发中也同样存在。

（4）旅游规划设计业务进入了市场运作领域，不论是官办的、院所办的，还是民办的规划设计单位,都在按市场经济的规则运作。既追求商业利益又坚持学术底线,考验着规划设计者的职业道德。面对"权力"与"资本"的强势结合,规划设计者为了自身的商业利益,往往无原则地迁就"甲方"的要求。规划中建设面积过大、建筑密度和容积率过高几乎是通病。规划设计者并非不知道这样做的后果:一会破坏生态旅游,二会影响景区性质(往往建成一个新的小城镇)和景观质量。同时,为了使规划得以通过,评审会在"甲方"与"乙方"的共同安排下,或聘请熟人当评委,或草草举行,往往走过场。对于担任评审成员的专家,对不符合国家政策、不符合可持续发展原则的规划,敢不敢说"不",实际上也在拷问着他们的学术良心。

时下,"新农村建设+承包地流转+土地增减挂钩+撤村转区+农民上楼=增加土地供应"正在各地展开,新一轮的土地拍卖、旅游房地产开发的热潮方兴未艾。引导、规范旅游投资按照以人为本、和谐发展的科学发展观有序、健康开展,保证地方经济发展、当地民众得益、开发商得利三方共赢,首先是各级政府的责任,也是旅游规划工作者的职责。

政绩冲动与圈地冲动夹击下的旅游房地产热[①]

"到处传来一投就是几十亿元、上百亿元项目报道,目前的旅游地产'火'得有些出奇。这里面隐藏着很大的风险"。旅游规划专家王兴斌教授近日对记者如此说。

疯狂的投资潮在"旅游地产"这一政策监管的真空地带急速地涌动着。这样的投资冲动,似乎还并没有引起相关政府部门的关注。针对这一现象,王兴斌指出,新一轮旅游五年发展规划将给旅游地产业带来新的发展机会,特别是将重点推动与休闲度假相关的房地产的发展,但不是任何投资项目都能获得收益。旅游投资前景看好的形势下,切忌盲目投资。

中国房地产报:据悉,全国旅游"十二五"发展规划纲领即将公布。这一规划与"十一五"规划相比,有哪些亮点?

王兴斌:从旅游发展方式看,更加重视增长方式转变和产业结构优化,更加重视旅游质量与产业素质的提升;从旅游产业的功能方面讲,更加强调它的社会、文化与生态功能,特别是扩大国民休闲消费、增强旅游服务的民生功能;从改革开放方面看,更侧重于管理体制机制的改革与创新;从三大旅游市场关系看,更加重视国内市场发展。"十二五"期间,国民旅游将以高于入境旅游1倍的增长幅度发展,是这次"发展规划"指标体系中的一大特点。国民旅游包括国内旅游和出境旅游。"十二五"期间,国内旅游人数与旅游收入预期年均增长率高于"十一五"规划指标1个百分点。出境旅游人数预期年增长率与"十一五"规划指标持平。国内旅游与出境旅游年均增长率均比入境旅游人数与收入的预期年均增长率高出1倍,反映了对"后国际金融危机"时期世界经济,特别是欧、美、日发达国家经济复苏的不确定性的审慎态度,也表明我国入境旅游的增长进入了攻坚期,而国内旅游与出境旅游仍将保持高速发展的态势。

中国房地产报:"十二五"旅游规划与旅游地产发展有什么关系?

王兴斌:"十二五"旅游规划提出,在大力提升、丰富观光旅游产品的同时,加快开发度假休闲旅游产品,整合推动旅游目的地建设,如"打造新型旅游社区"、"培育城市特色休闲街区和夜间旅游休闲集中消费区"、"加快建设环城市度假休闲带"、"开发建设富有特色的度假休闲基地"、"都市旅游产业集聚区和休闲度假产业聚集区"。这些都为旅游房地产业提供了更加广阔的发展机会。同时,"十二五"规划根据国土功能区划提出了旅游建设的区域布局构架,如建设国家十大精品旅游带,培育8个海洋旅游增长点,中西部

[①] 2011年3月14日《中国房地产报》。

十大重点旅游目的地,整合培育8个都市(群)旅游区等,这些都为今后旅游房地产开发的空间布局奠定了基础。

中国房地产报:国家政策层面对旅游产业发展的高度重视引发了旅游房地产热。不过,现在政府对此轮的旅游地产热没有预警。在您来看,现在的旅游地产是否过热了?

王兴斌:房地产业历来是旅游业发展的基础产业之一,无论是传统的酒店宾馆、休闲娱乐场所,还是新起的主题公园、旅游综合体,都离不开房地产建设。目前国家政策层面对城市住宅地产的严控态势使大量社会资本转向旅游地产,引发了旅游地产的新一轮投资热潮,其中不乏真心实干的,也有不少是冒虚火的。不少地产大鳄采用"草船借箭"的策略,以开发旅游的"草船",收圈地布营之"箭",似乎没有引起多少地方政府的警觉,也没有引起国家政策层的监控,这是需要认真关注的。

在我来看,旅游地产在高尔夫球场、温泉度假、仿古街区、滨海度假区和主题公园开发等方面已有过热的苗头,甚至潜藏着风险、孕育着泡沫。国家在2004年出台禁批开发高尔夫球场的政策,此后新增的600多个项目,都是没有正式审批的,其中90%的高尔夫球场本身是亏损的,赢利的主要是靠建、卖别墅来对冲。凡有地热资源的都在开发温泉,有的省、市提出要建百个温泉的"之省"、"之都"。不管有没有市场需求、历史根基与开发条件,到处建"仿古一条街",建成后游客不去玩、居民不买账,冷冷清清、难以为继。海南大建本岛居民买不起、外地居民不去住的住宅地产,河北、山东某些沿海地带有本地人不住、外地人不买、游客不来的大量闲置房。之所以会出现如此急功近利之举,其根源在于某些地方政府以卖地谋取"政绩"与某些开发商用圈地谋求"暴利"互动的结果。今天旅游地产方面的过热与泡沫虽不像大中城市的住宅地产那样明显,但是部分地区、某些方面的过热乃至潜伏着的泡沫决不可掉以轻心。

《全国"十二五"旅游发展规划纲要》及时提出,"规范引导高尔夫旅游、大型主题公园、高档娱乐设施健康有序发展,防止盲目建设和乱占公共资源"。现在的问题是,在地方官员政绩冲动与房地产商圈地冲动的夹击下,缺乏"规范引导"的"规范",因而"引导"就显得十分无力、无奈和无效。

中国房地产报:"十二五"规划不是大力推动国内旅游发展吗?各地建设旅游项目不是正好迎合了市场的需求?

王兴斌:国内旅游大发展的走势不等于现在全国、全民都去旅游了。现在国内旅游与出境旅游主要靠东部发达地区和大中城市支撑,中西部中小城市和农村还没有真正享受旅游生活;即使在大中城市,经常参加远程旅游、高档度假和出境旅游的只是中上等收入群体。中国的大众旅游消费能力还不足以支撑中高端旅游产品的供给,目前过度投资的旅游地产大多属于高消费项目,外国游客很少来,中下收入群体消费不起,挑剔的高层群体不一定会去,风险也会随时而至。旅游地产投资者在确定投资大项目时,务必慎之又慎,在做可行性分析时还必须做风险分析。地方政府在招商批地时,更要对投资者进行是真心干旅游还是借"旅游"圈地的考察,不要"赔了夫人又折兵",赔了土地又夭折了旅游。

旅游房地产：防止过热，警惕泡沫[①]

中国旅游报：目前旅游房地产的开发经营主体有哪些？

王兴斌：大致可分为两大类：第一类是旅游业内的大家，如以旅游景区为主业的华侨城集团，以旅行社为主业的国、中、青三大家等，目前都正在向旅游度假区、主题公园和风景旅游区扩展。第二类是旅游业外的各行业的国营或民营企业，有央企、房地产和其他行业企业。其他行业开发旅游房地产成功的有进入中国旅游集团20强的浙江开元、大连海昌、广东长隆、广东南湖等，有的以酒店、度假别墅为主，有的以旅游景区、度假区为主。

其他行业资本进入旅游房地产给旅游业带来资金、管理与人才，推动产业融合，促进产业结构调整优化，无疑是件好事。但问题在于，是真心实意发展旅游，还是用一家著名房地产公司的话来说，"草船借箭"，以旅游"草船"借圈地建房之"箭"。名义上开发旅游，实质上圈地搞房地产。有人说这是房地产商"绑架"旅游不无道理。

中国旅游报：现在对房地产的过热甚至泡沫没有太大争论，但是很少有人谈起旅游房地产的过热和泡沫，您认为目前旅游房地产有过热和泡沫问题吗？

王兴斌：现在对大城市的房地产过热乃至泡沫已成共识，但旅游房地产有无过热、是否会形成泡沫，很少有人谈及。我认为，目前过热的主要是以高端消费为取向的几类旅游项目开发，主要是高尔夫球场、"明清一条街"、滨海房地产、温泉度假地、豪华酒店、邮轮母港等。旅游地产投资呈几何级所增长，数以千计的项目上马，数以百亿计的资金入市，一时繁荣的背后隐藏着巨大的风险。

中国旅游报：能否谈谈导致目前"旅游房地产"过热的原因？

王兴斌：一方面是来自旅游业宏观前景好、产业政策给力、各级政府扶植旅游业发展这些内部因素。另一方面是来自旅游业外部的因素，比如，从2009年开始，国家在大中城市连续出台"限价"、"限购"政策，住宅商品房市场降温，房地产的利润空间缩小。在此政策导向下，资本的逐利本能驱使房地产商从住房地产纷纷向两个方向转移：一是以高档写字楼、商务会展和商贸娱乐为核心的城市综合体，重点在大中城市市区抢滩；二是以高端酒店、休闲度假、康体娱乐为核心的旅游综合体，重点在城市群、城市带的周边布局。

而地方政府的"土地财政"在城区建商品房方面受阻后，就向不受政策调控的，甚至

[①] 中国旅游报记者邓敏敏访谈稿，2011年7月25日《中国旅游报》。

得到政策鼓励的城市综合体、旅游综合体或旅游区去开辟新的财源、创造"政绩";房地产商也转向从城市综合体、旅游综合体和旅游区去拿地、开辟新的财路。在政府与企业、政策与市场的双重推动下,"十二五"开局之年,国企、民企大举进军旅游业,巨量的国家资金、银行资金、民间资金涌向旅游业,其中主要是旅游地产项目。

从目前公布的各省区直辖市的"十二五"旅游发展规划看,除少数省市外,旅游人数和收入增长率大多数都定在年增15%至20%之间,有的甚至在20%以上,远远超出全国的平均增长指标。在投资增长型的发展模式下,高增长指标必然会导致高投资指标。有的省提出"十二五"期间建设5亿元以上的重大旅游项目200个以上,完成旅游项目建设投资3000亿元以上。有的省下达2011年"旅游投资、引资双200亿"目标任务,新建、续建旅游项目400个。有的省则提出"大招商,招大商"的思路,2011年全年完成旅游投资100亿元。其中虽然并非都是旅游房地产项目,但大多与它有关。

从"过热"到"泡沫",是一个量变到质变的过程。从全国来说,目前还不能说旅游房地产过热,但局部地区、若干旅游业态确实存在贪大求快、急于求成现象,旅游项目建设超越了市场的现实需求,也超越了地区经济实力的支撑能力,存在过热现象,发展下去可能会出现泡沫。20世纪90年代初主题公园热、国家旅游度假区热,90年代末海南房地产泡沫的历史教训,似乎已被遗忘了。

中国旅游报:面对目前旅游房地产过热现象,政府、企业该怎么办?

王兴斌:在政府方面,应该树立科学的市场观、发展观、政绩观。政府应该树立市场导向观念,从本地实情出发,尤其是从客源市场的实际需求出发,指导、规划、掌控旅游业发展的速度、规模、节奏,既要速度与规模,更要质量与效益,不走粗放式发展的老路。在旅游业发展到一定程度的地区,在开发新项目的同时,要着力提升与整合已有旅游项目,不是把摊子铺得越大越好;在旅游业初步发展的地区,也不要全面铺开,要把握重点。更不要一味追求高速度、高指标,尤其不要盲目追求大项目、高档次、超豪华。政府应该谨慎挑选投资商,警惕"草船借箭"式的投机商。地方政府在"招女婿"时,不仅要看投资商的财力是实还是虚,还要看他的开发理念是否对头,开发项目是否可行,目标是否可能。更要警惕投资者以"开发旅游"为名圈地,并借用"旅游区"的名义"屯地",等待土地升值日后牟取暴利。

旅游开发不同于"圈地→建房→卖房"的房地产盈利模式,也不同于"圈地→挖矿→卖矿"的采矿业盈利模式。无论是主题公园、旅游景区开发,还是高档酒店、高尔夫,盈利与风险并存。

风险之一,旅游业是敏感度极高的产业,一场天灾、人祸、政治风波,旅游会瞬间跌入低谷,起伏不定。

风险之二,旅游消费是非生活必需品的消费,当国民经济出现大起大落时,人们不能取消穿衣、饮食、住房、交通、医疗、教育、养老等必需品的消费,但必定会减少或停止旅游消费。

风险之三，旅游经济是高度竞争性的市场经济，旅游产品除少数世界遗产外很少有独占性、垄断性，十分容易仿制同类产品，农家乐、游乐园、度假村、古街、古镇以及宾馆酒店等，现在遍地而起，往往是"几家欢乐几家愁"，成功者不少，失败者亦不在少数。

风险之四，旅游产品是不可储存的潜商品，不像煤炭那样这个月卖不出去下个月继续卖，今天酒店没人住、景区没人来，水、电、人工等成本照样支出，但今天的"生意"就永远补不回来了。

风险之五，旅游开发大多是投入大、回收慢、经营期长的长线投资，一个大景区回收成本至少需要三五年，一个中高档酒店回收成本至少需要十年八年，不像投入住宅地产和采煤那样，一两年回本、三五年赢大利。

机遇对所有人都是一样的，风险则因人而异。这不仅要靠入市者的运气、经验和悟性，更需要深入的市场调研、务实的经济分析、高明的规划设计和专业的经营管理，切不可以急功近利、侥幸取胜。旅游业总体形势看好，并不等于任何项目都能成功。

旅游房地产应宜山则山、宜海则海[①]

中国旅游报:旅游房地产现在是旅游界与房地产界的一个共同的热门话题,有许多不同的解读,能谈谈您的理解吗?

王兴斌:房地产是一个古老而时尚的行业或产业。近代世界进入工业化、城市化阶段以后,房地产几乎曾经成为众多国家的国民经济的支柱产业。按功能与市场可分为市政性房地产、工业房地产、商业房地产和住宅房地产等几种类型,旅游房地产其实是商业房地产中的一种,传统上没有"旅游房地产"之说,这个概念是近几年流行起来的。

国务院关于建设海南国际旅游岛的文件中,第十四条专门有一段谈"房地产业平稳健康发展"问题:"积极引导和发展与旅游业相适应的房地产业,科学规划房地产业发展的类型、规模和速度,鼓励有实力、有信誉的企业发展富有海南特色、高品质的星级宾馆、度假村等房地产项目。加强产权式度假酒店的开发、建设、销售等环节的规范管理。稳步发展满足避寒、疗养等不同需求的度假居住型房地产。鼓励发展家庭旅馆经营和房屋租赁经营"。这是国务院文件中首次谈到"旅游房地产",它的确切含义是"与旅游业相适应的房地产业"。

现在有一种观点,认为旅游房地产是"从观光向休闲度假转型的产物",我认为并非如此。房地产历来是旅游业的上游产业,行游住食购娱,没有一个环节离得开房地产,从这个意义上,它是旅游业的支柱性行业之一,早已有之。现在这个问题突出起来了,引起旅游业界与房地产界的共同关注,的确与休闲度假的兴起有关。观光游览的开发建设重点是自然与文化景观,食住购娱是配套;休闲度假产品中,生态环境与自然风景是基础,开发建设重点是康娱食住,房地产的功能就凸显出来了。"旅游房地产"的范畴很广泛,与旅游相关的房地产,或具有旅游功能的房地产,如宾馆酒店、产权酒店、分时度假、高尔夫别墅、温泉度假村、休闲街区等,都可以称之为"旅游房地产"。

中国旅游报:那您认为,究竟是旅游带动地产,还是地产带动旅游?

王兴斌:两种都有。旅游带动房地产的典型,如深圳的华侨城、上海在建的迪斯尼;房产带动旅游的典型,如上海的新天地、北京的798。

深圳华侨城从开发主题公园起步,滚动发展,目前正在向全国大城市扩张。它的特点,一是以主题公园开发提升周边土地价值,进而开发景观住宅房地产;二是取得主题公园与城市住宅互补共赢;三是旅游始终是企业的主业;四是从一地走向北京、上海、成都、

[①] 中国旅游报记者邓敏敏访谈稿,2011年7月11日《中国旅游报》。

长沙等大城市;五是选择在大城市的城区。华侨城实际上将旅游功能和居住功能综合布局,实际上已经建成融观光、度假、文教、特色商业与高档居住为一体的综合社区,符合深圳花园城市的目标。旅游与地产统一、主题公园与街区结合,一种居旅合一的新型主题社区,是旅游为先导带动房地产发展的典型。

上海的新天地、北京的798,则是以历史上遗存下来的城市石库门民居或工业厂房为本底,在城市产业结构转型、城区改造中,以文化休闲、文化创意业态为取向,有力地带动了休闲旅游业的发展。

中国旅游报:现在有一种观点认为,旅游地产进入山居时代,退海进山,您怎么看待这种观点?

王兴斌:欧洲是先海后山,旅游度假房产的产生始于19世纪法国、意大利的地中海沿岸,到20世纪60年代法国阿尔卑斯山的度假别墅首先以分时销售的方式进入市场。目前,地中海、加勒比海、南太平洋地区的滨海旅游无不以休闲度假为主导产品;"阳光、沙滩、海水",对于北半球的大陆居民来说,最适合于以放松身心为目的的休闲度假。

中国是个国土与人口大国,对休闲度假的需求刚刚起步,应不拘一格、多种多样。无论是海滨还是山地,平原还是丘陵,河滨还是湖畔,只要适合休闲度假都可以适度开发。北戴河、青岛的滨海度假始于19世纪末、兴于20世纪20年代,开中国滨海度假之先河,但那是极少数达官贵人的专利。虽然东部沿海地区的开发比之中西部山区要先走一步,目前东部沿海旅游仍以观光游览为主,包括海南在内的东部沿海地区的休闲度假开发还处在初步发展阶段,离成熟的、大众化的休闲度假还有很长的路要走,还谈不上"退海"的问题。随着中部崛起与西部大开发的推进,在以往观光旅游的基础上,包括湖泊、滨河、温泉、草原、森林等多种方式的休闲度假产品会不断推出,不会出现单一的"进山"。我国素有"仁者乐山、智者乐水"的山水休闲传统。宜山则山、宜海则海,"下海上山"、多维推进,将是未来休闲度假的发展态势。

中国旅游报:您认为,旅游地产目前的动向是什么?

今年房地产界有三件事值得关注:一是中国投资顾问公司发布的《2010~2015年中国旅游地产业投资分析及前景预测报告》;二是3月24日海南举办的"2011中国旅游休闲地产价值高峰论坛";三是万科、保利、金利、招商等国内几家地产大鳄发布的2010年业绩报告,显示出在当前国家住房严厉调控的政策背景下,近期内会呈现住房地产向商业地产转移的态势,旅游房地产便是商业地产的主攻方向之一。中国投资顾问公司的预测报告认为,中国各色山水景观地产、休闲度假房产、产权酒店、分时度假、高尔夫别墅、温泉度假村、主题文化会馆等旅游房地产进入一个崭新的发展阶段,并将持续走强。应该说,这几件事显露出目前旅游房地产业的真切动向。

中国旅游报:能谈谈,未来中国旅游地产的发展趋势吗?

王兴斌:"十二五"乃至更长时期内,国内两极分化的问题得以缓解,城乡之间、东西中部之间和城乡居民中间贫富差距有所缩小,民生问题如能有一个基本改善,带薪休假制度基本得到推广,13亿人口的休闲和旅游消费真能达到家庭消费总支出的10%,旅游业的前景将是无量的,旅游房地产业的前景也可想而知的。

就"十二五"期间来说,中国房地产将会有这样几个特点:

产品种类:主要是常规型休闲度假房,高尔夫球场、温泉度假、房车营地等新业态规范发展;

区域发展:东部地区进入提升、成熟阶段,中西部加快发力、广度推进;

地域分布:省会、副省级城市群(带)周边的休闲度假是主体,并向三线中小城市扩展;

市场群体:大众度假是主体、平民休闲是主流,东部沿海地区的省会、副省级城市高档休闲度假继续增长;

经营方式:即时租房式的经营与消费仍是主流,分时度假、产权酒店仍处于试水阶段。

归纳为一句话,顺应保障与改善民生的主旋律,避免一味追逐奢华高端的贵族化倾向,以平民化、大众化为主流应是"十二五"旅游房地产的健康发展之路。这并不是说一概排斥高档旅游房地产,但是当前不少地方竞相把高档次、高消费作为开发建设的主打方向,是脱离基本国情的。

华西村"示"的是什么"范"[①]

2011年8月10中国旅游报报道,江苏江阴华西村建了一座74层高328米的华西龙希国际大酒店,计划于今年10月开业。该酒店有826间客房,180间公寓套房,顶部的61层设有空中花鸟园、空中游泳池,二楼还设有2000平方米的购物区。楼梯栏杆上都贴有金箔。酒店还设有金、木、水、火、土5个会所,每个会所都摆放了1只1吨重的牛,分别用金、银、铜、铁、锡打造,1头金牛的价值3亿元左右。该酒店项目共投资30亿元,其中的20亿元是由小华西村村民集资,分别来自于200户村民,每家集资1000万。江苏华西集团公司投资了其余的10亿元。

读了这则报道,不禁要问:

华西村是全国乡村旅游的示范点,它还是乡村旅游点吗?

"楼梯栏杆上都贴有金箔"、"1头金牛的价值3亿元左右",就是"豪华型酒店"吗?什么人去这个用黄金堆起来的奢华会所消费呢?

"200户村民,每家集资1000万",是村民自愿的吗?

本人曾多次去过华西村,多年前曾走访过主管华西村旅游的吴仁宝三儿子家。在那里,我亲眼见过给华西村打工的外来农民工住在村边的一个用围栏封闭起来的打工楼内,到晚上出入大门锁上,外来农民工是不能自由进出的。

华西"中心村"的村民的确很"富",家家住在统一设计建造、从华西塔顶望下去像兵营一样整齐排列的别墅住宅内。"中心村"村民在"村"里都有不少的"存款"。华西网上说,2010年每户村民的存款最低600万~2000万元。但你是不能自由支配这笔"存款"的。你不能取出这笔"存款"离开华西村去自由置业、投资。如果你迁出华西村,你就不是这个村的村民,你就不能带走这笔"存款"。

华西村号称"天下第一村",中央、省、市、县颁发的荣誉称号数不胜数,老支书吴仁宝的光荣头衔也数不胜数。"华西用人坚持举贤不避亲,举亲不避嫌"。在华西村提供的一份建国60周年的《华西特刊》上,88位先进人物头像排成"金字塔"状,吴仁宝一家22人处在"金字塔"的顶端。图片资料显示,吴仁宝一家三代人几乎都担任了重要的领导岗位。"村里以前只挂老书记的照片,现在老书记家人的照片也摆得到处都是了"。现在华西村的"一把手"是吴仁宝的大儿子,任华西村党委书记、村委会主任、集团董事长兼总经理。当然,今天华西村说了算数的,仍然是"前支书"吴仁宝。

[①] 2011年8月16日搜狐博客。

2010年5月18日下午,"贵州省农村党员干部华西村短期教育第一期培训班"在华西村开班,吴协恩向培训班学员介绍华西村经验时说,"有人说我们华西村是家族制企业,其实家族制并不可怕"。在讲到华西村赚钱门道时说,"投资什么也要看一个地方的领导","做房产,手要够得到,够不到不要做……房产是政府行为,光税收就20多种,没有政府的支持是做不下来的"。"拿到地后转发给房地产上市公司,给他已经有一个价了,然后再拿他的股权,到市场好的时候我就跑掉了"。"去年5月份我们在重庆拿了一块地,上个月跑掉了,就这一块地就赚了7个亿。"(2010年6月15日东方网,《瞭望东方周刊》网站。)

试问:这样的"乡村旅游的示范点","示"的什么"范"?

也许,华西村的"示范"意义在于,它是时下社会生态的一个剪影:在一个"村"里,党、政、企合三为一,实行的是家族主导制,不仅企业家族化了,党委会、村委会也家族化了。

七部门发文能否管住高尔夫球场和主题公园无序建设[①]

近日,央行和发改委、国家旅游局、银监会、证监会、保监会、外汇局联合发布了《关于金融支持旅游业加快发展的若干意见》,金融将通过多种方式支持旅游业发展,但坚持区别对待、有扶有控,加强和改进对旅游业的信贷管理和服务,明确指出,"对高尔夫球场、大型主题公园、城市水源地的观光农业等国家明令禁止或限制发展的旅游项目,应严格禁止或限制发放贷款"。这是继去年国家发改委等部门发文要求各地暂停高尔夫球场和主题公园建设后,又一次对"可能借旅游项目名义变相进行房地产开发"下的一道"紧箍咒"。

一、多数主题公园匆忙决策,草率上马

2004年,国务院办公厅《关于暂停新建高尔夫球场的通知》,明确要求暂停新建高尔夫球场,清理已建、在建的高尔夫球场项目。2006年12月,高尔夫球场项目被列入《禁止用地项目目录》。据北京林业大学高尔夫教育与研究中心统计数字,截至2010年5月,全国共有高尔夫球场600家左右,而在2004年禁令下发时这一数字为170家。

高尔夫球场的认定十分简单,"主题公园"就复杂多了。它是一个"舶来品",Theme Park被译为"主题公园"。至今政界、业界、学界对它没有形成一个公认、确切的概念。不过,有几点是可以肯定的:一是它专为今人休闲娱乐而修建,不是古代遗存建筑的改造利用;二是它的规模大、占地多、投资大;三是功能全,具有游览、住宿、餐饮、购物、娱乐、康体、科教等综合性休闲度假功能;四是有文化主题内涵,提供某类文化体验;五是科技含量高,广泛采用高新科技成果;六是业主明确,投资建设、经营管理的业主体确定。

如果按照这些要素,不少"文化产业园区"、"旅游综合体",也可以归入主题公园范畴。如某地正在建的省级文化产业重点项目"禅文化创意产业园区",规划建五大功能区,一是禅文化生态旅游;二是禅文化研发与交流;三是禅文化感悟与养生;四是禅农文化体验,包括禅农并重体;五是禅文化服务与消费,包括禅文化主题酒店、特色商业、素斋馆等。首期规划建设和开发投资将达到104亿元。说它是"禅文化主题公园"似无问题。

二、地方政府与房地产商互有需求是乱象之源

问题不在于"主题公园"如何界定,而在于为什么近来如此热。近年来,新建主题公

[①] 2012年3月2日《中国青年报》。

园热,是一个不争的事实。尽管没有一个政府主管部门发布过申报、在建、运营的主题公园的数字,但媒体、网站上关于主题公园建设的报道经常出现。上海迪斯尼乐园无疑最有代表性。经过十余年的考察,反复论证,长期谈判,直到国家有关部门核准,不可谓不慎重。但将来能否达到预测的年接待量300万游客、拉动上海服务业年产值增加近500亿元的效益,笔者认为仍是一个未知数。就主题公园项目而言,多数是匆忙决策,草率上马。

某些地方政府的政绩冲动与某些投资者的利益冲动的结合,是高尔夫球场、主题公园非理性过热的症结所在。

2009年,国务院41号文件《关于加快旅游业发展的意见》指出,"规范发展高尔夫球场、大型主题公园"。问题是如何规范?就这两类项目而言,投资、建设、经营的主体都是企业,都是市场化、商业性的服务型项目,不属于公益性项目,也不同于风景名胜区、国家森林公园和地质公园等资源国有、公益性很强的景区。企业投资什么、在哪里投资、投资多少,是市场行为,按市场配置资源的要求,政府无权用建设面积、投资额度来对它进行限制。但是,在当前国家着力调整房地产业结构的特定形势下,高尔夫球场、主题公园等"旅游地产"成为政策监管的真空地带,成为某些地方政府"土地财政"的新渠道和某些房地产商"跑马圈地"的新领域。

不少房地产商玩"草船借箭",以旅游之"草船"借圈地建房之"箭",名义上开发旅游,实质上囤地搞房地产。如不及时采取若干应对措施,"旅游地产"热的蔓延,势必冲击国家关于调控房地产的重大决策。土地问题事关国之命脉,严格界定公益性和经营性用地,实行最严格的耕地保护、土地管理与节约用地已成国策。高尔夫球场与主题公园都是用地大户,属于经营性用地,其开发建设中的无序乱象的要害是占用耕地、滥用土地。

但此次7部门发文这种行政指令式的做法能否奏效,仍然有待观察。还以高尔夫球场为例,8年来它屡禁屡建、屡限屡多,原因是多方面的。投资建设高尔夫球场的,虽为开发商的企业行为,有的审批手续不全,但都得到某级政府部门或领导的默认、许可或批准。在地方政府层面,为了实现GDP的高速增长,或为了完成上级下达的投资指标,用地性质可以变性、项目性质可以变通、项目名称可以变换,违规可变为"合法";权力"寻租",免费打球、"名誉会员"不用说,在报建过程中收受贿赂亦非个例。在投资方层面,高尔夫项目本身是否赚钱并不重要,放长线、钓大鱼、圈到土地、开发房产、静等升值、有风无险、厚利、暴利驱使他们千方百计申建。

文件上虽有投资数额与占地面积的规定,但下面操作时可以分割为几个小项目分期上报,钻文件的空子。在上级主管部门层面,只管发文不管督查,政府的权威性缺失,有令不止成了惯例;政出多门、"九龙治水",互相推诿、各不负责,联合整治的部门越多,成效越小;习惯于"运动式"的管理模式,不管各地实情,要么一律禁止,要么自由放任。这一次7部门共同发文后果如何仍有待观察。"主题公园",可以叫"文化产业园区"、"旅游综合开发区";高尔夫球场,可以叫"体育公园"、"绿色休闲园"、"生态园",如此"上有政策、下有对策"难道还见得少吗?

三、整治高尔夫球场、大型主题公园建设要从制度上入手

整治高尔夫球场、大型主题公园建设,治标更要治本,要从制度上入手。首先要明确高尔夫球场与主题公园的主管部门。高尔夫球场属于体育运动项目,2016年将列入奥运会比赛项目,应由体育部门牵头;主题公园属于休闲与旅游项目,应由旅游部门牵头。

应制定高尔夫球场与主题公园管理条例,明确其开发建设、经营管理的程序、规则、问责与主管行政部门及相关部门的职责,明确规定高尔夫球场与主题公园建设不得占用耕地、公共绿地和风景名胜区,不得借项目开发圈地屯储、伺机牟取暴利,不得强拆、占用城乡居民住房用地,不得污染水源、破坏环境,不得借高尔夫球场、主题公园开发房地产、高级公寓、度假别墅,对违法违规行为实行一票否决,堵死漏洞。

在笔者看来,无论从当前还是从长远看,我国的高尔夫球场与主题公园不是多与少的问题。随着国民休闲与旅游需求的增长,高尔夫球将会去"贵族化",逐步成为大众康体休闲运动;各类主题公园将成为大众休闲娱乐的新型场所。整治是为了促进发展,使高尔夫球场与主题公园步入规范、有序、理性发展的轨道。

旅游规划要以市场为导向[①]

一、编制旅游规划要坚持市场导向原则

(一)旅游规划的类型

1. 区域旅游业发展规划

省、市、县、镇或跨省市县镇的区域旅游业发展规划,又称旅游业发展战略规划或总体规划,其性质属于某一地区的旅游经济产业发展规划。一般为五年以上的长期规划。

2. 旅游地开发建设规划

观光娱乐区、旅游度假区、风景名胜区、森林公园或主题公园的开发建设规划。可分为可行性研究报告、总体规划大纲、总体规划、控制性详细规划和修建性详细规划。一般分近期(一二年)、中期(三五年)和远期(五年以上)。

3. 旅游景点和服务设施修建设计

旅游景点或旅游服务设施(如度假村、宾馆、餐厅、游乐城等)的修建设计或开发建设规划,可分为可行性研究报告、建筑设计、市场营销和经营管理规划等。一般为五年以下的短期规划。

4. 旅游产品开发设计

旅游项目、线路、节庆活动的策划设计,一般为近期操作的开发和营销计划。

(二)旅游规划的基本原则和基本内容

我国旅游业规划尚无统一的、法定的规范标准,各地的情况千差万别,很难以一个固定的模式去套。制定区域旅游业发展规划应因时而异、因地制宜。

1. 规划原则

● 与城市性质和发展目标相一致,与国民经济和社会发展长远计划相协调,与全国和地区旅游业发展战略相衔接。

● 以客源市场为导向,以旅游资源为基础,以旅游产品为核心,以旅游管理为保障,促进旅游业发展。

● 标志性、支撑性旅游吸引物要突出特色,"人无我有、人有我优"。

● 经济效益、社会效益和生态环境效益相统一,实现旅游与经济、社会和环境的协

[①] 1997年10月在杭州国家旅游局"全国旅游规划培训班"上的讲课提纲,刊载于国家旅游局计划统计司《旅游规划与开发》。

调、持续发展。
- 行、游、住、食、购、娱统筹兼顾,配套开发。
- 硬件建设与软件建设协调发展,设施建设与人才开发互相促进。
- 统一规划、总体布局、突出重点、配套组合、分期开发、滚动发展。
- 规划的科学性、前瞻性与可操作性统一。

2. 区域旅游规划的内容

一般应包括下列内容:
- 发展旅游业的条件、前景及其在社会经济中的地位和作用;
- 旅游业发展的目标、阶段与重点;
- 旅游客源市场分析和定位;
- 旅游资源评估、开发和保护;
- 旅游产品开发的基本思路、标志性项目的策划和市场营销方针;
- 交通、通信、水电和环保等旅游基础设施建设;
- 旅行社、饭店、餐饮、购物和娱乐等旅游服务设施的配套开发建设;
- 旅游业管理体制、方针政策及法规;
- 旅游人力资源开发;
- 规划图,一般包括区位图、交通图、客源市场图、旅游资源和景点图、旅游功能区划图、旅游交通与线路图等。
- 专题研究报告。

一个旅游区(观光娱乐区、度假区、主题公园等)总体规划除上述内容外,还包括旅游功能区的划分及其游客容量、基础工程设施规划(交通、通信、给水、排水、排污、供电、绿化和环保等规划)文本与图册,旅游项目策划,投入产出分析和三大效益评估等。

旅游区(观光娱乐区、度假区、主题公园等)的修建性详细规划在上述内容之上,还应参照《风景名胜区规划设计规范》要求,包括项目建设设计的内容与图件。

(三)编制旅游规划要以市场为导向

旅游市场是实现旅游商品交换的场所,是旅游主体与旅游客体之间供求关系的总和。旅游市场体系包括:
- 旅游客源市场(旅游需求);
- 旅游产品市场(旅游供给);
- 旅游资金市场(开发旅游资源和产品的资金供求);
- 旅游人力资源市场(旅游开发、经营、管理、咨询、培训的人员供求);
- 旅游信息市场(向旅游服务及经营管理各方提供信息需求与服务)。

在旅游市场体系中,客源市场是基础,是核心,对其他旅游市场起导向性作用。在编制旅游规划的全过程中,要始终坚持市场导向,特别是客源市场导向的原则。

1. 客源市场与旅游资源开发的关系

客源和资源是相互导向的辩证关系。

良好的旅游资源对客源会产生强大的吸引力。特殊的旅游资源对特定层面的游客产生特种吸引力。由此,评估资源的旅游开发价值不仅要看它的文化价值、历史价值和科学价值,还要看它的市场价值,它的观赏、休闲、度假、娱乐、健康等价值,即对游客在游前的吸引度,游中的兴奋度,游后的满意度。旅游资源不等于旅游产品。旅游资源必须根据客源市场的现实和潜在的要求,去筛选值得开发的那些资源,并确定旅游资源开发的时序、方向和规模。

2. 客源市场与旅游产品的关系

旅游产品开发的成功与否,取决于该产品的类型、特色、规模、档次,是否适合客源市场的现实需求。只有适销对路的产品,才会在客源市场上有竞争力。

开发旅游产品,还必须研究周边地区旅游产品开发的现状与趋势,研究以同一客源目标为对象的旅游产品在市场上的竞争态势。只有独具特色、别具一格的产品,才能在客源市场的竞争中占有和扩大自己的市场份额。

3. 客源市场与旅游服务设施开发建设的关系

必须根据客源的流向、流量、一般需求与特殊需求等因素,来确定行、住、游、食、购、娱各类旅游服务设施和企业开发建设的规模、类型和档次,否则会导致供不应求或供过于求的状况,影响旅游经济效益。

饭店床位数的预测方法(略)。

4. 客源市场与旅游投资市场的关系

旅游开发建设资金的主体是社会资金,而不是政府投资。社会资金的流向、流量,取决于其投资回报率。即使是政府资金,也要进行市场分析和预测。许多旅游地的开发经验证明:哪里有客流,旅游资金就会流向那里。反之,旅游投资不考虑或不能正确分析客源市场需求特点与规模,导致盲目的投资,就不可能引来客源。

5. 客源市场与旅游人力资源市场的关系

旅游业是服务业,是劳动密集型的行业。旅游从业人员的数量与素质至关重要。旅游规划必须包括旅游人力资源的开发,对各类从业人员需求进行测算。测算的主要依据是客源人数的预测。不同的游客对旅游从业人员的业务水平和技能有不同的要求。如接待外国客人,需要从业人员掌握一定的外语技能。如接待香港、台湾同胞为主的地方,从业人员要懂一点粤语或闽南语。

旅游从业人员的主体,来自于社会劳动市场。旅游就业的一个显著特点,是它的流动性。即使是公务员系列的行政管理人员,未来的方向也是社会公开招聘,走向市场化。旅游从业人员的市场化是必然趋势。旅游人力资源的开发(包括聘用和培训),最终也要纳入劳务市场的轨道。

各类旅游从业人员数量的预测方法(略)。

6. 客源市场与旅游信息市场的关系

信息,对旅游业具有特殊的作用。旅游者选择旅游产品、线路、景点,靠信息;旅游投资者的决策,靠信息;旅游服务企业的经营,靠信息;旅游管理者的治业方略,也靠信息。

在信息的搜集、整理、传播日趋电脑化的高科技时代,旅游信息正走向市场化。在旅游信息系统中,最重要的是客源市场信息,即对客源的统计、分析与定位。

总之,编制旅游规划必须以市场为导向,这是由旅游业本身是天然的市场经济特点所决定的,是由我国正从传统的计划经济体制向市场经济体制转变的大背景决定的,是由我国的旅游业从传统的行政接待型转变为市场经营型的历史性变革所决定的,也是由于我国的旅游业已从买方市场转入卖方市场的总态势所决定的。区域旅游业发展规划是市场经济条件下的产业发展规划,旅游区或旅游点的开发建设规划本质上也是市场经济条件下旅游企业的建立、运作和管理规划。

市场导向的原则,应该像一根红线贯穿于编制旅游规划的全过程中,渗透到旅游规划的各个方面。旅游业规划中需要解决的产业地位定位,发展目标定位,客源市场定位,旅游总体形象定位,资源和产品开发方向定位,旅游功能定位,旅游业开发建设的阶段定位,旅游基础和服务设施的规模、特色、档次定位,旅游业管理体制和职能,旅游从业人员的预测,无不要以市场导向为原则来统筹谋划。

市场导向原则与政府主导原则是一致的。我国属于发展中国家,旅游业不发达,市场经济不成熟,发展旅游业目前要走政府主导型的模式。政府主导主要是要用政府的政策、法规规划、方针和信息等手段,去引导和管理旅游市场,规范旅游市场秩序,强化对旅游市场的宏观调控,在市场经济的基础上,充分发挥政府的主导职能。

二、客源市场调研内容与方法

在编制旅游规划时,客源市场调研主要解决四个问题:本旅游地的客源在哪里?游客有哪些特征与需求?近期和中远期可能有多少客人来?如何来?即对客源市场进行定位、定性和定量的分析。

(一) 客源市场定位

客源市场由三个方面组成:国内市场、海外入境市场与国内出境市场。从本地实际出发,确定以哪个市场为主或者并重。分析近期、中期、远期国内市场与海外市场、国际市场份额的变化趋势。

市场定位,一般分为一级市场、二级市场和三级市场,也有的称为核心市场、中程市场和远程市场。

一级市场指离本地较近、所占份额最大、也最稳定的市场,是本地的基本客源市场,也可称为核心市场。

二级市场往往指离本地中等距离,所占份额较大的市场。

三级市场一般指离本地很远、份额较小的客源市场。也有的称为"边缘市场"或"机会市场"。"机会市场"指不稳定的、往往由偶然因素而形成的非常态客源市场,如重大庆典、赛事而带来的游客。

市场定位时要综合考察下列各项因素:

客源产出地与本地区的距离、交通条件和交通费用,即可进入性的程度;

客源产出地的社会经济水平、居民收支状况、恩格尔系数、居民的消费习惯和旅游意识;

客源产出地的居民与本地区的联系,历史的与现实的,政治、经济和文化的,民族渊源和宗教联系,以及其他的特殊联系;

本地的旅游资源和产品对客源产出地居民的吸引力的大小,等等。

上述一、二、三级客源市场定位方法和位次排列不是固定不变的,是随着社会经济或国际关系的变化而变化的。一切从实际出发,千万不要把它当作公式去生搬硬套。

(二)客源市场特点分析

1. 客源特点分析

不仅要分析客源从何处来,更要分析哪些群体的游客来,他们各有什么特点,对本地的旅游资源和产品各有什么特殊的兴趣,等等,即要对客源市场进行细分。

按自然与人文地理环境细分,如上述的近、中、远期市场,客源产出地居民的收入、生活的气候、地貌状况,人口密度和城市化程度等。

按旅游者的人口特点细分,包括性别、年龄、职业、收入、家庭结构、民族、宗教、文化传统和受教育程度等。

按旅游行为和方式细分,从旅游目的可分为观光度假、商务会议、探亲访友、康复养生、修学考察、宗教朝圣等,从旅游方式可分为团体、散客、家庭亲友结伴等,从消费档次可分为豪华、标准和经济等级,从旅游费用来源可分为公费、私费或公私结合型,从旅游时间可分为一日游、多日游,等等。

2. 当前我国国内客源市场的特点

客源产出地域:以大中城市居民为主,小城镇和农民也占相当比例;

旅游动机:城市居民以自然观光为主,小城镇和农村居民以大中城市与古都观光为主;

旅游目的地:以市郊和周边邻近地区为主,以短期、近程为多,长线旅游势头渐趋增长;

游客年龄层段:以中青年为主,少年和老龄市场潜力丰厚;

游客职业层面:由行政管理人员、专业技术人员和企事业单位职工构成的"工薪阶层"为主,但高收入群体不可低估;

旅游消费类型:自费消费以中低档为主,公费消费以中高档为主;

旅游方式:自费旅游散客占绝大多数,节假日出游以家庭、亲友结伴为主,公费和半公费以团体和单位接待为主;

旅游活动的周期性：一年内近 50 个小波峰（周末双休日）和 4 个大高峰（春节、元旦、"五一"、"十一"）。

国内客源市场已成为我国旅游市场的主体。1996 年国内旅游 6.39 亿人次，占接待国内外游客总数 6.9 亿人次的 93%；国内旅游收入 1638 亿元，占国内外旅游总收入 2478 亿元的 66%。

3. 当前我国入境客源市场的特点

港澳台同胞和华侨是主体，约占来华入境游客总数的 85% 以上。

来华外国旅游者中，亚洲市场是主体，约占外国游客总数的 85% 以上，北美和欧洲是两翼。

以多次来华的游客为主，尤其是散客多次来华的居多。

团队的比重逐步下降、规模趋小，散客的比重不断上升，已超过一半以上。

大跨度的长线团减少，环口岸的区域游和淡季一地游增加。

游客在华停留天数和一次旅游经停城市数趋少。

对中国旅游资源感兴趣的主要集中在山水风光、文物古迹和民俗风情上，其次是文化艺术和饮食烹调。

旅游需求趋向多样化、个性化。

客户直接预订机票、客房的增多；游客对旅游产品的选择性越来越强，半自选组合式日趋增加。

海外游客占国内外旅游者总数的比例虽小，但旅游外汇收入已超过 100 亿美元，占全国旅游总收入的 1/3。对海外旅游者的接待服务直接推动我国旅游业向国际标准接轨。千方百计地扩大我国的海外客源市场，是我国旅游业的长期的战略任务。

（三）客源数量预测

旅游规划需要对近、中、远期接待游客的数量进行预测。这种预测，包括人次数、人天数（人均停留天数）、人均消费额等。短期预测指二三年，中期预测指五年，五年以上是长期预测。

预测的主要依据是：目前本地的接待人次数、人均停留天数和人天数；近几年来本地接待游客数的增减态势及其原因；全国、本省、本地区旅游规划中的有关预测指标；本地重大旅游项目和旅游基础设施（特别是交通）建设的进展状况，及其对客源地居民的吸引力度；主要旅游客源地社会经济发展的前景；与本地相似或相邻近的旅游地游客增长率也可作为预测的参考。

预测接待游客增长率和接待人数要留有充分的余地。既要考虑到游客量增长的有利因素，也要考虑其不利因素，更要考虑难以预测的社会的或自然的突发因素。旅游业的依托性、敏感性和关联性，决定了它的发展不可能是直线上升的。波浪式的上升态势是常规现象。

一般情况下，在一个市县或旅游区（点）旅游业起步阶段，旅游接待量的基数较小时，年均增长率可能高一些;旅游业发展到较成熟阶段,游客接待量达到较高或接近饱和量时,年均增长率就低一些。

既要研究接待游客人数的增长,更要研究游客人均停留天数和人均消费额的增长。在旅游业起步阶段,主要以增加接待游客量的方式,即数量型、粗放型的发展模式为主;在旅游业较成熟或发达阶段,主要以提高游客的人均消费和人均天消费的方式,即以质量型、集约型的发展模式为主。对一个旅游区(点)来讲,一般要经历起步、发育、成熟和衰退4个阶段。在进行市场预测时,需考虑这一点。

在各类旅游教科书中,列举了多种旅游市场预测的数学公式,如直线趋势模型法、二次抛物线趋势模型法、简单指数曲线趋势模型法、一元回归模型法、多元回归模型法,等等,都可以参考。但由于旅游活动的特殊敏感性和广泛关联性,用任何一个数学公式都难以精确地预测游客的流量和流向。编制旅游业发展的战略规划,在进行客源市场预测时,不论采取何种方法,建议设置高低两种指标,即力争实现高指标,确保实现低指标,留有一定的余地和弹性,也许较为妥帖。

(四)客源市场调研方法

1. 搜集和整理有关旅游者的直接和间接的统计资料

①旅游接待系统的累积资料。

历年来本地饭店宾馆接待游客资料(人次、过夜次数、人均消费,客人来自哪里,为什么而来,职业与年龄等,下同)。

历年来本地主要旅游景点接待游客资料。

历年来本地旅行社接待游客资料。

其他主要旅游企业的有关接待游客资料。

各类报纸杂志、统计年鉴上有关本国、本省、本市、本地旅游活动的资料。

②有关部门的统计资料。

本地公安管理、外事办、外经贸委、港澳台办、侨办、对台办接待游客人数的资料。

本地三资企业的有关资料(企业数、企业职工数、外商常住人员数等)。

本地在海外的华侨和港澳台同胞及华人的统计资料,本地的侨眷、港澳台胞眷属的统计资料。

公安部门掌握的饭店宾馆住宿人数统计资料。

本地交通部门(民航机场、火车站、长途汽车站和轮船码头等)掌握的客运统计资料。

本地举行的重大商贸活动、节庆活动、纪念活动和庙会等资料。

对上述资料进行综合分析,可以从宏观上把握进出本地的外来旅游者和本地旅游者的流量、流向和特点。

2. 观察调查

派出人员到景点大门、饭店大厅、餐厅、旅游商店、娱乐场所、机场、车站、码头等游客集散地进行目测,掌握旅游者的流向、流量,对旅游地(店、厅)的兴趣和逗留状况等。

3. 询问调查

面谈法。个别探访、小组探访,访问对象既可以是游客,也可以是接待游客的各类管理经营和服务接待人员。

电话询问法。一般是对外地来访游客在饭店宾馆进行电话询问,或对本地的居民进行电话询问。提出的问题要简单、明确,避免冗长、烦琐,避免引起被询问者的疑惑与反感。

4. 抽样调查

抽样调查表(问卷)的设计。

样调查表(问卷)的发放和收集。

抽样调查表(问卷)的分析、归纳和整理。计算机处理。

固定样本多年连续调查,分析客源市场变化轨迹。

三、结论

客源市场是旅游市场的核心。精心地、动态地对客源市场进行定位、定性和定量分析,摸准客源市场现实的和潜在的需求,找准旅游市场需求与供给的对接点,是旅游开发、建设、经营、管理的出发点和落脚点,也是编制旅游规划的基础性工作。

旅游规划与国际标准接轨初探[①]

——评《四川省旅游发展总体规划》

最近,笔者参加了《四川省旅游发展总体规划》评审会,有幸先读了由世界旅游组织专家编制的《规划》稿本,其鲜明的特点给与会者留下了深刻的印象。

1. 编制组的成员及其运作方式

该规划先由四川省人民政府与世界旅游组织签订委托编制协议,再由世界旅游组织用招标形式,选定在菲律宾执业的亚太设计公司路德维希·雷德先生任专家组组长,并聘请来自菲律宾、澳大利亚和丹麦等国的生态旅游、世界文化遗产、交通和基础设施、土地使用、经济分析、市场营销和人力资源等7名专家组成编制组。7位专家各提交一篇专题报告,然后由雷德先生总纂。他们1998年6月初赴川考察,同年11月提交规划英文稿(中文约35万字)和10多张规划图,其工作效率之高令人惊叹。

2.《规划》体系和成果

该《规划》由"远期规划(1999~2015年)"、"近中期实施计划(1999~2005年)"和"六处土地使用规划"3篇组成,并含10多份附件及图表。第一篇阐述四川省旅游业现状、前景、总体目标、发展战略、主要旅游城市规划和旅游的经济、社会文化及环境影响评估;第二篇阐述川西自然生态旅游区、乐山/峨眉旅游区、自贡/竹海旅游区和成都口岸旅游区4个优先开发地区的规划,其内容包括交通和公共设施、旅游服务设施、人力资源、组织机构、促销方案和投入估算;第三篇对九寨沟、成都大熊猫繁殖基地、峨眉山、自贡恐龙公园、海螺沟冰川公园和大邑刘氏庄园等6个优先开发的项目,逐一进行资源评估、问题分析、项目策划和可行性分析(投入产出估算),6个项目均有1张"概念性土地使用规划图"(总体布局图)。《规划》远期目标与近期计划相结合、全面规划与重点开发相结合、宏观布局与微观策划相结合、定性分析与定量分析相结合,体系完整、重点突出、由远及近、逐步深入。

3. 市场导向与产品开发

《规划》对四川省众所周知的主要旅游资源作了简明扼要的陈述后,着重对该省的"外部市场条件",从全球客源市场、亚洲客源市场、中国客源市场和本省潜在客源市场的现状与趋势作了深入的分析,抓住该省旅游资源的总体特征,将四川省定位成"中国生态旅游和自然旅游的目的地",进而确定把该省独有的"大熊猫"作为全省旅游的标志物。这种以客源市场的需求为导向,评估和筛选旅游资源,确定主导旅游产品及其市场形象

[①] 1999年3月18日《中国旅游报》。

的规划思路，体现了以旅游者为中心设计旅游产品的"以需定产"的市场导向原则，与计划经济体制下形成的传统规划思想迥然不同。

4. 市场经济与产业发展

《规划》确定，旅游业是"四川省面向21世纪推动经济与社会发展的骨干或支柱产业"。到2010年，旅游业总产出占全省国内生产总值的8%。在市场经济条件下发展支柱产业，是整个《规划》的一根主线，贯穿各个方面。旅游资源的筛选，优先项目的选择，交通基础和服务设施的建设，旅游商品的开发，旅游信息的传递，营销策略的谋划，行业机构的设置，旅游企业的改制，融资战略的确定和旅游项目的经济效益分析，无不体现了旅游产业的经济特征及其市场运行规律。

5. 硬件建设与软件开发

《规划》从旅游业是人对人、面对面的服务的特点出发，既重视景区、交通和饭店等硬件的建设，也强调对经营管理、宣传促销和人力资源等软件的开发，把两者放在同等重要的位置上。《规划》根据国际惯例，提出"建立一个强有力的、高效的旅游企业协会是成功开发国际旅游的先决条件"。《规划》指出，四川旅游人员的服务和技能较差、旅游培训机构及其培训能力较差，预测了全省近、中、远期旅游从业人员及各类技术人员的需求量，要求旅游院校"确保至少60%～70%的各级教师有行业经历"，"目前尚无行业经历的教师必须与其学生一样，去饭店、旅行社和旅游企业工作"。

6. 资源和环境保护与旅游业的可持续发展

《规划》的突出优点是，把可持续发展原则贯穿始终。《规划》认为，四川旅游开发存在的一个问题是，"主要旅游资源的非可持续性利用，例如许多自然和文化景点游客过度拥挤、污染严重、环境恶化"。《规划》从生态旅游和自然旅游特定要求出发，既从总体上对旅游业的经济、社会及文化和环境方面的正面影响进行评估，又对每一个优先开发的旅游区和项目的环境和资源保护提出切实可行的方案和措施。对泸沽湖摩梭母系文化这种独特而脆弱的旅游资源，《规划》忠告"是否照此开发下去，最终得由社区拿主意。因为照此开发下去，深受其害的是他们自己"。《规划》对九寨沟景区的承载能力作了测算，明确要求"拆除世界级、国家级风景区内所有的过夜住宿设施"。

由于《规划》全部由外国专家执笔，因而不可避免地在对国情、省情的分析上，历史文化资源的挖掘和文化旅游产品的开发上，国内旅游市场的战略地位和国内旅游产品的开发上，四川与周边省市互补、合作和竞争关系的把握上，旅游管理体制的调整上，存在着明显的缺陷。但瑕不掩瑜，《规划》所体现的原则和方法、体系和思路，特别是它强烈的市场意识、产业意识、服务意识和生态保护意识，为我们编制区域旅游发展规划提供了一个蓝本，具有示范和借鉴意义，是中国旅游产业规划与国际标准接轨的一次有益探索。该《规划》的一些不足，也说明编制区域旅游规划不能没有中国专家的参与。旅游规划既要与国际标准接轨，又要符合中国国情、具有中国特色。这一历史性的任务，责无旁贷地落在中国的旅游管理和研究者身上。

对"洋专家"既不要迷信,也不必苛求[①]
——兼谈区域旅游发展规划的编制班子的组成

花重金聘请外国专家编制区域旅游规划,特别是省级旅游发展规划,在近年来已成为我国旅游界的一大新闻,人们对此议论纷纷,褒贬不一。

之所以如此,一是有关领导对此事的宣传操作有关,把请"洋专家"编制规划作为党委和政府重视旅游的范例,作为与国际接轨的体现,作为旅游宣传的一种手段,作为重大政绩的一部分。经过如此操作,人们对"洋专家"编制的规划期望甚高,厚望容易导致失望。

二是区域旅游发展规划本质上是一种谋划地区旅游产业发展战略的"软规划",况且我国目前尚未出台旅游产业发展规划的国家标准和行业标准,规划水平的评价难以用一个到处适用的标准模式去套,见仁见智在所难免。

三是评价旅游发展规划编制成败、水平高低的根本标准,既不是行政长官的好恶,也不是同行专家的褒贬,而是规划能否付诸实施及实施后的结果。归根到底,实践是检验规划成败、好坏的最权威的标准。对一个旅游发展规划的最终评价不是评审会的结论,而是若干时间后能否实施及其实施的结果。

西藏的经验值得注意。在联合国开发计划署(UNDP)和世界旅游组织(WTO)的指导和资助下,曾编制过两个规划。一是1990年由香可兰·考柯斯公司主持、中国工作人员配合(主要是提供资料和翻译)的《西藏自治区旅游规划》。这是外国专家第一次编制中国省级旅游发展规划。二是1996年由中外专家联合编制的《西藏自治区珠穆朗玛自然保护区生产旅游总体规划》。后一个规划由中外9名专家联合编制(中国科学院植物研究所生态专家、中国旅游学院旅游专家、清华大学建筑专家、西藏社会科学院宗教和民族专家、新西兰旅游规划专家、尼泊尔生态旅游专家、美国山地环保专家、加拿大旅游商品专家和英国西藏建筑专家),并由中国专家任编制组长。

据西藏自治区旅游局领导反映,前一个规划的可操作性较差;后一个规划具体、实在,较切合西藏的实际情况,可操作性较强。《西藏自治区珠穆朗玛自然保护区生产旅游总体规划》评审委员会认为,该《规划》"实现了跨学科、综合性规划研究的突破,集中了中外不同学科专家的智慧和经验,将生态、文化、旅游、建筑、市场、管理等学科的观念、方法融汇到区域发展的研究中,提出了保护区综合开发的指导原则",《规划》"把现代旅游

[①] 2001年3月12日《中国旅游报》。

市场学研究方法用于保护区旅游业发展研究,并用尼泊尔的案例比照,突出了旅游产业在西藏自治区经济发展中的地位,提出了旅游产业发展的策略和途径,在西藏首次论证了跨国界旅游的可行性和中、尼旅游项目、资源的互补性,填补了自治区旅游产业研究的空白"。《规划》"是当今生态旅游研究的范例"。

笔者近10年来从事旅游规划工作的体会,在拙著《旅游产业规划指南》(2000年中国旅游出版社出版)中提出,区域旅游产业发展规划编制班子最好体现以下四个结合:

1. 旅游管理部门和相关管理部门专家结合

旅游发展规划是旅游产业(或旅游经济)发展的总体规划,是一个地区国民经济和社会发展总体规划的子规划,往往是城市总体规划的细化和延伸。旅游发展规划的编制工作一般由政府的旅游主管部门操办,但不可能由它单独完成。旅游发展规划必须与当地的国民经济、城建、土地、交通、通信、商贸、农业、林业、文化、外事、水利、环保和绿化等方面的规划相衔接,并对这些方面提出相应的要求。在某些地区,旅游发展规划还要与扶贫部门、口岸和边境管理部门相配合。

因此,旅游发展规划的编制最好要由地方政府主持,并由主要或分管领导牵头,成立一个由相关政府部门的负责人组成的规划编制领导机构,可称为"旅游发展规划编制领导小组"。规划大纲、文本和图件,从草案到定稿,都要由这个机构集体审议,反复征求各相关部门的意见。规划编制的过程实际上是各方面对要不要发展及如何发展旅游业加强沟通、统一认识的过程。这样编制出来的规划,就能成为全地区(省、市、县)各部门达成共识、共同认可的行动纲领。

2. 旅游规划专家与当地旅游管理干部结合

各地发展旅游业的条件、环境和水平千差万别,当地的旅游管理干部最熟悉本地情况,对影响旅游业发展的主要问题有切身的感受。旅游规划专家熟悉编制规划的常规技术,对国内外的旅游发展趋势有较深入的研究,但对当地历史和现状了解的深度和广度一般不如当地干部和专家。在编制规划的全过程中,从调查研究、确定规划思路、拟定大纲,到反复修改、定稿,都需旅游规划专家和旅游管理干部的密切合作、共同切磋。在专家中,最好既有本地区的,也有外地的。本地的专家熟悉乡情,外地的专家视野较为宽阔,相互结合取长补短,相得益彰。

3. 旅游专家与相关学科专家结合

旅游规划内容的综合性,要求编制班子不能只由某一学科的专家组成,而必须由多学科的专业人员共同组成。在旅游专业方面,也需要由旅游资源、旅游市场、基础设施建设、项目策划、经营管理、政策法律和教育培训等多方面的专业人员参与。

在自然旅游资源丰富而奇特的地区,需要由地理学、地质学、生物学和生态学等方面的专业人员参加。在历史文化资源丰厚的地区,需要由历史学、考古学、古文化和古建筑等方面的专业人员参加。在多民族地区,需要由民俗学和民族文化专业人员参加。旅游功能区布局、基础设施和服务设施方面的规划,需要由城市规划、风景园林、交通通信和市政工程等方面的专业人员参加。旅游环境保护规划和环境评估,需要由环保方面的专业人员参与。

一个较大地区(如省级和跨省区)的旅游发展规划,编制班子更不宜由清一色的单一学科的专业人员组成,而应该由多学科的专业人员组成。其中,尤其不可缺少熟悉旅游实务、了解旅游经济运行方式的专家,并在编制规划过程中发挥主导和协调作用。各学科的专家扬长补短、优势互补,是编制高水平规划的重要条件。

4. 本国专家与外国专家相结合

外国专家参与中国旅游规划的编制,是我国旅游业进一步开放、加速与国际标准接轨的重要举措。其优点是,直接引入国际上制定旅游发展规划的理念和方法,特别是外国专家的市场意识、服务意识、人本意识和可持续发展意识,以及先进的操作方式和技术手段,值得我国旅游界学习和借鉴。尤其是以国际客源市场为主的地区和项目,由外国专家来参加规划编制,用外国人的眼光来审视和评价旅游资源和旅游环境,请他们来策划旅游产品和制定营销策略,更有利于加强国际合作,开拓海外客源市场,提高项目的国际知名度。

然而,外国专家对中国国情的了解,尤其对中国的历史和民族文化,对影响旅游业发展的错综复杂的社会环境,对已成为中国旅游业基础的国内旅游市场,对一地区与其周边地区互补与竞争的关系等,不可能在短时间内有深切的了解。对中国方面提供的资料和数据,不可能真正吃透。如果完全由外国专家完成一个地区的旅游发展规划,势必会留下重大的缺陷,影响规划的可操作性。目前已完成的几个由外国专家编制的省级旅游发展规划,在文化旅游资源的研究与评价、文化资源如何转化为旅游产品、国内客源市场的分析与开发、与邻省的旅游合作与竞争、旅游管理体制的改革等方面,都存在着一定的缺陷。在文本的体例和表述方法上,不便于普及和宣传。对这些不足和欠缺,当在情理之中,不必苛求。

如在聘请外国专家编制规划时,也有中国专家的参与,并且这种参与不是陪衬,不仅仅是提供资料,而且在形成思路、制定大纲、修改定稿时有足够的发言权,既可充分发挥外国专家的长处,又能弥补他们的不足,中外专家互相学习,促进旅游规划的国际标准与中国国情的结合。实践证明,一般情况下,区域旅游发展规划的编制,最好以中国专家为主、中外专家合作完成;旅游项目的规划编制依具体情况而定。一般而言,迪斯尼式的高科技式的主题公园和高尔夫球场、海洋馆等项目的规划设计,宜以外国专家为主;以中国文化(历史文化、民族文化、宗教文化)为主题的旅游项目规划,宜以中国专家为主。以国际客源市场为主的旅游区域发展规划和旅游项目,应尽量听取外国专家的意见,如有条件请他们参与编制。

聘请外国专家编制规划需要支付数倍于中国专家的费用,对大多数经济欠发达地区是难以承受的。而且,中国地域广阔、历史悠久、文化丰厚、国情复杂,不可能都请外国专家编制旅游规划。但听取外国专家的意见和建议乃至中肯的警告,是十分必要的;尤其是开发国际旅游市场、设计适销对路的旅游产品，必须听取外国旅游专家的意见。采用国际研讨会的方式，或聘请外国专家当编制顾问，是一种既节省经费又收到实效的办法。在聘请外国专家时，主要请旅游经济、旅游市场专家，并且最好是本地区主要客源国的专家和经营管理行家，特别是长期经营中国市场的专家、行家。

旅游规划的编制工作，在政府部门的组织协调下走向市场化运作势在必行。目前，编制旅游规划需求旺盛，旅游规划的编制机构群雄并起。随着对外开放的扩大与深入，旅游规划设计领域向国外规划机构和人员开放势在必行。这是中国旅游业走向世界、与国际接轨的必然进程。正像当年饭店宾馆的建设和管理的对外开放促进了我国旅游住宿业的发展、加速了我国旅游业与国际标准接轨一样，对"洋专家"进入中国旅游规划领域，应该进一步打开大门。不要因为外国专家编制规划的某些不足就关闭大门。

各级政府和旅游行政管理部门，应该为中国专家与外国专家在这一领域中的平等合作与公平竞争创造良好的环境。对"洋专家"要尊重，但不要迷信；可议论，但不必苛求。中国旅游业起步晚，旅游规划工作起步更晚，规划的理论、观念、方法、手段，与国际先进水平相比，有相当大的差距。对外国旅游规划的理念、方法与手段，首先要引进、学习、消化，同时要结合我国的国情，总结自己的经验，形成自己的特色、自己的风格。笔者在参加并主持《四川省旅游发展总体规划》评审会后写过一篇短文，引录如下，作为本文的结束：

"旅游规划既要与国际标准接轨，又要符合中国国情、具有中国特色，这一历史性任务，责无旁贷地落在中国的旅游管理和研究者身上。"

跨区域旅游规划编制的创新[①]

这里谈的"区域旅游规划"是专指跨省区市(直辖市)的区域旅游发展总体规划。

一、区域旅游规划的性质与任务

从已经完成的长江三峡、西部旅游投资、香格里拉、青藏铁路、红色旅游(中部及西北片区)等区域旅游规划,正在编制中的"丝绸之路"、中部地区等区域旅游规划,正待启动的海峡西岸、大湄公河、北部湾、粤港澳等区域旅游规划来看,这些规划的性质是区域旅游合作的专项规划,其目的是通过区域旅游合作促进区域旅游产业经济的共同发展,其任务是解决区域旅游合作与发展中的主要矛盾、关键问题,这些问题是各省、自治区、直辖市自身解决不了或难以解决的问题。

区域旅游合作不涉及旅游主管权力的地区移位,也不涉及各旅游景区、旅游企业的所有权和管理权的移位。区域旅游合作的实质是旅游产品的整合及其营销的合作。因此,区域旅游规划的实质与重点是,指导旅游产品(包括旅游线路)的整合、市场营销的联合及促进这种合作的体制机制与政策法规。离开这个实质与重点,区域旅游规划即使面面俱到、洋洋多少万言,也无济于事。

二、跨区域旅游规划的主要内容

1. 区域旅游合作与发展的基础与环境分析

自然地理、区位交通、经济文化与区域合作的历史传统、现实基础等。

2. 旅游资源评价

不是罗列跨区域内各省区市的所有资源,而是着重分析各省区市旅游资源的共同点与不同点、竞争性与互补性,筛选并确定具有核心竞争力的若干主导性资源,进而确定区域合作的资源基础和产品互补方案。

3. 客源市场分析

重点分析该区域内各省区市客源市场的共同性与不同点,重点分析外来(国内与国外)客源在这些省区市之间的流向、流量以及该区域内部本地居民互相出游的状况与障碍,进而确定区域合作的市场基础和客源互流、共享的方案。

4. 区域旅游合作与发展的障碍分析

硬件方面(主要是交通与通信设施)和软件方面(主要是观念、体制、机制、政策和企

[①] 2007年9月2日应国家旅游局规划发展财务司的要求,写于西藏拉萨喜马拉雅宾馆。

业经营环境等,跨国合作还涉及外交政策、国际关系和边境口岸通关状况),进而研究区域旅游合作的主要障碍和主要症结。

5. 区域旅游合作与发展的空间布局

着重规划区域合作范围内旅游城市(中心城市、次中心城市等)、旅游景区景点(核心景区景点、辅助景区景点等)和由此而形成的旅游线路和网络,构建区域旅游合作的空间格局。

6. 区域旅游合作与发展的方面

产品互补、线路互通(规避同类产品近距离低水平重复建设);

客运畅通、互不设卡;

信息畅通、建立区域旅游网站;

旅行社、饭店、餐饮、娱乐、购物等服务体系配套建设;

互相宣传对方、对外联合促销;

建立培训基地、共同培训人才、互相承认岗位证书,等等。

7. 培育区域旅游合作与发展的市场主体

企业是市场经济的运作主体。强势企业为了生存与发展,自下而上地推进跨区域的合作经营,直至在市场经济的基础上形成经营联合体,在资本、客源的基础上形成企业集团,是区域旅游合作的经济基础。分析旅游企业的经营状况,找出从低级到高级的企业合作方式,提出培育跨区域经营的龙头企业,是区域旅游规划的重中之重;而现在所有的区域旅游规划都忽略、轻视这一点。在资源调查中,不重视对旅游企业资源现状的调查;在市场调查中,不重视对企业经营环境、企业市场应变能力的调查;在发展对策中,不重视对旅游企业的培育,这几乎是所有旅游发展规划的通病。

8. 构建区域旅游合作与发展的组织机构

在目前的行政体制下,区域旅游合作进程的快与慢、成与败取决于相关各方的行政决策、行业管理机构对区域合作的认识、决策与行动。在计划经济的历史惯性和以行政区为单位的政绩考核体制下,区域旅游合作的阻力主要来自行政体制内部。旅游发达的省区市对区域旅游合作往往缺乏内动力、没有紧迫感(如北京对京津冀合作、云南对香格里拉两省一区的合作)。

目前区域经济合作已成为中央的重要决策,已成为地方要员政绩考核的重要方面。区域旅游合作作为枝叶要依托区域经济合作这棵树干乘势而上。在区域经济合作总框架内,构建可行的、有实效的区域旅游合作的行政框架,是区域旅游规划的重要内容,也是实施区域旅游规划的最重要保证。这一点规划工作者需要与有关省区市的决策层进行反复沟通、深入切磋,取得共识后形成相关各方的共同政策,建立区域合作与发展的组织机构(各地政府间的决策机构、旅游主管部门间的执行机构和行业协会间的协调机构)。

9. 不同地区、不同阶段,区域旅游规划的重点各不相同

区域旅游规划切忌程式化、公式化、模式化,切忌照搬照抄本规划单位和旅游规划界

已经形式的一套模式。有什么问题就解决什么问题,应该是区域旅游规划的最重要的编制原则(当然是主要的、根本性的、深层次的问题)。

在西部地区,区域旅游合作在解决观念、体制、机制和人才问题的同时,更多地关注区域旅游合作难以突破的交通制约(如香格里拉旅游区、"丝绸之路"旅游带)、景区建设(如西藏自治区),是必要的。但在东部地区和中部部分地区,包括少数西部地区,交通与景区建设不是主要问题,观念、体制、机制可能是更重要、深层次的问题。

在景区开发刚刚起步、产品尚未成型的地区,区域旅游规划重点应放在产品建设与整合上。在景区开发基本到位、产品开发初具规模的地区,区域旅游规划重点应放在产品提升和市场营销的合作上。

在江浙沪、粤港澳地区,区域旅游合作已走出浅层次的起步阶段,面临规范、提升的任务。其他大部分地区处于启动阶段,有些地方甚至是"启"而不"动"、"联"而不"合"。

海峡两岸、大湄公河、北部湾和"丝绸之路"区域旅游合作则还有一个特殊的跨境、跨国合作问题,政策性、政治性、体制性的问题更为突出。

凡此种种,不同地区、不同发展阶段的区域旅游规划,从任务、内容、特点,直到编制体例都应不同。国家旅游局规划主管部门在下达任务书时,应有所区别。

三、跨区域旅游规划编制的方式创新

目前已经完成和正在编制中的区域旅游规划,都是由国家旅游局规划主管部门选定一家有较强实力、较高水平的专业旅游规划单位,在有关省市旅游主管部门和地方旅游专家的配合下进行的。

这些专业旅游规划单位各有所长,有的在经济人文地理、区域经济方面有专长,有的在旅游经济与市场营销方面有专长,有的在行政管理方面有专长,再加上其他学科专家(包括地方专家)的加盟,保证了规划成果达到一定水平,特别在构建体系、学术表述和资料整理上有所建树。

但是,这些专业旅游规划单位在不同程度上都有一个共同的弱点,即规划主持人和主要成员缺乏高层旅游行业管理和旅游企业管理的实际经历与经验,缺乏对区域旅游合作、跨境跨国旅游合作的实际操作经验(笔者亦在其中),更缺乏对市场经济不成熟、法治经济不规范、区域合作中各利益主体间的错综复杂关系的深切体验与感悟。

因此,在对区域旅游合作发展症结的诊断上,对区域旅游合作发展对策的把握上,在对推进区域旅游合作发展措施的设计上,往往泛泛而论、不着边际,或者主次不分、抓不住要害,或者想当然、缺乏可行性。这样的规划成果,往往理论性强于指导性,学术性强于可行性,宏大的体系、庞杂的内容让人不得要领。

规划要以研究为基础,规划成果要体现研究成果。但规划不是学术研究。规划是可指导、可操作的行动纲领和政策导向,是一目了然、一看就懂的政府文件,不是某个单位和个人的学术专著。区域旅游规划必须从烦琐哲学和既有模式中解放出来。

为此，必须探索区域旅游规划编制方式的创新。

1. 组建资深旅游行业管理专家、旅游研究专家和旅游企业专家三结合的区域旅游规划编制班子

各地各级政府旅游主管部门负责人中，许多人不仅有经验、有能力，而且善思索、有见解。对于区域旅游合作发展中的种种问题有切身的感受，对如何破解阻力、绕过障碍、逐步推进、拓展区域合作，他们的意见往往深刻而可行。

各地旅游企业负责人处于旅游市场经济风口浪尖的中心，对于旅游者的出游取向不以行政区划为界限这一活动规律理解得最深刻。有作为的旅游企业家的经营活动总是在不断突破行政区界限，开拓经营空间。大型旅游企业集团的跨区域经营本身就是区域旅游合作的实践者。他们中的佼佼者对区域旅游合作发展中的问题、障碍、出路，往往有很深的思考。

长期从事教学、研究、规划、咨询的旅游专家，当然是编制区域旅游规划不可缺少的成员。他们的学术专长和编制经验，并在区域合作中超脱各利益主体的博弈的地位，如与上述两类专家结合，将扬长补短、发挥更大的作用。他们有一支工作团队，有能力承担繁重的文字与制图工作，保证在较短的时间内完成区域旅游规划的编制。

2. 外地专家与相关地区领导、专家共同参与，保证区域旅游编制成功并付之实行

区域旅游规划的编制和执行，从根本上说是该区域各方的自身工作和共同需求。目前各区域旅游规划编制中，以规划编制单位为主导、地方旅游局和专家配合的做法，虽然可以在编制过程中规避各方争主角、抢项目一类的弊端，防止区域规划偏重某一方，但是这种做法势必产出另一种弊端，即规划不能充分反映区域合作相关各方的利益和要求，又不是各方共同参与制定的，因而即使规划评审、批准了，有关方仍可我行我素，或"各取所需"。

编制区域旅游规划，各相关地的旅游主管部门和旅游专家，不能只当配角，而应该是主角之一。笔者建议，不仅在规划编制领导小组中有区域内各方代表组成，而且在规划编制组内也应有区域各方领导与专家参与，并担任编制组副组长，相关地区领导、专家从始至终参与规划编制的全过程（包括共同实地考察），共同对规划的科学性与可行性负责。这样的规划不仅是某一规划编制单位的成果，而且是区域内各方的共同成果。这样的规划编制过程本身就是区域旅游合作的一个环节和组成部分。

如果这样做，势必在规划编制组内部增加了工作难度，会产生某些分歧与争论。其实，意见分歧与利益博弈是客观存在，无法回避，也无须回避。通过争论达到统一，最后达成共识、完成规划。这样的规划成果也许更有权威性和可实行性。区域内各方领导与专家在一起考察、研讨，加深了相互了解、增进了友谊，对以后的区域旅游合作发展有深远影响。

在规划编制组内，充分利用本地专家情况明、研究深的优势，让他们发挥实质性的作用,而不是作为陪衬、咨询角色,也至关重要。

3. 改进规划编制组的考察调研方式

区域旅游规划往往跨省区、跨国界,涉及的地域广、范围大。考察活动时间长、工作量大。大部分考察时间往往用在旅游资源与景区景点上(即便如此,对景区景点的考察也往往是蜻蜓点水、浮光掠影),而对区域旅游合作发展至关重要的社会环境、部门联动、区域合作和企业经营的考察调研,往往花的时间很少,没有深入展开。因而出现规划文本中对现有各省区旅游资源与景区景点的大量罗列和复述,而对规划总体思路的确定、对策措施的提出语焉不详,规划的价值大受影响。

如上所述,区域旅游规划的主要任务,不是解决区域内各方旅游资源的开发和景区景点的建设。这方面的任务是各省区市旅游发展规划要解决的。况且全国绝大多数省区市都已编制了旅游发展规划,近年又都制定了"十一五"发展规划,对各省区市重点旅游资源的开发和景区景点的建设已有定论。应在这些已有成果的基础上,区域旅游规划加以筛选、整合发挥各自特色,形成优势互补,避免近距离、低水平的重复建设。这些工作对于有经验的规划编制单位和个人是不难解决的。

因此,区域旅游规划的编制考察活动的重点尤其要转移到下面几个方面来:

对该区域旅游合作发展的历史与现状的调查研究,从中分析该区域旅游合作发展的所处阶段、区域旅游合作中的诸多利益主体的复杂关系、决定其今后深入发展的主要因素,为下一步提出发展思路、对策措施提供基础。

对影响区域旅游合作发展的诸多社会因素的调研,如区域经济合作背景、交通设施与经营管理、航权开放与口岸开放(落地签证等)、文化文物保护建设与经营管理、对外经贸与服务贸易、外交关系与边境口岸管理等,这就需要深入、反复到相关部门走访、座谈、研讨,如发改委、建设、交通、铁路、民航、文化文物、外事、外经贸、口岸办等各部门。诸多部门的代表集中在一起开座谈会效果不一定好,带着问题登门求教才有实效。

对区域旅游合作发展的主体——主要是有代表性的旅行社、景区和饭店进行深入的调查访谈,是目前旅游规划工作中最为薄弱的环节。旅游企业界人士身处经营管理第一线,对客源流向、流量和需求的变化,对市场营销的对策,对旅游市场秩序的了解,对投资与经营环境的评判,对区域旅游合作的走势,对当地政府和旅游主管部门决策的是非,对现有旅游管理体制的利弊等,往往有深切的感悟和独到的见解。与他们坦诚相见、交流看法,会得到与政府官员交谈得不到的收获。即使是牢骚与怨言,也会从中得到启迪。与企业界人士访谈,最好是三五人小型座谈,比起正襟危坐的正式会议,更能听到真话、实话。

4. 改进规划编制的组织工作方式

由国家旅游局主管部门选定区域旅游规划编制单位的做法,是一个过渡性的权宜性办法。其弊端不言而喻。对事关区域旅游发展大局的区域旅游规划编制,应向公开化、规范化方向过渡。公开招投标可以得到多种思路、多种方案,同时也可以激励我国规划界更多的单位和个人的关注和投入。

重大的区域旅游规划的编制，事关我国旅游长期发展的全局，事关相关省区市的旅游发展。区域旅游规划编制单位的选定，招标、评标和评审工作的开展，应由国家旅游局主管部门牵头、相关省区市旅游局的参与。

区域旅游规划编制单位选定后，该单位作为工作班子，在规划编制领导小组指导下，在编制核心组的领导下开展工作。规划编制领导小组由国家旅游局主管部门与相关省区市旅游局负责人组成。编制核心组由入选的区域旅游规划编制单位派出的技术专家和有关省区市旅游局派出的规划专家组成，对规划编制工作和成果质量共同负责。

区域旅游规划的特定性质与功能，决定了该规划的编制不仅仅是入选的旅游规划编制机构自身的企业行为或科教机构的单位行为，更是承担着国家指导区域旅游发展使命的政府行为。

可贵的务实精神[①]

得到参加《湘潭市旅游发展总体规划》评审邀请通知后，评审文本早早地送到了我的手里，我可以用几天的时间细读它，"找"它的"毛病"。

这与我常常遇到的大不一样。往往是在评审会上或前一夜才拿到文本，厚厚几大本。这是存心不让评委认真评，"评审会"只是走一个"场"。你想，你怎么可能用几十分钟"读"完它，怎么可能发现它的优点缺点、长处短处、精髓谬误？会议往往3个小时，领导讲话、规划汇报用了1个多小时，八九十来个评委每人发言10来分钟，再讨论一下事先拟好的"评审结论"，主办方就宣布"评审会圆满结束"。

每当我参加这样的"评审会"，就感觉被"绑架"了一次。而这次在评审会前几天就拿到了，即使只有10分钟的时间发言，我也可以讲一点实质性、负责任的意见。

评审会不是官场例会，是上报、审批的必要环节，是规划成果的质量把关，匆匆走过场，把官场加弊端带了进来。

这是一。

《湘潭市旅游发展总体规划》是由中国社会科学院旅游发展研究中心与北京开思九州旅游发展研究中心负责编制的。打开编制组名单，组长是戴学锋先生。名单中没有"高级顾问"，没有大家熟知的研究中心为业界熟知的其他负责人。

我常看到许多规划的"编制组名单"，"高级顾问"一大堆，有"院士"、"院长"、"×长"，不管这些"顾问"有没有到过现场考察，有没有参与过实质性的工作，有没有审过一次稿，都名列其中，似乎只有这样才显出编制单位有"分量"。

署名不是商品"营销术"，而是标明货真价实的产品"出品人"；不是"荣誉"，而是责任。

这是二。

《湘潭市旅游发展总体规划》文本没有豪华的"精装"，用道林纸双面印刷，文本44页、说明书156页，拿在手里很"轻"。

现在旅游规划文本越做越厚，硬面装帧、铜版纸单面印刷，拿在手中沉甸甸像块"砖头"，似乎只有这样才有"分量"，文本中却反复强调要"资源节约型"、"环境友好型"！

我不反对文本成果要印制得精致些，但反对"月饼盒"式的过度包装。过度包装往往反映了编制方对自己成果缺乏自信，不少是"金玉其外，败絮其中"。

[①] 写于2009年8月。

这是三。

上面讲的都是些形式问题。湘潭规划的内容如何，容我在评审会上直说。

据我所知，为地方编制旅游发展规划不是中国社会科学院旅游发展研究中心的主业，不是研究人员的谋生工具，更不是"智业老板"的敛财手段，没有"营业"指标和赢利指令。他们有选择地承担一些区域旅游发展规划，是作为旅游研究与实践结合、为地方咨询服务的一个方面，因而采取不张扬、不张狂、求真务实的研究态度和严谨作风去做规划，不是说没有不足、没有缺漏。

一次别开生面的旅游策划评标会[①]

近日应黑龙江牡丹江市镜泊旅游名镇建设部之邀,参加该镇建设策划方案评标会。会前,我不知道是哪几家规划机构参与竞标,当然也不了解评委是哪几位。是日上午8:30正式开会,指挥部负责人宣布开会,7名评委由北京2名专家、上海1名专家、哈尔滨1名专家、牡丹江市3名专家(其中有2位是相关政府部门的)组成。评标程序如下:

(1)在市公证处公证员监督下,启开4个策划文本。文本上没有策划单位名称,只有1、2、3、4序号。

(2)在公证员监督下,7名评委回到各自的单间客房,房间电话暂时切断,手机交由主办方保管并加封签。

(3)11:30,各位评委对4套方案写出评语并打分,最高分为100分。

(4)11:30,在公证员监督下,由我将4套方案的评语与打分封签后交主办方工作人员,同时还给我手机。

(5)在公证员监督下,当着4家竞标单位代表的面,启开7名评委的打分,去掉一个最高分和一个最低分,得出各个策划方案的平均分,按得分高低评出并宣布一、二、三、四名次。

就我个人而言,从接到邀请至评标结束,没有一个人对我谈起过这4家机构的名称和方案内容,完全凭我的评判打分。

这是我第一次经历这种方式的评标会。4个竞标单位的代表不汇报,也不播映方案的PPT或多媒体介绍。7个评委不讨论、不交流,就文本评方案,各自独立打分,各不干扰。

也是在本月内,我参加了华中某地的一个度假区的规划评标会。上午会上,在4个竞标机构代表汇报完毕后,该地一位领导说下午有事不能来,先谈一下对4个方案的看法。他在发言中直白地说对某方案有好感。

下午,评委们各抒己见,交换对4个方案的看法,最后以无记名投票的方式(各自评出一、二、三、四排位),评出了一、二、三、四名次。上午得到那位领导好评的方案并没有成为第一名。看来,评委们并没有受"领导"的看法左右,而是凭着自己的判断投票。

目前,越来越多的地方用招标方式开展旅游策划或规划方案与单位的遴选,应该说是一个进步。但是招标、评标、遴选过程中的不公正现象也时有耳闻、有时亲见。招标方

[①] 写于2009年12月。

明明早已确定某家编制机构，但还是要走一个竞标的形式，因此评标过程中往往出现不正常现象：

或者在评标委员的选择上做文章，或者用隐蔽的或露骨的方式暗示评委评哪一家、不评哪一家，或者不当场公布评标结果，幕后再暗箱操作等，目的是让自己希望的那一家中标，让其他几家"哑巴吃黄连"。这其间的利益关系不言自明，而且手段相当高明，让吃亏上当者哑口无言。

目前旅游规划工作中的不正之风，甚至腐败行为最主要的表现是回扣之风盛行。一个几十万甚至上百万的规划项目，"乙方"得从所得的编制经费中拿出一笔不小的数额，用各种方式反馈给"甲方"：或暗送现金，或回送重礼，或"热情"接待"甲方"人员到"乙方"所在城市"考察"，甚至有以录取"研究生"相许，等等。当然，"羊毛出在羊身上"，这笔支出最终还是由"公款"——政府的财政支付。

几年前，三亚市政府与海口市旅游局都委托我参与该两市旅游总体规划的招标工作，我的建议得到了采纳：评标委员名单信息严格保密，不早定、不泄漏；不向评委泄露投标机构名称；各投标单位的竞标文本匿名印刷；投标单位的代表口头汇报时与评标委员不住在同一宾馆内；投标方案临会前集体开启、用抽签方式确定序号；评标会场设置上，竞标方不与评委见面，而在另一个房间内用话筒连接到会场，背对背地汇报并回答评委提问；评标会全过程请公证处公证。除我以外，多数评委不知道哪家机构是竞标者。评委们对各个方案各作点评，不进行讨论。我最后对各家方案发表点评意见。然后，进行无记名投票，由投票决出名次，并当场向媒体、竞标方与全体参会者公布。

我认为，招投标工作真正做到公开、公平、公正，防止与根除不正之风，除了评标委员要恪守人格底线、遵守职业良心外，最重要的是规范招标、投标与评标的运作程序。虽然已有《中华人民共和国招投标法》及实施细之则，但操作方法仍不规范、不具体、不缜密，留下许多违规操作的空间。

当然，这不是由评标委员个人的品德与能力所能解决的。

这应该是由政府有关部门做的。

《中国旅游报》应从"舆论一律"到"多种声音"[①]
——阅读两则旅游开发"大项目"报道的感想

近日,《中国旅游报》报道了两个旅游大项目开发的消息,并发表了赞成与反对的两种不同意见:

• 新疆鄯善县打算投资 3.2 亿元在距离楼兰古遗址数百公里外重建"楼兰王城","让楼兰古城再现昔日辉煌";

• 重庆丰都县联手重庆市交旅集团,打算投资 7 亿元建设一个"鬼国京都"主题公园,"初步构想将世界各地的鬼文化和鬼神风俗汇集一园"。

看了《中国旅游报》的上述报道与相关文章之后,我对该报能在当下旅游主管部门与旅游界津津乐道"大项目、大投入、大发展",高呼目前是"中国旅游投资最佳时机"之际,能对兴建"楼兰王城"、"鬼国京都"主题公园这样的"大项目"反映赞成与反对两种声音,感到高兴。该报长期以来报喜不报忧,把行业报刊办成了政府机关报,对我国旅游业中存在的弊端、顽症、隐忧或者视而不见,或者轻描淡写,对于主管部门或地方政府的"大手笔"、"大举措"往往倍加赞誉而不管其实际效果如何。对于一些有"背景"的项目更是避而远之或噤若寒蝉,如"中华文化标志城"。现在从"舆论一律"到"两种声音",这是一大进步。希望继续推进,能在更广阔的领域内听到更多种的声音。

这两个旅游大项目的消息并不新鲜。类似的"大项目",如山东济宁打算投资 300 亿元建设"中华文化标志城"、甘肃临洮打算投资 8000 万元建造老子文化园、湖北竹山打算投资 1500 元塑造女娲像、河南新郑打算投资 40 亿元建造"华夏祖龙"(已搁浅)等,都是"政府主导"下的产儿,从立项、征地到拆迁、动建,地方政府一路绿灯,畅行无阻,"遇到红灯绕着走",有的甚至直接闯"红灯"(如侵占耕地建"旅游房产"、高尔夫球场等)。为了招大商、引大资、建大项目,有的县甚至规定:"对引进固定资产 5000 万元以上项目,按投资总额 1.2 倍计入引资单位招商实绩;固定资产亿元以上项目,按投资总额 1.5 倍计入引资单位招商实绩;对引进大项目的直接有功人员,要给予重奖重用。"(见 2008 年 6 月 30 日《中国新闻周刊》)。在这种背景下,官商联手、违反政策、占用耕地、侵害农民的事件屡屡发生就不足为怪了。

整治此类顽症,当然要多方下手。其中,开放舆论、媒体评论是不可缺少、十分有效的一环。即使是一个可行的"大项目",经过公众讨论、争辩以至短兵相接的"交火",也

[①] 2008 年 9 月 4 日搜狐博客。

会更加完善、可行。

期望《中国旅游报》本着"及时、公正、客观"的职业准则，更多地反映中国旅游业转型过程中对发展理念、战略、政策、方针、模式、典型等的不同意见，包括对改革开放30年经验与教训的总结，成为旅游业界解放思想、求真务实的思辨园地。

我曾经提出的希望中国旅游网（www.cnta.gov.cn）和中国旅游新闻网（www.ctnews.com）能成为编者、作者与读者交流思想场所的建议，能早日成为现实（见今年5月5日博文《中国旅游网和中国旅游新闻网为何不设留言栏》）。比起传统媒体，网络媒体的最大优势是编者、作者与读者不受时空限制能即时进行直接交流。作为一家现代旅游服务业的主流网络媒体，如果没有在线交流和思想交锋，便失去了生气、活力与灵魂。

在这方面，《中国旅游报》应该向文化部下属中国文化报社主办的《文化传播网》（www.ccdy.cn）学习。为什么旅游媒体不能像文化媒体那样开展编者、作者与读者之间的互动呢？

在纪念中国旅游改革开放30周年之际，一个实际行动胜过百篇文章！

旅游咨询业在市场推动下探索成长[①]

改革开放30年,我国的旅行社、饭店、景区、餐饮、购物、娱乐和游客运输等实体服务业迅猛发展的同时,还催生了旅游咨询服务业的发育与成长,初步形成了一支多学科、多专业、多功能和多类型的智力服务行业,承担着旅游战略研究、策划创意、规划设计、市场营销、投资开发和游客咨询等服务,成为一种崭新的旅游业态。它以智力劳动为主要服务手段,既推动旅游供给的增长,又促进旅游消费的增长。智力与资源、资本三者共同构成了旅游产业生存与发展的三大支柱。旅游咨询服务业已成为旅游产业的不可缺少的组成部分,成为旅游强国建设的重要方面。

20世纪80年代,我国旅游业起步之时,旅游资源开发、景区建设开始启动,一些城市规划、风景园林设计单位和经济地理、人文地理研究机构首先介入旅游开发、规划、设计活动,开启了旅游咨询业的先河。这个阶段的开发规划设计偏重于从既有的自然与人文资源出发,以旅游硬件建设为主要内容;而对市场开发、经营管理和人文环境等软件建设比较忽视。针对此种情况,从旅游运行的实践需要出发,旅游界提出以市场为导向、资源为基础、产品为中心的咨询规划原则,大力推动旅游规划设计要与客源市场的需求对接。

进入90年代,旅游产业在全国各地向横广发展、旅游服务要素向纵深发展,对咨询服务的社会需求急剧增长。旅游业的综合性、边缘性与实务性要求自然学科与人文学科、研究界与实业界的共同参与。越来越多的生态、地理、文史、艺术、经济、管理、营销、媒体和建筑设计界的专业人士与教学研究机构,纷纷介入旅游战略、策划、规划、设计的咨询服务,涌现了一大批旅游智力企业、事业单位,旅游咨询业开始成为旅游产业的一种新业态。

进入新世纪后,旅游咨询业在强大的市场驱动与激烈的市场竞争中,行业规模、服务领域、专业融合与咨询水平等方面均进入了一个新阶段,呈现出一些新特点与新走向。

1. 旅游咨询业的服务对象与业务范围

第一类以旅游客源群体为主要服务对象。其中一部分属于旅游公共服务,它们由政府旅游主管机构或由旅游行业协会等中介机构主办,不以直接赢利为目的,而是通过咨询服务方便游客,促进目的地的旅游发展。这种咨询服务主要是通过公共旅游网站、游客咨询中心等方式开展咨询服务。随着电子信息与电子商务的发展,一些机构依托互联网在向消费者提供各类旅游信息,并提供相应的网上订票、订房服务,出现了以电子商务

[①] 应中国旅游研究院之约写于2009年2月,刊载于中国旅游研究院《中国旅游研究30年专家评论》,中国旅游出版社2009年版。

为服务手段的新型旅行商企业，有别于传统的旅行社。

第二类以旅游目的地的管理者与开发经营者为主要服务对象，为他们提供各类策划、规划、设计、投资、营销和管理等咨询服务。它们作为专业咨询机构，熟悉旅游策划、规划与设计的程式，积累了应对各类旅游咨询业务的经验与资料。

2. 综合性策划机构参与旅游咨询策划

随着我国市场经济体制的构建，市场策划特别是品牌策划的商业服务应运而生，涌现了一批涉足多领域的营销策划企业。一些知名策划机构也参与到旅游目的地建设、产业发展与产品开发营销的咨询活动中。它们依托其广阔的政治、经济、文化的社会知识积淀与广泛的公共关系背景，"跳出旅游看旅游"，从"业外"审视旅游业发展的症结，往往能别具视角、入木三分，少有"只缘身在此山中，不识庐山真面目"的局限。

3. 文化创意机构参与旅游文化建设

旅游咨询业务，特别是项目、营销、节庆与演艺等策划都是以文化为内涵的创作活动，是文化创意产业的一部分。近些年来，一批资深影视界人士与机构从事旅游演艺的编导制作，如华侨城和宋城的广场演艺，以及"印象"系列、"长恨歌"、"禅宗少林·音乐大典"、"梦寻徽州"等实景广场演出，丰富了旅游文化活动，提升了旅游目的地的吸引力。北京798、上海8号桥等一批文化创意街区已成为休闲旅游景点。在许多城市的步行休闲街的建设与经营中，充分体现了文化创意业与休闲旅游业的融合。

4. 工艺美术、装潢设计参与旅游环境建设

伴随着旅游住、食、购、娱消费的扩大与升级，对于住宿、餐饮、购物、娱乐的需求从生理层面向心灵层面提升，从物质满足层面向精神享受层面提升，旅游消费的环境、设施、氛围与细节等要求从标准化向个性化提升、从模式化向本土化提升。越来越多的工艺美术、装潢设计人士与机构参与到行、游、住、食、购、娱场所的装潢、商品的设计和演艺的创制之中，出现了一批以饭店设计、商品设计和演艺创制为特长的咨询机构。

5. 旅游企业从"实战"向咨询策划"笔耕"延伸

有些知名旅游景区或旅行社依托自身开发、管理、营销实战经验，把业务范围扩展到咨询服务领域，承接别处的旅游策划设计与景区经营管理业务；有的旅行社依托自身市场开发与产品策划的优势承接规划设计业务。这些企业具有丰富的旅游经营经验与人才，其咨询成果富有实战性，是一批很有竞争潜力的新型咨询企业。

6. 从咨询策划"笔耕"向经营管理"实战"拓展

有的旅游规划设计机构有意向承包景区经营管理的方面发展，有的旅游规划设计机构与旅游信息企业合作，联合开展客运（机票、火车票）、饭店与景区的供给的一条龙服务，在旅游供给方与消费方之间搭桥铺路。

7. 事业型机构扎实发展

从事旅游咨询业务的事业型机构大体有两类：第一类是原政府部门的机构，改革后与原直属部门脱钩，成为企业化经营的事业单位，但仍拥有这样那样的政府背景。它们

依托自身的技术优势,但在市场竞争中仍有"权力"优势。第二类是教学科研机构,它们依托知名大学、研究院的品牌,在市场竞争中具有"学术"优势。这两类属于事业型的机构,它们依靠行政权力支撑或行政经费支撑,无"生死存亡"之忧,天然占有规划设计的庞大市场份额,有的还拥有廉价的优质劳动力(在学的学士、硕士或博士生)优势,办公场地等营业成本较低,在激烈的市场竞争中注重质量、稳健发展。由于体制的原因,这类机构的技术骨干队伍相对稳定,业务规模稳步扩展,咨询成果质量比较稳定,成为现阶段旅游咨询业的主力军。

8. 企业型咨询队伍急速扩张

此类大多是民营企业,除少数机构外,大多没有现成的、可以借用的"权力"或"学术"背景,它们主要以灵活的企业机制、市场开拓与技术领头人的决策创意能力,在市场竞争中争得一席之地。其中一部分企业业务量增长较快,以规模扩张、多领域开拓为发展模式,有的企业向一专多能方向发展,突出在某一方面(或景区设计,或景区营销咨询,或景区投资咨询,或某方面的策划设计)打造自身的核心竞争力。有的与旅游协会或官方媒体等合作,构建事—企合作模式,承担旅游中介组织的某些职能。民营企业中、小规模占多数,但在激烈的市场竞争中形成了若干上规模、有一定知名度的大型规划设计、策划营销和创意文化企业,有的已具有承担国家和省部级咨询课题的能力。民营咨询企业成为旅游咨询业的一支生力军,并有燎原之势,但在经营环境、稳定成果质量与骨干队伍及企业机制等方面存在不少难题,"优胜劣汰"的市场法则时时在考验着它们。

30年的发展,我国旅游咨询业已初具规模,但远未成熟。已经出现了一批有一定知名度和影响力的咨询机构,但还未形成名至实归的经典作品与品牌机构。

9. 行业运营的大环境有待规范与优化

我国旅游咨询业起步较晚,在行业进入、资质认定、等级评定和行业自律等方面很不规范,在招标投标、论证评审、成果检验和后续服务的运作程序方面缺乏规范,在从业人员的资质认定、责权制约等方面,尤其是民营机构人员的技术职称评定方面仍是空白。建议努力创造条件,筹建全国及各省市的旅游咨询业协会,作为各级旅游协会的分会,逐步建立旅游咨询的行业管理、协调、自律的机制,建立与完善各类旅游咨询企业的公平、公正、透明的市场竞争环境。

10. 企业机制和企业文化建设有待改造与创新

政府所属的咨询机构应按照政企分开、政事分开、事企分开的原则进一步深化改革,增强活力,提高创新能力。从事赢利经营的专业咨询单位应与其行政管辖机构剥离,国家的教学科研单位应该把具有赢利目的的咨询机构剥离出去,使其成为独立经营的企事业单位。民营咨询企业在搞活机制的过程中建立和规范规章制度,建立咨询成果质量检验监管制度,稳定和提高咨询成果质量;建立企业员工责、权、利统一的运行机制,建立企业决策管理层与受雇从业者之间合理、共赢的利益机制,稳定骨干技术队伍;家族式、家长式的企业向智力股份制等现代企业构架提升;要根据细分的市场需求与自身的文化特长培育核心竞争能力,形成一批既有综合服务实力的大而全的咨询机构,又有特专咨询能力的小而专、小而精的咨询机构,并在市场竞争大潮与咨询产品运作检验中产生一批名符其实、质量稳佳的品牌咨询企业。

中国旅游产业的长期、稳定、优化发展,为旅游咨询业提供了不断增长的市场需求,同时也引发了十分激烈的市场竞争。春秋战国、群雄并起,纵横捭阖、逐鹿中华。旅游咨询业在市场推动下孕育、催生,又必将在市场竞争中成熟、壮大。

培育与发展旅游咨询业,是建设世界旅游强国的题中应有之义。

民办旅游教育的发展之路在何方[①]

一、中国多元经济形态的变迁

1949～1978年,中国在经济与社会事业领域中取缔了一切民营成分,"国有一统天下"导致百业凋零,到"文革"时"国民经济面临崩溃的边缘"。

1979～2009年,中国经济社会的最大变革是打破了"国有一统天下"局面,形成了多种多类企业与事业并存发展的新格局,不仅回到了新中国成立初期的"五种经济"并存,还重现了新中国成立之前的外国资本日渐进驻的状境。

现在,尽管还谈不上各类企业与事业的真正"平等"、"公平",但毕竟初步形成多类竞争、竞向发展的态势,造就了30年的腾飞与辉煌。

二、中国教育的行政化、官僚化

然而,教育领域还是个另类。以高等院校而言,"部长级"校长、"厅局级"校长的层级,表明院校行政化、官僚化已成为固有体制,僵化与腐败即随之而来。近来,在批判"教育产业化"的声浪中,又助长了否定、贬低、限制民办教育的倾向,但对院校行政化、官僚化顽疾却丝毫未敢触及。

笔者以为,国民基础教育,如中小学义务教育、部分职业技术与高等教育,是不能"产业化"的,"博士"头衔更不能"市场化"、"党政化"。但是"教育国家化、行政化"也是行不通的。偌大13亿人口的大国,全部高等教育、职业技术教育、社会继续教育,全部由国家包揽下来,行得通吗?!即使是中小学,国家在保障全体学龄儿童、青少年享受普通义务教育的前提下,难道不能为满足一部分"先富起来"人士和其他有条件人士的需求,允许开办私立小学、中学、大学吗?

"国立"与"私立"大中小学并存、互补、竞争、发展;各类各层职业技术教育与培训,有官办、官助民办,也有社团、教会、企业、私人办,世界各国莫不如此,难道中国已达到"政府全包"的发展阶段了?!

"教育是改革开放的最后堡垒",以笔者50年的高校生涯,对这个说法深有同感,虽有点夸张与激愤,但却一针见血。

[①] 2009年第10期《中国饭店》。

三、中国旅游教育的超常规发展

改革开放30年,以改革"国"字号一统天下的"政府接待"型体制为切入口,形成了行、游、住、食、购、娱各行业国营、股份制、合作制、外资、合资、民营等多类经济形态竞发共荣的格局,出现了中国旅游产业的历史性跨越。

旅游经济是资源、资本与智力合而共生的"三ZI"产业。人力是智力载体,作为旅游人力资源培育基地的旅游教育,30年内从"零"起步、从无到有,至今已形成教育与旅游共生的一支新生业态。1973年创办广州市服务旅游中等专业学校,1974年创办北京市旅游服务学校,1978年创办南京市旅游服务学校,1979年创办四川省旅游服务学校,1979年创办中国第一个旅游高等专科学校上海旅游专科学校,这就是30年前我国旅游教育的"家底"。

到2008年,全国共有高、中等旅游院校(包括完全的旅游院校和开设有旅游系或旅游专业的院校)1775所,其中高等院校810所,中等职业学校965所。2008年旅游院校在校生为844 604人,其中旅游高等院校440 038人,旅游中等职业学校404 566人。2008年全国旅游院校共有旅游专业教师37 737人,其中旅游高等院校17 840人,旅游中等职业学校19 897人。此外,还有各类旅游培训中心、培训班,共计培训了338.2万旅游职工。

30年内,教育部没有发过一个号召办学的文件,各地是争先恐后、风起云涌开办旅游院校、专业。旅游教育发展速度之快、规模之大,完全是自发性的超常规之举。

旅游业大发展造就了对旅游人才的市场需求,巨大市场需求又造就了旅游教育培训的大发展、大扩张。

这完全是市场力量的魔力。市场的核心是利益。可以说,中国旅游教育的超常规扩张之门,根本上是市场这个无形"杠杆"撬开的。

四、官办体制主导下的旅游教育

然而,与中国旅游产业多元化市场经济形态相比,旅游教育却仍然是国营一家独撑局面,民营、外资进入少之又少。这是一个悖论。

至今为止,我没有看到一份官方或民间有关我国旅游教育机构的投资主体与运营机制的研究报告,因而无从对此作量化分析,只能凭个人见闻来说个梗概。

在810所高等院校中,民办的大概不会超过1%。大致有四种类型的民办院校:综合性民办大学,如北京东方大学下设的旅游系;在官办大学中由非旅游企业主办,如海南大学旅游学院,该院校舍、教学设备、师生宿舍、教职员工工资和办学经费均由企业承担,办学收入归主办企业与海南大学分享;由旅游企业集团与官办大学合办,如华侨城旅游集团与暨南大学合办的深圳暨南大学旅游;由股份制的海南航空集团独立主办的三亚航空旅游职业学院。

在965所旅游中等职业技术学校,绝大多数也是政府主办、管理,估计民营民办的不会超过5%,其中少量是政府主办、民营经营,也有部分政府拨款、学校自筹经费。

在省级旅游培训中心中,完全由省级旅游局主办或主管,或由省级教育部门主办、旅游与教学部门共管。其他众多规模不一的旅游培训中心、培训班,大多由各级旅游局主管、由民间经办,与旅游局有十分紧密的这种那种人事、利益和社会关系。

旅游企业的教育培训,多数酒店集团、旅行社集团和主题公园/大型景区都设有专职的人力资源培训机构,承担本企业、园区的职工在职培训任务。这是基层服务员工培训的主渠道。

从旅游高等院校、职业技术学校、培训中心和企业培训部四个层面看,民办机构依次从少到多,越到下层民办的越多。

从区域分布层看,东部沿海旅游发达地区民办的稍多一些,西部地区民办的很少。

总体上,旅游教育业态由官办的事业型的占主体,民办的事业型或企业型的正在缓慢发展,但所占份额甚小。2009年国家旅游局人教司指定的十家旅游院校为旅行社、旅游饭店、旅游景区高级管理人员岗位职务培训和旅游景区(乡村旅游)管理人员岗位职务培训点,其中没有一家民办机构。

形成此种局面有环境、政策与利益的多方面因素:

- 整个教育领域国家控制、政府主办,教育体制行政化、官僚化;
- 政府对民营资本进入教育领域的限制政策;
- 旅游行政部门力推"政府主导型"发展模式在旅游教育方面不能不有所体现;
- 旅游行政部门主管某些岗位资格培训(如导游员考试与发证)的利益纽带;
- 社会资本与社会英才对旅游教育的市场价值与市场潜力的认识缺位,与"托福"、MBA等培训的热度对比形成明显反差。

五、"名企"办学是民办旅游教育的主渠道

从全局来看,旅游高等院校担负培养旅游高层经营管理、咨询策划和研究教育人才的重任,近期以官办为主,中远期过渡到官办与民办并举。中等职业技术院校担负培养旅游中下层经营管理和服务主管人员的任务,应大力扩大民办学校,尽快过渡到官办与民办并重,远期实现民办为主。中下层经营管理和服务人员的在职培训,从现在起就应该放手让企业和民间去办。

旅游教育本质上是产业队伍的职业性、技术型的训练,应用性是其首要特征。办好旅游教育的基本要素如下:

- 会教学又会经营的教师队伍;
- 从实践中提炼出来的教材教案;
- 既有现代教学设备又有实习训练场所;
- 既懂现代企业经营又会教学管理的高层管理。

显然,同时具有这些条件的是旅游企业中的领军者,或酒店集团,或旅行社集团,或综合性旅游集团。这些集团拥有训练有素、实战磨炼高中低经营管理和服务人才,拥有各类各层的实习锻炼场所,拥有完备的现代教学装备。我敢断言,当今中国真懂旅游门道的管理精英、技能精英、学术精英多半不在1775所高、中等旅游院校里,而在千万个旅游企业中,尤其是主流旅游企业集团中,它们之中"藏龙卧虎",潜伏着真才实学的教学精英。酒店集团在这方面更具有品牌、师资、设备和实习场地的各类资源,占有创立自己品牌旅游院校独特的优势。

从长远看,旅游协会和旅游"名人"(如著名旅游集团的老总、旅游行政管理专家、资深旅游专家和特级名导游等)领衔办学,也是发展民办旅游教育的重要途径。但时下让旅游协会真正成为行业的代言者、维权者、自律者要走很长的路,"名人"办学还鲜有敢于第一个"吃螃蟹"的人。最现实的还是"名企"办学,如华侨城集团、海航集团。

由这些集团主办旅游教学培训包括高级人才培养,与传统学院派教学最大的不同是,一不会没有实战经历的教员在课堂里去教学生如何干旅游;二不会从教科书上的定义、原理、公式出发让学生去死背、照抄;三不会脱离当今旅游业的实情去设置专业、课程和教案;四不用东奔西求为学生去寻找实习场所;五不会让学生毕业后不知到哪里去找"婆婆"。

"名企"办学最重要的是转变观念。

有远见的旅游企业集团应当把办校育人当作分内的正业,绝不是不务正业。企业的人力资源部应当从单纯培训本单位员工扩展到面向社会办学,通过办学拓展企业的创业领域与行业影响力,并从学员中为本企业提供源源不断的优秀后备人力资源。

旅游和教育主管部门更要更新观念。充分挖掘政府与民间的办学资源,官民并举"两条腿"走路,这是发展职业技术培训型教育事业并进而转变为教育产业的必由之路。从"旅游大国"向"旅游强国"迈进,需要有数以千万计的不断更新的训练有素的人力资源支撑。这是单靠政府办学解决不了的。

支持民办旅游教育对政府而言不在于出"钱",而在于出台扶植民间办学的政策,如降低准入门槛,初创时期按社会公益型的文教事业单位实行税收优惠,为符合办学条件、保证教学质量的民办院校"正名",授予旅游岗位资质培训的资格……总之,政府的职责是创造一个公平、公正、平等竞争与发展的环境,营造民办旅游教育发展的良好氛围。

"民办旅游教育"尚处在"破题"阶段,其路漫漫而修远。正因为如此,现在讨论何以"破题",也正当其时。

旅游企业办学正当时[①]

国家旅游局日前在重庆召开全国旅游人才队伍建设座谈会,引人注目的是,会议提出"坚持政府引导、企业主体原则,推动旅游企业成为旅游人才开发的主体"。会议邀请23家旅游企业集团代表与会,并作为首批全国旅游人才开发示范试点企业。笔者亲历旅游教育发展30年,如此重视旅游企业在旅游人才开发中的作用还是第一次。由此回想我在《中国饭店》2009年10月刊上发表的《民办旅游教育的发展之路在何方》一文,呼吁改变"旅游教育仍由政府一家独撑局面",提出"'名企'办学是民办旅游教育的主渠道",可谓不谋而合。

国务院发布的《教育改革纲要》(征求意见稿)提出高等院校"去行政化"的方向。对旅游院校来说,"去行政化"更为重要与紧迫,企业办校正是学校"去行政化"的有效举措。

据了解,2008年全国共有高、中等旅游院校(旅游系或专业)1775所,旅游院校在校生为84.5万人;全国旅游院校共有旅游专业教师3.8万人;各类旅游培训中心、培训班,共计培训了338.2万旅游职工。各地积极主动开办旅游院校、旅游专业,是自发式、超常规、跨越式的发展之举。

但在市场驱动下产生的旅游院校同样也存在着行政化倾向,主要表现在:绝大多数政府开办的旅游院系与其他专业的院系一样,是在行政主导的框架下运行。而民办的、企业办的旅游院校凤毛麟角,全国只有京瑞旅游学院、暨南大学旅游学院、三亚学院、三亚航空旅游职业学院、北京新东方大学旅游系等区区几家,它们虽有较大的办学自主权,但在某些方面仍受政府主管部门硬性规定的约束,不能充分体现企办院校的优势。数以千计的各类旅游培训中心、学校大多是旅游或教育主管部门的附属机构,在招生、收费、发证等方面带有明显的行政色彩。

现有的旅游院校在应对旅游大发展,在培训旅游管理、服务、教学、研究人才方面功不可没,但行政化框架下的教学缺陷与弊端也不容回避。教学体制机制与旅游实践脱节、师生的实干能力与旅游市场需求错位,长期以来旅游院校的这些难题,在行政化的办学模式下是难以破解的。

旅游教育本质上是旅游产业人才的职业性、技术型的训练,应用性是其首要特征,支撑、提升这种应用性的学术性来之于实践、检验于实践。办好旅游院校的基本要素是有一支既会教学又会实战的教师队伍、有一套从实践中提炼出来并与时更新的教材教案、

---

① 2010年4月2日《中国旅游报》。

有一个既有现代教学设备又有实习训练场所、有一批既懂现代企业经营又会教学管理的高层管理人员。

显然,同时具备这些条件的是旅游企业中的领军者,是综合性旅游集团。这些集团拥有训练有素的经营管理和服务人才,拥有各类实习锻炼场所,拥有完备的现代教学装备。我敢断言,当今中国真懂旅游门道的管理精英、学术精英多半不在1775所旅游院校里,而在千万个旅游企业中,尤其是主流旅游企业集团中"藏龙卧虎"。旅游企业集团具有品牌、师资、设备和实习场地的各类资源,占有创立品牌旅游院校的独特优势。

从长远看,旅游协会和旅游"名人"(如著名旅游集团的老总、旅游行政管理专家、特级导游和资深旅游专家等)领衔办学,也是发展民办旅游教育的重要途径。但时下让旅游协会真正成为行业的代言者、维权者、自律者要走很长的路,"名人"办学还鲜有敢于第一个"吃螃蟹"者。最现实的还是"名企"办学,如中国旅游企业集团20强。

由这些集团主办旅游教学培训,与传统学院派有诸多不同:一是没有实战经历的教员不会在课堂里去教学生如何干旅游;二是不会从教科书上的定义、原理、公式出发让学生去死背、照抄;三是不会脱离当今旅游业的实情去设置专业、课程和教案;四是不用东奔西求为学生去寻找实习场所;五不会让学生毕业后不知到哪里去找"婆婆"。根据实际需要定学制、学时、课程、教材、课题、出论著,师生在旅游实体场景中教学相长,在实战中磨炼素质、提高素养、增长才干。

"名企"办学最重要的是转变观念,坚持"政府引导、企业主体"原则。

有远见的旅游企业集团应当把办校育人当作分内的正业,绝不是不务正业。企业的人力资源部应当从单纯培训本单位员工扩展到面向社会办学,通过办学拓展企业的创业领域与行业影响力,并从学员中为本企业提供源源不断的优秀后备人力资源。

旅游和教育主管部门更要更新观念,充分挖掘政府与民间的办学资源,"两条腿"走路,这是发展职业技术培训型教育事业并进而转变为教育产业的必由之路。

支持企办、民办旅游教育对政府而言不在于出"钱",也不要具体干预如何办学,而在于出台扶植企业办学、民间办学的政策,如降低准入门槛,初创时期按社会公益型的文教事业单位实行税收优惠,为符合办学条件、保证教学质量的民办院校"正名",赋予它们颁发学位证书、岗位资质证书的职权。政府的职责是创造一个公平、公正、平等竞争与发展的环境,营造企办、民办旅游教育发展的良好氛围。

总之,深化旅游教育改革,一手抓好现有政府开办的旅游院系改革,推动校企合作;另一手抓好企办、民办旅游院校,实现校企合一,推进校企合作与校企合一两种模式互补发展。从全局来看,旅游高等院校担负着培养旅游高层经营管理、咨询策划和研究教育人才的任务,近期以政府开办为主,中远期过渡到政府与民间(包括企业)并举。中等职业技术院校担负培养旅游中下层经营管理和服务主管人员的任务,应大力扩大民办(包括企业)学校,尽快过渡到两方并重,远期实现民办为主。中下层经营管理和服务人员的在职培训、继续教育,从现在起就应该放手让企业和民间去办。

从旅游大国向旅游强国挺进,需要有数以千万计的不断更迭的训练有素的人力资源支撑。旅游人才开发是一个既紧迫又长远的课题,单靠政府办学是解决不了的。乘国家教育改革东风再起,谋划旅游院校发展新路正当时!

建设海南旅游的"黄埔军校"①

自 2009 年 12 月 23 日，国务院发布关于建设海南国际旅游岛的意见后，海南国际旅游岛的建设便开始轰轰烈烈地开展起来。围绕海南国际旅游岛的建设问题也层出不穷，全国各地的专家学者纷纷建言建策，而这当中提到最多的就属人才问题，海南省省委书记卫留成也曾说，海南国际旅游岛的建设最缺的就是人才。如何培养人才，如何引进人才，如何让人才在国际旅游岛的建设中发挥战略性作用，关于这些问题，学者们有着自己的看法和见解。

借着海南国际旅游岛建设中人才战略建设的话题，国务院特殊津贴专家、三亚市人民政府高级旅游顾问王兴斌教授说，当前中国旅游院校教育存在三大问题：(1) 旅游院校发展基础不专业。当前中国大多旅游院校并不是从真正的旅游专业发展起来的，而是依附在其他学科上的。(2) 旅游学院培养的学生缺少对旅游业的实际操作能力。旅游专业的学生缺乏对本专业基本的实际操作能力，学校教育与社会需求严重脱节。(3) 中国旅游业高级管理人才的宝贵经验进入不了课堂。当前中国高校大多以官办为主，民营资本进入太少，造成院校官僚化，一切以行政为本，严重制约优秀教师的发展。

针对这三大问题，王教授也对三亚学院校领导提出了一些中肯的建议。他认为，三亚学院既然是民办高校，就应该充分利用自己的特殊优势走实战与教学相结合的道路，在体制改革上起带头作用，克服官办高校的一些弊端，真正做到建设思想自由、科学独立的国际化大学，不断地引进知名旅游集团同三亚学院合作；在师资的引进上，加大对有实战经验教师的招收和重视；在学生课程设置上，不妨尝试下由企业和学校共同商榷的课程设置办法，还可以将三亚学院的其他分院都围绕旅游来展开教学，进一步为海南国际旅游业的发展培养更多的人才，成为海南旅游的"黄埔军校"。

王教授精辟的发言和真诚的建议赢得了场下观众的热烈掌声，引领了"主旨演讲"第一个高潮。

---

① 2010 年 3 月 22 日在三亚学院的讲演记录稿。

关于筹办"首都外语旅游大学"的建议[①]

去年4月25日《中国旅游报》刊登的《对北京市旅游委员会的八点期待》一文中,我曾提出"建议市旅委与市教委合作,筹划以北京第二外国语学院与北京联合大学旅游学院两个市属高校为基础,筹办首都旅游与外国语大学,建设首都旅游与国际交流的人才孵化基地,建成北京建设世界城市的人才研发中心之一"。目前创建北京旅游大学的工作正在进行中。

笔者认为,筹建中的旅游大学取名为"首都旅游与外国语大学"或"首都外语旅游大学",实现"旅"、"外"融合、强强联手。理由如下:

一、符合北京建成世界城市的总目标和世界一流国际旅游城市的发展要求

作为"世界城市",必须有一批高等外语教学基地,培养大批会外语、懂专业的各类专门人才。这个大学不仅要招收大学生、培养研究生,而且要为首都培训各个党政部门的青中年干部,提高公务员队伍的外语水平和国际交流的能力。1965年至1966年"二外"建院初期,曾设有"干部训练部"(时称"干训部"),招收了200多名新华社有外语基础的年轻记者,强化他们的外语听说能力,曾收到良好效果。

二、有利于继续发挥学院外语方面传统优势与特长

"二外"在周总理、陈毅副总理直接领导下,从创立起就以培养国际文化交流人才为目标。近50个年来,一直以外语为主导,外国语语种较全,形成了以听说领先、读写译跟进的教学特点,造就了一支连续几代、较完全的师资队伍,在国内外已有较大影响。至今已形成以外语为基础、旅游为特色,国际经贸、文学、政法、传播、国际文化交流、继续教育等多方面的综合性文科学院。在向旅游大学转型提升中,理应继承并发扬外语学院的优势与特色。"二外"听说领先、读写跟上的外语教学特色,积累了比较丰富的外语教学成果。

三、外语与旅游互相促进、相辅相成,有利于培养建设世界旅游强国需要的国际性人才

国务院《关于加快发展旅游业的意见》中,提出建设世界旅游强国的目标,大力发展

[①] 2013年2月6日《中国旅游报》。

出入境旅游与国内旅游,是建设世界旅游强国的两个轮子,缺一不可。旅游大学必须培养多种外语的高水平人才,包括会外语的旅游管理人才。外语教学应该成为旅游大学的一门主课、基础课,才能适应日益频繁的国际旅游交流的需要。我在与各地旅游局领导的接触中,深感外语欠缺是制约他们了解世界旅游大势、扩展视野和提升管理能力的重要因素。我在与联合国计划开发署(UNDP)、中国国际经济技术交流中心、世界银行国际金融中心(IFC)、德国旅游研究所(ETI)、法国旅游署(Atout France)和西班牙旅游专家的合作中,深感不能用英语与外国专家直面交流的不便(大学时学俄语,工作后自学了英语但不能会话)。旅游大学与外语大学相融合,发挥旅游与外语两个优势,"1+1>2",形成强强联手是办好国际化旅游大学的必由之路。

四、有利于扩大招生生源与毕业生就业

时下,全国大学争夺高水平生源与毕业生就业的竞争十分激烈,且愈演愈烈。"首都旅游与外国语大学",有利于扩大生源,吸引外语基础好或有志于外语深造的高中生,提高生源的文化档次。如果只挂"旅游大学"的牌子,会失去部分对旅游专业不了解或兴趣不大的考生。从目前"二外"毕业生的就业状况看,不论其所学专业是什么,但因外语水平较高而就业较顺利、容易得到重用深造。"首都旅游与外国语大学",对学校是扩大了生源渠道,对学生是增加了择学与就业的选向,是一个两利的抉择。

五、有利于发挥全体教师的专长与积极性

师资是办学的基础。"二外"的历史决定了多语种的外语教师一直是教师的主要组成部分,此种情况短时间内不会改变。这是"二外"办旅游大学的一大优势。"二外"从1983年起由国家旅游局主管后,有一批外语教师和其他专业教师转向旅游专业,数年后成为旅游教研的骨干。还有更多的外语教师在教学的各环节中加大了与旅游相关的内容,同样对旅游教学作出了贡献。"二外"的文学院、政法学院、经贸学院、国际交流学院、国际文化交流中心和成人教育学院等,也开展了旅游相关的教学、科研内容,初步形成了以旅游为特色、外语为特长的综合性文科大学的基础。办旅游与外语相结合的大学能更好地发挥全体教师的作用,多学科地推动旅游教学与研究。

历史经验值得注意。10多年前,在国家旅游局当时领导的推动下,"二外"曾做过从外语学院向旅游学院转轨的尝试。那次"转轨"方向并不错,但方法简单粗糙,从上而下行政命令式的色彩很重,未能广泛听取广大师生意见,尤其没有处理好外语与旅游的核心关系,因而那次"转轨"未果而终。在广州商贸国际城市的大背景下,广州外国语学院保留外语、增加外经贸,改成广州外语外贸大学的做法,值得借鉴。此次筹建旅游大学,建议广泛听取北京第二外国语学院和北京联合大学旅游学院师生员工的心声,尊重民意、集中民智,完美办好此件事关两个学校发展全局的大事。诸如新校名是叫"首都旅游与外国语大学"、"首都旅游外语大学",还是"首都外语旅游与大学"、"首都外语旅游大

学",抑或是"北京……大学",诸如此类的问题,不妨也广开言路、择佳而定。

1964年"二外"创办之年,也是我大学毕业之时,一直在"二外"工作、生活了近50年。见证了从国家对外文化交流委员会→北京市"革委会"→国家旅游局→北京市的多次隶属关系的变迁,亲历了从单一外语学院到多学科文科学院的发展过程。期待在2014年9月"二外"校庆50周年之际,在学校的大门口挂上一块新的校牌,学校发展迈上一个新台阶。

"体验经济"新论与旅游服务的创新
——《体验经济》读书札记

一、"体验经济"论说了些什么

摆在案头的《体验经济》(The Experience Economy,全名《体验经济:工作就是剧场,每项业务都是舞台》)一书,由美国两位企业策划人约瑟夫·派恩和詹姆斯·吉尔姆撰写,去年作为"哈佛商业图书精选"在美国出版,今年5月中文译本面世。

人们已经普遍接受了这样一种经济理论:人类经历了自给自足的农业经济时代和商品化的工业经济时代后,正进入服务经济时代。在发达国家,服务经济(第三产业)已占国内生产总值的70%左右。那么,服务经济之后是什么呢?

1970年著名的未来学家托夫勒《第三次浪漫》一书中曾预言:"服务经济的下一步是走向体验经济,商家将靠提供这种体验服务取胜"。他的另一本名著《未来的冲击》又说:"服务业最终还会超过制造业的,体验生产又会超过服务业的"。

《体验经济》一书以美国人常用的案例分析法,描述了体验经济先是从好莱坞、迪斯尼开始,蔓延到游乐业、休闲业、旅游业、足球业,再渗透到交通运输业、商贸业、医疗业、服饰业……最后进入他业。有趣的是,书的最后附有"全球正在实施'体验经济'的部分机构",其中有:

体验之都拉斯韦加斯、迪斯尼、星际好莱坞、环球影业公司、愉悦公司(Mattel Inc 的子公司,玩具制造商,"美国姑娘"美国人女孩牌娃娃的营销商)、普利茅斯殖民村;

喜力啤酒公司(阿姆斯特丹市中心:啤酒生产线的模拟乘车游览)、可口可乐公司、百事可乐公司;

美国运通公司;

热带雨林咖啡厅、弗劳里安咖啡店、麦当劳、肯德基;

耐克公司、耐克城、罗林斯体育用品公司;

福特汽车公司、克莱斯勒汽车公司、雪佛莱汽车公司、日产汽车公司、大众汽车公司(汽车城主题公园);

宾夕法尼亚州大学;

英国航空公司;

---

① 2003年第1期《桂林高等旅游专科学校学报》。

美孚石油公司;

IBM、英特尔公司(窗口XP)、戴尔(小谷)、万维网WWW、美国在线、惠普公司;

中国的联想集团、海尔集团、TCL、万科地产也在其中。

作者认为,"体验本身代表一种已经存在但先前没有被清楚表述的经济产出类型。服务解释了商业企业创造了什么,而从服务中分离提取体验的做法,则开辟了非同寻常的经济拓展的可能性"。"当他购买一种体验时,他是花费时间享受某一企业提供的一系列值得记忆的事件,就像在戏剧演出中那样使他身临其境"。

产品的特点是自然化,商品的特点是标准化,服务的特点是定制化,体验的特点是人性化。农产品是可加工的,商品是有实体的,服务是无形的,体验是难忘的。体验经济学改变了传统的规则,如交换原则,从以物换物的使用价值交换到货币的价值交换,是实物与服务的交换。在体验经济中,以货币换感受、换快乐、换体验,不是传统意义上的换取物品或服务。如买一个恐龙玩具,不是用理性来衡量其成本价多少,而是以人的喜好来衡量其价格。在"体验经济"论看来,企业不再提供商品或服务,而是提供最终的体验,充满感性的力量,给顾客留下难忘的愉悦回忆。

两位作者用一张简明易懂的表格(见表1)归纳了产品经济、商品经济、服务经济和体验经济的特点与区别:

表1 经济形态区分表

经济类型	产品经济	商品经济	服务经济	体验经济
经济形态	农业	工业	服务	体验
经济功能	采摘	制造	传递	舞台展示
提供物性质	可替换的	有形的	无形的	难忘的
关键属性	自然的	标准化的	定制的	个性化的
供给方法	大批储存	生产后库存	按需求传递	在一段时间后显露
卖方	贸易商	制造商	提供者	展示者
买方	市场	用户	客户	客人
需求要素	特点	特色	利益	感受

二、"体验经济"在美国的案例

两位作者认为,"体验"由4e要素组成:娱乐(entertainment)、教育(education,在参与中学习、体验中学习)、逃避现实(escape,即用参与式的方式逃离家庭和工作场所,进入一个全新的境界,如主题公园、赌场、虚拟现实、动感电影、网络等)、审美(estheticism)。

书中认为,"迪斯尼"是"体验经济"的范例:提供了消遣、娱乐、教育、"逃避",而其内部的构建、光线、声音产生了舒适审美的效果。"这将是人们发现快乐和知识的地方。这将是父母与子女分享快乐时光的地方,是老师和学生找到更好的方式相互理解、进行教育的地方。老一代在这里能捕捉到值得怀念的流逝岁月,年轻一代在这里尝试着挑战未来的滋味"。

里兹·卡尔顿饭店设有房客数据库,记着每个客人的喜好(喝百事可乐还是可口可乐,喜欢听古典音乐还是爵士音乐,是否吸烟,是否喜欢拉开窗帘,高枕头还是低枕头……)。

热带雨林咖啡厅的用餐者置身于浓密的植物、薄雾、瀑布、闪电、雷鸣、热带鱼、鸟、鳄鱼、大猩猩之中,并与购物结合,称为"购物与用餐物荒野之地"。

英国航空公司把航运这种基本服务"作为推广特色体验的舞台,提供一种让客人从长途旅行中的紧张和担心状态下舒缓出来的特色服务"。无微不至的关怀,每人一个电视屏幕,可以选择自己爱看的影片。长距离航行,不仅作为运输系统,也作为娱乐系统。

芝加哥奥海尔机场的车库,每一层播放特色音乐,墙上装饰当地体育明星的画像,使你永远也忘不了在那里停车的感觉。

南加利福尼亚州比斯托美食商店(连锁店)里,悦耳的音乐、活泼的娱乐节目、独特的景致、免费的点心、剧场般的音响效果、客串的明星、鲜花装饰的走廊、名画装饰的休息室。"像经营剧院一样经营食品店",创造一个"剧场般的购物环境"。

芝加哥耐克鞋城展示以往各个年代的耐克鞋,有著名运动员穿耐克鞋的照片,并开辟了半个篮球场。"耐克鞋城就像一家剧院,顾客就像参加活动的观众"。

"巴斯普罗运动世界"商店内搭起一座55英尺高的小山,让顾客攀登以检测商店中的攀岩器具。

在美国加利福尼亚州荒野体验公园中,游客可领略代表加州自然环境的5种不同特征:海滨、红杉林、山脉、沙漠、峡谷,可观赏160多种野生动物。

美国加利福尼亚州邦布拉儿童乐园中,孩子们在丛林、沙地中挖掘、爬岩石、穿楼梯、寻找化石、人类遗物、恐龙化石等;在厨房里准备食品,在游戏房中学到数学概念,在迷宫中学到拼图技巧,在水盆中学到物理定律。

明尼苏达州奥万托那荒野购物店中,供应猎具、渔具、其他户外用品。商场中心矗立有瀑布的35英尺高的小山,100多只动物标本,非洲五大狩猎对象:大象、狮子、豹、犀牛和水牛。3个水族馆,总共700多种动物。店主说"我们正在出售一种体验"。每年接待100多万顾客。

美国运通公司:推出哥斯达黎加热带雨林—野生动物摄影游。"不管你的拍摄体验如何,这一历险过程肯定是令人难忘的"。

莱夫·吉姆·伊加托维斯基的出租车司机与乘客进行精彩的对话,提供城市导游服务,为乘客唱地方乡村小调,提供三明治和饮料——使乘客获得意外惊喜的体验,获得远比从A地到B地的单纯客运服务更多的服务。出租车把一般的服务转化为难以忘记的体验。

总之,人们不仅仅是因为商品的功能或服务的功能去购买,还出于在购买和使用过程中的美好体验。体验经济是企业以服务为舞台(依托),以商品为道具(载体),为消费者创造出值得回忆的活动。其中,商品是有形的,服务是无形的,而创造出的体验是令人难忘的。

三、旅游就是异地体验

旅游是什么?中外多少专家和旅游机构对"旅游"下过种种定义、作过各种诠释,各有其理,都有其可取之处。1995年世界旅游组织和联合国统计委员会的定义是:旅游是"人们为了休闲、商务和其他目的,离开他们惯常的环境,到某些地方去以及在那些地方停留的活动。"这个定义可简述为"旅游是人们到异地的活动",以便于对旅游活动进行界定、调查和统计。

在国内,早有一些学者对旅游的本质特征进行过探讨。把旅游定义为离开惯常的环境到异地去休闲或其他非谋生性的活动的总和,并没有真正揭示这种活动的本质特征。邹统钎教授在1996年出版的《旅游度假区发展规划》一书中把旅游科学的核心概念定位为"经历",其定义为:"旅游者通过对旅游目的地的事物或事件的直接观察或参与而形成的感受与体验"。笔者在1999年发表的《风景文物旅游资源管理体制和经营机制改革探讨》一文中提出,"旅游本质上是向游客提供一种离开惯常居住地的新鲜经历,一种以一定的物质条件为依托的服务。旅游者得到的是游历过程中的印象、感受和体验,而不是具体的资源和设备"。(《旅游》1999年第4期。)

"体验经济"论(The Experience Economy)的提出,启发我们对旅游的本质特征进行再认识。experience的原意是"经历"、"阅历"、"经验"、"感受"、"由体验中发觉"(梁实秋主编《远东英汉大辞典》)。按照唯物论的反映论,体验是"通过实践来认识周围的事物"(《现代汉语词典》),是人们参加某一实践活动之后得到的印象、感受、领悟的总和。体验的基本要素是人的参与,人又是各有个性的。商品与服务对消费者来说是外在的,而体验是内在的,存在于人的内心中,是人的心境与外在环境互动中的内心感受。因而体验的特点是个性、参与、互动。从这个意义上延伸,体验经济的最大特征是生产与消费的个性化、参与性、互动性与同步性。

旅游是人们离开惯常环境到其他地方去寻求某种广体验的一种活动。去海滨旅游,是为了体验海洋的自然环境与在此环境下形成的社会人文生活;到沙漠去旅游,是为了体验沙漠的自然环境与在此环境下形成的社会人文生活;到历史名城去旅游,是为了体验那里古人创造遗留下来的人文环境;到现代都市去旅游,是为了体验那里现代的辉煌与人们的生活;到外国去旅游,是为了体验那里的异域风光、异国风情;到太空去旅游,是为了体验在太空中的感受;南方人冬季到北疆旅游,是为了体验冰天雪地的环境与生活;到外地、外国去看比赛,而不在家中从电视上看比赛,是为了体验比赛现场的实战环境与氛围,并全身心地参与其中……正是在这个意义上,"旅游"的本质可以用一句话来概括:旅游就是异地体验。旅游经济就是人们去异地体验的全过程中的服务经济。

四、旅游服务就是为游客创造体验的过程

《体验经济》用"演出"作为比喻,形象地说明:[工作 = 剧场],[编剧 = 策划],[剧本 = 工艺过程],[表演 = 供结]。

我们不妨也用类似的公式说明"旅游"的过程:

[旅游 = 演出]

[游客 = 观众]

[旅游规划、线路策划 = 编剧]

[景区景点建设 = 舞台与布景]

[旅游目的地或景区 = 剧场]

[行、游、住、食、购、娱 = 道具]

[旅游服务 = 演出 = 剧场 + 道具 + 服务员 + 导游员 + 游客→获得美好而难忘的经历与体验]

如何使"旅游"变成"体验",或者说让旅游者获得一个完美的体验?

体验应该是完整的。从旅游的小环境而言,从预订旅游线路时的最初接触到游客返回居住地后的后续服务(如征求意见及其反馈,某些遗留问题的处理等),从旅游区、景区和景点规划建设到行、游、住、食、购、娱的服务接待;从旅游的大环境而言,从目的地的环境风貌到居民的好客与言谈举止,从居住地到目的地之间的大交通及目的地到旅游点的小交通,都要作为一个完整的旅游过程,给游客一个完整的经历与感受。

目前不少旅游规划和旅游建设往往只注重硬件建设而忽略软件建设,只注重景区建设而忽略行、游、住、食、购、娱的系统配套,只注重旅游区小环境的本身建设而忽略整个旅游目的地的大环境,因而只能给旅游者某一地段或某一环节方面的良好感觉,而没有给旅游者一个完整的、连续的良好感觉和深刻体验。以旅游纪念品为例,人们在某旅游目的地购买一种唯此独有的纪念品,作为对难以忘怀之旅的回味。纪念品又是一种使个人体验社会化的方法,人们通过它把体验的一部分与他人分享。从这个意义上说,作为一个旅游目的地尽管行、游、住、食、娱各种设施和服务都很完备和出色,但唯独没有提供一个代表其特色与形象的纪念品,对游客来讲,这个体验就是不完整的,往往留下一个缺憾。

体验应该是有主题的。主题化是营造环境、营造气氛、聚焦顾客注意力,使顾客在某一方面得到强烈印象、深刻感受的有效手段。通过某一主题的创意、营造和展示,使服务项目、场所(景点、饭店、餐厅、娱乐场、商店、博物馆、体育馆、社区等),把服务的环境、内容和过程贯穿起来,全方位地展示一种文化、一种格调或一种风物,使客人在娱乐、游览、住宿、用餐、购物、观剧的过程中,动用视觉、听觉、嗅觉、味觉和触觉多层面、多角度地感

受一种自然或人文情调,享受一道精神美餐,得到某种非同寻常的体验,留下难以忘怀的回忆。

目前不少旅游地(包括其组成要素之一的纪念品)缺乏特色与个性,或者与其他旅游地"翻版克隆"、大同小异,或者是张冠李戴、生搬硬造,或者多杂烩拼凑、零杂乱散,究其根由,在于规划者、建设者、经营者的头脑中缺乏一以贯之、渗透各方、鲜明独特的主题,或者主题定位错位。主题的确定应该植根于本地的地脉、史脉与文脉,应对主导客源市场的需求,凸显个性、特色与新奇,避免与周边邻近地区同类旅游目的地雷同。从操作程序来说,应该是经营之前先建设,建设之前先规划,规划之前先策划。悠悠万事,策划为先。策划的根本是谋划与提炼主题。国外规划设计单位在具体规划之前先"编故事",即先确定主题,后规划设计。

体验应该是互动的。体验的前提是参与。一切旅游活动都是旅游客体与主体之间互动作用的结果。体验是以五官感觉为基础,但仅仅感觉还不是体验。体验是人的心灵的一种感悟与领会。仅仅是走马观花式的旁观,而不亲自参与其中,并在参与中思索与体会,仍然不会得到真切的体验。而体验又是个性化的,观看同一个景象、经历同一个游程,由于游客的不同社会背景、生活阅历、文化素质和审美情趣,往往有不同的感受与体验。因此,一方面,旅游服务供给者应该尽可能设计与提供参与性强、兴奋感强的活动与项目;另一方面,要提倡深度的体验旅游,旅游者既要身游又要心游,游前要"预习"目的地的环境与历史,游中要勤于与导游与旅友交流、思考,游后要"反刍"和"复习",要动腿走、动嘴问、动脑想、动手记,把观感上升为心得,从经历中提炼体验,不断提高全民的旅游素质。

五、借鉴"体验经济"论,提高旅游产业素质

"体验"能否成为一种超越于"农业经济、工业经济和服务经济"之上的独立自在的新的经济形态?笔者的答案是否定的。在人类社会中,物质生产与物质需求永远是最基本的存在和动力,精神需求的产生、满足和实现永远离不开物质的生产与丰富。人类从农业经济时代走向工业经济时代,从工业经济时代走向服务经济时代,都是对前一时代文明成果的继承与发展、扬弃与创新,而不是对前者的简单否定与抛弃。该书中所列举的全部案例都说明,"体验经济"并非单独存在于农业、工业和服务业之外,而是依托传统的农业、工业与服务业产品,但是又赋予这些传统产品以新的内涵、新的形态和新的价值。体验正在成为一、二、三产业的一种无形的附加值,"一种新的价值源泉",成为拉动消费、促进社会服务和经济发展的新增长点。两位作者并未对"体验经济"的内涵、外延及其在国民经济的增加值中的份额作出定性与定量的分析论证。《体验经济》与《娱乐经济》(美国学者米·沃尔夫著)一样,采用的是经验推理法,而非数量实证法。它与其说是一部经济学术著作,不如说是一本商业营销指南。

但是,不可否认,在物质生活越来越丰富的基础上,人们精神需求的欲望越来越强

烈,对精神享受的追求越来越多样和高雅。即使是在满足"衣食住行"等民生永恒的基本要素时,也要求同时得到文化的品位、精神的寄托、情感的满足。正是在这个意义上,"体验经济"论的提出,无疑具有鲜明的时代特征和独到的创新意义。

对一、二产业的物质生产部门和对第三产业的服务经济部门,尤其对旅游业的创新和产业素质的提升具有深刻而广泛启示的"体验经济"与"休闲经济"、"娱乐经济"等用语,都是首先出现并流行于美国,自然有其产生的社会环境与经济基础。那里早已走完了工业化阶段,服务经济已占到国民经济总额的 4/5 左右,国民的恩格尔系数早已在 20% 左右,家庭电脑已基本普及(当然不用说商务电脑)。因此,"体验经济"论等在那里出现是顺理成章的。

包括中国在内的世界人口 4/5 以上的发展中国家,仍在为实现工业化而艰难努力。对大数中国人来说,仍然一求温饱、二奔小康、三求享受。大部分人的国内旅游仍是浅层次的游览观光,深度的体验旅游、度假旅游、专项旅游有待时日。但是,目前中国发展很不平衡。13 亿人口中约有 1/10 已进入富裕或较富裕阶层,他们的知识素养、消费水平和旅游意识迅速提升,每年他们中约有 1/10 的人出境旅游。中国的旅游供给已成规模,部分地区、部分行业、部分企业/景区也正在与国际接近、逐步接轨。

"体验经济"论导入我国旅游界虽然只是今年的事,但它的某些理念,如服务企业主题化的问题,在我国已有多年探索。不仅各种各样的主题公园、主题游乐园层出不穷,而且主题饭店(如深圳华侨城的威尼斯酒店)、主题度假村(如北京的蟹岛度假村)、主题餐馆(如北京的谭菜馆、西安的饺子宴)、主题茶馆(如上海的金颐堂)、主题商店(如北京古玩城)、主题花园(如北京的郁金香公园)、主题剧场(如西安的唐乐宫、曲阜的杏坛圣梦)、主题房产区(如广州、上海、北京的奥林匹克花园)……近年来越来越流行。其中良莠并存、成败兼有。

无论从需求还是从供给来看,倡导体验旅游、深度旅游的条件正在成熟。借鉴和提倡深度的体验旅游,发展个性化、参与性、主题型的体验经济,对提高国民的旅游素质、提升旅游产业的整体素质,都是很有意义的。

旅游服务六要素该如何排序[①]

"吃、住、行、游、购、娱",时下这种表述越来越流行于旅游界,许多政要、业者、专家这样说;报刊、文件、规划文本这样写。为此,笔者专门请教了国家旅游局原市场宣传司、综合司司长李海瑞先生。他回忆说,旅游服务几大要素的提法,在20世纪80年代后期通常"交通、游览、住宿、餐饮、购物"五要素表述。大约到80年代末、90年代初,在五要素之后,又加了"娱乐",成了六要素,简化为"行、游、住、食、购、娱"6个字,并广为流行起来。为什么把"行"排在首位?海瑞先生说,"没有行,哪来旅?"这是常识,把"行"排在首位符合旅游活动的基本特点和内在关联。

为了印证海瑞先生的回忆,笔者粗略地查阅了旅游文献。1990年,时任国家旅游事业委员会主任的吴学谦副总理发表的《努力发展中国的旅游事业》一文中写道:"通过十年的艰苦奋斗,我国已形成了交通、游览、住宿、餐饮、购物和娱乐六大要素初步配套的旅游生产力体系。"同年国家旅游局局长刘毅写的《树立信念,重振旅游》一文中也写道:"旅游经济运行包括行、游、住、食、购、娱六大要素,涉及国民经济的几十个部门,需要各部门的支持;而旅游的消费,也会促进相关部门的发展。"同年10月,由国务院经济研究中心孙尚清副主任主持的《中国旅游经济发展战略研究报告》提出,"旅游产业结构的优化,要六要素配套发展,有效地提高综合接待能力和创汇能力"。(以上文章均见1990年、1991年《中国旅游年鉴》。)

自此以后,"行、游、住、食、购、娱"六要素的提法被我国旅游界普遍接受并广泛流行。笔者认为,这个表述简明扼要、通俗易懂,从供需两方面精准地概括了旅游活动的基本内容和旅游经济结构的基本框架。旅游是人流的空间移动,因而"行"为前提;"游"是目的,排在第二合情合理;游人在异地活动,必须有"住"、有"食";购物与娱乐是旅游的必要配套,有"购"、有"娱"才算为旅游活动划上完满的句号。

不知从什么时候开始,"吃、住、行、游、购、娱"之说在旅游界流行开来。不错,中国有"民以食为天"的古训,也素有"衣、食、住、行"的民生之说,这对民众的惯常生活而言,把"食"放在第一、第二位无疑是对的。但是,对"旅游"这种非惯常的休闲性生活而言,把"吃"放在第一位就值得商榷了。对游人而言,外出旅游难道第一位是为了"吃"吗?对旅游活动而言,难道首先安排的是"吃"吗?对旅游产业而言,难道第一位是"餐饮业"吗?这并不是说"吃"在旅游活动和旅游产业中不重要,但是把它放在首位,就值得商

[①] 2011年6月10日搜狐博客。

权了。

比之 20 多年前，现在旅游活动丰富得多了，人们对旅游产业、旅游经济、旅游生产力的认识也深广得多了。近年来有的提出，在六要素之外还可加上"讯"（信息）、"智"（智育、教育）、"美"（审美），等等。这些都可以探讨，但把"吃"放在首位，总是不适宜的。

"行、游、住、食、购、娱"这一概括，可以说是对"旅游"供给与需求的中国式表述或创造，是 30 年来中国旅游工作者共同探索的一个理念性成果。建议在政府文件、主管领导讲话、旅游发展规划和旅游教科书中，统一用这个表述。至于个人的说话、论著，完全可以各抒己见，不必强求一律。

旅游界有没有搞形式唱高调[①]

上个月全国政协会议上,广东省政协主席朱振中的8分钟发言赢得了9次鼓掌。其中两段话摘录如下:

唱高调,什么都要国际一流

"由于急功近利、急于出政绩的浮躁心态,一些地方、一些领导爱唱高调。往往不顾条件是否具备、社会是否需要,也不顾能否做到,什么都要高级、高端、高标准、高规格;什么都要最大、最快、最优、最佳;什么都要国际一流、世界一流。动不动就是新口号、新概念、新思路;动不动就是中心、核心、龙头、高地。说的、写的、唱的、吹的调子越来越高,却没有采取具体措施落实或根本没有准备落实。他们不怕做不到,就怕别人看不到、听不到。最后是报喜不报忧,更恶劣的是弄虚作假。"

耍花架子,好看不实用劳民伤财

所谓搞花架子,是指领导干部喜欢赶时髦、变花样、造气氛、装"门面",追求轰动效应。"提倡建立主体功能区,到处都是'中心区'、'示范区'、'宜居区'、'中央商务区'、'国际会展区',一个比一个好听。一些'重点'工程、'形象工程',不计成本、不惜代价,这样的'政绩'好看不实用,却兴师动众,劳民伤财。"

朱委员说的情况,旅游界有没有?大概也不少。"中国一流"、"国际一流"、"世界一流",这个"示范区"、那个"示范点",不知有多少!到处都是"优秀旅游城市",就分不清哪个是真正的优秀旅游城市了;到处都是"示范区"、"示范点"了,就分不清哪个是真正的示范区、示范点了。而且是"终身制",只有挂牌,不见摘牌。

旅游界不仅有些官员好"吹",有些专家也好"吹",不少咨询、规划设计者也好"吹"。所谓"敢吹"、"能吹"、"会吹",甚至借国际组织来吹,比如"中国最佳旅游城市",吹了3个,便不见下文了,吊了许多城市的胃口。这3个城市当然很高兴,也不错,但其他城市怎么想呢?!以行政手段为主的评价机制往往导致搞运动、搞突击、搞形式、唱高调。

国务院《关于加快发展旅游业的意见》指出:"逐步建立以游客评价为主的旅游目的地评价机制"。果真如此,搞形式、唱高调之风就会少得多。

[①] 2010年4月9日搜狐博客。

力戒浮躁，理性、从容、扎实推进旅游发展[①]
——从"中国第一"、"中国最大"、"世界一流"等谈起

"中国第一"、"全国最大"、"国际一流"乃至"全球最×"……此类词语经常出现在地方官员、景点主管的口中，也常见于一些工作报告、宣传推介与咨询规划的文字中。对此，人们似乎已司空见惯、习以为常。

诚然，对某些具有独特性、垄断性的自然奇观或人文胜景来说，称"中国第一"、"中国独有"、"国际一流"是可以的，但这毕竟是极少数。对于大多数地区、大多数景点而言，可能在某个方面具有一定的特点、特色或特长，但不可能"神州第一"、"中国最大"、"国际一流"乃至"全球最×"的。

出现这些现象，虽然流露了许多地方人士对乡土的偏爱之情，表露了某些地方官员对发展旅游的热望之情，反映了某些主管人士推介景区的急切之情，但是终究不是求真务实的科学态度，也不是行之有效的营销策略，更不是推进地方旅游发展的成功之道。

作为旅游产品开发基础的自然资源、文化资源与社会资源，其种类、形态、数量与品质，各国各地千差万别、数不胜数，但总是可以归纳为若干类、若干种。就某一类、某一种而言，总有共同之处，否则不成为"类"与"种"。但就某"类"、某"种"而言，多数资源总是大同而小异，真正"新"、"奇"、"特"、"绝"的总是少数，真正称得上"第一"、"最佳"的旅游资源，在全国、全球范围内并不多见、少之又少。

从旅游开发角度看，如实地评价资源禀赋与发展环境的长处与不足、优势与制约，并将其放到周边、地区、全国或世界范围内与同类资源进行比较，并针对当前与未来的目标客源地区与群体的现实与潜在需求，进行差异化、互补性的开发，发挥市场对资源配置的基础性作用，使产品的类型、规模、档次适应市场需求，才是可靠的成功之道。过高的、不切实际的资源评估与环境分析，据此确定不着边际的发展愿景，不能有效地开发旅游资源、实现既定目标。

从旅游目的地建设角度看，过高地评估资源品质与发展环境，就不能准确地判定发展目标定位。世界性旅游目的地—全国性旅游目的地—地方性旅游目的地，总是一种"金字塔"形的结构，构成塔基与塔底的地方性旅游目的地总是多数。国际性客源市场—全国性客源市场—区域性客源市场，一般情况下也总是一种"金字塔"形的结构，除少数的、特殊的国家与地区，大多数旅游目的地的客源总是以本地区与周边近、中程客源为

[①] 以《旅游推广别太浮躁》为题发表于2010年7月5日《中国旅游报》，2010年第4期《旅游研究与信息》。

主,远程的国际性、全国性的客源往往是少数。有些旅游目的地从近程市场起步,逐步向中、远程市场拓展,从区域性旅游目的地发展为全国性或国际性旅游目的地,有一个循序渐进的过程。动辄以"世界一流/国际著名旅游目的地"、"中国第一或首选旅游目的地"或"国家级旅游××区"为目标定位,既不符合该地实情,也违背中外旅游目的地建设的一般进程。

从旅游宣传推广角度看,人为地拔高旅游目的地与旅游产品的等级,对成熟的旅历丰富的游客不会有多大吸引效应;对不成熟的游客,把自己说得越好,就越吊高他们的期望值,其结果适得其反,游客看了后的心理反应与口碑效应就越差。"期望越高,失望越大",切莫小看了这条旅游营销的经验之谈。对现实与潜在的客源群体,与其宣传空而泛的"中国第一"、"全国最大"、"国际一流",远不如宣传游客可以看得见、听得到、尝得着的景观、风情与特产,突出宣传你那里的自然生态、人文传承与社会风貌有哪些与众不同。旅游体验总是从直观进入感悟、从感性升华到理性,旅游宣传遵循这条规律可以收到事半功倍的效果。

从推动地方旅游发展的角度看,无论是当事者的华而不实、自我陶醉,还是局外者的溢美之言、逢迎恭维,都不是讲实话、鼓实劲、干实事,不能引导该地旅游业扎实推进、健康发展。

毋庸讳言,目前旅游业界中存在的种种浮躁之气,并非空穴来风,而是由多种因素促成的一种"浮躁综合征"。旅游业对许多地方是一个新兴产业、对许多人是一个新的工作,对中外旅游发展规律的了解还有待入门,很容易套用其他成功目的地的目标定位,而不清楚那里是在何等环境下、经历何等艰辛才达到现今地步的;某些地方官员习于"高起点"、"大手笔"、"高标准"的惯性思维,心高志远、创业心切,上任伊始就提出一套超越前任的施政方略,似乎非如此不足以显露自己的雄才谋略;某些规划咨询机构或因阅历不足、不知深浅、不谙全局,或因蝇头小利而无视常识,一味迎合"甲方"的长官意志或资本意志,有意无意地夸大优势、淡化劣势、拔高定位、升空目标。

30多年来中国旅游业经历了历史性的跨越,取得了举世公认的成绩,也不知不觉地形成了一种急功近利的浮躁风气,说大话、讲套话、比速度、拼指标、图形式、讲排场、争投入、轻产出、夸海口、缺实干等现象,在不少地方或多或少存在着。自诩"中国第一"、"全国最大"等现象,就是这种浮躁风气的一个突出表现。

理性与从容是自信的表现。在旅游业提升为国家战略层面、中国旅游业进入最好发展时期的今天,更需要各级各地的决策层、经营层与研究层剔除浮躁情绪,以理性、淡定、从容的心态与视角正视中国旅游业转型升级中面临的种种挑战,以求真务实的科学态度、坚韧不拔的创业精神与脚踏实地的工作风格,去一个一个地破解旅游产业转型升级中的难题,使旅游业在好的基础上继续较快地发展,在较少消耗资源、能源与资金的基础上有效地发展,在可持续的前提下稳健地发展,实现速度、结构、质量、效益相统一的科学发展目标。

旅游界的"国际"风[①]

财政部、外交部近日联合发出《关于严格控制在华举办国际会议的通知》,使我联想起旅游界的"国际"风。"国际旅游目的地"、"国际旅游城市"、"国际旅游度假区"、"国际旅游节"、"国际旅游论坛/峰会"……言必称"国际"或"国际化",这是很多旅游界人士特别是官员们的口头禅。不过,你去看一看,不少自封"国际"的地方,有几人是来自"国际"的?

什么叫"国际"?我看至少有两点:一是游客中外国人占接待总数的一定比例,当然这并没有"国际标准",但得有10%吧,总不能少于5%吧?二是旅游服务质量、水平和经营管理水平、机制与国际规则、标准和惯例接轨。否则,算什么"国际"呢?

其实,世界上除圣马力诺、梵蒂冈、摩纳哥、马尔代夫、文莱等人口很少的小国的游客大多是"国际"的外,绝大多数国家特别是人口众多的大国,国内游客总是占多数。旅游业搞得好不好,是否促进经济、有利社会、造福民众,决定性的因素不在于是否是"国际"的。至于自称"国际"、自封"国际化",除了自我安慰外没有别的作用。

[①] 2011年2月6日搜狐博客。

呼唤精神独立与思想自由[①]

30多年来,伴随着中国旅游业从无到有、从小到大的发展,我国旅游研究的队伍也从零起步、逐步壮大。时下,旅游研究大致由以下三方面人员构成:

高校、科研与咨询机构的研究人员:源自经济与社会人文学科,后来又有了毕业于旅游专业的"科班生"。他们人文学科的基础扎实,受过教学科研的系统训练,"笔头"能力较强,善于编纂教材和论著,但缺乏"实战"经历,对业态的实感较弱,擅长坐以论道、构建"体系",读书写作的时间充裕,专业报刊上的文章大多出于他们之手,现有旅游硕士、博士悉由此类人士培养而成。

主管部门的公务人员:来自不同学科,近一二十年来硕士、博士不断加入。其中不乏在公务之余潜心钻研、勤于思考者,对"上头"的"精神"十分看重,对"下头"的实情相当熟悉,撰文写稿多从实战需要着眼,但思想"禁区"较多,更有冀望能为升迁助力的潜意识,落笔时有意无意地会向"既定方针"靠。

企事业单位的管理人员:企业高管既有高学历的专业基础,又有高风险的实战经历,熟谙瞬息万变的市场动向,深感市场的乱象与管理的积弊,对行业中形形色色的潜规则既有切肤之感,又无可奈何。他们的研究有的放矢,在执笔之时既想触及时弊,又恐得罪同行、触怒"衙门"。

旅游研究的这三方面军各有千秋,也各具不足。目前已看到三者交流、互补、合作的苗头,如教研机构聘请政、企界著名人士讲课、带研究生,主管部门问政于教学研究者,企业聘学者当企业顾问、培训员工,不少论坛、会议与庆典由三方人士同台切磋等,也时有合作编书撰文者。但是政、企、学界人士的深度合作仍属起步阶段。

业界人士同感旅游趋势大好但现状堪忧,迫切需要真正算得上科学的研究态度与成果。笔者以为,无论哪方人士真想把旅游当作一门科学来研究的话,都需要把现代大学问家陈寅恪先生的一句格言当座右铭:"独立之精神,自由之思想"。

无论是对旅游政策或企业、市场的实证研究,还是对旅游发展规律或趋势的理论探索,最需要也最重要的是,要有"独立精神,自由思想"。环视当前,既是前所未有的旅游大发展、大提升之机,也是浮躁之心骚动、浮夸之风盛行之时;既是成就、成果不断创造之日,也是假数字、虚报道泛滥之时;既是新业态、新理念不断涌现之际,也是官话、套话、空话流行之时。举一个随处可见的例子,"人均GDP多少多少,国民旅游会如何",这个没

[①] 2012年第4期《旅游发展研究》(刊首语)。

有确实出处、没有实证依据的说法,不仅出现在学人的论文中,也频见于政府文件、首长讲话中,几乎已成"规律",居然无人质疑。

在科学研究中,要敢于对某些既定的"原则"、流行的"规律",不管是上了哪级文件、报告,还是哪位权威人士、著名专家所说,都要用脑想一想是否符合实际,是否真有道理,决不可人云亦云、跟风逐潮。在学术论坛、科学园地中,应倡导独立思考、自由探讨之风,而不应有"领导"、"董事长"、"学术权威"等之分。

笔者愿以此与业界同人共勉、共为。

高档酒店业的投资冲动来自何方[①]

——酒店业的"美梦"与"愁梦"

近日同时看到两份权威的关于我国饭店业的长篇报告。

一份是中国旅游研究院院长戴斌先生在 2013 年中国酒店投资峰会上的主题演讲,题目是《美丽中国梦想下的中国酒店投资发展》。演讲从 2020 年中国 GDP 翻一番的宏观愿景出发,那时国内旅游市场将达到 70 亿人次、入境旅客 2 亿人次,由此勾勒了中国饭店业和"美丽中国梦"、"旅游强国"。演讲者的结论是:"巨大的旅游消费将为酒店投资奠定坚实的市场基础。"(2013 年 5 月 16 日《旅游商报》。)

另一份是中国旅游饭店协会《当前旅游饭店市场经营状况调查报告》,该报告以翔实的统计数字,从三星级以上不同星级、不同投资主体、不同管理主体和不同地区的中高星级饭店 2013 年春节前 20 天和第一季度的经营状况,综合结论是:"2013 年第一季度,三星级及以上星级饭店平均出租率为 50.56%,较 2012 年同期下降 4.74%;平均房价为 415 元人民币,较 2012 年同期提高 5 元人民币;平均客房收入同比下降 8.14%;平均餐饮收入同比下降 20.17%;平均会议收入同比下降 25.06%;平均总营业收入同比下降 14.32%。三星级及以上星级饭店对 2013 年至 2015 年酒店市场前景判断为"非常乐观"或"乐观"的占 20.10%,对前景判断为"非常不乐观"或"不乐观"的占 44.17%。"(2013 年 5 月 15 日《中国旅游报》。)

一、酒店投资热长期"超前"于市场

这两份报告颇具代表性,前者是主流学界的展望,是继续为投资饭店"鼓劲"的;后者是主流业界对现实的判断,是为星级饭店时下的窘局求"药方"的。这两者各有需求、都有用处,前者是政界最爱听的,后者是业界最想要的。

20 世纪七八十年代,封闭的大门打开,境外人士蜂拥而来,一时曾出现"一床难求",客人睡在北京饭店大厅里或被送到天津的饭店过夜。但这种困境很快化解,在市场的驱动下,酒店、饭店像雨后春笋破土而出。80 年代后期至今,星级酒店的客房出租率一直在 60% 的底线上浮动。中国旅游饭店协会的这份《调查报告》透露了三星级及以上星级饭店营业收入的下降趋势以及对市场前景的悲观态度。酒店业是一个投资大、利润薄、经营成本高、回收期长的行业已成为业内外的共识,但是,酒店特别是高档酒店的投资热一

[①] 2013 年 6 月 13 日《旅游商报》、2013 年 6 月 14 日《中国青年报》。

直没有降温。酒店的投资增长速度长期"超前"于旅客的增长速度。

二、"内部"宾馆、酒店如何从央企、官场之手剥离

这就需要探究高档酒店业的投资冲动来自何方。迄今为止,酒店的投资主体始终是"国"字当头。2012年全国11 676家星级酒店中,"国有企业"、"国有联营"、"国有与集体联营"、"国有独资公司"共4049家、占34.7%,再加上"股份有限公司"、与港澳台资和外资合资、合作经营的星级酒店,国有资本占星级酒店总资产的一半左右。众所周知,酒店国企与其他国企一样,其投资决策、经营管理、人事安排等都带有浓厚的"官"味,市场需求、经营盈亏并非是决策的主导因素。

高星级酒店尤其是五星级酒店,现已成为地方尤其是县市的形象标志、经济发展与开放交流的窗口,当然也是一任官员政绩的表现,更是招待上级、联络感情、吃喝玩乐的场所。不少地方对外来投资星级酒店实行低价土地、减免税金、贴息贷款、扶持奖励之类的"优惠"政策。投资商明白,酒店经营本身不一定赢利,但在"黄金地段"拿到一块地才是"真金白银"。

星级酒店中还有一部分是从原来的政府招待所、"培训中心"、"职工疗养基地"等转化而来。常可以看到,地方上有"粮食宾馆"、"税务宾馆"、"教育宾馆"等极具"中国特色"的酒店宾馆。全国各地各级政府的"国宾馆"、"接待中心"数不胜数,它们对"内"低价甚至免费招待"贵宾",对外营业"创收",不求投资回收、不计经营成本。国资委管辖的央企有一百几十家,如加上省国资委管辖的省级国企不知有多少家,其中不少这些"国"字号企业都有自己的宾馆酒店,如加上各级地方政府的宾馆酒店,肯定是一个天文数字。前些年国资委曾下令,要求央企把它们的宾馆酒店剥离出去,交给企业、回归市场,但是很快石沉大海、杳无音信。新一届国务院下令不得再建楼堂馆所,可见这些虽然也对社会开放,但不按市场规律运行的宾馆酒店不知几何。这些"内部"宾馆酒店也是分流客源,导致星级酒店客房出租率低的重要因素。如何让这些特权酒店回归市场、回归社会至今仍然没有破题。

三、房地产商借旅游"草船"得土地之"箭"

近年来在"旅游房地产"、"旅游综合体"、"旅游度假区"的名义下,旅游房产热从一、二线城市向三级城市、僻远景区延伸,从东部地区向中西部地区扩展,从发达地区向经济落后甚至国家贫困地区挺进。这些投资项目虽然名目繁多,都打着"战略性支柱产业"的大旗,虽然其中不乏真心实意搞旅游的,但正如有的房地产大鳄所言,那是"草船之箭",即借旅游"草船"得土地之"箭",实际上是"跑马圈地"、"占山为王",只要把"地"占上了,多少年后升值必定无疑。而地方政府对于任期内政绩的渴求,对外来的投资商尤其是央企投资求之若渴。对此,虽有少数人士一再发出"警惕泡沫"、"防止过热"的警告,但一直未得到官方机构、主流媒体和业界学界的重视。

四、政府主导下市场需求被漠视或夸大

造成20余年来酒店建设过度超前、效益低下的原因是多样的,但是其中有一个一以贯之的主因:酒店这个本来高度市场化的行业被绑在"政府主导"的战车上,市场需求或被漠视,或被扭曲,或被夸大。例如,戴先生演讲中引用的数字:2012年国内游客29.57亿人次中,有1/2左右是不过夜的一日游游客;入境游客1.34亿人次中,有3/5是一日游的港澳同胞;预期中的70亿人次国内游客、2亿人次入境游客亦是如此。常识告诉人们,这些半数以上的一日游游客是不需要在酒店住宿的。如果用这个数字去预测酒店客房的需求量,必然会误导投资商,而多少旅游规划、旅游项目可行性研究报告和建设立项报告,都是以这些充满水分的官方旅游数据为依据的。

当前中高档酒店面临的窘境,"廉政"新政是一个新因素,使今年第一季度三星级以上酒店经营严重滑坡,说明以往的酒店市场中存在大量的奢靡性公款消费。旧债加新账,本来就惨淡经营的中高档酒店的处境就可想而知了。如果再看看同是中国的港澳台地区,那里酒店的平均出租率一直保持在70%、80%,甚至90%以上,研究它们的做法也许有些启发,比空谈2020年如何如何不是更有意义吗?让酒店业的投资与经营真正回到市场这个配置资源的基础之上,剔除非理性的政府之手对酒店市场的误导,才是正本清源的正道。

再回到本文开头,酒店业需要的是如何破解迫在眉睫的"愁梦",而不需要望梅止渴式的"美梦"。只有从根本上找到破解"愁梦"的正道,才有可能实现"旅游强国"梦。

责任编辑:孙延旭

图书在版编目(CIP)数据

旅坛忧思录／王兴斌著. --北京:旅游教育出版社,2013.12
(旅游学术研究丛书)
ISBN 978-7-5637-2601-1

Ⅰ.①旅… Ⅱ.①王… Ⅲ.①旅游业—文集 Ⅳ.①F59-53

中国版本图书馆 CIP 数据核字(2013)第 066551 号

旅游学术研究丛书

旅坛忧思录(上卷)

王兴斌 著

出版单位	旅游教育出版社
地　址	北京市朝阳区定福庄南里1号
邮　编	100024
发行电话	(010)65778403 65728372 65767462(传真)
本社网址	www.tepcb.com
E-mail	tepfx@163.com
印刷单位	北京中科印刷有限公司
经销单位	新华书店
开　本	787 毫米×1092 毫米　1/16
印　张	27.75
字　数	478 千字
版　次	2013 年 12 月第 1 版
印　次	2013 年 12 月第 1 次印刷
定　价	128.00 元(全二册)

(图书如有装订差错请与发行部联系)